Dirección de Marketing

DUODÉCIMA EDICIÓN

Dirección de Marketing

DUODÉCIMA EDICIÓN

TRADUCCIÓN:

Clara E. Rivera
Traductora jurado

REVISIÓN TÉCNICA:

Diana Dávila Ruíz
Directora del Departamento de
Mercadotecnia
Tecnológico de Monterrey
Campus Estado de México

Estela Tena Loeza
Departamento de Mercadotecnia
Tecnológico de Monterrey
Campus Ciudad de México

María de los Ángeles Ramos
Departamento de Mercadotecnia
Tecnológico de Monterrey
Campus Estado de México

Roberto Sciarroni
Universidad de Buenos Aires

Kurt Kiessling Davison
Universidad Autónoma de Chihuahua

PHILIP KOTLER
Northwestern University

KEVIN LANE KELLER
Dartmouth College

PEARSON
Educación ®

México • Argentina • Brasil • Colombia • Costa Rica • Chile • Ecuador
España • Guatemala • Panamá • Perú • Puerto Rico • Uruguay • Venezuela

Datos de catalogación bibliográfica

Kotler, Philip y Kevin Lane Keller

Dirección de Marketing

PEARSON EDUCACIÓN, México, 2006

ISBN: 970-26-0763-9
Área: Administración y economía

Formato: 21 × 27 cm   Páginas: 816

Authorized translation from the English language edition, entitled *Marketing Management* 12th ed., by Philip Kotler and Kevin Lane Keller, published by Pearson Education, Inc., publishing as PRENTICE HALL, INC., Copyright © 2006. All rights reserved.

ISBN 0-13-145757-8

Traducción autorizada de la edición en idioma inglés, titulada *Dirección de Marketing* 12/e de Philip Kotler y Kevin Lane Keller publicada por Pearson Education, Inc., publicada como PRENTICE HALL INC., Copyright © 2006. Todos los derechos reservados.

Esta edición en español es la única autorizada.

Edición en español
Gerente editorial: Marisa de Anta
Editor: Pablo Miguel Guerrero Rosas
                            e-mail: pablo.guerrero@pearsoned.com
Editor de desarrollo: Felipe Hernández Carrasco
Supervisor de producción: Enrique Trejo Hernández

Edición en inglés
Acquisitions Editor: Katie Stevens
Associate Editor: Wil Mara
VP/Editorial Director: Jeff Shelstad
Assistant Editor: Melissa Pellerano
Editorial Assistant: Rebecca Lembo
Developmental Editor: Jeannine Ciliotta
Media Project Manager: Peter Snell
Marketing Manager: Michelle O'Brien
Marketing Assistant: Joanna Sabella
Senior Managing Editor (Production): Judy Leale
Production Editor: Theresa Festa
Permissions Supervisor: Charles Morris
Manufacturing Buyer: Diane Peirano
Design Manager: Maria Lange
Art Director: Janet Slowik

Interior Design: Amanda Kavanagh
Cover Design: Amanda Kavanagh
Art Studio: ElectraGraphics, Inc.
Director, Image Resource Center: Melinda Reo
Manager, Rights and Permissions: Zina Arabia
Manager, Visual Research: Beth Brenzel
Manager, Cover Visual Research & Permissions:
  Karen Sanatar
Image Permission Coordinator: Debbie Latronica
Photo Researcher: Elaine Soares
Manager, Print Production: Christy Mahon
Composition/Full-Service Project Management:
  Carlisle Communications, Ltd.
Printer/Binder: Courier-Kendallville /
  Lehigh Press

DUODÉCIMA EDICIÓN, 2006

D.R. © 2006 por Pearson Educación de México, S.A. de C.V.
    Atlacomulco No. 500, 5° piso
    Col. Industrial Atoto
    53519, Naucalpan de Juárez, Edo. de México.

Cámara Nacional de la Industria Editorial Mexicana. Reg. Núm. 1031.

ISBN 970-26-0763-9 México

Impreso en México. *Printed in Mexico.*

1 2 3 4 5 6 7 8 9 0 – 03 02 01

Este libro está dedicado a mi esposa y mejor amiga, Nancy, con amor.

Este libro está dedicado a mi esposa, Punam, y a mis dos hijas, Carolyn y Allison, con todo mi cariño y agradecimiento.

Philip Kotler *es una de las mayores autoridades mundiales en marketing. Es titular de la cátedra S. C. Johnson & Son de Marketing Internacional en la Kellogg School of Management en la Universidad de Northwestern. Es maestro en economía por la Universidad de Chicago y doctor en economía por el* MIT. *Asimismo, realizó sus trabajos posdoctorales en matemáticas en la Universidad de Harvard y en ciencias de la conducta en la Universidad de Chicago.*

El doctor Kotler es coautor de Principios de Marketing e Introducción al Marketing. *Su* Strategic Marketing for Nonprofit Organizations, *actualmente en su sexta edición, es el máximo bestseller en esta disciplina. Otros libros de Kotler son:* Marketing Models; The New Competition; Marketing Professional Services; Strategic Marketing for Educational Institutions; Marketing for Health Care Organizations; Marketing Congregations; High Visibility; Social Marketing; Marketing Places; The Marketing of Nations; Marketing for Hospitality and Tourism; Standing Room Only—Strategies for Marketing the Performing Arts; Museum Strategy and Marketing; Marketing Moves; Kotler on Marketing; Lateral Marketing: Ten Deadly Marketing Sins; *y* Corporate Social Responsibility.

Además ha publicado más de un centenar de artículos en importantes revistas especializadas como Harvard Business Review, Sloan Management Review, Business Horizons, California Management Review, Journal of Marketing, Journal of Marketing Research, Management Science, Journal of Business Strategy *y* Futurist. *Es el único galardonado en tres ocasiones con el codiciado premio Alpha Kappa Psi al mejor artículo del año de la revista* Journal of Marketing.

*El profesor Kotler fue la primera persona en recibir el premio Distinguished Marketing Educator Award otorgado por la American Marketing Association (*AMA*) en 1985. La Asociación europea de asesores de marketing y capacitación en ventas le otorgó el premio a la Excelencia en Marketing. Fue designado Líder en Pensamiento de Marketing por los académicos de la* AMA *en 1975. Asimismo, recibió el Paul Converse Award que concede esta misma asociación en 1978 como reconocimiento a su original aportación al marketing. En 1995, la organización Sales and Marketing Executives International (*SMEI*) lo nombró Hombre de Marketing del Año. En 2002, el profesor Kotler recibió el Distinguished Educator Award de parte de la Academy of Marketing Science. Recibió el doctorado Honoris Causa por parte de las universidades de Estocolmo, Zurich, Atenas, DePaul, Cracovia, el grupo* H.E.C. *de París, la Facultad de Ciencias Económicas y Administración Pública de Budapest y la Facultad de Economía y Administración de empresas de la Universidad de Viena.*

El doctor Kotler ha ejercido como consultor en prestigiadas empresas estadounidenses y extranjeras como IBM, *General Electric,* AT&T, *Honeywell, Bank of America, Merck,* SAS *Airlines, Michelin y muchas otras, en los campos de estrategia, planeación y organización de marketing, así como en el de marketing internacional.*

Asimismo, presidió el Colegio de Marketing del Institute of Management Sciences y ha sido miembro del Consejo de la AMA, *del Marketing Science Institute, director del grupo* MAC, *y miembro de la Junta de asesores de Yankelovich y de Copernicus. También perteneció a la Junta de Gobernadores de la School of* the Art Institute Chicago y de la Drucker Foundation. Ha viajado por toda Europa, Asia y América, para asesorar a numerosas empresas sobre oportunidades de marketing global.

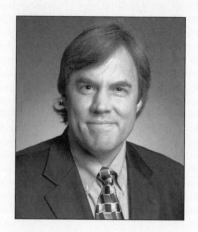

Kevin Lane Keller ocupa la cátedra E. B. Osborn de Marketing en la Tuck School of Business en Dartmouth College. El profesor Keller es graduado de las universidades Cornell, Carnegie-Mellon y Duke. En Dartmouth imparte clases sobre administración estratégica de marcas en la maestría en administración de empresas y en programas sobre esa materia dirigidos al personal que ocupa puestos directivos. El profesor Keller formó para del cuerpo docente de la Facultad de Administración de Empresas de la Universidad de Stanford, donde también fue responsable del grupo de marketing. Además, formó parte del profesorado de la Facultad de Marketing de la Universidad de California en Berkeley y de la Universidad de Carolina del Norte en Chapel Hill. Asimismo, fue profesor invitado en la Duke University y en la Australian Graduate School of Management y tiene experiencia como consultor de marketing para Bank of America.

La especialidad del profesor Keller es el marketing para consumidores. Su principal tema de interés en la investigación es cómo mejorar las estrategias de marketing a partir de la comprensión de diferentes teorías y conceptos referentes al comportamiento de los consumidores. Ha publicado más de 50 trabajos de investigación en tres de las principales revistas de marketing: Journal of Marketing, Journal of Marketing Research y Journal of Consumer Research. Asimismo, el doctor Keller ha colaborado con el Consejo Editorial de estas publicaciones. Sus investigaciones se citan con frecuencia y han recibido numerosos reconocimientos.

El profesor Keller es mundialmente reconocido como uno de los principales líderes en el estudio de marcas y su administración estratégica. Trabaja activamente en el mundo empresarial y ha colaborado en un sinfín de proyectos de marketing de toda índole. Asimismo, ha asesorado en cuestiones de marcas a algunas de las empresas de mayor éxito del mundo, entre las que se cuentan Accenture, American Express, Disney, Ford, Intel, Levi-Strauss, Miller Brewing, Procter & Gamble y Starbucks. También ha trabajado como consultor de marcas para otras grandes empresas como Allstate, Beiersdorf (Nivea), Blue Cross Blue Shield, Campbell Soup, General Mills, Goodyear, Kodak, The Mayo Clinic, Nordstrom, Shell Oil, Unilever y Young & Rubicam. Además, es miembro académico del Consejo del Marketing Science Institute. Como ponente de prestigio ha impartido seminarios y talleres de marketing para altos directivos en numerosos foros.

En la actualidad, el profesor Keller está investigando estrategias y tácticas de marketing para crear, medir y administrar el capital de marca. Su libro sobre esta materia, Strategic Brand Management, cuya segunda edición publicó Prentice-Hall en septiembre de 2002, es reconocido como la "biblia de las marcas".

CONTENIDO ABREVIADO

CONTENIDO

CONTENIDO

CONTENIDO

CONTENIDO

CONTENIDO

CONTENIDO

CONTENIDO

CONTENIDO

CONTENIDO

CONTENIDO

CONTENIDO

CONTENIDO

CONTENIDO

CONTENIDO

CONTENIDO

CONTENIDO

CONTENIDO

CONTENIDO

Dirección de marketing es el libro líder en la enseñanza de marketing porque su contenido y su organización reflejan de forma sistemática los cambios en la teoría y la práctica de esta disciplina. La primera edición de *Dirección de marketing*, publicada en 1967, introdujo el concepto de la orientación empresarial a los clientes y al mercado. Sin embargo, no incluía temas que en la actualidad resultan esenciales, como la segmentación, la selección del mercado meta y el posicionamiento. Otros conceptos como capital de marca, análisis de valor para el cliente, marketing de bases de datos, comercio electrónico, redes de valor, canales híbridos, administración de la cadena de suministro o comunicación integral de marketing, ni siquiera formaban parte del vocabulario de marketing de aquel entonces. En la actualidad, las empresas comercializan bienes y servicios a través de una gran variedad de canales directos e indirectos. La publicidad masiva ha perdido eficacia. Las empresas exploran nuevas formas de comunicación, a través de las experiencias, el entretenimiento y el marketing viral. Cada vez más, los clientes indican a las empresas el tipo de producto o servicio que desean, y cómo, dónde y cuándo desean adquirirlo.

En consecuencia, las empresas han cambiado de estrategia y, en lugar de administrar carteras de productos, ahora administran carteras de clientes; también han elaboran bases de datos sobre clientes individuales para conocerlos mejor, lo que les permite diseñar ofertas y mensajes personalizados. Asimismo, están abandonando la estandarización de productos y servicios en favor de la personalización y de la especialización en nichos. Cada vez más empresas sustituyen sus monólogos por diálogos con los clientes, y mejoran sus métodos de cálculo de rentabilidad por cliente y de valor de vida de éste. Las organizaciones están decididas a calcular la rentabilidad de sus inversiones de marketing y su contribución al valor para los accionistas. Asimismo, prestan especial atención a las implicaciones éticas y sociales de sus decisiones de marketing.

Conforme las empresas cambian, también evoluciona su organización de marketing. El marketing ya no es un departamento de la empresa encargado de una serie limitada de tareas, sino que es un compromiso de toda la organización. El marketing dirige la visión, la misión y la planeación estratégica de la compañía. Implica decisiones sobre el tipo de clientes que quiere la empresa, las necesidades que habrá de satisfacer, los productos y servicios que ofrecerá y a qué precios, los mensajes que va a enviar y a recibir, los canales de distribución que empleará y las sociedades que desea constituir. El marketing tiene posibilidades de triunfar sólo cuando todos los departamentos colaboran y logran sus objetivos, es decir, cuando los ingenieros diseñan el producto adecuado, el departamento de finanzas suministra los recursos necesarios, el departamento de compras adquiere materiales de buena calidad, el departamento de producción fabrica buenos artículos de forma puntual, y cuando el departamento de contabilidad calcula la rentabilidad de los diferentes clientes, productos y zonas.

Y conforme las técnicas y la organización del marketing han evolucionado, también lo ha hecho este libro. La diferencia principal de esta edición con respecto a las anteriores es la colaboración de un coautor: Kevin Lane Keller, uno de los académicos de marketing más brillantes de su generación. Ha realizado investigaciones pioneras y es autor de un libro de gran éxito, *Strategic Brand Management*. Asimismo, ha colaborado con directivos de marketing de empresas de todo el mundo, para ayudarlos a ser mejores mercadólogos. Su contribución aporta nuevas ideas y perspectivas a *Dirección de marketing*.

La duodécima edición refleja un esfuerzo de colaboración de los dos autores destinado a crear la mejor edición de *Dirección de marketing* de la historia. Se han organizado numerosas sesiones de grupo para detectar el progreso y las necesidades de los profesores. Gracias a estas aportaciones, la duodécima edición está diseñada de tal forma que conserva lo mejor de las ediciones precedentes al tiempo que incluye una organización y material nuevos destinados a enriquecer el proceso de aprendizaje. Esta edición está dedicada a ayudar a las empresas, a los grupos y a los individuos a adaptar sus estrategias y su dirección de marketing a la realidad del mercado del siglo XXI.

::: Revisión estratégica de la duodécima edición

El marketing es de interés para todos, en tanto que todas las personas participan en relaciones comerciales con bienes, servicios, propiedades, personas, lugares, eventos, información, ideas u organizaciones. Como la "última autoridad" del marketing tanto para estudiantes como para profesores, *Dirección de marketing* debe mantenerse actualizada con la situación prevaleciente. Los estudiantes (y los profesores) sentirán que el libro está dirigido directamente a ellos, tanto en contenido como en expresión.

El éxito de *Dirección de marketing* se debe a su capacidad de maximizar tres dimensiones que caracterizan a los mejores textos de marketing: la profundidad, la amplitud y la relevancia, tal y como reflejan las siguientes preguntas.

- **Profundidad.** ¿Ofrece el libro una base académica sólida? ¿Contiene conceptos teóricos, modelos y marcos contextuales importantes? ¿Ofrece una guía conceptual para solucionar los problemas prácticos?

- **Amplitud.** ¿Cubre el libro todos los temas adecuados? ¿Hace suficiente hincapié en todos estos temas?

- **Relevancia.** ¿Hace el libro partícipe al lector? ¿Incluye numerosos ejemplos ilustrativos?

La duodécima edición se basa en los pilares fundamentales de las ediciones pasadas:

- **Enfoque de dirección.** El libro se centra en las principales decisiones que han de tomar los directivos de marketing y la alta dirección para armonizar los objetivos, las capacidades y los recursos de la empresa con las necesidades y oportunidades del mercado.

- **Planteamiento analítico.** El libro ofrece herramientas contextuales para analizar los problemas recurrentes en la dirección de marketing. Los casos y los ejemplos ilustran de forma efectiva los principios, las estrategias y las prácticas de marketing.

- **Perspectiva multidisciplinaria.** El libro se basa en la riqueza de las diferentes disciplinas científicas (economía, ciencias del comportamiento, teoría de administración y matemáticas) para explicar conceptos y herramientas fundamentales.

- **Aplicaciones universales.** El libro aplica el pensamiento estratégico a todo el espectro del marketing: bienes y servicios, consumidores y empresas, organizaciones empresariales e instituciones sin fines de lucro, empresas nacionales e internacionales, compañías grandes y pequeñas, fabricantes e intermediarios, y sectores industriales de alta y baja tecnología.

- **Cobertura global y equilibrada.** El libro abarca todas las temáticas que un gerente de marketing informado debe conocer: marketing estratégico, táctico y gerencial.

Nuevos temas: marketing holístico

Uno de los grandes temas de esta nueva edición es el marketing holístico. El *marketing holístico* se define como el desarrollo, el diseño y la aplicación de programas, procesos y actividades de marketing que reconocen la amplitud y las interconexiones del entorno de marketing actual. El marketing holístico reconoce que "todo está relacionado" con el marketing y, por tanto, es necesario adoptar una perspectiva amplia e integrada. El marketing holístico presenta cuatro dimensiones clave:

1. **Marketing interno**—que garantice que todos los miembros de la organización, en especial los altos directivos, adopten los principios de marketing adecuados.

2. **Marketing integrado**—que garantice que se utilizan múltiples métodos para crear, entregar y comunicar valor de la mejor manera posible.

3. **Marketing relacional**—que dé lugar a relaciones enriquecedoras y variadas con clientes, miembros del canal y otros socios de marketing.

4. **Marketing de responsabilidad social**—para conocer y entender los efectos éticos, ambientales, legales y sociales del marketing.

Estas cuatro dimensiones están presentes a lo largo de todo el texto y, en ocasiones, se mencionan de manera explícita. Asimismo, se incluyen dos temas adicionales: la *personalización del marketing* y la *responsabilidad del marketing*. El primero se refiere a los intentos de hacer el marketing más relevante para los individuos, y el segundo refleja la necesidad de comprender y justificar la rentabilidad de las inversiones de marketing en las organizaciones.

Organización

La duodécima edición conserva los temas principales de la edición anterior, pero los reorganiza de acuerdo con una nueva estructura modular. En esta ocasión se divide en ocho partes, respecto a las cinco anteriores, lo que permite una mayor flexibilidad en el aula.

Parte 1   La dirección de marketing
Parte 2   Identificación de las oportunidades de mercado
Parte 3   Relación con clientes o consumidores
Parte 4   Creación de marcas fuertes
Parte 5   La definición de las ofertas de mercado
Parte 6   La entrega de valor
Parte 7   La comunicación de valor
Parte 8   La generación de crecimiento rentable a largo plazo

Los cambios más significativos respecto a la organización son:

- Una nueva parte sobre las claves de la dirección de marketing, que incluye dos capítulos destinados a la investigación y que aparecen en los primeros capítulos del libro (capítulos 3 y 4).

- Una nueva sección sobre la generación de crecimiento a largo plazo que engloba los capítulos sobre nuevos productos y mercados (internacionales), así como un capítulo de conclusión que revisa estos conceptos al final del libro (capítulos 20-22).

- Los capítulos 16 y 17 se centran más en las comunicaciones masivas y personales.

- Se ha concedido mayor importancia al material del plan de marketing que se presenta en el capítulo 2 para que el lector adquiera conocimientos de marketing concretos desde el principio. Asimismo, se incluye un apéndice para el capítulo 2 con un ejemplo ilustrativo de un plan de marketing real y un apéndice para el libro con una serie de ejercicios referentes al plan de marketing.

- El nuevo apéndice del plan de marketing al final del libro ofrece información detallada sobre cómo desarrollar un plan de marketing e incluye una serie de ejercicios para ayudar al lector a desarrollar un plan de marketing formal con el ejemplo de un PDA, también conocido como asistente personal digital, de una empresa ficticia designada como Sonic.

- También se incluye un glosario al final del libro que contiene los términos clave con sus correspondientes definiciones.

Modificaciones por capítulo

Esta edición se ha racionalizado y ampliado para estudiar los conceptos y los ejemplos clásicos de manera más precisa para cubrir así las nuevas ideas y conceptos en detalle. Algunos capítulos se modificaron más que otros. A continuación se presenta un breve resumen de las modificaciones por capítulo:

El capítulo 1, *El marketing en el siglo XXI*, consolida el material general de los dos primeros capítulos de la undécima edición para introducir temas fundamentales, los cambios que han experimentado y cómo se espera que evolucionen en el futuro.

El capítulo 2, *Desarrollo de estrategias y planes de marketing*, ofrece un mayor análisis del marketing holístico e incluye más detalles sobre la planeación, con un ejemplo de plan de marketing.

El capítulo 3, *Recopilación de información y análisis del entorno*, está formulado en términos de macroenfoques hacia la investigación de mercados.

El capítulo 4, *Investigación de mercados y pronóstico de la demanda*, está estructurado en forma de microenfoques e incluye una nueva sección sobre la productividad del marketing.

El capítulo 5, *Creación de valor para el cliente, satisfacción y lealtad*, consolida el material de varios capítulos sobre clientes e introduce nuevas teorías sobre el capital de cliente.

El capítulo 6, *Análisis de los mercados de consumo*, introduce una nueva sección sobre teorías referentes a la toma de decisiones de los consumidores.

El capítulo 7, *Análisis de los mercados industriales*, contiene una sección sobre la administración de relaciones de negocio a negocio.

El capítulo 8, *Identificación de segmentos y selección del segmento meta*, incorpora material nuevo sobre el marketing local, el modelo de conversión, el marketing de experiencias y el marketing dirigido a la Generación Y.

El capítulo 9, *El brand equity*, se modificó por completo y se amplió para incluir nuevos conceptos importantes referentes a la creación, el cálculo y la administración del capital de marca.

El capítulo 10, *Estrategias del posicionamiento de marca*, introduce un análisis contemporáneo sobre el posicionamiento basado en los factores de diferenciación y de similitud.

El capítulo 11, *Las relaciones con la competencia*, incluye material reciente sobre cómo aumentar el consumo de un producto.

El capítulo 12, *Desarrollo de la estrategia del producto*, se reorganizó para abarcar las fuentes de diferenciación.

El capítulo 13, *Diseño y administración de servicios*, incluye una sección nueva sobre la administración de marcas de servicios.

El capítulo 14, *Desarrollo de programas y estrategias de precios*, contiene una nueva sección sobre la fijación de precios, la psicología del consumidor y su actitud frente al precio.

El capítulo 15, *Diseño y administración de los canales de marketing y de las cadenas de valor*, incluye material sobre prácticas de marketing *on line* y sobre autoridad, conflicto y cooperación en los canales de marketing.

El capítulo 16, *Administración de la venta minorista, de la venta mayorista y de la logística del mercado*, presenta material relevante sobre actividades y experiencias en el punto de venta, y se reorganizó para incluir información sobre marcas privadas.

El capítulo 17, *Diseño y administración de estrategias para la comunicación integral de marketing*, incluye una nueva sección sobre la función de las comunicaciones de marketing y la información en la coordinación de los medios de comunicación.

El capítulo 18, *Administración de programas de comunicación masiva: publicidad, promociones de ventas, eventos y relaciones públicas*, presenta una nueva sección sobre eventos y el marketing de experiencias.

El capítulo 19, *Administración de programas de comunicación personal: el marketing directo y la venta personal*, presenta material nuevo sobre el marketing interactivo.

El capítulo 20, *Lanzamiento de nuevas ofertas de mercado*, presenta nuevas perspectivas sobre la generación de ideas.

El capítulo 21, *Marketing internacional*, incorpora material novedoso sobre los efectos del país de origen de las ofertas.

El capítulo 22, *La dirección de marketing holístico en la empresa*, contiene nuevas secciones sobre el marketing social y el futuro del marketing.

Algunos de los conceptos que se agregaron o que se analizan con más detalle son: principios sobre la administración de marcas, marketing comprometido con causas sociales, heurística de las decisiones de los consumidores, participación del cliente, modelos que explican la retención de los consumidores, eventos y experiencias, innovación y creatividad, técnicas de investigación cualitativa, parámetros del marketing, contabilidad mental, precios de referencia y patrocinios.

::: Estructura de los capítulos

Cada capítulo incluye:

Introducción, donde aparece un breve comentario y una viñeta para situar al lector en el contexto del capítulo. Como las viñetas se refieren a marcas y empresas actuales, constituyen un magnífico punto de partida.

Marketing en acción, una sección especial que profundiza en temas relevantes y que suelen destacar las conclusiones de los estudios más recientes. Entre los temas nuevos y actualizados de esta sección se incluyen las ideas de los directores generales respecto al marketing, los avances y las prioridades en la administración de capital de cliente, las tendencias de consumo del futuro y la prosperidad de las pequeñas y medianas empresas con grandes volúmenes de ventas.

Cuestiones clave es una sección que ofrece directrices y consejos prácticos referentes a la toma de decisiones en todas las fases del proceso de dirección de marketing. Entre los temas nuevos y actualizados de esta sección se incluyen administración del conocimiento de clientes, trampas en la toma de decisiones, la prueba del consumidor promedio estadounidense y directrices para vender a las pequeñas empresas.

Ejemplos Cada capítulo incluye entre 10 y 15 ejemplos intercalados en el texto que ofrecen ilustraciones claras de los conceptos mediante situaciones y casos de empresas reales. Todos los ejemplos de prácticas de marketing, tanto adecuadas como inadecuadas, son nuevos y cubren una gran diversidad de productos, servicios y mercados. Muchos incluyen imágenes de apoyo como anuncios o fotografías de productos.

Ejercicios al final del capítulo Incluye las cuestiones prácticas y el caso de marketing.

■ La sección *Cuestiones prácticas* incluye dos ejercicios que suponen un desafío para el lector. En *Debate de marketing* se presentan dos puntos de vista contrapuestos sobre un tema importante del capítulo, y se pide al lector que tome partido. En *Deliberaciones de marketing* se destacan temas controvertidos y se pide al lector que proporcione su opinión personal.

■ La sección *Caso de marketing* incluye estudios exhaustivos de algunas de las empresas con las mejores prácticas de marketing del mundo, junto con preguntas para discutir en clase o para dejar como tarea.

::: Material didáctico*

Dirección de marketing se complementa con un paquete de enseñanza y aprendizaje en inglés a disposición de estudiantes y profesores. Esta edición incluye una serie de elementos adicionales destinados a hacer del curso de dirección de marketing una experiencia emocionante, dinámica e interactiva.

* Para tener acceso a los suplementos didácticos en inglés de esta obra contacte a su representante local de Pearson Educación.

Casos de dirección de marketing

Prentice Hall Custom Business Resources ofrece, tanto a profesores como a estudiantes, todos los casos y artículos necesarios para maximizar el aprendizaje durante el curso de marketing. Los profesores tienen la posibilidad de crear paquetes o incluso libros de casos personalizados para el curso. Los recursos disponibles incluyen los mejores casos de Darden, Harvard, Ivey, NACRA y Thunderbird, así como el acceso a toda una base de datos de artículos.

Manual del instructor

El manual del instructor, elaborado por Ronald N. Borrieci, incluye resúmenes y perspectivas generales sobre los capítulos, objetivos clave para la enseñanza, material de respuesta para las preguntas al final del capítulo, sugerencias sobre casos de Harvard Business School, ejercicios, proyectos y directrices de lectura detalladas. Una de las nuevas prestaciones, "Professors on the Go!", se diseñó pensando en la escasa disponibilidad de tiempo de los profesores más ocupados. Se trata de una recopilación de material específico, con trabajos y puntos clave para incorporar a la clase, sin necesidad de tener que revisar el material de cada capítulo.

Centro de recursos del profesor (IRC)

- **Centro de recursos para el profesor—CD-ROM:** Una única fuente para todas sus necesidades de material adicional. Con una nueva interfaz y bases de datos sencillas de utilizar, hoy es más fácil que nunca buscar y localizar los recursos necesarios. El CD-ROM incluye los mismos materiales que se incluyen en el Centro de recursos *on line*. Sin embargo, por el tamaño del archivo y por los videos que incluye, el paquete PowerPoint Media Rich sólo se distribuye con este CD-ROM, que también incluye numerosas imágenes del libro que el profesor podrá utilizar para las clases.

- IRC—***ON LINE:*** Una única fuente para todas sus necesidades de material adicional. Basta con entrar a la página Web www.pearsoneducacion.net/kotler y hacer click en el vínculo Instructor para descargar el manual, la guía de videos, el archivo con material para exámenes, el TestGen EQ, diapositivas de PowerPoint (sólo Basic), y mucho más.

  NOTA: Pearson controla manualmente *todas* las solicitudes de contraseña y verifica el estatus de cada profesor antes de emitirlas.

Banco de exámenes

Este archivo, elaborado por Ronald J. Stanton, de Houston Baptist University, contiene más de 3,000 preguntas de opción múltiple, de verdadero o falso, de respuesta corta y de respuesta extensa en forma de ensayo, con referencias de páginas y nivel de dificultad indicado para cada pregunta. *Una de las nuevas características de esta edición es que cuenta con una sección dedicada exclusivamente a preguntas prácticas.* Las situaciones de la vida real llevan al lector más allá del vocabulario y de los conceptos de cada capítulo y les hacen aplicar sus conocimientos en la práctica. El **TestGen** EQ es un software que genera exámenes, y que es otra de las novedades de esta edición.

- Compatible con PC/Mac y preprogramado con todas las preguntas del banco de exámenes.

- Selección manual o aleatoria del banco de exámenes; basta con "hacer click y arrastrar" para elaborar los exámenes.

- Posibilidad de agregar o modificar las preguntas de la selección con el Editor de preguntas.

- Impresión de hasta 25 variantes de un mismo examen en una red de área local gracias al QuizMaster.

Presentaciones de PowerPoint

Por lo que respecta a las presentaciones en PowerPoint, un archivo de tamaño único no tiene la misma utilidad para todos. Por esta razón, la duodécima edición de *Dirección de marketing* ofrece más de una opción.

- **PowerPoint** BASIC: Esta sencilla presentación incluye sólo los temas clave de cada capítulo. Carece de animación o de contenido avanzado multimedia, lo que hace que el tamaño del archivo sea sencillo de utilizar y de compartir en red o de enviar por correo electrónico. BASIC también está destinado a los profesores que prefieren personalizar las presentaciones o que prefieren no emplear animación, vínculos automáticos a otros archivos o cualquier otro tipo de medios adicionales.

- **PowerPoint** MEDIA RICH: Esta alternativa con abundantes características multimedia incluye los temas clave de cada capítulo, así como anuncios y gráficos del texto, imágenes ajenas al libro, preguntas de debate, vínculos a sitios Web y fragmentos de videos. Sin duda, es la mejor opción si se busca una solución completa para presentaciones. Los profesores pueden personalizar las presentaciones con la galería de imágenes del centro de recursos o del CD-ROM. Mark E. Collins elaboró tanto la versión BASIC como la versión MEDIA RICH.

  Además de estas tres opciones de PowerPoint existe una serie de diapositivas basadas en la versión MEDIA RICH, que están disponibles como diapositivas generales.

Galería de videos-Dirección de marketing 2006

Lleve el "interés periodístico" a las aulas. PEARSON ha actualizado la galería de videos de *Dirección de marketing* para la duodécima edición. Mediante el formato más utilizado en los programas noticiosos modernos, el lector puede salir al mundo. Cada reportaje presenta una empresa conocida y de prestigio en su sector. Más de *veinte nuevos videos* acompañan esta edición, sobre temas clave de empresas líderes en su ramo como American Express, Song Airlines, NFL, Eaton y Wild Planet. Las secuencias incluyen entrevistas con altos directivos e informes objetivos de verdaderos reporteros, de analistas de las diferentes industrias, así como de expertos en marketing y publicidad. Existe la opción de acompañar los videos con una guía completa que incluye sinopsis, preguntas para discusión y sugerencias para los profesores.

Sitio Web

Disponible en www.pearsoneducacion.net/kotler. Este sitio Web ofrece al lector multitud de valiosos recursos. Cada capítulo contiene dos ejercicios asociados que aparecen en la página. El ejercicio Repaso de conceptos se debe realizar antes de repasar el capítulo para así comprobar la comprensión inicial del lector. El ejercicio Desafío conceptual se debe realizar después de repasar el capítulo. Asimismo, el sitio incluye el glosario del libro y un vínculo al centro de recursos del profesor.

Plan de marketing: Manual complementario, 2ª edición con MarketingPlan Pro 6.0.

Marketing PlanPro es un potente software que guía al lector a lo largo de todo el proceso de planeación de marketing. El programa es totalmente interactivo y presenta 10 planes de marketing de muestra, guías paso a paso y gráficos personalizables. Marketing Plan Pro permite personalizar cualquier plan de marketing para que se ajuste a las necesidades de los lectores gracias a los sencillos asistentes que incluye. Asimismo, presenta las directrices necesarias para pasar de la estrategia a la aplicación. Basta con hacer click en imprimir, para que todo el texto, las hojas de cálculo y las gráficas se ajusten al formato deseado para crear un fantástico plan de marketing. El nuevo manual de plan de marketing (*Marketing Plan: A Handbook*), de Marian Burk Wood, complementa el material sobre planes de marketing incluido en el libro con una guía detallada de lo que deben saber los lectores para convertirse en excelentes mercadólogos. Este proceso de lectura estructurada culmina en un plan de marketing completo y listo para llevarse a la práctica. Asimismo, incluye ejemplos actuales de la vida real que ilustran los temas clave, los planes de marketing de muestra y los recursos de Internet.

AGRADECIMIENTOS

Muchas personas dejaron una huella en esta duodécima edición.

Phil Kotler: Mis colegas y socios de la Kellogg Graduate School of Management en Northwestern University siguen influyendo de manera importante sobre mi forma de pensar: James C. Anderson, Robert C. Blattberg, Bobby J. Calder, Gregory S. Carpenter, Alex Chernev, Anne T. Coughlan, Dawn Iacobucci, Dipak C. Jain, Robert Kozinets, Lakshman Krishnamurti, Angela Lee, Ann L. McGill, Vincent Nijs, Christie Nordhielm, Mohanbir S. Sawhney, John F. Sherry Jr., Louis W. Stern, Brian Sternthal, Alice M. Tybout y Andris A. Zoltners. También quiero agradecer a la familia S. C. Johnson por su generoso apoyo a mi cátedra en la Kellogg School. En este equipo de Northwestern también se encuentra el decano anterior, Donald P. Jacobs, y el decano actual, Dipak Jain, a quienes agradezco su generoso apoyo a mi investigación y a mi trabajo.

Otros antiguos colegas del departamento de marketing de la facultad también influyeron en mi forma de pensar desde que me incorporé a la Kellog School, especialmente Richard M. Clewett, Ralph Westfall, Harper W. Boyd y Sidney J. Levy. Asimismo, me gustaría darle las gracias a Gary Armstrong por nuestra colaboración en *Principios de marketing*.

Mi agradecimiento también a los coautores de las ediciones internacionales de *Dirección de marketing* y *Principios de marketing*, de quienes he aprendido al colaborar juntos en la adaptación del pensamiento de dirección de marketing para los diferentes países en los que se editan estas obras:

- Swee-Hoon Ang y Siew-Meng Leong: National University of Singapore
- Chin-Tiong Tan: Singapore Management University
- Friedhelm W. Bliemel: Universitat Kaiserslautern (Alemania)
- Peter Chandler, Linden Brown y Stewart Adam: Monash and RMIT University (Australia)
- Bernard Dubois: Groupe HEC School of Management (Francia) y Delphine Manceau: ESCP-EAP European School of Management
- John Saunders (Loughborough University) y Veronica Wong (Warwick University, Reino Unido)
- Jacob Hornick: Tel Aviv University (Israel)
- Walter Giorgio Scott: Università Cattolica del Sacro Cuore (Italia)
- Ronald E. Turner y Peggy Cunningham: Queen's University (Canadá)

También me gustaría expresar mi agradecimiento por lo mucho que he aprendido de la colaboración con otros coautores sobre temas de marketing más especializados: Alan Andreasen, Christer Asplund, Paul N. Bloom, John Bowen, Roberta C. Clarke, Karen Fox, Michael Hamlin, Thomas Hayes, Dipak Jain, Somkid Jatusripitak, Hermawan Kartajaya, Neil Kotler, Nancy Lee, Suvit Maesincee, James Maken, Gustave Rath, Irving Rein, Eduardo Roberto, Joanne Scheff, Norman Shawchuck, Martin Stoller y Bruce Wrenn.

Mi deuda primordial sigue siendo hacia mi querida esposa, Nancy, quien me dio el tiempo, el apoyo y la inspiración necesarios para preparar esta edición. Es, en verdad, nuestro libro.

Kevin Keller: Quiero darle las gracias a mis colegas de Tuck por sus conocimientos: Scott Neslin, Punam Keller, Kusum Ailawadi, Praveen Kopalle, Koen Pauwels, Yiorgos Bakamitsos, Fred Webster, Gert Assmus y John Farley, así como al decano, Paul Danos, por su liderazgo. Asimismo, quisiera agradecer a mis colegas de la facultad por sus contribuciones de todos estos años a la investigación y a la enseñanza. Mi más sincera gratitud a Jim Bettman y Rick Staelin, de la Universidad Duke, por haber contribuido al inicio de mi carrera académica y por ser modelos muy positivos. También aprecio lo mucho que he aprendido al trabajar al lado de diferentes directivos, quienes generosamente han compartido conmigo sus conocimientos y experiencia. Por último, mi agradecimiento más especial a Punam Keller, mi esposa, y a Carolyn y Allison, mis hijas, quienes han hecho posible este proyecto y le han dado sentido.

Queremos dar las gracias a los colegas que colaboraron con nosotros en las tres sesiones de grupo realizadas y que fueron una ayuda muy valiosa para la revisión del libro:

En Boston: Neeraj Baharadwaj, Babson College; Piotr Chelminski, Providence University; Al Della Bitta, University of Rhode Island; Dan Dunn, Northeastern University; Michael McGinty, Providence University; Nada Nasr, Bentley College; Alphonso Ogbuehi, Bryant Colle-

AGRADECIMIENTOS

ge; John Teopaco, Northeastern University; Elizabeth Wilson, Boston College; Fred Wright, Babson College.

En Chicago: Tim Aurant, Northern Illinois University; Roger Baran, DePaul University; Janelle Barcelona, North Central College; Sanjay Dhar, University of Chicago; Lori Feldman, Purdue/Calamet; Stephen Goodwin, Illinois State University; Michael LaRocco, St. Francis College; Laura Leli-Carmine, Lewis University; Lawrence Hamer, DePaul University; Chem Narayana, University of Illinois/Chicago; James Oakley, Purdue University; Richard Slovacek, North Central College; Paul Wellen, Roosevelt University.

En Nueva York: Sandy Becker, Rutgers University;   Frank Fish, St. Thomas Aquinas College; Jack Lee, Baruch College y sus alumnos; Gary Lynn, Stevens Institute.

Asimismo, queremos agradecer a los siguientes colegas de otras universidades por la revisión de esta nueva edición:

- Alan Au, Universidad de Hong Kong
- Sandy Becker, Rutgers University
- Frederic Brunel, Boston University
- Lisa Cain, University of California en Berkeley y Mills College
- Bob Cline, University of Iowa
- Alton Erdem, University of Houston en Clear Lake
- Elizabeth Evans, Concordia University
- Betsy Gelb, University of Houston en Clear Lake
- Barbara Gross, California State University en Northridge
- Eric Langer, Johns Hopkins University
- Bart Macchiette, Plymouth University
- Paul McDevitt, University of Illinois en Springfield
- Francis Mulhern, Northwestern University
- Zhou Nan, Universidad de Hong Kong
- Lisa Klein Pearo, Cornell University
- Abe Qastin, Lakeland University
- Lopo Rego, University of Iowa
- Richard Rexeisen, University of Saint Thomas
- Anusorn Singhapakdi, Old Dominion University
- Mark Spriggs, University of Saint Thomas
- Sean Valentine, University of Wyoming
- Ann Veeck, West Michigan University
- Kevin Zeng Zhou, Universidad de Hong Kong

Nuestro agradecimiento también para todos aquellos que han revisado las ediciones anteriores de *Dirección de marketing*:

Hiram Barksdale, University of Georgia

Boris Becker, Oregon State University

Sunil Bhatla, Case Western Reserve University

John Burnett, University of Denver

Surjit Chhabra, DePaul University

Dennis Clayson, University of Northern Iowa

Brent Cunningham, Ph.D.: Jacksonville State University

John Deighton, University of Chicago

Ralph Gaedeke, California State University, Sacramento

Dennis Gensch, University of Wisconsin, Milwaukee

David Georgoff, Florida Atlantic University

Bill Gray, Keller Graduate School of Management

Arun Jain, State University of New York, Buffalo

Ron Lennon, Barry University

H. Lee Matthews, Ohio State University

Paul McDevitt, University of Illinois, Springfield

Kenneth P. Mead: Central Connecticut State University

Mary Ann McGrath, Loyola University, Chicago

Henry Metzner, University of Missouri, Rolla

Pat Murphy, University of Notre Dame

Jim Murrow, Drury College

Nicholas Nugent, Boston College

Donald Outland, University of Texas, Austin

Albert Page, University of Illinois, Chicago

Hank Pruden, Golden Gate University

Christopher Puto, Arizona State University

Scott D. Roberts, Northern Arizona University

Robert Roe, University of Wyoming

Alex Sharland, Hofstra University

Dean Siewers, Rochester Institute of Technology

Michael Swenso, Brigham Young University, Marriott School

Dr. R. Venkatesh, University of Pittsburgh—Katz Graduate School of Business

Greg Wood, Canisius College

El estupendo personal de Prentice Hall merece reconocimiento por su trabajo en esta duodécima edición. Nuestras editoras, Wendy Craven y Katie Stevens, nos han ofrecido unos consejos y una dirección excelentes en esta nueva edición. También hemos aprovechado la maravillosa ayuda editorial de Jeannine Ciliotta, quien de nuevo prestó su talento como editora de desarrollo para mejorar esta edición. Queremos dar las gracias también a Nancy Brandwein, por investigar y actualizar los ejemplos, así como a Debra Hershkowitz, por encontrar las fantásticas fotografías de anuncios y productos. Nuestro agradecimiento a Theresa Festa por el trabajo de producción, a Janet Slowik por el diseño creativo, y a Rebecca Lembo por su asistencia editorial. Muchas gracias a Melissa Pellerano, William Mara y Peter Snell por su colaboración en los materiales adicionales. Gracias también a nuestro director de marketing, Michelle O'Brien. Y por último, muchas gracias a Andrea Meyer por su contribución con la nueva sección Caso de marketing.

Philip Kotler
Profesor distinguido de Marketing Internacional. Cátedra S.C. Johnson
Kellogg School of Management
Northwestern University
Evanston, Illinois

Kevin Lane Keller
Profesor de Marketing. Cátedra E.B. Osborn
Tuck School of Business
Dartmouth College
Hanover, New Hampshire

EN ESTE CAPÍTULO ANALIZAREMOS LAS SIGUIENTES PREGUNTAS:

1. ¿Por qué es importante el marketing?

2. ¿Cuál es el alcance del marketing?

3. ¿Cuáles son los conceptos fundamentales del marketing?

4. ¿Cómo ha evolucionado la dirección de marketing?

5. ¿Qué factores influyen en el éxito de la dirección de marketing?

uno

En la actualidad, el marketing está presente en todo. Tanto formal, como informalmente, personas y organizaciones desarrollan un sinfín de actividades que podrían englobarse dentro de esta área. El marketing se está convirtiendo en un ingrediente indispensable para el éxito empresarial. Además, influye significativamente en nuestra vida diaria: está arraigado en todo lo que hacemos, desde la ropa que vestimos, hasta los anuncios televisivos que vemos, y las páginas Web por las que navegamos:

D *os adolescentes entran en el Starbucks más cercano. Una se dirige al mostrador y pide al encargado dos cafés con leche a la menta y compra algunos pastelillos. La otra toma asiento y abre su Apple PowerBook. En tan sólo unos segundos, se conecta a Internet (cortesía del acuerdo de Starbucks con T-mobile para crear puntos de acceso inalámbrico a Internet en más de mil establecimientos Starbucks). Una vez hecha la conexión, la chica busca en Google el nombre del grupo que interpretaba la banda sonora de la película que vio la noche anterior. En el buscador aparece una relación de páginas Web junto a dos anuncios: uno de entradas para la gira de conciertos del grupo y otro del CD de la banda sonora y del DVD de la película en Amazon.com. Cuando la chica hace clic en el anuncio de Amazon, el gigante Google se embolsa algún dinero (pues, a través de su programa de anuncios, recibe dinero cada vez que algún cibernauta hace clic en un anuncio). En ese momento vuelve su amiga con los cafés en la mano. La segunda chica tiene ganas de presumir el regalo que le hicieron sus padres por su décimo sexto cumpleaños, un teléfono celular Samsung A220 rojo rubí, creado por un equipo de jóvenes diseñadores coreanos tras meses de estudios de mercado y de trabajo con sesiones de grupo. El teléfono parece un estuche de*

>>>

Time Square, Nueva York: un ejemplo vivo de las múltiples facetas del marketing actual.

cosméticos y ofrece consejos sobre nutrición y sobre qué ropa ponerse en función del tiempo. Mientras las chicas admiran embelesadas la diminuta pantalla que se pliega como un espejo de mano, ven el reflejo de un autobús urbano con un cartel gigante de la nueva serie humorística de la cadena HBO.

El buen marketing no es fruto del azar, sino de una planeación y una ejecución minuciosas. Las prácticas de marketing se ajustan y se reformulan constantemente en todas las industrias para aumentar las posibilidades de éxito. Sin embargo, la excelencia no es frecuente dentro del marketing, y alcanzarla resulta muy complicado. El marketing es tanto un "arte" como una "ciencia", por lo que existe una tensión constante entre la teoría del marketing y su parte creativa. Resulta más fácil aprender el aspecto científico, al que dedicaremos mayor atención en este libro; pero también analizaremos el modo en que la creatividad y la pasión operan en numerosas empresas. Este libro le ayudará a mejorar su comprensión del marketing y su capacidad para tomar decisiones adecuadas. En este capítulo se determinarán las bases de nuestro estudio mediante la revisión de algunos conceptos, herramientas, esquemas y temas de marketing fundamentales.

::: La importancia del marketing

El éxito financiero suele depender del talento comercial y del marketing de las empresas. Los departamentos de finanzas, producción, contabilidad o cualquier otro no importarían verdaderamente si no hubiera una demanda suficiente de los productos y servicios de la empresa que le permita obtener beneficios. Una cosa es inconcebible sin la otra. Muchas empresas han creado puestos de marketing de nivel directivo para poner a sus responsables al nivel de otros altos directivos, como el director general o el director de finanzas. Instituciones de todo tipo, desde fabricantes de bienes de consumo y productos industriales hasta aseguradoras médicas, y organizaciones no lucrativas, anuncian con fastuosidad sus logros de marketing más recientes a través de comunicados de prensa, que pueden encontrarse en sus páginas Web. En la prensa de negocios se dedica una infinidad de artículos a las distintas tácticas y estrategias de marketing.

Sin embargo, el marketing es una tarea delicada y ha sido el talón de Aquiles de muchas empresas que en otros tiempos fueron muy prósperas. Grandes empresas reconocidas como Sears, Levi's, General Motors, Kodak y Xerox se han enfrentado a clientes cada vez más poderosos y a nuevos competidores, por lo que se han visto obligadas a reconsiderar sus modelos de negocio. Incluso líderes de mercado como Microsoft, Wal-Mart, Intel y Nike son conscientes de que no deben bajar la guardia. Jack Welch, el brillante expresidente de GE, solía advertir reiteradamente a su empresa: "Renovarse o morir."

Pero tomar las decisiones adecuadas no siempre es fácil. Los gerentes de marketing no sólo deben tomar decisiones generales, como las características que debe presentar un nuevo producto, el precio que se debe fijar para el consumidor, o dónde se deben comercializar los productos y cuánto dinero se debe invertir en publicidad y ventas, sino también decisiones más específicas como el color de un nuevo envase o las palabras exactas que aparecerán en éste. (En el recuadro *Cuestiones clave: Preguntas frecuentes a los especialistas de marketing* aparecen muchas de las preguntas a las que se enfrentan los gerentes de marketing, que intentaremos responder a lo largo de este libro.) Las empresas incapaces de realizar un seguimiento de sus clientes y de sus competidores y, por tanto, de mejorar constantemente sus ofertas, son aquellas que corren un mayor peligro. Suelen adoptar un enfoque de corto plazo en torno a las ventas y, en último término, acaban por no satisfacer a los accionistas, ni a los empleados, ni a los proveedores, ni a sus colaboradores. La búsqueda del éxito en marketing es interminable.

Botella de Utopias, la cerveza "extrema", exclusiva y de edición limitada de Boston Beer. Con una graduación de 50º, bien se merece el título de "la cerveza más fuerte del mundo".

BOSTON BEER COMPANY

Jim Koch, fundador de la Boston Beer Company, cuya cerveza Samuel Adams se ha convertido en una cerveza "artesanal" que ha superado el récord de ventas del sector en varias ocasiones, comenzó en 1984 llevando botellas de cerveza Samuel Adams a cada bar, para convencer a sus responsables de que la vendiesen. Durante 10 años no pudo contar con un presupuesto para publicidad, de modo que vendía su cerveza a través de la venta directa y de las relaciones públicas básicas. Sin embargo, este arduo trabajo dio sus frutos. Cuando las ventas de la Boston Beer superaron los 200 millones de dólares, se convirtió en la cerveza líder del mercado artesanal. Entonces comenzó a invertir millones de dólares en anuncios televisivos, contrató a decenas de vendedores y realizó un sofisticado estudio de marketing. La empresa descubrió que, para seguir triunfando, necesitaba crear un departamento de marketing competente. Pero la pasión y las ganas de triunfar del principio siguen dentro de la empresa. En 2002, Boston Beer lanzó una edición limitada y única de una cerveza "extrema", la Samuel Adams Utopias. La muestra especial con una graduación de 50º, a 100 dólares cada botella, se ha ganado el título de "la cerveza más fuerte del mundo". "En Samuel Adams innovamos constantemente en busca de ideas pioneras que revolucionen las expectativas de cerveza de los más cerveceros", afirma su fundador Jim Koch.[1]

::: El alcance del marketing

Para ser un experto en marketing, es necesario entender qué es el marketing, en qué consiste, para qué se utiliza y cuáles son sus efectos.

¿Qué es el marketing?

El **marketing** consiste en identificar y satisfacer las necesidades de las personas y de la sociedad. Una de las definiciones más cortas de marketing dice que el marketing consiste en "satisfacer necesidades de forma rentable". Cuando eBay se dio cuenta de que los consumidores no podían encontrar los artículos que más querían, creó una casa de subastas en línea, o cuando IKEA se dio cuenta de que los consumidores querían buenos muebles a un precio más bajo, creó muebles desmontables, ellos estaban haciendo una demostración de sentido común al convertir la satisfacción de una necesidad individual o social en una oportunidad de negocio rentable.

La American Marketing Association (Asociación Americana de Marketing) ofrece la siguiente definición formal: *Marketing es una función organizacional y un conjunto de procesos para generar, comunicar y entregar valor a los consumidores, así como para administrar las relaciones con estos últimos, de modo que la organización y sus accionistas obtengan un beneficio.*[2] Los procesos de intercambio requieren una gran cantidad de trabajo y habilidades. La dirección de marketing surge cuando, al menos una de las partes genera un intercambio potencial, y obtiene las respuestas esperadas de la otra parte. Así, la **dirección de marketing** es *el arte y la ciencia de seleccionar los mercados meta y lograr conquistar, mantener e incrementar el número de clientes mediante la generación, comunicación y entrega de un mayor valor para el cliente.*

De las diferentes definiciones de marketing, podemos distinguir entre la definición social y la definición empresarial. La definición social refleja la función que desempeña el marketing en la sociedad. Un experto en marketing llegó a decir que la función del marketing es "lograr un mejor nivel de vida". A este respecto, una definición muy útil sería la siguiente: *el marketing es un proceso social por el cual tanto grupos como individuos consiguen lo que necesitan y desean mediante la creación, la oferta y el libre intercambio de productos y servicios de valor para otros grupos o individuos.*

En cuanto a la definición empresarial, el marketing se ha descrito a menudo como "el arte de vender productos". Sin embargo, muchos se sorprenden cuando estudian que la función más importante del marketing no consiste en vender productos: la venta no es más que la punta del iceberg. Peter Drucker, una autoridad en el campo de los negocios , lo explica como sigue:

> Cabe suponer que siempre será necesario vender. Sin embargo, el propósito del marketing es lograr que la venta sea algo superfluo. El objetivo del marketing es conocer y entender tan bien al consumidor que los productos o servicios se ajusten perfectamente a sus necesidades y se vendan solos. En una situación ideal, el marketing haría que los consumidores estuviesen dispuestos a comprar, y entonces sólo habría que hacerles llegar los productos o servicios.[3]

Cuando Sony diseñó el Play Station, cuando Gillette lanzó su Mach III o cuando Toyota introdujo los automóviles Lexus, vieron desbordadas sus expectativas de pedidos, precisamente porque habían diseñado el producto "adecuado" a partir de un cuidadoso trabajo de marketing.

Intercambios y transacciones

Un producto se puede conseguir de cuatro formas diferentes. Uno puede fabricar el producto o servicio por sí mismo, por ejemplo a través de la caza, la pesca o la recolección de frutos. También se puede utilizar la fuerza, como por ejemplo en un atraco o en un robo. Puede pedirlo, como cuando los mendigos piden comida. O puede ofrecer otro producto, servicio o dinero, a cambio de lo que quiere conseguir.

Un **intercambio**, el concepto central del marketing, es todo proceso que consiste en conseguir de otro el producto que uno desea, ofreciendo algo a cambio. Para que exista un intercambio potencial se deben dar cinco condiciones:

1. Debe haber, al menos, dos partes.
2. Cada parte debe tener algo que la otra valore.
3. Cada parte es capaz de comunicarse y proporcionar valor.
4. Cada parte debe ser libre de aceptar o rechazar la oferta de intercambio.
5. Cada parte debe considerar adecuado o deseable negociar con la otra.

El éxito de un intercambio dependerá de si todas las partes implicadas logran ponerse de acuerdo en las condiciones que les harán colocarse en una situación mejor (o al menos, no peor) que la anterior. Los intercambios son procesos de generación de valor puesto que, por lo general, conducen a una situación mejor en comparación con la que prevalecía antes.

Cuando dos partes negocian, es decir, cuando intentan obtener condiciones beneficiosas para ambas, están participando en un proceso de intercambio. Si finalmente llegan a un acuerdo, entonces tiene lugar lo que se denomina una transacción. Una **transacción** es un canje de valores entre dos o más partes: A da X a B, y a cambio recibe Y. Smith le vende a Jones un televisor, y éste paga 400 dólares a Smith. Ésta es una transacción monetaria clásica; pero el dinero no necesariamente tiene que ser uno de los valores de cambio en las transacciones. El trueque es una transacción que consiste en el canje de bienes o servicios por otros bienes o servicios, como cuando un abogado redacta el testamento de un médico, y éste, a cambio, le realiza un chequeo completo.

Las transacciones tienen varias dimensiones: al menos dos objetos de valor, condiciones acordadas, y una fecha y un lugar para la transacción. Los sistemas legales las respaldan y velan por su cumplimiento: sin una normativa contractual, nadie confiaría en las transacciones y todos perderíamos.

Una transacción no es lo mismo que una transferencia. En una **transferencia**, A da X a B, pero a cambio no recibe nada tangible. Los regalos, las subvenciones o las donaciones destinadas para caridad son transferencias. Sin embargo, una transferencia se puede entender a través del concepto de intercambio. Por lo regular, todo aquel que realiza una transferencia espera recibir algo a cambio, por ejemplo, gratitud por parte del receptor o un cambio en su comportamiento. Los recaudadores de fondos profesionales suelen ofrecer algo a cambio (tarjetas de agradecimiento, publicaciones para donantes, invitaciones a eventos, etc.). Los expertos han ampliado el concepto de marketing para incluir el estudio de las transacciones y de las transferencias.

En un sentido más genérico, los mercadólogos, buscan generar la reacción de un tercero. Así, una empresa quiere una venta, un político un voto, una parroquia un feligrés, y un grupo de acción social la solidaridad con su causa. El marketing consiste en todas aquellas acciones que se toman para generar la respuesta deseada de un grupo meta.

Para conseguir intercambios rentables, los mercadólogos estudian lo que cada parte espera de la transacción. Incluso las situaciones de intercambio más sencillas se pueden esquematizar reflejando los dos actores del intercambio, sus necesidades y las ofertas que presentan. Imagine que John Deere, líder mundial en maquinaria agrícola, estudia los beneficios que espera una productora agrícola al comprar sus tractores, cosechadoras, sembradoras y fumigadoras. Entre estos beneficios se cuentan la buena calidad de la maquinaria, precio razonable, entrega puntual, buenas condiciones de financiamiento, refacciones y servicio de buena calidad. Estos elementos de valor no tienen la misma importancia para todos los compradores, de modo que lo que John Deere tiene que hacer es descubrir la importancia relativa de estas ventajas para cada cliente potencial.

John Deere también ha elaborado su lista de expectativas. Espera un buen precio a cambio de la maquinaria, un pago puntual y una buena publicidad de persona a persona. Si la lista de John Deere y la del comprador coinciden o son compatibles, entonces existe una base para la transacción. Lo que tendrá que hacer John Deere a continuación será diseñar una oferta que motive a la compañía agrícola a comprar su maquinaria. Por su parte, la productora agrícola podrá presentar una contraoferta. Este proceso de negociación desembocará en condiciones aceptables para ambas partes, o en la decisión de no proceder a la transacción.

¿Para qué es útil el marketing?

Los responsables del marketing aplican esta disciplina, al menos, en 10 rubros: bienes, servicios, experiencias, eventos, personas, lugares, propiedades, organizaciones, información e ideas.

BIENES La mayor parte de la producción y del esfuerzo en marketing de cualquier país se destina a los productos. Las empresas comercializan cada año miles de millones de productos alimenticios frescos, enlatados, envasados o congelados, y millones de automóviles, refrigeradores, televisores y otros productos comunes en la economía moderna. No sólo las empresas venden sus productos, también los particulares, en gran parte gracias a Internet, pueden intercambiar bienes de forma eficaz.

SERVICIOS A medida que avanzan las economías, una proporción cada vez mayor de sus actividades se concentran en la prestación de servicios. En la actualidad, la proporción de servicios frente a bienes en la economía estadounidense es de 70 frente a 30. Los servicios engloban a las aerolíneas, los hoteles, las empresas de alquiler de vehículos, las peluquerías y salones de belleza, las reparaciones y el mantenimiento; y a los profesionales, que trabajan dentro de las compañías o para ellas, como contadores, banqueros, abogados, ingenieros, médicos, programadores y consultores. Muchas ofertas de mercado se componen de una combinación mixta de bienes y servicios. Por ejemplo, en un restaurante de comida rápida, el cliente consume tanto el producto como el servicio.

EVENTOS Los mercadólogos promueven eventos que tienen lugar con cierta periodicidad, como por ejemplo grandes ferias comerciales, espectáculos artísticos o aniversarios de empresas. Los eventos deportivos de alcance mundial como los Juegos Olímpicos o los mundiales de fútbol se promueven de forma insistente, tanto de cara a las empresas como de cara a los aficionados. Existe toda una profesión de organizadores de eventos que cuidan todos los detalles y se aseguran de planearlos para que se desarrollen a la perfección.

EXPERIENCIAS Una empresa puede crear, representar y comercializar experiencias, combinando la utilización de varios bienes y servicios. Magic Kingdom de Walt Disney World es un claro ejemplo de marketing de experiencias: los consumidores visitan un reino de hadas, un barco pirata o una casa encantada. También el Hard Rock Café representa este tipo de marketing, puesto que los clientes pueden comer y presenciar un concierto de un grupo musical en vivo. Asimismo, existe un mercado diferente de experiencias personalizadas como, por ejemplo, pasar una semana en un campamento de béisbol jugando con algunos de los grandes jugadores ya retirados, pagar por dirigir la Orquesta Sinfónica de Chicago durante cinco minutos o escalar el Monte Everest.[4]

PERSONAS El marketing de famosos es un gran negocio. En la actualidad, cualquier estrella de cine tiene contratados a un representante, a un manager personal y a una agencia de relaciones públicas. Los músicos y, en general, todos los artistas, los presidentes de las empresas, los médicos, los abogados y los economistas de reconocido prestigio, así como otros profesionales, recurren a los mejores especialistas en marketing.[5] Algunas de estas personas se han convertido ellas mismas en verdaderas obras de arte del marketing; tal es el caso de Madonna, Oprah Winfrey, los Rolling Stones, Aerosmith y Michael Jordan. El experto en negocios Tom Peters, un maestro en el arte de la autopromoción, aconseja a sus clientes que se conviertan en "marcas".

LUGARES Ciudades, estados, regiones y países compiten activamente entre sí para atraer turistas, fábricas, sedes de empresas y nuevos habitantes.[6] Los profesionales dedicados al marketing de lugares incluyen especialistas en desarrollo económico, agentes inmobiliarios, bancos comerciales, asociaciones de empresas locales, así como agencias de publicidad y relaciones públicas. Ciudades como Indianápolis, Charlotte o Raleigh-Durham intentan atraer a nuevos habitantes de entre 20 y 29 años mediante anuncios, relaciones públicas y otras vías de comunicación, con el fin de alimentar el sector de la tecnología de punta y el espíritu emprendedor. Louisville, en Kentucky, invierte un millón de dólares al año en mensajes de correo electrónico, eventos y anuncios publicitarios para convencer a los jóvenes de entre 20 y 30 años de la calidad de vida de la ciudad y de las demás ventajas que ofrece.

DERECHOS DE PROPIEDAD Los derechos de propiedad son derechos de posesión, que pueden recaer tanto sobre activos físicos (bienes inmuebles) como sobre activos financieros (acciones y bonos). Estos derechos se compran y se venden, y para ello es necesario el marketing. Los agentes inmobiliarios trabajan para los propietarios o para los interesados en adquirir un inmueble residencial o comercial. Las empresas de inversión y los bancos intervienen en la promoción de valores tanto para inversionistas institucionales como para particulares.

ORGANIZACIONES Las organizaciones trabajan activamente para crearse una imagen fuerte, positiva y exclusiva de cara a su público meta. En consecuencia, invierten considerablemente en publicidad para forjar su identidad empresarial. Philips, la empresa holandesa de electrónica, incluye en todos sus anuncios el eslogan "Hagamos mejor las cosas". En el Reino Unido, el programa de marketing "Un poquito ayuda" de Tesco ha situado a la empresa a la cabeza de las cadenas de supermercados del país. Las universidades, los museos, las organizaciones artísticas y de beneficencia también hacen uso del marketing para fomentar su imagen pública y para competir con más éxito en su búsqueda de fondos y audiencia.

INFORMACIÓN La información se puede generar y comercializar igual que cualquier otro producto. Básicamente, esto es lo que producen y distribuyen los colegios y las universidades a padres, estudiantes y comunidades, a cambio de un determinado precio. Las enciclopedias y la mayoría de los libros que no son del género de ficción comercializan información. Publicaciones como *Road and Track* y *Byte* ofrecen información valiosa sobre el mundo del automóvil y de la informática, respectivamente. La producción, presentación y distribución de la información constituyen una de las principales industrias de nuestra sociedad.[7] Incluso aquellas empresas que venden productos físicos intentan añadirles valor mediante el uso de la información. Por ejemplo, el presidente de Siemens Medical Systems, Tom McCausland, afirma: "Nuestro producto no necesariamente son los rayos X o la resonancia magnética, sino la información. En realidad, nuestro negocio es la tecnología de la información aplicada a la salud, y así, nuestro producto final es un historial médico electrónico: información sobre pruebas de laboratorio, patologías y medicamentos."[8]

IDEAS Toda oferta de marketing implica una idea básica. Charles Revson, de Revlon, afirma: "En las fábricas producimos cosméticos, en las tiendas vendemos esperanza." Tanto los productos como los servicios son plataformas que permiten vender una idea o un beneficio. Los especialistas del marketing social, por ejemplo, se ocupan de promover ideas como "Si bebes no manejes" o "No pierdas la cabeza, úsala".

¿Quién ejerce el marketing?

MERCADÓLOGOS Y MERCADO META Se entiende por **mercadólogo** cualquier persona que busca generar una respuesta (captar la atención, propiciar una compra, obtener un voto o un donativo) de terceros, que conforman su **mercado meta**. Si ambas partes tienen interés similar en el intercambio, uno y otro podrían considerarse mercadólogos.

This is the watch Stephen Hollingshead, Jr. was wearing when he encountered a drunk driver.
Time of death 6:55pm.

Friends Don't Let Friends Drive Drunk.

Éste es el reloj que llevaba Stephen Hollingshead Jr. cuando se encontró con un conductor ebrio. Hora de la muerte: 6.55 P.M. Los amigos no dejan que sus amigos conduzcan bajo los efectos del alcohol. Este anuncio de la campaña "Los amigos no dejan que sus amigos conduzcan bajo los efectos del alcohol" promueve una idea, no un producto.

Los responsables del marketing reciben formación para estimular la demanda de los productos de su empresa. Sin embargo, este planteamiento resulta demasiado limitado para lo que en realidad hacen estos profesionales. Al igual que los profesionales de la producción y de la logística son responsables de la dirección de la oferta, los mercadólogos son responsables de la dirección de la demanda. Los gerentes de marketing tratan de influir sobre el nivel, el momento y la composición de la demanda de su empresa para cumplir con los objetivos de ésta. Existen ocho estados de demanda diferentes:

1. *Demanda negativa*—Los consumidores desaprueban el producto e incluso estarían dispuestos a pagar para evitarlo.
2. *Demanda inexistente*—Los consumidores no conocen el producto o no les interesa.
3. *Demanda latente*—Los consumidores comparten una necesidad que ningún producto existente satisface.
4. *Demanda en declive*—Los consumidores adquieren el producto con menor frecuencia o dejan de adquirirlo.
5. *Demanda irregular*—La demanda varía según la estación, o bien, cada mes, cada semana, diariamente o incluso en cuestión de horas.
6. *Demanda completa*—Los consumidores adquieren justamente el volumen de productos que constituyen la oferta en el mercado.
7. *Demanda excesiva*—El número de consumidores que desea adquirir el producto es superior al volumen de unidades ofrecidas.
8. *Demanda indeseable*—Los consumidores se sienten atraídos por productos que acarrean consecuencias sociales indeseables.

En cada caso, los mercadólogos deberán identificar las causas subyacentes en el estado de la demanda y elaborar un plan de acción para modificarla hacia el estado que se pretende alcanzar.

MERCADOS Tradicionalmente, un "mercado" era aquel lugar en el que vendedores y compradores se reunían para comprar y vender bienes. Los economistas describen un mercado como el conjunto de compradores y vendedores que negocian con un producto concreto o con una clase de productos determinada (por ejemplo, el mercado inmobiliario o el mercado de cereales). En las economías modernas abundan estos mercados. La figura 1.1 muestra cinco mercados básicos y sus interconexiones. Los productores recurren al mercado de recursos (mercado de materias primas, mercado de trabajo y mercado de dinero), adquieren recursos y los utilizan para fabricar bienes y servicios. Por último, venden sus productos terminados a los intermediarios, que a su vez los venden a los consumidores. Estos últimos venden su trabajo y, a cambio, reciben dinero con el que pagan los bienes y los servicios que compran. El gobierno recauda impuestos para adquirir bienes de los mercados de recursos, productores e intermediarios, y emplea estos bienes y servicios para prestar servicios públicos. Tanto las economías nacionales como la economía mundial se componen de conjuntos de mercados vinculados entre sí mediante procesos de intercambio.

Por otra parte, los mercadólogos utilizan el término *mercado* para referirse a las distintas agrupaciones de consumidores. Así, entienden que los vendedores constituyen la industria y los compradores constituyen el mercado. Hablan de mercados de necesidades (el mercado de todos aquellos que buscan seguir una dieta), de mercados de productos (por ejemplo, el mercado del calzado), de mercados demográficos (el mercado formado por jóvenes), o de mercados geográficos (el mercado francés). También amplían el concepto para abarcar otros mercados, como el de votantes, el de trabajadores o el de donantes. La figura 1.2 muestra la relación entre la industria y el mercado. Vendedores y compradores están conectados

| FIG. **1.1** |

Estructura de flujos en una economía moderna.

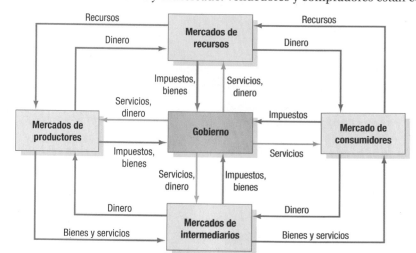

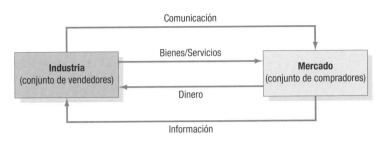

| FIG. **1.2** |

Un sistema de marketing sencillo.

entre sí por cuatro flujos. La industria ofrece bienes, servicios y comunicaciones (anuncios, publicidad por correo) al mercado, y a cambio recibe dinero e información (actitudes y datos de ventas). Las conexiones internas muestran un intercambio de dinero por bienes y servicios, y las externas muestran un intercambio de información.

CLASES DE MERCADOS Veamos cuáles son los principales tipos de mercados: de consumidores, de empresas, mercados globales y mercados no lucrativos.

Mercados de consumidores Las empresas que venden bienes y servicios de consumo masivo, como bebidas refrescantes, cosméticos, boletos de avión, calzado y equipo deportivo, invierten mucho tiempo en crear una imagen de marca superior. Gran parte de la fuerza de una marca depende de si se consigue desarrollar un producto y un empaque superiores, de si se logra garantizar su disponibilidad, y de si se respalda con una publicidad atractiva y con un servicio fiable. El mercado de consumidores está en constante evolución, lo que complica considerablemente esta tarea (véase el recuadro *Marketing en acción: Nuevas posibilidades para los consumidores*).

Mercados de empresas Las empresas que venden bienes y servicios a otras empresas se enfrentan a un mercado de profesionales bien formados e informados, capaces de valorar las diferentes ofertas competidoras. Las empresas compran bienes para poder fabricar o revender un producto a terceros y, a cambio, obtener un beneficio. Los profesionales del marketing dirigido a empresas deben demostrar cómo contribuirán sus productos a que las compañías consigan mayores ingresos o puedan reducir costos. La publicidad desempeña un papel importante, pero más importante aún resultan la fuerza de ventas, el precio y la reputación de lealtad y calidad de los productos que ofrece la empresa.

Mercados globales Las empresas que venden bienes y servicios en el mercado internacional se enfrentan a decisiones y desafíos adicionales. Por ejemplo, deben decidir en qué países estarán presentes, cómo entrarán en cada país (como exportador, mediante la con-

MARKETING EN ACCIÓN | **NUEVAS POSIBILIDADES PARA LOS CONSUMIDORES**

La revolución digital ofrece tanto a los consumidores como a las empresas una serie de posibilidades nuevas. Veamos qué tienen hoy los consumidores que no tenían en el pasado:

■ *Incremento considerable en el poder de compra.* En la actualidad, los compradores están a sólo un click de poder comparar precios y atributos de productos de diferentes empresas. Pueden obtener respuestas en cuestión de segundos gracias al Internet. No necesitan dirigirse a centros comerciales, estacionarse, esperar en la fila, ni conversar con los vendedores. Los consumidores pueden, incluso, proponer el precio que están dispuestos a pagar por una habitación de hotel, un boleto de avión o una hipoteca, y esperar a ver si algún proveedor está dispuesto a aceptarlo. En ocasiones, las empresas realizan subastas a la inversa, en las que los vendedores compiten por conseguir el negocio del comprador. Por su parte, los compradores se pueden asociar con otros para realizar una compra en conjunto y conseguir mayores descuentos por volumen.

■ *Gran variedad de bienes y servicios disponibles.* Actualmente se puede comprar casi todo a través de Internet: muebles (Ethan Allen), lavadoras (Sears), servicios de consultoría ("Ernie"), asesoría médica (WebMD). Amazon se anuncia como la librería más grande del mundo, con más de tres millones de títulos y ninguna librería tradicional

puede competir con esto. Además, los compradores pueden hacer sus pedidos desde cualquier parte del mundo, lo que supone grandes ahorros para las personas que viven en lugares donde la oferta es limitada y local. Esto también supone que los compradores de países con precios elevados pueden reducir los costos realizando sus pedidos en países con precios más bajos.

■ *Gran cantidad de información sobre cualquier cosa.* En la actualidad es posible leer periódicos en todos los idiomas y de todos los países del mundo. Asimismo, se puede tener acceso a enciclopedias *on line*, diccionarios, información médica, críticas cinematográficas, informes de consumidores y a un sinfín de fuentes de información.

■ *Mayor facilidad para interactuar y realizar y recibir pedidos.* Los compradores de hoy pueden realizar sus pedidos desde su hogar, oficina o teléfono celular las 24 horas al día, siete días a la semana, y los pedidos se recibirán sin demora en el hogar o en la oficina.

■ *Capacidad para compartir información sobre productos y servicios.* Los consumidores actuales tienen la posibilidad de participar en cualquier sala de *chat* que trate sobre un tema de interés común e intercambiar información y opiniones.

Marketing global: Escalada sobre un anuncio de Coca-Cola para captar atención (y clientes) en el primer Festival Internacional de Bebidas refrescantes de China, celebrado en Beijing en el 2003.

cesión de licencias, a través de sociedades de capital de riesgo, como fabricante subcontratado o como fabricante independiente), cómo adaptarán las características de sus productos o servicios una vez dentro, qué precio fijarán para sus productos en los distintos países y cómo adaptarán sus comunicaciones a las diferentes prácticas culturales locales. Estas decisiones se deben tomar teniendo en cuenta las peculiaridades de la venta, la negociación y las reglas que rigen la propiedad en cada país, pero también las diferencias culturales, lingüísticas, legales y políticas, además de las fluctuaciones de la moneda propia de cada nación.

Mercados no lucrativos y sector público Las empresas que venden sus productos a organizaciones no lucrativas como iglesias, universidades, instituciones de beneficencia o entidades gubernamentales deben prestar mucha atención al precio de sus productos puesto que estas organizaciones suelen tener una capacidad de compra limitada. Los precios reducidos influyen sobre las características y la calidad que puede ofrecer el vendedor. Muchas de las compras del sector público se realizan mediante licitaciones en las que, por lo general, se elige la oferta de menor precio cuando las características de las demás ofertas son similares.

MERCADOS, CIBER-MERCADOS Y META-MERCADOS Actualmente podemos distinguir entre un *mercado físico* y un *mercado virtual*. El primer concepto se refiere al lugar físico, como cuando se compra en una tienda, mientras que el segundo concepto es digital, como cuando se compra a través de Internet.[9]

Mohan Sawhney ha propuesto el concepto de *meta-mercado* para describir un conjunto de productos y servicios complementarios que los consumidores consideran estrechamente relacionados, pero que se fabrican en sectores industriales diferentes. Por ejemplo, el meta-mercado del automóvil está formado por fabricantes de automóviles, concesionarios de vehículos nuevos y usados, compañías financieras, empresas aseguradoras, talleres de reparación, tiendas de refacciones, talleres de servicio, revistas automovilísticas, la sección de anuncios clasificados del periódico y las páginas Web de automóviles en Internet. A la hora de adquirir un automóvil, el comprador entra en contacto con numerosos componentes de este meta-mercado, lo que constituye una magnífica oportunidad para que los meta-intermediarios asesoren a los compradores de modo que éstos se desplacen sin problema por todas estas categorías del mercado, a pesar de estar separadas físicamente. Un ejemplo es

Edmund (www.edmunds.com), un sitio Web en el que un comprador de automóviles puede valorar las características y los precios de los diferentes vehículos, y de ahí dirigirse fácilmente a otros sitios Web para buscar al concesionario que ofrece el mejor precio, información sobre planes de financiamiento, accesorios o sobre autos usados a precios de ganga. Los meta-intermediarios también pueden participar en otros meta-mercados como el de los derechos de propiedad, el de los servicios de cuidado para los niños, o el de las bodas.[10]

Cómo han evolucionado las empresas y el marketing

Un libro publicado recientemente, titulado *Beyond Disruption*, elogia a empresas como Apple, Sony y TAG Heuer por conseguir un crecimiento exponencial en las ventas, a pesar de operar en sectores consolidados, pero estancados.[11] La explicación propuesta para estas historias de éxito es que tales empresas han logrado tener una visión clara de la dirección que debían tomar sus marcas y han desafiado las convenciones del marketing sobre la innovación, la publicidad y otros elementos. Asimismo, otro libro reciente titulado *Radical Marketing* destaca a empresas como Harley-Davidson, Virgin Atlantic Airways y Boston Beer, por adoptar un enfoque de marketing alternativo que consiste en aprovechar al máximo los recursos limitados, mantener un contacto estrecho con los clientes y crear soluciones más satisfactorias para las necesidades de los consumidores. (Véase el recuadro *Cuestiones clave: Los 10 mandamientos del marketing radical.*)

En la actualidad se puede decir con certeza que "el mercado ya no es lo que era". En efecto, el mercado ha cambiado en forma radical como consecuencia de fuerzas sociales muy potentes y en ocasiones interrelacionadas, que han generado nuevas conductas, oportunidades y desafíos.

■ *Cambios tecnológicos.* La revolución digital ha dado paso a la era de la información. La era industrial se caracterizaba por la producción y el consumo masivos, por establecimientos repletos de inventario, publicidad por todos lados y descuentos desenfrenados. La era de la información promete niveles de producción más precisos, comunicaciones mejor dirigidas y precios más adecuados. Es más, en la actualidad, gran parte de los negocios se realizan a través de redes electrónicas: intranet, extranet e Internet.

■ *Globalización.* Los avances tecnológicos en el transporte de mercancías y en las comunicaciones han propiciado que las empresas comercialicen sus productos y servicios en otros países, y han facilitado el acceso de los consumidores a productos y servicios extranjeros.

■ *Desregulación.* Muchos países han liberalizado sus industrias para generar una mayor competencia y mejores oportunidades de crecimiento. En Estados Unidos, las empresas de telefonía de larga distancia compiten ahora en mercados locales, y las compañías telefóni-

---

CUESTIONES **CLAVE** | LOS 10 MANDAMIENTOS DEL MARKETING RADICAL

En su libro *Radical Marketing*, Sam Hill y Glenn Rifkin presentan una serie de directrices que ayudarán a las empresas a poner en práctica el marketing radical.

1. *El director general debe reservarse la función de marketing.* Los directores generales nunca delegan la responsabilidad de marketing.

2. *El departamento de marketing debe ser reducido y sólido, y permanecer así.* Los directores generales no deben permitir que otros niveles de dirección se interpongan entre el mercado y ellos.

3. *Reúnase personalmente con las personas más importantes, los clientes.* Los profesionales del marketing radical conocen las ventajas de la interacción directa con los clientes.

4. *Sea precavido con los estudios de mercado.* Los mercadólogos que utilizan el marketing radical prefieren métodos más básicos.

5. *Contrate exclusivamente a misioneros apasionados y no a meros vendedores.* Los profesionales del marketing radical "no contratan vendedores, contratan misioneros".

6. *Ame y respete a los clientes como individuos; no los considere simples números de una hoja de cálculo.* Los mercadólogos radicales son conscientes de que el éxito de una empresa se debe en gran parte a sus clientes.

7. *Construya una comunidad de clientes.* Los entusiastas del marketing radical "animan a sus clientes a que se consideren miembros de una comunidad y que conciban la marca de la empresa como el elemento unificador de esa comunidad".

8. *Reconsidere su mezcla de marketing.* Por ejemplo, los seguidores del marketing radical emplean la "publicidad de precisión quirúrgica", caracterizada por sus campañas publicitarias breves y bien dirigidas.

9. *Celebre el sentido común y compita con rivales de mayor tamaño con propuestas de marketing frescas y alternativas.* Por ejemplo, los mercadólogos que utilizan el marketing radical limitan la distribución de sus productos para conseguir lealtad y compromiso por parte de distribuidores y clientes.

10. *Sea fiel a la marca.* Los profesionales del marketing radical "viven obsesionados con la integridad de sus marcas y tienen fijación con la calidad".

Fuente: Sam Hill y Glenn Rifkin, *Radical Marketing* (Nueva York: HarperCollins, 1999), pp. 19–31.

cas locales pueden prestar servicios de larga distancia. De manera similar, las compañías eléctricas también tienen la posibilidad de incursionar en otros mercados locales.

■ ***Privatización.*** Muchos países han privatizado empresas públicas para aumentar su eficiencia, como es el caso de British Airways y British Telecom en el Reino Unido.

■ ***Empowerment o facultamiento de los consumidores.*** Los consumidores esperan una calidad y un servicio mejor, y más personalizado. Y también, cada vez más, buscan rapidez y comodidad. Asimismo, perciben menos diferencias reales entre productos y se muestran menos leales a las marcas. Pueden conseguir información exhaustiva sobre los productos a través de Internet y otras fuentes de información, lo que les permite comprar de manera más inteligente. Además, en su búsqueda de valor, muestran una mayor sensibilidad al precio.

■ ***Personalización.*** Las empresas son capaces de fabricar productos diferenciados individualmente, ya sea que los consumidores los ordenen en persona, por teléfono o a través de Internet. Al establecerse en Internet, las empresas permiten a los consumidores diseñar sus propios productos. Las empresas también tienen la posibilidad de interactuar con los consumidores individualmente, *personalizando* mensajes, servicios y relaciones. Gracias a un software adecuado y a un nuevo equipo de producción, la empresa de venta por catálogo Lands' End comenzó a vender pantalones personalizados de origen chino en 2001 y en la actualidad está expandiendo su oferta de productos de este tipo. Como los artículos se elaboran sobre pedido, la empresa no necesita almacenar demasiado inventario.[12]

■ ***Mayor competencia.*** Las empresas que dirigen sus productos a mercados masivos se enfrentan a una competencia más intensa por parte de fabricantes nacionales y extranjeros, lo que genera un incremento en los costos de promoción y limita los márgenes de ganancia. Además, tienen que lidiar con minoristas poderosos que disponen de poco espacio en los estantes y sacan la marca propia del distribuidor a competir con las marcas nacionales.

■ ***Convergencia sectorial.*** Las fronteras entre los sectores desaparecen a una velocidad vertiginosa, a medida que las empresas notan que las nuevas oportunidades residen en la intersección de dos o más sectores industriales. Las empresas farmacéuticas, que anteriormente eran en esencia compañías de productos químicos, ahora añaden a sus líneas de investigación la biogenética, con el fin de formular nuevos medicamentos, nuevos cosméticos (cosmocéutica) y nuevos alimentos (nutricéutica). En la actualidad, Shiseido, la empresa japonesa de cosmé-

Cosmocéutica: un anuncio de medicamentos dermatológicos de Shiseido, empresa japonesa de cosmética. La línea de productos WS/SIS está pensada para eliminar las manchas en la piel y las pecas, e incluye crema limpiadora, loción, emulsión, crema blanqueadora para día y noche y medicación por vía oral. Sólo se vende en Japón, sobre todo en farmacias.

ticos, comercializa una gran gama de medicamentos dermatológicos. En la navidad de 2003 asistimos a la convergencia de los sectores de la informática y de la electrónica, cuando empresas como Dell, Gateway y Hewlett-Packard lanzaron una serie de equipos de entretenimiento (desde reproductores de MP3 hasta televisores de plasma y videocámaras). Este giro hacia la tecnología digital, en la que los dispositivos con contenido de entretenimiento cada vez se parecen más a las computadoras personales, está alimentando esta convergencia masiva.[13]

■ ***Transformación de la venta al menudeo o minorista.*** Los minoristas de menor tamaño están sucumbiendo ante el creciente poder de los minoristas gigantes y de los "category killers" (tiendas eliminadoras por categorías). Los minoristas que venden en sus establecimientos se enfrentan a una creciente competencia que representan las ventas por catálogo; las empresas de marketing directo a través del correo; los anuncios que aparecen en televisión, periódicos y revistas; las ventas por televisión y el comercio electrónico en Internet. Ante esto, los minoristas más emprendedores están introduciendo elementos de ocio en sus establecimientos como cafeterías, conferencias, demostraciones y espectáculos. En lugar de presentar un surtido de productos, ofrecen un surtido de "experiencias".

■ ***No-intermediarios.*** El increíble éxito de las primeras compañías "punto-com" como AOL, Amazon, Yahoo, eBay, E'TRADE, y de muchos otros que introdujeron *el concepto de no-intermediarios* en la distribución de productos y en la prestación de servicios, sembró el pánico entre muchos fabricantes y minoristas consolidados. Frente a este fenómeno, muchas empresas se lanzaron como *intermediarios* y también se establecieron en Internet para añadir servicios *on line* a su oferta existente. Muchas de estas empresas están ejerciendo una competencia feroz para las empresas con presencia exclusiva en Internet, puesto que cuentan con mayores recursos y con marcas consolidadas.

::: Orientaciones de las empresas hacia el mercado

¿Qué filosofía debería guiar los esfuerzos de marketing de una empresa? ¿Qué valor se le debería dar a los intereses de la organización, de los consumidores y de la sociedad? Con frecuencia, estos intereses suelen estar en conflicto. Los enfoques competitivos en los que las empresas se basan a la hora de definir sus actividades de marketing son los siguientes: el enfoque de producción, el de producto, el de ventas, el de marketing y el enfoque de marketing holístico.

El enfoque de producción

El enfoque de producción es uno de los más antiguos en el mundo de los negocios. Este enfoque sostiene que los consumidores favorecerán aquellos productos fáciles de conseguir y de bajo costo. Los directivos de las empresas que adoptan el enfoque de producción concentran sus esfuerzos en conseguir una gran eficiencia productiva, costos bajos y distribución masiva. Este enfoque resulta muy eficaz en países en desarrollo como China, donde el mayor fabricante de computadoras, Legend, y un gigante de los electrodomésticos, Haier, aprovechan la abundante mano de obra barata del país para dominar el mercado. Asimismo, este enfoque resulta útil cuando una empresa quiere ampliar su mercado.[14]

El enfoque de producto

Este enfoque sostiene que los consumidores favorecerán aquellos productos que ofrezcan la mejor calidad, los mejores resultados o las características más innovadoras. Los directivos de las empresas que adoptan este enfoque concentran sus esfuerzos en fabricar productos bien hechos y en mejorarlos continuamente. Sin embargo, en ocasiones, estos directivos se "enamoran" de sus productos. Esto les puede llevar a caer en la falacia de la "mejor ratonera", que consiste en creer que una mejor ratonera, definida según los criterios del fabricante, atraerá en masa a los consumidores. Además, un producto nuevo o mejorado no necesariamente cosechará éxitos si no se distribuye, anuncia y comercializa en forma adecuada, o si no se vende a un precio razonable.

El enfoque de ventas

El enfoque de ventas sostiene que si no se anima a los consumidores o a las empresas a que compren, no adquirirán suficientes productos de la empresa. Por tanto, la empresa tiene que realizar esfuerzos de promoción y ventas muy intensos. Sergio Zyman, ex vicepresidente de Coca-Cola, es la personificación del enfoque de ventas. En su opinión, el propósito del marketing es vender más cosas, a más gente, con mayor frecuencia, a cambio de más dinero, con el fin de conseguir mayores beneficios.[15]

El enfoque de ventas se aplica sobre todo con los bienes "no buscados", es decir, con aquellos bienes que normalmente los consumidores no piensan en adquirir, como por ejemplo las pólizas de seguros, las enciclopedias o los servicios funerarios. La mayoría de las empresas que practican el enfoque de ventas suelen tener un exceso de capacidad productiva. Su objetivo es vender todo aquello que producen en lugar de producir lo que demanda el mercado. Sin embargo, el marketing basado en una venta agresiva implica riesgos elevados. Este enfoque supone que el producto gustará a todos los consumidores a los que se persuade para que lo compren y que, de no ser así, no lo devolverán, ni hablarán mal de él, ni se lamentarán ante las organizaciones de consumidores, y que, además, volverán a comprarlo.

El enfoque de marketing

El enfoque de marketing surgió a mediados de los años cincuenta.[16] En lugar de seguir con la filosofía centrada en el producto, de "fabricar y vender", las empresas cambiaron a una filosofía centrada en el consumidor que consiste en "detectar y responder". En lugar de "cazar" se empezó a "cultivar". El marketing no se concentraba en encontrar al consumidor adecuado para el producto, sino en desarrollar los productos adecuados para los consumidores. El enfoque de marketing sostiene que la clave para lograr los objetivos de las organizaciones consiste en ser más eficaz que la competencia a la hora de generar, ofrecer y comunicar un mayor valor al mercado meta.

> Theodore Levitt, de Harvard, hizo una comparación muy inteligente entre el enfoque de ventas y el de marketing: el enfoque de ventas se centra en las necesidades del vendedor; el enfoque de marketing en las necesidades del comprador. El enfoque de ventas piensa en la necesidad que tiene el vendedor de convertir su producto en dinero; el enfoque de marketing en la idea de satisfacer las necesidades de los consumidores a través del producto y del conjunto de beneficios asociados con su creación, entrega, y finalmente, su consumo.[17]

Numerosos estudios han demostrado que las empresas que adoptan un enfoque de marketing consiguen mejores resultados.[18] Inicialmente, esto se comprobó con las empresas que adoptaban un *enfoque de marketing reactivo* (consistente en entender y satisfacer las necesidades que expresaban los consumidores). Algunos críticos afirmaron que esto suponía limitar en exceso la innovación de las empresas. Narver y su colegas argumentaron que se podía conseguir un elevado nivel de innovación si uno se concentraba en las necesidades latentes de los consumidores, lo que denominaron *enfoque de marketing proactivo*.[19] Empresas como 3M, HP y Motorola han hecho de la investigación y de la detección de las necesidades latentes de los consumidores toda una práctica, mediante un proceso de "prueba y aprende". Las empresas que adoptan simultáneamente enfoques de marketing reactivo y proactivo aplican un *enfoque de marketing total*, y son las que más posibilidades tienen de triunfar.

DIEBOLD

Diebold, el fabricante de cajeros automáticos (ATM, por sus siglas en inglés) con ventas anuales de 1,900 millones de dólares, no sólo se concentra en lo que quieren sus clientes, sino también en lo que buscan los clientes de sus clientes. Por ejemplo, esta empresa de North Canton, Ohio, no sólo desarrolla cajeros automáticos con pantallas más luminosas o más fáciles de instalar, sino que además incorpora características avanzadas para el usuario. Entre estas facilidades se incluyen la posibilidad de solicitar estados de cuenta, el pago automático de facturas y los depósitos al instante (con o sin sobre de ingreso). Con estas ventajas, los clientes de Diebold, principalmente instituciones financieras y minoristas, pueden ofrecer más servicios a sus clientes, fuera del horario comercial.[20]

En la transición hacia un enfoque de marketing, las empresas se encuentran con tres obstáculos: resistencia organizada, aprendizaje lento y olvido fácil. Algunos departamentos (normalmente el de producción, el de finanzas o el de investigación y desarrollo) creen que un departamento de marketing más fuerte constituye una amenaza para su poder en la organización. En principio, el marketing es una función similar a otras funciones importantes dentro de la empresa, en una relación de equilibrio. Sin embargo, los mercadólogos argumentan que su función es más importante. Algunos entusiastas van todavía más lejos y afirman que el marketing es la función principal de la empresa, puesto que sin clientes ésta no existiría. Los mercadólogos más progresistas intentan aclarar el asunto situando al cliente en el centro de la empresa. Abogan por adoptar una orientación hacia el cliente en la que todas las funciones de la empresa colaboren para responder, atender y satisfacer a los consumidores.[21]

El enfoque de marketing holístico

A lo largo de la década pasada aparecieron una serie de fuerzas que hicieron necesarias nuevas prácticas comerciales y de marketing. Las empresas cuentan con nuevas herramientas que pueden transformar el modo en el que habían practicado el marketing (véase el recuadro *Marketing en acción: Las ventajas de Internet*). Las empresas necesitan nuevas ideas sobre cómo operar y competir en un nuevo entorno de marketing. Los expertos del marketing del siglo XXI reconocen, cada vez más, la necesidad de aplicar un enfoque más completo y cohesivo que supere las aplicaciones tradicionales del enfoque de marketing. Veamos el caso de Puma.

PUMA

El fabricante alemán de calzado deportivo Puma ha aplicado el marketing holístico para convertir de una connotación de producto sentimental de los setenta a una connotación de calzado deportivo de moda. Puma recurre a diferentes enfoques de marketing, que operan de forma sinérgica, para colocarse como una marca de vanguardia y que impone moda. Diseña sus productos teniendo en cuenta los diferentes grupos de consumidores, por ejemplo, a los amantes del snowboard, o de las carreras de autos, o a los entusiastas del yoga. Para ello utiliza estudios de mercado que realizan sus socios minoristas. Puma también se dirige a los deportistas de élite: sus modelos más populares son el Mostro, calzado para caminar con una suela con cubierta especial, y el Speed Cat, un modelo de 65 dólares inspirado en el calzado de los pilotos de fórmula uno. Asimismo, se vale del "marketing viral" que se difunde de una persona a otra gracias a promociones muy bien estudiadas (como colaborar con BMW/Mini, Terence Conran Design Shop y el equipo olímpico de Jamaica), al tiempo que organiza eventos promocionales en restaurantes de sushi (como durante la Copa Mundial de Fútbol 2002), calza a Serena Williams y anuncia sus productos en programas de televisión y películas seleccionadas cuidadosamente. Y este enfoque está funcionando: las ventas de Puma han aumentado durante 10 años consecutivos, desde 1994 hasta 2004, hasta triplicarse.[22]

El **marketing holístico** se basa en el desarrollo, el diseño y la aplicación de programas, procesos y actividades de marketing reconociendo el alcance y la interdependencia de sus efectos. El marketing holístico es consciente de que "todo importa" en el marketing y de que es necesario adoptar una perspectiva amplia e integrada. Existen cuatro componentes del marketing holístico, que son: el marketing relacional, el marketing integrado, el marketing interno y el marketing social.

El marketing holístico, por tanto, es un enfoque de marketing que busca reconocer y reconciliar el alcance y la complejidad de todas las actividades de marketing. La figura 1.3 presenta una visión esquemática de los cuatro elementos que caracterizan la aplicación del enfoque de marketing holístico.

MARKETING RELACIONAL Uno de los objetivos clave del marketing actual es establecer relaciones firmes y duraderas con las personas o con las organizaciones que directa o indirectamente podrían influir en el éxito de las actividades de marketing de la empresa. El **marketing relacional** tiene por objeto establecer relaciones mutuamente satisfactorias y de largo plazo, con los participantes clave (consumidores, proveedores, distribuidores y otros socios de marketing) con el fin de conservar e incrementar el negocio.[23] El marketing relacional crea fuertes vínculos económicos, técnicos y sociales entre las distintas partes.

MARKETING **EN ACCIÓN** | LAS VENTAJAS DE INTERNET

En la actualidad, Internet ofrece a las empresas un conjunto de nuevas posibilidades:

- Con Internet, las empresas tienen a su disposición un canal de información y ventas con mayor alcance geográfico que les permite informar acerca de sus productos y promocionarlos a nivel internacional. Con una o varias páginas Web, las empresas pueden dar a conocer sus productos y servicios, su historia, su filosofía de negocio, sus oportunidades de empleo y otra información que resulte de interés para los visitantes. A diferencia de los anuncios o de los folletos publicitarios del pasado, Internet les permite transmitir una cantidad de información prácticamente ilimitada.

- Las empresas pueden conseguir más y mejor información sobre mercados, clientes reales y potenciales, y sobre sus competidores. Asimismo, para la investigación de mercados, pueden organizar sesiones de grupo, distribuir cuestionarios y recopilar información primaria de muchas otras maneras.

- Las empresas facilitan y agilizan la comunicación interna entre sus empleados a través de Internet, o bien, de una intranet privada. Los empleados pueden consultar y solicitar asesoría a sus compañeros, así como cargar o descargar información necesaria desde el servidor de la empresa hasta la computadora personal, y viceversa.

- Las empresas tienen la posibilidad de mantener comunicaciones bidireccionales con los clientes actuales y potenciales, y de ofrecerles transacciones más eficaces. Internet facilita la comunicación entre los consumidores y las empresas a través del correo electrónico, y cada vez más compañías desarrollan extranets con proveedores y distribuidores para enviar y recibir información, hacer pedidos y realizar pagos.

- Las empresas pueden enviar anuncios, cupones de descuento, muestras y cualquier información a los clientes que así lo soliciten o que hayan autorizado a la empresa a realizar tal envío.

- Las empresas pueden personalizar las ofertas y los servicios utilizando la información relativa al número y la frecuencia de visitas que recibe el sitio Web.

- Las empresas tienen la posibilidad de mejorar los procesos de compra, de contratación de personal, de entrenamiento y las comunicaciones internas y externas gracias a Internet.

- Asimismo, las empresas pueden lograr importantes ahorros a través de la comparación del precio de los distintos vendedores y comprando en subastas u ofreciendo sus propias condiciones al mejor postor. También es posible seleccionar personal a través de Internet. Muchas empresas incluso elaboran programas de entrenamiento para que sus empleados, intermediarios y agentes los descarguen de Internet.

- Las empresas pueden mejorar la logística y las operaciones, y, así, abatir costos sustancialmente, a la vez que mejoran la precisión y la calidad de los servicios. Internet es un medio más rápido y preciso para enviar y recibir información, pedidos, transacciones y pagos entre empresas, accionistas y clientes.

El marketing relacional conlleva el establecimiento de relaciones adecuadas con los grupos constitutivos adecuados. No sólo consiste en administrar las relaciones con los clientes, sino también las relaciones con los socios. Los cuatro componentes clave del marketing de relaciones son los clientes, los empleados, los socios de marketing (proveedores, canales, distribuidores, intermediarios, agencias), y los miembros de la comunidad financiera (accionistas, inversionistas, analistas).

El resultado final de un buen marketing relacional es la creación de un activo único para la compañía denominado red de marketing. Las **redes de marketing** están formadas por una empresa y las personas que la sustentan (clientes, empleados, proveedores, distribuidores, minoristas, agencias de publicidad, científicos investigadores, entre otros), con los que la empresa establece relaciones de negocio mutuamente rentables. Cada vez más, la competencia no se da tanto entre empresas, sino entre las diferentes redes de marketing. En consecuencia, la empresa que cuente con las mejores redes de marketing es la que cosechará más éxitos. El principio operativo es sencillo: construye una red de marketing eficaz y obtendrás beneficios.[24]

Para que una empresa pueda establecer relaciones sólidas necesita conocer las capacidades y los recursos de diferentes grupos, así como sus necesidades, objetivos y deseos. Gran parte de las empresas actuales perfilan ofertas, servicios y mensajes independientes para los distintos consumidores. Estas empresas recopilan información sobre las transacciones anteriores de cada consumidor, información demográfica, psicográfica y sobre sus preferencias de distribución y de medios de comunicación. Su objetivo es conseguir un crecimiento rentable mediante la captación de un mayor número de compras de los clientes generando un elevado nivel de lealtad y dando prioridad al valor de vida del cliente.

La capacidad actual que tienen las empresas para tratar con sus clientes de forma individual se debe a los progresos en la personalización industrial, en la informática, en el Internet y en el software para marketing. Así, en la actualidad, la tecnología de BMW permite a los compradores diseñar su propio modelo a partir de 350 variantes, 500 opciones, 90 colores de carrocería y 170 tipos de tapicería. La empresa afirma que el 80% de los autos vendidos en Europa y el 30% de los que se venden en Estados Unidos se fabrican al gusto del cliente. El gigante de los supermercados británicos Tesco está arrasando a su rival, Sainsbury, mediante la información que obtiene gracias a su tarjeta Clubcard para poder así personalizar sus ofertas en función de los atributos de cada consumidor.[25]

Sin embargo, esta práctica de marketing "uno a uno" no es adecuada para todas las empresas. La inversión necesaria para la recopilación de información, que incluye hardware y software, puede resultar excesiva. Por lo regular funciona para aquellas empresas que suelen recopilar grandes cantidades de información sobre los diferentes clientes, que manejan un gran número de productos que se pueden vender de forma cruzada, que comercializan productos que necesitan repuestos o actualizaciones periódicamente o que venden productos de gran valor.

Mantener relaciones productivas y polifacéticas con los agentes clave es la base para firmar acuerdos benéficos para todos. Por ejemplo, General Mills se cansó de que sus camiones volvieran vacíos al punto de origen, hasta un 15% de las veces, una vez completado el reparto. Por ello, esta empresa inició un programa con Fort James y otras 12 empresas para transformar las rutas de entrega de ida en un circuito nacional con un equipo de camiones contratados. Así, General Mills consiguió reducir el tiempo que sus camiones estaban vacíos hasta un 6%, ahorrándose el 7% de los costos de transportación con este proceso.[26]

| FIG. **1.4** |

Las cuatro P de la mezcla de marketing.

MARKETING INTEGRADO Los responsables del marketing se encargan de idear las actividades y de ensamblar los distintos programas de marketing integrado para crear, comunicar y generar valor para los clientes. Un programa de marketing implica numerosas decisiones en distintas áreas destinadas a incrementar el valor para los consumidores. Estas actividades de marketing adoptan todo tipo de formas. Una descripción tradicional de las actividades de marketing se sintetiza en el concepto de mezcla de marketing, que se define como el conjunto de herramientas que utiliza una empresa para conseguir sus objetivos de marketing.[27] McCarthy clasificó estos instrumentos en cuatro grandes grupos que denominó *las cuatro P* del marketing: producto, precio, plaza y promoción.[28]

La figura 1.4 muestra las distintas variables que se agrupan en torno a cada P. Las decisiones de la mezcla de marketing se deben tomar para influir tanto en los canales comerciales como en los consumidores finales. La figura 1.5 muestra el esquema de una empresa que ofrece una mezcla de productos, servicios, y precios; y una mezcla de comunicación, integrada por publicidad, promoción de ventas, eventos y experiencias, relaciones públicas, marketing directo y venta personal para llegar a los canales de distribución y a los consumidores meta.

Una empresa puede cambiar en el corto plazo el precio, el tamaño de la fuerza de ventas y el gasto en publicidad. También puede desarrollar nuevos productos y modificar sus canales de distribución, pero sólo en el largo plazo. Por tanto, la empresa realiza menos cambios en su mezcla de marketing de un periodo a otro, en el corto plazo, de lo que se podría imaginar viendo la diversidad de variables de decisión que integran la mezcla de marketing.

Las cuatro P reflejan la perspectiva que tiene el vendedor sobre las herramientas de marketing disponibles para influir sobre los compradores. Desde el punto de vista del comprador, cada herramienta de marketing está diseñada para ofrecerle beneficios. Robert Lauter-

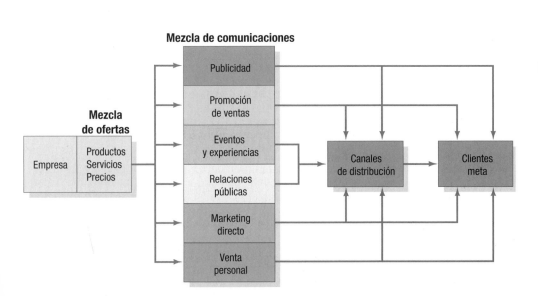

| FIG. **1.5** |

Estrategia de la mezcla de marketing.

born ha sugerido que las cuatro P del vendedor tienen correspondencia con las cuatro C del comprador.[29]

Cuatro P	**Cuatro C**
Producto	Consumidor: solución de problemas
Precio	Costo para el consumidor
Plaza	Conveniencia
Promoción	Comunicación

Las empresas que puedan satisfacer las necesidades de los consumidores de forma económica y conveniente, y con una comunicación eficaz, serán las que más triunfen en el futuro.

El marketing integrado tiene dos facetas fundamentales: **1.** existe una gran diversidad de actividades de marketing para comunicar y generar valor, y **2.** todas las actividades de marketing se coordinan para maximizar sus efectos de forma conjunta. Dicho de otro modo, cualquier actividad de marketing se diseña y aplica teniendo en cuenta el resto de las actividades. Las empresas deben integrar sus sistemas para administrar la demanda, los recursos y la red de marketing.

Por ejemplo, una estrategia de comunicación integral implica seleccionar aquellas opciones de comunicación que se refuercen entre sí y que se complementen. Un mercadólogo utilizará de manera selectiva la publicidad en televisión, radio y medios impresos, las relaciones públicas y los eventos, así como las comunicaciones a través de Internet para que cada una de estas opciones contribuya por sí sola a los fines de la empresa y refuerce la eficacia de las demás. Como ya existían rumores sobre la nueva versión de la película realizada en 1974, *La masacre de Texas*, New Line Cinema combinó los anuncios televisivos y los avances convencionales con el marketing interactivo a través del servicio de mensajería instantánea de AOL y de "bots" (agentes robots) para desencadenar el rumor y hacer que los adolescentes hablaran sobre ella. Su objetivo era crear una comunicación entre iguales, es decir, ¡conseguir que fueran los adolescentes quienes hicieran el marketing de la película![30] La estrategia de canal integrada implica que tanto los canales directos (esto es, la venta *on line*) como los indirectos (la venta al menudeo) colaboren para maximizar las ventas y el capital de marca.

MARKETING INTERNO El marketing holístico incorpora la aplicación del *marketing interno,* garantizando así que todos los miembros de la organización adopten los principios de marketing adecuados, especialmente los altos directivos. El marketing interno es la tarea de contratar, entrenar y motivar al personal idóneo para atender adecuadamente a los clientes. Los buenos profesionales del marketing son conscientes de que las actividades de marketing dentro de una empresa son tan importantes, o incluso más, que las actividades que se realizan fuera de la compañía. No tiene sentido prometer servicios excelentes cuando la empresa no está preparada para suministrarlos.

El marketing interno debe desarrollarse en dos niveles. En primer lugar, las diferentes funciones de marketing (ventas, publicidad, servicio al cliente, administración de productos, investigación de mercados) deben estar coordinadas. Con demasiada frecuencia, el equipo de ventas piensa que los gerentes de producto fijan precios u objetivos de ventas "demasiado altos"; o el gerente de publicidad y el gerente de marca no se ponen de acuerdo sobre la mejor campaña de publicidad. Todas las funciones de marketing deben estar coordinadas desde el punto de vista del cliente. El siguiente ejemplo ilustra claramente los problemas de coordinación:

> El vicepresidente de marketing de una importante aerolínea europea desea incrementar su cuota de tráfico aéreo. Su estrategia consiste en aumentar la satisfacción de los clientes ofreciéndoles mejor comida, cabinas más limpias, tripulación con mejor entrenamiento y tarifas más bajas. Sin embargo, no tiene competencia sobre estos asuntos. El departamento de alimentos elige la comida que implica menores costos; el departamento de mantenimiento contrata servicios de limpieza baratos; el departamento de recursos humanos contrata empleados sin considerar si tienen don de gentes o no, y finalmente, el departamento de finanzas fija las tarifas. Como estos departamentos suelen adoptar una perspectiva de costos o de producción, el vicepresidente de marketing ve frustrados sus esfuerzos de integrar la mezcla de marketing.

Por otra parte, el marketing debe ser aceptado por otros departamentos; es decir, también deben "pensar en el cliente". El marketing no es tanto un departamento como la propia orientación de la empresa. La filosofía del marketing debe penetrar a través de la compañía (véase la tabla 1.1). Xerox va aún más lejos e incluye en la descripción de cada puesto de trabajo una explicación de cómo influye ese puesto en el cliente. Los gerentes de las plantas de Xerox saben que pueden contribuir a las ventas si en una visita de un cliente las instalaciones lucen limpias y son eficientes. Los contadores de Xerox saben que la precisión de las facturas y la rapidez a la hora de atender las llamadas pueden influir en la actitud de los clientes hacia la empresa.

MARKETING SOCIAL O SOCIALMENTE RESPONSABLE El marketing holístico incluye el concepto de *marketing social* y la comprensión de los principales temas de interés público,

| TABLA **1.1** |

Investigación y desarrollo

■ Se reúnen con clientes y escuchan sus problemas.

■ Aceptan con buena actitud la participación del departamento de marketing, de producción, etc., en cada proyecto nuevo.

■ Comparan los productos de la competencia y buscan soluciones "de primera".

■ Atienden a las reacciones de los clientes y solicitan sus sugerencias a medida que avanzan los proyectos.

■ Mejoran el producto de forma continua en función de la información que reciben del mercado.

Compras

■ Buscan en forma proactiva los mejores proveedores.

■ Establecen relaciones de largo plazo, con menos proveedores que ofrecen mayor confiabilidad y calidad.

■ No comprometen la calidad por escatimar en gastos.

Producción

■ Invitan a los clientes a visitar y conocer las instalaciones.

■ Visitan las instalaciones de los clientes.

■ Están dispuestos a trabajar horas extra para cumplir con los plazos de entrega.

■ Continuamente buscan la manera de producir a mayor velocidad y a menor costo.

■ Mejoran la calidad de los productos constantemente, evitando al máximo los defectos.

■ Cumplen con los requisitos de "personalización" siempre que es posible.

Marketing

■ Estudian las necesidades y los deseos de los consumidores en segmentos de mercado bien definidos.

■ Asignan los esfuerzos de marketing en función del potencial de largo plazo de los diferentes segmentos meta.

■ Desarrollan las mejores ofertas para cada segmento meta.

■ Evalúan continuamente la imagen de la empresa y la satisfacción de los clientes.

■ Recopilan y evalúan ideas para nuevos productos y servicios, y para mejorar los productos existentes de manera permanente.

■ Solicitan a todos los departamentos y a todos los empleados que se orienten hacia el cliente.

Ventas

■ Poseen conocimientos específicos del sector de los clientes.

■ Se esfuerzan por ofrecer a los clientes "la mejor solución".

■ Sólo hacen aquellas promesas que pueden cumplir.

■ Canalizan la retroalimentación de las necesidades y las ideas de los clientes a los responsables de desarrollo de productos.

■ Atienden a los clientes durante periodos de tiempo prolongados.

Logística

■ Establecen tiempos de entrega de acuerdo a altos estándares de exigencia y los cumplen puntualmente.

■ Operan un departamento de atención al cliente con personal informado y de trato agradable, capaz de contestar preguntas, responder a las quejas y solucionar problemas rápida y satisfactoriamente.

Contabilidad

■ Preparan informes periódicos de "rentabilidad" por producto, segmento del mercado, zonas geográficas (regiones, territorio de ventas), volumen de pedidos, canales y clientes individuales.

■ Preparan facturas a la medida de las necesidades de los clientes y responden a éstos con rapidez y cortesía.

Finanzas

■ Conocen y apoyan los gastos de marketing (por ejemplo, de publicidad institucional) que generan preferencia y lealtad a largo plazo por parte de los clientes.

■ Elaboran paquetes financieros en función de las necesidades de los clientes.

■ Toman decisiones rápidas en relación con la solvencia de los clientes.

Relaciones públicas

■ Hacen circular las noticias positivas sobre la empresa y controlan las noticias menos propicias.

■ Actúan como un cliente interno y como defensor para que la empresa adopte mejores prácticas y políticas corporativas.

Fuente: Philip Kotler, *Kotler on Marketing*, 1999, Nueva York: The Free Press, pp. 21–22.

así como del contexto ético, ambiental, legal y social de las actividades y programas de marketing. Las causas y los efectos de las acciones de marketing van más allá de la empresa y del consumidor hasta afectar a la sociedad en su conjunto. La responsabilidad social también requiere que los mercadólogos consideren la función que están desempeñando y que podrían desempeñar en términos de bienestar social.

Las empresas que satisfacen con excelencia las necesidades de sus consumidores a corto plazo, ¿actúan siempre guiadas por el bien de los consumidores y de la sociedad a largo plazo? Estudiemos el siguiente argumento:

> El sector de la comida rápida, particularmente el de las hamburguesas, ofrece alimentos muy sabrosos, pero poco saludables. Las hamburguesas tienen un alto contenido de grasa y los restaurantes fomentan el consumo de papas fritas y pasteles, productos ricos en almidón y grasas. Los productos se sirven en un envase práctico que genera gran cantidad de residuos. Al satisfacer las necesidades de sus clientes, estos restaurantes podrían estar dañando la salud de los consumidores y provocando problemas ambientales.

Algunas empresas como McDonald's admiten estas críticas, por lo que han añadido productos más saludables en sus menús (por ejemplo, ensaladas) y han lanzado iniciativas ecológicas (por ejemplo, sustituir la espuma de poliestireno de los envoltorios de hamburguesas por envoltorios de papel y cartones reciclados ligeros). Recientemente, McDonald's Corp., que adquiere anualmente cerca de 2,500 millones de libras (unos 1,135 millones de kilogramos) de pollo, ternera y cerdo para sus 30,000 restaurantes de todo el mundo lanzó su mayor iniciativa ecológica hasta la fecha, solicitando a sus proveedores que eliminaran el uso de antibióticos, empleados en humanos, en la cría de ganado, especialmente cuando estos productos se destinen a la engorda rápida de pollos, cerdos y, aunque con menor frecuencia, a la de terneras. "Se ha demostrado que la eficacia de los antibióticos en humanos es cada vez menor, así que empezamos a pensar cómo podríamos colaborar nosotros",[31] afirma Bob Langert, director de responsabilidad social de McDonald's.

Este tipo de situaciones demandan un nuevo término que amplíe el concepto de marketing. Entre los términos propuestos están los de "marketing humanístico" y "marketing ecológico". Nosotros proponemos utilizar el concepto de marketing social. El *enfoque de marketing social* sostiene que las organizaciones deben identificar las necesidades, los deseos y los intereses de su público meta, y satisfacerlos de manera más eficiente que sus competidores de forma tal que preserven o incrementen el bienestar de los consumidores y de la sociedad a largo plazo.

El enfoque de marketing social exige a los mercadólogos que incorporen consideraciones de tipo social y ético en sus prácticas. Deben equilibrar criterios, con frecuencia divergentes, como los beneficios de la empresa, la satisfacción de los deseos de los consumidores y el interés público. La tabla 1.2 lista algunas iniciativas sociales de McDonald's.

Un gran número de empresas, como Body Shop, Ben & Jerry's y Patagonia, han obtenido ventas y ganancias considerables mediante la adopción y práctica de un derivado del enfoque marketing social denominado el *enfoque de marketing con causa*. Pringle y Thomson

TABLA 1.2 | Iniciativas sociales corporativas.

Tipo	Descripción	Ejemplo
Marketing social corporativo	Apoyar campañas para modificar conductas.	McDonald's promociona una campaña de vacunación infantil a nivel estatal en Oklahoma.
Marketing con causa	Apoyar causas de interés social mediante patrocinios, licencias y publicidad.	McDonald's patrocina a Forest (un gorila) en el zoológico de Sydney, en el marco de un compromiso de 10 años dirigido a preservar esta especie en peligro de extinción.
Marketing de causas sociales	Donar un porcentaje de los ingresos obtenidos durante un determinado periodo a causas concretas.	McDonald's destina a la organización benéfica infantil Ronald McDonald Children's Charities, un dólar de cada Big Mac y pizza que vende el día McHappy Day.
Filantropía empresarial	Hacer donaciones en dinero, bienes o dedicar tiempo a ayudar a asociaciones, grupos o personas sin fines de lucro.	McDonald's colabora con la organización Ronald McDonald House Charities.
Colaboración con la comunidad	Ofrecer servicios voluntarios o colaboraciones en especie a la comunidad.	McDonald's ofreció comida a los bomberos australianos durante los incendios de 1997.
Prácticas empresariales de responsabilidad social	Adaptar y aplicar prácticas empresariales que protejan el ambiente, los derechos humanos y los derechos de los animales.	McDonald's exige a sus proveedores un mayor espacio vital para las gallinas ponedoras en las granjas de cría.

Fuente: Philip Kotler y Nancy Lee, *Corporate Social Responsibility* (Wiley, diciembre de 2004).

lo definen como todas aquellas actividades mediante las cuales una empresa con una imagen, producto o servicio en el mercado establece una relación de compromiso o colaboración con una o más "causas" para beneficio mutuo.[32]

Las empresas ven el enfoque marketing con causa como una oportunidad de mejorar su reputación empresarial, crear conciencia social, fortalecer la lealtad del cliente, incrementar las ventas y aumentar su presencia en los medios de comunicación. Estas organizaciones consideran que los consumidores exigirán a las empresas un mayor compromiso ético, más allá de los beneficios racionales y emocionales. Uno de los mejores ejemplos de marketing con causa es Avon.

LA LUCHA DE AVON CONTRA EL CÁNCER DE MAMA

La caminata de Avon contra el cáncer de mama es uno de los muchos proyectos de la Avon Foundation Breast Cancer Crusade, una iniciativa mundial de Avon Products, Inc., que se lanzó por primera vez en Estados Unidos en 1993. La misión de esta fundación es la de facilitar el acceso al tratamiento médico y contribuir a la investigación encaminada a encontrar una cura para el cáncer de mama, con especial atención en las mujeres con menores recursos económicos. Así, Avon destina fondos para brindar información, practicar exámenes médicos, diagnósticos, tratamientos, brindar servicios de apoyo y realizar investigación científica. En todo el mundo, esta empresa es la que más apoya la lucha contra el cáncer de mama y, desde su primer programa en 1992, ha reunido más de 250 millones de dólares para esta causa. La cruzada de Avon contra el cáncer de mama recauda fondos para cumplir sus objetivos mediante numerosos programas: venta de productos con el "lazo rosa" a través de sus cerca de 600,000 representantes de ventas en Estados Unidos; organización de conciertos, caminatas, carreras y otros eventos especiales por todo el mundo; recaudación directa de fondos a través de Internet; y la organización de algunos otros eventos de fin de semana que tienen lugar en Estados Unidos (avonfoundation.org, avonwalk.org).

Los cofundadores de Ben & Jerry's, Ben Cohen (izquierda) y Jerry Greenfield (derecha) dan de comer a Richard Goldstein, director ejecutivo de Unilever en Estados Unidos, en mayo de 2000, cuando esta última empresa compró Ben & Jerry's. Cohen y Greenfield aceptaron la oferta tras meses de negociaciones para garantizar que la empresa mantendría sus altos niveles de responsabilidad y conciencia social.

Anuncio impreso de una de las actividades de fin de semana de la lucha de Avon contra el cáncer de mama.

::: Principales conceptos, tendencias y funciones de marketing

Para entender el marketing se debe, en primer lugar, comprender determinados conceptos y funciones, así como las tendencias actuales del marketing.

Conceptos fundamentales

La base de la dirección de marketing y de un enfoque de marketing holístico reside en un conjunto de conceptos fundamentales, que se analizan a continuación.

NECESIDADES, DESEOS Y DEMANDAS Los expertos en marketing deben intentar comprender las necesidades, los deseos y las demandas de su mercado meta. Las *necesidades* son los requerimientos básicos del ser humano. Las personas necesitan alimento, aire, agua, vestimenta y cobijo para sobrevivir; también tienen fuertes necesidades de educación, ocio y entretenimiento. Cuando estas necesidades se dirigen hacia objetos específicos que pueden satisfacerlas se convierten en *deseos*. Un estadounidense necesita alimento pero desea una hamburguesa, papas fritas y una bebida refrescante. Un habitante de la isla Mauricio necesita alimento, pero desea mango, arroz, lentejas y otras legumbres. Los deseos vienen determinados por la sociedad en que se vive. Las *demandas* son deseos de productos específicos que están respaldados por una capacidad de pago. Muchas personas desean un Mercedes, pero sólo unas cuantas podrán comprar uno. Las empresas deben calcular no sólo cuántas personas desean su producto, sino también cuántas estarían dispuestas o serían capaces de adquirirlo.

Estas distinciones permiten analizar la crítica habitual que afirma que "los mercadólogos crean necesidades" o que "los mercadólogos hacen que la gente compre cosas que en realidad no desea". Pues bien, los profesionales del marketing no crean necesidades, sino que éstas les preceden. Los mercadólogos, junto con una serie de factores sociales, influyen en los deseos. Los profesionales podrían fomentar la idea de que un Mercedes satisfará las necesidades de estatus social de los que lo adquieran. Sin embargo, no están creando la necesidad de estatus social.

No siempre es fácil entender las necesidades y los deseos de los clientes. Algunos consumidores tienen necesidades de las que no son plenamente conscientes, o quizás no son capaces de expresarlas, o utilizan palabras que requieren interpretación. ¿Qué quiere exactamente un cliente cuando pide una podadora de césped "potente", un torno "rápido", un traje de baño "sexy" o un hotel "tranquilo"? Veamos el ejemplo de un cliente que quiere un "automóvil económico". Podemos distinguir cinco tipos de necesidades:

1. Necesidades declaradas (el cliente quiere un auto económico).
2. Necesidades reales (el cliente quiere un auto cuyo costo operativo, no cuyo precio de compra, sea reducido).
3. Necesidades no declaradas (el cliente espera un buen servicio por parte del vendedor).
4. Necesidades de deleite (al cliente le gustaría que el vendedor incluyera un sistema de navegación a bordo).
5. Necesidades secretas (el cliente desea que sus amigos lo consideren un comprador inteligente).

Si sólo se responde a las necesidades declaradas por el cliente, éste puede no quedar satisfecho del todo. Muchos consumidores no saben lo que desean de un producto. Por ejemplo, los consumidores no sabían demasiado sobre teléfonos celulares cuando éstos se lanzaron al mercado. Nokia y Ericsson tuvieron que trabajar duro para definir las percepciones que tenían los consumidores de los teléfonos celulares. Los consumidores estaban aprendiendo y las empresas ideaban estrategias para moldear sus deseos. Sin embargo, como afirma Carpenter, "ya no basta con dar a los clientes lo que desean. Para obtener una verdadera ventaja, las empresas deben enseñar a los clientes qué es lo que verdaderamente desean".[33]

En el pasado, "responder a las necesidades de los consumidores" consistía en estudiar sus necesidades y en fabricar productos que lograran satisfacer el promedio de tales necesidades. Sin embargo, en la actualidad, algunas empresas están respondiendo a las necesidades particulares de cada cliente. Dell Computer no prepara la computadora perfecta para su mercado meta, sino que ofrece plataformas de productos en las que cada cliente personaliza las características que desea para su computadora. Es así como se ha pasado de la filosofía de "fabricar y vender", a la de "detectar y responder".

MERCADOS META, POSICIONAMIENTO Y SEGMENTACIÓN Difícilmente, un mercadólogo puede satisfacer a todos los que conforman un mercado. No a todos nos gustan los mismos cereales, la misma habitación de hotel, el mismo restaurante, el mismo automóvil, la misma universidad o la misma película. Así que los mercadólogos comienzan por dividir el mercado en segmentos. Identifican y separan los diferentes grupos de compradores que comparten definiciones específicas de producto o de servicio. Para identificar los grupos se utilizan variables demográficas, psicográficas y conductuales de los compradores. A conti-

Posicionamiento: "El primer vehículo todo terreno con tecnología antivuelco." El anuncio de Volvo se enfoca en la ventaja principal que ofrece la empresa, la seguridad.

nuación, las empresas deciden qué segmentos representan la mejor oportunidad: cuáles son sus *mercados meta*. Para cada mercado meta, la empresa desarrolla una *oferta de mercado*. Esta oferta se *posiciona* en la mente de los compradores meta en función de determinadas ventajas. Por ejemplo, Volvo fabrica sus automóviles para todos aquellos a los que les preocupa especialmente la seguridad. Por tanto, Volvo posiciona sus vehículos como los más seguros del mercado. Cuanto mejor selecciona una empresa su mercado (o mercados) meta y mejor prepara programas de marketing a la medida, mejores resultados consigue.

OFERTAS Y MARCAS Las empresas atienden las necesidades de los consumidores ofreciéndoles una propuesta de valor, es decir, ofrecen a los consumidores un conjunto de ventajas para satisfacer sus necesidades. La propuesta de valor intangible se materializa en una *oferta* que puede ser una combinación de productos, servicios, información y experiencias.

Una *marca* es una oferta de una fuente conocida. Una marca como McDonald's despierta numerosas asociaciones de ideas en la mente de los consumidores: hamburguesas, diversión, niños, comida rápida, comodidad y arcos amarillos. Estas asociaciones conforman la imagen de marca. Todas las empresas intentan crear una imagen de marca sólida, favorable y exclusiva.

VALOR Y SATISFACCIÓN Una oferta tendrá éxito si promete valor y satisfacción al comprador potencial. El comprador elige entre las diferentes ofertas en función del valor que percibe en ellas. El *valor* refleja los beneficios y los costos, tanto tangibles como intangibles, que el consumidor percibe a partir de la oferta. El concepto valor se puede concebir básicamente como una combinación de calidad, servicio y precio (CSP), combinación conocida como la "tríada de valor del consumidor". El valor aumenta con la calidad y el servicio, y disminuye con el precio, aunque no hay que olvidar que también pueden existir otros factores que desempeñen una función importante en la concreción del valor.

El valor es un concepto fundamental del marketing. Es más, el marketing se puede definir como la identificación, la generación, la entrega y el seguimiento del valor percibido por el cliente. La *satisfacción* refleja los juicios comparativos que hace una persona, a partir del desempeño (o resultados) que obtiene de un producto, en relación con las expectativas que tenía del mismo. Si los resultados no están a la altura de sus expectativas, el cliente queda insatisfecho o decepcionado. Si los resultados están a la altura de las expectativas, el cliente queda satisfecho. Si los resultados superan las expectativas, el cliente queda muy satisfecho o encantado.

CANALES DE MARKETING Para llegar al mercado meta, los mercadólogos utilizan tres tipos de canales de marketing: los canales de comunicación, los de distribución y los de servicio. Los *canales de comunicación* sirven para enviar información a los compradores potenciales y recibir mensajes de ellos, e incluyen periódicos, revistas, televisión, correo, teléfono, anuncios espectaculares, carteles, folletos publicitarios, CD, cintas de audio e Internet. Además, la comunicación también se transmite mediante expresiones faciales, vestimenta, apariencia de los establecimientos minoristas y muchos otros medios. Los mercadólogos cada vez añaden más canales de diálogo (direcciones de correo electrónico y números de teléfono gratuitos) para contrarrestar los canales de monólogo, que son mucho más frecuentes (como los anuncios publicitarios).

Los profesionales del marketing emplean los *canales de distribución* para exhibir, vender o entregar los productos y servicios físicos al comprador o al usuario. Entre éstos se cuentan los distribuidores, mayoristas, minoristas y agentes.

Asimismo, los mercadólogos también utilizan los *canales de servicio* para efectuar transacciones con compradores potenciales. Los canales de servicio incluyen almacenes, empresas de transporte, bancos y empresas aseguradoras que facilitan las transacciones. Los especialistas en marketing se enfrentan a un problema de diseño a la hora de escoger la mejor mezcla de canales de comunicación, distribución y servicio para sus ofertas.

CADENA DE SUMINISTRO Mientras que los canales de marketing ponen en contacto a las empresas que pretenden vender y a los compradores potenciales, la cadena de suministro describe un canal más largo que va desde las materias primas y componentes, hasta los productos acabados que se destinan a los compradores finales. La cadena de suministro de bolsos para dama comienza con la piel curtida que pasa por los procesos de tinte, corte y fabricación, así como por los canales de marketing que hacen llegar los productos a los consumidores finales. La cadena de suministro representa el sistema de generación de valor. Cada empresa absorbe sólo un determinado porcentaje del valor total que genera la cadena de suministro en su totalidad. Cuando una empresa compra a otra de la competencia o se mueve hacia atrás o hacia delante en la cadena de valor, su objetivo es conseguir un mayor porcentaje del valor total que genera la cadena.

COMPETENCIA La competencia incluye todas las ofertas y los productos sustitutos rivales que un comprador puede tener en cuenta a la hora de decidir su compra. Imaginemos que una empresa automotriz está considerando adquirir acero para sus vehículos. Existen diferentes niveles posibles de competencia. Un fabricante de vehículos puede comprar acero a US Steel o a otras empresas fundidoras de acero estadounidenses (por ejemplo, a Bethlehem) o extranjeras (por ejemplo, de Japón o Corea); o puede adquirir acero de pequeñas fundidoras como Nucor y así ahorrar costos; o puede comprar aluminio para determinadas partes del coche y aligerar el peso (por ejemplo, a Alcoa); o puede comprar caucho pretratado para sustituir el acero de las defensas (por ejemplo, a GE Plastics). Evidentemente, US Steel estaría cometiendo un error si considerara que sus únicas competidoras son las grandes fundidoras. De hecho, a largo plazo, US Steel se verá más amenazada por productos sustitutos que por las empresas que son, actualmente, sus rivales más inmediatos. Asimismo, US Steel debe considerar si le conviene fabricar otros materiales sustitutos o si resulta más adecuado limitarse únicamente a aquellas aplicaciones en las que el acero ofrece mejores resultados.

ENTORNO DE MARKETING La competencia representa tan sólo una de las fuerzas del entorno en la que operan los mercadólogos. El entorno de marketing está formado por el entorno funcional y por el entorno general.

El *entorno funcional* incluye a aquellos agentes inmediatos que participan en la producción, distribución y promoción de la oferta. Los agentes principales son la empresa, los proveedores, los distribuidores, los intermediarios y el público meta. En el grupo de los proveedores también se incluyen los proveedores de materiales y servicios como las agencias de investigación de mercados, agencias de publicidad, instituciones financieras y aseguradoras, empresas de transporte y las de telecomunicaciones. Entre los distribuidores y los intermediarios podríamos citar a los agentes, a los corredores comerciales, a los representantes del fabricante y a todas aquellas personas que facilitan la identificación y la venta al consumidor.

El *entorno general* está compuesto por seis elementos: el entorno demográfico, el económico, el físico, el tecnológico, el político-legal y el sociocultural. En estos entornos existen fuerzas que pueden influir considerablemente sobre los actores del entorno funcional. Los

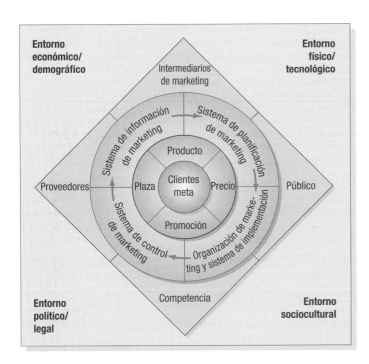

FIG. **1.6**

Factores que influyen en la estrategia de marketing de la empresa.

agentes del mercado deben prestar especial atención a las tendencias y a los acontecimientos de estos entornos y ajustar sus estrategias de marketing en consecuencia.

PLANEACIÓN DE MARKETING En la práctica, el marketing sigue un proceso lógico. El proceso de planeación de marketing consiste en identificar y analizar oportunidades de negocio, seleccionar los mercados meta, elaborar estrategias, definir programas y administrar el esfuerzo de marketing. La figura 1.6 presenta, a grandes rasgos, un esquema del proceso de marketing y de las fuerzas que determinan la estrategia de marketing de una empresa.

Cambios en la dirección de marketing

Un número importante de tendencias y fuerzas ha originado una nueva serie de creencias y prácticas por parte de las empresas. Fundamentalmente, los mercadólogos están reconsiderando sus filosofías, conceptos y herramientas. A continuación se presentan 14 cambios trascendentales en la dirección de marketing que están desarrollando las empresas de excelencia en el siglo XXI. Estos temas se estudiarán a lo largo de todo el libro con el fin de ayudar a las empresas y a los mercadólogos a navegar de forma segura por las turbulentas, aunque prometedoras, aguas del marketing. Sólo aquellas empresas capaces de ajustar su marketing a los cambios del mercado (y en el cibermercado) saldrán adelante.

DEL MARKETING COMO RESPONSABILIDAD DE UN DEPARTAMENTO AL MARKETING COMO RESPONSABILIDAD DE TODA LA EMPRESA En general, las empresas tienen un departamento de marketing para que se encargue de generar y entregar valor a los clientes. Sin embargo, como afirmaba David Packard, de Hewlett-Packard, "el marketing es demasiado importante para dejarlo exclusivamente en manos del departamento de marketing". En la actualidad, las empresas son conscientes de que el marketing no sólo lo ponen en práctica los departamentos de marketing, ventas y atención al cliente: todos los empleados influyen en el cliente y deben concebir a los consumidores como fuentes de prosperidad para la empresa. Así, las empresas comienzan a destacar la importancia del trabajo multidisciplinario en equipo para administrar los procesos clave. Del mismo modo, se está dando una mayor relevancia a la administración adecuada de los principales procesos de negocio, como el desarrollo de nuevos productos, la adquisición y retención de clientes, y el cumplimiento de pedidos.

DE LA ORGANIZACIÓN POR PRODUCTOS A LA ORGANIZACIÓN POR SEGMENTOS DE CONSUMIDORES Algunas empresas están abandonando las organizaciones centradas en divisiones y direcciones de producto para centrarse en los segmentos de consumidores. A finales de 1999, Royal Bank of Canada se reorganizó en torno a segmentos de consumidores y abandonó la organización anterior basada en productos o divisiones territoriales. Al estudiar estos segmentos cuidadosamente, Royal Bank desarrolló una serie de nuevos productos y servicios muy rentables como hipotecas y créditos para vivienda. De esta forma, durante los tres años siguientes, sus ingresos aumentaron en mil millones de dólares y el precio de sus acciones subió un 100%, en medio de un mercado a la baja.[34]

DE LA FABRICACIÓN PROPIA A LA COMPRA DE BIENES Y SERVICIOS A TERCEROS
Cada vez más empresas optan por tener sus propias marcas en lugar de sus propios activos.
Las empresas subcontratan con mayor frecuencia las actividades a empresas externas. Su lema: externaliza todas aquellas actividades que otros puedan hacer mejor y a menor precio, pero conserva las actividades básicas.

DE EMPLEAR MULTITUD DE PROVEEDORES A TRABAJAR CON MENOS PROVEEDORES EN UNA "SOCIEDAD" Las empresas están profundizando en los acuerdos de colaboración con proveedores y distribuidores clave. Estas empresas han pasado de considerar a los intermediarios como clientes a tratarlos como socios en el proceso de generar valor para los consumidores finales.

DE CONFIAR EN FORTALEZAS PASADAS A DESCUBRIR OTRAS NUEVAS En mercados muy competitivos, las empresas deben actualizar constantemente sus programas de marketing, innovar productos y servicios y mantener el contacto con los consumidores para conocer sus necesidades. Las empresas siempre deben buscar nuevas ventajas y no simplemente confiar en sus fortalezas pasadas.

DE PONER ÉNFASIS EN LOS ACTIVOS TANGIBLES A PONERLO EN LOS INTANGIBLES
Las empresas se están dando cuenta de que gran parte de su valor proviene de los activos intangibles, concretamente de sus marcas, de su base de clientes, de sus empleados, de las relaciones con distribuidores y proveedores y del capital intelectual.

DE CREAR MARCAS A PARTIR DE LA PUBLICIDAD A CREAR MARCAS A PARTIR DE RESULTADOS Y DE COMUNICACIÓN INTEGRADA Los mercadólogos están dejando de confiar en una única herramienta de comunicación como la publicidad o el personal de ventas para combinar diversas herramientas que creen una imagen de marca consistente para los consumidores.

DE ATRAER A CLIENTES A TRAVÉS DE PUNTOS DE VENTA Y VENDEDORES A OFRECER LOS PRODUCTOS EN INTERNET Los consumidores tienen acceso a imágenes de los productos, pueden leer las especificaciones, comprar al mejor precio y en las mejores condiciones, y simplemente hacer clic con el *mouse* para realizar un pedido y pagar. Las compras entre empresas (llamadas de negocio a negocio) son cada vez más frecuentes en Internet. Y también, cada vez es más sencillo hacer una venta personal por medios electrónicos, gracias a los cuales el comprador y el vendedor pueden verse las caras en la pantalla de la computadora.

DE VENDER A CUALQUIERA A INTENTAR SER LA MEJOR EMPRESA QUE ATIENDE A MERCADOS META BIEN DEFINIDOS La selección del público meta resulta cada vez más sencilla gracias a la proliferación de revistas, canales de televisión y grupos de noticias de Internet especializados. Además, las empresas están realizando inversiones considerables en sistemas de información como la clave para reducir costos y obtener ventajas competitivas. Asimismo, recopilan información sobre compras de los diferentes clientes, sus preferencias, características demográficas y rentabilidad.

DE PERSEGUIR TRANSACCIONES RENTABLES A CENTRARSE EN EL VALOR A LO LARGO DEL CICLO DE VIDA DE LOS CLIENTES Anteriormente las empresas se centraban en obtener beneficios de cada transacción. Sin embargo, en la actualidad, las empresas se centran en los clientes, los productos y los canales más rentables. Calculan el valor en cada etapa del ciclo de vida de cada cliente, diseñan ofertas y fijan precios para poder obtener beneficios a lo largo de toda la vida del cliente. Las empresas dan hoy más importancia a la retención de clientes. Atraer a un consumidor nuevo puede llegar a costar hasta cinco veces lo que cuesta retener a un cliente existente.

DE INTENTAR CONSEGUIR MAYOR PARTICIPACIÓN EN EL MERCADO A INTENTAR CONSEGUIR MAYOR PARTICIPACIÓN DE CLIENTES Un banco persigue aumentar su participación de los ahorros del cliente y un supermercado pretende conseguir una mayor participación del "estómago" del cliente. Las empresas consiguen participación de clientes ofreciendo una gran variedad de ventajas a los clientes actuales. Para ello, entrenan a sus empleados en la venta cruzada y en la venta hacia arriba.

DE SER LOCAL A SER "GLOCAL" (TANTO GLOBAL COMO LOCAL) Las empresas están combinando la centralización con la descentralización para equilibrar mejor la adaptación local y la estandarización global. El objetivo consiste en fomentar la iniciativa y el espíritu emprendedor a nivel local a la vez que se mantienen las directrices y los estándares globales necesarios.[35]

DE CONCENTRARSE EN LOS RESULTADOS FINANCIEROS A CONCENTRARSE EN LOS RESULTADOS DE MARKETING Los altos directivos van más allá de los resultados de ventas y estudian los resultados de marketing para interpretar qué ocurre con la participación de mercado, con el índice de abandono de clientes, con la satisfacción de los usuarios, con la calidad del producto y otros indicadores. Son conscientes de que los cambios en los indicadores de marketing sirven para predecir los cambios en los resultados financieros futuros.

DE CONCENTRARSE EN LOS INTERESES DE LOS ACCIONISTAS A CONCENTRARSE EN LOS INTERESES DE TODOS LOS PARTICIPANTES EN EL NEGOCIO Los altos directivos son conscientes de la importancia que tiene crear prosperidad para los socios comerciales y clientes, y desarrollan políticas y estrategias para hacer que los resultados sean equilibrados para todos los que participan en el negocio.

Las funciones de la dirección de marketing

Éstos y otros conceptos básicos sirven de apoyo para la ejecución de las funciones destinadas a alcanzar el éxito en la dirección de marketing. Veamos el siguiente ejemplo, para analizar las funciones de marketing, que estudiaremos a lo largo del libro.

Zeus, S.A. (nombre ficticio) opera en diferentes sectores, incluidos los productos químicos, las cámaras fotográficas y los rollos de película. La empresa está organizada en unidades de negocio. Los directivos de la empresa están estudiando qué hacer con la división responsable de la cámara Atlas. En la actualidad, Atlas produce una serie de cámaras de 35mm y de cámaras digitales. El mercado de cámaras fotográficas es muy competitivo. Aunque Zeus tiene una participación de mercado considerable y genera importantes ingresos, el mercado de las cámaras de 35mm crece muy lento y su participación en el mercado está disminuyendo. En el segmento en rápida expansión de las cámaras digitales, Zeus hace frente a una competencia muy fuerte y le ha costado mucho obtener ventas. La dirección de Zeus quiere que el departamento de marketing de Atlas elabore un plan efectivo para la división. Se trata de elaborar un plan de marketing convincente, vendérselo a los directivos del grupo, ejecutarlo y controlarlo.

DESARROLLO DE ESTRATEGIAS Y PLANES DE MARKETING El primer desafío al que se enfrenta Atlas es identificar las posibles oportunidades de crecimiento a largo plazo, en función de su experiencia en el mercado y de sus competencias básicas (véase el capítulo 2). Atlas puede optar por diseñar sus cámaras con mejores atributos. También puede considerar la fabricación de una línea de videocámaras, o puede utilizar su destreza en óptica para diseñar una nueva línea de prismáticos y telescopios. Cualquiera que sea la opción que escoja, tendrá que desarrollar planes de marketing concretos especificando las estrategias y las tácticas por las que se regirá.

IDENTIFICACIÓN DE LOS CAMBIOS EN EL ENTORNO Y DE LAS OPORTUNIDADES DE MARKETING Para comprender qué ocurre tanto dentro como fuera de la empresa, Atlas necesitará un sistema de información confiable, que le permita conocer de cerca su entorno de marketing. El microentorno de Atlas está formado por todos los agentes que influyen en la capacidad de la empresa para producir y vender cámaras (proveedores, intermediarios de marketing, clientes y competidores). Por otra parte, su macroentorno está formado por fuerzas demográficas, económicas, físicas, tecnológicas, político-legales y socioculturales cuyos cambios afectan a las ventas y las ganancias (véase el capítulo 3).

Atlas también necesita un sistema de investigación de mercados confiable. La investigación de mercados es una herramienta indispensable para evaluar los deseos y los comportamientos de los compradores, y para calcular el tamaño del mercado real y potencial. Una parte importante del proceso de recopilación de información del entorno incluye calcular el potencial del mercado y prever la demanda futura. Para traducir la estrategia de marketing en programas concretos, los gerentes de marketing deben tomar decisiones básicas sobre gastos y actividades y asignación de recursos.[36] ¿Cuánto dinero debería invertir Atlas en dos o en tres líneas de cámaras? ¿Debería vender su producto de manera directa o a través de distribuidores? ¿Debería emplear una publicidad por correo o recurrir a publicaciones especializadas? ¿Debe dirigirse a los mercados de una región determinada o de otra? Para tomar estas decisiones, los gerentes de marketing pueden utilizar funciones respuesta-ventas que revelan cómo la cantidad de dinero que se asigna a cada actividad influye en las ventas y en las ganancias (véase el capítulo 4).

RELACIÓN CON LOS CLIENTES Atlas debe estudiar el modo de generar valor agregado para su público meta y desarrollar relaciones estrechas, duraderas y rentables con sus clientes (véase el capítulo 5). Para esto, Atlas debe conocer los mercados de consumo (véase el capítulo 6). ¿Cuántos hogares pretenden comprar cámaras? ¿Quién y por qué compra cámaras? ¿Qué características y precios esperan los compradores? ¿Dónde compran? ¿Cómo perciben las diferentes marcas? ¿En qué se diferencia el segmento de las cámaras digitales del de las de 35mm? Atlas también vende cámaras a empresas, incluyendo grandes compañías, empresas de fotografía, minoristas y empresas públicas (véase el capítulo 7). Los agentes o los comités de compra son los responsables de la toma de decisiones en las empresas. Atlas debe comprender a la perfección cómo compran estos agentes. Asimismo, necesita contar con un personal de ventas capacitado para presentar las ventajas de sus productos.

Atlas no pretende vender sus productos a cualquier cliente. Las prácticas modernas de marketing exigen desglosar el mercado en los principales segmentos, evaluar cada uno de ellos y dirigirse a los que la empresa pueda atender mejor (véase el capítulo 8).

CREACIÓN DE MARCAS FUERTES Atlas debe conocer las fortalezas y las debilidades de la marca Zeus con los consumidores (véase el capítulo 9). ¿Está tan asociada con determinadas tecnologías que no podría comercializar con esta marca nuevos productos de categorías relacionadas? ¿Suponen las cámaras de 35mm un lastre para el mercado de las cámaras digitales? Imaginemos que Atlas decide concentrarse en el mercado de consumo y desarrollar una estrategia de posicionamiento (véase el capítulo 10). ¿Debería posicionar Atlas sus cámaras como una marca "Cadillac", es decir, ofrecer cámaras de alta calidad a un precio elevado con un excelente servicio y una fuerte labor publicitaria? ¿Debería fabricar una cámara sencilla y económica destinada a aquellos consumidores más sensibles al precio? ¿Debería desarrollar una cámara de calidad media a un precio moderado? Tras el lanzamiento, la estrategia de producto necesitará modificarse en función de las diferentes fases del concepto ciclo de vida del producto: introducción, crecimiento, madurez y declinación. Es más, la selección de la estrategia dependerá de si Atlas es líder en el mercado, un retador, un seguidor o un especialista en nichos. Atlas también debe prestar mucha atención a los competidores (véase el capítulo 11), anticipando sus movimientos y reaccionando rápida y decididamente en consecuencia. Quizás la empresa desee hacer movimientos sorpresa, en cuyo caso deberá anticipar la respuesta de sus competidores.

DEFINICIÓN DE LA OFERTA El núcleo de un programa de marketing es el producto, es decir, la oferta tangible que aplica una empresa en el mercado y que incluye la calidad, el diseño, las características y el empaque (véase el capítulo 12). Como parte de su oferta, Atlas tendrá que prestar determinados servicios como, por ejemplo, alquiler, entrega, reparaciones y entrenamiento (véase el capítulo 13). Este tipo de servicios puede suponer una ventaja competitiva importante en un mercado global.

Una de las decisiones fundamentales de marketing es la relativa al precio (véase el capítulo 14). Atlas tendrá que decidir los precios, los descuentos y las condiciones de financiamiento y crédito para mayoristas y minoristas. El precio que fije debe ser congruente con el valor percibido de la oferta puesto que, de otro modo, los compradores optarán por los productos de la competencia.

ENTREGA DE VALOR Atlas debe determinar cómo proporcionar el valor prometido con sus productos y servicios al mercado meta. Las actividades de canal incluyen las diversas actividades que realiza la empresa con el fin de poner el producto a disposición del público meta (véase el capítulo 15). Debe identificar, seleccionar y vincular a diferentes agentes para distribuir sus productos y servicios en el mercado meta de manera eficaz, así como conocer los diferentes tipos de minoristas, mayoristas y empresas de distribución y saber cómo toman sus decisiones (véase el capítulo 16).

COMUNICACIÓN DE VALOR Atlas debe comunicar adecuadamente a su público meta el valor que incorporan sus productos y servicios. Las actividades de comunicación de marketing son el medio que utiliza la empresa para informar, convencer y recordar (directa o indirectamente) a los consumidores acerca de las marcas que comercializa. Atlas debe desarrollar un programa de comunicación de marketing integrado que maximice la contribución individual y colectiva de todas las actividades de comunicación (véase el capítulo 17). Debe también crear programas de comunicación masiva que incluyen publicidad, promoción de ventas, organización de eventos y relaciones públicas (véase el capítulo 18). Asimismo, tiene que establecer un servicio de comunicaciones más personales a través de un marketing directo e interactivo, por lo que tendrá que contratar, entrenar y motivar a sus vendedores (véase el capítulo 19).

DESARROLLO DE CRECIMIENTO RENTABLE A LARGO PLAZO Atlas también debe estudiar cómo desarrollar a largo plazo sus líneas de productos y marcas, y cómo hacer crecer sus ganancias. En función del posicionamiento de sus productos, debe proceder al desarrollo, la prueba y el lanzamiento de nuevos productos (véase el capítulo 20). A la hora de determinar la estrategia de nuevos productos, debe tener en cuenta los desafíos y las oportunidades en el continuo cambio a nivel mundial (véase el capítulo 21).

Por último, Atlas debe organizar sus recursos e implementar y controlar un plan de marketing. Debe conformar una organización que lleve a cabo una correcta ejecución del plan diseñado (véase el capítulo 22). Cuando se ejecuta un plan de marketing suelen surgir sorpresas y decepciones, por lo que Atlas deberá obtener información acerca de su desarrollo y controlarlo de cerca.[37] La evaluación de resultados y los procesos de control son necesarios para comprender la eficacia y eficiencia de las distintas actividades de marketing, y saber cómo mejorarlas.

RESUMEN :::

1. Desde un punto de vista de los negocios, marketing es el proceso de planear y ejecutar el concepto, el precio, la promoción y la distribución de ideas, bienes y servicios con el fin de crear intercambios que satisfagan los objetivos particulares y de las organizaciones. La dirección de marketing es el arte y la ciencia de seleccionar mercados meta y de atraer y retener clientes mediante la generación, entrega y comunicación de un valor superior.

2. Los mercadólogos son especialistas en dirigir la demanda: intentan influir sobre el nivel, el momento y la composición de la misma. Presentan al mercado diversos satisfactores: bienes, servicios, eventos, experiencias, personas, lugares, propiedades, organizaciones, información e ideas. Asimismo, operan en cuatro mercados diferentes: el de los consumidores, el empresarial, el global y el de las organizaciones no lucrativas.

3. Actualmente, las empresas enfrentan una serie de oportunidades y desafíos como la globalización, los efectos de los avances tecnológicos y la desregulación. Ante estos cambios han respondido modificando, a veces de forma sustancial, sus comportamientos de marketing.

4. Existen cinco enfoques diferentes que adoptan las empresas: el enfoque de producción, el de producto, el de ventas, el de marketing y el de marketing holístico. En la actualidad, los tres primeros tienen una utilidad limitada.

5. El enfoque de marketing holístico se basa en el desarrollo, el diseño y la aplicación de programas, procesos y actividades de marketing teniendo en cuenta su alcance y sus interdependencias. El marketing holístico entiende que en el marketing "todo es importante" y que, con frecuencia, es necesario adoptar una perspectiva amplia e integrada. Los cuatro componentes del marketing holístico son: el marketing relacional, el integrado, el interno y el social.

6. En estos últimos años, la dirección de marketing ha experimentado una serie de cambios como consecuencia de la búsqueda de la excelencia en este ámbito.

7. Para que la dirección de marketing tenga éxito es necesario desarrollar una serie de tareas, entre las que se incluyen diseñar estrategias y planes, conectarse con los clientes, crear marcas fuertes, definir la oferta, entregar y comunicar valor, comprender las actividades de marketing y su desempeño, y crear un crecimiento rentable a largo plazo.

APLICACIONES :::

Debate de marketing   El marketing ¿crea o satisface necesidades?

Con frecuencia, el marketing se define como la satisfacción de las necesidades y de los deseos de los consumidores. Sin embargo, algunos críticos sostienen que el marketing va mucho más allá, y afirman que crea necesidades y deseos que no existían con anterioridad. Según estos críticos, los mercadólogos animan a los consumidores a gastar más dinero del que deberían en bienes y servicios que en realidad no necesitan.

Tome partido: "El marketing crea las necesidades y los deseos de los consumidores" frente a "el marketing sólo refleja las necesidades y los deseos de los consumidores".

Análisis de marketing

Considere los principales cambios que ha experimentado el marketing. ¿Qué retos generan estos cambios? ¿Pueden estar relacionados con las principales fuerzas sociales? ¿Qué fuerza contribuye a cada cambio?

 CASO DE **MARKETING** | **COCA-COLA**

Coca-Cola es la marca más presente de la historia. Cada día, los habitantes de 200 países beben cerca de 1,200 millones de unidades de 250 mililitros de esta bebida refrescante.

El marketing del siglo XXI consiste en potenciar principios de marketing tradicionales sin dejar de inventar nuevas formas para seguir en la vanguardia. Coca-Cola, desde sus comienzos en 1883, ha sabido mantener su marca en la cúspide durante más de 100 años. Sus ingresos en 2003 superaron los 21,000 millones de dólares.

El primer presidente de Coca-Cola, Asa Candler, fue el primero en utilizar muchas de las tácticas que hoy conforman principios de marketing consolidados. Por ejemplo, para conseguir nuevos clientes, repartió cupones ofreciendo degustaciones gratuitas de la bebida. Para que los consumidores reconociesen la marca, regaló relojes, calendarios y básculas con el logotipo de la empresa a los farmacéuticos que vendían la bebida. Asimismo, en la última década del siglo XIX, asoció la marca con la estrella del Music Hall, Hilda Clark.

En el apogeo de la publicidad televisiva, Coca-Cola era la maestra del anuncio de 30 segundos. Sus legendarios spots publicitarios "I'd like to buy the world a Coke" y "Mean Joe Greene" fueron calificados como dos de los mejores anuncios de la historia por *Advertising Age*.

Coca-Cola también se expandió en el plano internacional. Durante la Segunda Guerra Mundial, cuando el ejército estadounidense enviaba Coca-Cola a sus soldados apostados en Europa y Asia, la empresa consolidó su imagen de "bebida del pueblo estadounidense". Sin embargo, con el tiempo, Coca-Cola descubrió que iba a necesitar una imagen más local en cada país. Así, aunque la empresa utiliza el mismo logotipo de la ola en blanco y rojo, y el mismo tipo de letra en todo el mundo, contrata a diferentes agencias publicitarias de los distintos países en los que opera para que se encarguen de hacer que la marca sea local. Por ejemplo, para las versiones locales del anuncio "Mean Joe Greene", la empresa contrató a personajes famosos en los diferentes países, como por ejemplo, estrellas del fútbol. Del mismo modo, los anuncios de Coca-Cola en España la presentan como la bebida ideal para mezclar con bebidas alcohólicas, reflejando el uso que hacen los consumidores del producto en ese país.

Coca-Cola también comercializa una amplia gama de bebidas refrescantes en los distintos países. Los visitantes del museo de Coca-Cola en Atlanta pueden probar estas bebidas: desde una con sabor a sandía (China) hasta una con sabor amargo hecha a base de hierbas (Italia), pasando por una refrescante bebida de jengibre (Sudáfrica). En 2004, Coca-Cola lanzó una bebida carbonatada con sabor a cerveza en Japón.

Hoy en día, dos tercios de los ingresos de la empresa provienen del exterior de Estados Unidos. Resulta sencillo nombrar aquellos países en los que Coca-Cola no está presente: Myanmar (Birmania), Cuba y Siria. En el resto del mundo, Coca-Cola es una bebida habitual y apreciada por los consumidores, inclusive en mercados delicados como Pakistán, Camboya, Liberia, Zimbabwe y Colombia. De hecho, su marca es tan fuerte y está tan arraigada, que el sentimiento antiestadounidense del 11 de septiembre de 2001 y de fechas posteriores no ha conseguido disminuir sus ventas. Es más, la valoración de la marca aumentó desde los 68,950 millones de dólares en agosto de 2001 hasta los 70,450 millones de dólares en agosto de 2003 (frente a la marca rival de Pepsi, cuyo valor es de apenas 11,780 millones de dólares). Coca-Cola sigue siendo la marca más destacada del mundo y ocupa el primer puesto de la lista de marcas mundiales de *Business Week*.

A pesar de su poder, Coca-Cola debe seguir adaptando su marketing. Por ejemplo, la eficacia de los anuncios televisivos está decayendo como consecuencia de la fragmentación de los medios de comunicación y de dispositivos como el TiVO, que permiten al espectador saltarse la publicidad. Los anuncios que en la década de 1960 llegaban a un 70% de estadounidenses en las horas de máxima audiencia, hoy sólo llegan a un 15%. Así, Coca-Cola está desviando fondos que antes invertía en televisión para destinarlos a actividades de tipo experimental. Por ejemplo, está probando la Sala Roja de Coca-Cola, que es un lugar de reunión para adolescentes en centros comerciales. En estas salas se proyectan videos musicales exclusivos, hay videojuegos disponibles y se pueden comprar bebidas en una máquina transparente. En el Reino Unido, la página Web mycokemusic.com permite a los cibernautas descargar de forma legal más de 250,000 canciones.

Chris Lowe, ejecutivo de marketing de Coca-Cola, explicó los secretos del éxito de la empresa: "Nunca se deben traicionar los valores centrales de la marca, pero sí adaptarlos para hacerlos más modernos y actuales. Si no se consigue la comunicación con la gente de hoy, uno se convierte en un mero icono del pasado." Asimismo, Lowe ofrece una descripción de los pasos iterativos que sigue la empresa para crear una campaña televisiva moderna: "Primero se determina la estrategia de comunicación que se quiere poner en práctica y se prueba con consumidores para conocer su validez y resonancia. A continuación, se decide el mensaje central y se le da vida con la publicidad, y después se vuelve a probar de nuevo con los consumidores."

Los resultados de la última campaña de Coca-Cola no se conocen todavía, pero en 2003, el presidente de la compañía, Douglas Daft comunicó a los inversionistas que Coca-Cola Company "cuenta con el sistema de distribución y marketing más poderoso y dominante del mundo". Y puesto que Coca-Cola ha sido la primera bebida refrescante consumida en el espacio exterior, quizás la empresa no se conforme con tocar el cielo.

Preguntas para discusión

1. ¿Cuáles han sido los factores de éxito de Coca-Cola?
2. ¿En qué sentido es vulnerable esta empresa? ¿A qué debería prestar atención?
3. ¿Qué recomendaría a los directivos de marketing de Coca-Cola para el futuro? ¿Qué medidas de marketing deberían tomar?

Fuentes: Dean Faust, "Coke: Wooing the TiVo Generation", *BusinessWeek*, 1o. de marzo de 2004, p. 77; Paul Klebnikov, "Coke's Sinful World", *Forbes*, 22 de diciembre de 2003, p. 86; "Coca-Cola Japan to Debut Beer-flavored Soda Next Month", *AsiaPulse News*, 13 de febrero de 2004; "How Coke Moulded our View of Santa Claus to Fuel Winter Sales", *Marketing*, 18 de diciembre de 2003; Gerry Khermouch y Diane Brady, "The Top 100 Brands", *BusinessWeek*, 4 de agosto de 2003; Fara Warner, "Chris Lowe Time to Get Real", *Fast Company*, abril del 2003; y www.coca-cola.com.

REFERENCIAS BIBLIOGRÁFICAS :::

1. Sam Hill y Glenn Rifkin, *Radical Marketing* (Nueva York: HarperBusiness, 1999); Gerry Khermouch, "Keeping the Froth on Sam Adams", *Business Week,* 1o. de septiembre de 2003, pp. 54–56.

2. American Marketing Association, 2004.

3. Peter Drucker, *Management: Tasks, Responsibilities, Practices* (Nueva York: Harper and Row, 1973), pp. 64–65.

4. Philip Kotler, "Dream Vacations: The Booming Market for Designed Experiences", *The Futurist* (octubre de 1984), pp. 7–13; B. Joseph Pine II y James Gilmore, *The Experience Economy* (Boston: Harvard Business School Press, 1999); y Bernd Schmitt, *Experience Marketing* (Nueva York: Free Press, 1999).

5. Irving J. Rein, Philip Kotler y Martin Stoller, *High Visibility* (Chicago: NTC Publishers, 1998).

6. Philip Kotler, Irving J. Rein y Donald Haider, *Marketing Places: Attracting Investment, Industry, and Tourism to Cities, States, and Nations* (Nueva York: Free Press, 1993); y Philip Kotler, Christer Asplund, Irving Rein y Donald H. Haider, *Marketing Places in Europe: Attracting Investment, Industry and Tourism to Cities, States and Nations* (Londres: Financial Times Prentice-Hall, 1999). *Marketing Places Europe* (Londres: Financial Times Prentice-Hall, 1999).

7. Carl Shapiro y Hal R. Varian, "Versioning: The Smart Way to Sell Information", *Harvard Business Review* (noviembre–diciembre de 1998), pp. 106–114.

8. John R. Brandt, "Dare to Be Different", *Chief Executive*, mayo de 2003, pp. 34–38.

9. Jeffrey Rayport y John Sviokla, "Managing in the Marketspace", *Harvard Business Review* (noviembre–diciembre de 1994), pp. 141–150. Véase también "Exploring the Virtual Value Chain", *Harvard Business Review* (noviembre–diciembre de 1995), pp. 75–85.

10. Mohan Sawhney, *Seven Steps to Nirvana* (Nueva York: McGraw-Hill, 2001).

11. Jean-Marie Dru, *Beyond Disruption: Changing the Rules in the Marketplace* (Nueva York, John Wiley & Sons, 2002. Sam Hill y Glenn Rifkin, *Radical Marketing* (Nueva York: HarperBusiness, 1999).

12. Scott Kirsner, "5 Tech Innovators", *Fast Company*, diciembre de 2003, pp. 93–100.

13. Adam Lashinsky, "Shoutout in Gadget Land", *Fortune*, 10 de noviembre de 2003, pp. 77–86.

14. Gerry Khermouch, "Breaking into the Name Game", *Business Week*, 7 de abril de 2003, p. 54. Anónimo, "China's Challenge", *Marketing Week*, 2 de octubre de 2003, pp. 22–24.

15. Bruce I. Newman, ed., *Handbook of Political Marketing* (Thousand Oaks, CA: Sage Publications, 1999); y Bruce I. Newman, *The Mass Marketing of Politics* (Thousand Oaks, CA: Sage Publications, 1999).

16. John B. McKitterick, "What Is the Marketing Management Concept?", en *The Frontiers of Marketing Thought and Action* (Chicago: American Marketing Association, 1957), pp. 71–82; Fred J. Borch, "The Marketing Philosophy as a Way of Business Life", *The Marketing Concept: Its Meaning to Management* (Marketing series, núm. 99) (Nueva York: American Management Association, 1957), pp. 3–5; Robert J. Keith, "The Marketing Revolution", *Journal of Marketing* (enero de 1960), pp. 35–38.

17. Levitt, "Marketing Myopia", *Harvard Business Review* (julio-agosto de 1960), p. 50.

18. Ajay K. Kohli y Bernard J. Jaworski, "Market Orientation: The Construct, Research Propositions, and Managerial Implications", *Journal of Marketing* (abril de 1990), pp. 1–18; John C. Narver y Stanley F. Slater, "The Effect of a Market Orientation on Business Profitability", *Journal of Marketing* (octubre de 1990), pp. 20–35; Stanley F. Slater y John C. Narver, "Market Orientation, Customer Value, and Superior Performance", *Business Horizons*, marzo–abril de 1994, pp. 22–28; A. Pelham y D. Wilson, "A Longitudinal Study of the Impact of Market Structure, Firm Structure, Strategy and Market Orientation Culture on Dimensions of Business Performance", *Journal of the Academy of Marketing Science 24*, núm. 1 (1996), pp. 27–43; Rohit Deshpande y John U. Farley, "Measuring Market Orientation: Generalization and Synthesis", *Journal of Market-Focused Management 2* (1998), pp. 213–232.

19. John C. Narver, Stanley F. Slater y Douglas L. MacLachlan, "Total Market Orientation, Business Performance, and Innovation", Working Paper Series, Marketing Science Institute, reporte núm. 00-116, 2000, pp. 1–34. Véase también Ken Matsuno y John T. Mentzer, "The Effects of Strategy Type on the Market Orentation—Performance Relationship", *Journal or Marketing* (octubre de 2000), pp. 1–16.

20. John R. Brandt, "Dare to Be Different", *Chief Executive*, mayo de 2003, pp. 34-38.

21. Christian Homburg, John P. Workman Jr. y Harley Krohmen, "Marketings Influence Within the Firm", *Journal of Marketing* (enero de 1999), pp. 1–15.

22. Jochen Zeitz, "This Shoe's One Cool Cat", *Brandweek*, 20 de octubre de 2003, pp. M58–M61; Kevin J. O'Brien, "Focusing On Armchair Athletes, Puma Becomes a Leader", *New York Times*, 12 de marzo de 2004.

23. Evert Gummesson, *Total Relationship Marketing* (Boston: Butterworth-Heinemann, 1999); Regis McKenna, *Relationship Marketing* (Reading, MA: Addison-Wesley, 1991); Martin Christopher, Adrian Payne y David Ballantyne, *Relationship Marketing: Bringing Quality, Customer Service, and Marketing Together* (Oxford, Reino Unido: Butterworth-Heinemann, 1991).

24. James C. Anderson, Hakan Hakansson y Jan Johanson, "Dyadic Business Relationships within a Business Network Context", *Journal of Marketing* (15 de octubre de 1994), pp. 1–15.

25. Laura Mazur, "Personal Touch is Now Crucial to Growing Profits", *Marketing*, 27 de noviembre de 2003, p. 18.

26. Kim Cross, "Fill It to the Brim", *Business 2.0*, 6 de marzo de 2001, pp. 36–38.

27. Neil H. Borden, "The Concept of the Marketing Mix", *Journal of Advertising Research* 4 (junio), pp. 2–7. Para más referencia, véase George S. Day, "The Capabilities of Market-Driven Organizations", *Journal of Marketing 58*, núm. 4 (octubre de 1994), pp. 37–52.

28. E. Jerome McCarthy, *Basic Marketing: A Managerial Approach*, 12a. ed. (Homewood, IL: Irwin, 1996). Existen otras dos clasificaciones alternativas que resultan relevantes. Frey propuso que todas las decisiones de marketing se podían categorizar con base en dos factores: la oferta (producto, empaque, marca, precio y servicio) y métodos y herramientas (canales de distribución, venta personal, publicidad, promoción de ventas e inserciones pagadas con formato de noticia). Véase Albert W. Frey, *Advertising*, 3a. ed. (Nueva York: Ronald Press, 1961), p. 30. Lazer y Kelly propusieron una clasificación en tres grupos: mezcla de bienes y servicios, mezcla de distribución y mezcla de comunicaciones. Véase William Lazer y Eugene J. Kelly, *Managerial Marketing: Perspectives and Viewpoints*, ed. revisada. (Homewood, IL: Irwin, 1962), p. 413.

29. Robert Lauterborn, "New Marketing Litany: 4P's Passe; C-Words Take Over", *Advertising Age*, 1o. de octubre de 1990, p. 26.

30. Gregory Solman, "Trailers, Bots and Emails Tout Gory Movies to Teens", *Adweek*, 6 de octubre de 2003, p. 10.

31. William Greider, "Victory at McDonald's", *The Nation*, 18 de agosto de 2003.

32. Hamish Pringle y Marjorie Thompson, *Brand Soul: How Cause-Related Marketing Builds Brands* (Nueva York: John Wiley & Sons, 1999); Richard Earle, *The Art of Cause Marketing* (Lincolnwood, IL: NTC, 2000).

33. Conversación privada con Carpenter.

34. Larry Selden y Geoffrey Colvin, *Angel Customers & Demon Customers*, Portfolio (Penguin), 2003.

35. Goran Svensson, "Beyond Global Marketing and the Globalization of Marketing Activities", *Management Decision*, 2002, 40(6), pp. 574–583.

36. Jonathan Glancey, "The Private World of the Walkman", *The Guardian*, 11 de octubre de 1999.

37. Joann Muller, "Ford: Why It's Worse Than You Think", *Business Week*, 25 de junio de 2001; Ford *1999 Annual Report*; Greg Keenan, "Six Degrees of Perfection", *The Globe and Mail*, 20 de diciembre de 2000.

**EN ESTE CAPÍTULO
ANALIZAREMOS LAS SIGUIENTES
PREGUNTAS:**

1. ¿Cómo influye la dirección de marketing en el valor para el cliente?

2. ¿Cómo se desarrolla la planeación estratégica en los diferentes niveles de la organización?

3. ¿Qué debe incluir un plan de marketing?

dos

Un elemento fundamental en la dirección de marketing es la elaboración de estrategias y planes de marketing creativos e inteligentes para que sirvan de orientación al resto de las actividades de marketing de la empresa. Para desarrollar la estrategia de marketing más adecuada es necesario combinar disciplina y flexibilidad. Las empresas deben apegarse a una estrategia, pero también deben encontrar la manera de mejorarla constantemente.[1] Para elaborar una estrategia, también es necesario saber con exactitud cómo funciona el marketing.[2]

S i uno entra en una boutique del barrio de Soho en Nueva York, encontrará camisetas de moda que se venden por 250 dólares. En una tienda H&M encontrará una camiseta del mismo estilo por tan sólo 25 dólares. H&M (abreviación de Hennes and Mauritz) se fundó hace 55 años como una pequeña empresa textil sueca. Desde entonces ha evolucionado hasta convertirse en un coloso de la industria textil, con 950 establecimientos repartidos por 19 países, y que pretende abrir 100 nuevas tiendas cada año. La razón por la que H&M ha alcanzado este punto mientras que otras tiendas (como el, alguna vez exitoso, detallista italiano Benetton) atraviesan serios problemas, es que la empresa tiene una misión muy clara, además de estrategias y planes de marketing creativos y cuidadosamente estudiados, que llevan a la práctica. "Nuestro concepto de negocios consiste en ofrecer a los clientes un valor insuperable, a la última moda, de la mejor calidad y al mejor precio." Ésta es la misión de la empresa, que aparece en su página Web. Nada podría sonar más sencillo. Sin embargo, para cumplir esta misión, es necesario combinar y coordinar toda una serie de actividades de marketing. Por ejemplo, H&M tarda un promedio de tres meses en llevar la idea de un diseñador al aparador de una tienda transformada en producto, y

>>>

Tienda H&M en Bruselas, Bélgica.

este "tiempo de mercadeo" se reduce a tres semanas para las prendas "de última moda". H&M es capaz de lanzar sus productos al mercado de forma rápida y a bajo costo porque:

- *Tiene pocos intermediarios y ninguna fábrica.*
- *Compra grandes volúmenes.*
- *Cuenta con una amplia experiencia en el sector textil.*
- *Sabe bien qué productos comprarán los distintos públicos meta.*
- *Dispone de sistemas de distribución eficientes.*
- *Presta atención a los costos en cada fase del proceso.*

En este capítulo iniciaremos con el análisis de algunas de las repercusiones que tiene la estrategia de marketing en el valor para el cliente. A continuación estudiaremos distintos enfoques para la planeación y veremos cómo elaborar un plan de marketing formal.

::: El marketing y el valor para el cliente

La dirección de marketing implica satisfacer los deseos y las necesidades de los consumidores. La función de cualquier empresa es ofrecer valor a sus clientes a cambio de utilidades. En una economía hipercompetitiva, con un número creciente de compradores racionales que tienen ante sí un gran abanico de ofertas, una empresa sólo puede salir airosa si afina el proceso de generación de valor y selecciona, ofrece y comunica un valor superior.

El proceso de generación de valor

La idea tradicional del marketing es que una empresa fabrica algo y después lo vende (figura 2.1*a*). Según este enfoque, el marketing sólo participa en la segunda mitad del proceso. La empresa sabe qué tiene que hacer y el mercado adquirirá un número de unidades suficientes a fin de generar utilidades para la empresa. Las compañías que adoptan este enfoque tie-

a) **Secuencia tradicional relativa al proceso físico**

b) **Secuencia de generación y entrega de valor**

| FIG. **2.1** | Dos aproximaciones al proceso de generación de valor.

Fuente: Michael J. Lanning y Edward G. Michaels, "A Business Is a Value Delivery System", McKinsey Staff Paper, núm. 41, junio de 1988. Copyright © McKinsey & Co., Inc.

nen posibilidades de triunfar en economías con escasez de productos, en las que los consumidores no son demasiado exigentes con la calidad, las características o el estilo del producto. Tal es el caso del mercado de los alimentos básicos en los países en desarrollo.

Sin embargo, este enfoque tradicional no funciona en economías en las que los clientes tienen una gran variedad de productos entre los cuales elegir. En estas economías, el "mercado masivo" se está dividiendo en una infinidad de micromercados, cada uno de los cuales tiene deseos, percepciones, preferencias y criterios de compra propios. Las empresas inteligentes deben diseñar y comercializar ofertas para mercados meta bien definidos. Este principio es la idea fundamental de los negocios actuales, que colocan al marketing en el principio del proceso de la planeación. Podemos ver ejemplos de este principio en cualquier centro comercial. En la lucha por crecer, las cadenas detallistas o minoristas están creando productos derivados para atraer a micromercados cada vez más reducidos:

PRODUCTOS DERIVADOS

Gymboree, una cadena que cuenta con 530 establecimientos, vende ropa infantil a padres con ingresos elevados. Como no hay demasiados padres con ingresos superiores a los 65,000 dólares anuales, Gymboree ha creado Janie and Jack, una cadena que vende artículos de regalo para bebés. Hot Topic, una cadena que vende ropa inspirada en grupos de rock para adolescentes, lanzó recientemente Torrid, que ofrece las mismas opciones a los adolescentes con tallas grandes. La cadena de ropa femenina Ann Taylor lanzó la línea Ann Taylor Loft, moda con precios más bajos; y Chico's, cadena de tiendas dirigida a mujeres de entre 40 y 50 años, creó Pazo para mujeres trabajadoras de menor edad.[3]

En lugar de dar prioridad a la producción y a la venta, estas empresas se ven a sí mismas como componentes del proceso de entrega de valor.

La figura 2.1*b* refleja las secuencias del proceso de generación y entrega de valor. El proceso se divide en tres fases. La primera, *seleccionar el valor*, representa "la tarea" de marketing que se debe realizar antes de que exista cualquier producto. El departamento de marketing debe segmentar el mercado, seleccionar el público meta más adecuado y desarrollar el posicionamiento de la oferta de valor. Esta fórmula de "segmentación, targeting y posicionamiento" (STP) es la esencia del marketing estratégico. Una vez que la empresa ha seleccionado el valor, comienza la segunda fase, que consiste en *generar valor*. El departamento de marketing debe determinar las características específicas del producto, su precio y la distribución idónea. Por último, la tercera fase consiste en *comunicar el valor*, para lo que se debe hacer uso de la fuerza de ventas, de la promoción de ventas, de la publicidad y de las demás herramientas de comunicación para dar a conocer y promocionar el producto. Cada una de estas fases implica una serie de costos.

NIKE

Los críticos de Nike a menudo se quejan de que el calzado de esta empresa es muy barato fabricarlo pero muy caro adquirirlo. Si bien es cierto que las materias primas y los costos de fabricación de un zapato deportivo son relativamente económicos, comercializar el producto a los consumidores resulta caro. Los materiales, la mano de obra, el transporte, la maquinaria, los aranceles y los costos de proveedores no llegan a los 25 dólares por par de zapatos deportivos. Remunerar a vendedores, distribuidores, administradores y promotores, además de pagar por la investigación y desarrollo, añade 15 dólares al total. Nike vende su producto a minoristas con un margen de ganancia de siete dólares. Para que un minorista ponga un par de Nikes en el escaparate, paga unos 47 dólares. La generación de los costos indirectos que debe solventar el minorista (generalmente unos 30 dólares para pagar a empleados, el alquiler y el equipo), junto con unos 10 dólares de ganancia, hacen que un par de zapatos deportivos le cuesten al consumidor más de 80 dólares.

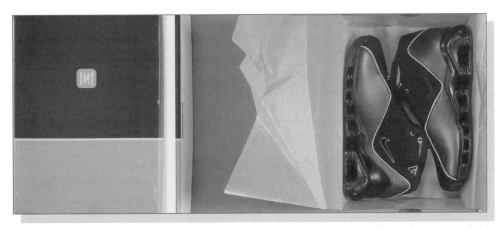

Un par de zapatos deportivos Nike.

Como refleja la figura 2.1*b*, el proceso de generación de valor comienza antes de que exista el producto, y continúa cuando éste se está desarrollando e incluso después de que llega al mercado. Los japoneses han refinado aún más este enfoque con los siguientes conceptos:

■ *Retroalimentación del cliente en tiempo cero.* La retroalimentación de los clientes se debe recopilar de forma continua tras la compra, con el fin de saber cómo mejorar tanto el producto como su marketing.

■ *Mejora del producto en tiempo cero.* La empresa debe evaluar todas las ideas para mejorar los productos e introducir las más valiosas y viables lo antes posible.

■ *Compra en tiempo cero.* La empresa debería recibir las piezas y los suministros de forma continua a través de las entregas justo-a-tiempo de los proveedores. Al reducir el inventario, la empresa puede reducir sus costos.

■ *Fabricación en tiempo cero.* La empresa debería ser capaz de fabricar cualquiera de sus productos en cuanto se realice el pedido, sin tener que hacer frente a costos elevados o retrasos.

■ *Cero defectos.* El producto debería ser de gran calidad, sin ningún tipo de imperfección.

Nirmalya Kumar ha propuesto el enfoque de las "3V" al marketing: **1.** definir el *segmento de valor* o clientes (y sus necesidades); **2.** definir la *propuesta de valor*; y **3.** definir la *red de valor* que prestará el servicio prometido.[4] Frederick Webster entiende el marketing en términos de: **1.** *procesos de definición de valor* (por ejemplo, estudios de mercado y autoanálisis de la empresa), **2.** *procesos de desarrollo de valor* (por ejemplo, desarrollo de nuevos productos, estrategias y selección de proveedores), y **3.** *procesos de entrega de valor* (como publicidad y distribución).[5]

La cadena de valor

Michael Porter, de Harvard, ha propuesto la **cadena de valor** como un instrumento para identificar el modo de generar más valor para los clientes (véase la figura 2.2).[6] Según este modelo, cada empresa dearrolla una serie de actividades destinadas a diseñar, producir, comercializar, entregar y apoyar su producto. La cadena de valor refleja nueve actividades estratégicamente relevantes, que generan costo y valor en un negocio específico. Estas nueve actividades creadoras de valor se dividen en cinco actividades primarias y cuatro actividades de apoyo.

Las *actividades primarias* abarcan la secuencia de adquirir materiales para el negocio (logística de entrada), transformarlos en productos finales (transformación), dar salida a los productos (logística de salida), comercializarlos (marketing y ventas) y prestar servicios adicionales (servicios). Las *actividades de apoyo* (aprovisionamiento, desarrollo tecnológico, administración de recursos humanos e infraestructura de la empresa) se realizan en determinados departamentos especializados, o en más de uno. Por ejemplo, más de un departamento puede hacer aprovisionamiento y contratar personal. La infraestructura de la empresa cubre los gastos de administración general de la misma, las tareas de planeación, las finanzas, la contabilidad, además de los asuntos legales y todos aquellos relacionados con las autoridades públicas.

La tarea de la empresa consiste en analizar los costos y el desempeño de cada actividad generadora de valor y buscar maneras de mejorarla. Asimismo, la empresa también debe estudiar los costos y el desempeño de sus competidores y utilizarlos como *puntos de referencia (benchmarks)* con los cuales comparar sus propios costos y desempeño. Es más, debería ir aún más lejos y estudiar las prácticas de las mejores empresas del mundo.[7]

El éxito de una empresa no sólo depende de lo bien que cada departamento haga su trabajo, sino también de cómo se coordinen las actividades entre los distintos departamentos para desarrollar los *procesos empresariales básicos*.[8] Estos procesos incluyen:

■ *Procesos de seguimiento del mercado.* Todas aquellas actividades de inteligencia de marketing, diseminación de información dentro de la empresa, y acciones acordes con la información.

■ *Procesos de materialización de la oferta.* Todas aquellas actividades involucradas en la investigación, desarrollo y lanzamiento de nuevas ofertas de gran calidad en tiempo récord y dentro de los límites del presupuesto.

■ *Procesos de captación de clientes.* Todas aquellas actividades involucradas en la definición de mercados meta y prospectación de nuevos clientes.

■ *Procesos de administración de relaciones con los clientes.* Todas aquellas actividades destinadas a conocer mejor a los clientes, entablar relaciones estrechas con ellos y diseñar ofertas personalizadas.

■ *Procesos de administración de pedidos.* Todas aquellas actividades relacionadas con la recepción y aprobación de pedidos, el envío de productos en tiempo y la recepción de cobros.

Las empresas de éxito desarrollan capacidades superiores en la administración y la interrelación de procesos básicos. Por ejemplo, uno de los puntos fuertes de Wal-Mart es su proceso de reabastecimiento del inventario. Cuando los establecimientos de Wal-Mart venden sus

| FIG. **2.2** |

La cadena de valor genérica.

Fuente: Reproducido con previa autorización de The Free Press, de Simon & Schuster, de Michael E. Porter, *Competitive Advantage. Creating and Sustaining Superior Performance.* Copyright 1985 de Michael E. Porter.

productos, el flujo de información de ventas no sólo se dirige a los directivos de la cadena vía electrónica, sino también a sus proveedores, quienes envían mercancía para reemplazar lo vendido tan pronto como abandona la tienda.[9] El objetivo es administrar el flujo de mercancías, y no su almacenamiento. Wal-Mart ha delegado esta responsabilidad en sus proveedores principales mediante un sistema conocido como inventarios administrados por proveedores (IAP).

Las grandes empresas también están modificando los flujos de trabajo y creando equipos multifuncionales responsables de cada proceso.[10] En Xerox, un Grupo de Operaciones con el Cliente administra las ventas, el transporte, la instalación, el servicio y la facturación, de modo que estas actividades fluyen una tras otra sin interrupción. Las empresas de éxito se distinguen por administrar los procesos empresariales fundamentales mediante equipos multifuncionales. AT&T, Polaroid y Motorola han reorganizado a sus empleados en equipos multifuncionales. Estos equipos también existen en organizaciones no lucrativas o en entidades públicas. La cadena de farmacias Rite Aid está haciendo uso de equipos multifuncionales para escalar desde el tercer puesto hasta el primero en la jerarquía de las farmacias. La empresa ha creado grupos que prestan especial atención al margen de crecimiento y a las ventas, a la excelencia operativa, a la optimización del mercado, a las mejoras constantes de la cadena de distribución y al control constante de los costos.[11]

Para tener éxito, una empresa también necesita buscar ventajas competitivas más allá de sus propias operaciones, es decir, en las cadenas de valor de proveedores, distribuidores y clientes. Actualmente, numerosas empresas se han asociado con proveedores y distribuidores específicos para crear una **red de generación de valor** superior (también denominada **cadena de suministro**).[12]

BAILEY CONTROLS

El productor de sistemas de control para grandes fábricas con sede en Ohio y facturación anual de 300 millones de dólares, Bailey Controls, trata a algunos de sus proveedores como si fuesen departamentos propios. Recientemente, la empresa incluyó a dos de sus proveedores en su propio sistema de control de inventarios. Cada semana, Bailey envía a Future Electronics, con sede en Montreal, las últimas estimaciones sobre las necesidades de material que experimentará durante los seis meses siguientes. En cuanto los contenedores de componentes se vacían por debajo de un determinado nivel, los empleados de Bailey pasan un escáner láser por el código de barras del producto, lo que permite avisar inmediatamente a Future para que envíe más piezas. Aunque este tipo de acuerdos traslada los costos de mantenimiento de inventario a los proveedores, éstos esperan que el aumento de costos se vea compensado por un incremento del volumen de ventas. Se trata de una asociación "ganar-ganar", ya que ambas partes se benefician.

Competencias centrales

Para desarrollar los procesos empresariales centrales, una organización necesita recursos: Mano de obra, materiales, maquinaria, información y energía. Tradicionalmente, las empresas poseían y controlaban la mayor parte de los recursos implicados en su negocio. Sin embargo, hoy la situación está cambiando. Muchas empresas realizan *outsourcing* con los recursos menos importantes para su negocio siempre que obtengan mejor calidad o costos más bajos. Con frecuencia, los recursos obtenidos por *outsourcing* incluyen los servicios de limpieza, el cuidado de jardines y la administración de la flota de vehículos de la empresa. Kodak ha dejado el manejo de su departamento de procesamiento de datos en manos de IBM.

Así entonces, la clave consiste en poseer y controlar los recursos y las competencias que constituyen la esencia del negocio. Nike, por ejemplo, no fabrica su propio calzado, puesto que determinados productores asiáticos son más competentes en esa tarea. Lo que hace Nike es potenciar su superioridad en el diseño y en la comercialización de los zapatos deportivos, sus dos competencias centrales. Cabe afirmar que una **competencia central** se compone de tres elementos principales: **1.** constituye una fuente de ventaja competitiva, al hacer una importante contribución a las ventajas percibidas por el consumidor, **2.** tiene una amplia gama de aplicaciones potenciales en diversos mercados, y **3.** es difícil de imitar por los competidores.[13]

Las empresas que tienen capacidades distintivas también disfrutan de la ventaja competitiva. Mientras que las competencias centrales tienden a girar en torno a aspectos técnicos específicos y a la experiencia productiva, las *capacidades distintivas* tienden a reflejar la excelencia en procesos empresariales más amplios. Veamos el caso de Netflix, pionero en el alquiler de DVD en línea, con sede en Silicon Valley.[14]

NETFLIX

Allá por 1997, mientras la mayoría de las personas todavía intentaba sin éxito aprender a programar sus videograbadoras, el fundador de Netflix, Reed Hastings, estaba seguro de que los DVD serían el futuro del video doméstico. Reunió 120 millones de dólares, atrajo a cientos de miles de clientes, y su empresa ingresó en el mercado bursátil en 2002, obteniendo otros 90 millones de dólares. Netflix posee una serie de capacidades distintivas que le hacen ser el número uno, a pesar de que competidores como Blockbuster o Wal-Mart intentan ganarle terreno. Uno de los inversionistas de la empresa afirma que Netflix es, en realidad, una empresa de software muy sofisticado disfrazada de empresa de alquiler de DVD. Netflix ha afinado su software de recomendación, comercialización y de control de inventario hasta tal punto que se pueden generar nuevos pedidos automáticamente, incluso aunque los pedidos antiguos se hayan devuelto. Además, antes de decirle a un cliente que la película que desea no está disponible, la empresa puede buscar en los 12 centros de distribución de DVD que posee.

George Day considera que las organizaciones con orientación hacia el mercado han de lograr la excelencia en tres capacidades distintivas: el sentido del mercado, la vinculación con los clientes y la coordinación de canales.[15]

En último término, la ventaja competitiva viene dada por la manera como la empresa ajusta sus competencias centrales y sus capacidades distintivas dentro de "sistemas de actividad" interrelacionados. Resulta difícil para los competidores imitar a empresas como Southwest Airlines, Dell, o IKEA, porque no son capaces de copiar sus sistemas de actividades.

El enfoque de marketing holístico y el valor para el cliente

El enfoque holístico de marketing puede ofrecer ideas en el proceso de generación de valor para el cliente. Una definición afirma que el marketing holístico consiste en "integrar las actividades de búsqueda, creación y entrega de valor, con el fin de crear relaciones satisfactorias a largo plazo y prosperidad para todas las partes involucradas".[16] Según esta definición, los mercadólogos holísticos triunfan gracias a que administran una cadena de valor superior que proporciona un alto nivel de calidad, servicio y rapidez. Los profesionales del marketing holístico obtienen un crecimiento rentable incrementando su número de clientes, consiguiendo su lealtad y capturando su valor de vida. La figura 2.3 es un modelo del marketing holístico que muestra cómo la interacción entre los actores más relevantes (clientes, empresa y colaboradores) y las actividades basadas en valor (búsqueda o exploración, creación y entrega de valor) contribuyen a crear, mantener y renovar el valor para el cliente.

| FIG. **2.3** |

Esquema del marketing holístico.

Fuente: P. Kotler, D. C. Jain, y S. Maesincee, "Formulating a Market Renewal Strategy", en *Marketing Moves* (parte 1), figura. 1-1 (Boston: Harvard Business School Press, 2002), p. 29.

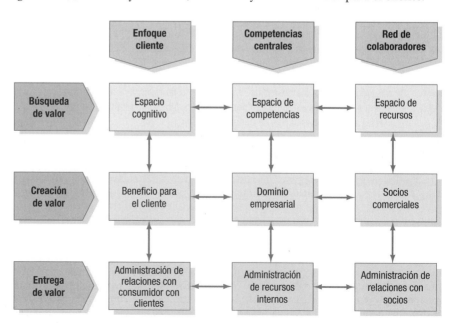

Este modelo está diseñado para examinar las tres cuestiones principales de la dirección de marketing:

1. **Búsqueda de valor**—¿Cómo puede identificar una empresa nuevas oportunidades para generar valor?
2. **Creación de valor**—¿Cómo puede crear una empresa nuevas ofertas de valor más prometedoras de forma eficaz?
3. **Entrega de valor**—¿Cómo puede hacer uso una empresa de sus capacidades e infraestructura para entregar la nueva oferta de valor de manera más eficaz?

BÚSQUEDA DE VALOR Como el valor fluye entre los mercados, que de por sí son dinámicos y competitivos, las empresas necesitan una estrategia bien diseñada para la búsqueda de valor. Para desarrollar esta estrategia es necesario comprender las relaciones e interacciones entre tres espacios diferentes: **1.** el espacio cognitivo del cliente, **2.** el espacio de competencias de la empresa y **3.** el espacio de recursos de sus colaboradores. El espacio cognitivo refleja las necesidades reales y potenciales de los consumidores e incluye dimensiones como la necesidad de participación, de estabilidad, de libertad y de cambio.[17] El *espacio de competencias* de la empresa se puede describir en términos de amplitud (un alcance amplio del negocio frente a un alcance limitado) y de profundidad (capacidades físicas frente a capacidades basadas en el conocimiento). El *espacio de recursos* de los colaboradores distingue entre la asociación horizontal, en la que las empresas eligen socios con base en su capacidad para explotar oportunidades de mercado relacionadas, y asociación vertical, en la que las empresas eligen socios con base en su capacidad para servir a la creación de su valor.

CREACIÓN DE VALOR Para poder aprovechar una oportunidad de valor, la empresa necesita habilidades de generación de valor. Los mercadólogos deben identificar nuevas ventajas para los consumidores desde el punto de vista de los mismos, emplear las competencias centrales de su área de negocio y seleccionar y mantener las relaciones con los socios dentro de sus redes de cooperación. Para identificar nuevas ventajas para los consumidores, deben conocer su forma de pensar, qué quieren, qué hacen y qué les preocupa. Asimismo, deben prestar atención a quién admiran los consumidores, con quién interactúan y quién ejerce influencia sobre ellos.

Para maximizar las competencias centrales puede ser necesario reestructurar la empresa. La reestructuración empresarial se divide en tres fases: **1.** (re)definir el concepto de negocio (la "gran idea"), **2.** (re)estructurar el alcance del negocio (las líneas de negocio) y **3.** (re)posicionar la identidad de marca de la empresa (cómo deben ver los clientes a la empresa). Esto es lo que está haciendo Kodak con motivo de la caída en las ventas de rollos fotográficos, cámaras, papel fotográfico y del servicio de revelado, a raíz de que los consumidores han abandonado las cámaras tradicionales en favor de los productos y servicios digitales cada vez más económicos. El 25 de septiembre de 2003, el presidente y director general, Daniel A. Carp, compareció ante los accionistas y presentó la nueva estrategia de la empresa. Anunció que Kodak estaba "dispuesta a ganar en estos nuevos mercados digitales". Para ello, la empresa planea expandir su línea de cámaras, impresoras y demás equipo para aquellos consumidores que utilizan Internet para transmitir y mostrar las imágenes digitales. Asimismo, Kodak está realizando mayores esfuerzos para ofrecer productos de impresión en color a empresas y pretende aumentar su participación de mercado en el lucrativo sector de los sistemas médicos de imágenes y de los servicios de información empresarial.[18]

ENTREGA DE VALOR Para entregar valor a menudo se necesita realizar una inversión considerable en infraestructura y capacidades específicas. La empresa debe ser competente en términos de la administración de las relaciones con los clientes, de los recursos internos y de las relaciones con los socios comerciales. La *administración de relaciones con los clientes* (CRM, por sus siglas en inglés) permite a la empresa descubrir quiénes son sus clientes, cómo se comportan y qué necesitan o desean. Asimismo, permite a la empresa responder de forma adecuada, coherente y sin demora a las diversas oportunidades que puedan surgir en el terreno de los consumidores. Para responder de manera eficaz, la empresa necesita una *administración de recursos internos* adecuada para integrar los principales procesos empresariales (por ejemplo, manejo de pedidos, contabilidad, pago de nóminas y producción) en una familia única de módulos de software. Por último, la *administración de relaciones con socios comerciales* permite a la empresa manejar las relaciones complejas que mantiene con sus socios para generar, procesar y entregar productos.

El carácter fundamental de la planeación estratégica

Como veíamos previamente, para triunfar en el mundo del marketing es necesario entender el valor para los clientes, generarlo, entregarlo, capturarlo y mantenerlo. En el recuadro *Marketing en acción: ¿Qué opinan del marketing los directores generales?* se mencionan algunas de las prioridades que con mayor frecuencia se ponen en práctica para mejorar el marketing

MARKETING **EN ACCIÓN** | ¿QUÉ OPINAN DEL MARKETING LOS DIRECTORES GENERALES?

El siglo xxi ha traído consigo un sinfín de desafíos para el marketing. Con base en una investigación exhaustiva realizada en 2002, McKinsey identificó tres desafíos principales, provocados por las diferencias de opinión entre los directores generales y los gerentes de marketing.

■ *Hacer más con menos.* Los directores generales necesitan y esperan que todos los departamentos de sus empresas sean más eficientes. Los gerentes de marketing esperan que sus presupuestos aumenten.

■ *Desarrollo de nuevos negocios.* Los directores generales quieren que el marketing participe de manera más activa en el desarrollo de nuevos negocios (no sólo de nuevos productos, sino también de nuevos mercados, canales y líneas de negocio). Los gerentes de marketing citan el desarrollo de nuevos productos como su preocupación principal.

■ *El marketing como socio comercial.* Los directores generales pretenden que el marketing se convierta en un socio comercial más central de la empresa y que contribuya en mayor medida a la obtención de utilidades. Los gerentes de marketing no están seguros de que sus grupos sean capaces de hacerlo.

McKinsey sugiere que para solventar estas diferencias será necesario cambiar la asignación de gastos, las competencias de la organización y la cultura de muchas empresas. Para conseguir, simultáneamente, aumentar los ingresos y reducir los costos de marketing a un porcentaje de las ventas, McKinsey ofrece tres recomendaciones:

1. Vincular las prioridades de gasto con el potencial de utilidades, por ejemplo, en función del volumen y de la tasa de crecimiento esperada de los clientes actuales y no de los resultados históricos.

2. Concentrar el gasto en aquellas características y ventajas de verdadero interés para los clientes y no en las que necesita una marca para no quedar fuera de juego.

3. Comprender más profundamente cómo es que los clientes obtienen información acerca de los productos y cómo toman las decisiones de compra.

Con base en la experiencia de empresas que desarrollan las grandes ideas con éxito, McKinsey identifica tres características que ayudan a que los mercadólogos se posicionen como líderes de desarrollo de negocios:

1. Tener el enfoque más amplio posible a la hora de definir los negocios, los activos y las competencias.

2. Combinar diferentes perspectivas (por ejemplo, utilizando perfiles de actitudes y de necesidades, así como segmentos basados en comportamientos) para identificar oportunidades de mercado.

3. Concentrarse en la generación de ideas mediante una combinación del análisis de negocio y el conocimiento de marketing, pero identificar necesidades rentables no satisfechas antes de la lluvia de ideas.

Por último, McKinsey ofrece dos recomendaciones para resolver las preocupaciones de los directores generales sobre el papel y los resultados del marketing.

1. Los mercadólogos deben probar y desarrollar programas más rápidamente a medida que mejoran los procesos de planeación y las aproximaciones a la investigación; y

2. Los mercadólogos deben evaluar de una manera más eficaz los resultados y los beneficios de las inversiones destinadas a ampliar el alcance del marketing (por ejemplo, administración de relaciones con los clientes, tecnología, patrocinios, marketing por Internet, y publicidad de boca en boca).

Fuente: David Court, Tom French y Gary Singer, "How the CEO Sees Marketing", *Advertising Age,* 3 de marzo de 2003, p. 28.

de una empresa. Sólo unas pocas compañías destacan por su magnífico marketing: Procter & Gamble, Southwest Airlines, Nike, Disney, Nordstrom, Wal-Mart, McDonald's, Marriott Hotels, y algunas empresas japonesas (Sony, Toyota y Canon) y europeas (IKEA, Club Med, Bang & Olufsen, Electrolux, Nokia, Lego y Tesco). Estas empresas se concentran en sus clientes y se organizan para responder de forma eficaz a las necesidades cambiantes de los consumidores. Todas cuentan con importantes departamentos de marketing, y el resto de departamentos (producción, finanzas, investigación y desarrollo, recursos humanos y compras) también giran en torno al cliente. Véase el recuadro *Marketing en acción: Las claves para un liderazgo de largo plazo en el mercado.*

La creación, oferta y comunicación de valor requieren numerosas actividades de marketing. Para garantizar la selección y ejecución de las actividades adecuadas, la planeación estratégica resulta crucial. La planeación estratégica requiere tomar decisiones en tres ámbitos diferentes. El primero se refiere a administrar los negocios de la empresa como los activos de una cartera de inversión. El segundo implica valorar las fortalezas de cada negocio teniendo en cuenta la tasa de crecimiento del mercado y la posición competitiva de la empresa en el mercado. El tercer ámbito se refiere a la definición de una estrategia. La empresa debe desarrollar un plan de juego para alcanzar los objetivos de cada negocio a largo plazo.

El marketing desempeña una función esencial en este proceso. En Samsung Electronics America, el marketing estratégico es prácticamente una religión. Cuando los ejecutivos, ingenieros, mercadólogos y diseñadores de Samsung se reúnen para estudiar nuevos productos, deben responder a una pregunta fundamental: "El producto ¿será un exitazo?" Si "exitazo" es el mantra de la empresa, el sumo sacerdote del "exitazo" es Peter Weedfald, el vicepresidente de marketing estratégico de la empresa. Su reino abarca el marketing, la publicidad, las relaciones con clientes y socios, la investigación, el centro de atención a clientes y el comercio de negocio a negocio (que en inglés se conoce como B2B) y de negocio a consumidor (B2C).

MARKETING EN ACCIÓN | LAS CLAVES PARA UN LIDERAZGO DE LARGO PLAZO EN EL MERCADO

Collins y Porras trataron la pregunta relativa a qué explica el éxito duradero de las empresas en un estudio que realizaron durante seis años, titulado *Built to Last*. Estos investigadores de Stanford identificaron dos empresas en cada uno de los 18 sectores analizados; a una la denominaban "empresa visionaria" y a la otra "empresa referente". Las empresas visionarias eran reconocidas como líderes del sector y eran muy admiradas; definían objetivos ambiciosos, los comunicaban a sus empleados y tenían grandes aspiraciones más allá del solo hecho de ganar dinero. Asimismo, superaban a las empresas referentes con un margen considerable. Entre las empresas visionarias se encontraban General Electric, Hewlett-Packard y Boeing; las empresas de referencia correspondientes eran Westinghouse, Texas Instruments y McDonnell Douglas.

Los autores descubrieron características comunes entre las 18 empresas líderes. En primer lugar, cada una de las empresas visionarias tenía un conjunto de valores propios de los que no se desviaba. Así, IBM se ha aferrado a sus principios de respeto por el individuo, la satisfacción del cliente y la mejora continua de la calidad a lo largo de toda su historia. Y Johnson & Johnson sostiene el principio de que su responsabilidad principal es hacia los clientes, la segunda hacia los empleados, la tercera hacia su comunidad, y la cuarta es con los accionistas. El segundo punto en común es que las empresas visionarias expresan sus objetivos en términos motivadores. Xerox quiere mejorar "la productividad de las oficinas" y Monsanto "quiere ayudar a acabar con el hambre en el mundo". Según Collins y Porras, el objetivo central de una empresa no debe confundirse con los objetivos o estrategias empresariales específicos, ni tampoco debe ser una simple descripción de la línea de productos de la empresa. El tercer punto en común es que las empresas visionarias han desarrollado una visión de su futuro y toman medidas para hacerla realidad. IBM trabaja para crear un liderazgo "centrado en redes" y no simplemente como un productor líder de equipos informáticos.

En su siguiente libro, *Good to Great*, Collins abundó en el tema del liderazgo duradero. Definió la transición de "ser bueno a ser el mejor" como un periodo de barbecho de 10 años al que le siguen 15 años de utilidades crecientes. Collins examinó todas las empresas que han formado parte del índice *Fortune* 500 (cerca de 1,400) y descubrió que 11 de ellas cumplían todos los requisitos: Abbott, Circuit City, Fannie Mae, Gillette, Kimberly-Clark, Kroger, Nucor, Philip Morris, Pitney Bowes, Walgreens y Wells Fargo. Al comparar estas 11 empresas con las 11 empresas de referencia correspondientes, llegó a una serie de conclusiones. Mientras que las mejores empresas estaban repartidas por todos los sectores, Collins descubrió que la transición de ser bueno a ser el mejor no necesariamente exigía un director general altamente calificado ajeno a la empresa, ni tecnología de punta, ni una estrategia de negocio bien definida. Más bien, la clave era una cultura corporativa que hiciera pensar y actuar a los empleados de una manera disciplinada. Los líderes con una mezcla de humildad personal e integridad profesional resultaban ser los más eficaces, y las empresas que habían pasado de "ser buenas a ser las mejores" se guiaban por valores y objetivos que iban más allá del solo hecho de ganar dinero.

Fuente: James C. Collins y Jerry I. Porras, *Built to Last: Successful Habits of Visionary Companies* (Nueva York: HarperBusiness, 1994); F. G. Rodgers y Robert L. Shook, *The IBM Way: Insights into the World's Most Successful Marketing Organization* (Nueva York: Harper and Row, 1986); James C. Collins, *Good to Great: Why Some Companies Make the Leap . . . and Others Don't* (Nueva York: HarperCollins, 2001).

Es responsable de diseñar las estrategias de marketing para cinco divisiones diferentes: electrónicos, tecnología de la información, telecomunicaciones, semiconductores y electrodomésticos. A diferencia de muchas otras empresas, como Sony, en las que cada división tiene su propia estrategia de marketing, Samsung unifica la estrategia de las cinco divisiones en una planeación de marketing única. Weedfald afirma: "En la mayoría de las empresas, el director de administración de relaciones con los clientes ni siquiera se comunica con la persona responsable de la publicidad televisiva... Nosotros estamos vinculados holísticamene gracias al marketing global, desde Corea hasta el último metro del punto de venta." En este último metro es donde el "exitazo" tiene que dar sus frutos, cuando el consumidor sólo tiene que estirar el brazo para alcanzar el producto, literalmente, en la tienda física o virtual.[19]

Para entender la dirección de marketing es necesario entender la planeación estratégica. Muchas de las grandes empresas están estructuradas en cuatro niveles diferentes de organización: el nivel corporativo, el de división, el de unidad de negocio y el de producto. Los directores del nivel corporativo son los responsables de diseñar el plan estratégico que debe guiar a toda la empresa; deben decidir sobre la cantidad de recursos que se destinarán a cada división y sobre qué negocios se lanzarán o cuáles eliminarán. Cada división establece un plan para cubrir la asignación de fondos a cada una de las unidades de negocio que la conforman. Las unidades de negocio, por su parte, elaboran un plan estratégico con el fin de conseguir un futuro rentable. Por último, los diferentes niveles de producto (línea de producto, marca) de las unidades de negocio desarrollan un plan de marketing para conseguir sus objetivos en su área producto-mercado.

El **plan de marketing** es el principal instrumento para dirigir y coordinar los esfuerzos de marketing. El plan de marketing opera en dos niveles: estratégico y táctico. El **plan de marketing estratégico** determina los mercados meta y la proposición de valor que se van a ofrecer, en función del análisis de oportunidades de mercado. El **plan de marketing táctico** especifica las acciones de marketing concretas que se van a poner en práctica, como características del producto, promoción, comercialización, establecimiento de precio, canales de distribución y servicios.

En la actualidad, los equipos que desarrollan los planes de marketing cuentan con las aportaciones y con el visto bueno de cada una de las funciones principales. Luego, los nive-

FIG. **2.4**

Los procesos de planeación estratégica, ejecución y control.

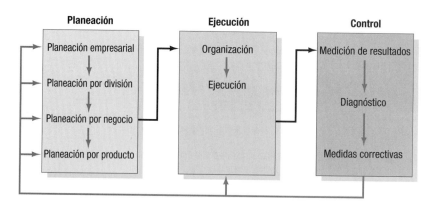

les correspondientes de la organización se encargan de ejecutar el plan. Posteriormente, se realiza un seguimiento de los resultados del plan y, cuando es necesario, se aplican medidas correctivas. En la figura 2.4 se detalla el ciclo total de planeación, ejecución y seguimiento o control de un plan. A continuación estudiaremos la planeación para cada uno de los cuatro niveles de la organización.

::: La planeación estratégica corporativa y por división

Las oficinas centrales de las empresas son responsables de determinar la misión, la política, la estrategia y los objetivos en función de los cuales las diferentes divisiones y unidades de negocio preparan sus propios planes. Algunas empresas dan mucha libertad a sus unidades de negocio para que fijen sus propios objetivos de ventas y de utilidades y para que elaboren sus propias estrategias. Otras, sin embargo, fijan los objetivos de las unidades de negocio, pero les permiten desarrollar sus propias estrategias. Y otras, por su parte, fijan los objetivos y participan en la elaboración de las estrategias de las diferentes unidades de negocio.[20]

Todas las oficinas centrales llevan a cabo cuatro actividades de planeación:

1. Definir la misión corporativa.
2. Establecer las unidades estratégicas de negocio (UEN).
3. Asignar recursos a cada UEN.
4. Evaluar nuevas oportunidades de crecimiento.

Definición de la misión corporativa

Las organizaciones existen para cumplir un objetivo: fabricar automóviles, prestar dinero, ofrecer alojamiento, etc. Por lo general, su objetivo es claro al comienzo de su vida, pero con el tiempo, la misión puede cambiar para aprovechar mejor las nuevas oportunidades o responder a un cambio en la situación del mercado. Amazon.com cambió su misión, y de aspirar a ser la librería en línea más grande del mundo, hoy aspira a convertirse en la tienda en línea más grande del mundo. En el caso de eBay, la empresa transformó su misión: pasó de celebrar subastas *on line* para coleccionistas a celebrar subastas por el mismo medio ofreciendo todo tipo de artículos.

Para definir su misión, la empresa debe responder a las clásicas preguntas de Peter Drucker:[21] ¿Cuál es nuestro negocio? ¿Quién es nuestro cliente? ¿Cuál es el valor esperado por el cliente? ¿Cuál será nuestro negocio? ¿Cuál debería ser nuestro negocio? Estas preguntas, aparentemente sencillas, en realidad son algunas de las preguntas más difíciles a las que tendrá que responder la empresa. Las compañías exitosas se plantean estas preguntas continuamente, y reflexionan a conciencia para responderlas. Las empresas deben redefinir su misión siempre que ésta haya perdido credibilidad o cuando ya no constituya el curso de crecimiento óptimo.[22]

Las empresas elaboran **declaraciones de misión** para compartirlas con directivos, empleados y, en muchos casos, con los clientes. Una declaración de misión meditada y clara permite a los trabajadores tener un sentido compartido del objetivo, dirección y oportunidades de la empresa. La declaración de la misión permite que los empleados, dispersos geográficamente, trabajen de forma individual, pero al mismo tiempo, colectivamente en pro de los objetivos de la empresa.

Las mejores declaraciones de la misión parten de una visión, de un "sueño imposible", que pueda servir de orientación para la empresa durante los siguientes 10 o 20 años. El ex presidente de Sony, Akio Morita, quería que todo el mundo tuviera acceso a un "sonido personal portátil", así que la empresa creó los walkman y los discman. Fred Smith quería repartir correo a cualquier punto de Estados Unidos antes de las 10:30 A.M., y creó Federal Express. La tabla 2.1 muestra tres ejemplos de declaraciones de misión.

| TABLA **2.1** |

Ejemplos de declaraciones de misión.

Rubbermaid Commercial Products, Inc.

"Nuestra visión es ser líderes en la participación del mercado en cada uno de los mercados que atendemos. Para obtener este liderazgo ofreceremos a nuestros distribuidores y consumidores finales productos innovadores, de gran calidad, con una relación calidad-precio adecuada, y que respeten el ambiente. Agregaremos valor a estos productos ofreciendo un magnífico servicio mediante un compromiso firme de satisfacción para nuestros clientes."

Motorola

"El objetivo de Motorola es satisfacer las necesidades de la comunidad con integridad, ofreciendo a nuestros clientes productos y servicios de la mejor calidad a un precio justo. Con este fin, queremos obtener los beneficios necesarios para el crecimiento de la empresa, lo que a su vez permitirá a empleados y accionistas lograr sus objetivos personales."

eBay

"Ayudamos a las personas a comerciar con prácticamente cualquier cosa que se les ocurra. Seguiremos mejorando las experiencias de comercio en línea para todos: coleccionistas, intermediarios, pequeños negocios, buscadores de objetos exclusivos, buscadores de gangas, vendedores de oportunidades y curiosos."

Las buenas declaraciones de misión comparten tres características principales. En primer lugar, se centran en un número limitado de objetivos. La frase "queremos fabricar los productos de mejor calidad, ofrecer el mayor número de servicios, conseguir la distribución más amplia y vender al precio más bajo", es pedir demasiado. En segundo lugar, las declaraciones deben resaltar las políticas y los valores principales de la empresa. Las declaraciones limitan la capacidad de maniobra individual, de modo que todos los empleados actúan de forma coherente con todos los aspectos importantes de la empresa. En tercer lugar, las declaraciones definen los principales campos competitivos en los que opera la empresa:

■ *La industria.* Hace referencia a los sectores en los que operará la empresa. Algunas organizaciones operan exclusivamente en una industria, otras en una serie de industrias interrelacionadas, otras se centran en bienes industriales, bienes de consumo o servicios, y otras empresas operan en cualquier sector. Por ejemplo, DuPont prefiere operar en el mercado industrial, mientras Dow opera tanto en el mercado de consumo como en el industrial. Por su parte, 3M operará en cualquier sector en el que pueda obtener beneficios.

■ *Productos y aplicaciones.* Hace referencia a la gama de productos y aplicaciones que ofrecerá la empresa. Saint Jude Medical aspira a atender a "todos los médicos del mundo con productos de atención cardiovascular de la mejor calidad".

■ *Competencias.* Se refiere a la gama de competencias tecnológicas y otras competencias centrales que dominará la empresa. La empresa japonesa NEC ha desarrollado sus competencias centrales en la computación, las comunicaciones y los componentes, con el fin de respaldar su producción de computadoras portátiles, receptores de televisión y teléfonos inalámbricos.

■ *Segmento del mercado.* Se refiere al tipo de mercado o de consumidores que atenderá la empresa. Por ejemplo, Porsche fabrica sólo autos caros, y Gerber atiende fundamentalmente el mercado infantil.

■ *Integración vertical.* Hace referencia al número de canales existentes en el proceso en el que participa la empresa, que va desde las materias primas hasta el producto final y su distribución. En un extremo están las empresas con una gran integración vertical, como Ford, que en otros tiempos poseía plantaciones de caucho, granjas ovinas, fábricas de cristales y fundidoras de acero. En el extremo contrario están las empresas "huecas" o "comercializadoras", en las que una persona con un teléfono, un fax, una computadora y un despacho, subcontrata todos los servicios, desde el diseño, la fabricación y el marketing hasta la distribución física de los productos.[23]

■ *Área geográfica.* Se refiere al conjunto de regiones, países o grupos de países en los que operará la empresa. En un extremo están aquellas empresas que se limitan a operar en un solo país o región, y en el extremo contrario están las multinacionales como Unilever y Caterpillar, que prácticamente operan en todos los países del mundo.

Definición del negocio

Las empresas a menudo definen sus negocios en función de los productos que fabrican. Una empresa puede estar en el "negocio automovilístico" o en el "negocio textil". Sin embargo, Levitt afirma que la definición del negocio de la empresa debe estar por encima de las definiciones por producto.[24] Un negocio debe entenderse como un proceso de satisfacción de las necesidades de los clientes, y no como un proceso de fabricación de productos. Los

Anuncio de Caterpillar en francés, centrado en la confianza que depositan los usuarios en la empresa. "Pascal sabe perfectamente que sus clientes no aceptarán excusas. Ha trabajado en el negocio lo suficiente como para saber lo importante que es hacer bien su trabajo, sin retrasos y sin salirse del presupuesto. La gente dice que es un perfeccionista. Él responde que simplemente es un buen profesional y que por esta razón sus clientes le son leales … Pascal utiliza CAT." Las multinacionales como Caterpillar operan en prácticamente todos los países del mundo.

productos son pasajeros, mientras que las necesidades básicas y los grupos de consumidores existen siempre. El transporte es una necesidad: el caballo, los carruajes, el automóvil, el ferrocarril, los aviones y los camiones son productos que satisfacen dicha necesidad.

Levitt animó a las empresas a que redefinieran sus negocios en términos de necesidades y no de productos. Pitney-Bowes Inc., un fabricante de maquinaria industrial a la antigua usanza, se limita a hacer eso. Sin embargo, con el correo epistolar tradicional en estado de sitio, Pitney-Bowers no puede permitirse continuar definiendo su negocio con base en su producto principal, a pesar de que en la actualidad domina el 80% del mercado estadounidense y el 62% del mercado mundial de maquinaria industrial. La empresa se está redefiniendo como empresa especializada en servicios del sector postal y de administración de documentos. Pitney-Bowes, que cuenta con numerosos ingenieros, criptógrafos e incluso antropólogos del entorno laboral, además de 2,300 patentes y diversos laboratorios, está en situación de ayudar a las empresas a organizar sus comunicaciones. En una serie de nuevos anuncios publicados en revistas de negocios como *Fortune*, Pitney-Bowes está diseminando su nueva misión por todo el mundo. Por ejemplo, uno de estos anuncios reza: "Podemos cambiar significativamente todo su negocio, incluyendo un considerable aumento de las utilidades. Un buen ejemplo: BP. Nuestra solución documental ha contribuido a que BP reduzca sus ciclos de facturación y recepción de pagos, liberando millones en capital de trabajo." El lema: "Pitney-Bowes: Ingeniería de flujos de comunicación."[25]

IBM se redefinió para dejar de ser un fabricante de hardware y software, y convertirse en "creador de redes". La tabla 2.2 ofrece diversos ejemplos de empresas que han pasado de una definición por producto de su negocio, a una definición por mercado. La tabla destaca también la diferencia entre una simple definición del mercado meta y una definición estratégica del mercado meta. En el caso de una simple *definición del mercado meta*, el negocio tien-

| TABLA 2.2 |

Definiciones de negocio orientadas a producto *versus* definiciones orientadas a negocio.

Empresa	Definición-producto	Definición-mercado
Missouri-Pacific Railroad	Conducimos un ferrocarril.	Transportamos bienes y servicios.
Xerox	Fabricamos fotocopiadoras.	Ayudamos a mejorar la productividad de las oficinas.
Standard Oil	Vendemos gasolina.	Proveemos energía.
Columbia Pictures	Filmamos películas.	Vendemos entretenimiento.
Enciclopedia Británica	Vendemos enciclopedias.	Distribuimos información.
Carrier	Fabricamos sistemas de aire acondicionado y calderas.	Ofrecemos sistemas de control de la temperatura del hogar.

de a centrarse en la venta de un producto o servicio. Así, para Pepsi, su mercado meta podría estar formado por todos los consumidores de bebidas refrescantes de cola, y por tanto, sus competidores serían todos los fabricantes de bebidas de cola. Por otra parte, en el caso de una *definición estratégica del mercado meta,* este último podría estar integrado por todos los consumidores que beban algo para saciar su sed. La competencia de Pepsi incluiría a todos los productores de bebidas refrescantes de cualquier sabor, de agua embotellada, de jugos de frutas, té y café. Y, para competir mejor, Pepsi podría decidir comercializar bebidas adicionales con gran potencial de crecimiento.

Un negocio se puede definir en torno a tres dimensiones: grupos de clientes, necesidades de los consumidores y tecnología.[26] Imaginemos, por ejemplo, que una pequeña empresa define su negocio como el diseño de sistemas de iluminación incandescente para estudios de televisión. Su grupo de clientes serían los estudios de televisión, la necesidad de los clientes sería la iluminación, y la tecnología sería la iluminación incandescente. Imaginemos que la empresa desea expandir su negocio. Podría ofrecer servicios de iluminación a otros grupos de clientes, como hogares, fábricas y oficinas; o podría prestar otros servicios a los estudios de televisión, como por ejemplo calefacción, ventilación o aire acondicionado. Asimismo, podría diseñar otras tecnologías de iluminación, como por ejemplo, luz ultravioleta o infrarroja.

Por lo general, las grandes empresas administran negocios muy diferentes, y cada uno de ellos requiere su propia estrategia. General Electric dividió su empresa en 49 **unidades estratégicas de negocio** (UEN). Una unidad estratégica de negocio tiene tres características:

1. Se trata de un negocio o de un conjunto de negocios relacionados que se pueden planear independientemente del resto de negocios de la empresa.
2. Tiene su propia competencia.
3. Tiene su propio gerente que es responsable de la planeación estratégica y de la consecución de utilidades, y controla la mayoría de los factores que afectan a estas últimas.

El objetivo de identificar las unidades estratégicas de negocio de una empresa es desarrollar estrategias específicas para cada unidad y dotarla de los recursos adecuados. La dirección es consciente de que su cartera incluye una serie de negocios "de ayer", así como otros "del mañana". Sin embargo, no se puede decidir únicamente con base en intuiciones: se necesitan herramientas analíticas para clasificar los negocios según su potencial de utilidades.[27]

Valoración de oportunidades de crecimiento

Para valorar las oportunidades de crecimiento es necesario planear nuevos negocios, reducir otros, e incluso acabar con negocios antiguos. Los planes que desarrolla una empresa para cada negocio le sirven para proyectar el nivel total de ventas y utilidades. Si existe una brecha considerable entre las ventas esperadas y las ventas proyectadas, la empresa tendrá que desarrollar o adquirir nuevos negocios para reducirla.

La figura 2.5 ilustra el caso de una brecha de planeación estratégica en un importante fabricante de discos compactos vírgenes llamado Musicale (nombre ficticio). La curva inferior representa las ventas esperadas para los próximos cinco años a partir de la cartera de negocios actual. La curva superior describe las ventas deseadas para el mismo periodo. Evidentemente, la empresa desea crecer mucho más rápido de lo que sus negocios le permiten. ¿Cómo puede Musicale reducir esta brecha de planeación estratégica?

La primera opción consiste en identificar oportunidades para conseguir un mayor crecimiento en los negocios actuales (oportunidades de crecimiento intensivo). La segunda consiste en identificar oportunidades para crear o adquirir negocios relacionados con los actuales (oportunidades de crecimiento integrado). Y la tercera consiste en identificar oportunidades para añadir negocios atractivos que carecen de relación con los actuales (oportunidades de crecimiento diversificado).

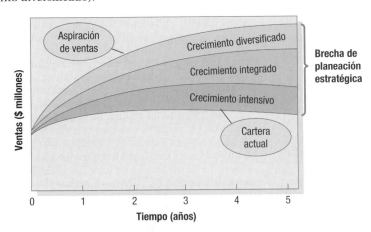

FIG. 2.5

La brecha de la planeación estratégica.

| FIG. **2.6** |

Tres estrategias de crecimiento intensivo:
matriz de expansión de producto-mercado de Ansoff.

Fuente: Adaptado y reproducido con
autorización, *Harvard Business Review.* De
"Strategies for Diversification", por Igor
Ansoff, septiembre–octubre de 1957.
Copyright © 1957 por el Presidente y los
miembros de Harvard College. Todos los
derechos reservados.

	Productos actuales	Nuevos productos
Mercados actuales	1. Estrategia de penetración de mercado	3. Estrategia de desarrollo de productos
Nuevos mercados	2. Estrategia de desarrollo de mercados	(Estrategia de diversificación)

CRECIMIENTO INTENSIVO En primer lugar, la dirección de la empresa debe examinar las oportunidades para mejorar los resultados de los negocios existentes. Ansoff propuso una estructura muy útil para detectar nuevas oportunidades de crecimiento intensivo, que denominó "matriz de expansión de producto-mercado" (figura 2.6).[28]

Primero, la empresa debe considerar si podría conseguir más participación de mercado con sus productos y mercados actuales (estrategia de penetración de mercado). A continuación, debe considerar si puede encontrar o desarrollar nuevos mercados para sus productos actuales (estrategia de desarrollo de mercados). Posteriormente debe estudiar la posibilidad de desarrollar nuevos productos de interés para sus mercados actuales (estrategia de desarrollo de productos). Y por último, debe analizar si existen oportunidades para desarrollar nuevos productos para nuevos mercados (estrategia de diversificación).

STARBUCKS

Starbucks es una empresa que ha crecido de diferentes maneras. Cuando el director general de Starbucks hasta 2000, Howard Schultz, entró a formar parte de la empresa en 1982, detectó un nicho para servir café gourmet directamente a los consumidores. Ésta se convirtió en su estrategia de penetración de mercado, lo que consiguió que la empresa alcanzara un elevado nivel de lealtad por parte de sus clientes en Seattle. Su estrategia de desarrollo de mercados marcó el siguiente hito en la expansión de Starbucks. La empresa aplicó la misma estrategia que había funcionado a las mil maravillas en Seattle en otras ciudades del noroeste de Estados Unidos, después por todo el país, y finalmente por todo el mundo. Una vez que hubo consolidado su presencia en miles de ciudades de todo el planeta, Starbucks se propuso aumentar el número de compras de sus clientes mediante una estrategia de desarrollo de productos, que llevó a la empresa a desarrollar una nueva gama de mercancías para vender en sus establecimientos, y entre los que se cuentan CD con recopilaciones de música, una tarjeta de crédito que permite a los consumidores acumular puntos con las compras, y acceso inalámbrico a Internet en miles de establecimientos Starbucks, gracias a un acuerdo con T-Mobile. Por último, Starbucks se ha lanzado a la diversificación colocando en los estantes de los supermercados sus botellas de Frappuccino® y la marca de helado Starbucks, y adquiriendo al minorista especializado en té Tazo® Tea.[29]

Howard Schultz de Starbucks saluda tras cortar el listón en la inauguración del primer Starbucks fuera de Estados Unidos, en Ginza, Tokio, en agosto de 1996. Actualmente, Starbucks tiene establecimientos repartidos por todo el mundo.

¿Cómo podría aplicar Musicale estas estrategias de crecimiento intensivo para incrementar sus ventas? En primer lugar, la empresa podría intentar persuadir a sus clientes para que compraran más. Esto funcionaría si sus clientes estuvieran convencidos de las ventajas de utilizar más discos compactos para grabar música o almacenar información. Musicale también podría intentar atraer a los clientes de la competencia, lo cual resultaría muy recomendable si detectara alguna debilidad en los productos rivales o en los programas de marketing de sus competidores. Finalmente, Musicale podría convencer a quienes no utilizan discos compactos para que comenzaran a hacerlo, especialmente si un número suficiente de consumidores todavía no utiliza los CD o no sabe cómo grabar en ellos.

¿Cómo podría Musicale aplicar una estrategia de desarrollo de mercados? Primero, la empresa debería identificar a los grupos de usuarios potenciales en las áreas de venta en las que ya está operando. Si Musicale sólo ha estado vendiendo discos compactos a mercados de consumidores, podría incursionar en el mercado de oficinas y de empresas. Segundo, Musicale podría buscar canales de distribución adicionales en su ubicación actual. Si ha estado vendiendo discos compactos exclusivamente a través de vendedores de equipos musicales, podría venderlos también a través de canales de distribución masiva. Por último, la empresa podría considerar vender sus discos compactos en nuevas ubicaciones en su propio país o en el extranjero. Si Musicale sólo vendiera en el mercado estadounidense, podría considerar distribuir sus productos también en Europa.

La dirección corporativa debería considerar también estrategias de desarrollo de productos. Musicale podría añadir nuevas características a sus CD, como mayor capacidad de almacenamiento o mayor duración. Podría ofrecer CD de dos o más niveles de calidad, o podría investigar en tecnologías alternativas como las cintas digitales de audio.

Al examinar estas tres estrategias de crecimiento intensivo, la empresa podría descubrir diferentes formas de expandirse. Sin embargo, este crecimiento podría no ser suficiente. En tal caso, la dirección de la empresa debería buscar oportunidades de crecimiento integrado.

CRECIMIENTO INTEGRADO Las empresas pueden incrementar las ventas y las utilidades mediante una estrategia de crecimiento integrado vertical (hacia atrás o hacia delante) u horizontal dentro del sector en el que operan. Por ejemplo, el gigante farmacéutico Merck ha ido más allá de fabricar y vender medicamentos tradicionales. En 1993, la empresa adquirió Medco, un distribuidor de productos farmacéuticos por correo, acordó una asociación con DuPont para desarrollar más investigación y otra con Johnson & Johnson para llevar algunos de sus productos tradicionales al mercado de los productos sin receta.

Los medios de comunicación masiva han conseguido infinidad de beneficios mediante el crecimiento integrado. Un analista de temas empresariales explica el potencial que podría conseguir NBC a partir de su fusión con Vivendi Universal Entertainment, que la convirtió en NBC Universal. Hay que reconocer que, aunque es un ejemplo algo inusitado, refleja las posibilidades que presenta esta estrategia de crecimiento:[30]

> [Cuando] la película *Seabiscuit* (producida por Universal Pictures) llegue a la televisión, la exhibirían Bravo (propiedad de NBC) o USA Network (propiedad de Universal), a lo que seguirá la apuesta inevitable de convertir la película en una serie de televisión (que desarrollaría Universal Television Group). El relevo lo tomaría NBC que haría un programa al respecto, que luego se transmitiría por cable en el canal Trio (propiedad de Universal) en la serie "Brilliant But Canceled", donde alcanzaría tal estado de culto que se haría una versión en español para transmtirse por Telemundo (propiedad de NBC). Finalmente, se construiría un parque de atracciones en los Estudios Universal.

¿Cómo podría Musicale lograr un crecimiento integrado? La empresa podría adquirir una o varias empresas proveedoras (como por ejemplo, algún productor de material plástico) con el fin de tener mayor control sobre sus utilidades o incrementarlas (estrategia de crecimiento integrado hacia atrás). De manera alternativa, podría adquirir algún mayorista o algún minorista, sobre todo si son especialmente rentables (estrategia de crecimiento integrado hacia delante). Por último, Musicale podría adquirir uno o más de sus competidores, siempre que las autoridades competentes no lo prohíban (integración horizontal). Sin embargo, podría ocurrir que estas medidas no se tradujeran en el volumen de ventas deseado. En este caso, la empresa debería considerar la diversificación.

CRECIMIENTO DIVERSIFICADO El crecimiento diversificado adquiere pleno sentido cuando se pueden encontrar buenas oportunidades fuera de los negocios existentes. Una buena oportunidad es aquella en la que el nuevo sector de operación resulte enormemente atractivo para la empresa, siempre que ésta cuente con las fortalezas necesarias para el éxito. Por ejemplo, desde sus comienzos como productora de películas de dibujos animados, Walt Disney Company ha concedido licencias sobre el uso de sus personajes en algunos productos, ha entrado en el sector televisivo con su propio canal Disney Channel, además de las adquisiciones de ABC y ESPN, al tiempo que ha desarrollado parques temáticos y centros turísticos y vacacionales.

Existen diferentes tipos de diversificación. En primer lugar, una empresa podría buscar productos que tengan sinergias tecnológicas o de marketing con las líneas de producto existentes, aunque los nuevos productos se dirijan a un grupo diferente de consumidores (estrategia de diversificación concéntrica). Musicale podría lanzarse a la fabricación de discos láser puesto que sabe cómo fabricar discos compactos. En segundo lugar, la empresa podría buscar productos que atraigan a los clientes existentes, aunque no estén relacionados tecnológicamente con los productos existentes (estrategia de diversificación horizontal). Musicale podría producir carátulas para CD, aunque esto suponga desarrollar procesos de fabricación diferentes a los actuales. Por último, la empresa podría intentar buscar negocios que no estén relacionados con su tecnología, sus productos o sus mercados (estrategia de diversificación en conglomerado). Musicale podría considerar los negocios de las aplicaciones de software o de las agendas electrónicas.

REDUCCIÓN Y DESINVERSIÓN EN ANTIGUOS NEGOCIOS Las empresas no sólo deben desarrollar nuevas actividades, sino que deben "podar", "cosechar" o dejar de invertir en negocios antiguos cuando sea pertinente, con el fin de liberar los recursos necesarios para otras actividades, y reducir costos. Los negocios débiles requieren un gran esfuerzo de atención por parte de los directivos, quienes deberían centrarse en las oportunidades de crecimiento, y no malgastar sus energías y recursos en intentar salvar negocios moribundos. Heinz vendió sus negocios de comida para mascotas 9-Lives y Kibbles 'n Bits, el atún StarKist, el caldo College Inn y las papillas All-in-one a Del Monte en 2002, tras años de ventas estancadas, para poder concentrarse en sus marcas centrales: el ketchup, las salsas y los alimentos congelados.

BLUE CROSS/BLUE SHIELD

William Van Faasen, director de Blue Cross/Blue Shield con sede en Massachusetts, aconseja lo siguiente: "Si no es parte del negocio central, no añade valor a la experiencia de los clientes, ni refuerza la línea principal, hay que salirse de ahí." Van Faasen aprendió esta lección en 1996, año en el que Blue Cross/Blue Shield se embarcó en una serie de actividades periféricas que debilitaban el balance financiero de la empresa: desde poseer y operar centros de salud hasta financiar empresas de biotecnología. Por aquel entonces surgieron los seguros médicos privados, lo que trastocó considerablemente los precios del mercado. En un primer momento, la empresa redujo demasiado sus precios, lanzó una estrategia agresiva, y perdió participación de mercado. Las consecuencias fueron pérdidas de 100 millones de dólares en 1995, lo que hizo que Blue Cross/Blue Shield tuviese que adoptar, por la fuerza, una agenda clara y concentrada. Rápidamente, la empresa abandonó las actividades que consumían de manera inútil sus recursos o no estaban en la línea de su negocio central.[31]

Organización y cultura corporativa

La planeación estratégica se desarrolla en el marco de la organización. La **organización** de una empresa está formada por sus estructuras, políticas y cultura, aspectos que pueden volverse disfuncionales como consecuencia de los rápidos cambios en el ambiente de los negocios. Mientras que las estructuras y la política se pueden modificar, aunque con cierta dificultad, resulta mucho más complicado modificar la cultura de la empresa. No obstante, modificar la cultura corporativa de una empresa suele ser la clave para aplicar con éxito una nueva estrategia.

Pero, ¿qué es exactamente la **cultura corporativa**? Para la mayoría de los empresarios no resultaría sencillo definir este concepto, que algunos describen como "las experiencias, historias, creencias y normas compartidas que caracterizan a una organización". Sin embargo, si uno va a cualquier empresa, lo primero con lo que entra en contacto es con la cultura corporativa: la forma de vestir de los empleados, cómo se hablan entre sí y cómo saludan a los clientes.

Algunas veces, la cultura de una empresa se desarrolla de forma orgánica y se transmite directamente desde la personalidad y costumbres del presidente al resto de los empleados. Tal es el caso del gigante de la informática Microsoft, que comenzó como una pequeña empresa. A pesar de haberse convertido en una empresa de 32,000 millones de dólares en 2003, Microsoft no ha perdido la cultura establecida por su fundador Bill Gates. De hecho, muchos son los que piensan que la cultura ultracompetitiva de Microsoft es la clave de su éxito y de su muy criticado dominio del sector informático.[32]

¿Qué ocurre cuando las pequeñas empresas crecen y tienen que consolidar una estructura más firme? Éste fue el caso de Yahoo! Inc. Cuando este icono de Internet enfrentaba problemas en 2001, el entonces nuevo director general, Terry Semel, impuso una cultura más prudente y conservadora en la empresa de Internet. En el nuevo Yahoo!, la espontaneidad ya no tiene cabida; y ahora lo que prevalece es el orden. Mientras que en el pasado las nuevas iniciativas que iban surgiendo de sesiones de lluvias de ideas se ponían en práctica cuanto antes, hoy son sometidas a numerosas pruebas y análisis formales. Las nuevas ideas surgen de las reuniones casi semanales de un grupo denominado "consejo de productos", que evalúa los planes para garantizar que todos los productos reportarán beneficios a los negocios existentes de Yahoo![33]

¿Qué ocurre cuando dos empresas con culturas contrapuestas se fusionan o crean una empresa común? En un estudio sobre 100 empresas que tuvieron fusiones problemáticas o fallidas, realizado por Coopers & Lybrand, 855 de los directivos entrevistados expresaron que las diferencias en las prácticas empresariales y en el estilo de administración fueron el problema principal.[34] Sin duda, éste fue el caso de la fusión entre la empresa alemana Daimler y Chrysler en 1998.

DAIMLERCHRYSLER

Daimler-Benz ᴀɢ y Chrysler Corp. se fusionaron en 1998 y así nació DaimlerChrysler. Los directivos de estas dos empresas creían que el gran número de sinergias existentes entre ellas haría que DaimlerChrysler, poco a poco, se convirtiera en un imperio automovilístico mundial. Sin embargo, las diferencias esenciales en la forma de hacer negocios hicieron que determinados directivos abandonaran la empresa en forma prematura, que la cotización en bolsa cayera, que se reestructurara el equipo directivo y que el fabricante estadounidense perdiera grandes cantidades de dinero. Las dos empresas tenían estilos de administración contrastantes. Daimler prefería operar según una cultura burocrática clásica, mientras que Chrysler solía otorgar gran capacidad de decisión a directivos de menor nivel.[35]

Las empresas de éxito podrían verse en la necesidad de adoptar un nuevo enfoque para diseñar su estrategia. El enfoque tradicional consiste en que la alta dirección diseña la estrategia y deja su aplicación en manos de los empleados de menor rango. Gary Hamel ofrece el enfoque opuesto, y afirma que las ideas estratégicas originales pueden surgir en cualquier nivel de la empresa.[36] La alta dirección debería detectar y fomentar las nuevas ideas en tres grupos principales que suelen estar subrepresentados a la hora de diseñar la estrategia de negocio: empleados con una visión joven, empleados alejados de la sede central de la empresa y empleados recién llegados a la industria en cuestión. Cada uno de estos grupos es capaz de desafiar la ortodoxia de la empresa y generar nuevas ideas.

NOKIA

El gigante finlandés de telefonía móvil Nokia ha logrado mantenerse en el trono del sector de los teléfonos celulares con ventas anuales por 30,800 millones de dólares en 130 países y una participación de mercado del 38%. Para ello ha implantado una cultura de innovación en todos los niveles, generando unidades creativas, ágiles y de tamaño reducido para hacer que fluyan las ideas nuevas. Por eso, las innovaciones pueden provenir tanto de los más jóvenes diseñadores de aplicaciones como de los ingenieros con amplia experiencia. Un ejemplo de cómo la empresa desarrolla su cultura se puede constatar en la cafetería, donde los empleados ven una presentación mientras comen. No se trata de una presentación cualquiera, sino de una en la que aparecen las fotografías tomadas por los 1,500 empleados con sus teléfonos celulares, como parte de un concurso interno que recompensa la creatividad de los empleados. Nokia tiene incluso un lema para su cultura de innovación constante: "renovación".[37]

Para desarrollar una estrategia se deben identificar y seleccionar posibles escenarios futuros. Royal Dutch/Shell Group ha sido pionero en esta labor. Un **análisis de escenarios** consiste en desarrollar panoramas plausibles para el futuro de una empresa a partir de distintos supuestos sobre las fuerzas que gobiernan el mercado y las distintas incertidumbres. Los directivos tienen que plantearse cada escenario y preguntarse: ¿Qué hacemos si este escenario llega a presentarse? Entonces tienen que decidir qué escenario es más probable y estar atentos a las señales que, con el tiempo, confirman o contradicen dicho escenario.[38]

::: La planeación estratégica en las unidades de negocio

El proceso de planeación estratégica en las unidades de negocio se ilustra en la figura 2.7. En los siguientes apartados se estudiarán detenidamente las diferentes fases de este proceso.

La misión de las unidades de negocio

Cada unidad de negocio debe definir su misión particular, en el contexto de la misión general de la empresa. Así, una empresa de equipo de iluminación para estudios televisivos podría definir su misión como sigue: "La empresa desea centrarse en los principales estudios de televisión y convertirse en su proveedor principal de tecnologías de iluminación más fiables y actualizadas." Hay que destacar que con esta misión, la empresa no pretende conseguir negocios con estudios pequeños, ni ser el proveedor que ofrece los productos más económicos, ni entrar en mercados no relacionados con los sistemas de iluminación.

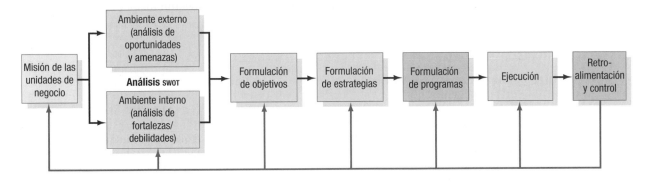

| FIG. **2.7** | El proceso de planeación estratégica en las unidades de negocio.

Análisis SWOT o FODA

La valoración general de las fuerzas, debilidades, oportunidades y amenazas se conoce como análisis SWOT (siglas en inglés para *strengths, weaknesses, opportunities* y *threats*), y consiste en analizar el ambiente de marketing, tanto el interno como el externo.

ANÁLISIS DEL ENTORNO (OPORTUNIDADES Y AMENAZAS) Las unidades de negocio deben analizar las *fuerzas del macroentorno* (demográficas-económicas, naturales, tecnológicas, político-legales y socioculturales) y los actores *del microentorno* significativos (clientes, competidores, proveedores, distribuidores e intermediarios) que influyen en su capacidad de generar utilidades. Para ello, deben implantar un sistema de inteligencia de marketing con el fin de estudiar las tendencias y los desarrollos del mercado. Para cada tendencia o desarrollo, la dirección tendrá que determinar las oportunidades y amenazas que implica.

La finalidad principal de hacer un seguimiento del entorno es descubrir las nuevas oportunidades. Se podría decir que, en gran medida, el buen marketing es el arte de descubrir, desarrollar y hacer rentables las oportunidades.[39] Una **oportunidad de marketing** es toda aquella necesidad o interés de los compradores que una empresa puede satisfacer de manera rentable. Existen tres fuentes principales de oportunidades de mercado.[40] La primera es ofrecer algo que no abunda. Esto requiere poco trabajo de marketing, puesto que la necesidad es evidente. La segunda es ofrecer un producto o servicio existente en un modo nuevo o superior. Existen diversas formas de descubrir posibles mejoras para productos o servicios: pedir sugerencias a los clientes (*método de detección de problemas*), pedir a los clientes que imaginen una versión ideal del producto o del servicio (*método ideal*) y pedir a los clientes que esquematicen las fases de adquisición, empleo y abandono de un producto (*método de la cadena de consumo*). Esta tercera fuente suele conducir a un producto o servicio totalmente nuevo.

SEGWAY

Posiblemente, la forma más rentable de satisfacer una necesidad, cuando se hace bien, es la de ofrecer un producto o servicio nuevo. Sin embargo, también es la más arriesgada. Esto es algo que constató Segwey llc en carne propia. Cuando Dean Kamen creó el Segway Human Transporter, el monopatín eléctrico de 5,000 dólares, esperaba que se convirtiera en la alternativa a caminar no contaminante más popular. Sin embargo, el elevado precio del monopatín no encontró mercado, en parte porque este producto va en contra de una poderosa *fuerza del macroentorno*: la considerable preocupación actual por la obesidad y los beneficios para la salud que conlleva el caminar. La empresa podría tener más éxito si estudiara cómo otros a*ctores del microentorno*, como las entidades públicas locales o el ejército, se podrían beneficiar del producto. Los primeros informes apuntan a que algunas entidades públicas han recibido el producto con entusiasmo. Quienes se dedican a tomar la lectura de medidores de agua lo han estado probando en Seattle y en Los Ángeles, y la policía de Metropolitan Transportation Authority lo ha encontrado muy útil.[41]

Las oportunidades pueden adoptar un sinfín de formas, y los mercadólogos tienen que ser hábiles a la hora de identificarlas. Veamos las siguientes opciones:

■ Una empresa se podría beneficiar de agrupar tendencias de diferentes sectores y lanzar al mercado nuevos productos o servicios híbridos. Ejemplo: Al menos cinco de los principales fabricantes de teléfonos celulares han lanzado al mercado teléfonos con cámara fotográfica digital.

■ Una empresa podría crear un proceso de compra más cómodo o eficiente. Ejemplo: Actualmente, los consumidores pueden utilizar Internet para encontrar más libros que nunca y para buscar los precios más bajos pulsando unas cuantas veces el botón del *mouse*.

■ Una empresa puede satisfacer la necesidad de más información y asesoramiento de los consumidores. Ejemplo: En Guru.com se pueden encontrar expertos en infinidad de disciplinas.

■ Una empresa puede personalizar un producto o servicio que anteriormente se ofrecía de forma estandarizada. Ejemplo: En la página Web Reflect.com de Procter & Gamble se pueden encargar productos para el cuidado de la piel o del cabello para satisfacer las necesidades particulares de cada cliente.

■ Una empresa podría ofrecer nuevas capacidades del producto. Ejemplo: En la actualidad, los consumidores pueden crear y editar "iMovies" digitales con el nuevo iMac y subirlas a un servidor Web de Apple para compartirlas con amigos y familiares en cualquier lugar del planeta.

■ Una empresa podría entregar un producto o prestar un servicio más rápidamente. Ejemplo: FedEx descubrió el modo de entregar correo y paquetes en mucho menos tiempo que los servicios postales de Estados Unidos.

■ Una empresa podría ofrecer un producto a un precio mucho más bajo. Ejemplo: Algunas empresas farmacéuticas han creado versiones genéricas de determinados medicamentos.

Para valorar las diferentes oportunidades, las empresas pueden utilizar el **Análisis de Oportunidades de Mercado** (AOM) y determinar el atractivo y las posibilidades de éxito de esas oportunidades. En este marco, deben preguntarse:

1. ¿Se pueden articular los beneficios de la oportunidad de forma convincente para un público meta determinado?
2. ¿Se puede llegar al público meta con canales comerciales y de comunicación efectivos y cuyo costo sea razonable?
3. ¿Tiene la empresa la capacidad y los recursos necesarios, o puede tener acceso a ellos, para ofrecer beneficios a los consumidores?
4. ¿Puede la empresa ofrecer beneficios a los consumidores mejor que cualquier competidor real o potencial?
5. ¿La rentabilidad da la inversión será similar o superior al costo de los fondos requeridos?

En la matriz de oportunidades que aparece en la figura 2.8*a*, se observa cómo las mejores oportunidades para la empresa de iluminación de estudios televisivos aparecen numeradas en la celda superior izquierda (1). Las oportunidades de la celda inferior derecha (4) son demasiado limitadas como para considerarlas. Para las oportunidades de la celda superior derecha (2) y de la inferior izquierda (3) debe realizarse un seguimiento por si su atractivo y sus posibilidades de éxito mejoran en el futuro.

Algunos acontecimientos del entorno externo pueden representar amenazas para las empresas. Una **amenaza del entorno** es un desafío planteado por una tendencia o acontecimiento desfavorable que conducirá, si no se emprende una acción de marketing defensiva, a una disminución de las ventas o utilidades de la empresa. Las amenazas se deben clasificar de acuerdo con su nivel de importancia y probabilidad. La figura 2.8*b* refleja la matriz de amenazas a las que se enfrenta la empresa de iluminación. Las amenazas de la celda superior izquierda son las principales, puesto que pueden deteriorar seriamente a la empresa y tienen una alta probabilidad de ocurrir. Para enfrentarse a ellas, la empresa debe preparar un plan de contingencia que establezca qué debe hacer la empresa antes o durante la aparición de la amenaza. Las amenazas de la celda inferior derecha son poco importantes y se pueden pasar por alto. Las de las celdas superior derecha e inferior izquierda deberían ser estudiadas por si cobran importancia con el tiempo.

Una vez que los directivos han identificado las principales amenazas y oportunidades a las que se enfrenta una unidad de negocio determinada, es el momento de valorar su efecto sobre el negocio global de la compañía.

Un empleado de FedEx en plena actividad. Este nuevo servicio se introdujo porque los clientes lo pedían y el mercado lo demandaba.

ANÁLISIS DEL AMBIENTE INTERNO (FORTALEZAS Y DEBILIDADES) Determinar el atractivo de una oportunidad no supone necesariamente saber cómo sacarle partido. Cada negocio debe evaluar sus fortalezas y debilidades internas. Para ello se puede utilizar un formulario como el del recuadro titulado *Cuestiones clave: Análisis de fortalezas y debilidades.*

Por supuesto, la empresa no tiene que corregir todas sus debilidades, ni tampoco vanagloriarse de todas sus fortalezas. La pregunta clave consiste en saber si la empresa se debería limitar a aprovechar aquellas oportunidades para las que tiene las fortalezas necesarias, o si debería considerar oportunidades que implican la necesidad de adquirir o desarrollar determinadas fortalezas. Por ejemplo, algunos directivos de Texas Instruments (TI) querían que la empresa se ciñera a la industria electrónica para empresas (para lo que tiene fortalezas evidentes), mientras que otros querían que siguiera lanzando productos electrodomésticos (para lo que carecía de algunas fortalezas de marketing necesarias).

A veces un negocio funciona mal, no porque a sus departamentos les falten las fortalezas necesarias, sino porque no trabajan bien en equipo. En una gran empresa electrónica, los ingenieros desprecian a los vendedores y los consideran "ingenieros que no triunfaron", y los vendedores desprecian a los empleados de atención al cliente considerándolos "vendedores que no triunfaron". Por tanto, vemos que es crucial valorar la calidad de las relaciones interdepartamentales adecuadamente, como parte de la auditoría interna del ambiente. Esto es lo que hace Honeywell:

| FIG. **2.8** |

Matrices de oportunidades y amenazas.

a) **Matriz de oportunidades**

Probabilidad de éxito

1. La empresa desarrolla un sistema de iluminación más potente.
2. La empresa desarrolla un sistema para medir la eficiencia de cualquier sistema de iluminación.
3. La empresa desarrolla un sistema para medir el nivel de iluminación.
4. La empresa desarrolla un software para enseñar conceptos básicos de iluminación a los empleados de los estudios televisivos.

b) **Matriz de amenazas**

Probabilidad de ocurrir

1. Un competidor desarrolla un sistema de iluminación mejor.
2. Recesión económica prolongada.
3. Aumento de los costos.
4. El gobierno legisla para reducir el número de concesión de licencias a estudios de televisión.

HONEYWELL

Cada año, Honeywell pide a todos sus departamentos que realicen una clasificación de sus fortalezas y debilidades, y de las de los demás departamentos con los que interactúan. La idea detrás de esto es que cada departamento es, al mismo tiempo, "proveedor" y "cliente" de otros departamentos. Si los ingenieros de Honeywell subestiman los costos y el tiempo de desarrollo de nuevos productos, sus "clientes internos" se verán afectados (producción, finanzas y ventas).

George Stalk, un destacado consultor empresarial, sugiere que las empresas de éxito son aquellas que consiguen mejores capacidades internas dentro de la empresa, y que no se limitan a las competencias centrales.[42] Cada empresa debe administrar sus procesos básicos, como el desarrollo de nuevos productos, la generación de ventas y la tramitación de pedidos. Cada proceso genera valor y requiere de un equipo de trabajo interdepartamental. Aunque cada departamento posea competencias centrales propias, el desafío consiste en desarrollar una mayor capacidad competitiva a la hora de dirigir los procesos clave de la empresa. Stalk lo denomina *competencia basada en capacidades.*

Formulación de metas

Una vez que la empresa ha elaborado el análisis SWOT, puede comenzar a establecer metas específicas para el periodo en cuestión. Esta fase del proceso se conoce como **formulación de metas**. Los directivos utilizan el término *metas* para describir los objetivos específicos en cuanto a cantidad y tiempo.

La mayoría de las unidades de negocio persiguen un conjunto de objetivos entre los que se incluyen la rentabilidad, el aumento de las ventas, el incremento de la participación de mercado, la disminución de riesgos, la innovación y la reputación. Las unidades de negocio fijan estos objetivos y luego se administran por objetivos (APO). Para que este sistema funcione, los objetivos de una misma unidad deben cumplir cuatro criterios:

1. *Los objetivos deben ordenarse jerárquicamente, de mayor a menor importancia*—Por ejemplo, el objetivo clave de una unidad para un periodo determinado podría consistir en conseguir un mayor rendimiento de la inversión. Para ello, puede aumentar el nivel de utilidades y reducir el nivel de capital invertido. Las utilidades pueden crecer si aumentan los ingresos y se reducen los gastos. Para aumentar los ingresos es necesario tener mayor participación de mercado y precios más elevados. Haciendo esto, la empresa puede pasar de objetivos generales a objetivos específicos para departamentos y empleados concretos.

| CUESTIONES **CLAVE** | ANÁLISIS DE FORTALEZAS Y DEBILIDADES |

	Valoración					Importancia		
	Fortaleza principal	Fortaleza secundaria	Neutral	Debilidad secundaria	Debilidad principal	Alta	Media	Baja
Marketing								
1. Reputación de la empresa	____	____	____	____	____	____	____	____
2. Participación de mercado	____	____	____	____	____	____	____	____
3. Satisfacción del cliente	____	____	____	____	____	____	____	____
4. Retención de clientes	____	____	____	____	____	____	____	____
5. Calidad del producto	____	____	____	____	____	____	____	____
6. Calidad de los servicios	____	____	____	____	____	____	____	____
7. Eficacia del precio	____	____	____	____	____	____	____	____
8. Eficacia de la distribución	____	____	____	____	____	____	____	____
9. Eficacia de la promoción	____	____	____	____	____	____	____	____
10. Eficacia de la fuerza de ventas	____	____	____	____	____	____	____	____
11. Eficacia de la innovación	____	____	____	____	____	____	____	____
12. Alcance geográfico	____	____	____	____	____	____	____	____
Finanzas								
13. Costo y disposición de capital	____	____	____	____	____	____	____	____
14. Flujo de efectivo	____	____	____	____	____	____	____	____
15. Estabilidad financiera	____	____	____	____	____	____	____	____
Producción								
16. Instalaciones	____	____	____	____	____	____	____	____
17. Economías de escala	____	____	____	____	____	____	____	____
18. Capacidad	____	____	____	____	____	____	____	____
19. Dedicación de mano de obra capacitada	____	____	____	____	____	____	____	____
20. Capacidad para cumplir plazos	____	____	____	____	____	____	____	____
21. Habilidades técnicas de fabricación	____	____	____	____	____	____	____	____
Organización								
22. Líderes visionarios y capacitados	____	____	____	____	____	____	____	____
23. Dedicación de empleados	____	____	____	____	____	____	____	____
24. Orientación emprendedora	____	____	____	____	____	____	____	____
25. Flexibilidad o capacidad de respuesta	____	____	____	____	____	____	____	____

2. ***En la medida de lo posible, los objetivos deben formularse cuantitativamente*** — El objetivo "incrementar el rendimiento de la inversión" está mejor planteado de esta forma: "incrementar el rendimiento de la inversión en 15% en dos años".
3. ***Las metas deben ser realistas*** — Deben ser el fruto de un análisis de las oportunidades y de las fortalezas de la unidad, y no de una simple expresión de deseos.
4. ***Los objetivos deben ser consistentes*** — No es posible maximizar simultáneamente ventas y utilidades.

Otras contradicciones que habrá que resolver son las utilidades a corto plazo frente al crecimiento a largo plazo, la fuerte penetración de mercados existentes frente al desarrollo de nuevos mercados, las metas de utilidades frente a otro tipo de metas, y un crecimiento elevado frente a un riesgo limitado. Cada elección implicará una estrategia de marketing diferente.

Son muchos los que creen que la meta de incrementar la participación de mercado necesariamente implica obtener grandes utilidades en el corto plazo. Durante años, Compaq mantuvo una política de precios agresiva para incrementar su participación de mercado en el sector informático, por lo que decidió buscar la rentabilidad a expensas del crecimiento. Sin embargo, Charan y Tichy consideran que la mayoría de los negocios pueden crecer y obtener rentabilidad simultáneamente.[43] Suelen citar ejemplos como los de GE Medical, Allied Signal, Citibank, y GE Capital, que han conseguido un crecimiento rentable. Quizás algunas de las contradicciones que veíamos antes no necesariamente tengan que darse.

Formulación de la estrategia

Las metas indican qué quiere conseguir cada unidad de negocio, y la **estrategia** indica lo que hay que hacer para conseguirlo. Cada negocio debe diseñar una estrategia genérica para alcanzar sus metas, y ésta debe incluir una *estrategia de marketing*, una *estrategia tecnológica* y una *estrategia de recursos,* todas ellas compatibles.

LAS ESTRATEGIAS GENÉRICAS DE PORTER Michael Porter propone tres estrategias genéricas que sirven como un punto de partida adecuado para el pensamiento estratégico: liderazgo en costos, diferenciación y enfoque:[44]

- *Liderazgo en costos.* La empresa se esfuerza para obtener los costos de producción y distribución más bajos y así vender a precios más bajos que sus competidores y conseguir una mayor participación de mercado. Las empresas que apliquen este enfoque deben ser buenas en: ingeniería, compras, producción y distribución. No es necesario tener una gran destreza en marketing. El problema que plantea esta estrategia es que siempre surgirán otras empresas con precios aún más bajos, lo que puede perjudicar a la empresa que apueste todo su futuro a los costos.
- *Diferenciación.* La empresa se concentra en alcanzar mejores resultados con base en alguna ventaja importante que valora la mayor parte del mercado. La empresa debe centrarse en aquellas fortalezas que contribuyan a la diferenciación. Así, la empresa que busca liderazgo en calidad, por ejemplo, debe fabricar productos con los mejores componentes, ensamblarlos profesionalmente, inspeccionarlos con cuidado, y comunicar su calidad de forma eficaz.
- *Enfoque.* La empresa se concentra en uno o más segmentos estrechos del mercado. La empresa llega a conocer estos segmentos en profundidad, y busca ser líder en costos o diferenciación dentro del segmento meta.

El sector de la compra de boletos de avión por Internet es un buen ejemplo de estas tres estrategias: Travelocity busca la diferenciación mediante la oferta de un mayor número de servicios al viajero. Lowestfare persigue una estrategia de costos bajos y Last Minute aplica una estrategia de nicho centrándose en clientes que planean sus viajes con escaso margen de anticipación.

Según Porter, las empresas que aplican la misma estrategia y que se dirigen al mismo mercado meta conforman **grupos estratégicos**. La empresa que mejor aplique tal estrategia será la que más utilidades obtenga. Las compañías que carecen de una estrategia definida y que intentan ser las mejores en todas las dimensiones estratégicas son las que peores resultados obtienen. International Harvester abandonó el negocio de la maquinaria agrícola porque no destacaba en el sector ni como empresa de bajos costos, ni como una de gran valor percibido por los clientes, ni como la que mejor atendía a un segmento del mercado. Porter establece una distinción entre eficacia operativa y estrategia.[45]

Muchas empresas creen que pueden triunfar si hacen lo mismo que sus competidores pero de manera más eficaz. Sin embargo, los competidores pueden copiar su eficacia operativa fácil y rápidamente gracias al *benchmarking* y otras herramientas, con lo que la ventaja de la eficacia operativa disminuye. Porter define estrategia como "la creación de una posición única y valiosa que implica un conjunto de actividades diversas". Una empresa puede afirmar que tiene una estrategia cuando "realiza actividades diferentes de las de sus competidores o cuando realiza actividades similares de diferente manera". Empresas como IKEA, Southwest Airlines, Dell Computer, Saturn y Home Depot llevan sus negocios de forma muy diferente en comparación con sus competidores, para los que resultaría difícil copiar y sincronizar el conjunto de actividades diversas que aplican estas empresas de manera estratégica.

ALIANZAS ESTRATÉGICAS Las empresas se han dado cuenta de que necesitan colaboradores estratégicos si quieren prosperar. Incluso empresas gigantescas, como AT&T, IBM, Philips o Siemens, no son capaces de conseguir el liderazgo nacional o mundial sin realizar

Celebración inaugural de Star Alliance, integrada por 16 aerolíneas que cubren prácticamente todo el mundo.

alianzas estratégicas con empresas nacionales o multinacionales que complementen o fortalezcan sus recursos y capacidades.

Simplemente para hacer negocios en otro país podría ser necesaria la concesión de licencias para la comercialización de un producto, una asociación con empresas locales, o la adquisición de proveedores locales para cumplir las requisitos de "contenido nacional" necesarios. En consecuencia, muchas empresas están desarrollando redes estratégicas globales a un ritmo vertiginoso, y las que más prosperan son aquellas que cuentan con la mejor red global. Éste es el caso de Star Alliance, que agrupa a 16 aerolíneas (Lufthansa, United Airlines, Mexicana, Air Canada, ANA, Austrian Airlines, British Midland, Singapore Airlines, Tyrolean, Lauda, SAS, Thai Airways, Varig, Air New Zealand, Asiana Airlines y Spanair) dentro de una red mundial que permite a los viajeros realizar conexiones casi automáticas entre 700 destinos.

Numerosas alianzas estratégicas adoptan la forma de alianzas de marketing. Éstas se dividen en cuatro categorías.

1. *Alianzas para fabricar productos o prestar servicios*—Una empresa concede una licencia a otra para fabricar su producto, o dos empresas se asocian para comercializar conjuntamente productos complementarios o un producto nuevo. Por ejemplo, H&R Block y Hyatt Legal Services (dos empresas de servicios) se han unido en una alianza de marketing.
2. *Alianzas promocionales*—Una empresa accede a promocionar los productos o servicios de otra. McDonald's, por ejemplo, ha establecido una alianza con Disney para ofrecer productos relacionados con sus películas como parte de sus menús infantiles.
3. *Alianzas de logística*—Una empresa ofrece servicios de logística para el producto de otra empresa. Por ejemplo, Abbott Laboratories almacena y distribuye los productos médicos y quirúrgicos de 3M a hospitales por todo el territorio de Estados Unidos.
4. *Colaboraciones para ofrecer precios*—Una o varias empresas se alían para ofrecer precios especiales. Los hoteles y las empresas de alquiler de autos suelen brindar conjuntamente descuentos especiales para sus clientes.

Las empresas deben esforzarse por encontrar socios que complementen sus fortalezas y compensen sus debilidades. Las alianzas bien administradas permiten a las empresas obtener más ventas y reducir costos. Para que las alianzas estratégicas prosperen, las empresas han comenzado a desarrollar estructuras organizacionales especiales y han llegado a considerar la capacidad de crear y mantener las alianzas como competencias esenciales (proceso que se conoce como **Administración de relaciones con socios** o PRM, por sus siglas en inglés).[46]

Tanto las empresas farmacéuticas como las de biotecnología están empezando a hacer de sus alianzas una competencia central. En los años ochenta y noventa, estas empresas tenían una integración vertical, y se encargaban ellas mismas de la investigación, el desarrollo, el marketing y las ventas. Actualmente unen esfuerzos y apuntalan sus fortalezas respectivas. Por ejemplo, Erbitux, un nuevo tratamiento contra el cáncer de colon, es el resultado de este tipo de asociaciones. En un primer momento, el medicamento fue desarrollado en los laboratorios clínicos de una empresa de biotecnología, ImClone Systems, pero fue comercializado a través de la asociación entre ImClone y el gigante farmacéutico Bristol-Meyers Squibb.[47]

Formulación y aplicación de programas

Una vez que la unidad de negocio ha desarrollado las estrategias principales, debe definir los programas que le permitirán llevarlas a cabo. Una gran estrategia de marketing puede verse saboteada por una aplicación mediocre. Si la unidad ha decidido conseguir el liderazgo tecnológico, debe elaborar programas que refuercen su departamento de investigación y desarrollo, crear un sistema de inteligencia tecnológica, desarrollar productos de tecnología de punta, dar capacitación a los vendedores y diseñar anuncios que comuniquen su liderazgo en tecnología.

Una vez formulados los programas de marketing, los miembros del departamento deben realizar una estimación de costos, planteándose diversas preguntas: ¿Vale la pena participar en una determinada feria comercial? ¿Será rentable un determinado concurso de ventas? ¿Vale la pena contratar a otro vendedor para una línea de producción? El costeo basado en actividades (ABC) debe aplicarse a cada programa de marketing para determinar la probabilidad de que arroje los resultados necesarios para justificar los costos.[48]

A la hora de aplicar la estrategia, las empresas no deben perder de vista las distintas partes que intervienen en el negocio ni sus necesidades. En el pasado, la mayoría de los negocios se centraban en los intereses de los accionistas. Actualmente, cada vez más empresas reconocen la posibilidad de no generar utilidades suficientes para los accionistas, a menos que se concentren en otros grupos de participantes, como clientes, empleados, proveedores y distribuidores. Una empresa puede establecer niveles de satisfacción diferentes para los distintos grupos de participantes, eso sí, siempre por encima del mínimo. Por ejemplo, podría intentar deleitar a sus clientes, satisfacer a sus empleados y generar un nivel de satisfacción mínimo para sus proveedores. A la hora de establecer estos niveles, las empresas deben prestar atención para no dañar la sensación de trato justo de los diferentes participantes en el negocio.[49]

Existe una relación dinámica entre las distintas partes involucradas en un negocio. Una empresa perspicaz crea un elevado nivel de satisfacción entre sus empleados, que conduce a mayores esfuerzos por parte de estos últimos, lo que da como resultado productos y servicios de gran calidad que generan satisfacción por parte de los clientes; de esta forma, se pueden realizar más negocios, lo que conduce a la empresa a crecer y a aumentar sus utilidades; esto, a la vez, redunda en una mayor satisfacción por parte de los accionistas, y consecuentemente, en una mayor inversión, etc. Éste es el ciclo adecuado para generar ganancias y crecimiento. El recuadro titulado *Marketing en acción: Cómo influye el marketing en el valor para los accionistas*, refleja la creciente importancia de los resultados finales en la inversión de marketing.

De acuerdo con McKinsey & Company, la planeación estratégica es tan sólo uno de los siete elementos clave para una práctica de negocios exitosa.[50] Los primeros tres elementos (estrategia, organización y sistemas) se consideran el "hardware" del éxito. Los otros cuatro (estilo, habilidades, personal y valores compartidos) son el "software".

MARKETING **EN ACCIÓN**

CÓMO INFLUYE EL MARKETING EN EL VALOR PARA LOS ACCIONISTAS

Normalmente, las empresas suelen concentrarse en maximizar las utilidades y no en maximizar el valor para los accionistas. Doyle, en su obra *Value-Based Marketing*, afirma que la maximización de las utilidades conduce a una planeación orientada al corto plazo y a una inversión pobre en marketing. Esto, a la vez, hace que la empresa se concentre en generar más ventas, y en obtener mayor participación de mercado y más utilidades. Asimismo, se recortan costos y se desperdician activos en aras de un rápido aumento de las ganancias, lo que socava la competitividad de la empresa a largo plazo, puesto que resulta imposible invertir en nuevas oportunidades de mercado.

Las empresas, por lo general, miden sus utilidades estimando el rendimiento de la inversión (dividiendo las utilidades entre la inversión). Esto presenta dos problemas:

1. Las utilidades se calculan de manera arbitraria y son manipulables. La liquidez es más importante. Como dijo alguien alguna vez: "Las utilidades son una cuestión de opinión, la liquidez es un hecho."

2. La inversión pasa por alto el valor real de la empresa. Buena parte del valor de la empresa reside en sus activos intangibles de marketing (marcas, conocimiento del mercado, relaciones con los clientes y re-

laciones con los socios), más que en su balance. Estos activos son la garantía para obtener utilidades a largo plazo.

Doyle afirma que el marketing no madurará como profesión sino hasta que se demuestre su influencia sobre el valor para los accionistas, es decir, el valor de mercado de una empresa menos sus deudas. El valor de mercado es el número de acciones en circulación de una empresa multiplicado por su cotización. La cotización de las acciones refleja lo que los inversionistas consideran que es el valor actual de los ingresos futuros de una empresa. Doyle afirma que, cuando la dirección de una empresa está definiendo una estrategia de marketing, debe aplicar el análisis de valor para los accionistas (AVA) con el fin de analizar el impacto de las diferentes medidas alternativas en la maximización del valor para los accionistas.

Si se aceptan los argumentos de Doyle, el marketing por fin recibirá toda la atención que se merece en el consejo de administración de las empresas. En lugar de ser considerado un departamento que se encarga sólo de aumentar las ventas o la participación de mercado, los directivos por fin se darán cuenta de que se trata de una parte integral de todo el proceso administrativo. Así, la alta dirección finalmente apreciará la contribución del marketing al valor para los accionistas.

Fuente: Peter Doyle, *Value-Based Marketing: Marketing Strategies for Corporate Growth and Shareholder Value* (Chichester, Inglaterra: John Wiley & Sons, 2000).

El primero de estos elementos del software, el *estilo*, supone que los empleados de la empresa comparten una misma forma de pensar y de comportarse. Los empleados de McDonald's sonríen a los clientes, y los de IBM tienen un trato muy profesional. El segundo, las *habilidades*, supone que los empleados tienen la capacidad necesaria para aplicar la estrategia de la empresa. El tercero, el *personal*, supone que la empresa ha contratado a personas competentes, las ha capacitado y las ha asignado en los puestos adecuados. El cuarto, los *valores compartidos*, significa que los empleados se guían por los mismos valores. Cuando estos cuatro elementos convergen, las empresas tienen más éxito a la hora de aplicar su estrategia.[51]

Otro estudio de prácticas administrativas demostró que para conseguir un mayor rendimiento en el tiempo es necesario contar con una ejecución impecable, una cultura empresarial que apunte alto, una estructura flexible y con capacidad de respuesta, y una estrategia clara y definida.[52]

Retroalimentación y control

A medida que se va aplicando la estrategia, la empresa necesita hacer un seguimiento de los resultados y de los cambios acontecidos en el entorno. Algunos entornos se mantienen relativamente estables de un año a otro. Otros evolucionan lentamente de forma bastante predecible. Sin embargo, hay otros que cambian de forma repentina e impredecible. En cualquier caso, la empresa puede contar con que el mercado cambiará; y cuando lo haga, la empresa tendrá que revisar y reajustar los programas y estrategias, su aplicación, e incluso sus objetivos.

El ajuste de la estrategia de una empresa a sus oportunidades se erosiona por fuerza, puesto que el entorno cambia más rápidamente que los siete elementos clave para una práctica de negocios exitosa que veíamos antes. Por esta razón, una empresa puede seguir siendo eficiente mientras pierde eficacia. Peter Drucker apuntó que es más importante "hacer lo correcto" (eficacia) que "hacer las cosas bien" (eficiencia). Sin embargo, las empresas de éxito destacan en ambos aspectos.

Cuando una organización fracasa a la hora de reaccionar ante los cambios del entorno, le es cada vez más difícil recuperar su posición. Esto es lo que le ocurrió a Lotus Development Corporation. Su software Lotus 1-2-3 fue un programa líder a nivel mundial en su momento, pero su participación de mercado ha caído tanto que los analistas ni siquiera se molestan en calcularla.

LOTUS

Las ventas de la primera PC de IBM se dispararon gracias a Lotus 1-2-3, que combinaba una hoja de cálculo con un programa que podía convertir columnas de números en cuadros y gráficas. Sin embargo, Lotus no pudo mantener el ritmo de evolución de las computadoras, y perdió oportunidades frente a Apple Macintosh, Microsoft Windows y otras aplicaciones. Tras la adquisición de la empresa por parte de IBM en 1995, Lotus sacó partido de la creciente popularidad de los sistemas de correo electrónico con su software Lotus Notes, pero la capacidad de Microsoft para vincular aplicaciones a sistemas operativos le concedió una ventaja insuperable. En la actualidad, la empresa trabaja en estrecha colaboración con Microsoft para garantizar que su último programa Smart Suite pueda beneficiarse plenamente del software de Windows.[53]

Las organizaciones, sobre todo las de mayor tamaño, están sometidas a la inercia. Tal es el caso del gigante Kraft Foods Inc., empresa de reconocida experiencia en la creación de extensiones de marca.

KRAFT

Mientras la empresa se ocupaba de lanzar productos como Jell-O, Mini Oreos y Ooey Gooey Warm N' Chewy Chips Ahoy!, no detectó en los supermercados las importantes tendencias que seguía la alimentación. Los supermercados han lanzado sus propias marcas de queso, galletas y otros alimentos procesados a precios bajos, y Kraft se percibe hoy como una empresa con precios elevados. Más importante aún, Kraft ignoró la tendencia hacia productos más sanos elaborados con ingredientes orgánicos y con menor contenido de grasa. En comparación con productos de las marcas Stonyfield Farm, Starbucks, o SilkSoy, Kraft ha ido adquiriendo la imagen de fabricante de alimentos procesados y caros.[54]

Las organizaciones se crean como máquinas eficientes, y resulta complicado modificar un elemento sin tener que ajustar el resto. Sin embargo, un liderazgo firme puede cambiar las organizaciones, preferentemente antes de las crisis. La clave para la buena salud de una empresa es su disposición a estudiar el entorno cambiante y a reajustar en consecuencia las metas y los patrones de conducta.

::: Planeación del producto: naturaleza y contenido de un plan de marketing

Los gerentes de marketing siguen un proceso para hacer frente a sus responsabilidades. Los gerentes de producto, trabajando dentro de los planes establecidos por sus superiores, elaboran un plan de marketing para productos, líneas, marcas, canales o grupos de consumidores específicos. Cada nivel de producto (línea de producto y marca) debe contar con su propio plan de marketing para alcanzar sus metas. Un **plan de marketing** es un documento escrito que resume lo que se conoce sobre el mercado e indica cómo es que la empresa pretende alcanzar sus objetivos de marketing.[55] El plan de marketing incluye directrices tácticas para los programas de marketing y asignaciones financieras para el periodo que cubre.[56] Se trata de uno de los elementos más importantes del proceso de marketing.

Los planes de marketing se orientan cada vez más hacia clientes y competidores, están mejor razonados y son más realistas que en el pasado. Los planes incluyen aportaciones de más funciones y son desarrollados en equipo. Los ejecutivos de marketing se ven cada vez más como gerentes profesionales en primer lugar, y como especialistas en segundo. La planeación se está convirtiendo en un proceso constante para responder a los cambios vertiginosos que se producen en el mercado.

SONY

En un principio, Sony planeó vender 10 millones de unidades de PlayStation 2 en todo el mundo durante el primer año de comercialización. El plan de marketing exigía una intensa campaña promocional, previa al lanzamiento, para generar demanda y hacer sombra a las consolas rivales de Nintendo y otros competidores. Inicialmente, Sony lanzó el nuevo producto en Japón, donde todo el despliegue publicitario provocó un frenesí responsable de la venta de cerca de un millón de unidades en los tres primeros días. Sin embargo, algunas piezas de la PlayStation se agotaron inesperadamente, lo que provocó que la empresa no pudiera ajustarse al calendario previsto para fabricar consolas suficientes. Como consecuencia, Sony se vio obligada a revisar su plan de marketing retrasando el lanzamiento en Europa y reduciendo el número de PlayStations destinadas a establecimientos del Viejo Continente y Estados Unidos. Este retraso, a su vez, hizo que Sony no alcanzara sus objetivos de ventas y utilidades para ese año.[57]

Los procedimientos y contenidos de los planes de marketing varían considerablemente de empresa a empresa. El plan recibe diversos nombres, como "plan de negocio", "plan de marketing", e incluso "plan de batalla". La mayoría de los planes de marketing cubren un periodo de un año. La extensión de estos planes va de menos de cinco páginas a más de 50. Algunas empresas se toman muy en serio sus planes de marketing, mientras otras sólo los consideran una directriz muy general para la acción. Eisenhower dijo una vez: "A la hora de preparar una batalla, los planes resultan inútiles pero la planeación resulta indispensable." Según los directivos de marketing, los defectos más frecuentes de un plan de marketing son la falta de realismo, un análisis competitivo insuficiente y objetivos demasiado vagos. (Véase el recuadro *Cuestiones clave: Criterios para evaluar un plan de marketing*, para saber qué preguntas conviene plantear en el momento de desarrollar un plan de marketing.)

Entonces, ¿cómo es un plan de marketing? ¿De qué se compone?

Contenido de un plan de marketing

■ ***Resumen ejecutivo y tabla de contenido.*** El plan de marketing debe comenzar con un breve resumen de los principales objetivos y recomendaciones. El resumen ejecutivo permite a la alta dirección detectar los puntos principales del plan. A continuación debe aparecer una tabla de contenido o índice como un esquema del resto del plan, y como un esbozo de las razones fundamentales en las que se apoya y de los detalles operativos del documento.

■ ***Análisis de la situación.*** En este apartado se presenta la información relevante de ventas, costos, mercado, competidores y las diferentes fuerzas del macroentorno. ¿Cómo se define el mercado, cuál es su tamaño y a qué ritmo crece? ¿Cuáles son las principales tendencias que afectan al mercado? ¿Cuál es nuestra oferta de producto y cuáles son los aspectos críticos a los que se enfrenta la empresa? En esta sección se puede incluir la información histórica pertinente para ofrecer un contexto de la situación. Toda esta información se utiliza para elaborar un análisis SWOT (fortalezas, debilidades, oportunidades y amenazas).

■ ***Estrategia de marketing.*** En este apartado, el gerente de producto define la misión y los objetivos financieros y de marketing. Asimismo, debe especificar a qué grupos se dirige la oferta y qué necesidades pretende satisfacer. A continuación debe definirse el posicionamiento competitivo de la línea de producto, que sirve para trazar el "plan de juego" que permitirá alcanzar los objetivos. Para hacer esto se debe utilizar información de diferentes de-

CUESTIONES **CLAVE** | CRITERIOS PARA EVALUAR UN PLAN DE MARKETING

Éstas son algunas de las preguntas que conviene plantearse a la hora de evaluar un plan de marketing:

1. **¿Es sencillo?** ¿Es fácil de entender y de aplicar? ¿Comunica su contenido de forma sencilla y práctica?

2. **¿Es concreto?** ¿Sus objetivos son específicos y mensurables? ¿Incluye acciones y actividades concretas, con fechas de finalización, personas responsables y presupuestos específicos?

3. **¿Es realista?** ¿Los objetivos de ventas, los presupuestos de gastos y las fechas de aplicación son realistas? ¿Se ha elaborado una autocrítica honesta sobre el plan para detectar posibles desacuerdos u objeciones?

4. **¿Es completo?** ¿Incluye todos los elementos necesarios?

Fuente: Tim Berry y Doug Wilson, *On Target: The Book on Marketing Plans* (Eugene, OR: Palo Alto Software, 2000).

---

partamentos, como el de compras, producción, ventas, finanzas y recursos humanos, con el fin de garantizar que la empresa pueda ofrecer un apoyo adecuado para la aplicación efectiva del plan. Este apartado debe concretar la estrategia de marca y las estrategias básicas hacia los clientes que se aplicarán.

■ ***Proyecciones financieras.*** Las proyecciones financieras incluyen un pronóstico de ventas, gastos y un análisis de punto de equilibrio. En lo relativo a ingresos, las proyecciones muestran el volumen mensual de ventas previsto para cada categoría de producto. Por lo que toca a los gastos, las proyecciones reflejan los costos de marketing previstos, desglosados en subcategorías. El análisis de punto de equilibrio muestra cuántas unidades se deberían vender mensualmente para compensar los costos fijos mensuales y el promedio de los costos variables por unidad.

■ ***Seguimiento de la aplicación.*** El último apartado del plan de marketing destaca los controles que se realizarán para comprobar y ajustar la aplicación del plan. Normalmente, las metas y el presupuesto se elaboran con carácter mensual o trimestral, de modo que la dirección pueda revisar los resultados de cada periodo y, en su caso, tomar medidas correctivas. Para evaluar el progreso del plan y sugerir posibles modificaciones será necesario evaluar diversos indicadores internos y externos. Algunas empresas incluyen planes de contingencia, en los que se detallan los pasos que debería dar la dirección para responder a acontecimientos concretos del entorno, como guerras de precios o huelgas.

Ejemplo de plan de marketing: Pegasus Sports International*

1.0 Resumen ejecutivo

Pegasus Sports International es una empresa de reciente creación que se dedica a la fabricación de accesorios para patines en línea. Además de los accesorios, Pegasus está desarrollando SkateTours, un servicio de excursiones para sus clientes, que presta en colaboración con una tienda de patinaje local. Este servicio consiste en realizar excursiones por la tarde en patines, utilizando algunos de los accesorios de Pegasus, como SkateSails. El mercado de accesorios de patinaje apenas ha recibido atención. Aunque existen algunos grandes fabricantes de patines que también fabrican accesorios, nadie se había centrado exclusivamente en el mercado de los accesorios. Para Pegasus esto supone una oportunidad de crecimiento extraordinaria. El patinaje es un deporte que está adquiriendo popularidad. Actualmente, el patinaje se practica como actividad recreativa. Sin embargo, cada vez se celebran más compe-

tencias de patinaje, ya sea en equipo, como el hockey sobre patines, o individuales, como el patinaje de velocidad. Pegasus pretende ampliar estos mercados y desarrollar un mercado de transporte en patines, para darle un uso más práctico a los patines en línea. Algunos de los productos de Pegasus están esperando la concesión de patentes, y los estudios de mercado locales indican que existe una gran demanda para estos productos. Pegasus va a penetrar el mercado rápida y considerablemente gracias a un modelo de negocio sólido, una planeación a largo plazo y un equipo directivo capaz de materializar esta gran oportunidad. Los tres responsables del equipo directivo cuentan con una experiencia profesional combinada de más de 30 años. Su amplia experiencia proporciona a Pegasus la información empírica pertinente, así como la pasión para ofrecer al mercado del patinaje los accesorios que resultan tan necesarios. En un primer momento, Pegasus venderá sus

---

*Este ejemplo ha sido cedido por Palo Alto Sofware, Inc., a quien pertenecen los derechos de reproducción. Para obtener ejemplos de planes de marketing más completos, diríjase a www.mplans.com.

productos a través de su sitio Web. Este enfoque directo al consumidor, tipo "Dell", permitirá a Pegasus mantener relaciones estrechas con los clientes, factor que resulta crucial para fabricar productos que tienen una verdadera demanda en el mercado. A finales de año, Pegasus también habrá establecido relaciones con diversas tiendas de patinaje y comenzará a vender algunos de sus productos a través de minoristas.

| TABLA 1.0 | Pronóstico de ventas.

Pronóstico de ventas			
Ventas	**2003**	**2004**	**2005**
Uso recreativo	$455,740	$598,877	$687,765
Para competencias	$72,918	$95,820	$110,042
Total de ventas	$528,658	$694,697	$797,807
Costos directos de ventas	**2003**	**2004**	**2005**
Uso recreativo	$82,033	$107,798	$123,798
Para competencias	$13,125	$17,248	$19,808
Subtotal de costo de ventas	$95,159	$125,046	$143,605

2.0 Análisis de la situación

Pegasus está comenzando su primer año de operaciones, y sus productos han sido bien recibidos. Para crear conciencia de marca, dar a conocer sus productos y aumentar su base de clientes, el marketing desempeñará una función crucial. Pegasus International ofrece accesorios de patinaje, dirigidos al creciente sector del patinaje en línea.

2.1 Análisis del mercado

Pegasus cuenta con información valiosa sobre el mercado, y conoce bien los atributos comunes de los consumidores más valiosos. Esta información se empleará para saber a quién se atiende, cuáles son sus necesidades específicas y cómo puede la empresa comunicarse mejor con ellos.

Mercados meta

> Recreativo.
> Acondicionamiento físico.
> De velocidad.
> Hockey.
> Deportes de riesgo.

2.1.1 Características demográficas

El perfil del cliente típico de Pegasus incluye los siguientes factores geográficos, demográficos y conductuales:

Factores geográficos

- Pegasus no se ha fijado un radio de acción concreto. Al contar con el gran alcance de Internet y diversos servicios de distribución, Pegasus puede atender a clientes tanto nacionales como internacionales.
- El público meta total es de 31 millones de usuarios.

Factores demográficos

- Los usuarios están distribuidos casi equitativamente entre hombres y mujeres.
- Su edad está comprendida entre los 13 y los 46 años, con una concentración del 48% en torno a los 23-34 años. Los clientes que utilizan los patines con fines recreativos tienden a cubrir el rango más amplio de edad, e incluyen a usuarios jóvenes y adultos activos. Quienes utilizan los patines para realizar una rutina de acondicionamiento físico tienen una edad comprendida entre los 20 y los 40 años. Los usuarios que participan en competencias de velocidad suelen es-

| TABLA 2.1 | Pronóstico de mercados meta.

Pronóstico de mercados meta							
Clientes potenciales	**Crecimiento**	**2003**	**2004**	**2005**	**2006**	**2007**	**Incremento**
Recreación	10%	19,142,500	21,056,750	23,162,425	25,478,668	28,026,535	10.00%
Acondicionamiento físico	15%	6,820,000	7,843,000	9,019,450	10,372,368	11,928,223	15.00%
De velocidad	10%	387,500	426,250	468,875	515,763	567,339	10.00%
Hockey	6%	2,480,000	2,628,800	2,786,528	2,953,720	3,130,943	6.00%
Deportes de riesgo	4%	2,170,000	2,256,800	2,347,072	2,440,955	2,538,593	4.00%
Total	10.48%	31,000,000	34,211,600	37,784,350	41,761,474	46,191,633	10.48%

tar al final de la década de los 20 y principios de los 30. Generalmente, los jugadores de hockey son adolescentes y gente que está al principio de la década de los 20. El segmento de quienes los utilizan en deportes de riesgo presenta un intervalo de edad similar al de los jugadores de hockey.

- El 65% de los usuarios mayores de 20 años concluyeron el bachillerato o están matriculados en la universidad.
- Los usuarios adultos tienen ingresos medios de 47,000 dólares anuales.

Factores conductales

- Los usuarios disfrutan las rutinas de acondicionamiento físico no sólo como una forma de llevar una vida más sana, sino como actividades intrínsecamente divertidas.
- Los usuarios invierten dinero en equipo deportivo.
- Los usuarios llevan estilos de vida activos que incluyen algún tipo de actividad recreativa dos o tres veces por semana.

2.1.2 Necesidades del mercado

Pegasus ofrece a la comunidad patinadora una amplia gama de accesorios para las diferentes modalidades del patinaje en línea. La empresa pretende satisfacer las siguientes necesidades de sus clientes:

- *Producto de calidad.* Los consumidores trabajan duro para ganar su dinero, y no les gusta gastarlo en productos desechables que únicamente duran uno o dos años.
- *Buen diseño.* El mercado del patinaje no cuenta con productos bien diseñados que satisfagan las necesidades de los patinadores. La experiencia profesional de Pegasus y su dedicación personal al deporte le ofrece una valiosa información para fabricar productos diseñados con esmero.
- *Atención al cliente.* Para crear un negocio sostenible con una base de clientes leales es necesario ofrecer un servicio ejemplar a los clientes.

2.1.3 Tendencias

Pegasus se diferenciará por ofrecer productos a los que los patinadores antes no tenían acceso. En el pasado, la tendencia ha sido la de comercializar exclusivamente patines y algunas piezas de repuesto. El número de patinadores no se limita a un solo país, continente o grupo de edad, de modo que nos encontramos ante un mercado global. Pegasus tiene productos para prácticamente cualquier grupo de patinadores. El segmento que crece a mayor velocidad es el de quienes utilizan los patines para mantenerse en forma. Por tanto, el marketing se dirige a este grupo. BladeBoots permitirá a los usuarios entrar en cualquier establecimiento sin necesidad de quitarse los patines. BladeBoots se dirigirá al patinador aficionado, el segmento de mayor tamaño. Por otra parte, SkateAids resulta ideal para cualquier grupo de consumidores.

El patinaje como deporte también crecerá con el SkateSailing. Este deporte es para los patinadores con un nivel de destreza medio y alto. El potencial de crecimiento de este deporte es inmenso. Las velas que Pegasus ha fabricado se han vendido en Europa, siguiendo un patrón similar al del windsurfing. Este deporte nació en Santa Mónica, pero no despegó sino hasta que ya había alcanzado una difusión considerable en Europa.

Otra tendencia es la del patinaje en grupo. Cada vez se están formando más grupos que se reúnen para hacer excursiones por todo el mundo. Por ejemplo, San Francisco tiene grupos de patinaje nocturnos que reúnen a cientos de personas. Las tendencias del mercado muestran un crecimiento continuado del patinaje en todas las direcciones.

2.1.4 Crecimiento del mercado

Con el precio de los patines a la baja como resultado de la competencia entre un buen número de fabricantes, el mercado ha experimentado un crecimiento constante en todo el mundo, con 22.5 millones de unidades vendidas en 1999 y más de 31 millones en 2002. Las estadísticas de crecimiento para 2003 se calculan por encima de los 35 millones de unidades. Cada vez más personas están descubriendo, y en muchos casos, redescubriendo los beneficios para la salud y la diversión que supone patinar.

2.2 Análisis SWOT o FODA

El siguiente análisis SWOT incluye las principales fortalezas y debilidades de la empresa, y describe las oportunidades y las amenazas a las que se enfrenta Pegasus.

2.2.1 Fortalezas

- Profunda experiencia en el sector y perspicacia.
- Diseñadores de producto creativos y prácticos.
- Modelo de negocio flexible y muy eficiente, que emplea la venta y la distribución directas.

2.2.2 Debilidades

- Dependencia de capital externo para ampliar el negocio.
- Falta de minoristas que puedan trabajar cara a cara con los clientes para generar conciencia de marca y dar a conocer el producto.
- Dificultad para generar conciencia de marca como empresa nueva.

2.2.3 Oportunidades

- Participación en un sector en expansión.
- Descenso del costo de los productos mediante las economías de escala.
- Capacidad de potenciar los esfuerzos de marketing de otros participantes en el sector para contribuir a incrementar el mercado general.

2.2.4 Amenazas

- Competencia futura o potencial de algún agente consolidado en el mercado.
- Depresión económica que podría influir negativamente en el gasto dedicado a productos de acondicionamiento físico y recreativos.
- La publicación de un estudio que cuestione la seguridad del patinaje o la imposibilidad de evitar los principales traumatismos provocados como consecuencia de practicar el patinaje.

2.3 Competencia

Pegasus Sports International está generando su propio merca-do. Aunque existen algunas empresas que venden velas y co-metas que utilizan los patinadores, Pegasus es la única empre-sa dirigida por y para patinadores. Las velas de la competencia que están en el mercado no están diseñadas para el patinaje, sino para el *windsurfing* o para las patinetas. En el caso de las cometas, almacenarlas y transportarlas no resulta práctico. Existen diversos competidores indirectos que fabrican patines. Tras muchos años en el mercado, estas empresas han empeza-do a ser competidores directos fabricando accesorios para los patines que producen.

2.4 Ofertas de productos

En la actualidad, Pegasus Sports International ofrece diversos productos:

- El primer producto es BladeBoots, una cubierta para las ruedas y el armazón de los patines en línea, que permite a los patinadores entrar en lugares en los que normalmente no se les permitiría el acceso llevando patines. BladeBoots viene con una pequeña bolsa y un cinturón que se convier-ten fácilmente en un portapatines.

- El segundo producto es SkateSails. Estas velas están dise-ñadas para usarse con patines. La retroalimentación de pa-tinadores que ha recibido Pegasus indica que el skatesai-ling podría convertirse en un deporte muy popular. El registro de esta marca está actualmente en proceso.

- El tercer producto, SkateAid, se empezará a producir hacia finales del año. Existen otras ideas para productos en fase de desarrollo, pero no se harán públicas hasta que Pegasus las haya protegido con patentes.

2.5 Claves para el éxito

Las claves para el éxito son el diseño y la fabricación de pro-ductos que satisfagan la demanda del mercado. Además, Pe-gasus debe garantizar la satisfacción total de sus clientes. Si se consiguen estas claves, Pegasus se convertirá en una empresa rentable y sostenible.

2.6 Asuntos críticos

Como empresa emergente, Pegasus todavía se encuentra en una fase inicial. Los asuntos críticos para Pegasus son:

- Establecerse como la primera empresa de accesorios para el patinaje.

- Perseguir un crecimiento controlado que asegure que el pago de las nóminas nunca superará la base de ingresos. Esto servirá como protección frente a posibles recesiones económicas.

- Controlar constantemente la satisfacción de los clientes, garantizando que la estrategia de crecimiento nunca com-prometa los niveles de servicio y satisfacción.

3.0 Estrategias de marketing

El factor clave de la estrategia de marketing es centrarse en los patinadores que valoran la velocidad, la salud y el acondicio-namiento físico y que recurren al patinaje como una actividad recreativa. Pegasus puede cubrir cerca del 80% del mercado de patinadores, ya que fabrica productos orientados a cada uno de estos segmentos. Pegasus es capaz de dirigirse a todos los segmentos del mercado porque, aunque cada uno es diferente en términos de usuarios y equipo, sus productos resultan úti-les en todos ellos.

3.1 Misión

La misión de Pegasus Sports International consiste en ofrecer a sus clientes los mejores accesorios disponibles para patines. "La empresa existe para atraer y retener clientes. Si acatamos estric-tamente esta máxima, el éxito está asegurado. Nuestros produc-tos y servicios superarán las expectativas de los clientes."

3.2 Objetivos de marketing

- Conservar un fuerte crecimiento positivo trimestre a tri-mestre (a pesar de los patrones estacionales).

- Obtener un aumento constante en la penetración de mer-cado.

- Reducir los costos de captación de clientes en 1.5% por tri-mestre.

3.3 Objetivos financieros

- Aumentar el margen de utilidades en 1% trimestral me-diante mejoras en la eficiencia de la empresa y en las eco-nomías de escala.

- Conservar un presupuesto significativo de investigación y desarrollo (un porcentaje sobre las ventas) para estimular el desarrollo de productos futuros.

- Una tasa de crecimiento de dos a tres dígitos en los tres pri-meros años.

3.4 Mercados meta

Con un mercado mundial de más de 31 millones de personas que registra un crecimiento continuo (según estadísticas pu-blicadas por Sporting Goods Manufacturers Association), exis-te un nicho importante. El objetivo de Pegasus es ampliar este mercado mediante la promoción del SkateSailing, un nuevo deporte muy popular en Santa Mónica y Venice Beach, Cali-fornia. Un estudio realizado por Sporting Goods Manufactu-rers Association indica que el patinaje tiene hoy más adeptos que el futbol, el softball, el esquí, y el snowboard juntos. El desglose de participación en el patinaje es como sigue: 1% pa-tinaje de velocidad (al alza), 8% hockey (a la baja), 7% patina-je como deporte de riesgo (a la baja), 22% acondicionamiento físico (casi siete millones, el segmento que crece más rápida-mente) y 61% recreación (novatos). Nuestros productos están destinados a los grupos de acondicionamiento físico y recrea-ción, puesto que son los que crecen a mayor velocidad. Estos grupos se orientan hacia la salud y la buena condición física, y juntos pueden alcanzar, fácilmente, el 85% (o 26 millones) del mercado en los próximos cinco años.

3.5 Posicionamiento

Pegasus se posicionará como la primera empresa de acceso-rios para el patinaje. Logrará posicionarse como tal fomentan-do su ventaja competitiva: la experiencia y la pasión por el patinaje. Pegasus es una empresa de patinaje integrada por patinadores y para patinadores. La dirección de Pegasus es capaz de emplear su amplia experiencia y su pasión personal por este deporte para desarrollar accesorios novedosos y útiles para un amplio rango de patinadores.

3.6 Estrategias

El principal objetivo de Pegasus es posicionarse como el primer fabricante de accesorios de patinaje, atendiendo tanto al mercado nacional como al internacional. La estrategia de marketing perseguirá, en primer lugar, dar a conocer los productos y servicios de la empresa, y crear una base de clientes. El mensaje que Pegasus intentará comunicar es que la empresa ofrece los accesorios para el patinaje más útiles y de mejor diseño. Para ello, se emplearán diversos métodos. El primero será hacer uso de su sitio Web, que incluirá una gran cantidad de información acerca de los productos y ofrecerá a los consumidores la posibilidad de adquirirlos. Se invertirá mucho tiempo y dinero en este sitio para dar al cliente la sensación de un gran profesionalismo y para dar a conocer la utilidad de los productos y servicios de Pegasus.

El segundo método de marketing serán los anuncios publicitarios que se incluirán en numerosas revistas del sector. La industria del patinaje incluye diversas revistas diseñadas para promocionar el sector en su conjunto. Además, existen algunas publicaciones periódicas para segmentos más reducidos dentro de este sector. El último método de comunicación será el uso de folletos impresos. Los dos métodos de marketing que se mencionaron anteriormente crearán demanda para estos folletos, que se enviarán por correo a los clientes. El costo de estos folletos será muy reducido, puesto que incluirán la información ya compilada en el sitio Web.

3.7 Mezcla de marketing

La mezcla de marketing de Pegasus está formada por los siguientes enfoques de precio, distribución, publicidad y promoción, y atención al cliente.

- ■ *Precio:* Se basará en un precio al menudeo por producto.
- ■ *Distribución:* En un primer momento, Pegasus utilizará un modelo de distribución directo al consumidor. Con el tiempo, empezará a valerse de minoristas.
- ■ *Publicidad y promoción:* Se emplearán diferentes métodos en el esfuerzo publicitario.
- ■ *Atención al cliente:* Pegasus se esforzará por conseguir los niveles de referencia en la atención al cliente.

3.8 Investigación de mercados

Pegasus tiene la suerte de estar ubicada en el epicentro del mundo del patinaje: Venice, California. Esto le permitirá trabajar con muchos de los diferentes patinadores que viven en el área. Pegasus ha tenido la oportunidad de probar todos sus productos no sólo con sus directivos, que son patinadores experimentados, sino con muchos otros usuarios aficionados y principiantes de Venice. El gran número de pruebas que ha realizado la empresa con grupos de usuarios diversos ha arrojado información muy valiosa sobre el producto, lo que ha llevado a varias mejoras en el diseño.

4.0 Proyecciones financieras

Este apartado ofrece una perspectiva financiera de Pegasus en relación con sus actividades de marketing. Pegasus ha realizado un análisis de punto de equilibrio y pronósticos de ventas y gastos, y ha estudiado su vinculación con la estrategia de marketing.

4.1 Análisis de punto de equilibrio

Este análisis indica que las ventas mensuales necesarias para alcanzar el punto de equilibrio deben ser de 7,760 dólares.

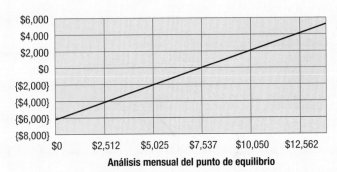

Análisis mensual del punto de equilibrio

Análisis de punto de equilibrio.

Punto de equilibrio = donde la línea roja hace intersección con cero.

| TABLA 4.1 | Análisis del punto de equilibrio. |

Análisis del punto de equilibrio:	
Punto de equilibrio mensual en unidades	62
Punto de equilibrio mensual de ventas	$ 7,760
Supuestos:	
Ingresos promedio por unidad	$125.62
Costo variable promedio por unidad	$ 22.61
Costos fijos mensuales estimados	$ 6,363

4.2 Pronóstico de ventas

Pegasus considera que el pronóstico de ventas es prudente. La empresa incrementará sus ventas en función del presupuesto de publicidad. Aunque el pronóstico del mercado meta (tabla 2.1) incluye a todos los consumidores potenciales desglosados en grupos diferentes, para el pronóstico de ventas se ha dividido al público meta en dos grupos: aquellos que utilizan los patines con fines recreativos y los que los utilizan para participar en competencias. Al reducir el número de categorías, el lector puede encontrar la información más rápidamente, lo que hace que el cuadro resulte más funcional.

Pronóstico mensual de ventas

| TABLA 4.2 | Pronóstico de ventas.

Pronóstico de ventas			
Ventas	**2003**	**2004**	**2005**
Recreación	$455,740	$598,877	$687,765
Competencias	$ 72,918	$ 95,820	$110,042
Total de ventas	$528,658	$694,697	$797,807
Costos directos de ventas	**2003**	**2004**	**2005**
Recreación	$ 82,033	$107,798	$123,798
Competencias	$ 13,125	$ 17,248	$ 19,808
Subtotal de costos de ventas	$ 95,159	$125,046	$143,605

4.3 Pronóstico de gastos

La previsión de gastos se utilizará como herramienta para que el departamento se ajuste a los objetivos y para tener a la mano indicadores cuando se necesite hacer correcciones o modificaciones para la aplicación adecuada del plan de marketing.

Indicadores

| TABLA 5.1 | Indicadores.

Indicadores	Plan				
Indicador	**Fecha de inicio**	**Fecha de finalización**	**Presupuesto**	**Responsable**	**Departamento**
Redacción plan marketing	1/1/03	2/1/03	$0	Stan	Marketing
Diseño del sitio Web	1/1/03	3/15/03	$20,400	otra empresa	Marketing
Campaña #1	1/1/03	6/30/03	$3,500	Stan	Marketing
Campaña #2	3/1/99	12/30/03	$4,550	Stan	Marketing
Desarrollo del canal minorista	1/1/03	11/30/03	$0	Stan	Marketing
Total			$28,450		

Presupuesto mensual de gastos

| TABLA 4.3 | Presupuesto de gastos de marketing.

Presupuesto de gastos de marketing	2003	2004	2005
Sitio Web	$25,000	$8,000	$10,000
Anuncios publicitarios	$8,050	$15,000	$20,000
Folletos impresos	$1,725	$2,000	$3,000
Total de gastos de marketing	$34,775	$25,000	$33,000
Porcentaje sobre las ventas	6.58%	3.60%	4.14%
Margen de contribución	$398,725	$544,652	$621,202
Margen de contribución/ ventas	75.42%	78.40%	77.86%

5.0 Control de resultados

El objetivo del plan de marketing de Pegasus es servir como guía para la empresa. Se prestará especial atención a los siguientes campos para controlar los resultados:

- Ingresos: mensuales y anuales.
- Gastos: mensuales y anuales.
- Satisfacción de los clientes.
- Desarrollo de nuevos productos.

5.1 Calendario de aplicación

Los siguientes indicadores concuerdan con los programas clave de marketing. Es importante llevarlos a cabo a tiempo, y de acuerdo con los límites de presupuesto.

5.2 Organización de marketing

Stan Blade será el responsable de todas las actividades de marketing.

5.3 Plan de contigencia

Riesgos y dificultades

- Problemas a la hora de generar visibilidad por ser una empresa nueva con presencia exclusiva en Internet.

- Entrada en el mercado de un competidor consolidado.

Los riesgos, en el peor de los casos, incluyen:

- Determinar que el negocio no puede sostenerse de forma permanente.
- Liquidar el equipo o el capital intelectual para cubrir deudas.

RESUMEN :::

1. El proceso de entrega de valor incluye seleccionar (o identificar), proveer (o entregar) y comunicar un valor superior. La cadena de valor es un instrumento que sirve para identificar las actividades clave que generan valor y costos en un negocio específico.

2. Las grandes empresas desarrollan capacidades superiores para ejecutar los procesos centrales de negocio como la creación de nuevos productos, la administración de inventarios y la captación y retención de clientes. La administración eficaz de estos procesos centrales supone crear una red de marketing en la que la empresa colabora estrechamente con todos los involucrados en la producción y la cadena de distribución, desde proveedores de materias primas hasta distribuidores minoristas. Las empresas ya no compiten entre ellas, las redes de marketing sí.

3. De acuerdo con esta perspectiva, el marketing holístico maximiza la exploración o búsqueda del valor gracias al conocimiento de las relaciones entre el espacio cognitivo del cliente, el espacio de competencias de la empresa y el espacio de recursos de los colaboradores; maximiza la generación de valor identificando nuevos beneficios para el cliente desde el espacio cognitivo de este último, utilizando sus competencias centrales en su área de negocios, y seleccionando a sus socios comerciales a partir de sus redes de colaboración; y maximiza la entrega de valor volviéndose competente en la administración de relaciones con el cliente, de recursos internos y de sus asociaciones de negocios.

4. La planeación estratégica orientada al mercado es el proceso administrativo que consiste en desarrollar y mantener un equilibrio adecuado entre los objetivos, las habilidades y los recursos de la empresa, y sus oportunidades de mercado. El objetivo de la planeación estratégica es definir las áreas de negocio y los productos de la empresa, de modo que generen utilidades y un crecimiento satisfactorio. La planeación estratégica tiene lugar en cuatro niveles: nivel corporativo, nivel de división, nivel de área de negocio y nivel de producto.

5. La estrategia corporativa define el marco en el que los departamentos y las unidades de negocio elaboran su planeación estratégica. La definición de un plan estratégico incluye cuatro actividades: definir la misión de la empresa, determinar las unidades estratégicas de negocio (UEN), asignar recursos a cada unidad en función de su atractivo y de sus fortalezas, y planear nuevos negocios o eliminar aquellos que resulten caducos.

6. La planeación estratégica para negocios individuales conlleva las siguientes actividades: definir la misión del negocio, analizar las oportunidades y las amenazas externas, analizar las fortalezas y debilidades internas, formular objetivos, detallar la estrategia, crear programas de apoyo, ejecutar tales programas, recopilar información sobre la ejecución de los programas y controlar su aplicación.

7. Cada nivel de producto dentro de una unidad debe desarrollar un plan de marketing para alcanzar sus objetivos. El plan de marketing es uno de los componentes más importantes del proceso de marketing.

APLICACIONES :::

Debate de marketing   ¿Qué tan útil es la misión de una empresa?

Toda empresa enuncia su misión para guiar e inspirar a sus empleados, y para hacer saber a las personas ajenas lo que realmente es importante para la organización. Las declaraciones de misión suelen ser producto de largas deliberaciones. Por otra parte, los críticos afirman que a estas declaraciones de misión les falta "sustancia" y objetividad. Es más, los críticos también afirman que, en muchos casos, apenas existen diferencias entre las misiones de empresas diferentes, y que todas hacen las mismas promesas vacías.

Tome partido: "Las declaraciones de misión son fundamentales para que la organización de marketing tenga éxito" o "las declaraciones de misión casi nunca ofrecen un valor útil de marketing".

Análisis de marketing

Analice la cadena de valor de Porter y el enfoque de marketing holístico. ¿Qué repercusiones tienen en la planeación de marketing? ¿Cómo estructuraría un plan de marketing de modo que incluyera algunos de sus conceptos?

CASO DE **MARKETING** | **NIKE**

Nike saltó al estrellato en 1962. Conocida en un primer momento con el nombre de Blue Ribbon Sports, la empresa se centraba en ofrecer zapatos deportivos de gran calidad, diseñados especialmente por y para atletas. El fundador, Philip Knight, creía que se podía ofrecer a los deportistas zapatos elaborados con alta tecnología a precios competitivos si se importaban del extranjero. El compromiso de la empresa con el diseño de calzado innovador para atletas profesionales le ayudó a crear un culto por el calzado deportivo entre los consumidores estadounidenses. Para 1980, Nike se había convertido en la primera empresa de calzado deportivo de Estados Unidos.

Desde el principio, las campañas de marketing de Nike presentaban a deportistas destacados como portavoces. La empresa firmó su primer contrato de representación con el corredor Steve Prefontaine en 1973. La actitud irreverente de Prefontaine cuadraba a la perfección con el espíritu de Nike. Las campañas con deportistas de éxito tenían sentido. Nike detectó una "pirámide de influencia", es decir, que las elecciones de marca y producto se veían influidas por las preferencias y la conducta de un reducido número de deportistas connotados. Así, el hecho de mostrar a grandes deportistas en sus campañas publicitarias resultaba tanto eficaz como efectivo para la empresa.

En 1985, Nike firmó un contrato con el entonces debutante Michael Jordan. En esa época, Jordan era un recién llegado al mundo del baloncesto, pero personificaba el rendimiento superior. La apuesta de Nike por Jordan se vio compensada con creces: la línea de zapatos de baloncesto Air Jordan volaba de los anaqueles y, sólo en el primer año, Nike obtuvo más de 100 millones de dólares de ingresos. Jordan también contribuyó a crear la imagen psicológica de la marca. Phil Knight afirmó: "El deporte está en el centro de la cultura estadounidense, de modo que ya existe mucha emoción en torno al deporte. Las emociones son difíciles de explicar, pero existe algo inspirador en el hecho de ver a los atletas tratar de superar los límites de su rendimiento. No se puede explicar detalladamente en 60 segundos, pero la verdad es que cuando aparece Michael Jordan, ya no es necesario."

En 1988, Nike transmitió el primer anuncio de su campaña publicitaria "Just Do It". El bombardeo mensual de 20 millones de dólares (animando sutilmente a los estadounidenses a practicar más deporte) contaba con 12 anuncios televisivos diferentes. La campaña desafiaba a toda una generación de seguidores del deporte a alcanzar sus metas, y servía como una manifestación natural de la actitud de Nike: potenciar la capacidad personal a través del deporte. La campaña mostraba a deportistas famosos, y a personas que no lo eran. Un anuncio mostraba al desco-nocido Walt Stack, un atleta de 80 años, corriendo sobre el puente Golden Gate como parte de su rutina matinal. El eslogan "Just Do It" aparecía en la pantalla cuando Stack, sin camiseta, salía a correr en una mañana fría. La toma se iba cerrando, y Stack decía a la cámara, sin parar de correr: "La gente me pregunta cómo consigo que no me castañeteen los dientes cuando hace este frío." Tras una pausa, Stack respondía con total naturalidad, "los dejo en el armario".

Cuando Nike comenzó su expansión por Europa, descubrió que sus anuncios de estilo norteamericano resultaban demasiado fuertes. Los consumidores percibían la marca como demasiado orientada hacia la moda. Nike se dio cuenta de que tenía que autentificar su marca en Europa, como había hecho en Estados Unidos. Esto supuso ganar credibilidad y relevancia en los deportes europeos, sobre todo en el fútbol. Nike comenzó a patrocinar activamente ligas de fútbol juveniles, clubes locales y selecciones nacionales. Para conferir autenticidad a su marca, Nike necesitaba que los consumidores vieran a deportistas, sobre todo a los ganadores, con su producto. El gran cambio llegó en 1994, cuando la selección brasileña (la única selección nacional que Nike patrocinaba verdaderamente), ganó la Copa del Mundo. La victoria llevó a Nike a firmar con otros equipos ganadores y, en 2003, las utilidades obtenidas en Europa sobrepasaron las de Estados Unidos por primera vez. También en ese mismo año, Nike superó los 10,000 millones de dólares en ventas por primera vez.

Actualmente, Nike domina el mercado del calzado deportivo. Nueve de cada 10 pares de zapatos para baloncesto, por ejemplo, son Nike. La empresa lanza cientos de zapatos cada año para 30 modalidades de deporte diferentes, lo que supone, como promedio, un nuevo estilo de zapatos por cada día del año. Los logotipos de Nike aparecen en todo tipo de productos, desde relojes de pulso hasta palos de golf y gorros de natación.

Preguntas para discusión

1. ¿Cuáles han sido los factores de éxito de Nike?
2. ¿En qué sentido es vulnerable esta empresa? ¿A qué debería prestar atención?
3. ¿Qué recomendaría a los directivos de marketing de Nike para el futuro? ¿Qué medidas de marketing deberían tomar?

Referencias: Justin Ewers y Tim Smart, "A Designer Swooshes In", *U.S. News & World Report*, 26 de enero de 2004, p. 12; "Corporate Media Executive of the Year", *Delaney Report*, 12 de enero de 2004, p. 1; "10 Top Non Traditional Campaigns", *Advertising Age*, 22 de diciembre de 2003, p. 24; Chris Zook y James Allen, "Growth Outside the Core", *Harvard Business Review*, diciembre de 2003: 66(8).

REFERENCIAS BIBLIOGRÁFICAS :::

1. Keith H. Hammonds, "Michael Porter's Big Ideas", *Fast Company*, marzo de 2001, pp. 150–154.

2. http:///www.H&M.com y Eric Sylvers, "Cut-Rate Swedish Retailers Enters the Italian Market", *The New York Times*, 27 de agosto de 2003, p. W1.

3. Louise Lee, "Thinking Small at the Mall", *Business Week*, 26 de mayo de 2003, pp. 94–95.

4. Nirmalya Kumar, *Marketing As Strategy: The CEO's Agenda for Driving Growth and Innovation*, Harvard Business School Press, 2004.

5. Frederick E. Webster, Jr., "The Future Role of Marketing in the Organization", en *Reflections on the Futures of Marketing*, edited by Donald R. Lehmann & Katherine Jocz, Cambridge, MA: Marketing Science Institute, 1997, pp. 39–66.

6. Michael E. Porter, *Competitive Advantage: Creating and Sustaining Superior Performance* (Nueva York: The Free Press, 1985).

7. Robert Hiebeler, Thomas B. Kelly y Charles Ketteman, *Best Practices: Building Your Business with Customer-Focused Solutions* (Nueva York: Simon and Schuster, 1998).

8. Hammer y Champy, *Reengineering the Corporation. A Manifesto for Business Revolution* (Nueva York: Harper Business, 1993).

9. George Stalk, "Competing on Capability: The New Rules of Corporate Strategy", *Harvard Business Review* (marzo–abril de 1992), pp. 57–69; Benson P. Shapiro, V. Kasturi Rangan y John J. Sviokla, "Staple Yourself to an Order", *Harvard Business Review* (julio–agosto de 1992), pp. 113–122.

10. Jon R. Katzenbach y Douglas K. Smith, *The Wisdom of Teams: Creating the High-Performance Organization* (Boston: Harvard Business School Press, 1993); Hammer y Champy, *Reengineering the Corporation*.

11. Michael Johnsen, "Profiting From a First-Place Focus", *Drug Store News*, 20 de enero de 2003, p. 26.

12. Myron Magnet, "The New Golden Rule of Business", *Fortune*, 28 de noviembre de 1994, pp. 60–64.

13. C. K. Prahalad y Gary Hamel, "The Core Competence of the Corporation", *Harvard Business Review*, (mayo–junio de 1990), pp. 79–91.

14. Alan Cohen, "The Great Race", *Fortune Small Business*, diciembre 2002/enero 2003, pp. 42–48.

15. George S. Day, "The Capabilities of Market-Driven Organizations", *Journal of Marketing* (octubre de 1994), p. 38.

16. *Pew Internet and American Life Project Survey*, noviembre–diciembre de 2000.

17. Kasuaki Ushikubo, "A Method of Structure Analysis for Developing Product Concepts and Its Applications", *European Research*, 14, no. 4 (1986), pp. 174–175.

18. Jesús Sanchez, "Kodak Cuts Dividend; Shifts Strategy", *Los Angeles Times*, 26 de septiembre de 2003, p. C3.

19. Susan Kuchinskas, "The Tao of Wow", *Adweek Magazines' Technology Marketing*, junio de 2003, p. 10.

20. Yoram J. Wind y Vijay Mahajan con Robert E. Gunther, *Convergence Marketing: Strategies for Reaching the New Hybrid Consumer* (Upper Saddle River, NJ: Prentice Hall PTR, 2002).

21. Peter Drucker, *Management: Tasks, Responsibilities and Practices* (Nueva York: Harper and Row, 1973), cap. 7.

22. Ralph A. Oliva, "Nowhere to Hide", *Marketing Management*, julio/agosto de 2001, pp. 44–46.

23. *Pew Internet and American Life Project Survey*, noviembre–diciembre de 2000.

24. Chuck Martin, *Net Future* (Nueva York: McGraw-Hill, 1999).

25. Leah Nathans Spiro, "Pitney Goes for Growth", *Chief Executive*, octubre de 2003, pp. 38–42.

26. Jeffrey F. Rayport y Bernard J. Jaworski, *e-commerce* (Nueva York: McGraw-Hill, 2001), p. 116.

27. Tilman Kemmler, Monika Kubicová, Robert Musslewhite y Rodney Prezeau, "E-Performance II—The Good, the Bad, and the Merely Average", exclusiva de *mckinseyquarterly.com*, 2001.

28. Esta misma matriz se puede ampliar a nueve celdas añadiendo productos y mercados modificados. Véase S. J. Johnson y Conrad Jones, "How to Organize for New Products", *Harvard Business Review* (mayo–junio de 1957), pp. 49–62.

29. <www.starbucks.com>; Howard Schultz, *Pour Your Heart into It* (Nueva York: Hyperion, 1997). Andy Serwer, "Hot Starbucks To Go", *Fortune*, 26 de enero de 2004, pp. 60–74.

30. Tim Goodman, "NBC Everywhere?", *San Francisco Chronicle*, 4 de septiembre de 2003, p. E1.

31. Catherine Fredman, "Smart People, Stupid Choices", *Chief Executive*, agosto-septiembre de 2002, pp. 64–68.

32. "Business: Microsoft's Contradiction", *The Economist* (31 de enero de 1998): 65–67; Andrew J. Glass, "Microsoft Pushes Forward, Playing to Win the Market", *Atlanta Constitution*, 24 de junio de l998, p. D12.

33. Ben Elgin, "Yahoo! Act Two", *Business Week*, 2 de junio de 2003, pp. 70–76.

34. Daniel Howe, "Note to DaimlerChrysler: It's Not a Small World after All", *Detroit News*, 19 de mayo de l998, p. B4; Bill Vlasic, "The First Global Car Colossus", *BusinessWeek*, 18 de mayo de l998, pp. 40–43; Pamela Harper, "Business 'Cultures' at War", *Electronic News*, 3 de agosto de l998, pp. 50, 55.

35. Bill Vlasic y Bradley Stertz, "Taken for a Ride", *Business Week*, 5 de junio de 2000; Jeffrey Ball y Scott Miller, "DaimlerChrysler Isn't Living up to Its Promise", *Wall Street Journal*, 26 de julio de 2000; Eric Reguly, "Daimler, Chrysler Still a Cutture Clash", *The Globe and Mail*, 30 de enero de 2001.

36. E. Jerome McCarthy, *Basic Marketing: A Managerial Approach*, 12a. ed. (Homewood, IL: Irwin, 1996).

37. Ian Wylie, "Calling for a Renewable Future", *Fast Company*, mayo de 2003, pp. 46–48.

38. Paul J. H. Shoemaker, "Scenario Plannning: A Tool for Strategic Thinking", *Sloan Management Review* (invierno de 1995), pp. 25–40.

39. Philip Kotler, *Kotler on Marketing* (Free Press: Nueva York, NY, 1999).

40. Kotler, *Kotler on Marketing*.

41. Eric A. Taub, "Drawing Stares and the Police But Not Many Buyers", *The New York Times*, 9 de agosto de 2003, p. C1. Faith Keenan, "Is Segway Going Anywhere?", *Business Week*, 27 de enero de 2003, p. 42.

42. George Stalk, Philip Evans y Lawrence E. Shulman, "Competing Capabilities: The New Rules of Corporate Strategy", *Harvard Business Review* (marzo–abril de 1992), pp. 57–69.

43. Ram Charan y Noel M. Tichy, *Every Business Is a Growth Business: How Your Company Can Prosper Year after Year* (Nueva York: Times Business, Random House, 1998).

44. Michael E. Porter, *Competitive Strategy: Techniques for Analyzing Industries and Competitors* (Nueva York: The Free Press, 1980), cap. 2.

45. Michael E. Porter, "What Is Strategy?", *Harvard Business Review* (noviembre–diciembre de 1996), pp. 61–78.

46. Para realizar lecturas adicionales sobre alianzas estratégicas, véase Peter Lorange y Johan Roos, *Strategic Alliances: Formation, Implementation and Evolution* (Cambridge, MA: Blackwell, 1992); Jordan D. Lewis, *Partnerships for Profit: Structuring and Managing Strategic Alliances* (Nueva York: The Free Press, 1990); John R. Harbison y Peter Pekar Jr., *Smart Alliances: A Practical Guide to Repeatable Success* (San Francisco: Jossey-Bass, 1998); *Harvard Business Review on Strategic Alliances* (Cambridge, MA: Harvard Business School Press, 2002).

47. Anónimo, "Trends Report: Looking for the Pharmaceutical-Biotechnology Alliance Creates a Win-Win", *Health and Medicine Week*, 29 de diciembre de 2003, p. 726.

48. Robin Cooper y Robert S. Kaplan, "Profit Priorities from Activity-Based Costing", *Harvard Business Review* (mayo–junio de 1991), pp. 130–135.

49. Robert S. Kaplan y David P. Norton, *The Balanced Scorecard: Translating Strategy into Action* (Boston: Harvard Business School Press, 1996). Resulta una herramienta útil para controlar la satisfacción de todos aquellos que participan en un negocio.

50. Thomas J. Peters y Robert H. Waterman Jr., *In Search of Excellence: Lessons from America's Best-Run Companies* (Nueva York: Harper and Row, 1982), pp. 9–12.

51. Terrence E. Deal y Allan A. Kennedy, *Corporate Cultures: The Rites and Rituals of Corporate Life* (Reading, MA: Addison-Wesley, 1982); "Corporate Culture", *BusinessWeek*, 27 de octubre de 1980, pp. 148–160; Stanley M. Davis, *Managing Corporate Culture* (Cambridge, MA: Ballinger, 1984); John P. Kotter y James L. Heskett, *Corporate Culture and Performance* (Nueva York: The Free Press, 1992).

52. Nitin Nohria, William Joyce y Bruce Roberson, "What Really Works", *Harvard Business Review*, 81 (7), 2003, pp. 42–53.

53. Lawrence M. Fisher, "With a New Smart Suite, Lotus Catches Its Rivals' Success", *New York Times*, 15 de junio de 1998, p. 6.

54. Sarah Ellison, "Kraft's Stale Strategy: Endless Extensions of Oreos, Chips-Ahoy and Jell-O Brands Created a New-Product Void", *Wall Street Journal*, 18 de diciembre de 2003, p. B1.

55. Marian Burk Wood, *The Marketing Plan: A Handbook* (Upper Saddle River, NJ: Prentice Hall, 2003).

56. Donald R. Lehmann y Russell S. Winer, *Product Management*, Boston, MA: McGraw-Hill/Irwin, 3a. ed., 2001.

57. Reproducción de Marian Burk Wood, *The Marketing Plan: A Handbook* (Upper Saddle River, NJ: Prentice Hall, 2003).

EN ESTE CAPÍTULO ANALIZAREMOS LAS SIGUIENTES PREGUNTAS:

1. ¿Cuáles son los componentes de un sistema de información de marketing moderno?

2. ¿En qué consiste un sistema de datos interno?

3. ¿Qué se entiende por un sistema de inteligencia de marketing?

4. ¿Cuáles son los métodos clave para identificar y analizar las oportunidades del macroentorno?

5. ¿Qué cambios importantes ha experimentado el macroentorno?

Fourteen studies in the last two years have shown that the Atkins Lifestyle may be a better way for America to promote a healthy weight. Now there are over 100 products available to help make it easy and enjoyable, like our new *Morning Start Cereal* and Breakfast Bars, each with no more than five grams of net carbs per serving.

LOOK FOR THE RED "A"

tres

Para desarrollar planes de marketing y llevarlos a la práctica es necesario tomar toda una serie de decisiones, lo que constituye tanto un arte como una ciencia. Para despertar la inspiración y favorecer una mejor toma de decisiones de marketing, las empresas requieren de información exhaustiva y actualizada sobre las tendencias, tanto del macroentorno como del microentorno, que afectan directamente a su negocio. Los profesionales del marketing holístico son conscientes de que el entorno de marketing presenta oportunidades y amenazas constantes, y reconocen la importancia que tiene seguirlo de cerca para poder adaptarse a él.

E l Centro de Control de Enfermedades de Estados Unidos (CDC) ya ha declarado, formalmente, que la obesidad es una epidemia: el 30% de los estadounidenses adultos son obesos, y su incidencia entre los niños de entre 6 y 11 años se ha cuadruplicado desde la década de los setenta. Las causas de la obesidad son variadas: malos hábitos alimenticios, falta de ejercicio, estilos de vida sedentarios. El fenómeno de la obesidad ha propiciado que el sector de los alimentos procesados, que representa unos 200,000 millones de dólares, sea el foco de las miradas de escrutinio. Ante ello, las empresas han respondido de forma diferente. Frito-Lay ha reformulado toda su línea de papas fritas y botanas hasta reducir a cero gramos el contenido de transgrasas. Nestlé ha intentado crecer mediante productos enriquecidos con complementos nutricionales, que son el resultado de la colaboración entre la industria alimentaria y la farmacéutica, y que en inglés se conocen como phood (un vocablo que combina las palabras pharmaceuticals y food). La empresa vende una barra de desayuno llamada Nesvital que contiene carbohidratos de rápida absorción y que da la sensación de saciedad rápidamente. La locura por

>>>

Anuncio de los productos nutricionales Atkins para el desayuno.

los alimentos bajos en carbohidratos ha hecho que las ventas de las cervezas Michelob Ultra y Miller Lite (que proclaman alegremente que contienen la mitad de los carbohidratos que la cerveza líder del mercado, la Bud Light) se disparen, al igual que ha ocurrido con una línea de productos de Atkins Nutritionals.[1]

La industria de los alimentos no es el único sector que está teniendo que cambiar con las circunstancias. En Estados Unidos, el descenso de las ventas del sector textil se ha atribuido, en parte, a la incapacidad de diseñar ropa con tallas capaces de reflejar una mayor variedad de formas, complexiones y culturas.[2] En este capítulo estudiaremos cómo las empresas pueden desarrollar procesos para afrontar las tendencias. Asimismo, identificaremos una serie de tendencias importantes del macroentorno. En el capítulo 4 veremos cómo los mercadólogos pueden realizar estudios más personalizados que aborden un tema o problema de marketing específico.

::: Componentes de un sistema de información de marketing moderno

La enorme responsabilidad de identificar los cambios más significativos del mercado recae sobre los mercadólogos. Más que cualquier otro grupo de empleados de la empresa, ellos tienen que rastrear las tendencias y buscar las oportunidades. Aunque todos los directivos de una empresa deben observar el entorno, los mercadólogos gozan de una situación privilegiada: en primer lugar, cuentan con métodos sistemáticos para recopilar información, y en segundo, pasan más tiempo interactuando con los clientes y observando a la competencia.

Algunas empresas han desarrollado sistemas de información de marketing que ofrecen a la dirección información detallada sobre los deseos, las preferencias y la conducta de los consumidores.

DUPONT

DuPont encargó una serie de estudios de marketing para analizar los hábitos relacionados con las almohadas para su unidad de Dacron Polyester, que fabrica relleno para los fabricantes de almohadas y que vende su propia marca, Comforel. Un desafío importante era el hecho de que las personas no abandonaban sus almohadas con facilidad: el 37% de la muestra encuestada describió su relación con la almohada como "un largo matrimonio", y un 13% adicional la definió como "una amistad de la infancia". Descubrieron que las personas se podían clasificar en función de sus hábitos en relación con la almohada: apiladores (23%), ahuecadores (20%), dobladores (16%), abrazadores (16%), y mullidores, que golpean la almohada hasta darle una forma más confortable (10%). Las mujeres suelen ahuecar la almohada, mientras que los hombres acostumbran doblarla. El hecho de que los apiladores abundaran llevó a la empresa a vender más almohadas empacadas por pares, así como a vender almohadas con diferentes niveles de firmeza o mullido.[3]

Los mercadólogos también cuentan con amplia información sobre cómo varían los patrones de consumo de país a país. Por ejemplo, en términos de consumo per cápita, en Europa occidental los suizos son los que más chocolate consumen, los griegos los que más queso comen, los irlandeses los que más té beben y los austriacos los que más cigarrillos fuman.

No obstante, muchas empresas no poseen sistemas complejos de recopilación de información, y otras tantas ni siquiera cuentan con departamentos de investigación de mercados. Otras, que sí lo tienen, limitan su trabajo a pronósticos de rutina, análisis de ventas y encuestas esporádicas. Muchos directivos se quejan de que no saben dónde se encuentra la información esencial dentro de la empresa, de que reciben demasiada información como para poder utilizarla, de que la reciben demasiado tarde, o de que su precisión es dudosa. Las empresas que disponen de más información gozan de ventaja competitiva. Gracias a ella, las empresas pueden seleccionar mejor sus mercados, desarrollar mejores ofertas y poner en práctica adecuadamente los planes de marketing.

Todas las empresas organizan y distribuyen flujos de información constante a sus directores de marketing. Las empresas estudian las necesidades de información de sus directivos y di-

| TABLA **3.1** |

Preguntas para identificar las
necesidades de información.

1. ¿Qué decisiones toma regularmente?
2. ¿Qué información necesita para tomar esas decisiones?
3. ¿Qué información recibe regularmente?
4. ¿Qué estudios especiales solicita periódicamente?
5. ¿Qué información, que no recibe en la actualidad, le gustaría recibir?
6. ¿Qué información desearía recibir diariamente? ¿Semanalmente? ¿Mensualmente? ¿Y anualmente?
7. ¿Qué revistas y estudios comerciales le gustaría consultar con regularidad?
8. ¿Sobre qué temas le gustaría mantenerse informado?
9. ¿Qué programas de análisis de información le gustaría utilizar?
10. ¿Cuáles son las cuatro mejoras más útiles que se podrían hacer en el sistema actual de información de marketing?

señan los correspondientes sistemas de información de marketing (SIM) para satisfacerlas. Un **sistema de información de marketing** (SIM) es el conjunto de personas, equipos y procedimientos cuya función es recopilar, ordenar, analizar, evaluar y distribuir la información necesaria, puntual y precisa al personal de marketing encargado de tomar decisiones. La información se obtiene a partir del sistema de datos interno de la empresa, de las actividades de inteligencia de marketing y de la investigación de mercados. En este capítulo examinaremos las dos primeras fuentes de información, y la tercera la estudiaremos en el siguiente.

El sistema de información de marketing de la empresa debe ser el punto de intersección entre lo que los directivos creen que necesitan, lo que los directivos necesitan en realidad, y lo que es factible desde un punto de vista económico. Un comité interno de información de marketing podría entrevistar a una muestra representativa de responsables de marketing para descubrir cuáles son sus necesidades de información. En la tabla 3.1 se presentan algunas preguntas útiles.

::: El sistema de datos interno y la inteligencia de marketing

Los gerentes de marketing basan su trabajo en informes internos de pedidos, ventas, precios, costos, niveles de inventario, cuentas por cobrar, cuentas por pagar, etc. Al analizar esta información pueden detectar importantes amenazas y oportunidades.

El ciclo pedido-facturación

El núcleo del sistema de datos interno es el ciclo pedido-facturación. Los vendedores, los intermediarios y los clientes hacen pedidos a la empresa. El departamento de ventas prepara las facturas y envía copias a los departamentos correspondientes. Aquellos artículos de los que no quedan existencias se vuelven a solicitar. Y cuando las mercancías se envían van acompañadas de sus notas de remisión y facturas correspondientes que se remiten a diversos departamentos.

En la actualidad, las empresas necesitan realizar estos pasos con rapidez y precisión, puesto que los clientes prefieren aquellas empresas que cumplen a tiempo con sus promesas de entrega. Los clientes y los representantes de ventas envían por fax o correo electrónico sus pedidos. Los almacenes automatizados los procesan rápidamente. El departamento de facturación emite y envía las facturas lo antes posible. Cada vez más empresas utilizan extranets e Internet para mejorar la velocidad, precisión y eficiencia del ciclo pedido-facturación.

Sistemas de información de ventas

Los gerentes de marketing necesitan informes puntuales y precisos sobre el nivel de ventas del momento. Wal-Mart, por ejemplo, conoce el nivel de ventas por producto y por establecimiento cada noche. De este modo, la empresa puede realizar pedidos nocturnos a sus proveedores para reponer la mercancía. Wal-Mart comparte su información de ventas con los grandes proveedores como P&G, y a cambio espera que este último reponga sus productos de manera puntual, confiándole así la administración de su inventario.[4]

Las empresas deben estudiar los datos de ventas con sumo cuidado para no interpretarlos incorrectamente. Michael Dell propone el siguiente ejemplo: "Si un concesionario tiene tres Mustangs amarillos en el escaparate y el cliente quiere uno rojo, el vendedor podría ingeniárselas para vender un Mustang amarillo. Así, el Mustang se vendería y la fábrica recibiría la señal de que los consumidores prefieren los Mustangs amarillos."

Los avances técnicos están revolucionando los sistemas de información de ventas, permitiendo a los vendedores tener información en tiempo real. Anteriormente, en cualquier visita a una de las 10,000 tiendas de golf de Estados Unidos, los vendedores de TaylorMade tenían que pasar hasta dos horas contando los palos de golf de la tienda antes de llenar las hojas de pedido a mano. Desde que la empresa equipó a sus vendedores con dispositivos portátiles que llevan lectores de códigos de barras incorporados y conexión a Internet, los vendedores sólo tienen que acercar el aparato a los códigos de los artículos y automáticamente ponen al día el inventario. Este avance ha permitido a los vendedores invertir esas dos horas de recuento que se ahorran en enfocar las ventas con los minoristas, incrementando su productividad en un 20%.[5]

Bases de datos, almacenes de información y análisis

En la actualidad, las empresas organizan la información en bases de datos (por clientes, por productos, por vendedores), y a continuación cruzan la información de las diferentes bases de datos. Por ejemplo, la base de datos de clientes contendrá el nombre del cliente, su dirección, las transacciones anteriores e incluso, en ocasiones, datos demográficos y psicográficos (actividades, intereses y opiniones). En lugar de enviar un bombardeo de información sobre una nueva oferta a todos los clientes de la base de datos, la empresa realizará una selección en función de la frecuencia de compra, de la fecha de la última adquisición y de su valor monetario. De este modo, enviará la oferta sólo a los clientes idóneos. Además de ahorrar costos de envío, obtendrá un índice de respuesta de dos dígitos.

PIZZA HUT

Pizza Hut presume tener el almacén de información sobre consumidores de comida rápida más extenso del mundo, con 40 millones de hogares estadounidenses (o lo que es lo mismo, entre el 40 y 50% del mercado nacional). Esta información se recaba mediante las transacciones en sus restaurantes. Pizza Hut puede ordenar esta información por ingredientes favoritos, por fecha de la última compra, o en función de si el cliente pidió o no una ensalada para acompañar la pizza de pepperoni. Gracias a su sistema, el Teradata Warehouse Miner, Pizza Hut no sólo ha conseguido acabar con los caros duplicados en sus campañas por correo directo, sino que ahora puede dirigir de manera más acertada su oferta y enviar los cupones adecuados a cada hogar y predecir el éxito de sus campañas.[6]

Las empresas almacenan esta información y la ponen a disposición de las personas responsables de la toma de decisiones. Es más, si contratan a analistas especializados en la aplicación de sofisticados métodos estadísticos, las empresas pueden refinar esta información y descubrir segmentos importantes que han pasado por alto, o tendencias de consumo reciente y demás información útil. La información sobre clientes se puede combinar con la información sobre productos y sobre vendedores para obtener una visión más amplia de la situación. A fin de manejar eficientemente todas estas bases de datos diferentes, cada vez más empresas recurren a programas informáticos de integración empresarial (véase el recuadro *Marketing en acción: Cómo sacar el máximo partido de la información con los programas de integración de procesos de negocio*).

Wells Fargo ha logrado, con su propia tecnología, rastrear y analizar todas las transacciones bancarias de sus 10 millones de clientes minoristas, ya sea que se realicen en cajero automático, en sucursales o a través de Internet. Combinando la información sobre transacciones con la información personal que ofrecen los clientes, Wells Fargo puede elaborar ofertas personalizadas para que se ajusten a cada etapa de la vida de los clientes. Como resultado de esto, Wells Fargo vende cuatro productos a cada cliente, en comparación con la media del sector, que es de 2.2 productos por cliente.[7]

El sistema de inteligencia de marketing

El sistema de datos internos ofrece información sobre *resultados,* pero el sistema de inteligencia de marketing ofrece información sobre *acontecimientos* en el entorno de la empresa. El **sistema de inteligencia de marketing** es un conjunto de fuentes y procedimientos que utilizan los directivos para obtener información diaria sobre los acontecimientos del entorno de marketing de la empresa. Los gerentes de marketing recopilan esta información mediante libros, periódicos y publicaciones comerciales, hablando con clientes, proveedores y distribuidores, y reuniéndose con los directivos de otras compañías.

Las empresas pueden tomar diferentes medidas para mejorar la calidad de su sistema de inteligencia de marketing.

■ *Capacitar y motivar a los vendedores para que identifiquen los nuevos acontecimientos de interés e informen sobre ellos.* Los equipos de ventas se encuentran en disposición de recabar la información que otros medios pasan por alto, aunque con frecuencia no la transmiten. La empresa debe "vender" a sus equipos comerciales su relevancia como "fuentes de información de inteligencia". Los vendedores deberían saber qué tipo de información transmitir y a qué directivos. Grace Performance Chemicals, una división de W. R. Grace, provee mate-

MARKETING **EN ACCIÓN** | CÓMO SACAR EL MÁXIMO PARTIDO DE LA INFORMACIÓN CON LOS PROGRAMAS DE INTEGRACIÓN DE PROCESOS DE NEGOCIO

En la década de los noventa, las empresas invirtieron miles de millones de dólares en la instalación de bases de datos y de almacenes de información gigantescos, y más tarde siguieron invirtiendo para intentar que los consultores les encontraran alguna aplicación. Un gran minorista cualquiera tiene hoy almacenados unos 80 terabytes de información (el equivalente a 16 millones de fotografías digitales o a 515 kilómetros de estanterías repletas de información). Wal-Mart posee 285 terabytes de datos en su almacén de información.

Sin embargo, la información sólo tiene valor si se sabe cómo utilizarla. Como dijo un analista: "Es como tener una cuenta bancaria con millones de dólares pero sin tarjeta. Si uno no puede disponer del dinero y hacerlo producir, no sirve para nada." Los programas de integración de procesos de negocio están diseñados para analizar e interpretar enormes cantidades de información. Las aplicaciones más usuales seleccionan la información de bases de datos gigantescas y la agrupan en función de su similitud. Así, al desglosar la información de esta forma, las empresas pueden difundir a toda la organización los datos más relevantes.

Veamos cómo Ben & Jerry's controla cada litro de helado desde la fabricación hasta el momento de su consumo gracias a un software de integración de procesos de negocio. En las oficinas centrales de la empresa en Burlington, Vermont, cada litro de helado, tras su producción, recibe una etiqueta con un número de control que se introduce en una base de datos de Oracle. Gracias a este programa, el equipo de ventas puede estudiar qué sabores generan más ventas (el de cereza es el eterno favorito). El departamento de marketing puede estudiar si los pedidos en línea requieren donaciones filantrópicas adicionales. Los empleados de finanzas pueden registrar las ventas y cerrar las cuentas con mayor rapidez. El departamento de atención al cliente puede hacer un seguimiento de los productos con las cerca de 225 llamadas y mensajes de correo electrónico que recibe la empresa cada semana para asegurarse de que no existen problemas sistemáticos con algún ingrediente.

Estos programas son relativamente económicos y cómodos de instalar, y los resultados se hacen patentes con rapidez. Sesame Workshop instaló un programa de estas características en la navidad de 2003 para ver cómo se vendían sus muñecos Elmo, con lo que consiguió reducir las devoluciones en un 33%. Red Robin Gourmet Burgers, una cadena con 196 establecimientos, utiliza este tipo de programas para afinar el marketing y las operaciones. La empresa descubrió que estaba desperdiciando miles de dólares en salsas que no se vendían. Staples dedicó bastante espacio a los muebles caros durante mucho tiempo, pero con uno de estos programas descubrió que los artículos más pequeños eran los más rentables. Con estos ejemplos, cabe esperar que el mercado de los programas de integración de procesos de negocio alcance los 7,500 millones de dólares en 2006.

Fuente: Adaptado de Julie Schlosser, "Looking for Intelligence in Ice Cream", *Fortune,* 17 de marzo de 2003, pp. 114–120.

---

riales y productos químicos a las industrias de la construcción y de envasado. La empresa entrenó a sus vendedores para que observaran las aplicaciones innovadoras que daban los clientes a sus productos a fin de sugerir ideas para desarrollar nuevos productos. Por ejemplo, determinados clientes utilizaban los productos impermeabilizantes para que sus autos fueran a prueba de ruido y también para remendar botas y tiendas de campaña. De esta información surgieron siete nuevas ideas de producto en total, que para la empresa supusieron millones de dólares en ventas.[8]

■ *Motivar a distribuidores, minoristas y demás intermediarios para que transmitan la información más relevante.* Muchas empresas contratan a especialistas para que recopilen la información de inteligencia de marketing necesaria. Estas empresas suelen enviar compradores falsos a los puntos de venta para comprobar cómo tratan los empleados a los clientes. Los "compradores fantasma" de McDonald's descubrieron que tan sólo el 46% de sus restaurantes en Estados Unidos cumplían las normas de rapidez en el servicio, lo que obligó a la empresa a reconsiderar los procesos y la capacitación.[9] Los minoristas también recurren a la figura del comprador fantasma. Neiman Marcus emplea a una agencia de compradores fantasma profesionales que visita los establecimientos de todo el país. Así, la empresa se ha dado cuenta de que los establecimientos que obtienen mejores resultados de servicio al cliente son los que registran mayor volumen de ventas. Los informes de los compradores fantasma responden a preguntas como: ¿Cuánto tiempo transcurrió hasta que le saludó un empleado de la tienda? ¿Actuó el vendedor como si quisiera venderle? ¿Conocía el vendedor los productos de la tienda?[10]

■ *Fomentar las conexiones externas.* Los empleados pueden comprar los productos de la competencia, asistir a exposiciones y ferias comerciales, leer los informes públicos de la competencia, asistir a juntas de accionistas, hablar con empleados, intermediarios, distribuidores, proveedores, transportistas, etc., recopilar los anuncios de la competencia y las noticias o informes sobre éstas. La empresa de desarrollo de software Cognos creó un sitio Web interno llamado Street Fighter al que cualquiera de sus 3,000 empleados podía enviar primicias sobre competidores para participar en un concurso.[11] No obstante, la inteligencia competitiva se debe practicar en el marco de la ley y con ética. Se dice que Procter & Gamble pagó una indemnización multimillonaria a Unilever cuando ésta descubrió que, para conocer sus productos para el cabello, P&G había contratado a agentes externos que habían recurrido a prácticas ilegales como escudriñar en los contenedores de la empresa.[12]

■ *Crear un panel de asesoría de clientes.* El panel podría estar constituido por representantes de clientes, por los clientes más importantes de la empresa, o por los clientes más conocedores o más francos. Muchas escuelas de negocios cuentan con paneles formados por

| TABLA **3.2** |

Fuentes secundarias de información comercial.

- Nielsen Company: Datos sobre productos y marcas vendidas en tiendas minoristas (Retail Index Services), datos de supermercados (Scantrack), índices de audiencias de televisión (Media Research Services), datos de tiraje de revistas y periódicos (Neodata Services, Inc.), entre otros.
- MRCA Information Services: Datos de compras semanales de productos de consumo (National Consumer Panel), y datos sobre consumo de alimentos en el seno familiar (National Menu Census).
- Information Resources, Inc.: Datos de supermercados (InfoScan) y datos sobre el impacto de las ofertas y promociones en los supermercados (PromotioScan).
- SAMI/Burke: Informes sobre envíos a supermercados desde los almacenes para determinadas áreas del mercado (informes SAMI) y datos de supermercados (Samscam).
- Simmons Market Research Bureau (Grupo MRB): Informes anuales sobre mercados de televisión, deportes, medicamentos, con datos demográficos desglosados por sexo, ingreso, edad y preferencia de marca (segmentos de mercados y medios de comunicación que permiten llegar a ellos).
- Otras empresas de investigación de mercado que venden datos a sus suscriptores son: Audit Bureau of Circulation, Arbitron, Audits and Surveys, Dun & Bradstreet's, National Family Opinion, Standard Rate & Data Service y Starch.

alumnos y representantes de empresas que ofrecen contribuciones muy valiosas en sus programas de estudio.

- *Aprovechar los recursos gubernamentales.* El censo estadounidense del 2000 ofrece información valiosa sobre tendencias de población, grupos demográficos, migraciones regionales y cambios en la estructura familiar de 281,421,906 personas. La empresa Claritas cruza las cifras del censo con sondeos a consumidores y sus propios estudios para clientes como Procter & Gamble, Dow Jones y Ford Motor. Gracias a su participación como socio en empresas "vendedoras de listas" que ofrecen el teléfono y la dirección de los consumidores, Claritas puede ayudar a las empresas a seleccionar y adquirir listas de correo para segmentos concretos.[13]

- *Adquirir información de proveedores externos.* Algunas de las empresas proveedoras de información más conocidas son A.C. Nielsen Company e Information Resources, Inc. (véase la tabla 3.2). Estas empresas de investigación reúnen datos sobre paneles de consumidores a costos muy inferiores a los que tendría que hacer frente una compañía si realizara los estudios por sí sola. Biz360 cuenta con bases de datos especializadas que ofrecen informes de más de 7,000 fuentes sobre el alcance y la naturaleza de la cobertura de medios que recibe una empresa.[14]

- *Recurrir a sistemas de retroalimentación en línea de los clientes para recabar información sobre la competencia.* El envío de información por parte de los clientes a través de Internet facilita la recopilación y la diseminación de información a escala mundial, y generalmente a bajo costo. Mediante los paneles virtuales de clientes y consumidores o los foros en línea, la evaluación que realiza un cliente sobre un producto o un proveedor se puede transmitir a un gran número de compradores potenciales, y evidentemente, de mercadólogos que buscan información sobre la competencia. Los canales actuales para este tipo de retroalimentación incluyen los paneles de noticias; los foros de discusión secuenciados que permiten a los usuarios enviar sus contribuciones y leer las de los demás; los foros de discusión, que son más parecidos a los boletines en línea; los foros de opinión, que incluyen análisis más detallados y extensos; y las salas de chat, las cuales mientras tienen la ventaja de que permiten a los usuarios compartir experiencias e impresiones, su naturaleza desestructurada dificulta el seguimiento de los mensajes importantes por parte de los mercadólogos. Para estudiar este asunto, diversas empresas han creado un sistema estructurado, como por ejemplo, paneles de discusión o estudios de clientes. En el recuadro *Cuestiones clave: Haciendo clic en la competencia,* se incluye un resumen de las principales categorías de sistemas de retroalimentación estructurados.[15]

Algunas empresas divulgan entre sus empleados la información de inteligencia de marketing. Los empleados buscan por Internet y en las principales publicaciones, extraen las noticias interesantes, y envían un boletín de noticias a los gerentes de marketing. Asimismo, almacenan la información relevante y colaboran con los directivos en la evaluación de la información nueva.

::: Análisis del macroentorno

Las empresas de éxito son conscientes de que existen necesidades y tendencias no satisfechas, y responden rápidamente en consecuencia para obtener utilidades. Las empresas harían una fortuna si lograran solucionar alguno de estos problemas: encontrar una cura para el cáncer, desarrollar un remedio contra las enfermedades mentales, desalinizar el agua del mar, fabricar alimentos sabrosos, sin grasa y nutritivos, fabricar autos eléctricos prácticos y construir viviendas a costos accesibles.

CUESTIONES **CLAVE** | HACIENDO CLIC EN LA COMPETENCIA

A través de Internet las empresas pueden obtener información relevante sobre las debilidades y fortalezas de los productos de la competencia y consultar clasificaciones de productos, servicios y proveedores. Para ello tienen cuatro alternativas.

■ *Foros independientes de bienes de consumo y servicios.* Algunos ejemplos de este tipo de foros son sitios Web muy conocidos, como Epinions.com, Rateital.com, Consumerreview.com y Bizrate.com. Este último combina dos fuentes de información de consumidores: las aportaciones de sus 1.2 millones de usuarios que voluntariamente clasifican productos e informan sobre los mismos para orientar a otros compradores, y los resultados de encuestas sobre calidad de servicio, realizadas a clientes de empresas registradas en Bizrate. Estos sitios tienen la ventaja de no depender de los fabricantes o de las empresas de servicios, lo que reduce su parcialidad.

■ *Sitios de información de distribuidores y agentes de ventas.* Estos sitios ofrecen reseñas tanto positivas como negativas de productos o servicios, pero son los propios establecimientos o los distribuidores los que crean el sitio. Por ejemplo, Amazon.com ofrece la posibilidad de proporcionar retroalimentación sobre productos, especialmente sobre libros, a clientes, lectores, editores y otras personas interesadas. Elance.com es una empresa de servicios profesionales que permite a los contratistas describir su nivel de satisfacción con los subcontratados y detallar sus experiencias.

■ *Sitios combinados que ofrecen reseñas de consumidores y opiniones de expertos.* Este tipo de sitios es especialmente abundante en el sector financiero y en el sector de tecnología de punta, puesto que sus productos requieren conocimientos profesionales. Zdnet.com, un asesor en línea de productos tecnológicos, ofrece comentarios y evaluaciones de los consumidores sobre facilidad de uso, características y estabilidad, así como de reseñas de expertos. Zdnet resume el número de evaluaciones positivas y negativas y el número de descargas durante un determinado periodo (normalmente una semana o un mes) para cada software. La ventaja de este tipo de sitios reside en que un proveedor puede comparar las opiniones de los expertos con las de los consumidores.

■ *Sitios de quejas para consumidores.* Estos foros están diseñados, especialmente, para clientes insatisfechos. Generalmente la mayoría de los usuarios de los foros de opinión tienden a hacer comentarios positivos por los incentivos financieros y por las potenciales demandas que pueden originar comentarios difamatorios o calumnias. Sin embargo, algunos sitios Web ofrecen un foro de quejas con un moderador. Por ejemplo, Planetfeedback.com permite a los consumidores expresar sus experiencias negativas con determinadas empresas. Otro sitio, Complaints.com, está dedicado a los consumidores que quieren gritar a los cuatro vientos sus frustraciones con determinadas empresas u ofertas.

Fuente: Adaptado de Robin T. Peterson y Zhilin Yang, "Web Product Reviews Help Strategy", *Marketing News,* 7 de abril de 2004, p. 18.

Necesidades y tendencias

Los empresarios autónomos y las empresas tratan de crear nuevas soluciones para satisfacer necesidades que no están cubiertas. FedEx fue creada para satisfacer la necesidad de entregar envíos en 24 horas. Dockers se fundó para satisfacer las necesidades de los baby boomers que ya no podían usar sus jeans (quizá porque ya no cabían en ellos) y querían un par de pantalones más cómodos en el sentido físico y psicológico. Amazon fue creada para ofrecer más variedad y más información de libros y otros productos.

Cabría distinguir entre modas pasajeras, tendencias y megatendencias. Una **moda pasajera** es "imprevisible, de corta duración y sin relevancia social, económica o política". Una empresa puede sacar un buen provecho de una moda pasajera, como por ejemplo los Beanie Babies, los Furbies y los muñecos Elmo, pero se trata más bien de una cuestión de suerte y de un buen momento, única y exclusivamente.[16]

Una **tendencia** es una dirección o secuencia de acontecimientos que tiene cierta intensidad y duración. Las tendencias son más predecibles y más duraderas que las modas pasajeras. Una tendencia revela cómo será el futuro y ofrece numerosas oportunidades. Por ejemplo, el porcentaje de personas que valoran la buena condición física y el bienestar ha aumentado de forma constante con los años, sobre todo en el grupo de población menor de 30 años, entre las mujeres jóvenes, y entre las clases más adineradas de Occidente. Las empresas de alimentos saludables y de equipo para hacer ejercicio pueden ofrecer a estas personas los productos y los mensajes adecuados.

Una **megatendencia** se ha descrito como "el conjunto de cambios considerables de índole política, económica y tecnológica que se desarrollan lentamente, pero que una vez que se manifiestan nos afectan durante algún tiempo (entre siete y 10 años, o más)".[17] En el recuadro *Marketing en acción: Diez megatendencias que perfilan el panorama de los consumidores,* se habla de las fuerzas que definirán el mercado de consumo de los próximos 10 años.

Las tendencias y las megatendencias son dignas de mayor atención. Un producto novedoso o un nuevo programa de marketing tendrá más éxito si es acorde con las tendencias más fuertes, en lugar de oponerse a ellas. Sin embargo, detectar una nueva oportunidad de mercado no es garantía de éxito, incluso aunque sea técnicamente factible. Por ejemplo, algunas empresas venden "libros electrónicos" portátiles, pero no hay un número suficiente de personas interesadas en leer un libro en la pantalla de la computadora o dispuestas a pagar el precio requerido. Por esta razón, es necesario que los estudios de mercado determinen el potencial de beneficios de las diferentes oportunidades.

MARKETING EN ACCIÓN | DIEZ MEGATENDENCIAS QUE PERFILAN EL PANORAMA DE LOS CONSUMIDORES

■ *La madurez de la generación de los baby boomers.* Sería difícil exagerar el nivel de gastos de los baby boomers, quienes, a diferencia de otras generaciones, están decididos a retrasar el envejecimiento todo lo posible, y seguirán ganando y gastando dinero a medida que cumplan años.

■ *Retraso de la jubilación.* La generación de los baby boomers ha retrasado todas las transiciones vitales como el matrimonio o la procreación. También es muy posible que retrase la jubilación. Entre 2000 y 2010, la Oficina de Estadísticas Laborales de Estados Unidos prevé un aumento del 33% en el número de trabajadores entre 65 y 74 años.

■ *La naturaleza cambiante del trabajo.* Más de la mitad de los trabajadores estadounidenses ocupan cargos administrativos, en profesiones u ocupaciones relacionadas con la administración, en ventas, o en algún otro puesto de oficina similar.

■ *Mayor nivel educativo, sobre todo entre las mujeres.* Puesto que muchos trabajos requieren una gran capacidad intelectual, el número de universitarios va en aumento. Mientras que el porcentaje de hombres y mujeres que concluyen la preparatoria es similar, son más las mujeres que continúan con estudios universitarios. Las implicaciones a largo plazo de esta tendencia son que la gente con educación universitaria tendrá sueldos más elevados de por vida, y que el poder adquisitivo de las mujeres aumentará.

■ *Escasez de la mano de obra.* A pesar de que las zonas suburbanas necesitan más trabajadores en el sector servicios, pocos se pueden permitir vivir en ellas. Los residentes de estas áreas periféricas tendrán que automatizar los servicios o depender en mayor medida de la mano de obra de los inmigrantes.

■ *Aumento de la inmigración.* Según el censo del año 2000 en Estados Unidos, se calcula que el 40% del crecimiento de la población estadounidense es resultado de la inmigración. A medida que los ciudadanos de Estados Unidos envejecen, el aumento de la población por nuevos nacimientos se verá superado por el aumento derivado de la inmigración.

■ *Aumento de la influencia hispana.* Con 35 millones de habitantes, la población hispana en Estados Unidos es ya el mayor grupo minoritario, y se calcula que en esta década aumentará un 35%, según estimaciones de la Oficina de Censos de ese país. Aunque en el 2000 las familias hispanas sólo representaban un 9% del total, el 20% de los cuatro millones de nacimientos registrados en el país ese mismo año tuvieron lugar en el seno de familias latinas.

■ *Cambios en los patrones de natalidad.* Esta tendencia se caracteriza por tres minitendencias: 1. el aumento en el número de mujeres de más de 35 años con mayor poder adquisitivo que dan a luz; 2. el descenso de los embarazos de adolescentes; y 3. el aumento de la diversidad entre los niños. En el 2000, cerca de dos tercios de las mujeres en edad fértil eran blancas no hispanas, pero éstas fueron responsables de menos de la mitad de los nacimientos (el 43.5%).

■ *Incremento en las diferencias geográficas.* Esta tendencia contiene dos elementos fundamentales. En primer lugar, existe una mayor diferencia demográfica entre ciudades, zonas suburbanas y rurales, y en segundo lugar, hay un aumento en los mercados regionales con características distintivas. Por ejemplo, la reducida población de Nueva Inglaterra hace que la edad media de la región sea de 37.1 años, mientras que en Texas es de 32.3 o en California es de 33.3 años. Los blancos no hispanos constituyen el 84% de la población total de Nueva Inglaterra, mientras que en el Oeste de Estados Unidos representan el 53%.

■ *Cambios en la distribución por edad.* En el futuro, las diferencias de tamaño entre una generación de edad y la siguiente se reducirán considerablemente. En los próximos 10 años sólo se experimentarán ligeros cambios, nunca superiores al 1%, en el número de consumidores en cada generación de edad menor de 35 años.

Fuente: Adaptado de Peter Francese, "Top Trends for 2003", *American Demographics*, diciembre 2002-enero 2003, pp. 48–51.

Para ayudar a los mercadólogos a detectar cambios culturales que podrían generar nuevas oportunidades o amenazas, algunas empresas ofrecen pronósticos socioculturales. Yankelovich Monitor entrevista a 2,500 personas en Estados Unidos cada año, y desde 1971 ha detectado 35 tendencias sociales como el sentimiento "anti-gordura", el "misticismo", el "vivir al día", el "alejamiento de las posesiones" o la "sensualidad". La empresa determina el porcentaje de la población que comparte una determinada actitud, así como el porcentaje que no lo hace.

Cómo identificar las fuerzas principales del macroentorno

Las empresas y sus proveedores, intermediarios de marketing, clientes, competidores y el público en general, operan en un macroentorno de fuerzas y tendencias que generan oportunidades y presentan amenazas. Estas fuerzas representan factores "incontrolables" que la empresa debe seguir de cerca, respondiendo a ellos cuando sea necesario. En la escena económica, las fuerzas globales afectan cada vez más a empresas y consumidores (véase la tabla 3.3).

El inicio del siglo XXI trajo consigo una serie de desafíos nuevos: la pronunciada caída de la bolsa que afectó a los ahorros, a las inversiones y a los planes de pensión; el aumento del desempleo, los escándalos empresariales, y por supuesto, la escalada del terrorismo. Estos dramáticos acontecimientos vinieron acompañados de otras tendencias ya existentes y de mayor duración que han influido considerablemente en el panorama mundial.

Como el paisaje global cambia a un ritmo vertiginoso, las empresas deben controlar de cerca seis fuerzas principales: demográficas, económicas, socioculturales, naturales, tecnológicas y político-legales. Aunque estudiaremos estas fuerzas de forma independiente, los mercadólogos deben prestar atención a sus interacciones, puesto que éstas generarán nuevas amenazas y oportunidades. Por ejemplo, el crecimiento explosivo de la población (fuerza demográfica) conduce al consumo de más recursos y a una mayor contaminación (fuerza natu-

| TABLA 3.3 |

Fuerzas internacionales que influyen en el marketing.

1. La velocidad del transporte internacional, las comunicaciones y las transacciones financieras, que han potenciado un sustancial crecimiento del comercio y la inversión internacionales, especialmente a tres regiones (Norteamérica, Europa Occidental y el Lejano Oriente).

2. El traslado de la planta y los procesos productivos a países con menores costos.

3. El auge de los bloques comerciales como la Unión Europea y América del Norte, este último a partir de la entrada en vigor del TLCAN.

4. Los serios problemas de endeudamiento de determinados países, así como la creciente fragilidad del sistema financiero internacional.

5. El aumento del intercambio y del trueque como apoyo de las transacciones internacionales.

6. El surgimiento de economías de mercado en países anteriormente socialistas, así como la vertiginosa privatización de las empresas públicas.

7. La rápida expansión de un estilo de vida internacional.

8. El desarrollo de mercados emergentes, como China, India, los países de Europa central y oriental, los países árabes y América Latina.

9. La pronunciada tendencia de las multinacionales para superar las características nacionales y situacionales y convertirse en empresas trasnacionales.

10. El mayor número de alianzas estratégicas transfronterizas como, por ejemplo, el caso de las compañías aéreas.

11. El aumento de los conflictos étnicos y religiosos en determinados países o regiones.

12. El crecimiento de marcas globales en varias industrias, como la automotriz, la de alimentos, la textil y la electrónica.

ral), que impulsa a los consumidores a exigir la promulgación de más leyes (fuerza político-legal), lo que estimula la búsqueda de nuevos productos y soluciones tecnológicas (fuerza tecnológica), que, de ser accesibles económicamente (fuerza económica) podrían cambiar la actitud y la conducta de los consumidores (fuerza sociocultural).

::: El entorno demográfico

Las tendencias demográficas son muy confiables a corto y medio plazo. No hay excusa para que una empresa se vea sorprendida por cambios demográficos. La Singer Company debería haber sabido desde hacía años que su negocio de máquinas de coser pronto se vería influido por la incorporación de la mujer al mundo laboral y por el tamaño, cada vez menor, de las familias. Sin embargo, tardó en responder.

La principal fuerza demográfica de la que las empresas están pendientes es la *población*, puesto que son las personas las que conforman los mercados. Los mercadólogos se interesan especialmente por el tamaño y el crecimiento de la población por ciudades, regiones y países; por la distribución por edad y la mezcla étnica; por los niveles educativos; por los modelos familiares; y por las características regionales y los desplazamientos de la población.

Aumento de la población mundial

La población mundial está experimentando un crecimiento explosivo: en el 2000 alcanzaba la cifra de 6,100 millones de personas, y se calcula que en el 2025 superará los 7,900 millones.[18] Veamos un ejemplo interesante:

Si el mundo fuese un pueblo de 1,000 habitantes, 520 de ellos serían mujeres y 480 serían hombres, 330 serían niños y 60 tendrían más de 65 años, 10 de ellos tendrían un título universitario y 335 serían adultos analfabetos. El pueblo estaría formado por 52 norteamericanos, 55 rusos, 84 latinoamericanos, 95 europeos (Europa occidental y oriental), 124 serían africanos y 584 serían asiáticos. La comunicación en el pueblo sería complicada, puesto que 165 habitantes hablarían mandarín, 86 hablarían inglés, 83 hablarían hindi o urdu, 64 hablarían español, 58 hablarían ruso y 37 hablarían árabe, mientras que el resto hablaría más de 200 idiomas diferentes. Por otra parte, 329 habitantes serían cristianos, 178 serían musulmanes, 132 serían hindúes, 62 serían budistas, 3 serían judíos, 167 no practicarían ningún culto, 45 serían ateos, y los 86 restantes profesarían otras religiones.[19]

El crecimiento de la población ha despertado importantes preocupaciones. Un aumento desmedido del consumo y de la población podría acarrear escasez de alimentos, agotamiento de minerales estratégicos, sobrepoblación, contaminación y un deterioro generalizado de

Anuncio de los carros Hot Wheels de Mattel en chino. "Los Hot Wheels dejan huella: gran variedad, grandes desafíos."

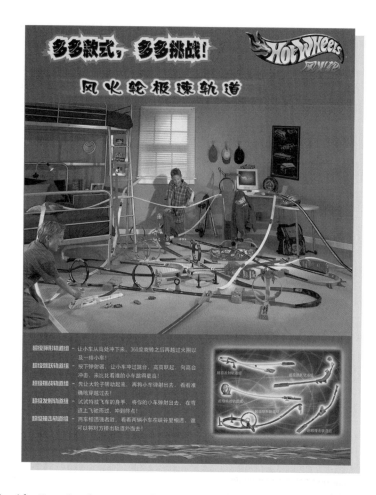

la calidad de vida. Es más, el aumento de población es más alto en aquellos países o comunidades que menos posibilidades tienen de enfrentarlo. Las regiones menos desarrolladas del mundo ya representan el 76% de la población mundial, y registran una tasa de crecimiento del 2% anual, mientras que la población de los países más desarrollados sólo crece un 0.6% anualmente. En los países en vías de desarrollo, la tasa de mortalidad está descendiendo, como resultado de los avances de la medicina moderna, pero la tasa de natalidad se mantiene estable. Para estos países, la alimentación, el vestido y la educación de los niños, así como la mejora de la calidad de vida, es prácticamente imposible.

El crecimiento explosivo de la población mundial supone importantes consecuencias para las empresas. El hecho de que la población aumente no significa que los mercados crezcan, a menos que éstos tengan un poder adquisitivo suficiente. No obstante, las empresas que analizan sus mercados con sumo cuidado siempre pueden encontrar grandes oportunidades. Por ejemplo, para reducir el crecimiento de su población, el gobierno chino ha aprobado leyes para limitar a uno el número de hijos por familia. Una consecuencia de esta legislación es que a los niños se les mima y se les consiente como nunca antes se había hecho. En China se les conoce como los "pequeños emperadores", agasajados con todo tipo de regalos, desde golosinas hasta computadoras, en el marco de lo que se conoce como el "síndrome de los seis bolsillos". En promedio, cada niño chino está rodeado de seis adultos (entre padres, abuelos, bisabuelos y tíos) que están dispuestos a cumplirles todos sus caprichos. Esta tendencia ha provocado que las empresas fabricantes de juguetes como la japonesa Bandai Company, la danesa Lego Group y las estadounidenses Hasbro y Mattel hayan decidido entrar en el mercado chino con ímpetu.[20]

Distribución por edad

La población de cada país difiere en cuanto a su distribución por edad. En un extremo se encuentra México, un país con una población joven y de rápido crecimiento, y en el extremo contrario se ubica Japón, un país con una de las poblaciones con mayor edad del mundo. Esto significa que la leche, los pañales, los útiles escolares y los juguetes son productos importantes en México, mientras que en Japón la población consume más productos para adultos.

Aunque en general, existe una tendencia mundial hacia el envejecimiento de la población. Según un estudio de la revista *The Economist*, en este siglo habrá más ancianos que nunca. En 2004 o 2005, la población mayor de 60 años sobrepasará a los menores de cinco años, y es muy poco probable que vuelva a haber más bebés que jubilados. Es el umbral de lo que los japoneses denominan el "siglo plateado". El envejecimiento de la población viene de la mano de otra tendencia: la caída en la tasa de natalidad. En la mayoría de los países, las mujeres no tienen suficientes hijos como para reemplazar a las personas que mueren. Esto supondrá que no habrá suficientes trabajadores para ocupar el lugar de los que se jubilen. En unos 10 años, muchos países como Japón, Estados Unidos y los países europeos se enfrentarán a un problema muy importante, como es mantener a una proporción de población anciana cada vez mayor.[21]

La población se puede desglosar en seis grupos de edad: preescolar, escolar, adolescentes, adultos jóvenes entre 25 y 40, adultos medios entre 40 y 65, y adultos maduros mayores de 65. Para los mercadólogos, los grupos más populosos son los que definen el entorno de marketing. En Estados Unidos, los "baby boomers", es decir, los 78 millones de personas nacidas entre 1946 y 1964 conforman una de las fuerzas principales del mercado. Este grupo está obsesionado con la juventud, y no con la edad.

Con tantos baby boomers en los cincuenta y la última oleada entrada ya en los cuarenta, la demanda de productos que puedan dar marcha atrás en el tiempo se ha disparado. Según un estudio realizado, la mitad de la generación de los baby boomers sufre depresión por haber perdido la juventud, y aproximadamente uno de cada cinco miembros de esta generación lucha activamente contra el envejecimiento. En 2010, el grupo de mayores de 40 años será un 60% más voluminoso que el de las personas entre 18 y 39 años, y en la actualidad, el grupo de los mayores controla el 75% de la riqueza de Estados Unidos. En esta búsqueda de la eterna juventud, las ventas de los tintes y de los peluquines, las afiliaciones a gimnasios, las ventas de aparatos para ejercitar el cuerpo, de las cremas, de los suplementos nutricionales y de los alimentos orgánicos han aumentado vertiginosamente.[22]

Los baby boomers crecieron con la publicidad televisiva, lo que significa que conforman un mercado más fácil de alcanzar que el de los nacidos entre 1965 y 1976, llamados la generación X (también conocidos como la generación sombría, los veinteañeros o baby busters).[23] Los miembros de esta generación suelen mostrarse reticentes a los reclamos de marketing que prometen más de lo que pueden ofrecer, aunque algunas empresas han sido capaces de abrirse camino y llegar hasta ellos.

V W

Las ventas de Volkswagen en Estados Unidos aumentaron de menos de 50,000 vehículos en 1993 hasta superar los 300,000 en 10 años, gracias, en parte, a su campaña "Se buscan conductores", que se dirigía a los conductores más jóvenes y amantes de la diversión. En lugar de dirigirse al mercado masivo, vw abordó a los jóvenes dispuestos a gastar un poco más en un Volkswagen por tratarse de un auto de ingeniería alemana, con una imagen deportiva y muy versátil. La voz de fondo del anuncio televisivo conectaba a la perfección con la audiencia diciendo: "En la carretera de la vida hay pasajeros y hay conductores."[24]

Tanto los baby boomers como la generación X pasarán el relevo al segmento demográfico más joven, la generación Y, compuesta por los nacidos entre 1977 y 1994. En la actualidad esta generación está integrada por 72 millones de personas, igualando en número a los baby boomers. Una característica distintiva de este grupo de edad es su dominio total y su disfrute en el uso de la informática y de Internet. Por esta razón, Don Tapscott les ha bautizado como la Generación Net. Tapscott afirma: "Para ellos, la tecnología digital no resulta más intimidante que una videograbadora o una tostadora."[25]

Mercados étnicos y otros mercados

Los países también varían en cuanto a su composición étnica y racial. En un extremo se encuentra Japón, donde casi todos los habitantes son japoneses, y en el extremo contrario se ubica Estados Unidos, donde los habitantes provienen prácticamente de todos los países del mundo. Estados Unidos se conocía hasta hace poco como el "crisol", sin embargo, cada vez hay más síntomas de que la población nunca llegó a "fundirse". En la actualidad, esta nación se identifica como una sociedad tipo "ensaladera", en la que existen numerosos grupos étnicos que conservan sus diferencias y sus culturas, pero que son vecinos.

Según el censo del 2000, los blancos constituían un 72% de la población estadounidense, que para entonces alcanzaba los 276.2 millones de habitantes. Los afroamericanos representaban el 13%, y los latinos el 11%. La comunidad latina ha crecido rápidamente, y los principales subgrupos son los descendientes de mexicanos (5.4%), de puertorriqueños (1.1%) y de cubanos (0.4%). Los asiático-americanos representan un 3.8% de la población. Este grupo está formado, sobre todo, por chinos, seguidos de filipinos, japoneses, indios, asiáticos y coreanos, en ese orden. Las comunidades latina y asiática están concentradas en la región sur y occidental del país, aunque se están dispersando. Además, cerca de 25 millones de los habitantes de Estados Unidos (más del 9% de la población) nacieron en el extranjero.

Una megatendencia en Estados Unidos que se destaca con frecuencia es el crecimiento de la comunidad hispana respecto del total de la población. Esto supone un desplazamiento del centro de gravedad de la nación. En los últimos 10 años, la mitad de los nuevos trabajadores han sido hispanos, y se calcula que estos últimos conformarán el 25% de la población económicamente activa dentro de dos generaciones. A pesar de los bajos ingresos familiares, el poder adquisitivo de los hispanos está creciendo. El dinero disponible de este grupo ha aumentado un 29% desde 2001, hasta alcanzar los 652,000 millones de dólares en 2003 (un crecimiento a un ritmo dos veces superior que el del resto de la población). Los hispanos están influyendo considerablemente en diversos aspectos de la vida en Estados Unidos, desde los alimentos que consumen los estadounidenses, hasta la ropa que llevan, pasando por la música que escuchan y los autos que compran. Las empresas están luchando por perfeccionar sus productos y su marketing para alcanzar a este grupo de consumidores cada vez más importante e influyente:[26]

- ■ *Procter & Gamble.* En el 2000, la empresa formó un equipo de 65 personas bilingües para dirigirse a los consumidores latinos. En la actualidad, la empresa adapta sus productos para atraer a este segmento. Por ejemplo, P&G añadió un tercer aroma a su detergente Gain llamado "White Water Fresh" cuando descubrió que al 57% de los latinos les gusta oler los productos que compran.

- ■ *Kroger.* La cadena de alimentos más importante de Estados Unidos gastó 1.8 millones de dólares para convertir su tienda de Houston, con una superficie de 5,480 metros cuadrados, en un gran *Supermercado* con carteles en español y productos como chocolate mexicano y hojas de plátano. La empresa también ha ampliado la línea de su marca privada "Buena Comida" con 105 artículos diferentes.

- ■ *PacifiCare Health Systems.* Cuando esta compañía de seguros con sede en Cypress, California, descubrió que el 20% de sus asegurados eran hispanos, creó una nueva unidad a la que llamó Latino Health Solutions. Esta unidad comercializa las pólizas de seguro médico de PacifiCare en español, remite a los pacientes hispanos a médicos hispanoparlantes, y traduce los documentos al español para los trabajadores hispanos.

Los grupos étnicos comparten deseos y hábitos de compra específicos. Diversas empresas de alimentos, ropa y mobiliario han dirigido sus productos y promociones a uno de estos grupos, o a varios.[27] Charles Schwab es una de las empresas de servicios financieros que se dirige a los asiático-americanos con un programa de marketing estratégicamente diseñado.[28]

CHARLES SCHWAB

Charles Schwab, con sede en San Francisco, se dio cuenta del creciente poder de los consumidores asiáticos tras el censo de 1990. En la actualidad emplea a 200 personas que hablan chino, coreano y vietnamita en sus centros de llamadas dedicados a los consumidores asiático-americanos que prefieren comunicarse en su propio idioma. Existe un sitio Web en chino para operar con activos en bolsa, investigar y para leer las noticias en línea. Catorce sucursales de Schwab se encuentran en barrios con predominio asiático en Estados Unidos. La empresa también se anuncia en canales de televisión, periódicos y estaciones de radio asiáticos, así como en sitios Web en los idiomas correspondientes.

A pesar de lo anterior, los mercadólogos deben ser cautos y no generalizar sobre los grupos étnicos. Los consumidores pueden ser muy diferentes entre sí dentro de cada grupo étnico. "En realidad no existe un mercado asiático", dice Greg Macabenta, cuya agencia de publicidad étnica se especializa en el mercado filipino. Macabenta hace hincapié en que los principales cinco grupos asiático-americanos presentan sus propias características de mercado, hablan idiomas diferentes, consumen alimentos distintos, practican religiones diversas y representan culturas nacionales muy particulares.[29]

Página inicial del sitio Web de Charles Schwab en chino. Los clientes que prefieren utilizar este idioma pueden hacerlo para negociar sus activos, investigar y leer las noticias de última hora.

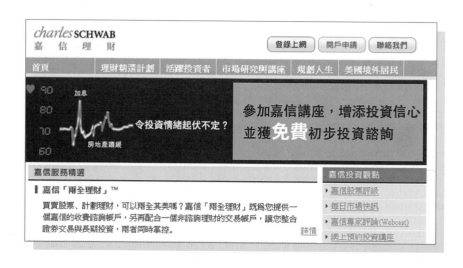

La diversidad va más allá de los mercados raciales o étnicos. Más de 50 millones de estadounidenses tienen algún tipo de discapacidad, lo que supone un mercado importante para las empresas de reparto a domicilio como Peapod, y para los diferentes servicios médicos.

Grupos con diferentes niveles de educación

La población de cualquier sociedad se divide en cinco grupos en función del nivel de estudios: analfabetos, educación básica, educación media, estudios universitarios y certificaciones profesionales. En Japón, el 99% de la población está alfabetizada, mientras que en Estados Unidos entre el 10 y 15% de la población es analfabeta. Sin embargo, el 36% de la población de Estados Unidos tiene estudios universitarios, uno de los porcentajes más altos del mundo. El número de personas con estudios superiores en ese país supone una demanda elevada de libros de calidad, revistas y viajes, además de una gran oferta de servicios profesionales.

UNIVERSIDADES DE MARCA

La gran proporción de población con estudios universitarios en Estados Unidos ha disparado el marketing dirigido hacia los estudiantes y el marketing de las propias universidades desarrollando "marcas" definidas. La intensificación de la competencia entre los buenos estudiantes y la preocupación por la reputación y las evaluaciones de las universidades están llevando a los centros educativos a forjarse una imagen de marca. Nadie discute la fuerza del nombre "Harvard" como símbolo de prestigio y excelencia educativa. Las presiones financieras provocadas por los descuentos en las colegiaturas universitarias y por las comparaciones realizadas por los futuros estudiantes y por sus padres, están empujando a las universidades menos conocidas a adoptar un enfoque orientado al mercado. Georgia Tech se define a sí misma como "la universidad politécnica del siglo XXI", destacando la calidad de sus programas de estudios, la investigación de punta y la importante transferencia de tecnología. Por su parte, Clark University de Worcester, Massachusetts, hace hincapié en su tamaño (Clark es una de las universidades más pequeñas dentro de las que realizan más investigación), en su historia innovadora, y en un cuerpo estudiantil compuesto por alumnos obsesionados con sus propios campos de interés.[30]

Patrones familiares

El "hogar tradicional" está formado por el marido, la mujer y los hijos (y en ocasiones también los abuelos). Sin embargo, actualmente en Estados Unidos uno de cada ocho hogares es "diverso" o "no tradicional", lo que incluye a solteros que viven solos, adultos del mismo sexo o de sexos diferentes que viven juntos sin estar casados, familias monoparentales, parejas casadas sin hijos y hogares en los que los hijos se han ido. Cada vez más parejas se divorcian o se separan, deciden no casarse, se casan tardíamente o se casan sin intención de tener hijos. Cada grupo presenta un conjunto distinto de necesidades y hábitos de compra. Por ejemplo, los miembros del grupo SSVD (solteros, separados, viudos, divorciados) necesitan departamentos más pequeños, electrodomésticos y muebles baratos y de menor tamaño, y envases de alimentos más pequeños. Los mercadólogos deben considerar, cada vez más, las necesidades específicas de los hogares no tradicionales, puesto que éstos están creciendo más rápidamente que los hogares tradicionales.

El número de hogares de parejas casadas (la generación dominante desde la creación de Estados Unidos) ha caído desde cerca del 80% en la década de los 50 hasta el 50% en la actualidad. Los estadounidenses retrasan el matrimonio como nunca antes lo habían hecho, cohabitan en mayor número, forman parejas del mismo sexo, tienen una esperanza de vida mucho mayor, y cada vez se casan menos después de un divorcio. En el 2010, cerca del 30% de los hogares estará habitado por personas que vivan solas. Un número récord de niños, el 33%, nace en familias monoparentales, y muchos de madres subempleadas. Sin embargo, los solteros también tienen un gran poder adquisitivo y gastan más en sí mismos que aquellos que viven en el seno de familias numerosas. Los productos como las hamburgueseras de George Foreman, que se dirigen a personas que viven solas y que valoran la comodidad, son los que tienen mayores probabilidades de éxito.[31]

Un estudio del grupo de investigación Cava Research Group de la universidad de Leeds en el Reino Unido destaca que "soltero" no necesariamente significa "solo". Los investigadores entrevistaron a cientos de personas con edades comprendidas entre los 25 y los 60 años y concluyeron que "la nueva familia son los amigos". Observaron que una tendencia que va cobrando peso es la de las "neotribus" de veinteañeros que viven en comunidad. En el extremo opuesto, los divorciados de mayor edad parecían centrar su vida en los hijos y los amigos, manteniendo sus vidas amorosas a un lado. Este énfasis en la amistad puede influir en las empresas de infinidad de maneras, desde las personas a las que dirigen sus productos hasta el modo en que diseñan sus mensajes de marketing. Por ejemplo, los viajes en grupo o con amigos atraen a un mayor número de solteros en comparación con los estudiantes universitarios que salen de vacaciones o los jubilados que viajan a un centro vacacional para pensionados.[32] Las empresas de servicios en línea están aprovechando esta tendencia.

FRIENDSTER.COM

Friendster, fundada en Sunnyvale, California, en 2003, conecta a personas para concertar citas, entablar amistad, hacer propuestas de negocios o simplemente con fines de establecer comunicación en línea. El fundador de Friendster creó la empresa tras probar el lanzamiento de servicios de citas en línea y descubrir que la idea de "intercambiar mensajes con bichos raros" no atraía en absoluto. La premisa de Friendster es que lo mejor es hacer contacto con nuevas personas a través de otras que uno ya conoce. Es la estrategia de conocerse y salir a través del viejo amigo de un amigo. Los usuarios pueden leer los perfiles de sus amigos, de los amigos de sus amigos, y así sucesivamente, lo que conforma una red. Con tan sólo 20 amigos, uno puede estar vinculado a 50,000 personas o más. Los perfiles incluyen fotografías, libros favoritos y otras aficiones, junto con fotos de sus amigos con los que comparten la red. Cuando los usuarios encuentran a alguien interesante, pueden ver la conexión y enviar un mensaje. Es como ser una estrella de una película titulada "Seis grados de separación", pues la idea detrás de esto es que todos estamos vinculados a través de seis conexiones. El sitio, que es gratuito, tiene unos siete millones de usuarios y ha generado un gran número de sitios similares como Tribe, Rise y Orkut de Google.[33]

El mercado homosexual es un segmento especialmente lucrativo. Los académicos y los expertos en marketing calculan que la población de gays y lesbianas oscila entre el 4 y 8% de la población estadounidense, con un porcentaje aún mayor en las zonas urbanas.[34] En comparación con el estadounidense medio, los que se autodenominan gays tienen 10 veces más posibilidades de ser profesionales, el doble de posibilidades de tener una segunda residencia como lugar de descanso, ocho veces más posibilidades de tener una computadora portátil y el doble de posibilidades de poseer acciones en bolsa.[35] Empresas como Absolut, American Express, IKEA, Procter & Gamble y Subaru se han dado cuenta del potencial de este mercado y del de los hogares no tradicionales en su conjunto.

GAY.COM

Los homosexuales son el mejor grupo de consumidores en línea, puesto que invierten 10 veces más tiempo en navegar por Internet que el usuario medio, según un estudio reciente de Forrester Research. Por tanto, no resulta sorprendente que el primer sitio Web estadounidense en atraer a hombres solteros con un ingreso superior a los 75,000 dólares no es CNN sports, sino Gay.com. Este sitio atrae a los grandes inversionistas en publicidad como American Airlines, Viacom, Procter & Gamble, General Motors e IBM. Estos vendedores inteligentes saben que los gays y las lesbianas son de los consumidores más leales, con un 87% más de posibilidades de comprar a aquellas empresas que se dirijan específicamente a ellos. Por esta razón, la empresa matriz de Gay.com, PlanetOutPartners, ha utilizado un argumento contundente para atraer a los anunciantes: "La familia típica de clase media gasta más de un millón de dólares en criar a un hijo hasta que cumple 22 años. Algunos homosexuales tienen hijos. La mayoría no. Entonces ¿en qué gastan el dinero? En comprar los productos de usted."[36]

Movilidad geográfica de la población

Estamos en una época de importantes movimientos migratorios tanto a nivel nacional como entre los diferentes países. Las empresas con miras más amplias, así como los emprendedores, están aprovechando el aumento de estos movimientos de población para vender sus productos a estas personas.

Dentro de un mismo país, los movimientos de población ocurren cuando la población rural emigra hacia zonas urbanas, y más tarde a las suburbanas. Aunque Estados Unidos experimentó una recuperación de las zonas rurales en la década de los noventa, cuando los condados no metropolitanos atraían a un gran número de personas que huían de las ciudades, el siglo XXI ha visto crecer los mercados metropolitanos rápidamente como consecuencia de la mayor tasa de natalidad, de la menor tasa de mortalidad y del vertiginoso aumento de la inmigración extranjera.[37]

La situación geográfica determina diferencias en las preferencias de productos y servicios. El movimiento hacia los estados del llamado *Sunbelt* de Estados Unidos (la franja soleada del sur y suroeste) ha provocado la caída de la demanda de ropa abrigadora y de sistemas de calefacción para el hogar, mientras que ha aumentado la demanda de sistemas de aire acondicionado. Quienes viven en grandes ciudades como Nueva York, Chicago y San Francisco, son los que compran pieles, perfumes, maletas y obras de arte más caros. En estas ciudades también abundan las presentaciones de ópera, ballet y otras formas de cultura. Los estadounidenses que viven en los barrios periféricos llevan vidas más despreocupadas, realizan más actividades al aire libre, tienen una mayor interacción con los vecinos, reciben salarios más elevados y sus familias son más jóvenes. Estas personas adquieren camionetas, artículos de reparación, mobiliario para exteriores, herramientas de jardinería y equipos para cocinar al aire libre. También existen diferencias regionales: los habitantes de Seattle compran más cepillos de dientes por persona que los de cualquier otra ciudad estadounidense, los habitantes de Salt Lake City son los que más golosinas comen, los de Nueva Orléans consumen más catsup y los de Miami toman más jugo de ciruela.

El crecimiento de las áreas suburbanas y el rechazo a los desplazamientos largos para trabajar ha disparado el creciente segmento SOHO ("small office, home office" o lo que es lo mismo, "oficina pequeña, oficina en casa"). Cerca de 40 millones de estadounidenses trabajan desde su casa con la ayuda de aparatos electrónicos como computadoras, teléfonos celulares, faxes y agendas personales. Los fabricantes de muebles listos para ensamblar en casa podrían encontrar una base de clientes muy fuerte entre estos consumidores, ex trabajadores citadinos que montan pequeñas empresas en las afueras de las grandes urbes y que se comunican con las grandes empresas de la metrópoli. Una empresa que está cambiando para adaptarse a este segmento es Kinko's Copy Centers.

KINKO'S COPY CENTERS

Fundada en la década de los 70 como una fotocopiadora dirigida al mercado universitario, Kinko's se está reinventando para posicionarse como la oficina fuera de casa. Donde una vez sólo hubo fotocopiadoras, los 1,200 establecimientos de Estados Unidos y del extranjero presentan hoy una mezcla de faxes, impresoras a color y computadoras en red con los software más populares, conectados a Internet mediante una conexión de gran velocidad. Kinko's es hoy una empresa de 2,000 millones de dólares que ofrece una gama de servicios sin precedentes. Los clientes pueden ir a los establecimientos Kinko's a hacer sus trabajos de oficina: fotocopiar, enviar y recibir faxes, utilizar los diferentes programas informáticos, entrar en Internet, hacer pedidos de artículos de papelería, e incluso organizar teleconferencias. Como cada vez más personas trabajan desde casa, Kinko's ofrece una alternativa al aislamiento de la oficina casera. La adquisición de Kinko's por parte de FedEx, a principios de 2004, ha dado como resultado una integración aún mayor, al unir sus servicios a los de la pionera del reparto a domicilio en 24 horas.[38]

Las empresas también prestan atención a los lugares a los que se desplaza la población. Cerca de una de cada dos personas mayores de cinco años (120 millones) se mudaron al menos una vez entre 1995 y 2000, según el censo del 2000. El análisis por estados demuestra que este desplazamiento se ha producido hacia las regiones del sur y suroeste de Estados Unidos, desde el medio oeste y el noreste del país.[39] Estados cálidos que van desde Virginia hasta Florida, y los estados occidentales de la franja del Sunbelt como Texas, Nevada y Arizona, están atrayendo a un mayor número de pobladores. Un aspecto interesante de esta tendencia es que los estados del Sunbelt ya no constituyen zonas residenciales exclusivamente para jubilados, sino que cada vez más jóvenes se asientan en estos lugares. Naples, en Florida, es un ejemplo evidente.

NAPLES, FLORIDA

El censo más reciente en Estados Unidos descubrió que Naples, Florida, una ciudad de 21,000 habitantes situada en el condado Collier, ha ido acogiendo a residentes jóvenes, solteros y con estudios universitarios a un ritmo muy superior que cualquier otra zona de ese país. En el pasado, los jóvenes sólo visitaban a sus padres en Naples, o les ayudaban con la mudanza. En la actualidad son ellos los que se mudan a esta localidad. Además del agradable clima de la zona (Naples tiene 333 días de sol al año y una temperatura promedio de 24ºC), los atraen las fuentes de trabajo. Las empresas que ofrecen empleo son las que sirven a los residentes estacionales más acaudalados y a los jubilados, así como las empresas de tecnología establecidas en Naples y en los alrededores que se han forjado una reputación nacional e internacional y que cuentan con clientes de todo el mundo. Los empresarios, muchos de ellos relativamente jóvenes, se han mudado a la zona para iniciar compañías de telecomunicaciones, desarrollo de software, marketing y otras disciplinas. Los jóvenes se preguntan: "¿Por qué esperar a la jubilación? Queremos esta calidad de vida ahora."[40]

::: Otras fuerzas del macroentorno

Existen otras fuerzas del macroentorno que influyen en la fortuna de las empresas. A continuación estudiaremos los entornos económico, sociocultural, natural, tecnológico y político-legal.

Entorno económico

Los mercados no sólo necesitan personas, sino también poder adquisitivo. El poder adquisitivo de una economía depende del ingreso, de los precios, de los ahorros, del endeudamiento y de las facilidades de crédito. Los mercadólogos deben prestar atención a las tendencias que afectan al poder adquisitivo, puesto que pueden influir directamente en sus negocios, sobre todo en los de las empresas que se dirigen a los consumidores con ingresos altos y sensibilidad al precio.

DISTRIBUCIÓN DEL INGRESO   La distribución del ingreso y la estructura industrial varía mucho de un país a otro. Existen cuatro tipos de estructura industrial: *economías de subsistencia* (pocas oportunidades para las empresas); *economías exportadoras de materias primas* como Zaire (cobre) y Arabia Saudita (petróleo), con buenos mercados para maquinaria, herramientas, provisiones y artículos de lujo para los más adinerados; *economías en vías de industrialización* como India, Egipto y Filipinas, donde la clase más acaudalada y la creciente clase media demandan nuevos productos; y *economías industriales,* que constituyen mercados prósperos para todo tipo de artículos.

En una economía global, los mercadólogos deben prestar atención a los cambios en la distribución del ingreso en todo el planeta, especialmente en aquellos países donde el nivel de bienestar económico está en ascenso.

INDIA

Con su gran número de empleados angloparlantes y de gran capacidad intelectual, y con sus salarios bajos, India está acaparando todos los puestos de trabajo de programación informática y de los centros de atención telefónica que anteriormente ocupaban estadounidenses, en una ola de *outsourcing* que no da señales de disminuir. En 2008, los servicios informáticos y administrativos en la India se habrán multiplicado por cinco, hasta convertirse en un sector exportador de 57,000 millones de dólares que ofrecerá empleo a cuatro millones de personas y que representará el 7% del producto interno bruto del país. Aunque este auge de India supone el desempleo y la angustia de muchos trabajadores estadounidenses de cuello blanco, también significa un mayor mercado para los productos estadounidenses y europeos, y la angustia de las familias tradicionales indias. Al tiempo que adquieren conocimientos sobre la geografía de Estados Unidos y sobre los distintos acentos utilizados en ese país, las legiones de teleoperadores indios están absorbiendo nuevas ideas sobre la familia, las posesiones materiales y el amor. "Yo llamo a estos jóvenes 'los hijos de la liberación'", afirma Rama Bijapurkar, un consultor de marketing que vive en Bombay. "Esta generación está hambrienta de progreso." Los hijos de la liberación están poniendo en tela de juicio las tradiciones conservadoras del país como los matrimonios concertados por las familias y la prohibición de besarse en público. Les gustan las películas de Hollywood y la música occidental, hablan por teléfonos celulares, compran a crédito en lugar de ahorrar, y salen a comer en restaurantes y a tomar café. Y cada vez más se dirigen a ellos las empresas que habían estado a la espera de ver surgir en India una clase de consumidor de estilo occidental.[41]

Los mercadólogos clasifican los países en cinco tipos de patrones de distribución del ingreso: **1.** ingresos muy bajos; **2.** ingresos mayoritariamente bajos; **3.** ingresos muy bajos y muy altos; **4.** ingresos bajos, medios y altos; y **5.** ingresos mayoritariamente medios. Veamos el mercado de los Lamborghini, vehículos que cuestan más de 150,000 dólares. El mercado para estos automóviles sería muy reducido en países con un tipo de ingreso como el 1 o el 2. Uno de los mercados más grandes del mundo para este vehículo resulta ser Portugal (tipo de ingreso 3), uno de los países más pobres de Europa occidental, pero que cuenta con un número suficiente de familias adineradas que pueden comprar automóviles de lujo.

En los últimos 30 años en Estados Unidos, los ricos se han vuelto más ricos, la clase media se ha reducido, y los pobres han seguido siendo pobres. Desde 1973 hasta 1999, los ingresos del 5% de los hogares estadounidenses más acaudalados han aumentado un 65%, mientras que los de la quinta parte de la población que integra los hogares de clase media sólo han aumentado un 11% en el mismo periodo. Esto está haciendo que el mercado estadounidense se polarice, con consumidores ricos que pueden adquirir productos caros, y consumidores de clase trabajadora que tienen que gastar con cuidado, en almacenes de descuento o en las tiendas de fábrica, seleccionando las marcas más baratas. Los minoristas tradicionales que ofrecen productos de precio medio son los más vulnerables ante estos cambios. Las empresas que respondan a esta tendencia, ajustando sus productos y sus mensajes a estos dos Estados Unidos tan diferentes serán las que más beneficios cosechen.[42]

GAP

GAP presenta una estrategia de mercado segmentado que se traduce en tres niveles de tiendas de ropa minoristas: el nivel más caro con Banana Republic, el mercado medio con GAP, y el mercado más económico con Old Navy. En Banana Republic los jeans cuestan 70 dólares, mientras que en GAP cuestan 50. El precio de los jeans de Old Navy no supera los 25 dólares. Cada establecimiento tiene una apariencia diferente, su propia línea de prendas y su propia publicidad. Esta estrategia segmentada ha contribuido a que GAP haya pasado de ser un negocio de 7,000 millones de dólares a superar los 14,000 millones de dólares entre 1996 y 2003.[43]

AHORRO, DEUDA Y FACILIDADES DE CRÉDITO El gasto de los consumidores está determinado por el ahorro, el endeudamiento y la disponibilidad de crédito. Los consumidores estadounidenses registran una gran proporción de deuda con respecto a sus ingresos, lo que reduce el ritmo de gasto en vivienda y otros productos caros. Existen gran disponibilidad de crédito en Estados Unidos, pero con tasas de interés elevadas, en especial para los consumidores con ingresos más bajos. En este caso, Internet puede ayudar: los consumidores que buscan una hipoteca pueden dirigirse a lendingtree.com, llenar una sola solicitud, y recibir varias propuestas de hipotecas de bancos rivales en un plazo de 48 horas.

OUTSOURCING Y LIBRE COMERCIO Un factor cada vez más importante es el traslado de las fábricas y los puestos de trabajo de servicios más allá de las fronteras. Muchas empresas consideran que el *outsourcing* es una necesidad competitiva, pero también una causa de desempleo para los trabajadores nacionales. Por ejemplo, en diciembre de 2003, IBM decidió trasladar 5,000 puestos de trabajo de programación informática a India y a China. GE ha trasladado gran parte de su departamento de investigación y desarrollo al extranjero. Microsoft, Dell, American Express y prácticamente todas las grandes multinacionales desde Accenture hasta Yahoo! ya han desplazado parte del trabajo o están considerando hacerlo.

Los ahorros son extraordinarios: hay empresas que reducen sus costos en mano de obra entre un 20 y 70%, consiguiendo resultados de calidad similar. Sin embargo, más allá de las ganancias a corto plazo que esto significa para las empresas y del dolor de desemplear a trabajadores locales de cuello blanco, hay que considerar la situación a largo plazo. El éxodo de programadores, concretamente, pone en tela de juicio el dominio tecnológico a largo plazo de Estados Unidos. Muchos se preguntan si ese país podrá seguir siendo el líder del sector de la informática cuando éste se expande por todo el mundo, desde India hasta Bulgaria. En Bombay, por ejemplo, es posible conectarse a Internet a alta velocidad, hay una universidad de prestigio internacional y un sector importante de capital de riesgo: todos los ingredientes necesarios para generar la próxima innovación tecnológica que sacudirá el planeta.[44]

Un asunto independiente del mercado laboral es el de los aranceles proteccionistas, sobre el que debaten insistentemente los defensores y los detractores del libre comercio.

Estos artículos muestran el "look" GAP tan familiar y fácilmente identificable.

COMERCIO JUSTO DEL CAFÉ

El grupo activista Global Exchange, una organización de derechos humanos dedicada a promover la justicia social, ambiental y política en todo el mundo, ha presionado al sector cafetalero para que apoye el comercio de café certificado por Comercio Justo. Más de 500,000 agricultores de todo el mundo producen y venden más de 77,180 toneladas de café cada año a través de la red de Comercio Justo. En todo el mundo se venden más de 100 marcas de café avaladas por esta red, en unos 35,000 puntos de venta (7,000 de ellos en Estados Unidos). Para recibir la certificación de Comercio Justo, el importador debe cumplir con estrictos criterios internacionales, como pagar un precio mínimo de unos 2.5 dólares por kilo. Global Exchange invitó a Starbucks a que participara en su red, dada su conocida reputación. Una importante campaña desembocó en el lanzamiento de una marca de café con la certificación de Comercio Justo, en más de 2,300 establecimientos Starbucks, como parte de la iniciativa más amplia de responsabilidad social que ha lanzado la empresa.[45]

Entorno sociocultural

El poder adquisitivo se desplaza hacia determinados productos y servicios, alejándose de otros, en función de los gustos y preferencias de los consumidores. La sociedad perfila creencias, valores y normas que definen en gran medida esos gustos y preferencias. Las personas absorben, casi inconscientemente, una visión del mundo que define su relación consigo mismos, con los demás, con las organizaciones, con la naturaleza y con el universo.

■ *Visión de uno mismo.* Las personas difieren en la importancia relativa que conceden a su propia satisfacción. En Estados Unidos durante las décadas de los sesenta y setenta los "hedonistas" buscaban la diversión, el cambio y una vía de escape. Otros perseguían la "realización personal". Los consumidores compraban automóviles y paquetes de vacaciones de ensueño, dedicaban más tiempo a actividades encauzadas a la salud (como correr o jugar tenis), a la introspección y a las artes (para consultar el perfil actual, véase la tabla 3.4). Actualmente, algunos adoptan una conducta y unas ambiciones más conservadoras. Los mercadólogos deben ser conscientes de que existen numerosos grupos con opiniones divergentes de sí mismos.

■ *Visión de los demás.* Algunos temas que despiertan preocupación generalizada son la gente sin hogar, la delincuencia y las víctimas de ella, y muchos otros problemas de índole social. A muchos nos gustaría vivir en una sociedad más humanitaria. Por otra parte, las personas buscan a los que son como ellos, evitando mezclarse con extraños. Cada vez más personas buscan relaciones serias y duraderas con unas cuantas personas. Estas tendencias presagian un creciente mercado para productos y servicios de respaldo social que promuevan las relaciones directas entre seres humanos, como los gimnasios, los cruceros y la actividad religiosa. Asimismo, sugieren una expansión del mercado de "sustitutos sociales", es decir, productos que ayudan a aquellas personas que viven solas a sentir que no lo están, como la televisión, los videojuegos, Internet y las salas de chat.

■ *Visión de las organizaciones.* Las personas manifiestan actitudes muy diversas respecto a las empresas, las entidades gubernamentales, los sindicatos y demás organizaciones. La mayor parte de las personas están dispuestas a trabajar para ellas, pero ha habido un descenso generalizado en la lealtad a las organizaciones. La oleada masiva de despidos y escándalos en las finanzas de corporaciones como Enron, WorldCom y Tyco ha alimentado el cinismo y la desconfianza.[46] En la actualidad, muchos no ven el trabajo como una fuente de satisfacción, sino como una tarea obligatoria para ganar dinero que les permita disfrutar del tiempo libre. Esto tiene importantes consecuencias para el marketing. Las empresas deben encontrar la manera de recuperar la confianza de los consumidores y de los empleados. Necesitan asegurar que son buenos ciudadanos empresariales y que sus mensajes son honestos.

■ *Visión de la sociedad.* Las personas muestran diferentes actitudes hacia su sociedad. Hay algunos que la defienden (conservadores), otros que la dirigen (dirigentes); existen quienes se aprovechan de ella todo lo posible (interesados); otros desean cambiarla (críticos); hay quienes buscan algo más profundo (comprometidos) mientras que otros tratan de escapar de ella (evasores).[47] Los patrones de consumo a menudo reflejan una actitud social. Las personas de actitud dirigente, en general, obtienen grandes logros, y comen, se visten y viven bien. Los críticos suelen vivir de forma más frugal, conducen automóviles más modestos y se visten con prendas más sencillas. Los evasores y los comprometidos son un mercado importante para las películas, la música, el surf y los campamentos.

■ *Visión de la naturaleza.* Existen diversas actitudes hacia la naturaleza. Algunos se sienten subyugados por ella, otros se sienten en armonía con el medio, e incluso hay quienes persiguen un mayor dominio sobre el mundo natural. Una de las tendencias observadas con el tiempo ha sido el creciente dominio de la naturaleza por el hombre a través de la tecnología. Sin embargo, más recientemente se ha despertado la conciencia de la fragilidad del mundo natural y la limitación de sus recursos. Las personas reconocen hoy que, con sus actividades, pueden acabar destruyendo la naturaleza. Las empresas han respondido a este aumento del interés por los campamentos, las excursiones a pie, la navegación y la pesca, fabricando calzado especializado, tiendas y equipos de campaña, y otros artículos similares. Las agencias de viajes están organizando paquetes de vacaciones a parajes inexplorados como la Antártida.

■ *Visión del universo.* Son diversas las creencias sobre el origen del universo y sobre la situación de las personas en él. La mayoría de los estadounidenses son monoteístas, a pesar de que sus convicciones y prácticas religiosas han decaído con los años. Determinados movimientos evangélicos están movilizándose para hacer que las personas regresen a las iglesias. Parte del impulso religioso se ha dirigido a religiones orientales, el misticismo, el ocultismo y el movimiento del potencial humano.

A medida que las personas pierden su orientación religiosa, persiguen la realización personal y la gratificación inmediata. Al mismo tiempo, todas las tendencias parecen tener una contrapartida opuesta, como ilustra el auge del fundamentalismo religioso. He aquí algunas otras características culturales de interés para los mercadólogos: la persistencia de los valores culturales básicos, la existencia de subculturas y los cambios en los valores a través del tiempo.

PERSISTENCIA DE LOS VALORES CULTURALES BÁSICOS Las personas que viven en una misma sociedad comparten *creencias fundamentales* y valores que tienden a permanecer a lo largo del tiempo. La mayoría de los estadounidenses siguen creyendo en el trabajo, en el matrimonio, en la beneficencia y en la honestidad. Los valores fundamentales y las creencias pasan de padres a hijos y se refuerzan en las instituciones sociales (escuelas, iglesias, empresas y gobiernos). Los *valores secundarios* son más susceptibles al cambio. Creer en la institución del matrimonio es un valor fundamental, mientras que creer que las personas deben casarse muy jóvenes es un valor secundario. Así, los especialistas en marketing de planificación fami-

| TABLA **3.4** |

Caminar como ejercicio	59%
Jardinería	45%
Natación	35%
Fotografía	26%
Pasear en bicicleta	25%
Pescar	23%
Jugar boliche	21%
Acampar	21%
Correr	18%
Hacer pesas/gimnasio	17%
Golf	16%
Educación para adultos	16%
Excursiones	14%
Navegación	9%

Fuente: Scarborough Research, 2001, según resumen "Where Does the Time Go?", en *American Demographics*, abril de 2002, p. 56.

Actividades de ocio más populares en Estados Unidos (porcentaje de adultos que las practican).

liar podrían conseguir más logros importantes argumentando que las personas deberían casarse más tarde en la vida, que argumentando que no deberían casarse nunca.

Las empresas tienen posibilidades de cambiar los valores secundarios, pero muy pocas de cambiar los valores fundamentales. Por ejemplo, la organización estadounidense no lucrativa *Madres contra la conducción bajo los efectos del alcohol* (MADD, por sus siglas en inglés), no se opone a la venta de alcohol, sino que promueve la idea de que los grupos de amigos que salen a divertirse designen a uno de ellos para que no beba ese día y para que se encargue de conducir. Este grupo también presiona para que se incremente la edad a la que la legislación permite beber alcohol.

EXISTENCIA DE SUBCULTURAS Cada sociedad contiene **subculturas**, es decir, grupos con valores comunes que emergen de su experiencia de vida o circunstancias pasadas. Los miembros de las subculturas comparten creencias, preferencias y conductas. Los mercadólogos pueden dirigirse a determinadas subculturas como público meta si éstas presentan deseos y patrones de consumo específicos.

En ocasiones, los profesionales del marketing descubren recompensas inesperadas cuando se dirigen a las subculturas. Las empresas siempre han valorado a los adolescentes porque son los que marcan las tendencias de moda, música, entretenimiento, ideas y actitudes. Asimismo, saben que si atraen a una persona en su época de adolescente tienen muchas posibilidades de retenerla como cliente en etapas posteriores de su vida. Frito-Lay, que realiza el 15% de sus ventas entre adolescentes, afirmó haber detectado un aumento en el consumo de papas fritas y demás botanas entre adultos. "Creemos que este aumento se debe a que atrajimos a estos consumidores cuando eran adolescentes", afirma el director de marketing de Frito-Lay.[48]

CAMBIOS PROGRESIVOS EN LOS VALORES CULTURALES SECUNDARIOS A pesar de que los valores fundamentales son bastante persistentes, es posible que se den vaivenes culturales. En los años 60, los hippies, los Beatles, Elvis Presley y otros fenómenos culturales tuvieron un impacto muy importante en el peinado de las personas, su ropa, sus costumbres sexuales y sus objetivos en la vida. En la actualidad, los jóvenes se ven influidos por otros héroes y otras actividades: Bono de U2, LeBron James de la NBA, el golfista Tiger Woods y el patinador Tony Hawk.

Entorno natural

El deterioro ecológico es una preocupación mundial. En muchas ciudades de todo el planeta la contaminación del aire y del agua ha alcanzado niveles alarmantes. Existe una gran inquietud por los "gases invernadero" emitidos a la atmósfera como consecuencia de la combustión de minerales fósiles; por la destrucción de la capa de ozono como consecuencia del uso de determinados productos químicos; y por la escasez de agua, cada vez más preocupante. En Europa occidental, los partidos "verdes" han presionado enérgicamente para que se reduzca la contaminación industrial. En Estados Unidos, los expertos han documentado el deterioro ecológico, y los organismos de control como Sierra Club y Friends of the Earth llevan estas preocupaciones a la arena política y social.

La legislación más reciente ha sacudido con fuerza determinados sectores industriales. La industria del acero y las empresas de servicios públicos se han visto obligadas a invertir miles de millones de dólares en material de control de la contaminación y en combustibles menos contaminantes. La industria automotriz ha tenido que incluir costosos sistemas de control de emisiones en los vehículos. Los fabricantes de jabón han tenido que aumentar la biodegradabilidad de sus productos. La gran esperanza es que las empresas adopten prácticas que protejan el ambiente. Los mercadólogos y las empresas que consigan crear soluciones para reconciliar la prosperidad con la protección de la naturaleza serán los que más beneficios consigan.

Con frecuencia, los consumidores parecen tener comportamientos que están en conflicto con sus opiniones en lo relativo al ambiente. Un estudio demostró que aunque el 80% de los estadounidenses aseveraban que sus decisiones de compra se veían influidas por la seguridad ecológica de los productos, sólo poco más de la mitad afirmaba comprar productos reciclados o no contaminantes.[49] Los jóvenes eran los que más tendían a pensar que sus actos apenas influían en la situación general. Aumentar la compra de productos ecológicos requiere cambiar los hábitos de los consumidores, dejar atrás el escepticismo sobre los motivos del lanzamiento de productos "verdes" y su calidad, y cambiar de actitud sobre la función que desempeñan en la protección del ambiente. (Véase el recuadro *Marketing en acción: Marketing ecológico*.)

Los mercadólogos deben prestar atención a las amenazas y oportunidades vinculadas a cuatro tendencias naturales: la escasez de materias primas, sobre todo del agua; el aumento del costo de la energía; los niveles de contaminación cada vez mayores; y la función cambiante de los gobiernos.

ESCASEZ DE MATERIAS PRIMAS   Las materias primas de la Tierra pueden clasificarse en: infinitas, finitas renovables y finitas no renovables. Los *recursos infinitos* como el aire o el agua se están convirtiendo en un problema. La escasez de agua ya es un asunto político y el peligro que representa es inminente. Los *recursos finitos renovables,* como los bosques o los alimentos, se deben utilizar con mesura. Las empresas forestales están obligadas a repoblar los bosques para proteger el suelo y garantizar que habrá suficiente madera para satisfacer la demanda futura. Puesto que la cantidad de tierra cultivable es invariable y las zonas urbanas no hacen más que invadir tierras de labranza, la oferta de alimentos se puede convertir en un grave problema. Los *recursos finitos no renovables* (petróleo, carbón, platino, zinc, plata) supondrán un problema muy serio cuando se vaya acercando el momento de su agotamiento. Las empresas que fabrican productos con esos minerales cada vez más escasos se enfrentarán a aumentos considerables de costos. Las empresas que están comprometidas en investigación y desarrollo en este campo tienen una magnífica oportunidad para encontrar materiales sustitutos.

AUMENTO DEL COSTO DE LA ENERGÍA   Un recurso finito no renovable, el petróleo, ha generado problemas muy serios para la economía mundial. En octubre de 2004, el precio del barril de crudo superó los 55 dólares, reforzando la necesidad de formas de energía alternativas. Las empresas están buscando medios prácticos para aprovechar la energía solar, nuclear, eólica y algunas otras. Sólo en el ámbito de la energía solar, cientos de empresas ya han lanzado productos de primera generación para calentar hogares y para otros usos. Algunas empresas están tratando de desarrollar automóviles eléctricos prácticos; quien lo logre obtendrá miles de millones de dólares en beneficios. Los vehículos híbridos, como el Toyota Prius, galardonado con el premio "Automóvil del Año 2004" por la revista *Motor Trend*, ya están a la venta.

PRESIÓN ANTICONTAMINACIÓN   Determinadas actividades industriales deterioran inevitablemente el ambiente. Tomemos como ejemplo los peligrosos niveles de mercurio en los océanos, o la cantidad de DDT y otros productos químicos contaminantes en los suelos y en la comida, y la proliferación de botellas, residuos plásticos y otros materiales de envasado. Con todo esto se ha creado un gran mercado para soluciones de control de la contaminación, como los centros de reciclaje o los rellenos sanitarios. Su existencia conduce a una búsqueda de modos alternativos para producir y envasar los productos. Por ejemplo, 3M tiene un programa llamado "Pollution Prevention Pays" que ha permitido una reducción sustancial de la contaminación y de los costos asociados. Dow Chemical ha construido una nueva fábrica de etileno en Alberta que emplea un 40% menos de energía y que emite un 97% menos de residuos líquidos. AT&T emplea un software especial para seleccionar los ma-

MARKETING **EN ACCIÓN** | MARKETING ECOLÓGICO

Aunque los asuntos ecológicos han influido en el marketing desde hace muchos años, sobre todo en Europa, éstos han cobrado una relevancia sin precedentes en la última década. El movimiento del "marketing ecológico" nació con las actividades del Día de la Tierra en Estados Unidos en abril de 1990. Desde que las empresas intentan sacar partido a la mayor sensibilidad de los consumidores respecto a los temas ambientales, se ha producido un verdadera tormenta de programas de marketing y productos "ecológicos".

Sin embargo, desde una perspectiva de marca, el "marketing ecológico" no ha triunfado plenamente. Por ejemplo, en 1994, Philips Electronics NV bautizó a sus focos fluorescentes ecológicos de bajo consumo con el nombre "Luz de la Tierra". A causa del poco éxito del producto, en 2000 se volvió a rediseñar el empaque, se reposicionó como un foco cómodo de siete años de duración llamada "Maratón", y entonces las ventas aumentaron a un 7% anual. También con motivo de un descenso en las ventas, Ben & Jerry abandonó el sabor de helado "crujido tropical", que había lanzado el Día de la Tierra para promocionar la conservación de los bosques y de los cultivos tropicales. A pesar de los considerables esfuerzos de marketing de Green Mountain Energy, esta empresa ha encontrado numerosos obstáculos para comercializar electricidad proveniente de plantas generadoras ecológicas.

En los últimos 10 años, muchas otras empresas han intentado subirse al carro de la ecología, pero han fracasado. ¿Qué dificultades ha encontrado este movimiento?

- ■ *Exceso de exposición y falta de credibilidad.* Fueron tantas las empresas que se autodenominaron "verdes", que los consumidores se mostraban escépticos respecto a su sinceridad. Las investigaciones del gobierno y los reportes de los medios de comunicación sobre empresas que afirmaban proteger la ecología (por ejemplo, fabricando bolsas de basura biodegradables), no hicieron más que aumentar las dudas de los consumidores. Como resultado, los consumidores llegaron a la conclusión de que muchos de los esfuerzos ecologistas no eran más que trucos de marketing.

- ■ *Conducta de los consumidores.* Los estudios han demostrado que los consumidores, en general, no están dispuestos a pagar un costo adicional por los beneficios ecológicos de los productos, aunque determinados segmentos sí lo estén. La mayoría de los consumidores parecen resistirse a abandonar las ventajas que ofrecen otras alternativas en favor de los productos ecológicos. Por ejemplo, a ciertos consumidores no les gusta la apariencia, la textura ni los resultados

del papel reciclado o de los productos ecológicos para el hogar. Y determinados consumidores no están dispuestos a renunciar a la comodidad de los productos desechables como los pañales.

- ■ *Mala ejecución.* Al subirse al tren del ecologismo, muchas empresas no ejecutaron adecuadamente sus programas de marketing. Los productos no estaban bien diseñados en términos de sus beneficios para el ambiente, tenían precios excesivos o la promoción era inapropiada. Algunos anuncios no consiguieron reflejar la conexión entre lo que hacía la empresa en favor de la ecología y los efectos positivos que tales medidas traerían a los consumidores particulares.

Para superar estos problemas y asegurarse de que las iniciativas a favor del ambiente se cumplan, algunas empresas recomiendan recurrir a un "ejecutivo verde", es decir, a un ecologista que trabaje internamente para la empresa con el fin de hacerla más ecológica. Jean Palmateer, especialista en asuntos ambientales, trabaja como "ejecutivo verde" en DePuy Orthopaedics, una división de Johnson & Johnson. Su recomendación es adoptar objetivos amplios y conseguirlos mediante la personalización del tema. Por ejemplo, cuando Palmeteer pretendía que los tanques de residuos líquidos de los fabricantes de aparatos médicos estuvieran limpios, les dijo a los empleados que la mejora del mantenimiento de los tanques no sólo sería benéfica para el ambiente, sino que les evitaría recibir llamadas a las tres de la madrugada cuando los tanques no se pudieran vaciar. En la actualidad, los tanques están más limpios que nunca y los trabajadores duermen tranquilos cada noche.

Con los años hemos presenciado notables éxitos de marketing ecológico. La omnipresente campaña "People do" de Chevron perseguía cambiar la percepción negativa de los consumidores sobre las petroleras y sus efectos nocivos para el ambiente con ejemplos específicos de programas de Chevron para preservar la vida salvaje y las playas.

McDonald's ha lanzado una serie de iniciativas, muy publicitadas en estos últimos años, como emplear bolsas de papel no blanqueadas, o sustituir el poliestireno de los empaques de las hamburguesas por envoltorios de papel y ligeras cajas de cartón reciclado. La empresa fue galardonada con el premio EPA WasteWise Partner of the Year por sus esfuerzos para reducir el número de residuos, que permitieron: 1. ahorrar 3,200 toneladas de papel y cartón sustituyendo los envases de los alimentos por envoltorios flexibles de una sola capa; 2. eliminar 1,100 toneladas de materiales de cartón que se habrían utilizado para el transporte, cambiando a envases ligeros en forma de taza; y 3. invertir 355 millones de dólares en productos fabricados a partir de elementos reciclados.

Fuentes: Jacquelyn Ottman, *Green Marketing: Opportunity for Innovation*, 2a. ed., Chicago: NTC/Contemporary Publishing Company, 1998; Geoffrey Fowler, "Green' Sales Pitch Isn't Moving Many Products", *Wall Street Journal*, 6 de marzo de 2002, p. B4; Lynn J. Cook, "Our Electrons Are Greener", *Forbes*, 23 de junio de 2003, p. 101; Kevin Lane Keller, *Strategic Brand Management*, 2a. ed., Upper Saddle River, NJ: Prentice Hall, 2003; Maggie Jackson, "Earth-Friendly Company Changes Come from One 'Green Champion' at a Time", *Boston Globe*, 9 de mayo de 2004, p. G1.

teriales menos perjudiciales, minimizar los residuos peligrosos, reducir el consumo de energía y mejorar el reciclaje de productos en sus operaciones.[50]

CAMBIOS EN LA FUNCIÓN DE LOS GOBIERNOS Los gobiernos se diferencian por su preocupación y su empeño en promover un ambiente libre de contaminación. Por ejemplo, el gobierno alemán ha luchado activamente por mejorar la calidad del ambiente, en parte por la fuerza del movimiento "verde" en Alemania, y en parte por la devastación del entorno en la ex Alemania Oriental. Muchos países pobres no hacen nada por su ambiente, en gran medida porque carecen de los recursos económicos necesarios o de la voluntad política. Por su propio bien, las naciones ricas deberían ayudar a las más pobres a controlar sus niveles de contaminación, pero incluso los países más ricos carecen de los fondos necesarios para ello.

Entorno tecnológico

Uno de los factores más importantes que condiciona la vida de las personas es la tecnología. La tecnología nos ha regalado maravillas como la penicilina, la cirugía a corazón abierto y la píldora anticonceptiva, pero también nos ha dado monstruos como la bomba de hidrógeno, el gas nervioso o la metralleta. Por otro lado, también nos ha regalado mezclas de ambos, como el automóvil o los videojuegos.

Todas las nuevas tecnologías contribuyen a la "destrucción creativa". Los transistores perjudicaron a la industria del bulbo, la xerografía perjudicó al negocio del papel carbón, los automóviles al ferrocarril y la televisión a los periódicos. En lugar de cambiar y adoptar la nueva tecnología, muchas industrias tradicionales se resistieron a ella o no la tuvieron en cuenta, y su negocio cayó. Sin embargo, la esencia del capitalismo es el dinamismo y la tolerancia de la destrucción creativa de la tecnología como precio del progreso.

Dell, HP, Apple y Microsoft deberían estar atentos: según algunos observadores, los teléfonos "inteligentes" acabarán eclipsando a las computadoras personales.

TELÉFONOS INTELIGENTES

"Algún día, dos mil o tres mil millones de personas tendrán teléfonos celulares y carecerán de computadora", afirma Jeff Hawkins, inventor de Palm Pilot y director tecnológico de PalmOne. "El teléfono celular se convertirá en su vida digital", predice Hawkins. Tras un comienzo más bien lento, los teléfonos celulares han llegado a todas partes (en el mundo hay unos 1,500 millones) y se han vuelto más inteligentes. Los teléfonos actuales más sofisticados ya tienen la capacidad de procesamiento de una computadora de mediados de los noventa, pero consumen 100 veces menos energía. Los teléfonos modernos permiten enviar mensajes de correo electrónico, navegar por Internet, tomar fotografías y participar en videojuegos. Hawkins vaticina que en las próximas décadas, todos los teléfonos serán portátiles, capaces de recibir señales de voz y de Internet a velocidades de banda ancha, y que las facturas de los teléfonos celulares serán de unos cuantos dólares una vez que las empresas hayan recuperado la inversión en la construcción de redes. Los teléfonos inteligentes en fase de desarrollo incluyen el Treo600 de bolsillo de Palm, con un teclado minúsculo, una cámara digital integrada y ranuras para añadir capacidad de memoria. En el caso del MPX de Motorola, el diseño es de "bisagra dual": el teléfono se abre en una dirección y parece un teléfono normal, pero uno de los lados se puede desplazar y entonces parece un aparato para enviar mensajes de correo electrónico, con el teclado del teléfono expandido que sirve como un teclado tradicional.[51]

La tasa de crecimiento de la economía se ve condicionada por el número de avances tecnológicos. Desafortunadamente, el número de descubrimientos tecnológicos no es constante en el tiempo. El sector del ferrocarril generó mucha inversión en un primer momento, que después se desvió hacia el sector automotriz. Más tarde, la radio también generó inversión que posteriormente se desplazó hacia la televisión tan pronto como fue inventada. Entre una innovación y otra, la economía puede estancarse. Mientras tanto, los pequeños avances se encargan de cerrar la brecha: el café seco congelado, la combinación de champú y acondicionador en un solo producto, los desodorantes antitranspirantes, etc. Estas innovaciones implican menos riesgos, pero desvían los esfuerzos de investigación de los grandes descubrimientos.

Las nuevas tecnologías también tienen consecuencias de largo plazo que no siempre son previsibles. Por ejemplo, la píldora anticonceptiva ha dado pie a familias de menor tamaño, a un mayor número de mujeres trabajadoras y a ingresos discrecionales más elevados, lo que ha la vez ha generado mayores gastos en turismo, bienes duraderos y artículos de lujo.

Los mercadólogos deben seguir de cerca las siguientes tendencias tecnológicas: el ritmo del cambio, las oportunidades de innovación, los cambiantes presupuestos destinados a investigación y desarrollo y el aumento de la legislación.

EL VERTIGINOSO RITMO DE LOS CAMBIOS TECNOLÓGICOS Muchos de los productos que hoy resultan habituales no existían hace 40 años. John F. Kennedy no conoció las computadoras personales, los relojes de pulsera digitales, las videocaseteras, los faxes, las agendas electrónicas ni Internet. Tampoco, desde entonces, ha disminuido el ritmo de los avances tecnológicos. El proyecto del genoma humano promete ser el preludio del siglo de la biología, puesto que los biólogos tratarán de dar con nuevos remedios para enfermedades, nuevos alimentos y nuevos materiales. Los investigadores de electrónica intentarán crear chips más inteligentes para que automóviles, casas y oficinas, sean más receptivos a los cambios del entorno. La combinación de computadoras personales, escáner, fax, fotocopiadoras, teléfonos inalámbricos, Internet y correo electrónico permite el *teletrabajo*, es decir, el trabajo a distancia desde casa o durante un viaje sin necesidad de ir a la oficina. Esta tendencia podría reducir la contaminación ambiental, volver a unir a las familias y crear costumbres de compras y ocio más centradas en el hogar.

Cada vez se trabaja en más ideas y se reduce el tiempo transcurrido entre el nacimiento del proyecto y el éxito de la aplicación práctica. También está disminuyendo el periodo entre la introducción de un producto y los niveles máximos de producción. El 90% de los grandes científicos de la historia siguen vivos, y la tecnología se nutre de sí misma.

LA INFINIDAD DE OPORTUNIDADES PARA LA INNOVACIÓN En la actualidad, los científicos trabajan en una sorprendente serie de tecnologías que revolucionarán los productos y los procesos productivos. Algunos de los proyectos más interesantes se están llevando a cabo en los campos de la biotecnología, la informática, la microelectrónica, las telecomunicaciones, la robótica y los materiales de diseño. Los investigadores buscan un remedio para el SIDA, la píldora de la felicidad, analgésicos más eficaces, anticonceptivos totalmente confiables y alimentos que no engorden. También diseñan robots para apagar incendios, para la exploración submarina y para los cuidados de enfermos en el hogar. Asimismo, trabajan en proyectos fantásticos como pequeños autos voladores, colonias espaciales y la televisión tridimensional. El desafío en cada caso consiste en desarrollar versiones económicamente accesibles de todos estos productos.

SAMSUNG

En un esfuerzo muy ambicioso, Samsung ha lanzado un negocio de hogares digitales. En Corea, Samsung cuenta con 6,000 hogares en red que están equipados con hornos, refrigeradores, cámaras de seguridad y pantallas planas de pared conectados a Internet. Samsung está considerando la exportación de esta idea. Conectar los hogares en Estados Unidos le costará entre 2,000 y 10,000 dólares, lo que permitirá que un número suficiente de personas pueda afrontar los gastos de esta innovación. Sin embargo, además de los desafíos tecnológicos, Samsung tendrá que enfrentarse a los consumidores a los que les preocupa la complejidad del asunto o que no consideran que tales productos sean necesarios. Pero los expertos opinan que la mayor expansión de la banda ancha será el factor que desencadenará la adopción de las casas digitales, una vez que los consumidores sepan cómo tener acceso a los medios y el comercio digitales desde más dispositivos.[52]

Las empresas ya están aprovechando el poder de la *realidad virtual,* la combinación de tecnologías que permite a los usuarios experimentar entornos tridimensionales generados por computadora mediante la vista, el oído y el tacto. La realidad virtual ya se ha aplicado en las pruebas con consumidores para estudiar su reacción ante nuevos diseños de automóviles, cocinas, exteriores de casas y otras ofertas.

LAS DIFERENCIAS EN LOS PRESUPUESTOS DE I&D Aunque Estados Unidos es el primer país del mundo en invertir en investigación y desarrollo, cada vez se destinan más fondos al desarrollo que a la investigación, lo que pone en duda el hecho de que Estados Unidos pueda mantener su liderazgo científico. Muchas empresas se complacen invirtiendo su dinero en copiar los productos de la competencia y haciendo cambios mínimos de estilo o de presentación. Incluso las empresas que se caracterizan por realizar investigación, como Du-Pont, Bell Laboratories y Pfizer, proceden con cautela, y la investigación de grandes avances está en manos de consorcios de empresas, antes que en las de empresas individuales.

AUMENTO DE LA LEGISLACIÓN REFERENTE A LOS CAMBIOS TECNOLÓGICOS A medida que los productos se van complicando, la sociedad necesita garantías de seguridad. Por esa razón se han extendido las competencias de las entidades del gobierno para investigar y prohibir los productos potencialmente poco seguros. En Estados Unidos, la Federal Food and Drug Administration (FDA) debe aprobar todos los medicamentos antes de que se puedan comercializar. La normativa de seguridad y sanidad también ha aumentado en áreas como la alimentación, los automóviles, las prendas de vestir, los aparatos eléctricos y la construcción. Los mercadólogos deben estar atentos a esta normativa cuando propongan, desarrollen y lancen nuevos productos.

Entorno político-legal

Las decisiones de marketing se ven directamente influidas por los acontecimientos del entorno político y legal. Este entorno se compone de leyes, oficinas gubernamentales y grupos de presión que influyen y limitan tanto a las organizaciones como a los particulares. Aunque, en ocasiones, la legislación también genera nuevas oportunidades para las empresas. Por ejemplo, la normativa que obliga al reciclaje ha provocado un despegue sin precedentes de este sector y la aparición de numerosas empresas que fabrican productos con materiales reciclados. Existen dos tendencias principales en el entorno político-legal: el aumento de legislación que rige a las empresas y el crecimiento de los grupos de presión.

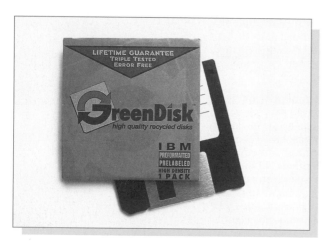

GreenDisk es una empresa que fabrica disquetes reciclados de gran calidad.

AUMENTO DE LA LEGISLACIÓN QUE RIGE A LAS EMPRESAS Esta legislación tiene tres objetivos: proteger a las empresas de una competencia desleal, proteger a los consumidores de prácticas comerciales injustas, y proteger los intereses de la sociedad frente a los intereses meramente económicos. Uno de los principales objetivos de esta legislación es cobrar a las empresas los costos sociales que generan sus productos o sus procesos productivos. Una preocupación central en los últimos años se resume en esta pregunta: ¿En qué momento los costos de la normativa superan sus beneficios? Las leyes no siempre se hacen cumplir de manera justa, y aquellos que velan por el cumplimiento normativo pueden ser poco estrictos o demasiado rígidos. Aunque cada ley nueva tiene un razonamiento legítimo que la sustenta, puede generar efectos no buscados, como por ejemplo, socavar la iniciativa empresarial y retrasar el crecimiento económico.

La legislación que rige a las empresas ha ido en aumento de forma constante con los años. La Comisión Europea ha creado un nuevo marco legal en materia de conducta competitiva, estándares de producción, responsabilidad y seguridad de productos, y transacciones comerciales para los 25 países miembros de la Unión Europea. Estados Unidos también cuenta con muchas leyes sobre competencia, seguridad y responsabilidad de productos, comercio justo, prácticas crediticias, empaque y etiquetado.[53]

Algunos países han ido más lejos aún que Estados Unidos a la hora de aprobar la legislación destinada a proteger a los consumidores. En Noruega, diversos tipos de promociones de ventas están prohibidos, como por ejemplo, los cupones de descuento, los concursos y los premios, puesto que se consideran instrumentos inapropiados o "injustos" para promover productos. En Tailandia se exige que las empresas procesadoras de alimentos que comercializan marcas nacionales también ofrezcan marcas de bajo precio, de modo que los consumidores con ingresos inferiores puedan adquirir marcas a precios accesibles. En In-

Una consumidora examina la etiqueta sobre el contenido nutricional de los cereales Kellogg's en un supermercado.

dia, las empresas del sector alimentario necesitan una autorización especial para lanzar marcas que dupliquen la oferta existente en el mercado, como por ejemplo una nueva bebida a base de cola o una marca de arroz diferente.

Los mercadólogos deben conocer a profundidad las leyes fundamentales que protegen a la competencia, a los consumidores y a la sociedad en general. Por lo general, las empresas establecen procedimientos para revisar la legislación y promulgan directrices éticas para guiar a sus gerentes de marketing. A medida que cada vez más negocios tienen su lugar en el ciberespacio, los mercadólogos deben fijar nuevos parámetros para hacer negocios por Internet de forma ética.

CRECIMIENTO DE LOS GRUPOS DE PRESIÓN

El número de grupos de presión ha aumentado considerablemente en los últimos 30 años. Los comités de acción política presionan a los funcionarios públicos y a los ejecutivos para que presten más atención a los derechos de los consumidores, de las mujeres, de los jubilados, de las minorías y de los homosexuales.

Etiquetas del costo unitario de cereales en los anaqueles de un supermercado.

Numerosas compañías han creado un departamento de asuntos de interés público para tratar con estos grupos y sus reivindicaciones. Una de las fuerzas que más está afectando a las empresas son las **organizaciones de consumidores**, movimientos organizados de ciudadanos y gobiernos que persiguen reforzar el poder y los derechos de los compradores frente a los vendedores. Estas organizaciones han reivindicado y logrado el derecho del consumidor de saber cuál es el verdadero costo de un préstamo, el auténtico costo unitario de las marcas competidoras, los ingredientes básicos de un producto, la calidad nutricional de los alimentos, la frescura y las verdaderas ventajas de los productos.

Ahora que los consumidores se muestran más dispuestos a intercambiar información personal por productos personalizados (siempre que se pueda confiar en las empresas), la intimidad va a seguir siendo un tema político de actualidad.[54] Los consumidores temen que se les robe o que se les engañe, que se utilice la información personal en su contra, que les suplanten la identidad, que los bombardeen con ofertas y que las empresas se dirijan a los niños.[55] Varias empresas han creado un departamento de relación con los consumidores para contribuir a la elaboración de políticas y responder ante las quejas de los clientes. Estas empresas se esmeran por responder a los mensajes de correo electrónico que reciben y por solucionar las reclamaciones de los consumidores y aprender de ellas.

Es evidente que las nuevas leyes y el creciente número de grupos de presión implican más restricciones para las empresas. Los mercadólogos deben consultar sus planes de marketing con los departamentos encargados de los asuntos jurídicos, de las relaciones públicas y de la relación con los consumidores. Las empresas de seguros, directa o indirectamente, influyen en el diseño de los detectores de humo, al igual que la comunidad científica influye en el diseño de los productos en aerosol cuando condena los aerosoles al destierro. En definitiva, numerosas transacciones privadas del marketing han pasado a ser del dominio público.

RESUMEN :::

1. Los directores de marketing necesitan un sistema de información de marketing (SIM) para llevar a cabo el análisis, la planeación, la ejecución y el seguimiento de sus acciones de marketing. La función del SIM es evaluar las necesidades de información de los directivos, recopilarla y distribuirla puntualmente.

2. Un SIM se compone de tres elementos: *a*) un sistema interno de datos, que incluye información sobre el ciclo pedido-facturación e informes de ventas; *b*) un sistema de inteligencia de marketing, es decir, un conjunto de procedimientos y fuentes al que puedan recurrir los directivos para conseguir información actualizada sobre los cambios pertinentes del entorno de marketing; y *c*) un sistema de investigación de mercados que permita el diseño, la recopilación, el análisis y la distribución sistemática de información y descubrimientos relevantes en una situación de marketing concreta.

3. Con frecuencia, las oportunidades aparecen cuando se identifican las tendencias (direcciones o secuencias de acontecimientos que tienen cierta intensidad y que persisten durante algún tiempo) y las megatendencias (grandes cambios sociales, económicos, políticos y tecnológicos que tienen efectos muy duraderos).

4. En la escena mundial actual de cambios vertiginosos, los mercadólogos deben controlar seis tipos principales de fuerzas: demográficas, económicas, socioculturales, naturales, tecnológicas y político-legales.

5. En el entorno demográfico, los mercadólogos deben estar al corriente del crecimiento de la población mundial y de su composición por edad, por origen étnico y por nivel educativo; del auge de las familias no tradicionales; de los desplazamientos de la población; y de la tendencia hacia el micromarketing que cada vez se aleja más del marketing de masas.

6. En el terreno económico, los mercadólogos han de concentrarse en la distribución del ingreso, en los niveles de ahorro y de endeudamiento, así como en las facilidades de crédito.

7. Por lo que respecta al entorno sociocultural, los mercadólogos deben tomar en cuenta la visión que tienen los consumidores de sí mismos, de los demás, de las organizaciones, de la sociedad, de la naturaleza y del universo. Ellos tienen la tarea de comercializar productos que sean acordes con los valores fundamentales y secundarios de la sociedad, y analizar las necesidades de las diferentes subculturas que la conforman.

8. Por lo que toca al entorno natural, los mercadólogos deben ser conscientes de la escasez de materias primas, del aumento en los costos de la energía, de los mayores niveles de contaminación, y de la nueva postura de los gobiernos respecto a la protección del ambiente.

9. En el terreno de la tecnología, los profesionales del marketing deberían tener en cuenta el ritmo acelerado del cambio tecnológico, las oportunidades para la innovación, las diferencias en el presupuesto destinado a investigación y desarrollo, y las modificaciones en la legislación en materia tecnológica.

10. Por lo que respecta al entorno político-legal, los mercadólogos deben trabajar dentro del marco legal que regula las prácticas comerciales y en relación con los diferentes grupos de presión.

APLICACIONES :::

Debate de marketing   La conducta de los consumidores ¿está en función de la edad o de la generación?

Un tema que se debate con frecuencia al elaborar un programa de marketing dirigido a ciertos grupos de edad es cómo cambian las personas con el paso del tiempo. Algunos especialistas sostienen que las diferencias de edad son esenciales y que las necesidades de una persona de 25 años en 2002 no están tan alejadas de las de los jóvenes de 25 años en 1972. Otros se oponen a este argumento y alegan que los efectos de las generaciones son fundamentales y que los programas de marketing, por tanto, deben ajustarse a los tiempos que corren.

Tome partido: "Las diferencias de edad tienen más importancia que los efectos generacionales" frente a "los efectos generacionales predominan sobre las diferencias de edad".

Análisis de marketing

¿Qué marcas y productos considera que han sabido "llegarle" mejor, y cuáles se han identificado más eficazmente con su grupo de edad? ¿Por qué? ¿Cuáles no lo han hecho? ¿En qué podrían mejorar?

CASO DE **MARKETING** | **BUDWEISER**

La primera vez que E. Anheuser & Co., con sede en Saint Louis, fabricó la cerveza Budweiser Lager, fue en 1876. Actualmente, Anheuser-Busch es la cervecera más grande del mundo en términos de volumen, y opera en mercados de lo más variados. La empresa supervisa más de 30 marcas de cerveza diferentes, incluida la líder del mercado estadounidense, Budweiser, diversas bebidas con y sin alcohol, un grupo de parques temáticos y una empresa inmobiliaria.

Aunque la empresa ha conservado el método de destilación tradicional, también ha adoptado nuevas tecnologías que han mejorado su negocio y su eficacia de marketing. En 1997, el presidente August Busch III juró que llevaría a su empresa al primer lugar mediante el estudio de los patrones de compra de los consumidores. La clave del análisis de la eficacia en tiempo real de Anheuser-Busch es la recepción puntual de información de mayoristas y minoristas sobre qué venden y cuándo lo venden.

"La información de mayoristas y puntos de venta se ha convertido en el oxígeno de nuestra organización", afirma Joe Patti, el vicepresidente de venta minorista y por categorías de producto de la empresa. Por esta razón, Anheuser-Busch creó BudNET, un sistema que le permite estar en contacto con mayoristas, minoristas y otros colaboradores comerciales de la empresa. El sistema maneja informes de ventas, captación de clientes, información de promociones minoristas y pronósticos semanales de ventas, así como una gran gama de funciones de logística. BudNET es el canal de información de un sistema de Anheuser-Busch llamado WEARS (*Wholesaler Equity Agreement Reporting System*, Sistema de Reporte de Acuerdos con Mayoristas). Gracias a BudNET, los repartidores de 700 distribuidores estadounidenses de Budweiser se han convertido en los ojos y los oídos de la cervecera.

WEARS y BudNET hacen más que llevar la cuenta de las cervezas que salen de los refrigeradores de los minoristas. Gracias a las computadoras portátiles, los repartidores también registran información sobre productos rivales, analizando así qué más se puede encontrar en los estantes de los minoristas. En resumen, lo que hace Anheuser-Busch es recopilar información e identificar tendencias. "Si Anheuser-Busch pierde espacio en los anaqueles de un establecimiento en Clarksville, Tennessee, toda la organización se entera al instante", afirma Joe Thompson, presidente de Independent Beverage Group, una empresa de consultoría e investigación. "En este sentido, son los mejores, superando incluso a Coca-Cola."

Conocer a los consumidores supone mucho más que simplemente recopilar información sobre el producto de la empresa y los productos rivales. Anheuser-Busch también analiza la información obtenida mediante los códigos de barras que recopila Information Resources Inc. (IRI) para así rastrear la conducta de compra de los consumidores en una amplia gama de productos. Anheuser-Busch lanzó la bebida Michelob Ultra, baja en carbohidratos, utilizando la información sobre cambios en hábitos nutricionales proveniente de otros productos alimenticios.

La información puntual y depurada también ayuda a la empresa a afinar su marketing y el surtido de sus productos. Con la información de las tiendas minoristas, la empresa puede crear material de marketing específico. Por ejemplo, en el distrito Castro de San Francisco, aparecen modelos homosexuales en los carteles, mientras que en el distrito Mission no ocurre lo mismo. Gracias a la información, Anheuser-Busch también puede predecir las ventas en festividades específicas; por ejemplo, los ciudadanos de Atlanta celebran más el cuatro de julio que el día de San Patricio. La información demográfica ayuda a la empresa a saber que en los barrios obreros se venden mejor las bebidas enlatadas que las embotelladas, y ha contribuido al lanzamiento de bebidas con inspiración latina como Tequiza y Sauza Diablo, dirigidas al creciente mercado hispano.

Anheuser-Busch utiliza una serie de fuentes de información internas y externas, incluyendo datos demográficos, de pedidos y de mercado, para orientarse a la hora de tomar decisiones sobre el surtido de productos. Anheuser-Busch utiliza una herramienta del sector, llamada Efficient Item Assortment (EIA) publicada por el Food Marketing Institute, que establece los estándares de mejores prácticas en seis pasos. Gracias a un software, desarrollado en colaboración con un proveedor informático externo, la empresa crea surtidos específicos de productos para los diferentes establecimientos o conjuntos de puntos de venta. Este programa ganó el premio Technology Leadership Award de la revista *Consumer Goods Technology* (CGT).

El uso que hace la empresa de la tecnología de la información es internacional. La página Web Budexchange.co.uk, alojada en BudNET, lleva registro de la información clave de ventas de 5,000 puntos de venta en Gran Bretaña. El sistema recompensa la lealtad de sus clientes empresariales con material de apoyo de la marca Budweiser. Anheuser-Busch utiliza la información que le ofrecen los puntos de venta en su programa de comunicaciones segmentadas de marketing. En un mercado en el que las ventas globales descienden un 5.7%, Budweiser aumenta un 7%.

Anheuser-Busch sigue extendiendo el uso de vínculos informáticos, utilizando su peso en el mercado para mejorar la recopilación y distribución de información. August Busch IV, presidente de operaciones en Estados Unidos, afirmó: "Las cerveceras y los mayoristas con una orientación clara y enfocada a la información tendrán una ventaja competitiva exclusiva." Los datos de participación de mercado confirman el éxito de la estrategia de la empresa: en 2003, Anheuser-Busch captó el 50.1% del mercado, respecto al 48.9% de 2002.

Preguntas para discusión

1. ¿Cuáles han sido los factores de éxito de Anheuser-Busch?

2. ¿En qué sentido es vulnerable esta empresa? ¿A qué debería prestar atención?

3. ¿Qué recomendaría a los directivos de marketing para el futuro? ¿Qué medidas de marketing deberían tomar?

Fuentes: Kevin Kelleher, "66,207,896 Bottles of Beer on the Wall: Anheuser-Busch's Top-Secret Data Network Tracks Inventory", *Business 2.0*, 25 de febrero de 2004; "Website Development, Reward Systems and eCRM", <www.Skybridgegroup.com>; y <www.budnet.com>.

REFERENCIAS BIBLIOGRÁFICAS :::

1. Sonia Reyes, "Fighting the Fat Backlash", *Brandweek*, 5 de mayo de 2003, pp. 24-30; Louise Witt, "Why We Are Losing the War Against Obesity", *American Demographics* (diciembre de 2003–enero de 2004), pp. 27–31; Brian Steinberg, "Food Marketers Playing Up Nutrition", *Wall Street Journal*, 26 de marzo de 2004; Deborah Ball, "With Food Sales Flat, Nestlé Stakes Future on Healthier Fare", *Wall Street Journal*, 18 de marzo de 2004, pp. A1–2; Susan Orenstein y Matthew Maier, "Can Atkins Exploit Success", *Business 2.0*, marzo de 2004, pp. 33-34; Timothy K. Smith, "We've Got to Stop Eating Like This", *Fortune*, 3 de febrero de 2003, pp. 58–70.

2. Rebecca Gardyn, "The Shape of Things to Come, *American Demographics* (julio-agosto de 2003): pp. 25–30; Stephanie Kang, "Retailer Prospers With Sexy Clothes for the Plus-Sized", *Wall Street Journal*, 27 de abril de 2004, pp. A1, A8.

3. Susan Warren, "Pillow Talk: Stackers Outnumber Plumpers; Don't Mention Drool", *Wall Street Journal*, 8 de enero de 1998, p. B1.

4. Steve Weinstein, "Realistic Partnering: How to Do Business Better", *Progressive Grocer*, febrero de1992, 71(2), pp. 80–85;

Charles Fishman, "The Wal-Mart You Don't Know", *Fast Company*, diciembre 2003, pp. 68–80.

5. Heather Green, "TaylorMade", *Business Week*, 24 de noviembre de 2003, p. 94.

6. Jennifer Brown, "Pizza Hut Delivers Hot Results Using Data Warehouse", *Computing Canada*, 17 de octubre de 2003, p. 24.

7. Mara Der Hovanesian, "Wells Fargo", *Business Week*, 24 de noviembre de 2004, p. 96.

8. Jennifer Esty, "Those Wacky Customers!", *Fast Company*, enero de 2004, p. 40.

9. Julie Forster, "You Deserve a Better Break Today", *Business Week*, 30 de septiembre de 2002, p. 42.

10. Kevin Helliker, "Smile: That Cranky Shopper May Be a Store Spy", *Wall Street Journal*, 30 de noviembre de 1994, pp. B1, B6; Edward F. McQuarrie, *Customer Visits: Building a Better Market Focus*, 2a. ed. (Newbury Park, CA: Sage Press, 1998).

11. Kim Girard, "Strategies to Turn Stealth Into Wealth", *Business 2.0*, mayo 2003, p. 66.

12. Andy Serwer, "P&G's Covert Operation", *Fortune*, 17 de septiembre de 2001, pp. 42–44.

13. Amy Merrick, "Counting on the Census", *Wall Street Journal*, 14 de febrero de 2001, p. B1.

14. Kim Girard, "Strategies to Turn Stealth Into Wealth", *Business 2.0*, mayo de 2003, p. 66.

15. Robin T. Peterson y Zhilin Yang, "Web Product Reviews Help Strategy", *Marketing News*, 7 de abril de 2004, p. 18.

16. Véase <www.badfads.com> para ejemplos de modas y artículos coleccionables de diferentes épocas.

17. John Naisbitt y Patricia Aburdene, *Megatrends 2000* (Nueva York: Avon Books, 1990).

18. World POPClock, U.S. Census Bureau, <www.census.gov>, septiembre de1999.

19. Aunque tenga más de 10 años, este desglose ofrece una perspectiva muy útil. Véase Donella H. Meadows, Dennis L. Meadows y Jorgen Randers, *Beyond Limits*: Chelsea Green Publishing Company, 1993, para comentarios al respecto. White River Jt., VT.

20. Sally D. Goll, "Marketing: China (Only) Children Get the Royal Treatment", *Wall Street Journal*, 8 de febrero de 1995, p. B1.

21. "Survey: Forever Young", *The Economist*, 27 de marzo de 2004, pp. 53–54.

22. Michael J. Weiss, "Chasing Youth", *American Demographics*, octubre de 2002, pp. 35–40; Becky Ebenkamp, "When They're 64", *Brandweek*, 7 de octubre de 2002, pp. 22–25; Linda Tischler, "Where the Bucks Are", *Fast Company*, marzo de 2004, pp. 71–77.

23. "Further Along the X Axis", *American Demographics*, mayo de 2004, pp. 21–24.

24. Daren Fonda, "A Pitch to the Rich", *Time*, 24 de noviembre de 2003, pero véase Neal E. Boudette, "As VW Tries to Sell Pricier Cars, Everyman Image Holds it Back", *Wall Street Journal*, 13 de mayo de 2004.

25. David Leonhardt, "Hey Kids, Buy This", *BusinessWeek,* 30 de junio de 1997, pp. 62–67; Don Tapscott, *Growing up Digital; The Rise of the Net Generation* (Nueva York: McGraw Hill, 1997).

26. Brian Grow, "Hispanic Nation", *Business Week*, 15 de marzo de 2004, pp. 58–70.

27. Si desea consultar los patrones de compra y los enfoques de marketing adecuados para afroamericanos y latinos, véase Alfred L. Schreiber, *Multicultural Marketing* (Lincolnwood, IL: NTC Business Books, 2001); M. Isabel Valdes, *Marketing to American Latinos: A Guide to the In-Culture Approach, Part II*, Paramount Market Publishing, Ithaca, NY, 2002.

28. Hassan Fattah, "Asia Rising", *American Demographics*, julio-agosto de 2002, pp. 38–43.

29. Jacquelyn Lynn, "Tapping the Riches of Bilingual Markets", *Management Review* (marzo de 1995), pp. 56–61; Mark R. Forehand y Rohit Deshpandé, "What We See Makes Us Who We Are: Priming Ethnic Self-Awareness and Advertising Response", *Journal of Marketing Research* (agosto de 2001), pp. 336–348.

30. Robert M. Moore, "The Rising Tide", *Change*, mayo-junio de 2004, vol. 36, ISSOP #3, pp. 56–61.

31. Michelle Conlin, "Unmarried America", *Business Week*, 20 de octubre de 2003, pp. 106–116; James Morrow, "A Place for One, *American Demographics* (noviembre de 2003), pp. 25-30.

32. Angela Phillips, "Friends are the New Family", *The Guardian*, 12 de diciembre de 2003, p. 1.

33. Kris Oser, "Friendster Uses Imaginary Pals to Lure Real Ones", *Advertising Age*, 19 de julio de 2004, pp. 3, 33; Vanessa Hua, "Bound Together", *San Francisco Chronicle*, 27 de junio de 2003, p. B1.

34. Rebecca Gardyn, "A Market Kept in the Closet", *American Demographics* (noviembre de 2001), pp. 37-43.

35. Laura Koss-Feder, "Out and About", *Marketing News*, 25 de mayo de 1998, pp. 1, 20.

36. Karlin Lillington, "Dream Ticket: Big Name Companies Are Increasingly Targeting the Gay Market", *The Guardian*, 16 de octubre de 2003, p. 25.

37. "Rural Population and Migration: Overview", Economic Research Service, U.S. Department of Agriculture.

38. Lauri J. Flynn, "Not Just a Copy Shop Any Longer, Kinko's Pushes Its Computer Services", *New York Times*, 6 de julio de 1998, p. D1; <www.kinkos.com>.

39. Christopher Reynolds, "Magnetic South", *Forecast*, septiembre de 2003, p. 6.

40. John-Thor Dahlburg, "A Fountain of Youth in Florida", *Los Angeles Times*, 27 de marzo de 2004. p. A1.

41. Manjeet Kripalani y Pete Engardio, "The Rise of India", *Business Week*, 8 de diciembre de 2003, pp. 66-76; Joanna Slater, "Call of the West", *Wall Street Journal*, 2 de enero de 2004, p. A1.

42. David Leonhardt, "Two-Tier Marketing", *BusinessWeek*, 17 de marzo de 1997, pp. 82–90; y Robert H. Franc, "Yes the Rich Get Richer, but There's More to the Story", *Columbia Journalism Review*, 1o. de noviembre de 2000.

43. Louise Lee, "The Gap has Reason to Dance Again", *Business Week*, 19 de abril de 2004, p. 42.

44. Stephen Baker y Manjeet Kripalani, "Software: Will Outsourcing Hurt America's Supremacy?", *Business Week*, 1o. de marzo de 2004, pp. 84–94; Jennifer Reingold, "Into Thin Air", *Fast Company*, abril de 2004, pp. 76–82.

45. Alison Stanley y Paul Argenti, "Starbucks Coffee Company", estudio monográfico, Tuck School of Business de Dartmouth. <http://www.starbucks.com/aboutus/StarbucksAndFairTrade.pdf>

46. Pamela Paul, "Corporate Responsibility", *American Demographics*, mayo de 2002, pp. 24–25.

47. Paul Wenske, "You Too Could Lose $19,000!", *Kansas City Star*, 31 de octubre de 1999; "Clearing House Suit Chronology", *Associated Press*, 26 de enero de 2001.

48. Laura Zinn, "Teens: Here Comes the Biggest Wave Yet", *Business- Week*, 11 de abril de 2004, pp. 76–86.

49. Rebecca Gardyn, "Eco-Friend or Foe", *American Demographics*, (octubre de 2003), pp. 12–13. Véase también Rebecca Gardyn, "Being Green", *American Demographics* (septiembre de 2002), pp. 10-11.

50. Françoise L. Simon, "Marketing Green Products in the Triad", *Columbia Journal of World Business* (otoño-invierno de 1992): 268–285; Jacquelyn A. Ottman, *Green Marketing: Responding to Environmental Consumer Demands* (Lincolnwood, IL: NTC Business Books, 1993); Ajay Menon y Anil Menon, "Enviropreneurial Marketing Strategy: The Emergence of Corporate Environmentalism as Market Strategy", *Journal of Marketing* (enero de 1997), pp. 51–67; Michael Rothschild, "Carrots, Sticks, and Promises: A Conceptual Framework for the Management of Public Health and Social Issue Behaviors", *Journal of Marketing* (octubre de 1999), pp. 29–37.

51. Brad Stone, "Your Next Computer", *Newsweek*, 7 de junio de 2004, p. 65.

52. Moon Ihlwan, "Wireless Wonders: Samsung Gets Wired on Wireless", *Business Week*, 26 de abril de 2004; Richard Shim y Michael Kannelos, "Networked Homes Move Closer to Reality", CNET News.com, 28 de mayo de 2004.

53. Véase Dorothy Cohen, *Legal Issues on Marketing Decision Making* (Cincinnati: South-Western, 1995).

54. Rebecca Gardyn, "Swap Meet", *American Demographics*, julio de 2001, pp. 51–55.

55. Pamela Paul, "Mixed Signals", *American Demographics* (julio de 2001), pp. 45–49.

EN ESTE CAPÍTULO ANALIZAREMOS LAS SIGUIENTES PREGUNTAS:

1. ¿Qué incluye una buena investigación de mercados?

2. ¿Cómo se puede calcular la productividad del marketing?

3. ¿Cómo pueden los mercadólogos evaluar el rendimiento sobre la inversión de marketing?

4. ¿Cómo pueden las empresas medir y pronosticar la demanda con mayor precisión?

cuatro

Además de monitorear el entorno de marketing, los mercadólogos también deben desarrollar conocimientos específicos sobre los mercados concretos en los que operan. Los buenos profesionales aprecian toda información que les ayude tanto a interpretar los resultados pasados como a planear las actividades futuras. Los expertos en marketing necesitan información oportuna, precisa y manejable sobre el mercado, la competencia y las marcas rivales. Deben ser capaces de tomar las mejores decisiones tácticas a corto plazo y las mejores decisiones estratégicas a largo plazo. Si se conoce el *insight* de los consumidores y se conocen las distintas implicaciones de marketing se podrá, con frecuencia, lanzar un nuevo producto con éxito o impulsar el crecimiento de una marca.

Build-A-Bear Workshop, con sede en Saint Louis, sabe aprovechar la tendencia de "artesanía infantil" de los juguetes, así como la tendencia minorista del entretenimiento interactivo. En lugar de fabricar porcelana o joyería de fantasía, esta cadena de 160 establecimientos distribuidos por Estados Unidos, Canadá, Japón, Dinamarca y Corea permite a los niños (y también a los adultos) diseñar sus propios osos de peluche y otros animalitos, y retocarlos con ropa, zapatos y accesorios. La cadena registra ventas anuales de más de 5,000 dólares por metro cuadrado, el doble de lo que ingresa a cualquier centro comercial estadounidense en promedio. El 10% de las ventas de 2003 provino de ser los anfitriones en las celebraciones de aproximadamente 100,000 fiestas infantiles a un precio de cerca de 250 dólares por dos horas, lo que incluye un animal de peluche para cada niño. Build-A-Bear ha conformado una base de datos con información de nueve millones de niños y de sus familias invitando a los clientes a registrar sus peluches. Al incluir un código de barras dentro del muñeco, la empresa puede

>>>

Cliente de Build-A-Bear saliendo de un establecimiento.

volver a reunir al peluche y a su propietario si el primero se pierde. La base de datos permite a la empresa ponerse en contacto con sus clientes, tanto por correo postal como por correo electrónico, con vales de regalo, promociones y recordatorios para fiestas.[1]

En este capítulo se analizarán las fases en las que se divide el proceso de investigación de mercados, y estudiaremos cómo es que los mercadólogos desarrollan parámetros eficaces para calcular la productividad del marketing. Por último, se explicará cómo pueden los mercadólogos realizar pronósticos de ventas con precisión.

::: El sistema de investigación de mercados

Los mercadólogos suelen encargar la realización de estudios sobre problemas u oportunidades concretos. En ocasiones necesitan un informe de mercado, una prueba sobre preferencia de productos, un pronóstico de la demanda por regiones o un estudio de la eficacia de un anuncio concreto. La tarea del investigador de mercados es precisamente investigar la actitud de los consumidores y su comportamiento de compra. La **investigación de mercados** consiste en el diseño, la recopilación, el análisis y el reporte de la información y de los datos relevantes del mercado para una situación específica a la que se enfrenta la empresa. En la actualidad, la investigación de mercados es un sector que, a escala mundial, supone unos 16,500 millones de dólares según la *World Association of Opinion and Market Research Professionals* (Asociación Mundial de Profesionales de Investigación de Mercado y de Opinión), conocida como ESOMAR.

Una empresa recurre a diversas fuentes para obtener la información que necesita. Las grandes corporaciones suelen contar con sus propios departamentos de investigación de mercados, que generalmente desempeñan funciones esenciales dentro de la organización.[2]

PROCTER & GAMBLE

La función más importante de investigación de mercados en P&G se denomina Consumer & Market Knowledge (CMK o conocimiento de los consumidores y del mercado). Su labor consiste en aportar luz acerca de los consumidores al proceso de toma de decisiones en todos los niveles. Los grupos de CMK trabajan por todo el mundo, incluso en las unidades de negocio global, que se dedican a desarrollar *brand equity* en el largo plazo y al desarrollo de iniciativas, y en las organizaciones de desarrollo de mercado, que se dedican al conocimiento de los mercados locales y a las alianzas minoristas. Asimismo, existe un grupo de CMK relativamente pequeño y centralizado que, en colaboración con los responsables de las líneas del negocio se centra en tres tipos de trabajo: **1.** desarrollo de métodos de investigación propios; **2.** aplicación experta de las competencias centrales de investigación y aprendizaje del negocio, y **3.** infraestructura y servicios compartidos. Estos grupos desarrollan prácticas tradicionales de investigación como el seguimiento de marcas, pero también descubren, inventan o desarrollan en conjunto con otras organizaciones aproximaciones a la investigación totalmente innovadoras, como los contactos experimentales con consumidores, los métodos propios de construcción de modelos, la planeación de escenarios o la síntesis de acontecimientos. Los profesionales conectan los *insights* del mercado de todas las fuentes de información para definir las estrategias y decisiones de la empresa. Influyen en las decisiones operativas diarias, como por ejemplo qué fórmulas de producto es conveniente lanzar, pero también en la planeación a largo plazo, como qué adquisiciones se deben llevar a cabo para perfeccionar la cartera de productos.

No obstante, la investigación de mercados no es exclusiva de las empresas con grandes presupuestos y departamentos de investigación de mercados propios. En organizaciones más pequeñas, la investigación de mercados con frecuencia la realizan todos los que trabajan en la empresa, y también los propios clientes.

KARMALOOP.COM

Karmaloop se define como una boutique urbana *on line*, y se ha forjado la reputación de ser la mejor tienda para los amantes de la moda gracias a su seguimiento incondicional e incansable de aquellas personas que imponen la moda. Esta empresa de Boston, con cinco años de trayectoria, ha hecho una ciencia de la creación de ropa de calle a través del control de las costumbres de compra de los jóvenes más modernos. Además de contar con un grupo de 15 artistas, disc-jockeys y diseñadores, Karmaloop contrata a personas de la calle para que investiguen las nuevas tendencias y den a conocer las marcas de Karmaloop. Estos equipos de la calle, que en la actualidad cuentan con 3,000 representantes, reparten folletos y anuncios adheribles en discotecas, conciertos y por la calle, pero también informan a la empresa sobre las tendencias que observan en los eventos a los que asisten.[3]

Por lo regular, las empresas asignan un presupuesto de investigación de mercados correspondiente al 1 o 2% de las ventas totales. Gran parte de este presupuesto se emplea en los servicios de empresas externas. Las empresas de investigación de mercados se clasifican en tres grupos:

1. *Empresas de estudios sindicados*—Estas empresas recopilan información sobre consumidores y empresas, que venden a cambio de una cuota. Por ejemplo: Nielsen Media Research, SAMI/Burke.
2. *Empresas de investigación de mercados por encargo*—Estas empresas realizan proyectos específicos por encargo. Diseñan el desarrollo del proyecto y realizan un informe de hallazgos que entregan al cliente.
3. *Empresas de investigación de mercados especializadas*—Estas empresas prestan servicios de investigación especializados. El mejor ejemplo es la empresa que realiza trabajos de campo y que vende estos servicios a otras empresas.

Las empresas de menor tamaño pueden contratar los servicios de una empresa de investigación de mercados o realizar la investigación de forma creativa y asequible, como por ejemplo:

1. *Contratando a estudiantes o profesores para diseñar y realizar proyectos*—Un proyecto de la maestría en Negocios de la Universidad de Boston ayudó a American Express a desarrollar una campaña publicitaria de éxito destinada a los jóvenes profesionales. El costo: 15,000 dólares.
2. *Utilizando Internet*—Una empresa puede recopilar una cantidad de información considerable a un costo muy bajo al examinar las páginas Web de la competencia, al curiosear en las salas de chat y al consultar información pública.
3. *Vigilando a la competencia*—Muchas empresas pequeñas visitan a sus competidores de forma rutinaria. Tom Coohill, chef propietario de dos restaurantes en Atlanta, paga a sus gerentes una cantidad extra para que cenen fuera y traigan nuevas ideas. El joyero de Atlanta Frank Maier Jr., que suele visitar a sus competidores de otras ciudades, descubrió e imitó una nueva forma de iluminar los escaparates.[4]

La mayoría de las empresas, como Fuji Photo Film, combinan los recursos de investigación de mercados para analizar sus sectores industriales, la competencia, las audiencias y las estrategias de canal:

FUJI PHOTO FILM

Con la finalidad de estudiar el mercado para sus productos al más alto nivel, desde cámaras digitales hasta papel para imprimir fotografías, Fuji se basa en la información que adquiere de la empresa de investigación de mercados sindicada NDP Group. Asimismo, Fuji encarga estudios especializados a una serie de colaboradores y realiza sus propios estudios internos para aquellos proyectos que necesitan información inmediata como, por ejemplo, las modificaciones en el diseño de empaques. Independientemente de cómo se recopile la información de mercados, la investigación se ha convertido en una prioridad esencial de la empresa, que se ha visto obligada a adaptar sus carretes y sus artículos digitales a un mercado que experimenta cambios vertiginosos. El director de administración de categorías y trade marketing de Fuji lo dice abiertamente: "Si no contáramos con estudios de mercado que nos ayudaran a detectar qué está cambiando y cómo será el futuro, sería inevitable quedarnos rezagados."[5]

::: El proceso de investigación de mercados

El proceso de investigación de mercados consta de seis fases, como muestra la figura 4.1. Ilustraremos estas fases a través del siguiente ejemplo:

American Airlines (AA), que busca constantemente nuevas formas de satisfacer las necesidades de sus pasajeros, fue una de las primeras aerolíneas en ofrecer servicios de telefonía a bordo. En la actualidad está estudiando muchas ideas nuevas, especialmente destinadas a atender a sus viajeros de primera clase en vuelos de larga duración, que suelen ser ejecutivos que pagan altos precios por sus pasajes y que prácticamente amortizan el trayecto. Entre estas ideas están: **1.** ofrecer conexión a Internet con acceso limitado a sitios Web y servicios de correo electrónico; **2.** ofrecer 24 canales de televisión por cable, y **3.** ofrecer un sistema de audio con 50 CD y permitir que cada pasajero cree su propia lista de reproducción de música y películas que podrá disfrutar durante el viaje. El director de investigación de mercados recibió el encargo de investigar cómo valorarían los pasajeros de primera clase estos servicios y qué cantidad estarían dispuestos a pagar si se cobrara un precio adicional por ellos. La empresa le encargó, asimismo, que se centrara sobre todo en la conexión a Internet. Según una estimación, las compañías aéreas podrían conseguir ingresos de 70,000 millones de dólares en los próximos 10 años gracias al acceso a Internet a bordo si existe un número suficiente de pasajeros dispuestos a pagar 25 dólares por el servicio. De este modo, AA podría recuperar su in-

| FIG. **4.1** |

El proceso de investigación de mercados.

versión en un tiempo razonable. La conexión necesaria para poder ofrecer este servicio le costaría a la empresa 90,000 dólares por avión.[6]

Fase 1: Definición del problema, de las alternativas de decisión y de los objetivos de la investigación

La dirección de marketing debe buscar el equilibrio entre una definición demasiado extensa y una definición demasiado limitada para realizar la investigación de mercados. Si el gerente de marketing solicita al investigador que "busque todo lo que pueda sobre las necesidades de los viajeros de primera clase", éste recopilaría gran cantidad de información innecesaria. Si, por el contrario, le pide que "investigue si los pasajeros del B747 en vuelo directo entre Chicago y Tokio estarían dispuestos a pagar 25 dólares por la conexión a Internet, de modo que American Airlines pudiera alcanzar el punto de equilibrio en un año", estaría adoptando una visión demasiado limitada del problema. El investigador de mercados le podría preguntar: "¿Por qué el precio debería ser 25 dólares y no 10 o 50, o cualquier otro precio? ¿Por qué el objetivo debe ser alcanzar el punto de equilibrio sobre el costo del servicio, sobre todo si se pueden conseguir nuevos clientes para la aerolínea?"

Imaginemos que los directivos de American Airlines siguen tratando el asunto y descubren otra cuestión importante. Si el nuevo servicio tuviera éxito ¿en qué plazo podrían copiarlo las demás aerolíneas? La investigación de mercados en el sector de las compañías aéreas está repleta de ejemplos de servicios nuevos que los competidores han copiado con tal rapidez que ninguna aerolínea ha conseguido una ventaja competitiva sostenible. ¿Qué importancia tiene entonces ser el primero, y durante cuánto tiempo podría la empresa mantener el liderazgo?

El gerente y el investigador de mercados acuerdan, por fin, definir el problema como sigue: "Si ofrecemos un servicio de acceso a Internet a bordo ¿conseguiremos aumentar la preferencia por American Airlines y generar ganancias suficientes como para justificar su costo frente a otras posibles inversiones que la compañía podría hacer en su lugar?" Para contribuir a diseñar el estudio, la dirección debería, en primer lugar, explicar detalladamente las decisiones a las que podría enfrentarse y, a partir de ahí, trabajar hacia atrás. Imaginemos que la dirección formula así las decisiones a tomar: **1.** ¿Debería AA ofrecer conexión a Internet? **2.** De ser así ¿se debería ofrecer el servicio sólo a la primera clase, o también a la clase business, y quizás a la clase turista? **3.** ¿Qué precio se debería cobrar? **4.** ¿En qué tipo de aviones y en vuelos de qué duración se debería ofrecer este servicio?

Ahora el director de marketing y los investigadores están ya en disposición de fijar los objetivos específicos de la investigación: **1.** ¿Qué tipo de pasajeros de primera clase respondería mejor al servicio de acceso a Internet a bordo? **2.** ¿Cuántos pasajeros estarían dispuestos a utilizar Internet y a qué niveles de precio? **3.** ¿Cuántos pasajeros nuevos podría conseguir AA por este servicio? **4.** ¿Cuánto tiempo duraría la imagen superior de AA como consecuencia de este servicio? **5.** ¿Qué importancia tiene este servicio para los pasajeros de primera respecto a otros servicios como, por ejemplo, ofrecer una toma de corriente o más posibilidades de entretenimiento?

Hay que tener en cuenta que no todos los proyectos pueden ser tan específicos en la definición de sus objetivos. Algunas investigaciones son de carácter *exploratorio*, es decir, pretenden reunir datos preliminares que arrojen luz sobre la verdadera naturaleza del problema, sugiriendo hipótesis e ideas sobre el mismo. Otras, por el contrario, son de carácter *descriptivo*, es decir, pretenden definir ciertas magnitudes como, por ejemplo, cuántos pasajeros de primera clase estarán dispuestos a pagar 25 dólares por el acceso a Internet a bordo. Existe un tercer tipo de investigación, la *causal*, cuyo objetivo es estudiar las relaciones causa-efecto.

Fase 2: Desarrollo del plan de investigación

La segunda fase de la investigación de mercados consiste en desarrollar el plan más eficaz para recopilar la información necesaria. El gerente de marketing debe conocer el costo de la investigación antes de aprobarla. Imaginemos que la empresa calcula, inicialmente, que el servicio de acceso a Internet aportaría ganancias a largo plazo por 50,000 dólares. El gerente considera que, gracias a la investigación de mercados, podría conseguir un mejor plan promocional y un mejor precio, lo que aportaría utilidades a largo plazo por 90,000 dólares. En este caso, el gerente estaría dispuesto a pagar hasta 40,000 dólares por la investigación. Si la investigación costara más de 40,000 dólares no valdría la pena realizarla.[7] Para diseñar un plan de investigación es necesario tomar decisiones sobre las fuentes de información, los métodos y los instrumentos de investigación, el plan de muestreo y los métodos de contacto.

FUENTES DE INFORMACIÓN Para el proyecto de investigación se puede utilizar información secundaria, información primaria o ambas. La *información secundaria* es información que se ha recopilado para cualquier otro propósito y que ya existe, mientras que la *información primaria* es información original que se recaba con un fin específico o para un proyecto de investigación concreto.

Los investigadores por lo general comienzan por revisar la información secundaria para ver si el problema se puede resolver parcial o totalmente sin necesidad de recurrir a las costosas fuentes de información primaria. La información secundaria constituye un punto de partida para la investigación y tiene la ventaja de ser barata y de estar disponible al instante. Cuando la información necesaria no existe, es obsoleta, imprecisa, incompleta o poco confiable, el investigador tendrá que recabar información primaria. La mayoría de las investigaciones de mercados requieren algo de información primaria. El procedimiento habitual consiste en entrevistar a determinadas personas de forma individual o en grupo para tener una idea de cuál es la sensación general sobre el tema en cuestión y, a continuación, desarrollar un instrumento formal de investigación, depurarlo y ponerlo en práctica.

MÉTODOS DE INVESTIGACIÓN La información primaria se puede recopilar a través de cinco formas principales: observación, focus group encuestas, datos de comportamiento y experimentos.

La investigación a través de la observación El investigador puede encontrar información relevante de primera mano a través de la observación de las personas y los lugares idóneos.[8] Se puede observar a los consumidores, discretamente, mientras compran o consumen. Ogilvy & Mather's Discovery Group desarrolla videos de tipo documental que graban los propios investigadores en casa de los consumidores con videocámaras portátiles. A continuación, todas las horas de rodaje se editan en un video de 30 minutos que la empresa utiliza para analizar la conducta de los consumidores. Otros investigadores ofrecen a los consumidores material para que escriban ellos mismos lo que están haciendo en el momento en que se les pregunte, u organizan sesiones más informales en cafeterías o bares. En el caso de American Airlines, los investigadores podrían deambular por las salas de espera de primera clase para escuchar a los pasajeros hablar sobre las diferentes compañías y sus características. Asimismo, pueden volar con empresas de la competencia y observar los servicios a bordo.

Imagen de una sesión de un focus group, con empleados de marketing observando a través de un espejo-ventana.

Investigación a través de focus groups Un **focus group** está integrado por entre seis y 10 personas, cuidadosamente seleccionadas en función de determinadas características psicográficas o demográficas, que se reúnen para discutir en detalle diversos temas de interés. Los entrevistados suelen recibir una pequeña cantidad de dinero por participar. El moderador, un investigador profesional, plantea una serie de preguntas que sirve de estímulo, según una guía o un orden del día preparado de antemano por los gerentes de marketing, para cerciorarse de que se cubren todos los temas relevantes.

Los moderadores intentan registrar todas las ideas potencialmente útiles a la vez que intentan descubrir cuáles son los verdaderos motivos de los consumidores y por qué hacen y dicen ciertas cosas. Por lo general, las sesiones se graban, y los gerentes de marketing suelen estar presentes en una sala contigua separada por un espejo-ventana. En el caso de American Airlines, el moderador podría comenzar la sesión con una pregunta de carácter general, como "¿Qué les parece viajar en primera?". A continuación, podría preguntar por las diferentes aerolíneas, los servicios que ofrecen, nuevas propuestas de servicio, y concretamente, el servicio de acceso a Internet. Aunque se ha demostrado que los focus groups constituyen una fase exploratoria útil, los investigadores no deben generalizar las opiniones de los entrevistados a la totalidad del mercado, puesto que la muestra es demasiado pequeña y además no se ha seleccionado al azar. En el recuadro *Marketing en acción: Los focus groups de carácter informativo*, se ofrecen algunos consejos para mejorar la calidad de los focus groups.

La investigación a través de encuestas Las empresas realizan encuestas para conocer qué saben, creen y prefieren los consumidores, así como para descubrir qué les satisface, y para generalizar los descubrimientos a la totalidad de la población. Una empresa como American Airlines podría preparar su propia encuesta para recopilar la información que necesita, o podría añadir un par de preguntas a una encuesta ómnibus que incluya preguntas de diferentes empresas, lo que representaría un costo menor. Asimismo, podría plantear sus propias preguntas a un panel de consumidores seleccionado por la propia empresa o por otra. También podría hacer encuestas en el punto de venta, abordando a los consumidores en un centro comercial y aplicándoles la encuesta.

Análisis de datos de comportamiento Los consumidores dejan el rastro de sus compras en las cajas registradoras de los supermercados, en las compras por ca-

MARKETING **EN ACCIÓN** | **LOS FOCUS GROUPS DE CARÁCTER INFORMATIVO**

Los focus groups permiten a los especialistas en marketing observar cómo y por qué los consumidores aceptan o rechazan conceptos, ideas o cualquier noción específica. La clave para que un focus group tenga éxito es saber *escuchar*. Es imprescindible eliminar todos los sesgos, tanto como sea posible. Aunque pueden surgir muchas ideas útiles de los focus groups bien diseñados, su validez puede ser cuestionable, especialmente en el entorno actual de marketing.

Algunos investigadores consideran que los consumidores han recibido tal bombardeo de anuncios que, inconscientemente (o quizás cínicamente) repiten como loros lo que han oído en lugar de lo que piensan. También se cree que una parte de los participantes sólo intentan mantener su imagen ante los demás, y que otros experimentan la necesidad de identificarse con el resto de miembros del grupo. Los participantes podrían no estar dispuestos a admitir sus motivaciones o sus hábitos de compra en público, o quizás ni siquiera a reconocerlos. También existe el problema de los "escandalosos", es decir, de aquellos participantes aferrados a sus opiniones que ahogan las opiniones del resto del grupo. Dar con las personas adecuadas puede resultar caro (entre 3,000 y 5,000 dólares por grupo), pero resulta esencial.

Incluso cuando participan diferentes grupos puede resultar complicado generalizar los resultados a un segmento de población más amplio. Por ejemplo, en Estados Unidos los resultados de las dinámicas de grupo varían de una región a otra. Una empresa especializada en investigación con focus group afirmó que la mejor ciudad para efectuar las sesiones era Minneapolis porque en ella se podía encontrar una muestra de personas bien educadas, honestas y dispuestas a comunicar sus opiniones. Muchas empresas celebran sus focus groups en Nueva York u otras ciudades del noreste de Estados Unidos porque los habitantes de esas zonas tienden a ser muy críticos y no suelen expresar opiniones favorables si no están convencidos. Con demasiada frecuencia, los directivos se sienten cómodos con un formato particular de focus group y lo aplican automáticamente a todas las circunstancias. Por su parte, los europeos necesitan más tiempo del que los estadounidenses están dispuestos a conceder; en Europa, una sesión de focus group pocas veces dura menos de dos horas (de hecho, suele durar más de cuatro).

Los participantes deben sentirse tan relajados como sea posible, y obligados a "decir la verdad". El entorno físico resulta crucial. Los investigadores de una agencia supieron que tenían un problema cuando se desencadenó una pelea en una de las sesiones. Como apuntó un ejecutivo, "nos preguntábamos por qué todos los participantes se mostraban tan malhumorados y negativos: se resistían a cualquier idea que les planteábamos". El problema era el propio cuarto: asfixiante, reducido e intimidante. "Era una mezcla entre una habitación de hospital y una sala de interrogatorios de una comisaría." Para solucionar el problema, la agencia redecoró la sala. Otras empresas adaptan la apariencia de la sala al tema de la dinámica, por ejemplo, diseñando la habitación como si fuese una sala de juegos cuando los participantes son niños.

Aunque muchas empresas están sustituyendo la investigación mediante observación por los focus groups, la investigación etnográfica puede resultar cara y complicada: los investigadores tienen que ser buenos, los participantes adecuados, y hay que analizar infinidad de datos. El atractivo de los focus groups, como apuntó un ejecutivo de marketing, reside en que, "a pesar de todo, es la forma más eficaz, rápida y práctica de recopilar información sobre una idea en el menor tiempo posible". Americus Reed, de Wharton, sintetizó las ventajas y las desventajas de este sistema con la siguiente frase: "Un focus group es como una sierra eléctrica. Si sabes lo que haces, resulta útil y eficaz. Si no, probablemente te lastimarás."

Fuentes: Sarah Stiansen, "How Focus Groups Can Go Astray", *Adweek,* 5 de diciembre 1988, pp. FK 4–6; Jeffrey Kasner, "Fistfights and Feng Shui", *Boston Globe,* 21 de julio de 2001, pp. C1–C2; Leslie Kaufman, "Enough Talk", *Newsweek,* 18 de agosto de 1997, pp. 48–49; Linda Tischler, "Every Move You Make", *Fast Company,* abril de 2004, pp. 73–75; Alison Stein Wellner, "The New Science of Focus Groups", *American Demographics* (marzo de 2003), pp. 29–33; Dennis Rook, "Out-of-Focus Groups", *Marketing Research* (verano de 2003): 15(2), p. 11; Dennis W. Rook, "Loss of Vision; Focus Groups Fail to Connect Theory, Current Practice", *Marketing News,* 15 de septiembre de 2003, p. 40.

tálogo y en las bases de datos de clientes. El análisis de esta información puede ser muy útil. Las compras de los clientes reflejan sus preferencias y, por lo general, ofrecen conclusiones más confiables que las que arrojan los estudios de mercado. Los consumidores pueden decir que prefieren una marca popular, y sin embargo, el análisis de su comportamiento indica que en realidad compran otra. Por ejemplo, la información de ventas de una tienda de comestibles refleja que los consumidores con ingresos más altos no necesariamente adquieren las marcas más caras, al contrario de lo que dicen en las entrevistas. Es evidente que American Airlines puede aprender mucho sobre sus pasajeros analizando los registros de ventas de boletos.

Investigación experimental El método de investigación de mayor validez científica es la investigación experimental. El propósito de la investigación experimental es descubrir las relaciones causa-efecto, eliminando otras explicaciones alternativas a los resultados observados. En la medida en que el diseño y la ejecución del experimento elimine las hipótesis alternativas que podrían explicar los resultados, los gerentes y los investigadores de mercados pueden tener confianza en las conclusiones.

Para realizar este tipo de investigación hay que seleccionar grupos de individuos similares, someterlos a tratamientos diferentes controlando variables extrañas y comprobando si las diferencias de respuesta son significativas desde un punto de vista estadístico. En la medida en que se eliminen o controlen las variables extrañas, los efectos observados podrán asociarse con las diferencias de tratamiento. American Airlines podría introducir el servicio de acceso a Internet en uno de sus vuelos regulares entre Chicago y Tokio, cobrar 25 dólares una semana y 15 la siguiente. Si en el avión viajara aproximadamente el mismo número de pasajeros en primera clase en ambos casos y la diferencia entre las semanas no fuese significativa, podría relacionarse el número de accesos a Internet con los precios cobrados. El diseño experimental se podría perfeccionar variando los precios e incluyendo otras rutas.

CUESTIONES CLAVE | RECOMENDACIONES PARA ELABORAR CUESTIONARIOS

1. *Asegúrese de que las preguntas sean imparciales.* No guíe al encuestado hacia una u otra respuesta.

2. *Formule las preguntas de la forma más sencilla posible.* Las preguntas que incluyen ideas múltiples o dos preguntas en una, confundirán a los encuestados.

3. *Formule preguntas concretas.* En ocasiones es recomendable añadir claves de memoria. Por ejemplo, es muy práctico ser concreto con los periodos.

4. *Evite utilizar lenguaje técnico y abreviaturas.* Evite utilizar palabras especializadas de un sector, así como acrónimos e iniciales que no sean de uso común.

5. *No utilice palabras rebuscadas o poco comunes.* Es conveniente emplear exclusivamente las palabras del discurso normal.

6. *Evite palabras ambiguas.* Palabras como "normalmente" o "frecuentemente" no tienen ningún significado específico.

7. *Evite preguntas con vocablos de negación.* Es mejor preguntar: "¿Alguna vez ha...? que: "¿Nunca ha hecho...?"

8. *Evite las preguntas hipotéticas.* Es difícil responder a preguntas sobre situaciones imaginarias. Además, no necesariamente se puede confiar en las respuestas.

9. *No utilice palabras que puedan malinterpretarse.* Esto es especialmente importante cuando la entrevista se realiza por teléfono. Si pregunta: "¿Cuál es su opinión acerca de las sectas?", la respuesta será muy interesante, pero no necesariamente relevante.

10. *Desensibilice las respuestas utilizando rangos de respuesta.* Para cuestionarios en los que se pregunta a las personas su edad o a las empresas el número de empleados despedidos, es mejor ofrecer una serie de alternativas con diferentes rangos.

11. *Asegúrese de que las respuestas fijas no se traslapen.* Las categorías de las preguntas con respuesta fija deberían ser secuenciales y no traslaparse unas con otras.

12. *Incluya la opción "otros" en las preguntas de respuesta fija.* Cuando las respuestas están definidas, siempre se debería dar la opción de responder algo que no está en la lista.

Fuente: Adaptado de Paul Hague y Peter Jackson, *Market Research: A Guide to Planning, Methodology, and Evaluation* (Londres: Kogan Page, 1999). Véase también Hans Baumgartner y Jan-Benedict E. M. Steenkamp, "Response Styles in Marketing Research: A Cross-National Investigation", *Journal of Marketing Research* (mayo de 2001): pp. 143–156.

INSTRUMENTOS DE INVESTIGACIÓN Los investigadores de mercados pueden seleccionar entre tres instrumentos de investigación para recopilar información primaria: cuestionarios, mediciones cualitativas e instrumentos mecánicos.

Cuestionarios Un cuestionario es un conjunto de preguntas que se presenta a las personas seleccionadas para obtener una respuesta. Como se trata de un instrumento muy flexible, los cuestionarios son, sin duda, el instrumento más común para recopilar información primaria. Es indispensable elaborar, probar y depurar los cuestionarios antes de utilizarlos a gran escala. A la hora de preparar un cuestionario, el investigador debe seleccionar cuidadosamente la pregunta, el modo de plantearla, las palabras y su secuencia. La manera en que se plantea la pregunta puede influir en la respuesta. Los investigadores de mercados diferencian entre preguntas abiertas y cerradas. Las preguntas cerradas especifican todas las respuestas posibles y, en el momento de analizarlas, son sencillas de interpretar y tabular. Las preguntas abiertas permiten a los entrevistados responder con sus propias palabras y suelen revelar más información sobre lo que piensan los consumidores. Son especialmente útiles en la etapa exploratoria de la investigación, en la que el investigador busca claves sobre la forma de pensar de los consumidores, en lugar de calcular cuántos consumidores piensan de una forma o de otra. La tabla 4.1 ofrece ejemplos de ambos tipos de preguntas. Véase asimismo el recuadro *Cuestiones clave: Recomendaciones para elaborar cuestionarios*.

Mediciones cualitativas Algunos profesionales prefieren métodos cualitativos para conocer la opinión del consumidor, puesto que la conducta de los consumidores no siempre coincide con sus respuestas a los cuestionarios. Las *técnicas de investigación cualitativa* son métodos relativamente estructurados que permiten un amplio abanico de respuestas posibles. Las técnicas de investigación cualitativa son una forma creativa de determinar las percepciones de los consumidores que son difíciles de detectar con otros métodos. La variedad de técnicas cualitativas sólo está limitada por la creatividad del investigador. He aquí siete de las técnicas que utiliza la empresa de diseño IDEO para entender las experiencias de los consumidores:[9]

■ *Seguimiento*—Consiste en observar cómo las personas utilizan productos, compran, van a los hospitales, abordan el tren, utilizan los teléfonos celulares, etcétera.

■ *Mapa conductual*—Se fotografía a las personas en un determinado lugar como, por ejemplo, la sala de espera de un hospital, durante dos o tres días.

■ *Jornada del consumidor*—Se registran todas las interacciones del consumidor con un producto, servicio o espacio.

TABLA **4.1** Tipos de preguntas.

Nombre	Descripción	Ejemplo
A. Preguntas cerradas		
Dicotómicas	La pregunta tiene dos posibles respuestas.	Para reservar este vuelo, ¿llamó personalmente a American Airlines? Sí No
Elección múltiple	La pregunta tiene tres o más respuestas posibles.	¿Con quién viaja en este vuelo? ☐ Solo ☐ Sólo con los hijos ☐ Con la esposa ☐ Socios/amigos/parientes ☐ Con esposa e hijos ☐ Grupo organizado
Escala de Likert	Una afirmación con la que el encuestado indica su grado de acuerdo o desacuerdo.	Generalmente las compañías aéreas pequeñas dan un mejor servicio que las grandes. Totalmente de acuerdo 1___ De acuerdo 2___ Ni acuerdo ni desacuerdo 3___ De acuerdo 4___ Totalmente de acuerdo 5___
Diferencial semántico	Se presenta una escala con conceptos opuestos y el encuestado selecciona el punto que corresponde a su opinión.	American Airlines Grande --- Pequeña Experta --- Inexperta Moderna --- Anticuada
Escala de importancia	La escala que considera la importancia de diferentes atributos.	El servicio de comida a bordo para mí es: Muy importante 1___ Importante 2___ Indiferente 3___ Poco importante 4___ Nada importante 5___
Escala de calificación	La escala permite calificar diferentes atributos desde "pésimo" hasta "excelente".	El servicio de comida de American es: Excelente 1___ Muy bueno 2___ Bueno 3___ Malo 4___ Pésimo 5___
Escala de intención de compra	La escala define la intención de compra del encuestado.	Si hubiera servicio de teléfono en vuelos de larga duración: Lo usaría 1___ Quizá lo usaría 2___ No sé si lo usaría 3___ Probablemente no lo usaría 4___ No lo usaría 5___
B. Preguntas abiertas		
No estructuradas	El encuestado puede responder cada pregunta en un número ilimitado de formas.	¿Cuál es su opinión de American Airlines?
Asociación de palabras	Se presentan palabras, una a una, y el encuestado responde con la primera palabra que le viene a la mente.	¿Cuál es la primera palabra que le viene a la mente cuando escucha...? Línea aérea _____ American _____ Viajar _____
Completar frases	Se presentan frases incompletas y se pide al encuestado que las complete.	Cuando elijo una compañía aérea, lo que más influye en mi decisión es _____.
Completar historias	Se presenta una historia incompleta que el encuestado debe finalizar.	"Volé con American hace unos días. Noté que tanto el exterior de la aeronave como el interior eran de colores brillantes. Eso despertó en mí los siguientes pensamientos y sentimientos..." Ahora complete la historia.
Completar dibujos	Se muestra un dibujo con dos personajes; uno de ellos realiza una afirmación. Se pide al encuestado que se identifique con el otro y que llene el globo vacío.	BUENO, AQUÍ ESTÁ LA COMIDA
Test de Apercepción Temática (TAT)	Se muestra un dibujo y se solicita al encuestado que cuente qué cree que puede estar sucediendo en la imagen.	

■ **Diarios en video**—Se pide a los consumidores que lleven un diario en video de sus actividades e impresiones relacionadas con un producto.

■ **Entrevistas a usuarios extremos**—Se habla con personas que conocen a fondo (o que no conocen en absoluto) un producto o servicio y se evalúan sus experiencias de uso.

■ **Narración**—Se pide a las personas que relaten sus experiencias personales como consumidores.

■ **Entrevistas de grupos heterogéneos**—Se entrevista a grupos heterogéneos. Así, por ejemplo, IDEO reunió a un artista, a un fisicoculturista, a un podólogo y a un fetichista de calzado para analizar ideas sobre sandalias.

Dada la libertad, tanto de investigadores en sus preguntas como de consumidores en sus respuestas, la investigación cualitativa suele ser un primer paso útil para explorar las percepciones de los consumidores respecto a marcas y productos. Sin embargo, también presenta desventajas. Las conclusiones detalladas que arroja este método tienen que ser matizadas, puesto que las muestras, por lo general, son muy reducidas y no suelen ser representativas del gran público. Es más, dada la naturaleza cualitativa de la información, también puede interpretarse de diversas formas. Si investigadores diferentes examinaran los mismos resultados de una prueba cualitativa, podrían llegar a conclusiones muy distintas. En *Marketing en acción: Cómo entrar en la mente de los consumidores a través de la investigación cualitativa*, se describen algunos métodos habituales.

MARKETING **EN ACCIÓN** | CÓMO ENTRAR EN LA MENTE DE LOS CONSUMIDORES A TRAVÉS DE LA INVESTIGACIÓN CUALITATIVA

Éstos son algunos métodos comunes de investigación cualitativa que sirven para entrar en la mente de los consumidores y descubrir qué sienten o piensan sobre diferentes marcas y productos:

1. **Asociación de palabras.** Se puede solicitar a los entrevistados que comuniquen qué les viene a la mente al oír el nombre de una marca. "¿Qué significa Timex para usted? ¿Qué le viene a la mente cuando piensa en los relojes Timex?" El objetivo principal de la asociación libre es identificar el rango de posibles asociaciones de marca que se crean en la mente de los consumidores, pero también puede arrojar información sobre la fuerza, la preferencia y la exclusividad relativas de las asociaciones de marca.

2. **Técnicas proyectivas.** Los entrevistados reciben estímulos incompletos y deben completarlos, o reciben un estímulo ambiguo que puede no tener sentido por sí mismo y ellos deben darle una lógica. El objetivo es que la gente revele sus verdaderas creencias y sentimientos. Un método de esta categoría son los ejercicios "globo", que se basan en comics o en fotos en las que aparecen personas en situaciones de compra o de uso de un determinado producto o servicio. Junto a las personas aparecen globos, como los de los comics, para representar pensamientos, palabras o acciones de uno o varios personajes. Los entrevistados tienen que rellenar los "globos" indicando qué creen que está pasando o qué están diciendo los personajes de la imagen. Otra técnica es la comparativa, en la que se pide a los entrevistados que expresen su opinión comparando las marcas con personas, países, animales, actividades, telas, profesiones, autos, revistas, verduras, nacionalidades o incluso con otras marcas.

3. **Visualización.** Se pide a los entrevistados que creen un collage a partir de imágenes o dibujos de una revista para representar sus percepciones. ZMET es una técnica de investigación que comienza con un grupo de participantes a quienes se pide que seleccionen un mínimo de 12 imágenes de sus propias fuentes (por ejemplo, revistas, catálogos, álbumes de fotos familiares) que representen sus pensamientos y sentimientos sobre el tema de la investigación. Los participantes llevan esas representaciones a la entrevista personal con el investigador,

quien emplea técnicas avanzadas para explorar las imágenes y para que el participante revele los significados ocultos. Por último, los participantes utilizan un software para crear un collage con estas ideas que comunican sus pensamientos y sentimientos subconscientes sobre el tema. Un estudio ZMET reveló qué pensaban las mujeres sobre las pantimedias. Se pidió a 20 mujeres que acostumbraban usar pantimedias que recopilaran fotografías que representaran sus sentimientos sobre esa costumbre. Algunas fotografías mostraban postes cubiertos de plástico o alambres rodeando troncos de árboles, lo que sugería que las pantimedias son incómodas y ajustadas. Otra imagen mostraba flores largas en un jarrón, que sugería que el producto hacía a la mujer sentirse delgada, alta y sexy.

4. **Personificación de marca.** Se puede pedir a los participantes que describan en qué tipo de persona piensan cuando se menciona la marca: "Si la marca cobrara vida para reencarnar en una persona, ¿cómo sería, qué haría, dónde viviría, qué ropa llevaría, a quién hablaría si fuese a una fiesta y sobre qué hablaría?" Por ejemplo, los entrevistados podrían decir que la marca John Deere les hace pensar en un hombre curtido del medio oeste de Estados Unidos, que es trabajador y confiable. La personalidad de marca revela una imagen de sus cualidades más humanas.

5. **En escala (de lo general a lo particular).** Los entrevistadores plantean preguntas causales, cada vez más específicas, para conocer las motivaciones de los consumidores y sus objetivos más profundos y abstractos. Por ejemplo, el entrevistador podría preguntar al entrevistado por qué quiere comprar un teléfono celular Nokia, y éste podría responder: "Porque parecen bien hechos" (atributo). "¿Por qué es importante que el teléfono esté bien hecho?" "Porque sugiere que Nokia es confiable (beneficio funcional). ¿Por qué le resulta importante la confiabilidad?" "Porque así mi familia o mis amigos pueden localizarme en cualquier momento" (beneficio emocional). "¿Por qué quiere estar localizable para ellos en todo momento?" "Porque puedo ayudarles si lo necesitan" (esencia de marca). La marca hace sentir al entrevistado como un buen samaritano, dispuesto a ayudar a los demás en cualquier momento.

Fuentes: Allen Adamson, "Why Traditional Brand Positioning Can't Last", *Brandweek,* 17 de noviembre de 2003, pp. 38–40; Todd Wasserman, "Sharpening the Focus", *Brandweek,* 3 de noviembre de 2003, pp. 28–32; Linda Tischler, "Every Move You Make", *Fast Company,* abril de 2004, pp. 73–75; Gerald Zaltman, *How Customers Think: Essential Insights into the Mind of the Market,* Boston: Harvard Business School Press, 2003.

I n s t r u m e n t o s   m e c á n i c o s En ocasiones se utilizan instrumentos mecánicos para la investigación de mercados. Por ejemplo, los galvanómetros pueden medir el interés o las emociones que despierta la exposición a un anuncio concreto o a una imagen. El taquistocopio proyecta un anuncio a un sujeto con un intervalo de exposición que puede oscilar entre menos de una centésima de segundo y varios segundos. Tras cada exposición, el sujeto describe todo lo que recuerda. Las cámaras oculares estudian el movimiento de ojos del sujeto para ver en qué se fija primero el sujeto, cuánto tiempo observa cada elemento, etc. Como cabría esperar, la tecnología reciente ha avanzado hasta tal extremo que en la actualidad se utilizan todo tipo de aparatos como sensores de piel o máquinas de escáner para ondas cerebrales o para el cuerpo entero con la finalidad de medir las respuestas de los consumidores.[10]

La tecnología ha sustituido a los diarios que tenían que llevar los encuestados. Asimismo, se pueden incluir medidores de audiencia en los televisores de los hogares participantes para ver qué canales ven y a qué horas. Diferentes aparatos eléctricos pueden grabar el número de programas de radio a los que se expone una persona durante el día, o con la tecnología GPS (Global Positioning System), se puede calcular frente a cuántos anuncios espectaculares camina o conduce una persona durante un día.

PLAN DE MUESTREO Tras decidir los métodos y los instrumentos de investigación, el investigador diseña un plan de muestreo, para lo que se necesita tomar tres decisiones:

1. *Unidad de la muestra: ¿Qué tipo de personas serán encuestadas?* El investigador debe definir el público objetivo del muestreo. En el caso de American Airlines ¿se debería limitar el muestreo a los viajeros de negocios en primera clase, o se debería extender a los pasajeros de primera clase que viajan por placer? ¿Se debería entrevistar a los menores de 18? ¿Se debería entrevistar a personas casadas? Una vez definida la unidad de muestreo hay que decidir la estructura de la misma, de modo que todas las personas en la población meta tengan las mismas posibilidades de ser escogidas.

2. *Tamaño de la muestra: ¿Cuántas personas se deben entrevistar?* Las muestras de gran tamaño ofrecen resultados más confiables que las pequeñas. Sin embargo, no es necesario entrevistar a toda la población meta, ni a una parte sustancial de ella, para conseguir resultados confiables. Las muestras inferiores al 1% de la población pueden ofrecer una buena precisión, siempre que se utilice un procedimiento de muestreo adecuado.

3. *Procedimiento de muestreo: ¿Cómo se debe seleccionar a los sujetos de la muestra?* Para obtener una muestra representativa es necesario seleccionar una muestra probabilística de la población. Esto permite calcular los límites de confianza para un margen de error, de modo que se podría concluir, una vez terminado el muestreo, que "el intervalo, 5-7 viajes por año, tiene 95 posibilidades de 100 de contener el número verdadero de viajes que realizan los pasajeros de primera clase entre Chicago y Tokio". En la parte *A* de la tabla 4.2 se describen tres categorías de muestreo probabilístico. Cuando la aplicación del muestreo probabilístico supone un costo elevado o demasiado tiempo, los investigadores de mercados desarrollan un muestreo no probabilístico. En la parte *B* de la tabla 4.2 se describen tres categorías de este último. Algunos investigadores de mercados consi-

TABLA **4.2**

Muestreos probabilísticos y no probabilísticos.

A. Muestreos probabilísticos	
Muestreo aleatorio simple	Cada miembro de la población tiene la misma probabilidad de ser elegido.
Muestreo aleatorio estratificado	Se divide a la población en grupos mutuamente excluyentes (por ejemplo, por edades) y se toman muestras aleatorias de cada grupo.
Muestreo por cluster (áreas)	Se divide la población en grupos mutuamente excluyentes (por ejemplo, por manzanas de la ciudad) y el investigador toma una muestra de los grupos a investigar.
B. Muestreos no probabilísticos	
Muestreo de conveniencia	El investigador selecciona los miembros de la población más accesibles para obtener información.
Muestreo de juicio	El investigador utiliza su juicio para seleccionar a los miembros de la población que proporcionen información más precisa.
Muestreo por cuotas	El investigador determina y entrevista a un número determinado de personas de cada categoría.

deran que el muestreo no probabilístico, en muchas circunstancias, resulta muy útil, incluso aunque no pueda medirse el error.

MÉTODOS DE CONTACTO Una vez que se ha determinado el plan de muestreo, el investigador debe decidir cómo ponerse en contacto con los sujetos: por correo, por teléfono, mediante una entrevista personal o mediante una entrevista a través de Internet.

Cuestionario por correo La opción del *cuestionario por correo* es la mejor forma de llegar hasta aquellos que no conceden entrevistas personales o cuyas respuestas podrían verse influidas o distorsionadas por los entrevistadores. Los cuestionarios por correo requieren que las preguntas se formulen de forma sencilla y clara. Por desgracia, la tasa de respuesta suele ser baja o lenta.

Entrevista telefónica La *entrevista telefónica* es el mejor método para recabar información rápidamente, y además ofrece la ventaja de que el entrevistador puede aclarar las preguntas si el sujeto no las comprende. En general, la tasa de respuesta es más alta que en el caso de los cuestionarios por correo. La principal desventaja que presenta es que las entrevistas deben ser cortas y no demasiado personales. Cada vez resulta más difícil realizar entrevistas telefónicas por la creciente antipatía que sienten los consumidores ante las empresas que les interrumpen en sus hogares y en sus actividades. A finales de 2003, el Congreso estadounidense aprobó una ley mediante la cual permitía a la Federal Trade Commission restringir las llamadas de telemarketing mediante un registro en el que los consumidores podían inscribirse. Aunque las empresas de investigación de mercados no están sujetas a esta normativa, muchos consideran que esto es el principio del fin de las encuestas telefónicas para la investigación de mercados.

Entrevista personal El método de la *entrevista personal* es el más versátil, puesto que el entrevistador puede hacer más preguntas y anotar observaciones adicionales sobre el entrevistado, por ejemplo, lenguaje corporal y el atuendo. Sin embargo, también se trata del método más caro y exige mayor planeación y supervisión administrativa que los otros tres métodos. Por otra parte, este método está sujeto a la influencia o a la distorsión del entrevistador. Las entrevistas personales pueden adoptar dos formas. En el caso de *entrevistas concertadas,* el entrevistador concerta una cita con el sujeto y le ofrece un pequeño incentivo económico. En las *entrevistas por sorpresa* el entrevistador aborda a las personas en un centro comercial o en una calle transitada y les pide permiso para hacerles una entrevista. La desventaja de esta segunda alternativa es que se trata de un muestreo no probabilístico, además de que las entrevistas deben ser breves.

Entrevista *on line* Cada vez se utilizan más métodos *on line*. En el 2003, entre el 20 y el 30% de la investigación de mercados se realizó a través de Internet y se espera que siga el mismo ritmo en el 2004. Es más, según un estudio del 2004, se calcula que la investigación *on line* alcanzará el 25% de toda la investigación de mercados.[11]

Internet ofrece infinidad de posibilidades para investigar. Una empresa puede incluir un cuestionario en su sitio Web y ofrecer un incentivo para responder al cuestionario, o puede instalar un banner de un sitio que reciba muchas visitas como Yahoo! en el que invite a los cibernautas a responder unas preguntas y participar en un sorteo. La empresa puede patrocinar una sala de chat o un boletín de noticias e introducir preguntas de vez en cuando, o convocar a focus groups virtuales en tiempo real. Una empresa puede aprender mucho de los consumidores que visitan su sitio Web siguiendo el *rastro de los clicks* que hacen y detectando cuándo las abandonan. Una empresa puede utilizar diferentes sitios Web para ofrecer precios, titulares o características de producto diferentes y estudiar la eficacia relativa de sus diferentes ofertas.

La prueba de productos *on line* también está creciendo y ofreciendo mucha más información que las técnicas de investigación de mercados tradicional que se utilizaban para desarrollar nuevos productos. Por ejemplo, los responsables de los juguetes Hot Wheels de Mattel utilizan Internet para interactuar con los coleccionistas y desarrollar nuevos productos, nuevas promociones, o para conceder licencias a otros pro-

Entrevista por sorpresa en un parque.

ductos. Gracias a un estudio realizado entre seguidores de estos productos, los responsables del marketing descubrieron que podían extender la oferta de los productos con su marca entre los niños de entre 11 y 16 años, y crearon alianzas con Bell Motorcycles y la empresa de bicicletas BMX.[12]

HERSHEY'S FOOD CORP.

El fabricante de dulces Hershey fue un innovador en el área de las pruebas a través de Internet. Entre 1999 y 2000, la empresa pasó las pruebas de sus productos a este medio, junto con todo su historial de pruebas de producto. Así, combinando más de 1,200 pruebas de concepto realizadas en el pasado con los resultados de entre 300 y 400 pruebas realizadas *on line* creó un sistema "llave en mano" *on line* que funciona tanto como una herramienta de reporte como un sistema de archivos. Esta decisión redujo en dos tercios el plazo necesario para desarrollar productos, lo que es toda una ventaja competitiva en un mercado maduro. Asimismo, permite a la empresa conservar a la mano infinidad de información institucional, incluso a medida que el personal de investigación va rotando con los años.[13]

Aunque a los mercadólogos les sobran razones para estar maravillados con las posibilidades que ofrece la investigación a través de Internet, no se debe olvidar que este campo apenas está en sus inicios y que está en constante evolución para satisfacer las necesidades de las empresas, de las agencias publicitarias y de los consumidores. En *Cuestiones clave: Ventajas y desventajas de la investigación on line,* se resumen los pros y los contras que presenta este tipo de la investigación hasta la fecha.

Fase 3: Recopilación de información

Por lo general, la fase de recopilación de información es la más cara y la más susceptible de errores. En el caso de las encuestas pueden surgir cuatro problemas. Es probable que algunos sujetos no se encuentren en casa, en cuyo caso habrá que regresar a buscarlos de nuevo, o sustituirlos por otros. Otros pueden negarse a colaborar. Otros ofrecerán respuestas parciales o poco sinceras, y por último, también algunos investigadores podrían influir o sesgar las respuestas. Dar con los mejores sujetos es fundamental.

MEDIAMARK RESEARCH

Mediamark Research entrevista a 26,000 estadounidenses en sus hogares sobre el tipo de medios de comunicación que utilizan, sobre los productos y marcas que consumen, y sobre su actitud hacia temas como el deporte o la política. Sin embargo, hasta el 2002, la empresa había tendido a excluir de las encuestas a los hispanos que no hablaban inglés. A medida que la población hispana fue aumentando en tamaño y en poder adquisitivo, la empresa se dio cuenta de que no podía permitirse este método limitado y potencialmente sesgado. Mediamark contrató a una fuerza de ventas bilingüe, de modo que cuando los encuestadores llegaran con una familia hispana, los entrevistados pudieran responder en inglés o en español. De este modo, realizando las mismas preguntas a todos los entrevistados, con independencia del idioma y del nivel de aculturación, están consiguiendo una base de datos de investigación mucho más precisa.[14]

Los métodos de recopilación de información están mejorando a un ritmo vertiginoso, gracias a las computadoras y a las telecomunicaciones. Algunas empresas de investigación entrevistan y encuestan desde una ubicación centralizada. Los entrevistadores se sientan en una especie de cabinas y seleccionan números telefónicos al azar. Cuando alguien responde, el entrevistador lee una serie de preguntas que aparecen en la pantalla y captura las respuestas del entrevistado. Este proceso elimina la edición y la codificación, reduce el número de errores, ahorra tiempo y genera todas las estadísticas necesarias. Otras empresas de investigación han creado terminales interactivas en los puntos de venta. Las personas que aceptan ser entrevistadas se sientan en la terminal, leen las preguntas que aparecen en el monitor y teclean ellas mismas sus propias respuestas.

Una empresa muy perspicaz consigue reunir información primaria gracias a las encuestas *on line* de un codiciado segmento demográfico mientras sus usuarios se divierten.

NEOPETS.COM

Con más de 22 millones de miembros y 27,000 nuevos que se registran cada día, Neopets es uno de los sitios Web más populares entre los niños. El sitio Web es gratuito y permite a los usuarios crear, alimentar y cuidar cibermascotas conforme consiguen "neopuntos". Los niños educan a su mascota en un barrio virtual con una serie de actividades como comer en McDonald's, ver un videoclip de Disney, alimentar a los animales con cereales General Mills, o jugar Reese's Puffs Mini Golf con los animalitos. Gracias a esta forma única de exposición interactiva de productos, los anunciantes pagan para convertirse en parte del entorno de Neopet. A cambio con-

CUESTIONES **CLAVE**

VENTAJAS Y DESVENTAJAS DE LA INVESTIGACIÓN *ON LINE*

Ventajas

- ***La investigación on line es barata.*** El costo de recabar información a través de cuestionarios electrónicos es mucho menor que a través de los medios tradicionales. Una encuesta *on line* cuesta la mitad que una encuesta tradicional, y el índice de respuesta puede llegar, incluso, hasta el 50%. Por ejemplo, Virgin.net utilizó la investigación *on line* para lanzar su servicio de banda ancha en el Reino Unido en el 2002. En la actualidad, la empresa realiza todas sus encuestas por este medio. La empresa ha experimentado un índice de respuesta espectacular, desde el 17% de los cuestionarios en papel hasta cerca del 72% con los cuestionarios electrónicos, reduciendo los costos, además, en un 90%.

- ***La investigación on line es más rápida.*** Los cuestionarios *on line* se responden más rápidamente, puesto que los encuestados son dirigidos hacia las preguntas correspondientes, y una vez terminado el cuestionario, éste va directamente al investigador. Se calcula que entre el 75% y 80% de las respuestas que genera una encuesta *on line* se producen en 48 horas a través de Internet, mientras que por teléfono se puede tardar 70 días en conseguir 150 entrevistas.

- ***Los consumidores tienden a ser más sinceros a través de Internet que por teléfono o en persona.*** La empresa británica de encuestas, YouGov.com, reunió a 500 personas y entrevistó a la mitad a través de un interfono colocado en una cabina, y a la otra mitad a través de Internet. Las preguntas eran políticamente correctas, del tipo: "¿Se debería enviar más ayuda a África?" Las respuestas a través de Internet fueron mucho más honestas. Los encuestados se abren más a la hora de expresar sus opiniones a través de Internet que en persona, puesto que en el último caso piensan que el encuestador les está juzgando, sobre todo cuando se trata de temas delicados.

- ***La investigación on line es más versátil.*** Las aplicaciones multimedia de la investigación *on line* tienen muchas ventas. Por ejemplo, con un software de realidad virtual, los encuestados pueden observar modelos de productos en tercera dimensión como cámaras, autos y equipos médicos, y además, las prestaciones de los productos se pueden manipular de forma sencilla a través de Internet. Incluso al nivel más básico, las encuestas *on line* son más sencillas de responder y más divertidas que las versiones de papel y lápiz.

Desventajas

- ***Las muestras pueden ser reducidas y sesgadas.*** Quizás la crítica principal hacia las encuestas a través de Internet es que no toda la población tiene acceso a este medio. Los sujetos que responden a los cuestionarios *on line* suelen ser hombres de clase media a los que les gusta la tecnología. En Estados Unidos, cerca del 40% de los hogares carece de acceso a Internet, un porcentaje que aumenta cuando se trata de mercados internacionales. Estas personas suelen presentar características socioeconómicas y niveles educativos diferentes de aquellas que se conectan a Internet. Aunque los mercadólogos crean que en el futuro todos los consumidores tendrán acceso a Internet, es importante que busquen formas creativas de llegar a segmentos que tienen menores probabilidades de conectarse a este medio en la actualidad, como las personas de mayor edad o los hispanos en Estados Unidos. Una opción es combinar las fuentes *off line* con la información recopilada *on line*. Otra estrategia es situar terminales de Internet en lugares transitados como centros comerciales o de entretenimiento. Algunas empresas de investigación utilizan modelos estadísticos para llenar los vacíos que dejan los consumidores *off line* en las investigaciones.

- ***La investigación on line es propensa a las inconsistencias y a los problemas tecnológicos.*** Como la investigación *on line* es un método relativamente nuevo, muchos expertos en marketing todavía no diseñan las encuestas adecuadamente. Un error frecuente es transferir un cuestionario escrito a la pantalla. Otros utilizan la tecnología en exceso, se concentran en sonidos y gráficos, y olvidan las directrices básicas del diseño de cuestionarios. También pueden surgir problemas como consecuencia de los diferentes navegadores. El producto final puede aparecer de forma diferente, en función de las características de la pantalla y del sistema operativo del usuario.

Fuentes: Catherine Arnold, "Not Done Net; New Opportunities Still Exist in Online Research", *Marketing News,* 1o. de abril de 2004, p. 17; Nima M. Ray y Sharon W. Tabor, "Contributing Factors; Several Issues Affect e-Research Validity", *Marketing News,* 15 de septiembre de 2003, p. 50; Louella Miles, "Online, On Tap", *Marketing,* 16 de junio de 2004, pp. 39–40; Joe Dysart, "Cutting Market Research Costs with On-Site Surveys", *The Secured Lender* (marzo-abril de 2004): 64–67; Suzy Bashford, "The Opinion Formers", *Revolution,* mayo de 2004, pp. 42–46; Bob Lamons, "Eureka! Future of B-to-B Research is Online", *Marketing News,* 24 de septiembre de 2001, pp. 9–10.

siguen una mayor exposición de sus productos y servicios, y la información que recopilan sobre la conducta del público. "Vivimos y respiramos la investigación de mercados," afirma Rik Kinney, vicepresidente ejecutivo de esta empresa con sede en Glendale, California. Este mecanismo de investigación primaria de Neopets está vinculado a una encuesta *on line*, que aparece de forma prominente en la página principal del sitio. Los miembros reciben "neopuntos" cada vez que responden preguntas sobre sus hábitos de compra, y cada día entre 6,000 y 8,000 usuarios responden formularios. Resulta interesante que, a pesar de haber creado un negocio rentable en torno a la venta de información a sus clientes más fieles, Neopets ha ganado cierto prestigio entre los defensores de la privacidad porque la empresa sólo revela información sobre su base de usuarios en su totalidad o sobre ciertos segmentos, en lugar de revelar datos sobre usuarios individuales.[15]

Hay que tener presente que no todos los miembros de la población analizada estarán en Internet. (Véase el recuadro *Marketing en acción: Desafíos globales de la investigación de mercados* on line.)

MARKETING **EN ACCIÓN**

DESAFÍOS GLOBALES
DE LA INVESTIGACIÓN DE MERCADOS *ON LINE*

Cuando la empresa fabricante de chips Intel Research quiso saber cómo utilizaban la tecnología los habitantes de otros países, contrató a una antropóloga para que lo investigara. La doctora Genevieve Bell visitó 100 hogares de 19 ciudades de siete países de Asia y el Pacífico. Cuando volvió de su viaje trajo consigo 20 gigabytes de fotografías digitales, 19 cuadernos de notas e ideas sobre tecnología, cultura y diseño que desafiarían los supuestos de la empresa sobre la tecnología digital.

Es evidente por qué Intel, una empresa mundial de tecnología, quería conocer cómo se utiliza la tecnología en los mercados internacionales. Sin embargo, a todas las empresas les interesa conocer cómo el resto del mundo ve y utiliza algo con lo que los occidentales viven cada día: la tecnología de Internet. Ahora que la investigación a través de Internet se está convirtiendo en la herramienta más utilizada, los mercadólogos con ambiciones internacionales necesitan saber qué países están conectados a Internet y cuáles no, y por qué.

El acceso a Internet es bajo en la mayor parte de Asia, América Latina y Europa central y oriental. En Brasil, por ejemplo, sólo el 7% de la población utiliza Internet. Aunque mucha gente cree que estos niveles tan bajos se deben a que las economías nacionales no soportan una infraestructura tecnológica cara, también hay otros factores en juego. En primer lugar, el clima. Por ejemplo, en Malasia, los aumentos de la potencia que genera el monzón pueden fundir los mecanismos centrales de las computadoras. Los gobiernos también pueden ser un obstáculo o un trampolín para la penetración de Internet en sus respectivos países. A pesar de que la economía china está creciendo exponencialmente, es poco probable que el régimen autoritario de ese país permita que los investigadores de mercados recaben información sobre los ciudadanos a través de Internet. En el extremo contrario está Corea del Sur, donde el gobierno ha dado prioridad a la extensión de la banda ancha y ha incentivado a los fabricantes de computadoras personales para que comercialicen modelos más baratos.

Otros factores significativos que pueden impedir que las computadoras, los sistemas Wi-Fi y los puertos de información atraviesen fronteras son la religión y la cultura. La doctora Bell descubrió que los valores de humildad y sencillez son incompatibles con la tecnología de Internet, lo que hace que no sea bien recibida en algunos hogares hinduístas en In-

dia o musulmanes en Malasia e Indonesia. Asimismo, apuntó que mientras que los estadounidenses disponen de intimidad de espacio en sus hogares para las actividades de entretenimiento, los espacios más reducidos de Japón no dejan cabida a la intimidad. Esto podría explicar el auge de los mensajes de texto enviados con los teléfonos celulares entre los jóvenes japoneses.

Los descubrimientos de la doctora Bell sobre la respuesta internacional a la tecnología destacan uno de los principales obstáculos para realizar estudios internacionales, ya sea *on line* u *off line*: la falta de consistencia. Nan Martin, director de cuentas globales de Synovate Inc., una empresa de investigación de mercados con oficinas en 46 países afirma: "En la investigación internacional nos tenemos que adaptar culturalmente a cómo, dónde y con quién realizamos nuestros estudios. Un estudio sencillo, realizado a nivel mundial, se complica infinitamente por las diferencias culturales, por lo que tenemos que prestar atención a los diferentes matices culturales cuando recopilamos e interpretamos la información." Por ejemplo, imaginemos que el acceso a Internet fuese el mismo en todas partes. En América Latina, donde los consumidores se sienten incómodos con la naturaleza impersonal de Internet, los investigadores necesitarían incorporar elementos interactivos en las encuestas para que los participantes sientan que están hablando con una persona de carne y hueso. En Asia, los focus groups son todo un desafío por la tendencia cultural al conformismo que existe. Las encuestas *on line* arrojarían respuestas más honestas, ya que los encuestados no tienen que dar la cara.

¿Y qué ocurre si un investigador recopila información cara a cara en México y a través de Internet en Estados Unidos? Nan Martin asegura que "los sujetos no sólo responden de forma diferente por las diferencias culturales, sino que además la información se recopila con métodos distintos. Esto puede hacer temblar los cimientos de las teorías de los expertos de la investigación sobre cómo se recopila la información: cada vez que se cambia una variable, la interpretación de los resultados se complica aún más. De hecho, esto constituye tal desafío, que muchos consideran que en estas ocasiones es cuando verdaderamente hay que recurrir a un experto: una empresa externa especializada con los conocimientos necesarios para adquirir y analizar información internacional".

Fuentes: Arundhati Parmar, "Stumbling Blocks; Net Research Is Not Quite Global", *Marketing News*, 3 de marzo de 2003, p. 51; Catherine Arnold, "Global Perspective; Synovate Exec Discusses Future of International Research", *Marketing News*, 15 de mayo de 2004, p. 43; Michael Erard, "For Technology, No Small World After All", *New York Times*, 6 de mayo de 2004, p. G5; Deborah L. Vence, "Global Consistency: Leave It to the Experts", *Marketing News*, 28 de abril de 2003, p. 37.

Fase 4: Análisis de la información

La siguiente fase del proceso consiste en obtener conclusiones a partir de la información recabada. El investigador tabula los datos, desarrolla tablas de distribución de frecuencias y extrae medias y medidas de dispersión de las variables más significativas. Posteriormente intentará aplicar algunas de las técnicas estadísticas más avanzadas y modelos de decisión, con la intención de descubrir información adicional.

Fase 5: Presentación de conclusiones

La penúltima fase del proceso consiste en presentar las conclusiones. Para ello, debe seleccionar aquellas que sean relevantes para la decisión de marketing a la que se enfrenta la dirección de la empresa. Imaginemos que, en el caso de American Airlines, los principales hallazgos son los siguientes:

1. Las razones primordiales por las que se utiliza el servicio de Internet a bordo es para matar el tiempo navegando en el ciberespacio y para recibir y enviar mensajes a familiares y compañeros de trabajo. La cuota se aplicará a las cuentas de los pasajeros, que pagarán sus empresas.

2. Cerca de cinco de cada 10 pasajeros de primera clase utilizarían el servicio de Internet por 25 dólares, mientras que seis lo utilizarían por 15 dólares. Por esta razón, cobrar 15 dólares generaría menos ingresos ($15 \times 6 = $90) que cobrar 25 ($25 \times 5 = $125). Cobrando 25 dólares, AA recaudaría 125 dólares por vuelo. Suponiendo que el mismo vuelo tenga lugar los 365 días del año, AA obtendría ingresos anuales por este servicio de $45,625 (= $125 \times 365). Puesto que la inversión necesaria es de 90,000 dólares, la empresa tardaría unos dos años en recuperar la inversión.

3. Ofrecer un servicio de Internet a bordo reforzaría la imagen pública de American Airlines como aerolínea innovadora y progresista. AA conseguiría nuevos pasajeros y la buena disposición de los actuales.

Fase 6: Toma de decisiones

En el caso de American Airlines, los directivos que han encargado el estudio tienen que sopesar las conclusiones. Si no confían demasiado en ellas, podrían decidir no lanzar el servicio de Internet a bordo. Si están predispuestos a lanzar el servicio, las conclusiones reafirmarán su propósito. Podrían, incluso, decidir estudiar más la situación y ampliar la investigación. La decisión es suya, pero sin duda, la información que han recibido les ayudará a ver el problema con mayor claridad. (Véase la tabla 4.3.)[16]

Un número cada vez mayor de empresas está utilizando sistemas de apoyo a las decisiones de marketing para ayudar a sus ejecutivos a tomar decisiones más inteligentes. John Little, del MIT, define los **sistemas de apoyo a las decisiones de marketing (Marketing Decision Suport System, MDSS)** como conjuntos coordinados de información, sistemas, herramientas y técnicas que, junto con sistemas informáticos, contribuyen a que la empresa recopile e interprete la información relevante del negocio y del entorno y la convierta en un fundamento para las decisiones de marketing.[17]

Un ejemplo clásico de MDSS es el modelo CALLPLAN que ayuda a los vendedores a determinar el número de llamadas que deben hacer a cada cliente potencial y real durante un periodo determinado. El modelo tiene en cuenta el tiempo de viaje, así como el tiempo de ventas. Cuando se lanzó este modelo se probó primero con United Airlines en un grupo experimental que consiguió aumentar en 8% las ventas sobre un grupo de control.[18] Una vez al año, *Marketing News* lista los cientos de software de marketing y ventas que hay en el mercado destinados a facilitar el diseño de estudios de investigación, la segmentación de mercados, la fijación de precios, la determinación de presupuestos de publicidad, el análisis de los medios y la planeación de la actividad de la fuerza de ventas.

TABLA **4.3**

Las siete características de una buena investigación de mercados.

1. Método científico	Una investigación de mercados efectiva utiliza los principios del método científico: observación cuidadosa, formulación de hipótesis, predicción y comprobación.
2. Creatividad en la investigación	Lo ideal es que la investigación de mercados desarrolle caminos innovadores para solucionar un problema. Por ejemplo, una empresa de ropa para jóvenes proporcionó videocámaras a adolescentes y luego utilizó los videos que éstos realizaron para ponerlos en los locales a los que acuden los clientes de esas edades.
3. Uso de métodos múltiples	Los investigadores de mercados huyen de la confianza exclusiva en un método. Reconocen también la conveniencia de utilizar dos o tres métodos para obtener un mayor grado de confianza.
4. Interdependencia de datos y modelos	Los investigadores de mercados reconocen que la información se interpreta a partir de modelos subyacentes que sirven de guía para encontrar el tipo de información buscada.
5. Valor y costo de la información	Los investigadores de mercados tienen interés en comparar el valor de la información con su costo. Los costos de la investigación son fáciles de cuantificar, pero su valor es más difícil de determinar, ya que esto depende de la validez y confiabilidad de los datos y de la disposición de la dirección para aceptarlos y actuar en consecuencia.
6. Un escepticismo sano	Los investigadores de mercados deben mostrar un escepticismo sano ante las presunciones realizadas por los ejecutivos sobre el funcionamiento del mercado. Están alerta para detectar los problemas causados por los "mitos de marketing".
7. Sentido ético	La investigación de mercados beneficia tanto a la empresa patrocinadora como a sus clientes. Sin embargo, el uso inadecuado de la investigación de mercados puede dañar o molestar a los consumidores, quienes podrían pensar que se está invadiendo su privacidad o que se está utilizando una artimaña para venderles.

Cómo superar las barreras que enfrenta la investigación de mercados

A pesar del rápido aumento en el uso de la investigación de mercados, muchas empresas todavía no aciertan a utilizarla de forma adecuada o suficiente, por diversas razones:[19]

■ ***Concepción limitada de la investigación.*** Muchos directivos consideran la investigación de mercados como una mera operación de recopilación de datos. Esperan que el investigador diseñe un cuestionario, seleccione una muestra, realice entrevistas y elabore un informe con los resultados, generalmente sin una definición detallada del problema o de las decisiones a las que se enfrenta la empresa. Cuando la recopilación de datos no resulta útil se refuerza la idea errónea de los directivos de que la investigación de mercados apenas resulta útil.

■ ***Concepción equivocada de los investigadores.*** Determinados directivos consideran que la investigación de mercados no es más que una actividad prácticamente administrativa y así la tratan. En consecuencia, se contratan investigadores menos competentes que reciben mala formación y tienen poca creatividad, lo que genera resultados mediocres. Esto sólo refuerza los prejuicios de la dirección respecto a la investigación de mercados, y así los investigadores siguen recibiendo salarios bajos, con lo que el problema no hace más que perpetuarse.

■ ***Planteamiento erróneo del problema.*** En el famoso ejemplo de Coca-Cola y el lanzamiento de New Coke, realizado tras estudios exhaustivos de mercado, se comprobó que el fracaso en el lanzamiento se debió a que el problema de investigación no se planteó correctamente desde el punto de vista del marketing. La clave era indagar qué les parecía a los consumidores Coca-Cola como marca, y no simplemente su sabor.

■ ***Conclusiones tardías y, en ocasiones, erróneas.*** Los directivos quieren resultados precisos y concluyentes, y además los quieren de un día para otro. Sin embargo, una buena investigación de mercados requiere tiempo y dinero. Cuando una investigación de mercados implica costos elevados o requiere mucho tiempo, los directivos se sienten decepcionados.

■ ***Diferentes personalidades y estilos de presentación.*** Las diferencias entre los gerentes de producto y los investigadores suelen minar las relaciones entre ellos. Para un gerente que agradece la concreción, la sencillez y la seguridad, el estudio de un investigador de mercados puede resultar abstracto, complicado y vacilante. Sin embargo, en las empresas más progresistas, los investigadores de mercados entran a formar parte del equipo responsable de los productos, e influyen cada vez más en la definición de la estrategia de marketing.

Si no se sabe realizar una investigación de mercados adecuadamente se pueden cometer errores graves, como el que se relata a continuación y que ya ha pasado a los anales de la historia:

LA GUERRA DE LAS GALAXIAS

En los años setenta, un prestigioso investigador de mercados abandonó General Foods con un fin un tanto osado: llevar la investigación de mercados a Hollywood y ofrecer a los estudios cinematográficos el mismo tipo de investigación que había llevado al éxito a General Foods. Un estudio de renombre le presentó una propuesta de película de ciencia ficción y le pidió que investigara y previera su éxito o su fracaso: sus decisiones les servirían para determinar si debían retirar la película o seguir adelante. Su conclusión fue que la película fracasaría. En primer lugar, esgrimía, el Watergate había hecho que los estadounidenses perdieran la confianza en sus instituciones y, en consecuencia, preferían el realismo que la ciencia ficción. Además, la película, en su título original (Star Wars) contenía la palabra guerra (war). El investigador llegó a la conclusión de que Estados Unidos todavía estaba superando las secuelas de la guerra de Vietnam y que, por tanto, la película apenas si resultaría atractiva. La película era *La guerra de las galaxias*. Lo que hizo este investigador fue ofrecer información sin dar solución al problema. Ni siquiera leyó el guión para ver si se trataba de una historia humana (de amor, conflictos, pérdida y redención) que en realidad sólo utilizaba el espacio exterior como telón de fondo.[20]

::: Cómo calcular la productividad del marketing

Una función importante de la investigación de mercados es calcular la eficacia y la eficiencia de las actividades de marketing. Los mercadólogos cada vez asumen más responsabilidades sobre sus inversiones y deben ser capaces de justificar sus gastos ante la alta dirección.[21] En un estudio reciente de Accenture, el 70% de los ejecutivos de marketing afirmaban que no conseguían calcular la rentabilidad de sus inversiones.[22] Otro estudio puso de manifiesto que el 63% de los altos directivos confesaban no estar satisfechos con el sistema de evaluación de resultados de marketing de la empresa y que querían que el departamento respectivo elaborara cálculos anteriores y posteriores del impacto de los programas de marketing.[23] Como los costos de esta área ya son elevados de por sí y no paran de aumentar, los altos directivos están cansados de presenciar lo que consideran un "marketing derrochador" (productos nuevos que fallan, campañas publicitarias que languidecen, largas llamadas de ventas y costosas promociones incapaces de alterar el nivel de ventas).

La investigación de mercados puede ayudar a satisfacer esta creciente necesidad de valorar los efectos financieros de las decisiones de marketing. Existen dos enfoques complementarios para medir la productividad de marketing: **1.** definir parámetros para valorar los efectos del marketing; y **2.** definir modelos de la mezcla de marketing para identificar relaciones causales y estudiar cómo influyen las acciones de marketing en los resultados finales. Asimismo, se pueden utilizar determinadas herramientas financieras avanzadas para calcular los activos clave del marketing, como se detalla en *Marketing en acción: Amplitud de miras para evaluar los resultados de marketing*.

Parámetros de marketing

Los mercadólogos emplean diversas unidades de medida para evaluar los efectos de las acciones de marketing. Los **parámetros de marketing** son el conjunto de unidades de medida que utilizan las empresas para cuantificar, comparar e interpretar los resultados de marketing. Resultan útiles tanto para los gerentes de marca, que los emplean a la hora de diseñar programas

---

MARKETING **EN ACCIÓN**

AMPLITUD DE MIRAS PARA EVALUAR LOS RESULTADOS DE MARKETING

Diversos autores han desarrollado nuevos métodos para conseguir una imagen clara de la contribución financiera del marketing a la empresa. Éstos son los más destacables.

Peter Doyle sostiene que:

El marketing basado en el valor no se refiere primordialmente a los números, [sino que más bien] está formado por tres elementos principales. El primero es un conjunto de creencias sobre los objetivos de marketing. La tarea fundamental es desarrollar estrategias que maximicen el valor de los accionistas. El segundo elemento es un conjunto de principios para seleccionar estrategias y tomar decisiones de marketing que resulten congruentes con las creencias anteriores. Estos principios se basan en cálculos de la liquidez futura asociada con una estrategia para calcular el valor añadido para los accionistas. Finalmente, el tercer elemento es un conjunto de procesos que garantizan que el marketing desarrolla, selecciona y pone en práctica una estrategia consistente con estas creencias y principios. Estos procesos se refieren a la administración de los factores generadores de valor financiero, de marketing y organizativo de la empresa. Los factores generadores de valor financiero son las razones o proporciones principales que tienen una mayor influencia en el valor de los accionistas. Los factores generadores de valor de marketing son los planes creados en torno al cliente, que resultan fundamentales para mejorar los resultados financieros. Los factores generadores de valor organizativo son las competencias centrales, los sistemas y los estilos de liderazgo necesarios para crear y extender a toda la empresa la orientación hacia la generación de valor para los accionistas.

Según Doyle, los factores generadores de valor financiero están directamente relacionados con el incremento del volumen de ventas, el margen operativo y la inversión; y los factores generadores de valor de marketing están relacionados con la fortaleza de las marcas, la lealtad de los clientes, las relaciones estratégicas, la selección de mercados y la ventaja diferencial.

Roger Best afirma que:

El centro de toda empresa con una gran orientación de mercado es una administración orientada al mercado. Este enfoque se traduce en una gran concentración en torno a los clientes y a la competencia, y en un trabajo en equipo que se extiende por diferentes departamentos. El resultado es una empresa orientada al mercado con una situación fuerte para desarrollar y crear estrategias de mercado para atraer, satisfacer y retener a los clientes. Si este enfoque de mercado se aplica satisfactoriamente en una amplia gama de situaciones comerciales, arrojará niveles elevados de ganancias, liquidez y valor para los accionistas, mucho mayores que cualquier enfoque orientado a los costos.

Best sostiene que la única fuente de liquidez son los clientes, y que por tanto, la dirección de toda empresa orientada al mercado debe girar en torno a ellos.

Tim Ambler sugiere que si una empresa considera que ya está calculando los resultados de las actividades de marketing adecuadamente se debería plantear cinco preguntas:

1. ¿Realizamos estudios rutinarios sobre el comportamiento de los clientes (retención, adquisición, uso de productos, etc.) y sobre las razones de tal conducta (conocimiento, satisfacción, percepción de calidad, etcétera)?

2. ¿Se informa al consejo sobre las conclusiones de estos estudios en un formato integrado con parámetros financieros?

3. En estos informes ¿se comparan los resultados con los niveles previstos en el plan de negocio?

4. ¿Se comparan con los niveles conseguidos por el competidor clave utilizando los mismos indicadores?

5. ¿Se ajustan los resultados a corto plazo según los cambios de los activos de marketing?

Ambler cree que las empresas deben dar prioridad al cálculo y a los informes de resultados de marketing mediante parámetros de marketing. Considera que esta evaluación se puede dividir en dos partes: 1. resultados a corto plazo, y 2. cambios en el *brand equity*. Los resultados a corto plazo reflejan las pérdidas y las ganancias según el volumen de ventas, el valor para los accionistas o una combinación de ambos. Los cálculos de *brand equity* incluyen el conocimiento de marca, la participación de mercado, el precio relativo, el número de quejas, la distribución y la disponibilidad de la marca, el número total de clientes, la calidad percibida y la lealtad/retención de clientes. Ambler también recomienda que se desarrollen parámetros y medidas para valorar a los empleados y esgrime que "los usuarios finales son los últimos clientes, pero que los primeros son los propios empleados, por lo que es necesario tomar el pulso al mercado interno de forma regular".

Fuentes: Peter Doyle, *Value-Based Marketing: Marketing Strategies for Corporate Growth and Shareholder Value* (Chichester, England: John Wiley & Sons, 2000); Roger J. Best, *Market-Based Management: Strategies for Growing Customer Value and Profitability*, 2a. ed. (Upper Saddle River, NJ: Prentice Hall, 2000); Tim Ambler, *Marketing and the Bottom Line: The New Methods of Corporate Wealth* (Londres: Financial Times/Prentice Hall, 2000).

| TABLA **4.4** |

Muestra de parámetros de marketing.

I. Externos	II. Internos
Conciencia de la marca	Conciencia de los objetivos
Participación de mercado (en volumen o en valor)	Compromiso con los objetivos
Precio relativo (valor de participación de mercado/volumen)	Apoyo activo a la innovación
Número de quejas (nivel de insatisfacción)	Nivel adecuado de recursos
Satisfacción de los clientes	Personal/nivel de destreza
Distribución/disponibilidad	Deseo de aprender
Número total de clientes	Voluntad de cambio
Calidad percibida/aprecio	Libertad para cometer errores
Lealtad/retención	Autonomía
Calidad percibida relativa	Satisfacción relativa de los empleados

Fuente: Tim Ambler, "What Does Marketing Success Look Like?", *Marketing Management,* primavera de 2001, pp. 13–18.

de marketing, como para la alta dirección, que recurren a ellos para decidir las asignaciones financieras. Los mercadólogos pueden justificar mejor el valor de las inversiones en marketing ante la alta dirección cuando son capaces de calcular en dinero la contribución de dicha actividad a los resultados de la empresa.[24]

Numerosos parámetros de marketing están relacionados con los consumidores, como por ejemplo sus actitudes y su conducta, aunque otros tienen que ver con la marca, como la participación de mercado, el precio relativo o la rentabilidad.[25] Las empresas también pueden supervisar un amplio conjunto de parámetros internos. La capacidad de la empresa para innovar está directamente relacionada con un importante conjunto de parámetros. Así, 3M mide el porcentaje de ventas provenientes de los nuevos productos. Otro conjunto destacable tiene que ver con los empleados. En la tabla 4.4 se incluye una lista de parámetros de marketing de gran aceptación, tanto internos como externos, procedentes de un estudio realizado en el Reino Unido.[26]

Amazon.com es una empresa famosa por tratar de medir los resultados de todas sus actividades de marketing. Su director general, Jeff Bezos, quiere conocer el número promedio de contactos por pedido con cada cliente, el tiempo promedio de contacto, el desglose de contactos por correo electrónico frente a los contactos telefónicos, y el costo total de cada uno de ellos. El encargado de la atención al cliente y de las operaciones de almacenaje y distribución estudia cerca de 300 gráficas por semana para su departamento.[27]

Las empresas también utilizan procesos y sistemas organizacionales para asegurarse de maximizar el valor de todos estos parámetros. Se puede elaborar un resumen de los parámetros de marketing internos y externos más relevantes en una especie de *tablero de marketing* para sintetizarlos e interpretarlos. Algunas empresas también están nombrando encargados de control de la administración de marketing para que revisen los presupuestos y los gastos de marketing. Cada vez más, estas personas utilizan los software de inteligencia de negocio para crear versiones digitales de esos tableros y agregar información de diversas fuentes internas y externas.

MILWAUKEE ELECTRIC TOOL CORP.

Milwaukee Electric Tool fabrica artículos que van desde juntas y destornilladores hasta brocas y maquinaria industrial pesada. Durante años, la empresa había desplegado una plataforma de información que le permitía recopilar datos sobre distribución, finanzas, producción, ventas, marketing, cuentas por pagar y por cobrar, así como sobre operaciones productivas. La empresa necesitaba una herramienta para agrupar toda esa información y analizar las tendencias. Una vez que la empresa instaló un nuevo software, el Essbase xtd Analytic Server and Customer Focus Suite, su gerente de marketing fue capaz de comprender la mezcla de productos que pedían los diferentes grupos de consumidores y de desarrollar programas para promover un mayor volumen de ventas.[28]

Como entrada para el tablero de marketing, las empresas también pueden preparar dos tarjetas para reflejar los resultados y detectar los síntomas de alarma en el mercado. La tarjeta de **resultados del comportamiento de los clientes** sirve para estudiar los resultados de la empresa año tras año respecto a los parámetros que aparecen en la tabla 4.5. Para cada parámetro se debe fijar una serie de normas, y la dirección debería tomar medidas cuando los resultados sobrepasen los límites determinados.

La segunda tarjeta mide los **resultados respecto a los otros participantes en el negocio**. Las empresas deben supervisar la satisfacción de los diferentes grupos que tienen interés e influencia en el funcionamiento de la empresa: empleados, proveedores, bancos, distribui-

| TABLA **4.5** |

Parámetros de la tarjeta de resultados
del comportamiento de los clientes.

- Porcentaje de nuevos clientes respecto a la media de clientes.
- Porcentaje de clientes perdidos respecto a la media de clientes.
- Porcentaje de clientes recuperados respecto a la media de clientes.
- Porcentaje de clientes muy insatisfechos, insatisfechos, neutrales, satisfechos y muy satisfechos.
- Porcentaje de clientes que tienen intención de volver a adquirir el producto.
- Porcentaje de clientes que tienen intención de recomendar el producto a otros.
- Porcentaje de clientes meta que conocen o recuerdan la marca.
- Porcentaje de clientes que prefieren la marca entre todas las marcas de la categoría.
- Porcentaje de clientes que identifican correctamente el posicionamiento y la diferenciación de la marca.
- Percepción media de la calidad del producto de la empresa respecto al competidor principal.
- Percepción media de la calidad del servicio de la empresa respecto al competidor principal.

dores, minoristas y accionistas. De nuevo es necesario fijar una serie de normas para cada grupo, y la dirección debería tomar medidas cuando uno o más grupos presenten niveles bajos de satisfacción.[29] Veamos el programa de Hewlett-Packard:

HEWLETT-PACKARD

Cada división de Hewlett-Packard evalúa sus resultados según un registro de clientes que controla entre 18 y 20 "aspectos fundamentales del negocio". Algunos, como la satisfacción de los clientes y la entrega puntual son aplicables a todas las divisiones, mientras que otros indicadores dependen de la naturaleza de la división. De este modo, la empresa es capaz de calcular los efectos que tienen sus estrategias de marketing en las ventas y en las utilidades, y de identificar las áreas que se pueden mejorar para así conseguir mejores resultados cuantitativos.[30]

Evaluación de los resultados del plan de marketing

Actualmente, los mercadólogos cuentan con parámetros más precisos para valorar los resultados de la puesta en práctica de los planes de marketing.[31] Fundamentalmente existen cuatro herramientas para evaluar estos resultados: análisis de ventas, análisis de participación de mercado, análisis de ventas en relación con los gastos de marketing y análisis financiero.

ANÁLISIS DE VENTAS El **análisis de ventas** consiste en calcular la relación de las ventas totales con respecto a los objetivos. Para ello se utilizan dos herramientas específicas.

El **análisis de la varianza en ventas** mide la contribución relativa de diferentes factores a la desviación de los resultados finales en ventas respecto a la cifra presupuestada. Imaginemos que el plan anual había previsto que se vendiesen 4,000 artículos durante el primer trimestre, a un dólar por unidad, obteniendo ingresos totales por 4,000 dólares. Al final del trimestre sólo se han vendido 3,000 unidades a 0.80 dólares cada una, con ingresos de 2,400 dólares. ¿Qué proporción del descenso en ventas se debe al recorte de precio y qué proporción de este descenso es atribuible al descenso del volumen? Los siguientes cálculos responden estas preguntas:

$$
\begin{aligned}
\textit{Varianza por descenso en precio} &= (\$1.00-\$.80)\,(3{,}000) &&= \$\ \ 600 \quad 37.5\% \\
\textit{Varianza por descenso en volumen} &= (\$1.00)\,(4{,}000-3{,}000) &&= \underline{\$1{,}000 \quad 62.5\%} \\
& && \ \ \$1{,}600 \ 100.0\%
\end{aligned}
$$

Cerca de dos tercios de la varianza se debe a que no se ha logrado el volumen de ventas previsto. La empresa debería prestar atención a las razones que le han impedido lograr el volumen de ventas previsto.

El **análisis de microventas** estudia productos, territorios y otros factores específicos que no han logrado generar las ventas esperadas. Imaginemos que la empresa vende en tres territorios y que las ventas previstas eran de 1,500 unidades, 500 y 2,000, respectivamente. El volumen de ventas final fue de 1,400 unidades, 525 y 1,075, respectivamente. Así vemos cómo el territorio 1 refleja una caída del 7% en las ventas esperadas, el territorio 2 presenta una mejora del 5% respecto a las ventas esperadas, y el territorio 3 presenta una caída ¡del 46%! El territorio 3 es el más problemático. El vicepresidente de ventas debe revisar qué está pasando en esta zona: quizás los vendedores no se estén esforzando lo suficiente, o tal vez un gran competidor se haya instalado en la zona, o quizás la economía de esta zona se encuentre en recesión.

ANÁLISIS DE LA PARTICIPACIÓN DE MERCADO Las ventas de una empresa no revelan su funcionamiento respecto a los competidores. Para conseguir esta información es necesario rastrear la participación de mercado.

La participación de mercado se puede calcular de tres formas. La **participación de mercado total** son las ventas de la empresa expresadas como porcentaje de las ventas totales del mercado. La **participación de mercado servido** son las ventas de la empresa expresadas como porcentaje de las ventas totales al mercado servido. El **mercado servido** de una empresa está conformado por todos los compradores que pueden y están dispuestos a comprar el producto. La participación de mercado servido siempre es más grande que la de mercado total. Una empresa puede captar el 100% de su mercado servido y, sin embargo, tener una participación del mercado total relativamente pequeña. La **participación de mercado relativa** se puede expresar como la participación de mercado de la empresa respecto a la del competidor principal. Una participación de mercado relativa superior al 100% significa que la empresa es líder de mercado. Una participación de mercado relativa exactamente del 100% supone que la empresa ocupa el liderazgo junto con el competidor. Si la participación de mercado relativa aumentara significaría que la empresa aventaja al competidor.

Estas conclusiones del análisis de participación de mercado, sin embargo, están sujetas a determinadas precisiones:

■ *La presunción de que las fuerzas externas afectan por igual a todas las empresas generalmente no es cierta.* El informe de la máxima autoridad sanitaria estadounidense sobre los efectos nocivos del tabaco provocó un descenso generalizado de las ventas de cigarrillos, pero no de igual manera en todas las empresas.

■ *La presunción de que los resultados de una empresa se deben evaluar en relación con el promedio de los resultados de todas las empresas no siempre es válida.* Los resultados de una empresa se deben evaluar en relación con los de los competidores principales.

■ *La entrada de una nueva empresa en el sector implica la disminución de la participación de mercado de todas las empresas.* Un descenso en la participación de mercado no significa que la empresa esté operando peor que la competencia. La pérdida de participación de mercado dependerá de cómo afecte la entrada de una nueva empresa a los mercados específicos de la compañía.

■ *En ocasiones, las empresas buscan deliberadamente una caída de su participación de mercado para aumentar las utilidades.* Por ejemplo, la dirección podría decidir abandonar los clientes o los productos menos rentables.

■ *La participación de mercado total puede fluctuar por otras razones sin mayor importancia.* Por ejemplo, se puede ver alterada si el último día del mes, o a principios del mes siguiente, tiene lugar una gran venta. No todos los cambios en la participación de mercado son significativos para el marketing.[32]

Resulta muy útil analizar los movimientos de la participación de mercado en relación con los siguientes cuatro elementos:

Participación de mercado total	=	Penetración en clientes	×	Lealtad de clientes	×	Selectividad de los clientes	×	Selectividad del precio

Teniendo en cuenta que:

Penetración en clientes se refiere al porcentaje de todos los clientes que compran alguna vez al año a la empresa.

Lealtad de clientes se refiere a las compras a la empresa que realizan los clientes expresadas como un porcentaje de sus compras totales realizadas a todos los posibles proveedores del mismo producto.

Selectividad de los clientes se refiere al volumen de la compra promedio de los clientes expresado como porcentaje del volumen de la compra promedio del sector de la compañía.

Selectividad del precio es el precio medio que cobra la empresa expresado como porcentaje del precio medio del sector.

Ahora imaginemos que la participación de mercado de la empresa ha descendido durante el periodo en cuestión. La ecuación de la participación de mercado total ofrece cuatro explicaciones posibles: la empresa perdió clientes (penetración en clientes más baja); los clientes existentes compran menos veces a la compañía (menor lealtad de cliente); los clientes de la empresa han disminuido su volumen de compra (menor selectividad de clientes); o el precio de la empresa ha caído respecto a los precios del sector (menor selectividad de precio).

ANÁLISIS DE VENTAS EN RELACIÓN CON EL ESFUERZO DE MARKETING Para controlar el plan anual es necesario cerciorarse de que la empresa no está gastando demasiado para conseguir sus objetivos de ventas. La proporción clave que se debe controlar es la de *los gastos de marketing en relación con las ventas.* En una empresa concreta, esta proporción era del 30% y estaba formada por otras cinco proporciones: vendedores respecto a ventas (15%), publicidad respecto a ventas (5%), promoción de ventas respecto a ventas (6%), investigación de mercados respecto a ventas (1%) y administración de ventas respecto a ventas (3%).

La dirección ha de controlar estas proporciones del esfuerzo de marketing y, cuando las fluctuaciones sobrepasen los límites normales, debe tomar medidas. Las fluctuaciones de

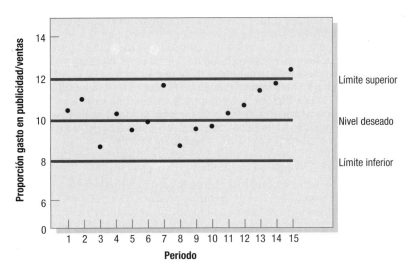

| FIG. **4.2** |

El modelo gráfico de control.

los diferentes periodos se pueden registrar en una *gráfica de control* (véase la figura 4.2). Esta gráfica refleja que los gastos de publicidad respecto a las ventas normalmente fluctúan entre el 8 y el 12%, un 99% de las veces. Sin embargo, en el decimoquinto periodo, esta proporción superó el límite superior de control. Una de dos hipótesis puede explicar este hecho: **1.** la empresa todavía mantiene un buen control del gasto y ésta es una situación extraña que se debe al azar, o **2.** la empresa ha perdido el control sobre el gasto y debe encontrar la causa. Si no se realiza ninguna investigación se podría correr el riesgo de que hubiese existido un cambio real y que éste pasara inadvertido para la empresa. En cambio, si se investiga el entorno, se corre el riesgo de que la investigación no descubra ninguna información nueva y de que se hayan malgastado el tiempo y el esfuerzo.

Aunque las observaciones sucesivas no superen los límites de control, deben estudiarse y analizarse. Por ejemplo, en la figura 4.2 se observa que el nivel de gastos respecto a las ventas ha aumentado constantemente desde el noveno periodo en adelante. La probabilidad de que se den seis aumentos sucesivos en lo que deberían ser acontecimientos independientes es sólo de una entre 64.[33] Éste es un comportamiento inusual que debería haber conducido a una investigación antes de la decimoquinta observación.

ANÁLISIS FINANCIERO La razón entre el gasto y las ventas debe analizarse en cualquier estructura financiera para determinar cómo y en dónde consigue dinero la empresa. Los mercadólogos recurren cada vez con más frecuencia al análisis financiero para buscar estrategias rentables más allá de la generación de ventas.

La dirección utiliza el análisis financiero para detectar los factores que influyen en la *tasa de rentabilidad de los activos netos* de la empresa.[34] Los factores principales aparecen en la figura 4.3, junto con las cifras de una cadena minorista a modo de ejemplo. El minorista está obteniendo una rentabilidad del 12.5% sobre los activos netos. Dicha rentabilidad es el resultado del producto de dos razones: la de *rentabilidad de los activos* y la de *apalancamiento financiero*. Para mejorar la rentabilidad sobre los activos netos, la empresa debe aumentar su razón entre ganancias netas y activos, o incrementar la razón entre sus ganancias

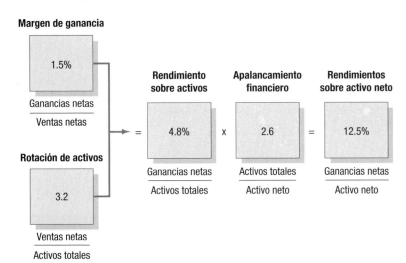

| FIG. **4.3** |

Modelo financiero de rendimientos sobre activo neto.

netas y sus activos o incrementar la razón entre sus activos y el capital neto. La empresa debe analizar la composición de sus activos (es decir, efectivo, cuentas por cobrar, inventario, fábrica y maquinaria) para intentar mejorar la administración de sus activos.

La rentabilidad de los activos es el producto de dos razones, el *margen de ganancia* y la *rotación de los activos*. El margen de ganancia en la figura 4.3 parece bajo, mientras que la rotación de activos es normal para la venta minorista. El ejecutivo de marketing puede intentar mejorar los resultados de dos formas: **1.** aumentar el margen de ganancia, incrementando el valor de las ventas o reduciendo los costos; y **2.** mejorar la rotación de los activos incrementando las ventas o reduciendo los activos (por ejemplo, el inventario, las cuentas por cobrar) que se mantienen para conseguir un nivel aceptable de ventas.[35]

Análisis de rentabilidad

Las empresas pueden sacar un buen provecho de los análisis financieros más detallados. Por eso deben calcular la rentabilidad de sus distintos productos, territorios, grupos de clientes, segmentos, canales comerciales y volumen de pedidos. Esta información puede ayudar a la dirección a determinar si se debe expandir, reducir o eliminar algún producto o alguna actividad de marketing. Los resultados a menudo resultan sorprendentes. Éstas son las desconcertantes conclusiones de un estudio de rentabilidad en el sector bancario:

> Hemos descubierto que entre el 20 y 40% de los productos de los bancos no son rentables, y que hasta el 60% de las cuentas generan pérdidas. Nuestra investigación ha demostrado que, en la mayoría de los bancos, más de la mitad de las relaciones con los clientes no son rentables, y que entre el 30 y 40% sólo lo son marginalmente. Con frecuencia, sólo el 10 o 15% de las relaciones comerciales de la empresa generan la mayor parte de las ganancias. Nuestro estudio sobre el sistema de sucursales de un banco regional arrojó resultados sorprendentes: el 30% de las sucursales del banco no eran rentables.[36]

ANÁLISIS DE LA RENTABILIDAD DE MARKETING El siguiente ejemplo ilustra los distintos pasos del análisis de la rentabilidad de marketing:

El vicepresidente de marketing de un fabricante de máquinas podadoras quiere determinar la rentabilidad de las ventas de su maquinaria a través de tres canales minoristas diferentes: ferreterías, tiendas de jardinería y grandes almacenes. El estado de resultados de la empresa aparece en la tabla 4.6.

Fase 1: Identificación de los gastos por función Los rubros que aparecen en la tabla 4.6 son los gastos en los que se incurre al vender un producto, anunciarlo, empacarlo, entregarlo, facturarlo y cobrarlo. Lo primero que hay que hacer es calcular cuánto se gasta en cada una de estas actividades funcionales.

Imaginemos que la mayor parte del rubro de salarios se destina a los vendedores, y el resto a un gerente de publicidad, a asistentes que se encargan de empacar y distribuir el producto, y a un auxiliar contable. De esta forma, la partida de salarios de 9,300 dólares se desglosa en cuatro de $5,100, $1,200, $1,400 y $1,600, respectivamente. La tabla 4.7 muestra la distribución de los salarios entre estas cuatro actividades funcionales.

La tabla 4.7 también muestra la asignación de los 3,000 dólares de alquiler de oficinas a las cuatro actividades funcionales. Como los vendedores trabajan fuera, no se asigna nada de la renta de las oficinas a la labor de ventas. La mayor parte de los gastos de alquiler del espacio físico y de la maquinaria guarda relación con las labores de empaque y distribución. La cuenta de suministros cubre materiales de promoción, de empaque, combustible empleado para la distribución y artículos de papelería. Los 3,500 dólares de esta partida se reasignan a las funciones correspondientes en función del uso.

| TABLA 4.6 |

Estado de resultados simplificado.

Ventas		$60,000
Costo de ventas		39,000
Utilidad bruta		$21,000
Gastos		
Salarios	$9,300	
Alquiler	3,000	
Suministros	3,500	
		15,800
Utilidad neta		$5,200

Gastos	Total	Ventas	Publicidad	Empaque y entrega	Facturación y cobro
Salarios	$9,300	$5,100	$1,200	$1,400	$1,600
Alquiler	3,000	—	400	2,000	600
Suministros	3,500	400	1,500	1,400	200
	$15,800	$5,500	$3,100	$4,800	$2,400

| TABLA **4.7** |

Desglose de los gastos destinados a las distintas funciones.

Fase 2: Asignación de los gastos funcionales entre las unidades de marketing La siguiente fase consiste en calcular qué proporción de los gastos funcionales corresponde a cada uno de los canales considerados. Consideremos el esfuerzo de ventas, que se representa por el número de llamadas de ventas realizadas a través de cada canal. Esta cifra aparece en la columna de ventas de la tabla 4.8. En total se hicieron 275 llamadas de ventas durante el periodo en cuestión. Como los gastos de ventas totales fueron de 5,500 dólares (véase la tabla 4.8), el costo promedio de cada llamada fue de 20 dólares.

Los gastos de publicidad se pueden distribuir de acuerdo con el número de anuncios destinados a los diferentes canales. Puesto que hubo cien anuncios en total, el costo promedio es de 31 dólares.

Los gastos de empaque y distribución se distribuyen de acuerdo con el número de órdenes recibidas en cada canal. Este mismo criterio se utiliza para distribuir los gastos de facturación y cobro.

Fase 3: Preparación de un estado de resultados o de pérdidas y ganacias por unidad de marketing En este punto es posible preparar un estado de resultados para cada canal (véase la tabla 4.9). Como las ferreterías realizaron la mitad de las ventas ($30,000 de $60,000), se carga a este canal la mitad del costo de ventas ($19,500 de $39,000). Esto supone una utilidad bruta para las ferreterías de

Tipo de canal	Ventas	Publicidad	Empaque y entrega	Facturación y cobro
Ferreterías	200	50	50	50
Tiendas de jardinería	65	20	21	21
Grandes almacenes	10	30	9	9
	275	**100**	**80**	**80**
Gastos funcionales	$5,500	$3,100	$4,800	$2,400
Dividido por número de unidades	275	100	80	80
Igual a	**$ 20**	**$ 31**	**$ 60**	**$ 30**

| TABLA **4.8** |

Asignación de los gastos funcionales a los canales.

	Ferretería	Suministros de jardinería	Grandes almacenes	Total de la empresa
Ventas	$30,000	$10,000	$20,000	$60,000
Costo de ventas	19,500	6,500	13,000	39,000
Utilidad bruta	$10,500	$ 3,500	$ 7,000	$21,000
Gastos				
Ventas ($20 por llamada)	$ 4,000	$ 1,300	$ 200	$ 5,500
Publicidad ($31 por anuncio)	1,550	620	930	3,100
Empaque y entrega ($60 por pedido)	3,000	1,260	540	4,800
Facturación ($30 por pedido)	1,500	630	270	2,400
Gastos totales	$10,050	$ 3,810	$ 1,940	$ 15,800
Utilidad o pérdida netas	$ 450	$ (310)	$ 5,060	$ 5,200

| TABLA **4.9** |

Estado de resultados o de pérdidas y ganancias por canales.

$10,500. A esta cifra se deben restar los gastos funcionales proporcionalmente atribuidos a las ferreterías. Según la tabla 4.8, las ferreterías recibieron 200 de las 250 llamadas de ventas. Como el costo de cada llamada es de 20 dólares, se atribuye a las ferreterías un costo por contactos de ventas de $4,000. La tabla 4.8 también indica que las ferreterías colocaron 50 anuncios. Puesto que el costo de cada anuncio fue de $31, por este concepto se carga a las ferreterías $1,550 y se emplea el mismo razonamiento para atribuir los demás gastos funcionales. El resultado es que el canal de las ferreterías tuvo gastos totales de $10,050. Si se resta esta cifra a la utilidad bruta, se sabe que la utilidad por la venta a través de este canal es de sólo $450.

Este análisis se debe repetir para todos los demás canales. La empresa está perdiendo dinero en la venta a través de establecimientos de jardinería y obtiene prácticamente todas sus ganancias a través de los grandes almacenes. Hay que destacar que las ventas brutas no son un indicador confiable de las ganancias netas de cada canal.

DETERMINACIÓN DE LAS MEDIDAS CORRECTIVAS Sería ingenuo concluir que habría que cerrar todas las tiendas de jardinería y posiblemente todas las ferreterías para concentrar todos los esfuerzos en los grandes almacenes. Antes que nada hay que responder a las siguientes preguntas:

■ ¿En qué medida basan los compradores sus adquisiciones en el tipo de distribuidor y no en la marca?

■ ¿Cuáles son las principales tendencias en relación con la importancia de estos tres canales?
■ ¿Han sido adecuadas las estrategias de marketing dirigidas a estos tres canales?

Con base en las respuestas a las tres preguntas anteriores, la dirección de marketing puede evaluar cinco alternativas:

1. Establecer una prima especial para los pedidos pequeños.
2. Ofrecer más ayuda promocional a las tiendas de jardinería y a las ferreterías.
3. Reducir el número de llamadas de ventas y la cantidad de publicidad dirigidas a las ferreterías y a las tiendas de jardinería.
4. No abandonar ningún canal en su conjunto, pero sí a los minoristas más débiles de cada canal.
5. No cambiar nada.

Por lo general, el análisis de rentabilidad de marketing indica la rentabilidad relativa de los diferentes canales, productos, territorios y demás entidades de marketing. No está comprobado que la mejor opción sea abandonar las entidades no rentables, ni tampoco que haya una mejora potencial de las ganancias si se abandonan estos canales de marketing marginales.

COSTOS DIRECTOS *VERSUS* COSTOS TOTALES Al igual que todas las herramientas de información, el análisis de rentabilidad de marketing puede orientar o desorientar a los ejecutivos, según el grado de conocimiento que tengan de estos métodos y de sus limitaciones. La empresa de podadoras mostró algunas arbitrariedades en la elección de las bases de distribución de los gastos funcionales entre las distintas unidades de marketing valoradas. Así, se utilizó el criterio "número de llamadas" para determinar los gastos de venta, cuando el principio "número de horas dedicadas a las ventas" es un indicador de costos mucho más preciso. La empresa utilizó el primer criterio porque supone un menor esfuerzo de mantenimiento y cálculo.

Existen otros elementos de juicio mucho más importantes que influyen en el análisis de rentabilidad. La cuestión es si, para evaluar los resultados de una unidad de marketing, se deben distribuir todos los costos o sólo los costos directos de fácil atribución. La empresa de podadoras evitó el problema porque partió de costos muy simples relacionados con las actividades de marketing consideradas. Sin embargo, en los análisis de rentabilidad de la vida real, no es tan sencillo sortear los obstáculos. Es necesario distinguir entre tres tipos de costos:

1. *Costos directos*—Se trata de costos que se pueden asignar directamente a las unidades de marketing correspondientes. En un análisis de rentabilidad por territorios de venta, vendedores o clientes, las comisiones de los vendedores son un costo directo. Los costos de publicidad también son directos en un análisis de rentabilidad por producto, en el sentido de que cada anuncio promociona un solo producto de la empresa. Otros costos directos serían los salarios de los vendedores o los gastos de viaje.
2. *Costos generales de fácil atribución*—Se refiere a costos que sólo se pueden asignar a las unidades de marketing de forma indirecta, pero sobre bases tangibles . En el ejemplo anterior, el alquiler se distribuyó de esta forma.
3. *Costos generales de difícil atribución*—Se trata de costos comunes cuya atribución a las unidades de marketing es bastante arbitraria. Por ejemplo, repartir por igual los costos de "imagen de la empresa" a todos los productos sería arbitrario, porque no todos se benefician de la imagen corporativa de la misma manera. La asignación proporcional de estos costos a las ventas de los diferentes productos también sería arbitraria porque las ventas de productos reflejan otros factores además de la imagen de la empresa. Otros ejemplos son los sueldos de la alta dirección, los impuestos, los intereses y otros costos indirectos.

Nadie discute la inclusión de los costos directos en el análisis de costos de marketing. Existe cierta controversia sobre los costos generales de fácil atribución, puesto que éstos engloban costos que variarían con las actividades de marketing y costos que no cambiarían en absoluto. Si la empresa de podadoras decidiera abandonar los establecimientos de jardinería, probablemente seguiría pagando la misma cantidad de alquiler. En este caso, sus ganancias no aumentarían de inmediato por la ausencia de pérdidas en las tiendas de jardinería ($310).

El principal tema de conflicto es si se deben distribuir los costos generales de difícil atribución entre las diferentes unidades de marketing. Este tipo de distribución se conoce como *enfoque de costos totales*, y sus defensores mantienen que todos los costos deben distribuirse siempre, para poder determinar así la verdadera rentabilidad. Sin embargo, este argumento confunde el uso de la contabilidad financiera con el uso de la contabilidad encaminada a la toma de decisiones. Este método presenta tres desventajas fundamentales:

1. La rentabilidad relativa de las diferentes unidades de marketing puede cambiar de manera radical cuando se sustituye una forma arbitraria de distribución de costos generales de difícil atribución por otra igualmente válida.
2. La arbitrariedad desmoraliza a los gerentes, que sienten que sus resultados son juzgados desfavorablemente.
3. La inclusión de costos generales de difícil atribución puede debilitar los esfuerzos de control de costos.

La dirección operativa es más efectiva a la hora de controlar los costos directos y los costos generales de fácil atribución. La distribución arbitraria de los costos generales de difícil atribución suele llevar a los directivos a invertir su tiempo en discutir y pelear su asignación en lugar de administrar adecuadamente los costos controlables.

Las empresas están demostrando un interés creciente por el análisis de rentabilidad de marketing, así como por su versión más amplia, el costeo basado en actividades, conocido como ABC (*Activity-based cost accounting*), para cuantificar la verdadera rentabilidad de las diferentes actividades.[37] Para mejorar la rentabilidad, los gerentes pueden estudiar la manera de reducir los recursos necesarios para desempeñar diversas actividades, hacer más productivos esos recursos, o adquirirlos a un menor costo. De forma alternativa, la dirección puede aumentar el precio de los productos que consumen más recursos. La gran ventaja del costeo basado en actividades es que la atención de los directivos se aleja de los costos de mano de obra y materiales para distribuir los costos totales, y se concentra en reflejar los costos reales de los productos, clientes y demás entidades, de forma individual.

Modelos de mezcla de marketing

La contabilidad de marketing también permite a las empresas calcular de forma más precisa los efectos de las diferentes inversiones de marketing. Los *modelos de mezcla de marketing* analizan información de una serie de fuentes, como la información obtenida por escáner en el punto de venta, información de envíos, precios, datos de inversión en medios de comunicación y promociones, con la finalidad de comprender de manera más precisa los efectos de las diferentes actividades de marketing. Para tener una visión más detallada de la situación se realizan análisis multivariados con el fin de revisar cómo los diferentes elementos de marketing influyen en los resultados más relevantes, como las ventas de las diferentes marcas o la participación de mercado.[38]

Este sistema goza de adeptos especialmente entre las empresas de productos envasados como Procter & Gamble, Clorox y Colgate, que utilizan los resultados de estos modelos para distribuir o redistribuir los gastos. Estos análisis detectan qué proporción de los presupuestos de publicidad se desperdician, cuáles son los niveles óptimos de gasto y cuáles deberían ser los niveles mínimos.[39] Aunque la creación de modelos de mezcla de marketing contribuye a aislar los diferentes resultados, es menos eficaz en el momento de valorar cómo funcionan los diferentes elementos de marketing en conjunto.

::: Pronóstico y medición de la demanda

Una de las principales razones para emprender una investigación de mercados es identificar las oportunidades de mercado. Una vez que concluye la investigación, la empresa debe calcular y prever el tamaño, el crecimiento y el potencial de ganancias de cada oportunidad. Los pronósticos de ventas resultan útiles para el departamento financiero, ya que les permite identificar las necesidades de liquidez para la inversión y las operaciones; también son valiosos para el departamento de producción, que los utiliza para determinar la capacidad y los niveles de producción; el departamento de compras también emplea esta información para adquirir las materias primas necesarias; y el departamento de recursos humanos la utilizará para contratar a los trabajadores que sean necesarios. El departamento de marketing es el responsable de preparar los pronósticos de ventas. Si éstos resultan erróneos, la empresa se puede encontrar con un inventario excesivo o insuficiente. Los pronósticos de ventas parten de cálculos de la demanda. Los directivos deben definir qué entienden por demanda de mercado. Veamos un ejemplo de la importancia que tiene definir el mercado correctamente:

Anuncio de un producto de Clorox, el Gladware. Clorox es una de las empresas que recurre a la creación de modelos de mezcla de marketing para probar la eficacia de su publicidad.

COCA-COLA

Cuando Roberto Goizueta se convirtió en el presidente de Coca-Cola, muchos pensaron que las ventas de la empresa ya habían tocado techo. Sin embargo, Goizueta reformuló la idea de participación de mercado para la empresa y afirmó que, de los 1.8 litros de líquido que ingieren en promedio 4,400 millones de habitantes en todo el mundo, Coca-Cola no representaba ni 0.05 litros. Goizueta dijo a sus empleados: "Nuestros enemigos son el café, la leche, el té, el agua ...", y así se inició un gran periodo de expansión.

Los parámetros de la demanda de mercado

Las empresas pueden preparar hasta 90 tipos de cálculos de la demanda diferentes (véase la figura 4.4). La demanda se puede medir para seis niveles de producto diferentes, desde cinco niveles de espacio y desde tres niveles de tiempo.

Cada medida de la demanda se utiliza para un fin diferente. Una empresa podría predecir la demanda a corto plazo para un producto en concreto con el fin de solicitar materias primas, planear la producción y solicitar un crédito; o podría prever la demanda regional para su principal línea de productos para decidir si debe crear un centro de distribución regional.

Los pronósticos también dependen del tipo de mercado. El tamaño de un mercado depende del número de compradores que existen para una determinada oferta. Sin embargo, existen muchas formas productivas de desglosar el mercado:

■ El **mercado potencial** es el conjunto de consumidores que presenta un nivel de interés suficientemente elevado por la oferta de mercado. Sin embargo, el interés del consumidor no es suficiente para definir el mercado; los consumidores potenciales deben tener un ingreso suficiente y deben tener acceso a la oferta de mercado.

■ El **mercado disponible** es el conjunto de consumidores que tienen interés por una oferta, que cuentan con los ingresos necesarios para adquirirla y que disponen de acceso a la misma. Para determinadas ofertas, la empresa o el gobierno podría restringir las ventas a ciertos grupos. Por ejemplo, un Estado podría prohibir las ventas de determinadas motocicletas a los menores de 21 años. Los adultos restantes constituyen el *mercado calificado disponible,* es decir, el conjunto de consumidores restante que tiene interés por la oferta, cuenta con el ingreso necesario, tiene acceso a ella y además está calificado para adquirirla.

■ El **mercado meta** es la proporción del mercado calificado a la que la empresa decide atender. La empresa podría decidir concentrar sus esfuerzos de marketing y de distribución en la costa oriental de Estados Unidos. La empresa venderá a un número determinado de compradores del mercado meta.

■ El **mercado penetrado** es el conjunto de consumidores que adquieren el producto de la empresa.

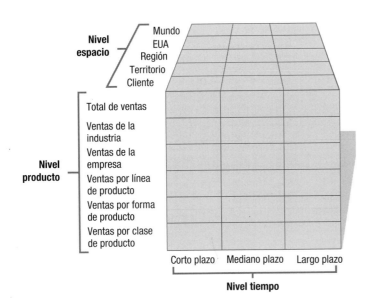

| FIG. **4.4** |

Noventa tipos de medición de la demanda.

Estas definiciones constituyen una herramienta útil para la planeación de mercado. Si la empresa no está satisfecha con las ventas actuales, puede tomar una serie de medidas. Puede intentar atraer a un mayor porcentaje de compradores de su mercado meta. Puede reducir el número de requisitos necesarios de los compradores potenciales. Puede expandir su mercado disponible abriendo un centro de distribución en otro lugar o reduciendo su precio. O también puede reposicionarse en la mente de sus clientes. Veamos el caso de Target Stores.

TARGET

Como respuesta a la intensa competencia de grandes minoristas como Wal-Mart y Kmart, Target Stores decidió dirigirse a los consumidores más adinerados y alejarlos de las tiendas de descuento. Este minorista de la zona central de Estados Unidos lanzó una campaña de publicidad poco habitual en medios inusitados: los suplementos dominicales del *New York Times*, de *Los Angeles Times* y del *San Francisco Examiner*. En un anuncio aparecía una mujer montada en una aspiradora surcando el cielo por la noche. El anuncio simplemente decía "Moda y productos para el hogar", con el logotipo de Target en el margen inferior derecho. Estos anuncios tan modernos le valieron la reputación de minorista de masas de "clase alta", o de un "Kmart para yuppies", como lo describió un comprador. En el 2001, Target llevó la "moda a la alimentación" y añadió frutas y verduras a su sección de alimentos, creando SuperTargets de 16,260 metros cuadrados. En el 2004 había 1,249 establecimientos Target en 47 estados de Estados Unidos (con 119 establecimientos SuperTarget).[40]

Terminología para el cálculo de la demanda

Los principales conceptos para el cálculo de la demanda son demanda de mercado y demanda de la empresa. Dentro de cada uno debe distinguirse entre función de demanda, pronóstico de ventas y potencial.

DEMANDA DE MERCADO Como se ha visto, lo primero que se debe hacer a la hora de valorar las oportunidades es calcular la demanda de mercado total. La **demanda de mercado** de un producto es el volumen total susceptible de ser adquirido por un grupo de consumidores definido en un área geográfica determinada, durante un periodo establecido, en un entorno de marketing concreto y bajo un programa de marketing específico.

La demanda de mercado no es un número fijo, sino más bien una función de las condiciones mencionadas. Por esta razón se le puede llamar *función de demanda del mercado*. La dependencia de la demanda total de mercado de otras condiciones subyacentes aparece en la figura 4.5*a*. En el eje horizontal se muestran distintos niveles de gastos en actividades de marketing en un sector para un periodo determinado. El eje vertical mide los niveles correspondientes de la demanda. La curva representa la demanda total de mercado asociada con distintos niveles de gastos de marketing para cada sector.

Existe un nivel de ventas (denominado *mínimo de mercado*, señalado en la gráfica como *Q1*) que podría obtenerse sin necesidad de estimular la demanda mediante gastos específicos. A mayores niveles de gastos en actividades de marketing corresponden volúmenes de demanda superiores, al principio con una tasa creciente y, después, con una tasa decreciente. A partir de cierto nivel de gastos en actividades de marketing, el nivel de demanda no puede incrementarse más, lo que significa que existe un límite superior que no puede sobrepasarse y que se conoce como *potencial de mercado* (señalado como *Q2* en la gráfica).

La distancia entre el mínimo de mercado y el potencial de mercado muestra el *intervalo de sensibilidad de la demanda*. Se puede pensar ahora en dos tipos de mercado, los que se

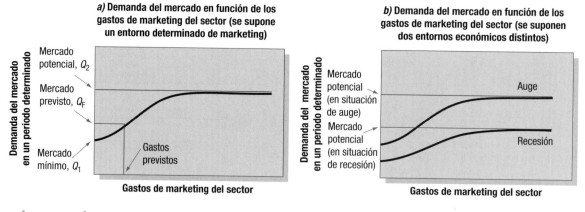

FIG. **4.5**   Funciones de demanda del mercado.

pueden expandir y los que no admiten expansión. Un *mercado que admite expansión*, como el mercado de las raquetas de tenis, se ve afectado en su volumen total por el nivel de gastos de marketing de la industria. En la figura 4.5*a*, la distancia entre *Q*1 y *Q*2 es relativamente grande. Un *mercado que no admite expansión*, como el mercado de la ópera, apenas se ve afectado por el nivel de gastos en actividades de marketing: la distancia entre *Q*1 y *Q*2 es relativamente pequeña. Las organizaciones que se dirigen a un mercado no expandible deben aceptar el tamaño del mercado (el nivel de *demanda primaria* para el producto) y concentrar sus esfuerzos en conseguir una mayor **participación de mercado** para su producto (el nivel de demanda selectiva del producto de la empresa).

Conviene comparar el nivel real de demanda de mercado con el nivel potencial de demanda. El resultado se denomina **índice de penetración de mercado**. Si éste es bajo, significa que existe un potencial de crecimiento considerable para todas las empresas. Si, por el contrario, es alto, significa que los esfuerzos deben dirigirse a atraer a los pocos clientes potenciales que quedan. Normalmente, cuando el índice de penetración de mercado es alto, los márgenes caen y comienza la competencia en precios.

Las empresas también deben comparar su participación de mercado real con su participación de mercado potencial. El resultado de esta comparación se denomina **índice de penetración de la empresa**. Si éste es bajo, significa que la empresa puede aumentar su participación de mercado considerablemente. Los factores subyacentes que la limitan podrían ser: poca relevancia de marca, poca disponibilidad de marca, beneficios deficientes y precio demasiado elevado. Las empresas deben calcular cómo podrían incrementar su participación de mercado invirtiendo en eliminar los posibles errores para ver qué inversiones generarían la mayor mejora en el índice de penetración.[41]

Es importante recordar que la función de demanda del mercado no es una imagen de la demanda en el tiempo, sino que lo que muestra la curva, más bien, son diferentes combinaciones entre los pronósticos de demanda asociados con posibles gastos del sector en actividades de marketing, durante un periodo determinado.

ESTIMACIÓN DE MERCADO   En un momento dado sólo puede existir un nivel de gasto en actividades de marketing dentro de cada sector. La demanda de mercado correspondiente a este nivel se denomina **estimación de mercado**.

POTENCIAL DE MERCADO   La estimación de mercado muestra la demanda de mercado prevista, no la demanda máxima de mercado. Para estimar esta última se debe visualizar el nivel de demanda de mercado resultante de un nivel de gasto sectorial de marketing "muy elevado", a partir del cual los sucesivos aumentos en el gasto apenas surten efectos en la demanda. El **potencial de mercado** es el límite al cual se aproxima la demanda del mercado cuando los gastos de marketing del sector tienden a infinito, en un determinado entorno de marketing.

La expresión "un determinado entorno de marketing" es fundamental. Veamos el potencial del mercado de los automóviles en un periodo de recesión en contraste con un periodo de prosperidad económica. El potencial es mucho mayor durante la fase de prosperidad. El nivel de dependencia del potencial de mercado del entorno de marketing queda reflejado en la figura 4.5*b*. Los analistas distinguen entre la posición de la función de demanda del mercado y los movimientos a lo largo de la curva. Las empresas no pueden hacer nada para cambiar la posición de la función de la demanda de mercado, que está determinada por el entorno de marketing. Sin embargo, sí pueden influir en su ubicación a lo largo de esa función, de acuerdo con lo que decidan gastar en actividades de marketing.

Uno de los índices más elevados de propiedad/uso de un producto de Estados Unidos corresponde a la televisión: el 98% de los estadounidenses tienen televisor y la mayoría de las familias tienen más de una. *a)* La televisión familiar, la más grande, en la sala. *b)* Los jóvenes acostumbran hacer las tareas escolares frente al televisor del dormitorio. *c)* Un ama de casa sigue un programa de cocina.

Las empresas a las que interesa el potencial de mercado conceden una importancia especial al **porcentaje de penetración de producto**, que es el porcentaje de propiedad o uso de un producto o de un servicio en un grupo de población. Éstos son algunos porcentajes de productos en Estados Unidos: televisores (98%), seguros médicos (84%), automóviles (81%), vivienda propia (67%), computadoras personales (54%), propiedad de acciones (48%), armas de fuego (41%) y fax (12%).[42] Las empresas suponen que cuanto más bajo es el porcentaje de penetración de un producto mayor es su potencial de mercado, aunque con esta afirmación se está dando por hecho que todos los consumidores podrían pertenecer al mercado de cualquier producto.

DEMANDA DE LA EMPRESA Llegados a este punto estamos en disposición de definir la demanda de la empresa: la **demanda de la empresa** es la participación estimada de la demanda de mercado que corresponde a la empresa para los diferentes niveles de esfuerzo de marketing en un periodo determinado. La participación de mercado de la empresa depende de la percepción de los productos, servicios, precios y mensajes de la empresa respecto a los de la competencia. Si todos los demás factores son similares, la participación de mercado de la empresa dependerá del volumen y de la eficacia de sus inversiones de marketing respecto a los competidores. Los creadores de modelos de marketing han desarrollado funciones de respuesta de ventas para medir cómo influyen el nivel de gastos de marketing, la mezcla de marketing y la eficacia del marketing en las ventas de una empresa.[43]

PRONÓSTICO DE VENTAS DE LA EMPRESA Una vez que los mercadólogos han calculado la demanda de la empresa, el siguiente paso consiste en seleccionar un nivel de esfuerzo de marketing. El nivel seleccionado generará el nivel de ventas previsto. El **pronóstico de ventas de la empresa** es el nivel de ventas previsto de acuerdo con un plan de marketing y en un entorno de marketing determinado.

El pronóstico de ventas de la empresa se representa gráficamente situando las ventas en el eje vertical y los esfuerzos de marketing de la empresa en el eje horizontal, como en la figura 4.5. Con demasiada frecuencia se confunde la relación secuencial entre los pronósticos de la empresa y el plan de marketing. No son raros los casos en los que las empresas se arrepienten de no haber desarrollado su plan de marketing según los pronósticos de ventas. Esta secuencia pronóstico-plan sólo resulta válida si "pronóstico" significa un cálculo de la actividad económica nacional o si la demanda de la empresa no pudiera expandirse. Sin embargo, esta secuencia no será válida cuando la demanda es expansible o cuando "pronóstico" se utiliza como cálculo de las ventas de la empresa. El pronóstico de ventas de una empresa no sienta las bases para decidir qué se debe invertir en marketing, sino que, por el contrario, el pronóstico de ventas es el resultado de un plan de gastos en actividades de marketing.

En relación con el pronóstico de ventas existen otros dos conceptos dignos de mención. Una **cuota de ventas** es el objetivo de ventas que se fija para una línea de producto, para una división o para un vendedor. Se trata, fundamentalmente, de una herramienta de administración para definir y estimular el esfuerzo de ventas. La dirección establece las cuotas en función de los pronósticos de ventas de la empresa y de la motivación necesaria para estimular su consecución. Por lo general, las cuotas de ventas se fijan ligeramente por encima de las ventas previstas para exigir el esfuerzo de los vendedores.

Un **presupuesto de ventas** es un cálculo moderado del volumen de ventas previsto y se utiliza, sobre todo, para tomar las decisiones correctas en materia de compras, producción y liquidez. El presupuesto de ventas se basa en el pronóstico de ventas y en la necesidad de evitar riesgos excesivos. Los presupuestos de ventas por lo general se fijan ligeramente por debajo del pronóstico de ventas.

POTENCIAL DE VENTAS DE LA EMPRESA El potencial de ventas de la empresa es el límite de ventas al que puede aproximarse la demanda de la empresa conforme aumentan sus esfuerzos de marketing con respecto a los de los competidores. El límite absoluto de la demanda de la empresa es, evidentemente, el potencial de mercado. Estos dos serían similares si la empresa tuviera el 100% del mercado. En la mayoría de los casos, el potencial de ventas de la empresa es inferior al potencial de mercado, incluso cuando las inversiones en marketing de la empresa aumentan de forma significativa respecto a la competencia. La razón es que cada competidor tiene un núcleo fuerte de compradores leales que no son receptivos a los esfuerzos de marketing de otras empresas que intentan atraerlos.

Cálculo de la demanda actual

Ahora estamos en posibilidades de estudiar los métodos prácticos para calcular la demanda actual del mercado . Los ejecutivos de marketing desearán calcular el potencial del mercado en su totalidad, el potencial total por zonas, así como las ventas totales y las cuotas de mercado del sector industrial en que se desenvuelven.

POTENCIAL TOTAL DEL MERCADO El potencial total del mercado es el volumen máximo de ventas que podría estar disponible para todas las empresas de un mismo sector industrial durante un periodo determinado, con un nivel de gasto en actividades de marketing concreto, y con unas condiciones del entorno específicas. Un método común para calcular el potencial total de mercado es el siguiente: calcular el número de compradores potenciales, y multiplicarlo por la cantidad media de adquisiciones por comprador y por el precio.

Si 100 millones de personas compran libros cada año, el comprador medio adquiere tres libros por año, y el precio medio de un libro es de $20, el potencial total del mercado de libros es de 6,000 millones de dólares (100 millones $\times$ 3 $\times$ $20). El elemento más difícil de calcular es el número de compradores de un producto o mercado concreto. Siempre se puede comenzar con la población total del país, digamos, 261 millones de habitantes. El siguiente paso es eliminar a los grupos que, por razones obvias, no adquieren el producto. Supongamos que los analfabetos y los niños menores de 12 años no compran libros, y que representan el 20% de la población.

Esto significa que sólo el 80% de la población, o lo que es lo mismo, 209 millones de personas, podrían considerarse compradores potenciales. Imaginemos que seguimos investigando y descubrimos que las personas con pocos ingresos y nivel bajo de estudios no leen libros, y que representan el 30% de la población. Si restamos esta cifra a la anterior llegamos a una cifra de 146.3 millones de compradores de libros. Esta cifra es la que se utilizará para calcular el potencial total de mercado.

Un método alternativo es el del *método de proporciones en cadena.* Consiste en multiplicar un número base por una serie de porcentajes. Supongamos que una empresa fabricante de cerveza quiere calcular el potencial de mercado para una nueva cerveza baja en calorías. El cálculo se podría hacer como sigue:

> Demanda de la nueva cerveza *light* = Población $\times$ ingreso per cápita $\times$ porcentaje de ingreso gastado en alimentos $\times$ porcentaje promedio de gasto en bebidas alcohólicas $\times$ porcentaje de gasto en bebidas alcohólicas que se destina a cerveza $\times$ porcentaje de gasto en cerveza destinado a cerveza baja en calorías.

POTENCIAL DE MERCADO POR ZONAS Las empresas se enfrentan al problema de seleccionar las mejores zonas para sus productos y de asignar sus presupuestos de marketing adecuadamente para los diferentes territorios. Por esta razón necesitan calcular el potencial de mercado de las diferentes ciudades, estados y naciones. Existen dos métodos principales para este cálculo: el método de acumulación de mercado, que se utiliza fundamentalmente en mercados empresariales, y el método del índice multifactorial de mercado, que se utiliza sobre todo en mercados de consumo.

Método de construcción del mercado El método de construcción del mercado consiste en identificar el total de compradores potenciales de cada mercado y en calcular sus posibles compras. Este método arroja resultados precisos siempre que se utiliza una lista de todos los compradores potenciales y un cálculo certero de qué adquirirá cada uno. Por desgracia, no siempre es fácil conseguir esta información.

Imaginemos que una empresa que fabrica maquinaria y herramientas quiere calcular el potencial de mercado de la zona de Boston para un torno de madera. El primer paso es identificar a todos los compradores potenciales de tornos de madera en el área. Los compradores serán, sobre todo, los fabricantes que dan forma a la madera como parte de su proceso productivo, de modo que la empresa podría elaborar una lista de todos los fabricantes de la zona de Boston. A continuación podría calcular el número de tornos que utiliza cada empresa en función del número de tornos por cada mil empleados o por cada millón de dólares de ventas del sector.

Para calcular el potencial de mercado de diferentes zonas de forma eficaz se puede hacer uso del *North American Industry Classification System* (NAICS o *Sistema de clasificación sectorial norteamericano)*, desarrollado por el censo estadounidense en colaboración con los gobiernos canadiense y mexicano.[44] El NAICS clasifica todas las empresas de fabricación en 20 sectores principales. Cada sector se desglosa en una estructura jerárquica de seis dígitos como sigue:

51	Sector industrial (Información)
513	Subsector industrial (Radiodifusión y telecomunicaciones)
5133	Grupo industrial (Telecomunicaciones)
51332	Industria (Telecomunicaciones inalámbricas, excepto satélite)
513321	Industria nacional (Búsqueda de personas)

Las empresas pueden comprar un CD-ROM con un directorio de empresas correspondiente a cada número de seis dígitos de NAICS, y en él puede encontrar el perfil completo de millones de establecimientos, subclasificados por ubicación, número de empleados, ventas anuales y activos netos.

Para utilizar el sistema NAICS, el fabricante de tornos debe, en primer lugar, determinar qué códigos representan los productos cuyos fabricantes podrían comprar su maquinaria. Para conseguir una idea general de todos los sectores que podrían utilizar tornos, la empresa puede: **1.** determinar los códigos NAICS de clientes anteriores; **2.** revisar el manual NAICS e identificar todos los sectores que podrían estar interesados en adquirir tornos; **3.** enviar cuestionarios a una amplia gama de empresas y preguntar si estarían interesadas en adquirir un torno de madera.

A continuación, la empresa deberá determinar una base apropiada para calcular el número de tornos que utilizará cada sector. Supongamos que las ventas a clientes industriales son un buen indicador para este cálculo. Una vez que la empresa haya calculado la proporción entre empresas que poseen tornos y las ventas a clientes industriales, podrá estimar el potencial de mercado.

M é t o d o   d e l   í n d i c e   m u l t i f a c t o r i a l Al igual que los mercados industriales, las empresas de consumo también tienen que calcular el potencial de mercado de diferentes zonas geográficas, pero como sus clientes son demasiado numerosos, no existen listados para ellos. El método más utilizado en los mercados de consumo es un sencillo método de índices. Un fabricante de productos farmacéuticos, por ejemplo, podría suponer que el mercado potencial de medicamentos está directamente relacionado con el tamaño de la población. Si el estado de Virginia tiene el 2.28% de la población de Estados Unidos, la empresa podría dar por hecho que ese estado constituye un mercado que representa el 2.28% del mercado total de fármacos.

Sin embargo, un factor único rara vez constituye un indicador confiable de las oportunidades de ventas. Las ventas de medicamentos por región dependen también del ingreso per cápita y del número de médicos por cada 10,000 habitantes. Por esta razón tiene lógica desarrollar un índice multifactorial, en el que se asigna una ponderación relativa a cada factor. Los números son las ponderaciones asignadas a cada variable. Por ejemplo, imaginemos que Virginia tiene el 2% del ingreso personal disponible de Estados Unidos, el 1.96% de las ventas minoristas, el 2.28% de la población estadounidense y que las ponderaciones relativas son 0.5, 0.3 y 0.2, respectivamente. El índice de poder adquisitivo para Virginia sería de 2.04 [0.5(2.00) + 0.3(1.96) + 0.2(2.28)]. Por tanto, cabría esperar que el 2.04% de las ventas nacionales tuvieran lugar en Virginia.

Las ponderaciones que se utilizan en este método son, en cierto modo, arbitrarias. Sería factible utilizar otras ponderaciones si fuese necesario. Es más, tal vez un fabricante quiera ajustar el potencial de mercado a factores adicionales, como la presencia de otros competidores en el mercado, los costos de promoción local, los factores estacionales y la idiosincrasia del mercado local.

Muchas empresas pueden tener en cuenta otros índices de la zona como indicadores para decidir la asignación de los recursos de marketing. Supongamos que la empresa farmacéutica está analizando las ciudades de la tabla 4.10. Las dos primeras columnas indican el porcentaje de ventas por marca y categoría respecto al total de empresas en las seis ciudades en cuestión. La tercera columna incluye el **índice de desarrollo de marca (IDM)**, que es la relación existente entre las ventas de la marca y las ventas por categoría. Seattle, por ejemplo, tiene un IDM de 114 porque allí la marca está más desarrollada que la categoría. En cambio Portland tiene un IDM de 65, lo que significa que en Portland la marca está relativamente subdesarrollada. Por lo regular, cuanto más bajo es el IDM mayores son las oportunidades de mercado, puesto que hay posibilidades de expandir la marca. Sin embargo, otros mercadólogos sostienen lo contrario, es decir, que los fondos de marketing deberían asignarse a los mercados donde la marca es más fuerte, en los que podría ser importante reforzar la lealtad de los clientes o donde podría resultar más sencillo conseguir una mayor participación de marca.[45]

Una vez que la empresa decide la distribución de su presupuesto por ciudad, puede desglosarlo por áreas de extensión más reducida como circunscripciones o códigos postales. En Estados Unidos, las circunscripciones o *census tracts* son zonas estadísticas reducidas y local-

	a) Porcentaje de la marca en EUA	b) Porcentaje de la categoría en EUA	IDM
Territorio	**Ventas**	**Ventas**	**(a ÷ b) × 100**
Seattle	3.09	2.71	114
Portland	6.74	10.41	65
Boston	3.49	3.85	91
Toledo	.97	.81	120
Chicago	1.13	.81	140
Baltimore	3.12	3.00	104

mente definidas dentro de áreas metropolitanas y determinados condados. Generalmente tienen límites geográficos estables y una población de unos 4,000 habitantes. Los códigos postales (establecidos por los servicios postales nacionales en Estados Unidos) tienen una población algo mayor que la de los barrios o distritos. La información sobre volumen de población, salario medio por familia y otras características están disponibles para cada una de estas unidades geográficas. Esta información es muy útil para los mercadólogos, que la utilizan para identificar las áreas de comercio minorista con mayor potencial y para adquirir listas de distribución para sus campañas de correo directo (véase el capítulo 8).

VOLUMEN DE VENTAS Y PARTICIPACIÓN DE MERCADO POR SECTOR Además de calcular el potencial total del mercado y el potencial por territorios, una empresa necesita conocer el volumen de ventas total que se produce en su mercado. Esto significa identificar a los competidores y calcular sus ventas.

Las confederaciones empresariales reúnen y publican datos referentes al total de las ventas de su sector, aunque casi nunca los desglosan por empresas. Con esta información, cada empresa puede comparar sus resultados con los de la totalidad del sector. Imaginemos que las ventas de una empresa aumentan a un ritmo del 5% cada año, y que las ventas del sector crecen a un 10% anual. Sin duda, esta empresa está perdiendo importancia en su sector.

Otra forma de calcular las ventas es adquirir informes de empresas de investigación de mercados que auditan el total de ventas y las ventas por marca. Nielsen Media Research realiza estudios sobre diferentes categorías de productos en supermercados y farmacias, y vende esta información a las empresas interesadas. Estos estudios pueden ofrecer a la empresa información muy valiosa sobre las ventas totales de su categoría de productos, así como sobre las ventas de las distintas marcas. También puede comparar sus resultados con el total del sector o con cualquier competidor en concreto, para así analizar si está ganando o perdiendo participación de mercado.

Generalmente, el cálculo de las ventas por sector y de la participación de mercado es más complicado para las empresas de bienes industriales. En el mercado empresarial no existen empresas como Nielsen en las cuales basarse. Además, los distribuidores no suelen revelar información sobre las ventas de productos competidores que venden. Por esta razón, las empresas de sectores industriales operan con menos conocimiento de la participación de mercado.

Cálculo de la demanda futura

Muy pocos productos o servicios son sencillos de predecir. Los pronósticos sencillos se refieren, generalmente, a productos cuya evolución de las ventas es más o menos constante o que carecen de competidores (servicios públicos) o cuyos competidores son estables (oligopolios puros). En la mayoría de los mercados, la demanda total y la demanda de la empresa no son estables. Los buenos pronósticos son, sin embargo, un factor clave para el éxito de la empresa. Cuanto más inestable es la demanda, más importante es la precisión de los pronósticos, y más complicada es la técnica para elaborarlos.

Las empresas casi siempre utilizan un proceso de tres fases para elaborar un pronóstico de ventas. En primer lugar preparan un pronóstico macroeconómico, a continuación un pronóstico sectorial, y por último un pronóstico de ventas de la empresa. El pronóstico macroeconómico requiere la proyección de la inflación, del desempleo, de las tasas de interés, del índice de consumo, de la inversión empresarial, del gasto público, de las exportaciones netas y de otras variables. El resultado final es una estimación del producto nacional bruto, que se utiliza, junto con otros indicadores del entorno, para prever las ventas de un sector industrial. La empresa obtiene su pronóstico de ventas suponiendo que ganará la participación de mercado que desea conseguir.

¿Cómo realizan las empresas sus pronósticos? Las empresas pueden hacerlo a nivel interno o contratar a empresas externas como empresas de investigación de mercados, que elaboran sus pronósticos entrevistando a consumidores, distribuidores y a otros sectores de interés. Las empresas especializadas en pronósticos crean proyecciones de largo alcance de los componentes del macroentorno como la población, los recursos naturales y la tecnología. Algunas de estas empresas son Global Insight (fusión de Data Resources y Wharton Econometric Forecasting Associates), Forrester Research y Gartner Group. Las empresas de investigación futurista definen escenarios hipotéticos del futuro. Algunas de estas empresas son Institute for the Future, Hudson Institute y Futures Group.

Todos los pronósticos se desarrollan a partir de una de las tres fuentes de información existentes: lo que la gente dice, lo que la gente hace y lo que la gente ha hecho. La primera fuente, lo que la gente dice, consiste en recopilar opiniones de compradores o de personas cercanas a ellos como vendedores o expertos independientes. Incluye tres métodos: análisis de las intenciones de los compradores, de la opinión de la fuerza de ventas y de la opinión de los expertos. Para realizar un pronóstico con base en lo que la gente hace es necesario utilizar otro método que consiste en colocar el producto en un mercado de prueba para medir la respuesta. La fuente final, lo que la gente ha hecho, consiste en analizar los registros de conductas de compra pasadas o en utilizar análisis de series de tiempo o análisis estadísticos de la demanda.

ANÁLISIS DE LAS INTENCIONES DE LOS COMPRADORES Pronosticar es el arte de anticipar la posible respuesta de los compradores en una serie de condiciones. Como la conducta de los compradores es tan importante, lo mejor es preguntar a ellos. En el caso de los bienes de consumo duraderos (por ejemplo, los electrodomésticos), existen diversas organizaciones que realizan encuestas periódicas de intención de compra. Estas empresas realizan preguntas como la siguiente:

¿Tiene usted la intención de comprar un automóvil en los próximos seis meses?

0.00	0.20	0.40	0.60	0.80	1.00
No, en absoluto	Muy poco probable	Es probable	Es bastante probable	Es muy probable	Sí, seguro

Esta escala se conoce como **escala de probabilidades de compra**. Además, las diferentes encuestas también preguntan a los consumidores sobre la situación financiera actual y futura, y sobre sus expectativas sobre la economía. Luego, la información recabada se combina para obtener una medición de la confianza de los consumidores (como hace Conference Board) o una medida del sentimiento de los consumidores (como en el caso de Survey Research Center de la Universidad de Michigan). Los fabricantes de bienes de consumo duraderos pueden emplear estas encuestas y sus índices con la esperanza de anticipar los cambios principales en las intenciones de compra y así poder ajustar sus planes de producción y de marketing en consecuencia.

En el caso de la compra empresarial, las organizaciones dedicadas a la investigación pueden realizar encuestas de intención de compra de plantas de producción, equipo o materiales. Sus cálculos suelen presentar un margen de error del 10% respecto de los resultados reales. Las encuestas de intención de compra son especialmente útiles para calcular la demanda de productos industriales, bienes de consumo duraderos, compras de productos para los que se necesita planeación previa, y para productos nuevos. El valor de los análisis de intención de compra aumenta en la medida en que el costo de llegar a los compradores es limitado, los compradores son pocos, sus intenciones son claras, hacen lo que dicen, y revelan sus intenciones de forma honesta.

OPINIÓN DE LA FUERZA DE VENTAS Cuando preguntar a los compradores no resulta práctico, la empresa puede pedir a sus vendedores que calculen las ventas futuras. Cada vendedor estima cuánto comprarán los clientes reales y los potenciales de cada producto de la compañía.

Pocas empresas utilizan los cálculos de la fuerza de ventas sin hacer algunos ajustes previos. Los vendedores podrían mostrarse pesimistas u optimistas, o podrían pasar de un extremo a otro por un fracaso o un éxito reciente. Es más, no acostumbran estar al tanto de los últimos acontecimientos económicos ni conocen cómo influirán los planes de marketing en el nivel de ventas de su zona. Por otra parte, podrían subestimar la demanda para que se les fije una cuota de ventas más baja, podrían no disponer del tiempo necesario para preparar proyecciones precisas, o podrían considerar que el esfuerzo no merece la pena. Para fomentar los buenos pronósticos la empresa puede ofrecer ayuda o incentivos. Por ejemplo, los vendedores podrían recibir un registro de los pronósticos pasados comparados con los resultados reales, así como una descripción de los supuestos de la empresa sobre las perspectivas del negocio, la conducta de los competidores y los planes de marketing.

Hacer participar a los vendedores en la elaboración de los pronósticos a menudo tiene ventajas. En primer lugar, ellos conocen las tendencias del sector mejor que cualquier otro grupo. Tras participar en el proceso de elaboración de pronósticos, los vendedores pueden tener más confianza en las cuotas de ventas y más motivación para conseguirlas. Asimismo, el procedimiento básico de elaboración de pronósticos puede ofrecer resultados detallados y desglosados por producto, territorio, cliente y vendedor.

OPINIÓN DE LOS EXPERTOS Las empresas también pueden obtener pronósticos de expertos como intermediarios, distribuidores, proveedores, consultores de marketing y asociaciones comerciales. Las grandes empresas de electrodomésticos, al igual que los fabricantes de automóviles, solicitan pronósticos a corto plazo a sus representantes con relativa periodicidad. Los pronósticos de los representantes están sujetos a las mismas fortalezas y debilidades que los de la fuerza de ventas. Muchas empresas compran los pronósticos económicos y sectoriales a grandes y reconocidas empresas especializadas en la materia. Estos especialistas son capaces de elaborar mejores pronósticos que la empresa puesto que tienen más información a su disposición y cuentan con una mayor experiencia.

En ocasiones, las empresas pueden invitar a un grupo de expertos para que preparen un pronóstico de ventas. Los expertos intercambian opiniones y elaboran un pronóstico en grupo (*método de discusión en grupo*), o también pueden generar pronósticos individuales, y después un analista puede combinarlos para llegar a una única proyección (*agrupación de pronósticos individuales*). De forma alternativa, los expertos pueden presentar sus pronósticos y supuestos personales a la empresa, que después los perfecciona. A continuación se celebran otras rondas destinadas a hacer estimaciones y refinar la información (método Delphi).[46]

ANÁLISIS HISTÓRICO DE VENTAS Los pronósticos de ventas se pueden elaborar a partir de las ventas históricas. El *análisis de series de tiempo* consiste en desglosar el histórico de ventas en cuatro elementos (tendencia, ciclo, estacionalidad y errores), y en proyectar a futuro estos componentes. La técnica del análisis de series de tiempo denominada *suavización exponencial* consiste en proyectar las ventas del siguiente periodo a través de la combinación de una media de ventas pasadas y de las ventas más recientes, ponderando más estas últimas. El *análisis estadístico de la demanda* mide el impacto de una serie de factores causales (por ejemplo, ingreso, inversión en marketing y precio) sobre el nivel de ventas. Por último, el *análisis econométrico* consiste en crear conjuntos de ecuaciones que describen un sistema con el fin de ajustar estadísticamente los parámetros.

PRUEBA DE MERCADO Cuando los compradores no planean con cuidado sus compras, o cuando no hay expertos disponibles para elaborar los pronósticos o éstos no son fiables, es recomendable que la empresa realice una prueba de mercado. Las pruebas de mercado directas son especialmente recomendables para prever las ventas de productos nuevos o de productos consolidados a través de un canal de distribución nuevo o en un nuevo mercado geográfico. (Analizaremos las pruebas de mercado o comercialización en el capítulo 12.)

RESUMEN :::

1. Las empresas pueden realizar su propia investigación de mercados o contratar a otras empresas para que lo hagan en su lugar. Una buena investigación de mercados se caracteriza por basarse en un método científico, por ser creativa, por aplicar múltiples métodos de investigación, por la aplicación de modelos precisos, por incluir análisis costo-beneficio, por presentar un escepticismo saludable y por tener un enfoque ético.

2. El proceso de investigación de mercados consiste en definir el problema y el objetivo de investigación, desarrollar el plan de investigación, recopilar la información y analizarla, presentar las conclusiones a la dirección y en tomar una decisión al respecto.

3. En el proceso, las empresas deben decidir si recaban nueva información o si utilizan información existente. Asimismo, deben decidir qué método de investigación utilizarán (observación, focus group, encuesta, información conductual o experimental), y qué instrumentos de investigación aplicarán (cuestionarios o instrumentos mecánicos). Además, deben decidir sobre el plan de muestreo y los métodos de contacto.

4. Los análisis deben garantizar que la empresa consiga los objetivos de ventas, utilidades y otros más que se establecen en el plan anual. Las principales herramientas de seguimiento del logro de objetivos son: el análisis de ventas, el análisis de la participación de mercado, el análisis de ventas respecto a inversión en marketing y el análisis financiero del plan de marketing.

5. El propósito del análisis de rentabilidad es medir y controlar la rentabilidad de los diferentes productos, territorios, grupos de clientes, canales de distribución y volumen de pedidos. Una parte importante del control de la rentabilidad consiste en asignar costos y generar estados de resultados.

6. Existen dos tipos de demanda: la demanda de mercado y la demanda de la empresa. Para calcular la demanda actual, las empresas deben determinar el potencial total del mercado, el potencial por zonas, las ventas del sector y la participación de mercado. Para calcular la demanda futura, las empresas deben sondear las intenciones de los compradores, solicitar análisis de la fuerza de ventas, solicitar su opinión a los expertos o realizar pruebas de mercado. Para pronosticar el nivel de ventas en cualquier tipo de demanda es fundamental utilizar modelos matemáticos, técnicas estadísticas avanzadas y procedimientos electrónicos de recopilación de datos.

APLICACIONES :::

Debate de marketing ¿Cuál es la mejor investigación de mercados?

Muchos investigadores de mercados comparten técnicas o métodos de investigación, aunque cada investigador suele tener sus preferencias. Algunos investigadores sostienen que la única forma de conocer a los consumidores o de saber cómo van las marcas es a través de una investigación cualitativa exhaustiva. Otros esgrimen que la única forma legítima y defendible de investigación de mercados es la que incluye medidas cuantitativas.

Tome partido: "La investigación de mercados debería ser cuantitativa" frente a "la investigación de mercados debería ser cualitativa".

Análisis de marketing

¿Cuándo fue la última vez que participó en una encuesta? ¿Cree que la información que ofreció fue de utilidad? ¿Habría otra forma de haber realizado esa encuesta para ganar eficacia?

CASO DE **MARKETING** | **SONY**

Sony comenzó como una tienda de reparación de radios fundada por Masuru Ikura y Akio Morita después de la Segunda Guerra Mundial. La empresa inició su larga trayectoria de fabricación de dispositivos electrónicos en 1957, cuando lanzó el primer transistor de bolsillo del mundo. El nombre de la empresa, Sony, fue tomado de la palabra *sonus*, que en latín significa "sonido". Sony comenzó a fabricar televisores y grabadoras de audio cada vez más pequeñas. En 1979, el Walkman Sony trajo al mundo una nueva forma de escuchar música en público. Sony se convirtió en líder a escala mundial en el ámbito de la electrónica y fue la primera empresa japonesa cuyas acciones se cotizaron en la bolsa de Nueva York.

A finales de los ochenta, Sony comenzó a expandirse hacia los medios de comunicación mediante la adquisición de una casa discográfica estadounidense (CBS Records por 22,000 millones de dólares en 1988) y un gran estudio de Hollywood (Columbia Pictures por 4,900 millones de dólares en 1989). Estas compras hicieron de Sony una fuerza importante del mundo del entretenimiento.

La importancia del marketing en Sony comenzó con Akio Morita, quien consideraba que para que una empresa tuviera éxito tenía que poseer tres tipos de creatividad: creatividad para inventar, creatividad para planear y fabricar productos, y creatividad para comercializarlos.

La creatividad de Sony en el marketing no se limita a crear anuncios inteligentes, sino a profundizar en sus clientes. Por ejemplo, Sony sabe que a sus clientes de PlayStation les gusta encontrar pistas y decodificar información. Así, en los anuncios de Sony para la PlayStation 2, como en la película "Señales", aparece un joven caminando por las calles de una ciudad y se va encontrando con signos que anuncian acontecimientos. Los maniquíes de los escaparates tienen los brazos extendidos y señalan, enigmáticamente, hacia algo que está a punto de ocurrir. "El personaje principal está en medio de su propio juego de rol. Tiene que seguir una serie de pistas y salvar a la heroína", afirma Andrew House, el vicepresidente ejecutivo de marketing de Sony. En los anuncios, "básicamente, intentamos despertar una serie de emociones que creemos también despiertan los juegos: intriga, premonición, emoción, pánico, alivio y al final, logro".

El marketing de Sony también incluye la medición del éxito de cada una de sus campañas. Por ejemplo, Sony emite anuncios de 30 segundos de su PlayStation como parte del preestreno en más de 1,800 salas y en más de 8,000 pantallas de cine. Los anuncios aparecen antes de películas como "El Gato". Sony Computer Entertainment America ha venido proyectando anuncios en películas durante seis años. "La publicidad cinematográfica nos ha resultado muy útil", afirma Ami Blaire, directora de marketing de productos. "La razón por la que nos comprometemos año tras año con el cine es el nivel de recordación que ha demostrado según nuestros propios estudios y los que hemos encargado a Communicus."

Otro ejemplo de cómo mide su marketing Sony son los esfuerzos que destina a los jóvenes de la generación Y. "El programa *on line* que promocionaba los NetMD, ATRAC CD Walkman y Cybershot U30 se emitió desde el 1o. de julio de 2003 hasta el 30 de septiembre de ese mismo año. Descubrimos que más del 70% de los clicks recibidos fueron la respuesta a anuncios multimedia a través de Eyeblaster, en oposición a los banners estáticos", afirma Serge Del Grosso, director de estrategia de medios e Internet de Sony Electronics.

De hecho, Sony ha llegado a desarrollar una solución de marketing directo, que vende a otras empresas que deseen medir la efectividad de su marketing. El producto, llamado eBridge[TM], permite a las empresas emplear video, medir la eficacia de la campaña y profundizar en el conocimiento del público meta, todo en un mismo paquete.

Sony espera que la siguiente gran superventa no venga de un único aparato electrónico. Más bien, el presidente de Sony, Kunitake Ando afirma que el futuro consistirá en hacer más útiles toda una serie de dispositivos, vinculándolos con un mismo sistema de red doméstico de entretenimiento. Sony considera que su influencia en el mundo de la electrónica, combinada con el contenido de medios, le permitirá dirigir tal convergencia en el sentido que mejor le convenga. Ya sea que el futuro esté en la televisión, en las computadoras o en cualquier otro aparato, Sony, esta empresa de 62,000 millones de dólares, los fabricará todos, y además añadirá un potente nombre de marca que les conferirá un atractivo extra en los puntos de venta minorista de todo el mundo.

Preguntas para discusión

1. ¿Cuáles han sido los factores de éxito de Sony?

2. ¿En qué sentido es vulnerable esta empresa? ¿A qué debe prestar mayor atención?

3. ¿Qué recomendaría a los directivos de marketing de Sony para el futuro? ¿Qué medidas de marketing deben tomar?

Fuentes: John Teresko, "ASIA: Yesterday's Fast Followers Today's Global Leaders", *Industry Week,* febrero de 2004, pp. 22–28; Gregory Solman, "Sony's Got Game on Movie, TV Screens", *Adweek,* 26 de noviembre de 2003, p. NA; "Sony Launches Holiday Ad Blitz", *Technology Advertising & Branding Report,* 1o. de diciembre de 2003; Tobi Elkin, "Sony Rolls Cinematic PS2 Push", *Advertising Age,* 2 de septiembre de 2002, p. 4; "Digital Player: Serge Del Grosso", *Advertising Age,* 27 de octubre de 2003, p. 44; "The Complete Home Entertainer?", *The Economist,* 1o. de marzo de 2003; <www.sony.com>.

REFERENCIAS BIBLIOGRÁFICAS :::

1. Allison Fass, "Bear Market", *Forbes*, 1o. de marzo de 2004, p. 88.

2. *1994 Survey of Market Research*, eds. Thomas Kinnear y Ann Root (Chicago: American Marketing Association, 1994).

3. Emily Sweeney, "Karmaloop Shapes Urban Fashion by Spotting Trends Where They Start", *Boston Globe*, 8 de julio de 2004, p. D3.

4. Kevin J. Clancy y Robert S. Shulman, *Marketing Myths That Are Killing Business* (Nueva York: McGraw-Hill, 1994), p. 58; Phaedra Hise, "Comprehensive CompuServe", *Inc.* (junio de 1994), pp. 109; "Business Bulletin: Studying the Competition", *Wall Street Journal*, p. A1–A5.

5. Kate Maddox, "The ROI of RESEARCH", *B to B*, 5 de abril de 2004, pp. 25, 28.

6. Para más información sobre el acceso a Internet a bordo, véase "In-Flight Dogfight", *Business2.Com*, 9 de enero de 2001, pp. 84–91; John Blau, "In-Flight Internet Service Ready for Takeoff", IDG News Service, 14 de junio de 2002; "Boeing In-Flight Internet Plan Goes Airborne", *The Associated Press*, 18 de abril de 2004.

7. Para un análisis del enfoque decisión-teoría del valor de la investigación, véase Donald R. Lehmann, Sunil Gupta y Joel Steckel, *Market Research* (Reading, MA: Addison-Wesley, 1997).

8. Allison Stein Wellner, "Look Who's Watching", *Continental*, abril de 2003, pp. 39–41; Linda Tischler, "Every Move You Make", *Fast Company*, abril de 2004, pp. 73–75.

9. Bruce Nussbaum, "The Power of Design", *Business Week*, 17 de mayo de 2004, pp. 86-94.

10. Roger D. Blackwell, James S. Hensel, Michael B. Phillips y Brian Sternthal, *Laboratory Equipment for Marketing Research* (Dubuque, IA: Kendall/Hunt, 1970); Wally Wood, "The Race to Replace Memory", *Marketing and Media Decisions* (julio de 1986), pp. 166–167. Véase también Gerald Zaltman, "Rethinking Market Research: Putting People Back In", *Journal of Marketing Research* 34, no. 4 (noviembre de 1997), pp. 424–437. Andy Raskin, "A Face Any Business Can Trust", *Business 2.0*, diciembre de 2003, pp. 58-60. Louise Witt, "Inside Intent", *American Demographics*, marzo de 2004, pp. 34–39.

11. Maddox, "The ROI of Research", pp. 25, 28.

12. Peter Fuller, "A Two-way Conversation", *Brandweek*, 25 de febrero de 2002, pp. 21–27.

13. Catherine Arnold, "Hershey Research Sees Net Gain", *Marketing News*, 25 de noviembre de 2002, p. 17.

14. Witt, "Inside Intent", pp. 34–39.

15. Will Wade, "Care and Feeding of Cyberpets Rivets Tag-Along Marketers", *The New York Times*, 26 de febrero de 2004, p. G5.

16. Kevin J. Clancy y Peter C. Krieg, *Counterintuitive Marketing: How Great Results Come from Uncommon Sense* (Nueva York: The Free Press, 2000).

17. John D. C. Little, "Decision Support Systems for Marketing Managers", *Journal of Marketing* (verano de 1979), pp. 11. Véase "Special Issue on Managerial Decision Making", *Marketing Science*, 18(3), 1999, que contiene teorías contemporáneas.

18. Leonard M. Lodish, "CALLPLAN: An Interactive Salesman's Call Planning System", *Management Science* (diciembre de 1971), pp. 25–40.

19. Christine Moorman, Gerald Zaltman y Rohit Deshpandé, "Relationships Between Providers and Users of Market Research: The Dynamics of Trust Within and Between Organizations", *Journal of Marketing Research*, 29 (agosto de 1992), pp. 314–328.

20. Cita extraída de: Arthur Shapiro, "Let's Redefine Market Research", *Brandweek*, 21 de junio de 2004, p. 20.

21. John McManus, "Stumbling Into Intelligence", *American Demographics* (abril de 2004): pp. 22–25.

22. John Gaffney, "The Buzz Must Go on", *Business 2.0*, febrero de 2002, pp. 49–50.

23. Tim Ambler, *Marketing and the Bottom Line: The New Metrics of Corporate Wealth* (Londres: FT Prentice-Hall, 2000).

24. Bob Donath, "Employ Marketing Metrics With a Track Record", *Marketing News*, 15 de septiembre de 2003, p. 12.

25. Kusum L. Ailawadi, Donald R. Lehmann y Scott A. Neslin, "Revenue Premium as an Outcome Measure of Brand Equity", *Journal of Marketing*, 67 (octubre de 2003), pp. 1–17.

26. Ambler, *Marketing and the Bottom Line: The New Metrics of Corporate Wealth*; Tim Ambler, "What Does Marketing Success Look Like?", *Marketing Management* (primavera de 2001), pp. 13–18.

27. Fred Vogelstein, "Mighty Amazon", *Fortune*, 26 de marzo de 2003, pp. 60–74.

28. Jeffrey Schwartz, "New Digital Dashboards Help Drive Decisions", *B to B*, 14 de julio de 2003, pp. 1, 26.

29. Robert S. Kaplan y David P. Norton, *The Balanced Scorecard* (Boston: Harvard Business School Press, 1996).

30. Richard Whiteley y Diane Hessan, *Customer Centered Growth* (Reading, MA: Addison-Wesley, 1996), pp. 87–90; Adrian J. Slywotzky, *Value Migration: How to Think Several Moves Ahead of the Competition* (Boston: Harvard University Press, 1996), pp. 231–235.

31. Marion Debruyne y Katrina Hubbard, "Marketing Metrics", working paper series, Conference Summary, Marketing Science Institute, Informe no. 00–119, 2000.

32. Alfred R. Oxenfeldt, "How to Use Market-Share Measurement", *Harvard Business Review* (enero–febrero de 1969), pp. 59–68.

33. Existe 1/2 de posibilidades de que una observación sucesiva sea mayor o menor. Por tanto, la probabilidad de que seis observaciones sucesivas sean ascendentes viene dada por 1/2 elevado a la sexta, es decir, 1/64.

34. Alternativamente, las empresas han de concentrarse en los factores que influyen en el valor de los accionistas. El objetivo del plan de marketing es aumentar la riqueza de los accionistas, que es el valor actual del flujo de ingresos que recibirá la empresa como consecuencia de las acciones actuales. El análisis del índice de rentabilidad suele concentrarse, únicamente, en los resultados anuales. Véase Alfred Rapport, *Creating Shareholder Value*, rev. ed. (Nueva York: The Free Press, 1997).

35. Para más información sobre análisis financiero, véase Peter L. Mullins, *Measuring Customer and Product Line Profitability* (Washington, DC: Distribution Research and Education Foundation, 1984).

36. The MAC Group, *Distribution: A Competitive Weapon* (Cambridge, MA: MAC Group, 1985), p. 20.

37. Robin Cooper y Robert S. Kaplan, "Profit Priorities from Activity-Based Costing", *Harvard Business Review* (mayo–junio de 1991), pp. 130–135.

38. Jack Neff, "P&G, Clorox Rediscover Modeling", *Advertising Age*, 29 de marzo de 2004, p. 10.

39. Laura Q. Hughes, "Econometrics Take Root", *Advertising Age*, 5 de agosto de 2002, p. S-4.

40. "Hitting the Bulls-Eye: Target Sets Its Sights on East Coast Expansion", *Newsweek*, 11 de octubre de 1999; Janet Moore y Ann Merrill, "Target Market", *Minneapolis-St. Paul Star Tribune*, 27 de julio de 2001; Clarke Canfield, "Anticipation Builds as Fast-Growing Target Enters Another State", *AP Newswire*, 6 de agosto de 2001.

41. Para buenos análisis y ejemplos, véase Roger J. Best, *Market-Based Management*, 2a. ed. (Upper Saddle River, NJ: Prentice Hall, 2000), pp. 71–75.

42. "Will the Have-Nots Always Be With Us?", *Fortune*, 20 de diciembre de 1999, pp. 288–89.

43. Para una mayor explicación, véase Gary L. Lilien, Philip Kotler y K. Sridhar Moorthy, *Marketing Models* (Upper Saddle River, NJ: Prentice Hall, 1992).

44. <http://www.naics.com, http://www.census.gov/epcd/naics02>.

45. Brian Sternthal y Alice M. Tybout, "Segmentation and Targeting", en *Kellogg on Marketing*, Dawn Iacobucci, ed. John Wiley & Sons, 2001, pp. 3–30.

46. Norman Dalkey y Olaf Helmer, "An Experimental Application of the Delphi Method to the Use of Experts", *Management Science* (abril de 1963), pp. 458–67. Véase también Roger J. Best, "An Experiment in Delphi Estimation in Marketing Decision Making", *Journal of Marketing Research* (noviembre de 1974), pp. 447–452. Para un análisis excelente de previsiones de mercado, véase Scott Armstrong, ed., *Principles of Forecasting: A Handbook for Researchers and Practitioners* (Norwell, MA: Kluwer Academic Publishers, 2001) así como su página web: http://fourps.wharton.upenn.edu/forecast/handbook.html

EN ESTE CAPÍTULO
ANALIZAREMOS LAS SIGUIENTES
PREGUNTAS:

1. ¿Qué son el valor para el cliente, la satisfacción y la lealtad, y cómo pueden generar las empresas estos tres elementos?

2. ¿Qué es el valor de vida de los clientes?

3. ¿Cómo pueden las empresas atraer y retener clientes?

4. ¿Cómo pueden las empresas entablar relaciones firmes con sus clientes?

5. ¿Cómo pueden las empresas entregar una calidad total a sus clientes?

6. ¿Qué es el marketing de base de datos?

cinco

En la actualidad, las empresas enfrentan una competencia feroz sin precedentes. Sin embargo, una empresa tiene más posibilidades de éxito si abandona la filosofía basada en los productos y en las ventas y adopta una filosofía de marketing. La piedra angular de un enfoque de marketing bien estructurado son las relaciones sólidas con sus clientes. Los mercadólogos deben estar en contacto con los clientes, al brindarles información, atraerlos e incluso animándolos en el proceso. John Chambers, director general de Cisco Systems lo describe acertadamente: "La cultura de la empresa debe girar en torno al cliente." Las empresas centradas en los clientes son expertas en establecer relaciones con los clientes, y no sólo en crear productos; son especialistas en ingeniería de mercados, y no sólo en ingeniería de productos.

*E*n la mayoría de los bancos, el contacto humano es mínimo. En cualquier sucursal del Washington Mutual, conocido cariñosamente como "WaMu" por sus empleados y clientes leales, la atmósfera es muy diferente. No existen ventanillas, ni cordones para organizar las filas. Si quiere abrir una cuenta de cheques, sólo tiene que dirigirse a la recepción y una persona muy amable le acompañará hasta el lugar adecuado. WaMu resulta acogedor para sus clientes porque educa a sus empleados para ser accesibles y descubrir las necesidades y deseos de cada cliente. Si el hijo de un cliente acaba de ingresar a la universidad, lo remitirán a un experto en préstamos para estudios, o si uno es dueño de una casa, lo remitirán a la oficina de hipotecas. Además, si los clientes llevan a sus hijos pequeños al banco, los pueden dejar en la zona de juegos infantiles, WaMu Kids Corner, para que se entretengan mientras ellos realizan sus trámites. El formato del banco, conocido internamente como "Occasio"MR, que en latín significa "oportunidad fa-

>>>

En una sucursal del banco WaMu en Las Vegas, un empleado da la bienvenida a los clientes. El Washington Mutual está orgulloso del servicio que brinda al cliente.

vorable" está diseñado específicamente para facilitar la venta cruzada . Esto es importante porque, cuando los clientes adquieren varios productos, tienen mayor probabilidad de permanecer fieles a un banco y representan mayores ganancias. Después de cuatro años, el cliente promedio que abre una cuenta corriente y luego adquiere productos adicionales tiene una relación más redituable, de manera exponencial, con el banco, y esto se refleja en depósitos, inversiones, créditos y préstamos hipotecarios más altos que el promedio. Este tipo de crecimiento ha impulsado a este banco de Seattle, desconocido hasta hace relativamente poco, hasta convertirse en uno de los principales agentes de banca con 268,000 millones de dólares en tan sólo 10 años. Actualmente, WaMu es el primer banco de ahorro y la sexta institución financiera más importante de Estados Unidos.[1]

Como refleja la experiencia del Washington Mutual, los mercadólogos que alcanzan el éxito son aquellos que satisfacen plenamente las necesidades y deseos de sus clientes. En este capítulo, estudiaremos en detalle cómo pueden las empresas captar clientes y vencer a los competidores. Básicamente, la respuesta reside en satisfacer o superar las expectativas de los clientes.

::: Creación de valor, satisfacción y lealtad

Los directivos que consideran que el producto es el único "centro de utilidades" de la empresa aplican el organigrama tradicional que aparece en la figura 5.1*a* (una pirámide con el presidente en la cúspide, los directivos en los niveles medios, y los vendedores y los consumidores en la base); en definitiva, se trata de un concepto obsoleto. Las empresas líderes en marketing invierten la pirámide (véase la figura 5.1*b*). En la parte superior están los consumidores. Los siguientes en importancia son quienes están en contacto directo con ellos, que son los empleados que conocen, atienden y satisfacen a los clientes. Debajo de ellos están los directivos intermedios, que se encargan de apoyar a los anteriores para que puedan atender correcta-

| FIG. **5.1** |

El organigrama tradicional y el organigrama actual orientado a los consumidores.

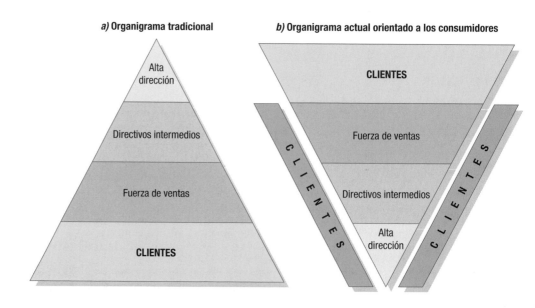

a) **Organigrama tradicional**

Alta dirección

Directivos intermedios

Fuerza de ventas

CLIENTES

b) **Organigrama actual orientado a los consumidores**

CLIENTES

Fuerza de ventas

Directivos intermedios

Alta dirección

C L I E N T E S

mente a los clientes; y en la base está la alta dirección, cuya tarea consiste en contratar y apoyar a los buenos directivos intermedios. Hemos puesto a los consumidores en los laterales de la figura 5.1*b* para indicar que todos los directivos de la empresa deben implicarse personalmente en conocer, estar en contacto y atender a los consumidores.

Algunas empresas se han fundado sobre la base de un modelo de negocio en el que el cliente constituye el eje principal, al tiempo que su estrategia y ventaja competitiva giran también en torno al cliente. El gigante de las subastas por Internet eBay Inc. es la personificación de este nuevo orden mundial:

EBAY

eBay facilitó el intercambio de 20,000 millones de artículos en 2003. La confianza que tienen los clientes en eBay es la clave de su éxito, y es también lo que le permite expandir y fomentar el comercio entre millones de compradores y vendedores anónimos. Para ganarse la confianza de sus clientes, eBay controla y hace pública la reputación tanto de vendedores como de compradores con la información que recibe de cada transacción, y los millones de apasionados usuarios de eBay han solicitado participar en las principales decisiones que tome la empresa. eBay considera que sus funciones fundamentales son escuchar, adaptar y posibilitar. Esto queda patente en una de las instituciones más apreciadas de eBay: el programa la Voz del Consumidor. Cada cierto tiempo, eBay selecciona a una docena de compradores y vendedores y les pregunta qué les parece cómo funciona la empresa y qué deberían cambiar. Al menos dos veces por semana, la empresa mantiene largas teleconferencias para preguntar a los usuarios sobre prácticamente cualquier característica nueva o política que añaden al sistema. El resultado es que los usuarios (los clientes de eBay) se sienten como propietarios que han tomado la iniciativa a la hora de llevar la empresa a nuevos territorios.[2]

Con el auge de la tecnología digital como Internet, los consumidores —cada vez más informados— esperan que las empresas vayan más allá, y no sólo se limiten a establecer contacto con ellos, satisfacerlos o deleitarlos. Por ejemplo, en la actualidad, los consumidores pueden comparar fácil y rápidamente diferentes productos en diversos sitios Web como Biz.rate, Shopping.com y Pricegrabber.com. Internet también facilita la comunicación entre consumidores. Sitios Web como Epinions.com o Amazon.com permiten a los consumidores compartir información sobre sus experiencias con diversos productos y servicios.

El valor percibido por el cliente

En la actualidad, los consumidores tienen una educación y un acceso a la información sin precedentes, y cuentan con herramientas para comprobar lo que dicen las empresas y buscar las mejores alternativas.[3] Entonces, ¿cómo toman las decisiones definitivas? Los consumidores tienden a maximizar el valor, dentro de los límites de los costos de búsqueda, de conocimiento, de la movilidad y de los ingresos. Los consumidores consideran qué oferta les reportará el mayor valor percibido y actúan en consecuencia (véase la figura 5.2). El modo en que la oferta cumpla las expectativas del cliente influirá en su satisfacción y en las posibilidades de volver a comprar el producto.

El **valor percibido por el cliente** (VPC) es la diferencia que aprecia el cliente entre el total de ventajas y el total de costos que supone una oferta respecto de las demás ofertas alternativas. El **valor total** es el valor monetario percibido del conjunto de ventajas económicas, funcionales y psicológicas que esperan los clientes de una oferta concreta. El **costo total** es el conjunto de costos en que se incurre a la hora de evaluar, conseguir, utilizar y desechar una oferta concreta (incluidos los costos económicos, temporales, energéticos y psicológicos).

Así, el valor percibido por el cliente se basa en la diferencia entre lo que recibe y lo que entrega en las distintas alternativas. El cliente obtiene beneficios y asume costos. Las empresas pueden incrementar el valor para el consumidor aumentando alguno de los beneficios, funcionales o emocionales, y/o reduciendo alguno de los costos. El consumidor que tenga que elegir entre dos ofertas de valor V1 y V2, calculará la razón V1:V2 y favorecerá la oferta V1 si el resultado es mayor que 1, o la oferta V2, si el resultado es inferior a 1. Si el resultado es 1, no tendrá preferencia por ninguna de las dos ofertas.

APLICACIÓN DE LOS CONCEPTOS DE VALOR Para explicar cómo se aplican estos conceptos utilizaremos un ejemplo. Imagine que una empresa constructora quiere comprar un trascabo de las marcas Caterpillar o Komatsu. Los vendedores de ambas empresas le describen cuidadosamente sus ofertas. El comprador quiere utilizar el trascabo para construir viviendas, y espera que ésta ofrezca determinados niveles de confiabilidad, duración, funcionamiento y valor de reventa. El comprador valora las dos ofertas y decide que Caterpillar tiene un valor de producto mayor en función de la percepción de tales atributos. Asimismo, el comprador percibe diferencias en los servicios añadidos (entrega, capacitación y mante-

| FIG. **5.2** |

Determinantes del valor entregado a los clientes.

Caterpillar vende trascabos como éste por los atributos del producto, pero también por el valor de los servicios, de sus empleados y de la imagen que ofrece como empresa.

nimiento) y decide que Caterpillar ofrece también mejores servicios y un personal más conocedor y receptivo. Por último, también valora más la imagen corporativa de Caterpillar. Entonces, suma los valores de estos cuatro componentes (producto, servicios, personal e imagen) y percibe que la marca Caterpillar le ofrece un valor superior.

¿Comprará entonces el trascabo de Caterpillar? No necesariamente. El comprador examina ahora los costos totales de adquirir Caterpillar o Komatsu, que es algo más que el precio. Como señaló Adam Smith hace 200 años: "El precio real de cualquier oferta incluye la fatiga y el trabajo de su adquisición." Así pues, el costo total incluye costos como el tiempo y la energía empleados en la compra, y los costos psicológicos. El comprador evalúa estos elementos junto con el costo monetario para obtener así un costo total. Entonces, el comprador analizará si el costo total de Caterpillar es demasiado elevado en relación con el valor que ofrece. De ser así, el comprador elegirá el trascabo Komatsu. El comprador adquirirá aquella oferta que le proporcione mayor valor percibido.

Ahora utilicemos esta teoría de compra para ayudar a la marca Caterpillar a consumar la venta. Caterpillar podría mejorar su oferta de tres formas: en primer lugar, puede aumentar el valor total mejorando el producto, los servicios, el personal o los beneficios de imagen; en segundo lugar, puede reducir los costos no económicos reduciendo los costos temporales, energéticos y psicológicos; y en tercer lugar, puede reducir el costo monetario del producto.

Supongamos que Caterpillar concluye que el comprador valora su oferta en 20,000 dólares. Si su costo de producción es de 14,000 dólares, la oferta de Caterpillar genera 6,000 dólares en este intercambio. Esto significa que el precio de Caterpillar debe oscilar entre los 14,000 y 20,000 dólares. Si pide al comprador menos de 14,000 dólares no podrá cubrir sus costos, y si pide más de 20,000 dólares, se quedará fuera del juego.

El precio que fije Caterpillar determinará qué cantidad de valor pasará al cliente y qué valor se quedará en la empresa. Por ejemplo, si Caterpillar fija el precio en 19,000 dólares, está creando 1,000 dólares de valor percibido y conservando 5,000 dólares para sí misma. Cuanto menor sea el precio que fije Caterpillar, mayor será el valor percibido por el cliente y, por tanto, mayor será su incentivo a la compra. Para conseguir la venta, Caterpillar debe ofrecer más valor percibido neto que Komatsu.[4]

ELECCIONES E IMPLICACIONES Algunos mercadólogos podrían argumentar que el proceso descrito es demasiado racional. Imagine que el comprador escoge el trascabo Komatsu. ¿Cómo se podría explicar su elección? A continuación se mencionan tres posibilidades:

1. *El comprador podría haber recibido órdenes de comprar al precio más bajo.* La labor de la fuerza de ventas de Caterpillar es convencer al gerente de compras de que comprar únicamente en función del precio no necesariamente genera utilidades a largo plazo.
2. *El comprador no se ha dado cuenta de que resulta más caro operar con el trascabo Komatsu.* El comprador está adoptando un enfoque a corto plazo, maximizando el beneficio personal. La labor de la fuerza de ventas de Caterpillar es convencer a los otros miembros de la empresa compradora de que Caterpillar ofrece un mayor valor neto al cliente.
3. *El comprador tiene una larga amistad con el vendedor de Komatsu.* En este caso, el vendedor de Caterpillar debe demostrar al comprador que los operarios se quejarán por el precio del combustible y las frecuentes reparaciones que requiere el trascabo Komatsu.

Con estos ejemplos, resulta evidente que los compradores actúan bajo diversas limitaciones y que, en ocasiones, deciden basándose más en las motivaciones personales que en los beneficios para la empresa.

El valor percibido es una herramienta de interpretación aplicable a un sinfín de situaciones que proporciona una información muy útil. Veamos sus implicaciones. En primer lugar, el vendedor debe calcular el valor y el costo totales asociados con las ofertas de los competidores para saber la situación exacta de su oferta en la mente del comprador. En segundo lugar, el vendedor que se encuentre en una situación de desventaja en cuanto al valor neto de su oferta tiene dos alternativas: aumentar el valor total o reducir el costo total. La primera opción requiere mejorar o aumentar el producto, los servicios, el personal y los beneficios de imagen de la oferta. La segunda requiere reducir los costos del comprador disminuyendo el precio, simplificando los procesos de papeleo y entrega, o absorbiendo alguna parte del riesgo del comprador a través de la oferta de algún tipo de garantía.[5]

ENTREGA DE UN VALOR SUPERIOR PARA EL CLIENTE Los consumidores presentan diferentes niveles de lealtad a determinadas marcas, establecimientos y empresas. Oliver define **lealtad** como "un profundo compromiso de volver a comprar o adquirir un producto o servicio en el futuro, a pesar de las influencias coyunturales o de los esfuerzos de marketing que podrían inducir un cambio de comportamiento".[6] Un estudio realizado en 2002 sobre los consumidores estadounidenses reveló que algunas de las marcas que gozan de mayor lealtad por parte de los clientes son el alquiler de autos Avis, la empresa de telefonía de larga distancia Sprint, los teléfonos celulares Nokia, los hoteles Ritz-Carlton y la cerveza Miller Genuine Draft.[7]

La clave para lograr una gran lealtad de los clientes es proporcionarles un gran valor. Según Michael Lanning, en su obra *Delivering Profitable Value*, las empresas deben diseñar una propuesta de valor competitivamente superior, dirigirla a un segmento concreto del mercado, y reforzarla con un sistema de entrega de valor superior.[8]

La **propuesta de valor** está formada por el conjunto de beneficios que una empresa promete entregar, y no sólo por el posicionamiento de la oferta. Por ejemplo, el posicionamiento principal de Volvo ha sido la "seguridad", pero la empresa ofrece a los compradores potenciales mucho más que sólo un auto seguro. Por ejemplo, ofrecen automóviles duraderos, un buen servicio y un periodo de garantía largo. Fundamentalmente, la propuesta de valor es una descripción de la experiencia que obtendrá el cliente a partir de la oferta de mercado de la compañía y a partir de su relación con el proveedor. La marca de una empresa debe ser una promesa de la experiencia total que puede esperar un consumidor. Si la empresa cumple o no su promesa dependerá de la capacidad que tenga de administrar su sistema de entrega de valor. El **sistema de entrega de valor** de una empresa incluye todas las experiencias que tendrá el cliente al intentar obtener y utilizar la oferta.

BRITISH AIRWAYS

Quizás British Airways y American Airlines utilicen las mismas aeronaves para transportar a ejecutivos en primera clase desde Nueva York a Londres, pero British Airways (BA) supera a American Airlines porque satisface las necesidades de comodidad y descanso de los viajeros en todas las etapas del viaje. El sistema de entrega de valor de BA incluye un sistema rápido de registro y un control de seguridad independiente para los viajeros de primera clase, más una comida en la sala de espera VIP, de modo que los ejecutivos, que suelen andar escasos de tiempo, puedan dormir más en el avión sin necesidad de despertarse para comer. BA fue la primer aerolínea en incluir asientos reclinables convertibles en camas en su sección de primera, y en el Reino Unido, la zona de aduana rápida facilita el tránsito de los ejecutivos.[9]

Simon Knox y Stan Maklan resaltan cuestiones similares en su obra *Competing on Value*.[10] Demasiadas empresas terminan creando un vacío de valor, al no conseguir ajustar el valor de marca con el valor percibido por los consumidores. Los gerentes de marca suelen intentar diferenciar sus marcas de otras con frases ("Deja más blanca la ropa") o con propuestas únicas ("Un Mars al día le ayuda a trabajar, a descansar y a divertirse"), o aumentando la oferta básica con servicios añadidos ("Nuestro hotel le proporciona una computadora si así lo solicita"). Sin embargo, no tienen tanto éxito a la hora de proporcionar el valor prometido al cliente, fundamentalmente porque los mercadólogos a menudo se concentran en la imagen de marca y no tanto en los resultados del producto o del servicio. El que los clientes lleguen a recibir la propuesta de valor prometida dependerá de la capacidad del gerente de marketing para influir en otros procesos de negocio esenciales. Knox y Maklan instan a los directivos de marketing a emplear tanto tiempo en desarrollar la imagen de marca como en desarrollar los procesos básicos de la empresa. He aquí el ejemplo de una empresa que entrega el valor prometido de una forma magistral.

SUPERQUINN

Superquinn es la cadena de supermercados más grande de Irlanda, y su fundador, Feargal Quinn, es el genio irlandés del marketing. En la entrada de los establecimientos siempre hay personal de relaciones públicas que da la bienvenida a los clientes, les ofrece café, les proporciona paraguas cuando llueve y les ayuda a llevar la compra al auto. Los jefes de sección se sitúan en los pasillos de los supermercados para interactuar con los clientes y responder a sus preguntas. Existe un departamento de ensaladas de gran calidad, pan recién horneado cada cuatro horas, e indicaciones de cuándo llegan los productos, e incluso fotos de agricultores y ganaderos con los que trabajan. Superquinn también tiene una guardería. Ofrece un programa de lealtad que permite acumular puntos en función de las compras realizadas e informar a la cadena de si existe algún producto en malas condiciones (latas abolladas o tomates en mal estado). La tarjeta de cliente, además, es aceptada por otras tantas empresas etc. (un banco, una gasolinera, etc.) con las que también se acumulan puntos. Como todo esto está diseñado para superar las expectativas de los clientes, Superquinn goza de una lealtad de sus clientes prácticamente inquebrantable.[11]

Satisfacción total del cliente

El nivel de satisfacción del cliente después de la compra depende de los resultados de la oferta en relación con sus expectativas previas. En general, la **satisfacción** es una sensación de placer o de decepción que resulta de comparar la experiencia del producto (o los resultados) con las expectativas de beneficios previas. Si los resultados son inferiores a las expectativas, el cliente queda insatisfecho. Si los resultados están a la altura de las expectativas, el cliente queda satisfecho. Si los resultados superan las expectativas, el cliente queda muy satisfecho o encantado.[12]

Aunque las empresas centradas en el cliente intentan generar un nivel de satisfacción alto, éste no es su objetivo primordial. Si la empresa aumenta la satisfacción del cliente reduciendo el precio o aumentando los servicios, los beneficios podrían descender. Las empresas pueden aumentar su rentabilidad con otros medios diferentes al aumento de la satisfacción (por ejemplo, mejorando los procesos de fabricación o invirtiendo más en investigación y desarrollo). Asimismo, los grupos que participan en un negocio son diversos: empleados, distribuidores, proveedores y accionistas. Una mayor inversión en la satisfacción del cliente podría suponer desviar fondos dirigidos a la satisfacción de los demás "socios". En último término, la empresa debe tener una filosofía encaminada a generar un alto nivel de satisfacción para los clientes, propiciando niveles de satisfacción adecuados para el resto de los participantes en el negocio, en función de sus recursos totales.

LAS EXPECTATIVAS DE LOS CLIENTES ¿Cómo es que los clientes conforman sus expectativas? Pues a través de experiencias de compra anteriores, de consejos de amigos y compañeros, y de información y promesas de la empresa y de la competencia. Si la empresa incrementa demasiado las expectativas, es probable que el cliente quede insatisfecho. Sin embargo, si la empresa establece expectativas demasiado bajas, no conseguirá atraer a suficientes clientes (aunque pueda satisfacer a los que decidan comprar).[13] Algunas de las empresas que más éxito tienen en la actualidad incrementan las expectativas de los clientes y entregan productos y servicios que se ajustan a las mismas. Cuando General Motors lanzó la división de Saturn, cambió por completo la relación comprador-vendedor con un nuevo acuerdo para los compradores de autos: el precio era fijo (nada que ver con las negociaciones anteriores), existía una garantía de 30 días o la devolución del dinero, y los vendedores cobraban un sueldo fijo en lugar de una comisión (algo muy diferente de la antigua política salarial).[14] Observe lo que se puede conseguir cuando el cliente está muy satisfecho.

JETBLUE

JetBlue Airways, fundada en Nueva York en 1999, superó con creces las expectativas de los viajeros que se inclinan por las tarifas bajas. Con sus Airbus nuevos, asientos confortables forrados con piel, televisión vía satélite, acceso a Internet inalámbrico gratuito y una política de nunca dejar sin lugar a un cliente, ha inspirado a un sinfín de aerolíneas de bajo costo. Al igual que la pionera Southwest, donde el director general de JetBlue David Neeleman alzó el vuelo por primera vez, JetBlue contrata empleados que saben cómo hacer que los clientes vuelvan. A cada nuevo empleado se le hace seguir una serie de mandamientos corporativos conocidos como los "Valores", que incluyen aspectos de seguridad, atención, integridad, diversión y pasión. Incluso el mismo Neeleman y los pilotos se inclinan para recoger los desperdicios y limpian los baños a fin de preparar los aviones para el vuelo siguiente. La colaboración a la hora de preparar las aeronaves hace que el tiempo de espera sea menor, lo que también atrae más clientes para volar con JetBlue. Prueba de esto son las cifras: mientras que las demás aerolíneas rozan los números rojos, JetBlue no. En 2003, esta compañía obtuvo 104 millones de dólares de utilidades sobre ingresos de 998 millones de dólares, y en la actualidad es la empresa que más viajeros transporta desde Nueva York hasta Fort Lauderdale.[15]

La decisión que toma el consumidor de permanecer leal a una marca o de cambiar de producto es el resultado de la suma de un gran número de interacciones con la empresa. La consultora Forum Corporation afirma que, para que todas estas interacciones deriven en la lealtad del cliente, las empresas deben crear "experiencias de marca". A continuación se menciona cómo lo logró la cadena Joie de Vivre, con sede en San Francisco.

Este anuncio del Saturn Ion se parece mucho al de otros automóviles. Sin embargo, la compra de un Saturn presenta ventajas exclusivas: precio sin regateos, garantía de devolución íntegra del dinero en 30 días y vendedores con sueldo fijo y sin comisión.

JOIE DE VIVRE

Joie de Vivre Hospitality Inc., opera una cadena de hoteles, restaurantes y centros turísticos exclusivos en la zona de San Francisco. La decoración única, los servicios estrafalarios y el estilo temático de cada propiedad están basados en revistas de gran circulación. Por ejemplo, el Hotel del Sol, un motel remodelado y pintado de amarillo, rodeado de palmeras decoradas con una iluminación festiva, se describe como una "mezcla de decoración de la revista femenina *Martha Stewart Living* y el catálogo de viajes paradisíacos *Island*".[16] Dos hoteles de Silicon Valley ofrecen a los huéspedes conexiones a Internet de alta velocidad tanto en las habitaciones como en el área de la piscina.[17] Este concepto exclusivo permite a los hoteles incorporar toques personales, como por ejemplo colocar vitaminas, en lugar de chocolates, en las almohadas de las habitaciones. Joie de Vivre posee en la actualidad el mayor número de propiedades hoteleras independientes en Bay Area.

Cómo medir la satisfacción de los clientes

Muchas empresas miden sistemáticamente la satisfacción de sus clientes y los factores que influyen en la misma. Por ejemplo, IBM mide la satisfacción de los clientes en cada encuentro con los vendedores, y la convierte en un factor de remuneración de sus empleados de ventas.

Las empresas deben medir la satisfacción de los clientes de forma regular, porque una de las claves para retenerlos es precisamente su satisfacción. Un cliente muy satisfecho permanece leal durante más tiempo, adquiere más productos nuevos de la empresa, presta menos atención a la competencia, es menos sensible al precio y ofrece ideas de productos o servicios a la empresa; además, para la empresa, resulta más barato atender a los clientes leales porque las transacciones se convierten en mera rutina.

Sin embargo, la relación entre la satisfacción y la lealtad de los clientes no es proporcional. Imaginemos que la satisfacción de los clientes se midiera en una escala del uno al cinco. Con un nivel de satisfacción muy bajo (uno), es probable que los clientes abandonen la empresa y hagan comentarios negativos de ella. Entre los niveles dos y cuatro, los clientes están bastante satisfechos, pero no tienen problemas de pasar a la competencia si encuentran una oferta mejor. En el nivel cinco, es muy probable que el cliente vuelva a comprar y que haga comentarios favorables sobre la empresa. Un grado elevado de satisfacción crea un vínculo emocional con la empresa o la marca, y no sólo una preferencia racional. La alta dirección de Xerox descubrió que sus clientes "totalmente satisfechos" tienen hasta seis veces más posibilidades de volver a comprar productos Xerox en los 18 meses siguientes a la compra inicial que los clientes "muy satisfechos".[18]

Cuando los clientes valoran su satisfacción en función de algún elemento del desempeño de la empresa, (como por ejemplo, la entrega del producto), hay que ser conscientes de que no todos los clientes definen una entrega adecuada de la misma manera. Una entrega satisfactoria podría significar una entrega antes de tiempo, una entrega puntual, o la entrega de la totalidad del pedido, por citar algunos ejemplos. Asimismo, la empresa debe entender que dos clientes pueden estar "muy satisfechos" por razones diferentes. Quizás uno de estos clientes quede satisfecho con frecuencia, mientras que el otro, a pesar de ser una persona difícil de complacer, ha quedado satisfecho en esta ocasión.[19]

Existen diversos métodos para medir la satisfacción de los clientes. Las *encuestas regulares* sirven para medir de manera directa la satisfacción de los clientes. Además, también resultan útiles para valorar las intenciones de volver a comprar y la posibilidad o disposición de los clientes a recomendar la empresa y la marca en cuestión a otras personas. Paramount atribuye el éxito de sus cinco parques temáticos a los miles de cuestionarios *on line* que envía a los clientes que aceptan responderlos. El año pasado, la empresa realizó más de 55 encuestas por Internet y consiguió 100,000 respuestas individuales que describían la satisfacción de los clientes respecto a temas como atracciones concretas, servicio de alimentos, compras, juegos y espectáculos.[20]

Las empresas también pueden hacer seguimiento del *índice de abandono de clientes*, y ponerse en contacto con aquéllos que hayan dejado de comprar o que hayan contratado a otro proveedor, para saber qué ha ocurrido. Por último, las empresas pueden contratar a *compradores fantasma* para hacerse pasar por compradores potenciales e informar sobre sus experiencias positivas y negativas a la hora de adquirir productos tanto de la empresa como de la competencia. Los propios directivos pueden involucrarse en situaciones de compra con la propia empresa y con las empresas de la competencia en las que no sean conocidos y experimentar el trato que reciben los clientes, o llamar a su propia empresa con preguntas y reclamaciones para ver cómo se reciben las llamadas.

Al aplicar encuestas a los clientes sobre su nivel de satisfacción es importante hacer las preguntas adecuadas. Frederick Reichheld sugiere que quizás sólo una pregunta es realmente importante: "¿Recomendaría este producto o servicio a un amigo?" Reichheld afirma que, en general, el departamento de marketing hace girar los cuestionarios en torno a factores que pueden controlar, como la imagen de marca, el precio y las características del producto. Según Reichheld, la disposición de un cliente a recomendar el producto o servicio a un amigo es el resultado del tratamiento que ha recibido por parte del personal de la empresa, que a su vez está determinado por el comportamiento de todas las áreas funcionales que contribuyen a la experiencia de un consumidor.[21]

Además de evaluar las expectativas y la satisfacción de clientes y consumidores, las empresas deben vigilar los resultados de sus competidores en estos campos. Una empresa quedó muy contenta cuando descubrió que el 80% de sus clientes estaban muy satisfechos, pero después, el director general descubrió que su principal competidor tenía un 90% de clientes satisfechos. Más aún, el director quedó totalmente consternado cuando se enteró de que esa misma empresa aspiraba a conseguir un 95% de clientes muy satisfechos.

Para las empresas centradas en el cliente, su satisfacción es tanto un objetivo como una herramienta de marketing. Las empresas deben prestar especial atención al nivel de satisfacción de sus clientes, puesto que Internet es un instrumento sin igual para que los consumidores insatisfechos relaten sus malas experiencias (y también las buenas) al resto del mundo. En sitios Web como troublebenz.com y lemonmb.com, propietarios de vehículos Mercedes-Benz bastante disgustados han estado ventilando sus quejas sobre cualquier cosa, desde cerraduras defectuosas y techos con goteras hasta sistemas electrónicos que dejan de funcionar y dejan a conductores y pasajeros a mitad del camino.[22]

Las empresas que logra un elevado nivel de satisfacción de sus clientes se aseguran de que esta información llegue a los oídos de su público meta. Cuando J. D. Power se convirtió en el líder del mercado nacional de hipotecas, Countrywide se apresuró a promocionar su liderazgo en satisfacción de clientes. El crecimiento meteórico de Dell Computer se puede atribuir, en parte, a la satisfacción de sus clientes y a la promoción de la misma.

Claes Fornell, de la Universidad de Michigan, ha desarrollado el índice de satisfacción de los consumidores estadounidenses (ACSI, por sus siglas en inglés), para medir la satisfacción que sienten los consumidores con respecto a determinadas empresas, sectores industriales, sectores económicos y economías nacionales.[23] Algunas de las empresas que se encuentran a la cabeza de sus respectivos sectores con una puntuación mayor en la clasificación de ACSI son: Dell (78), Cadillac (87), FedEx (82), Google (82), Heinz (88), Kenmore (84), Southwest Airlines (75) y Yahoo! (78).

Calidad de productos y servicios

La satisfacción de los clientes también depende de la calidad de los productos y servicios que adquieren. Pero, ¿qué es exactamente la calidad? Diversos expertos la han definido co-

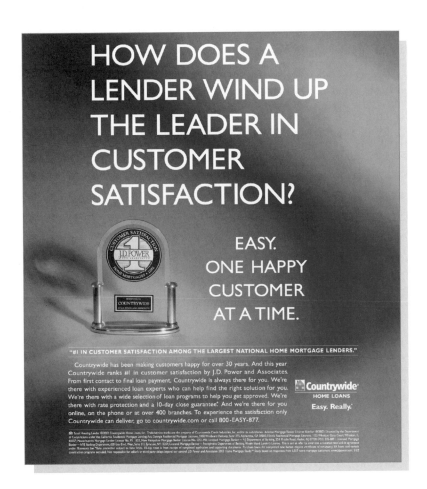

mo la "posibilidad de uso", el "cumplimiento de requisitos", la "libertad de variación", etc.[24] Nosotros emplearemos la definición de la American Society for Quality Control, según la cual, **calidad** es el conjunto de características y rasgos distintivos de un producto o servicio que influyen en su capacidad de satisfacer necesidades manifiestas o latentes.[25] Esta definición gira claramente en torno a los consumidores. Cabe afirmar que un vendedor ofrece calidad siempre que su producto o servicio iguale o sobrepase las expectativas del comprador. Una empresa que satisface la mayor parte de las necesidades de sus clientes es una empresa de calidad, pero es importante diferenciar entre la *calidad de ajuste* y la *calidad de resultados.* Un Lexus ofrece una mayor calidad de resultados que un Hyundai: el Lexus tiene una conducción más suave, alcanza más velocidad y dura más. Sin embargo, se puede decir que tanto Lexus como Hyundai ofrecen la misma calidad de ajuste siempre que las unidades proporcionen la calidad prometida.

La calidad total es la clave para la creación de valor y la satisfacción del cliente. La calidad total, al igual que el marketing, es trabajo de todos. Daniel Beckham expresó esta idea muy acertadamente:

> Los mercadólogos que no aprendan el lenguaje de la mejora de la calidad, de la fabricación y de las operaciones quedarán rezagados. Los días del marketing funcional han quedado atrás. Ya no podemos continuar viéndonos como investigadores de mercado, publicistas, especialistas en marketing directo o estrategas. Tenemos que vernos como satisfactores de clientes: defensores del cliente centrados en la totalidad del proceso.[26]

Los gerentes de marketing tienen dos responsabilidades en una empresa centrada en la calidad. En primer lugar, deben participar en la formulación de estrategias y políticas destinadas a que la empresa triunfe a través de la excelencia en la calidad total. En segundo lugar, deben proporcionar calidad de marketing y calidad de producción. Cada actividad de marketing (investigación, capacitación para ventas, publicidad, atención al cliente, etc.) debe desarrollarse de acuerdo con altos niveles de desempeño.

La administración de la calidad total

Los esfuerzos por maximizar la satisfacción de los clientes hacen que algunas empresas adopten los principios de administración de la calidad total. La **administración de la cali-**

dad total (TQM, por sus siglas en inglés) es un planteamiento organizacional destinado a mejorar constantemente la calidad de todos los procesos, productos y servicios de la empresa.

Según el antiguo presidente de GE, John F. Welch Jr., "la calidad es la mejor garantía de lealtad de nuestros clientes, nuestra defensa más poderosa contra la competencia, y la única vía para el crecimiento y las ganancias sostenibles".[27] La necesidad de fabricar bienes que son superiores en los mercados mundiales ha hecho que algunos países o grupos de países reconozcan o concedan premios a las empresas que apliquen las mejores prácticas de calidad (por ejemplo, el premio Deming en Japón, el Malcolm Baldridge National Quality Award en Estados Unidos, y el Premio Europeo a la Calidad).

La calidad de productos y servicios, la satisfacción de los clientes y la rentabilidad de la empresa están estrechamente relacionadas. Una gran calidad conlleva un alto nivel de satisfacción de sus clientes, que a su vez apoya unos precios más altos y (con frecuencia) costos más bajos. Algunos estudios han demostrado la existencia de un vínculo importante entre la calidad relativa de un producto y la rentabilidad de la empresa.[28]

Sin embargo, al administrar la calidad total, algunas empresas acaban padeciendo problemas de aplicación cuando se centran demasiado, e incluso se obsesionan con los procesos y con la *manera* como están operando. Pierden de vista las necesidades y los deseos de los consumidores y olvidan la *razón* por la que entraron en el negocio. En algunos casos, las empresas eran capaces de alcanzar el liderazgo en calidad pero a expensas de aumentos astronómicos de los costos. Por ejemplo, el fabricante de maquinaria científica Varian adoptó los principios de administración de la calidad total y, de repente, se vio envuelto en plazos y fechas límite de producción prácticamente imposibles de cumplir, y que en realidad no son tan importantes para los clientes.

Como consecuencia de esta conducta relativamente miope, algunas empresas se concentran hoy en el concepto "calidad rentable". Estas empresas defienden la mejora de la calidad pero sólo en aquellos casos en los que se generen beneficios para los clientes, se reduzcan los costos o se incrementen las ventas. Este enfoque obliga a las empresas a asegurarse de que la calidad de sus ofertas sea exactamente la calidad que buscan los consumidores.[29]

Rust, Moorman y Dickson estudiaron las estrategias de los directivos para aumentar la rentabilidad mediante la mejora de la calidad.[30] Descubrieron que las empresas que habían hecho especial hincapié en el aumento de los ingresos (concentrándose externamente en incrementar la demanda y en aumentar la preferencia de los consumidores por la calidad) obtenían mejores resultados que las empresas que optaban por la reducción de costos (concentrándose internamente en mejorar la eficacia de los procesos internos) o que aquellas compañías que intentaban adoptar ambos enfoques a la vez.

Los mercadólogos desempeñan diversas funciones destinadas a hacer que sus empresas definan y ofrezcan productos y servicios de gran calidad a sus públicos meta. En primer lugar, son los principales responsables de identificar correctamente las necesidades y las exigencias de los clientes. En segundo lugar, deben comunicar las expectativas de los clientes a los diseñadores de productos adecuadamente. En tercer lugar, deben asegurarse de que los pedidos de los clientes se cumplen correcta y puntualmente. En cuarto lugar, deben comprobar que los clientes reciben instrucciones, formación y asistencia técnica para utilizar el producto. En quinto lugar, deben permanecer en contacto con los clientes tras la venta para garantizar su satisfacción en todo momento. Por último, deben recopilar las ideas de los clientes para mejorar el producto o servicio y remitirlas a los departamentos correspondientes. Cuando los mercadólogos hacen todo esto, contribuyen considerablemente a la administración de la calidad total y a la satisfacción de los clientes, así como a la rentabilidad de los clientes y de la empresa.

::: Maximizar el valor de vida de los clientes

En última instancia, el marketing es el arte de atraer y retener a clientes rentables. Según James V. Putten, de American Express, sus mejores clientes gastan 16 veces más en compras minoristas, 13 veces más en restaurantes, 12 veces más en boletos de avión y cinco veces más en hospedaje que los clientes promedio.[31] Sin embargo, todas las empresas pierden dinero con algunos de sus clientes. La famosa máxima del 20-80 dice que el 20% de los clientes (los que más gastan) generan el 80% de las utilidades de una empresa. Sherden sugirió modificar esta máxima, y convertirla en la máxima del 20-80-30 para reflejar la idea de que el 20% de los clientes generan el 80% de las utilidades de una empresa, la mitad de las cuales se pierde por atender al 30% de clientes no rentables.[32] Esto significa que una empresa podría mejorar sus beneficios si "despidiese" a sus peores clientes.

Es más, no necesariamente los clientes que más compran son los más rentables. Los grandes clientes demandan muchos servicios y reciben grandes descuentos. Los clientes más pequeños pagan la totalidad del precio y reciben servicios mínimos, pero los costos de operar con ellos reducen su rentabilidad. Los clientes medios reciben buen servicio y pagan casi el precio completo, así que, por lo general, son los más rentables. Esto explica por qué muchas empresas grandes invaden hoy los mercados medios. La aerolínea de carga Major, por ejemplo, considera que no resulta rentable ignorar a los consignadores internacionales de tamaño pequeño y medio. Los programas destinados a estos clientes generan una red de buzones que permite realizar descuentos sobre los envíos de cartas y paquetes recogidos en el domicilio profesional del consignador. United Parcel Service (UPS) ofrece seminarios de formación para exportadores sobre los temas clave de exportación al extranjero.[33]

Rentabilidad del cliente

¿Qué hace que un cliente sea rentable? Un **cliente rentable** es toda persona, hogar, o empresa que proporciona un caudal de ingresos a lo largo del tiempo superior al conjunto de costos que implica capturar su atención, venderle y brindarle servicio. Hay que hacer notar que el énfasis está en el caudal de ingresos y costos a lo largo del tiempo, y no en una transacción concreta.[34] La rentabilidad del cliente se puede medir individualmente, por segmentos de mercado o por canales.

Aunque muchas empresas miden la satisfacción de sus clientes, la gran mayoría no mide su rentabilidad individual. Los bancos afirman que para ellos esto resulta difícil, puesto que un mismo cliente utiliza diferentes servicios bancarios, y las transacciones se registran en departamentos diferentes. Sin embargo, los bancos que han vinculado con éxito las transacciones de sus clientes se han quedado horrorizados de la cantidad de clientes no rentables que tienen. Algunos bancos afirman que pierden dinero con más del 45% de sus clientes particulares. Para el problema de los clientes no rentables sólo existen dos soluciones: aumentar las comisiones o reducir los servicios que ofrecen.[35]

ANÁLISIS DE LA RENTABILIDAD DEL CLIENTE. La figura 5.3 muestra un sistema de análisis de rentabilidad del cliente que resulta muy útil.[36] Los clientes aparecen en las columnas, y los productos en las filas. En las celdas aparece un indicador de la rentabilidad de vender el producto correspondiente al cliente de esa columna. Así vemos que el cliente 1 es muy rentable porque compra tres productos rentables (P1, P2 y P4). El cliente 2, por su parte, es un cliente mixto porque compra un producto rentable y un producto no rentable. Por último, el cliente 3 es un cliente que genera pérdidas para la empresa, porque compra un producto rentable y dos no rentables.

¿Qué puede hacer la empresa con los clientes 2 y 3? **1.** Puede aumentar el precio de sus productos menos rentables o eliminarlos, o **2.** puede intentar vender a estos clientes productos rentables. La empresa no debería preocuparse por perder clientes no rentables. De hecho, la compañía puede animarlos a pasarse con la competencia.

El **análisis de rentabilidad del cliente** se realiza mejor con las herramientas de una técnica contable conocida como sistema de costeo por actividades (*Activity-Based Costing* o sistema ABC). La empresa calcula todos los ingresos provenientes del cliente, menos el total de costos. Este total no sólo debe incluir la fabricación y distribución de productos y servicios, sino también los costos que implica responder a llamadas telefónicas del cliente, visitarlo, darle obsequios, etc., es decir, los costos de todos los recursos de la empresa destinados a atender al cliente. Una vez hecho esto con cada cliente, es posible clasificar a la clientela en diferentes grupos: clientes platino (los más rentables), clientes oro (rentables), clientes hierro (poco rentables pero deseables) y clientes plomo (poco rentables e indeseables).

Lo que tiene que hacer la empresa es conseguir que los clientes hierro se conviertan en clientes oro, que los clientes oro se conviertan en clientes platino, y reducir el número de clientes plomo o hacerlos rentables aumentando los precios que les cobra o reduciendo los costos que implica brindarles atención. En términos más generales, los mercadólogos deben segmentar los clientes en dos grupos: aquellos a los que vale la pena atender y aquellos que resultan potencialmente menos lucrativos y que deberían recibir poca o ninguna atención.

Dhar y Glazer establecen un paralelismo interesante entre los individuos que conforman la cartera de clientes de una empresa y los valores que conforman una cartera de inver-

	Clientes			
	C_1	C_2	C_3	
P_1	+	+	+	Producto muy rentable
P_2	+			Producto rentable
P_3		−	−	Producto con pérdidas
P_4	+		−	Producto mixto
	Cliente muy rentable	Cliente mixto	Cliente con pérdidas	

Productos

FIG. **5.3**

Análisis de rentabilidad por cliente-producto.

sión.[37] Al igual que con una cartera de inversión, con una cartera de clientes es importante calcular el beta o valor riesgo-beneficio de cada cliente, y diversificar en consecuencia. Por su parte, las empresas deben crear carteras de clientes inversamente proporcionales, de modo que las contribuciones financieras de unos compensen los déficit de otros y así maximizar el valor riesgo-beneficio de la cartera.

VENTAJA COMPETITIVA   Las empresas no sólo deben ser capaces de generar un valor absoluto elevado respecto a sus clientes, sino también un valor relativo elevado respecto de sus competidores, y a un costo suficientemente bajo. La **ventaja competitiva** de una empresa es su capacidad para lograr resultados que, de una u otra manera, sus competidores no pueden alcanzar. Michael Porter afirma que las empresas deben lograr una ventaja competitiva sostenible.[38] Sin embargo, pocas ventajas competitivas son sostenibles. En el mejor de los casos, son extensibles. Una *ventaja competitiva extensible* es toda ventaja que una empresa puede utilizar como trampolín para nuevas ventajas competitivas. Por ejemplo, Microsoft ha extendido su sistema operativo a Microsoft Office y a otras aplicaciones de red. En general, una empresa que pretenda durar en el negocio debe generar nuevas ventajas competitivas de forma constante.

Toda ventaja competitiva debe ser considerada por los consumidores como una *ventaja para el cliente*. Por ejemplo, si una empresa tiene plazos de entrega inferiores a los de sus competidores, esto no será una ventaja para el cliente si los clientes no valoran la rapidez en la entrega. Las empresas deben concentrarse en generar ventajas para los clientes. Así, generarán valor y satisfacción para ellos, lo que a su vez propiciará nuevas compras y, en último término, significará rentabilidad para la empresa.

Cómo calcular el valor de vida de los clientes

La idea de maximizar la rentabilidad de cada cliente a largo plazo descansa en el concepto de valor de vida de los clientes. El **valor de vida del cliente** describe el valor actual neto del flujo de ganancias futuras esperadas de las compras que realizará el cliente a lo largo de toda su vida. La empresa debe restar de los ingresos esperados los costos en que incurrirá para atraer, vender y prestar servicios al cliente, aplicando el tipo de descuento adecuado (por ejemplo, 10%-20%, en función del costo de capital y de la actitud frente al riesgo). Veamos algunos cálculos del valor de vida de los clientes que se han realizado para diferentes productos y servicios.

■ Carl Sewell, en *Customers for Life* (con Paul Brown), calculó que cada cliente que entra en su concesionaria tiene un valor de vida potencial de más de 300,000 dólares.[39] Si el cliente satisfecho atrae a otros clientes, esta cifra será aún mayor. Del mismo modo, General Motors calcula que el valor de vida medio de sus clientes es de 276,000 dólares. Estas cifras de seis dígitos son un ejemplo gráfico de la importancia que tiene mantener a los clientes satisfechos para aumentar las posibilidades de que vuelvan a comprar en el futuro.[40]

■ Aunque los tacos cuesten menos de un dólar cada uno, los ejecutivos de Taco Bell calculan que un cliente recurrente tiene un valor de vida de 11,000 dólares. La dirección de Taco Bell comparte estos cálculos con sus empleados, lo que sirve para hacerles entender a la perfección lo que supone dejar satisfecho a un cliente.[41]

■ Mark Grainer, ex presidente de Technical Assistance Research Programs Institute (TARP), calculó que un cliente fiel a su supermercado tiene un valor de vida anual de 3,800 dólares.[42]

A continuación se estudiará un ejemplo práctico de cómo calcular el valor de vida de un cliente. Imagine que una empresa está valorando su costo de captación de nuevos clientes:

■ Costo promedio de las llamadas de ventas (incluidos sueldos, comisiones, beneficios y gastos): 300 dólares.

■ Promedio de llamadas necesarias para convertir a un cliente potencial en cliente real: 4.

■ Costo de captación de un cliente nuevo: 1,200 dólares.

Imagen de un cliente de GM comprando en un salón de exposiciones y ventas en Hoskings Chevrolet en Elk Grove Village, Illinois. Lo que persigue GM es dejarlo satisfecho para que vuelva a Hoskins y a GM cada vez que necesite comprar un automóvil.

Esta cifra está subestimada puesto que no se incluyen los gastos de publicidad y promoción, a lo que hay que sumar el hecho de que sólo una parte de todos los clientes potenciales se convierten en clientes reales.

Suponga ahora que la empresa calcula el valor de vida de cada cliente como sigue:

- Ingresos anuales por cliente: 500 dólares.
- Promedio de años de lealtad por cliente: 20.
- Margen de utilidad de la empresa: 10%.
- Valor de vida de cada cliente: 1,000 dólares.

Esta empresa está invirtiendo más en atraer nuevos clientes de lo que luego éstos le reportan a lo largo de su vida. A menos que logre conseguir clientes con menos llamadas, gaste menos en cada llamada, estimule el número de compras anuales de los nuevos clientes, mantenga a sus clientes durante más tiempo o les venda productos más rentables, esta empresa está condenada a la ruina. Es claro que, además de calcular el valor promedio de vida por cliente, la empresa debe calcular este concepto para los diferentes clientes a fin de decidir en consecuencia cuánto invertir en cada uno de ellos.

Los cálculos de valor de vida de los clientes ofrecen un marco cuantitativo formal muy útil para planear las inversiones en clientes y para adoptar un enfoque a largo plazo. Sin embargo, uno de los desafíos del cálculo del valor de vida de los clientes es llegar a un resultado de costos y beneficios confiable. Los mercadólogos que empleen los conceptos del valor de vida de los clientes no deben olvidar la importancia de las actividades de marketing a corto plazo que sirven para construir la marca, y que contribuirán a aumentar la lealtad de los clientes.

El concepto capital del cliente

El objetivo de la administración de relaciones con los clientes es generar un elevado capital del cliente. El capital del cliente es la suma de los valores de vida de todos los clientes de una empresa.[43] Es evidente que cuanto más leales sean los clientes, mayor será el capital del cliente de una empresa. Rust, Zeithaml y Lemon distinguen tres componentes fundamentales del concepto capital del cliente: capital de valor, *brand equity* o capital de marca y capital de relaciones.[44]

- El ***capital de valor*** es la valoración objetiva que hace el cliente sobre la utilidad de una oferta en función de los beneficios que percibe respecto de sus costos. Los componentes del capital de valor son la calidad, el precio y la conveniencia. Cada sector industrial debe definir los factores específicos subyacentes a cada uno de estos factores con el fin de encontrar el modo de mejorar el capital de valor. Un cliente de una aerolínea puede definir la calidad en términos del ancho del asiento, mientras que un huésped de un hotel puede definir la calidad en función del tamaño de la habitación. La contribución del capital de valor al concepto capital cliente es mayor cuando los productos se diferencian claramente de los productos de la competencia y cuando son más complejos y deben ser evaluados. El capital de valor es crucial para el valor del capital del cliente en mercados industriales.

- El ***brand equity*** o ***capital de marca*** es la valoración subjetiva e intangible del consumidor respecto de la marca, más allá de lo que se percibe objetivamente. Los componentes del *brand equity* son el conocimiento de la marca por parte de los consumidores, la actitud de éstos respecto a la marca y la percepción ética de la misma. Las empresas utilizan la publicidad, las relaciones públicas y otras herramientas de comunicación para influir en estos componentes. El *brand equity* es más importante que el resto de componentes del capital-cliente cuando los productos están menos diferenciados y tienen un mayor impacto emocional. Estudiaremos con detenimiento el *brand equity* en el capítulo 9.

- El ***capital de relaciones*** es la tendencia de los consumidores a ser leales a una marca, más allá de los cálculos objetivos y subjetivos de su valor. Los componentes del capital de relaciones incluyen los programas de lealtad, los programas de reconocimiento y tratamiento especial, los programas de creación de comunidades y los programas de creación de conocimiento. El capital de relaciones resulta especialmente importante cuando las relaciones personales son fundamentales y cuando los clientes tienden a mantener los proveedores por costumbre o por inercia.

Esta formulación integra la *administración de valor*, la *administración de marca* y la *administración de relaciones* dentro de un marco orientado al cliente. Las empresas pueden decidir qué componentes les interesa potenciar más para recibir una mejor compensación. Los investigadores creen que pueden medir y comparar el rendimiento financiero de inversiones alternativas para contribuir a elegir estrategias y acciones, en función de qué alternativa arrojaría mejores resultados según la inversión de marketing necesaria.

Blattberg, Getz y Thomas ofrecen una visión alternativa al contenido del concepto capital del cliente. Estos autores consideran que el capital del cliente gira en torno a tres aspectos: la adquisición de clientes, la retención de clientes, y el aumento de compras por cliente.[45] La adquisición de clientes dependerá del número de clientes potenciales, de la probabilidad de compra de cada cliente potencial y de la inversión necesaria para la captación. Por su parte, la retención de clientes dependerá del índice de retención y del nivel de gastos de retención. El aumento de gasto de un cliente depende del aumento de compras de éste, del número de ofertas que se realicen a los clientes ya existentes y del índice de respuesta a las nuevas ofertas. En consecuencia, las actividades de marketing se deben evaluar en función de su impacto sobre estos tres componentes.

El concepto capital del cliente es una aproximación prometedora para mejorar la dirección de marketing. En *Marketing en acción: Avances y prioridades en la administración del capital-cliente* se ponen de manifiesto algunas de las teorías académicas más recientes sobre este tema. Hay que hacer notar también que las nociones de capital del cliente pueden extenderse. Mohan Sawhney define el **capital relacional** de la empresa como el valor acumulativo de las redes de relaciones con sus clientes, socios, proveedores, empleados e inversionistas.[46] El capital relacional depende de la capacidad de la empresa para atraer y retener el talento, los consumidores, los inversionistas y los colaboradores.

::: Cómo cultivar las relaciones con los clientes

Para maximizar el valor de los clientes es necesario cultivar relaciones a largo plazo con ellos. En el pasado, los fabricantes personalizaban sus ofertas para cada consumidor. El sastre cosía trajes a la medida, y el zapatero hacía zapatos diferentes para cada individuo. La Revolución Industrial marcó el comienzo de una era de producción masiva. Para maximizar las economías de escala, las empresas fabricaban productos estándar con antelación a la recepción de pedidos, y los consumidores tenían que arreglárselas con lo que estaba disponible. Los fabricantes pasaron de una filosofía de marketing basada en *fabricar por encargo* a otra basada en *fabricar para almacenar*.

En la actualidad, las empresas están abandonando el marketing de masas que tan poco económico resulta, para aplicar un marketing de mayor precisión destinado a establecer relaciones sólidas con los clientes.[47] La economía actual se apoya en negocios generados por las nuevas tecnologías de la información. La información tiene la ventaja de que se puede diferenciar, personalizar según las necesidades del cliente, y enviar fácilmente a través de redes a una velocidad vertiginosa.

Conforme las empresas han aprendido a recopilar información sobre clientes individuales y sobre socios comerciales (proveedores, distribuidores y minoristas), y en tanto que sus fábricas están diseñadas de forma más flexible, han logrado una mayor capacidad para personalizar las ofertas, los mensajes y las comunicaciones. La **personalización masiva** es la capacidad que tiene una empresa para diseñar productos, servicios, programas y comunicaciones individualizados, según las necesidades del cliente, sobre la base de la tecnología de producción masiva.[48] Aunque Levi's y Lands' End fueron de los primeros productores textiles en lanzar jeans a la medida, actualmente existen muchos otros agentes en el mercado de la personalización masiva:

■ Nike permite a los consumidores personalizar sus zapatos deportivos por tan sólo 10 dólares más. Los compradores pueden incluso conseguir un par de zapatos deportivos en el que cada uno es de un número diferente para ajustarse a la medida exacta de los pies.

■ En Reflect.com, el sitio Web del producto derivado de Procter & Gamble, "Reflect True Custom Beauty", los consumidores, tras responder a una serie de preguntas, pueden conseguir una base de maquillaje, una crema hidratante, un champú o cualquier otro producto de belleza elaborado a su gusto.

■ Interactive Custom Clothes, que empezó fabricando jeans y pantalones a la medida en 1996, creció tan rápidamente que tuvo que dejar de aceptar pedidos en 2003. La empresa está buscando un fabricante textil o un minorista que le ayude a hacer frente a sus pedidos.

La administración de relaciones con los clientes (ARC)

Además de trabajar con socios (lo que recibe el nombre **administración de las relaciones con los socios o ARS**), muchas empresas están decididas a desarrollar vínculos más estrechos con sus clientes (**administración de relaciones con los clientes o ARC**). Este proceso consiste en manejar información detallada sobre clientes individuales así como sobre los "puntos culminantes" en su relación con la empresa con el fin de maximizar su fidelidad. Los *puntos culminantes* son todos aquellos momentos en los que los consumidores entran en contacto con una marca o un producto, e incluyen desde experiencias reales hasta la comunicación interpersonal o masiva, así como la simple observación casual. Para un hotel, los puntos culminantes incluyen las reservaciones, los registros de llegada y salida, los programas de fidelidad, el servicio a las habitaciones, los servicios a empresas, los gimnasios, los servicios de lavandería, los restaurantes y los bares. Por ejemplo, el hotel Four Seasons cuida los detalles en los contactos personales, como por ejemplo el hecho de que los empleados siempre se dirijan a los huéspedes por su nombre, o que conozcan las necesidades de los exigentes viajeros de negocios, y de disponer, por lo menos, de instalaciones de la mejor calidad por región, como un restaurante gourmet o un balneario.[49]

MARKETING EN ACCIÓN | AVANCES Y PRIORIDADES EN LA ADMINISTRACIÓN DEL CAPITAL-CLIENTE

El concepto capital-cliente se fundamenta en diferentes conceptos de marketing: marketing directo y marketing de base de datos, calidad del servicio, marketing de relaciones y *brand equity*. Sin embargo, su enfoque exclusivo consiste en comprender el valor que tiene un cliente para una empresa, y saber cómo considerar a los clientes como activos estratégicos con el fin de incrementar el valor de la empresa para los accionistas.

El concepto capital-cliente se puede entender como el valor de vida esperado de la totalidad de los clientes actuales de la empresa, sumado al valor de vida esperado de los clientes futuros. El modelo básico de valor de vida de los clientes se puede modificar incluyendo otros conceptos como el riesgo por cliente, los efectos sociales de los comentarios sobre el producto, y las consecuencias de los cambios del entorno que afectan al índice de retención de clientes.

Un número especial del *Journal of Service Research* dedicó la totalidad de sus artículos al concepto capital-cliente e incluyó aportaciones de los académicos más renombrados que trabajan en este campo. Los artículos cubrían un sinfín de aspectos, entre los que se incluía cómo administrar el capital-cliente:

1. *Recopilar información sobre consumidores individuales de todo el sector.* El conjunto de información sobre consumidores recopilada por todos los competidores de un mismo sector industrial arroja mucha luz sobre temas como las necesidades individuales de los consumidores. Las ventajas de la cooperación sectorial pueden compensar los costos de perder conocimientos específicos de la empresa.

2. *Estudiar el efecto del marketing en el balance de la empresa, y no sólo en la partida de ingresos.* Es necesario aplicar principios contables que reconozcan el valor del cliente en el balance. El reto consiste en que los cálculos del valor de vida de los clientes dependen de supuestos sobre multitud de factores como el caudal de ingresos futuros que generará un cliente, la asignación adecuada de costos por cliente, los descuentos y la vida económica esperada de un cliente.

3. *Elaborar modelos adecuados de ingresos futuros.* Las decisiones sobre la probabilidad y los periodos temporales de flujos de ingresos tienen consecuencias importantes.

4. *Maximizar (no sólo medir) el valor de vida de los clientes.* Las empresas deben aplicar iniciativas de marketing que maximicen el valor de los clientes (por ejemplo, programas de lealtad, reactivación de clientes y venta cruzada).

5. *Ajustar la organización a las actividades de administración de clientes.* Por ejemplo, algunos minoristas de venta por catálogo o empresas de tarjetas de crédito acostumbran separar el equipo de captación de clientes del equipo de conversión de clientes y de los responsables de retener y servir a los clientes actuales. Incluso se puede asignar un equipo diferente a la reactivación de cuentas que han permanecido un tiempo considerable sin registrar movimientos.

6. *Respetar la delicadeza de la información sobre clientes.* El almacenamiento de información de clientes debe estar descentralizado, permitiendo su disposición al cliente a través de su computadora personal o en tarjetas de memoria independientes. Asimismo, se debe ofrecer a los clientes la posibilidad de revisar y modificar sus perfiles.

7. *Transformar la administración de relaciones con los clientes de una herramienta para mejorar la eficiencia a una herramienta para mejorar los servicios.* Las aplicaciones más exitosas de administración de relaciones con los clientes reevalúan y refinan todos los procesos de negocio que afectan a los clientes; desarrollan y motivan al personal de apoyo y de servicios; y seleccionan y elaboran tecnologías a la medida.

Fuente: Número especial sobre la administración del capital de clientes, *Journal of Services Research* 5(1), agosto de 2002.

La administración de relaciones con los clientes permite a las empresas ofrecer un servicio excelente en tiempo real mediante el uso efectivo de cuentas de información personal. Con base en lo que las empresas saben sobre cada uno de los clientes más importantes, pueden personalizar ofertas, servicios, programas, mensajes y comunicaciones. La administración de relaciones con los clientes es importante porque uno de los ingredientes fundamentales de la rentabilidad de una empresa es el valor agregado de su base de datos de clientes.[50] Una empresa pionera en las técnicas de administración de relaciones con los clientes es Harrah's Entertainment.

HARRAH'S

En 1997, Harrah's Entertainment Inc. lanzó un programa de fidelidad pionero en Las Vegas que enviaba toda la información de los clientes a un almacén centralizado y ofrecía análisis detallados que servían para entender mejor el valor de lo que invierten los casinos en sus clientes. En la actualidad, Harrah's ha afinado su sistema Total Rewards hasta tal punto que consigue análisis prácticamente en tiempo real: cuando un cliente interactúa con las máquinas tragamonedas, se registra en los casinos o paga una comida, recibe ofertas a medida en función de los análisis predictivos. La empresa ha identificado cientos de segmentos de consumidores entre sus más de 25 millones de jugadores de máquinas tragamonedas. Al dirigir las ofertas a públicos meta muy concretos, Harrah's ha aumentado su participación de mercado en seis puntos porcentuales y ha incrementado sus ingresos netos un 12.4%, incluso tras la complicada situación del mercado desencadenada en 2002 tras los acontecimientos del 11 de septiembre del año anterior.[51]

Don Peppers y Martha Rogers han detallado gran parte del trabajo preliminar que conlleva la administración de relaciones con los clientes en una serie de libros.[52] Peppers y Rogers

Clientes del casino Harrah's Cherokee, en Carolina del Norte, probando su suerte con las máquinas tragamonedas. Estos clientes son, probablemente, parte de un complejo sistema de segmentación que permite a Harrah's dirigir sus ofertas a cientos de segmentos de consumidores entre los 25 millones de usuarios de máquinas tragamonedas.

describen un proceso de cuatro fases para el marketing personalizado, que se puede extrapolar a la administración de relaciones con los clientes como sigue:

■ *Seleccione el público objetivo y los clientes potenciales.* No persiga a todos los consumidores. Cree, mantenga y cultive una base de clientes amplia con información proveniente de todos los canales y puntos de contacto.

■ *Diferencie a los consumidores según 1. sus necesidades y 2. el valor que suponen para la empresa.* La inversión de esfuerzos debe ser mayor para los clientes más valiosos. Utilice el sistema de costeo ABC y realice una estimación del valor de vida de los clientes. Calcule el valor actual neto de todos los beneficios futuros provenientes de compras, niveles de margen y número de clientes, menos los costos de atenderlos.

■ *Interactúe con los clientes de manera individual para conocer mejor sus necesidades y establecer relaciones más sólidas con ellos.* Formule ofertas personalizadas, y comuníquelas de forma personal.

◥ *Personalice productos, servicios y mensajes para cada cliente.* Facilite la interacción empresa-cliente mediante el centro de atención al cliente y el sitio Web.

La tabla 5.1 señala las diferencias fundamentales entre el marketing de masas y el marketing personalizado.

Uno de los factores clave del valor que tiene una empresa para los accionistas es el valor agregado de su base de clientes. Las empresas de éxito aumentan el valor de su base de clientes aplicando a la perfección estrategias como las siguientes:

■ *Reducir el índice de abandono de los clientes.* Whole Foods, el minorista de comida ecológica y orgánica más grande del mundo, atrae a sus clientes con el compromiso de venderles exclusivamente los mejores alimentos y con el concepto de equipo que prevalece entre sus empelados. La selección y formación de los empleados con el fin de que sean comprensivos y agradables con los clientes aumenta las probabilidades de que las preguntas inevitables que realizan los consumidores antes de comprar sean respondidas satisfactoriamente.

■ *Incrementar la longevidad de la relación con el cliente.* Cuanto más participa un cliente en la empresa, más probable es que le sea leal. Algunas empresas tratan a sus clientes como socios (especialmente cuando se trata de relaciones de negocio a negocio), solicitando su ayuda a la hora de diseñar nuevos productos o de mejorar sus servicios. Instant Web Companies (IWCO), una empresa de impresiones de Chanhassen, Minnesota, lanzó un programa mensual llamado Customer Spotlight para sus clientes, en el que las empresas colaboradoras ofrecían una descripción de sus negocios y comentaban las prácticas, productos y servicios de IWCO. Así, los empleados de IWCO no sólo estaban en contacto con los clientes, sino que además conocían mejor sus negocios y sus objetivos de marketing de modo que podían añadir valor e identificar oportunidades para ayudarles a conseguir sus objetivos.[53]

■ *Fomentar el potencial de crecimiento de cada cliente mediante la "participación de cliente", la venta cruzada y la venta hacia arriba.*[54] Harley-Davidson vende mucho más que motocicletas y accesorios (como guantes, chaquetas de piel, cascos y gafas para sol). Los concesionarios Harley venden más de 3,000 prendas de ropa (algunos hasta tienen probadores). Además, otros minoristas tienen licencias para vender productos Harley, que van desde los más conocidos (vasos, bolas de billar y encendedores Zippo) hasta los más sorprendentes (perfume, muñecas y teléfonos celulares). Los productos con marca Harley reportaron a la empresa más de 211 millones de dólares en ventas en el 2003.

■ *Convertir a los clientes menos rentables en clientes rentables o darlos de baja.* Para evitar la necesidad directa de dar de baja a estos clientes, se debe intentar que compren más o en mayor cantidad, que renuncien a determinadas características o servicios, o que paguen precios más elevados. Los bancos, las compañías telefónicas y las agencias de viajes cobran por servicios que antes eran gratuitos para garantizar así un mínimo de ingresos por cliente.

■ *Concentrar unos esfuerzos desproporcionados en los clientes más valiosos.* A los clientes más valiosos se les puede dar un trato especial. Los detalles como felicitaciones de cumpleaños, pequeños regalos o invitaciones a eventos deportivos o artísticos a menudo significan mucho para el cliente.

Marketing de masas	Marketing personalizado
Cliente promedio	Cliente individual
Anonimato del cliente	Perfil del cliente
Producto estándar	Oferta de marketing personalizada
Producción masiva	Producción personalizada
Distribución masiva	Distribución individualizada
Publicidad masiva	Mensaje individualizado
Promoción masiva	Incentivos individualizados
Mensaje en un solo sentido	Mensajes en dos sentidos
Economías de escala	Economías de alcance
Participación de mercado	Participación del cliente
Todos los clientes	Clientes rentables
Atracción del cliente	Retención del cliente

Fuente: Adaptado de Don Peppers y Martha Rogers, *The One-to-One Future* (Nueva York: Doubleday/Currency, 1993). Véase su sitio Web en www.1to1.com.

TABLA 5.1

Marketing de masas frente a marketing personalizado.

Atraer, retener y aumentar el número de clientes

Cada vez es más difícil satisfacer a los consumidores, quienes son cada vez más suspicaces, se preocupan más por el precio, no perdonan fácilmente y tienen muchos competidores con ofertas similares o mejores entre las cuales elegir. Según Jeffrey Gitomer, el reto no consiste exclusivamente en satisfacer a los clientes, muchos competidores pueden hacerlo. El desafío consiste más bien en deleitar a los clientes para que sean leales.[55]

Las empresas que aspiran a aumentar sus utilidades y sus ventas tienen que invertir mucho tiempo y recursos buscando nuevos clientes. Para ganar ventaja a sus competidores, la empresa desarrolla anuncios publicitarios y los emite en los medios de comunicación que los harán llegar a los clientes potenciales; hace campañas por correo y llamadas a nuevos clientes potenciales; sus vendedores participan en aquellas ferias en las que la empresa podría encontrar nuevas ventajas; compra listas de nombres de clientes potenciales, entre otras acciones. Toda esta actividad genera una lista de interesados. Los *interesados* son aquellas personas u organizaciones a las que probablemente les interesaría adquirir el producto o servicio de la empresa, pero que no tienen los medios o la intención real de hacerlo. El siguiente paso es identificar qué interesados podrían ser buenos *clientes potenciales* (consumidores con motivación, capacidad y posibilidades de realizar una compra), mediante entrevistas, verificación de su situación financiera, etc. Entonces es el momento de enviar a la fuerza de ventas a hacer su trabajo.

Sin embargo, no basta con atraer nuevos clientes: la empresa debe mantenerlos y aumentar el número de transacciones por cliente. Demasiadas empresas tienen un alto índice de **abandono de clientes**. En estos casos, las inversiones caen en saco roto. Por ejemplo, en el sector de la telefonía móvil abundan los "veletas", es decir, los consumidores que cambian de operador al menos tres veces al año para conseguir las mejores ofertas. Se calcula que muchos operadores pierden hasta el 25% de sus abonados anualmente, con un costo estimado de entre 2,000 y 4,000 millones de dólares. Desafortunadamente, gran parte de la teoría y de la práctica del marketing se centra en el arte de captar nuevos clientes y no en la forma de mantener y desarrollar el valor de los existentes. Tradicionalmente, se ha hecho hincapié en conseguir ventas en lugar de establecer relaciones, y en la preventa y la venta en lugar de en la post-venta.

Fundamentalmente, existen dos formas de fortalecer la lealtad de los clientes. Una es construir barreras de cambio elevadas. Cuando para cambiar a otro proveedor los clientes tienen que incurrir en altos costos de capital, de búsqueda o de pérdida de descuentos por fidelidad, son más reticentes al cambio. Sin embargo, la mejor opción es ofrecer una gran satisfacción a los clientes. Esto dificulta que los competidores ofrezcan precios más bajos o cualquier otro factor que induzca al cambio.

Algunas empresas consideran que conocen más o menos el grado de satisfacción de sus clientes en función de las quejas y reclamaciones que reciben, pero el 96% de los clientes insatisfechos nunca se quejan, simplemente dejan de comprar.[56] Lo mejor que puede hacer una empresa es facilitar el sistema de quejas y reclamaciones a los clientes, mediante formularios para sugerencias, números de teléfono gratuito, sitios Web y direcciones de correo electrónico para una comunicación sin demora en ambas direcciones. 3M afirma que más de dos tercios de las mejoras de sus productos surgen de atender las quejas de los clientes.

Sin embargo, atender las quejas no es suficiente. La empresa debe responder rápida y constructivamente a cualquier queja o reclamación (véase el recuadro *Cuestiones clave: Cómo manejar las quejas de los clientes*):

CUESTIONES **CLAVE** | **CÓMO MANEJAR LAS QUEJAS DE LOS CLIENTES**

Independientemente de la atención que se preste al diseño y a la aplicación del programa de marketing, los errores son inevitables. Dados los inconvenientes potenciales que puede generar un cliente descontento, resulta fundamental que esta experiencia negativa se encauce adecuadamente. Como ocurre con cualquier crisis de marketing, grande o pequeña, prontitud y sinceridad son las palabras clave. Los clientes deben sentir de inmediato que la empresa se preocupa por ellos. Además de esto, las siguientes medidas pueden contribuir a recuperar la buena voluntad del cliente:

1. Abrir una línea gratuita de atención al cliente disponible las 24 horas, siete días a la semana (por teléfono, fax o correo electrónico) para recibir y responder a las quejas de los clientes.

2. Responder a los clientes que presentan quejas lo antes posible. Cuanto más se demore la empresa en actuar, mayor será la insatisfacción del cliente y mayores serán las posibilidades de un comentario negativo.

3. Asumir la responsabilidad de la decepción del cliente, y no culparlo de la situación.

4. Contratar personas empáticas para el departamento de atención al cliente.

5. Resolver la queja rápidamente y al gusto del cliente. Algunos clientes no buscan tanto una compensación sino más bien alguna señal de que la empresa se preocupa por ellos.

Fuente: Philip Kotler, *Kotler on Marketing* (Nueva York: The Free Press, 1999), pp. 21–22.

De todos los clientes que presentan una queja, entre el 54 y el 70% de ellos volverán a hacer negocios con la empresa si su queja queda resuelta. Esta cifra se dispara hasta un asombroso 95% si el cliente siente que su problema se ha resuelto con rapidez. Cuando los clientes se quejan a una empresa y ésta resuelve sus problemas satisfactoriamente, relatan el buen trato que han recibido, al menos, a cinco personas.[57]

Dell Computer Corp. retiró rápidamente su servicio de soporte técnico de la India para llevarlo a territorio estadounidense cuando sus clientes empezaron a quejarse de la calidad del servicio que recibían: un servicio rígido, técnicos que se limitaban a leer lo que decían los manuales que ellos ya habían leído, problemas con la conexión telefónica y el fuerte acento de los técnicos que prácticamente era incomprensible.[58]

Cada vez más empresas son conscientes de la importancia que tiene satisfacer y retener a los consumidores. Los clientes satisfechos conforman el *capital de relaciones con los clientes* de una empresa. Si la empresa se vendiera, la organización compradora tendría que pagar, no sólo por las fábricas, la maquinaria y la marca, sino también por la *base de datos de clientes* que acompaña a la empresa, es decir, el número y el valor de los clientes que seguirían haciendo negocios con la organización compradora. A continuación veremos algunos cálculos interesantes sobre la retención de clientes:[59]

1. Adquirir nuevos clientes cuesta cinco veces más que satisfacer y retener a los clientes existentes. Para conseguir que un cliente satisfecho abandone a su proveedor actual es necesario hacer muchos esfuerzos.
2. La empresa promedio pierde el 10% de sus clientes al año.
3. Reducir un 5% el índice de abandono de clientes puede aumentar las utilidades entre un 25 y 85%, en función del sector de que se trate.
4. El índice de ganancias por cliente tiende a aumentar con el tiempo, siempre que el cliente se mantenga como tal.

La figura 5.4 muestra las diferentes fases del proceso de atracción y retención de clientes. En el punto de partida aparecen todos aquellos que podrían adquirir el producto o servicio (*interesados*). De entre éstos, la empresa selecciona a los que tienen más posibilidades de convertirse en clientes potenciales, a los que intenta convertir en *consumidores de primera adquisición,* y después en *consumidores reiterativos,* y después en *clientes* (personas a las que la empresa conoce bien y trata de forma especial). El siguiente desafío consiste en convertir a los clientes en *miembros,* con algún programa de participación que ofrezca algún tipo de beneficios a los clientes que se unan al programa, y después en *defensores,* es decir, clientes que recomiendan la empresa y sus productos y servicios con entusiasmo. El reto final consiste en convertir a los defensores en *colaboradores* o *socios.*

Los mercados se pueden dividir en función de sus dinámicas de compra a largo plazo y de la facilidad y la frecuencia con que los consumidores vienen y van.[60]

1. *Mercados de retención total.* Si uno prueba, se hace cliente para toda la vida (por ejemplo, asilos, fideicomisos y tratamiento médico).
2. *Mercados de retención simple.* Permanentemente, se pierden clientes tras un determinado periodo de tiempo (por ejemplo, telecomunicaciones, servicio de televisión por cable, servicios financieros, otros servicios, suscripciones).
3. *Mercados migratorios.* Los clientes abandonan a la empresa y después vuelven (por ejemplo, venta por catálogo, productos de consumo, productos minoristas y aerolíneas).

Resulta inevitable que algunos clientes se vuelvan inactivos y dejen de comprar. El desafío consiste en reactivar a los clientes insatisfechos mediante estrategias de recuperación. Normalmente resulta más sencillo recuperar a antiguos clientes (porque la empresa conoce sus nombres y sus historiales) que encontrar clientes nuevos. La clave está en analizar las razones de su abandono mediante entrevistas de salida y encuestas para clientes perdidos. El objetivo es recuperar sólo aquellos clientes que representan un gran potencial de beneficios.

Cómo obtener la lealtad de los clientes

¿Cuánto debería invertir una empresa en generar lealtad por parte de sus clientes, de modo que los costos no superen las ganancias? En primer lugar, hay que distinguir cinco niveles a la hora de invertir en la creación de relaciones con los clientes:

1. *Marketing básico.* El vendedor únicamente vende el producto.
2. *Marketing reactivo.* El vendedor vende el producto y anima al cliente a que le llame si tiene cualquier pregunta, comentario o reclamación.
3. *Marketing responsable.* El vendedor llama al cliente para comprobar si el producto se ajusta a sus expectativas. El vendedor también pide al cliente sugerencias para mejorar productos y servicios e información sobre cualquier problema que haya podido tener.
4. *Marketing proactivo.* El vendedor llama de vez en cuando al cliente para presentarle nuevas mejoras del producto o para sugerirle nuevos productos.
5. *Marketing de colaboración.* La empresa se relaciona constantemente con sus principales clientes para ayudarles a conseguir mejores resultados. (General Electric, por ejemplo, tiene ingenieros de forma permanente en las grandes compañías eléctricas para ayudarles a conseguir más energía.)

La mayoría de las empresas sólo practican el marketing básico cuando sus mercados son muy numerosos y los márgenes por unidad reducidos. Whirlpool no va a telefonear a cada comprador de lavadoras para conocer su percepción del producto. A lo sumo, establecerá una línea telefónica de atención al cliente. En mercados con pocos clientes y grandes márgenes de utilidad, la mayoría de los vendedores practicarán un marketing de colaboración. Por ejemplo, Boeing colabora estrechamente con American Airlines para diseñar aviones que satisfagan las necesidades de esta empresa. Como muestra la figura 5.5, el nivel de marketing de relaciones dependerá del número de clientes y del nivel de márgenes de ganancia.

Un elemento cada vez más indispensable para la práctica del marketing relacional en la actualidad es la tecnología. La tabla 5.2 destaca cinco imperativos de la administración de relaciones con los clientes y cómo encaja en ellos la tecnología. GE Plastics no podría dirigir mensajes de correo electrónico apropiados a los diferentes clientes si no fuera por los progresos del software de bases de datos. Dell Computer no podría personalizar los pedidos de computadoras de sus clientes de todo el mundo sin los avances de la tecnología de Internet. En la actualidad, las empresas utilizan el correo electrónico, los sitios Web, los centros telefónicos, las bases de datos y el software de bases de datos para potenciar el contacto continuado con clientes y consumidores. A continuación un ejemplo de cómo una empresa utilizó la tecnología para generar valor para sus clientes:

AMERITRADE

El servicio de correduría de bolsa de Ameritrade ofrece información detallada a sus clientes, lo que genera vínculos muy estrechos con la empresa, la cual envía mensajes de alerta personalizados al medio que elija el cliente, detallando los movimientos de la bolsa y las recomendaciones de los analistas. A través del sitio Web de la empresa se pueden comprar y vender valores *on line* y tener acceso a una serie de herramientas de investigación. Ameritrade desarrolló seminarios para inversionistas que denominó Darwin, y que obsequiaba a sus clientes en CD-ROM. Los clientes respondieron positivamente a esta preocupación especial por sus necesidades: Ameritrade tenía menos de 100,000 cuentas en 1997, y en 2003 llegó a tener más de 2.9 millones de cuentas.[61]

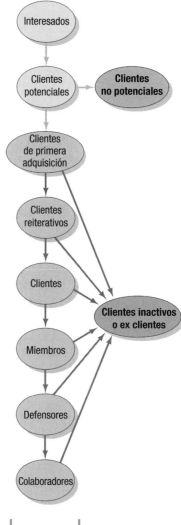

| FIG. **5.4** |

El proceso de desarrollo de clientes.

Fuente: Véase Jill Griffin, *Customer Loyalty: How to Earn It, How to Keep It* (Nueva York: Lexington Books, 1995). p. 36. Véase también Murray Raphel y Neil Raphel, *Up the Loyalty Ladder Turning Sometime Customers into Full-Time Advocates of Your Business* (Nueva York: HarperBusiness, 1995).

	Margen elevado	Margen moderado	Margen bajo
Muchos clientes/ distribuidores	Responsable	Reactivo	Básico o reactivo
Nivel medio de clientes/ distribuidores	Proactivo	Responsable	Reactivo
Pocos clientes/ distribuidores	Colaboración	Proactivo	Responsable

| FIG. **5.5** |

Nivel del marketing de relaciones.

| TABLA 5.2 | Administración de relaciones con los clientes: su desglose y en qué consiste en realidad.

Imperativos de la administración de relaciones con los clientes				
Captar el cliente adecuado	Diseñar la propuesta de valor adecuada	Crear los mejores procesos	Motivar a los empleados	Aprender a retener clientes
Para conseguirlo, es necesario . . .				
■ Identificar a los clientes más valiosos para la empresa. ■ Calcular la participación del cliente para los productos y servicios de la empresa.	■ Estudiar qué productos o servicios necesitan los clientes hoy, y los que necesitarán mañana. ■ Sondear qué productos o servicios ofrecen los competidores hoy, y cuáles ofrecerán mañana. ■ Considerar qué productos o servicios debería ofrecer su empresa.	■ Estudiar la mejor manera de entregar los productos o servicios a los clientes, incluyendo las alianzas necesarias, las tecnologías en las que haya que invertir, y la capacidad de prestación de servicios que se deba desarrollar o adquirir.	■ Conocer las herramientas que necesitan los empleados para potenciar las relaciones con los clientes. ■ Identificar los sistemas de RH que sea necesario poner en práctica para incentivar la fidelidad de los empleados.	■ Saber por qué abandonan los clientes y saber recuperarlos. ■ Analizar qué hace la competencia para conseguir un mayor valor percibido. ■ Que los altos directivos controlen los sistemas de medición de abandono de clientes.
La tecnología de administración de relaciones con los clientes puede contribuir a . . .				
■ Analizar los ingresos y los costos por cliente para identificar los clientes valiosos actuales y futuros. ■ Encauzar mejor los esfuerzos de marketing directo.	■ Recopilar información relevante sobre resultados de productos y servicios. ■ Crear nuevos canales de distribución. ■ Desarrollar nuevos modelos de fijación de precios. ■ Crear comunidades.	■ Procesar las transacciones más rápidamente. ■ Ofrecer mejor información a los vendedores directos. ■ Administrar la logística y la cadena de distribución con más eficacia. ■ Catalizar el comercio de colaboraciones. ■ Equilibrar incentivos y mediciones.	■ Utilizar sistemas de administración del conocimiento. ■ Calcular índices de abandono y retención de clientes.	■ Calcular el nivel de satisfacción de los clientes.

Fuente: Darrel K. Rigby, Frederick F. Reichheld y Phil Schefter, "Avoid the Four Perils of CRM", *Harvard Business Review* (febrero de 2002), p. 106.

Las empresas *on line* también tienen que asegurarse de que sus esfuerzos por intentar establecer relaciones con los clientes no sufran el efecto contrario, como cuando los clientes reciben cientos de recomendaciones generadas por computadora que nunca dan en el blanco. Cuando uno adquiere muchos regalos infantiles en Amazon, las recomendaciones personales ya no parecen tan personales. Los vendedores minoristas *on line* deben reconocer las limitaciones de la personalización *on line* a la vez que esforzarse por encontrar tecnologías y procesos que de verdad funcionen.[62]

En la actualidad, las empresas comienzan a darse cuenta de la importancia que tiene el CRM (Customer Relationship Management), Administración de relaciones con clientes, y de qué ocurre una vez que los clientes establecen un contacto real con la empresa. Como dice el gurú de los negocios de Stanford, Jeffrey Pfeffer, "las mejores empresas crean culturas en las que las personas que están en contacto directo con los clientes tienen potestad para hacer todo lo necesario para atender bien a un cliente". Y cita ejemplos de empresas como SAS, la aerolínea escandinava, que ideó un sistema de embarque y desembarque de pasajeros parcialmente basado en las opiniones que tenían los viajeros sobre el sinfín de interacciones con la empresa: registro, abordaje, comida, etcétera.[63]

Cómo reducir el índice de abandono de clientes

Para reducir el índice de abandono de clientes, las empresas deben seguir un proceso de cinco fases. En primer lugar, la empresa debe definir y calcular su índice de retención de clientes. Una revista podría utilizar la renovación de las suscripciones para calcular el índice de retención de clientes, y una universidad podría utilizar la diferencia de alumnos entre el primer y el segundo año, o entre el primer año y el año de graduación.

En segundo lugar, la empresa debe identificar las causas por las que los clientes la abandonan, y seleccionar las que mejor se pueden manejar. (Véase *Cuestiones clave: Las preguntas que deben formularse cuando se pierden clientes.*) Forum Corporation analizó las razones de los clientes que abandonaban 14 grandes empresas (sin incluir cambios de residencia o desempleo): el 15% había encontrado un producto mejor, otro 15% había encontrado un producto más barato, y el 70% restante la dejaba por la poca atención que le prestaban los proveedores. No se puede hacer mucho con los clientes que desertan porque cambian de residencia o porque pierden su empleo, pero sí se puede hacer mucho con los clientes que dejan una empresa por servicios deficientes, productos de mala calidad o precios elevados.[64]

En tercer lugar, la empresa debe calcular las ganancias que deja de recibir cuando los clientes la abandonan. En el caso de un cliente individual, la ganancia perdida equivale al valor de vida del cliente, es decir, el valor actual del caudal de utilidades que habría obtenido la empresa con el tiempo si el cliente no hubiese desertado antes de tiempo. Para esto, se deben utilizar los cálculos que detallamos anteriormente.

A continuación, la empresa debe estimar cuánto le costaría reducir el índice de abandono de clientes. Siempre que los costos sean inferiores a las ganancias, la empresa debería invertir.

Y por último, no hay nada mejor que escuchar a los clientes. Algunas empresas han creado un mecanismo para que los altos directivos tengan acceso constante al *feedback* que recibe la empresa por parte de los clientes. MBNA, el gigante de las tarjetas de crédito, pide a todos los ejecutivos que escuchen conversaciones telefónicas del departamento de atención al cliente o de las unidades de recuperación de clientes. Deere & Company, fabricante de los tractores John Deere, que tiene un elevado índice de lealtad de sus clientes (cerca del 98% de retención en algunos productos), contrata a antiguos empleados jubilados para que entrevisten tanto a los clientes leales como a los que abandonan.[65]

Cómo crear vínculos estrechos con los clientes

En *Cuestiones clave: Desarrollo de vínculos estrechos con los clientes* se incluyen algunos consejos para fortalecer la relación con los clientes. Berry y Parasuraman han identificado tres aproximaciones diferentes para la retención de clientes:[66] añadir beneficios económicos, añadir beneficios sociales, y añadir vínculos estructurales.

AÑADIR BENEFICIOS ECONÓMICOS Dos de los beneficios económicos que pueden ofrecer las empresas son los programas de frecuencia y los clubes. Los **programas de frecuencia** están diseñados para ofrecer recompensas a los clientes que compran asiduamente y en cantidades considerables.[67] Este enfoque es un reconocimiento de que el 20% de los clientes pueden suponer el 80% del negocio de una empresa. Los programas de frecuencia son una forma de conseguir lealtad a largo plazo de parte de estos clientes creando posibles oportunidades de venta cruzada en el proceso.

American Airlines fue una de las primeras empresas que lanzó un programa de frecuencia a principios de los ochenta, cuando decidió ofrecer a sus clientes puntos canjeables por boletos de avión. A continuación le siguieron los hoteles, empezando con Marriott y su programa Honored Guest Program, a los que siguieron las empresas de alquiler de automóviles. Después vinieron las empresas de tarjetas de crédito que comenzaron a ofrecer puntos en función del uso que se le diera a la tarjeta. Sears ofrece descuentos a los titulares de las tarjetas Discover. En la actualidad, la mayoría de las cadenas de supermercados ofrecen tarjetas de cliente con las que se obtienen descuentos para determinados artículos.[68]

Generalmente la empresa que primero lanza este tipo de programas es la que obtiene mayores beneficios, sobre todo si los competidores tardan en responder. Una vez que los

---

CUESTIONES CLAVE | LAS PREGUNTAS QUE DEBEN FORMULARSE CUANDO SE PIERDEN CLIENTES

Para crear programas eficaces de retención de clientes, los gerentes de marketing tienen que identificar qué patrones siguen los clientes que abandonan la empresa. Este análisis debe empezar con cuestiones internas, como historiales de ventas, registros de precios y resultados de encuestas realizadas a los clientes. El siguiente paso consiste en ampliar esta investigación a cuestiones externas, como por ejemplo estudios de *benchmarking* y estadísticas de asociaciones empresariales. Algunas preguntas clave que hay que plantearse son las siguientes:

1. ¿El índice de abandono es continuo a lo largo de todo el año?

2. ¿Varía el índice de retención entre oficinas, regiones, vendedores o distribuidores?

3. ¿Qué relación existe entre el índice de retención y las fluctuaciones de los precios?

4. ¿Qué ocurre con los clientes perdidos? ¿A quién acuden?

5. ¿Cuál es el índice de abandono normal en el sector?

6. ¿Qué empresa del sector logra retener durante más tiempo a sus clientes?

Fuente: Reproducción de William A. Sherden, "When Customers Leave", *Small Business Reports* (noviembre de 1994), p. 45.

Dos tarjetas Pathmark Advantage Club:
una para la billetera y otra para el llavero.

competidores reaccionan, este tipo de programas puede suponer una carga financiera para las empresas, pero algunas son más creativas y eficaces a la hora de lanzarlos. Por ejemplo, las aerolíneas tienen programas de lealtad con ofertas diferentes para los distintos tipos de viajeros. Algunas ofrecen un punto por cada milla de vuelo a los viajeros ocasionales, y dos puntos por milla a los viajeros habituales.

Muchas empresas también han creado programas de afiliación a clubes. Estos últimos pueden estar abiertos a todos los que adquieren determinado producto o servicio, o limitados a un grupo afín o a todos aquellos que estén dispuestos a pagar una pequeña cantidad de dinero por participar. Aunque los clubes abiertos a todos los compradores resultan muy útiles para alimentar bases de datos o para enganchar a los clientes de la competencia, los clubes de participación limitada crean relaciones de fidelidad más duraderas. Las cuotas y los requisitos de asociación evitan que participen los clientes que tienen un interés pasajero en los productos de la empresa. Estos clubes atraen y retienen a aquellos clientes que son

CUESTIONES **CLAVE**

DESARROLLO DE VÍNCULOS ESTRECHOS CON LOS CLIENTES

Las empresas que quieran crear vínculos estrechos con sus clientes deben seguir los siguientes criterios básicos:

- Alentar la participación interdepartamental en la planeación y la administración de los procesos de satisfacción y retención de clientes.

- Crear un espacio para "la voz del cliente" con el fin de integrar sus necesidades o requisitos manifiestos o implícitos en todas las decisiones empresariales.

- Crear productos, servicios y experiencias superiores para el público meta.

- Organizar y hacer accesible una base de datos con información sobre las necesidades, preferencias, comunicaciones, frecuencia de compra y satisfacción de cada cliente individual.

- Facilitar el acceso de los clientes al personal de la empresa para que expresen sus necesidades, apreciaciones y quejas.

- Crear programas de recompensa para premiar a los empleados sobresalientes.

responsables de la mayor parte del negocio de una empresa. Algunos de los clubes más exitosos son los siguientes:

APPLE

Apple anima a los propietarios de computadoras Apple a formar grupos locales de usuarios. En el 2001 había más de 600 grupos que oscilaban entre los 25 participantes y el millar. Estos grupos de usuarios ofrecen a sus asociados la oportunidad de saber más sobre sus computadoras, compartir ideas y obtener descuentos. Además, patrocinan actividades y acontecimientos especiales y llevan a cabo servicios para la comunidad. Sólo con visitar el sitio Web de Apple, sus clientes pueden encontrar el grupo de usuarios más cercano.[69]

HARLEY-DAVIDSON

Esta empresa de motocicletas conocida a nivel mundial patrocina el Harley Owners Group (H.O.G.), que actualmente tiene unos 650,000 participantes en más de 1,200 secciones. Los compradores que adquieren por primera vez una moto Harley-Davidson obtienen una inscripción anual gratuita. Las ventajas del H.O.G. incluyen una revista titulada *Hog Tales*, una guía de rutas turísticas, servicio de atención en carretera, un seguro diseñado a medida, seguro antirrobo, descuentos en hoteles y la participación en el programa Fly & Ride que permite a los participantes alquilar Harleys durante sus vacaciones. La empresa también mantiene un completo sitio Web dedicado al H.O.G., en donde se puede encontrar información sobre las secciones del club, eventos, y una sección de acceso limitado a los miembros del club.[70]

AÑADIR BENEFICIOS SOCIALES Los empleados de una empresa trabajan para fortalecer los vínculos sociales con los consumidores personalizando sus relaciones con ellos. Básicamente, las empresas perspicaces convierten a los consumidores en clientes. Donnelly, Berry y Thompson establecen esta distinción:

> Tal vez la organización desconozca el nombre de los consumidores, pero siempre conoce el nombre de los clientes. La empresa atiende a los consumidores como elementos de una masa o como componentes de grandes segmentos, pero atiende a los clientes de manera individual. A los consumidores los atiende cualquier empleado disponible, a los clientes se les asigna un profesional.[71]

Las empresas de comercio electrónico están descubriendo que para atraer y mantener clientes, la personalización va más allá de la información personalizada.[72] Por ejemplo, el sitio Web de Lands' End Live ofrece a los visitantes la oportunidad de hablar con un representante. Nordstrom, por su parte, adopta un enfoque similar con su sitio Web, garantizando que los compradores *on line* queden tan satisfechos como los compradores en sus establecimientos. Y con tan solo un click del *mouse*, el sitio Web de Eddie Bauer pone en contacto a los compradores con los representantes mediante un sistema de chat.

En 2001 se realizó una encuesta entre 3,500 compradores por Internet que reveló que el 77% de los compradores *on line*, al menos una vez, han seleccionado un artículo para comprarlo pero no han logrado completar la transacción.[73] Jupiter Media Metrix ha informado que dos tercios de los compradores por Internet abandonan los carritos de compra sin finalmente adquirir los artículos seleccionados.[74] Peor aún, sólo un 1.8% de las visitas a minoristas *on line* culmina con una compra, en comparación con el 5% de las visitas a los establecimientos tradicionales. Los analistas atribuyen esta conducta, en parte, a la ausencia general de interacción que existe en el comercio electrónico. Normalmente, cuando un consumidor necesita ayuda, le remiten a un archivo de texto y no a un vendedor de verdad. Esto puede resultar muy frustrante y hace que el consumidor abandone el sitio Web sin comprar. Otra ventaja de ayudar personalmente a

Miembro de la sección Westsachsen del club H.O.G. en Alemania, en una concentración de motos en Hamburgo con motivo de la celebración del centenario de Harley-Davidson. Esta empresa utiliza su sitio Web para implementar uno de los programas de suscripción de mayor éxito.

un cliente es la posibilidad de vender artículos adicionales. Cuando un vendedor participa en la venta, la cantidad de artículos vendidos por pedido suele ser mayor.

THE CONTAINER STORE

La cadena de especialidad con sede en Dallas, The Container Store, cosecha los frutos de utilizar personal de ventas para aumentar el volumen de los pedidos *on line*. Cuando un comprador potencial solicita ayuda, un representante de The Container Store le llama por teléfono. Y lo que es más importante, las llamadas no terminan en la fase de iniciación del pedido. Antes de cumplir cualquier pedido, se revisan todos los datos suministrados vía Internet. Si los artículos de un pedido parecen no cuadrar, el vendedor llama al cliente para asegurarse de que es correcto. Así, The Container Store encuentra posibles errores que hayan cometido los compradores, sin darse cuenta, antes de enviar los pedidos. Esto ahorra devoluciones y supone una experiencia general más positiva para los clientes.[75]

No todos los servicios requieren trabajadores reales. Tanto Macys.com como gap.com ofrecen información grabada de antemano sobre sus servicios. En el sitio Web de Gap se puede utilizar el "zoom" para ver los detalles de las prendas de ropa, desde las cinturillas elásticas hasta los estampados de un tejido. Lands' End Live, por su parte, permite que los clientes "se prueben" la ropa utilizando modelos virtuales en función de las medidas que especifican los usuarios.

AÑADIR VÍNCULOS ESTRUCTURALES La empresa puede ofrecer a sus clientes equipamiento o cursos de formación especiales para facilitar el manejo de pedidos, nóminas e inventario. Un buen ejemplo es el caso McKesson Corporation, un mayorista del sector farmacéutico que invirtió millones de dólares en soluciones EDI (Intercambio electrónico de datos) para facilitar la administración del inventario de las farmacias, los procesos de pedidos y el espacio en sus anaqueles. Otro ejemplo es el de Milliken & Company, que ofrece software propio, investigación de mercados y capacitación comercial a sus clientes más leales.

Lester Wunderman, un perspicaz observador del marketing contemporáneo opina que hablar sobre la "lealtad" de los clientes no resulta apropiado.[76] Las personas son fieles a un país, a la familia, a sus creencias, pero no tanto a su crema dental, a su jabón o a su cerveza. El objetivo de las empresas debería consistir en aumentar la *inclinación a la recompra* de sus productos.

Éstas son algunas de sus sugerencias para establecer vínculos estructurales con los clientes:

1. *Crear contratos a largo plazo.* Una suscripción sustituye la necesidad de comprar el periódico cada día. Una hipoteca a 20 años sustituye la necesidad de contratar préstamos anualmente. Un acuerdo de suministro de gas para la calefacción garantiza que no habrá que renovar constantemente los pedidos.
2. *Cobrar precios inferiores a clientes que adquieren grandes pedidos.* Ofrecer precios más bajos a los compradores que contratan la distribución regular de una determinada marca de crema dental, detergente o cerveza.
3. *Convertir el producto en un servicio a largo plazo.* DaimlerChrysler está considerando la idea de vender "kilómetros de transporte confiable" en lugar de automóviles, ofreciendo a los clientes la posibilidad de alquilar vehículos diferentes para las distintas ocasiones, por ejemplo una camioneta cuando uno va de compras y un convertible para el fin de semana. Gaines, la empresa de alimento para mascotas, podría ofrecer un servicio de cuidados de mascotas que incluya residencias caninas, seguros médicos y clínicas veterinarias.

::: Las bases de datos de clientes y el marketing de base de datos

Las empresas necesitan conocer a sus clientes, por lo que deben recopilar información sobre ellos y almacenarla para poner en práctica el marketing de bases de datos. Una **base de datos de clientes** es un conjunto organizado de información exhaustiva sobre clientes individuales reales o potenciales que está actualizada, es accesible y manipulable para conseguir propósitos de marketing tales como la generación de clientes, su clasificación, la venta de un producto o servicio o el mantenimiento de relaciones con el cliente. El **marketing de base de datos** es el proceso de confección, mantenimiento y utilización de las bases de datos de clientes, así como de otras bases de datos (productos, proveedores, vendedores) con el fin de ponerse en contacto y operar con los clientes, y de establecer relaciones sólidas con ellos.

Las bases de datos de clientes

Tal y como solía destacar el antiguo director de marketing de Amazon, cuando uno entra por la puerta de una tienda Macy, el vendedor no tiene ni idea de quién está entrando. Sin embargo, cuando uno se registra en Amazon, lo saludan por su nombre, y le presentan sugerencias de productos, en función de las compras anteriores junto con opiniones de otros compradores. Asimismo, cuando uno se desconecta, se le solicita permiso para enviar ofertas especiales por correo electrónico.[77]

Muchas empresas confunden las listas de direcciones de los clientes con bases de datos. Una **lista de direcciones** de clientes no es más que un conjunto de nombres, direcciones y números de teléfono. Una base de datos de clientes incluye mucha más información recopilada a través de transacciones con los clientes, información de registro, encuestas telefónicas, *cookies* y cualquier contacto establecido con los clientes.

Una base de datos de clientes debería incluir información sobre compras pasadas, información demográfica (edad, ingresos, familiares, cumpleaños), información psicográfica (actividad, intereses y opiniones), información mediográfica (medios de comunicación preferidos) y demás información relevante. La empresa de venta por catálogo Fingerhut cuenta con cerca de 1,400 datos sobre cada uno de los 30 millones de hogares a los que atiende en su gigantesca base de datos de clientes.

Una **base de datos de clientes industriales** debe incluir información sobre compras pasadas, volúmenes, precios y utilidades; información sobre los integrantes del equipo de compras (con su edad, fecha de nacimiento, aficiones y comidas favoritas); información sobre el estado de los contratos actuales; un cálculo de la participación del cliente; información sobre los proveedores competidores; una valoración de los puntos fuertes y débiles de la cuenta del cliente; e información sobre las prácticas, patrones y políticas de compra relevantes. Por ejemplo, una unidad latinoamericana de la empresa farmacéutica suiza Novartis conserva información sobre 100,000 agricultores argentinos, conoce los productos fitosanitarios que adquieren, agrupa a los clientes en función de su valor y trata de manera diferente a los distintos grupos.

La figura 5.6 muestra un método para obtener una mayor participación de mercado por cliente, en el que se da por hecho que la empresa conoce perfectamente a todos sus clientes.

Almacenamiento y análisis de datos

Las empresas inteligentes recopilan información cada vez que un cliente entra en contacto con cualquiera de sus departamentos. Los puntos de contacto incluyen compras, llamadas de servicio solicitadas por el cliente, preguntas *on line* o tarjetas de respuesta con reenvío pagado. Los bancos, las empresas de tarjetas de crédito, las empresas de telefonía, los vendedores por catálogo y otras muchas empresas consiguen un sinfín de información sobre sus clientes, además de direcciones y números de teléfono, como por ejemplo sus transacciones, edad, número de integrantes del núcleo familiar, ingresos y demás información demográfica.

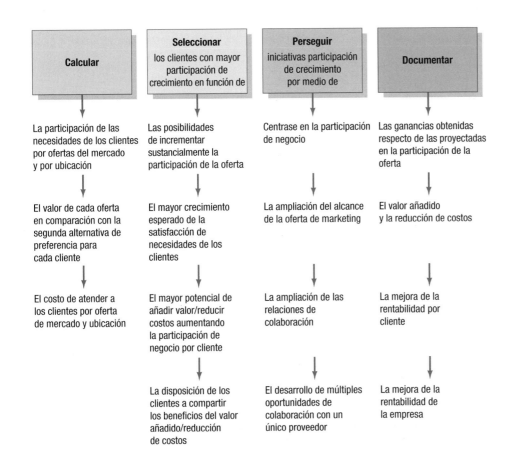

| FIG. 5.6 |

Incrementar la participación de mercado por cliente.

Fuente: James C. Anderson y James A. Narus, *MIT Sloan Management Review* (primavera de 2003), p. 45.

El centro de contactos de la empresa agrupa toda esta información y la organiza en un **almacén de datos**. El personal de una empresa puede recuperar, cuestionar y analizar la información. Así se pueden obtener conclusiones sobre las necesidades y las respuestas de cada cliente. De este modo, las personas que atienden a los clientes por teléfono pueden responder a sus preguntas con una imagen global de la relación que mantiene la empresa con el cliente.

Gracias al **análisis de los datos**,[78] el personal de marketing dedicado a la estadística puede extraer información muy valiosa sobre individuos, tendencias y segmentos de entre toda la información disponible. Esto requiere utilizar técnicas matemáticas y estadísticas complejas, como análisis de grupos, detección de interacciones automáticas, elaboración de modelos predictivos y redes neuronales.[79]

Algunos observadores consideran que una base de datos propia supone una gran ventaja competitiva para la empresa. MCI Communications Corporation, la empresa de transportes de larga distancia, analiza un billón de bytes con información sobre clientes para elaborar nuevos planes de descuento para sus diferentes clientes. Lands' End puede determinar quién de entre sus dos millones de clientes debería recibir determinados mensajes por correo sobre prendas de ropa concretas adecuadas a sus necesidades de vestuario. (Véase la figura 5.7 para ejemplos adicionales.)

UTILIZACIÓN DE LA BASE DE DATOS En general, las empresas pueden utilizar sus bases de datos de cinco maneras diferentes:

1. ***Para identificar clientes potenciales.*** Muchas empresas generan ventas a través de la publicidad de sus productos o servicios. Los anuncios contienen, por norma general, un sistema de respuesta como una tarjeta de presentación o un número de teléfono gratuito. A partir de estas respuestas es como se confecciona la base de datos. La empresa selecciona, dentro de la base de datos, a los mejores clientes potenciales, se pone en contacto con ellos por correo, teléfono o les hace una visita, con el fin de convertirlos en clientes reales.
2. ***Para decidir qué clientes deberían recibir una oferta especial.*** Las empresas están interesadas en identificar oportunidades de venta, conseguir ventas, y realizar ventas cruzadas. Las empresas establecen criterios que describen a su cliente objetivo ideal para una oferta concreta. A continuación buscan en su base de datos de clientes a los que más se

| FIG. **5.7** |

Ejemplos de marketing de bases de datos.

Qwest Dos veces al año, Qwest filtra su lista de clientes para dar con los que tienen más potencial de rentabilidad. La base de datos de la empresa contiene cerca de 200 observaciones sobre el patrón de las llamadas telefónicas de cada cliente. Al estudiar los perfiles demográficos, más el conjunto de llamadas locales y de larga distancia, o si el cliente tiene buzón de voz, la empresa puede calcular el potencial de gasto. A continuación, la empresa determina qué fracción del presupuesto asignado al teléfono está siendo verdaderamente útil. Armada con esta información, la empresa establece un límite de inversión en marketing por cada cliente.

Royal Caribbean Royal Caribbean utiliza su base de datos para enviar ofertas de cruceros de última hora a sus clientes con el fin de llenar todos los camarotes de sus barcos. Se concentra en los jubilados y en los solteros porque son los que más fácil y rápidamente pueden decidir irse de viaje. Cuantos menos camarotes queden libres, más se maximizarán las ganancias de la línea de cruceros.

Fingerhut Fingerhut se ha convertido en una de las empresas de venta por correo más grandes de Estados Unidos gracias al hábil uso que hace del marketing de base de datos. Su base de datos no sólo contiene información demográfica como edad, estado civil y número de hijos, sino que también incluye los pasatiempos, intereses y cumpleaños de los clientes. Fingerhut diseña ofertas por correo a la medida de lo que un cliente puede comprar. La empresa mantiene un contacto constante con los clientes mediante promociones especiales y regulares, como apuestas anuales, obsequios y facilidades de pago. Hoy la empresa ha aplicado su marketing de base de datos a sus sitios Web.

Mars Mars es líder del mercado no sólo en el sector de los dulces, sino también en el de los alimentos para mascotas. En Alemania, Mars ha recopilado el nombre de prácticamente todas las familias que tienen gatos contactando con clínicas veterinarias y ofreciendo un libro informativo gratuito titulado "Cómo cuidar a su gato". Todos los que deseen recibir el libro deben llenar un formulario incluyendo el nombre, la edad y el cumpleaños del gato. Cada año, Mars envía una felicitación a cada gato, junto con una muestra de un producto alimenticio nuevo o con cupones descuento para sus marcas.

American Express No resulta sorprendente que en sus oficinas secretas de Phoenix, multitud de guardias de seguridad vigilen los 500,000 millones de bytes de información que posee American Express sobre cómo sus clientes han utilizado los 35 millones de tarjetas de crédito verdes, oro y platino. Amex utiliza su base de datos para incluir ofertas cuidadosamente seleccionadas en las facturas mensuales que en vía a sus clientes.

parecen al tipo ideal. Si registra el índice de respuestas de los clientes, con el tiempo, la empresa podrá mejorar aún más su precisión al seleccionar el público meta. Tras conseguir una venta, la empresa puede establecer una secuencia automática de actividades: una semana más tarde, enviar una tarjeta de agradecimiento; cinco semanas más tarde, enviar una nueva oferta; 10 semanas después (si el cliente no ha respondido), llamarlo por teléfono y ofrecerle un descuento especial.

3. *Para aumentar la lealtad de los clientes.* Las empresas pueden generar interés y entusiasmo recordando las preferencias de los clientes, enviando los obsequios adecuados, cupones descuento apropiados y un material de lectura interesante.

4. *Para reactivar las compras de los clientes.* Las empresas pueden instalar programas de correo electrónico automático (marketing automático) para enviar felicitaciones de cumpleaños o de aniversario, recordatorios de promociones navideñas y ofertas especiales de temporada. La base de datos de clientes puede ayudar a la empresa a hacer ofertas atractivas y oportunas a sus clientes.

5. *Para evitar graves errores.* Un gran banco ha confesado haber cometido una serie de errores por no utilizar adecuadamente su base de clientes. En una ocasión, el banco gravó una comisión de penalización a un cliente por retrasarse en el pago de su hipoteca, sin darse cuenta de que esa persona dirigía una empresa que era uno de los principales clientes del banco. El cliente abandonó el banco. En otra ocasión, dos empleados diferentes telefonearon al mismo cliente ofreciendo el mismo crédito con condiciones diferentes. Ningún empleado sabía que el otro había realizado tal llamada. En un tercer caso, un banco ofreció a uno de sus mejores clientes un servicio estándar en otro país.

Las desventajas del marketing de bases de datos y la administración de relaciones con los clientes

Ahora que ya se han visto las ventajas del marketing de bases de datos, deberíamos estudiar las desventajas. Existen cuatro problemas que pueden impedir que una empresa administre las relaciones con sus clientes de forma eficaz. El primero es que para construir y mantener una base de datos de clientes es necesario realizar una inversión considerable en hardware, software de bases de datos, programas analíticos, vínculos de comunicación y personal especializado. Resulta complicado recopilar los datos adecuados, especialmente en todas las ocasiones en que la empresa interactúa con cada cliente. En los siguientes casos, no será rentable construir una base de datos de clientes: **1.** cuando el producto sólo se compra una vez en la vida (por ejemplo, un piano de cola); **2.** cuando los clientes del sector muestran escasa fidelidad a las marcas (es decir, hay un alto índice de abandono); **3.** cuando las unidades a la venta son pequeñas (por ejemplo, un caramelo); y **4.** cuando el costo de recopilar información es demasiado elevado.

El segundo problema es la dificultad de hacer que todos los empleados de la empresa se orienten hacia el cliente y hagan uso de la información disponible. Para los trabajadores es mucho más sencillo aplicar un marketing de transacciones tradicional que practicar el marketing relacional. Todo marketing de bases de datos eficaz requiere la administración y la capacitación de empleados, así como de distribuidores y proveedores.

El tercer obstáculo consiste en que no todos los clientes están dispuestos a mantener una relación con la empresa, y les molesta saber que la empresa ha recopilado demasiada información sobre ellos. Las empresas deben prestar atención a la preocupación de los clientes por su intimidad y su seguridad. American Express, con tradición de respetar estrictamente los temas de privacidad, no vende información sobre las transacciones de sus clientes. Sin embargo, se encontró en el ojo del huracán cuando anunció un programa de colaboración con Knowledge-Base Marketing, Inc., mediante el cual pondría a disposición de cualquier comerciante información sobre sus 175 millones de clientes estadounidenses. American Express acabó con ese programa de colaboración. AOL, también vigilada por los defensores de la intimidad de los consumidores, desechó un plan para vender las listas de los número telefónicos de sus abonados. Las empresas *on line* deberían explicar claramente sus políticas de privacidad y ofrecer a los consumidores la opción de que su información no sea almacenada en una base de datos.

En los países europeos el marketing de bases de datos está mal visto. La Unión Europea aprobó una normativa para limitar el crecimiento de este enfoque de marketing en los 15 Estados miembros. Los ciudadanos europeos velan más por su información privada que los estadounidenses.

Un cuarto problema es el que las creencias generadas en relación con la administración de las relaciones con los clientes no necesariamente se cumplen.[80] Por ejemplo, tal vez atender a los clientes más leales resulte más caro y no más barato. Los clientes que adquieren grandes volúmenes suelen ser conscientes de su valor para la empresa vendedora, y pueden apoyarse en ello para conseguir un servicio extra o descuentos en el precio. Los clientes leales pueden esperar y demandar más de la empresa y molestarse si ésta les ofrece precios sin descuento. Asimismo, es probable que se sientan celosos de la atención que presta la empresa vendedora a otros clientes. Cuando eBay empezó a perseguir a grandes empresas co-

Este anuncio de Enterprise Rent-A-Car se centra en la administración de relaciones con los clientes: "Existe un lugar en el que la prioridad número 1 eres tú."

mo IBM, Disney y Sears, algunas empresas más pequeñas que contribuyeron a la creación de la marca se sintieron abandonadas.[81] Los clientes leales tampoco son necesariamente los mejores embajadores de la marca. Un estudio reveló que los clientes más leales y que compraban mayores volúmenes de los productos de una empresa eran mucho menos activos para expresar sus comentarios que aquellos clientes con niveles de lealtad más bajos; además, se constató que estos últimos sentían un mayor compromiso con la empresa.

Por tanto, las ventajas del marketing de base de datos no están exentas de grandes costos, no sólo en lo que se refiere a la recopilación de la información sobre clientes, sino también al mantenimiento y el empleo de los mismos. Sin embargo, cuando funciona, un almacén de datos representa muchos más beneficios que costos. Un estudio de 1996 realizado por DWI calculó que, en promedio, el rendimiento sobre la inversión en un almacén de datos a lo largo de tres años supera el 400%, pero para ello la información debe ser adecuada y los supuestos deben ser ciertos. Veamos los siguientes casos en los que el marketing de base de datos no funcionó:

CNA INSURANCE

En CNA Insurance, cinco programadores trabajaron durante nueve meses recopilando información sobre reclamaciones en una computadora, para descubrir después que los datos se habían codificado mal. Incluso aunque se hubieran codificado correctamente, la información se debería haber actualizado de manera constante, puesto que las personas cambian de residencia, abandonan a la empresa o cambian de intereses.

BRITISH COLUMBIA TELECOM

Esta empresa telefónica decidió invitar a 100 de sus mejores clientes a un partido de básquetbol de los Vancouver Grizzlies, y seleccionó a los clientes que utilizaban frecuentemente el servicio de las líneas telefónicas 900. Cuando las invitaciones ya estaban en la imprenta, la empresa descubrió que entre estos clientes había un elevado porcentaje de usuarios de líneas eróticas. Rápidamente utilizaron otros criterios de búsqueda para revisar la lista de invitados.

Con frecuencia, las empresas que utilizan el marketing de base de datos son las empresas que operan en mercados industriales y de servicios (hoteles, bancos, aerolíneas, aseguradoras, tarjetas de crédito y empresas de telefonía), para las que resulta más sencillo recopilar grandes cantidades de información sobre sus clientes. Otras empresas para las que el marketing de base de datos resulta especialmente útil son las que disponen de oportunidades de realizar ventas cruzadas y verticales (por ejemplo, GE y Amazon) o aquellas empresas en las que los clientes tienen necesidades muy diferenciadas o que representan un valor exclusivo para la empresa. El marketing de base de datos se utiliza con menor frecuencia por parte de los minoristas que ofrecen productos envasados y por empresas de bienes de consumo que vienen en empaque, aunque algunas empresas (como Kraft, Quaker Oats, Ralston Purina y Nabisco) han creado bases de datos para determinadas marcas. Aquellos negocios en los que el valor de vida de los clientes es reducido, en los que el índice de abandono de los clientes es elevado, y en los que no hay contacto directo entre el vendedor y el comprador final, no se beneficiarán mucho de la administración de relaciones con los clientes. Algunas empresas que administran las relaciones con sus clientes de forma exitosa son Enterprise Rent-A-Car, Pioneer Hi-bred Seeds, Fidelity Investments, Lexus, Intuit y Capital One.[82]

Deloitte Consulting informó en 1999 que el 70% de las empresas apenas obtenían beneficios, si es que obtenían alguno, de la administración de relaciones con los clientes. Existían múltiples razones: los sistemas no tenían un diseño adecuado, eran caros, los usuarios no los utilizaban ni les encontraban ventajas, y los colaboradores generalmente ignoraban el sistema. Algunos observadores apuntaron las siguientes acciones como factores de riesgo para la administración de las relaciones con los clientes:[83]

1. Aplicar el CRM (Customer Relationship Management) administración de relaciones con los clientes antes de diseñar una estrategia de clientes.
2. Poner en práctica el CRM (Customer Relationship Mangment) la administración de relaciones con los clientes antes de reestructurar la organización para su adaptación.
3. Dar por hecho que aplicar más tecnología en el CRM (Customer Relationship Management) administración de relaciones con los clientes siempre es rentable.
4. Acechar a los clientes en lugar de atraerlos.

Todo esto quiere decir que las empresas deben determinar el volumen de su inversión destinada a crear y utilizar el marketing de CRM (Customer Relationship Management) base de datos para administrar las relaciones con sus clientes. En *Marketing en acción: El éxito de la administración de relaciones con los clientes* aparecen algunos lineamientos prácticos.

MARKETING EN ACCIÓN

EL ÉXITO DE LA ADMINISTRACIÓN DE RELACIONES CON LOS CLIENTES

Tras realizar un exhaustivo estudio de las principales empresas, George Day, de Wharton, concluyó que el éxito del CRM (Customer Relationship Management) en la administración de relaciones con los clientes se logra integrando tres componentes de la capacidad para relacionarse con ellos: una orientación empresarial que tenga como prioridad la retención de clientes y que ofrezca a los empleados plena capacidad de maniobra para satisfacerlos; información sobre relaciones, incluida la calidad de la información sobre el cliente en cuestión y los sistemas para compartir esta información a lo largo y ancho de toda la empresa; configuración y ajuste de toda el CRM (Customer Relationship Management) la empresa al desarrollo de relaciones con los clientes, mediante incentivos, sistemas de cálculo, estructura organizacional y asignación de responsabilidades.

La configuración era el factor que más diferenciaba a las buenas empresas de las malas. Day observó que relativamente pocas empresas de las sometidas a estudio hacían hincapié en la satisfacción y retención de los clientes en el momento de fijar incentivos. Siebel Systems era una excepción, puesto que vinculaba el 50% del salario variable de los directivos y el 25% del salario de los vendedores a determinadas medidas de satisfacción del cliente. Day apunta que la verdadera compensación de la gestión del CRM (Customer Relationship Management) relaciones con el cliente aparece cuando todos los elementos de una configuración —sistemas de medición, incentivos y estructuras— están alineados adecuadamente, y cita el caso de los esfuerzos de General Electric Aircraft Engine Business Group por mejorar los servicios para sus clientes de motores para jets. Un estudio de las necesidades de sus clientes llevó a GE a asignar un director corporativo a cada uno de sus mejores 50 clientes, a destinar un responsable del programa de calidad a las oficinas de los clientes, a utilizar Internet para personalizar la entrega de piezas y a incorporar sistemas de evaluación de los servicios a los clientes en los criterios de evaluación de los empleados.

Day también descubrió que la información no era tan relevante como la orientación y la configuración a la hora de distinguir entre empresas líderes y empresas seguidoras. Concluyó que los grandes desembolsos en tecnología del CRM (Customer Relationship Management) administración de relaciones con los clientes generaban ventajas competitivas insignificantes. Asimismo, afirmó que una de las razones del fracaso del CRM (Customer Relationship Management) administración de relaciones con los clientes, es que las empresas se concentran en los procesos de contacto con los clientes sin hacer los cambios necesarios en las estructuras y en los sistemas internos. ¿Su consejo? Cambiar la configuración antes de implementar el CRM (Customer Relationship Mangment) administración de relaciones con los clientes: "Los resultados de nuestro estudio confirman que la capacidad de administrar las relaciones con los clientes está directamente relacionada con la manera como la empresa construye y administra su organización, y no tanto con las herramientas y las tecnologías de administración de CRM (Customer Relationship Management) relaciones con los clientes que utiliza."

Fuentes: George S. Day, "Creating a Superior Customer-Relating Capability", *Sloan Management Review* 44(3), 2003, pp. 77–82; George S. Day, "Creating a Superior Customer-Relating Capability", *MSI Report* No. 03–101, Marketing Science Institute, Cambridge, MA; "Why Some Companies Succeed at CRM (and Many Fail)", *Knowledge at Wharton*, http://knowledge.wharton.upenn.edu, 15 de enero de 2003.

RESUMEN :::

1. Los consumidores tratan de maximizar el valor que reciben. Se crean expectativas sobre el valor y actúan en consecuencia. Comprarán a aquella empresa que les ofrezca el mayor valor, entendido como la diferencia entre las expectativas de valores positivos y negativos.

2. La satisfacción del comprador depende de su percepción de los resultados del producto en función de sus expectativas. Al aceptar que un elevado grado de satisfacción genera una elevada lealtad por parte de los clientes, muchas empresas intentan lograr una satisfacción total del cliente. Para estas empresas, la satisfacción de sus clientes es tanto un objetivo como una herramienta de marketing.

3. La pérdida de clientes rentables repercute considerablemente en las utilidades de una empresa. El costo de captar nuevos clientes es cinco veces superior al costo de mantener satisfecho a un cliente actual. La clave para retener a los clientes es el marketing relacional.

4. Calidad es el conjunto de cualidades y características de un producto o servicio que influyen en su capacidad para satisfacer necesidades manifiestas o implícitas de los consumidores. Actualmente, las empresas no tienen más remedio que aplicar programas de administración de calidad total si quieren seguir siendo solventes y rentables.

5. Los gerentes de marketing tienen dos responsabilidades cuando trabajan en una empresa con un enfoque de calidad. En primer lugar, deben participar en la formulación de estrategias y políticas destinadas a ayudar a la empresa a conseguir la excelencia en calidad. En segundo lugar, deben ofrecer calidad de marketing, además de calidad productiva.

6. Actualmente, las empresas saben cómo administrar cada vez mejor el CRM (Customer Relationship Management) las relaciones con sus clientes, lo que supone satisfacer las necesidades individuales de los clientes más valiosos. Esto requiere construir una base de información y seleccionar y administrar las bases de datos para detectar tendencias, segmentos y necesidades individuales.

APLICACIONES :::

Debate de marketing   ¿Privacidad *on line versus* privacidad *off line*?

A medida que cada vez más empresas practican el marketing relacional y desarrollan bases de datos de clientes, los temas relativos a la privacidad están cobrando mayor importancia. Las asociaciones de defensa de los consumidores y los grupos de interés público analizan y, a veces, critican las políticas de privacidad de las empresas. Asimismo, están surgiendo preocupaciones sobre posibles robos de información de tarjetas de crédito en Internet, o de otro tipo de información financiera confidencial. Otros afirman que estos miedos son infundados, y que los temas de seguridad en Internet son similares a los del mundo real. Esgrimen que las posibilidades de robar información existen prácticamente en todas partes, y que es el consumidor quien debe proteger sus intereses.

Tome partido: "La privacidad está menos protegida en el mundo *on line* que en el mundo *off line*" o "los asuntos relativos a la privacidad son similares en el mundo *on line* y *off line*." **2.** "Los consumidores en general obtienen más beneficios que riesgos cuando las empresas conocen su información personal."

Análisis de marketing

Analicemos el valor de vida de los clientes. Seleccione un negocio y explique cómo desarrollaría una formulación cuantitativa para medir este concepto. ¿Cómo evolucionarían las empresas si adoptaran totalmente el concepto de capital cliente y maximizaran el valor de vida de sus clientes?

CASO DE **MARKETING** | **DELL**

"Tenemos un modelo de negocio tremendamente claro", afirma Michael Dell. Y prosigue: "No hay duda sobre cuál es nuestra propuesta de valor, sobre qué ofrece la empresa, ni de por qué es grandiosa para los clientes." Dell es en la actualidad la primera empresa de sistemas informáticos.

Dell es una empresa en extremo receptiva. Los compradores visitan su sitio Web y diseñan sus propias computadoras. Autorizan su pago, lo que significa que Dell recibe el dinero con antelación a la entrega del producto y puede utilizar estos fondos para pagar los suministros necesarios para fabricar la computadora. Como sus computadoras se fabrican sobre pedido, Dell tiene un inventario de cuatro días, líder en el sector. La entrega de las diferentes piezas se realiza tan sólo unos minutos antes de que sean necesarias. En sus fábricas de Austin, Texas, un sistema Dell se construye, se carga con el software, se prueba y se empaca en tan sólo ocho horas. Los costos de Dell son más bajos, lo que le permite ofrecer, si así lo desea, precios más bajos que los de la competencia.

Sin embargo, la velocidad es sólo una parte de la ecuación. El servicio es la otra. De hecho, fue cuando intentaba abandonar su exitoso modelo de negocio cuando se dio cuenta de la importancia del servicio al cliente. En 1993, Dell comenzó a intentar vender a minoristas, fundamentalmente porque todas las demás empresas lo hacían. Los clientes se mostraron muy descontentos con el servicio que ofrecían los minoristas, así que Dell acabó por abandonar el canal minorista.

Y algo más importante aún: Michael Dell decidió que "deberían hacer más cosas además de fabricar computadoras". Sabía que su empresa tenía dos tipos de clientes: empresas y consumidores. Mientras que los consumidores compraban principalmente en función del precio, los compradores industriales requerían una relación cuidada con esmero. Como la mayoría de las grandes empresas, Dell invirtió más recursos en estimular las relaciones con sus clientes más rentables.

Los clientes industriales representan aproximadamente el 80% del negocio de Dell, y la empresa maneja estas cuentas con un equipo de ventas de primera. Dell también instala software a la medida y sigue el rastro del inventario del negocio de sus clientes. En Premier Dell.com, a través de las páginas personalizadas de sus clientes, Dell ha creado un sistema de pedidos que opera las 24 horas. Los grandes clientes pueden navegar por su sitio para obtener información sobre sus preferencias y necesidades. Cualquier empresa subsidiaria también puede tener acceso a este servicio en cualquier lugar del mundo, y los empleados, no sólo los agentes de compras, pueden utilizar Premier Dell.com para adquirir computadoras mediante un sistema automatizado. "Es la red suprema", afirma Michael Dell, "y también la mejor manera para interactuar con nuestros clientes".

La práctica habitual de las empresa es "fabricar y almacenar". Se trata de un juego de adivinanzas, en el que las empresas pierden cuando fabrican demasiado, o muy poco. En el sector automovilístico, los vehículos permanecen sin venderse en las concesionarias durante 60 días, inmovilizando el capital circulante. ¿Por qué no habrán abandonado las empresas automovilísticas y de otros sectores este modelo de producción ineficaz de "fabricar y almacenar" por el modelo de Dell de "fabricar según pedido"? Los fabricantes de vehículos han invitado a Michael Dell para ofrecer charlas en diferentes ocasiones. El problema parece ser que Dell trabaja con 50 proveedores para fabricar una computadora de 1,000 dólares, mientras que un fabricante de automóviles necesita 900 proveedores para fabricar un coche de 20,000 dólares. Asimismo, además de enfrentarse a este desafío técnico, el sector automotriz se enfrenta a obstáculos legales y a la oposición potencial de los concesionarios.

Preguntas para discusión

1. ¿Cuáles han sido los factores de éxito de Dell?
2. ¿En qué sentido es vulnerable esta empresa? ¿A qué debería prestar atención?
3. ¿Qué recomendaría a los directivos de marketing de Dell para el futuro? ¿Qué medidas de marketing deberían tomar?

Fuentes: Michele Marchetti, "Dell Computer", *Sales & Marketing Management* (octubre de 1997) pp. 50–53; Evan Ramstad, "Dell Fights PC Wars by Emphasizing Customer Service —Focus Wins Big Clients and Gives IBM and Compaq a Run for Their Money", *Wall Street Journal,* 15 de agosto de 1997, p. B4; Saroja Girishankar, "Dell's Site Has Business in Crosshairs", *Internetweek,* 13 de abril de 1998, p. 1; "The Internetweek Interview— Michael Dell, Chairman and CEO, Dell Computer", *Internetweek,* 13 de abril de 1998, p. 8; Dale Buss, "Custom Cars Stuck in Gridlock", *The Industry Standard,* 23 de abril de 2000, pp. 90–97; "A Revolution of One", *The Economist,* 14 de abril de 2001; Betsy Morris, "Can Michael Dell Escape the Box?" *Fortune,* 16 de octubre de 2000; Gary McWilliams, "Dell Computer Has a Midlife Crisis", *Wall Street Journal,* 31 de agosto de 2000; "Dell Increases Its Market Share as PC Sales Slow", *New York Times,* 22 de enero de 2001; Leah Beth Ward, "Dell Sales Overtake Compaq", *Dallas Morning News,* 24 de enero de 2000.

REFERENCIAS BIBLIOGRÁFICAS :::

1. Kimberly L. Allers, "A New Banking Model", *Fortune*, 31 de marzo de 2003, pp. 102–104; Linda Tischler, "Bank of (Middle) America", *Fast Company*, marzo de 2003, pp. 104–109.

2. Glen L. Urban, "The Emerging Era of Customer Advocacy", *MIT Sloan Management Review*, invierno de 2004, pp. 77–82; Robert D. Hof, "The eBay Economy", *Business Week*, 25 de agosto de 2003, pp. 125–128.

3. Glen L. Urban, "The Emerging Era of Customer Advocacy", *MIT Sloan Management Review*, invierno de 2004, pp. 77–82.

4. Irwin P. Levin y Richard D. Johnson, "Estimating Price-Quality Tradeoffs Using Comparative Judgments", *Journal of Consumer Research* (11 de junio de 1984), pp. 593–600. El valor percibido puede calcularse como una diferencia o como una razón. Si el valor total para cliente es de 20,000 dólares y los costos totales son 16,000 dólares, el valor percibido es 4,000 dólares (calculado como una diferencia) o 1.25 (calculado como una razón). Las razones se utilizan para comparar ofertas y se denominan *razones valor-precio*.

5. Para más información sobre el valor percibido por el cliente, véase David C. Swaddling y Charles Miller, *Customer Power* (Dublin, OH: The Wellington Press, 2001).

6. Gary Hamel, "Strategy as Revolution", *Harvard Business Review*, (julio-agosto de 1996), pp. 69–82.

7. Kenneth Hein, "What Have You Done For Me Lately", *Brandweek*, 9 de septiembre de 2002, pp. 20-21.

8. Michael J. Lanning, *Delivering Profitable Value* (Oxford, Reino Unido: Capstone, 1998).

9. Larry Selden y Geoffrey Colvin, "What Customers Want", *Fortune*, 7 de julio de 2003, pp. 122–127.

10. Simon Knox y Stan Maklan, *Competing on Value: Bridging the Gap Between Brand and Customer Value* (Londres, Reino Unido: Financial Times, 1998). Véase también Richard A. Spreng, Scott B. MacKenzie y Richard W. Olshawskiy, "A Reexamination of the Determinants of Consumer Satisfaction", *Journal of Marketing*, núm. 3 (julio de 1996), pp. 15–32.

11. Fred Crawford y Ryan Mathews, *The Myth of Excellence: Why Great Companies Never Try to Be the Best of Everything* (Nueva York: Crown Business), pp. 85–100.

12. Si desea leer algún análisis más profundo, véase Susan Fournier y David Glenmick, "Rediscovering Satisfaction", *Journal of Marketing* (octubre de 1999), pp. 5–23.

13. Un análisis interesante de los efectos de los diferentes tipos de expectativas se encuentra en William Boulding, Ajay Kalra y Richard Staelin, "The Quality Double Whammy", *Marketing Service*, 18(4), 1999, pp. 463–484.

14. <www.saturn.com>; "Saturn Illustrates Value of Customer Loyalty", *Louisville Courier-Journal*, 5 de septiembre de 1999.

15. Sally B. Donnelly, "Friendlier Skies", *Time*, 26 de enero de 2004, pp. 39–40; Arlyn Tobias Gahilan, "The Amazing JetBlue", *FSB: Fortune Small Business*, mayo de 2003, pp. 50–60.

16. Citado en Templin, Neal, "Boutique-Hotel Group Thrives on Quirks", *Wall Street Journal*, 18 de marzo de 1999.

17. Citado en Carlsen, Clifford, "Joie de Vivre Resorts to New Hospitality Strategy", *San Francisco Business Times*, 18 de junio de 1999.

18. Thomas O. Jones y W. Earl Sasser, Jr., "Why Satisfied Customers Defect", *Harvard Business Review* (noviembre–diciembre de 1995), pp. 88–99.

19. Las empresas deben ser conscientes de que tanto directores como vendedores pueden manipular el nivel de satisfacción de los clientes. Pueden ser especialmente agradables con los clientes antes de la encuesta, o pueden no incluir en el sondeo a los clientes descontentos. Otro riesgo es que los clientes sepan que la empresa hará todo lo posible para satisfacerles, por lo que algunos expresarán insatisfacción para recibir más concesiones.

20. Anne Chen, "Customer Feedback Key for Theme Park; Inquisite Lets Visitors Sound Off", *eWeek*, 15 de diciembre de 2003, p. 58.

21. Frederick K. Reichheld, "The One Number You Need to Grow", *Harvard Business Review*, diciembre de 2003, pp. 46–54.

22. Alex Taylor III, "Mercedes hits a Pothole", *Fortune*, 27 de octubre de 2003, pp. 140–146.

23. Claes Fornell, Michael D. Johnson, Eugene W. Anderson, Jaaesung Cha y Barbara Everitt Bryant, "The American Customer Satisfaction Index: Nature, Purpose, and Findings", *Journal of Marketing*, octubre de 1996, pp. 7–18; y Eugene W. Anderson y Claes Fornell, "Foundations of the American Customer Satisfaction Index", *Total Quality Management*, 11, núm. 7, 2000, pp. S869–S882.

24. "The Gurus of Quality: American Companies Are Heading the Quality Gospel Preached by Deming, Juran, Crosby, and Taguchi", *Traffic Management* (julio de 1990), pp. 35–39.

25. Cyndee Miller, "U.S. Firms Lag in Meeting Global Quality Standards", *Marketing News*, 15 de febrero de 1993.

26. J. Daniel Beckham, "Expect the Unexpected in Health Care Marketing Future", *The Academy Bulletin* (julio de 1992), p. 3.

27. "Quality: The U.S. Drives to Catch Up", *Business Week*, noviembre de 1982, pp. 66–80. Si desea detalles más recientes sobre el proceso, véase "Quality Programs Show Shoddy Results", *Wall Street Journal*, 14 de mayo de 1992, p. B1. Véase también Roland R. Rust, Anthony J. Zahorik y Timothy L. Keiningham, "Return on Quality (ROQ): Making Service Quality Financially Accountable", *Journal of Marketing* 59, núm. 2 (abril de 1995), pp. 58–70.

28. Robert D. Buzzell y Bradley T. Gale, *The PIMS Principles: Linking Strategy to Performance* (Nueva York: The Free Press, 1987), cap. 6. (PIMS significa Profit Impact of Market Strategy, en español, el impacto de los beneficios en la estrategia de marketing.)

29. David Greising, "Quality: How to Make It Pay", *Business Week*, 8 de agosto de 1994, pp. 54–59; Roland R. Rust, Anthony J. Zahorik y Timothy L. Keiningham, "Return on Quality (ROQ): Making Service Quality Financially Accountable", *Journal of Marketing* 59, núm. 2 (abril de 1995), pp. 58–70.

30. Roland T. Rust, Christine Moorman y Peter R. Dickson, "Getting Return on Quality: Revenue Expansion, Cost Reduction, or Both", *Journal of Marketing* 65 (octubre de 2002), pp. 7–24.

31. Citado en Don Peppers y Martha Rogers, *The One-to-One Future: Building Relationships One Customer at a Time* (Nueva York: Currency Doubleday, 1993), p. 108.

32. William A. Sherden, *Market Ownership: The Art and Science of Becoming #1* (Nueva York: Amacom, 1994), p. 77.

33. Robert J. Bowman, "Good Things, Smaller Packages", *World Trade* 6, num. 9 (octubre de 1993), pp. 106–10.

34. Werner J. Reinartz y V. Kumar, "The Impact of Customer Relationship Characteristics on Profitable Lifetime Duration", *Journal of Marketing*, 67 (enero), 2003, pp. 77–99; Werner J. Reinartz y V. Kumar, "On the Profitability of Long-Life Customers in a Noncontractual Setting: An Empirical Investigation and Implications for Marketing", *Journal of Marketing*, 64 (octubre de 2000), pp. 17–35.

35. Rakesh Niraj, Mahendra Gupta y Chakravarthi Narasimhan, "Customer Profitability in a Supply Chain", *Journal of Marketing*, julio de 2001, pp. 1–16.

36. Thomas M. Petro, "Profitability: The Fifth 'P' of Marketing", *Bank Marketing* (septiembre de 1990), pp. 48–52; y "Who Are Your Best Customers?" *Bank Marketing* (octubre de 1990), pp. 48–52.

37. Ravi Dhar y Rashi Glazer, "Hedging Customers", *Harvard Business Review*, mayo de 2003, pp. 86-92.

38. Michael E. Porter, *Competitive Strategy: Techniques for Analyzing Industries and Competitors* (Nueva York: Free Press, 1980).

39. Carl Sewell y Paul Brown, *Customers for Life* (Nueva York: Pocket Books, 1990), p. 162.

40. Greg Farrel, "Marketers Put a Price on Your Life", *USA Today*, 7 de julio de 1999.

41. Stephan A. Butscher, "Welcome to the Club: Building Customer Loyalty", *Marketing News*, 9 de septiembre de 1996, p. 9.

42. Citado en Don Peppers y Martha Rogers, *The One to One Future* (Nueva York: Currency, 1993), pp. 37–38.

43. Robert C. Blattberg y John Deighton, "Manage Marketing by the Customer Equity Test", *Harvard Business Review*, julio/agosto de 1996, pp. 136–144.

44. Roland T. Rust, Valerie A. Zeithaml y Katherine A. Lemon, *Driving Customer Equity* (New York Free Press, 2000).

45. Robert C. Blattberg, Gary Getz y Jacquelyn S. Thomas, *Customer Equity: Building and Managing Relationships As Valuable Assets*, Harvard Business School Press, 2001. Robert C. Blattberg y Jacquelyn S. Thomas, "Valuing, Analyzing, and Managing the Marketing Function Using Customer Equity Principles", *Kellogg on Marketing*, ed. Dawn Iacobucci, John Wiley & Sons, 2002.

46. Mohan Sawhney, "Beyond CRM: Managing Relational Equity", de la conferencia "Managing Customer Relationships in the Network economy", 20 de septiembre de 2000. Para una explicación más amplia sobre el término *capital*, véase Roderick J. Brodie, Mark S. Glynn y Joel Van Durme, "Towards a Theory of Marketplace Equity", *Marketing Theory*, 2(1), 2000, pp. 5–28.

47. Nicole E. Coviello, Roderick J. Brodie, Peter J. Danaher y Wesley J. Johnston, "How Firms Relate to Their Markets: An Empirical Examination of Contemporary Marketing Practices", *Journal of Marketing*, 66 (julio de 2002), pp. 33–46.

48. Michael J. Lanning, *Delivering Profitable Value* (Oxford, Reino Unido: Capstone, 1998).

49. Nora A. Aufreiter, David Elzinga y Jonathan W. Gordon, "Better Branding", *The McKinsey Quarterly*, 2003, núm. 4, pp. 29–39.

50. Lanning, *Delivering Profitable Value*.

51. Joe Ashbrook Nickell, "Welcome to Harrah's", *Business 2.0*, abril 2002, pp. 49–54; Del Jones, "Client Data Means Little Without Good Analysis", *USA TODAY*, 24 de diciembre de 2001, p. 4B; Mark Leon, "Catering to True-Blue Customers", *Computerworld*, 11 de agosto de 2003, p. 37; John R. Brandt, "Dare to Be Different", *Chief Executive*, mayo de 2003, pp. 34–38.

52. Peppers y Rogers, *The One to One Future: Building Relationships One Customer at a Time*; Don Peppers y Martha Rogers, *Enterprise One to One: Tools for Competing in the Interactive Age*, Nueva York, Currency, 1997; Don Peppers y Martha Rogers, *The One to One Manager: Real-World Lessons in Customer Relationship Management*, Nueva York, Doubleday, 1999; Don Peppers, Martha Rogers y Bob Dorf, *The One to One Fieldbook: The Complete Toolkit for Implementing a 1To1*

Marketing Program, Nueva York, Bantam, 1999; Don Peppers y Martha Rogers, *One to One B2B: Customer Development Strategies for the Business-To-Business World*, Nueva York, Doubleday 2001.

53. Katherine O'Brien, "Differentiation Begins With Customer Knowledge", *American Printer*, julio de 2003, p. 8.

54. Alan W. H. Grant y Leonard A. Schlesinger, "Realize Your Customer's Full Profit Potential", *Harvard Business Review*, septiembre-octubre de 1995, pp. 59–72.

55. Jeffrey Gitomer, *Customer Satisfaction Is Worthless: Customer Loyalty Is Priceless: How to Make Customers Love You, Keep Them Coming Back and Tell Everyone They Know* (Austin, Texas: Bard Press, l998).

56. Technical Assistance Research Programs (Tarp), *U.S Office of Consumer Affairs Study on Complaint Handling in America*, 1986.

57. Karl Albrecht y Ron Zemke, *Service America!* (Homewood Il: Dow Jones-Irwin, 1985), pp. 6–7; Roland T. Rust, Bala Subramanian y Mark Wells, "Making Complaints a Management Tool", *Marketing Management*, 1(3), 1992, pp. 40–45; Ruth Bolton y Tina M. Bronkhorst, "The Relationship Between Customer Complaints to the Firm and Subsequent Exit Behavior", *Advances in Consumer Research*, vol. 22, Provo, Utah: Association for Consumer Research, 1995; Stephen S. Tax y Stephen W. Brown, "Recovering and Learning from Service Failure", *Sloan Management Review*, 40(1), 1998, pp. 75–88.

58. Maryfran Johnson, "Colliding With Customers", *Computerworld*, 15 de diciembre de 2003, p. 20; Bob Brewin, "User Complaints Push Dell to Return PC Support to U.S.", *Computerworld*, 1 de diciembre de 2003, p. 6.

59. Frederick F. Reichheld, *The Loyalty Effect* (Boston: Harvard Business School Press, 1996).

60. Robert Blattberg, Byung-Do Kim y Scott Neslin, *Database Marketing: Theory and Practice*, en prensa.

61. www.ameritrade.com; Rebecca Buckman, "Ameritrade Unveils Index That Tracks Customer Trends", *Wall Street Journal*, 2 de diciembre de 1999. Para contrastar, véase Susan Stellin, "For Many Online Companies, Customer Service Is Hardly a Priority", *New York Times*, 19 de febrero de 2001.

62. Michael Totty, "E-Commerce (A Special Report); Business Solutions", *Wall Street Journal*, 20 de octubre de 2003, p. R.4.

63. Jeffrey Pfeffer, "The Face of Your Business", *Business 2.0*, diciembre 2002-enero 2003, p. 58.

64. Frederick F. Reichheld, "Learning from Customer Defections", *Harvard Business Review* (marzo-abril de 1996), pp. 56–69.

65. Reichheld, "Learning from Customer Defections", *Harvard Business Review* (marzo-abril de 1996), pp. 56–69.

66. Leonard L. Berry y A. Parasuraman, *Marketing Services: Computing through Quality* (Nueva York: The Free Press, 1991), pp. 136–42. Véase también Richard Cross y Janet Smith, *Customer Bonding: Pathways to Lasting Customer Loyalty* (Lincolnwood, IL: NTC Business Books, 1995).

67. Para mayor análisis, véase Grahame R. Dowling y Mark Uncles (1997), "Do Customer Loyalty Programs Really Work?", *Sloan Management Review*, 38(4), pp. 71–82.

68. Thomas Lee, "Retailers Look for a Hook", *St. Louis Post-Dispatch*, 4 de diciembre de 2004, p. A.1.

69. <www.apple.com>.

70. <www.hog.com>.

71. James H. Donnelly Jr., Leonard L. Berry y Thomas W. Thompson, *Marketing Financial Services—A Strategic Vision* (Homewood, IL: Dow Jones–Irwin, 1985), p. 113.

72. Susan Stellin, "For Many Online Companies, Customer Service Is Hardly a Priority", *New York Times*, 19 de febrero de 2001; Michelle Johnson, "Getting Ready for the Onslaught", *Boston Globe*, 4 de noviembre de 1999.

73. <http://www.warp9inc.com/Newsletter/06_2001/ShoppingCarts.htm>

74. *BW Online*, 22 de julio 2002, entrevista.

75. Anónimo, "Personal Touch", *Chain Store Age*, junio de 2003, pp. 42–46.

76. De informe privado, Lester Wunderman, "The Most Elusive Word in Marketing", junio de 2000. Véase también Lester Wunderman, *Being Direct* (NuevaYork: Random House 1996).

77. Ian Mount, "Marketing", *Business 2.0*, agosto-septiembre de 2001, p. 84.

78. Peter R. Peacock, "Data Mining in Marketing: Part 1", *Marketing Management* (invierno de 1998), pp. 9-18, y "Data Mining in Marketing: Part 2", *Marketing Management* (primavera de 1998), pp. 15–25; Ginger Conlon, "What the !@#!*?!! Is a Data Warehouse?" *Sales & Marketing Management* (abril de 1997), pp. 41–48; Skip Press, "Fool's Gold? As Companies Rush to Mine Data, They May Dig Up Real Gems-Or false Trends", *Sales & Marketing Management* (abril de 1997), pp. 58, 60, 62; John Verity, "A Trillion-Byte Weapon", *Business Week*, 31 de julio de 1995, pp. 80–81.

79. James Lattin, Doug Carroll y Paul Green, *Analyzing Multivariate Data*, Thomson Brooks/Cole, 2003; Simon Haykin, *Neural Networks: A Comprehensive Foundation*, 2a. edición, Prentice-Hall, 1998; Michael J. A. Berry y Gordon Linoff, *Data Mining Techniques: For Marketing, Sales, and Customer Support*, John Wiley & Sons, 1997.

80. Werner Reinartz y V. Kumar, "The Mismanagement of Customer Loyalty", *Harvard Business Review*, julio de 2002, pp. 86–94; Susan M. Fournier, Susan Dobscha y David Glen Mick, "Preventing the Premature Death of Relationship Marketing", *Harvard Business Review*, enero-febrero de 1998, pp. 42–51.

81. Jon Swartz, "Ebay Faithful Expect Loyalty in Return", *USA Today*, 1o. de julio de 2002, pp. B1-B2.

82. George S. Day, "Creating a Superior Customer-Relating Capability", *Sloan Management Review*, 44(3), 2003, pp. 77–82.

83. Darrell K. Rigby, Frederick F. Reichheld y Phil Schefter, "Avoid the Four Perils of CRM", *Harvard Business Review*, febrero de 2002, pp. 101–109.

**EN ESTE CAPÍTULO
ANALIZAREMOS LAS SIGUIENTES
PREGUNTAS:**

1. ¿Cómo influyen las características de los consumidores en su comportamiento de compra?
2. ¿Qué procesos psicológicos influyen en las respuestas de los consumidores a los programas de marketing?
3. ¿Cómo toman los consumidores sus decisiones de compra?
4. ¿Cómo analizan las empresas la toma de decisiones de compra de los consumidores?

seis

El propósito del marketing es conocer y satisfacer las necesidades y los deseos del público meta de forma más eficaz que los competidores. El estudio del comportamiento del consumidor consiste en analizar cómo los individuos, los grupos y las empresas seleccionan, adquieren, utilizan y disponen de bienes, servicios, ideas o experiencias para satisfacer sus necesidades y deseos. Este análisis ofrece guías para mejorar o lanzar productos o servicios, fijar precios, seleccionar canales, elaborar mensajes y desarrollar otras actividades de marketing. Las empresas siguen de cerca las nuevas tendencias del mercado en busca de nuevas oportunidades de marketing. La tendencia metrosexual es una de ellas:

A *lo largo del verano de 2003, algunos expertos de marketing proclamaron la existencia de un nuevo mercado masculino, el "metrosexual", que definieron como el mercado de hombres cosmopolitas heterosexuales que disfrutan ir de compras y utilizan productos y servicios de belleza. David Beckham, con su imagen a la moda meticulosamente cuidada, se ha convertido en el prototipo del icono metrosexual. No tiene ningún pudor para pintarse las uñas y vestir sarongs (fuera del campo, claro está). Un investigador calculó que entre el 30 y 35% de los jóvenes estadounidenses mostraban tendencias metrosexuales, de lo que da fe, en parte, el aumento de las compras de lociones faciales y perfumes masculinos. Otro estudio descubrió la existencia "de una oleada cada vez mayor de hombres a los que irritaban las restricciones de los roles tradicionalmente masculinos, y que hacían, compraban, y disfrutaban con lo que les venía en gana, sin preocuparse de que otros pudiesen considerar sus actos como poco masculinos". El surgimiento de este mercado ha significado un auge de los productos de belleza masculinos, disparando el éxito de marcas como Axe de Unilever, el desodo-*

>>>

El futbolista británico David Beckham es conocido por su peculiar estilo tanto dentro del campo como fuera de él.

rante corporal, la línea "para hombre" de Body Shop y, en el Reino Unido, el éxito de la nueva zona "de hombres" de la cadena de farmacias Boots.[1]

Para que el marketing de las empresas tenga éxito debe conectar plenamente con los consumidores. El marketing holístico supone comprender a los consumidores y obtener una visión de 360° tanto de sus actividades cotidianas como de los cambios que experimentan a lo largo de su vida. Con este conocimiento, las empresas pueden garantizar que comercializan los productos adecuados al público meta correspondiente, y de la manera conveniente. En este capítulo exploraremos la dinámica de compra de los consumidores particulares, y en el siguiente, la de las empresas.

::: ¿Qué influye en el comportamiento de compra del consumidor?

Las empresas deben conocer tanto la teoría como la práctica del comportamiento de compra del consumidor. La tabla 6.1 incluye algunos datos interesantes sobre los consumidores estadounidenses en el 2001, y el recuadro *Marketing en acción: Tendencias futuras de los consumidores* ofrece una idea de qué pueden esperar las empresas de los consumidores en el año 2025.

El comportamiento de compra del consumidor se ve afectado por factores culturales, sociales y personales. Los factores culturales son los que ejercen una mayor influencia.

Factores culturales

La cultura, las subculturas y las clases sociales constituyen un factor de particular importancia en el comportamiento del consumidor. La **cultura** es el determinante fundamental de los deseos y del comportamiento de las personas. Los niños, conforme crecen, adquieren una serie de valores, percepciones, preferencias y comportamientos de su familia y otra serie de instituciones clave. Un niño que crezca en Estados Unidos se verá expuesto a los siguientes valores: logros y éxito, actividad, eficacia y sentido práctico, progreso, bienestar material, individualismo, libertad, confort externo, humanitarismo y juventud.[2]

Cada cultura está formada por **subculturas** más pequeñas que proveen a sus miembros de factores de identificación y socialización más específicos. Las subculturas incluyen nacionalidades, religiones, grupos raciales y zonas geográficas. Cuando las subculturas constituyen segmentos de mercado amplios e influyentes, las empresas suelen diseñar programas de marketing especiales. El *marketing multicultural* nació de una minuciosa investigación de mercado que reveló que los diferentes nichos étnicos y demográficos no siempre respondían favorablemente a la publicidad masiva.

En los últimos años, las empresas han invertido en estrategias de marketing multicultural muy bien diseñadas (véase *Marketing en acción: Marketing para segmentos culturales*). Por ejemplo, muchos bancos y aseguradoras están concentrándose en el mercado latino de Estados Unidos porque, aunque su nivel de ingresos va en aumento, los 40 millones de hispanoamericanos que viven en Estados Unidos no se han convertido aún en grandes consumidores de servicios financieros:

GE FINANCIAL

GE Financial ha dado pequeños pasos, pero bien calculados, para conquistar el mercado hispano. Durante dos años ha trabajado muy de cerca con personas clave dentro de la comunidad hispana para investigar y planear su iniciativa hacia este grupo. Actualmente cuenta con un centro de atención telefónica y un sitio Web en español, y ha contratado vendedores bilingües en las ciudades clave. También contrató a la comentarista Julie Stav, gurú latina de las finanzas personales, para hacer una serie de mensajes informativos que aparecen tanto en inglés en la cadena NBC de Miami como en español en Telemundo.[3]

| TABLA **6.1** |

Almanaque del consumidor
estadounidense.

Cuidados personales

Cantidad invertida por consumidor en productos y servicios de cuidado personal en 1999: **$408**.

Alimentación

Gasto promedio anual en alimentos por familia en 1999: **$5,031**.

Número de huevos consumidos per cápita en el 2000: **258**.

Kilogramos de café (equivalente en grano) consumido per cápita en 1999: **4.5**.

Restaurantes

Porcentaje de adultos que comen fuera cualquier día: **44%**.

Mes y día en los que se come fuera con mayor frecuencia: **agosto**; **sábado**.

Goma de mascar o chicle, chocolates y golosinas

El estadounidense promedio consume **300** chicles al año.

Vino (consumo de litros per cápita)

Francia: **60.93**   EUA: **7.94**

Automóviles y camiones ligeros

Antigüedad promedio de vehículos en circulación en EUA en el 2000: **automóviles 8.3 años; camiones 6.9 años**.

Porcentaje de familias estadounidenses con tres o más vehículos en el 2000: **21%**

Con dos vehículos: **42%**   Con un vehículo: **31%**   Sin vehículo: **6%**

Viajes y alojamiento

Media de viajes anuales de más de 100 kilómetros: **6.28**.

Número de noches de hotel, motel o pensión del viajero promedio por año: **3.3**.

Entretenimiento

Promedio de visitas anuales de adultos al cine: **9**.

Promedio de visitas anuales de adultos a eventos deportivos: **7**.

Porcentaje de estadounidenses adultos que visitan una galería de arte, un sitio histórico o monumental, o una feria de arte/artesanía al año: **66%**.

Electrónica

Videograbadora: **93%**   Computadora personal: **61%**

Teléfonos inalámbricos

Porcentaje de conductores estadounidenses que tienen algún tipo de teléfono inalámbrico en su automóvil: **54%**.

Porcentaje de hogares estadounidenses con teléfonos celulares: **59%**.

De los *anteriores*, porcentaje que afirma utilizar el teléfono mientras conduce: **73%**.

Prácticamente todas las sociedades humanas presentan *estratificación social*. En algunas ocasiones, la estratificación adopta la forma de sistema de castas, en el que cada una de éstas tiene determinados roles y no puede cambiar su estatus social. Con mayor frecuencia, la estratificación social adopta la forma de **clases sociales**, divisiones relativamente homogéneas y permanentes, ordenadas jerárquicamente y cuyos miembros comparten valores, intereses y comportamientos similares. Una división clásica de las clases sociales estadounidenses consiste en siete niveles ascendentes, como sigue: **1.** clase baja-baja, **2.** clase baja-alta, **3.** clase trabajadora, **4.** clase media, **5.** clase media-alta, **6.** clase alta-baja y **7.** clase alta-alta.[4]

Las clases sociales tienen varias características. En primer lugar, las personas de una misma clase social tienden a comportarse de forma más parecida que las que pertenecen a clases sociales diferentes. Las clases sociales difieren en la forma de vestir, de hablar, en las preferencias de entretenimiento y en muchos otros factores. En segundo lugar, las personas ocupan posiciones superiores o inferiores en función de la clase a la que pertenecen. En tercer lugar, la clase social de una persona está determinada por una serie de variables como su profesión,

MARKETING **EN ACCIÓN** | **TENDENCIAS FUTURAS DE LOS CONSUMIDORES**

¿Qué tendencias demográficas serán las que definan el mercado de consumo en los próximos 25 años? Para responder a esta pregunta, *American Demographics* se asoció con MapInfo, una empresa especializada en estudios de mercado con sede en Troy, estado de Nueva York, con la finalidad de crear proyecciones de población para el 2025. Estas empresas descubrieron que las tendencias que más influirán en las agendas empresariales del mañana están cobrando importancia hoy, y los mercadólogos más perspicaces han empezado ya a desarrollar estrategias para enfrentar las tres tendencias principales que definirán el mercado del futuro:

Estados Unidos, superpoblado

- Más oportunidades, más nichos de mercado.
- Crecientes preocupaciones en torno al ambiente.

En el año 2025 se calcula que la población estadounidense superará los 350 millones de habitantes, un aumento de cerca de 70 millones y del 35%. Este crecimiento tan increíble continuará, puesto que los estadounidenses viven más años, el índice de natalidad se mantiene, y la inmigración continúa a un ritmo vertiginoso. Sin embargo, este enorme mercado no supondrá el retorno al mercado de masas. A medida que aumente la población, las empresas serán incapaces de dirigirse a todos los nichos de mercado con una estrategia de marketing única. Así, los nichos de mercado actuales, como por ejemplo el hispanoamericano, se convertirán en mercados de masas por derecho propio, que se segmentarán no sólo por nacionalidad (es decir, nicho mexicano, nicho guatemalteco, etc.), sino también por comportamiento de compra y características psicográficas. Desde luego, este crecimiento demográfico traerá consigo diversos retos. Los recursos naturales se tendrán que hacer rendir, lo que suscitará conflictos a nivel local sobre el uso de la tierra, del agua y de la energía. El impacto de productos y servicios sobre el ambiente se controlará más de cerca.

El poderoso mercado de los más maduros

- El mercado de la gente madura gana en atractivo.
- Creación de marcas multigeneracionales sin límites de edad.

Como la edad y la esperanza de vida de la generación de los baby boomers no hace más que aumentar, para el 2025, el número de personas mayores se duplicará superando los 70 millones de personas. La proliferación del "mercado de las canas de Estados Unidos" significa que las empresas tendrán que considerar muy seriamente la idea de hacer marketing para los más mayores. Esto no quiere decir, sin embargo, que de repente las empresas pierdan el interés por el segmento con edades comprendidas entre los 18 y 34 años. Más bien, las empresas tendrán que crear marcas que atraigan a los consumidores de más edad sin alienar a los más jóvenes. Un ejemplo: en un reciente anuncio de Pepsi aparece un joven bailando en el furor de un concierto; de repente se da la vuelta y ve a su padre bailando al ritmo del rock. En la actualidad se considera que los mayores de 50 años ya no están fuera de condición. Los mercadólogos aprovecharán esta oportunidad y crearán la imagen de una sociedad sin edades en la que las personas se definen más por las actividades que realizan que por su edad. Por ejemplo, los universitarios pueden tener 20 años, 30, o 60.

El caleidoscopio de los consumidores

- Campañas que atraigan a diversos segmentos demográficos.
- Cómo dirigirse a la cada vez menor mayoría blanca.

En el 2025, el término "minoría", según su acepción actual, quedará totalmente obsoleto. Mientras que la población de blancos no hispanos decrece en Estados Unidos de un 70 a 60%, la población hispana se duplicará, al igual que el número de asiáticos. Como afirma un ejecutivo de una consultora de tendencias, las empresas que todavía no han desarrollado una estrategia de marketing multicultural tendrán que apresurarse y percibir el olor de los "Thai tacos". Sin embargo, resulta difícil prever si las estrategias de marketing multiculturales seguirán segmentándose por razas, o si la población, cada vez más diversa, preferirá estrategias inclusivas de "fusión" que intenten agrupar nacionalidades o identidades raciales diferentes en una sola campaña. Un ejemplo de esta última opción es el caso de Benetton o de GAP. Para decidirse, las empresas tendrán que realizar más investigaciones etnográficas, y no olvidar a la menguante mayoría blanca. Si la brecha actual de riqueza entre consumidores blancos y consumidores de otras razas se mantiene durante los próximos 25 años, las empresas tendrán muchas razones de peso para dirigirse a los 210 millones de consumidores blancos no hispanos de Estados Unidos.

Fuentes: Adaptación de Alison Stein Wellner, "The Next 25 Years", *American Demographics*, abril de 2003, pp. 24–27.

sus ingresos, su bienestar, su educación y sus valores, y no tanto por una sola variable. Asimismo, las personas pueden cambiar de clase social a lo largo de su vida. El grado de movilidad variará de acuerdo con la rigidez de la estratificación social de cada sociedad.

Las clases sociales presentan diferentes preferencias de marcas y productos en numerosos ámbitos, incluidos la vestimenta, el mobiliario del hogar, las actividades de entretenimiento y los automóviles. Asimismo, las distintas clases sociales prefieren diferentes medios de comunicación: las clases altas prefieren revistas y libros, y las clases bajas prefieren la televisión. Incluso dentro de una misma categoría, como la televisión, los consumidores de clase alta prefieren las noticias y el teatro, y los de clase baja las telenovelas y los programas deportivos. El anunciante debe redactar diálogos de acuerdo con la clase social a la que se dirige.

Factores sociales

Además de los factores culturales, los factores sociales, como grupos de referencia, familia, roles sociales y estatus, influyen en el comportamiento del consumidor.

GRUPOS DE REFERENCIA Los **grupos de referencia** de una persona están formados por todos los grupos que tienen una influencia directa (cara a cara) o indirecta sobre sus actitudes o comportamientos. Los grupos con influencia directa se denominan **grupos de perte-**

nencia. Algunos de estos grupos son **primarios**, como la familia, los amigos, los vecinos y los compañeros de trabajo, es decir, todos los individuos con los que la persona interactúa de forma constante e informal. La gente también forma parte de grupos **secundarios**, como los religiosos, profesionales y sindicales, que son más formales y requieren una menor frecuencia de interacción.

Los grupos de referencia influyen en las personas al menos de tres formas diferentes. En primer lugar, exponen al individuo a nuevos comportamientos y estilos de vida. Asimismo, influyen en sus actitudes y el concepto que tienen de sí mismos. Por último, los grupos de referencia crean presiones que pueden influir sobre la elección de productos y marcas. Las personas también se ven influidas por grupos a los que no pertenecen. Los **grupos de aspiración** son aquéllos a los que la persona aspira a pertenecer, y los **grupos disociativos** son aquéllos cuyos valores o comportamientos rechaza la persona.

Los fabricantes de productos y marcas que se desempeñan en lugares donde la influencia grupal es fuerte deben determinar cómo llegar hasta los líderes de opinión de estos grupos de referencia e influir en ellos. Un **líder de opinión** es una persona que se mueve en círculos informales y orienta o asesora sobre un producto o una categoría de productos determinada, opinando sobre qué marca es mejor o cómo utilizar un determinado producto.[5] Las empresas intentan llegar hasta los líderes de opinión identificando las características demográficas y psicográficas vinculadas al liderazgo de opinión, determinando qué medios de comunicación utilizan los líderes, y dirigiéndoles mensajes.

NESTLÉ

Antes del lanzamiento de KitKat Kubes, una variante de la popular marca KitKat, Nestlé contrató a una empresa para generar el rumor entre los líderes de opinión del segmento de consumidores entre 16 y 25 años. Con una base de datos de cerca de 20,000 consumidores, la empresa envió mensajes de texto y, a continuación, seleccionó a 100 líderes de opinión y los entrevistó por teléfono. La empresa envió a estos líderes de opinión una caja grande de KitKat Kubes. Como dijo un director de proyectos de Nestlé Rowntree: "Sólo hacen falta 50 personas para desencadenar una moda." Pero claro, tienen que ser las personas adecuadas.[6]

En Japón se deja en manos de las adolescentes la creación de tendencias que hacen que productos como el esmalte de uñas Neuve de Shiseido sean grandes éxitos.[7] En Estados Unidos, las grandes modas en música y en la forma de hablar y de vestir de los adolescentes se generan en las zonas urbanas marginadas Las empresas como Hot Topic, que se dirigen al mercado juvenil más voluble y seguidor de la moda, hacen verdaderos esfuerzos por controlar el estilo y comportamiento de los líderes de opinión urbanos.

HOT TOPIC

Con 494 establecimientos en centros comerciales de 49 estados de EUA y Puerto Rico, Hot Topic ha tenido un gran éxito utilizando un estilo algo revolucionario en su moda. El lema de la empresa "todo sobre la música" refleja su premisa operativa: la música es la principal influencia de la moda juvenil. Sea cual sea el estilo del adolescente (rock, pop, punk, emo, acid rap, rave, rockabilly, e incluso estilos musicales mucho más oscuros), Hot Topic tiene la camiseta apropiada. Los grupos musicales que aparecen en las camisetas son lo primordial de la empresa. Para seguir de cerca las tendencias musicales, todos los empleados, desde el director general hasta los empleados de la tienda, asisten regularmente a conciertos para ver quién lleva qué. Si los empleados de los establecimientos elaboran una reseña del concierto posteriormente se les reembolsa el precio de las entradas. Además, Hot Topic también utiliza información de los consumidores. Los gerentes de tienda tienen formularios de sugerencias para que los compradores los llenen. El sitio Web de la empresa solicita que se le envíen sugerencias, y el director general lee más de 1,000 sugerencias y mensajes de correo electrónico al mes.[8]

LA FAMILIA La familia es la organización de compra más importante de los mercados de consumo, y sus miembros constituyen el grupo de referencia más influyente.[9] Es posible distinguir dos familias a lo largo de la vida del consumidor. En primer lugar está la **familia de orientación**, formada por padres y hermanos. Las personas adquieren de sus padres una orientación religiosa, política y económica, y un sentido de la ambición personal, la autoestima y el amor.[10] Incluso cuando el consumidor ya no interactúe demasiado con sus padres, su influencia resulta significativa. En aquellos países en los que los padres siguen conviviendo con sus hijos cuando éstos ya son adultos, la influencia es aún mayor. La otra fuente de influencia familiar directa proviene de la **familia de procreación**, formada por el cónyuge y los hijos del consumidor.

Sin embargo, el modelo familiar estadounidense ha cambiado drásticamente.[11] Las cifras más recientes del U.S. Census Bureau reflejan que los hogares formados por parejas casadas, el modelo dominante desde la fundación del país, ha caído desde cerca del 80% en los años 50 a un escaso 50% en la actualidad. Esto significa que los 86 millones de estadounidenses solteros

MARKETING **EN ACCIÓN** | MARKETING PARA SEGMENTOS CULTURALES

Hispanoamericanos

Se espera que en 2050 los hispanoamericanos representen un cuarto de la población de Estados Unidos, y en la actualidad son la minoría con mayor índice de crecimiento. Pronto, de hecho, serán la minoría más importante del país. Su volumen es equivalente al de toda la población de Canadá, y su poder adquisitivo anual en el 2002 fue de 646,000 millones de dólares (el consumo de los estadounidenses de raza blanca fue de 6.3 billones de dólares). El segmento hispanoamericano resulta complicado para los mercadólogos. Cerca de una docena de nacionalidades pueden clasificarse como "hispanoamericanas" (cubanos, mexicanos, puertorriqueños, dominicanos y otros grupos de Centro y Sudamérica). El grupo hispanoamericano es una amalgama de culturas, rasgos físicos, orígenes raciales y aspiraciones diferentes.

Nickelodeon ha tenido mucho éxito con su personaje "Dora la exploradora, que atrae a la creciente población en edad preescolar de estos grupos. Este personaje es bilingüe y la serie incluye facetas de muchas culturas hispanas diferentes. Los creadores de Dora formaron un equipo de consultores de origen latinoamericano. Así, los niños pueden ver a Dora en los Andes o con un coquí, una rana de gran trascendencia en el folclor puertorriqueño. La investigación ha dado sus frutos: la serie tiene el mayor índice de audiencia en la televisión comercial, no sólo entre los preescolares hispanoamericanos, sino entre todos los preescolares estadounidenses.

A pesar de las diferencias particulares, los hispanoamericanos comparten una serie de características: sólidos valores familiares, necesidad de respeto, fidelidad de marca y un gran interés por la calidad de los productos. Los mercadólogos se dirigen al segmento hispanoamericano con anuncios, promociones y sitios Web destinados únicamente al segmento latino, pero deben prestar mucha atención a los matices de las tendencias culturales y del mercado. Por ejemplo, consciente de que los hispanoamericanos van al supermercado el doble de veces por semana que los demás consumidores, y de que comen fuera de casa con menor frecuencia, Goya Foods ha destinado secciones enteras de grandes superficies para ofrecer todos los productos que buscan los consumidores latinos. Otras empresas de alimentos han lanzado productos destinados a este público, como por ejemplo las botanas Frito-Lay picantes, que se venden con el logotipo *A Todo Sabor* en español.

Afroamericanos

El poder adquisitivo de los 34 millones de afroamericanos de Estados Unidos se disparó durante los prósperos años noventa. Según resultados de estudios realizados, los afroamericanos son el grupo que más se preocupa por la moda de entre todos los demás grupos étnicos y raciales. Asimismo, les motiva la calidad y la selección, y tienden a hacer sus compras en los almacenes de su barrio. Un ejemplo claro del poder cada vez mayor de los afroamericanos es su influencia sobre los consumidores blancos, especialmente sobre los de edades comprendidas entre los 12 y 34 años. Normalmente, las modas de ropa, restaurantes, entretenimiento, deporte y música surgen de las comunidades afroamericanas y acaban por llegar a los principales centros comerciales suburbanos. Éste es el caso de la ropa inspirada en el rap y el hip-hop, por ejemplo.

Muchas empresas han sabido elaborar ofertas a la medida para satisfacer las necesidades de los afroamericanos. En 1987, Hallmark Cards, Inc. lanzó su marca afrocéntrica, Mahogany, con tan sólo 16 tarjetas, y hoy ofrece 800. Otras empresas ofrecen líneas de productos más globales dentro de la misma marca. Sara Lee Corporation's L'eggs acabó con su línea independiente de medias para mujeres de color y hoy ofrece estilos y colores muy populares entre las mujeres de raza negra como parte de las submarcas de la empresa con enfoque global. Por último, el fabricante de productos envasados más importante de Estados Unidos, Procter & Gamble, está asociando sus agencias publicitarias especializadas en el segmento afroamericano con sus homólogos del mercado general. Al incluir dentro de los esfuerzos de marketing centrales de la empresa lo que anteriormente eran esfuerzos independientes con agencias étnicas, Procter & Gamble está transformando el mercado afroamericano, considerado anteriormente como un mercado de segunda, en una pieza esencial de su estrategia.

Asiático-americanos

Según el U.S. Census Bureau, la oficina de censos de Estados Unidos, el término "asiático" se utiliza para designar a todas las personas originarias de cualquier pueblo del Lejano Oriente, del Sudeste asiático o del subcontinente indio. Tan sólo seis países representan el 79% de la población asiática de Estados Unidos: China (21%), Filipinas (18%), India (11%), Vietnam (10%), Corea (10%) y Japón (9%).

Los asiático-americanos tienden a preocuparse más por las marcas que otros grupos minoritarios, pero son menos leales. En comparación con el resto de las minorías, tienden a preocuparse más por lo que piensan los demás (por ejemplo, si los vecinos aprobarán sus actos). Los asiáticos son el grupo de población con mayor nivel de estudios y que utiliza las tecnologías modernas con mayor frecuencia; acostumbran utilizar Internet diariamente. En general, los asiático-americanos viven en núcleos familiares amplios y reaccionan ante los reclamos publicitarios que apelan a estos valores. Por ejemplo, Bank of America cosechó un gran éxito dirigiéndose a los asiáticos de San Francisco con campañas televisivas individuales dirigidas a consumidores chinos, coreanos y vietnamitas.

Fuentes: Rebecca Gardyn y John Fetto, "The Way We Shop", *American Demographics*, febrero de 2003, pp. 33–34; Leon E. Wynter, "Business & Race: Hispanic Buying Habits Become More Diverse", *Wall Street Journal*, 8 de enero de 1997, p. B1; Lisa A. Yorgey, "Hispanic Americans", *Target Marketing*, febrero de 1998, p. 67; Carole Radice, "Hispanic Consumers: Understanding a Changing Market", *Progressive Grocer* (febrero de 1997): pp. 109–114; Alejandro Bianchi y Gabriel Sama, "Goya Foods Leads an Ethnic Sales Trend", *Wall Street Journal*, 9 de julio de 2002, p. B2; Eduardo Porter y Betsy Mckay, "Frito-Lay Adds Spanish Accent to Snacks", *Wall Street Journal*, 22 de mayo de 2002, p. B3; Valerie Lynn Gray, "Going After Our Dollars", *Black Enterprise* (julio de 1997), pp. 68–78; David Kiley, "Black Surfing", *Brandweek*, 17 de noviembre de 1997, p. 36; Dana Canedy, "The Courtship of Black Consumers", *New York Times*, 11 de agosto de 1998, p. D1; Paula Lyon Andrus, "Mass Appeal: 'dora? Translates Well", *Marketing News*, 13 de octubre de 2003, p. 8. Mindy Charski, "Old Navy to Tailor Message to Hispanics", *Adweek*, 4 de agosto de 2003, p. 9.

pronto podrían convertirse en mayoría. En la actualidad, los solteros representan el 42% de la fuerza laboral, el 40% de los compradores de bienes raíces, el 35% de los electores y uno de los grupos de consumidores más poderosos. Las empresas tendrán que prestar atención, no sólo a los patrones de compra de los solteros que postergan el matrimonio, sino también a las familias consideradas alternativas: parejas que viven juntas sin estar casadas, padres divorciados con custodia compartida de los hijos, padres solteros, y parejas homosexuales con o sin hijos.

Los mercadólogos estudian los roles y la influencia relativa de los miembros de la familia en la compra de una amplia gama de productos y servicios. En Estados Unidos, la participación en la compra del marido y de la mujer ha cambiado mucho por categorías de productos. Tradicionalmente, la mujer actuaba como el principal agente de compra de la familia, especialmente para alimentación, productos básicos y ropa. Estos roles están cambiando, y las empresas deben considerar a hombres y mujeres como compradores potenciales.

Con productos y servicios caros, como automóviles, vacaciones o vivienda, la gran mayoría de maridos y mujeres participan más conjuntamente en la toma de decisiones.[12] Dado el creciente poder adquisitivo de la mujer, las empresas de servicios financieros como Citigroup, Charles Schwab y Merrill Lynch han aumentado sus esfuerzos para atraer a mujeres inversionistas y empresarias.[13] Y las empresas se están percatando de que los hombres ya no son los principales compradores de aparatos y dispositivos de última generación. De hecho, las mujeres compran más tecnología que los hombres, pero las empresas han tardado en reconocer este hecho. Algunas empresas están empezando a prestar atención a las mujeres que tanto se quejaban de que no se les tomaba en cuenta, de que se las trataba con condescendencia o, incluso, de que se les ofendía. RadioShack Corp., una cadena de 7,000 establecimientos, empezó a contratar a mujeres como gerentes de tienda, de modo que en la actualidad, uno de cada siete establecimientos está administrado por una mujer.[14]

A pesar de todo, los hombres y las mujeres responden de manera diferente a los mensajes de marketing.[15] Un estudio demostró que las mujeres valoraban el vínculo y la relación con familia y amigos, y daban gran prioridad a las relaciones personales. Los hombres, por el contrario, se identificaban más con la competencia y preferían la acción. Las empresas están dirigiéndose en particular a las mujeres con productos especiales, como los cereales para mujeres Quaker's Nutrition o la crema dental Crest Rejuvenating Effects. Gillette Co. estudió los factores psicológicos específicos de las mujeres y desarrolló un rastrillo diseñado ergonómicamente, llamado Venus, que se ajusta mejor a las manos femeninas. Sherwin-Williams diseñó recientemente una pintura Dutch Boy "Mezclar y vaciar" fácil de usar, dirigida especialmente a las mujeres.

Otro cambio en los patrones de consumo es el aumento de la cantidad de dinero que gastan niños y adolescentes, y el incremento de su influencia directa o indirecta en las compras familiares.[16] La influencia directa se refiere a las insinuaciones, peticiones y demandas de los niños, como por ejemplo "Quiero ir a McDonald's". En 1999, los niños de entre 4 y 12 años de edad influyeron en compras valoradas en cerca de 275,000 millones de dólares. Su influencia indirecta sobre el gasto familiar ese mismo año significó otros 312,000 millones de dólares.[17] La influencia indirecta se refiere al conocimiento por parte de los padres de las marcas, los productos favoritos y preferencias de sus hijos sin necesidad de insinuaciones o peticiones. Un estudio concluyó que los adolescentes desempeñaban una función cada vez más importante a la hora de ayudar a los padres a elegir un automóvil, un equipo de audio o video y el destino de las vacaciones.[18]

Para llegar a los niños, las empresas utilizan todos los canales de comunicación posibles, especialmente los medios de comunicación más populares entre los más jóvenes, como por ejemplo Nickelodeon, Cartoon Network, o Disney Channel en lo relativo a la televisión, y revistas como *Nickelodeon*, *Sports Illustrated for Kids* y *Disney Adventures*.

DISNEY CHANNEL

Tras haberse considerado una parte poco rentable del imperio Disney, Disney Channel se ha convertido en la vaca lechera de la liquidez de la empresa por su capacidad de llegar hasta el poco explotado mercado infantil (los 29 millones de niños entre 8 y 14 años) y de traspasar ese éxito a otras divisiones de Disney. En el 2000, en su búsqueda de programación que atrajera tanto a hijos como a padres, lanzó las aventuras semanales de Lizzi McGuire, una niña de 12 años. Esta comedia sobre la vida diaria de una jovencita se convirtió en un gran éxito, y un año después la incluyó en la programación matinal de los sábados en ABC, también propiedad de Disney. En el 2002 la empresa empezó a crear un sinfín de productos derivados de Lizzie: Disney Press comenzó a editar libros sobre Lizzie; su compañía discográfica Buena Vista Music Group lanzó la banda sonora de la serie, que obtuvo el disco de platino en el mes de julio de ese mismo año; y el programa de Lizzie empezó a transmitirse diariamente en Disney Channel. La sección de productos de consumo de Disney, ese mismo año, empezó a comercializar todo tipo de productos, desde muñecas Lizzie hasta bolsas de dormir, pasando por pinturas y cuadernos Lizzie. Se calcula que la marca Lizzie ha reportado a la empresa cerca de 100 millones de dólares.[19]

Las empresas cada vez se enfocan más en las mujeres y en sus necesidades. Este anuncio de Dutch Boy, con una nueva lata de pintura "Mezclar y vaciar" fácil de utilizar, se dirige especialmente a las mujeres.

El ejemplo de Lizzie McGuire demuestra el poder de la televisión para llegar a los niños, y las empresas utilizan este medio para dirigirse a niños cada vez de menor edad. Cuando los niños cumplen dos años, son capaces de reconocer caracteres, logotipos y marcas concretas. Las empresas llaman la atención de esta audiencia con referencias a productos que aparecen en la pantalla de televisión a la altura de los ojos de los niños, o con todo tipo de productos como vitaminas Scooby Doo o jugo y galletas de Elmo.[20]

Actualmente, las empresas también utilizan Internet para mostrar sus productos a los niños y para recabar información. Millones de jóvenes menores de 17 años son cibernautas. Muchos se han situado en la línea de fuego mediante esta práctica, y por no diferenciar anuncios de diversión o entretenimiento.

ROLES Y ESTATUS A lo largo de toda una vida, las personas participan en muchos grupos: familia, clubes, organizaciones. La posición personal dentro de cada grupo se define en términos de roles y estatus. Un **rol** es el conjunto de actividades que se esperan de la persona. Cada rol conlleva un **estatus**. Un vicepresidente tiene más estatus que un gerente de ventas, y este último tiene más estatus que un dependiente. Las personas escogen aquellos productos que mejor reflejan y comunican su rol y su estatus real o deseado en la sociedad. Los presidentes de las empresas conducen vehículos Mercedes, visten trajes caros y beben vinos finos. Las empresas deben ser conscientes del potencial de sus productos y marcas como símbolos de estatus.

Factores personales

Las decisiones de compra también se ven influidas por las características personales. Éstas incluyen la edad del comprador, la fase del ciclo de vida en que se encuentra, su ocupación y su situación económica, su personalidad y su auto-concepto, su estilo de vida y sus valores. Como muchas de estas características tienen un impacto muy directo en el comportamiento de compra, es importante que las empresas les presten mucha atención. Ponga a prueba su destreza en *Cuestiones clave: La prueba del consumidor promedio estadounidense.*

CUESTIONES **CLAVE** | **LA PRUEBA DEL CONSUMIDOR PROMEDIO ESTADOUNIDENSE**

	Porcentaje de consumidores a favor	
Afirmaciones	**% Hombres**	**% Mujeres**
1. Normalmente es mejor comprar una marca propia de una tienda que una marca anunciada a nivel nacional.		
2. En el último año fui a pescar por lo menos una vez.		
3. Me considero una persona hogareña.		
4. La información de la publicidad me sirve para tomar mejores decisiones de compra.		
5. Me gusta pagar mis compras en efectivo.		
6. Las mujeres tienen que estar en casa.		
7. Me interesan las especias y los condimentos.		
8. El padre debe mandar en la casa.		
9. Es necesario utilizar desinfectantes para que las cosas queden bien limpias.		
10. Creo que seres de otros planetas han visitado la Tierra.		

Nota: Las afirmaciones anteriores son algunas de las utilizadas en sondeos de actitud entre los consumidores estadounidenses. Únicamente participaron en estos sondeos hombres y mujeres estadounidenses *casados*. Los participantes fueron seleccionados por pertenecer a una muestra representativa de la sociedad estadounidense, y el grupo final se configuró mediante estratos en función de la edad, los ingresos, la región geográfica y la densidad de población. Se pidió a los encuestados que respondieran si estaban de acuerdo o en desacuerdo con cada una de las afirmaciones. Para cada afirmación, calcule qué porcentaje de estadounidenses casados estuvieron de acuerdo en el 2004 con las diferentes afirmaciones. Escriba un número entre 0 y 100% en las columnas de la derecha. Las respuestas correctas se encuentran en la siguiente nota al pie.*

* 1. H=57%, M=57%; 2. H=34%, M=24%; 3. H=64%, M=66%; 4. H=61%, M=57%; 5. H=60%, M=58%; 6. H=25%, M=23%; 7. H=70%, M=77%; 8. H=47%, M=29%; 9. H=58%, M=62%; 10. H=40%, M=35%. Estas cifras están basadas en Lifestyle Study de DDB. Si desea consultar una aplicación y un análisis interesante de esta prueba, véase Stephen J. Hoch, "Who Do We Know: Predicting the Interests and Opinions of the American Consumer", *Journal of Consumer Research*, 15, pp. 315-324.

EDAD Y FASE DEL CICLO DE VIDA Las personas compran diferentes bienes y servicios a lo largo de su vida. Los gustos relacionados con los alimentos, la ropa, el mobiliario y el entretenimiento suelen estar relacionados con la edad. El consumo también está definido por la *fase del ciclo de vida familiar*, y el número, la edad y el género de los miembros de la familia a lo largo del tiempo. Los hogares estadounidenses cada vez están más fragmentados: el modelo familiar tradicional con el marido, la mujer y dos hijos representa un porcentaje cada vez menor. Además, las fases del ciclo de vida *psicológico* pueden influir. Los adultos experimentan ciertas "etapas" o "transformaciones" a lo largo de su vida.[21]

Las empresas también deberían considerar los *acontecimientos críticos de la vida o transiciones*, como el matrimonio, el nacimiento de un hijo, una enfermedad, una mudanza, un divorcio, un cambio de trabajo, o la viudez, puesto que estos acontecimientos despiertan nuevas necesidades. Las empresas de servicios (bancos, abogados, consejeros de parejas, agencias de empleo y profesionales que ayudan a superar duelos) deben estar alerta y buscar la forma de ayudar a los consumidores.[22]

BANK OF AMERICA (BOA)

BOA está prestando una serie de servicios tras determinados acontecimientos para ayudar a sus clientes principales. BOA utiliza la solución denominada "Optimizador de relaciones" de NCR para controlar grandes transacciones, retiros de dinero, insuficiencia de fondos o cualquier otro acontecimiento que se desvíe de la conducta normal de los clientes. Los responsables del cliente son alertados ante estos acontecimientos y se encargan de llamarlo por teléfono para ofrecerle su ayuda. Por ejemplo, si un cliente ha retirado una gran suma de dinero para comprar una casa, el responsable le ofrece ayuda para encontrar el mejor crédito hipotecario.

OCUPACIÓN Y SITUACIÓN ECONÓMICA La ocupación de las personas también influye en sus hábitos de consumo. Un trabajador no calificado comprará ropa de trabajo, calzado para trabajar y loncheras (fiambreras). El presidente de una empresa comprará trajes, boletos de avión, y pertenecerá a algún club privado. Los especialistas del marketing intentan identificar los grupos profesionales que presentan un interés por sus productos y servicios superior a la media. Una empresa puede, incluso, hacer productos a la medida de determinados grupos profesionales: las empresas de software, por ejemplo, diseñan productos diferentes para los gerentes de marca, los ingenieros, los abogados o los médicos.

La elección de los productos se ve considerablemente afectada por la situación económica de los consumidores: los ingresos disponibles (nivel, estabilidad y periodicidad), ahorros y recursos (incluido el porcentaje que es líquido), deudas, facilidades de crédito y actitud frente al gasto y al ahorro. Las empresas de productos de lujo como Gucci, Prada y Burberry resultan vulnerables ante una baja en la economía. Si los indicadores económicos apuntan recesión, las empresas pueden tomar medidas para rediseñar y reposicionar sus productos, o reajustar el precio, o lanzar y hacer hincapié en marcas más baratas para seguir ofreciendo valor a su público meta.

PERSONALIDAD Y AUTO-CONCEPTO Cada individuo tiene una personalidad diferente que afecta su comportamiento de compra. Por **personalidad** se entiende el conjunto de características psicológicas distintivas que hacen que una persona responda a los estímulos del entorno de forma relativamente constante y duradera. La personalidad se describe en términos de rasgos tales como confianza en uno mismo, dominio, autonomía, deferencia, sociabilidad y adaptabilidad.[23] La personalidad constituye una variable útil en el análisis del comportamiento del consumidor. La idea es que las marcas también tienen personalidad, y así, los consumidores tienden a elegir las marcas cuya personalidad se asemeja más a la suya. La **personalidad de marca** es el conjunto de rasgos humanos concretos que se podría atribuir a una marca en particular.

Jennifer Aaker, de Stanford, realizó una investigación sobre personalidades de marca e identificó cinco rasgos principales:[24]

1. Sinceridad (con los pies en la tierra, honesta, saludable y jovial).
2. Emoción (osada, enérgica, imaginativa y a la moda).
3. Competencia (confiable, inteligente y triunfadora).
4. Sofisticación (de clase alta y encantadora).
5. Fortaleza (de actividades al aire libre y ruda).

A continuación analizó una serie de marcas conocidas y descubrió que algunas destacaban por un rasgo en particular: Levi's por la "fortaleza"; MTV por la "emoción"; CNN por la "competencia"; y Campbell's por la "sinceridad". Así, estas marcas atraen a aquellas personas que tienen los mismos rasgos de personalidad. La personalidad de marca puede tener varios atributos: Levi's sugiere una personalidad juvenil, rebelde, auténtica y estadounidense. La empresa utiliza las características del producto, los servicios y la imagen para transmitir la personalidad del producto.

Los consumidores suelen elegir y utilizar las marcas que tienen una personalidad de marca coherente con su *concepto real de sí mismos* (con la manera como se ven a sí mismos), aunque en algunos casos la elección se basa en el *concepto ideal de sí mismos* (cómo les gustaría verse) o incluso en *el concepto que otros tienen de ellos* (cómo cree uno que los ven los demás), más que en un concepto real.[25] Estos efectos quizás sean más destacables en el caso de los productos que se consumen en público que en el de los que se consumen en pri-

Este anuncio de Levi's expresa la personalidad de su marca: juvenil, rebelde, auténtica, estadounidense.

vado.[26] Por otra parte, los consumidores que son "autocontroladores", es decir, que son sensibles a la idea de cómo los ven los demás, prefieren marcas cuyas personalidades concuerden mejor con la situación de consumo.[27]

ESTILO DE VIDA Y VALORES Las personas pertenecientes a la misma subcultura, clase social y ocupación pueden llevar estilos de vida bastante diferentes. El **estilo de vida** de una persona es el patrón de forma de vivir en el mundo como expresión de sus actividades, intereses y opiniones. El estilo de vida refleja a "la totalidad de la persona" interactuando con su entorno. Los mercadólogos buscan relaciones entre sus productos y los grupos de consumidores con el mismo estilo de vida. Por ejemplo, tal vez un fabricante de computadoras descubra que los principales compradores de informática son personas orientadas hacia el triunfo personal. En consecuencia, podría ajustar la marca al estilo de vida orientado hacia el estilo de vida de "los triunfadores". A continuación se presenta un ejemplo de cómo se está intentando llegar a uno de los grupos de estilo de vida descubiertos más recientemente:

LOHAS

Los consumidores preocupados por el ambiente que buscan productos fabricados de manera sustentable y gastan dinero para mejorar su desarrollo y potencial personal han sido bautizados como "LOHAS". Este nombre es el acrónimo de *lifestyles of health and sustainability*, que en español significa "estilos de vida saludables y sustentables". El mercado de los productos LOHAS incluye alimentos orgánicos, aparatos ahorradores de energía, las celdas solares, la medicina alternativa, el yoga y el ecoturismo. En conjunto, este mercado supuso unos 230,000 millones de dólares en el 2000. En lugar de adoptar una perspectiva limitada en función de categorías de producto como automóviles o alimentos orgánicos, es más importante adoptar una perspectiva más amplia estudiando todos los factores que relacionan estos grupos de productos, por ejemplo, cómo se relacionan los automóviles, la energía y los productos para el hogar con el hecho de que sean mejores para el ambiente y la sociedad.[28]

Los estilos de vida se definen, en parte, por las *limitaciones económicas* o *temporales* de los consumidores. Las empresas que aspiren a atender a los consumidores con limitaciones económicas crearán productos y servicios más baratos. Wal-Mart, que se dirige a los consumidores con limitaciones económicas, se ha convertido en la empresa más grande del mundo. Su posicionamiento "precios bajos siempre" ha extraído miles de millones de dólares de la cadena de distribución, y gran parte de esos ahorros benefician a los consumidores mediante precios bajos.[29]

Los consumidores que experimentan escasez de tiempo son propensos a las **multitareas**, es decir, a hacer dos o más cosas a la vez: telefonean o comen mientras conducen, o van en bicicleta al trabajo para hacer ejercicio. Asimismo, estos consumidores pagan a otros para que realicen determinadas tareas porque el tiempo les resulta más valioso que el dinero. Probablemente preferirán rosquillas antes que cereales a la hora de desayunar porque se comen más rápidamente. Las empresas que quieran servirles tendrán que crear productos y servicios adecuados a sus necesidades. Gran parte de la revolución tecnológica sin cables está generada por esta tendencia multitarea. Texas Instruments dio a conocer recientemente el diseño de un producto llamado WANDA, abreviación de Wireless Any Network Digital Assistant, que permite a los usuarios hablar por el celular mientras navegan por Internet en una red wi-fi y hacen negocios a través del Bluetooth.

En determinadas categorías, especialmente de alimentos procesados, las empresas que sirven a los consumidores con limitaciones de tiempo deben ser conscientes de que estos mismos consumidores persiguen la ilusión de que en realidad se desenvuelven sin problemas temporales. En la industria de los alimentos procesados existe un nombre para los consumidores que buscan tanto comodidad como algo de participación en la preparación de la comida: "el segmento de los consumidores de conveniencia".[30]

HAMBURGER HELPER

En 1971, como consecuencia de los tiempos económicos difíciles que corrían, se lanzó la mezcla en polvo Hamburger Helper, diseñada para convertir medio kilo de carne barata en una comida para toda la familia. Dado que el tiempo de preparación de las cenas era inferior a 30 minutos en el 44% de los casos, y dada la gran competencia de las cadenas de comida rápida, del servicio a domicilio de los restaurantes y de los platos precocinados, los días de prosperidad de Hamburger Helper parecían estar contados. Sin embargo, los especialistas en marketing descubrieron que algunos consumidores no necesariamente buscaban la solución que requiriera menos tiempo de microondas, sino que les gustaba preparar la comida. De hecho, a los consumidores les gustaba utilizar una sartén y emplear, en promedio, 15 minutos en la preparación de la cena. Para atraer al segmento que prefiere pasar menos tiempo en la cocina, sin abandonar su papel tradicional de cocineros de la familia, los encargados del marketing de Hamburger Helper introducen cada vez nuevos sabores para ajustarse a las tendencias en el gusto de los consumidores.[31]

Las decisiones de los consumidores se ven influidas por sus **valores**, es decir, por las creencias que subyacen en su actitud y su conducta. Los valores son mucho más profundos que la conducta o la actitud, y determinan, básicamente, las elecciones y los deseos de una persona a largo plazo. Los mercadólogos que seleccionan su público meta en función de sus valores creen que apelando a su yo interior podrán conquistar su yo exterior, es decir, su comportamiento de compra.

::: Principales procesos psicológicos

Para comprender el comportamiento del consumidor primero hay que conocer el modelo de estímulo-respuesta que aparece en la figura 6.1. Los estímulos de marketing y del entorno penetran en la conciencia del consumidor. El proceso de decisión de compra y la compra final dependen de una serie de procesos psicológicos y de determinadas características del consumidor. La función del responsable de marketing es comprender qué ocurre en la conciencia del consumidor desde la llegada del estímulo externo de marketing hasta la decisión de compra definitiva. Los cuatro procesos psicológicos principales que influyen en las respuestas de los consumidores a los estímulos de marketing y del entorno son: motivación, percepción, aprendizaje y memoria.

La motivación: Freud, Maslow, Herzberg

Una persona tiene numerosas necesidades en un determinado momento. Algunas son *biogénicas*, es decir, emergen de estados fisiológicos de tensión tales como el hambre, la sed o el malestar. Otras son *psicogénicas*, es decir, emergen de estados psicológicos de tensión tales como la necesidad de reconocimiento, de estima o de pertenencia. Una necesidad se convierte en un motivo o impulso cuando alcanza un determinado nivel de intensidad. Un **motivo** es una necesidad que presiona lo suficiente para impulsar a la persona hacia la acción.

Las teorías más conocidas sobre la motivación humana (la de Sigmund Freud, la de Abraham Maslow y la de Frederick Herzberg) presentan distintas implicaciones para el análisis del consumidor y la definición de las estrategias de marketing.

LA TEORÍA DE LA MOTIVACIÓN DE FREUD Sigmund Freud sostiene que las fuerzas psicológicas que conforman el comportamiento humano son en gran medida inconscientes, y que la persona no entiende del todo sus propias motivaciones. Cuando una persona examina marcas específicas, no sólo reaccionará ante sus características evidentes, sino también ante otros factores menos conscientes. La forma, el tamaño, el peso, el material, el color y el nombre de la marca pueden desencadenar asociaciones y emociones. Existe una técnica llamada de *escala* que se utiliza para seguir el rastro de las motivaciones de una persona, desde las instrumentales evidentes hasta las más profundas y menos evidentes. A continuación, el profesional de marketing decide a qué nivel desarrollar el mensaje.[32]

Los investigadores de la motivación suelen realizar "entrevistas de profundidad" con unas decenas de consumidores para descubrir las motivaciones inconscientes que despierta un producto. Utilizan diversas *técnicas proyectivas* como asociar palabras, completar frases inconclusas, interpretar imágenes y juegos de rol. Ernest Dichter, un psicólogo vienés que emigró a Estados Unidos, fue el primero en emplear varias de estas técnicas.[33]

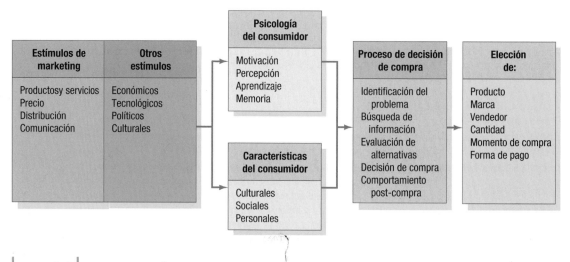

Estímulos de marketing	Otros estímulos	Psicología del consumidor	Proceso de decisión de compra	Elección de:
Productos y servicios Precio Distribución Comunicación	Económicos Tecnológicos Políticos Culturales	Motivación Percepción Aprendizaje Memoria Características del consumidor Culturales Sociales Personales	Identificación del problema Búsqueda de información Evaluación de alternativas Decisión de compra Comportamiento post-compra	Producto Marca Vendedor Cantidad Momento de compra Forma de pago

FIG. 6.1 Modelo de comportamiento del consumidor.

Las últimas investigaciones siguen apuntando a la interpretación freudiana. Jan Callebaut afirma que un producto se adquiere por un conjunto de motivaciones diferentes. Por ejemplo, el whisky puede satisfacer la necesidad de relajación, estatus o diversión. Por tanto, las diferentes marcas de whisky deben posicionarse en torno a estas tres motivaciones.[34] Otro investigador, Clotaire Rapaille, trabaja "decodificando" lo que hay detrás del comportamiento de compra. Un estudio sobre las toallas de papel, según Rapaille, reveló que su atractivo para las madres reside en cómo influye la limpieza en su deseo instintivo de hacer sobrevivir a su familia. "No sólo están limpiando la mesa, sino que están salvando a toda su familia", afirma este investigador.[35]

LA TEORÍA DE LA MOTIVACIÓN DE MASLOW   Abraham Maslow intentó buscar una explicación a la pregunta de por qué ciertas necesidades motivan a las personas en determinados momentos.[36] ¿Por qué una persona invierte una considerable cantidad de tiempo y energía en seguridad personal y otra en conseguir el aprecio de los demás? La respuesta de Maslow es que las necesidades humanas están ordenadas jerárquicamente, desde las necesidades más apremiantes a las menos apremiantes. En orden de importancia, existen necesidades fisiológicas, necesidades de seguridad, necesidades sociales, necesidades de estima y necesidades de autorrealización (véase la figura 6.2). Cada persona intentará satisfacer primero las necesidades más importantes. Cuando se consigue satisfacer una necesidad apremiante, después se intentará satisfacer la siguiente necesidad en importancia. Por ejemplo, un hombre hambriento (necesidad de nivel 1) no se interesará por los últimos acontecimientos en el mundo del arte (necesidad de nivel 5), ni por cómo lo perciben los demás (necesidades de nivel 3 o 4), ni siquiera por si el aire que respira es puro (necesidad 2). Sin embargo, en el momento en que consiga alimento y agua suficientes, la siguiente necesidad en importancia se convertirá en motivadora.

La teoría de Maslow ayuda a los mercadólogos a entender cómo los diferentes productos embonan dentro de los planes, los objetivos y la vida de los consumidores.

LA TEORÍA DE LA MOTIVACIÓN DE HERZBERG   Frederick Herzberg desarrolló la teoría de los dos factores, que distingue entre *desmotivadores* (factores que provocan insatisfacción) y *motivadores* (factores que provocan satisfacción).[37] La ausencia de factores desmotivadores no es suficiente para que se produzca una compra, sino que es necesario que existan factores motivadores. Por ejemplo, el hecho de que una computadora no tenga garantía será un factor de desmotivación. Sin embargo, el que la computadora venga con garantía no será un factor de motivación ni influirá en la compra, puesto que no es una fuente de satisfacción intrínseca al producto. En cambio, la facilidad de manejo sí podría ser un factor de motivación.

La teoría de Herzberg tiene dos implicaciones. En primer lugar, los vendedores deberían hacer todo lo posible para evitar hechos desmotivadores que frenen la compra (por ejemplo, manuales de instrucciones poco claros o una mala política de servicio). Si bien estas características no son intrínsecas a la computadora, contribuyen a que no se venda. En segundo lugar, el fabricante debe identificar los factores motivadores del mercado y asegurarse de que los ofrece. Estos elementos de motivación positivos harán la diferencia para que el cliente se decida por una marca particular.

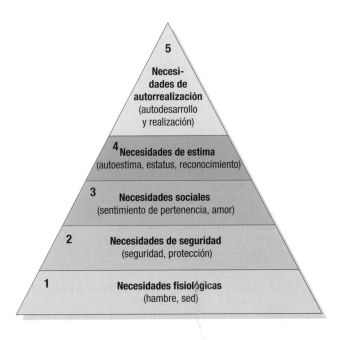

FIG. 6.2

La jerarquía de las necesidades de Maslow.

Fuente: Motivation and Personality, 2a. ed., por A. H. Maslow, 1970. Reproducido previa autorización de Prentice Hall, Inc., Upper Saddle River, Nueva Jersey.

Percepción

Una persona motivada está lista para actuar, pero sus actos concretos se verán influidos por sus percepciones de la situación. La **percepción** es el proceso por el cual un individuo selecciona, organiza e interpreta las entradas de información para crear una imagen del mundo plena de significado.[38] La percepción no sólo depende de estímulos físicos, sino también de la relación de los estímulos con el entorno y las circunstancias del individuo. La idea central es que las percepciones pueden variar considerablemente entre diversos individuos expuestos a una misma realidad. Una persona podría percibir a un vendedor que habla rápido como un vendedor agresivo y poco sincero, mientras que otra quizás lo perciba como inteligente y servicial. Cada uno responderá de forma diferente ante el vendedor.

En el marketing, las percepciones son más importantes que la realidad, puesto que son precisamente las percepciones las que influyen en el comportamiento final del consumidor. Las personas pueden tener percepciones diferentes de un mismo objeto como consecuencia de tres procesos perceptivos: la atención, la distorsión y la retención selectivas.

ATENCIÓN SELECTIVA Se calcula que, en promedio, cada persona está expuesta a más de 1,500 anuncios o comunicaciones de marca al día. Como una persona no puede atender a todos estos anuncios, la mayoría de los estímulos son eliminados mediante un proceso denominado **atención selectiva**. La atención selectiva implica que los mercadólogos tienen que trabajar duro para atraer la atención de los consumidores. El verdadero reto consiste en explicar qué estímulos notará la gente. A continuación se presentan algunos hallazgos:

1. *Las personas tienden a fijarse en los estímulos que están relacionados con sus necesidades actuales.* Una persona motivada a comprar una computadora se fijará en los anuncios de informática, y probablemente no tanto en los de reproductores de DVD.

2. *Las personas se fijan en los estímulos que esperan recibir.* Es más probable que en una tienda de informática uno se fije más en las computadoras que en los radios, puesto que uno no espera que este tipo de establecimientos venda radios.

3. *Las personas tienden a fijarse en los estímulos que presentan mayores diferencias respecto a la intensidad normal de los estímulos.* Es más probable que uno se fije en un anuncio de una computadora que ofrece un descuento de 100 dólares que si ofrece un descuento de cinco dólares.

Aunque las personas filtran y desechan gran cantidad de estímulos, pueden verse influidas por estímulos inesperados, como ofertas repentinas por correo o por teléfono, o por ofertas directas de un vendedor. Los mercadólogos deben promover sus ofertas de forma inteligente para que éstas logren pasar los filtros de atención selectiva de los consumidores.

DISTORSIÓN SELECTIVA Los estímulos que llegan a los consumidores no siempre se perciben como a los emisores les gustaría. La **distorsión selectiva** es la tendencia de las personas a interpretar la información de tal modo que coincida con sus ideas preconcebidas. Los consumidores suelen distorsionar la información para que sea consistente con sus creencias previas sobre productos y marcas.[39]

Las pruebas de productos son una clara demostración de la fuerza que tienen las ideas preconcebidas de los consumidores acerca de las marcas. En los experimentos que incluyen degustaciones "a ciegas", un grupo de consumidores prueba un producto sin saber de qué marca es, mientras que otro lo prueba sabiendo exactamente a qué marca corresponde. Siempre surgen diferencias de opinión entre los dos grupos, a pesar de que ¡*literalmente están probando el mismo producto!*

Cuando los consumidores expresan diferentes opiniones sobre versiones con y sin marca de un mismo producto, lo hacen porque las creencias que han adoptado por diversas razones (por ejemplo, experiencias anteriores, actividades de marketing de la marca, etc.) han alterado de algún modo sus percepciones del producto. Se encuentran ejemplos de estas diferencias con prácticamente cualquier producto. Por ejemplo, un estudio reveló que la preferencia de los consumidores por la Coca-Cola Light y por la Pepsi Light era prácticamente similar cuando las probaban "a ciegas".[40] Sin embargo, al probar las versiones con marca, el 65% de los consumidores preferían Coca-Cola Light y sólo el 23% prefería Pepsi Light (el porcentaje restante no encontraba diferencia alguna).

La distorsión selectiva puede jugar a favor de los mercadólogos que trabajen con marcas fuertes, si los consumidores distorsionan la información de marca neutral o ambigua para convertirla en más positiva. Dicho de otro modo, en función de la marca que se utilice, uno puede creer que la cerveza sabe mejor, que un auto circula más suavemente o que la fila de espera en el banco es más corta.

RETENCIÓN SELECTIVA Las personas no son capaces de retener en la memoria toda la información a la que se ven expuestas, pero tienden a retener la información que confirma sus creencias y actitudes. Como consecuencia de la **retención selectiva**, es probable que un consumidor recuerde las ventajas de un producto que le gusta, y olvide las de los productos de la competencia. La retención selectiva, de nuevo, constituye una ventaja para las marcas

Prueba de Pepsi en el Central Park de Nueva York. Las empresas como Pepsi hacen este tipo de pruebas con sus productos y los de otras empresas para ver si la marca influye o no en las preferencias de los consumidores.

fuertes. Además, esto explica por qué los expertos en marketing utilizan la repetición en el envío de mensajes a su público meta (para asegurarse de que los consumidores no pasan por alto su mensaje).

PERCEPCIÓN SUBLIMINAL Los mecanismos de percepción selectiva requieren un alto nivel de compromiso y reflexión por parte de los consumidores. Un asunto que ha fascinado a los estudiosos del marketing durante años es la **percepción subliminal**. Este fenómeno consiste en que los mercadólogos insertan mensajes subliminales encubiertos en anuncios o envases. Los consumidores no reciben el mensaje de forma consciente, pero éste sí afecta su comportamiento de compra. Si bien es claro que muchos efectos sutiles e inconscientes afectan el modo en que los consumidores procesan la información,[41] no hay pruebas que apoyen la teoría de que los mercadólogos sean capaces de controlar a los consumidores a ese nivel.[42]

Aprendizaje

Cuando las personas realizan cualquier actividad, están aprendiendo. El **aprendizaje** supone cambios que surgen de la experiencia y que afectan el comportamiento de las personas. La mayor parte del comportamiento humano es aprendido. Los teóricos del aprendizaje creen que éste se produce a través de la interrelación de impulsos, estímulos, claves, respuestas y reforzamientos.

Un **móvil** es un fuerte estímulo interno que llama a la acción. Las **claves** son estímulos menores que determinan cuándo, dónde y cómo responden las personas. Suponga que adquiere una computadora Dell. Si la experiencia es gratificante, la respuesta ante las computadoras y ante Dell se verá reforzada positivamente. Más tarde, cuando queramos comprar una impresora, asumiremos que como Dell fabrica buenas computadoras, también fabricará impresoras de calidad. En otras palabras, estamos *generalizando* nuestra respuesta ante estímulos similares. La tendencia contraria a la generalización es la discriminación. La **discriminación** significa que la persona ha aprendido a identificar diferencias a partir de estímulos similares y que puede ajustar sus respuestas en consecuencia.

La teoría del aprendizaje enseña a los mercadólogos que pueden generar demanda para un producto asociándolo con impulsos fuertes, utilizando claves motivadoras y ofreciendo reforzamientos positivos. Una empresa nueva puede tratar de entrar en el mercado apelando a los mismos impulsos que la competencia y ofreciendo las mismas claves, puesto que los compradores son más proclives a cambiar a marcas centradas en los mismos móviles (generalización); o por el contrario, la empresa podría diseñar su marca de modo que apele a un conjunto de motivos diferentes y con claves que conduzcan al cambio (discriminación).

Memoria

Toda la información y las experiencias que encuentran las personas a lo largo de su vida se almacenan en su memoria a largo plazo. Los psicólogos cognitivos establecen una diferencia entre la **memoria a corto plazo** (almacenamiento temporal de información) y la **memoria a largo plazo** (almacenamiento más permanente de la información).

Las teorías más extendidas sobre la estructura de la memoria a largo plazo incluyen algún tipo de formulación de modelos asociativos.[43] Por ejemplo, el **modelo de memoria de redes asociativas** considera que la memoria a largo plazo es un conjunto de nodos y vínculos. Los *nodos* están formados por información almacenada que se conecta entre sí por medio de *vínculos* variables en intensidad. Cualquier tipo de información —ya sea verbal, visual, abstracta o contextual—, se puede almacenar en la red de memoria. El proceso de activación que tiene lugar entre nodos determina el alcance de la recuperación de información y el tipo de información que se puede recuperar en una situación determinada. Cuando un nodo se activa como consecuencia de la codificación de información externa (por ejemplo, cuando una persona lee o escucha una frase) o de la recuperación de información interna (por ejemplo, cuando una persona piensa sobre algún concepto), también se activan los demás nodos que están vinculados al primero de forma suficientemente fuerte.

De acuerdo con el modelo de memoria de redes asociativas, la información sobre marcas que almacenan los consumidores en la memoria se puede conceptualizar como la existencia en la memoria de un nodo por marca que tiene una serie de asociaciones vinculadas con él. La fuerza y la organización de estas asociaciones serán determinantes fundamentales de la información que se recuerda sobre la marca. Las **asociaciones de marca** son pensamientos, sentimientos, percepciones, imágenes, experiencias, creencias, actitudes, etc., relativos a una marca, que se vinculan con el nodo de la marca en cuestión.

El marketing podría entenderse como la búsqueda de que los consumidores tengan las experiencias de producto y servicio adecuadas, de tal modo que creen y retengan en la memoria las estructuras de conocimiento de marca apropiadas.

GODIVA CHOCOLATIER

El éxito de Godiva Chocolatier reside en apelar a asociaciones emocionales de marca. En 1994, cuando la recesión hizo disminuir las ventas de artículos de lujo como los chocolates, que costaban hasta 90 dólares el kilo, Godiva aplicó una reforma de marketing a todos sus establecimientos de venta al por menor. La idea era definir, a través del diseño, en qué consistía la experiencia de comer chocolates y presentarla como una experiencia sensual, indulgente, e incluso pecaminosa. Con una remodelación multimillonaria, Godiva creó elegantes tiendas de estilo Art Noveau con pisos de madera blanqueados y mostradores en cristal y madera. Los clientes podían degustar los chocolates, y como en las tiendas había listas de precios, no tenían que preguntar el precio a los vendedores (lo que podría haber resultado algo embarazoso). Las tiendas piloto rediseñadas comenzaron a aumentar sus ventas, de modo que Godiva extendió el diseño a toda su cadena, y en la actualidad las asociaciones de su marca con indulgencia lujosa y sensualidad se han incrustado en la mente de los consumidores.[44]

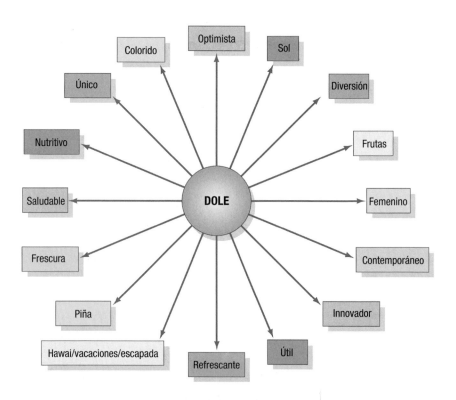

| FIG. **6.3** |

Mapa conceptual hipotético sobre Dole.

Empresas como Procter & Gamble representan en mapas conceptuales las asociaciones clave que los consumidores hacen con respecto a una determinada marca, y que son susceptibles de dispararse en un escenario de marketing; esto también les permite medir la fuerza, el carácter favorable y la exclusividad que representa la marca para los consumidores. La figura 6.3 muestra un sencillo mapa conceptual que resalta las creencias que tiene un consumidor hipotético sobre la marca Dole.

PROCESOS DE MEMORIA: LA CODIFICACIÓN La **codificación** se refiere a cómo y dónde se implanta la información en la memoria. La codificación se caracteriza en función del nivel o la cantidad de tratamiento que recibe la información a la hora de ser codificada (es decir, cuánto piensa la persona sobre la información) y de la naturaleza o calidad del tratamiento que recibe (es decir, la manera en que una persona piensa sobre la información). La cantidad y la calidad del tratamiento de la información serán factores que determinarán la fuerza de una asociación.[45]

En general, cuanta más atención se preste al significado de la información durante la codificación, más fuertes serán las asociaciones en la memoria.[46] Cuando un consumidor piensa activamente y especula acerca del significado de la información sobre un producto o servicio, crea asociaciones más fuertes en su memoria. Otro determinante crucial de la fuerza de una asociación es el contenido, la organización y la fortaleza de las asociaciones de marca ya existentes en la memoria. Para los consumidores resultará más sencillo crear una asociación para una información nueva cuando ya existen estructuras de conocimiento extensas y relevantes en la memoria. Una razón por la que las experiencias personales crean unas asociaciones de marca tan fuertes es que la información sobre el producto suele estar relacionada con los conocimientos previos.

Imaginemos las asociaciones de marca que podría crear una nueva campaña publicitaria en la que aparece una persona famosa y cuyo objetivo es crear una nueva asociación positiva para una marca conocida. Por ejemplo, supongamos que los clásicos "Born in the USA" y "Born to Run" de Bruce Springsteen se utilizaran conjuntamente para promocionar el "patrimonio estadounidense" y el "atractivo patriótico" de las nuevas zapatos deportivos de New Balance, una

Campaña de Buick con un famoso, el golfista Tiger Woods. Buick pretende captar la atención de los conductores jóvenes con una campaña diseñada para crear una nueva asociación positiva para su marca de renombre.

empresa con sede en Massachusetts, que sigue fabricando sus productos en la zona. Existen diferentes posibilidades sobre cómo los consumidores podrían procesar un anuncio así:

1. Algunos consumidores apenas le prestarían atención, de modo que la cantidad de tratamiento dedicada al anuncio sería extremadamente baja, lo que daría como resultado asociaciones de marca débiles o inexistentes.

2. El anuncio puede captar la atención de otros consumidores, lo que implicaría un procesamiento suficiente de la información, pero estos consumidores podrían pasar la mayor parte del tiempo del anuncio pensando en las canciones y preguntándose cómo es que Springsteen decidió anunciar los zapatos deportivos New Balance (y si de verdad los utiliza), lo que provocaría fuertes asociaciones con Springsteen, pero no con New Balance.

3. Otro grupo de consumidores podría no sólo prestar atención al anuncio, sino también pensar en qué equivocados estaban acerca de New Balance, que en realidad la marca es "diferente" de como ellos pensaban, y que les gustaría utilizar esos zapatos. En este caso, el patrocinio de Springsteen habría ayudado a transferir y crear asociaciones positivas.

Además de la congruencia o de la consistencia con el conocimiento previo, la facilidad con la que la información nueva se integrará en las estructuras de conocimiento consolidadas dependerá de la naturaleza de la información, en términos de características como la sencillez, la nitidez y la precisión.

Cuantas más veces se expone una persona a la información, mayor es la probabilidad de procesarla y, por tanto, mayor el potencial de elaborar asociaciones más sólidas. Sin embargo, investigaciones recientes sugieren que las consideraciones cualitativas y la forma o el estilo en que los consumidores procesan la información de un anuncio son más importantes que el número total de exposiciones al mismo.[47] Dicho de otro modo, si un anuncio publicitario no convincente y que no logra ser persuasivo se repite continuamente tendrá un impacto de ventas mucho menor que un anuncio que logre capturar la atención y que sea persuasivo, aunque se repita menos veces.

PROCESOS DE MEMORIA: LA RECUPERACIÓN   La **recuperación** es el proceso mediante el cual se obtiene la información almacenada en la memoria. Según el modelo de memoria de redes asociativas**,** la intensidad de la asociación de una marca aumenta tanto la probabilidad de que la información esté disponible como la facilidad para recuperarla mediante la "activación". La recuperación de información de marca no sólo depende de la intensidad inicial de la información almacenada en la memoria, sino que también influyen otros tres factores.

Primero, la presencia de información sobre *otros* productos en la memoria puede producir interferencias. Éstas pueden provocar que la información pase inadvertida o que sea confusa. Uno de los principales riesgos de las industrias con un gran número de competidores (por ejemplo, aerolíneas, servicios financieros y aseguradoras) es que los consumidores mezclen y confundan marcas.

Segundo, el periodo entre la exposición a la información y la codificación influye en la intensidad de la nueva asociación (cuanto más tiempo pasa, menor es la asociación). Sin embargo, el tiempo que transcurre desde la última vez que el consumidor estuvo expuesto a la in-

---

| TABLA **6.2** |

Entender el comportamiento de compra.

¿Quién adquiere nuestro producto o servicio?

¿Quién toma la decisión de comprar el producto?

¿Quién influye en la decisión de compra?

¿Cómo se toma la decisión de compra? ¿Quién asume qué función?

¿Qué compra el cliente? ¿Qué necesidades deben ser satisfechas?

¿Por qué los consumidores compran una marca determinada?

¿Dónde buscan o compran el producto o servicio?

¿Cuándo compran? ¿Influye algún factor estacional?

¿Cómo perciben los consumidores nuestro producto?

¿Qué actitudes presentan los consumidores hacia nuestro producto?

¿Qué factores sociales pueden influir en la decisión de compra?

¿Influye el estilo de vida del consumidor en sus decisiones?

¿Cómo influyen los factores personales o demográficos en las decisiones de compra?

Fuente: Basado en la lista confeccionada por George Belch y Michael Belch, *Advertising and Communication Management,* 6a. ed. Homewood, IL: Irwin, 2003.

formación sólo produce un deterioro gradual. Los psicólogos cognitivos consideran que la memoria tiene una gran duración, de modo que una vez que la información se almacena en la memoria, la intensidad de las asociaciones decae muy lentamente.[48]

Tercero, sin las claves de recuperación o los recordatorios necesarios, la información puede estar "disponible" en la memoria (es decir, potencialmente recuperable), pero no "accesible" (es decir, no recuperable). Las asociaciones concretas de una marca que "se insertan en la mente" de los consumidores dependen del contexto en que se considera la marca. Sin embargo, cuantas más claves se vinculen a una pieza concreta de información, mayor será la probabilidad de que la información sea recuperable y recuperada. La eficacia de las claves de recuperación es una de las razones por las que el marketing *dentro* de los supermercados o de los establecimientos minoristas es tan importante (envases de productos, utilización de tableros informativos, etc.). La información que contienen junto con los recordatorios de la publicidad y la información ya asimilada fuera del establecimiento son los principales determinantes de las decisiones de compra de los consumidores.

::: El proceso de decisión de compra: un modelo de cinco fases

Estos procesos psicológicos son fundamentales para comprender cómo los consumidores toman sus decisiones de compra. Los mercadólogos deben entender cada faceta del comportamiento del consumidor. La tabla 6.2 incluye una lista de preguntas relativas al comportamiento del consumidor en términos de "quién, qué, cuándo, dónde, cómo y por qué". Las empresas inteligentes intentan entender totalmente el proceso de compra de sus clientes, es decir, la totalidad de sus experiencias de aprendizaje, selección, utilización e incluso abandono de un producto.[49]

Los ingenieros de Honda hicieron una grabación en video de un grupo de consumidores cargando sus compras en la cajuela del automóvil para observar sus frustraciones y generar posibles soluciones de diseño. Intuit, fabricante del software financiero Quicken, observó a una serie de compradores primerizos del producto para ver cómo aprendían a utilizarlo. Bissel desarrolló su aspiradora Steam n' Clean después de observar las pruebas de un grupo de una asociación de padres local en la sede central de Grand Rapids, Michigan. El resultado fue un cambio del nombre, del color de los accesorios y un comercial informativo que destacaba sus características especiales.[50]

Los estudiosos del marketing han desarrollado un modelo por "fases" del proceso de compra (véase la figura 6.4). El consumidor atraviesa cinco etapas: reconocimiento del problema o de la necesidad, búsqueda de información, evaluación de alternativas, decisión de compra y comportamiento post-compra. Evidentemente, el proceso de compra empieza mucho antes de la compra real y tiene consecuencias muy posteriores a ella.[51]

Sin embargo, los consumidores no siempre pasan por las cinco etapas cuando adquieren un producto. Algunos omiten determinadas fases y otros invierten su orden. Una mujer que compra su crema dental habitual pasa directamente de la necesidad de la crema dental a la decisión de compra, omitiendo la búsqueda de información y la evaluación de alternativas. Sin embargo, el modelo de la figura 6.4 ofrece un buen marco de referencia porque incluye el rango de consideraciones más amplio que se presenta cuando un consumidor se enfrenta a una nueva compra de grandes implicaciones.[52]

Reconocimiento del problema

El proceso de compra comienza cuando el comprador reconoce tener un problema o necesidad. La necesidad puede desencadenarse como consecuencia de estímulos internos o externos. En el caso de que el origen sea un estímulo interno, una de las necesidades naturales de la persona (hambre, sed, sexo) alcanza el límite de intensidad necesario para convertirse en motivo. Las necesidades también pueden surgir a partir de estímulos externos. Así, una persona puede admirar el auto nuevo del vecino o ver en televisión un paquete de vacaciones en Hawai, lo que le desencadena pensamientos sobre la posibilidad de realizar una compra. Krispy Kreme cree en el "teatro minorista", y enciende un letrero de neón que dice "caliente, caliente" para llamar la atención y el interés de compra de los consumidores, cada vez que hornea una nueva remesa de donas.

Los mercadólogos deben identificar las circunstancias que desencadenan una necesidad concreta recopilando información de los consumidores. A continuación pueden desarrollar estrategias para despertar el interés de estos últimos. Esto resulta especialmente importante con compras discrecionales como artículos de lujo, paquetes vacacionales y entretenimiento. La motivación de los consumidores debe aumentar hasta tal punto que éstos lleguen a considerar seriamente la opción de compra.

Búsqueda de información

Los consumidores que experimenten una necesidad se inclinarán a buscar información. Podemos distinguir dos niveles. El estado de búsqueda liviano se denomina *atención intensifi-*

FIG. **6.4**

Modelo de cinco fases del proceso de compra.

Despertando la necesidad: el letrero "caliente, caliente" está encendido en este establecimiento de Krispy Kreme en Harrods, Londres, para anunciar que una bandeja de donas acaba de salir del horno.

cada. En este nivel, el consumidor simplemente se muestra más receptivo con la información sobre un determinado producto. El siguiente nivel es el de la *búsqueda activa de información*: búsqueda de material de lectura, consultas a amigos, investigación por Internet y visitas a los establecimientos para conocer el producto.

Las principales fuentes de información a las que acudirá el consumidor y la influencia relativa que cada una tiene sobre la decisión de compra resultan de especial interés para los especialistas en marketing. Las fuentes de información se engloban en cuatro grupos:

- *Fuentes personales.* Familia, amigos, vecinos o conocidos.
- *Fuentes comerciales.* Publicidad, sitios Web, vendedores, intermediarios, empaques o anaqueles.
- *Fuentes públicas.* Medios de comunicación u organizaciones de consumidores.
- *Fuentes de la propia experiencia.* Manejo, examen o utilización del producto.

La cantidad de influencia relativa de estas fuentes varía en función de la categoría del producto y de las características del comprador. En términos generales, los consumidores reciben más información sobre el producto a través de fuentes comerciales, es decir, de fuentes controladas por los especialistas de marketing. Sin embargo, la información más eficaz proviene de fuentes personales o públicas, que son autoridades independientes. Más del 40% de los compradores estadounidenses de automóviles consultan *Consumer Reports*, lo que convierte a esta publicación en su principal fuente de información.[53] Cada fuente de información desempeña una función diferente a la hora de influir en la decisión de compra. Normalmente, la información comercial desempeña una función informativa, mientras que las fuentes personales tienen una función de legitimación o evaluación. Por ejemplo, los médicos conocen los medicamentos nuevos a través de fuentes comerciales, pero recurren a sus colegas en busca de evaluaciones.

Internet ha trastocado la búsqueda de información. El mercado actual está formado por consumidores tradicionales (que no hacen compras *on line*), ciberconsumidores (que hacen la mayoría de sus compras por Internet), y consumidores híbridos (que efectúan compras tanto *on line* como *off line*).[54] El grueso de los consumidores son híbridos: compran en el supermercado, pero alguna vez compran en Peapod; adquieren sus libros en las librerías Barnes & Noble, pero también realizan pedidos a bn.com. Las personas todavía quieren tocar los tomates, sentir las telas, oler el perfume e interactuar con el vendedor. Están motivados por la eficacia más allá de la compra. La mayoría de las empresas necesitarán una presencia tanto *off line* como *on line* para atender a estos consumidores híbridos.

ZAGAT

Siguiendo el principio del comentario de boca en boca organizado, la pareja formada por Tim y Nina Zagat han contratado a miles de críticos gastronómicos para calificar los restaurantes de las principales ciudades del mundo. Estas reseñas se agrupan en guías de las que se venden millones de ejemplares. En la actualidad han ampliado su radio de acción para incluir hoteles, centros vacacionales, balnearios y otros servicios. El sitio Web de Zagat incluye una comunidad *on line* de críticos motivados, en parte, por los premios a los comentarios más ingeniosos. La posibilidad de obtener contenido *on line* ayuda a aumentar las ventas de las guías *off line*. La guía de Nueva York se mantiene en el número uno de la lista de ventas de la ciudad (desbancando a la Biblia).[55]

Mediante la recopilación de información, el consumidor va conociendo las marcas y sus características. El primer rectángulo de la figura 6.5 muestra el *conjunto total* de marcas disponibles para el consumidor. Los consumidores individuales sólo conocen un subconjunto de estas marcas (*conjunto conocido*). Algunas marcas cumplen con los criterios iniciales de compra (*conjunto en consideración*). Conforme el consumidor recopila más información, sólo unas pocas marcas permanecerán como posibilidades principales (*conjunto de elección*). El consumidor tomará la decisión final eligiendo una marca de este conjunto.[56]

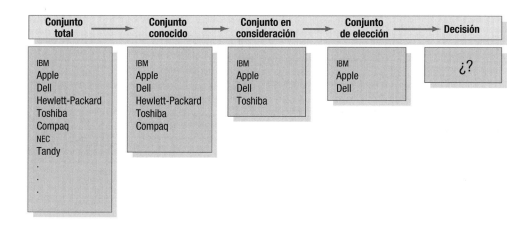

FIG. **6.5**

Diferentes conjuntos que intervienen en la toma de decisiones de compra de los consumidores.

La figura 6.5 muestra con claridad que las empresas deben plantearse como estrategia que su marca forme parte del conjunto conocido, del conjunto en consideración y del conjunto de elección. Las empresas de alimentos, por ejemplo, pueden colaborar con los supermercados para que cambien la disposición de sus productos en los anaqueles. Si el propietario del supermercado primero ordena el yogurt por marcas (como Danone y Yoplait), y después por sabores dentro de cada marca, los consumidores tenderán a seleccionar sus sabores favoritos entre los productos de la misma marca. Sin embargo, si los productos se disponen directamente por sabor, primero los de fresa, luego los de vainilla, y así sucesivamente, los consumidores primero seleccionarán qué sabores prefieren, y después su marca favorita para el sabor de su elección. Los supermercados australianos disponen la carne en función de cómo se va a cocinar, y los establecimientos utilizan etiquetas más descriptivas, por ejemplo "carne asada aromatizada en 10 minutos". El resultado es que los australianos adquieren más variedades de carne que los estadounidenses, quienes eligen en función del tipo de carne: ternera, pollo, cerdo, etcétera.[57]

Las empresas también deben identificar las demás marcas que forman parte del conjunto de elección de los consumidores para diseñar los atractivos competitivos adecuados. Asimismo, la empresa debe identificar las fuentes de información de los consumidores y calcular su importancia relativa. Deben preguntar a los consumidores cómo conocieron la marca por primera vez, cuáles fueron sus contactos posteriores, y la importancia relativa de las distintas fuentes. Las respuestas ayudarán a la empresa a preparar comunicaciones eficaces para su mercado meta.

Evaluación de alternativas

¿Cómo procesa el consumidor la información de las diferentes marcas para tomar una decisión final? No todos los consumidores utilizan el mismo proceso en todas las situaciones de compra. Existen diversos procesos, y los modelos más actuales tienen una orientación cognitiva, es decir, consideran que el consumidor forma sus juicios de forma consciente y racional.

Algunos conceptos básicos ayudarán a comprender los procesos de evaluación del consumidor. En primer lugar, el consumidor intenta satisfacer una necesidad. A continuación, el consumidor busca una serie de ventajas inherentes al producto. En tercer lugar, el consumidor entiende el producto como un conjunto de atributos con diferente capacidad de ofrecer los beneficios buscados para satisfacer su necesidad. Los atributos de interés para los consumidores varían en función del producto, por ejemplo:

1. *Cámaras fotográficas.* Contraste de la imagen, velocidad, tamaño, precio.
2. *Hoteles.* Ubicación, limpieza, ambiente, precio.
3. *Enjuagues bucales.* Color, eficacia, capacidad para matar los gérmenes, precio, sabor.
4. *Neumáticos.* Seguridad, duración, calidad, precio.

Los consumidores prestarán más atención a los atributos que les ofrezcan los beneficios que buscan. Normalmente, el mercado de un producto se puede segmentar en función de los atributos que resultan importantes para los distintos grupos de consumidores.

CREENCIAS Y ACTITUDES Las evaluaciones de los consumidores suelen expresar sus creencias y actitudes. Las personas adquieren creencias y actitudes a través de la experiencia y el aprendizaje, y éstos, por su parte, influyen en el comportamiento de compra. Una **creencia** es un pensamiento descriptivo acerca de algo. Las creencias de las personas sobre los atributos y las ventajas de una marca o de un producto influyen en sus decisiones de compra. Igual de importantes que las creencias son las actitudes. Una **actitud** es una evaluación positiva o negativa, el sentimiento emocional o la tendencia a la acción para un determinado producto o idea.[58] Las personas tienen actitudes sobre casi todas las cosas: religión, política, ropa, música, alimentos, entre muchas otras.

Las actitudes sitúan a las personas en un marco mental de gusto o de disgusto, de acercamiento o de rechazo hacia un objeto. Las actitudes nos conducen a comportarnos de forma sistemática ante objetos similares. Como las actitudes reducen la cantidad de energía y reflexión necesarias, resulta muy complicado cambiarlas. Para una empresa es preferible modificar su producto para que encaje con las actitudes existentes que intentar cambiar estas últimas. Pero como en todo, hay excepciones. He aquí un ejemplo de cómo una empresa utilizó una campaña publicitaria para cambiar la actitud de los consumidores y obtuvo excelentes resultados:

CALIFORNIA MILK PROCESSOR BOARD

Tras un declive de más de 20 años en el consumo de leche, los productores de leche de California formaron el Consejo de Productores de Leche de California (o CMPB, por sus siglas en inglés) en 1993, con un objetivo en mente: hacer que los consumidores bebieran más leche. La agencia de publicidad que contrató el CMPB desarrolló un enfoque novedoso, que consistía en destacar los beneficios de la leche. Los estudios habían demostrado que la mayoría de los consumidores ya sabían que la leche era saludable, de modo que la campaña se centró en recordarles lo molesto e incómodo que resulta quedarse sin leche en casa, a lo que se le dio el nombre de "privación de leche". El lema "¿Tiene leche?" servía para que los consumidores se aseguraran de que tenían leche en el refrigerador. El año anterior al lanzamiento de la campaña, los productores experimentaron un declive del volumen de ventas del 1.67%. Un año después de que se inició la campaña, las ventas aumentaron un 1.07%. En 1995 se otorgó la licencia de la campaña "¿Tiene leche?" al Consejo Nacional de Productos Lácteos. En 1998, el programa educativo del National Fluid Milk Processor, que había utilizado la campaña de promoción de la leche "¿Dónde está tu bigote?" desde 1994 para aumentar las ventas, adquirió los derechos del eslogan "¿Tiene leche?". La campaña "¿Tiene leche?" sigue arrojando importantes dividendos. En el 2002 y el primer semestre del 2003, las ventas de leche en California, donde se centra la campaña, aumentaron aproximadamente un 1.5%, mientras que en el resto de Estados Unidos las ventas no variaron.[59]

MODELO DE VALOR ESPERADO Los consumidores se forman actitudes (juicios, preferencias) hacia las diferentes marcas mediante un procedimiento de evaluación de atributos.[60] Éstos desarrollan un conjunto de creencias sobre cómo presentan las marcas los diferentes atributos. El **modelo de valor esperado** de creación de actitudes afirma que los consumidores evalúan productos y servicios combinando sus creencias sobre las marcas (las positivas y las negativas) por orden de importancia.

Imagine que Linda Bernal ha limitado su elección a un conjunto de cuatro computadoras portátiles (A, B, C, D). Suponga que le interesan cuatro atributos: capacidad de memoria, capacidad gráfica, tamaño y peso, y precio. La tabla 6.3 muestra sus creencias acerca de las ofertas de estos cuatro atributos en las diferentes marcas. Si una computadora superara a las demás en todos los criterios, podríamos predecir que Linda escogería esa computadora. Sin embargo, como suele ocurrir, el conjunto de elección está formado por marcas que varían en sus atributos. Si Linda busca la mejor capacidad de memoria, debería comprar A, pero si quiere la mejor capacidad gráfica debería inclinarse por C, y así sucesivamente.

TABLA **6.3**

Creencias de un consumidor sobre distintas marcas de computadoras.

Computadora	Atributo			
	Capacidad de memoria	Capacidad gráfica	Tamaño y peso	Precio
A	10	8	6	4
B	8	9	8	3
C	6	8	10	5
D	4	3	7	8

Nota: Cada atributo está puntuado de 0 a 10, donde 10 representa el nivel más alto. El precio, sin embargo, está indicado de forma contraria: 10 representa el precio más bajo, ya que los consumidores prefieren un precio más bajo antes que un precio alto.

Anuncio de la campaña "¿Tiene leche?" o "Got milk?", en el que aparece la estrella de Hong Kong Zhang Ziyi de la película *El tigre y el dragón*.

La mayoría de los compradores consideran varios atributos a la hora de tomar decisiones de compra. Si supiéramos la importancia que Linda le concede a cada uno de estos cuatro atributos podríamos predecir con más seguridad cuál sería la computadora de su elección. Imagine que Linda asigna una importancia del 40% a la capacidad de memoria, un 30% a la capacidad gráfica, un 20% a las medidas (tamaño y peso) y un 10% al precio. Para calcular cuál es el valor percibido por Linda de las diferentes computadoras, según el modelo de valor esperado, tendríamos que multiplicar la importancia que asigna a cada atributo por sus creencias sobre los atributos de las computadoras. Este cálculo arroja los siguientes valores percibidos:

Computadora A = 0.4(8) + 0.3(9) + 0.2(6) + 0.1(9) = 8.0
Computadora B = 0.4(7) + 0.3(7) + 0.2(7) + 0.1(7) = 7.0
Computadora C = 0.4(10) + 0.3(4) + 0.2(3) + 0.1(2) = 6.0
Computadora D = 0.4(5) + 0.3(3) + 0.2(8) + 0.1(5) = 5.0

Con un modelo de valor esperado podríamos predecir que Linda preferirá la computadora A que, con 8.0, es la que tiene un mayor valor percibido.[61]

Imagine que la mayoría de los compradores de computadoras formaran sus preferencias del mismo modo. Sabiendo esto, un fabricante de computadoras podría tomar diversas medidas para influir en las decisiones de compra de los consumidores. Por ejemplo, el fabricante de la computadora B podría aplicar las siguientes estrategias para generar un mayor interés por su marca:

- *Rediseñar la computadora.* Esta técnica se conoce como reposicionamiento real.
- *Modificar las creencias sobre la marca.* Intentar modificar las creencias sobre la marca es lo que se denomina reposicionamiento psicológico.
- *Alterar las creencias sobre las marcas de la competencia.* Esta estrategia, llamada reposicionamiento competitivo, tiene sentido cuando los compradores creen erróneamente que una marca de la competencia tiene mayor calidad de la que realmente tiene.

CUESTIONES **CLAVE** | ANÁLISIS DEL VALOR PARA EL CLIENTE

Una técnica muy útil para conocer a los consumidores es el *análisis de valor para el cliente*. Esta herramienta presupone que los consumidores eligen entre ofertas rivales en función de cuál les reportará más valor. El valor para el cliente se calcula como sigue:

Valor para el cliente = Beneficios para el cliente − Costos para el cliente

Los beneficios para el cliente incluyen los *beneficios de producto, servicio, personal e imagen*. Suponga que los consumidores pueden juzgar el nivel relativo de beneficios o el valor de las diferentes marcas. Imagine que un comprador está considerando tres marcas, A, B y C, y calcula que los beneficios para el cliente son de 150, 140 y 135 dólares respectivamente. Si los costos para el cliente son similares en los tres casos, el comprador se inclinará por la marca A.

Sin embargo, los costos rara vez son similares. Además del *precio de compra*, hay que añadir los *costos de adquisición, de uso, de mantenimiento, de propiedad* y *de abandono*. Con frecuencia, los clientes que adquieren marcas más caras lo hacen porque les reportarán costos menores en otras categorías. Veamos la tabla 6.4. A, la marca más cara, también implica un costo total inferior que las marcas B y C, más baratas. Evidentemente, el vendedor de A ha hecho un buen trabajo reduciendo los costos adicionales para el cliente. Ahora es posible comparar el valor para el cliente de las tres marcas:

Valor para el cliente de A = $150 − $130 = $20

Valor para el cliente de B = $140 − $135 = $5

Valor para el cliente de C = $135 − $140 = −$5

El cliente preferirá la marca A, porque el nivel de beneficios es mayor, y porque el nivel de costos es inferior, pero esto no necesariamente ocurre siempre. Imagine que la empresa A decidiera cobrar 120 dólares en lugar de 100 para aprovechar el hecho de que goza de un mayor valor percibido. En este caso, el costo para el cliente sería de 150 dólares en lugar de 130, y compensa exactamente los beneficios percibidos por el cliente. Así, la empresa A, como resultado de su codicia, perdería la venta en favor de la empresa B.

Con frecuencia, los directores realizan análisis del valor para el cliente para identificar las fortalezas y debilidades de la empresa en comparación con los competidores. Las principales medidas necesarias para este tipo de análisis son:

TABLA **6.4**	Costo para el cliente de las tres marcas.		
	A	**B**	**C**
Precio	$100	$ 90	$ 80
Costos de adquisición	15	25	30
Costos de utilización	4	7	10
Costos de mantenimiento	2	3	7
Costos de propiedad	3	3	5
Costos de abandono	6	5	8
Costo total	$130	$135	$140

1. *Identificar los principales atributos de valor para el cliente.* Se pregunta a los consumidores qué atributos y qué resultados buscan a la hora de elegir un producto o un fabricante.

2. *Valorar la importancia cuantitativa de los distintos atributos.* Se pregunta a los consumidores qué importancia dan a los diferentes atributos. Si la opinión de los consumidores es muy variada, se les debe agrupar en diferentes segmentos.

3. *Valorar los atributos de los productos de la empresa y de los competidores en función de la importancia que le dan los consumidores.* Los consumidores describen cómo perciben los resultados de los productos de la empresa y de los competidores para cada atributo.

4. *Analizar cómo valoran los consumidores de un segmento concreto los resultados de la empresa por cada atributo frente a un competidor determinado.* Si la oferta de la empresa supera la del competidor en los atributos importantes, la empresa puede asignar un precio más alto (y así generar más ganancias) o puede cobrar el mismo precio y ganar más participación de mercado.

5. *Controlar el valor para el cliente a lo largo del tiempo.* La empresa debe actualizar los estudios de su valor para el cliente y el de los competidores periódicamente, a medida que cambia la economía, la tecnología y las características de las ofertas.

- ■ ***Cambiar la importancia relativa de los atributos.*** El fabricante podría intentar convencer a los compradores de que den mayor importancia a los atributos en los que sobresale su marca.
- ■ ***Resaltar atributos omitidos.*** El fabricante podría intentar dirigir la atención de los compradores hacia atributos que hasta ese momento no se habían mencionado, como por ejemplo el estilo o la velocidad de proceso.
- ■ ***Modificar los ideales de los compradores.*** El fabricante podría intentar persuadir a los compradores para que cambien sus niveles ideales de uno o más atributos.[62]

En *Cuestiones clave: Análisis del valor para el cliente* se describe una técnica costo-beneficio que arroja más luz sobre la toma de decisiones de los consumidores en un entorno competitivo.

Decisión de compra

Durante la fase de evaluación, los consumidores se forman preferencias entre las diferentes marcas que integran el conjunto de elección. Asimismo, también pueden formarse intenciones de compra para adquirir su marca favorita. Cuando se genera una intención de compra, los consumidores toman cinco decisiones secundarias: *decisión de marca* (marca A), *deci-*

sión de vendedor (vendedor 2), *decisión de cantidad* (una computadora), *decisión de tiempo* (fin de semana) y *decisión de forma de pago* (tarjeta de crédito). Las compras de productos que se realizan a diario suponen menos decisiones y deliberación. Por ejemplo, a la hora de comprar azúcar, los consumidores apenas y piensan sobre el vendedor o la forma de pago.

En algunos casos, los consumidores pueden decidir no evaluar formalmente todas y cada una de las marcas, mientras que en otras ocasiones, otros factores influyen en la decisión final.

MODELOS DE DECISIÓN DE COMPRA NO COMPENSATORIOS El modelo de valor esperado es un modelo compensatorio en el que las ventajas percibidas de un producto pueden compensar sus desventajas. Pero tal vez los consumidores no estén dispuestos a invertir tanto tiempo y energía en evaluar las diferentes marcas. Generalmente toman "atajos mentales" que implican diferentes *métodos heurísticos de elección*.

Con los **modelos de decisión de compra no compensatorios**, los atributos positivos y negativos no se compensan necesariamente. La valoración aislada de atributos facilita la toma de decisiones de los consumidores, pero también aumenta la probabilidad de que el consumidor tome una decisión diferente a la que habría tomado si hubiese estudiado la situación en detalle. A continuación se presentan tres métodos heurísticos de elección.

1. Con el **modelo heurístico conjuntivo**, el consumidor define un mínimo para cada atributo y elige la alternativa que presenta el nivel mínimo de todos los atributos. Por ejemplo, si Linda Bernal decidiera que todos los atributos deberían tener una puntuación mínima de 7, elegiría la computadora B.

2. Con el **modelo heurístico lexicográfico**, el consumidor elige la marca que, de acuerdo con su percepción, le ofrece las mejores condiciones para el atributo que considera más importante. En este caso, Linda Bernal se inclinaría por la computadora C.

3. Con el **modelo heurístico eliminatorio**, el consumidor compara las marcas por probabilidad en función de un atributo concreto (la probabilidad de escoger un atributo está claramente relacionada con su importancia) y elimina las marcas que no reúnen los niveles mínimos aceptables.

Las características de la persona (por ejemplo, conocimiento de productos y marcas), la situación de decisión de compra (por ejemplo, la cantidad y similitud de las marcas y el tiempo disponible para decidir), y el contexto social (por ejemplo, la necesidad de justificación ante compañeros de trabajo o ante el jefe) influyen en cómo se utilizan los modelos heurísticos.[63]

Los consumidores no necesariamente siguen una sola norma al tomar decisiones de compra. En algunos casos, adoptan una estrategia de decisión por fases que combina dos o más normas. Por ejemplo, pueden utilizar un modelo no compensatorio como el modelo heurístico conjuntivo para reducir el número de marcas elegidas hasta un número manejable de alternativas, y después evaluar las marcas finalistas. Para las empresas resulta crucial entender si los consumidores analizan las marcas y cómo lo hacen. Una de las razones del éxito abrumador de la campaña Intel Inside de los 90 fue el hecho de que hizo de su marca el principal factor de decisión para los consumidores, que sólo estaban dispuestos a comprar una PC si tenía un microprocesador Intel. A los fabricantes de computadoras como IBM, Dell y Gateway no les quedó otra opción más que apoyar los esfuerzos de marketing de Intel.

OTROS FACTORES QUE INTERVIENEN EN LA DECISIÓN DE COMPRA A pesar de que los consumidores evalúan las marcas, existen dos factores generales que intervienen entre la fase de intención de compra y la fase de decisión (véase la figura 6.6).[64] El primer factor es la *actitud de los demás*. El grado de influencia que ejercerá la actitud de los otros en favor de una u otra alternativa dependerá de: **1.** la intensidad de la actitud negativa de la otra persona hacia la alternativa preferida del consumidor, y **2.** la motivación del consumidor para plegarse a los deseos de la otra persona.[65] Cuanto más intensa sea la negativa de la otra persona y cuanto más cercana sea ésta al consumidor, más ajustará su intención de compra a la opinión de esa otra persona. También se puede dar la situación contraria: la preferencia por una marca de un comprador aumentará si una persona cercana a él apoya de manera fehaciente su misma elección.

Las evaluaciones de ciertas publicaciones especializadas también están estrechamente relacionadas con la actitud de los demás. A modo de ejemplo podemos citar la publicación estadounidense *Consumer Reports*, que ofrece informes de expertos imparciales sobre todo tipo de productos y servicios; J. D. Powers, que ofrece escalas de puntuación de consumidores sobre automóviles, servicios financieros y productos y servicios vacacionales; publicaciones que difunden críticas literarias, musicales y cinematográficas profesionales; reseñas de consumidores sobre libros y música en Amazon.com; y las cada vez más frecuentes salas de chat donde los cibernautas expresan sus opiniones sobre productos, servicios y empresas. Sin duda, estas evaluaciones influyen en los consumidores, y un claro ejemplo es el éxito de la película de bajo presupuesto *Mi gran boda griega* (conocida en algunos países como *Casarse... está en griego*), que recibió un sinfín de críticas positivas en numerosos sitios Web.

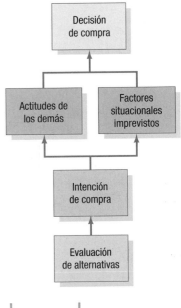

| FIG. **6.6** |

Etapas entre la valoración de alternativas y la decisión de compra.

El segundo elemento de influencia son los *factores de situación imprevista* que pueden aparecer y modificar las intenciones de compra de los consumidores. Linda Bernal podría perder su empleo, o podrían aparecer otras compras de mayor prioridad o quizás un vendedor podría desalentarla. Las preferencias e incluso las intenciones de compra no siempre sirven para prever de forma confiable el comportamiento de compra.

La decisión de un consumidor de modificar, retrasar o evitar una compra está fuertemente influida por el *riesgo percibido*.[66] Los riesgos que pueden percibir los consumidores al momento de comprar o consumir un producto son de muchos tipos:

1. *Riesgos funcionales*—el producto no genera los resultados esperados.
2. *Riesgos físicos*—el producto supone una amenaza para el bienestar o la salud del usuario o de otras personas.
3. *Riesgos financieros*—el producto no vale el precio pagado.
4. *Riesgos sociales*—el producto hace que el consumidor sienta vergüenza.
5. *Riesgos psicológicos*—el producto influye en el bienestar mental del usuario.
6. *Riesgos temporales*—una falla del producto da como resultado un costo de oportunidad de encontrar otro producto satisfactorio.

El nivel de riesgo percibido varía en función de la cantidad de dinero en juego, del número de atributos inciertos y de la confianza del consumidor en sí mismo. Los consumidores desarrollan ciertas rutinas con el fin de reducir el riesgo, como por ejemplo evitar tomar una decisión, obtener información de amigos, y preferir marcas y garantías nacionales. Las empresas deben conocer qué factores son capaces de provocar una sensación de riesgo en los consumidores y ofrecerles toda la información y el apoyo necesarios para reducir el riesgo percibido.

Comportamiento post-compra

Una vez adquirido el producto, el consumidor puede experimentar disonancias como consecuencia de algunas características inquietantes del producto o de comentarios favorables sobre otras marcas, y estará atento a toda la información que ratifique su decisión. Las comunicaciones de marketing deben ofrecer creencias y evaluaciones que refuercen la elección del consumidor y que le ayuden a sentirse satisfecho con su elección de marca.

Por esa razón, el trabajo de los mercadólogos no termina con la venta del producto, sino que entonces deberá encauzarse a controlar la satisfacción posterior a la compra, las acciones post-compra y los usos del producto una vez que éste se ha adquirido.

SATISFACCIÓN POST-COMPRA ¿Qué determina la satisfacción del consumidor con una compra? La satisfacción del comprador es la diferencia entre las expectativas del producto previas a la compra y los resultados percibidos del mismo.[67] Si los resultados no alcanzan las expectativas, el comprador quedará *decepcionado*, si los resultados se ajustan a las expectativas, el consumidor quedará *satisfecho*, y si los resultados superan las expectativas, el consumidor quedará *encantado*. Estos sentimientos determinarán si el cliente volverá a comprar el producto y si hablará positiva o negativamente a los demás sobre su adquisición.

Los consumidores crean expectativas en función de los mensajes que reciben de vendedores, amigos y otras fuentes de información. Cuanto mayor sea la diferencia entre las expectativas y los resultados, mayor será la insatisfacción. En este momento entra en juego la manera de enfrentarse a la situación de cada consumidor. Algunos consumidores exagerarán la diferencia cuando el producto no es perfecto, y estarán muy insatisfechos, mientras que otros minimizan la diferencia y quedan menos insatisfechos.[68]

La importancia de la satisfacción posterior a la compra sugiere que el vendedor debe realizar afirmaciones sobre el producto que reflejen fielmente los resultados reales de éste. Ciertos vendedores deben incluso infravalorar los resultados reales para que los consumidores experimenten una satisfacción mayor del producto a la esperada inicialmente.

ACCIONES POST-COMPRA La satisfacción o insatisfacción del consumidor con el producto influirá en su comportamiento posterior a la compra. Si el consumidor queda satisfecho, tendrá una mayor probabilidad de volver a adquirir el producto. Por ejemplo, los datos sobre la elección de marca de automóviles reflejan una relación directa entre la satisfacción con la última marca y la intención de volver a optar por ella. Un estudio demostró que el 75% de los compradores de automóviles Toyota estaban muy satisfechos, y cerca del 75% pretendía volver a comprar vehículos de esta marca ; el 35% de los compradores de automóviles Chevrolet estaban muy satisfechos y cerca del 35% pretendía volver a comprar un Chevrolet. El cliente satisfecho también tenderá a hablar maravillas sobre la marca. Los mercadólogos afirman: "Nuestra mejor publicidad es un cliente satisfecho."[69]

Un cliente insatisfecho puede abandonar o devolver el producto, o bien, buscar información que confirme su alto valor. También es posible que emprenda acciones públicas o privadas. Las primeras incluyen presentar reclamaciones a las empresas, dirigirse a un abogado o presentar quejas ante otros grupos (asociaciones públicas o privadas o agencias guberna-

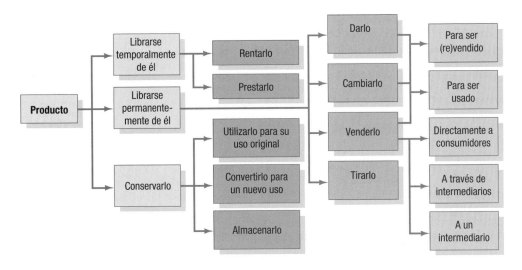

| FIG. **6.7** |

Cómo utilizan o abandonan un producto los consumidores.

Fuente: Tomado de Jacob Jacoby, Carol K. Berning, y Thomas F. Dietvorst, "What about Disposition?" *Journal of Marketing* (julio de 1977), p. 23. Reproducido con permiso de la American Marketing Association.

mentales). Las acciones privadas incluyen decidir dejar de comprar el producto (*opción abandono*) o alertar a sus amigos (*opción de comunicación interpersonal*).[70] En cualquiera de estos casos, el vendedor habrá realizado un mal trabajo para satisfacer al cliente.[71]

En el capítulo 5 se estudiaron los diferentes programas de administración de las relaciones con los clientes destinados a generar lealtad a largo plazo para una marca. Las comunicaciones posteriores a la adquisición dirigidas a los compradores han demostrado producir una disminución en el número de devoluciones y de cancelaciones de pedidos.[72] Las empresas informáticas, por ejemplo, podrían enviar una carta a los nuevos propietarios felicitándoles por haber elegido una buena computadora. O pueden elaborar anuncios publicitarios en los que aparezcan propietarios satisfechos. Asimismo, es conveniente solicitar sugerencias a los compradores para realizar mejoras e informarles sobre la ubicación de los centros de servicio disponibles. Otra opción es redactar manuales de uso sencillos. Por último, pueden enviar a los compradores una publicación que incluya artículos que describan las aplicaciones de las nuevas computadoras. Además, es recomendable ofrecer canales de atención rápida de las quejas de los clientes.

UTILIZACIÓN POSTERIOR A LA COMPRA Y ABANDONO Los mercadólogos deben estudiar cómo los compradores utilizan y desechan el producto (véase la figura 6.7). Un factor clave de la frecuencia de ventas es el índice de consumo (cuanto más rápido consuman los compradores un producto, más rápidamente volverán a comprarlo).

Una oportunidad para aumentar la frecuencia de uso de un producto se genera cuando la percepción de uso de los consumidores difiere de la realidad. Los consumidores pueden dejar de reemplazar puntualmente productos de poca duración como resultado de una tendencia a infravalorar la vida del producto.[73] Una estrategia para acelerar el reemplazo de productos es vincular tal reemplazo a una fiesta determinada, a un acontecimiento o a alguna época del año.

Por ejemplo, varias marcas han llevado a cabo promociones vinculadas al cambio horario de la primavera en algunos países (por ejemplo, los cepillos dentales Oral-B). Otra estrategia puede ser ofrecer mejor información a los consumidores sobre: **1.** cuándo se utilizó el producto por primera vez y cuándo debería ser reemplazado o **2.** el nivel de rendimientos actual. Por ejemplo, las pilas incluyen medidores que indican la carga restante, los cepillos dentales tienen indicadores de colores que indican cuando se han utilizado demasiado, etc. Quizás la forma más sencilla de aumentar el uso del producto sea cuando su uso real es inferior al óptimo o recomendado. En este caso, se debe convencer a los consumidores de las ventajas de un uso más regular y de que eviten los posibles efectos negativos de un uso excesivo.

Si los consumidores se deshacen del producto, será necesario estudiar cómo lo hacen, especialmente en aquellos casos en que se pueda dañar el ambiente (como en el caso de las pilas, los envases de bebidas y los pañales desechables). La mayor conciencia pública sobre reciclaje y ecología, así como las quejas de los consumidores sobre la idea de desechar los bonitos envases del perfume francés Rochas, podrían llevar a considerar la idea de una línea de perfumes cuyos envases sean "recargables".

::: Otras teorías sobre la toma de decisiones de compra

El proceso de decisión de compra no siempre se desarrolla de forma planeada. Es importante conocer otras teorías y enfoques para saber cómo toman decisiones los consumidores y saber cuándo estas teorías son aplicables.

Nivel de implicación de los consumidores

El modelo de valor esperado presupone un alto nivel de implicación del consumidor. La **implicación del consumidor** se define como el nivel de compromiso y de procesamiento activo de los consumidores al responder a los estímulos de marketing (por ejemplo, al ver un anuncio o al evaluar un producto o servicio).

MODELO DE PROBABILIDAD DE ELABORACIÓN Un modelo muy influyente sobre la creación y el cambio de actitudes es el *modelo de probabilidad de elaboración* de Richard Petty y John Cacioppo, que describe cómo los consumidores toman decisiones de compra en circunstancias de implicación tanto alta como baja.[74] Según su modelo, existen dos formas de persuasión: la ruta central, en la que la creación y el cambio de actitudes requieren gran reflexión y se basan en una evaluación diligente y racional de la información más importante sobre el producto o servicio; y la ruta periférica, en la que la creación y el cambio de actitudes requieren comparativamente mucha menos reflexión, y se producen como consecuencia de la asociación de una marca con claves periféricas positivas o negativas. Cabría citar como ejemplos de claves periféricas para los consumidores la asociación de una persona famosa a un producto, una fuente de información confiable o cualquier objeto que genere sensaciones positivas.

Los consumidores únicamente siguen la ruta central cuando cuentan con *motivación, capacidades y oportunidades* suficientes. Dicho de otro modo, los consumidores deben estar dispuestos a evaluar la marca detalladamente, deben contar con el conocimiento necesario sobre la marca y el producto o servicio, y deben disponer del tiempo suficiente y estar en la condición propicia para evaluar la marca. Si falla alguno de estos factores, los consumidores tenderán a seguir la ruta periférica y a considerar factores más extrínsecos en sus decisiones.

ESTRATEGIAS DE MARKETING DE BAJA IMPLICACIÓN Muchos productos se compran en condiciones de baja implicación y en ausencia de diferencias entre marcas. Tomemos el ejemplo de la sal. Los consumidores no tienen una gran implicación en esta categoría de productos. Simplemente van al supermercado y buscan el producto. Si siempre compran la misma marca, lo hacen por costumbre y no por lealtad a la marca. Está demostrado que los consumidores tienen poca implicación con los productos de bajo costo y compra frecuente.

Los mercadólogos emplean cuatro técnicas para intentar convertir un producto de baja implicación en un producto de mayor implicación. En primer lugar, pueden vincular el producto a algún tema relevante, como en el caso de la crema dental Crest, que está vinculada con la prevención de las caries. En segundo lugar, pueden vincular el producto con alguna situación personal (por ejemplo, los jugos de frutas empiezan a adicionar vitaminas y calcio). En tercer lugar, pueden diseñar campañas publicitarias que desencadenen emociones fuertes relativas a valores personales o a la defensa del ego, como cuando los fabricantes de cereales empezaron a promocionar los beneficios de este alimento para el corazón y la importancia de vivir una larga vida para disfrutar en familia. Por último, podrían añadir una característica importante, como cuando GE introdujo las versiones "blanco tenue" de sus focos. Estas estrategias aumentan la implicación de los consumidores desde un nivel bajo hasta un nivel moderado, pero no necesariamente impulsan al consumidor hasta niveles de alta implicación.

Independientemente de lo que puedan hacer los mercadólogos, si los consumidores tienen una baja implicación a la hora de tomar una decisión de compra, seguirán la ruta periférica. Los expertos en marketing deben ofrecer a los consumidores claves positivas que les resulten útiles para justificar sus elecciones. La familiaridad con la marca será importante si los consumidores deciden adquirir la marca que más les suene o más hayan visto. La repetición frecuente de anuncios, patrocinios visibles y las relaciones públicas activas son modos de mejorar la familiaridad con la marca. También existen otras claves periféricas, como por ejemplo relacionar el producto o servicio con una persona famosa querida por los consumidores, un envase llamativo o una promoción atractiva que incline la balanza a favor de la marca de la empresa.[75]

COMPORTAMIENTO DE BÚSQUEDA DE VARIEDAD Algunas situaciones de compra se caracterizan por la baja implicación de los consumidores, pero también por la existencia de diferencias significativas entre marcas. En estos casos, los consumidores suelen cambiar de marca con frecuencia. Veamos el caso de las galletas. Los consumidores tienen una serie de creencias sobre las galletas, elegirán una marca sin pensar demasiado, y evalúan el producto durante su consumo. La próxima vez, es posible que los consumidores adquieran otra marca en busca de un sabor diferente. El cambio de marca suele darse más por variedad que por insatisfacción.

En esta categoría de productos, la estrategia de marketing es diferente para la empresa líder del mercado que para las marcas menores. La primera tratará de alentar el comportamiento habitual de compra ocupando el espacio de los anaqueles de los supermercados con una serie de productos diferentes pero relacionados entre sí, evitando que se agoten las existencias y patrocinando frecuentes anuncios recordatorios. Las empresas retadoras tendrán que animar al consumidor a buscar la variedad ofreciendo precios más bajos, ofertas, cupones de descuento, muestras gratuitas y publicidad destinada a romper el ciclo de compra y consumo de los consumidores y a presentar razones para alentarlos a probar algo nuevo.

Cómo convertir un producto de baja implicación en un producto de gran implicación: Kellog's anuncia ahora sus productos como "cereales buenos para el corazón", para hacer conscientes a los consumidores de que la elección de la marca de cereales realmente importa.

Heurística y subjetividad en las decisiones

Como sugiere el modelo no compensatorio de baja implicación, los consumidores no siempre procesan la información o toman decisiones de una forma deliberada y racional. La teoría del comportamiento de compra es un campo muy floreciente del estudio del comportamiento del consumidor. Los teóricos del comportamiento de compra han identificado numerosos elementos heurísticos e influencias en la toma de decisiones diarias de los consumidores. La **heurística** es el conjunto de normas generales o atajos mentales que toman los consumidores en el proceso de decisión de compra.

En las decisiones de compra, la heurística entra en juego cuando los consumidores estudian la probabilidad de resultados o acontecimientos futuros.[76]

1. **Heurística de disponibilidad.** Los consumidores basan sus predicciones en la rapidez y en la facilidad con que les viene a la mente un posible resultado o acontecimiento. Si un ejemplo les viene a la mente de forma demasiado rápida, quizás exageren las probabilidades de ocurrencia del resultado o acontecimiento. Por ejemplo, el fracaso reciente de un producto tal vez lleve a un consumidor a exagerar las posibilidades de que el producto vuelva a fallar en el futuro, y esto podría inducirle a adquirir una garantía.

2. **Heurística de representatividad.** Los consumidores basan sus predicciones en la representatividad de un resultado o acontecimiento respecto a otros ejemplos similares. Una de las razones por las que los envases son tan similares entre marcas diferentes dentro de la misma categoría de productos es que las empresas quieren ser concebidas como representantes de la totalidad de la categoría.

3. **Heurística de anclaje y ajuste.** Los consumidores llegan a un juicio inicial y luego van ajustando esa primera impresión conforme recaban información adicional. Para los mercadólogos de servicios, es crucial causar una buena impresión inicial para que las experiencias posteriores se interpreten más favorablemente.

Cabe destacar que los gerentes de marketing también pueden utilizar la heurística y ser subjetivos a la hora de tomar decisiones. En *Cuestiones clave: Trampas de la toma de decisio-*

CUESTIONES **CLAVE** | **TRAMPAS EN LA TOMA DE DECISIONES**

En su libro *Decision Traps* (*Trampas en la toma de decisiones*), Jay Russo y Paul Schoemaker revelan los 10 errores más comunes que cometen los gerentes de las empresas a la hora de tomar decisiones.

1. *Lanzarse sin más.* Esto significa comenzar a recopilar información y llegar a conclusiones sin tomar unos minutos para reflexionar sobre el punto central del problema y pensar cómo se deberían tomar este tipo de decisiones.

2. *Ceguera contextual.* Consiste en intentar solucionar el problema incorrecto como consecuencia de haber creado un contexto mental propio para la decisión que se ha tomado, sin reflexionar lo suficiente, pasando por alto las mejores opciones u olvidando los objetivos importantes.

3. *Falta de control contextual.* Significa no ser capaz de definir el problema conscientemente de más de una manera o dejarse influir en exceso por el contexto de otros.

4. *Demasiada confianza en los juicios propios.* No recopilar la información objetiva clave porque se está demasiado seguro de las suposiciones y opiniones propias.

5. *Atajos poco visualizados.* Confiar inadecuadamente en "reglas generales" como creer implícitamente en la información que es más accesible o anclarse demasiado en los hechos que resultan más convenientes y cómodos.

6. *Precipitarse para hablar.* Creer que se puede almacenar en la cabeza toda la información recabada, y entonces "lanzarla al aire" en lugar de seguir un procedimiento sistemático para tomar la decisión final.

7. *Error de grupo.* Dar por hecho que si participan muchas personas inteligentes en el proceso, se tomarán las decisiones adecuadas automáticamente, y por tanto, se descuida el proceso de toma de decisiones en grupo.

8. *Engañarse a uno mismo en la retroalimentación.* No conseguir interpretar las pruebas de resultados pasados tal y como son, bien porque se quiere proteger el ego personal, o porque se está engañado por los efectos retrospectivos.

9. *No seguir la pista.* Dar por hecho que la experiencia pone a la disposición todas las lecciones que conlleva, y no seguir la pista ni controlar los resultados de las decisiones y no analizar los resultados que verdaderamente muestran las lecciones que da la experiencia.

10. *No controlar el proceso de toma de decisiones.* No adoptar un enfoque organizado para el proceso de toma de decisiones, de modo que se sigue estando expuesto a las nueve trampas de la toma de decisiones anteriores.

Fuentes: J. Edward Russo y Paul J. H. Schoemaker, *Decision Traps: Ten Barriers to Brilliant Decision-Making and How to Overcome Them* Nueva York: Doubleday, 1990; véase también, J. Edward Russo y Paul J. H. Schoemaker, *Winning Decisions: Getting It Right the First Time,* Nueva York: Doubleday, 2001.

nes se detallan 10 errores comunes que cometen los gerentes de las empresas cuando toman decisiones.

Contabilidad mental

Los investigadores han descubierto que los consumidores llevan las cuentas mentalmente cuando manejan su dinero.[77] La **contabilidad mental** se refiere al modo en que los consumidores codifican, categorizan y evalúan las consecuencias financieras de sus elecciones. Formalmente, se ha definido como "la tendencia a categorizar *fondos* o artículos aunque no exista una *base* lógica para su categorización, por ejemplo, las personas guardan sus ahorros en cuentas diferentes para conseguir objetivos distintos, aunque los fondos de cualquiera de sus cuentas se podrían destinar a cualquiera de sus objetivos".[78]

Por ejemplo, imagine que dispone de 50 dólares para comprar la entrada para un concierto.[79] Cuando llega al lugar, se da cuenta de que perdió el boleto de entrada. Quizás no esté seguro de si debe gastar 50 dólares más para comprar otro boleto. Por otra parte, imagine que perdió los 50 dólares de camino a comprar el boleto de entrada. En este caso, es más probable que, a pesar de todo, se decida y compre la entrada. Aunque la cantidad de dinero perdida en ambos casos es la misma (50 dólares), las reacciones son muy diferentes. En el primer caso, la persona ha asignado mentalmente 50 dólares al concierto. Por tanto, comprar otra entrada sería sobrepasar el presupuesto elaborado en la mente para conciertos. En el segundo caso, el dinero que se perdió no pertenecía a ninguna cuenta, de modo que no se puede sobrepasar el presupuesto para conciertos elaborado en la mente.

Según Richard Thaler, de Chicago, la contabilidad mental se basa en un conjunto de principios básicos:

1. Los consumidores tienden a *segregar los beneficios.* Cuando un vendedor tiene un producto con más de una dimensión positiva, es deseable que cada dimensión se evalúe de manera independiente. Si se listan los diversos beneficios de un gran producto industrial, por ejemplo, se puede lograr que la totalidad de estos beneficios independientes parezcan rebasar los beneficios en su totalidad.

2. Los consumidores tienden a *integrar las pérdidas.* Los mercadólogos tienen una ventaja exclusiva a la hora de vender cualquier cosa siempre que su costo se pueda sumar a otra gran compra. Por ejemplo, los compradores de bienes inmuebles tienen más tendencia a considerar favorablemente gastos adicionales, puesto que comprar una casa ya resulta caro de por sí.

3. Los consumidores tienden a *integrar las pérdidas pequeñas con las ganancias mayores.* El principio de "cancelación" podría explicar por qué se siente menos aversión hacia los impuestos que se gravan directamente a la nómina mensual que hacia los impuestos que se pagan en conjunto (es más probable que los primeros sean absorbidos por el sueldo, que es más elevado).

4. Los consumidores tienden a *segregar las ganancias pequeñas de las pérdidas mayores.* El principio del "revestimiento de plata" podría explicar la popularidad de los descuentos en grandes compras, como en el caso de los automóviles.

Los principios de la contabilidad mental se derivan de la teoría de los clientes potenciales. La **teoría de los clientes potenciales** afirma que los consumidores formulan las diferentes alternativas en términos de pérdidas y ganancias según una función de valor. Generalmente, los consumidores son reacios a las pérdidas, por lo que tienden a exagerar las probabilidades bajas y a infravalorar las probabilidades elevadas.

Esbozar el proceso de decisión de compra de los consumidores

¿Cómo pueden los mercadólogos conocer las etapas que se siguen en el proceso de compra de sus productos? Una posibilidad es que se pregunten a sí mismos cómo actuarían ellos (*método introspectivo*). También pueden pedir a un número determinado de compradores recientes que les relaten los acontecimientos que les llevaron a la compra (*método retrospectivo*). Otra opción es localizar a consumidores que pretenden comprar el producto y pedirles que piensen en voz alta cómo van a realizar su compra (*método prospectivo*). Finalmente, podrían pedir a un grupo de consumidores que describan la manera ideal de comprar el producto (*método prescriptivo*). Cada método arroja una imagen diferente de las distintas fases del proceso.

Este intento por conocer el comportamiento del consumidor para con un producto determinado se denomina esbozar el *sistema de consumo,*[80] el *ciclo de actividad de los consumidores*[81] o el *escenario del consumidor.*[82] Esto es aplicable para numerosos conjuntos de actividades, como por ejemplo lavar la ropa, preparar una boda o adquirir un automóvil. Este último caso, por ejemplo, requiere todo un conjunto de actividades entre las que se incluyen elegir el modelo, financiar la compra, adquirir un seguro, comprar accesorios, etcétera.

RESUMEN :::

1. El comportamiento del consumidor está influido por tres factores: culturales (cultura, subcultura y clase social); sociales (grupos de referencia, familia, roles sociales y estatus); y personales (edad, fase del ciclo de vida, ocupación, situación económica, estilo de vida, personalidad y concepto de uno mismo). La investigación de estos factores ofrece claves a los mercadólogos para poder alcanzar y atender de forma más efectiva a los consumidores..

2. Cuatro procesos psicológicos principales influyen en el comportamiento del consumidor: motivación, percepción, aprendizaje y memoria.

3. Para comprender cómo se toman en realidad las decisiones de compra, los mercadólogos deben detectar quién toma la decisión de compra y quién influye en la misma. Las personas que participan pueden ser iniciadores, influyentes, encargados de tomar las decisiones, compradores o usuarios. Es conveniente dirigir una campaña de marketing diferente a cada uno de estos grupos.

4. El proceso de compra típico está formado por la siguiente secuencia de acontecimientos: reconocimiento del problema, búsqueda de información, evaluación de las alternativas, decisión de compra y comportamiento post-compra. La tarea de los mercadólogos consiste en comprender el comportamiento del consumidor en cada fase del proceso. La actitud de los demás, los factores circunstanciales inesperados y los riesgos percibidos afectan al proceso de decisión de compra, al igual que la satisfacción del cliente y las medidas posteriores a la compra de la empresa.

APLICACIONES :::

Debate de marketing   ¿En ocasiones es nocivo seleccionar un público meta?

A medida que los mercadólogos elaboran programas de marketing cada vez más ajustados a determinados segmentos del mercado, algunas voces críticas se han alzado tachando estos esfuerzos de explotación. Por ejemplo, el predominio de anuncios espectaculares de cigarrillos, alcohol y otros vicios en zonas desfavorecidas podría indicar que las empresas se están aprovechando de un segmento vulnerable. Los críticos son especialmente severos al evaluar los programas de marketing dirigidos a afroamericanos y otros grupos minoritarios, por utilizar estereotipos y representaciones inadecuadas. Otros, por el contrario, consideran que la selección del público meta y el posicionamiento son aspectos fundamentales para el marketing, y que estos programas de marketing no son más que esfuerzos por ganar relevancia dentro de un determinado grupo de consumidores.

Tome partido: "Dirigir los esfuerzos de marketing a grupos minoritarios es explotación" o "dirigir los esfuerzos de marketing a grupos minoritarios es una práctica comercial válida".

Análisis de marketing   ¿Cómo es su contabilidad mental?

¿Qué tipo de contabilidad mental aplica usted a la hora de adquirir productos o servicios? ¿Utiliza algún tipo de normas cuando gasta su dinero? ¿Son éstas diferentes de las de los demás? ¿Sigue usted los cuatro principios de Thaler al reaccionar frente a pérdidas y ganancias?

CASO DE **MARKETING** | **DISNEY**

Walt Disney Company, un gigante mundial del entretenimiento con una facturación anual de 27,000 millones de dólares, es consciente de que los consumidores valoran la marca Disney: una experiencia de diversión y de entretenimiento popular basada en los valores familiares tradicionales. Disney responde a estas preferencias de los consumidores llevando su marca a diferentes mercados. Suponga que toda una familia va a ver una película Disney, la pasa estupendamente, y desea prolongar la experiencia. Disney Consumer Products, una división de Walt Disney Company, les ofrece esa posibilidad mediante líneas de productos destinadas a grupos de edad específicos.

Veamos el ejemplo de la película *Vacas vaqueras* de 2004. Además del largometraje, Disney creó una banda sonora adicional, una línea de juguetes y de ropa infantil con diseños de la heroína, una atracción en sus parques temáticos y una serie de libros. Igualmente, con la película *Piratas del Caribe* de 2003, Disney diseñó un paseo en sus parques temáticos, un programa de comercialización, un videojuego, una serie de televisión y una historieta. La estrategia consiste en crear segmentos de consumidores en torno a cada uno de sus personajes, desde los clásicos Mickey Mouse y Blancanieves hasta los más modernos como Kim Possible. Cada marca se diseña para un grupo de edad y un canal de distribución específicos. Baby Mickey & Co. y Disney Babies se dirigen a los más pequeños, pero el primero vende sus productos en grandes almacenes y tiendas de regalos, mientras que el segundo es de menor precio y se vende a través de canales de comercialización masiva. Disney's Mickey's Stuff for Kids se dirige a niños pequeños, mientras que Mickey Unlimited se dirige a adolescentes y adultos.

En lo relativo a la televisión, Disney Channel es el canal de mayor audiencia para niños con edades comprendidas entre los seis y los 14 años, y Playhouse Disney está dirigido a niños en edad preescolar (entre los dos y los seis años). Otros productos, como la tarjeta Visa de Disney, se destinan a adultos. Los titulares de estas tarjetas obtienen un "dólar Disney" por cada pago de 100 dólares que realizan con la tarjeta, hasta un máximo de 75,000 dólares, y después pueden canjearlos por productos o servicios Disney, como por ejemplo, entradas a parques temáticos Disney, estancias en hoteles de la empresa, compras en tiendas Disney, o entradas a Walt Disney Studios o a producciones teatrales o cinematográficas de la empresa. Disney está presente hasta en Home Depot, con una línea de colores de pintura para habitaciones infantiles en cuyo muestrario aparece el símbolo de las orejas de ratón de Mickey Mouse.

Disney también ha concedido licencias para productos alimenticios a través de acuerdos sobre las marcas de sus personajes. Por ejemplo, en el yogurt Disney Yo-Pals aparecen Winnie-Pooh y sus amigos. Estos yogures están destinados a preescolares y contienen historietas ilustradas bajo la tapa, lo que fomenta el hábito de la lectura y la curiosidad de los niños. Keebler Disney Holiday Magic Middles son galletas dobles con relleno de vainilla que presentan un dibujo de Mickey, el pato Donald o Goofy en cada galleta.

La integración de todas las líneas de productos Disney aparece en el programa de televisión de la empresa "Kim Possible". En la serie se pueden seguir las aventuras de una estudiante típica de secundaria que en sus tiempos libres salva al mundo de villanos perversos. Este programa es el de mayor audiencia

en su horario, lo que ha llevado a las siete divisiones de Disney Consumer Products de la empresa a fabricar toda una gama de artículos de Kim Possible. Entre estos productos podemos encontrar:

- Disney Hardlines—papelería, loncheras, alimentos, artículos de decoración.
- Disney Softlines—ropa deportiva, de cama, de día y accesorios.
- Disney Toys—figuras de personajes de acción, peluches, muñecos rellenos, muñecos de felpa, muñecas de moda y juguetes diversos.
- Disney Publishing—agendas, novelas infantiles, historietas.
- Walt Disney Records—banda sonora de Kim Possible.
- Buena Vista Home Entertainment—DVD/video.
- Buena Vista Games—GameBoy Advance.

"El éxito de Kim Possible se debe a las historias de acción que son tan fácilmente trasladables a artículos de muchas categorías", afirma Andy Mooney, presidente de Disney Consumer Products Worldwide. Rich Ross, presidente de entretenimiento de Disney Channel, añade: "Los niños de hoy buscan una experiencia más profunda con sus personajes favoritos de televisión como Kim Possible. Esta línea de productos extiende la experiencia de nuestros espectadores con Kim, Rufus, Ron y otros personajes de la serie, lo que permite a los niños tocar, ver y vivir la experiencia Kim Posible."

Walt Disney creó Mickey Mouse en 1928 (Walt quería bautizar a su creación como Mortimer, pero su esposa le convenció de que Mickey Mouse sonaba mejor). El primer largometraje musical animado de Disney fue *Blancanieves y los siete enanos*, que se estrenó en 1937. En la actualidad, el dominio de las ofertas Disney es impresionante: más de tres mil millones de productos con el dibujo de Mickey Mouse al año acaban en manos infantiles. Pero como dijo Walt Disney: "Sólo espero que nunca se nos olvide algo: que todo empezó con un ratón."

Preguntas para discusión

1. ¿Cuáles han sido los factores de éxito de Disney?

2. ¿En qué sentido es vulnerable esta empresa? ¿A qué debería prestar atención?

3. ¿Qué recomendaría a los directivos de marketing de Disney para el futuro? ¿Qué medidas de marketing deberán tomar?

Fuentes: Bruce Orwall y Emily Nelson, "Disney's Kingdom: 80 Years of Culture", *Wall Street Journal,* 13 de febrero de 2004; "Mouse Hunt", *Fortune,* 12 de enero de 2004; "Keebler Disney Holiday Magic Middles", *Product Alert,* 26 de enero de 2004; Reil Hoards, "Yogurt Finds a New Groove", *Frozen Food Age,* julio de 2003, p.1; *Movers and Shakers* Nueva York: Basic Books, 2003; Kelly Shermach, "Co-branding Marches on with New Alliances", *Potentials,* julio de 2003, 7(3); Megan Larson, "Disney Channel Grows Tween Scene", *MediaWeek,* 11 de agosto de 2003, p. 4(2); y <www.disney.com>.

REFERENCIAS BIBLIOGRÁFICAS :::

1. "Real Men Get Waxed", *The Economist*, 5 de julio de 2003, p. 57; Robyn Meredith and Melanie Wells, "Today's Man", *Forbes*, 1o. de septiembre, 2003, p. 52.

2. Leon G. Schiffman y Leslie Lazar Kanuk, *Consumer Behavior*, 6a. ed. (Upper Saddle River, NJ: Prentice Hall, 1997).

3. Eduardo Porter y Kathryn Kranhold, "Latinos Become Key Market for Financial-Service Firms", *Wall Street Journal*, 23 de octubre de 2003, p. C.1.

4. Richard P. Coleman, "The Continuing Significance of Social Class to Marketing", *Journal of Consumer Research* (diciembre de 1983), pp. 265–280; Richard P. Coleman y Lee P. Rainwater, *Social Standing in America: New Dimension of Class* (Nueva York: Basic Books, 1978).

5. Schiffman y Kanuk, *Consumer Behavior*, 6a. ed. (Upper Saddle River, NJ: Prentice Hall, 1997).

6. Anónimo, "Nestlé uses SMS campaign to create a buzz for KitKat Kubes", *Revolution*, octubre de 2003, p. 5.

7. Norihiko Shirouzu, "Japan's High School Girls Excel in Art of Setting Trends", *Wall Street Journal*, 27 de abril de 1998, pp. B1-B6.

8. Kimberly L. Allers, "Retail's Rebel Yell", *Fortune*, 10 de noviembre de 2003, p. 137.

9. Rosann L. Spiro, "Persuasion in Family Decision Making", *Journal of Consumer Research* (marzo de 1983), pp. 393–402; David J. Burns, "Husband-Wife Innovative Consumer Decision Making: Exploring the Effect of Family Power", *Psychology & Marketing* (mayo–junio de 1992), pp. 175–89; Robert Boutilier, "Pulling the Family's Strings", *American Demographics* (agosto de 1993), pp. 44–48. Elizabeth S. Moore, William L. Wilkie y Richard J. Lutz, "Passing the Torch: Intergenerational Influences as a Source of Brand Equity", *Journal of Marketing*, 2002. Para más información sobre comparaciones interculturales sobre roles de compra marido-mujer, véase John B. Ford, Michael S. LaTour y Tony L. Henthorne, "Perception of Marital Roles in Purchase-Decision Processes: A Cross-Cultural Study", *Journal of the Academy of Marketing Science* (primavera de 1995), pp. 120–131.

10. Kay M. Palan y Robert E. Wilkes, "Adolescent-Parent Interaction in Family Decision Making", *Journal of Consumer Research*, 24(2), 1997, pp. 159-169; Sharon E. Beatty y Salil Talpade, "Adolescent Influence in Family Decision Making: A Replication with Extension", *Journal of Consumer Research*, 21, 1994, pp. 332–341.

11. Michelle Conlin, "UnMarried America", *Business Week*, 20 de octubre 2003, pp. 106–116.

12. Marilyn Lavin, "Husband-Dominant, Wife-Dominant, Joint: A Shopping Typology for Baby Boom Couples?" *Journal of Consumer Marketing* 10, núm. 3 (1993), pp. 33–42.

13. Jim Hopkins, "Financial Firms Cater To Powerful Women", *USA Today*, 18 de junio de 2002, p. 3B.

14. Anónimo, "Retailers Learn that Electronics Shopping Isn't Just a Guy Thing", *Wall Street Journal*, 15 de enero de 2004, p. D.3.

15. Hillary Chura, "Failing to Connect: Marketing Messages for Women Fall Short", *Advertising Age*, 23 de septiembre de 2002, pp. 13–14.

16. James U. McNeal, "Tapping the Three Kids' Markets", *American Demographics* (abril de 1998), pp. 37–41.

17. Carol Angrisani, "Kids Rock!" *Brand Marketing*, febrero de 2001, pp. 26–28.

18. Jennifer Bayot, "The Teenage Market; Young, Hip and Looking for a Bargain", *The New York Times*, 1o. de diciembre de 2003, p. C.8.

19. Julia Boorstin, "Disney's 'Tween Machine", *Fortune*, 29 de septiembre de 2003, pp. 111–114.

20. Courtney Kane, "TV and Movie Characters Sell Children's Snacks", *New York Times*, 8 de diciembre de 2003, p. C.7.

21. Lawrence Lepisto, "A Life Span Perspective of Consumer Behavior", en Elizabeth Hirshman y Morris Holbrook (eds.), *Advances in Consumer Research*, vol. 12 (Provo, UT: Association for Consumer Research, 1985), p. 47. Véase también Gail Sheehy, *New Passages: Mapping Your Life Across Time* (Nueva York: Random House, 1995).

22. Véase Frederick Herzberg, *Work and the Nature of Man* (Cleveland: William Collins, 1966); Henk Thierry y Agnes M. Koopman-Iwerna, "Motivation and Satisfaction", en P. J. Drenth (ed.), *Handbook of Work and Organizational Psychology* (Nueva York: John Wiley, 1984), pp. 141–42.

23. Harold H. Kassarjian y Mary Jane Sheffet, "Personality and Consumer Behavior: An Update", en Harold H. Kassarjian y Thomas S. Robertson (eds.), *Perspectives in Consumer Behavior* (Glenview, IL: Scott, Foresman, 1981), pp. 160–180.

24. Jennifer Aaker, "Dimensions of Measuring Brand Personality", *Journal of Marketing Research* 34 (agosto de 1997), pp. 347–356.

25. M. Joseph Sirgy, "Self Concept in Consumer Behavior: A Critical Review", *Journal of Consumer Research*, 9 (diciembre de 1982), pp. 287–300.

26. Timothy R. Graeff, "Consumption Situations and the Effects of Brand Image on Consumers' Brand Evaluations", *Psychology & Marketing*, 1997, 14(1), pp. 49–70; Timothy R. Graeff, "Image Congruence Effects on Product Evaluations: The Role of Self-Monitoring and Public/Private Consumption", *Psychology & Marketing*, 1996, 13(5), pp. 481–499.

27. Jennifer L. Aaker, "The Malleable Self: The Role of Self-Expression in Persuasion", *Journal of Marketing Research*, 1999, 36(2), pp. 45–57.

28. Amy Cortese, "They Care About the World (and They Shop Too)", *The New York Times*, 20 de julio de 2003, pp. 3–4.

29. Anthony Banco y Wendy Zellner, "Is Wal-Mart Too Powerful?" *Business Week*, 6 de octubre de 2003, p. 100.

30. Toby Weber, "All Three? Gee", *Wireless Review*, mayo de 2003, pp. 12–14.

31. Noel C. Paul, "Meal Kits in Home", *Christian Science Monitor*, 9 de junio de 2003, p. 13.

32. Thomas J. Reynolds y Jonathan Gutman, "Laddering Theory, Method, Analysis, and Interpretation", *Journal of Advertising Research* (febrero-marzo de 1988), pp. 11–34.

33. Ernest Dichter, *Handbook of Consumer Motivations* (Nueva York, McGraw-Hill, 1964).

34. Jan Callebaut *et al.*, *The Naked Consumer: The Secret of Motivational Research in Global Marketing* (Amberes, Bélgica: Censydiam Institute, 1994).

35. Melanie Wells, "Mind Games", *Forbes*, 1o. de septiembre de 2003, p. 70.

36. Abraham Maslow, *Motivation and Personality* (Nueva York: Harper and Row, 1954), pp. 80–106.

37. Véase Frederick Herzberg, *Work and the Nature of Man* (Cleveland: William Collins, 1966); Henk Thierry y Agnes M. Koopman-Iwerna, "Motivation and Satisfaction", en P. J. Drenth (ed.), *Handbook of Work and Organizational Psychology* (Nueva York: John Wiley, 1984), pp. 141–42.

38. Bernard Berelson y Gary A. Steiner, *Human Behavior: An Inventory of Scientific Findings* (Nueva York: Harcourt, Brace Jovanovich, 1964), p. 88.

39. J. Edward Russo, Margaret G. Meloy y T. J. Wilks, "The Distortion of Product Information During Brand Choice", *Journal of Marketing Research*, 35, 1998, pp. 438–452.

40. Leslie de Chernatony y Simon Knox, "How an Appreciation of Consumer Behavior Can Help in Product Testing", *Journal of Market Research Society* (julio de 1990), pp. 333. Véase también Chris Janiszewski y Stiju M. J. Osselar, "A Connectionist Model Of Brand-Quality Association", *Journal of Marketing Research*, agosto de 2000, pp. 331–351.

41. Chris Janiszewski, de Florida, ha desarrollado un programa de investigación fascinante sobre los efectos del proceso preconsciente. Véase Chris Janiszewski, "Preattentive Mere Exposure Effects", *Journal of Consumer Research*, 20 (diciembre), 1993, pp. 376–392, así como sus trabajos anteriores y posteriores.

42. Véase Timothy E. Moore, "Subliminal Advertising: What You See Is What You Get", *Journal of Marketing*, 46, 1982, pp. 38–47 para un clásico y Andrew B. Aylesworth, Ronald C. Goodstein y Ajay Kalra, "Effect of Archetypal Embeds on Feelings: An Indirect Route to Affecting Attitudes?" *Journal of Advertising*, 28(3), 1999, pp. 73–81 para un enfoque más actual.

43. John R. Anderson, *The Architecture of Cognition*, Cambridge, MA: Harvard University Press, 1983; Robert S. Wyer, Jr. y Thomas K. Srull, "Person Memory and Judgment", *Psychological Review*, 1989, 96(1), pp. 58–83.

44. Marc Gobe, "Emotional Identity", *Global Cosmetic Industry*, vol. 171, número 2, febrero de 2003, pp. 26–27. Fara Warner, "Upscale Chocolates Not Hot, So Godiva Does a Makeover", *Brandweek*, 4 de julio de 1994, p. 21.

45. Para más deliberaciones, véase John G. Lynch Jr. y Thomas K. Srull, "Memory and Attentional Factors in Consumer Choice: Concepts and Research Methods", *Journal of Consumer Research*, 9 (junio), 1982, pp. 18–36; Joseph W. Alba, J. Wesley Hutchinson y John G. Lynch, Jr., "Memory and Decision Making", en *Handbook of Consumer Theory and Research*, Harold H. Kassarjian y Thomas S. Robertson (eds.), Englewood Cliffs, NJ: Prentice-Hall, Inc., 1992, pp. 1–49.

46. Fergus I. M. Craik y Robert S. Lockhart, "Levels of Processing: A Framework for Memory Research", *Journal of Verbal Learning and Verbal Behavior*, 11, 1972, pp. 671–684; Fergus I. M. Craik y Endel Tulving, "Depth of Processing and the Retention of Words in Episodic Memory", *Journal of Experimental Psychology*, 104(3), 1975, pp. 268–294; Robert S. Lockhart, Fergus I. M. Craik y Larry Jacoby, "Depth of Processing, Recognition, and Recall", en *Recall and Recognition*, John Brown (ed.), Nueva York: John Wiley & Sons, Inc., 1976.

47. Leonard M. Lodish, Magid Abraham, Stuart Kalmenson, Jeanne Livelsberger, Beth Lubetkin, Bruce Richardson y Mary Ellen Stevens, "How T.V. Advertising Works: A Meta Analysis of 389 Real World Split Cable T.V. Advertising Experiments", *Journal of Marketing Research*, 32, mayo de 1995, pp. 125–139.

48. Elizabeth F. Loftus y Gregory R. Loftus, "On the Permanence of Stored Information in the Human Brain", *American Psychologist*, 35, mayo de 1980, pp. 409–420.

49. Benson Shapiro, V. Kasturi Rangan y John Sviokla, "Staple Yourself to an Order", *Harvard Business Review* (julio–agosto de 1992), pp. 113–122. Véase tmabién Carrie M. Heilman, Douglas Bowman y Gordon P. Wright, "The Evolution of Brand Preferences and Choice Behaviors of Consumers New to a Market", *Journal of Marketing Research* (mayo de 2000), pp. 139–155.

50. Alison Stein Wellner, "Research on a Shoestring", *American Demographics*, abril de 2001, pp. 38–39.

51. Los académicos del marketing han desarrollado diversos modelos del proceso de compra de los consumidores. Véase John A. Howard y Jagdish N. Sheth, *The Theory of Buyer Behavior* (Nueva York: Wiley, 1969); James F. Engel, Roger D. Blackwell y Paul W. Miniard, *Consumer Behavior*, 8a. ed. (Fort Worth, TX: Dryden, 1994); Mary Frances Luce, James R. Bettman y John W. Payne, *Emotional Decisions: Tradeoff Difficulty and Coping in Consumer Choice* (Chicago, IL: University of Chicago Press, 2001).

52. William P. Putsis Jr. y Narasimhan Srinivasan, "Buying or Just Browsing? The Duration of Purchase Deliberation", *Journal of Marketing Research* (agosto de 1994), pp. 393–402.

53. Earle Eldridge, "Many Car Shoppers First Stop Is 'Consumer Reports'", *USA Today*, 16 de septiembre de 2003, pp. 1B–2B.

54. Adrienne Sanders, "Yankee Imperialism", *Forbes*, 13 de diciembre de 1999, p. 56.

55. Evan I. Schwartz, "Real Community is Possible", *Business 2.0*, 6 de marzo de 2001, p. 64.

56. Chem L. Narayana y Rom J. Markin, "Consumer Behavior and Product Performance: An Alternative Conceptualization", *Journal of Marketing* (octubre de 1975), pp. 1–6. Véase también Wayne S. DeSarbo y Kamel Jedidi, "The Spatial Representation of Heterogeneous Consideration Sets", *Marketing Science* 14, núm. 3, pt. 2 (1995), pp. 326–342; Lee G. Cooper y Akihiro Inoue, "Building Market Structures from Consumer Preferences", *Journal of Marketing Research* 33, núm. 3 (agosto de 1996), pp. 293–306.

57. Virginia Postrel, "The Lessons of the Grocery Shelf Also Have Something to Say About Affirmative Action", *New York Times*, 30 de enero de 2003, p. C.2.

58. David Krech, Richard S. Crutchfield y Egerton L. Ballachey, *Individual in Society* (Nueva York: McGraw-Hill, 1962), cap. 2.

59. Jill Venter, "Milk Mustache Campaign Is a Hit with Teens", *St. Louis Post-Dispatch*, 1o. de abril de 1998, p. E1; Dave Fusaro, "The Milk Mustache", *Dairy Foods* (abril de 1997), pp. 75; Judann Pollack, "Milk: Kurt Graetzer," *Advertising Age*, 30 de junio de 1997, p. S1; Kevin Lane Keller, "Milk: Branding a Commodity", *Strategic Brand Management* (Upper Saddle River, NJ: Prentice Hall, 1998).

60. Véase Paul E. Green y Yoram Wind, *Multiattribute Decisions in Marketing: A Measurement Approach* (Hinsdale, IL: Dryden, 1973), cap. 2; Leigh McAlister, "Choosing Multiple Items from a Product Class", *Journal of Consumer Research* (diciembre de 1979), pp. 213–224; Richard J. Lutz, "The Role of Attitude Theory in Marketing", en Kassarjian y Robertson (eds.), *Perspectives in Consumer Behavior*, 1991, pp. 317–339.

61. Este modelo fue desarrollado en un principio por Martin Fishbein, "Attitudes and Prediction of Behavior", en Martin Fishbein (ed.), *Readings in Attitude Theory and Measurement* (Nueva York: John Wiley, 1967), pp. 477–492. Para un análisis crítico, véase Paul W. Miniard y Joel B. Cohen, "An Examination of the Fishbein-Ajzen Behavioral-Intentions Model's Concepts and Measures", *Journal of Experimental Social Psychology* (mayo de 1981), pp. 309–339.

62. Michael R. Solomon, *Consumer Behavior: Buying, Having and Being*, Prentice-Hall, 2001.

63. James R. Bettman, Eric J. Johnson y John W. Payne, "Consumer Decision Making", en *Handbook of Consumer Theory and Research*, Harold H. Kassarjian y Thomas S. Robertson (eds.), Englewood Cliffs, NJ: Prentice-Hall, Inc., 1992, pp. 50–84.

64. Jagdish N. Sheth, "An Investigation of Relationships among Evaluative Beliefs, Affect, Behavioral Intention, and Behavior", en John U. Farley, John A. Howard y L. Winston Ring (eds.), *Consumer Behavior: Theory and Application* (Boston: Allyn & Bacon, 1974), pp. 89–114.

65. Fishbein, "Attitudes and Prediction of Behavior".

66. Raymond A. Bauer, "Consumer Behavior as Risk Taking", en Donald F. Cox (ed.), *Risk Taking and Information Handling in Consumer Behavior* (Boston: Division of Research, Harvard Business School, 1967); James W. Taylor, "The Role of Risk in Consumer Behavior", *Journal of Marketing* (abril de 1974), pp. 54–60.

67. Priscilla A. La Barbera y David Mazursky, "A Longitudinal Assessment of Consumer Satisfaction/Dissatisfaction: The Dynamic Aspect of the Cognitive Process", *Journal of Marketing Research* (noviembre de 1983), pp. 393–404.

68. Ralph L. Day, "Modeling Choices among Alternative Responses to Dissatisfaction", *Advances in Consumer Research*, vol. 11 (1984), pp. 496–499. Véase también Philip Kotler y Murali K. Mantrala, "Flawed Products: Consumer Responses and Marketer Strategies", *Journal of Consumer Marketing* (verano de 1985), pp. 27–36.

69. Barry L. Bayus, "Word of Mouth: The Indirect Effects of Marketing Efforts", *Journal of Advertising Research* (junio–julio de 1985), pp. 31–39.

70. Albert O. Hirschman, *Exit, Voice, and Loyalty* (Cambridge, MA: Harvard University Press, 1970).

71. Mary C. Gilly y Richard W. Hansen, "Consumer Complaint Handling as a Strategic Marketing Tool", *Journal of Consumer Marketing* (otoño de 1985), pp. 5–16.

72. James H. Donnelly Jr. y John M. Ivancevich, "Post-Purchase Reinforcement and Back-Out Behavior", *Journal of Marketing Research* (agosto de 1970), pp. 399–400.

73. John D. Cripps, "Heuristics and Biases in Timing the Replacement of Durable Products", *Journal of Consumer Research*, 21 (septiembre de 1994), pp. 304–318.

74. Richard E. Petty y John T. Cacioppo, *Attitudes and Persuasion: Classic and Contemporary Approaches* (Nueva York, McGraw-Hill, 1981); Richard E. Petty, *Communication and Persuasion: Central and Peripheral Routes to Attitude Change* (Nueva York, Springer-Verlag, 1986).

75. Herbert E. Krugman, "The Impact of Television Advertising: Learning without Involvement", *Public Opinion Quarterly* (otoño de 1965), pp. 349–356.

76. Frank R. Kardes, *Consumer Behavior & Managerial Decision-Making*, 2a. ed. (Upper Saddle River, NJ: Prentice Hall, 2003).

77. Véase Richard Thaler, "Mental Accounting and Consumer Choice", *Marketing Science*, 4(3), 1985, pp. 199–214 (pieza fundamental) y Richard Thaler, "Mental Accounting Matters", *Journal of Behavioral Decision-Making* 12, núm. 3 (1999), pp. 183–206, para obtener perspectivas más contemporáneas.

78. Gary L. Gastineau y Mark P. Kritzman, *Dictionary of Financial Risk Management*, 3a. ed. (Nueva York: John Wiley & Sons, 1999).

79. Ejemplo adaptado de Daniel Kahneman y Amos Tversky, "Prospect Theory: An Analysis of Decision Under Risk", *Econometrica*, 47 (marzo de 1979), pp. 263–291.

80. Harper W. Boyd Jr. y Sidney Levy, "New Dimensions in Consumer Analysis", *Harvard Business Review* 163 (noviembre–diciembre), pp. 129–140.

81. Sandra Vandermerwe, *Customer Capitalism: Increasing Returns in New Market Spaces* (Londres: Nicholas Brealey Publishing), cap. 11.

82. Patricia B. Seybold, "Get Inside the Lives of Your Customers", *Harvard Business Review* (mayo de 2001), pp. 81–89.

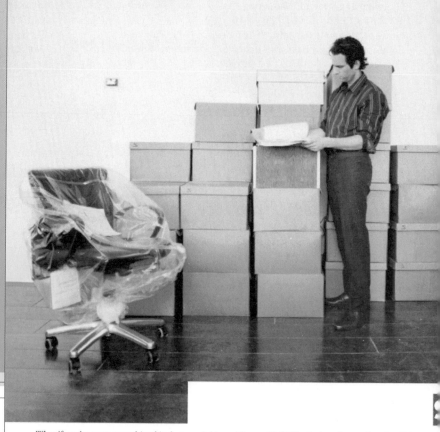
EN ESTE CAPÍTULO ANALIZAREMOS LAS SIGUIENTES PREGUNTAS:

1. ¿Qué es el mercado industrial y cómo difiere del mercado de consumo?

2. ¿A qué tipo de situaciones de compra se enfrentan las empresas?

3. ¿Quién participa en el proceso de compra empresarial?

4. ¿Cómo toman sus decisiones los compradores empresariales?

5. ¿Cómo construyen las empresas relaciones sólidas con sus clientes empresariales?

6. ¿Cómo realizan sus compras las instituciones públicas y los gobiernos?

Las empresas no sólo venden. También adquieren enormes cantidades de materias primas, componentes manufacturados, fábricas y equipo, provisiones y servicios empresariales. Tan sólo en Estados Unidos existen más de 13 millones de empresas que realizan compras. Para poder generar y captar valor, los vendedores necesitan entender las necesidades, los recursos, las políticas y los procedimientos de compra de estas organizaciones.

L a empresa alemana de software SAP se ha convertido en un vendedor líder en el mercado empresarial, especializándose en software para funciones de negocios automáticas, como la administración financiera o de fábrica. Posee más de la mitad del mercado. La estrategia de liderazgo de SAP consiste en enfocarse en lo que quieren los clientes y mostrarles cómo las aplicaciones de software SAP pueden mejorar sus ganancias, incrementar los ingresos o reducir los costos. En parte mediante las adquisiciones, los clientes de SAP no necesitan acudir a nadie más para estandarizar sus procesos de negocio.[1]

Algunas de las marcas más reconocidas en el mundo pertenecen a organizaciones industriales: ABB, Caterpillar, DuPont, FedEx, GE, Hewlett Packard, IBM, Intel y Siemens. Para este tipo de empresas se aplica la misma base de marketing que veíamos anteriormente. Así, estas organizaciones deben aplicar los principios del marketing holístico como, por ejemplo, crear relaciones sólidas con sus clientes, al igual que cualquier vendedor. Pero existen algunas consideraciones exclusivas de la venta a empresas.[2] En este capítulo destacaremos las diferencias fundamentales que implica el marketing en los mercados industriales.

"Las mejores empresas funcionan con SAP": El software de SAP ayuda a las empresas a estandarizar procesos y automatizar funciones.

::: ¿Qué es la compra corporativa?

Webster y Wind definen la **compra corporativa** como el proceso de toma de decisiones mediante el cual las organizaciones establecen la necesidad de adquirir productos y servicios, e identificar, valorar y elegir marcas y proveedores alternativos.[3]

El mercado empresarial frente al mercado de consumo

El **mercado empresarial**, también conocido como mercado industrial, está formado por todas las organizaciones que adquieren bienes y servicios para la fabricación de otros productos o la prestación de otros servicios que venden, alquilan o suministran a terceros. Los principales sectores que integran el mercado empresarial son la agricultura, la silvicultura, la pesca, la minería, la manufactura, la construcción, el transporte, las comunicaciones, las empresas de servicios públicos, la banca, las finanzas y los seguros, la distribución y los servicios.

En el mercado empresarial se venden más artículos y por mayores cantidades de dinero que en el mercado de consumo. A modo de ejemplo tomaremos la fabricación y la venta de un par de zapatos. Los vendedores de piel deben vender a los curtidores, quienes después venden las pieles curtidas a los fabricantes, quienes venden los zapatos a los mayoristas, que a su vez venden a los minoristas, quienes finalmente venden a los consumidores. Cada eslabón de la cadena de distribución, por su parte, tiene que adquirir muchos otros bienes y servicios para realizar su tarea.

Los mercados industriales comparten diversas características que contrastan claramente con los mercados de consumo:

■ *Menos compradores, pero de mayor tamaño.* Los mercadólogos en mercados industriales suelen tratar con menos compradores, pero mucho más grandes que en los mercados de con-

---

MARKETING **EN ACCIÓN** | GRANDES VENTAS A PEQUEÑAS EMPRESAS

Como a millones de estadounidenses, a Ken Kantor también le gusta comprar en eBay. Sin embargo, él no busca Barbies de colección, cromos de Batman o patines de segunda mano en buen estado. Como copropietario de una pequeña empresa de diseño de audio, Intelligent Audio Systems, Kantor busca equipo para su negocio, y consiguió adquirir unos aparatos de medición prácticamente nuevos por sólo 100 dólares cada uno, que podrían haber costado fácilmente 4,700 dólares en el mercado.

Los empresarios como Kantor son un gran atractivo para empresas como eBay, pero también para gigantes como IBM, American Express y Microsoft. Según el registro de Small Business Administration's Office of Advocacy de Estados Unidos, en 2002 se crearon 550,000 pequeñas empresas. Estas nuevas compañías necesitan bienes de capital, tecnología, materias primas y servicios. Si traspasamos las fronteras de Estados Unidos en busca de otras empresas de este tipo nos encontramos un nuevo mercado de negocio a negocio (B2B, abreviatura en inglés de *business to business*) con un potencial de crecimiento asombroso. Así se están dirigiendo algunas empresas a este sector:

■ Con su nuevo software dirige-tu-propia-empresa, **Microsoft** confía en conseguir 45 millones de clientes en todo el mundo, entre pequeñas y medianas empresas, para añadir 10,000 millones de dólares a sus ingresos anuales en el 2010. A pesar de esta cantidad de dinero, Microsoft no puede permitirse enviar vendedores a todas estas empresas. En cambio, lo que hace Microsoft es contratar todo un ejército de empresas independientes de consultoría informática (24,000 en total), a las que denomina "revendedores de valor añadido". Para dar formación y apoyo tanto a revendedores como a clientes, la empresa también ha contratado 300 nuevos gerentes de venta.

■ IBM considera que las PYMES representan el 20% de su negocio, y ha lanzado Express, una línea de hardware, software y financiamiento

para este mercado. IBM vende a través de sus vendedores regionales y mediante distribuidores y revendedores independientes, y mantiene su apuesta por las PYMES con una inversión anual millonaria en publicidad. Estas campañas incluyen anuncios televisivos y en publicaciones como *American Banker* e *Inc.* La empresa también se dirige a empresarios homosexuales con anuncios en *The Advocate* y *Out*. Para llegar a otros segmentos minoritarios como el afroamericano o el hispano, IBM colabora con organizaciones sin fines de lucro.

■ Poco a poco, **American Express** ha añadido nuevas características a su tarjeta de crédito para pequeñas empresas, que algunas de estas últimas utilizan para cubrir sus necesidades mensuales de efectivo de miles de dólares. Además de su tarjeta de crédito, American Express ha expandido sus operaciones para pequeñas empresas. Ha creado una red de pequeñas empresas llamada OPEN (www.openamericanexpress.com) para reunir varios servicios, herramientas Web y programas de descuento de diversos gigantes como Exxon Mobil, Dell, FedEx y Staples. Con OPEN, American Express no sólo permite a sus clientes ahorrar dinero en compras comunes, sino que también los anima a hacer gran parte de su contabilidad en este sitio Web.

A pesar de que las PYMES suponen una oportunidad increíble, también representan grandes desafíos. El mercado es amplio y está fragmentado por sectores, tamaños y años de operación. Y una vez que se llega a estos segmentos, resulta complicado convencerlos de que compren. Los propietarios de pequeñas empresas son reacios a la planeación a largo plazo, y presentan un estilo de compra de "lo compraré cuando lo necesite". Sin embargo, afortunadamente, los recién llegados a este mercado pueden tomar la experiencia de empresas como IBM, Microsoft, Hewlett-Packard y American Express, entre otras, que han afinado sus estrategias de marketing para las pequeñas empresas.

Fuentes: Basado en Barnaby J. Feder, "When Goliath Comes Knocking on David's Door", *New York Times*, 6 de mayo de 2003, p. G13; Jay Greene, "Small Biz: Microsoft's Next Big Thing?" *Business Week*, 21 de abril de 2003, pp. 72–73; Jennifer Gilbert, "Small but Mighty", *Sales & Marketing Management* enero de 2004, pp. 30–35; Verne Kopytoff, "Businesses Click on eBay", *San Francisco Chronicle*, 28 de julio de 2003, p. E1; Matt Krantz, "Firms Jump on the eBay Wagon", *USA Today*, 3 de mayo de 2004, pp. 1B, 2B.

sumo. El destino de la empresa de neumáticos Goodyear Tire Company y de otras empresas dedicadas a fabricar piezas para vehículos depende de los contratos con los principales fabricantes de automóviles. En estos sectores, como por ejemplo, el de la aeronáutica o el del armamento, la mayor parte de las ventas se realizan a unos pocos clientes de gran tamaño. Aunque cabría destacar que la disminución de la actividad económica le ha puesto la soga al cuello a los departamentos de compra de las grandes empresas, ahora las pequeñas y medianas empresas (PYMES) se han convertido en una nueva oportunidad para los proveedores.[4] *Véase Marketing en acción: Grandes ventas a pequeñas empresas,* para más información sobre este nuevo y prometedor mercado de negocio a negocio, así como *Cuestiones clave: Consejos para vender a las pequeñas empresas,* que le orientará acerca de lo que debe y no debe hacerse al respecto.

■ *Relaciones más estrechas entre clientes y proveedores.* Como la base de clientes es más reducida, pero su poder e importancia son considerables, los proveedores suelen personalizar sus ofertas en función de las necesidades de cada comprador. Por lo general, las empresas seleccionan proveedores que a su vez compren sus productos. Un ejemplo podría ser el de un fabricante de papel que adquiere productos de una empresa química, que a su vez le compra una gran cantidad de papel.

■ *Compradores profesionales.* Las adquisiciones de las empresas generalmente están a cargo de agentes de compra profesionales que deben ceñirse a las políticas, los límites y las necesidades de compra de las empresas. Muchos de los instrumentos de compra, por ejemplo, solicitud de presupuesto, propuestas y contratos de compra, no existen comúnmente en los mercados de consumo. Los compradores profesionales dedican sus carreras a aprender cómo comprar mejor. En Estados Unidos muchos pertenecen a la National Association of Purchasing Managers (Asociación Nacional de Gerentes de Compras, o NAPM, por sus siglas en inglés), cuyo objetivo es mejorar la eficacia y el estatus de los compradores profesionales. Esto significa que los mercadólogos industriales tienen que ofrecer mucha más información técnica sobre su producto y explicar las ventajas que presenta sobre los productos rivales.

■ *Diversas influencias de compra.* Normalmente, las decisiones empresariales de compra se ven influidas por un mayor número de personas. Los comités de compra están formados por técnicos expertos, e incluso altos directivos cuando se trata de la compra de artículos fundamentales. Los mercadólogos deben enviar vendedores y equipos de ventas muy bien capacitados para poder hacer frente a compradores muy bien preparados.

■ *Mayor número de llamadas.* Como en el proceso de venta participan más personas, es necesario realizar más llamadas para conseguir pedidos, y algunos ciclos de venta pueden llegar a durar años. Según un estudio de McGraw-Hill, se necesitan entre cuatro y cuatro llamadas y media para cerrar una venta industrial. En el caso de ventas de maquinaria para grandes proyectos, se pueden necesitar muchos intentos, y el ciclo de ventas, desde que se realiza un presupuesto hasta que se entrega el producto, con frecuencia se mide en años.[5]

■ *Demanda derivada.* La demanda de los bienes industriales se deriva, en último término, de la demanda de los mercados de consumo. Por esta razón, los mercadólogos deben seguir de cerca los patrones de compra de los consumidores finales. Por ejemplo, los fabricantes de automóviles Big Three de Detroit han impulsado el auge de la demanda de productos de acero. Gran parte de esta demanda se deriva del aprecio continuado de los consumidores por las camionetas y demás camiones ligeros, para los que se necesita mucho más acero que para los automóviles. Los compradores empresariales también deben prestar atención a los factores económicos futuros y del momento, como por ejemplo el nivel de producción, inversión, gasto de los consumidores y tasas de interés. En épocas de recesión, los clientes reducen las inversiones en fábricas, maquinaria e inventarios. Los mercadólogos no pueden hacer mucho por estimular la demanda en este entorno, sólo pueden esforzarse más por aumentar o mantener su participación en la demanda.

■ *Demanda inelástica.* La demanda total para muchos productos y servicios industriales es inelástica, es decir, no se ve afectada por los cambios en el precio. Los fabricantes de zapatos no van a comprar mucho más cortes de piel si el precio de estos últimos disminuye, y no comprarán menos si su precio aumenta, a menos que encuentren productos sustitutivos satisfactorios. La demanda es especialmente inelástica a corto plazo, porque los fabricantes no pueden realizar cambios bruscos en los métodos de producción. Asimismo, la demanda es inelástica para aquellos bienes industriales que representan un pequeño porcentaje del costo total del producto final, como por ejemplo, en el caso de los cordones de zapatos.

■ *Demanda fluctuante.* La demanda de los bienes y servicios industriales tiende a ser más volátil que la demanda de bienes y servicios de consumo. Un ligero aumento en la demanda de los consumidores finales puede generar un porcentaje mucho mayor de aumento en la demanda de fábricas y maquinaria necesarias para producir la oferta necesaria para el primer mercado. Los economistas denominan a este fenómeno como el *efecto de aceleración.* En algunos casos, un aumento de sólo el 10% en la demanda del mercado de consumo puede dar lugar a un aumento del 200% en los mercados industriales para el periodo siguiente, y en el caso contrario, una caída del 10% en la demanda de los consumidores puede hacer que la demanda empresarial se desplome totalmente.

■ ***Compradores concentrados geográficamente.*** Más de la mitad de los compradores empresariales estadounidenses se concentran en siete estados: Nueva York, California, Pensilvania, Illinois, Ohio, Nueva Jersey y Michigan. La concentración geográfica de los productores ayuda a reducir costos. Al mismo tiempo, los mercadólogos que se desempeñan en mercados industriales necesitan estar atentos a los cambios regionales en determinados sectores.

■ ***Compra directa.*** Por lo general, los compradores empresariales compran directamente de los fabricantes en lugar de acudir a intermediarios, especialmente en el caso de los artículos que son técnicamente complejos o caros (como servidores informáticos o aviones).

Situaciones de compra

El comprador empresarial tiene que tomar muchas decisiones para realizar una adquisición. El número total de decisiones dependerá de la situación de compra: la complejidad del problema que se debe resolver, el carácter novedoso de la compra, el número de participantes y el tiempo disponible. Patrick Robinson y otros autores distinguen tres tipos de situaciones de compra: recompra directa, recompra modificada y nueva adquisición.[6]

RECOMPRA DIRECTA El departamento de adquisiciones repite una orden de compra de forma rutinaria (por ejemplo, material de oficina, o productos químicos a granel) y para ello selecciona el proveedor de entre una "lista de aprobados". El proveedor se esfuerza por mantener la calidad del producto o servicio y a menudo propone un sistema de pedidos automático para ahorrar tiempo. Los proveedores que no están en la lista intentan ofrecer algo nuevo o explotar la insatisfacción del cliente con sus proveedores. Estos proveedores persiguen compras pequeñas, pero tienen el propósito de aumentar el número de ventas con el tiempo.

RECOMPRA MODIFICADA El comprador quiere modificar las especificaciones del producto, el precio, las condiciones de entrega o cualquier otro elemento. La recompra modificada con frecuencia implica la intervención de participantes adicionales por ambas partes. Los proveedores "aprobados" se ponen nerviosos e intentan proteger su cuenta, mientras que los demás ven la oportunidad de presentar una oferta mejor para entrar en el negocio.

NUEVA ADQUISICIÓN El comprador adquiere un producto o servicio por primera vez (por ejemplo, un edificio de oficinas o un sistema de seguridad nuevo). Cuanto mayores son los cos-

---

CUESTIONES **CLAVE** | CONSEJOS PARA VENDER A LAS PEQUEÑAS EMPRESAS

■ *No mezclar empresas pequeñas y medianas en el mismo saco.* Existe una gran diferencia entre empresas con ingresos de un millón de dólares, y empresas con ingresos de 50 millones de dólares, o entre empresas con 10 empleados y negocios más maduros con 100 trabajadores. IBM personaliza su portal para PYMES (www-ibm.com/business-center/us) con botones de llamada o de chat que están conectados a productos dirigidos a segmentos diferentes.

■ *No les haga perder el tiempo.* Esto supone no hacer llamadas generales, espectáculos de venta o largas comidas de negocios.

■ *Sencillez ante todo.* Esto podría ser el equivalente de "No les haga perder el tiempo". Sencillez significa un contacto con el proveedor para todos los problemas de servicios o una única factura para todos los servicios y productos. AT&T, que atiende a 3.9 millones de empresas con menos de 100 empleados, incluye la administración de datos, el trabajo en red y otras facilidades en paquetes exclusivos para este mercado.

■ *Utilice Internet.* Hewlett-Packard realizó un estudio sobre los patrones de compra de las pequeñas empresas, y descubrió que las personas responsables de la decisión, que no suelen disponer de mucho tiempo, prefieren comprar, o por lo menos investigar, productos y servicios en Internet. Con este fin, HP diseñó un sitio Web destinado a las pequeñas y medianas empresas, y dirige a los propietarios de éstas a su sitio mediante grandes dosis de publicidad, mensajes y campañas por correo electrónico, catálogos y acontecimientos especiales. IBM explora nuevas posibilidades vía eBay, vendiendo equipos reparados o retirados en su

nuevo sitio B2B. Cerca del 80% de los equipos IBM se venden a pequeñas empresas que son clientes nuevos (la mitad de los cuales han accedido a recibir llamadas y obtener información sobre otras ofertas).

■ *No olvide el contacto directo.* Aunque los propietarios de pequeñas empresas recurren en primer lugar a Internet, deberá ofrecerles contacto telefónico o personal. Sprint se pone en contacto con los pequeños empresarios mediante sus centros Sprint Experience Centers. Situados en las principales zonas metropolitanas, estos centros sirven para conocer de primera mano los productos Sprint y para invitar a los clientes a que interactúen con su tecnología.

■ *Ofrezca servicio posterior a la venta.* Las pequeñas empresas buscan colaboradores y no vendedores a toda costa. Cuando The DeWitt Company, una empresa de productos de jardinería con 100 empleados, compró una gran máquina de Moeller, una empresa alemana, el presidente de la empresa visitó personalmente al director general de DeWitt y se quedó hasta que la máquina estaba totalmente lista y funcionando adecuadamente.

■ *Haga sus deberes.* Las realidades de administración de las PYMES son diferentes de las de las grandes empresas. Microsoft creó una empresa imaginaria de investigación, Southridge, y cromos como los de jugadores de béisbol pero con las personas responsables de la toma de decisiones. El objetivo era ayudar a los empleados de la empresa a definir estrategias de venta adecuadas para las realidades de las pequeñas empresas.

Fuentes: Basado en Barnaby J. Feder, "When Goliath Comes Knocking on David's Door", *New York Times,* 6 de mayo de 2003, p. G13; Jay Greene, "Small Biz: Microsoft's Next Big Thing?" *Business Week,* 21 de abril de 2003, pp. 72–73; Jennifer Gilbert, "Small but Mighty", *Sales & Marketing Management* enero de 2004, pp. 30–35; Verne Kopytoff, "Businesses Click on eBay", *San Francisco Chronicle,* 28 de julio de 2003, p. E1.

tos o los riesgos implicados, mayor es el número de participantes y la cantidad de información recopilada, y por tanto, mayor es el plazo necesario para tomar una decisión.[7]

El comprador empresarial toma menos decisiones en la recompra directa, y más en el caso de la nueva adquisición. Con el tiempo, las situaciones de nueva adquisición se convierten en recompras directas, con un comportamiento de compra rutinario. Las nuevas adquisiciones atraviesan diversas fases: conciencia, interés, evaluación, prueba y adopción.[8] La eficacia de las herramientas de comunicación es diferente en cada fase. En la etapa inicial, los medios de comunicación de masas son las más importantes, mientras que los vendedores resultan cruciales en la fase de interés y las fuentes técnicas son las más relevantes durante la fase de evaluación.

En una situación de nueva adquisición, el comprador debe determinar las especificaciones del producto, los límites de precio, las condiciones de entrega, de servicio y de pago, la cantidad del pedido, los proveedores aceptables y el proveedor final. Los diferentes participantes influyen sobre cada decisión, y el orden en que se toman estas decisiones suele variar. Este tipo de situaciones constituyen las mejores oportunidades para los vendedores, pero también los mayores desafíos. Como las ventas a menudo resultan complicadas, muchas empresas recurren a *equipos de ventas misioneros,* integrados por los vendedores más eficaces. La oferta y la familiaridad de la marca del fabricante son factores importantes para ganarse la confianza de un cliente y para que éste considere el cambio de proveedor. El profesional del marketing también intentará dirigirse a tantos participantes como sea posible, y ofrecer información y asistencia relevantes.

Una vez que se ha conseguido un cliente, los proveedores habituales buscan constantemente la manera de añadir valor a su oferta con el fin de facilitar las recompras. Para ello, ofrecen información personalizada a sus clientes:

ORICA LTD.

Orica Ltd., anteriormente ICI Australia, compite en el feroz negocio de los explosivos comerciales. Sus clientes son compañías que trabajan la cantera y que utilizan explosivos para volar rocas sólidas y darles un determinado tamaño. Orica intenta minimizar los costos de los explosivos de forma continua. Como proveedor, Orica se dio cuenta de que podía añadir un valor significativo mejorando la eficacia de la explosión. Para ello, estableció más de 20 parámetros que afectaban al éxito de la explosión y empezó a recabar información sobre los parámetros de los clientes y sobre los resultados de las diferentes explosiones. Con toda esta información, los ingenieros de Orica pudieron comprender qué condiciones generaban los diferentes resultados. Así, Orica pudo ofrecer a sus clientes un contrato de "roca detonada" que prácticamente garantizaba los resultados deseados. El éxito de este enfoque (administrar la explosión de la cantera en lugar de simplemente vender explosivos) ha situado a Orica a la cabeza de los proveedores de explosivos comerciales.[9]

Los clientes que tienen que invertir cifras de seis y siete dígitos en una transacción por bienes y servicios caros quieren toda la información que puedan obtener. Una forma de atraer clientes es creando un programa de referencia en el que los clientes satisfechos actúen de común acuerdo con el departamento de ventas y de marketing de la empresa para ofrecer referencias. Las empresas que cuentan con este tipo de programas son Siebel Systems, J. D. Edwards y Sun Microsystems:

J.D. EDWARDS

J. D. Edwards, una compañía con sede en Denver y dedicada a desarrollar software, invita a sus clientes a redactar una historia que sea "relevante para sus clientes", para que participen en su programa de referencia y especifiquen el nivel al que les gustaría participar. Los clientes pueden acceder a responder a llamadas telefónicas de clientes potenciales, incluir sus comentarios en una página Web, o simplemente prestar sus nombres o experiencias para presentarlos en boletines de prensa y otros medios de comunicación. El director de comunicaciones corporativas de J. D. Edwards afirma que para los compradores potenciales es crucial conocer las historias de otros clientes. La empresa valora los beneficios de las referencias de sus clientes calculando las ventas generadas en las primeras fases de contacto del comprador potencial con el programa. Durante siete meses entre 2002 y 2003, el programa de referencia contribuyó a generar más de 35 millones de dólares en concesión de licencias de software.

Compra y venta de sistemas

Muchos compradores prefieren comprar a un único vendedor una solución integral a su problema. Este sistema se conoce como *compra de sistemas,* y nació a partir de las prácticas de compra de armamento y sistemas de comunicación del gobierno estadounidense. El gobierno solicitaba ofertas de *contratistas principales,* que elaboraban el paquete o sistema a la medida. El contratista al que se le concedía el contrato era responsable de la licitación y del montaje de los componentes del sistema a partir de *otros contratistas.* Así, el contratista principal ofrecía una *solución llave en mano,* denominada así porque el comprador sólo tenía que girar una llave para conseguir todo el trabajo hecho.

FORD

Ford ha dejado de ser un fabricante de vehículos para convertirse en un ensamblador de vehículos. La empresa confía en un grupo selecto de proveedores de sistemas que le suministran asientos, sistemas de frenado, puertas, etc. Al diseñar un nuevo automóvil, Ford colabora estrechamente, por ejemplo, con su fabricante de asientos y crea una *caja negra de especificaciones* con las dimensiones básicas del asiento y los resultados que espera de los mismos, y a continuación sólo tiene que esperar a que el proveedor de asientos le presente el diseño con la mejor relación costo-beneficios. Cuando llegan a un acuerdo, el proveedor de asientos subcontrata a sus proveedores de piezas para que produzcan y le suministren los componentes necesarios para fabricar los asientos.

Los vendedores se han dado cuenta de que cada vez más compradores prefieren esta forma de compra, y muchos utilizan la venta de sistemas como una herramienta de marketing. Una variante de la venta de sistemas es la *contratación de sistemas,* donde un único proveedor ofrece al comprador la totalidad de servicios de mantenimiento, reparación y operaciones (MRO). Durante el periodo de vigencia del contrato, el proveedor administra el inventario del cliente. Por ejemplo, Shell Oil administra el inventario de muchos de sus clientes empresariales y sabe cuándo es necesario reabastecerlos. El cliente se beneficia de unos costos de abastecimiento y administración más reducidos, y de la protección del precio durante toda la vigencia del contrato. El vendedor, por su parte, se beneficia de menores costos operativos gracias a una demanda constante y de menos papeleo.

La venta de sistemas es una estrategia de marketing clave para proyectos industriales de gran impacto, como presas, fundiciones, sistemas de irrigación, sistemas sanitarios, tuberías, servicios públicos e incluso nuevas ciudades. Las empresas de ingeniería de proyectos compiten en precio, calidad, confiabilidad y demás atributos para poder conseguir contratos. Veamos el siguiente ejemplo.

JAPÓN E INDONESIA

El gobierno indonesio abrió un proceso de licitación para la creación de una cementera cerca de Yakarta. Una empresa estadounidense presentó una oferta que incluía la selección de la ubicación, el diseño de la cementera, la contratación de las cuadrillas de peones, el montaje de materiales y maquinaria, y la entrega de la cementera terminada al gobierno indonesio. Una empresa japonesa, al elaborar su oferta, incluyó todos estos servicios más la contratación y capacitación de los empleados de la cementera, la exportación de cemento a través de sus socios comerciales y la utilización de cemento para construir carreteras y nuevos edificios de oficinas en Yakarta. Aunque la oferta japonesa era más cara, ganó el concurso. Evidentemente, los japoneses entendían el problema no sólo como la construcción de una cementera (enfoque limitado de la venta de sistemas), sino como una contribución al desarrollo económico de Indonesia. Adoptaron el enfoque más amplio de las necesidades del cliente. En esto consiste la verdadera venta de sistemas.

::: Los participantes en el proceso de compra empresarial

¿Quién compra los bienes y servicios por billones de dólares que necesitan las empresas? Los agentes de compra son muy influyentes en las situaciones de recompra directa y de recompra modificada, mientras que en los casos de nuevas adquisiciones, el personal de otros departamentos adquiere una mayor influencia. El personal de ingeniería suele tener más influencia a la hora de seleccionar los componentes de los productos, mientras que los agentes de compra dominan la selección de proveedores.[10]

El centro de compra

Webster y Wind denominan a la unidad de toma de decisiones de compra de una empresa como el *centro de compra*. Este último está compuesto por "todos aquellos individuos y grupos que participan en el proceso de decisión de compra, que comparten los objetivos comunes y los riesgos inherentes a sus decisiones".[11] El centro de compra incluye a todos los miembros de la organización que desempeñan alguna de las siguientes siete funciones en el proceso de decisión de compra.[12]

1. *Iniciadores.* Son aquellas personas que solicitan que se realice una determinada adquisición. Pueden ser usuarios o cualquier otra persona de la organización.
2. *Usuarios.* Son aquellas personas que utilizarán el producto o servicio. Con frecuencia, los usuarios inician la propuesta de compra y ayudan a definir las especificaciones del producto.
3. *Influyentes.* Son aquellas personas que influyen en la decisión de compra. Ayudan a definir las especificaciones del producto y también ofrecen información útil para evaluar las alternativas. El personal técnico de las organizaciones es particularmente incluyente.
4. *Encargados de tomar decisiones.* Son aquellas personas que deciden sobre los requisitos del producto y sobre los proveedores.

5. *Aprobadores.* Son aquellas personas que autorizan las medidas propuestas por quienes toman las decisiones o los compradores.
6. *Compradores.* Son aquellas personas que tienen autoridad formal para seleccionar el proveedor y determinar las condiciones de compra. Los compradores pueden ayudar a definir las especificaciones del producto, pero su principal función consiste en seleccionar los proveedores y negociar con ellos. En situaciones de compra complejas, los compradores pueden ser altos directivos.
7. *Guardianes (gatekeepers).* Son aquellas personas que tienen capacidad para evitar que los vendedores o la información lleguen hasta los demás participantes del centro de compra. Por ejemplo, los agentes de compra, los recepcionistas y los telefonistas pueden evitar que los vendedores se pongan en contacto con los usuarios o los encargados de tomar las decisiones.

Varias personas pueden desempeñar una misma función dentro del centro de compra (por ejemplo, tal vez haya numerosos usuarios o varios influyentes), y un mismo individuo puede ejercer diversas funciones.[13] Un gerente de compras, por ejemplo, a menudo ejerce las funciones de comprador, influyente y guardián simultáneamente: determina qué vendedores pueden llamar a otras personas de la empresa, qué presupuesto y demás límites se deben fijar para la compra, y qué empresa seleccionar como proveedor, aunque otros (responsables de las decisiones) hayan seleccionado dos o más proveedores potenciales que reúnan los requisitos de la empresa.

Línea de ensamblaje de Ford en acción: trabajadores de ensamblaje de automóviles en la planta de Ford Motor Company en Hermosillo, Sonora, México.

Un centro de compra típico está integrado por un mínimo de cinco o seis miembros, y generalmente alcanza las decenas de participantes. El centro de compra en ocasiones incluye participantes ajenos a la organización, como por ejemplo, funcionarios públicos, consultores, asesores técnicos y otros miembros del canal de marketing.

Principales influencias del centro de compra

Los centros de compra incluyen diversos participantes con intereses, autoridad, estatus y capacidad de persuasión diferentes. Cada participante tiende a dar prioridad a criterios de decisión diferentes. Por ejemplo, los ingenieros se preocuparán por maximizar los resultados reales del producto; el personal de producción por la facilidad y fiabilidad de uso y de suministro del producto; el personal financiero se concentrará en los factores económicos de la compra; el departamento de adquisiciones estudiará los costos de operación y sustitución; los sindicatos destacarán aspectos de seguridad y prevención de riesgos, y así sucesivamente.

Los compradores empresariales también se ven sometidos a muchas influencias cuando toman sus decisiones de compra. Cada comprador tiene motivaciones, percepciones y preferencias personales, que vienen determinadas por la edad, los ingresos, la educación, el puesto de trabajo, la personalidad, la actitud frente al riesgo y la cultura. Los compradores, además, tienen estilos de compra muy diferentes. Hay quienes prefieren las cosas claras, otros son los expertos, o los que sólo buscan lo mejor, o los que quieren todo hecho, etc. Algunos compradores más jóvenes y con un alto nivel educativo son expertos en informática que acostumbran elaborar rigurosos análisis de las diferentes propuestas antes de seleccionar un proveedor. Otros compradores son "tipos duros" de la vieja escuela que enfrentan a los diferentes competidores entre sí.

Webster advierte que, en último término, son las personas y no las empresas las que toman las decisiones de compra.[14] Las personas están motivadas por sus propias necesidades y percepciones e intentan maximizar las recompensas que ofrece la empresa (sueldo, promoción, reconocimiento y sensación de logro). Las necesidades personales "motivan" el comportamiento de las personas, pero las necesidades de la empresa "legitiman" el proceso de decisión de compra y sus consecuencias. Las personas no compran "productos", sino que compran soluciones para dos problemas: el problema económico y estratégico de la empresa, y el "problema" personal de conseguir logros y recompensas. En este sentido, las decisiones de compra empresariales son tanto "racionales" como "emocionales", puesto que atienden tanto a las necesidades de la organización como a las de las personas.[15]

El centro de compra como público meta

Para enfocar los esfuerzos adecuadamente, los mercadólogos que se desenvuelven en mercados industriales tienen que responder preguntas como: ¿Quiénes son los participantes principales de la decisiones? ¿Sobre qué decisiones influyen más? ¿Cuál es su nivel de influencia? ¿Qué criterios de evaluación utilizan? Veamos el siguiente ejemplo:

Una empresa vende batas quirúrgicas desechables sin costuras a los hospitales. Los empleados del hospital que participan en la decisión de compra son el gerente de compras, el administrador de la sala de cirugía y los cirujanos. El gerente de compras analiza si el hospital debería utilizar batas desechables o reutilizables. Si descubre que resulta más rentable utilizar batas desechables, el administrador de la sala de cirugía hará una comparación entre los productos y los precios de las empresas rivales para elegir. Considerará características como absorción, calidad antiséptica, diseño y costo, y normalmente se inclinará por la marca que reúna estos requisitos al precio más bajo. Los cirujanos influirán en la decisión de manera retroactiva, expresando su nivel de satisfacción con la marca elegida.

Los mercadólogos que trabajan en mercados industriales no saben a ciencia cierta qué tipo de dinámicas de grupo tienen lugar en el proceso de decisión de compra, aunque cualquier información que descubran sobre personalidades y factores interpersonales siempre resultará útil.

Los vendedores a empresas de menor tamaño se concentran en llegar a los *influyentes clave,* mientras que los de mayor tamaño se concentran en una *venta a diferentes niveles* para llegar a cuantos participantes sea posible. Los vendedores de estas empresas "viven", literalmente, con clientes de gran volumen. Las empresas tienen que confiar cada vez más en sus programas de comunicación para llegar a todas aquellas personas que, aun cuando estén un tanto escondidas, influyen en las compras y para mantener a los clientes actuales bien informados.[16]

SYMANTEC CORPORATION

Esta empresa de servicios de seguridad en Internet dejó de ser una empresa de software para consumidores (bajo el nombre de Norton) para convertirse en un proveedor de soluciones de seguridad para empresas de servicios financieros, de salud, de servicios públicos, así como para el Departamento de Defensa de Estados Unidos. Para llegar a estos nuevos mercados, Symantec ha tenido que reestructurar su fuerza de ventas con el fin de desarrollar relaciones al más alto nivel. De esta forma, Symantec lanzó su programa Executive Sponsorship Program en 2003. A los 13 ejecutivos que participaron en el programa se les asignó una serie de directores o ejecutivos de nivel C de los 19 clientes principales en sectores como la banca, las telecomunicaciones y la manufactura. El objetivo del programa era fomentar la comprensión de las necesidades de los clientes y sus preocupaciones. Hasta la fecha, el programa ha contribuido a que los clientes de Symantec lo consideren un colaborador de gran valor y a que los ejecutivos de la empresa sepan cómo desarrollar productos que satisfagan las necesidades de sus clientes.[17]

Los mercadólogos que se mueven en mercados industriales deben actualizar periódicamente su conocimiento sobre los participantes del centro de compra de los clientes. Durante años, Kodak vendió películas de rayos X a los técnicos de laboratorio de hospitales. Los estudios de Kodak indicaban que los administradores profesionales influían cada vez más en las decisiones de compra. Así, Kodak revisó su estrategia de marketing y desarrolló una nueva campaña publicitaria para llegar a las personas encargadas de tomar las decisiones.

Al definir los segmentos meta se pueden distinguir cuatro tipos de orientaciones de compra empresarial, con sus correspondientes implicaciones de marketing.

1. *Clientes orientados al precio* (venta transaccional). El precio lo es todo.
2. *Clientes orientados a las soluciones* (venta consultiva). Estas empresas buscan precios bajos pero responderán a argumentos de costos totales más bajos o de servicio o distribución más confiables.
3. *Clientes orientados a la calidad* (venta cualitativa). Estas empresas buscan los mejores resultados en términos de calidad, asesoría , distribución confiable, etcétera.
4. *Clientes con orientación estratégica* (venta empresarial). Estas empresas buscan una relación permanente con un único proveedor.

Algunas empresas están dispuestas a tratar con empresas cuyas compras están orientadas al precio, fijando un precio más bajo, pero con condiciones restrictivas: **1.** límite de la cantidad que se puede adquirir; **2.** sin devoluciones; **3.** sin modificaciones, y **4.** sin servicios.[18]

■ *Cardinal Health* creó un sistema de primas y ofrece puntos a sus clientes en función del volumen de compra. Más tarde, los puntos se canjean por artículos adicionales o por servicios de consultoría gratuitos.

■ *GE* está instalando sensores de diagnóstico en los motores de aviones y ferrocarriles, y se ve compensado las por horas de vuelo o de ferrocarril conseguidas.

■ *IBM* en la actualidad, es más una empresa de servicios que se apoya en productos físicos que una empresa de productos que se apoye en servicios. Hoy ofrece a sus clientes capaci-

El anuncio de Kodak se dirige a los administradores de hospitales con su oferta de servicios para racionalizar procesos, integrar tecnologías y aumentar la productividad.

dad informática a la carta (por ejemplo, video a la carta) como alternativa a la venta de computadoras.

Para compensar las reducciones de precio que solicitan los clientes, a menudo se utiliza el *reparto de riesgos y beneficios*. Por ejemplo, imagine que Medline, proveedor de hospitales, firma un contrato con el hospital Highland Park Hospital y promete ahorros de 350,000 dólares durante los 18 meses siguientes a cambio de que el volumen de pedidos se multiplique por 10. Si Medline obtiene menos ahorros de los prometidos, compensará la diferencia. Si Medline obtiene mucho más que lo que prometió, participará en los ahorros adicionales. Para hacer este tipo de acuerdos, el proveedor debe estar dispuesto a ayudar al cliente a crear una base de datos histórica, a alcanzar un acuerdo sobre cómo medir los resultados y los costos, y a fijar un mecanismo de resolución de disputas.

La *venta de soluciones* también contribuye a aliviar la presión de precios y puede adoptar diversas formas. Éstos son algunos ejemplos:[19]

- ■ *Soluciones para incrementar los ingresos del cliente.* Hendrix Voeders se valió de sus consultores de ventas para ayudar a los criadores a aumentar el peso de sus animales entre un 5 y 10% más que sus competidores.

- ■ *Soluciones para reducir el riesgo del cliente.* ICI Explosives creó una forma más segura de transportar los explosivos a las canteras.

- ■ *Soluciones para reducir los costos del cliente.* Los empleados de W. W. Grainger trabajan en las oficinas de los grandes clientes para reducir el costo de administración de materiales.

::: El proceso de compras y adquisiciones

Cada organización tiene diferentes objetivos, políticas y procedimientos de compra, estructuras organizacionales y sistemas de adquisiciones. En principio, los compradores empresariales intentan obtener el mejor paquete de beneficios (económicos, técnicos, sociales y de servicios) en relación con el costo de la oferta. El incentivo de compra de un comprador empresarial será mayor cuanto más aumente la razón entre beneficios y costos percibidos. La labor del experto de marketing consiste en crear una oferta rentable que genere a los compradores objetivo mayor valor percibido que el ofrecido por la competencia.

Enfoques de compra

En el pasado, los departamentos de compras ocupaban una posición muy baja en la jerarquía de dirección, a pesar de administrar más de la mitad de los costos de la empresa. En la actualidad, la presión que ejerce la competencia ha hecho que estos departamentos adquieran más peso y que sus responsables escalen en la jerarquía empresarial hasta ocupar puestos de dirección. Los departamentos de compra actuales están formados por personal con estudios de maestría en administración que aspiran a ser directores generales, como Thomas Stallkamp, el ex gerente de compras y distribución de Chrysler, que redujo los costos y racionalizó los procesos de fabricación de la empresa.[20]

Estos departamentos de compra, mejor orientados estratégicamente, se encargan de lograr el mejor valor a partir de un número inferior de proveedores de mejor calidad. Algunas multinacionales los consideran "departamentos estratégicos de suministro" y les han otorgado la responsabilidad de buscar colaboraciones y recursos a nivel mundial. Por ejemplo, en Caterpillar, las compras, el control de inventario, el programa de producción y el transporte se han combinado en un único departamento. Lockheed Martin es otra empresa que ha mejorado sus prácticas de compra.

LOCKHEED MARTIN

La compañía contratista Lockheed Martin, que gasta 13,200 millones de dólares al año, creó un grupo estratégico para centralizar las funciones de compra de todas las divisiones de la empresa y consolidar los beneficios. El grupo está constituido por 52 empleados con experiencia multifuncional, y su tarea consiste en "formar un equipo integrado que genere inteligencia en la cadena global de suministro de valor, y estrategias de aprovisionamiento innovadoras, optimizando totalmente el valor para el cliente". Un ejemplo de la orientación estratégica del grupo es el hecho de que Lockheed Martin descubrió que estaba gastando entre un 25 y 40% más de lo necesario en maquinaria. Creó un consejo de maquinaria para intentar reducir el número de proveedores y consolidar el grupo de los preferidos. De este modo, la base de proveedores se redujo a un conjunto de proveedores limitado, se aumentó la frecuencia de las negociaciones, y se introdujeron subastas "a la inversa" cuando fue necesario.[21]

Este mayor reconocimiento de los departamentos de compra supone que los mercadólogos deben elevar la categoría de su personal de ventas para ajustarse al nivel de los compradores. Formalmente, podemos diferenciar en las empresas tres enfoques a la hora de realizar las compras:[22]

■ *Enfoque de compra.* El comprador se concentra en la táctica y en el corto plazo. Los compradores reciben remuneraciones en función de su capacidad de obtener el precio más bajo de los proveedores para un determinado nivel de calidad y disponibilidad. Los compradores utilizan dos tácticas: *simplificación*, cuando los compradores consideran que el producto es simplemente un producto básico y sólo se preocupan por el precio; y *multiprovisión*, cuando emplean diferentes proveedores y los hacen competir por las compras de la empresa.

■ *Enfoque de aprovisionamiento.* Este enfoque implica que los compradores buscan tanto mejoras de calidad como reducción de costos. Los compradores desarrollan relaciones de colaboración con los principales proveedores y buscan ahorrar mediante una mejor administración de los costos de adquisición, conversión y abandono. Los compradores fomentan la participación de los proveedores desde el principio del proceso, con administración de materiales, niveles de inventario, administración *just in time* o, incluso, diseño de productos. Negocian contratos a largo plazo con los principales proveedores para asegurar el flujo adecuado de materiales. Asimismo, colaboran estrechamente con el personal de producción en la planeación de necesidades de material, con el fin de asegurarse de que los suministros lleguen a tiempo.

■ *Enfoque de administración de la cadena de distribución.* En este caso, las labores de compra se amplían mucho más para convertirse en una operación más estratégica y generadora de valor agregado. Los ejecutivos de compras de la empresa colaboran con los ejecutivos de marketing y de otros departamentos para crear un sistema impecable de administración de la cadena de suministro, que va desde la compra de materias primas hasta la entrega puntual de los productos terminados a los usuarios finales.

Tipos de procesos de compra

Los mercadólogos que trabajan en mercados industriales necesitan saber cómo funcionan los departamentos de compra de las compañías. Estos departamentos adquieren infinidad de productos, y los procesos de compra varían en función del tipo de producto del que se trate. Peter Kraljic distingue cuatro procesos de compra en función del producto:[23]

1. ***Productos de compra rutinaria.*** Estos productos implican poco valor y costos bajos para el cliente, y conllevan riesgos mínimos (por ejemplo, material de oficina). Los clientes buscarán los precios más bajos y prestarán especial atención a la formulación rutinaria de pedidos. Los proveedores ofrecerán estandarizar y consolidar los pedidos.
2. ***Productos influyentes.*** Estos productos implican un gran valor y costos elevados para el cliente, pero conllevan pocos riesgos de suministro porque existen muchos fabricantes (por ejemplo, pistones para motores). El proveedor es consciente de que el cliente comparará las ofertas y los costos del mercado, por lo que debe demostrar que su oferta minimiza el costo total para el cliente.
3. ***Productos estratégicos.*** Estos productos implican un gran valor y costos elevados para el cliente, y además suponen un gran riesgo (por ejemplo, servidores informáticos). El cliente buscará un proveedor confiable y de renombre, y estará dispuesto a pagar más que el precio promedio. El proveedor debe buscar alianzas estratégicas que supongan su participación en el proceso desde el principio, y programas de desarrollo e inversión conjuntos.
4. ***Productos cuello de botella.*** Estos productos implican poco valor y costos reducidos para el cliente, pero entrañan cierto riesgo (por ejemplo, piezas de repuesto). El cliente buscará un proveedor que pueda garantizar un suministro constante de productos confiables. El proveedor debería proponer piezas estándar y ofrecer un sistema de seguimiento, entrega puntual y un centro de atención al cliente.

Organización y administración del proceso de compra

La mayoría de los compradores profesionales afirman que sus trabajos implican más funciones estratégicas, técnicas y de trabajo en equipo que nunca, y que asumen una responsabilidad sin precedentes. "Actualmente, los departamentos de compra hacen más trabajo multifuncional que en el pasado", afirma David Duprey, comprador de Anaren Microwave, Inc. El 61% de los compradores encuestados afirmaron que el grupo de compra participaba en el diseño y desarrollo de nuevos productos mucho más que cinco años atrás, y más de la mitad de los encuestados respondieron que los compradores participaban en equipos multifuncionales, en los que los proveedores tenían una representación considerable.[24]

En las empresas con diferentes divisiones, éstas realizan sus propias compras. Sin embargo, otras empresas han empezado a centralizar las compras. Las oficinas centrales concentran las necesidades de material de las diferentes divisiones y adquieren el material necesario desde allí, ganando más poder de negociación. Si las diferentes divisiones obtienen mejores ofertas, pueden comprar independientemente, pero en general, la compra centralizada representa ahorros sustanciales. Para el profesional del marketing esto supone que tendrá que tratar con menos compradores de más nivel y utilizar equipos de ventas de cuentas nacionales para tratar con las grandes empresas.

Al mismo tiempo, las empresas están descentralizando algunas operaciones de compra delegando pequeñas adquisiciones (como encuadernadoras, cafeteras o árboles de Navidad) en los empleados. Este fenómeno es resultado de la disposición de tarjetas de crédito corporativas que emiten las entidades financieras. Las empresas distribuyen las tarjetas al personal de oficina y a las secretarias; estas tarjetas incorporan códigos para limitar el crédito y determinar los establecimientos en los pueden utilizarse. El gerente de compras de National Semiconductor ha notado que las tarjetas han disminuido los costos de procesamiento desde los 30 dólares por pedido, hasta unos cuantos centavos. Y además tienen una ventaja adicional: tanto compradores como vendedores ahorran tiempo en papeleos innecesarios.

::: Fases del proceso de compra

Llegados a este punto, es posible describir las fases generales del proceso de compra. Robinson y sus colaboradores han identificado ocho fases en este proceso,[25] que se presentan en la tabla 7.1. Este modelo se conoce como la *matriz de compra*.

La tabla 7.1 describe las fases de compra que componen un proceso de nueva adquisición. En una situación de recompra modificada o de recompra directa, algunas de las fases se comprimen o se eliminan. Por ejemplo, en una recompra directa, el comprador normalmente tiene preferencias por un proveedor o dispone de una lista de proveedores favoritos, por lo que se saltaría las fases de búsqueda de proveedores y de solicitud de propuestas.

Este modelo de ocho fases incluye los pasos fundamentales del proceso de compra empresarial. Para conseguir más información, los mercadólogos pueden diseñar un mapa del flujo de adquisición. La figura 7.1 muestra un ejemplo del flujo de adquisición de una máquina empacadora japonesa. Los números dentro de los iconos vienen explicados a la derecha. Los números en letra cursiva que aparecen entre los iconos indican el flujo de acontecimientos que se suceden. Por parte de la empresa compradora, 20 empleados participaban en

| TABLA 7.1 |

Matriz de compra: principales fases del
proceso de compra industrial según las
clases de compra.

		Clases de compra		
		Primera adquisición	**Recompra modificada**	**Recompra directa**
	1. Reconocimiento del problema	Sí	Posible	No
	2. Descripción general de la necesidad	Sí	Posible	No
	3. Especificación del producto	Sí	Sí	Sí
FASES DE	4. Búsqueda de proveedores	Sí	Posible	No
COMPRA	5. Solicitud de propuestas	Sí	Posible	No
	6. Selección del proveedor	Sí	Posible	No
	7. Especificación de la rutina de pedido	Sí	Posible	No
	8. Revisión de la ejecución	Sí	Sí	Sí

el proceso, y entre ellos se contaban el gerente de producción y su equipo, el comité de nuevos productos, personal de laboratorio de la empresa, miembros del departamento de marketing y del departamento de desarrollo de mercados. El proceso de toma de decisiones total duró 121 días. Cada una de estas ocho fases implica consideraciones muy importantes.

Reconocimiento del problema

El proceso de compra comienza cuando alguien en la empresa reconoce un problema o una necesidad que puede satisfacerse mediante la adquisición de un producto o servicio. El reconocimiento se desencadena gracias a estímulos tanto internos como externos. Internamente, existen acontecimientos habituales que llevan al reconocimiento de un problema. Una empresa decide desarrollar un producto nuevo y necesita material o maquinaria nuevos. O por ejemplo, cuando se avería una máquina y hay que comprar piezas de repuesto. O si el material que se compró no resulta satisfactorio, la empresa deberá buscar un nuevo provee-

| FIG. 7.1 |

Organización del comportamiento de
compra de una máquina empacadora
en Japón.

Fuente: "Japanese Firms Use Unique
Buying Behavior." *The Japan Economic
Journal,* 23 de diciembre de 1980, p. 29.
Reimpreso con permiso.

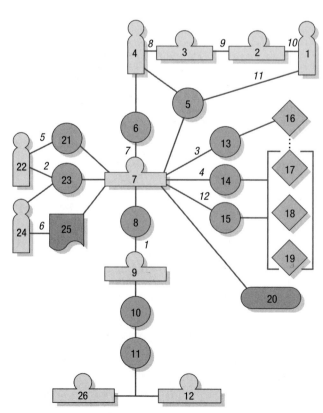

1   Presidente
2   Departamento financiero
3   Oficina central de ventas
4   Jefe de producción
5   Decisión
6   Discusión de producción y planes de ventas
7   Departamento de producción
8   Producción del plan del proceso de empaque
9   Comité de desarrollo de nuevos productos
10 Petición de consulta
11 Producción del plan de marketing del nuevo producto
12 Departamento de desarrollo de productos
13 Discusión del diseño sobre el prototipo de máquinas
14 Prototipo de máquina
15 Establecimiento de pedidos
16 Diseño de fabricación y staff técnico
17 Proveedor A
18 Proveedor B
19 Proveedor C
20 Exhibición de la máquina en otros países
21 Solicitud de pruebas para el prototipo de la máquina
22 Staff de investigación
23 Producción del diseño básico
24 Jefe de obras
25 Producción de borrador de planes
26 Departamento de marketing

dor. Tal vez el director de compras descubra una oportunidad de negociar mejores precios o mayor calidad. Externamente, el comprador puede obtener nuevas ideas en una feria comercial, al ver un anuncio, o al recibir una llamada de un vendedor que ofrece un producto mejorado a un precio módico. Los mercadólogos que trabajan en los mercados industriales pueden estimular el reconocimiento de problemas mediante el correo directo, el telemarketing y las llamadas a clientes potenciales.

Descripción general de la necesidad y especificaciones del producto

A continuación, el comprador determina las características y la cantidad de unidades del artículo que necesita. Para los productos estándar esto es sencillo, pero para los artículos complejos, el comprador necesitará la colaboración de terceros (como ingenieros o usuarios) para definir las características de confiabilidad, duración o precio. Los mercadólogos son de gran ayuda si describen cómo es que sus productos satisfacen, o incluso sobrepasan con creces, las necesidades del comprador. He aquí un ejemplo de cómo un proveedor utiliza los servicios de valor agregado para obtener ventaja competitiva:

HEWLETT-PACKARD

El departamento de marketing de Hewlett-Packard ha desarrollado un concepto llamado "asesor de confianza". Los expertos de marketing de la empresa se percataron de que HP necesitaba dar un paso más, y en lugar de vender sistemas, venderse a sí misma como empresa asesora para ofrecer soluciones a problemas únicos. Lo que HP descubrió es que algunas empresas buscan un socio, mientras que otras simplemente quieren productos que funcionen. HP asume una función de asesoría cuando vende productos complejos, como por ejemplo, sistemas de redes informáticas. La empresa calcula que esta nueva forma de ventas ha representado un 60% de crecimiento de su negocio de computadoras de tecnología punta. HP ha incrementado su negocio de consultoría y trabaja con proyectos de alcance global con sus clientes mediante una serie de colaboraciones con integradores de sistemas y empresas de software.[26]

Anuncio perteneciente a la serie "+HP = todo es posible", que se centra en su capacidad de consultoría y asesoría. Mediante un *joint venture (alianza entre dos empresas para emprender una aventura de negocios)* con el gobierno de la región administrativa de Hong Kong, HP creó un portal Web que ofrece a los ciudadanos un acceso 24 horas a los servicios públicos.

A continuación, la empresa compradora desarrolla las especificaciones técnicas del producto. Con frecuencia, la empresa asigna un equipo de ingenieros al proyecto para realizar un análisis del valor de producto. El *análisis de valor del producto* (AVP) consiste en una aproximación a la reducción de costos en la cual se estudian cuidadosamente los componentes del producto para determinar si pueden rediseñarse, estandarizarse, o fabricarse con métodos más baratos. Este equipo analizará sobre todo los componentes más caros de cada producto. Asimismo, buscará las piezas independientes que duren más que el propio producto. Con especificaciones concretas y estrictas, el comprador podrá rechazar aquellos componentes que resulten demasiado caros o que no reúnan los requisitos necesarios. Los proveedores pueden utilizar el análisis del valor del producto como una herramienta para posicionarse y conseguir un nuevo cliente.

Búsqueda de proveedores

En esta fase, el comprador trata de identificar los proveedores más apropiados examinando directorios empresariales, contactos con otras empresas, anuncios y ferias comerciales. Los mercadólogos que se desempeñan en mercados industriales también distribuyen información sobre productos, precios y otros rubros en Internet.[27] Mientras que el comercio electrónico de negocio a negocio (B2B) no ha desarrollado todo el potencial que se le atribuía en un principio, sigue aventajando considerablemente al comercio electrónico de negocio a consumidor (B2C). Según la empresa de estudios de mercado eMarketer, en el 2002 las empresas estadounidenses gastaron 482,000 millones de dólares en transacciones *on line* con otras empresas (lo que representa el 242% de los 141,000 millones de dólares que se gastaron en el 2000). Por su parte, los consumidores sólo gastaron 71,000 millones de dólares en bienes y servicios *on line* en el 2002.[28] El fenómeno de la compra por Internet tendrá muchas más implicaciones para los proveedores y cambiará los patrones de compra en los próximos años. (Véase *Marketing en acción: El ciberbazar empresarial*.)

Compras *on line*

Los sitios Web se agrupan en torno a dos tipos de ejes: los *ejes verticales* por sector industrial (plástico, acero, productos químicos, papel) y los *ejes funcionales* (logística, medios de comunicación, publicidad, administración de energía). Además de utilizar estos sitios Web, las empresas también pueden realizar compras *on line* de otro modo:

■ *Vínculos externos directos a los principales proveedores.* Una empresa puede crear vínculos externos a su red con los proveedores principales. Por ejemplo, puede establecer una cuenta de compra directa con Dell u Office Depot, que los empleados utilizarán para realizar sus compras.

■ *Alianzas de compra.* Coca-Cola, Sara Lee, Kraft, PepsiCo, Gillette, P&G y otras empresas han unido esfuerzos para crear una alianza de compra llamada Transora con el fin de combinar su influencia y obtener materias primas a precios más bajos. Los miembros de Transora también comparten información sobre cómo transportar y fletar productos o administrar el inventario de la forma más barata posible. Diversas empresas de la industria automotriz

Página Web de Covisint: "Soluciones y servicios para conectar, comunicar, colaborar."

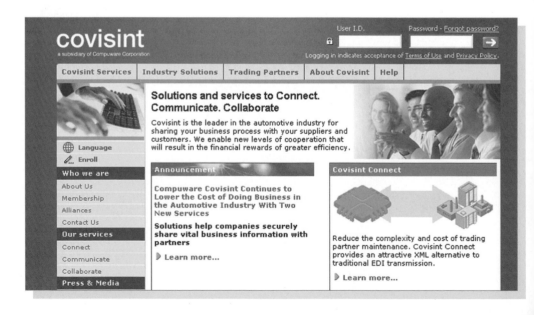

MARKETING **EN ACCIÓN** | **EL CIBERBAZAR EMPRESARIAL**

Con el auge de las compras *on line*, resulta fácil perder de vista una de las tendencias más significativas del comercio electrónico: el crecimiento de las adquisiciones de negocio a negocio por Internet. Además de poner a la disposición sus propios sitios Web en Internet, las empresas han creado intranets para que los empleados se comuniquen entre sí, y extranets para vincular las comunicaciones y la información de la empresa con proveedores y distribuidores habituales.

Hasta el momento, la mayor parte de los productos que adquieren las empresas a través de Internet son materiales MRO (es decir, relativos al mantenimiento, reparación y operaciones), así como servicios de viajes y ocio. Los materiales MRO constituyen hasta el 30% de las compras empresariales, y los costos de administración de pedidos son elevados, lo que supone que existe un importante incentivo para estandarizar el proceso. Éstos son algunos ejemplos: el condado de Los Ángeles adquiere todo (desde pollos hasta preservativos) por Internet. National Semiconductor ha automatizado las cerca de 3,500 solicitudes mensuales de compra de material (desde botines esterilizados para fábricas hasta software avanzado). GE adquiere no sólo por Internet provisiones generales que ocupa en sus operaciones, sino también material industrial. Ahora que los servicios de información de GE (GEIS) han abierto su sitio de adquisiciones a otras empresas, GE está en camino de crear una cámara de compensación virtual gigantesca. Cientos de miles de empresas intercambiarán billones de dólares en compras industriales, y GEIS dirigirá la orquesta.

Muchas empresas tradicionales con presencia exclusiva *off line* han expandido su presencia *on line* creando sus propias operaciones de negocio a negocio y dirigiéndose a empresas pequeñas, que constituyen el 98% de las empresas estadounidenses. El 54% de las empresas que actualmente compran por Internet recurren a mercados electrónicos que florecen adoptando diversas formas:

- **Sitios catálogo.** Las empresas pueden solicitar miles de artículos mediante catálogos electrónicos distribuidos con software de comercio electrónico como Grainger's.

- **Mercados verticales.** Las empresas que adquieren productos industriales como plásticos, acero o productos químicos, o servicios como logística y de medios de comunicación pueden dirigirse a sitios Web especializados (conocidos como e-hubs o centros electrónicos especializados). Por ejemplo, Plastics.com permite a los miles de compradores de plásticos buscar los mejores precios entre los miles de vendedores disponibles.

- **Sitios de subastas.** Se trata de mercados *on line* como eBay y Freemarkets.com que no habrían existido sin Internet, y cuyo modelo de negocios no tiene precedente. Freemarkets.com realiza subastas *on line* para compradores y vendedores de piezas industriales, materias primas, y bienes y servicios de más de cincuenta categorías, y desde 1995 ha facilitado transacciones por valor de más de 40,000 millones de dólares.

- **Mercados bursátiles.** En estos mercados los precios cambian cada minuto. ChemConnect.com funciona como la bolsa para compradores y vendedores mayoristas de productos químicos como bencina, y es todo un éxito B2B en un campo plagado de bolsas *on line* fracasadas. Pionero en su campo, hoy es la primera bolsa *on line* de negociación de productos químicos, y en el 2002 consiguió un volumen de 8,800 millones de dólares. Clientes como Vanguard Petroleum Corp. de Houston realizan cerca del 15% de sus compras y ventas de gas natural en el sitio de ChemConnect.

- **Intercambios privados.** Hewlett-Packard, IBM y Wal-Mart operan mercados de intercambio privados con grupos de proveedores y colaboradores invitados por Internet.

- **Mercados de trueque.** En estos mercados, los participantes ofrecen intercambiar bienes y servicios.

- **Alianzas de compra.** Diversas empresas que adquieren los mismos productos colaboran en un consorcio de compra y consiguen importantes descuentos por un gran volumen (Transora, Covisint).

Las compras empresariales *on line* presentan diversas ventajas. En primer lugar, se reducen los costos de transacción tanto para compradores como para proveedores. Asimismo, se reduce el tiempo entre el pedido y la entrega. Por otra parte, se consolidan los sistemas de compra y se entablan relaciones más estrechas entre socios y compradores. Sin embargo, tienen el inconveniente de que pueden deteriorar la lealtad proveedor-comprador y crear problemas potenciales de seguridad. Las empresas también se enfrentan a un dilema tecnológico, porque por el momento no existe ningún sistema dominante.

Fuentes: Robert Yoegel, "The Evolution of B-to-B Selling on the 'Net", *Target Marketing* (agosto de 1998), pp. 34; Andy Reinhardt, "Extranets: Log On, Link Up, Save Big", *Business Week,* 22 de junio de 1998, p. 134; "To Byte the Hand that Feeds", *The Economist,* 17 de junio de 1998, pp. 61–62; John Evan Frook, "Buying Behemoth—By Shifting $5B in Spending to Extranets, GE Could Ignite a Development Frenzy", *Internetweek,* 17 de agosto de 1998, p. 1; Nicole Harris, " 'Private Exchanges' May Allow B-to-B Commerce to Thrive After All", *Wall Street Journal,* 16 de marzo de 2001, pp. B1, B4; Olga Kharif, "B2B, Take 2", *Business Week,* 25 de noviembre de 2003; George S. Day, Adam J. Fein y Gregg Ruppersberger, "Shakeouts in Digital Markets: Lessons from B2B Exchanges", *California Management Review,* vol. 45, núm. 2, invierno de 2003, pp. 131–151; Julia Angwin, "Top Online Chemical Exchange Is Unlikely Success Story", *Wall Street Journal,* 8 de enero de 2004, p. A15.

(GM, Ford, DaimlerChrysler) crearon Covisint por la misma razón. Calculan que llegan a ahorrar hasta 1,200 dólares por vehículo.

■ ***Sitios Web de compra industrial.*** General Electric creó una red de procesos comerciales llamada Trading Process Network o TPN, en la que difunde sus *solicitudes de propuestas*, negocia los términos y condiciones de las mismas, y realiza sus pedidos.

Para poder comprar *on line* no sólo es necesario adquirir el software adecuado, también se debe modificar la estrategia y la estructura de compra. Sin embargo, los beneficios son numerosos: al unificar las compras de muchos departamentos se pueden negociar y obtener descuentos por volumen más importantes. Además, el número de artículos adquiridos de los proveedores menos apreciados se reduce drásticamente, y se requiere menos personal de compras.

OWENS-CORNING

En el 2001, la organización de compra de Owens-Corning se estableció la meta de eliminar el 80% de sus facturas en papel antes de finales del 2004. Los objetivos estratégicos detrás de esta decisión eran reducir los costos, aumentar la visibilidad de la cadena de distribución, integrar los procesos comerciales y crear un proceso estandarizado común a todos los proveedores. Para lograr estos objetivos, Owens-Corning firmó un acuerdo con Advanced Data Exchange (ADX), un proveedor de servicios de EDI y XML, que permiten traducir eficazmente los documentos con que trabajaban los proveedores al formato electrónico que utiliza Owens-Corning. Los trabajos iniciales de facturación electrónica comenzaron con las subastas por Internet. A principios del 2004, se comunicó a todos los proveedores que participaban en las subastas vía electrónica que, como parte de una licitación *on line*, deberían emitir y recibir facturas u órdenes de compra con formato electrónico si el contrato les era asignado. Con un presupuesto de compra de 3,000 millones de dólares anuales, la empresa tiene el peso necesario para hacer que los proveedores entren en la red.[29]

La labor del proveedor consiste en aparecer en los principales catálogos o servicios *on line*, desarrollar un sólido programa de publicidad y promoción, y crearse una buena reputación en el mercado. Esto a menudo significa la creación de un sitio Web bien diseñado y de fácil manejo.

HEWLETT-PACKARD

En el 2003, Hewlett-Packard Co. Obtuvo el primer premio de la revista *BtoB* por el mejor sitio Web B-to-B. El sitio (www.hp.com) se lanzó tras la fusión de HP con Compaq Computer y tiene más de 2.5 millones de páginas y aproximadamente 1,900 áreas. El reto de HP consistió en integrar una enorme cantidad de información y en presentarla de manera coherente. Al entrar en el sitio, los usuarios pueden hacer click directamente en su segmento correspondiente como consumidores y buscar información por producto o por solución, o hacer click en una categoría de productos. El sitio permite a las empresas crear catálogos personalizados sobre productos adquiridos con frecuencia, establecer un proceso automático de pedidos, y procesar una transacción desde el principio hasta el final. Para profundizar en las relaciones con sus clientes, HP incluye en su sitio Web demostraciones sobre cómo utilizar el sitio, boletines de noticias, la posibilidad de participar en chats con los vendedores, seminarios *on line*, y la asistencia al cliente en tiempo real. HP está cosechando los frutos de su esfuerzo cibernético con creces: cerca del 55% de las ventas de la empresa se realizan a través de su sitio Web.[30]

Los proveedores que carezcan de la capacidad productiva necesaria o que tengan una mala reputación serán rechazados. Los que pasen el primer filtro recibirán la visita de los representantes del comprador, que examinarán las instalaciones de la fábrica y conocerán al personal del proveedor. Tras evaluar a cada empresa, el comprador habrá reducido considerablemente la lista de proveedores aprobados. Muchos compradores profesionales han forzado a sus proveedores a cambiar su marketing para aumentar las posibilidades de pasar el primer filtro.

CUTLER-HAMMER

Cutler-Hammer, con sede en Pittsburg, provee interruptores (*breakers*), motores de arranque y demás equipamiento eléctrico a fabricantes industriales como Ford Motor Company. En respuesta a la creciente complejidad y proliferación de sus productos, C-H desarrolló equipos de vendedores para cada región, sector o concentración de mercado. Cada miembro del equipo tiene experiencia sobre un producto o servicio. Actualmente los vendedores pueden utilizar sus conocimientos para colaborar con sus compañeros de trabajo y vender sus productos a equipos de compras cada vez más capaces, en lugar de trabajar de forma aislada.[31]

Solicitud de propuestas

El comprador invita a los proveedores calificados a enviar sus propuestas. Si el artículo que va a comprar es complejo o costoso, el comprador requerirá una propuesta detallada por escrito de cada proveedor. Tras evaluar las propuestas, el comprador invitará a unos pocos proveedores a hacer presentaciones formales.

Los especialistas en marketing deben estar preparados para investigar, redactar y presentar las propuestas. Las propuestas por escrito deben ser documentos de marketing que describan el valor y las ventajas del producto para el cliente. Las presentaciones orales deben inspirar confianza y destacar la capacidad y los recursos de la empresa, de forma que sobresalgan con respecto a la competencia.

Veamos los obstáculos que pone Xerox a la hora de elegir proveedores calificados.

XEROX

Xerox únicamente aprueba a aquellos proveedores que cumplen con las normas de calidad ISO 9000, pero para obtener el máximo galardón de la empresa, es decir, el estatus de proveedor aceptado, los vendedores deben pasar primero el estudio de calidad de la empresa conocido como *Xerox Multinational Supplier Quality Survey*. Este estudio requiere que los proveedores redacten un manual de garantía de calidad, que se adhieran a principios de mejora constante, y que demuestren una aplicación de sistemas eficaz. Una vez que pasan esta prueba, los proveedores deben participar en el programa de cooperación denominado *Xerox's Continuous Supplier Involvement*, que consiste en lo siguiente: las dos empresas colaboran para fijar especificaciones de calidad, costos, fechas de entrega y capacidad de procesos. El último paso para recibir el visto bueno definitivo como proveedor es seguir un entrenamiento adicional y riguroso, y someterse a una evaluación de acuerdo con los mismos criterios que el *Malcolm Baldridge National Quality Award*. Con esto, no resulta sorprendente que sólo 176 proveedores de todo el mundo hayan recibido la puntuación del 95% requerida para ser un proveedor certificado de Xerox.[32]

Selección del proveedor

Antes de seleccionar a un proveedor, el centro de compra deberá especificar los atributos que se esperan del producto e indicar su importancia relativa. Para evaluar y seleccionar a los proveedores más atractivos, los centros de compra suelen utilizar un modelo de evaluación de proveedores como el que aparece en la tabla 7.2.

Los mercadólogos deben entender mejor cómo toman sus decisiones los compradores de mercados industriales.[33] Anderson, Jain y Chintagunta realizaron un estudio sobre los ocho métodos más importantes de *evaluación del valor del cliente* que utilizan los mercadólogos. Las empresas tienden a utilizar modelos más sencillos, aunque los más complejos arrojan información más precisa sobre el valor percibido por los consumidores (véase *Cuestiones clave: Métodos para evaluar el valor del cliente*).

La elección y la importancia de los distintos atributos varía en función de la situación de compra.[34] La confiabilidad de la entrega, el precio y la reputación del proveedor son factores importantes para los productos de pedidos rutinarios. Para los productos de procesamientos de pedido complejo, como por ejemplo una fotocopiadora, los atributos más importantes son el servicio técnico, la flexibilidad del proveedor y la confiabilidad del producto. Para productos problemáticos que generan rivalidades dentro de la organización (por ejemplo, elegir un sistema informático), los atributos más importantes serán el precio, la reputación del proveedor, la confiabilidad del servicio y la flexibilidad del proveedor.

Atributos	Escala de puntuación				
	Importancia ponderada	Baja (1)	Regular (2)	Buena (3)	Excelente (4)
Precio	.30				X
Reputación del proveedor	.20			X	
Fiabilidad del producto	.30				X
Fiabilidad del servicio	.10		X		
Flexibilidad del proveedor	.10			X	
Total de puntos: .30(4) + .20(3) + .30(4) + .10(2) + .10(3) = 3.5					

TABLA 7.2

Un ejemplo de análisis del vendedor.

CUESTIONES **CLAVE** | MÉTODOS PARA EVALUAR EL VALOR DEL CLIENTE

1. **Evaluación de ingeniería interna.** Los ingenieros de la empresa utilizan pruebas de laboratorio para estimar las características y el funcionamiento de los productos. Desventaja: pasan por alto el hecho de que el valor económico del producto variará en función de las diferentes aplicaciones.

2. **Evaluación del valor de uso.** Se cuestiona a los consumidores para averiguar los costos asociados con el uso de un nuevo producto en comparación con otros productos existentes. Se trata de averiguar el valor que tienen los diferentes elementos para el comprador.

3. **Evaluación de un focus-group.** Se selecciona un grupo de consumidores y se les pregunta cómo valorarían un producto potencial.

4. **Encuesta directa.** Se solicita a los consumidores que valoren en términos monetarios uno o más cambios de un producto.

5. **Análisis conjunto.** Se pide a los consumidores que clasifiquen sus preferencias de productos o conceptos alternativos. A continuación

se utiliza el análisis estadístico para calcular el valor implícito otorgado a cada atributo.

6. **Benchmarking.** Se muestra a los consumidores un producto de referencia (*benchmark*) y a continuación el nuevo producto. Se pide a los consumidores que calculen cuánto están dispuestos a pagar por el nuevo producto, y cuánto más o menos pagarían si se agregan o eliminan determinadas características del producto de referencia.

7. **Enfoque de composición.** Se solicita a los consumidores que asignen un valor monetario a tres niveles alternativos de un mismo atributo. Este proceso se repite para los demás atributos. A continuación se suman los valores para todas las configuraciones posibles.

8. **Clasificación por importancia.** Se pide a los consumidores que clasifiquen la importancia de distintos atributos. Asimismo, se les solicita que clasifiquen a las empresas proveedoras en función de la calidad de los atributos que ofrece cada una.

Fuente: James C. Anderson, Dipak C. Jain y Pradeep K. Chintagunta, "A Customer Value Assessment in Business Markets: A State-of-Practice Study", *Journal of Business-to-Business Marketing* 1, no. 1 (1993), pp. 3–29.

El centro de compra puede intentar negociar con los proveedores favoritos para obtener mejores precios y condiciones antes de tomar la decisión definitiva. A pesar de la tendencia actual hacia fuentes de provisión estratégica, colaboraciones estratégicas y participación de equipos multifuncionales, los compradores invierten gran parte de su tiempo regateando con los vendedores. En 1998, el 92% de los compradores que respondieron a la encuesta de la revista *Purchasing* afirmaban que negociar el precio era una de sus responsabilidades principales. Hoy en día, prácticamente el mismo porcentaje sigue afirmando que el precio es aún un factor decisivo a la hora de seleccionar un proveedor.[35]

Los mercadólogos pueden responder a una solicitud de descuento de diversas maneras. Por ejemplo, pueden demostrar al comprador que el "costo total de propiedad", es decir, el "costo del ciclo de vida" del producto es inferior al de los productos de la competencia. También pueden citar el valor de los servicios que recibe el comprador, sobre todo si son superiores a los que ofrecen los competidores.

Pero también existen muchas otras maneras de enfrentar una presión intensa provocada por los precios, como la del siguiente ejemplo.

LINCOLN ELECTRIC

Lincoln Electric tiene una gran reputación, consolidada durante varias décadas, de colaborar con sus clientes para reducir los costos mediante su programa de reducción garantizada de costos. Cuando un cliente insiste en que un distribuidor de Lincoln tiene que reducir sus precios para ajustarse a la competencia, la empresa y el distribuidor pueden garantizar que, a lo largo del año siguiente, experimentarán una reducción de costos en la fábrica del cliente, igual o superior a la diferencia de precio entre los productos Lincoln y los de los competidores. Si una auditoría independiente al cierre del ejercicio no revela los ahorros prometidos, Lincoln Electric y el distribuidor compensan al cliente por la diferencia. Desde que el programa entró y se puso en marcha, Lincoln sólo ha tenido que firmar un cheque una o dos veces.[36]

Como parte del proceso de selección, los centros de compra deben definir cuántos proveedores van a utilizar. Las empresas cada vez prefieren reducir más el número de proveedores. Ford, Motorola y Honeywell han reducido el número de proveedores entre el 20 y el 80%. Estas empresas quieren que sus proveedores sean responsables de grandes sistemas, que mejoren constantemente la calidad y los resultados, y que además, reduzcan el precio de suministro cada año en un porcentaje determinado. Lo que esperan estas empresas es colaborar estrechamente con los proveedores durante el desarrollo del producto, y valoran mucho sus sugerencias. Existe incluso cierta tendencia a contar exclusivamente con un proveedor único.

Las empresas que utilizan varios proveedores suelen citar la amenaza de huelgas como la principal desventaja de tener un proveedor único. Otra razón por la que las empresas se muestran reticentes a trabajar exclusivamente con un proveedor es el temor de que la relación se vuelva tan cómoda que les haga perder ventaja competitiva.

Especificación de la rutina de pedido

Una vez seleccionados los proveedores, el comprador negocia el pedido final, elaborando una lista de las especificaciones técnicas, la cantidad, el tiempo esperado de entrega, las políticas de devolución, la garantía, etc. Muchos compradores industriales alquilan el equipo pesado, como la maquinaria o los camiones. Los arrendatarios encuentran una serie de ventajas: conservan el capital, disfrutan de los productos más modernos, reciben un buen servicio y, además, pueden lograr ventajas fiscales. Los arrendadores, por su parte, a menudo obtienen ingresos netos mayores y tienen la opción de prestar sus servicios a clientes que no pueden permitirse la compra.

En el caso del mantenimiento, la reparación y la operación, los compradores están comenzando a utilizar cada vez más los contratos globales en detrimento de las órdenes de pedido periódicas. Con un contrato global se establece una relación a largo plazo en la que el proveedor se compromete a proveer mercancía al comprador conforme la vaya necesitando, a precios acordados previamente, y en un plazo específico. Como el que mantiene el inventario es el vendedor, los contratos globales se denominan *plan de compra sin stock*. El sistema informático del comprador envía un pedido automático al vendedor cada vez que necesita reponer su inventario. Este sistema vincula mucho más estrechamente al comprador y al vendedor, y dificulta la entrada de nuevos proveedores, a menos que el comprador no esté satisfecho con el precio, la calidad o el servicio.

Las empresas que temen una escasez de materiales clave estarán dispuestas a comprar y a administrar sus inventarios. Así, firmarán contratos a largo plazo con proveedores para garantizar el flujo constante de materiales. DuPont, Ford y otras grandes empresas consideran la planeación del suministro a largo plazo una responsabilidad fundamental de los gerentes de compras. Por ejemplo, General Motors quiere comprar a un número reducido de proveedores que estén dispuestos a situarse cerca de sus fábricas y a producir piezas de gran calidad. Además, los mercadólogos utilizan Internet para crear extranets con clientes importantes y así facilitar las transacciones y reducir su costo. El cliente realiza el pedido directamente desde su computadora, y el pedido se transmite automáticamente al proveedor. Algunas empresas van todavía más allá, y delegan la responsabilidad de los pedidos en sus proveedores, mediante sistemas denominados *administración de inventarios por proveedores*. Estos proveedores tienen conocimiento del inventario del cliente y asumen la responsabilidad de reponerlo automáticamente con *programas de reposición continua*.

"OTIFNE" son las siglas inglesas que corresponden a los tres resultados que se esperan de una transacción entre empresas:

- OT—*on time* (se refiere a la entrega puntual).
- IF—*in full* (totalidad del pedido).
- NE—*no error* (sin errores).

Estos tres elementos tienen una importancia similar. Si un proveedor cumple en un 80% con la entrega puntual, en un 90% con la totalidad del pedido, y en un 70% con la ausencia de errores, el resultado total es de 80% × 90% × 70%, que equivale a ¡sólo el 50% de nivel de cumplimiento!

Revisión de resultados

El comprador debe revisar periódicamente la actuación del proveedor elegido. Para esto se utilizan tres métodos. El comprador puede ponerse en contacto con los usuarios finales y pedirles una valoración; o tiene la opción de valorar directamente al proveedor estableciendo una serie de criterios de puntuación ponderada para obtener así una valoración total; o bien, puede agregar el costo de una mala actuación del proveedor para recalcular los costos de compra, además del precio. La revisión de resultados induce al comprador a continuar, modificar o terminar la relación con un proveedor.

Muchas empresas han creado un sistema de incentivos para recompensar a los gerentes de compra por los buenos resultados, más o menos del mismo modo que los vendedores reciben primas por unos buenos resultados de ventas. Estos sistemas están haciendo que los gerentes de compras ejerzan más presión sobre los vendedores para conseguir las mejores condiciones.

MARKETING EN ACCIÓN | CÓMO GANAR CONFIANZA Y CREDIBILIDAD EN EL MERCADO EMPRESARIAL

Las relaciones y los vínculos entre empresas dependen de su credibilidad. La *credibilidad empresarial* se refiere a cómo perciben los clientes la capacidad de una empresa para diseñar y ofrecer productos y servicios que satisfagan sus necesidades y deseos. La credibilidad empresarial está directamente relacionada con la reputación que la empresa se ha forjado en el mercado y es la base de toda relación sólida. Es difícil que una empresa establezca lazos firmes con otra si no cuenta con una amplia credibilidad.

Por otra parte, la credibilidad empresarial depende de tres factores:

■ *Experiencia empresarial*—que se refiere a la capacidad que perciben los clientes de una empresa para fabricar y vender productos o para prestar servicios.

■ *Honestidad empresarial*—definida como la motivación que perciben los clientes de una empresa para satisfacer las necesidades de los clientes de forma honesta, confiable y sensible.

■ *Atractivo empresarial*—es decir, la sensación que perciben los clientes de que una empresa es agradable, atractiva, prestigiosa, dinámica, etcétera.

Dicho de otro modo, una empresa confiable es toda empresa que los clientes consideran que hace bien su trabajo, piensa en ellos, y con la que resulta agradable trabajar.

La confianza es una determinante fundamental de la credibilidad y de las relaciones entre empresas. La confianza se refleja en la disposición y en la confianza que tiene una empresa para trabajar con otra. Diversos factores interpersonales e interorganizacionales influyen en la confianza de las relaciones de negocio a negocio, entre los que cabe destacar la capacidad, la integridad, la honestidad y la benevolencia percibidas de la empresa. La confianza dependerá de las interacciones personales de los empleados, de la opinión que merezca la empresa como un todo, y de la sensación de confianza que inspiren las diversas experiencias con la empresa.

La confianza es un tema sensible en los contactos *on line*, por lo que las empresas generalmente imponen condiciones más estrictas a sus colaboradores por Internet. A los compradores empresariales les preocupa no obtener los productos a tiempo, o con la calidad prometida, o en el lugar acordado. A los vendedores les preocupa no cobrar los pagos, no cobrarlos a tiempo, y cuánto crédito deben conceder. Algunas empresas, como Ryder System, empresa de transportes y de administración de la cadena de distribución, utilizan herramientas como aplicaciones de comprobación automática de tarjetas de crédito y servicios de seguridad *on line* para determinar la credibilidad de sus socios comerciales.

Fuentes: Robert M. Morgan y Shelby D. Hunt, "The Commitment–Trust Theory of Relationship Marketing", *Journal of Marketing* 58(3), 1994, pp. 20–38; Christine Moorman, Rohit Deshpande, y Gerald Zaltman, "Factors Affecting Trust in Market Research Relationships", *Journal of Marketing* 57, enero de 1993, pp. 81–101; Kevin Lane Keller y David A. Aaker (1998), "Corporate-Level Marketing: The Impact of Credibility on a Company's Brand Extensions", *Corporate Reputation Review* 1, agosto de 1998, pp. 356–378; Bob Violino, *Computerworld*, "Building B2B Trust", 17 de junio de 2002, 36(35), p. 32; Richard E. Plank, David A. Reid y Ellen Bolman Pullins, "Perceived Trust in Business-to-Business Sales: A New Measure", *Journal of Personal Selling and Sales Management* 19(3), verano de 1999, pp. 61–72.

::: Administración de las relaciones de negocio a negocio

Para mejorar la eficacia y la eficiencia, tanto los proveedores como los clientes de mercados industriales están buscando y experimentando con nuevas formas de administrar sus relaciones. Las relaciones estrechas vienen motivadas, en parte, por las tendencias actuales de administración de la cadena global de creación de valor, participación de proveedores desde el principio, alianzas de compra, etc.[37] Para cualquier programa de marketing holístico, es crucial que las relaciones entre empresas sean las adecuadas.

Ventajas de la coordinación vertical

Numerosos estudios indican que se debería optar por una mayor coordinación vertical entre compradores y vendedores, de modo que se superen las meras transacciones y las actividades generen valor para ambas partes. La confianza entre compradores y vendedores se considera un requisito previo para las relaciones saludables a largo plazo.[38] En *Marketing en acción: Cómo ganar confianza y credibilidad en el mercado empresarial* aparecen algunos conceptos clave a este respecto. Veamos los beneficios mutuos del siguiente acuerdo.

MOTOMAN INC. Y STILLWATER TECHNOLOGIES

Motoman Inc., importante proveedor de sistemas de robótica industrial, y Stillwater Technologies, empresa de maquinaria y herramientas, y principal proveedor de Motoman, están estrechamente integrados. No sólo ocupan las mismas oficinas y las mismas instalaciones de producción, sino que sus sistemas telefónicos e informáticos están vinculados, comparten un vestíbulo, una sala de conferencias y la cafetería para empleados. Philip V. Morrison, presidente y director general de Motoman, afirma que se trata de una especie de "*joint venture* pero sin todo el papeleo de por medio". La reducción en los tiempos de entrega es sólo una de las ventajas de esta colaboración. El hecho de que los empleados tengan acceso a las dos empresas y de que compartan ideas para mejorar la calidad y reducir los costos es también muy importante. Esta relación tan estrecha ha abierto la puerta a nuevas oportunidades. Estas dos empresas ya habían hecho algún trabajo para Honda Motor Company de forma independiente, así que Honda sugirió que colaboraran en los mismos proyectos. La integración les ha hecho más fuertes de lo que son individualmente.[39]

Un estudio histórico de las relaciones entre cuatro tipos de empresas muy diferentes reflejó que existen diversos factores que influyen en el desarrollo de las relaciones entre socios empresariales, al afectar a la interdependencia de los colaboradores y/o a la incertidumbre del entorno.[40] La relación entre las agencias de publicidad y sus clientes puede ser de utilidad para ilustrar estas conclusiones:

1. *En la fase de creación de la relación, uno de los socios experimenta un crecimiento considerable en el mercado.* Los fabricantes que emplean técnicas de producción masiva desarrollaron marcas nacionales, lo que disparó la importancia de la publicidad en los medios de comunicación masiva.
2. *La asimetría de la información entre las empresas es tal, que una asociación generaría más beneficios que si uno de los colaboradores intentara invadir el terreno de la otra empresa.* Las agencias de publicidad tienen un conocimiento especializado que saben que a sus clientes les costaría obtener.
3. *Al menos un colaborador encuentra grandes barreras para entrar en un negocio, lo que también impediría la entrada del otro colaborador.* Las agencias de publicidad no podían convertirse en fabricantes nacionales con facilidad, y durante años, los fabricantes no pudieron recibir comisiones de los medios de comunicación.
4. *La asimetría de la dependencia es tal que un colaborador puede controlar o influir sobre la conducta del otro.* Las agencias de publicidad tienen control sobre el acceso a los medios de comunicación de los fabricantes.
5. *Un colaborador se beneficia de las economías de escala relativas a la relación.* Las agencias de publicidad se benefician al ofrecer la misma información comercial a diversos clientes.

Cannon y Perreault se dieron cuenta de que las relaciones entre las empresas compradoras y las suministradoras variaban en función de cuatro factores: disponibilidad de alternativas, importancia del suministro, complejidad del suministro y dinamismo del mercado de proveedores. Con base en estos cuatro factores, clasificaron las relaciones empresa compradora-suministradora en ocho categorías diferentes:[41]

1. *Compraventa básica*—Intercambios rutinarios relativamente sencillos con niveles moderados de cooperación e intercambio de información.
2. *Transacción simple*—Similar a la compraventa básica, pero con más adaptación del vendedor y menos cooperación e intercambio de información.
3. *Transacción contractual*—Normalmente, bajos niveles de confianza, cooperación e interacción. El intercambio se define mediante un contrato formal.
4. *Provisión al cliente*—Situación de aprovisionamiento tradicional regida más bien por la competencia que por la cooperación.
5. *Sistemas cooperativos*—A pesar de estar vinculadas operativamente, ninguna de las partes demuestra un compromiso estructural a través de medios legales o de enfoques de adaptación.
6. *Sistemas de colaboración*—Gran cantidad de confianza y compromiso que llevan a una verdadera colaboración.
7. *Sistemas de adaptación mutua*—La adaptación entre comprador y vendedor para la relación es considerable, pero no necesariamente va acompañada de confianza y colaboración.
8. *El cliente es el rey*—Aunque el vendedor está vinculado con el cliente mediante una estrecha relación de cooperación, el vendedor se adapta para satisfacer las necesidades del cliente sin esperar a cambio adaptación o transformación por parte de este último.

Las necesidades de algunas empresas podrían quedar satisfechas incluso con aportaciones de los proveedores bastante pobres. Para estas empresas no es necesario establecer una relación estrecha con el proveedor. También puede ocurrir que la inversión en clientes con poco potencial de crecimiento no resulte rentable para el proveedor. Un estudio descubrió que las relaciones más estrechas entre empresas aparecían cuando la provisión era importante para el cliente y cuando existían obstáculos de compra (por ejemplo, compras complejas y pocos proveedores alternativos).[42] Otro estudio sugirió que la coordinación vertical entre empresas a través de intercambios de información y planeación es necesaria cuando las condiciones del entorno son inciertas y las inversiones específicas modestas.[43]

Relaciones empresariales: riesgos y oportunismo

Buvik y John afirman que cuando se entabla una relación cliente-proveedor, existe cierta tensión entre salvaguardia y adaptación. La coordinación vertical facilita la creación de vínculos más sólidos entre cliente y vendedor, pero al mismo tiempo, aumenta el riesgo de pérdida de las inversiones específicas, tanto del cliente como del proveedor. Una *inversión específica* es aquella que se realiza en una empresa concreta y en un participante de la cadena de valor (por ejemplo, inversión en capacitación técnica, en materia de maquinaria y procedimientos o sistemas operativos).[44] Las inversiones específicas ayudan a las empresas a incrementar las utilidades y a posicionarse.[45] Por ejemplo, Xerox ha colaborado estrechamente con sus proveedores para desarrollar procesos y piezas que redujeron los costos de fabricación de fotocopiadoras entre un 30 y 40%. A cambio, los proveedores recibieron garantías de ventas y volumen, al tiempo que desarrollaron una mejor comprensión de las necesidades de su cliente y un posicionamiento más fuerte para sus futuras ventas a Xerox.[46]

Sin embargo, las inversiones específicas también conllevan riesgos considerables tanto para los proveedores como para los compradores. La teoría transaccional de la economía sostiene que como estas inversiones son prácticamente pérdidas, atan a las empresas inversionistas en una relación concreta. Puede que se requiera intercambiar información importante sobre costos y procesos. Un comprador puede ser vulnerable ante los cambios de costos, y un proveedor podría estar expuesto a la misma sensación, pero en futuros contratos como consecuencia de la dedicación de sus activos y/o expropiación de conocimiento y tecnología. Veamos un ejemplo de esto último.[47]

Un fabricante de autopartes gana un concurso para fabricar una pieza para el fabricante original. Un contrato con un proveedor único, de un año de duración, protege las inversiones del proveedor en una línea de producción específica. Sin embargo, es probable que el proveedor se vea obligado a trabajar (fuera del contrato) como colaborador de la planta de ingenieros interna del comprador (vinculando sistemas informáticos) para intercambiar información y coordinar los frecuentes cambios de diseño y fabricación durante la vigencia del contrato. Estas interacciones podrían reducir costos y/o aumentar la calidad, puesto que con ello aumenta la capacidad de respuesta de la empresa ante los cambios del mercado. Sin embargo, estas interacciones también podrían incrementar la amenaza potencial sobre la propiedad intelectual del proveedor.

Si las empresas compradoras no pueden supervisar fácilmente los resultados y las actuaciones de los proveedores, éstos podrían eludir sus responsabilidades y no entregar el valor esperado. El *oportunismo* se podría definir como "una forma de estafa o de incumplimiento de un contrato implícito o explícito".[48] Puede implicar una distorsión descarada e interesada que viole los acuerdos contractuales. Cuando Ford Corporation creó el modelo 1996 del Ford Taurus, decidió realizar outsourcing de todo el proceso con un solo proveedor, Lear Corporation, el cual se comprometió a cumplir las condiciones de un contrato que, por diversas razones, sabía que no podía cumplir. Según Ford, Lear se retrasó en los plazos, no consiguió los objetivos de peso y precio, y fabricó piezas que no funcionaban.[49] Una forma más pasiva de oportunismo adquiere la forma de rechazo o de la no disposición a adaptarse a cambios circunstanciales.

El oportunismo resulta preocupante porque las empresas dedican recursos para supervisar y controlar este fenómeno, recursos que bien podrían invertir con fines más productivos. Los contratos resultan inútiles para controlar las transacciones con proveedores cuando el oportunismo no es fácilmente detectable, cuando las empresas invierten en activos que no pueden reutilizar y cuando las contingencias son difíciles de prever. Las empresas suelen formar *joint ventures* (en lugar de contratos sencillos) cuando el nivel de especificidad de los activos del proveedor es elevado, cuando supervisar su comportamiento resulta complicado o cuando el proveedor tiene una reputación mediocre.[50] En el caso de que un proveedor tenga una buena reputación se cuidará de no ser oportunista, porque le interesa proteger su reputación como un activo intangible muy valioso.

Cuando existe un futuro prometedor y/o normas solidarias que hacen que compradores y proveedores luchen codo con codo por los beneficios comunes, las consecuencias de las inversiones específicas pueden cambiar y pasar de la expropiación (mayor oportunismo por parte de la parte receptora) a la vinculación afectiva (menor oportunismo).[51]

::: Mercados institucionales y gubernamentales

Nuestro análisis se ha centrado fundamentalmente en el comportamiento de compra de empresas cuyo objetivo es maximizar utilidades. Gran parte de lo que aquí se afirma también es válido para instituciones y organizaciones gubernamentales. Sin embargo, resaltaremos algunas particularidades de estos mercados.

El **mercado institucional** está formado por colegios, hospitales, residencias de ancianos, penitenciarías y demás entidades que ofrecen bienes y servicios a las personas a su cargo. Muchas de estas organizaciones se caracterizan por tener presupuestos limitados y clientelas constantes. Por ejemplo, los hospitales tienen que decidir sobre la calidad de la comida que van a ofrecer a sus pacientes. El objetivo de compra en este caso no es la ganancia, puesto que la alimentación es parte del paquete total de servicios. Tampoco se trata exclusivamente de minimizar costos, puesto que una comida de mala calidad haría que los pacientes se quejasen y dañaría la reputación del hospital. Los agentes de compras del hospital deben encontrar proveedores de alimentos cuya calidad cumpla o supere unos requisitos mínimos y cuyos precios sean reducidos. De hecho, muchos proveedores de alimentos crean un departamento especial para clientes institucionales, dadas las características y necesidades específicas de éstos. Heinz fabrica, envasa y fija el precio de su salsa ketchup de forma independiente para cumplir con los requisitos de hospitales, universidades y penitenciarías. Aramark Corp. tiene una ventaja competitiva importante como proveedor de alimentos para las prisiones gracias a que ha refinado sus prácticas de compras y la administración de su cadena de distribución:

ARAMARK CORP.

Mientras que en el pasado Aramark apenas seleccionaba los productos que le ofrecían una serie de proveedores potenciales, hoy colabora con estos últimos para desarrollar productos que después la empresa personaliza para atender las necesidades de determinados segmentos individuales. En el segmento de los reformatorios, la calidad se ha venido sacrificando tradicionalmente en pro de cumplir con los costos de operadores externos, ya que, de otra forma, resultaría imposible operar en el mercado. "Cuando uno busca oportunidades en el campo de los reformatorios, las ofertas se miden por centésimas de centavo", afirma John Zillmer, presidente de Aramark's Food & Support Services, Y prosigue: "Así, cualquier ventaja que podamos lograr de la compra es muy valiosa." Aramark seleccionó una serie de productos proteínicos y los suministró gracias a una serie de colaboraciones exclusivas, con precios que nunca podría haber imaginado siquiera. Logró reducir tanto los precios a través de sus colaboraciones con socios que conocían la química de las proteínas y sabían cómo hacer su trabajo a precios más bajos, pero creando en todo momento productos muy aceptables para los clientes de Aramark. A continuación, la empresa reprodujo este proceso con 163 artículos diferentes diseñados exclusivamente para reformatorios. En lugar de reducir los costos de alimentación aumentando el precio aproximadamente un centavo de dólar por ración (lo que era la norma en este sector), Aramark consiguió descontar entre 5 y 9 centavos la ración manteniendo, e incluso mejorando, la calidad.[52]

Suministrar bienes y servicios a las escuelas o los hospitales públicos es un gran negocio:

CARDINAL HEALTH

Como una ramificación de Baxter Healthcare Corporation, Cardinal Health se ha convertido en el principal proveedor de productos médicos, quirúrgicos y de laboratorio en Estados Unidos. El programa de inventario sin *stock* de la empresa, conocido como ValueLink, fue calificada de "práctica excelente" por la empresa de consultoría Arthur Andersen. Este programa funciona en más de 150 hospitales de cuidados intensivos del país, y proporciona al personal los productos que necesita cuando y donde los necesita. Este sistema integrado satisface las necesidades de clientes que se enfrentan a situaciones de vida o muerte cada día. Con el sistema anterior, una camioneta dejaba en la puerta trasera del hospital el material necesario para una semana o un mes. Evidentemente, los artículos más demandados eran los que escaseaban, mientras que los menos utilizados abundaban en los hospitales. Cardinal Health calcula que este sistema ahorra en promedio a sus clientes unos 500,000 dólares al año, o incluso más.[53]

En la mayoría de los países, las organizaciones gubernamentales son grandes compradores de bienes y servicios. Estas organizaciones acostumbran convocar concursos públicos para que los proveedores presenten sus ofertas, y generalmente adjudican los proyectos a los concursantes que ofrecen los precios más bajos. En algunos casos, las agencias tienen en cuenta la calidad del proveedor y su reputación de cumplir los contratos a tiempo. Asimismo, los gobiernos también compran utilizando contratos negociados, sobre todo cuando se trata de proyectos complejos que implican inversiones importantes en investigación y desarrollo y grandes riesgos, así como en los casos en los que hay escasa competencia. Las organizaciones gubernamentales tienden a favorecer a los proveedores nacionales. Una de las quejas principales de las multinacionales que operan en Europa era que los diferentes países tendían a favorecer a las empresas nacionales frente a las extranjeras, pero la Unión Europea está poniendo fin a este sesgo.

Como las decisiones de gasto deben revisarse públicamente, las organizaciones gubernamentales exigen a sus proveedores que realicen múltiples trámites burocráticos, por lo que éstos con frecuencia se quejan del excesivo papeleo, la burocracia, la normativa, los retrasos en la toma de decisiones y la frecuente rotación de personal. Teniendo en cuenta todas estas desventajas, ¿por qué querría una empresa hacer negocios con el gobierno estadouni-

Anuncio de Cardinal Health dirigido a farmacéuticos, que se centra en la capacidad de la empresa para colaborar con los clientes para ayudarles a administrar su inventario, prescribir medicamentos y en otros asuntos de seguridad.

dense, por ejemplo? La respuesta de Paul E. Goulding, consultor asentado en Washington, D.C., que ha ayudado a sus clientes a obtener contratos con el gobierno por valor de más de 30,000 millones de dólares, es la siguiente:[54]

> Cuando me hacen esta pregunta, siempre cuento la historia del empresario que compró una ferretería tras mudarse a una ciudad pequeña. Le preguntó a sus nuevos empleados quién era en la ciudad el mayor comprador de productos de ferretería, y le sorprendió oír que éste no era cliente de su negocio. Cuando preguntó por qué, sus empleados respondieron que resultaba difícil hacer negocios con ese cliente, y que era necesario llenar infinidad de formularios. Yo siempre hago resaltar que ese tipo de clientes son los más ricos, sus cheques nunca son rechazados y reinciden en la compra si quedan satisfechos. Éste es el tipo de cliente que puede llegar a ser el gobierno federal.

El gobierno estadounidense adquiere bienes y servicios por valor de 200,000 millones de dólares. Esto hace del Tío Sam el mayor consumidor del mundo. No sólo se trata de que la cantidad de dinero sea astronómica, sino de que el número de adquisiciones individuales también lo es. Según el Centro de Provisión de Datos de la administración estadounidense, cada año se procesan más de 20 millones de contratos individuales. Aunque la mayoría de los artículos adquiridos tienen precios que oscilan entre los 2,500 y 25,000 dólares, el gobierno también hace compras por miles de millones de dólares, normalmente en el sector tecnológico. Sin embargo, los responsables de las decisiones de compra del gobierno suelen pensar que los vendedores de tecnología no hacen bien sus deberes. Además, éstos no prestan suficiente atención a la justificación de costos, que es una de las principales obligaciones de los funcionarios de instituciones públicas. Las empresas que aspiran a vender al gobierno necesitan ayudar a estas instituciones a ver el impacto final de sus productos en el balance de cuentas.

De la misma manera que las empresas ofrecen a las agencias públicas líneas directrices sobre cómo comprar y utilizar sus productos, las instituciones gubernamentales ofrecen a las empresas guías sobre cómo realizar sus ofertas y vender sus productos o servicios al gobierno. Si no se siguen las directrices correctamente y no se llenan los formularios o se redactan los contratos adecuadamente, la oferta se puede convertir en una pesadilla legal.[55] Los proveedores tienen que dominar el sistema e intentar dar con soluciones para evitar los trámites burocráticos. Goulding afirma que es necesario invertir tiempo, dinero y recursos semejantes a los que se necesitan para invertir en el extranjero.

ADI TECHNOLOGY

El gobierno federal estadounidense siempre ha sido el principal cliente de ADI Technology Corporation: los contratos federales representan alrededor del 90% de sus cerca de seis millones de dólares de ingresos anuales. Sin embargo, los directivos de esta empresa de servicios profesionales suelen desesperarse por todo el trabajo que requiere ganar los codiciados contratos gubernamentales. Una oferta para una licitación pública puede tener una extensión de entre 500 y 700 páginas como consecuencia de todo el papeleo necesario. El presidente de la compañía calcula que han llegado a gastar unos 20,000 dólares, principalmente en horas de trabajo, en preparar una propuesta única.

Por fortuna para todas las empresas, independientemente de su tamaño, el gobierno federal ha simplificado los procedimientos de contratación, lo que hace más atractivas las licitaciones públicas. Algunas reformas hacen hincapié en la adquisición de productos comerciales estandarizados en lugar de productos que se ajusten a las especificaciones gubernamentales. Otras se concentran en la comunicación *on line* con los proveedores para eliminar las toneladas de papeleo que antes eran necesarias, y en la elaboración de informes para empresas que no ganan la licitación, con el fin de permitirles aumentar sus probabilidades de asignación de contratos la próxima vez.[56] El objetivo del gobierno es que todas las compras se realicen por Internet. Para ello, el gobierno probablemente apostará por los formularios *on line*, las firmas digitales y las tarjetas de compra digitales.[57]

Diversas agencias federales que actúan como agencias de contratación para el resto de agencias gubernamentales han creado catálogos por Internet que permiten a las agencias civiles y de defensa adquirir todo a través de Internet, desde artículos médicos y de oficina hasta uniformes. En *Cuestiones clave: Cómo vender tecnología al gobierno* se brindan algunos consejos para penetrar en este mercado multimillonario. La General Services Administration de Estados Unidos, por ejemplo, no sólo vende mercancía a través de su sitio Web, sino que crea vínculos directos entre compradores y proveedores.

A pesar de estas reformas, muchas empresas que trabajan para el gobierno no han empleado ningún enfoque de marketing por diversas razones. Las políticas de adquisición del gobierno han puesto más atención en el precio que en los demás factores, lo que ha hecho que los proveedores realicen importantes esfuerzos por reducir costos. Cuando las características de los productos se especifican detalladamente, la diferenciación del producto no es

---

CUESTIONES CLAVE | CÓMO VENDER TECNOLOGÍA AL GOBIERNO

El gobierno estadounidense planea invertir 65,900 millones de dólares en tecnologías de la información para el ejercicio fiscal 2006. Sin embargo, la mayor parte de esta inversión aún no está asignada. Las empresas pueden vender directamente a las agencias sin tener que someterse a una licitación formal mediante la General Services Administration (GSA) y otras organizaciones gubernamentales. A continuación se presentan tres consejos para entrar en este mercado.

1. *Entre en el catálogo del gobierno.* La GSA tienen un catálogo *on line* de bienes y servicios para las agencias públicas. Cerca del 28% del gasto federal fluye a través del anexo 70 del catálogo, que incluye más de 2000 proveedores de tecnología. Lograr que nuestro negocio aparezca en el catálogo es importante. Se puede solicitar la inclusión de forma electrónica. No olvide explicar en detalle la estructura de precios.

2. *Busque el modo de entrar.* Las grandes empresas suelen necesitar pequeñas empresas —sobre todo las dirigidas por mujeres y

minorías— para cubrir las cuotas de las PYMES. Para maximizar esta oportunidad:

- *Asegúrese de que los contratistas pueden encontrar su empresa.* Inscriba su empresa en la red de pequeñas empresas estadounidenses (wed.sba.gov/subnet) o utilice el sitio Web de la cámara de comercio de Estados Unidos.

- *Esté alerta con los contratos importantes.* Diversos sitios Web ofrecen información acerca de los últimos acontecimientos que podrían generar oportunidades (www.fedbizopps.gov; www.dod-busopps.com; prod.nais.nasa.gov/pub/fedproc/home.hml).

- *Cuide todas las perspectivas.* Reúnase con los licitadores potenciales y detalle las características de su empresa.

3. *Realice contactos activos.* Asista a alguna de las grandes ferias comerciales como FOSE, GSA, Expo o E-Gov.

Fuente: Owen Thomas, "How to Sell Tech to the Feds", *Business 2.0,* marzo de 2003, pp. 111–112.

un factor de marketing, ni tampoco las campañas o la venta personal influyen en la consecución de contratos públicos. Algunas empresas han creado departamentos especiales de marketing para tratar con las agencias públicas.

Empresas como Gateway, Rockwell, Kodak y Goodyear anticipan las necesidades y los proyectos del gobierno, participan en la fase de especificación del producto, recopilan inteligencia competitiva, preparan sus ofertas meticulosamente y crean comunicaciones sólidas para describir y resaltar la reputación de sus empresas.

RESUMEN :::

1. La compra empresarial es el proceso de toma de decisiones mediante el cual las organizaciones formales establecen su necesidad de adquirir productos y servicios, y a continuación identifican, evalúan y seleccionan entre los diferentes proveedores y las marcas alternativas. El mercado empresarial o industrial está formado por todas aquellas organizaciones que adquieren bienes y servicios para utilizarlos en la fabricación de otros productos o servicios que se venden, alquilan u ofrecen a terceros.

2. En comparación con los mercados de consumo, los mercados industriales se caracterizan por tener menos compradores de mayor tamaño, por una relación comprador-proveedor más estrecha, y por la concentración geográfica de los compradores. La demanda en estos mercados se deriva de la de los mercados de consumo, y fluctúa según el ciclo económico. Sin embargo, la demanda total de muchos bienes y servicios es relativamente inelástica respecto al precio. Los mercadólogos deben prestar atención a la función de los compradores profesionales y a quién influye en las decisiones, a la necesidad de realizar múltiples llamadas de ventas y a la importancia de la compra directa, de la reciprocidad y del arrendamiento.

3. El centro de compras es la unidad de toma de decisiones de una organización. Está formado por iniciadores, usuarios, influyentes, encargados de tomar decisiones, compradores y guardianes. Para influir sobre estos agentes, los mercadólogos deben ser conscientes de los factores organizacionales, interpersonales, individuales y del entorno.

4. El proceso de compra se divide en ocho fases: **1.** reconocimiento del problema, **2.** descripción general de la necesidad, **3.** especificación del producto, **4.** búsqueda de proveedores, **5.** solicitud de propuestas, **6.** selección de proveedores, **7.** especificación de la rutina de pedido y **8.** revisión de resultados.

5. Los mercadólogos deben entablar relaciones y vínculos estrechos con sus clientes y ofrecerles valor agregado. Algunos clientes, sin embargo, prefieren una relación más transaccional.

6. El mercado institucional está constituido por escuelas, hospitales, asilos, penitenciarías y demás organizaciones que ofrecen bienes y servicios a las personas a su cargo. Los compradores de organizaciones gubernamentales tienden a imponer una gran cantidad de trámites burocráticos a sus proveedores, y a favorecer a las empresas nacionales en los procesos de licitación. Los proveedores deben prepararse para adaptar sus ofertas a las necesidades y procedimientos específicos de los mercados institucionales y gubernamentales.

APLICACIONES :::

Debate de marketing   ¿Es diferente el marketing de negocio a negocio?

Numerosos ejecutivos de marketing del mercado empresarial se lamentan de los desafíos que presenta este mercado, y afirman que los conceptos y principios del marketing tradicional no son aplicables. Por una serie de razones, afirman que la venta de productos y servicios a empresas es radicalmente diferente de la venta a consumidores. Otros, sin embargo, no están de acuerdo y consideran que la teoría del marketing también es válida en el mercado empresarial y que sólo es cuestión de adaptar las estrategias.

Tome partido: "El marketing de negocio a negocio requiere un conjunto de conceptos y principios de marketing especiales" frente a "el marketing de negocio a negocio no es tan diferente, y los conceptos y principios básicos del marketing son aplicables a estos mercados".

Análisis de marketing

Veamos algunos de los modelos de comportamiento de compra de los consumidores observados en el capítulo 6, ¿cómo los aplicaría al entorno de negocio a negocio? Por ejemplo, ¿cómo funcionarían en los mercados industriales los modelos no compensatorios?

CASO DE **MARKETING** | **GENERAL ELECTRIC**

GE es una empresa gigantesca, formada por 11 divisiones principales, que opera en ámbitos tan dispares como los electrodomésticos, los motores de aviones, los sistemas de seguridad, las turbinas y los servicios financieros. La empresa tiene tal volumen (los ingresos en el 2003 fueron de 134,000 millones de dólares), que si cada una de sus divisiones se valorase independientemente, todas aparecerían en la lista de *Fortune 500*. Es más, si GE fuese un país, sería uno de los 50 más importantes y estaría por delante de Finlandia, Israel e Irlanda.

GE se convirtió en el pionero del marketing de negocio a negocio por excelencia en los años 50 y 60. Por aquel entonces, el lema de la empresa era "Live Better Electrically" (Viva mejor eléctricamente). Conforme GE fue diversificando sus líneas de productos, creó nuevas campañas publicitarias entre las que se cuentan "Progress for People" (Progreso para la gente) y "We bring good things to life" (Damos vida a las cosas buenas).

En el 2003 la empresa se enfrentó a un nuevo desafío: cómo promover su marca a nivel mundial con un mensaje unificado. GE lanzó una gran campaña "Imagination at Work" (Imaginación en marcha), que fue distinguida como la campaña mejor integrada en el concurso *B2B Best Award* en 2003. El propósito de la campaña era no sólo crear una sensación de calidez hacia la empresa, sino también conseguir resultados comerciales reales. La empresa promocionaba unidades B2B como GE Aircraft Engines, GE Medical Systems y GE Plastics. El objetivo era unificar estas divisiones bajo la marca GE, pero dándoles personalidad propia. La nueva campaña destaca el gran alcance de la oferta de productos de la empresa.

GE invierte cerca de 150 millones de dólares en publicidad, una gran cantidad de dinero, pero que resulta muy eficaz puesto que se centra en el núcleo de la marca de GE. El desafío al crear un mensaje unificado era que cada negocio de GE tenía que coincidir con la imagen de marca. GE eligió el lema "Imaginación en marcha" porque refleja la innovación inherente a toda su gama de productos.

La nueva campaña de marketing integrada dio sus frutos. "Los estudios afirman que GE se asocia actualmente con atributos como tecnología de punta, liderazgo, innovación, modernidad y creatividad", afirma Judi Hu, directora de publicidad y marcas a nivel mundial de GE. Igual de alentador resulta el hecho de que de los encuestados asocian GE con algunos de sus atributos tradicionales, como la confiabilidad y la honradez.

"Creemos que 'Imaginación en marcha' ha demostrado ser un mensaje global", afirma Beth Comstock, directora de marketing de GE. "Nuestro objetivo es estar más presentes en todo el mundo, y de forma más consistente. Llegar más lejos y más rápido. En el futuro, la salud y los tratamientos médicos serán el rostro de GE."

Mientras que la campaña alínea todas las unidades de negocio de GE, su éxito reside en la capacidad de entender el mercado y los procesos de compra empresariales. GE se pone en el lugar de sus clientes empresariales. Veamos, por ejemplo, cómo enfoca la fijación de precios para sus motores aeronáuticos.

Cabría esperar que GE fijara un precio concreto para cada tipo de motores. Sin embargo, la empresa es consciente de que para sus clientes, la compra de un motor aeronáutico es un gasto multimillonario (21 millones de dólares por motor). Y además, este gasto no termina con la compra del motor, sus clientes (las aerolíneas), tienen que hacer frente a elevados costos de mantenimiento para así cumplir con la normativa de la FAA y garantizar la confiabilidad de los motores. Así, en 1999, GE lanzó una nueva opción de precios. El concepto, llamado "potencia por hora", ofrece a los clientes la posibilidad de pagar una cantidad fija cada vez que utilizan el motor. A cambio, GE lleva a cabo todo el mantenimiento y garantiza la confiabilidad del motor. Así, ofrece a sus clientes un precio de compra más bajo.

Los compradores empresariales valoran esta opción porque reduce sus riesgos. En los tiempos de incertidumbre que corren para el sector aeronáutico, comprar un motor nuevo supone un riesgo financiero considerable para cualquier aerolínea. Este programa permite a la compañía aérea pagar únicamente cuando utiliza el motor. Es más, las aerolíneas no tienen que preocuparse por aumentos inesperados de los costos de mantenimiento. Los compradores tienen un costo de propiedad garantizado, bajo y predecible.

Este tipo de lógica empresarial ha ayudado a GE a consolidar su posición de liderazgo en la lista de las empresas más respetadas del mundo que realiza el *Financial Times*. Directivos de 20 países han situado a GE en el número uno durante seis años consecutivos.

El conocimiento que tiene GE de los mercados industriales, su forma de hacer negocios y su marketing han hecho que el *brand equity* de la empresa no deje de aumentar. De hecho, Corebrand cotizó el valor de marca de GE en 53,600 millones de dólares durante el cuarto trimestre de 2003.

"La marca es lo que nos conecta y nos hace mucho mejores que nuestros componentes", afirma la directora de marketing de Comstock.

Preguntas para discusión

1. ¿Cuáles han sido los factores de éxito de GE?

2. ¿En qué sentido es vulnerable esta empresa? ¿A qué debería prestar atención?

3. ¿Qué recomendaría a los directivos de marketing de GE para el futuro? ¿Qué medidas de marketing deberían tomar?

Fuentes: Michael Skapinker, "Brand Strength Proves Its Worth", *Financial Times,* 20 de enero de 2004; Sean Callahan, "Exclusive: Microsoft, GE Top Brand Equity Study", *BtoB,* 19 de enero de 2004; "Marketer of the Year Special Report", *BtoB,* 8 de diciembre de 2003, pp. 16, 22; "More Imagination", *Delaney Report,* 20 de octubre de 2003, p. 1; Sean Callahan, "BtoB Q&A: New GE CMO Taps 'Imagination'", *BtoB,* 11 de agosto de 2003; y www.ge.com.

REFERENCIAS BIBLIOGRÁFICAS :::

1. Janet Guyon, "The Man Who Mooned Larry Ellison", *Fortune,* 7 de julio de 2003, pp. 71–74.

2. James C. Anderson y James A. Narus, *Business Market Management: Understanding, Creating and Delivering Value* (Upper Saddle River, NJ: Prentice Hall, 1998).

3. Frederick E. Webster Jr. y Yoram Wind, *Organizational Buying Behavior* (Upper Saddle River, NJ: Prentice Hall, 1972), p. 2.

4. Jennifer Gilbert, "Small But Mighty", *Sales & Marketing Management,* enero de 2004, pp. 30–35.

5. Michael Collins, "Breaking into the Big Leagues", *American Demographics* (enero de 1996), pp. 24.

6. Patrick J. Robinson, Charles W. Faris y Yoram Wind, *Industrial Buying and Creative Marketing* (Boston: Allyn & Bacon, 1967).

7. Daniel H. McQuiston, "Novelty, Complexity, and Importance as Causal Determinants of Industrial Buyer Behavior", *Journal of Marketing* (abril de 1989), pp. 66–79; Peter Doyle, Arch G. Woodside y Paul Mitchell, "Organizational Buying in New Task and Rebuy Situations", *Industrial Marketing Management* (febrero de 1979), pp. 7–11.

8. Urban B. Ozanne y Gilbert A. Churchill Jr., "Five Dimensions of the Industrial Adoption Process", *Journal of Marketing Research* (agosto de 1971), pp. 322–328.

9. Niraj Dawar y Mark Vandenbosch, "The Seller's Hidden Advantage", *MIT Sloan Management Review*, invierno de 2004, pp. 83–88.

10. Donald W. Jackson Jr., Janet E. Keith y Richard K. Burdick, "Purchasing Agents' Perceptions of Industrial Buying Center Influence: A Situational Approach", *Journal of Marketing* (otoño de 1984), pp. 75–83.

11. Webster y Wind, Organizational Buying Behavior, p. 6.

12. *Ibid.*

13. Frederick E. Webster Jr. y Yoram Wind, "A General Model for Understanding Organizational Buying Behavior", *Journal of Marketing*, 36 (abril de 1972), pp. 12–19. Frederick E. Webster Jr. y Yoram Wind, *Organizational Buying Behavior*, Englewood Cliffs, NJ: Prentice-Hall, Inc., 1972.

14. Frederick E. Webster Jr. y Kevin Lane Keller, "A Roadmap For Branding in Industrial Markets", *Journal of Brand Management* 11 (mayo de 2004), pp. 388–402.

15. Scott Ward y Frederick E. Webster Jr., "Organizational Buying Behavior" en *Handbook of Consumer Behavior*, eds. Tom Robertson and Hal Kassarjian (Prentice-Hall, 1991), cap. 12, pp. 419–458.

16. Webster y Wind, *Organizational Buying Behavior*, p. 6.

17. Erin Strout, "Safe and Sound", *Sales and Marketing Management*, septiembre de 2003, p. 38.

18. Nirmalya Kumar, *Marketing As Strategy: Understanding the CEO's Agenda for Driving Growth and Innovation*, Harvard Business School Press, 2004.

19. Nirmalya Kumar, *Marketing As Strategy: Understanding the CEO's Agenda for Driving Growth and Innovation*, Harvard Business School Press, 2004.

20. Sara Lorge, "Purchasing Power", *Sales & Marketing Management* (junio de 1998), pp. 43–46.

21. David Hannon, "Lockheed Martin: Negotiators Inc.", *Purchasing*, 5 de febrero de 2004, pp. 27–30.

22. James C. Anderson y James A. Narus, *Business Market Management: Understanding, Creating and Delivering Value* (Upper Saddle River, NJ: Prentice Hall, 1998).

23. Adaptado de Peter Kraljic, "Purchasing Must Become Supply Management", *Harvard Business Review* (septiembre–octubre de 1993), pp. 109–17.

24. Tim Minahan, "OEM Buying Survey-Part 2: Buyers Get New Roles but Keep Old Tasks", *Purchasing*, 16 de julio de 1998, pp. 208–209.

25. Robinson, Faris y Wind, *Industrial Buying and Creative Marketing*.

26. Rick Mullin, "Taking Customer Relations to the Next Level", *The Journal of Business Strategy* (enero–febrero de 1997), pp. 22–26.

27. Rajdeep Grewal, James M. Comer y Raj Mehta, "An Investigation into the Antecedents of Organizational Participation in Business-to-Business Electronic Markets", *Journal of Marketing*, 65 (julio de 2001), pp. 17–33.

28. Julia Angwin, "Renaissance in Cyberspace; Once a Start-Ups' Graveyard; Business-to-Business Segment of Internet is Now Booming", *Wall Street Journal*, 20 de noviembre de 2003, p. B.1.

29. David Hannon, "Owens Corning Plans to Go 80% Paperless by End-2004", *Purchasing*, 15 de enero de 2004, pp. 16, 18.

30. Kate Maddox, "#1 Hewlett-Packard Co., www.hp.com", *BtoB*, 11 de agosto de 2003, pp. 1, 23.

31. Robert Hiebeler, Thomas B. Kelly y Charles Ketteman, *Best Practices: Building Your Business with Customer-Focused Solutions* (New York: Arthur Andersen/Simon & Schuster, 1998), pp. 122–124.

32. "Xerox Multinational Supplier Quality Survey", *Purchasing*, 12 de enero de 1995, p. 112.

33. Daniel J. Flint, Robert B. Woodruff y Sarah Fisher Gardial, "Exploring the Phenomenon of Customers' Desired Value Change in a Business-to-Business Context", *Journal of Marketing*, 66 (octubre de 2002), pp. 102–117.

34. Donald R. Lehmann y John O'Shaughnessy, "Differences in Attribute Importance for Different Industrial Products", *Journal of Marketing* (abril de 1974): pp. 36–42.

35. Minahan, "OEM Buying Survey-Part 2: Buyers Get New Roles but Keep Old Tasks".

36. Véase James A. Narus y James C. Anderson, "Turn Your Industrial Distributors into Partners", *Harvard Business Review* (marzo–abril de 1986), pp. 66–71; William Atkinson, "Now That's Value Add", *Purchasing*, 11 de diciembre de 2003, p. 26.

37. Arnt Buvik y George John, "When Does Vertical Coordination Improve Industrial Purchasing Relationships", *Journal of Marketing*, 64 (octubre de 2000), pp. 52–64.

38. Shankar Ganesan, "Determinants of Long-Term Orientation in Buyer-Seller Relationships", *Journal of Marketing*, 58 (abril de 1994), pp. 1–19; Patricia M. Doney y Joseph P. Cannon, "An Examination of the Nature of Trust in Buyer-Seller Relationships", *Journal of Marketing*, 61 (abril de 1997), pp. 35-51.

39. John H. Sheridan, "An Alliance Built on Trust", *Industry Week*, 17 de marzo de 1997, pp. 66–70.

40. William W. Keep, Stanley C. Hollander y Roger Dickinson, "Forces Impinging on Long-Term Business-to-Business Relationships in the United States: An Historical Perspective", *Journal of Marketing*, 62 (abril de 1998), pp. 31–45.

41. Joseph P. Cannon y William D. Perreault Jr., "Buyer-Seller Relationships in Business Markets", *Journal of Marketing Research*, 36 (noviembre de 1999), pp. 439–460.

42. Joseph P. Cannon y William D. Perreault Jr., "Buyer-Seller Relationships in Business Markets", *Journal of Marketing Research*, 36 (noviembre de 1999), pp. 439–460.

43. Thomas G. Noordewier, George John y John R. Nevin, "Performance Outcomes of Purchasing Arrangements in Industrial Buyer-Vendor Arrangements", *Journal of Marketing*, 54 (octubre), pp. 80–93; Arnt Buvik y George John, "When Does Vertical Coordination Improve Industrial Purchasing Relationships", pp. 52–64.

44. Akesel I. Rokkan, Jan B. Heide y Kenneth H. Wathne, "Specific Investment in Marketing Relationships: Expropriation and Bonding Effects", *Journal of Marketing Research*, 40 (mayo de 2003), pp. 210–224.

45. Mrinal Ghosh y George John, "Governance Value Analysis and Marketing Strategy", *Journal of Marketing*, 63 (número especial, 1999), pp. 131–145.

46. Sandy Jap, "Pie Expansion Effects: Collaboration Processes in Buyer-Seller Relationships", *Journal of Marketing Research*, 36 (noviembre de 1999), pp. 461–475.

47. Buvik and John, "When Does Vertical Coordination Improve Industrial Purchasing Relationships", pp. 52–64.

48. Kenneth H. Wathne y Jan B. Heide, "Opportunism in Interfirm Relationships: Forms, Outcomes, and Solutions", *Journal of Marketing*, 64 (octubre de 2000), pp. 36–51.

49. Mary Walton, "When Your Partner Fails You", *Fortune*, 135(10), pp. 87–89.

50. Mark B. Houston y Shane A. Johnson, "Buyer-Supplier Contracts Versus Joint Ventures: Determinants and Consequences of Transaction Structure", *Journal of Marketing Research* 37 (febrero de 2000), pp. 1–15.

51. Akesel I. Rokkan, Jan B. Heide y Kenneth H. Wathne, "Specific Investment in Marketing Relationships: Expropriation and Bonding Effects", pp. 210–224.

52. Paul King, "Purchasing: Keener Competition Requires Thinking Outside the Box", *Nation's Restaurant News*, 18 de agosto de 2003, p. 87.

53. Robert Hiebeler, Thomas B. Kelly y Charles Ketteman, *Best Practices: Building Your Business with Customer-Focused Solutions* (Nueva York: Arthur Andersen/Simon & Schuster, 1998), pp. 124–126.

54. Paul E. Goulding, "Q & A: Making Uncle Sam Your Customer", *Financial Executive* (mayo–junio de 1998), pp. 55–57.

55. Matthew Swibel y Janet Novack, "The Scariest Customer", *Forbes*, 10 de noviembre de 2003, pp. 96–97

56. Laura M. Litvan, "Selling to Uncle Sam: New, Easier Rules", *Nation's Business* (marzo de 1995), pp. 46–48.

57. Ellen Messmer, "Feds Do E-commerce the Hard Way", *Network World*, 13 de abril de 1998, pp. 31–32.

**EN ESTE CAPÍTULO
ANALIZAREMOS LAS SIGUIENTES
PREGUNTAS:**

1. ¿Cuáles son los diferentes niveles de segmentación del mercado?

2. ¿Cómo se divide en segmentos el mercado de una empresa?

3. Cómo elige una empresa al segmento meta más atractivo?

4. ¿Cuáles son los requisitos para una segmentación eficaz?

ocho

Los mercados no son homogéneos. Sería imposible que una empresa estableciera contacto con todos los clientes en mercados tan amplios, grandes y diversos. Los consumidores varían en infinidad de aspectos y podrían agruparse en función de una o varias características. Por eso, las empresas necesitan identificar a qué segmentos del mercado se van a dirigir. Para tomar esta decisión, es necesario comprender el comportamiento de los consumidores y elaborar estrategias. En ocasiones, los mercadólogos se empeñan en dirigirse a los mismos segmentos que muchas otras empresas y pasan por alto otros segmentos potencialmente más rentables.

E *l segmento de los consumidores de edad madura, pero con poder adquisitivo, debería ser importante para muchas empresas.[1] La población de consumidores "maduros", los mayores de 50 años, alcanzará los 115 millones en Estados Unidos durante los próximos 25 años. Sin embargo, los mercadólogos obsesionados con la juventud no sólo han pasado por alto este inmenso mercado, sino que además lo han llenado de estereotipos de abuelos que sobreviven con una minúscula pensión.[2] "Para los responsables de productos dirigidos a los jóvenes, todos los consumidores mayores de 45 son ancianos", afirma Lori Bitter, socia de J. Walter Thompson's Mature Marketing Group. "Quieren poner swing como música de fondo en los anuncios dirigidos a las personas de 50 años, y les tenemos que decir 'No, probemos con Sting'." Los ciudadanos maduros, especialmente los baby boomers, con frecuencia toman sus decisiones de compra en función de su estilo de vida, y no de su edad. Eso sí, una vez que han tomado una decisión, no hay que esperar que sean leales. Aunque tienen conciencia de marca, los consumidores de esta generación no necesariamente son tan*

>>>

Un mercado de gran crecimiento: el de los consumidores maduros con vidas activas que toman las decisiones de compra de acuerdo con su estilo de vida, no en función de la edad.

leales como los de mayor edad.[3] Pareciera que su lealtad está sujeta a la oferta del mejor postor, por lo que los mercadólogos más astutos deberían prestarles una atención especial.[4]

Para competir de forma más eficaz, muchas empresas recurren al marketing centrado en un segmento meta. En lugar de dispersar sus esfuerzos de marketing (enfoque "expansivo"), se concentran en los clientes a los que mejor pueden satisfacer (enfoque "francotirador").

El marketing centrado en un segmento meta requiere tres pasos fundamentales:

1. Identificar y analizar el perfil de los distintos grupos de compradores con necesidades y preferencias diferentes (segmentación del mercado).

2. Seleccionar uno o más segmentos del mercado a los cuales dirigirse (selección del segmento meta).

3. Establecer y comunicar las ventajas distintivas del producto de la empresa para cada segmento (posicionamiento del producto en el mercado).

En este capítulo nos centraremos en las dos primeras cuestiones, y estudiaremos el posicionamiento del producto y de la marca en el capítulo 10.

::: Niveles de segmentación del mercado

El punto de partida para analizar la segmentación del mercado es el **marketing masivo**. De acuerdo con esta orientación, el vendedor recurre a la producción, la distribución y la promoción masivas de un producto para todos los compradores por igual. Henry Ford fue la personificación de esta estrategia cuando ofrecía el modelo T de Ford en un único color, el negro. Coca-Cola también practicó el marketing masivo cuando vendía un único tipo de bebida de cola en botellas de 190 ml.

El argumento tradicional en defensa del marketing masivo es que crea el mercado potencial más amplio posible, lo que reduce costos y a la vez conduce a precios más bajos o a mayores márgenes de ganancia. Sin embargo, muchos detractores señalan que la creciente diversificación del mercado dificulta la práctica del marketing masivo. La proliferación de medios de comunicación y de canales de distribución hace cada vez más difícil y costoso llegar a una audiencia masiva. Algunos consideran que el marketing masivo está en plena agonía. En la actualidad, la mayoría de las empresas recurren al *micromarketing*, en uno de los siguientes cuatro niveles: segmentos, nichos, áreas locales e individuos.

Marketing de segmentos

Un segmento de mercado es un grupo de consumidores que comparten necesidades y deseos similares. Así, podemos diferenciar entre compradores de automóviles que buscan un medio de transporte económico, compradores que buscan un auto de lujo, y compradores que buscan emoción y aventura. Hay que prestar atención para no confundir un *segmento* y un *sector*. Tomemos el caso de una empresa automotriz que se dirige a compradores jóvenes con ingresos medios. El problema es que los compradores de automóviles jóvenes con ingresos medios esperan características diferentes en los automóviles. Algunos buscarán automóviles económicos, y otros querrán automóviles de lujo. Los compradores de automóviles que son jóvenes y tienen ingresos medios constituyen un sector, no un segmento.

Los mercadólogos no crean los segmentos, sino que los identifican para luego seleccionar aquellos a los que se van a dirigir. El marketing de segmentos presenta más ventajas que el marketing masivo. La empresa puede diseñar, dar a conocer, entregar el producto o servicio y ponerle un precio de modo que satisfaga al mercado meta. Asimismo, la empresa definirá el programa y las actividades de marketing para responder mejor a la oferta de las empresas competidoras.

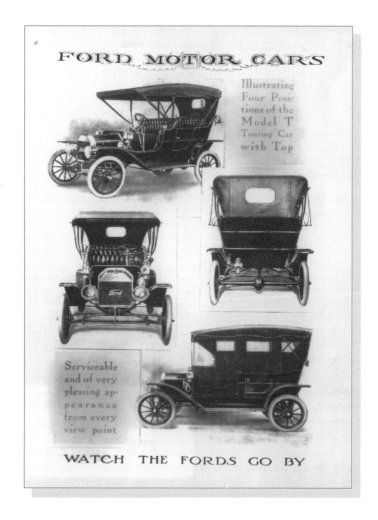

El modelo T: Henry Ford fue el primero en comercializar automóviles en masa. Ford fabricaba en masa en una línea de montaje, distribuía en masa mediante concesionarios, y daba a conocer su producto único por medio de anuncios como éste.

Sin embargo, incluso un segmento a veces resulta ficticio, por lo menos en cierto sentido, puesto que no todos los miembros de un segmento quieren exactamente el mismo producto. Anderson y Narus afirman que las empresas deben presentar ofertas flexibles a todos los miembros de un segmento.[5]

Una **oferta de marketing flexible** se compone de dos elementos: una *solución básica* que incorpora los elementos del producto o del servicio que valoran todos los miembros de un segmento, y *opciones discrecionales* que valoran determinados miembros del segmento. Cada opción podría tener un costo adicional. Por ejemplo, Delta Airlines ofrece a todos pasajeros de clase turista un asiento, comida y bebidas refrescantes. Quienes deseen consumir bebidas alcohólicas tendrán que pagar por ellas. Siemens Electrical Apparatus Division vende cajas revestidas de metal a pequeños fabricantes e incluye en el precio el envío y la garantía, pero también ofrece servicios de instalación, de prueba y comunicaciones periféricas como opciones no incluidas en el precio.

Los segmentos de mercado se definen de muchas maneras. Una forma es identificar segmentos con base en las *preferencias* de los consumidores. Imagine que se pregunta a los consumidores de helado en qué medida valoran la dulzura y la cremosidad como atributos del producto. En este caso podrían aparecer tres patrones diferentes:

1. *Preferencias homogéneas*—La figura 8.1*a* muestra un mercado en el que prácticamente todos los consumidores presentan las mismas preferencias. El mercado no refleja segmentos naturales. Se podría predecir que las marcas existentes son similares y que se agrupan en torno al punto medio de dulzura y cremosidad.
2. *Preferencias dispersas*—En el extremo contrario, se observa que las preferencias de los consumidores están un tanto dispersas (véase la figura 8.1*b*), lo que indica que éstas varían considerablemente entre los consumidores. Tal vez la marca que entró primero en el mercado se posicionó para atraer al mayor número de consumidores. Un segundo competidor podría situarse cerca de la primera empresa y luchar por ganar participación de mercado, o se podría situar en un extremo para atraer al grupo de consumidores que no estén satisfechos con la marca central. Si hubiese diversas marcas en el mercado, se posicionarían en todo el espacio y presentarían grandes diferencias para adaptarse a toda la gama de preferencias de los consumidores.

a) Preferencias homogéneas

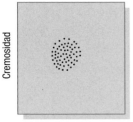

Cremosidad

Dulzura

b) Preferencias dispersas

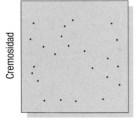

Cremosidad

Dulzura

c) Preferencias agrupadas

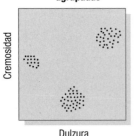

Cremosidad

Dulzura

| FIG. **8.1** |

Modelos básicos de preferencia del mercado.

3. *Preferencias agrupadas*—En ocasiones el mercado presenta grupos de preferencias diferentes, denominados *segmentos naturales del mercado* (véase la figura 8.1*c*). La primera empresa en llegar al mercado tiene tres opciones: posicionarse en el centro, con la esperanza de atraer a todos los grupos; posicionarse en el segmento de mercado más amplio (*marketing concentrado*); o desarrollar distintas marcas para posicionarlas en segmentos diferentes. Si la primera empresa sólo desarrollara una marca, los competidores podrían entrar en el mercado y lanzar marcas para los demás segmentos.

En apartados posteriores del capítulo se estudiarán las formas de segmentar el mercado y cómo competir en él con mayor eficacia.

Marketing de nichos

Un nicho es un grupo de consumidores más delimitado que busca un mismo conjunto de beneficios. Los mercadólogos identifican los nichos dividiendo un segmento en subsegmentos. Por ejemplo, Progressive, una empresa aseguradora de vehículos con sede en Cleveland, vende pólizas "no-estándar" para conductores con un amplio historial de accidentes; les cobra un precio más alto por asegurarlos y, en el proceso, obtiene mucho dinero.

Un nicho atractivo se distingue por ciertas características: los integrantes de un nicho tienen un conjunto de necesidades específicas; están dispuestos a pagar un precio especial a la empresa que mejor satisfaga sus necesidades; es poco probable que el nicho atraiga a otros competidores; la empresa debe especializar su oferta para tener éxito; y el nicho tiene un gran potencial en cuanto a tamaño, utilidades y crecimiento. Mientras que los segmentos son relativamente amplios y suelen atraer a diferentes competidores, los nichos son más bien reducidos y sólo atraen a uno o dos competidores.

ENTERPRISE

Enterprise Rent-A-Car ha desafiado la supremacía de Hertz en el alquiler de vehículos elaborando un programa de marketing a la medida de un mercado que apenas recibía atención.[6] Mientras que Hertz, Avis, Alamo y otras empresas se especializan en el alquiler de vehículos en aeropuertos para personas que viajan por placer o por negocios, Enterprise atiende el mercado de la sustitución de vehículos descompuestos, ofreciendo sus servicios a consumidores cuyos vehículos están en el taller de reparación o fueron robados. Enterprise cobra cuotas de alquiler bajas porque no opera en los caros locales de los aeropuertos o de las zonas comerciales de las grandes ciudades. Además, sólo abre durante el día y utiliza su flota tanto como sea posible antes de deshacerse de los vehículos. Asimismo, Enterprise se diferencia, en parte, por ofrecerse a recoger a sus clientes. Enterprise tiene un presupuesto de publicidad limitado, y recurre más a las tácticas básicas de marketing, como recomendaciones de aseguradoras, concesionarios y talleres mecánicos. Al ofrecer elementos diferenciadores de bajo costo y comodidad en un nicho que no estaba atendido, Enterprise ha logrado una gran rentabilidad.

Las empresas de mayor tamaño, como IBM, han perdido áreas de sus mercados en favor de los especialistas en nichos: esta confrontación recibe el nombre de "guerrillas contra gorilas".[7] Algunas empresas de gran tamaño han empezado a practicar el marketing de nichos. Hallmark domina un 55% del mercado global de 7,800 millones de dólares que suponen las tarjetas de felicitación al segmentar cuidadosamente su negocio. Además de las subdivisiones de tarjetas populares, como las humorísticas *Shoebox Greetings*, Hallmark ha lanzado líneas de producto dirigidas a segmentos específicos. Fresh Ink se dirige a mujeres con edades comprendidas entre los 18 y 39 años, mientras que Hallmark, en español se dirige a los consumidores hispanos de Estados Unidos, y *Out of the Blue* a quienes buscan una tarjeta de precio bajo para enviarla sin necesidad de una ocasión especial.[8]

Los especialistas en nichos entienden tan bien las necesidades de sus clientes que éstos están dispuestos a pagar un precio especial por sus productos o servicios. Los productos de higiene personal naturales de Tom's of Maine llegan a captar el 30% del mercado de dentífricos como resultado de las características exclusivas y ecológicas de sus productos y de los programas de donativos para instituciones sin fines de lucro que atraen a los consumidores que están hartos de las grandes empresas.[9] A medida que aumenta la eficacia del marketing, los nichos que parecían demasiado pequeños aumentan cada vez más su rentabilidad.[10]

En el mundo de los productos farmacéuticos, la empresa de biotecnología Genentech destaca por desarrollar medicamentos destinados a nichos minúsculos en lugar de enfocarse a generar ventas astronómicas, como Lipitor de Pfizer o Zocor de Merck, que combaten el colesterol y cuyas ventas ascienden a varios miles de millones de dólares:

GENENTECH

Esta empresa de biotecnología, con sede en San Francisco, desarrolla "terapias orientadas", es decir, medicamentos dirigidos a pequeños subconjuntos de pacientes. Los medicamentos proporcionan el mismo tipo de beneficios que cuando el médico identifica la bacteria que causa una infección y prescribe el antibiótico correcto.

A milestone in river conservation

El especialista en nichos Tom's of Maine fabrica productos ecológicos y participa en numerosos programas ambientales, como el programa dirigido a crear conciencia de la contaminación fluvial Tom's of Maine National Rivers Awareness Program^MR.

Hace algunos años, la empresa lanzó la primera terapia orientada, Herceptin, un medicamento para el cáncer de mama que se prescribe únicamente a cerca del 25% de las pacientes cuyos tumores presentan algún tipo de singularidad genética, y desde entonces, no se detiene. Las terapias orientadas tienen lógica económica, ya que Genentech es una empresa pequeña, no necesita vender medicinas por valor de miles de millones de dólares al año para mantener un ejército de vendedores o personal de marketing, y puede cobrar precios especiales porque sus medicinas anticancerígenas funcionan. Los ingresos de Genetech en 2003 fueron de 3,300 millones de dólares, un 24% más que en el 2001.[11]

La globalización ha facilitado el marketing de nichos. Por ejemplo, la economía alemana cuenta con más de 300,000 pequeñas y medianas empresas (PYMES), conocidas como *Mittelstand*. Muchas cuentan con el 50% de la participación de mercado de nichos mundiales bien definidos. Hermann Simon nombró a estos especialistas en nichos mundiales "los ganadores ocultos".[12] Éstos son algunos ejemplos:

- Tetra Food suministra el 80% de la comida para peces tropicales.
- Hohner domina el 85% del mercado mundial de armónicas.
- Becher controla el 50% del gigantesco mercado mundial de paraguas.
- Steiner Optical abarca el 80% del mercado militar mundial de lentes.

Estos ganadores ocultos tienden a operar en mercados estables, por lo general son negocios familiares, y tienen vidas prósperas y largas. Se dedican a sus clientes y ofrecen resultados y servicios superiores, entregas puntuales (en lugar de precios bajos), y relaciones estrechas con los clientes. Los altos directivos destacan la continua innovación y el contacto directo y regular con los principales clientes.

El bajo costo que implica abrir una tienda en Internet ha propiciado la aparición de muchas pequeñas empresas que se encargan de atender nichos. La receta para el éxito de este tipo de empresas especializadas en nichos que funcionan a través de Internet es identificar un producto difícil de encontrar que los clientes no necesiten ver ni tocar. A continuación se narra el caso de un "Webemprendedor" que siguió este consejo y obtuvo resultados impresionantes:[13]

OSTRICHESONLINE.COM

Mientras que los gigantes de Internet como Amazon.com todavía tienen que luchar para obtener ganancias, Steve Warrington realiza ventas de seis dígitos vendiendo avestruces *on line*, y todos los productos derivados de estas aves (www.ostrichesonline.com). Desde que lanzó su sitio gratuito en 1996, el negocio de Warrington ha vendido a más de 20,000 clientes de más de 125 países mediante un catálogo con más de 17,500 productos derivados de los avestruces. Los visitantes del sitio Web pueden adquirir carne, plumas, chaquetas de piel, cáscaras de huevo y suscribirse a un boletín de noticias dedicado al avestruz.[14]

Marketing local

La necesidad de tomar decisiones acertadas en la selección del segmento meta está haciendo que los programas de marketing se diseñen a la medida de las necesidades y los deseos de los grupos de consumidores locales (áreas comerciales, barrios, e incluso tiendas individuales). Citibank ofrece diferentes combinaciones de servicios bancarios en sus sucursales, en función de las características demográficas del área en que éstas se ubican. Kraft ayuda a las cadenas de supermercados a identificar el surtido de quesos y la disposición de las góndolas que optimizarán las ventas de los establecimientos situados en zonas con ingresos bajos, medios y altos, así como en los barrios de mayorías étnicas específicas.

AMERICAN DRUG

American Drug, uno de los minoristas de farmacias más importantes de Estados Unidos, encargó a su equipo de marketing estudiar los patrones de compra de cientos de sus establecimientos Osco y Sav-on Drug Stores en términos de mercado-por-mercado. Con la información que recabaron, la empresa pudo diseñar una mezcla de producto específica para cada tienda, modernizar el diseño de los establecimientos y reorientar los esfuerzos de marketing para adecuarlos más a la demanda de los consumidores locales. En función de las características demográficas locales, cada establecimiento tiene una cantidad y un tipo de mercancía diferente en categorías como ferretería, aparatos eléctricos, accesorios para el auto, utensilios de cocina, mercancías diversas, medicinas y productos de conveniencia.[15]

El marketing local refleja una tendencia en aumento denominada marketing de raíz. Las actividades de marketing se concentran en interactuar estrecha y personalmente con los consumidores tanto como sea posible. Gran parte del éxito inicial de Nike se atribuye a su capacidad para atraer a sus consumidores meta a través de actividades de marketing de raíz como el patrocinio de los equipos de los colegios, gimnasios dirigidos por expertos, y provisión de zapatos, vestimenta y equipo deportivo.

Un gran elemento del marketing de raíz local es el marketing de experiencias, que promueve un producto o servicio no sólo mediante la comunicación de sus características o sus ventajas, sino también mediante experiencias interesantes y únicas. Un analista especializado en el tema describe el marketing de experiencias como sigue: "La idea no es vender algo, sino demostrar cómo una marca puede enriquecer la vida del consumidor."[16] En el recuadro *Marketing en acción: Marketing de experiencias* se describe el concepto de administración de las experiencias de los clientes.

Holiday Inn Hotels and Resorts intenta revitalizar su imagen de marca mediante el marketing de experiencias, no sólo con el fin de crear nuevas experiencias para sus clientes, sino también para que con su marca, los consumidores sientan nostalgia por su infancia:

HOLIDAY INN HOTELS AND RESORTS

La cadena que creció con Interstate System y definió la experiencia de pasar la noche fuera de casa, en la actualidad intenta volver a ocupar su puesto en la conciencia de los estadounidenses. Este esfuerzo de marketing está destinado a evocar los viejos tiempos en los que su popularidad se reflejaba en los robos de toallas (la cadena afirma que sigue perdiendo 560,000 toallas cada año). Así, en 2003, Holiday Inn declaró el 28 de agosto como el "Día nacional de la amnistía de las toallas". Para la ocasión, cada Holiday Inn distribuyó 50 toallas de edición limitada en las que se leía "100% algodón, 100% libres de sentimientos de culpa, 100% suyas". Además, la cadena creó el sitio web www.holiday-inn.com/towels donde los visitantes pueden compartir historias sobre toallas. Por cada historia recibida, la empresa donó un dólar a una organización altruista que ayuda a niños con enfermedades incurables; el donativo sirvió para que muchos de ellos pudieran visitar parques de diversiones en Florida. Al motivar a los clientes a que compartan sus historias, la cadena espera despertar la conexión emocional que todavía está presente en muchos estadounidenses en relación con su imagen de marca, sencilla y afable.[17]

Pioneros en este campo, Pine y Gilmore consideran que estamos en los albores de la "economía de las experiencias", una nueva era económica en la que todas las empresas tendrán que organizar eventos memorables para sus clientes.[18] Al respecto, afirman lo siguiente:

- Si se cobra por cosas, se opera en el *mercado de materias primas.*
- Si se cobra por bienes tangibles, se opera en el *mercado de bienes.*
- Si se cobra por las actividades que uno realiza, se opera en el *mercado de servicios.*
- Si se cobra por el tiempo que pasan los clientes con uno, entonces, y sólo entonces, se opera en el *mercado de experiencias.*

Con ejemplos de numerosas empresas que van desde Disney hasta AOL, estos autores afirman que las experiencias comercializables se dividen en cuatro grupos: de entretenimiento, educativas, estéticas y escapistas. VANS, pionera del calzado deportivo para los aficionados a la patineta, ha triunfado con una mezcla de marketing de eventos, patrocinios e incluso una película documental, en los que se celebra la cultura de la patineta.[19] El director general de

---

MARKETING **EN ACCIÓN**   MARKETING DE EXPERIENCIAS

En diversos libros y artículos, Bernd Schmitt, de la Universidad de Columbia, explica el concepto de *administración de las experiencias de los clientes* (o CEM, por sus siglas en inglés), que consiste en el proceso de administrar estratégicamente todas las experiencias que tiene un cliente con un producto. Según Schmitt, las marcas pueden ofrecer cinco tipos de experiencias: **1.** sensibles, **2.** emocionales, **3.** racionales, **4.** de actuación y **5.** de relación. En cada una de estas subdivisiones, Schmitt distingue entre dos niveles de respuesta a las experiencias: integrados o adquiridos. Schmitt afirma que los mercadólogos ofrecen experiencias a los consumidores mediante un conjunto de factores:

1. *Comunicaciones:* publicidad, relaciones públicas, informes anuales, folletos, boletines de noticias y catálogos.

2. *Identidad visual/verbal:* nombres, logotipos, iconos y vehículos de transporte.

3. *Presencia del producto:* diseño, empaque y punto de venta del producto.

4. *Colaboraciones de marca:* patrocinios y publicidad de eventos, alianzas y colaboraciones, concesión de licencias, e inclusión de productos en películas o programas de televisión.

5. *Entornos:* espacios públicos y de venta minorista, locales en ferias comerciales, edificios corporativos, interior de las oficinas y fábricas.

6. *Sitios Web y medios de comunicación electrónica:* sitios empresariales, sitios sobre productos o servicios, CD-ROM, mensajes automáticos de correo electrónico e intranets.

7. *Personas:* vendedores, representantes de atención al cliente, personal de asistencia técnica, reparadores, representantes, directores generales y otros directivos.

El proceso de la administración de experiencias consta de cinco fases:

1. *Analizar el mundo de experiencias del cliente:* conocer el contexto sociocultural de los consumidores o el contexto empresarial de los clientes industriales.

2. *Crear una plataforma de experiencias:* desarrollar una estrategia que incluya el posicionamiento del tipo de experiencia que ofrece la marca ("qué"), la propuesta de valor de la experiencia que se va a ofrecer ("por qué") y la aplicación del tema general que se va a comunicar ("cómo").

3. *Diseñar la experiencia de marca:* aplicar la plataforma de experiencias con la imagen y la sensación que transmiten los logotipos, los iconos, el empaque, la disposición de los productos en tiendas minoristas, la publicidad e Internet.

4. *Estructurar la interrelación con el cliente:* aplicar la plataforma de experiencias en una interrelación dinámica y atractiva, por ejemplo, cara a cara, en tiendas, durante visitas de ventas, en el vestíbulo de un hotel o en el motor de búsqueda de un sitio de comercio electrónico.

5. *Perseguir la innovación continua:* aplicar la plataforma de experiencias en el desarrollo de nuevos productos y eventos creativos de marketing para los clientes, así como afinar las experiencias en cualquier contacto con los clientes.

Schmitt menciona la empresa británica de emparedados Prêt À Manger, para ilustrar cómo una compañía ofrece una experiencia de marca atractiva, una interrelación apropiada con el consumidor y una innovación constante: "La marca Prêt À Manger está asociada con sabores exquisitos, con emparedados preparados a mano y con productos naturales servidos por personas muy agradables a las que les encanta su trabajo. Los establecimientos y los emparedados tienen una apariencia atractiva. La empresa apenas contrata al 5% de los solicitantes de trabajo, y sólo después de haber trabajado un día en la tienda. Este proceso garantiza que los nuevos empleados funcionarán bien y participarán en el trabajo en equipo." Del mismo modo, el autor cita a Singapore Airlines, Starbucks y Amazon.com como destacados proveedores de experiencias para sus clientes.

Fuentes: www.exgroup.com; Bernd Schmitt, *Customer Experience Management: A Revolutionary Approach to Connecting with Your Customers*, John Wiley and Sons, 2003; Bernd Schmitt, David L. Rogers y Karen Vrotsos, *There's No Business That's Not Show Business: Marketing in an Experience Culture*, Prentice Hall, 2003; Bernd Schmitt, *Experiential Marketing: How to Get Companies to Sense, Feel, Think, Act, and Relate to Your Company and Brands*, Free Press, 1999; Bernd Schmitt y Alex Simonson, *Marketing Aesthetics: The Strategic Management of Brands, Identity and Image* (Nueva York: Free Press, 1997).

Los patinadores profesionales Darrell Stanton y Scott Kane en un anuncio de VANS. Ambos forman parte del equipo patrocinado por la empresa.

VANS, Gary Schoenfeld, afirma: "Nuestro objetivo no es abrumar al mercado con anuncios, sino integrarnos allí donde esté nuestro segmento meta."

Los defensores del marketing local consideran que el marketing nacional es una pérdida de tiempo porque tiene un alcance demasiado amplio que no satisface las necesidades locales. Los críticos del marketing local, por su parte, afirman que esta práctica aumenta los costos de producción y de marketing porque reduce las economías de escala. Además, los problemas de logística se magnifican. La imagen general de una marca podría diluirse si el producto o el mensaje son diferentes en los distintos territorios.

Marketing personalizado

El último nivel de segmentación es el de "segmentos de uno", "marketing personalizado" o "marketing de uno a uno".[20]

En la actualidad, los consumidores toman la iniciativa a la hora de decidir qué comprar y cómo comprarlo. Entran en Internet, buscan información y opiniones sobre productos o servicios, dialogan con proveedores, usuarios y críticos, y en muchos casos, incluso diseñan el producto que quieren. Muchas empresas *on line* ofrecen a los consumidores un muestrario electrónico, es decir, un sistema interactivo que permite a los consumidores diseñar sus propios productos y servicios al seleccionar atributos, componentes, precios y opciones. La selección del cliente se transmite al sistema de producción del proveedor, que pone en marcha el proceso de adquisición de material necesario, montaje y entrega.[21]

Wind y Rangaswamy ven este sistema-muestrario como una tendencia hacia la "customización" del cliente.[22] La **customización** combina elementos operativos del marketing masivo y del marketing individualizado, de tal modo que permite a los consumidores diseñar la oferta de producto o servicio a su gusto. La empresa ya no necesita información previa sobre el consumidor, ni posee la fábrica . En lugar de ello, ofrece una plataforma y unas herramientas que "alquila" a los consumidores para que diseñen sus propios productos. Una empresa está personalizada por el cliente cuando es capaz de responder a iniciativas de clientes individuales que definen sus productos, servicios y mensajes sobre una base unitaria.[23]

Cada unidad de negocio tendrá que valorar si es más conveniente, en términos de utilidades, diseñar sus sistemas de negocio para crear ofertas dirigidas a *segmentos* o a *individuos*. Las empresas que defienden la segmentación consideran que es más eficaz, puesto que requiere menos información sobre el cliente y permite una mayor estandarización de las ofertas de mercado. Los defensores del marketing personalizado afirman que los segmentos son pura ficción, que los integrantes de un segmento son muy diferentes, y que los mercadólogos pueden alcanzar mayores niveles de precisión y eficacia si atienden las necesidades personales de los consumidores.

Desde luego, el marketing personalizado no es aplicable a todas las empresas. Por ejemplo, resultaría muy complicado personalizar productos como automóviles. Además, podría aumentar los costos de los productos por encima de lo que los consumidores están dispuestos a

Acumins   Esta tienda con base en Internet prepara combinados de vitaminas, hierbas y minerales siguiendo las instrucciones del cliente, y es capaz de reunir hasta 95 ingredientes entre tres y cinco "pastillas personalizadas". Su premisa es simple y atractiva: ¿Por qué tomar docenas de píldoras si en tres se obtienen todos los ingredientes de su elección?

Paris Miki   La empresa japonesa Paris Miki, uno de los minoristas de óptica más grandes del mundo, utiliza una herramienta de diseño que consiste en lo siguiente. Primero se toma una fotografía digital del cliente, quien a continuación describe el estilo que prefiere (deportivo, elegante, tradicional, etc.). Entonces el sistema le muestra diversas fotografías computarizadas. Tras seleccionar la montura, el cliente también escoge las piezas de apoyo sobre la nariz, las bisagras y las patillas de sujeción. Los anteojos están listos en una hora.

DeBeers   Con el programa Diseñe su propio anillo de DeBeers, los clientes pueden diseñar sus anillos de diamantes al seleccionar entre una combinación exclusiva de 189 gemas de centro y laterales, así como quilates y metales. Después encargan el modelo al joyero local de la empresa para que lo monte de acuerdo con sus especificaciones.

Andersen Windows   Andersen Windows, con sede en Bayport, Minnesota, es el líder en la fabricación de ventanas y puertas exteriores. Esta compañía desarrolló una versión informática interactiva de sus catálogos para distribuidores y minoristas que está vinculada directamente con la fábrica. Con el sistema, disponible actualmente en 650 salas de exposiciones y ferias comerciales, los vendedores pueden personalizar cada ventana, analizar el diseño para comprobar la solidez de la estructura, y generar un presupuesto. A partir de ahí, Andersen pone en marcha su proceso de fabricación, en el que cada ventana o cada puerta se realiza sobre pedido, lo que reduce el inventario de piezas (uno de los costos principales de la empresa).

ChemStation   Esta empresa con sede en Dayton, Ohio, ofrece a sus clientes industriales (que van desde el sector de la limpieza de automóviles hasta la Fuerza Aérea de EUA) fórmulas especiales de jabón. Un producto que sirve para limpiar un automóvil no tiene por qué servir para limpiar un avión o la maquinaria utilizada en el sector minero. Miembros del equipo de ventas visitan personalmente a los clientes para recabar información que se almacena en una base de datos central llamada Tank Management System (TMS). Este sistema de administración de tanques está conectado directamente con el laboratorio y las 40 fábricas del país, donde máquinas dirigidas por computadora mezclan las fórmulas específicas para cada cliente.

| FIG. **8.2** |

Ejemplos de marketing personalizado.

Fuentes: "Creating Greater Customer Value May Require a Lot of Changes". *Organizational Dynamics* (verano de 1998): 26. Erick Schonfeld, "The Customized, Digitized, Have-It-Your-Way Economy", *Fortune,* 28 de septiembre de 1998, pp. 115–124; Jim Barlow, "Individualizing Mass Production", *Houston Chronicle,* 13 de abril de 1997, p. E1; Sarah Schafer, "Have It Your Way", *Inc.,* 18 de noviembre de 1997, pp. 56–64; Jim Christie, "Mass Customization: The New Assembly Line?" *Investor's Daily,* 25 de febrero de 2000.

pagar. Algunos consumidores no saben lo que quieren exactamente, sino hasta que ven los productos terminados. Los clientes no tienen la posibilidad de cancelar un pedido una vez que la compañía inicia el proceso de producción. Por otra parte, los productos podrían ser difíciles de reparar o tener poco valor de reventa. No obstante lo anterior, el marketing personalizado ha funcionado a las mil maravillas para algunos productos. La figura 8.2 incluye algunos ejemplos de empresas que han obtenido múltiples beneficios gracias a esta práctica.

::: Segmentación de mercados de consumo

Para segmentar los mercados de consumo se utilizan dos grandes grupos de variables. Algunos investigadores delimitan los segmentos en función de las características descriptivas de los consumidores: geográficas, demográficas y psicográficas. Luego, analizan si los segmentos de consumidores presentan diferentes necesidades o respuestas ante los productos. Por ejemplo, examinan si existen diferentes actitudes hacia la "seguridad" como atributo de un automóvil por parte de los "profesionales", "trabajadores con ingresos bajos" y otros grupos.

Otros investigadores parten de consideraciones "conductuales" para definir los segmentos; por ejemplo, analizan cómo responden los consumidores ante las ventajas de un producto, sus ocasiones de uso o las diferentes marcas. Una vez definidos los segmentos, los investigadores buscan las diferentes características asociadas con cada uno. Por ejemplo, se podría investigar si las personas que buscan "calidad" en lugar de "precio bajo" a la hora de comprar un vehículo comparten características geográficas, demográficas o psicográficas.

Independientemente del esquema que se utilice al realizar la segmentación, la clave es que el programa de marketing se ajuste de forma rentable a las diferencias de los consumidores. En la tabla 8.1 se resumen las principales variables de segmentación (geográficas, demográficas, psicográficas y conductuales).

Segmentación geográfica

La segmentación geográfica se caracteriza por dividir el mercado en unidades geográficas diferentes, tales como naciones, estados, regiones, municipios, ciudades o barrios. La empresa puede operar en una o varias áreas, u operar en todas pero prestar especial atención a las variaciones locales. Por ejemplo, Hilton Hotels personaliza las habitaciones y los vestíbulos en función de la ubicación del hotel. Los hoteles del noreste estadounidense son sobrios y más cosmopolitas, mientras que los del suroeste son más rústicos. Los grandes minoristas como Wal-Mart, Sears, Roebuck & Co., y Kmart permiten a los responsables locales disponer el surtido de los productos de manera que se ajuste a las comunidades locales.[24]

Principales variables de segmentación para mercados de consumo.

Región geográfica	Pacífico, montaña, centro-noroeste, centro-suroeste, centro-noreste, centro-sureste, Atlántico sur, Atlántico medio, Nueva Inglaterra.
Tamaño de la ciudad o del municipio	Menos de 5,000 habitantes; 5,000–20,000; 20,000–50,000; 50,000–100,000; 100,000–250,000; 250,000–500,000; 500,000–1,000,000; 1,000,000–4,000,000; más de 4,000,000.
Densidad	Urbana, suburbana, rural.
Clima	Norte, sur.
Edad	Menores de 6 años, 6-11, 12-19, 20-34, 35-49, 50-64, mayores de 65.
Núcleo familiar	1-2, 3-4, 5+.
Ciclo de vida familiar	Joven soltero; joven, casado, sin hijos; joven, casado, con hijo menor de menos de 6 años; joven, casado, con hijo menor de más de 6 años; maduro, casado, con hijos; maduro, casado, sin hijos menores de 18; maduro, soltero; otros.
Sexo	Hombre, mujer.
Ingreso	Menor de $10,000; $10,000-$15,000; $15,000-$20,000; $20,000-$30,000; $30,000-$50,000; $50,000-$100,000; mayor de $100,000.
Ocupación	Profesional y técnico; directivo, funcionario, empresario; vendedor; artesano; supervisor; obrero; agricultor; jubilado; estudiante; constructor; desempleado.
Estudios	Primaria sin concluir; primaria completa; secundaria; preparatoria; licenciatura sin título; licenciatura con título.
Religión	Católico, protestante, judío, musulmán, hindú, otra.
Raza	Blanca, negra, asiática, hispana.
Generación	Baby boomer, Generación X.
Nacionalidad	Estadounidense, británica, francesa, alemana, italiana, japonesa, otra.
Clase social	Baja baja, baja alta, clase trabajadora, clase media, media alta, alta baja, alta alta.
Estilo psicográfico	Orientado a la cultura, orientado al deporte, orientado a las actividades al aire libre.
Personalidad	Compulsiva, gregaria, autoritaria, ambiciosa.
Ocasiones	Ocasiones especiales, ocasiones usuales.
Beneficios	Calidad, servicio, economía, rapidez.
Nivel de usuario	No usuario, ex usuario, usuario potencial, usuario por primera vez, usuario regular.
Frecuencia de uso	Esporádica, media, continua.
Nivel de fidelidad	Ninguna, media, fuerte, absoluta.
Disposición	No conoce, conoce, informado, interesado, deseoso, con intención de comprar.
Actitud hacia el producto	Entusiasta, positiva, indiferente, negativa, hostil.

BED BATH & BEYOND

La capacidad del minorista de productos para el hogar Bed Bath & Beyond de adaptarse a los gustos locales ha impulsado su crecimiento impresionante. Los directivos de la empresa seleccionan personalmente el 70% de la mercancía. Su marcado enfoque local ha contribuido a que la cadena, que en un principio sólo vendía sábanas, hoy ofrezca mucho más, desde marcos para cuadros y maceteros hasta aceite de oliva importado y tapetes con elaborados trabajos de diseño. Así, en las tiendas de Manhattan, por ejemplo, ofrece pintura para las paredes. En cambio, este producto no se vende en sus tiendas suburbanas, donde el consumidor puede acudir a Home Depot o Lowe's. Un directivo de Bed Bath afirma que muchos clientes se sorprenden de que los establecimientos formen parte de una cadena nacional en lugar de ser una empresa familiar. Y para ellos, éste es el mejor cumplido que pueden recibir.[25]

El marketing regional hace un uso cada vez mayor de códigos postales.[26] Numerosas empresas utilizan software para analizar las ubicaciones geográficas de sus clientes. Estos programas podrían indicar a un minorista que la mayoría de sus clientes residen en un radio de 15 kilómetros, o que se concentran en la zona de los cuatro números siguientes del código postal. Al identificar las zonas con mayor densidad, el minorista puede recurrir a la *clonación de clientes,* lo que significa que da por hecho que los mejores clientes potenciales residen donde lo hacen la mayoría de sus clientes reales.

Algunos enfoques combinan la información geográfica con la demográfica para conseguir descripciones de consumidores y barrios aún más detalladas. Claritas, Inc. desarrolló un sistema de agrupamiento de zonas geográficas denominado PRIZM (en inglés, siglas correspondientes a "índice de clasificación de mercados locales"), que clasifica más de medio millón de zonas residenciales estadounidenses en 15 grupos diferentes y 66 segmentos de estilos de vida característicos denominados "grupos PRIZM".[27] El agrupamiento toma en consideración 39 factores pertenecientes a cinco grandes categorías: **1.** educación y nivel de bienestar, **2.** ciclo de vida familiar, **3.** urbanización, **4.** raza y origen étnico y **5.** movilidad. Las zonas habitacionales se dividen por código postal, por manzanas o de acuerdo con la información de los censos. Cada grupo recibe nombres muy descriptivos, por ejemplo *Zona residencial de sangre azul, Círculo de ganadores, Jubilados de vuelta a casa, Latinoamérica, Escopetas y camionetas* y *Gente del campo.* Los integrantes de cada grupo, en general, llevan el mismo tipo de vida, conducen vehículos similares, tienen trabajos parecidos y leen la misma clase de revistas. Éstos son cuatro nuevos grupos PRIZM:[28]

■ *Jóvenes Digerati.* Parejas o familias monoparentales, la mayoría con hijos, que han decidido quedarse en el centro de la ciudad en lugar de mudarse a las zonas suburbanas. Este sector incluye una gran proporción de veinteañeros con ingresos elevados, a los que les encanta la tecnología, tienen un posgrado y viven en barrios de moda en la periferia de ciudad. Se asientan en zonas olvidadas, en ciudades como Nueva York, Chicago y Atlanta.

■ *Boomers suburbanos.* Personas entre los 40 y 50 años, con estudios universitarios, con casa propia, de clase media-alta, casados en una etapa tardía y con hijos pequeños. Viven en confortables barrios suburbanos y llevan estilos de vida centrados en sus hijos.

■ *Cosmopolitas.* La prosperidad constante de las ciudades de Estados Unidos ha generado la aparición de este segmento, concentrado en las zonas metropolitanas de mayor crecimiento como Las Vegas, Miami y Albuquerque. Estos hogares están formados por propietarios de edad avanzada, matrimonios cuyos hijos son adultos y viven aparte, y personas con estudios universitarios que llevan estilos de vida bastante ociosos.

■ *Viejas ciudades industriales.* Las ciudades industriales de Estados Unidos han envejecido junto con sus residentes. Este grupo refleja el declive de esas pequeñas comunidades industriales, repletas en la actualidad de jubilados solteros o de parejas que viven tranquilamente de su pensión. Estos residentes son uno de los segmentos más importantes de la audiencia de televisión.

Los especialistas del marketing utilizan los grupos PRIZM para responder a preguntas como éstas: ¿En qué grupos (zonas o códigos postales) están nuestros clientes más valiosos? ¿Hemos penetrado con suficiente profundidad en estos segmentos? ¿Qué canales de distribución y medios de promoción resultan más útiles para dirigirse a los diferentes grupos en cada área? Este sistema de segmentación refleja la creciente diversidad de la población estadounidense. El minorista de calzado deportivo Eddie Bauer utilizó la información que arroja este sistema para ubicar de forma adecuada sus establecimientos y atender mejor a sus clientes. Siguiendo el éxito de su proyecto piloto con los conciertos *Veggie Tales,* Clear Channel Communications utiliza esta segmentación para enviar mensajes de correo electrónico a clientes potenciales de conciertos en el marco de giras nacionales.[29] En la actualidad, el marketing de microsegmentos es accesible hasta para las organizaciones más pequeñas a medida que se reducen los costos de las bases de datos, proliferan las computadoras personales, el software es más fácil de utilizar, aumenta la integración de la información e Internet florece. [30]

Segmentación demográfica

La segmentación demográfica consiste en dividir el mercado en distintos grupos según variables como la edad, el tamaño del núcleo familiar, el ciclo de vida familiar, el sexo, los ingresos, la ocupación, el nivel educativo, la religión, la raza, la generación, la nacionalidad y la clase social. Existen muchas razones por las que este tipo de segmentación es tan reconocida como medio para identificar los diferentes grupos de consumidores. Una es que las necesidades, los deseos, el nivel de uso por parte de los consumidores y las preferencias de producto y marca suelen estar estrechamente ligados a variables demográficas. Otra es que las variables demográficas son más fáciles de medir que el resto. Incluso cuando el mercado se describe en términos no demográficos (por ejemplo, por el tipo de personalidad), es necesario considerar también características demográficas para calcular el tamaño del mercado y el tipo de medio de comunicación más adecuado para llegar a él.

A continuación se explica cómo se utilizan ciertas variables demográficas para segmentar mercados.

EDAD Y CICLO DE VIDA Los deseos y capacidades de los consumidores cambian con la edad. Las marcas de crema dental como Crest y Colgate ofrecen tres líneas de productos para niños, adultos y consumidores de mayor edad. La segmentación por edad puede ser aún más específica. Las empresas de pañales dividen su mercado en etapas que van desde recién nacidos (0-1 mes), primeros meses (2-5 meses), primeros gateos (6-12 meses), primeros pasos (13-18 meses), exploradores (19-23 meses) y preescolar (más de 24 meses).

No obstante, la edad y el ciclo de vida en ocasiones son variables complicadas.[31] En algunos casos, el mercado meta de determinados productos puede ser joven de espíritu, pero no de edad. Por ejemplo, Honda intentó dirigirse a consumidores de 21 años con su vehículo Element, al que los empleados de la empresa describían como una "habitación de residencia universitaria sobre ruedas". Muchos *baby boomers* se sintieron tan atraídos por la publicidad del vehículo que presentaba a jóvenes y guapos estudiantes universitarios en una fiesta en la playa cerca del auto, que la edad media de los compradores ¡resultó ser 42 años! La nostalgia también juega un papel importante. Chrysler pensaba dirigirse a un segmento joven para su PT Cruiser, pero descubrió que el vehículo traía a la memoria de muchos consumidores de más edad los coches que había en su juventud. Toyota, por su parte, ha tenido más éxito con su lanzamiento juvenil del Scion.[32]

SCION

Concebido para jóvenes de clase alta, Scion es un intento de Toyota para atraer al público de la Generación Y, que quizás vea a Toyota como la marca de sus padres. El Scion tiene una apariencia moderna, con un potente equipo estereofónico, y se vende en salas de exposición de los concesionarios Toyota en cromo y negro. El precio, inferior a los 15,000 dólares, es fijo (no negociable), y la estrategia de marketing es vincular la marca a la diversión y los eventos de actualidad, para permitir que los jóvenes "descubran" la marca.

ETAPA DE VIDA Aunque las personas se encuentren en la misma fase del ciclo de vida, tal vez estén en etapas de vida distintas. La **etapa de vida** se refiere a las preocupaciones principales de las personas, como por ejemplo un divorcio, unas segundas nupcias, el cuidado de los padres ancianos, decidir irse a vivir con la pareja, comprar una nueva casa, etc. Estas fases vitales presentan oportunidades para los mercadólogos que pueden ayudar a las personas a sobrellevar sus preocupaciones principales.

RECIÉN CASADOS

Se calcula que los recién casados estadounidenses gastan un total de 70,000 millones de dólares en sus hogares durante el primer año de matrimonio, y que durante los primeros seis meses del mismo compran más que los dueños de hogares consolidados ¡en un plazo de cinco años! Los mercadólogos saben que el matrimonio significa combinar dos modelos de compra y dos preferencias de marca en uno. Empresas como Procter & Gamble, Clorox y Colgate-Palmolive incluyen sus productos en "paquetes para recién casados" que se distribuyen cuando los novios solicitan la licencia de matrimonio. JC Penney identifica el segmento de los recién casados como uno de sus dos principales grupos de clientes. Los mercadólogos pagan a las empresas una prima a cambio de listas de nombres que les ayuden a realizar marketing directo, porque como un experto afirmó, los listados de recién casados "son una mina de oro".[33]

GÉNERO Los hombres y las mujeres tienden a presentar diferentes actitudes y orientaciones de conducta, que se deben en parte a la estructura genética, y en parte, a la socialización. Por ejemplo, las mujeres tienden a pensar más en la comunidad, mientras que los hombres suelen ser más expresivos y orientar su vida en torno a objetivos. Por otra parte, las mujeres suelen asimilar más información sobre su entorno inmediato, mientras que los hombres se concentran en la información del entorno que les sirve para conseguir sus objetivos. Una investigación que estudió los patrones de compra de hombres y mujeres descubrió que los hombres necesitan una invitación para tocar un producto, mientras que las mujeres lo toman en sus manos sin esperar a que alguien les "dé permiso". Los hombres acostumbran leer la información de los productos, mientras que las mujeres tienen una relación más personal con estos últimos.[34]

La segmentación según el género se ha utilizado tradicionalmente para la ropa, el cuidado del cabello, los cosméticos y las revistas. Avon ha obtenido un negocio de más de 6,000 millones de dólares con la venta de productos de belleza para mujeres. Algunos de estos productos se posicionan como más masculinos o más femeninos. El rastrillo Venus de Gillette es la línea de depilación femenina de mayor éxito en la historia, que posee más del 70% del mercado, y presenta un diseño, un empaque y una publicidad apropiados para reforzar su imagen femenina. Camel, por su parte, hace hincapié en los hombres, y rodea la marca de elementos más toscos y masculinos.

Los medios de comunicación facilitan la segmentación con base en el género. Las empresas llegan a las mujeres más fácilmente a través de televisoras como Lifetime, Oxygen y WE, así como a través de las revistas femeninas, mientras que para los hombres utilizan canales como ESPN, Comedy Central, Fuel y Spike TV, y revistas como *Maxim* y *Men's Health*.[35]

Algunos mercados tradicionalmente orientados hacia los hombres, como por ejemplo el sector automoviiístico, están empezando a utilizar la segmentación por géneros para cambiar el modo en que diseñan y comercializan los vehículos. Por ejemplo, a partir de un estudio que afirma que en el 80% de los casos son las mujeres quienes inician los proyectos de remodelación del hogar, Lowe's diseñó sus establecimientos con pasillos más amplios (para que resulte más sencillo circular con los carritos de la compra) e incluyó aparatos electrodomésticos más caros y mobiliario de mejor calidad. La mitad de su clientela actual son mujeres, lo que ha obligado a su competidor más tradicional, Home Depot, a introducir su "Noche de mujeres en Depot" para atraer a la clientela femenina.[36] Muchas otras empresas empiezan a darse cuenta de las oportunidades que significa dirigirse a las mujeres.

El anuncio de la empresa de servicios financieros Paine Webber muestra la imagen de dos mujeres, una es la madre, y la otra su hija de ventitantos. El anuncio dice: "Estás preocupada por el futuro, llena de nuevas ideas, quieres abrir una empresa... entonces eres la de la derecha." La mujer de la derecha es la madre. Paine Webber es sólo una de las muchas empresas (incluida Chicos, la gigantesca cadena de ropa femenina, y la empresa de calzado deportivo New Balance) que se dirigen a uno de los mercados más amplios, adinerados, lucrativos y olvidados: las mujeres de la generación de los *baby boomers*. Las mujeres controlan o influyen sobre el 80% de los productos y servicios de mercados de consumo y empresariales. Son propietarias únicas o conjuntas del 87% de los hogares y son responsables de más del 60% de las compras para hacer reformas en el hogar, de computadoras y de la contratación de servicios de salud. Y además, el 70% de las nuevas empresas pertenecen a mujeres. En resumen, las mujeres están gastando dinero, y las *baby boomers* son las que más tienen para gastar.

INGRESOS La segmentación de acuerdo con el nivel de ingresos es una práctica muy antigua en productos y servicios tales como automóviles, ropa, cosméticos, servicios financieros y viajes.

WACHOVIA CORP.

Como muchos bancos, Wachovia intenta identificar quiénes son los más tractivos de su clientela para ofrecerles servicios especializados. El departamento de administración de activos de Wachovia determinó que los ejecutivos y profesionales con capitales entre 2.5 y 15 millones de dólares son los clientes más atractivos para el banco. Estos clientes no son los más ricos del banco, ni tampoco heredaron su riqueza. El banco planea concentrarse en este segmento con el fin de ayudarles a pasar del nivel de generación de riqueza al de maximización de esa riqueza, y en último término, ayudarles a preservarla.[37]

Sin embargo, el ingreso no siempre es la mejor forma para predecir quiénes serán los consumidores de un producto determinado. Los trabajadores industriales fueron los primeros compradores de televisores a color, puesto que les resultaba más barato adquirir estos aparatos que ir al cine o salir a cenar.

Las empresas se están dando cuenta de que sus mercados cada vez adoptan una forma más parecida a la de un reloj de arena, a medida que las preferencias de los estadounidenses medios se desplazan hacia productos más exclusivos.[38] Cuando Whirlpool lanzó su línea de lavadoras de precio alto Duet, las ventas duplicaron las previsiones en medio de un declive económico, como consecuencia, sobre todo, de que los estadounidenses de clase media compraban por encima de sus posibilidades. Michael Silverstein, vicepresidente y consejero de Boston Consulting Group, y el ex socio de BCG, Neil Fiske, han estudiado este fenómeno. Su nuevo libro, *Trading Up: The New American Luxury*, documenta su investigación, explica qué fuerzas impulsan esta tendencia, e identifica las empresas que han descifrado el código del éxito en este mercado:[39]

PANERA BREAD

Aunque comer en las cafeterías Panera cuesta el doble que comer en Burger King, a los clientes no les importa pagar más porque estos establecimientos ofrecen los tres beneficios que Silverstein y Fiske identifican en todos los nuevos artículos lujosos de éxito: *beneficios tecnológicos* (cómo se diseña un producto), *beneficios funcionales* (la experiencia que ofrece a los clientes) y *beneficios emocionales* (cómo hace sentir al cliente). Comer pechuga de pavo ahumada con salsa mayonesa al chipotle sobre *focaccia* de queso Asiago, acompañado de una exótica infusión *chai latte* en una atmósfera acogedora es el tipo de experiencias que buscan los consumidores. Y la capacidad de ofrecer estas experiencias de forma rápida y barata es lo que ha disparado la expansión de Panera y de otras empresas del sector de restaurantes de comida "rápida e informal".

Según Silverstein y Fiske, las empresas que se esfuerzan por reinventar su producto y por ofrecer una mejor solución encontrarán un mercado potencial inmenso. Este fenómeno, por lo general, empieza en hogares con un ingreso mínimo de 50,000 dólares. En Estados Unidos, más de 47 millones de hogares tienen ese poder adquisitivo. Por supuesto, si las empresas no atienden a este nuevo mercado, se arriesgarán a quedarse atrapadas entre otras empresas mientras ven cómo su participación de mercado desciende. General Motors se quedó atrapada entre los autos de lujo y de magnífica ingeniería importados de Alemania y los modelos japoneses y coreanos que ofrecían una alta calidad a un precio económico.[40]

GENERACIÓN Todas las generaciones se ven profundamente influidas por los tiempos en los que se desarrollan: la música, las películas, la política y los sucesos históricos del mo-

| FIG. **8.3** |

Perfil de las generaciones
estadounidenses.

Fuente: Bonnie Tsui, "Generation Next",
Advertising Age, 15 de enero de 2001,
pp. 14–16.

Generación GI (16 millones de personas)
Nacidos entre 1901 y 1924.
Como pasaron tiempos difíciles, incluida la Gran Depresión, durante su infancia y juventud, la seguridad económica es uno de sus valores principales. Son compradores conservadores con mente cívica, gran conciencia de equipo y muy patriotas.
Generación silenciosa (35 millones de personas)
Nacidos entre 1925 y 1945.
Conformistas confiados que valoran la estabilidad, tienen familias numerosas y participan en actividades sociales.
Generación de los baby boomers (78 millones de personas)
Nacidos entre 1946 y 1964.
Grandes compradores, motivados por el valor y la causa a pesar del hedonismo y la indulgencia.
Generación X (57 millones de personas)
Nacidos entre 1965 y 1977.
Cínicos, grandes consumidores de medios de comunicación, alienados e individualistas.
Generación Y (60 millones de personas)
Nacidos entre 1978 y 1994.
Nerviosos, concentrados en el estilo urbano, más idealistas que la Generación X.
Milenarios (42 millones de personas)
Nacidos entre 1995 y 2002.
Multiculturales, grandes consumidores de tecnología, educados, crecieron en una sociedad rica, tendrán gran poder adquisitivo.

mento. Los expertos en demografía denominan generaciones a estos grupos. Los miembros de una generación comparten las experiencias culturales, políticas y económicas principales. Tienen apariencias y valores similares. Los mercadólogos dirigen la publicidad a una generación cuando apelan a los iconos e imágenes de sus experiencias. La figura 8.3 describe tres generaciones bien consolidadas. *Marketing en acción: Cómo dirigirse a la Generación Y* ofrece detalles sobre este grupo generacional, y *Cuestiones clave: Radiografía de los jóvenes de 21 años* se centra en un núcleo principal de la Generación Y.

A pesar de que existen diferencias entre las distintas generaciones, los grupos generacionales suelen influirse entre sí. Por ejemplo, como muchos miembros de la Generación Y todavía viven con sus padres, quienes son *baby boomers*, reciben influencia y están expuestos a lo que los demógrafos denominan el "efecto boom-boom". Los productos que atraen a los veinteañeros también atraen a los *baby boomers*, obsesionados con la eterna juventud. Los padres se sientan con sus hijos a ver *The Osbournes* en MTV, la serie que se basa en la vida del cantante de heavy-metal Ozzy Osbourne y su familia.

Meredith, Schewe y Karlovich desarrollaron un modelo de análisis de segmentos o individuos denominado Matriz analítica de la fase vital, que combina información sobre generaciones, fases vitales, elementos fisiográficos, efectos emocionales y características socioeconómicas.[41] Por ejemplo, dos personas de la misma generación pueden tener *etapas de vida* diferentes (un divorcio, un matrimonio), o características fisiográficas distintas (calvicie, menopausia, artritis u osteoporosis), o *efectos emocionales* dispares (nostalgia por el pasado, preferir experiencias antes que objetos) o vivir una situación *socioeconómica* diferente (pérdida de empleo, recepción de una herencia). Los autores opinan que este análisis permite una selección mucho más eficaz del segmento meta y de los mensajes.

CLASE SOCIAL La clase social tiene una fuerte influencia en las preferencias por determinados automóviles, ropa, mobiliario, actividades de entretenimiento, hábitos de lectura y establecimientos donde realizar las compras. Muchas empresas diseñan productos y servicios para clases sociales diferentes. Los gustos de las clases sociales cambian con el tiempo. Mientras que en la década de los 90 predominaba la codicia y la ostentación en las clases más altas, en la actualidad los gustos de la clase acomodada suelen ser más discretos, aunque los fabricantes de artículos de lujo como Coach, Tiffany, Burberry, TAG Heuer y Louis Vuitton siguen vendiendo con éxito a los que buscan la buena vida.[42]

Segmentación psicográfica

La **psicografía** es la ciencia de utilizar factores psicológicos y demográficos conjuntamente para entender mejor a los consumidores. En la *segmentación psicográfica* se divide a los consumidores en grupos diferentes de acuerdo con su estilo de vida, sus rasgos de personalidad o sus valores. Las personas del mismo grupo demográfico en ocasiones presentan perfiles psicográficos muy dispares.

Uno de los sistemas de segmentación psicográfica de mayor uso y que está disponible en el mercado es el de SRI Consulting Business Intelligence's (SRIC-BI) VALS[MR]. El sistema VALS clasifica a todos los adultos estadounidenses en ocho grupos primarios según sus rasgos de personalidad y sus características demográficas. El sistema de segmentación se basa en las respuestas a un cuestionario con cuatro preguntas demográficas y 35 preguntas de actitud.

MARKETING **EN ACCIÓN** | CÓMO DIRIGIRSE A LA GENERACIÓN Y

Reciben el nombre de "boomers eco" o "Generación Y". Crecieron en tiempos de abundancia económica, seguidos por años de recesión. Su mundo se caracterizó por largos años de paz y tranquilidad, que se vieron trastocados por acontecimientos como Columbine y el 11 de septiembre. Han estado "conectados" prácticamente desde que nacieron, pues son aficionados a los videojuegos, navegan y descargan música en Internet, se comunican con amigos mediante servicios de mensajería instantánea o los teléfonos celulares, etc. Tienen una sensación de derecho y abundancia provocada por el auge económico en que han vivido y por los mimos de sus padres, pertenecientes a la generación de los *baby boomers*. Son selectivos, impacientes y seguros de sí mismos. "Quieren lo que quieren, como lo quieren y cuando lo quieren", y normalmente lo consiguen con una tarjeta de crédito. El joven promedio de 21 años tiene una deuda de 3,000 dólares en su tarjeta. (Véase el recuadro *Cuestiones clave: Radiografía de los jóvenes de 21 años* para más información sobre la generación de jóvenes de 21 años de la Generación Y.)

Las fuerzas que han dado forma a la Generación Y son extremadamente importantes para los mercadólogos, porque la Generación Y es la fuerza que definirá los mercados de consumo e industriales en los años venideros. Nacidos entre 1977 y 1994, los integrantes de la Generación Y son tres veces más que los de la Generación X. Cerca de 78 millones de estadounidenses pertenecen a este grupo, la generación más grande de la historia de Estados Unidos. Su capacidad de gasto anual se calcula en torno a los 187,000 millones de dólares. Si consideramos estos 187,000 millones de dólares, junto con los factores de desarrollo profesional, y la formación en la familia y en el hogar, y lo multiplicamos por una esperanza de vida de otros 53 años más, estamos hablando de un gasto de más de 10 billones de dólares a lo largo del ciclo de vida de los jóvenes que hoy tienen 21 años.

Por todo esto, no resulta sorprendente que los investigadores de mercado y los publicistas se esfuercen por conocer en profundidad el comportamiento de compra de la Generación Y. Como los miembros de esta generación, en general, están hartos de las prácticas de manipulación del marketing y de la "venta agresiva", los mercadólogos han probado diferentes estrategias para llegar y convencer a la Generación Y:

1. *Rumores en la red*—El grupo de rock *Foo Fighters* creó un equipo *on line* para enviar mensajes de correo electrónico a sus miembros "con las últimas noticias, las primicias de las canciones o los videos más recientes, miles de oportunidades para ganar premios y formar parte de la familia *Foo Fighters*".

2. *Embajadores universitarios*—Red Bull recluta estudiantes universitarios como directores universitarios de la marca Red Bull, para que distribuyan muestras gratuitas, investiguen tendencias de bebidas, diseñen iniciativas de marketing en las diferentes universidades y escriban historias para los periódicos estudiantiles.

3. *Deportes poco convencionales*—Dodge promueve la World Dodgeball Association, que eleva el deporte "a un nivel desconocido, destacando la importancia del trabajo en equipo, la estrategia y la habilidad".

4. *Eventos*—El torneo abierto estadounidense de surf ha atraído a patrocinadores como Honda, Philip Electronics y, por supuesto, O'Neill Clothing, creadores de los primeros trajes repelentes de agua. Productos como las toallitas refrescantes Old Spice Cool Contact Refreshment Towels, así como la línea de trajes de baño ck de Calvin Klein se lanzaron al mercado durante las vacaciones de primavera en Florida.

5. *Videojuegos*—Los productos no sólo se restringen a las películas o series de televisión: Mountain Dew, Oakley y Harley-Davidson han llegado a acuerdos para incluir sus logotipos en Tony Hawk's Pro Skater 3, de Activision.

6. *Videos*—La empresa de tablas de snowboard Burton se asegura de que sus productos y sus esquiadores aparezcan claramente en todos los videos posibles.

7. *Equipos de calle*—Como parte de la cruzada contra el tabaquismo, The American Legacy contrata a adolescentes conocidos como "escuadrones de la verdad" para que distribuyan camisetas, pañuelos y otros distintivos en los eventos para adolescentes.

Fuentes: J. M. Lawrence, "Trends: X-ed Out: Gen Y Takes Over", *Boston Herald,* 2 de febrero de 1999, p. 243; Martha Irvine, "Labels Don't Fit Us, Gen Y Insists", *Denver Post,* 19 de abril de 2001, p. A9; Anónimo, "Gen Y and the Future of Mall Retailing", *American Demographics,* diciembre 2002/enero 2003, pp. J1–J4; Michael J. Weiss, "To Be about to Be", *American Demographics,* septiembre de 2003, pp. 28–36; John Leo, "The Good-News Generation", *U.S. News & World Report,* 3 de noviembre de 2003, p. 60; Kelly Pate, "Not 'X,' but 'Y' Marks the Spot: Young Generation a Marketing Target", *Denver Post,* 17 de agosto de 2003, p. K1; Bruce Horovitz, "Gen Y: A Tough Crowd to Sell", *USA Today,* 22 de abril de 2002, pp. 1B–2B; Bruce Horovitz, "Marketers Revel with Spring Breakers", *USA Today,* 12 de marzo de 2002, p. 3B.

CUESTIONES **CLAVE** | RADIOGRAFÍA DE LOS JÓVENES DE 21 AÑOS

En el 2003, 4.1 millones de estadounidenses cumplieron 21 años. Éstos son algunos de los datos que es necesario conocer sobre ellos.

41%—Porcentaje de jóvenes de 21 años que actualmente viven con sus padres o, por lo menos, con alguno de ellos.

60%—Índice de estudiantes universitarios que pretenden volver a casa de sus padres tras concluir los estudios.

1 en 4—Probabilidad de que un joven de 21 años haya sido criado por un padre o una madre solteros.

70%—Porcentaje de jóvenes de 21 años con un trabajo de tiempo completo o parcial.

47%—Porcentaje de jóvenes de 21 años que tienen teléfono celular.

23 millones—Número de anuncios impresos que recibe, como promedio, un joven de 21 años.

$2,241,141—Cantidad que gastarán los jóvenes de 21 años desde ahora a lo largo de toda su vida.

$3,000—Deuda promedio en la tarjeta de crédito.

5.8 años—Tendrán que pasar todavía hasta que los hombres de 21 años se casen por primera vez.

4.1 años—Tendrán que pasar todavía hasta que las mujeres de 21 años se casen por primera vez.

10 años—Tendrán que pasar hasta que los jóvenes de 21 años compren su primera casa de descanso.

43%—Porcentaje de jóvenes de 21 años que tiene un tatuaje o una perforación en el cuerpo.

62%—Índice de jóvenes de 21 años que son blancos no hispanos.

Fuente: John Fetto, "Twenty-One, and Counting . . . ", *American Demographics*, septiembre de 2003, p. 48.

| FIG. **8.4** |

Sistema de segmentación VALS. Se incluyen ocho grupos.

Fuente: © 2004 por SRI Consulting Business Intelligence. Todos los derechos reservados. Reproducido con autorización.

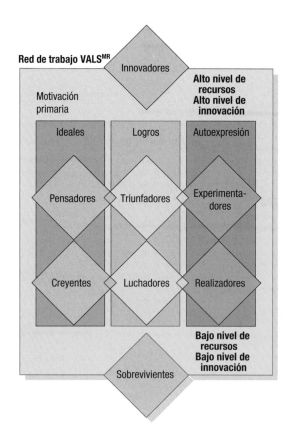

El sistema VALS se actualiza constantemente con información de 80,000 nuevas encuestas cada año (véase la figura 8.4).[43]

Las principales tendencias de los cuatro grupos con grandes recursos son:

1. *Innovadores*—Personas triunfadoras, sofisticadas, activas, con mucha autoestima que se hacen cargo de las situaciones. Las compras reflejan gustos refinados por productos y servicios de clase relativamente alta y nichos.
2. *Pensadores*—Personas maduras, satisfechas y reflexivas motivadas por ideales o sistemas de valores, conocimiento y responsabilidad. En los productos que adquieren, valoran la durabilidad, la funcionalidad y el valor.
3. *Triunfadores*—Personas exitosas, orientadas a la profesión y a la familia. Favorecen los productos consolidados de prestigio que transmiten éxito de cara a los demás.
4. *Experimentadores*—Personas jóvenes, entusiastas e impulsivas que buscan la variedad y la emoción. Invierten una proporción relativamente alta de sus ingresos en moda, entretenimiento y actividades sociales.

Las principales tendencias entre los grupos con recursos limitados son:

1. *Creyentes*—Personas conservadoras, convencionales y tradicionales con creencias muy firmes. Favorecen los productos familiares y de origen estadounidense; son fieles a las marcas consolidadas.
2. *Luchadores*—Personas modernas a las que le encanta divertirse y que buscan la aprobación de los demás pero con recursos limitados. Favorecen los productos de estilo que emulan las compras de los consumidores más adinerados.
3. *Realizadores*—Personas prácticas, con los pies en la tierra y autosuficientes, a quienes les gusta hacer el trabajo ellos mismos. Favorecen los productos de origen estadounidense con propósitos prácticos o funcionales.
4. *Sobrevivientes*—Personas mayores, resignadas y pasivas, a las que les preocupa el cambio. Son fieles a sus marcas favoritas.

Si desea saber a qué tipo VALS pertenece usted, visite el sitio Web de SRIC-BI (www.sric-bi.com).

Los modelos de segmentación psicográfica no son en absoluto universales. La versión japonesa de VALS divide a la sociedad en 10 segmentos en función de dos atributos de consumo clave: orientación en la vida (maneras tradicionales, ocupación, innovación y autoexpresión) y actitud frente al cambio social (favorable, pragmática, flexible e innovadora).

Segmentación conductual

En la segmentación conductual se agrupa a los compradores en función de su conocimiento de los productos, el uso que les dan y sus respuestas frente a ellos.

Por tradición, los arándanos sólo se empleaban para las cenas de Acción de Gracias y Navidad. Los jugos a base de arándanos de Ocean Spray constituyen un negocio redondo para la empresa.

ROLES EN LAS DECISIONES DE COMPRA Resulta sencillo identificar a los compradores de muchos productos. En Estados Unidos, los hombres suelen elegir sus productos de afeitado, y las mujeres sus medias. Sin embargo, incluso en estos casos, los mercadólogos deben ser cautos a la hora de seleccionar su segmento meta, porque los roles en las decisiones de compra cambian. Cuando ICI, el gigante británico de productos químicos descubrió que las mujeres tomaban el 60% de las decisiones sobre la marca de pintura para el hogar, decidió promover su marca DuLux entre ellas.

Las personas pueden desempeñar cinco roles en la toma de una decisión: *iniciadores, influyentes, encargados de tomar decisiones, compradores* y *usuarios*. Por ejemplo, imagine que una esposa inicia un proceso de compra al pedir una nueva bicicleta estática como regalo de cumpleaños. El marido podría buscar información a partir de muchas fuentes, incluido su mejor amigo que compró una hace tres meses, lo que le permite influir sobre los modelos a tener en cuenta. Luego de presentar las diferentes alternativas de compra a su mujer, comprará el modelo que ella elige y que, finalmente, utilizará toda la familia. Las personas asumen diferentes roles, pero todas ellas son cruciales en el proceso de decisión y, en último término, en la satisfacción de los clientes.

VARIABLES DE COMPORTAMIENTO Muchos mercadólogos creen que las variables de comportamiento (momento de uso, beneficios, categoría de usuarios, nivel de uso, nivel de lealtad, nivel de inclinación a la compra y actitud) son el mejor punto de partida para segmentar los mercados.

Momento de uso El momento de uso se puede definir en términos de hora, día, semana, mes, año o demás periodos temporales de la vida de un consumidor. Por otro lado, es posible diferenciar a los compradores en función del momento en que desarrollan una necesidad, realizan una compra o utilizan un producto. Por ejemplo, los viajes en avión podrían estar relacionados con asuntos profesionales, vacacionales o familiares. La segmentación por momentos de uso ayuda a las empresas a aumentar el uso de sus productos. Por ejemplo, los cultivadores de cítricos de Florida Citrus Growers lanzaron una campaña publicitaria con el lema "El jugo de naranja no es sólo para el desayuno" con la finalidad de aumentar su consumo en otros momentos del día. En la década de los 60 y 70, Ocean Spray Cranberries Inc. tenía un producto, los arándanos, que sólo se consumían en ocasiones específicas con un único propósito: preparar la salsa típica de las cenas de Acción de Gracias y Navidad en Estados Unidos. Tras un susto de intoxicación por pesticidas que provocó el desplome de las ventas que casi deja a los agricultores fuera del negocio, la cooperativa se embarcó en un programa de diversificación para crear un mercado anual (y no estacional) de bebidas a base de jugo de arándanos y otros productos derivados.[44]

Los mercadólogos en ocasiones también tratan de extender a todo el año las actividades asociadas con determinadas ocasiones. Por ejemplo, mientras que Navidad, el Día de las Madres y San Valentín son sólo tres ocasiones en las que se acostumbra hacer regalos, representan cerca del 50% del presupuesto de regalos de los consumidores. Esto deja muchas posibilidades al resto del año para realizar regalos: cumpleaños, bodas, aniversarios, inauguraciones de casas y nacimientos.[45]

Beneficios buscados Los compradores se pueden agrupar de acuerdo con la importancia relativa de los distintos beneficios que buscan en los productos o servicios que adquieren. Incluso los conductores de automóviles que se detienen para cargar gasolina buscan beneficios diferentes. Tras la elaboración de un estudio, Mobil identificó cinco segmentos y definió su tamaño:

1. *Guerreros de la carretera*—buscan productos de primera y servicio de calidad (16%).
2. *Generación R*—quieren servicio rápido y comida rápida (27%).
3. *Fieles por completo*—buscan productos de marca y servicio confiable (16%).
4. *Hogareños*—desean comodidad (21%).
5. *Compradores por precio*—van en busca de precios bajos (20%).

De manera sorprendente, aunque la gasolina es un producto de uso muy difundido, los compradores por precio sólo representaban el 20% de los compradores. Mobil decidió concentrarse en los segmentos menos sensibles al precio y creó *"Servicio amigable"*: establecimientos y sanitarios más limpios, mejor iluminación, tiendas bien surtidas y empleados amables. Aunque Mobil cobraba dos centavos de dólar más por galón que sus competidores, las ventas aumentaron entre un 20 y 25%.[46]

Categoría de usuarios Los mercados se pueden segmentar en grupos de no usuarios, ex usuarios, usuarios potenciales, nuevos usuarios y usuarios habituales de un producto. Así, los bancos de sangre no pueden confiar sólo en los usuarios habituales y tienen que conseguir nuevos donantes y mantener contacto con las personas que han donado sangre alguna vez. Cada grupo requerirá una estrategia de marketing diferente.

En el grupo de usuarios potenciales de un producto se incluyen los consumidores que se convertirán en usuarios en una determinada fase de su vida o como consecuencia de un acontecimiento. Las futuras mamás son usuarios potenciales que se convertirán en usuarios frecuentes de diversos productos. Los fabricantes de productos y servicios infantiles se aprenden sus nombres y las bombardean con productos y publicidad para conseguir una participación de sus compras futuras. Las empresas con mayor participación de mercado tienden a centrarse en atraer a usuarios potenciales porque son los que más tienen que ofrecer. Las empresas más pequeñas se centran en arrebatar usuarios actuales a los líderes del mercado.

Nivel de uso Los mercados también se pueden segmentar de acuerdo con el nivel de uso (escaso, medio o frecuente) de los clientes. Los usuarios frecuentes por lo general constituyen un porcentaje reducido del mercado, pero representan un porcentaje elevado del total de uso. Por ejemplo, los bebedores frecuentes de cerveza de mayor graduación representan el 87% del consumo total de cerveza (siete veces más que los bebedores de cerveza de baja graduación). Para los profesionales del marketing es más rentable atraer a un usuario frecuente que a varios usuarios de poca frecuencia. Sin embargo, un problema potencial es que los usuarios frecuentes son extremadamente leales a una marca, o bien, nunca son leales y siempre buscan el precio más bajo.

Nivel de inclinación a la compra Los mercados están formados por personas que presentan diferentes niveles de inclinación a la compra de un determinado producto. Algunas no conocen la existencia del producto, otras sí, algunas tienen cierta información sobre el producto, a otras les interesa, otras lo desean y otras pretenden adquirirlo. Al definir un programa de marketing, es importante conocer qué número relativo de personas se encuentran en cada nivel. Imaginemos que una institución de salud quiere convencer a las mujeres de que se practiquen anualmente la prueba de Papanicolau, para detectar un eventual cáncer de matriz. Al principio, quizás la mayor parte de las mujeres desconozcan la existencia de esta prueba. El esfuerzo de marketing debería dirigirse a crear notoriedad mediante un mensaje publicitario simple. Más adelante, para conseguir que un mayor número de mujeres se someta a esta prueba, la publicidad debería destacar sus beneficios y los riesgos que implica no realizarla. La oferta de un chequeo médico gratuito, por ejemplo, podría motivar a las mujeres a que se sometieran a esta prueba.

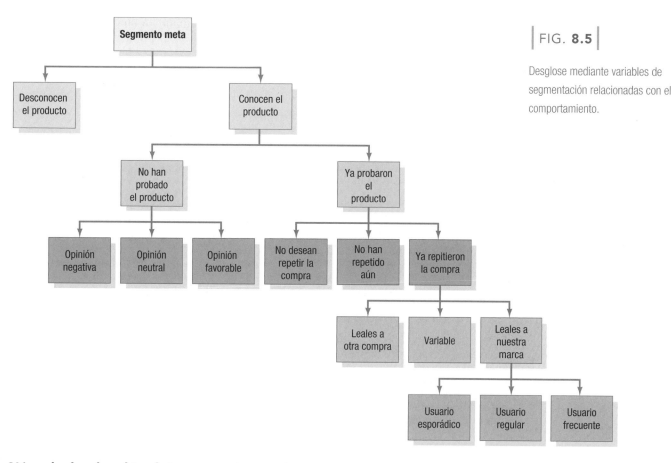

Nivel de lealtad Los compradores se dividen en cuatro grupos de acuerdo con su nivel de lealtad:

1. *Incondicionales*—aquellos consumidores que siempre compran una marca.
2. *Divididos*—los que son leales a dos o tres marcas.
3. *Cambiantes*—los que cambian de marca favorita de vez en cuando.
4. *"Switchers"*—los que no muestran lealtad ante ninguna marca.[47]

Las empresas aprenden mucho cuando analizan el nivel de lealtad a sus marcas: **1.** Al estudiar a los clientes incondicionales, la empresa identifica las fortalezas de su producto. **2.** Al estudiar a los clientes divididos, la empresa podrá detectar qué marcas son las que mejor compiten con la suya. **3.** Al estudiar a los consumidores cambiantes, la empresa puede conocer sus debilidades de marketing e intentar corregirlas.

Las empresas que se desempeñan en mercados dominados por consumidores cambiantes pueden utilizar los recortes de precios. Pero hay que tomar en cuenta que si el precio no se fija adecuadamente, podría volverse en contra de la empresa. Una advertencia: en ciertos casos, lo que parece lealtad de compra, en realidad refleja costumbre, indiferencia, un precio bajo, un costo de cambio de producto elevado, o la inexistencia de marcas alternativas.

Actitud En cada mercado existen cinco grupos de consumidores según su actitud: entusiastas, positivos, indiferentes, negativos y hostiles. Las personas que van de una casa a otra durante las campañas políticas con el fin de promover la votación a favor de un partido se fijan en la actitud de los electores para determinar cuánto tiempo deben emplear con cada uno. A los electores entusiastas les dan las gracias por su apoyo y les recuerdan que deben acudir a las urnas, y a los que presentan una disposición positiva, les refuerzan sus ideas. Por otra parte, intentan conseguir votos de los indiferentes, y no malgastan el tiempo intentado cambiar la actitud de los electores negativos u hostiles.

Si se combinan diferentes variables de comportamiento podemos obtener una definición más exhaustiva y cohesiva del mercado y de sus segmentos. La figura 8.5 describe un modo de desglosar un mercado meta mediante la aplicación de diversas variables de segmentación relacionadas con el comportamiento.

EL MODELO DE CONVERSIÓN El modelo de conversión se desarrolló con la intención de medir la intensidad del compromiso psicológico entre las marcas y los consumidores, y su disposición al cambio.[48] Para medir la facilidad con la que un consumidor puede optar por otra alternativa, el modelo evalúa el compromiso del consumidor en función de factores como la satisfacción y la actitud del cliente frente a las diferentes marcas de la misma categoría, así como la importancia de decidirse por una de ellas.[49]

El modelo segmenta a los *usuarios* de una marca en cuatro grupos según la intensidad de su compromiso, de menor a mayor, como sigue:

1. Convertibles (usuarios con mayor probabilidad de abandono).
2. Superficiales (consumidores sin compromiso con la marca, que podrían cambiar; de hecho, algunos consideran seriamente otras alternativas).
3. Promedio (consumidores que muestran compromiso con la marca que utilizan, pero no intensamente; es poco probable que cambien de marca en el corto plazo).
4. Arraigados (consumidores que tienen un fuerte compromiso con la marca que utilizan; es poco probable que cambien en un futuro inmediato).

Este modelo también clasifica a los *no usuarios* de una marca en otros cuatro grupos, en función de su nivel de disposición a probarla, de menor a mayor, como sigue:

1. Totalmente inalcanzables (no usuarios que prefieren las marcas que utilizan y no están dispuestos a cambiar).
2. Relativamente inalcanzables (no usuarios que prefieren su marca, aunque no de forma incondicional).
3. Ambivalentes (no usuarios a los que la marca de la empresa les atrae tanto como las marcas que utilizan).
4. Alcanzables (no usuarios que podrían captarse a corto plazo).

Al aplicar el modelo de conversión, el banco Lloyds TSB descubrió que la rentabilidad de los clientes clasificados como los "menos comprometidos" con el banco había caído un 14% en un periodo de 12 meses, mientras que la de los clientes "más comprometidos" había aumentado un 9%. El grupo de clientes "comprometidos" tenían un 20% más de posibilidades de adquirir otros productos durante un periodo de 12 meses. En consecuencia, el banco tomó medidas para atraer y retener a los clientes que presentaban un mayor nivel de compromiso, lo que aumentó su rentabilidad.

::: Bases para la segmentación de mercados industriales

Es posible segmentar los mercados industriales utilizando algunas de las variables empleadas para la segmentación de mercados de consumo, como por ejemplo las geográficas, los beneficios buscados y el nivel de uso. Sin embargo, también existen variables específicas para estos mercados. Bonoma y Shapiro propusieron la clasificación de variables de segmentación de mercados industriales que aparece en la tabla 8.2. Las más importantes son las demográficas, seguidas de las operativas, para dejar en último lugar las características individuales del comprador.

La tabla incluye las principales preguntas que deben plantearse los mercadólogos para determinar a qué segmentos y clientes se les dará prioridad. Una empresa de neumáticos debe decidir en primer lugar qué industrias quiere atender. Puede vender neumáticos a fabricantes de automóviles, de camiones, de tractores agrícolas, de montacargas o de aviones. Una vez seleccionada la industria meta, la empresa procede a segmentarla según el tamaño de los clientes. De esta forma, podrá desarrollar programas diferentes para cuando trate con clientes grandes o pequeños. Veamos cómo se organiza Dell.

DELL

Dell se divide en dos departamentos de venta directa. Uno atiende a consumidores y pequeñas empresas, y el otro administra las cuentas de clientes clave de la empresa. El departamento de cuentas clave aglutina tres segmentos vitales: grupos empresariales (500 empresas de *Fortune*), grandes cuentas empresariales (multinacionales que aparecen en el intervalo *Fortune* 501 a 2000), y cuentas preferentes (empresas medias con entre 200 y 2,000 empleados).

Marketing para pequeñas empresas

Las pequeñas empresas se han convertido en el gran tesoro de los especialistas del marketing industrial.[50] En Estados Unidos, las pequeñas empresas son responsables del 50% del producto nacional bruto, según la U.S. Small Business Administration (la oficina gubernamental de ese país que trata con las pequeñas empresas), y se calcula que este segmento tiene una tasa de crecimiento anual del 11%, tres puntos porcentuales por encima de las grandes compañías. Éstos son dos ejemplos de compañías que se enfocan en las pequeñas empresas.

| TABLA 8.2 |

Principales variables de segmentación para mercados industriales.

Variables demográficas

1. *Sector industrial:* ¿En qué sectores industriales debemos enfocarnos?

2. *Tamaño de la empresa:* Atendemos empresas, ¿de qué tamaño?

3. *Localización:* ¿Qué áreas geográficas debemos atender?

Variables operativas

4. *Tecnología:* ¿En qué tecnología debemos centrarnos?

5. *Usuarios/no usuarios:* ¿Debemos dirigirnos a los usuarios frecuentes, promedio, esporádicos o a los no usuarios?

6. *Capacidades de los clientes:* ¿Nos vamos a enfocar en los clientes que requieren muchos o pocos servicios.

Enfoques de compra

7. *Organización de la función de compra:* ¿Vamos a atender a empresas con operaciones de compra centralizadas o descentralizadas?

8. *Estructura de poder:* ¿En qué empresas debemos centrarnos? ¿En aquellas dominadas por ingenieros, o por financieros (entre otras opciones)?

9. *Naturaleza de las relaciones existentes:* ¿Atenderemos empresas con las que existen relaciones estrechas o trataremos de hacer negocios sólo con las compañías más deseables?

10. *Políticas generales de compra:* ¿Preferimos trabajar con empresas que acostumbran firmar contratos de alquiler, servicio, o compra, o bien, con aquellas que organizan concursos de licitación?

11. *Criterios de compra:* ¿Trabajaremos con empresas cuya prioridad es la calidad, el servicio o el precio?

Factores situacionales

12. *Urgencia:* ¿Queremos enfocarnos en las empresas que necesitan entrega rápida o servicio inmediato?

13. *Aplicaciones específicas:* ¿Nos enfocaremos sólo en ciertas aplicaciones de nuestro producto o en todas ellas?

14. *Volumen del pedido:* ¿Atenderemos pedidos grandes o pequeños?

Características del personal

15. *Semejanza comprador/vendedor:* ¿Debemos atender sólo a compañías que compartan valores con nosotros?

16. *Actitudes hacia el riesgo:* ¿Preferimos trabajar con clientes que asumen riesgos o con clientes que los evitan?

17. *Lealtad:* ¿Vamos a enfocarnos en empresas que demuestren un alto nivel de lealtad hacia sus proveedores?

Fuente: Adaptación de Thomas V. Bonoma y Benson P. Shapiro, *Segmenting the Industrial Market* (Lexington, MA: Lexington Books, 1983).

BB&T

BB&T Corporation, con sede en Winston-Salem, Carolina del Norte, se está posicionando como un banco local muy poderoso gracias a un enfoque de proximidad. Lanzó una campaña publicitaria de negocio a negocio (B2B) dirigida a los propietarios de varias empresas del estado de Carolina del Norte. Cada empresario es un cliente corporativo de BB&T, por lo que los anuncios refuerzan el compromiso del banco con las pequeñas empresas.[51]

PENN NATIONAL INSURANCE

Con el 82% de sus negocios comerciales provenientes de las pequeñas empresas, Penn National Insurance se dio cuenta de que necesitaba identificar las clases de negocios que representaban las mayores oportunidades de obtener ganancias. Gracias a una base de datos de seguros empresariales, la aseguradora pudo categorizar información clave, como por ejemplo, exposición, crecimiento y empleo por tamaño, sector y ubicación de las empresas. Además de facilitar la detección de clientes potenciales, este modelo de segmentación ayudó a Penn National a diversificar su cartera de clientes, que hasta el momento se había enfocado en el sector de la construcción. Una vez terminado el estudio, se detectaron cerca de 244 segmentos de pequeñas empresas (según códigos de clasificación industrial).[52]

Anuncio del banco BB&T Corporation, Carolina del Norte, en el que aparecen empresarios locales en sus negocios. "No valoraron mi empresa desde una oficina, sino que vinieron a mi establecimiento a ver qué es lo que hago."

Una vez seleccionada la industria meta y el tamaño de los clientes, se procede a hacer una segmentación de acuerdo con los criterios de compra. Por ejemplo, los laboratorios del gobierno, al comprar equipo científico y servicios relacionados, buscan precios bajos; los laboratorios universitarios necesitan instrumentos que requieran pocos servicios; y los laboratorios industriales necesitan equipo confiable y preciso.

Segmentación secuencial

Los mercadólogos con frecuencia identifican los segmentos de un mercado mediante un proceso de segmentación secuencial. Imagine una empresa de aluminio. En primer lugar, la empresa realiza una macrosegmentación. Para ello, estudia el uso final para sus productos: automóviles, vivienda o envases de bebidas. Una vez que ha seleccionado el mercado de la vivienda, debe determinar la aplicación del producto más apropiada: materiales semielaborados, componentes de construcción o aluminio para casas móviles. Una vez que decide que se va a enfocar en los componentes de construcción, debe determinar el tamaño de los clientes, y opta por los de mayor volumen. En una segunda etapa, la empresa emprende una microsegmentación. Al analizar los criterios de compra se percata de que existen grupos diferentes en función de si compran motivados por el precio, los servicios o la calidad. Como la empresa de aluminio tiene un perfil de servicios excelente, decide centrarse en el segmento de mercado motivado por ese factor.

Los compradores empresariales buscan conjuntos de prestaciones diferentes en función de la situación de compra en la que se encuentren:[53]

1. *Primera compra*—Clientes que no han comprado nunca el producto, y quieren un proveedor que entienda su negocio, que se explique con claridad y en el que puedan confiar.
2. *Compra reciente*—Clientes que acaban de iniciar su relación de compra, y quieren manuales de instrucciones sencillos, líneas de atención al cliente, y representantes bien entrenados y con muchos conocimientos.
3. *Consolidación*—Clientes consolidados que piden rapidez en los servicios de mantenimiento y reparación, personalización del producto y excelente asistencia técnica.

Es posible que estos segmentos muestren, además, preferencias de canal diferentes. Las empresas que se encuentran en la situación de primera compra prefieren tratar con un vendedor de la empresa en lugar de utilizar canales como catálogos o correo directo, que por lo general brindan información escasa. Las empresas en fase de consolidación, por el contrario, preferirán los canales electrónicos en la mayoría de los casos.

Otro esquema de segmentación clasifica a los compradores empresariales en tres grupos, cada uno de los cuales requiere una presentación de venta diferente: [54]

■ *Orientación por precio (venta transaccional).* Buscan valor al precio más bajo posible.

■ *Orientación por soluciones (venta consultiva).* Buscan valor en una mayor cantidad de beneficios y en la asesoría empresarial.

■ *Orientación estratégica (venta empresarial).* Buscan valor mediante la colaboración y la participación del proveedor en su negocio.

Los autores citan varios casos de mala administración en los que las empresas no comprendieron al comprador empresarial:

■ Un fabricante de embalaje decidió promover y posicionar a sus representantes de ventas como consultores, con un costo de 10 millones de dólares, cuando el 90% de sus clientes presentaba una orientación por precio en el momento de comprar. La empresa fracasó y fue absorbida por el competidor principal que continuó con una fuerza de ventas transaccional.

■ Una compañía sustituyó a los consultores más experimentados por vendedores con la finalidad de conseguir proyectos de consultoría rápidamente. Consiguieron muchos clientes nuevos, pero perdieron a los más antiguos que buscaban un enfoque de venta consultiva.

■ Un fabricante de envases que ofrecía un enfoque de venta consultiva a una gran empresa de alimentos recibió la solicitud de su cliente de colaborar y asumir parte del riesgo y compartir los beneficios de rediseñar envases radicalmente nuevos. Rechazó la oferta y perdió al cliente.

::: Definición del segmento meta

Una vez que la empresa identifica las oportunidades de los diferentes segmentos del mercado, debe decidir a cuántos y a cuáles dirigirse. Los mercadólogos cada vez combinan más variables en un intento por identificar grupos más reducidos y mejor definidos. Así, los bancos no se contentan con identificar a grupos de adultos jubilados con importantes recursos económicos, sino que dentro del segmento en cuestión identifican subgrupos diferentes en función de los ingresos actuales, los activos y la actitud frente al riesgo. Esto ha llevado a muchos mercadólogos a proponer un *enfoque de segmentación basado en las necesidades del mercado.* Roger Best propuso el modelo de siete pasos que aparece en la tabla 8.3.

Descripción	
1. Segmentación por necesidades	Se divide a los consumidores con base en la similitud de sus necesidades y de las ventajas que persiguen a la hora de solucionar un problema particular de consumo.
2. Identificación de segmentos	Para cada segmento por necesidades, se determina qué características demográficas, de estilo de vida o de uso lo caracterizan e identifican.
3. Atractivo del segmento	Mediante el uso de criterios de valoración predeterminados (por ejemplo, crecimiento del mercado, intensidad competitiva, acceso al mercado), se determina el atractivo general de cada segmento.
4. Rentabilidad del segmento	Cálculo de la rentabilidad del segmento.
5. Posicionamiento por segmentos	Para cada segmento se crea una "propuesta de valor" y una estrategia de posicionamiento producto-precio basada en las necesidades y en las características exclusivas de cada grupo.
6. Segmento de "prueba ácida"	Se crea un historial del segmento para probar el atractivo de la estrategia de posicionamiento para cada segmento.
7. Estrategia de mezcla de marketing	Se amplía la estrategia de posicionamiento para incluir todos los aspectos de la mezcla de marketing: producto, precio, plaza y promoción.

Fuente: Adaptación de Robert J. Best, *Market-Based Management* (Upper Saddle River, NJ: Prentice Hall, 2000).

| TABLA **8.3** |

Fases del proceso de segmentación.

**Concentración en
un segmento único**

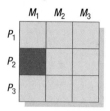

Especialización selectiva

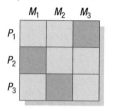

Especialización del producto

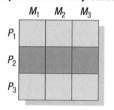

Especialización del mercado

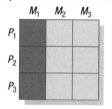

Atención del mercado total

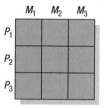

P = Producto　　M = Mercado

| FIG. **8.6** |

Cinco modelos de selección del
segmento meta.

Fuente: Adaptado de Derek F. Abell, *Defining
the Business: The Starting Point of Strategic
Planning* (Upper Saddle River, NJ: Prentice
Hall, 1980), cap. 8, pp. 192–196.

Requisitos para una segmentación eficaz

Es un error creer que todos los modelos de segmentación son eficaces. Por ejemplo, los compradores de sal de mesa podrían agruparse en función del color del cabello, pero, como es evidente, un criterio como éste no resultaría relevante. Es más, si todos los compradores de sal adquirieran la misma cantidad cada mes, creyeran que cualquier tipo de sal es igual al resto, y estuvieran dispuestos a pagar el mismo precio por cualquiera de ellas, este mercado difícilmente podría segmentarse desde el punto de vista del marketing.

Para que un segmento de mercado sea útil, debe ser:

■ *Medible.* El tamaño, poder adquisitivo y características del segmento deben ser susceptibles de medición.

■ *Sustancial.* El segmento deberá ser lo suficientemente grande y rentable como para que valga la pena atenderlo. Un segmento debe ser, entre los grupos homogéneos disponibles, el más aprovechable a partir de un programa de marketing elaborado a su medida. Por ejemplo, a un fabricante de automóviles no le convendría fabricar vehículos para personas con una altura inferior a los 120 centímetros.

■ *Accesible.* Debe existir la posibilidad de alcanzar el segmento y de atenderlo con eficacia.

■ *Diferenciable.* El segmento deberá ser conceptualmente distinguible y responder de forma distinta a los diferentes programas y elementos de marketing. Por ejemplo, si las mujeres casadas y las mujeres solteras responden de igual modo ante un determinado perfume, no constituyen segmentos diferentes.

■ *Procesable.* Debe ser posible formular programas de marketing efectivos para atraer y atender al segmento en cuestión, de forma competitiva y rentable.

Valoración y selección de los segmentos de mercado

Al valorar los diferentes segmentos de mercado, la empresa debe fijarse principalmente en dos factores: el atractivo general del segmento, y los objetivos y recursos de la empresa. ¿Tiene el segmento potencial las características que generalmente hacen atractivo a cualquier segmento: volumen, crecimiento, rentabilidad, economías de escala y bajo riesgo? ¿Qué nivel alcanza el segmento en cada uno de estos cinco criterios? ¿Resulta razonable invertir en un determinado segmento de acuerdo con los objetivos, competencias y recursos de la empresa? Determinados segmentos que resultan atractivos tal vez no concuerden con los objetivos de la empresa a largo plazo, o quizás la empresa carezca de las competencias necesarias para ofrecer un valor superior.

Tras valorar los diferentes segmentos, la empresa debe examinar los cinco modelos de selección del segmento meta que aparecen en la figura 8.6.

CONCENTRACIÓN EN UN SEGMENTO ÚNICO Volkswagen se concentra en el mercado de los vehículos compactos , y Porsche en el de los deportivos. Mediante una técnica de concentración, la empresa llega a conocer mejor las necesidades de su segmento meta y logra una fuerte presencia en el mercado. Es más, de este modo, la empresa reduce costos gracias a la especialización de la producción, la distribución y la promoción. Si alcanza el liderazgo del mercado, la empresa obtendrá utilidades sobre su inversión.

Sin embargo, este enfoque implica riesgos. Un segmento concreto puede fracasar, o resultar invadido por la competencia. Cuando la tecnología digital se aplicó a las cámaras fotográficas, los ingresos de Polaroid se desplomaron. Por esta razón, muchas empresas prefieren operar en más de un segmento. Si la empresa opta por atender a varios segmentos, debe prestar atención a las relaciones de costo, ingresos y tecnología entre los diferentes segmentos. A una empresa con costos fijos importantes (personal de ventas, establecimientos) le conviene añadir productos que absorban y compartan parte de esos costos fijos. Esto sucede cuando el personal de ventas ofrece productos adicionales, o cuando un establecimiento de comida rápida ofrece menús diferentes. Las economías amplias pueden llegar a ser tan importantes como las economías de escala.

Otra posibilidad es que las empresas intenten operar en supersegmentos, en lugar de operar en segmentos aislados. Un **supersegmento** es un conjunto de segmentos que comparten similitudes explotables. Por ejemplo, numerosas orquestas sinfónicas se dirigen a personas con intereses culturales diversos, en lugar de dirigirse exclusivamente a los asiduos a los conciertos.

ESPECIALIZACIÓN SELECTIVA En este caso, la empresa selecciona varios segmentos, cada uno de los cuales resulta atractivo y adecuado para sus objetivos. Tal vez la sinergia entre los diversos segmentos sea escasa o nula, pero cada uno de ellos, independientemente, debe prometer una rentabilidad elevada. Esta estrategia de cobertura de múltiples segmentos tiene la ventaja de que diversifica el riesgo. Cuando Procter & Gamble lanzó Crest Whitestrips, el segmento meta inicial incluía a mujeres recientemente comprometidas, próximas a casarse, y a hombres homosexuales.

ESPECIALIZACIÓN DEL PRODUCTO La empresa fabrica un determinado producto que vende a diferentes segmentos. Un ejemplo es el de un fabricante de microscopios que vende sus productos a laboratorios universitarios, estatales y comerciales. La empresa fabrica diferentes microscopios para los diferentes grupos de consumidores y se forja una reputación sólida en un ámbito específico. El riesgo que conlleva esta estrategia es que el producto podría quedar totalmente obsoleto ante la aparición de nuevas tecnologías.

ESPECIALIZACIÓN DEL MERCADO La empresa se concentra en satisfacer un buen número de necesidades de un grupo de consumidores determinado. Por ejemplo, una empresa que vende productos exclusivamente a laboratorios de universidades. La empresa obtendría una gran reputación al atender únicamente a este grupo de consumidores y se convertiría en un canal para los productos adicionales que pudiese necesitar este segmento. El riesgo radica en que, por ejemplo, el segmento meta podría ver sus presupuestos recortados de repente, o en que su tamaño podría disminuir de forma considerable.

COBERTURA TOTAL DEL MERCADO La empresa intenta atender a todos los segmentos con todos los productos que necesitan. Sólo las grandes empresas como IBM (mercado de computadoras), General Motors (mercado automovilístico), y Coca-Cola (mercado de bebidas refrescantes) tienen la posibilidad de adoptar una estrategia de cobertura total del mercado. Las grandes empresas pueden cubrir todo un mercado de dos formas: por medio de un marketing indiferenciado o por medio de un marketing diferenciado.

La estrategia de *marketing indiferenciado* supone que la empresa pasa por alto las diferencias de los distintos sectores y se dirige a todo el mercado con una oferta única. Así, la empresa diseña un producto y un programa de marketing que atraiga al mayor número de compradores, y se basa en la distribución y en la promoción masivas. Su objetivo es dotar al producto de la mejor imagen. El marketing indiferenciado es "el equivalente en marketing de la estandarización y de la producción masivas".[55] La reducida línea de productos mantiene bajos los costos de investigación y desarrollo, producción, inventario, transporte, investigación de mercados, publicidad y administración. Los programas de publicidad indiferenciada reducen los costos en este rubro. Lo más probable es que la empresa refleje el nivel de costos en precios más bajos para conquistar de este modo al segmento de consumidores más sensibles al precio.

La estrategia de *marketing diferenciado* supone que la empresa opera en varios segmentos del mercado, pero diseña ofertas diferentes para cada uno. La empresa de cosméticos Estée Lauder ofrece marcas que atraen a mujeres (y hombres) con gustos diferentes. La insignia de la empresa, es decir, la marca Estée Lauder, atrae a los consumidores de mayor edad; Clinique a los de mediana edad; M.A.C. a los más jóvenes; Aveda a los entusiastas de la aromaterapia; y Origins, con sus productos de ingredientes naturales, a los consumidores más ecologistas.[56]

EMMIS BROADCASTING

Emmis Communications posee tres emisoras de radio distintas en Nueva York, con segmentos meta y estrategias de posicionamiento diferentes: WQHT-FM ("Hot 97"), que emite música "hip-hop con carácter (música callejera urbana) y rhythm and blues", tiene una audiencia ¿compuesta por jóvenes menores de 25 años; WRKS-FM (98.7 KISS-FM) que afirma ofrecer "la mejor variedad del rhythm and blues clásico y moderno" y atrae a oyentes mayores; y WQCD-FM (CD 101.9), que es la emisora de jazz más importante de Estados Unidos, que se dirige a adultos cuya edad fluctúa entre 25 y 54 años, y que buscan una emisora para relajarse en el trabajo.[57] Si uno de los formatos pasa de moda, como las demás emisoras atraen a segmentos diferentes, la empresa tiene un paracaídas potencial para mantener las ventas y los índices de audiencia.

LA ADMINISTRACIÓN DE SEGMENTOS MÚLTIPLES La mejor forma de administrar segmentos múltiples es nombrar responsables con la autoridad y la responsabilidad suficientes para consolidar un negocio para cada segmento. Al mismo tiempo, estos directores de segmento no deben resistirse a cooperar con otros grupos de la empresa. Veamos la situación siguiente:

BAXTER

Baxter cuenta con varias divisiones que venden productos y servicios diferentes a hospitales. Cada división emite sus propias facturas. Algunos hospitales se quejaban de que cada mes recibían demasiadas facturas diferentes de Baxter. Los directivos de la empresa finalmente convencieron a las distintas divisiones para que enviaran las facturas a las oficinas centrales de la empresa, de modo que se pudiera remitir una única factura mensual para los hospitales.

Marketing diferenciado: la WRKS de Emmis Broadcasting (98.7 KISS-FM) atrae a los oyentes más maduros con rythm & blues clásico y actual; sus otras emisoras en Nueva York se dirigen a los menores de 25 (WQHT-FM) con música hip-hop, y a los adultos de entre 25 y 54 años con jazz ligero (CD 101.9).

LOS COSTOS DEL MARKETING DIFERENCIADO El marketing diferenciado crea, en conjunto, más ventas que el marketing indiferenciado. Sin embargo, también incrementa los costos generales del negocio. A continuación se detalla qué costos suelen ser más elevados:

■ ***Costos de modificación del producto.*** Modificar un producto para satisfacer las necesidades de los diferentes segmentos supone mayor inversión en investigación y desarrollo, ingeniería y herramientas específicas.

■ ***Costos de producción.*** Normalmente resulta más caro producir 10 unidades de 10 productos diferentes que 100 unidades de un mismo producto. Cuanto mayor sea el tiempo de establecimiento de la producción y menor el volumen de ventas, más caro será el producto. No obstante, si se vende un gran volumen, el costo unitario de producción se reduce.

■ ***Costos administrativos.*** La empresa tendrá que desarrollar planes de marketing diferentes para cada segmento, lo que implica gastos adicionales en investigación de mercados, pronósticos y análisis de ventas, promoción, planeación y administración de los canales de distribución.

■ ***Costos de inventario.*** Generalmente es más costoso administrar inventarios de varios productos que de un solo producto.

■ ***Costos de promoción.*** La empresa debe llegar a los distintos segmentos con diferentes programas promocionales y, en consecuencia, se incrementan los costos de planeación y de medios publicitarios.

Puesto que el marketing diferenciado conduce tanto a ventas mayores como a costos superiores, no es posible generalizar en cuanto a la rentabilidad de esta estrategia. Las empresas deben tomar precauciones para no segmentar su mercado en exceso. De ser así, tendrán que realizar una *contrasegmentación* para ampliar su base de clientes. Por ejemplo, Johnson & Johnson amplió el segmento meta de su champú infantil incluyendo a los adultos. Por su parte, Smith Kline Beecham lanzó su dentífrico Aquafresh para atraer a tres segmentos a la vez: los que buscan un aliento más fresco, los que desean blanquear sus dientes, y los que quieren protección contra la caries.

Consideraciones adicionales

En el momento de valorar y seleccionar los segmentos, es necesario tener en cuenta tres consideraciones adicionales: planes de invasión por segmento, actualización de los modelos de segmentación y consideraciones éticas de la selección del segmento meta.

PLANES DE INVASIÓN POR SEGMENTO Una decisión empresarial inteligente es la de entrar sucesivamente en los diferentes segmentos. Así, los competidores no podrán saber a qué segmento o segmentos la empresa se dirigirá a continuación. En la figura 8.7 se ilustra un plan de invasión por segmento. Tres compañías, A, B y C, se han especializado en adap-

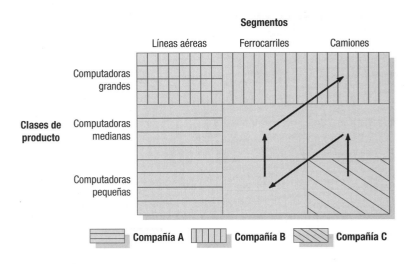

| FIG. 8.7 |

Plan de invasión por segmento.

tar sistemas informáticos a las necesidades de las empresas de transporte: aerolíneas, ferrocarriles y camiones. La empresa A satisface todas las necesidades informáticas de las líneas aéreas, la empresa B vende grandes sistemas informáticos a los tres sectores, y la empresa C vende computadoras personales a las empresas de camiones de transporte.

¿Qué paso debe dar la empresa C a continuación? En la gráfica se incluyen varias flechas para mostrar la secuencia programada de la invasión de segmentos. A continuación, la empresa C ofrecerá computadoras de tamaño medio a las empresas de transporte por carretera. Después, para apaciguar la preocupación de la empresa B por ver comprometido su negocio en el mercado de computadoras grandes para empresas de transporte por carretera, la empresa C ofrecerá computadoras personales a las empresas de ferrocarriles. Posteriormente, la empresa C ofrecerá computadoras de tamaño medio a las empresas de ferrocarriles, y por último, lanzará un pleno ataque sobre la posición de la empresa B en el segmento de computadoras grandes para empresas de transporte por carretera. Desde luego, esta secuencia es provisional en la medida en que depende de los movimientos que se produzcan en los segmentos y de la respuesta de la competencia.

Por desgracia, son demasiadas las empresas que no desarrollan un plan de invasión de segmentos a largo plazo. PepsiCo es una excepción. Su ataque contra Coca-Cola comenzó en los supermercados, continuó con las máquinas expendedoras, después prosiguió con los establecimientos de comida rápida, y así sucesivamente. Las empresas japonesas también planean cuidadosamente la secuencia que seguirán para invadir segmentos. Toyota comenzó por introducir autos pequeños (Tercel, Corolla), después se extendió a los automóviles de tamaño medio (Camry, Avalon), y finalmente atacó el mercado de los automóviles de lujo (Lexus).

Es común que los planes de invasión de una empresa encuentren obstáculos cuando se enfrentan a mercados bloqueados. En estos casos, la empresa invasora debe encontrar el modo de irrumpir en estos mercados, para lo que es necesario un enfoque de megamarketing. El **megamarketing** es la estrategia de coordinación de capacidades económicas, psicológicas, políticas y de relaciones públicas destinada a obtener la cooperación de diversas partes a fin de penetrar u operar en un mercado específico. Pepsi, por ejemplo, utilizó técnicas de megamarketing para entrar en el mercado de la India.

PEPSICO

Después de que Coca-Cola abandonó la India, Pepsi empezó a colaborar con un grupo empresarial de ese país con el fin de obtener el apoyo del gobierno para su entrada, frente a las objeciones que esgrimían las empresas nacionales de bebidas refrescantes y los legisladores contrarios a las multinacionales. Pepsi realizó una atractiva oferta al gobierno de la India que consistía en colaborar en la exportación de un volumen importante de productos agrícolas que cubriría con creces los costos de importación del concentrado para elaborar sus bebidas refrescantes. Asimismo, Pepsi prometió contribuir al desarrollo económico de zonas rurales, además de ofrecer la transferencia de tecnología para el procesamiento de alimentos y tratamiento del agua, así como para el envasado de productos. Con este conjunto de prestaciones ventajosas, Pepsi consiguió el apoyo de importantes grupos de interés de la India.

Una vez dentro del mercado, una multinacional debe mostrar un comportamiento impecable, lo que exige un *posicionamiento cívico* bien planeado.

Anuncio de Pepsi en India. Para entrar en este mercado, Pepsi empleó una estrategia de megamarketing: con la ayuda de un grupo empresarial de ese país, ofreció un paquete de ventajas que le abrieron las puertas.

HEWLETT-PACKARD

Hewlett-Packard se posiciona como una empresa que lucha por la "e-inclusión", es decir, por llevar los beneficios tecnológicos a los más desfavorecidos. Con este propósito, HP lanzó un proyecto de tres años diseñado para crear puestos de trabajo, mejorar la educación y ofrecer un mejor acceso a los servicios públicos en el estado de Kuppam, en India. La empresa colabora con el gobierno local y con una sucursal de laboratorios de HP con sede en India, y ofrece a las personas más pobres de las áreas rurales acceso gratuito a los archivos públicos, a las escuelas, a información en materia de salud, a precios de productos agrícolas, etc. Su objetivo es estimular los pequeños negocios tecnológicos de la zona. Esto no es sólo un gesto de buena voluntad que sirve para promover la imagen de HP en India, sino que también servirá a la empresa para descubrir nuevas líneas de negocio rentables.[58]

ACTUALIZACIÓN DE LOS MODELOS DE SEGMENTACIÓN   Las empresas deben realizar análisis de sus estrategias de segmentación periódicamente ya que los segmentos cambian. En el pasado, el mercado de las computadoras personales segmentaba sus productos única y exclusivamente en función de la capacidad y la velocidad. Más adelante, los fabricantes de computadoras personales descubrieron un mercado emergente, el conocido como "Soho" (del inglés, "small office and home office", "oficina pequeña, oficina en casa"), formado por las empresas pequeñas y por los empleados que trabajan en casa. Las empresas de fabricación sobre pedido, como Dell y Gateway, atendieron las necesidades de gran potencia, precio bajo y facilidad de uso que presentaba este mercado. Poco después, los fabricantes de computadoras empezaron a detectar segmentos más pequeños dentro de este mercado. Como dice un directivo de Dell, "las necesidades de una empresa pequeña difieren considerablemente de las necesidades de aquellos que trabajan desde casa".[59]

Una forma de descubrir nuevos segmentos es investigar la jerarquía de atributos que examinan los consumidores a la hora de seleccionar una marca, si es que utilizan estrategias de decisión de compra progresivas. Este proceso se conoce como **partición del mercado**. Hace años, la mayoría de los compradores de automóviles elegían el fabricante y después el modelo (*jerarquía de dominio de marca*). Un comprador podía favorecer los automóviles de General Motors, y dentro de este conjunto, seleccionar un Pontiac. En la actualidad, muchos compradores deciden primero la nacionalidad del automóvil (*jerarquía de dominio de nacionalidad*). En este marco, los compradores primero deciden que quieren un auto japonés, después un Toyota, y después el modelo Corolla. Las empresas necesitan estar atentas a los posibles cambios en la jerarquía de atributos que estudian los consumidores para adaptarse a las prioridades.

La jerarquía de atributos puede revelar diferentes segmentos de consumidores. Así, hay compradores que deciden con base en el precio, los que deciden en función del tipo de vehículo (por ejemplo, deportivo, familiar, o camioneta), y los que deciden con base en la marca. Los consumidores motivados por el precio, el tipo de auto y la marca, en este orden, conforman un segmento, mientras que los consumidores motivados por la calidad, el servicio y el tipo de vehículo conforman un segmento diferente. Cada segmento presenta características demográficas, psicográficas y conductuales diferentes.[60]

CONSIDERACIONES ÉTICAS EN LA ELECCIÓN DEL SEGMENTO META En ocasiones, la elección del segmento meta es materia de controversia pública.[61] Así, la sociedad se queja cuando los especialistas en marketing se aprovechan de grupos especialmente vulnerables (como los niños) o de grupos indefensos (como los sectores marginales de la población), o cuando promueven productos potencialmente peligrosos. Por ejemplo, la industria de los cereales con frecuencia es blanco de severas críticas por los esfuerzos de marketing dirigidos a los niños. Algunas personas manifiestan su preocupación por el hecho de que al poner las apelaciones a consumir el producto en boca de encantadores personajes de dibujos animados se acaba por inducir a los niños al consumo excesivo de cereales azucarados y a que pidan desayunos poco equilibrados. Las empresas de juguetes han recibido el mismo tipo de críticas. McDonald's y otras cadenas suscitan críticas por dirigir sus comidas, con un alto nivel de grasas y sal, a la población de menores ingresos que habita en zonas urbanas deprimidas.

Algunos documentos internos de R. J. Reynolds y Brown & Williamson Tobacco Corporation (fabricante de la marca Kool) revelan hasta qué punto estas empresas se dirigen a jóvenes de raza negra con edad comprendida entre los 16 y 25 años con sus marcas de mentol.[62] G. Heileman Brewing encendió la mecha cuando extendió su línea de licores de Malta Colt 45 con Powermaster, un nuevo licor de malta de alta graduación (5.9% de alcohol), ya que los consumidores habituales de los licores de malta son de color. Como resultado de su intento por ubicar su segmento meta en la población afroamericana, el propio Heileman se convirtió en el objetivo público de los funcionarios federales, los líderes de la industria, los activistas afroamericanos y los medios de comunicación.[63]

Sin embargo, no todos los intentos de seleccionar un segmento meta formado por niños, minorías sociales u otros segmentos delicados reciben críticas. Por ejemplo, la crema dental Colgate Junior de Colgate-Palmolive tiene características especiales destinadas a que los niños se laven los dientes más a menudo y durante más tiempo. Otras empresas responden a las necesidades específicas de segmentos minoritarios. Por ejemplo, los dueños de las salas de cine ICE, empresarios afroamericanos, se dieron cuenta de que, a pesar de que la población negra acudía cada vez con mayor frecuencia al cine, aún había una gran escasez de salas en las zonas urbanas deprimidas. En Chicago, la empresa comenzó por colaborar con las comunidades negras en las que opera sus cines, utilizando emisoras de radio locales para promover sus películas y ofreciendo los alimentos favoritos de cada zona en los quioscos de

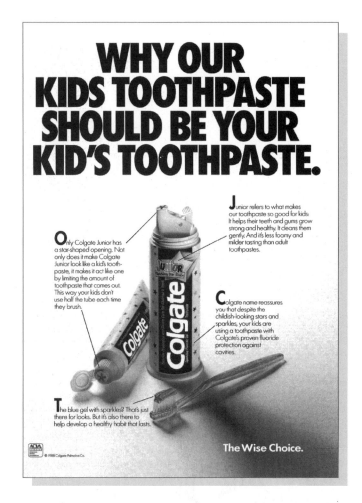

Marketing de responsabilidad social: el anuncio de la crema dental Colgate Junior pretende motivar a los niños para que se cepillen los dientes con mayor frecuencia.

los cines.[64] De modo que, en cuanto a la selección del segmento meta, no importa tanto quién lo conforma, sino más bien cómo se selecciona y con qué fin. La responsabilidad social del marketing consiste en seleccionar un segmento meta que no sólo sirva a los intereses de la empresa, sino también a los intereses del público seleccionado.

Esto es precisamente lo que pretenden muchas empresas que se dirigen a los preescolares estadounidenses. Con cerca de cuatro millones de niños que van a algún tipo de guardería, el mercado potencial (que incluye a padres e hijos) es demasiado amplio como para no prestarle atención. Así, además de tener los caballetes para pintar, estuches y cuadernos de colorear típicos, muchos preescolares estadounidenses tienen cuadernillos de escritura Care Bear, programas de lectura Pizza Hut y revistas Nickelodeon.

NICKELODEON, PIZZA HUT, FORD MOTOR CORP.

La emisora de televisión por cable Nickelodeon fue una de las primeras empresas en capitalizar el mercado preescolar cuando lanzó la revista familiar *Nick Jr.* en 1999. En la actualidad, distribuye gratuitamente la mitad del tiraje de un millón de ejemplares de la revista en guarderías de todo el país, y no oculta sus intenciones de vender a los padres suscripciones a su cadena y productos Nickelodeon. Por el contrario, otras empresas insisten en que sus productos preescolares están diseñados para satisfacer una necesidad social. Pizza Hut es una de ellas. Su programa preescolar ofrece a cada niño un bono canjeable por una pizza si su profesor o profesora destina, por lo menos, 60 minutos por semana a leer cuentos a la clase durante cuatro semanas consecutivas. En el 2002, 1.6 millones de preescolares de 33,800 guarderías participaron en el programa. Del mismo modo, Ford afirma que envía carteles a 100,000 planteles de nivel preescolar, centros infantiles y guarderías para crear conciencia en los niños de entre dos y cinco años sobre la seguridad. El cartel muestra las letras del abecedario, cada una con un consejo de seguridad; así, la A inicia una frase con la palabra automóvil, pero sorprendentemente, la F no se aprovechó para mencionar la marca Ford.

Existen diferencias de opinión entre profesores y padres sobre el marketing dirigido a preescolares. Algunos están de parte de grupos como Stop Commercial Exploitation of Children (No a la explotación comercial de los niños), que consideran que los preescolares son en extremo susceptibles a la publicidad, y que el apoyo de los centros docentes a determinados productos hacen pensar a los niños que el producto en cuestión, sea cual fuere, es bueno para ellos. Sin embargo, muchos centros preescolares y guarderías con presupuestos ajustados dan la bienvenida a los recursos gratuitos que les ofrecen las empresas.[65]

RESUMEN :::

1. Para aplicar un marketing enfocado en el segmento meta son necesarias tres actividades: segmentación del mercado, selección del segmento meta y posicionamiento en el mercado.

2. Es posible dirigirse a un mercado en cualquiera de cuatro niveles: segmentos, nichos, áreas locales e individuos. Los segmentos de mercado son grandes grupos identificables dentro de un mercado. Un nicho es un grupo definido más restrictivamente. Los mercadólogos se dirigen a los mercados locales mediante un marketing enfocado en las áreas comerciales, los vecindarios o incluso los establecimientos concretos.

3. Muchas empresas practican en la actualidad el marketing individual y la "customización" en masa. Probablemente, en el futuro proliferará el self-marketing, una variante del marketing personalizado en la que los consumidores toman la iniciativa para diseñar los productos y las marcas que van a adquirir.

4. Existen dos bases sobre las que se pueden segmentar los mercados de consumo: las características descriptivas de los consumidores y sus comportamientos de compra. Las principales variables de segmentación para mercados de

consumo son geográficas, demográficas, psicográficas y conductuales. Estas variables se utilizan ya sea de manera independiente o de forma combinada.

5. Los mercadólogos empresariales utilizan todas estas variables más otras variables operativas, enfoques de compra y factores relacionados con la situación.

6. Para que un segmento de mercado resulte útil, debe ser medible, sustancial, accesible, diferenciable y procesable.

7. Las empresas deben valorar los diferentes segmentos y decidir a cuántos y a cuáles van a dirigirse: un solo segmento, diversos segmentos, un producto específico, un mercado concreto o la totalidad del mercado. Si una empresa opta por atender la totalidad del mercado, debe elegir entre un marketing diferenciado y un marketing indiferenciado. Asimismo, las empresas deben controlar las relaciones entre segmentos y buscar economías amplias y la posibilidad de dirigirse a supersegmentos. Por último, deben desarrollar planes de invasión por segmento.

8. Los mercadólogos deben seleccionar a su segmento meta de una forma socialmente responsable.

APLICACIONES :::

Debate de marketing   ¿Ha muerto el marketing masivo?

En la actualidad, muchos mercadólogos adoptan modelos de segmentación cada vez más enfocados (gracias a Internet y a otras facilidades de personalización). Con este panorama, algunos opinan que el marketing masivo ha muerto. Otros más consideran que siempre habrá cabida para las grandes marcas que utilizan programas de marketing dirigidos al público en general.

Tome partido: "El marketing masivo ha muerto" frente a "el marketing masivo sigue siendo una forma viable de construir una marca rentable".

Análisis de marketing

Modelos de segmentación descriptiva frente a modelos de segmentación conductual

Piense en varias categorías de producto. ¿En qué segmento se clasificaría usted mismo utilizando estos dos modelos de segmentación? ¿Cómo podría ser el marketing más o menos eficaz en función del segmento en cuestión? ¿Cómo contrastaría los modelos de segmentación descriptiva con los conductuales? ¿Qué modelo cree que sería más eficaz para los profesionales de marketing que intentaran venderle algo a usted?

CASO DE **MARKETING** | **HSBC**

HSBC es conocido como el "banco local del mundo". El Hong Kong and Shanghai Banking Corporation Limited (HSBC) se fundó en 1865 para financiar el creciente comercio entre China y el Reino Unido. En la actualidad, HSBC es el segundo banco más grande del mundo, con más de 100 millones de clientes y 9,500 sucursales en 79 países. La empresa está organizada por líneas de negocio (servicios financieros personales, crédito al consumo, banca comercial, banca de inversión y mercados financieros) y por segmentos geográficos (Asia-Pacífico, Reino Unido/Europa continental, Norteamérica/ TLCAN, Sudamérica y Oriente Medio).

A pesar de operar en 79 países diferentes, el banco se esfuerza por mantener un carácter local y conocer las zonas en las que opera. La estrategia fundamental de HSBC es estar cerca de sus clientes. Como dijo el presidente de HSBC, Sir John Bond, en noviembre del 2003: "Nuestra posición como el banco local del mundo nos permite aproximarnos a cada país de una forma única, combinando el conocimiento local con una plataforma mundial de operaciones."

Por ejemplo, estudiemos los esfuerzos de marketing de HSBC en Nueva York. Para demostrar a los hastiados neoyorquinos que la institución financiera con sede en Londres era el "banco local del mundo", HSBC celebró el concurso "El taxi más famoso de Nueva York". El taxi ganador recibía un contrato por un día completo para trabajar para HSBC, y los clientes del banco podían utilizarlo de forma gratuita. Cualquier cliente que mostrara una tarjeta de crédito, una chequera o un estado de cuenta del banco HSBC, podía disfrutar de un trayecto gratis en el taxi de HSBC. Esta campaña demuestra el conocimiento local del banco. "Para hacer creer a los neoyorquinos que eres local, hay que actuar como uno más de la zona", afirma el director general de Renegade Marketing Group, Drew Neisser.

En la otra punta del mundo, en Hong Kong, HSBC desarrolló una campaña diferente. Con la región afectada por la proliferación del síndrome respiratorio agudo, HSBC lanzó un programa para revitalizar la economía local. El banco "redujo los intereses" sobre la deuda de los clientes que trabajaban en los sectores más afectados por la neumonía asiática (cines, hoteles, restaurantes y agencias de viajes). El programa contribuyó a reducir la carga financiera de sus clientes. La institución también apoyó al sector comercial, al ofrecer descuentos a los clientes que utilizaran una tarjeta del banco para pagar sus compras o sus consumos en restaurantes, para así ayudar a las empresas más afectadas por el revés económico. Más de 1,500 empresarios locales participaron en el programa.

Además del marketing local, HSBC practica el marketing de nichos. Por ejemplo, el banco descubrió una categoría de productos con una tasa de crecimiento del 125% anual: los seguros para mascotas. En diciembre del 2003, anunció que comercializaría seguros para mascotas mediante su agencia aseguradora, y que estarían disponibles para todos sus inversionistas.

HSBC también segmenta demográficamente. En Estados Unidos, el banco se dirigirá a la población inmigrante, especialmente a la hispana, para que depositen su dinero, sobre todo luego de que el banco compró Bital en México.

En términos generales, el banco ha agrupado todo su negocio mundial en torno a una marca única con el eslogan "el banco local del mundo". El objetivo es vincular su tamaño internacional con relaciones estrechas en cada uno de los países en los que opera. La empresa invierte cada año 600 millones de dólares en marketing en todo el mundo, y probablemente en un futuro consolidará sus programas y utilizará menos agencias de publicidad. HSBC decidirá quién consigue la cuenta proponiendo a cada agencia un "ejercicio de estrategia de marca". Las agencias lucharán por conseguir la cuenta de HSBC tratando de mejorar el puesto número 37 de la institución en la lista de marcas mundiales.

Preguntas para discusión

1. ¿Cuáles han sido los factores de éxito de HSBC?
2. ¿En qué sentido es vulnerable esta empresa? ¿A qué debería prestar atención?
3. ¿Qué recomendaría a los directivos de marketing para el futuro? ¿Qué medidas de marketing debe tomar?

Fuentes: Deborah Orr, "New Ledger", *Forbes,* 1o. de marzo de 2004, pp. 72–73), "HSBC's Global Marketing Head Explains Review Decision", *Adweek,* 19 de enero de 2004; "Now Your Customers can Afford to Take Fido to the Vet", *Bank Marketing,* diciembre de 2003, p. 47; Kenneth Hein, "HSBC Bank Rides the Coattails of Chatty Cabbies", *Brandweek,* 1o. de diciembre de 2003, p. 30; Sir John Bond y Stephen Green, "HSBC Strategic Overview", presentación a inversionistas, 27 de noviembre de 2003; "Lafferty Retail Banking Awards 2003", *Retail Banker International,* 27 de noviembre de 2003, pp. 4–5; "Ideas that Work", *Bank Marketing* noviembre de 2003, p. 10; "HSBC Enters the Global Branding Big League", *Bank Marketing International* agosto de 2003, pp. 1–2; Normandy Madden, "HSBC Rolls out Post-SARS Effort", *Advertising Age,* 16 de junio de 2003, p. 12; www.hsbc.com.

REFERENCIAS BIBLIOGRÁFICAS :::

1. "Over 60 and Overlooked", *The Economist*, 10 de agosto de 2002, pp. 51–52.

2. Rebecca Gardyn, "Whitewashed", *American Demographics*, febrero de 2003, pp. 14–15.

3. Davbid J. Lipke, "Pledge of Allegiance", *American Demographics*, noviembre de 2000, pp. 40–42.

4. Linda Tischler, "Where the Bucks Are", *Fast Company*, marzo de 2004, pp. 71–75.

5. James C. Anderson y James A. Narus, "Capturing the Value of Supplementary Services", *Harvard Business Review* (enero–febrero de 1995): pp. 75–83.

6. Greg Burns, "It Only Hertz When Enterprise Laughs", *Business Week*, 12 de diciembre de 1994, p. 44.

7. Tevfik Dalgic y Maarten Leeuw, "Niche Marketing Revisited: Concept, Applications, and Some European Cases", *European Journal of Marketing* 28, núm. 4 (1994), pp. 39–55.

8. Craig Wilson, Hallmark Hits the Mark", *USA Today*, 14 de junio de 2001, pp. 1D-2D

9. Ian Zack, "Out of the Tube", *Forbes*, 26 de noviembre de 2001, p. 200.

10. Robert Blattberg y John Deighton, "Interactive Marketing: Exploiting the Age of Addressability", *Sloan Management Review* 33, núm. 1 (1991), pp. 5–14.

11. David Stipp, "How Genetech Got It", *Fortune*, 9 de junio de 2003, pp. 81–88.

12. Hermann Simon, *Hidden Champions* (Boston: Harvard Business School Press), 1996.

13. Paul Davidson, "Entrepreneurs Reap Riches from Net Niches", *USA Today*, 20 de abril de 1998, p. B3.

14. www.ostrichesonline.com.

15. Susan Reda, "American Drug Stores Custom-Fits Each Market", *Stores* (septiembre de 1994), pp. 22–24.

16. Peter Post. "Beyond Brand – The Power of Experience Branding", *ANA/The Advertiser*, octubre-noviembre de 2000.

17. Joe Sharkey, "Attention Holiday Inn Towel Snatchers: All is Forgiven", *New York Times*, 15 de julio de 2003, p. C.7.;Travel Almanac column, "Get Above It All, Ride a Balloon", *Houston Chronicle*, 17 de agosto de 2003, p. 3.

18. B. Joseph Pine y James H. Gilmore, *The Experience Economy: Work Is Theatre & Every Business a Stage*, Cambridge, MA: Harvard University Press, 1999.

19. Arlene Weintrub, "Chairman of the Board", *Business Week*, 28 de mayo de 2001, p. 96.

20. Don Peppers y Martha Rogers, *The One-to-One Future: Building Relationships One Customer at a Time*, Nueva York, Currency/Doubleday, 1993.

21. Adrian J. Slywotzky y David J. Morrison, *How Digital is Your Business?*, Nueva York, Crown Business, 2000, p. 39.

22. Jerry Wind y A. Rangaswamy, "Customerization: The Second Revolution in Mass Customization", Wharton School Working Paper, junio de 1999.

23. James C. Anderson y James A. Narus, "Capturing the Value of Supplementary Services", *Harvard Business Review* (enero–febrero de 1995), pp. 75–83.

24. Joann Muller, "Kmart Con Salsa: Will It Be Enough?" *Business Week*, 9 de septiembre de 2002.

25. Nanette Byrnes, "What's Beyond for Bed Bath & Beyond?" *Business Week*, 19 de enero de 2004, pp. 45–50; Andrea Lillo, "Bed Bath Sees More Room for Growth", *Home Textiles Today*, 7 de julio de 2003, p. 2.

26. Kate Kane, "It's a Small World", *Working Woman* (octubre de 1997), p. 22.

27. Otra de las principales empresas de información geodemográfica es ClusterPlus (Strategic Maping).

28. Becky Ebenkamp, "Urban America Redefined", *Brandweek*, October 6, 2003, pp. 12–13; Christina Del Valle, "They Know Where You Live: And How You Buy", *BusinessWeek*, 7 de febrero de 1994, p. 89.

29. www.claritas.com.

30. Michael J. Weiss, *The Clustering of America* (New York: Harper and Row, 1988); Michael J. Weiss, *The Clustered World* (Boston: Little, Brown & Co., 2000).

31. Michael J. Weiss, "To Be About to Be", *American Demographics* (septiembre de 2003), pp. 29–36.

32. Andrew Tilin, "Will the Kids Buy It?" *Business 2.0*, mayo de 2003, pp. 94–99; Sholnn Freeman and Norihiko Shirouzu "Toyota's Gen Y Gamble—New Scion Line Sure Is Boxy But It's an Early Success As Youth Shun Dad's Camry, *Wall Street Journal*, julio 30, 2003, p. B1; Keith Naughton, "Hip to Be Square", *Newsweek*, octubre 21, 2002, pp. 50–51.

33. Sarah Allison y Carlos Tejada,"Mr., Mrs., Meet Mr. Clean", *Wall Street Journal*, 30 de enero de 2003, pp. B1, B3.

34. Jim Rendon, "Rear Window", *Business 2.0*, agosto de 2003, p. 72.

35. Tom Lowry, "Young Man, Your Couch Is Calling", *BusinessWeek*, 28 de julio de 2003, pp. 68–69.

36. Aixa Pascual, "Lowe's Is Sprucing Up Its House", *BusinessWeek*, 3 de junio de 2002, pp. 56–57; Pamela Sebastian Ridge, "Tool Sellers Tap Their Feminine Side", *Wall Street Journal*, 16 de junio de 2002, p. B1.

37. Matt Ackermann, "Wachovia Unit Refocuses on a Wealth 'Sweet Spot'", *American Banker*, 6 de octubre de 2003, p. 20.

38. Gregory L. White y Shirley Leung, "Middle Market Shrinks as Americans Migrate toward the Higher End", *Wall Street Journal*, 29 de marzo de 2002, pp. A1, A8.

39. Michael Silverstein y Neil Fiske, *Trading Up: The New American Luxury* (portafolio de 2003).

40. Linda Tischler, "The Price Is Right", *Fast Company*, noviembre de 2003, pp. 83–91.

41. Geoffrey E. Meredith y Charles D. Schewe with Janice Karlovich, *Defining Markets, Defining Moments* (Nueva York: Hungrey Minds, Inc., 2002).

42. Andrew E. Serwer, "42,496 Secrets Bared", *Fortune*, 24 de enero de 1994, pp. 13–14; Kenneth Labich, "Class in America", *Fortune*, 7 de febrero de 1994, pp. 114–126.

43. Leah Rickard, "Gerber Trots Out New Ads Backing Toddler Food Line", *Advertising Age*, 11 de abril de 1994, pp. 1, 48.

44. Harold Thorkilsen, "Manager's Journal: Lessons of the Great Cranberry Crisis", *Wall Street Journal*, 21 de diciembre de 1987, p. 20.

45. Pam Danziger, "Getting More for V-Day", *Brandweek*, 9 de febrero de 2004, p. 19.

46. Allana Sullivan, "Mobil Bets Drivers Pick Cappuccino over Parties", *Wall Street Journal*, 30 de enero de 1995.

47. Esta clasificación se adoptó de George H. Brown, "Brand Loyalty: Fact or Fiction?" *Advertising Age,* junio de 1952–enero de 1953, véase, Peter E. Rossi, R. McCulloch y G. Allenby, "The Value of Purchase History Data in Target Marketing", *Marketing Science* 15, núm. 4 (1996), pp. 321–340.

48. Chip Walker, "How Strong Is Your Brand", *Marketing Tools,* enero–febrero de 1995, pp. 46–53.

49. www.conversionmodel.com.

50. Michele Marchetti, "Dell Computer", *Sales & Marketing Management* (octubre de 1997), pp. 50–53.

51. Roger Crockett, "Pillsbury's New Software Will Let the Food Giant Slice and Dice Reams of Data, Changing Everything about How It Caters to Consumers", *BusinessWeek,* 3 de abril de 2000, pp. EB–78.

52. Dennis H. Pillsbury, "Small Business Niches Differentiate Penn National Insurance", *Rough Notes,* octubre de 2003, pp. 60–64.

53. Thomas S. Robertson y Howard Barich, "A Successful Approach to Segmenting Industrial Markets", *Planning Forum* (noviembre–diciembre de 1992), pp. 5–11.

54. Neil Rackham y John DeVincentis, *Rethinking the Sales Force: Redefining Selling to Create and Capture Customer Value* (Nueva York: McGraw-Hill, 1999), cap. 1.

55. Wendell R. Smith, "Product Differentiation and Market Segmentation as Alternative Marketing Strategies", *Journal of Marketing* (julio de 1956), p. 4.

56. www.esteelauder.com.

57. Wendy Brandes, "Advertising: Black-Oriented Radio Tunes into Narrower Segments", *Wall Street Journal,* 13 de febrero de 1995, p. B5.

58. Marc Gunther, "Tree Huggers, Soy Lovers, and Profits", *Fortune,* 23 de junio de 2003, pp. 98–104.

59. Catherine Arns, "PC Makers Head for 'SoHo'", *BusinessWeek,* 28 de septiembre de 1992, pp. 125–26; Gerry Khermouch, "The Marketers Take Over", *Brandweek,* 27 de septiembre de 1993, pp. 29–35.

60. Si desea leer un estudio de estructura de mercado sobre la jerarquía de atributos en el mercado del café, véase Dipak Jain, Frank M. Bass y Yu-Min Chen, "Estimation of Latent Class Models with Heterogeneous Choice Probabilities: An Application to Market Structuring," *Journal of Marketing Research* (febrero de 1990), pp. 94–101. Si desea estudiar una aplicación del análisis medio–fin a los mercados globales, véase Freakel Ter Hofstede, Jan–Benedict E. M. Steenkamp y Michel Wedel, "International Market Segmentation Based on Consumer–Product Relations", *Journal of Marketing Research* (febrero de 1999), pp. 1–17.

61. Bart Macchiette y Roy Abhijit, "Sensitive Groups and Social Issues", *Journal of Consumer Marketing* 11, no. 4 (1994), pp. 55–64.

62. Barry Meier, "Data on Tobacco Show a Strategy Aimed at Blacks", *New York Times,* 6 de febrero de 1998, p. A1; Gregory Freeman, "Ads Aimed at Blacks and Children Should Exact a High Price", *St. Louis Post-Dispatch,* p. B1.

63. N. Craig Smith y Elizabeth Cooper-Martin, "Ethics and Target Marketing: The Role of Product Harm and Consumer Vulnerability", *Journal of Marketing* (julio de 1997), pp. 11–20.

64. Roger O. Crockett, "They're Lining Up for Flicks in the 'Hood'", *BusinessWeek,* 8 de junio de 1998, pp. 75–76.

65. Caroline E. Mayer, "Nurturing Brand Loyalty; with Preschool Supplies, Firms Woo Future Customers—and Current Parents", *Washington Post,* 12 de octubre de 2003, p. F1.

EN ESTE CAPÍTULO ANALIZAREMOS LAS SIGUIENTES PREGUNTAS:

1. ¿Qué es una marca y cuál es su función?

2. ¿Qué es el *brand equity*?

3. ¿Cómo se genera, se mide y se administra el *brand equity*?

4. ¿Cuáles son las decisiones más importantes para desarrollar una estrategia de marca?

nueve

Para crear una marca fuerte es necesario contar con una cuidadosa planeación y una gran inversión a largo plazo. El éxito de una marca girará en torno a un producto o servicio de excelencia, respaldado por una estrategia de marketing creativa. Una de las marcas más populares es Google:

Creado en 1998 por dos doctores de Stanford University, el nombre del buscador Google es un juego de palabras. En inglés, googol es el número formado por un uno seguido de cien ceros, y hace referencia al sinfín de información que existe en Internet. Con 200 millones de búsquedas diarias, la empresa ha conseguido triunfar al concentrarse exclusivamente en las búsquedas, sin añadir otros servicios, como fue el caso de muchos otros portales. Al centrarse únicamente en el texto, excluyendo anuncios publicitarios, y mediante algoritmos de búsqueda muy complejos, Google ofrece un servicio rápido y confiable. Google obtiene sus ingresos de destacar resultados de búsqueda relevantes para la consulta del cibernauta y de otorgar la licencia para el uso de su tecnología a empresas como AOL y el Washington Post. La muestra definitiva de su éxito es que la marca se utiliza como un verbo: en inglés "to google" significa buscar en Internet. Luego de una encuesta pública sobre la marca que más impacto había tenido en la vida de los consumidores, la empresa de consultoría Interbrand otorgó a Google el título de "Marca del año" en el 2002. Sin embargo, semejante éxito no ha pasado desapercibido, y ha generado fuertes respuestas por parte de la competencia, de gigantes como Yahoo! y Microsoft.[1]

>>>

- Larry Page y Sergey Brin, fundadores de Google.

Probablemente, la cualidad más característica de los mercadólogos sea su habilidad para crear, mantener, fortalecer y proteger sus marcas. La creación de marcas se ha convertido en una prioridad del marketing. Las marcas de mayor éxito como Starbucks, Sony y Nike tienen un precio más alto y generan una gran lealtad. Las marcas más recientes como Krispy Kreme, Red Bull y Jet Blue han captado la atención de los consumidores y de la comunidad financiera. Los mercadólogos responsables de las marcas más prósperas del siglo XXI deberán sobresalir por su administración estratégica de marcas. La administración estratégica de marcas consiste en diseñar y aplicar actividades y programas de marketing destinados a crear, medir y administrar marcas con el fin de maximizar su valor. El proceso de administración estratégica de marcas está integrado por cuatro fases:

- Identificar y determinar el posicionamiento de la marca.
- Planear y aplicar el marketing de la marca.
- Medir e interpretar el rendimiento de la marca.
- Incrementar y mantener el valor de la marca.

En el capítulo 10 se estudiará el posicionamiento de marcas, mientras que en este capítulo se analizarán las demás fases. En el capítulo 11 se estudiarán conceptos clave referentes a la competencia.

::: ¿Qué es el *brand equity*?

La American Marketing Association define la **marca** como "aquel nombre, término, signo, símbolo o diseño, o aquella combinación de los elementos anteriores, cuyo propósito es identificar los bienes o servicios de un vendedor o grupo de vendedores y diferenciarlos de los de la competencia". Por tanto, una marca es un producto o un servicio que añade ciertas características para diferenciarse de alguna manera del resto de los productos o servicios destinados a satisfacer la misma necesidad. Estas diferencias pueden ser funcionales, racionales o tangibles en relación con los resultados del producto de la marca correspondiente, o bien, pueden ser simbólicas, emocionales o intangibles, en relación con lo que representa la marca.

Las marcas se han utilizado durante siglos para diferenciar los artículos de un productor de los de la competencia.[2] Los primeros ejemplos de "marcas" en Europa aparecieron en la Edad Media, cuando los gremios exigían a los artesanos que colocaran marcas distintivas en sus productos para protegerse y proteger a los consumidores de una calidad inferior. En las bellas artes, el origen de las marcas es la firma de las obras por parte de los artistas. En la actualidad, las marcas desempeñan una serie de funciones muy importantes que mejoran la vida de los consumidores e incrementan el valor financiero de las empresas.

La función de las marcas

Las marcas identifican el origen y el fabricante de un producto, y permiten a los compradores, ya sean individuos u organizaciones, exigir responsabilidades a un productor o a un vendedor en particular. Con frecuencia, los consumidores evalúan un mismo producto de forma diferente en función de su marca. Asimismo, los consumidores entran en contacto con las marcas a través de experiencias pasadas con el producto o a través de su programa de marketing. De este modo descubren qué marcas satisfacen sus necesidades y qué marcas no. A medida que los consumidores ven cómo sus vidas se complican y aceleran, y cómo les empieza a faltar tiempo para hacer todo lo que quieren, la capacidad de una marca para simplificar el proceso de decisión de compra y para reducir riesgos es invaluable.[3]

Las marcas también hacen contribuciones muy valiosas a las empresas.[4] En primer lugar, simplifican el manejo y la localización de productos. Asimismo, facilitan la organización del inventario y de los libros de contabilidad. Una marca también ofrece a la empresa protección legal para las características exclusivas del producto.[5] Las marcas se protegen mediante registros, los procesos de fabricación se protegen mediante patentes, y los envases mediante derechos de reproducción y diseño. Estos derechos de propiedad intelectual garantizan que la empresa pueda invertir con seguridad en la marca y beneficiarse de todas las ventajas de un activo tan valioso.

CUESTIONES **CLAVE** | FUNDAMENTOS DE UNA MARCA FUERTE

Las marcas más fuertes del mundo comparten 10 atributos:

1. **La marca se distingue por ofrecer a los consumidores los beneficios que verdaderamente desean.** ¿La empresa se centra en maximizar las experiencias de producto o servicio de sus clientes de manera continua?

2. **La marca siempre es relevante.** ¿Está al día de los gustos, de las condiciones de mercado actuales y de las tendencias del momento?

3. **La estrategia de precio se basa en la percepción de valor de los consumidores.** ¿Optimiza el precio, el costo y la calidad para satisfacer o sobrepasar las expectativas de los consumidores?

4. **La marca tiene un posicionamiento adecuado.** ¿Establece los puntos de comparación necesarios respecto a los competidores? ¿Determina los puntos de diferenciación deseables y posibles?

5. **La marca es consistente.** ¿La empresa se asegura de que sus programas de marketing no envían mensajes contradictorios?

6. **La cartera y la jerarquía de marcas son lógicas.** ¿La marca de la empresa forma un paraguas protector unificado para todas las marcas de la cartera? ¿Está la jerarquía de marca bien pensada y estructurada?

7. **La marca utiliza y coordina todo un repertorio de actividades de marketing destinadas a generar brand equity.** ¿Obtiene provecho de cada opción de comunicación, mientras se asegura de que el significado de la marca se representa de forma consistente?

8. **El gerente de marca es consciente de lo que significa la marca para los consumidores.** ¿Sabe qué les gusta y qué no les gusta a los consumidores de su marca? ¿Cuenta con perfiles detallados de su segmento meta?

9. **La marca recibe el apoyo adecuado.** ¿Se entienden perfectamente los éxitos o los fracasos de los programas de marketing antes de cambiarlos? ¿La marca recibe suficiente respaldo de investigación y desarrollo?

10. **La empresa conoce las fuentes generadoras de brand equity.** ¿Existe una carta de constitución de marca que defina el significado y el capital de la marca, y cómo debieran administrarse? ¿Se asigna la responsabilidad explícita de controlar y mantener el brand equity?

Fuente: Adaptación de Kevin Lane Keller, "The Brand Report Card", *Harvard Business Review*, 1o. de enero de 2000, pp. 147–157.

Las marcas son indicadores de un determinado nivel de calidad, de modo que los compradores satisfechos tengan la posibilidad de adquirir el mismo producto una y otra vez.[6] La lealtad hacia la marca hace que la demanda sea previsible, y pone trabas a otras empresas para entrar en el negocio. La lealtad también se traduce en la disposición a pagar un precio más elevado, normalmente entre un 20 y 25% adicional.[7] Aunque los competidores sean capaces de reproducir los procesos de fabricación y el diseño de un producto, es difícil que imiten la impresión que ha creado la marca en la mente de los consumidores y de las empresas a lo largo de años de actividades de marketing y de experiencias con el producto. En este sentido, las marcas son un modo de garantizar una serie de ventajas competitivas.[8]

Para las empresas, las marcas representan títulos de propiedad valiosísimos que influyen en el comportamiento del consumidor, que pueden comprarse y venderse, y que garantizan ingresos futuros al propietario.[9] En numerosas fusiones o adquisiciones se han pagado cifras exorbitantes por determinadas marcas, sobre todo a partir de los años de bonanza económica de mediados de la década de los 80. Este sobreprecio se justifica porque se da por hecho que las marcas generarán y mantendrán utilidades extraordinarias, y por la dificultad y los gastos que conllevaría crear marcas similares partiendo de cero. Los especialistas de Wall Street consideran que las marcas fuertes conducen a mayores ingresos y resultados de las empresas, lo que, a la vez, genera valor para los accionistas. El interés reciente por las marcas por parte de los altos directivos se debe a estas consideraciones financieras. En *Cuestiones clave: Fundamentos de una marca fuerte,* se mencionan las 10 características clave de una marca a partir del análisis de las marcas más fuertes del mundo.[10]

El alcance de las marcas

¿Cómo se le asigna una marca a un producto? Aunque las empresas hacen hincapié en la creación de marcas en sus programas y demás actividades de marketing, las marcas, en último término, residen en la mente de los consumidores. Una marca es una entidad perceptiva arraigada en la realidad, pero que refleja las percepciones y quizás incluso la idiosincrasia de los consumidores.

El **branding** consiste en dotar a productos y servicios del poder de una marca, y se trata, esencialmente, de crear diferencias. Para ponerle marca a un producto, es necesario mostrar a los consumidores "quién" es el producto (dándole un nombre y empleando otros elementos de marca para ayudarles a reconocerlo), "qué" hace el producto y "por qué" deberían adquirirlo. El *branding* supone crear estructuras mentales y ayudar a los consumidores a organizar sus conocimientos sobre productos y servicios de tal modo que se facilite su toma de decisiones, y en el proceso, se genere valor para la empresa.

Para que las estrategias de marca tengan éxito y se genere valor de marca, los consumidores deben estar convencidos de que existen diferencias significativas entre las distintas marcas de una misma categoría de productos o servicios. La clave del *branding* es que los consumidores no crean que todas las marcas de la misma categoría son iguales.

Las diferencias entre marcas suelen estar relacionadas con atributos o características propias del producto. Gillette, Merck, Sony, 3M y otras empresas han sido líderes de sus categorías de producto durante décadas gracias, en parte, a la innovación continua. Otras marcas crean ventajas competitivas no relacionadas con el producto. Coca-Cola, Calvin Klein, Gucci, Tommy Hilfiger, Marlboro, entre otras, se han convertido en líderes de sus categorías al entender las motivaciones y los deseos de los consumidores, y al crear imágenes relevantes y atractivas en torno a sus productos.

Las marcas resultan útiles en cualquier situación en la que los consumidores tengan que elegir. Es posible ponerle marca a un artículo físico (la sopa Campbell's, el champú Pantene o los automóviles Ford Mustang), a un servicio (Singapore Airlines, Bank of America o los seguros médicos BlueCross BlueShield), a establecimientos (almacenes Nordstrom, zapaterías Foot Locker o supermercados Safeway), a personas (Tom Clancy, Britney Spears o Andre Agassi), a lugares (la ciudad de Sydney, el estado de Texas o España), a organizaciones (UNICEF, American Automobile Association o The Rolling Stones), o a ideas (derecho al aborto, libre comercio o libertad de expresión).

Definición del *brand equity*

El **brand equity** es el valor añadido de que se dota a productos y servicios. Este valor se refleja en cómo piensan, sienten y actúan los consumidores respecto a la marca, o en los precios, la participación de mercado y la rentabilidad que genera la marca para la empresa. El *brand equity* es un activo intangible muy importante para las empresas por su valor psicológico y financiero.

Los mercadólogos emplean diversas aproximaciones para estudiar el *brand equity*.[11] Los enfoques centrados en el consumidor estudian el *brand equity* desde la perspectiva de los consumidores, ya sean individuos u organizaciones.[12] La premisa de este modelo es que el poder de una marca reside en lo que los consumidores ven, leen, oyen, aprenden, piensan y sienten con respecto a la marca a lo largo del tiempo. En otras palabras, el poder de una marca reside en la mente de los clientes reales o potenciales y en sus experiencias directas e indirectas con ella.[13]

El **brand equity** basado en los consumidores se define como el efecto diferenciador que surte la marca en la respuesta de los consumidores ante el marketing de la marca correspondiente.[14] Se dice que una marca tiene un *brand equity* positivo basado en los consumidores si éstos reaccionan más favorablemente ante un producto y ante su comercialización cuan-

Marca para un país: anuncio para promover Australia como destino turístico que destaca la figura inconfundible del Teatro de la Ópera de Sydney.

do identifican su marca que cuando no la identifican. Por otra parte, se dice que el *brand equity* basado en los consumidores es negativo cuando éstos no reaccionan tan favorablemente ante las actividades de marketing de una marca en las mismas circunstancias.

Existen tres elementos clave en esta definición. En primer lugar, el *brand equity* surge de las diferencias entre las respuestas de los consumidores. Si no existen diferencias, el producto se clasifica como producto básico o como versión genérica del producto. En este caso, la competencia giraría en torno al precio.

En segundo lugar, las diferencias en las respuestas de los consumidores son el resultado de lo que éstos saben sobre la marca. El **conocimiento de marca** es el conjunto de pensamientos, sentimientos, imágenes, experiencias y creencias que se asocian con una marca. Las marcas deben crear asociaciones de marca fuertes, positivas y exclusivas con los consumidores, como han hecho Volvo (que se asocia con *seguridad*), Hallmark (asociada con *afecto*), y Harley-Davidson (que se asocia con *aventura*). En tercer lugar, las diferentes respuestas de los consumidores que conforman el *brand equity* se reflejan en las percepciones, preferencias y conductas relativas a todos los aspectos del marketing de una marca. La tabla 9.1 resume algunas de estas ventajas clave del *brand equity*.

El desafío al que se enfrentan los mercadólogos al tratar de crear marcas fuertes es, por tanto, asegurarse de que los consumidores tengan las experiencias adecuadas con sus productos y servicios, y de que sus programas de marketing generen las estructuras de conocimiento de marca más adecuadas.

APPLE COMPUTER

Apple Computer es experta en crear una marca fuerte que conocen consumidores de todas las generaciones más allá de las fronteras estadounidenses. Nombrada "Empresa del año 2003" por la revista *Advertising Age*, Apple genera una lealtad hacia la marca increíble porque cumple su misión, como afirma el director general, Steven Jobs: "Hay que crear artículos sensacionales que cambien la vida de la gente." La empresa ha formado un ejército de emisarios Apple no sólo por su magnífica publicidad, sino también porque siempre tiene en mente al consumidor. Algunas de sus mejores campañas ni siquiera se originan dentro de la empresa: en una moderna discoteca de un distrito de Manhattan, dos DJ celebran cada jueves "Fiestas iPod DJ". Sin embargo, la empresa no sólo se basa en los clientes para realizar su marketing. Apple invirtió 293 millones de dólares en crear 73 establecimientos minoristas para alimentar el entusiasmo que genera la marca, entre los que se incluye una tienda en el barrio de SoHo de Nueva York, que en 2003 atrajo a más de 14 millones de visitantes. Las razones de la apertura de establecimientos minoristas es que cuantas más personas vean y toquen los productos Apple (y vean lo que Apple puede hacer por ellos), más posibilidades tendrá la empresa de incrementar su participación de mercado, que aún es una proporción diminuta del mercado de computadoras.[15]

El conocimiento de marca es lo que motiva las diferencias que se manifiestan en el *brand equity*. En sentido abstracto, el *brand equity* podría entenderse como un "puente" estratégico vital que se pone a disposición de los mercadólogos para conectar su pasado y su futuro.

Mejores percepciones de los resultados del producto.
Mayor lealtad.
Menor vulnerabilidad a las actividades de marketing de la competencia.
Menor vulnerabilidad a las crisis del mercado.
Mayores márgenes.
Mayor rigidez en la respuesta de los consumidores ante los aumentos de precio.
Mayor elasticidad en la respuesta de los consumidores ante las reducciones de precio.
Mayor cooperación y apoyo comercial.
Mayor eficacia en las comunicaciones de marketing.
Posibles oportunidades de concesión de licencias.
Oportunidades adicionales de extensiones de marca.

| TABLA 9.1 |

Ventajas de que disfrutan las marcas fuertes.

El *brand equity* como puente estratégico

Desde el punto de vista del *brand equity*, todo el dinero del departamento de marketing que se invierte cada año en productos y servicios debería considerarse una inversión en el conocimiento de marca de los consumidores. La *calidad* de la inversión en la creación de marcas es el factor clave, pero no necesariamente sucede lo mismo con la *cantidad*, siempre que esté por encima de un nivel mínimo.

De hecho, resulta fácil "sobreinvertir" en la creación de marcas si no se invierte de forma sensata. En la categoría de bebidas, marcas como Michelob, Miller Lite y 7Up vieron cómo sus ventas caían en la década de los 90 a pesar de un respaldo de marketing considerable, en parte, quizás, por no dirigir ni aplicar correctamente sus campañas. Existen numerosos ejemplos de marcas que consolidan un *brand equity* importante al invertir en actividades de marketing que crean valor y que perduran en la memoria de los consumidores. A pesar de estar muy por detrás de gigantes como Coca-Cola, Pepsi y Budweiser, el Consejo de Productores de Leche de California fue capaz de revertir un declive de años en el consumo de leche en este estado gracias, en parte, a su campaña "¿Tiene leche?", muy bien diseñada y aplicada.

El conocimiento de marca que crean estas inversiones de marketing define, al mismo tiempo, la dirección futura que debe seguir la marca. Los consumidores decidirán, en función de lo que piensan y sienten sobre la marca, hacia dónde (y cómo) debería dirigirse ésta y concederán (o no) su permiso para desarrollar actividades o programas de marketing. Los productos nuevos como la Pepsi transparente "Crystal Pepsi", los trajes clásicos de Levi's, el detergente Fruit of the Loom, y los cereales Cracker Jack fallaron porque a los consumidores no les gustaron.

En esencia, una marca es la promesa de ofrecer un producto o servicio con unos resultados predecibles. Una **promesa de marca** es la idea de lo que debe significar y hacer la marca para los consumidores. Al fin y al cabo, el verdadero valor y el potencial de una marca recae sobre los consumidores, sobre su conocimiento de la marca y sobre sus posibles respuestas a las actividades de marketing, como resultado de este conocimiento. Por tanto, entender el conocimiento de marca de los consumidores (es decir, todos los diferentes elementos que se vinculan a la marca en la mente de los consumidores) resulta esencial porque constituye el fundamento del *brand equity*.

Virgin, la creación del extravagante británico Richard Branson, ilustra claramente el poder del que goza su marca, y la responsabilidad que asume una marca fuerte.[16]

VIRGIN

Aunque comenzó únicamente con Virgin Music, hoy el consorcio Virgin Group Ltd. de Branson abarca 200 negocios en tres continentes, entre los que se incluyen Virgin Atlantic Airways, Virgin Mobile (teléfonos celulares), Virgin Energy, Virgin Rail, Virgin Direct (seguros, hipotecas y fondos de inversión), y Virgin Hotels. Como es evidente, Branson logra despertar el interés por cualquier negocio que desee al darle el nombre "Virgin". Virgin Mobile ilustra esta estrategia. Branson pone la marca, una pequeña inversión inicial y toma el control, mientras que los socios renombrados ponen el dinero. Algunos críticos financieros y de marketing apuntan a que Branson está diluyendo la marca, que en la actualidad cubre demasiados negocios. Aunque Branson ha tenido algunos tropiezos, la divisiones de Virgin Cola, Virgin Cosmetics y Virgin Vodka aún subsisten. Sin embargo, Branson responde a los críticos: "Nuestra estrategia consiste en utilizar la credibilidad de la marca para desafiar a los agentes que dominan una serie de sectores en los que creemos que los consumidores no están recibiendo el valor que se merecen por el precio que pagan. Si esto beneficia a los consumidores, no encuentro la razón para preocuparse por el lanzamiento de nuevos productos." Y he aquí la última aventura de Branson: su lanzamiento al feroz sector de las aerolíneas de descuento en Estados Unidos en el 2005.

Modelos de *brand equity*

Aunque existe consenso sobre los principios básicos del *brand equity*, existen modelos que ofrecen perspectivas diferentes. A continuación se detallan cuatro de los modelos más consolidados.

VALOR DE ACTIVO DE LA MARCA La agencia de publicidad Young and Rubicam (Y&R) desarrolló un modelo de *brand equity* denominado valor de activo de la marca (VAM). Según un estudio realizado a 200,000 consumidores de 40 países, el VAM arroja medidas comparativas del valor de marca de miles de marcas de cientos de categorías diferentes. Existen cuatro componentes clave (o pilares) del *brand equity* según el VAM.

- La *diferenciación* mide cómo una marca se concibe de forma diferente a las demás.
- La *relevancia* mide la amplitud del atractivo de una marca.

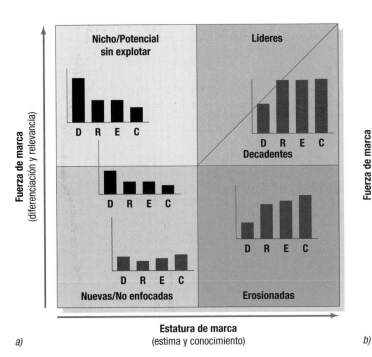

a)

b)

| FIG. **9.1** |

■ La *estima* mide el grado de aprecio y respeto que recibe una marca.

■ El *conocimiento* mide el nivel de familiaridad e intimidad de los consumidores con la marca.

Matriz del valor de activo de marca.

La diferenciación y la relevancia se combinan para determinar la *fuerza de la marca*. Estos dos pilares indican el valor futuro de la marca, y no sólo reflejan el valor pasado. La estima y el conocimiento, en conjunto, conforman la *estatura de la marca*, que es como una "boleta de calificaciones" de los resultados pasados.

Si se examinan las relaciones entre estas cuatro dimensiones (lo que constituye un modelo de los pilares de la marca), obtenemos mucha información sobre el estado actual y futuro de una marca. La fuerza y la estatura se combinan para crear una matriz de valor de activo de la marca que refleja las fases del ciclo de desarrollo de ésta; cada fase se representa con sus cuatro pilares característicos, en los cuadrantes sucesivos (véase la figura 9.1). Las marcas nuevas, luego de su lanzamiento, reflejan niveles bajos en los cuatro pilares. Las marcas nuevas pero fuertes tienden a mostrar niveles más elevados de diferenciación y relevancia, mientras que la estima y el conocimiento aún son bajos. Las marcas líderes presentan niveles altos en los cuatro pilares. Por último, las marcas decadentes tienen un gran nivel de conocimiento (prueba de los resultados pasados) en comparación con un nivel bajo de estima, y aún más bajo de relevancia y diferenciación.

MODELO DE AAKER El antiguo catedrático de marketing de la Universidad de Berkeley, David Aaker, afirma que el *brand equity* está formado por cinco categorías de activos y pasivos vinculadas a una marca, que aumentan o disminuyen el valor que ofrece un producto o un servicio a una empresa o a los clientes de ésta. Estas categorías son: **1.** Lealtad de marca, **2.** conciencia de marca, **3.** calidad percibida, **4.** asociaciones de marca y **5.** otros activos de marca como patentes, marcas registradas o relaciones de canal.

Según Aaker, un concepto especialmente importante para generar *brand equity* es la *identidad de marca*, es decir, el conjunto de asociaciones de marca exclusivas que representan qué significa la marca y qué promete a los consumidores.[17] Aaker considera que la identidad de marca se organiza en 12 dimensiones que giran en torno a cuatro perspectivas: la *marca como producto* (alcance del producto, atributos, calidad/valor, usos, usuarios, país de origen); la *marca como organización* (atributos organizativos, local frente a global); la *marca como persona* (personalidad de marca, relación entre el consumidor y la marca); y la *marca como símbolo* (imágenes visuales/metáforas y patrimonio de marca).

Asimismo, Aaker considera que la identidad de marca incluye una identidad central y una identidad extensa. La identidad central (es decir, la esencia fundamental y permanente de la marca) se mantiene constante cuando la marca transita hacia nuevos mercados y productos. La identidad extensa incluye diversos elementos de identidad de marca que se organizan en grupos cohesivos y significativos. Si se aplica este enfoque a Saturn, la última división automovilística de General Motors, observamos lo siguiente:[18]

■ *Identidad central:* Automóvil mundial con empleados que tratan a los clientes con respeto, como si fuesen amigos.

■ *Identidad extensa:* Subcompacto estadounidense que se fabrica en la planta de Spring Hill, Tennessee; sin presiones, sin regateos, con experiencia en la información detallada; planeada a conciencia, accesible, con los pies en la tierra, personalidad juvenil y dinámica; comprometida con los empleados y con los usuarios leales.

BRANDZ   Los especialistas en investigación de mercados, Millward Brown y WPP desarrollaron un modelo de fortaleza de marca, conocido como BRANDZ, que gira en torno a la pirámide de dinámica de marca. Según este modelo, la creación de marcas requiere una serie de fases secuenciales; el éxito de cada fase depende de la consecución de la anterior. Los objetivos de cada fase, en orden ascendente, son los siguientes:

■ *Presencia.* ¿Conozco la marca?
■ *Relevancia.* ¿Me ofrece algo?
■ *Resultados.* ¿Me lo entrega?
■ *Ventaja.* ¿Me ofrece algo mejor que las demás?
■ *Vinculación emocional.* Nada puede superarla.

Los estudios realizados demuestran que los consumidores vinculados emocionalmente con la marca, es decir, los que se sitúan en la cúspide de la pirámide, desarrollan relaciones más fuertes con la marca y gastan más en ella que los que se sitúan en niveles más bajos de la pirámide. Sin embargo, existe un mayor número de consumidores en los niveles más bajos. El desafío que esto plantea a los mercadólogos es cómo desarrollar actividades y programas que impulsen a los consumidores a subir de nivel.

RESONANCIA DE MARCA   El modelo de resonancia de marca también considera que la creación de marcas es un proceso ascendente que incluye las siguientes fases: **1.** garantizar que los consumidores identifiquen la marca y que ésta se asocie en la mente de los consumidores con una categoría de productos o con una necesidad específica; **2.** establecer firmemente la totalidad del significado de la marca en la mente de los consumidores mediante la vinculación estratégica de un conjunto de asociaciones de marca tangibles e intangibles; **3.** provocar las respuestas apropiadas por parte de los consumidores en cuanto a juicios y sentimientos relativos a la marca; y **4.** transformar las respuestas de los consumidores para crear una relación intensa y activa de lealtad entre los consumidores y la marca.

Según este modelo, las cuatro fases suponen el establecimiento de seis "bloques de creación de marcas" con los consumidores. Estos bloques se agrupan a modo de pirámide, como ilustra la figura 9.2. El modelo hace hincapié en la dualidad de las marcas: la ruta racional de creación de marcas aparece en la parte izquierda de la pirámide, mientras que la parte de la derecha representa la ruta emocional.[19]

MasterCard es un claro ejemplo de una marca con dualidad, puesto que enfatiza la ventaja racional de la tarjeta de crédito al ser aceptada en establecimientos de todo el mundo, y la ventaja emocional mediante la galardonada campaña promocional "No tiene precio", que muestra a personas que compran artículos para conseguir un determinado objetivo. El objetivo en sí mismo (un sentimiento, un logro o cualquier otro objetivo intangible) "no tiene precio" ("Existen cosas que el dinero no puede comprar, para todo lo demás, existe Mastercard").

Para crear un *brand equity* importante es necesario alcanzar la cúspide de la pirámide de marca, y esto sólo ocurrirá si los bloques anteriores se colocan en el lugar adecuado.

■ La *prominencia de marca* se refiere a la frecuencia y a la facilidad con que se evoca la marca en las diferentes situaciones de compra o consumo.

■ El *rendimiento de marca* se refiere al modo en que el producto o servicio satisface las necesidades funcionales del consumidor.

■ La *imagen de marca* hace referencia a las propiedades extrínsecas del producto o servicio, incluidas las formas en que se intenta que la marca satisfaga las necesidades sociales y psicológicas del consumidor.

■ Los *juicios de marca* se concentran en las opiniones y valoraciones personales del consumidor.

■ Los *sentimientos de marca* son las respuestas emocionales del consumidor respecto a la marca.

■ La *resonancia de marca* se refiere a la naturaleza de la relación que mantiene el consumidor con la marca y a cómo cree el consumidor que sintoniza con esta última.

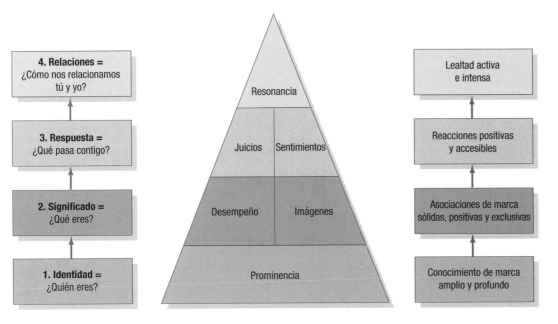

4. Relaciones =
¿Cómo nos relacionamos
tú y yo?

3. Respuesta =
¿Qué pasa contigo?

2. Significado =
¿Qué eres?

1. Identidad =
¿Quién eres?

Resonancia

Juicios   Sentimientos

Desempeño   Imágenes

Prominencia

Lealtad activa
e intensa

Reacciones positivas
y accesibles

Asociaciones de marca
sólidas, positivas y exclusivas

Conocimiento de marca
amplio y profundo

| FIG. **9.2** | Pirámide de resonancia de marca.

La resonancia se caracteriza por la intensidad o la profundidad de los vínculos psicológicos de los consumidores con la marca, así como por el nivel de actividad que genera su lealtad. Algunos ejemplos de marcas con gran resonancia son Harley-Davidson, eBay y Apple.

::: Creación de *brand equity*

Los mercadólogos generan *brand equity* al crear las estructuras de conocimiento apropiadas con los consumidores adecuados. Este proceso depende de *todos* los contactos que se establecen con la marca, ya sea que los inicie el profesional del marketing o no. Sin embargo, desde el punto de vista de la dirección de marketing, existen tres conjuntos de elementos generadores de *brand equity*:

1. *Las elecciones iniciales sobre elementos o identidades que conforman la marca (por ejemplo nombre de marca, URL, logotipos, símbolos, caracteres, portavoces, eslogan, jingles publicitarios, empaques, signos distintivos, etc.).* Old Spice utiliza un envase rojo brillante y su conocido velero para reforzar su tema náutico; el desodorante y antitranspirante incluyen, además, los nombres de marca High Endurance y Red Zone.[20]
2. *El producto o servicio y todo lo que acompaña a las actividades de marketing y a los programas de refuerzo de marketing.* Joe Boxer se lanzó al estrellato vendiendo ropa interior de colores con la cara sonriente y amarilla de Mr. Licky, de una forma moderna y divertida. La empresa apenas invirtió en publicidad: sus maniobras inteligentes y los acontecimientos bien planeados fueron los que dieron a conocer a la empresa y generaron publicidad que se difundió a través de las relaciones interpersonales. Consiguió un fuerte respaldo minorista gracias a un acuerdo exclusivo con Kmart.[21]
3. *Otras asociaciones transferidas indirectamente a la marca, mediante su vinculación con otra entidad (por ejemplo, una persona, un lugar o un objeto).* Subaru aprovechó en sus anuncios realizados en escenarios de Australia, la fama del actor Paul Hogan, de Cocodrilo Dundee, para forjar la imagen de marca de la línea de vehículos todo terreno y de las camionetas Subaru.

Selección de los elementos de marca

Los **elementos de marca** son todos aquellos recursos que sirven para identificar y diferenciar la marca. La mayoría de las marcas fuertes emplean múltiples elementos de marca. Nike tiene su logotipo distintivo, el eslogan "Just Do It" y el nombre Nike, que hace referencia a la diosa alada griega de la Victoria.

Los elementos de marca se deben seleccionar con el fin de generar el mayor *brand equity* posible. La prueba para saber qué capacidad tienen estos elementos para generar *brand equity* es indagar qué pensarían o sentirían los consumidores sobre el producto *si* sólo conocieran los elementos de marca. Por ejemplo, un elemento que haría una contribución positiva al *brand equity* sería el que hiciese a los consumidores asumir o inferir asociaciones o respuestas de valor para ellos. Un consumidor, guiado sólo por el nombre, espera que el lápiz labial ColorStay dure mucho tiempo en los labios después de aplicarse, o que los bocadillos SnackWell sean saludables.

CRITERIOS DE SELECCIÓN DE ELEMENTOS DE MARCA Existen seis criterios que hay que tener en cuenta al seleccionar los elementos de marca y que, a su vez, requieren consideraciones más específicas en cada caso. Los tres primeros (memorable, significativo y agradable) se consideran "creadores de marca", en tanto que la elección sensata de un elemento se traduce en *brand equity*. Los tres últimos (protegible, adaptable y transferible) son más "defensivos" y se refieren a cómo el *brand equity* contenido en un elemento puede optimizarse y mantenerse de cara a oportunidades o limitaciones diversas.

1. **Memorable.** ¿Con qué facilidad se recuerda el elemento de marca? ¿Es fácilmente reconocible? ¿Es esto cierto en una situación tanto de compra como de consumo? El uso de nombres cortos como Tide, Crest y Puffs resulta útil en este sentido.
2. **Significativo.** ¿Hasta qué punto es el elemento de marca creíble y representativo de la categoría correspondiente? ¿Sugiere algo sobre algún ingrediente del producto o sobre el tipo de persona que podría utilizar la marca? Considere el significado inherente a nombres como DieHard para baterías de auto, Mop & Glo para cera del suelo, y Lean Cuisine para alimentos preparados y congelados bajos en calorías.
3. **Agradable.** ¿Qué atractivo estético encuentran los consumidores en el elemento de marca? ¿Resulta agradable por sí mismo visual y verbalmente o de otras maneras? Los nombres de marca concretos como Sunkist, Spic and Span y Firebird despiertan la imaginación.
4. **Transferible.** ¿Puede utilizarse el elemento de marca para introducir nuevos productos en categorías similares o diferentes? ¿Hasta qué punto añade el elemento *brand equity* a través de las fronteras geográficas y de los segmentos de mercado? Volkswagen decidió llamar Touareg, como una tribu de nómadas del Sahara, a su todo terreno. Pero la empresa no tomó en cuenta que la tribu también se caracteriza por practicar la esclavitud, lo que suscitó comentarios negativos en la prensa de Estados Unidos.[22]
5. **Adaptable.** ¿Qué tan adaptable es el elemento de marca? Betty Crocker ha experimentado más de ocho transformaciones a lo largo de los años; aunque tiene más de 75 años, ¡no aparenta ni los 35!
6. **Protegible.** ¿Cómo se puede proteger legalmente el elemento de marca? ¿Cómo protegerlo de la competencia? ¿Se podría copiar con facilidad? Es muy importante que los nombres que se convierten en sinónimos de categorías de productos, como Kleenex, Kitty Litter, Jell-O, Scotch Tape, Xerox y Fiberglass, conserven los derechos de marca registrada y no se conviertan en genéricos.

DESARROLLO DE ELEMENTOS DE MARCA Al crear una marca, los mercadólogos utilizan numerosos elementos para identificar sus productos. En el pasado, las empresas elegían el nombre para una marca a partir de una lista de nombres posibles, analizaban sus ventajas, descartaban algunos, y finalmente optaban por uno.[23] En la actualidad, muchas empresas contratan a empresas especializadas en investigación de mercados para crear y probar nombres. Estas empresas recurren a sesiones de lluvia de ideas (*brainstorming*) y a inmensas bases de datos computarizadas y clasificadas por asociaciones, sonidos y otras cualidades. Los procesos de selección para un nombre de marca incluyen *pruebas de asociación* (¿Qué imagen evoca?), *pruebas de aprendizaje* (¿Es fácil de pronunciar?), *pruebas de memoria* (¿Es fácil de recordar?) y *pruebas de preferencia* (¿Cuáles son los nombres favoritos?). Desde luego, la empresa también debe investigar para asegurarse de que el nombre no está ya registrado por otra empresa.

Los elementos de marca pueden desempeñar diversas funciones de creación de marca. Si los consumidores no analizan demasiada información a la hora de tomar decisiones de compra, es conveniente que los elementos de marca sean fácilmente reconocibles y recordables, al igual que descriptivos y persuasivos. Los elementos de marca significativos y memorables permiten reducir la carga de comunicaciones de marketing necesaria para crear conciencia y asociaciones de marca. Las diferentes asociaciones que genera el atractivo de los elementos de marca también desempeñan una función crucial en el *brand equity*. Los duendes de Keebler refuerzan el toque casero de sus productos para hornear y dan una sensación de magia y diversión a su línea de galletas. Los anuncios de Lee en los que aparecía el personaje Buddy Lee contribuyeron a popularizar la marca entre el público más joven que seguía sin sentirse vinculado con la marca.

El nombre o la denominación no es el único elemento importante de la marca. En general, cuanto menos concretos son los beneficios de la marca, más importante resulta que los elementos de marca incluyan las características intangibles de la misma. Muchas empresas

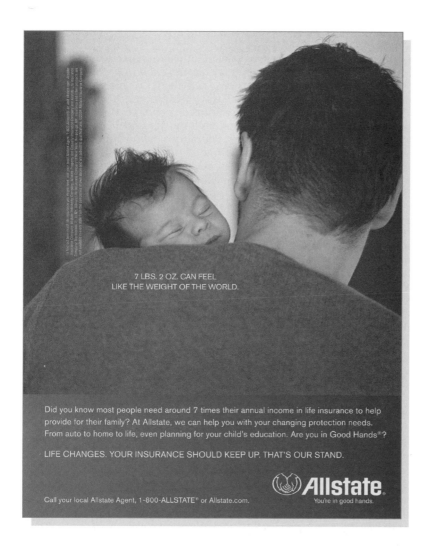

7 LBS. 2 OZ. CAN FEEL
LIKE THE WEIGHT OF THE WORLD.

Did you know most people need around 7 times their annual income in life insurance to help
provide for their family? At Allstate, we can help you with your changing protection needs.
From auto to home to life, even planning for your child's education. Are you in Good Hands®?

LIFE CHANGES. YOUR INSURANCE SHOULD KEEP UP. THAT'S OUR STAND.

Call your local Allstate Agent, 1-800-ALLSTATE® or Allstate.com.

Allstate.
You're in good hands.

Creación de una marca con elementos
que incluyen las características
intangibles de la marca: un anuncio de
Allstate, con el símbolo de las manos
ahuecadas y el eslogan "Usted está en
buenas manos".

aseguradoras utilizan símbolos de fuerza (Prudential utiliza el Peñón de Gibraltar y Hartford
un ciervo), de seguridad (las "manos amigas" de Allstate, el paraguas de Traveller y el som-
brero de Fireman's Fund), o alguna combinación de los dos (el castillo de Fortis).

Un elemento de marca potente, aunque normalmente infravalorado, es el eslogan. Al
igual que los nombres de marca, los eslóganes resultan muy eficaces para generar *brand
equity*. Un eslogan funciona como gancho para ayudar a los consumidores a descubrir la
marca y a comprender por qué es especial. Se trata de una forma indispensable de resumir
y traducir los objetivos del programa de marketing. Considere el significado inherente de los
siguientes eslóganes: "Como todo buen vecino, State Farm está para ayudarle", "Nada corre
igual que un Deere" y "La ayuda que necesita está a la vuelta de la esquina. Tru Value Hardware".

AVIS GROUP HOLDINGS INC.

Un ejemplo clásico de una empresa que utiliza sus eslóganes para crear *brand equity* es Avis, con su campaña,
que tiene ya 41 años, "We Try Harder" ("Nos esforzamos más"). En 1963, cuando se desarrolló la campaña, Avis
perdía dinero y era la segunda empresa del sector de alquiler de vehículos detrás de Hertz. Cuando los ejecutivos
de cuenta de la agencia publicitaria DDB se reunieron con los directivos de Avis, les preguntaron: "¿Qué hace su
empresa que podamos afirmar que hace mejor que los competidores?" Y un director de Avis respondió: "Nos esforzamos más, porque no nos queda otro remedio." Uno de los ejecutivos de DDB lo anotó, y luego lo convirtió en
el centro de la campaña. Avis no estaba muy convencida sobre el lanzamiento de la campaña, en parte por su
honestidad brutal, casi más allá de lo permitido, y en parte porque tendrían que cumplir tal promesa. Sin embargo, al incorporar el eslogan "nos esforzamos más" dentro de la empresa, sobre todo con los empleados que
mantenían contacto directo con los clientes, la empresa fue capaz de crear una cultura empresarial y una imagen de marca a partir de un eslogan publicitario.[24]

El diseño de actividades de marketing holístico

Aunque las elecciones acertadas sobre los elementos de marca y cualquier asociación secundaria contribuyen considerablemente a la creación del *brand equity*, la contribución primaria proviene del producto o servicio y de las actividades de marketing.

Las marcas no se crean con publicidad. Los consumidores pueden llegar a conocer una marca mediante un sinfín de encuentros o puntos de contacto: observación y uso personal, comentarios de conocidos, interacciones con los empleados de la empresa, experiencias telefónicas o en línea, y transacciones de pago. Podríamos definir **contacto con la marca** como cualquier experiencia cargada de información que protagoniza un cliente real o potencial con la marca, la categoría de productos o el mercado, y que está relacionada con el producto o servicio de la empresa.[25] Estas experiencias pueden ser positivas o negativas. La empresa debe esforzarse tanto para administrar estas experiencias como lo hace para producir anuncios.[26]

La estrategia y las tácticas que subyacen en los programas de marketing han evolucionado drásticamente en los últimos años.[27] Las empresas crean contactos de marca y generan *brand equity* de muchas formas: mediante clubes y comunidades de consumidores, ferias y exposiciones comerciales, eventos de marketing, patrocinios, visitas a fábricas, relaciones públicas, boletines de prensa y marketing comprometido con causas sociales. General Mills, por ejemplo, para comercializar sus cereales, sustituyó la publicidad y la promoción tradicional, entre otras cosas, con la apertura de un centro de diversiones para toda la familia, llamado Cereal Adventure, en el Mall of America de Minneapolis, el centro comercial más grande del mundo.[28] Por su parte, Chupa Chups desarrolló un programa de marketing de gran impacto.

CHUPA CHUPS

¿Quién dice que las paletas Chupa Chups son sólo para niños? Desde luego, la empresa española Chupa Chups no es el fabricante de paletas más grande del mundo. Con el fin de promover su marca en otros segmentos además del infantil, Chupa Chups está adoptando un enfoque de marketing verdaderamente holístico, que incluye un reparto inteligente del producto (y totalmente gratuito), ideas de marketing innovadoras e incluso su propia línea de establecimientos minoristas. Un grupo de trabajo interno apodado las cuatro "C", por Chupa Chups Corporate Communications, se encarga de crear conciencia de marca entre adolescentes y jóvenes seguidores de la moda y saturados de medios de comunicación. Un ejemplo: Cuando el grupo se enteró de que el entrenador del Club Barcelona estaba intentando dejar de fumar, le obsequió una caja de Chupa Chups. Durante el resto de la temporada, pocas veces se vio al entrenador en el banquillo sin una Chupa Chups en la boca. Las ventas de la empresa se duplicaron en la región de Cataluña, donde la afición por el fútbol es notoria. La empresa también obtiene visibilidad en ceremonias de alto nivel. Por ejemplo, cuando llegan las estrellas a acontecimientos como el Festival de Cine de Venecia o a la ceremonia de entrega de los Grammys, una atractiva chica llamada "Chupa Chick", las recibe con un top decorado con Chupa Chups. Hasta la fecha, el grupo de "chupadores famosos" de Chupa Chups, es decir, de celebridades a quienes las cámaras han sorprendido con una de estas paletas en la boca, incluye a Jerry Seinfeld, Elton John, Georgio Armani, Sheryl Crow y Magic Johnson. Una vez captada la atención de los adolescentes con estos "patrocinadores involuntarios", les dan estuches de maquillaje, ropa, anteojos, cascos para motociclismo y otros artículos que llevan el nombre de la marca.[29]

Independientemente de las herramientas o enfoques concretos que se utilicen, los mercadólogos que trabajan con enfoque holístico destacan tres aspectos innovadores y muy importantes en el diseño de programas de marketing para crear marcas: personalización, integración e internalización.

PERSONALIZACIÓN La fugaz expansión de Internet ha creado infinidad de oportunidades para personalizar el marketing.[30] Las empresas abandonan cada vez más las prácticas masivas que forjaron poderosas marcas en las décadas de los 50, 60 y 70, para adoptar técnicas que en realidad suponen un salto hacia atrás de prácticamente un siglo, cuando los vendedores conocían, literalmente, el nombre de sus clientes. Para adaptarse a la creciente demanda de personalización de los consumidores, los mercadólogos adoptan conceptos como el marketing de experiencias, el marketing uno a uno, o el marketing de permiso. En el capítulo 5 se resumieron algunos de estos conceptos, y en el recuadro *Marketing en acción: Cómo aplicar el marketing de permiso,* se destacan los principios clave de este enfoque.

Desde un punto de vista de la marca, estos conceptos permiten a los consumidores tener una relación más intensa y activa con la marca. La *personalización del marketing* consiste en garantizar que la marca y su marketing resulten relevantes a tantos consumidores como sea posible, lo que representa todo un reto, puesto que no hay dos consumidores idénticos.

JONES SODA

Peter van Stolk fundó Jones Soda con la premisa de que los consumidores de la Generación Y aceptarían mejor una bebida refrescante si pensaban que ellos la descubrieron. En un principio, Jones Soda se vendía sólo en los establecimientos de tablas de surf, de snowboard y de patinetas. El sitio Web de Jones Soda anima a los jóvenes a enviar fotografías personales que podrían utilizarse en las etiquetas de Jones Soda. Aunque cada año sólo se seleccionan alrededor de 40 entre las decenas de miles de fotografías que recibe la empresa, este enfoque le sirve para crear relevancia y conexión emocional de la marca con los consumidores.[31]

INTEGRACIÓN   Una de las implicaciones de estos nuevos enfoques de marketing es que los conceptos tradicionales de "mezcla de marketing" y de las cuatro "P" tal vez no describan adecuadamente los programas de marketing modernos. La **integración del marketing** consiste en combinar y ajustar actividades de marketing para maximizar sus efectos tanto individuales como colectivos.[32] Así, como parte de un marketing integrado, los profesionales necesitan una variedad de actividades de marketing diferentes que refuercen la promesa de la marca. Olive Garden se ha convertido en la segunda cadena de restaurantes de Estados Unidos con 2,000 millones de dólares en ventas en más de 500 restaurantes. Esto se debe, en parte, a la integración total de su programa de marketing.

OLIVE GARDEN

La promesa de la marca Olive Garden es "la comida ideal de una familia italiana", que se caracteriza por "deliciosos alimentos italianos frescos y sencillos", "acompañados con un vaso de buen vino", y en la que los comensales reciben "el trato familiar de los empleados", "en un entorno acogedor y hogareño". Para cumplir su promesa al pie de la letra, Olive Garden envía a los gerentes y camareros destacados a un viaje de inmersión cultural por Italia; fundó el Instituto Culinario de la Toscana en Italia, para inspirar nuevos platillos; ofrece formación sobre vinos a sus empleados y realiza pruebas para los clientes en los restaurantes; y remodeló sus establecimientos para darles el aire de una casa de campo de la Toscana. Las comunicaciones incluyen mensajes que se difunden en los propios restaurantes por medio de los empleados, y los que se transmiten en los medios de comunicación; unos y otros sirven para reforzar la promesa de la marca y el eslogan "Cuando estás aquí, estás en familia".[33]

MARKETING **EN ACCIÓN** | **CÓMO APLICAR EL MARKETING DE PERMISO**

El marketing de permiso, es decir, la práctica que consiste en dirigir el marketing a los consumidores sólo después de obtener su autorización expresa, es una herramienta que las empresas utilizan para destacar entre la muchedumbre y generar lealtad por parte de los clientes. Con la ayuda de bases de datos inmensas y de un software avanzado, las empresas pueden almacenar gigabytes de información sobre los consumidores y enviar mensajes de marketing personalizados y seleccionados a los consumidores.

Seth Godin, pionero de esta técnica, calcula que cada estadounidense recibe cerca de 3,000 mensajes de marketing cada día. Afirma que los mercadólogos ya no deberían usar el "marketing de interrupción" mediante campañas en los medios de comunicación masiva. Los mercadólogos deben establecer relaciones más fuertes con los clientes, respetar sus deseos, y enviar los mensajes única y exclusivamente cuando los consumidores estén dispuestos a acercarse a la marca. Según Godin, este tipo de marketing funciona porque es "esperado, personal y relevante".

Godin identifica cinco fases en este proceso de marketing:

1. Ofrecer al cliente potencial un incentivo para participar (por ejemplo, muestras gratuitas, promociones de ventas o concursos).

2. Ofrecer al cliente potencial interesado información sobre el producto o servicio.

3. Reforzar el incentivo para garantizar que el cliente potencial sigue dispuesto a recibir mensajes de marketing.

4. Ofrecer incentivos adicionales para conseguir más autorizaciones del consumidor.

5. Con el tiempo, aprovechar la autorización para dirigir la conducta del consumidor hacia las utilidades.

Este tipo de marketing también tiene sus desventajas. Una es que presupone que los consumidores, hasta cierto punto, "saben lo que quieren". Sin embargo, en muchas ocasiones, los consumidores tienen preferencias indefinidas, ambiguas o contradictorias. Al aplicar esta variante del marketing es necesario ayudar a los consumidores a formar y expresar sus preferencias. Quizás "marketing de participación" sería un concepto más apropiado, puesto que los mercadólogos y los consumidores deben colaborar para descubrir de qué forma la empresa podría satisfacerlos mejor.

Fuentes: Seth Godin, *Permission Marketing: Turning Strangers into Friends, and Friends into Customers*, Nueva York: Simon & Schuster, 1999; Susan Fournier, Susan Dobscha y David Mick, "Preventing the Premature Death of Relationship Marketing", *Harvard Business Review,* enero–febrero de 1998), pp. 42–51.

El programa de marketing integrado de Olive Garden incluye enviar a los gerentes y camareros a Italia en viajes de inmersión cultural. Parte del viaje consiste en tomar clases en el Instituto Culinario de la Toscana de Olive Garden. En la fotografía se ve cómo los alumnos aprenden a elaborar pastas.

La integración cobra una importancia especial en las comunicaciones de marketing. Desde el punto de vista de la creación de marcas, todas las opciones de comunicación se deberían evaluar en términos de sus posibilidades de contribución al *brand equity*. Es indispensable valorar cada opción de comunicación de acuerdo con la eficacia y la eficiencia de su contribución a la conciencia de marca, así como a la creación, el mantenimiento y el refuerzo de la imagen de marca. La **conciencia de marca** es la capacidad de los consumidores de identificar la marca en diferentes condiciones, y se refleja en el reconocimiento de la marca y en la capacidad de recordarla. La **imagen de marca** es el conjunto de percepciones y creencias de los consumidores, reflejada en las asociaciones que se crean en la memoria de los consumidores.

Como veremos en el capítulo 17, las diferentes opciones de comunicación tienen intensidades diferentes y sirven para conseguir objetivos distintos. Es importante utilizar una mezcla de comunicación que incluya opciones diferentes, cada una de las cuales debe desempeñar una función específica a la hora de crear o mantener el *brand equity*. Aunque Michelin podría invertir en investigación y desarrollo e idear campañas, promociones y otras comunicaciones para reforzar la asociación de "seguridad" de sus neumáticos, también podría decidir patrocinar determinados eventos para cerciorarse de que los consumidores consideran que Michelin es una marca moderna que se actualiza constantemente. El programa de comunicaciones de marketing debe elaborarse de tal modo que el resultado sea mayor que la suma de las partes. En otras palabras, en la medida de lo posible, debe existir tal cohesión entre las diferentes opciones de comunicación que los efectos de cualquiera de ellas se refuercen por la presencia de las demás.

INTERNALIZACIÓN Los mercadólogos deben hacer todo lo posible para cumplir las promesas de marca. Es necesario adoptar una perspectiva *interna* para considerar qué medidas es conveniente tomar para garantizar que tanto los empleados como los socios de marketing aprecien y comprendan las nociones de marca básicas, y cómo pueden reforzar (o dañar) el *brand equity*.[34] El **branding interno** o estrategias internas de marca se refieren al conjunto de actividades y procesos destinados a informar e inspirar a los empleados.[35] El conocimiento y entendimiento profundo y actualizado tanto de la marca como de la promesa de marca por parte de los empleados es crucial para prestar un buen servicio a empresas y minoristas.

La *vinculación emocional con la marca* tiene lugar cuando los consumidores sienten que la empresa está cumpliendo sus promesas de marca. Para ello, todos los contactos entre los consumidores y los empleados, así como las comunicaciones de la empresa, deben ser positivos. *Las promesas de marca no se cumplirán a menos que todos los miembros de la empresa vivan la marca*. Entre los factores que más influencia ejercen sobre la percepción de marca de los consumidores están las experiencias con el personal de la empresa.

ELI LILLY

En el 2000, Eli Lilly lanzó una nueva iniciativa de creación de marca con el eslogan "Respuestas relevantes". El objetivo era posicionar a Eli Lilly como la única empresa que podría dar respuestas relevantes y confiables a médicos, pacientes, hospitales, organizaciones de salud y agencias gubernamentales, sobre cualquier tema de salud que les preocupara. Para asegurarse de que todos en Eli Lilly tuvieran el conocimiento necesario para ofrecer las respuestas adecuadas, Lilly desarrolló un programa de entrenamiento exhaustivo.[36]

Las empresas deben mantener un diálogo abierto y constante con sus empleados. Algunas empresas han desarrollado programas de relaciones entre el negocio y los empleados, denominados "B2E" (*business-to-employee*) utilizando intranets y otros medios de comunicación. Disney ha tenido tanto éxito con sus estrategias internas de marca y con el apoyo a la marca por parte del personal, que incluso imparte seminarios en el Instituto Disney sobre el "Estilo Disney" para empleados de otras empresas.

Los mercadólogos con enfoque holístico deben ir aún más lejos y ofrecer entrenamiento y apoyo a distribuidores y vendedores para que atiendan adecuadamente a sus clientes. Los vendedores con escasa formación podrían arruinar hasta los mejores esfuerzos por crear una imagen de marca fuerte.

Creación de asociaciones secundarias

Por último, la tercera forma de crear *brand equity* es, efectivamente, "tomarlo prestado". Las asociaciones de marca en ocasiones están vinculadas con otras entidades que, a la vez, tienen sus propias asociaciones, por lo que se generan asociaciones de marca "secundarias". En otras palabras, el *brand equity* se puede crear vinculando la marca con información almacenada en la memoria que transmite un significado a los consumidores (véase la figura 9.3).

La marca se vincula a determinados factores de origen como, por ejemplo, la empresa (mediante estrategias de marca), países o regiones geográficas (mediante identificación del lugar de origen del producto), canales de distribución (mediante estrategia de canal), otras marcas (mediante, por ejemplo, colaboraciones de marca), personajes (mediante la concesión de licencias), portavoces (mediante programas de apoyo), deportes o eventos culturales (mediante patrocinios) y otras fuentes de terceros (mediante galardones o reseñas).

Por ejemplo, imaginemos que Burton, empresa fabricante de tablas de snowboard y de botines, ropa y accesorios para esquiar, decidiese introducir una nueva tabla de surf llamada "Dominator". Burton cuenta con más de un tercio del mercado de snowboard gracias a que se ha acercado a esquiadores profesionales y a que ha creado una comunidad nacional de aficionados a este deporte. Al elaborar el programa de marketing para respaldar la nueva tabla de surf Dominator, Burton podría intentar generar asociaciones secundarias de marca de distintas maneras:

■ Burton podría crear asociaciones a la empresa llamando a la tabla "Dominator, por Burton". De este modo, las consideraciones de los consumidores sobre el nuevo producto se verían influenciadas por sus experiencias previas con la empresa y podrían así predecir la calidad de una tabla de surf fabricada por Burton.

■ Burton podría basarse en sus orígenes de Nueva Inglaterra, pero quizás esta asociación geográfica no tenga demasiada relevancia para el surf.

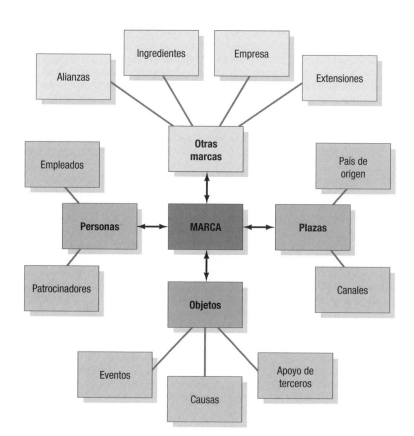

FIG. 9.3

Fuentes secundarias de conocimiento de marca.

■ Burton podría intentar vender sus tablas a través de tiendas de surf populares, y esperar que la credibilidad de sus otros productos se contagiase a la marca Dominator.

■ Burton podría intentar una colaboración de marca al buscar un componente de marca fuerte para materiales como la espuma o la fibra de vidrio (como hizo Wilson cuando incorporó caucho de neumáticos Goodyear a las suelas de sus tenis ProStaff Classic).

■ Burton podría buscar a uno o más surfistas profesionales para que apoyaran el lanzamiento de la tabla de surf, o patrocinar una competencia de surf, o incluso el Campeonato Mundial de la Asociación de Profesionales del Surf.

■ Burton podría intentar garantizar y promover valoraciones positivas de terceras partes, como las revistas *Surfer* o *Surfing*.

De este modo, independientemente de las asociaciones creadas por la propia tabla de surf, el nombre de marca y los demás aspectos del programa de marketing, Burton podría crear *brand equity* al vincular esta última a otras entidades.

::: Cálculo del *brand equity*

Como el poder de una marca reside en la mente de los consumidores y existe una gran diferencia de respuestas a los esfuerzos de marketing de la empresa, existen dos enfoques básicos para calcular el brand equity. El enfoque *indirecto* consiste en calcular las fuentes potenciales de *brand equity* identificando y controlando las estructuras de conocimiento de marca de los consumidores. El enfoque *directo* calcula el impacto real que tiene el conocimiento de marca en las respuestas de los consumidores ante los distintos aspectos de marketing. En *Marketing en acción: La cadena del valor de marca,* se describe cómo vincular estos dos enfoques.

MARKETING **EN ACCIÓN** | LA CADENA DEL VALOR DE MARCA

La **cadena del valor de marca** es un método de aproximación al valor de las fuentes y de los resultados del brand equity y al modo en que las actividades de marketing generan valor de marca. Este método se basa en varias premisas básicas.

El proceso de creación del valor de marca comienza cuando la empresa invierte en un programa de marketing dirigido a clientes reales o potenciales. Cualquier inversión en un programa de marketing que se puede atribuir al desarrollo de valor de marca, voluntaria o involuntariamente, cae dentro de esta categoría (investigación, desarrollo y diseño de productos; refuerzo de ventas o intermediarios; y comunicaciones de marketing).

La actividad de marketing asociada con el programa influye sobre el modo de pensar de los consumidores en torno a la marca. La clave está en cómo cambian los consumidores a través del programa de marketing. La forma de pensar de un grupo de consumidores amplio arroja luz sobre cómo se desempeña la marca en el mercado. Éste es el impacto colectivo de las actividades de consumidores individuales en relación con cuánto y cuándo compran, qué precio pagan, etc. Por último, la comunidad inversionista considera los resultados en el mercado y otros factores como el costo de reposición y el precio de compra en adquisiciones, hasta llegar a una aproximación del valor para los accionistas en general, y del valor de cada marca en particular.

Este modelo también asume que en estas fases intervienen una serie de factores que determinan hasta qué punto el valor creado en una fase se transfiere a la siguiente. Estos múltiplos moderan la transferencia entre el programa de marketing y las tres fases siguientes: el programa multiplicador, el consumidor multiplicador y el mercado multiplicador. El *programa multiplicador* determina la capacidad que tiene el programa de marketing para influir en la forma de pensar de los consumidores, y es una función de la calidad de la inversión del programa. El o *consumidor multiplicador* determina hasta qué punto el valor creado en la mente de los consumidores afecta al rendimiento en el mercado. El resultado depende de factores contextuales ajenos al consumidor. Estos factores son la superioridad competitiva (qué eficacia tiene la calidad y la cantidad de la inversión de marketing de las marcas de la competencia), el respaldo del canal y de otros intermediarios (cuánto reforzamiento de marca y cuántos esfuerzos de venta destina cada colaborador de marketing a la marca), y el volumen y el perfil de los consumidores (cuántos consumidores existen y de qué tipo, son rentables o no, se sienten atraídos por la marca). El *mercado multiplicador* determina el grado en que el valor que refleja el rendimiento de una marca en el mercado se manifiesta como valor para los accionistas. Esto depende, en parte, de las medidas que tomen los analistas financieros y los inversionistas.

Fuentes: Kevin Lane Keller y Don Lehmann, "How Do Brands Create Value", *Marketing Management,* mayo-junio de 2003, pp. 27–31. Véase también Rajendra K. Srivastava, Tasadduq A. Shervani y Liam Fahey, "Market-Based Assets and Shareholder Value". *Journal of Marketing* 62, núm. 1, 1998, pp. 2–18, y M. J. Epstein y R. A. Westbrook, "Linking Actions to Profits in Strategic Decision Making", MIT *Sloan Management Review,* primavera de 2001, pp. 39–49. Para información empírica relacionada con este tema, véase Manoj K. Agrawal y Vithala Rao, "An Empirical Comparison of Consumer-Based Measures of Brand Equity", *Marketing Letters* 7, núm. 3 1996, pp. 237–247, y Walfried Lassar, Banwari Mittal y Arun Sharma, "Measuring Customer-Based Brand Equity", *Journal of Consumer Marketing* 12, núm. 4, 1995, pp. 11–19.

Estas dos propuestas son complementarias, y los mercadólogos hacen uso de ambas. Dicho de otro modo, para que el *brand equity* desempeñe una función estratégica útil y sirva de directriz en las decisiones de marketing, es importante que los mercadólogos comprendan a la perfección: **1.** las fuentes generadoras de *brand equity* y sus principales consecuencias, y **2.** cómo estas fuentes y consecuencias cambian con el paso del tiempo, si es que lo hacen. Para lo primero es importante elaborar auditorías de marca, mientras que para lo segundo es importante desarrollar un seguimiento de marca.

Auditorías de marca

Los mercadólogos elaboran auditorías de marca con frecuencia para entender mejor sus marcas. Una **auditoría de marca** es un ejercicio centrado en los consumidores que incluye una serie de procesos destinados a valorar el estado de salud de la marca, descubrir sus fuentes generadoras de capital, y buscar el modo de mejorar y fortalecer el *brand equity.*

Las auditorías de marca resultan útiles para fijar la dirección estratégica de la marca. ¿Son satisfactorias las fuentes generadoras de *brand equity* actuales? ¿Es necesario reforzar alguna asociación de marca? ¿Carece la marca de exclusividad? ¿Qué oportunidades y desafíos potenciales existen para el *brand equity*? Tras este análisis estratégico, los profesionales de marketing podrán desarrollar un programa para maximizar el *brand equity* a largo plazo.

Es indispensable que los mercadólogos realicen auditorías de marca siempre que se enfrenten a algún cambio importante en la dirección estratégica. Con la menguante circulación de los periódicos y la mayor dependencia de la televisión, la radio e Internet por parte de los consumidores, algunos editores están realizando auditorías de marca para intentar rediseñar los periódicos y conferirles un carácter contemporáneo, relevante e interesante. Al realizar auditorías de marca con frecuencia (por ejemplo, anualmente), los mercadólogos tienen la oportunidad de conocer en cada momento el pulso de sus marcas y administrarlas de forma más proactiva y receptiva. Las auditorías sirven como un contexto especialmente útil para los gerentes de marketing cuando elaboran su planeación estratégica.

Las auditorías de marca tienen considerables implicaciones en la dirección estratégica y en los resultados de las marcas.[37]

POLAROID

Los resultados de una auditoría de marca en Europa occidental llevaron a Polaroid a intentar cambiar su imagen convencional para destacar el "lado divertido" de sus cámaras. Polaroid reunió a dos grupos de consumidores. A uno le ofreció cámaras de 35mm y al otro cámaras Polaroid. Ambos grupos asistieron a una boda y recibieron instrucciones de tomar fotos hasta agotar el rollo. Las fotos de 35mm resultaron ser imágenes de boda tradicionales: con posados perfectos. Las fotos Polaroid eran radicalmente diferentes: espontáneas y con carácter. Los consumidores que utilizaron la cámara Polaroid empezaron a narrar anécdotas divertidas sobre qué ocurría cuando sacaban su cámara. Polaroid descubrió con este estudio que sus cámaras podían servir de estimulante y catalizador social, al llevar diversión a la vida de la gente. Eligieron este tema para su publicidad y adoptaron nuevas estrategias de distribución.

Para realizar una auditoría de marca es necesario comprender las fuentes generadoras de *brand equity,* tanto desde la perspectiva de la empresa, como desde la perspectiva del consumidor.[38] Desde la perspectiva de la empresa, es necesario entender exactamente qué productos y servicios se están ofreciendo a los consumidores, cómo se comercializan y con qué estrategia de marca. Desde la perspectiva del consumidor, es necesario profundizar en la mente de los consumidores y descubrir el verdadero significado de las marcas y los productos. Las auditorías de marca tienen dos fases: el inventario de marca y la exploración de marca.

INVENTARIO DE MARCA El objetivo del *inventario de marca* es definir el perfil actual exhaustivo de cómo se comercializan todos los productos y servicios de una empresa, y cuál es su estrategia de marca. Para obtener el perfil de cada producto y servicio es necesario identificar todos los elementos de marca asociados con éstos, así como el programa de marketing que los respalda. Esta información debe ser precisa, exhaustiva, oportuna y resumida, tanto visual como verbalmente. Como parte del inventario de marca, también es recomendable elaborar el perfil de marcas competitivas, cuanto más detallado mejor, en términos de estrategia de marca y de esfuerzos de marketing.

El inventario de marca contribuye a descifrar en qué *podrían* basarse las percepciones actuales de los consumidores. Aunque el inventario de marca es fundamentalmente un ejercicio descriptivo, también permite llevar a cabo análisis muy útiles. Por ejemplo, los mercadólogos pueden valorar la consistencia de todos los productos y servicios diferentes bajo la misma marca. ¿Se utilizan todos los elementos de marca de manera consistente o existen demasiadas variaciones y versiones —quizás sin razón evidente— en los diferentes mercados geográficos, segmentos de mercado, etc.? ¿Los programas de marketing son lógicos y consistentes en todas las marcas relacionadas?

EXPLORACIÓN DE MARCA La *exploración de marca* es una actividad de investigación destinada a comprender qué sienten y piensan los consumidores sobre la marca y sobre la categoría de productos correspondiente, con el fin de identificar las fuentes generadoras de *brand equity.*

Diversas actividades preliminares resultan útiles al explorar una marca. También resulta útil entrevistar al personal de la empresa para comprender sus creencias acerca de las percepciones de los consumidores. Las diferencias de opinión que suelen surgir de estas entrevistas internas sirven a distintos propósitos: aumentan la probabilidad de generar ideas u opiniones útiles y ponen de relieve cualquier inconsistencia o idea falsa.

Aunque estas actividades preliminares tal vez arrojen descubrimientos importantes y sugieran hipótesis ciertas, son incompletas. Normalmente se necesita una investigación adicional para comprender mejor cómo compran los consumidores, cómo utilizan los productos y servicios, y qué piensan de las diferentes marcas. Para poder cubrir un amplio abanico de asuntos referentes a la marca y para profundizar en determinados aspectos en la exploración, se recurre a técnicas de investigación cualitativa, como asociaciones de palabras, técnicas proyectivas, visualización, personificación de marca y escalada (véase el capítulo 4).

En la actualidad, muchas empresas recurren a la etnografía para sustituir las sesiones de grupo tradicionales. De este modo, estudian a los consumidores en su hábitat natural, ya sea en el hogar, en el trabajo, o mientras se divierten o compran. Por ejemplo, Duracell, a partir de un estudio etnográfico, descubrió que los consumidores tenían problemas al retirar una lengüeta de las pilas para audífonos. En consecuencia, lanzó un nuevo producto llamado EasyTab (lengüeta fácil). Whirlpool, por su parte, descubrió que los consumidores no querían esperar a llenar la máquina lavavajillas antes de ponerla en funcionamiento, así que su departamento de cocina lanzó una versión más pequeña del aparato llamada Briva.

E! NETWORK

La cadena hermana de E! Network, The Style Network, experimentó recientemente una metamorfosis como consecuencia de una auditoría de marca. En el pasado, The Style Network se caracterizó por su énfasis en los programas de alta costura, pero una auditoría de marca reveló que los espectadores querían ver programas con mayor aplicación a su vida cotidiana. Así, Style introdujo paulatinamente programas con temas diferentes. Por ejemplo, en "Guess Who's Coming to Decorate?" (Adivina quién viene a decorar), el concursante elige entre su madre, un amigo o un diseñador para realizar una reforma interior en su casa. Para reafirmar la nueva "personalidad" de la cadena Style, se lanzó una campaña publicitaria de 10 millones de dólares con el eslogan "donde la vida adquiere un nuevo *look*".[39]

Seguimiento de marca

El **seguimiento de marca** consiste en recopilar información de los consumidores de forma rutinaria a lo largo del tiempo. Estos estudios emplean medidas cuantitativas para ofrecer a los especialistas de marketing información actualizada sobre cómo responden sus marcas y programas de marketing en relación con una serie de dimensiones clave. El seguimiento de marca es un modo de entender dónde y cómo se crea el valor de marca, y en qué cantidad.

Estos estudios desempeñan una función muy importante para los directivos de marketing, puesto que ofrecen información consistente que facilita la toma de decisiones diaria. Cuando las actividades de marketing en torno a una marca se vuelven más y más variadas, resulta difícil y caro estudiar cada actividad de marketing de forma independiente. Estos estudios ofrecen un diagnóstico valioso sobre los efectos colectivos de un grupo de actividades de marketing. Sin importar cuántas modificaciones se hagan al programa de marketing a lo largo del tiempo, es importante realizar un seguimiento del estado de salud de la marca y de su capital para poder realizar los ajustes necesarios.

Valoración de marcas

No hay que confundir el *brand equity* con la **valoración de marca**, que consiste en calcular el valor financiero total de una marca. Algunas empresas basan su crecimiento en la adquisición de carteras de marcas importantes. Nestlé adquirió Rowntree (Reino Unido), Carnation (Estados Unidos), Stouffer (Estados Unidos), Buitoni-Perugina (Italia) y Perrier (Francia), lo que la convierte en la mayor empresa de alimentos del mundo.

La tabla 9.2 contiene las marcas más valiosas del 2004 según una clasificación ampliamente reconocida.[40] En el caso de estas empresas tan conocidas, el valor de marca equivale a más de la mitad de la capitalización bursátil total de la empresa. John Stuart, cofundador de Quaker Oats, afirmó: "Si este negocio se dividiera, y ustedes se quedaran con la tierra, los ladrillos y el hormigón, y yo me quedara con las marcas y las patentes, a mí me iría mucho mejor que a ustedes." Las empresas estadounidenses no incluyen el *brand equity* en sus ba-

| TABLA **9.2** |

Las 10 marcas más valoradas del mundo.

Puesto	Marca	2004 Valor de marca (miles de millones)
1	Coca-Cola	$67.39
2	Microsoft	$61.37
3	IBM	$53.79
4	GE	$44.11
5	Intel	$33.50
6	Disney	$27.11
7	McDonald's	$25.00
8	Nokia	$24.04
9	Toyota	$22.67
10	Marlboro	$22.13

lances a causa de la arbitrariedad de su cálculo. Sin embargo, algunas empresas sí lo hacen en el Reino Unido, Hong Kong y Austalia. En *Marketing en acción: ¿Cuánto vale una marca?* se detalla una propuesta de cálculo que goza de gran aceptación y que se basa, en parte, en el precio extra que permite cobrar una marca multiplicado por el volumen extra que genera esa marca respecto al promedio de las demás.[41]

::: La administración del *brand equity*

Para una administración de marca eficaz es necesario analizar las decisiones de marketing a largo plazo. Como las respuestas de los consumidores a las actividades de marketing dependen de qué saben y qué recuerdan sobre una marca, las actividades de marketing a corto plazo, al modificar el conocimiento de la marca, aumentan o disminuyen el éxito de las actividades de marketing en el futuro. Además, una perspectiva de largo plazo conduce a estrategias proactivas destinadas a mantener y reforzar el *brand equity* basado en el consumidor frente a cambios externos del entorno de marketing y a cambios internos en los objetivos y programas de marketing de la empresa.

Reforzamiento de marca

Puesto que la marca es el activo más duradero de una empresa, es necesario administrarla adecuadamente para que su valor no decaiga. Muchas empresas que fueron líderes hace 70 años todavía lo son en la actualidad: Kodak, Wrigley's, Coca-Cola, Heinz y Campbell Soup. Lo lograron esforzándose constantemente por mejorar sus productos, sus servicios y su marketing. En *Cuestiones clave: Estrategias de marca para el siglo XXI*, se brindan algunos consejos para lograr un liderazgo de marca duradero.

El *brand equity* se refuerza con actividades de marketing que transmitan a los consumidores el significado de la marca de forma consistente, en relación con: **1.** ¿Qué productos representa la marca, qué ventajas ofrece, y qué necesidades satisface?, y **2.** ¿Cómo contribuye la marca a que estos productos sean superiores, y qué asociaciones de marca sólidas, favorables y exclusivas deberían existir en las mentes de los consumidores? Nivea, una de las marcas europeas más fuertes, amplió el significado de su marca, desde una marca de crema a una marca de higiene personal gracias a que realizó extensiones de marca diseñadas y aplicadas meticulosamente, y a que reforzó la promesa existente de Nivea, "suave", "delicada" y "cuidada", en un contexto más amplio.

Para reforzar el *brand equity,* la innovación y la relevancia son fundamentales a través de todo el programa de marketing. Los mercadólogos deben introducir nuevos productos y desarrollar nuevas actividades de marketing que satisfagan plenamente al mercado meta. La marca siempre debe ir hacia delante, pero en la dirección correcta. El departamento de marketing siempre trata de encontrar ofertas nuevas y convincentes, y el modo de comercializarlas. Las marcas que no consiguen hacer esto con éxito, como Kmart, Levi-Strauss, Montgomery Ward, Oldsmobile y Polaroid, ven cómo se tambalea, e incluso desaparece, su posición de líderes del mercado.

MARKETING EN ACCIÓN | ¿CUÁNTO VALE UNA MARCA?

Según la empresa de valoración de marcas Interbrand, el valor de una marca se calcula sobre la base de una estimación del valor actual de las ganancias o flujos de caja que se espera que la marca genere en el futuro. Para calcular el valor de una marca es necesario: **1.** identificar las verdaderas ganancias que se pueden atribuir estrictamente a la marca, y **2.** capitalizar las ganancias aplicando un múltiplo a las ganancias históricas como tasa de descuento para los flujos de caja futuros.

Ganancias de marca. Interbrand sostiene que no es necesario aplicar toda la rentabilidad de una marca al cálculo de su valor. Una marca podría ser, en esencia, un producto básico, y obtener gran parte de su rentabilidad a partir de consideraciones independientes de la marca (como por ejemplo, el sistema de distribución). Los elementos de rentabilidad que no provienen de la identidad de marca deben excluirse. Como el cálculo podría verse negativamente influido si se consideraran las utilidades de un solo año, Interbrand utiliza el promedio ponderado de las ganancias históricas de tres años.

Los ingresos de marca se calculan restando una serie de cifras a las ventas generadas por la marca: **1.** costos de las ventas de la marca, **2.** costos de marketing, **3.** costos indirectos fijos y variables, incluida la depreciación y la asignación de costos indirectos centrales, **4.** remuneración de cargas de capital (entre un 5 y un 10% de costos de alquiler sobre el valor de sustitución del capital empleado en la línea de producción), y **5.** impuestos.

Fortaleza de marca. Para ajustar los ingresos, Interbrand realiza una valoración meticulosa de la fortaleza de la marca. Esta valoración consiste en analizar detalladamente la marca, su posicionamiento, el mercado en el que opera, la competencia, los resultados pasados, los planes para el futuro y los riesgos a que se enfrenta. Interbrand administra un formulario detallado para recopilar la información necesaria de directivos y consumidores. Asimismo, examina los informes anuales y otros documentos, e incluso lleva a cabo visitas de inspección a distribuidores y minoristas.

La fortaleza de marca es un compuesto de siete factores ponderados, de los cuales cada uno se califica según una serie de directrices (véase más adelante). El total resultante, conocido como *puntuación de fortaleza de marca,* se expresa como un porcentaje. Esta puntuación se convierte después en un múltiplo de ingresos para utilizarlo en relación con las utilidades atribuidas a la marca. Es necesario hacer algunos ajustes para crear un promedio ponderado de la rentabilidad de la marca después de impuestos frente al multiplicador de marca que se utiliza. Interbrand compara los recíprocos de estos multiplicadores y las tasas de

interés típicas: una marca "perfecta" con una puntuación del 100% tendría una tasa de interés del 5% (1 sobre 20), lo que equivaldría a la rentabilidad típica de una inversión de bajo riesgo; una marca con un multiplicador menor tendría un interés mayor que reflejaría el grado de riesgo más elevado que implica.

Fórmula de Interbrand para calcular la fortaleza de una marca (la ponderación aparece entre paréntesis)

1. *Liderazgo* (25%). Es la capacidad de la marca para influir en su mercado y convertirse en fuerza dominante con una participación de mercado tal que pueda fijar los precios, controlar la distribución y resistir las invasiones de la competencia. Una marca que es líder en un mercado o en un segmento es una propiedad más estable y valiosa que otra que aparece en puestos inferiores.

2. *Estabilidad* (15%). Se refiere a la capacidad de la marca para sobrevivir largos periodos con base en la lealtad de los consumidores y de su historial. Las marcas con una trayectoria larga que se han convertido en componentes del "tejido" de sus mercados son especialmente valiosas.

3. *Mercado* (10%). Es el entorno operativo de la marca en términos de potencial de crecimiento, volatilidad y barreras de entrada. Las marcas de sectores como el alimentario, el de bebidas y el de la publicidad son intrínsecamente más valiosas que, por ejemplo, marcas de sectores como el tecnológico o el textil, puesto que estos últimos son más vulnerables a los avances tecnológicos y a los cambios de la moda.

4. *Alcance geográfico* (25%). Es la capacidad de la marca de traspasar fronteras geográficas y culturales. Las marcas internacionales son inherentemente más valiosas que las nacionales o regionales, en parte, por sus economías de escala.

5. *Tendencia* (10%). Se refiere a la dirección y a la capacidad de la marca para seguir siendo moderna y relevante para los consumidores.

6. *Apoyo* (10%). Se refiere a la cantidad y consistencia de las actividades y comunicaciones de marketing. Los nombres de marca que reciben inversiones consistentes y apoyo de marketing concentrado son más valiosas. Aunque la cantidad de dinero invertida en una marca es importante, también lo es la calidad de este apoyo.

7. *Protección* (5%). Se refiere a los títulos legales del propietario. Una marca registrada es un monopolio legal sobre un nombre, un aparato, o la combinación de ambos. En algunos países existen otros modos de protección en el derecho consuetudinario. La fortaleza y la amplitud de la protección de una marca es fundamental para calcular su valor.

Fuentes: Michael Birkin, "Assessing Brand Value", *Brand Power,* Paul Sobart (ed.), Nueva York, Macmillan; Simon Mottram, "The Power of the Brand", ARF Brand Equity Conference, pp. 15–16 de febrero de 1994; John Murphy, *Brand Valuation,* Hutchinson Business Books, Londres,1989; Jean-Noel Kapferer, *Strategic Brand Management,* Kogan Page Limited, Londres, 1992; Noel Penrose y Martin Moorhouse, "The Valuation of Brands", *Trademark World,* núm. 17, febrero de 1989; Tom Blackett, "The Role of Brand Valuation in Marketing Strategy", *Marketing Research Today,* vol. 17, núm. 4, noviembre de 1989, pp. 245–248.

KELLOGG

Tras ver cómo caía su participación de mercado y sus utilidades a lo largo de la década de los 90, Kellogg fue capaz de recuperar el liderazgo en el mercado de los cereales al lograr que los consumidores pagaran más por sus marcas más rentables. ¿El secreto? Añadir nuevas características a sus antiguos productos favoritos, como Special K Frutas Rojas, con un precio dos veces superior al de los cereales Raisin Bran, o incluir juguetes y CD para computadora en las cajas de cereales para niños.[42]

Un elemento muy importante a considerar cuando se refuerza una marca es la consistencia del respaldo de marketing que recibe ésta, en términos de cantidad y calidad. La consistencia no significa uniformidad o invariabilidad: a veces es necesario realizar multitud de

Campbell's actualiza constantemente su marketing y sus anuncios. Este anuncio para su nuevo producto "Soup at Hand" presenta a Bucky Lasek, un famoso profesional de la patineta.

cambios tácticos para mantener el empuje y la dirección de la marca. Sin embargo, a menos que se presente algún cambio en el entorno de marketing, no será necesario desviarse de un posicionamiento de éxito. En estos casos, mantener y defender ante todo las fuentes generadoras de *brand equity.*

VOLVO

En un intento por atraer a una audiencia diferente, Volvo se alejó de su patrimonio de seguridad a finales de los 90 para introducir aspectos como la diversión, la velocidad y el rendimiento. Adquirida por Ford en 1999, la empresa abandonó la campaña de Revolvolución de la marca y volvió a sus raíces para reavivar las ventas, que para entonces estaban en plena decadencia. Sin embargo, el posicionamiento se actualizó para expresar "seguridad activa" y dejar atrás la imagen cuadrada y sólida de "seguridad pasiva". Con lanzamientos de producto que maximizaban la seguridad pero que al mismo tiempo cuidaban el estilo, el rendimiento y el lujo, las ventas de Volvo alcanzaron máximos sin precedentes en el 2003.[43]

Al administrar el brand equity es importante conocer las relaciones de equilibrio entre las actividades de marketing que fortalecen la marca y refuerzan su significado y aquellas que intentan tomar prestado *brand equity* para cosechar beneficios financieros.[44] En un momento dado, si no se logra reforzar la marca, la conciencia de marca disminuirá y la imagen de marca se debilitará.

HOME DEPOT

Desde que Home Depot abrió su primera tienda en 1978 en Atlanta, la empresa se ha destacado por un servicio ejemplar al cliente. Su personal de ventas recibe entrenamiento sobre cómo colocar azulejos, realizar insta-

CUESTIONES **CLAVE** | **ESTRATEGIAS DE MARCA PARA EL SIGLO** xxi

Uno de los mercadólogos más famosos de los últimos 15 años, Scott Bedbury, desempeñó una función crucial en el auge tanto de Nike como de Starbucks. En su libro, *A New Brand World* (*Un nuevo mundo de marcas*), ofrece los siguientes principios de estrategia de marcas:

1. ***Ya no es suficiente con basarse en el conocimiento de la marca.*** Las empresas de éxito se preocupan más por la relevancia y la resonancia de marca.

2. ***Hay que conocerla antes de hacerla crecer.*** La mayoría de las marcas no saben quiénes son, dónde han estado ni hacia dónde van.

3. ***Recuerde la norma Spandex de la expansión de marca.*** Poder no es sinónimo de deber.

4. ***Las grandes marcas establecen relaciones duraderas con los clientes.*** Tienen más que ver con las emociones y la confianza que con la comodidad del calzado o el modo en que se tuestan los granos de café.

5. ***Todo importa.*** Hasta los sanitarios.

6. ***Todas las marcas necesitan buenas familias.*** Por desgracia, la mayoría de las marcas proviene de hogares conflictivos.

7. ***Ser grande no es pretexto para ser malo.*** Las marcas verdaderamente grandes utilizan su enorme poder para hacer el bien y para anteponer las personas y los principios a las ganancias.

8. ***Relevancia, sencillez y humanidad.*** En lugar de la tecnología, éstos son los factores que diferenciarán a las marcas en el futuro.

Fuente: Scott Bedbury, *A New Brand World*, Nueva York: Viking Press, 2002.

laciones eléctricas y otros proyectos. Son vendedores experimentados: plomeros, electricistas y carpinteros. En los últimos años, sin embargo, la empresa ha recibido quejas sobre el desorden existente en los pasillos y sobre los vendedores, que en lugar de atender a los clientes, se dedican exclusivamente a reponer la mercancía de los anaqueles. En el 2001, Home Depot decidió reformar sus establecimientos con un programa llamado Mejora de los resultados de servicio. Este programa establece que el reabastecimiento de los anaqueles debe realizarse fuera de las horas pico y prohíbe la presencia de montacargas en los pasillos durante el día. Como consecuencia, se logró un aumento del 70% en las interacciones de vendedores con clientes. Antes de la introducción del programa, los empleados sólo invertían el 40% de su tiempo en los clientes.

Revitalización de una marca

Los gustos y las preferencias de los consumidores cambian, aparecen nuevos competidores o nuevos avances tecnológicos, o cualquier cambio en el ambiente de marketing afecta potencialmente la fortuna de una marca. En casi todas las categorías de productos encontramos ejemplos de marcas que algún día fueron preponderantes y admiradas (como Smith Corona, Zenith y TWA) y que hoy atraviesan dificultades o incluso, en algunos casos, han desaparecido.[45] No obstante, algunas de estas marcas protagonizaron recuperaciones impresionantes en los últimos años, gracias a que los mercadólogos les dieron una nueva vida. Marcas como Breck, Dr. Scholl's y Fanta presenciaron cómo su suerte dio un giro radical.

Para revertir la decadencia de una marca es necesario que "vuelva a sus raíces" y que se restauren sus fuentes generadoras de *brand equity*, o bien, que se busquen nuevas alternativas. Independientemente del método que se elija, las marcas que están en vías de reaparición necesitan cambios más bien "revolucionarios" en lugar de conformarse con "evolucionar".

Con frecuencia, el primer factor que se debe considerar para el regreso de una marca es cuáles fueron las fuentes de *brand equity* iniciales. ¿Están perdiendo fuerza o exclusividad? ¿La marca tiene alguna asociación negativa? Habrá que decidir si conviene mantener el mismo posicionamiento o si es mejor reposicionar la marca, y en este último caso, tendrá que definirse el posicionamiento más adecuado. En ocasiones, el posicionamiento de la marca sigue siendo apropiado, pero el origen del problema está en el programa de marketing que no consigue cumplir las promesas de marca. En estos casos, la estrategia más lógica sería "volver a lo básico", como ocurrió con Harley-Davidson.

HARLEY-DAVIDSON

Fundada en 1903 en Milwaukee, Wisconsin, Harley-Davidson escapó en dos ocasiones de la bancarrota y actualmente es una de las marcas de vehículos de motor más reconocidas del mundo. Cuando en la década de los 80 atravesaba una situación financiera desesperada, Harley-Davidson actuó siguiendo malos consejos y concedió licencias para que su marca se utilizara en productos como cigarrillos y bebidas alcohólicas. Aunque algunos consumidores adoraban la marca, las ventas comenzaron a caer por problemas con la calidad de los productos. Para revivir su éxito de otros tiempos, Harley comenzó por mejorar los procesos de producción. Asimismo, la empresa desarrolló una gran comunidad en torno a la marca formando un club de propietarios, el Harley Owners Group (HOG), que patrocina carreras, competencias con fines altruistas y otros eventos con motocicletas. Harley-Davidson sigue promoviendo su marca con esfuerzos de marketing básicos y hoy se encuentra en la envidiable situación de que la demanda de los consumidores excede su capacidad de producción.

En otros casos, sin embargo, el posicionamiento inicial ya no resulta viable y es necesario aplicar una estrategia de "reinvención". Mountain Dew dio un giro completo a su imagen de marca para convertirse en un gigante de las bebidas refrescantes. Como se desprende de su historia, es relativamente fácil revivir una marca existente, pero que ha caído en el olvido.

MOUNTAIN DEW

En 1969, Pepsi lanzó al mercado Mountain Dew con el eslogan "Yahoo Mountain Dew! Le hará cosquillas en la barriga". A finales de los 90, la marca languidecía en los anaqueles de los supermercados a pesar de los intentos de promover su imagen con espectáculos al aire libre. Para fortalecer la marca, Mountain Dew modernizó el envase y lanzó una serie de anuncios en los que aparecía un grupo de jóvenes anónimos, los Dew Dudes, practicando deportes extremos como el salto en bungee o el snowboard mientras consumían Mountain Dew. El nuevo eslogan de la marca era "Do the Dew". El éxito que obtuvo la marca al llegar a los jóvenes consumidores de bebidas refrescantes llevó a Mountain Dew a desafiar a Coca Cola Light y convertirse en la tercera bebida refrescante con mayor participación de mercado en el 2000.

Desde luego, existe un ámbito de posibilidades de revitalización que va desde el extremo de "retorno a lo básico" hasta la "reinvención" pura en el extremo opuesto. En muchos casos se combinan elementos de estas dos estrategias. Para revitalizar antiguas fuentes generadoras de *brand equity* es posible utilizar dos enfoques:

1. Aumentar la profundidad y/o la amplitud de la conciencia de marca al mejorar la capacidad de los consumidores para recordar y reconocer la marca en situaciones de compra o consumo.
2. Mejorar la fuerza, el carácter agradable y la exclusividad de las asociaciones que componen la imagen de marca. Este enfoque supone la elaboración de programas dirigidos a asociaciones de marca nuevas o existentes.

En general, cualquier revitalización de marca comienza con el producto. El giro de General Motors para su decadente Cadillac se disparó con los nuevos diseños y la apariencia y el estilo del nuevo Cadillac, como con el CTS Sedan, el XLR Roadster y el vehículo todo terreno ESV.[46]

Crisis de marca

Los gerentes de marca asumen que en algún momento surgirá una crisis. Algunas marcas, como los restaurantes Jack in the Box, los neumáticos Firestone, la gasolina Exxon, los autos deportivos Suzuki Samurai y Martha Stewart, han experimentado crisis de marca que podrían haber tenido consecuencias catastróficas. En general, cuanto mayor sea el *brand equity* y más tiempo lleve de establecida la imagen corporativa (en términos de la credibilidad y la confiabilidad de la empresa), más posibilidades existen para resistir el temporal con éxito. Sin embargo, también es fundamental prepararse a conciencia y elaborar un programa de administración de crisis. Como sugiere el modo impecable en que Johnson & Johnson's manejó el incidente de manipulación de su producto Tylenol, las claves para enfrentar una crisis es que los consumidores perciban la respuesta de la empresa como *rápida* y *sincera.*

Con respecto a la rapidez, cuanto más tarde una empresa en responder a una crisis de marketing, más posibilidades existirán de que los consumidores se formen una idea negativa como consecuencia de una cobertura perjudicial por parte de los medios de comunicación masiva o de los comentarios negativos de una persona a otra. O lo que es aún peor, los consumidores podrían descubrir que en realidad la marca no les gusta tanto, y abandonarla definitivamente en favor de otras marcas o productos.

PERRIER

Perrier se vio obligada a detener la producción a nivel mundial y a retirar las botellas en circulación en febrero de 1994, cuando se encontraron rastros de benceno, un conocido agente cancerígeno, en una proporción excesiva en su agua embotellada. Durante las primeras semanas se ofrecieron explicaciones diferentes de cómo se había producido la contaminación, lo que generó confusión y escepticismo. Y quizás lo que fue aún más perjudicial, el producto estuvo fuera del mercado hasta mayo de ese mismo año. A pesar de una serie de anuncios y promociones muy costosos, la marca tuvo que luchar tenazmente para recuperar la participación de mercado perdida; después de un año, las ventas no alcanzaban siquiera la mitad de las ventas de años anteriores. Parte del problema radicaba en que durante el tiempo que el producto no estuvo disponible, consumidores y minoristas encontraron sustitutos satisfactorios. Con su imagen de "pureza" empañada (la marca se había anunciado como "La primera bebida de la Tierra" y "Es perfecta. Es Perrier"), la empresa se había quedado sin elementos diferenciadores en relación con las marcas competidoras.[47] Finalmente, fue adquirida por Nestlé SA.

En segundo lugar, las medidas que tome la empresa, además de rápidas, deben ser sinceras. Cuanto más sincera sea la respuesta de la empresa, en términos de reconocimiento público de los efectos para los consumidores y de su disposición a dar los pasos necesarios para solucionar la crisis, menos posibilidades habrá de que los consumidores se formen asociaciones negativas.

GERBER

Aunque Gerber había consolidado su imagen de confianza para los consumidores, el alimento para bebés es una categoría de producto que se caracteriza por requerir un alto nivel de garantías. Cuando algunos consumidores informaron haber encontrado trozos de cristal en los frascos de papillas Gerber, la empresa intentó garantizar al público que no existían problemas en sus plantas de fabricación. Sin embargo, se negó a retirar sus productos del mercado. Para algunos consumidores la respuesta de Gerber fue, a todas luces, insatisfactoria: su participación de mercado cayó del 66 al 52% en unos cuantos meses. Como reconoce un directivo de la empresa: "Al no retirar nuestros productos del mercado, dimos la imagen de una empresa que no se preocupaba por los consumidores."[48]

::: Decisiones de estrategia de marca

La **estrategia de marca** expresa el número y la naturaleza de los elementos de marca comunes y distintivos que se aplican a los diferentes productos que comercializa una empresa. En otras palabras, para elaborar una estrategia de marca es necesario decidir sobre la naturaleza de los elementos de marca nuevos y existentes que se aplicarán a los productos nuevos y existentes.

Las decisiones en torno a la marca de nuevos productos tienen especial importancia. Cuando una empresa lanza un producto nuevo, tiene tres opciones:

1. Desarrollar elementos de marca nuevos para el producto.
2. Aplicar algunos de sus elementos de marca existentes.
3. Combinar elementos de marca nuevos y existentes.

Cuando una empresa utiliza una marca consolidada para lanzar un producto nuevo, utiliza la práctica denominada **extensión de marca**. Cuando se combina una marca nueva con otra existente, la extensión de marca también se denomina **submarca**, como es el caso de los chocolates Hershey Kisses, del software Adobe Acrobat, de los automóviles Toyota Camry, y de la tarjeta de crédito American Express Blue. Cuando una marca existente da lugar a una extensión de marca, nos referimos a ella como la **marca matriz**. Si la marca matriz está asociada con diversos productos mediante extensiones de marca, este conjunto se denomina **familia de marca**.

Las extensiones de marca se clasifican en dos categorías generales.[49] En una **extensión de línea**, la marca matriz se utiliza para un nuevo producto destinado a un nuevo segmento de mercado dentro de una categoría de productos que ya está cubierta por la marca matriz, por ejemplo, con sabores, colores, formas, ingredientes o tamaños de envase diferentes. Con los años, Danone ha introducido diversos tipos de yogurt mediante extensiones de línea (con trozos de fruta, sabores naturales, mezcla de frutas o fruta batida). En una **extensión de categoría**, la marca matriz se utiliza para introducir una categoría de producto diferente de la que corresponde a la marca matriz, por ejemplo los relojes Swiss Army. Honda utiliza su nombre para diferentes productos: automóviles, motocicletas, máquinas para retirar la nieve, podadoras, vehículos anfibios y para transportarse sobre nieve. Esto permite a Honda anunciarse diciendo que es capaz de "introducir seis Hondas en una cochera para dos autos".

Una **línea de marca** está formada por todos los productos (tanto originales como extensiones de categoría) que se venden bajo una determinada marca. Un **mezcla de marca** (o surtido de marca) es el conjunto de todas las líneas de marca que un determinado vendedor pone a disposición de los compradores. En la actualidad, muchas empresas introducen **variantes de marca**, que son líneas de marca que se distribuyen a través de minoristas o canales específicos. Son el resultado de la presión que ejercen los minoristas sobre los fabricantes para que les proporcionen ofertas exclusivas. Una empresa de fotografía podría ofrecer sus cámaras más comunes a los canales masivos, y los artículos más caros a tiendas de fotografía especializadas. Valentino podría diseñar y ofrecer diversas líneas de trajes para los diferentes establecimientos.[50]

La concesión de **licencias de producto** consiste en permitir que otro fabricante utilice la marca de la empresa para sus productos. Las compañías han aprovechado la concesión de licencias para promover su nombre e imagen mediante una gran variedad de productos, desde ropa de cama hasta calzado, lo que representa un mercado de 35,000 millones de dólares.[51] El programa de concesión de licencias de Jeep sumó hasta 400 millones de dólares a sus ventas mundiales en el 2002, e incluía de todo, desde cochecitos para niños (diseñados para la longitud de brazo de los padres) hasta ropa (con teflón como componente de la mezclilla), siempre que coincidieran en el posicionamiento de la marca "Vivir sin límites".[52]

Decisiones de estrategia de marca: ¿con o sin marca?

La primera decisión de estrategia de marca consiste en decidir si hay que crear un nombre o denominación de marca para un producto. En la actualidad, las marcas tienen tanto poder que prácticamente cualquier objeto tiene marca. Los *productos básicos* no necesariamente tienen que seguir siéndolo. Estos productos, en teoría, son tan básicos que no pueden diferenciarse físicamente en la mente de los consumidores. Con los años, una serie de productos que antes se consideraban "básicos" se han diferenciado notablemente conforme han surgido marcas en las distintas categorías.[53] Algunos ejemplos notables (con las marcas pioneras entre paréntesis) son: el café (Maxwell House), el jabón de baño (Ivory), la harina (Gold Medal), la cerveza (Budweiser), la avena (Quaker), los pepinillos (Vlasic), los plátanos (Chiquita), las piñas (Dole) e incluso la sal (Morton).

Si una empresa decide darle una marca a sus productos, debe seleccionar con cuidado qué nombre o denominación utilizar. Normalmente se utilizan cuatro estrategias generales:

■ ***Nombres individuales:*** General Mills sigue esta estrategia (Bisquick, harina Gold Medal, barritas de cereal Nature Valley, comida mexicana Old El Paso, palomitas Pop Secret, cereales Wheaties y yogurt Yoplait). Una gran ventaja de esta estrategia es que la empresa no vincula su reputación al producto. Si éste no ofrece los resultados esperados o tiene una baja calidad, el nombre de la empresa no se verá empañado. Las empresas suelen utilizar nombres diferentes para las distintas líneas de calidad dentro del mismo tipo de producto. Delta denominó a su aerolínea de tarifas bajas Song, en parte, para proteger el capital de su marca Delta Airlines.[54]

■ ***Misma denominación para todos los productos:*** Tanto Heinz como General Electric aplican esta estrategia. Un nombre general también tiene sus ventajas. En primer lugar, los costos de desarrollo son inferiores puesto que no hay que realizar un "estudio de nombres" ni invertir en publicidad para generar reconocimiento de marca. Es más, las ventas del nuevo producto serán fuertes si el fabricante tiene una buena reputación. Para Campbell's resulta muy sencillo introducir sopas nuevas con su nombre de marca y logra un reconocimiento instantáneo.

■ ***Nombre independiente por línea de productos:*** Ésta es la estrategia de Sears (Kenmore para electrodomésticos, Craftsman para herramientas, y Homart para artículos destinados a hacer remodelaciones importantes en el hogar). Si una empresa fabrica muchos productos diferentes, no es recomendable utilizar un nombre general para todos. Swift and Company desarrolló nombres de familia independientes para sus jamones (Premium) y sus fertilizantes (Vigoro).

■ ***Nombre de la empresa combinado con nombres de producto individuales:*** Este tipo de estrategia de submarca es la que utilizan Kellogg (Rice Krispies de Kellogg's, Raisin Bran de Kellogg's y Corn Flakes de Kellogg's), Honda, Sony y Hewlett-Packard. El nombre de la empresa legitima el nuevo producto, y el nombre individual lo personaliza.

Las dos primeras estrategias se consideran "casa de marcas" o "marca de la casa" respectivamente, y podrían ser los extremos opuestos de la estrategia de marca, mientras que las dos últimas serían más bien puntos intermedios o combinaciones de las dos primeras. Aunque las empresas rara vez adoptan un ejemplo puro de alguna de estas cuatro estrategias, la decisión de a qué estrategia se le debe dar más importancia depende de diversos factores, como lo indica la tabla 9.3.

Los dos elementos principales de cualquier estrategia de marca son las extensiones de marca y las carteras de marca.

Extensiones de marca

Conscientes de que uno de sus activos más valiosos son las marcas, muchas empresas deciden sacar provecho de ellas mediante el lanzamiento de productos nuevos bajo el nombre de sus marcas más fuertes. La mayoría de los productos nuevos, en realidad, son extensiones de línea (normalmente, entre el 80 y el 90% cada año). Es más, la mayoría de los productos nuevos de mayor éxito, según diversas fuentes, son extensiones (por ejemplo, la consola Xbox de Microsoft, el reproductor de música iPod de Apple, y el teléfono celular 6800 de Nokia). No obstante, muchos de los nuevos productos que se lanzan cada año utilizan marcas nuevas (por ejemplo, el tranquilizante Zyprexa, el grabador de video digital TiVo y el automóvil Mini).

TABLA 9.3		

Consideraciones sobre la relación entre marcas de una misma empresa.

Nombre de marca individual	Misma denominación para todos los productos
¿Contribuye la marca matriz a la oferta con...	**¿Existe la necesidad imperiosa de separar marcas porque...**
asociaciones que enriquezcan la propuesta de valor?	tienen o crean alguna asociación?
credibilidad por asociaciones organizativas? visibilidad?	representan una oferta nueva y diferente? conservan o captan la vinculación entre el consumidor y la marca?
ventajas comunicativas?	
¿Saldrá reforzada la marca matriz de la asociación con la nueva oferta?	pueden surgir conflictos de canal? **¿La empresa apoyará un nuevo nombre de marca?**

Fuente: Adaptación de la figura 4-6, David A. Aaker y Erich Joachimsthaler, *Brand Leadership,* Free Press, 2000, p. 120.

VENTAJAS DE LAS EXTENSIONES DE MARCA Las extensiones de marca presentan dos ventajas principales. En primer lugar, facilitan la aceptación del producto, y en segundo, ofrecen retroalimentación positiva para la marca matriz y para la empresa.

El éxito de los productos nuevos Las extensiones de marca aumentan las posibilidades de éxito de los productos nuevos. Con una extensión de marca, los consumidores pueden llegar a conclusiones y formarse expectativas sobre la composición y los resultados posibles de un producto de acuerdo con lo que ya saben sobre la marca matriz y sobre la relación que creen que existe entre esta información y el nuevo producto.[55] Por ejemplo, cuando Sony lanzó su nueva computadora personal diseñada especialmente para las aplicaciones multimedia, la Vaio, probablemente los consumidores se sintieron más confiados sobre el funcionamiento de la computadora como consecuencia de la experiencia y el conocimiento previo que tenían con otros productos Sony.

Al generar expectativas positivas, las extensiones reducen el riesgo.[56] Como es probable que el lanzamiento de un producto nuevo mediante una extensión genere un aumento potencial de la demanda, con frecuencia resulta más sencillo convencer a los minoristas de que promuevan y comercialicen la extensión de marca. Desde la perspectiva de las comunicaciones de marketing, una campaña de presentación de una extensión de marca no necesita crear conciencia sobre la marca y el producto, sino que debe centrarse, exclusivamente, en el producto nuevo.[57]

De esta forma, las extensiones reducen los costos de la campaña inicial de lanzamiento, algo muy importante si se tiene en cuenta que consolidar una nueva marca en el mercado estadounidense de bienes envasados de distribución masiva puede costar ¡hasta 100 millones de dólares! Además, las extensiones evitan la dificultad y los costos de encontrar un buen nombre. Por otra parte, también resulta más eficaz desde el punto de vista del envasado y del etiquetado. Si se utilizan envases y etiquetas prácticamente idénticos para las diferentes extensiones, los costos de producción se reducirán de forma drástica; además, si todo se coordina de manera adecuada, es posible lograr una presencia más destacada en los establecimientos minoristas con un efecto de "valla publicitaria". Por ejemplo, Stouffers ofrece una gama de alimentos congelados con un empaque similar de color naranja que aumenta su visibilidad cuando se colocan en los congeladores de los supermercados. Al ofrecer a los consumidores una gama de variantes de marca dentro de la misma categoría de productos, los consumidores que necesitan un cambio (por aburrimiento, saciedad o por cualquier otra razón) cambiarán a otro tipo de producto sin necesidad de abandonar la marca.

SUAVE

La familia de marca de bajo precio Suave, comercializada por Helene-Curtis, incluye una serie de productos de higiene personal como champú, acondicionador, productos para bebé, lociones hidratantes, antitranspirantes y desodorantes. Ante el frecuente cambio de marca en esta categoría, y la gran variedad de marcas que adquieren los consumidores de estos productos (sobre todo, los champús), la capacidad de Suave para ofrecer una línea de productos completa es una ventaja competitiva. Al extender su línea constantemente, Suave se mantiene al día con las tendencias del mercado o con los cambios en la demanda de los consumidores.[58]

Efectos de la retroalimentación positiva Además de facilitar la aceptación de nuevos productos, las extensiones de marca también ofrecen otras ventajas como la retroalimentación que recibe la empresa.[59] Las extensiones contribuyen a clarificar el significado de una marca y de sus valores centrales, o a mejorar la percepción de credibilidad

Las extensiones de marca permiten una mayor eficiencia al empacar y etiquetar. El distintivo empaque anaranjado de Stouffer ayuda a los consumidores a cambiar hacia un producto diferente sin abandonar la marca.

de la empresa por parte de los consumidores más allá de la extensión. Así, por ejemplo, mediante las extensiones de marca, Crayola expresa "arte colorido para niños", Aunt Jemina expresa "alimentos para el desayuno" y Weight Watchers expresa "pérdida y mantenimiento de peso".

Las extensiones de línea permiten renovar el interés y los vínculos de la marca, y benefician a la marca matriz al ampliar su cobertura. La división de pañuelos desechables Kimberly-Clark se fijó el objetivo de colocar sus productos en todas las habitaciones de la casa. Con esta idea en mente, la empresa elabora todo tipo de tejidos y empaques para ofrecer pañuelos perfumados ultra suaves impregnados de loción, cajas con dibujos de dinosaurios y perros para las coloridas habitaciones infantiles, diseños que combinan con la decoración de las habitaciones, y un paquete de pañuelos tamaño extra para hombres, con pañuelos un 50% más grandes de lo normal. Si una extensión tiene éxito, unas de las ventajas que presenta es que sirve de trampolín para las siguientes extensiones. En los 70 y 80, Billabong consolidó la credibilidad de su marca entre la comunidad de jóvenes surfistas como diseñador y fabricante de equipo de surf de buena calidad. Este éxito le permitió extender su marca a otros ámbitos destinados a los jóvenes, como el sector del snowboard o de la patineta.

DESVENTAJAS DE LAS EXTENSIONES DE MARCA En el extremo opuesto nos encontramos con que las extensiones de línea pueden hacer la marca no se identifique intensamente con los productos.[60] Ries y Trout lo llaman "la trampa de las extensiones de línea".[61] Al vincular su marca a productos alimenticios comunes como puré de papa, leche en polvo, sopas y bebidas, Cadbury corrió el riesgo de perder el significado específico de su marca de chocolates y dulces.[62] La **dilución de marca** tiene lugar cuando los consumidores dejan de asociar una marca con un producto específico o con productos muy similares, y entonces piensan menos en la marca.

Si una empresa lanza extensiones que los consumidores juzgan inapropiadas, éstos podrían cuestionar la integridad y la competencia de la marca. Las distintas variedades de extensiones podrían confundir e incluso frustrar a los consumidores: ¿Qué versión del producto es la "adecuada" para ellos? En consecuencia, es posible que rechacen las nuevas extensiones en favor de los productos favoritos que ya han probado para todas las versiones. Los minoristas se ven en la obligación de rechazar multitud de marcas y productos nuevos porque no tienen espacio en los anaqueles.

El peor caso posible con una extensión no sólo es que falle, sino que además empañe la imagen de la marca matriz en el proceso. Por fortuna, esto no constituye la norma. Los "fracasos de marketing", en los que la marca no logre atraer a un número suficiente de consumidores, suelen ser menos perjudiciales que los "fracasos de producto", que tienen lugar cuando la marca simplemente no logra cumplir sus promesas. Incluso en estos casos, los fracasos de producto sólo diluyen el *brand equity* cuando la extensión es muy similar a la marca matriz. El Audi 5000 recibió una oleada de publicidad y de comentarios negativos a mediados de los 80, cuando se descubrió un supuesto problema de "aceleración repentina". La publicidad adversa también se contagió al modelo 4000. Sin embargo, el Quattro quedó a salvo de la repercusión negativa porque su marca y su estrategia publicitaria se distanciaban bastante de las del modelo 5000.[63]

Incluso si las ventas de una extensión de marca son elevadas y cumplen los objetivos previstos, es posible que estas ventas se deban a que los consumidores abandonaron las ofertas de producto iniciales en favor de una de las extensiones, lo que representa una especie de *canibalismo* de la marca matriz. El hecho de que los consumidores cambien a otro producto de la misma marca no necesariamente es indeseable, si se le entiende como una forma de *canibalismo preventivo*. Es decir, los consumidores podrían haber pasado a una marca de la competencia y no a la extensión de línea si ésta no se hubiese lanzado en esa misma categoría de productos. El detergente Tide cuenta hoy con la misma participación de mercado que

Las Crest White Strips apoyan la fuerte reputación de Crest en el cuidado dental.

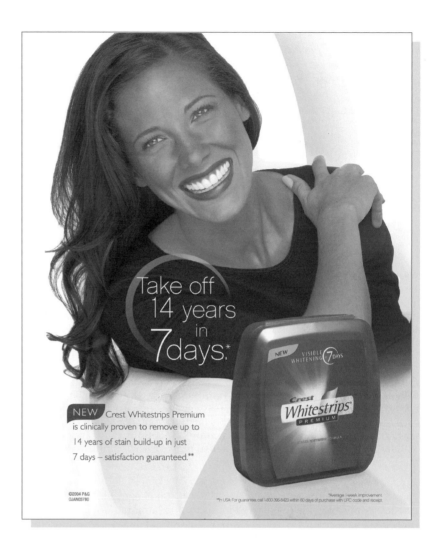

hace 50 años como consecuencia de las contribuciones de ventas de las diferentes extensiones de línea (detergente en polvo, perfumado, en pastillas, líquido y otras presentaciones).

Una de las desventajas que a menudo se olvida es que al introducir un nuevo producto como extensión de marca, la empresa renuncia a crear una marca nueva con su propia imagen y su propio capital. Pensemos, por ejemplo, en los beneficios que ha obtenido Disney al lanzar sus películas para adultos Touchstone, o Levi's con sus pantalones Dockers, o Black and Decker con sus herramientas Dewalt de alta tecnología.

CARACTERÍSTICAS DE ÉXITO La extensión potencial de un nuevo producto debe valorarse por la eficacia con que transmite el *brand equity* existente de la marca matriz a la extensión de marca, y por la forma en que la extensión, por su parte, contribuye al capital de la marca matriz.[64] Crest White Strips trasladó la gran reputación en el cuidado de la higiene bucal de Crest al campo del blanqueo dental, a la vez que reforzó su imagen como autoridad en la materia. La consideración más importante para desarrollar una extensión de marca es que "se incruste" en la mente del consumidor. Las extensiones se pueden incrustar en la mente de los consumidores de distintas maneras: mediante atributos físicos comunes, situaciones de uso similares, o mismo tipo de usuarios.

Un error fatal a la hora de valorar las oportunidades de una extensión es considerar las estructuras de conocimiento de marca de *todos* los consumidores. Con frecuencia, los mercadólogos se concentran en una o varias asociaciones de marca como base potencial para que la extensión se acepte, y en el proceso olvidan otras que podrían ser más importantes.

BIC

La empresa francesa Societé Bic, al hacer hincapié en productos baratos y desechables, logró crear mercados para bolígrafos no recargables a finales de los 50, encendedores desechables a principios de los 70, y rastrillos desechables a principios de los 80. En 1989 intentó utilizar la misma estrategia de marketing para los perfumes

Bic en Estados Unidos y en Europa. Los perfumes ("Nuit" y "Jour" para mujer, y "Bic for Men" y "Bic Sport for Men" para hombre) venían en frascos de cristal de 7.5 mililitros con atomizador que parecían encendedores regordetes, y que se vendían a cinco dólares cada uno. Los productos se colocaron en los estantes de las cajas registradoras de los numerosos canales de distribución de Bic. Por aquel entonces, una portavoz de Bic describió el nuevo producto como una extensión del patrimonio Bic: "gran calidad a precios accesibles, fáciles de comprar y cómodos de usar". La extensión de marca se lanzó con una campaña publicitaria y de promoción de 20 millones de dólares con imágenes de personas disfrutando del perfume, y con el eslogan: "París en el bolsillo." A pesar de todo, Bic fue incapaz de superar su falta de distinción y las asociaciones de imagen negativas, por lo que la extensión fue un fracaso.[65]

En *Cuestiones clave: Resultados de estudios sobre extensiones de marca,* se detallan una serie de descubrimientos académicos sobre el tema.

Carteras de marcas

Todas las marcas tienen sus límites: llega un momento en que una marca ya no se puede expandir más. Normalmente, para perseguir segmentos de mercado diferentes es necesario utilizar marcas distintas. Una misma marca no recibe la misma opinión favorable de todos los segmentos a los que la empresa le gustaría atender. Entre las razones para lanzar marcas diferentes en una misma categoría se encuentran las siguientes:[66]

1. para aumentar la presencia en los minoristas y aumentar su dependencia;
2. para atraer a los consumidores que buscan variedad y que, de otra forma, cambiarían a otra marca;
3. para aumentar la competencia interna dentro de la empresa; y
4. para potenciar las economías de escala en publicidad, ventas, comercialización y distribución física.

La **cartera de marcas** es el conjunto de marcas y líneas de marca que ofrece una empresa concreta a compradores dentro de una categoría particular. Las distintas marcas podrían diseñarse y comercializarse para atraer a segmentos de mercado diferentes.

CUESTIONES **CLAVE** | RESULTADOS DE ESTUDIOS SOBRE EXTENSIONES DE MARCA

Diversos académicos han estudiado detenidamente las extensiones de marca. A continuación se presenta un resumen de algunos de sus descubrimientos principales.

- Las extensiones de marca tienen éxito cuando la marca matriz supone asociaciones favorables para la extensión y existe una sensación de que la marca matriz y el producto extendido combinan.

- Existen diferentes bases para que la extensión y la marca matriz ajusten una con otra: atributos y ventajas relacionados con el producto, atributos y beneficios no relacionados con el producto, y beneficios relacionados con situaciones de uso o clases de usuarios comunes.

- En función del conocimiento de los consumidores acerca de las categorías, las percepciones de ajuste se podrían basar en aspectos técnicos o de fabricación comunes, o en consideraciones más superficiales como el complemento necesario o situacional de la marca matriz y la extensión.

- Las marcas de gran calidad se extienden más que las de calidad media, aunque todas tienen sus límites.

- Una marca considerada prototipo de una categoría de productos es difícil de extender a otras categorías.

- Las asociaciones de atributos concretos tienden a ser más difíciles de extender que las asociaciones de ventajas abstractas.

- Los consumidores pueden transferir asociaciones que resultan positivas en el producto original a la extensión, y éstas tornarse negativas en el nuevo contexto.

- Los consumidores pueden inferir asociaciones negativas sobre una extensión, incluso a partir de asociaciones positivas.

- Una extensión que parece sencilla tal vez resulte complicada.

- Una extensión exitosa no sólo contribuye a la marca matriz, sino que también permite extender la marca aún más.

- Una extensión fallida sólo perjudica a la marca matriz cuando existe una gran base de ajuste entre las dos.

- Una extensión fallida no impide a la empresa "dar marcha atrás" e introducir una extensión más adecuada.

- Las extensiones verticales resultan complicadas y con frecuencia requieren de estrategias de submarca.

- La estrategia publicitaria más eficaz para una extensión debe centrarse en la extensión (y no en recordatorios sobre la marca matriz).

Fuente: Kevin Lane Keller, *Strategic Brand Management,* 2a. ed., Upper Saddle River, NJ: Prentice Hall, 2003.

GAP

GAP se fundó en 1969 y recibió este nombre como alusión a la brecha (*gap*, en inglés) generacional. Esta empresa creció mediante la venta de ropa colorida bajo la marca GAP, posicionada como ropa informal, funcional y "básica pero con carácter". La empresa amplió sus productos mediante adquisiciones y extensiones. GAPKids es una de las extensiones de mayor éxito que se realizó en 1986. Gap adquirió Banana Republic y sus establecimientos y catálogos con exclusivos motivos de viajes y safaris en 1983, y rediseñó la ropa para reflejar un gusto más urbano. En marzo de 1994, GAP lanzó los establecimientos Old Navy Clothing para vender ropa GAP para hombres, mujeres y niños a precios reducidos en grandes almacenes.

Una cartera de marcas se debe valorar por su capacidad de maximizar el *brand equity*. La cartera de marcas óptima es aquella en la que cada marca maximiza el capital en combinación con las demás que integran la cartera. Al diseñar la cartera perfecta, los mercadólogos deben calibrar la cobertura de mercado con otras consideraciones de costos y rentabilidad. Una cartera será demasiado grande si los beneficios aumentan al abandonar marcas; una cartera no es lo suficientemente grande si los beneficios aumentan al añadir nuevas marcas. En general, el principio básico a la hora de diseñar carteras es *maximizar la cobertura de mercado*, de modo que ningún cliente potencial pase inadvertido, y *minimizar las coincidencias*, de modo que las marcas de la cartera no compitan entre sí por los consumidores. Cada marca debe estar claramente diferenciada y atraer a un segmento de mercado lo suficientemente grande para justificar los costos de marketing y producción.[67]

Las carteras de marcas deben revisarse con regularidad para identificar las marcas más débiles y suprimir las poco rentables.[68]

ELECTROLUX

A finales de los 90, el fabricante de electrodomésticos Electrolux ofrecía toda una gama de equipo para la cocina en Europa occidental. En 1996, la empresa tenía 15 marcas, pero sólo una, Zanussi, se vendía en más de un país europeo. Al pasar de un esquema de segmentación basado en el precio (bajo, medio, alto) a uno basado en las necesidades de los consumidores (desde soluciones básicas a soluciones para gourmet), Electrolux pasó de tener 15 marcas locales a tener cuatro marcas distribuidas por todo el Continente Europeo. Las economías de escala y ampliadas resultantes ayudaron a cambiar el destino de la empresa, de modo que aunque Electrolux tuvo que suprimir numerosas marcas, las ventas de su división de equipo de cocina nunca menguaron y finalmente generaron utilidades en el 2001.

Las líneas de marca con poca diferenciación se caracterizan por un elevado grado de "canibalismo" y casi siempre necesitan recortes.[69] Los waffles Eggo de Kellogg están disponibles en 16 sabores. Los inversionistas pueden elegir entre 8,000 fondos de inversión. Los estudiantes tienen la posibilidad de elegir entre cientos de escuelas de Administración. Para el vendedor esto significa una competencia excesiva. Para el comprador, demasiadas opciones entre las cuales elegir.

Además de estas consideraciones previas, las marcas desempeñan diversas funciones específicas dentro de una cartera de marcas.

DEFENSORAS Las marcas defensoras o "luchadoras" se posicionan, respecto a las marcas competidoras, de modo que los *buques insignia*, es decir, las marcas más importantes (y más rentables) puedan conservar el posicionamiento deseado. Procter & Gamble comercializa los pañales Luvs para defender el posicionamiento más exclusivo de sus pañales Pampers. Al diseñar estas marcas defensoras, los mercadólogos tienen que caminar sobre la cuerda floja. Las marcas defensoras no deben ser tan atractivas que arrebaten ventas a las marcas de mayor precio o referentes. Al mismo tiempo, las marcas defensoras deben estar conectadas a otras marcas de la cartera de una u otra manera (por ejemplo, mediante una estrategia de marca común). Por último, las marcas defensoras no deben ser tan baratas que afecten negativamente al resto de las marcas.

VACAS LECHERAS Es conveniente conservar algunas marcas porque, a pesar de que sus ventas hayan disminuido, todavía atraen a un número suficiente de consumidores y siguen siendo rentables aún con escasos esfuerzos de marketing. Estas "vacas lecheras" pueden "ordeñarse" de manera efectiva si se aprovecha su reserva de *brand equity*. Por ejemplo, a pesar de que los avances tecnológicos han trasladado gran parte de su mercado a la gama de rastrillos Mach III, Gillette sigue vendiendo las marcas Trac II, Atra y Sensor, que son más antiguas. Como retirar estas marcas no necesariamente supondría que los consumidores optaran por otra marca Gillette, a la empresa le resulta más rentable mantenerlas en su cartera de marcas de rastrillos.

MARCAS DE ENTRADA A MENOR PRECIO El objetivo de tener una marca con un precio relativamente bajo en la cartera casi siempre es el de atraer clientes al territorio de la marca. A los minoristas les gustan estas "autopistas" porque les permiten redireccionar a los clientes hacia marcas más caras. Por ejemplo, BMW lanzó varios modelos para su serie 3 con el fin de atraer nuevos clientes y, más adelante, cuando éstos quisieran cambiar su auto, animarlos a adquirir modelos más caros.

GRAN PRESTIGIO La función que desempeña una marca relativamente cara dentro de la cartera de marcas es sumar prestigio y credibilidad a toda la cartera. Por ejemplo, un analista afirmaba que el valor real de los magníficos autos deportivos Corvette para Chevrolet radicaba en "su capacidad para atraer a consumidores curiosos a las concesionarias, y además ayudarles a mejorar la imagen de los demás autos Chevrolet. Aunque no aportan mucha rentabilidad a GM, sin duda, impulsan el negocio".[70] La imagen tecnológica y el prestigio de Corvette se concibieron para crear un halo en torno a toda la línea Chevrolet.

RESUMEN :::

1. Una marca es aquel nombre, término, signo, símbolo o diseño, o aquella combinación de los elementos anteriores, cuyo propósito es identificar los bienes o servicios de un vendedor o grupo de vendedores y diferenciarlos de los de la competencia. Los distintos componentes de una marca (nombre de marca, logotipo, símbolos, diseños de empaque, entre otros) se denominan elementos de marca.

2. Las marcas presentan una serie de ventajas tanto para los clientes como para las empresas. Las marcas son activos intangibles muy valiosos que se deben administrar con cuidado. La clave para una estrategia de marca adecuada es que los consumidores perciban las diferencias existentes entre las distintas marcas de una misma categoría de productos.

3. El *brand equity* se define en relación con los efectos de marketing atribuibles exclusivamente a una marca. Es decir, el *brand equity* está relacionado con los resultados de comercialización que tendría un producto o servicio por su marca, en comparación con los resultados del mismo producto o servicio si no se identificara con la marca.

4. La creación de *brand equity* depende de tres factores principales: **1.** la selección inicial de elementos de marca o identidades que conformarán la marca; **2.** el modo en que se integra la marca dentro del programa de marketing de apoyo; y **3.** las asociaciones que se transmiten indirectamente a la marca mediante su vinculación con otras entidades (por ejemplo, la empresa, el país de origen, el canal de distribución u otra marca).

5. Para administrar el *brand equity* adecuadamente, es necesario calcularlo. Las auditorías de marca son estudios exhaustivos del estado de salud de una marca, y sirven para determinar su dirección estratégica. Los estudios de seguimiento se realizan con información que se obtiene de los consumidores de forma rutinaria, y ofrecen datos tácticos muy valiosos sobre la eficacia a corto plazo del programa y las actividades de marketing. Las auditorías de marca miden "dónde ha estado la marca", en tanto que los estudios de seguimiento miden "dónde se encuentra ahora la marca" y si los programas de marketing están surtiendo los efectos deseados.

6. La estrategia de marca de una empresa se refiere a los elementos de marca que la empresa decide aplicar a todos los productos que vende. En una extensión de marca, la empresa utiliza un nombre de marca consolidado para lanzar un nuevo producto. Las extensiones potenciales se valoran por la eficacia con la que trasladan el *brand equity* existente al nuevo producto, y por la forma en que la extensión, por su parte, contribuye al capital de la marca matriz.

7. Las marcas desempeñan multitud de funciones diferentes dentro de una cartera de marcas. Las marcas pueden ampliar la cobertura, ofrecer protección, extender una imagen, o cumplir una serie de funciones diferentes para la empresa. Cada producto de marca debe tener un posicionamiento bien definido. De este modo, las marcas pueden maximizar la cobertura y minimizar la coincidencia, lo que optimiza la cartera de marcas.

APLICACIONES :::

Debate de marketing   Las extensiones de línea, ¿son buenas o malas?

Algunos críticos denuncian enérgicamente la práctica de las extensiones de marca, puesto que consideran que las empresas, con frecuencia, pierden la orientación y confunden a los consumidores. Otros expertos, sin embargo, sostienen que las extensiones de marca son estrategias de crecimiento fundamentales y que constituyen una fuente de ingresos muy valiosa para la empresa.

Tome partido: "Las extensiones de línea ponen en peligro a las marcas" frente a "las extensiones de línea son una estrategia importante de crecimiento de marca".

Análisis de marketing

¿Cómo se relacionan los diferentes modelos de *brand equity* presentados en el capítulo? ¿En qué se parecen? ¿En qué se diferencian? ¿Podría elaborar un modelo de *brand equity* que incorporara los mejores aspectos de cada modelo?

CASO DE **MARKETING** | **PROCTER & GAMBLE**

Procter & Gamble (P&G) es una de las empresas de bienes de consumo envasados más reconocidas del mundo. Comercializa las marcas líderes en 19 de las 39 categorías en que compite. Su participación de mercado en promedio es casi del 25%. Su liderazgo reside en diversos principios:

- **Conocimiento de los consumidores:** P&G estudia a los consumidores, tanto a los clientes finales como al conjunto total, mediante investigaciones de mercados y recopilación de información que realiza continuamente. Además, incluye su número telefónico gratuito de atención al cliente en todos sus productos.

- **Perspectiva a largo plazo:** P&G se toma el tiempo necesario para analizar cada oportunidad escrupulosamente, y para preparar el mejor producto. A continuación se compromete a convertir el producto en un éxito total. Con las papas Pringles, la empresa luchó durante casi 10 años antes de lograr el éxito.

- **Innovación de productos:** P&G es un innovador de productos, que dedica 1,700 millones de dólares (4% de las ventas) a investigación y desarrollo, una cantidad impresionante para una empresa de productos envasados. Parte de su proceso de innovación consiste en desarrollar marcas que ofrezcan nuevos beneficios a los consumidores. Algunos ejemplos son Febreze, un aerosol absorbente de olores; Dryel, un producto que permite a los consumidores limpiar en casa la ropa que necesita "lavado en seco"; y Swiffer, un nuevo sistema de limpieza que elimina el polvo, la suciedad y los cabellos del suelo y de otras superficies duras con eficacia.

- **Estrategia de calidad:** P&G diseña productos con una calidad superior al promedio, y los mejora constantemente. Cuando anuncia un producto "nuevo y mejorado", es porque en verdad es así. Algunos ejemplos recientes son los detergentes compactos Tide y Ariel, que eliminan las manchas y desinfectan las prendas sin dañar el color original de la tela, y también Pampers Rash Guard, el único pañal diseñado para tratar y prevenir las rozaduras.

- **Estrategia de extensión de línea:** P&G produce sus marcas en diversos tamaños y formatos. Con esta estrategia logra más espacio en los puntos de venta y evita que los competidores entren en su mercado para satisfacer necesidades insatisfechas.

- **Estrategia de extensión de marca:** P&G aprovecha la fortaleza de sus marcas para lanzar nuevos productos. La marca Ivory ha pasado de ser sólo jabón en barra, a jabón líquido, lavavajillas y champú. Old Spice se extendió con éxito desde las lociones masculinas hasta los desodorantes. Al lanzar un producto bajo un nombre de marca existente y poderoso, la nueva marca recibe reconocimiento y credibilidad inmediatamente, sin necesidad de tanta publicidad.

- **Estrategia multimarca:** P&G comercializa marcas diferentes dentro de la misma categoría de productos. Cada marca satisface una necesidad diferente, y compite con marcas específicas de la competencia. Cada gerente de marca compite por recursos de la empresa. Recientemente, P&G empezó a limitar su inmenso abanico de productos, tamaños, sabores y formatos para reducir costos.

- **Mucha publicidad e innovación en los medios:** P&G es el segundo anunciante de bienes de consumo envasados de Estados Unidos, con una inversión de más de 3,000 millones de dólares anuales en publicidad. La empresa fue pionera en utilizar el poder de la televisión para crear conciencia de marca y preferencias en los consumidores, y en la actualidad, la empresa es líder en la creación de marca en Internet.

- **Poderosa fuerza de ventas:** En 1998, la revista Sales & Marketing Management designó a la fuerza de ventas de P&G como una de las 25 mejores. Una de las claves del éxito de P&G es la vinculación tan estrecha que crea entre sus vendedores y los minoristas, especialmente con Wal-Mart. El equipo de 150 personas que atiende a este gigante de la venta minorista colabora con Wal-Mart para mejorar tanto los productos que van a sus tiendas como el proceso a través del cual llegan allí.

- **Promoción de ventas eficaz:** El departamento de promoción de ventas de P&G asesora a sus gerentes de marca sobre las promociones más eficaces para conseguir un determinado objetivo. Este departamento desarrolla una sensibilidad profunda sobre las promociones en diversas circunstancias. Al mismo tiempo, P&G intenta reducir el uso de la promoción de ventas e implantar "los precios bajos de cada día".

- **Resistencia competitiva:** P&G es implacable cuando se trata de los contrincantes. La empresa está dispuesta a invertir grandes cantidades de dinero para crear mala fama a las nuevas marcas de la competencia y evitar su consolidación.

- **Fabricación eficaz y reducción de costos:** La reputación de P&G por su excelente marketing es comparable a la de su destreza de fabricación. La empresa invierte importantes cantidades de dinero en mejorar las operaciones productivas para mantener sus precios entre los más bajos del sector. Recientemente, P&G comenzó a recortar sus costos de manera más drástica, hasta llegar a los precios de ganga a los que comercializa algunos de sus productos.

- **Sistema de administración de marcas:** P&G creó el sistema de administración de marcas en el que un ejecutivo es responsable de cada marca. Muchos competidores han imitado este sistema, pero sin conseguir el éxito de P&G. Recientemente, P&G modificó su estructura directiva general de modo que hoy, cada categoría de marca está en manos de un gerente de categoría, que se encarga tanto del volumen como de la rentabilidad. Aunque esta nueva organización no sustituye al sistema de administración de marcas, sí contribuye a que se afine la concentración en las necesidades de los consumidores y en la competencia dentro de una misma categoría.

Como se ve, el liderazgo de mercado de Procter & Gamble no se basa en hacer algo bien, sino en organizar con éxito miles de factores que contribuyen a situarla a la cabeza del mercado.

Preguntas para discusión

1. ¿Cuáles han sido los factores de éxito de Procter & Gamble?

2. ¿En qué sentido es vulnerable esta empresa? ¿A qué debería prestar atención?

3. ¿Qué recomendaría a los directivos de marketing de P&G para el futuro? ¿Qué medidas de marketing deberían tomar?

Fuentes: Melanie Wells, "Kid Nabbing", *Forbes*, 2 de febrero de 2004, p. 84; *P&G Fact Sheet*, agosto de 2003; "Chairman's Address", *Annual Shareholder Meeting*, 14 de octubre de 2003; Ed Tazzia. "What's Entertaining?" *Brandweek*, 17 de noviembre de 2003, p. 40; Noreen O'Leary, "The New and Improved P&G". *Brandweek*, 17 de noviembre de 2003, p. 44; <www.pg.com>.

REFERENCIAS BIBLIOGRÁFICAS :::

1. Jefferson Graham, "Googley-eyed Over Success", *USA Today*, 27 de agosto de 2001; "How Good is Google?", *The Economist*, 21 de noviembre de 2003, pp. 57–58; Fred Vogelstein, "Can Google Grow UP?", *Fortune*, 8 de diciembre de 2003, pp. 102–111.

2. Interbrand Group, *World's Greatest Brands: An International Review* (Nueva York: John Wiley, 1992).

3. Jacob Jacoby, Jerry C. Olson y Rafael Haddock, "Price Brand Name, and Product Composition Characteristics as Determinants

of Perceived Quality", *Journal of Consumer Research* 3, núm. 4 (1971), pp. 209-216; Jacob Jacoby, George Syzbillo y Jacqueline Busato-Sehach, "Information Acquisition Behavior in Brand Choice Situations", *Journal of Marketing Research* (1977), pp. 63–69.

4. Leslie de Chernatony y Gil McWilliam, "The Varying Nature of Brands as Assets", *International Journal of Advertising*, 8(4), (1989), pp. 339–349.

5. Constance E. Bagley, *Managers and the Legal Environment: Strategies for the 21st Century*, 2a. edición, Cincinnati, Oh West Publishing (1995).

6. Tulin Erdem, "Brand Equity as a Signaling Phenomenon", *Journal of Consumer Psychology 7*, núm. 2 (1998), pp. 131–157.

7. Scott Davis, *Brand Asset Management: Driving Profitable Growth Through Your Brands* (San Francisco: Jossey-Bass, 2000); D. C. Bello y M. B. Holbrook, "Does an Absence of Brand Equity Generalize Across Product Classes?" *Journal of Business Research*, 34 (1996), pp. 125–131; Mary W. Sullivan, "How Brand Names Affect the Demand for Twin Automobiles", *Journal of Marketing Research* 35 (1998), pp. 154–165; Adrian J. Slywotzky y Benson P. Shapiro, "Leveraging to Beat the Odds: The New Marketing Mindset", *Harvard Business Review* (septiembre–octubre de 1993), pp. 97–107.

8. Sin embargo, el poder de las marcas suscita muchas críticas, algunas de las cuales rechazan el comercialismo asociado con las actividades de marca. Véase Naomi Klein, *No Logo: Taking Aim at the Brand Bullies*, (Picador, Nueva York, 2000).

9. Charles Bymer, "Valuing Your Brands: Lessons from Wall Street and the Impact on Marketers", *ARF Third Annual Advertising and Promotion Workshop*, 5–6 de febrero de 1991.

10. Kevin Lane Keller, "The Brand Report Card", *Harvard Business Review* (enero–febrero de 2000), pp. 147–157.

11. Otros enfoques se basan en principios económicos diferentes (por ejemplo, Tulin Erdem, "Brand Equity as a Signaling Phenomenon", *Journal of Consumer Psychology*, 7 núm. 2 (1998), pp. 131-157) o adoptan una perspectiva de tipo sociológico, antropológico o biológico, [por ejemplo, Grant McCracken, "Culture and Consumption: A Theoretical Account of the Structure and Movement of the Cultural Meaning of Consumer Goods", *Journal of Consumer Research*, 13 (1986), pp. 71–83; o Susan Fournier, "Consumers and Their Brands: Developing Relationship Theory in Consumer Research", *Journal of Consumer Research*, 24, núm. 3 (1988), pp. 343–373].

12. David A. Aaker (1991), *Managing Brand Equity*, Nueva York, NY: Free Press; David A. Aaker (1996), *Building Strong Brands*, Nueva York: NY: Free Press; David A. Aaker y Erich Joachimsthaler (2000), *Brand Leadership*, Nueva York: NY: Free Press; Kevin Lane Keller (2003), *Strategic Brand Management*, 2a. ed. Upper Saddle River, NJ: Prentice-Hall, 2003.

13. Jean-Noel Kapferer, *Strategic Brand Management: New Approaches to Creating and Evaluating Brand Equity* (Londres, Kogan Page, 1992), p. 38; Jennifer L. Aaker, "Dimensions of Brand Personality", *Journal of Marketing Research* (agosto de 1997), pp. 347–56; Davis, *Brand Asset Management: Driving Profitable Growth Through Your Brands*. Si desea consultar un estudio académico sobre creación de marcas, véase Kevin Lane Keller, "Branding and Brand Equity", en *Handbook of Marketing*, editado por Bart Weitz y Robin Wensley (Sage Publications, 2002), pp. 151–178.

14. Londres, Keller, *Strategic Brand Management*.

15. Alice Z. Cuneo, "Apple Transcends as Lifestyle Brand", *Advertising Age*, pp. S2, S6.

16. Melanie Wells, "Red Baron", *Forbes*, 3 de julio de 2000, pp. 151–60; Kerry Capell y Wendy Zellner, "Richard Branson's

Next Big Adventure", *BusinessWeek*, 8 de marzo de 2004, pp. 44–45; Kerry Capell, "Virgin Takes E-wing", *BusinessWeek e.biz*, 22 de enero de 2001, pp. EB30–34. Capell y Zellner, "Richard Branson's Next Big Adventure", pp. 44–45.

17. Aaker, *Building Strong Brands*.

18. *Ibid.*

19. Kevin Lane Keller, "Building Customer-Based Brand Equity: A Blueprint for Creating Strong Brands", *Marketing Management*, 10 (julio/agosto de 2001), pp. 15–19.

20. Christine Bittar, "Old Spice Does New Tricks", *Brandweek*, 2 de junio de 2003, pp. 17–18.

21. Paul Keegan, "The Rise and Fall (and Rise Again) of Joe Boxer, *Business 2.0*, diciembre de 2002–enero de 2003, pp. 76–82.

22. Alex Taylor III, "VW Learns What's in a Name: Trouble", *Fortune*, 11 de agosto de 2003, p. 40.

23. Kim Robertson, "Strategically Desirable Brand Name Characteristics", *Journal of Consumer Marketing* (otoño de 1989): 61–70; C. Kohli y D. W. LaBahn, "Creating Effective Brand Names: A Study of the Naming Process", *Journal of Advertising Research* (enero-febrero de 1997), pp. 67–75.

24. Robert Salerno, "We Try Harder: An Ad Creates a Brand", *Brandweek*, 8 de septiembre de 2003, pp. 32, 33.

25. Don E. Schultz, Stanley I. Tannenbaum y Robert F. Lauterborn, *Integrated Marketing Communications* (Lincolnwodd IL: NTC Business Books, 1993.

26. Mohanbir Sawhney, "Don't Harmonize, Synchronize", *Harvard Business Review*, julio–agosto de 2001, pp. 101–108.

27. David C. Court, John E. Forsyth, Greg C. Kelly y Mark A. Loch, "The New Rules of Branding: Building Strong Brands Faster", *McKinsey Marketing Practice* 13; Scott Bedbury, *A New Brand World* (Nueva York, Viking Press, 2002).

28. Sonia Reyes, "Cheerios: The Ride", *Brandweek*, 23 de septiembre de 2002, pp. 14–16.

29. Ian Wylie, "These Lollies are About to Go Pop", *Fast Company*, diciembre de 2002, pp. 52–54.

30. Christopher Locke, Rick Levine, Doc Searls y David Weinberger, *The Cluetrain Manifesto: The End of Business as Usual* (Cambridge, MA: Perseus Press, 2000).

31. Bruce Horovitz, "Gen Y: A Tough Crowd to Sell", *USA Today*, 22 de abril de 2002, p. B1.

32. *Kellogg on Integrated Marketing*, Dawn Iacobucci y Bobby Calder eds. (Nueva York: John Wiley & Sons, 2003).

33. Drew Madsen, "Olive Garden: Creating Value Through an Integrated Brand Experience", presentation at Marketing Science Institute Conference, *Brand Orchestration*, Orlando, FL, 4 de diciembre de 2003.

34. Scott Davis y Michael Dunn, *Building the Brand Driven Business* (Nueva York, John Wiley & Sons, 2002); Colin Mitchell, "Selling the Brand Inside", *Harvard Business Review*, enero de 2002, pp. 99–105.

35. Stan Maklan y Simon Knox, *Competing On Value*, Upper Saddle River, NJ: Financial Times Prentice-Hall, 2000.

36. Sherrie Bossung y Mark Pocharski, "Building a Communication Strategy: Marketing the Brand to Employees", presentación en la Conferencia del Marketing Science Institute, *Brand Orchestration*, Orlando, FL, 4 de diciembre de 2003.

37. Laurel Wentz, "Brand Audits Reshaping Images", *Ad Age International*, septiembre de 1996, pp. 38-41.

38. Keller, *Strategic Brand Management*; Todd Wasserman, "Sharpening the Focus", *Brandweek*, 3 de noviembre de 2003, pp. 28–32.

39. Becky Ebenkamp, "Style Counsels with New Ads; Alize Knows its Place(ment)", *Brandweek*, 15 de diciembre de 2003, p. 8.

40. Gerry Khermouch y Diane Brady, "Brands in an Age of Anti-Americanism", *Business Week*, 4 de agosto de 2003, pp. 69–78. Este artículo clasifica las 100 mejores marcas mundiales mediante el método de valoración desarrollado por Interbrand. Véase también "Marked by the Market", *The Economist*, 1o. de diciembre de 2001, pp. 59–60 a modo de ejemplo de uno de los índices de Stern Stewart.

41. Aaker, *Building Strong Brands*. Véase también Patrick Barwise *et al.*, *Accounting for Brands* (Londres, Institute of Chartered Accountants in England and Wales, 1990); Peter H. Farquhar, Julia Y. Han y Yuji Ijiri, "Brands on the Balance Sheet", *Marketing Management* (invierno de 1992), pp. 16–22.

42. Joann Muller, "Honey, I Shrank the Box", *Forbes*, 10 de noviembre de 2003, pp. 82–86.

43. David Kiley, "To Boost Sales, Volvo Returns to Its Roots: Safety", *USA Today*, 26 de agosto de 2002, p. 6B.

44. Natalie Mizik y Robert Jacobson, "Trading Off Between Value Creation and Value Appropriation: The Financial Implications of Shifts in Strategic Emphasis", *Journal of Marketing*, 67 (enero de 2003), pp. 63–76.

45. Mark Speece, "Marketer's Malady: Fear of Change", *Brandweek*, 19 de agosto de 2002, p. 34.

46. Keith Naughton, "Fixing Cadillac", *Newsweek*, 28 de mayo de 2001, pp. 36–37.

47. Norman Klein y Stephen A. Greyser, "The Perrier Recall: A Source of Trouble", Harvard Business School Case #9–590–104 y "The Perrier Relaunch", Harvard Business School Case #9–590–130.

48. Ronald Alsop, "Enduring Brands Hold Their Allure by Sticking Close to Their Roots", *Wall Street Journal Centennial Edition*, 1989.

49. Peter Farquhar, "Managing Brand Equity", *Marketing Research*, 1 (septiembre de 1989), pp. 24–33.

50. Steven M. Shugan, "Branded Variants", 1989 AMA Educators' Proceedings (Chicago, American Marketing Association, 1989), pp. 33–38; también M. Bergen, S. Dutta y S. M. Shugan, "Branded Variants: A Retail Perspective", *Journal of Marketing Research*, 33 (febrero de 1996), pp. 9–21.

51. Constance L. Hays, "No More Brand X: Licensing of Names Adds to Image and Profit", *New York Times*, 12 de junio de 1998, p. D1; Carleen Hawn, "What's in a Name? Whatever You Make It", *Forbes*, 27 de julio de 1998, pp. 84–88; Carl Quintanilla, "Advertising: Caterpillar, Deere Break Ground in Consumer-Product Territory", *Wall Street Journal*, 20 de junio de 1996, p. B2. Véase también Aaker, *Building Strong Brands*.

52. Becky Ebenkamp, "The Creative License", *Brandweek*, 9 de junio de 2003, pp. 36–40.

53. Theodore Levitt, "Marketing Success Through Differentiation — of Anything", *Harvard Business Review* (enero-febrero de 1980), pp. 83–91.

54. Dan Reed, "Low-fare Rivals Keep a Close Eye on Song", *USA Today*, 25 de noviembre de 2003, p. 6B.

55. Byung-Do Kim y Mary W. Sullivan, "The Effect of Parent Brand Experience on Line Extension Trial and Repeat Purchase", *Marketing Letters*, 9 (abril de 1998), pp. 181–193.

56. Kevin Lane Keller y David A. Aaker, "The Effects of Sequential Introduction of Brand Extensions", *Journal of Marketing Research*, 29 (febrero de 1992), pp. 35–50; John Milewicz y Paul Herbig, "Evaluating the Brand Extension Decision Using a Model of Reputation Building", *Journal of Product & Brand Management*, 3, núm. 1, 1994, pp. 39–47.

57. Mary W. Sullivan, "Brand Extensions: When to Use Them", *Management Science*, 38(6), junio de 1992, pp. 793–806; Daniel C. Smith, "Brand Extension and Advertising Efficiency: What Can and Cannot Be Expected", *Journal of Advertising Research*, noviembre-diciembre de 1992, pp. 11-20. Véase también, Daniel C. Smith y C. Whan Park, "The Effects of Brand Extensions on Market Share and Advertising Efficiency", *Journal of Marketing Research*, vol. 29, agosto de 1992, pp. 296-313.

58. Laurie Freeman, "Helene Curtis Relies on Finesse", *Advertising Age*, 14 de julio de 1986, p. 2.

59. Subramanian Balachander y Sanjoy Ghose, "Reciprocal Spillover Effects: A Strategic Benefit of Brand Extensions", *Journal of Marketing*, 67, núm. 1 (enero de 2003), pp. 4–13.

60. John A. Quelch y David Kenny, "Extend Profits, Not Product Lines", *Harvard Business Review* (septiembre–octubre de 1994), 153–160; Perspectives from the Editors, "The Logic of Product-Line Extensions", *Harvard Business Review* (noviembre–diciembre de 1994), 53–62; J. Andrews y G. S. Low, "New But Not Improved: Factors That Affect the Development of Meaningful Line Extensions", Working Paper Report núm. 98–124 (Cambridge, MA, Marketing Science Institute, noviembre de 1998); Maureen Morrin, "The Impact of Brand Extensions on Parent Brand Memory Structures and Retrieval Processes", *Journal of Marketing Research*, 36, núm. 4 (1999), pp. 517–525.

61. Al Ries y Jack Trout, *Positioning: The Battle for Your Mind* (Nueva York, McGraw-Hill, 1981).

62. David A. Aaker, *Brand Portfolio Strategy: Creating Relevance, Differentiation, Energy, Leverage, and Clarity*" (Nueva York, Free Press, 2004).

63. Mary W. Sullivan, "Measuring Image Spillovers in Umbrella-branded Products", *Journal of Business 63* (1990), núm. 3, pp. 309–329.

64. Barbara Loken y Deborah Roedder John, "Diluting Brand Beliefs: When Do Brand Extensions Have a Negative Impact?" *Journal of Marketing* (julio de 1993), pp. 71–84; Deborah Roedder John, Barbara Loken y Christohper Joiner, "The Negative Impact of Extensions: Can Flagship Products Be Diluted," *Journal of Marketing* (enero de 1998), pp. 19–32; Susan M. Broniarcyzk y Joseph W. Alba, "The Importance of the Brand in Brand Extension", *Journal of Marketing Research* (mayo de 1994), pp. 214–28 (todo este número de *JMR* está dedicado a las marcas y al brand equity). Véase también R. Ahluwalia y Z. Gürhan-Canli, "The Effects of Extensions on the Family Brand Name: An Accessibility-Diagnosticity Perspective", *Journal of Consumer Research 27* (diciembre de 2000), pp. 371–381; Z. Gürhan-Canli y M. Durairaj, "The Effects of Extensions on Brand Name Dilution and Enhancement", *Journal of Marketing Research 35* (1998), pp. 464–473; S. J. Milberg, C. W. Park y M. S. McCarthy, "Managing Negative Feedback Effects Associated with Brand Extensions: The Impact of Alternative Branding Strategies", *Journal of Consumer Psychology 6* (1997), pp. 119–140.

65. Andrea Rothman, "France's Bic Bets U.S. Consumers Will Go for Perfume on the Cheap", *Wall Street Journal*, 12 de enero de 1989, p. B6.

66. Philip Kotler, *Marketing Management*, 11a. ed., 2003 (Upper Saddle River, NJ: Prentice-Hall, 2003); Patrick Barwise y Thomas Robertson, "Brand Portfolios", *European Management Journal*, 10, núm. 3 (septiembre de 1992), pp. 277–285.

67. Jack Trout, *Differentiate or Die: Survival in Our Era of Killer Competition* (Nueva York: John Wiley, 2000).

68. Nirmalya Kumar, "Kill a Brand, Keep a Customer", *Harvard Business Review* (diciembre 2003), pp. 87–95.

69. Si desea consultar un enfoque metodológico sobre el grado y la naturaleza del canibalismo entre marcas, véase Charlotte H. Mason y George R. Milne, "An Approach for Identifying Cannibalization within Product Line Extensions and Multi-Brand Strategies", *Journal of Business Research* (1994), pp. 163–170.

70. Paul W. Farris, "The Chevrolet Corvette", Case UVA-M-320, The Darden Graduate Business School Foundation, University of Virginia, Charlottesville, Virginia.

**EN ESTE CAPÍTULO
ANALIZAREMOS LAS SIGUIENTES
PREGUNTAS:**

1. ¿Cómo es que una empresa elige y comunica un posicionamiento efectivo en el mercado?

2. ¿Cómo se diferencian las marcas?

3. ¿Qué estrategias son las más apropiadas para cada etapa del ciclo de vida del producto?

4. ¿Qué consecuencias tiene la evolución del mercado para las estrategias de marketing?

diez

Ninguna empresa podrá triunfar si sus productos y sus ofertas son similares al resto de los productos y ofertas en el mercado. Las empresas, por tanto, deben adoptar estrategias de posicionamiento y diferenciación adecuadas. Dentro del proceso de administración estratégica de marcas, las diferentes empresas y las distintas ofertas deben representar una gran idea inconfundible en la mente del mercado meta.

L a televisión pública estadounidense (Public Broadcasting Service, PBS) atraviesa malos tiempos. El índice de audiencia promedio de las 349 emisoras públicas en los horarios nocturnos estelares cayó un 23% entre 1993 y 2002. En esos mismos años, las emisoras de televisión por cable como Discovery Channel, History Channel, A&E y Fox News arrebataron espectadores a la televisión pública y experimentaron un crecimiento del 122%. La audiencia fiel a la televisión pública está envejeciendo: la edad promedio de un espectador en horario estelar está en torno a los 55 años. El reto consiste en atraer a nuevos espectadores más jóvenes, al tiempo que mantienen la calidad de la programación, que al fin y al cabo es su misión central. La crisis de identidad de PBS llevó al director general, Pat Mitchell, a proclamar en el 2002: "Para que la televisión pública esté llena de vitalidad y sea viable, vamos a tener que hacer algunos cambios."[1]

Una reciente campaña de recaudación de fondos en el Canal Trece de Nueva York. El Canal Trece ha tenido que modificar su programación para atraer a una audiencia más diversa.

Como demuestra la difícil situación que atraviesa la televisión pública estadounidense, incluso cuando una empresa logra diferenciarse, es probable que las diferencias sean efímeras. Normalmente las empresas reformulan sus estrategias y ofertas de marketing en numerosas ocasiones. Las condiciones económicas cambian, los competidores lanzan nuevos proyectos, y los productos atraviesan diferentes fases de interés y necesidades de los consumidores. Los mercadólogos necesitan desarrollar estrategias para cada fase del ciclo de vida del producto. El objetivo consiste en extender, tanto como sea posible, la vida y la rentabilidad de los productos, sin olvidar que éstos tienen una existencia limitada. En este capítulo estudiaremos las distintas opciones que están al alcance de las empresas para posicionar y diferenciar sus ofertas de forma eficaz, y lograr así una ventaja competitiva a lo largo del ciclo de vida de los productos y de las ofertas.

::: Desarrollo y comunicación de la estrategia de posicionamiento

Todas las estrategias de marketing se basan en la segmentación del mercado, la definición del mercado meta y el posicionamiento en el mercado. Las empresas identifican diversas necesidades y grupos en el mercado, se dirigen a las necesidades o grupos que puedan atender mejor, y a continuación, posicionan su producto de modo que el mercado meta reconozca la oferta y la imagen distintiva de la empresa. Si una compañía no logra posicionarse adecuadamente, confundirá al mercado. Esto es lo que ocurrió cuando National Car Company y Alamo Rent-a-Car resultaron unidas por su antigua empresa matriz, ANC Rental Corp., tras el capítulo undécimo de su instancia de resolución judicial de quiebra en el 2001.

NATIONAL CAR RENTAL Y ALAMO RENT-A-CAR

La marca National atendía a viajeros de negocios, mientras que el 90% de los ingresos de Alamo Rent-a-Car provenían de sus servicios a personas que viajaban por placer. Tras la fusión de estas dos empresas, los logotipos dobles de Alamo/National aparecían por todas partes, desde los autobuses de los aeropuertos hasta los uniformes de los empleados. Los clientes tanto de Alamo como de National no lograban diferenciar las marcas, a pesar de que los vehículos de National se alquilaban por un precio entre un 10 y un 20% por encima de los de Alamo. Después de todo, los clientes tenían que formarse en la misma fila frente al mostrador, recibían atención de los mismos agentes y abordaban el mismo autobús de enlace para dirigirse adonde estaba estacionada la flotilla de vehículos. National salió más perjudicada por la falta de diferenciación en estos contactos con los consumidores, y su participación de mercado cayó entre un 5 y 10%. Es curioso que tras la consolidación de las marcas, la frecuencia del servicio de los autobuses de enlace aumentó un 38% y los viajeros de negocios recibieron más ventajas para ahorrarse las largas filas. Sin embargo, en las encuestas, los clientes de National *percibían* que los autobuses eran más lentos, las filas más largas, y que el servicio al cliente había empeorado. La consecuencia evidente fue que para que las dos marcas conservaran su integridad y su posicionamiento en sus segmentos respectivos, tendrían que separarse.[2]

Si una empresa sigue una estrategia de posicionamiento excelente, podrá desarrollar el resto de su planeación de marketing y diferenciación a partir de su estrategia de posicionamiento. El **posicionamiento** se define como la acción de diseñar la oferta y la imagen de una empresa de tal modo que éstas ocupen un lugar distintivo en la mente de los consumidores. El objetivo es ubicar la marca en la mente del gran público para maximizar las utilidades potenciales de la empresa. Un posicionamiento de marca adecuado sirve de directriz para la estrategia de marketing puesto que transmite la esencia de la marca, aclara qué beneficios obtienen los consumidores con el producto o servicio, y expresa el modo exclusivo en que se obtienen. Gracias al posicionamiento, se logra crear una *propuesta de valor centrada en el cliente*, una razón convincente por la cual el mercado meta debería adquirir el producto. La tabla 10.1 muestra cómo tres empresas (Perdue, Volvo y Domino's) definen su propuesta de valor en función de su mercado meta, los beneficios que ofrecen y sus precios.

El término *posicionamiento* se volvió de uso común gracias a dos directivos del mundo de la publicidad, Al Ries y Jack Trout, quienes lo describen como un ejercicio creativo que se realiza con un producto existente:

| TABLA 10.1 | Ejemplos de propuestas de valor y actividades de marketing.

Empresa y producto	Consumidores meta	Beneficios	Precio	Propuesta de valor
Perdue (pollo)	Consumidores de pollo conscientes de la calidad	Carne tierna	10% más	El pollo más tierno a un precio moderado.
Volvo (camioneta)	Familias de clase alta conscientes de la seguridad	Durabilidad y seguridad	20% más	La camioneta más segura y duradera en la que la familia puede viajar.
Domino's (pizza)	Consumidores que gustan de las pizzas por comodidad	Entrega rápida y buena calidad	15% más	Una pizza caliente y de buena calidad, que se entrega a domicilio dentro de los 30 minutos posteriores al pedido, y a un precio moderado.

El posicionamiento comienza con un producto: una mercancía, un servicio, una empresa, una institución o incluso una persona... Pero posicionamiento no es lo que se hace con el producto. Posicionamiento es lo que se construye en la mente de las personas. Es decir, se posiciona el producto en la mente del mercado meta.[3]

El recuadro *Marketing en acción: Estrategia de posicionamiento en torno a disciplinas de valor* ofrece un punto de vista diferente sobre el posicionamiento. Según casi todas las definiciones, el posicionamiento requiere que existan diferencias y similitudes entre las marcas, y que éstas se comuniquen. De manera más específica, para decidir sobre la estrategia de posicionamiento es necesario definir un marco de referencia mediante la identificación del mercado meta y de la competencia, así como de las asociaciones ideales sobre las diferencias y similitudes entre marcas.

Marco de referencia competitivo

Para definir el marco de referencia competitivo para el posicionamiento de una marca hay que empezar por determinar la **categoría de pertenencia**, es decir, los productos o conjuntos de productos con los que compite una marca, e identificar cuáles de ellos son sustitutos adecuados. Como se verá en el capítulo 11, el análisis de la competencia considera una infinidad de factores (recursos, capacidades, posibles intenciones de las demás empresas), a la hora de elegir los mercados en los que se puede atender a los consumidores de forma rentable.

Las decisiones de definición del mercado meta suelen ser determinantes del marco de referencia competitivo de la empresa. La decisión de atender a un determinado tipo de consumidor define la naturaleza de la competencia, puesto que otras empresas han decidido dirigirse a ese

---

MARKETING EN ACCIÓN

ESTRATEGIA DE POSICIONAMIENTO EN TORNO A DISCIPLINAS DE VALOR

Dos consultores, Michael Treacy y Fred Wiersema, propusieron un modelo de posicionamiento denominado *disciplinas de valor*. Dentro de un sector, una empresa puede aspirar a ser la *empresa líder de producto*, la *empresa líder en operatividad*, o la *empresa líder en relaciones con los consumidores*. Este modelo se basa en la idea de que en todos los mercados existe una combinación de tres tipos de consumidores. Algunos favorecen a las empresas que están en la vanguardia tecnológica (líder de producto), otros a las que ofrecen resultados confiables (líder en operatividad), y otros a las que ofrecen una gran receptividad a las necesidades individuales (líder en relaciones con los consumidores).

Es difícil que una empresa sobresalga en las tres dimensiones, o siquiera en dos. Cada disciplina de valor requiere estrategias directivas e inversiones específicas que suelen estar en conflicto. De este modo, McDonald's destaca en la operatividad, pero no puede preparar hamburguesas diferentes para cada cliente porque su servicio se volvería más lento. McDonald's tampoco podría ser líder en la innovación de productos

porque esto interrumpiría la fluidez de sus operaciones. Incluso dentro de las grandes empresas como GE, cada división podría seguir una disciplina de valor individual: la división de electrodomésticos de GE persigue la excelencia operativa, la de plásticos persigue la relación con los clientes, y la de motores de aviones el liderazgo de producto.

Treacy y Wiersema proponen que una empresa debe seguir cuatro reglas para alcanzar el éxito:

1. Ser la mejor en una de las tres disciplinas de valor.
2. Lograr un nivel adecuado en las otras dos disciplinas.
3. Mejorar la situación de la empresa en la disciplina elegida para no quedar desbancada por los competidores.
4. Mejorar el nivel de las otras disciplinas, porque la competencia sigue aumentando las expectativas de los consumidores.

Fuente: Michael Treacy y Fred Wiersema, *The Disciplines of Market Leaders* (Reading, MA: Addison-Wesley, 1994).

"No es de reparto a domicilio, es DiGiorno." Aquí aparece el anuncio que posiciona al producto como pizza que se entrega a domicilio, y que ayudó a convertirla en la pizza congelada líder del mercado.

mismo segmento en el pasado (o pretenden hacerlo en el futuro), o porque los consumidores de ese segmento ya consideran determinadas marcas al tomar sus decisiones de compra. Para definir el marco de referencia competitivo adecuado es necesario comprender el comportamiento del consumidor y el conjunto de factores que éstos consideran al tomar sus decisiones de marca. En el Reino Unido, por ejemplo, la Asociación del Automóvil se posiciona como el cuarto "servicio de emergencia" (después de la policía, los bomberos y las ambulancias) para transmitir más sensación de confiabilidad y rapidez. Veamos cómo se posicionó DiGornio:

DIGIORNO'S PIZZA

DiGiorno es una pizza congelada que se vuelve crujiente cuando se calienta en el horno. En lugar de incluirla en la categoría de las pizzas congeladas, los mercadólogos la posicionaron en la categoría de pizzas que se entregan a domicilio. En uno de los anuncios televisivos aparece una fiesta en la que los invitados preguntan al anfitrión a qué empresa de reparto a domicilio llamó, y él responde: "No es de reparto a domicilio, es DiGiorno." Esta estrategia contribuyó a destacar la calidad fresca y el sabor superior de DiGiorno. Gracias a este posicionamiento tan inteligente, las ventas de DiGiorno pasaron, desde cerca de cero en 1995, hasta los 382 millones de dólares en el 2002, lo que ha hecho de esta pizza la líder en el sector de los congelados.[4]

Diferencias y similitudes

Una vez que se ha establecido el marco de referencia competitivo para la estrategia de posicionamiento mediante la definición del mercado meta y la naturaleza de la competencia, los mercadólogos se dan a la tarea de definir las asociaciones de diferencias y similitudes apropiadas.[5]

DIFERENCIAS Las diferencias son atributos o ventajas que los consumidores vinculan estrechamente con una marca, valoran positivamente, y creen que no las podrán encontrar en las marcas de la competencia de la misma manera o en el mismo grado. Las asociaciones de marca sólidas, positivas y exclusivas que conforman las diferencias se pueden basar en prácticamente cualquier atributo o ventaja del producto o servicio. Algunos ejemplos son los de FedEx (*entrega garantizada en 24 horas*), Nike (*desempeño*) y Lexus (*calidad*).

Conseguir factores de diferenciación a partir de las asociaciones sólidas, positivas y exclusivas supone un verdadero desafío, pero resulta esencial para el posicionamiento competitivo de una marca. Analicemos el éxito de Ikea.

IKEA

El minorista sueco IKEA seleccionó un producto de lujo (la decoración y el mobiliario del hogar), y lo convirtió en una alternativa de precio razonable para el mercado masivo. IKEA logra unos precios tan bajos gracias a que los clientes se atienden a sí mismos, transportan sus compras, y montan sus productos en casa. Como apuntó un observador: "IKEA forjó su reputación en torno a la idea de que Suecia fabrica artículos de alta calidad, seguros y bien diseñados para las masas. La empresa ofrece los diseños más innovadores a los precios más bajos." Asimismo, IKEA opera un restaurante excelente en cada tienda (algo extraño en las tiendas de muebles), ofrece servicios de guardería mientras los padres realizan sus compras, ofrece un programa de fidelidad que permite a los participantes disfrutar de descuentos especiales, y envía por correo millones de catálogos con las últimas novedades en mobiliario para el hogar.[6]

SIMILITUDES Por otra parte, las similitudes son asociaciones no necesariamente exclusivas de la marca, sino que, de hecho, se comparten con otras marcas. Estos tipos de asociaciones se refieren, fundamentalmente, a dos factores: categoría de productos o servicios y competencia.

Las similitudes de categoría son asociaciones que los consumidores consideran fundamentales para que la oferta resulte legítima y confiable dentro de una determinada categoría de productos o servicios. Dicho de otro modo, estas asociaciones son condiciones necesarias (aunque no suficientes) para que los consumidores se inclinen por una marca. Por ejemplo, tal vez los consumidores consideren que una agencia de viajes es tal sólo si realiza reservaciones de hotel y de boletos de avión, además de ofrecer consejos sobre paquetes de vacaciones y alternativas de pago y entrega. Las similitudes de categoría pueden cambiar con el tiempo, como consecuencia de avances tecnológicos, enmiendas legales o cambios en las tendencias de los consumidores, pero son condiciones básicas para poder operar en el mercado.

Las similitudes competitivas son asociaciones destinadas a invalidar las diferencias de los competidores. Por ejemplo, si para los consumidores, una asociación diseñada para ser un factor de diferenciación resulta igual de sólida para una marca que para todas las competidoras, *y* si esa marca es capaz de establecer otra asociación igual de sólida, positiva y exclusiva como factor de diferenciación, debería disfrutar de una mayor ventaja competitiva. En otras palabras, si una marca iguala a otras en aquellos ámbitos en los que los competidores intentan marcar la diferencia *y* además ofrece ventajas en otros ámbitos, disfrutará de una posición competitiva muy fuerte, e incluso quizás invencible. Mientras que los artículos de lujo se desplomaban en el año 2000, Coach consiguió multiplicar sus ventas al añadir estilo y moda a sus legendarios bolsos y maletines, de aspecto algo tosco.[7] Veamos otro ejemplo: el lanzamiento de la cerveza Miller Lite.[8]

MILLER LITE

La estrategia publicitaria inicial de la cerveza Miller Lite tenía dos objetivos fundamentales. Por un lado, quería garantizar la similitud con competidores clave dentro de su categoría al afirmar que "tiene un sabor exquisito"; al mismo tiempo, quería marcar la diferencia, al afirmar que contiene un 33% menos de calorías, y por tanto, "llena menos" que las otras cervezas. Como suele ocurrir, las diferencias y las similitudes parecían estar reñidas, puesto que los consumidores tienden a relacionar sabor con calorías. Para vencer una posible resistencia, Miller Lite utilizó portavoces con alto grado de credibilidad, principalmente ex deportistas destacados, de quienes se presume que no beberían cerveza si no supiera bien. Estos ex deportistas bromeaban con el debate de cuál de los dos elementos era más descriptivo de la cerveza, el "sabor exquisito" o "que llena menos". Los anuncios terminaban con una frase muy inteligente: "Todo lo que siempre has querido en una cerveza... y menos."

DIFERENCIAS FRENTE A SIMILITUDES Para conseguir una similitud en un atributo concreto, un número suficiente de consumidores debe creer que la marca es "lo suficientemente buena" en ese aspecto. Existe una "zona" o un "radio de tolerancia o aceptación" con las similitudes. La marca no necesariamente tiene que considerarse equivalente a las de la competencia, pero los consumidores deben sentir que la marca es lo suficientemente competente en ese atributo concreto. Si los consumidores tienen esa percepción, estarán dispuestos a basar sus valoraciones y decisiones en otros factores potencialmente más positivos para la marca. Una cerveza *light* nunca tendrá un sabor idéntico al de una cerveza normal, pero tendrá que ofrecer un sabor lo suficientemente parecido al de las cervezas normales para poder competir eficazmente con ellas. Sin embargo, por lo que respecta a las diferencias, la marca debe demostrar una superioridad evidente. Los consumidores deben estar convencidos de que Luis Vuitton diseña los bolsos con más estilo, de que las pilas Energizer son las que más duran, y de que Merrill Lynch ofrece la mejor asesoría y planeación financiera.

Con frecuencia, la clave del posicionamiento no reside tanto en poseer diferencias, sino más bien ¡en establecer similitudes!

VISA FRENTE AMERICAN EXPRESS

Los factores de diferenciación de Visa en la categoría de tarjetas de crédito es que es la tarjeta más ampliamente aceptada, lo que pone de relieve el principal atributo de comodidad de esta categoría de productos. Por otra parte, American Express forjó su *brand equity* sobre la base del prestigio asociado con el uso de su tarjeta. Al establecer sus factores de diferenciación, Visa y American Express compiten en la actualidad añadiendo muchas otras ventajas para crear factores de similitud. Visa ofrece tarjetas oro y platino para resaltar el prestigio de su marca, y anuncia: "Está allí donde quieras ir", en escenarios que refuerzan su exclusividad y su gran aceptación. American Express ha aumentado considerablemente el número de establecimientos que aceptan sus tarjetas e intenta reforzar otros elementos de valor mediante su programa de fidelidad "Make Life Rewarding".

Definición de la categoría de pertenencia

Los consumidores son conscientes de que Maybelline es una marca líder de cosméticos, de que Cheerios es una marca líder de cereales, de que Accenture es una empresa líder de consultoría, etc. Sin embargo, con frecuencia, los mercadólogos deben informar a los consumidores de la categoría de pertenencia de una marca. Quizás la situación más ilustrativa sea el lanzamiento de nuevos productos, sobre todo cuando la categoría de pertenencia no es evidente. Esta incertidumbre resulta problemática en especial con los productos de tecnología de punta. También se dan otros casos en los que los consumidores conocen la categoría a la que pertenece una marca, pero no están convencidos de que esta última sea un miembro legítimo de tal categoría. Por ejemplo, tal vez los consumidores están al tanto de que Hewlett Packard fabrica cámaras digitales, pero no están seguros de que las cámaras HP pertenezcan a la misma categoría que las cámaras Sony, Olympus, Kodak y Nikon. En este caso, HP debe reforzar la categoría de pertenencia de sus productos.

En ocasiones, las marcas se incluyen en categorías a las que no pertenecen. Esta estrategia es un modo de destacar los factores diferenciadores de una marca, siempre que los consumidores conozcan la categoría a la que en realidad pertenece la marca. En estos casos es importante que los consumidores comprendan qué significa la marca, y no sólo aquello que la marca *no* es. Asimismo, es crucial que la marca no quede atrapada entre categorías diferentes. La mini cámara digital M de Konica, con conexiones *on line* y que además era reproductor de MP3, se comercializó como la "solución de entretenimiento 4-en-1", pero presentaba deficiencias funcionales en todas las aplicaciones del producto, por lo que acabó por desaparecer del mercado.[9]

El enfoque más difundido para posicionar consiste en informar a los consumidores de la categoría a la que pertenece la marca, y después destacar sus factores de diferenciación. En teoría, es necesario que los consumidores sepan qué es un producto y para qué sirve, antes de decidir si supera a las marcas con las que compite. En el caso de nuevos productos, la publicidad inicial por lo general se concentra en crear conciencia de marca, y los esfuerzos publicitarios subsiguientes se concentran en definir su imagen de marca.

En ocasiones, las empresas intentan compaginar dos marcos de referencia:

BMW

Cuando BMW lanzó su primer ataque competitivo en el mercado estadounidense a principios de los 80, posicionó su marca como el único automóvil que ofrecía *tanto* lujo *como* excelencia en el funcionamiento. En aquel momento, se consideraba que los automóviles de lujo estadounidenses no ofrecían buen rendimiento, y que los automóviles que ofrecían rendimiento no eran lujosos. Con base en el diseño de sus vehículos, en su herencia alemana, y en otros aspectos de un programa de marketing muy bien diseñado, bmw fue capaz de conseguir, al mismo tiempo: **1.** un factor de diferenciación con el lujo de los vehículos y un factor de similitud con su rendimiento, respecto de los vehículos más confiables, y **2.** un factor de diferenciación con el rendimiento de sus vehículos y un factor de similitud con el lujo de sus automóviles, respecto de los coches de lujo. El inteligente eslogan "El auto de conducción suprema" envolvió a la recién creada categoría formada por los autos de lujo con excelente rendimiento.

Aunque una estrategia de compaginación suele resultar atractiva, puesto que reúne necesidades que según los consumidores estarían en conflicto , también tiene implicaciones que hay que considerar. Si los elementos de diferenciación y los de similitud con respecto a las categorías que se compaginan no resultan lo suficientemente creíbles, la marca no será considerada un agente legítimo en ninguna de las categorías. Muchas de las primeras PDA que, sin éxito, intentaron compaginar categorías como localizadores y computadoras portátiles, son ejemplos muy gráficos de los riesgos que conlleva esta estrategia.

Existen tres modos de transmitir la categoría a la que pertenece una marca:

1. ***Resaltar las ventajas que ofrece la categoría de pertenencia.*** Para garantizar a los consumidores que una marca ofrece las ventajas por las que se decide utilizar una determinada categoría de productos o servicios, se recurre a estas ventajas para definir la categoría de pertenencia del producto. Así, en el caso de las herramientas industriales se resaltará su duración, y en el de los antiácidos su eficacia. Una mezcla en polvo para hacer pastel de chocolate podría entrar en la categoría de postres al horno si destaca su sabor y refuerza esta afirmación con ingredientes de gran calidad (resultados) o mostrando a los clientes el placer que produce su consumo (mediante imágenes).

2. ***Comparar con otros ejemplos.*** En ocasiones se recurre a las marcas reconocidas y destacadas de una categoría para especificar la categoría de pertenencia de un producto. Cuando Tommy Hilfiger todavía era una marca desconocida, anunció su pertenencia a la categoría de grandes diseñadores estadounidenses asociando su marca a Geoffrey Beene, Stanley Blacker, Calvin Klein y Perry Ellis, que eran miembros destacados de esta categoría.

3. ***Utilizar un identificador de producto.*** El identificador de producto que sigue al nombre de marca es una forma precisa de transmitir la categoría de pertenencia del producto. Ford Motor Co. invirtió más de mil millones de dólares en un modelo 2004 totalmente novedoso que designó como X-Trainer, que combina los atributos de un todo terreno, de una minivan y de una camioneta familiar. Para comunicar este posicionamiento único y evitar las asociaciones con sus modelos Explorer y Country Squire, la empresa identificó este vehículo como "camioneta deportiva".[10]

Selección de los factores de diferenciación y de similitud

Los factores de similitud están motivados por la necesidad de pertenencia a una categoría (de crear factores de similitud con una categoría concreta) y de invalidar los factores de diferenciación de la competencia (es decir, se trata de crear factores de diferenciación competitivos). A la hora de seleccionar los factores de diferenciación es importante tener en cuenta que éstos deben ser deseables para los consumidores y que la empresa debe ser capaz de cumplir con tales factores.

El atractivo de los factores de diferenciación gira en torno a tres criterios clave:

1. ***Relevancia.*** Los consumidores meta deben considerar que los factores de diferenciación les resultan personalmente relevantes e importantes. La publicidad del Hotel Westin Stamford de Singapur se basaba en que este hotel era el más alto del mundo. Sin embargo, para muchos turistas, la altura de un hotel no resulta importante.

2. ***Exclusividad.*** El mercado meta debe considerar que los factores de diferenciación son distintivos y superiores. Al entrar en una categoría en la que existen marcas consolidadas, el reto consiste en encontrar una forma viable de diferenciación. En el 2003, el edulcorante Splenda desbancó a Equal y a Sweet 'n Low, y consiguió el liderazgo al diferenciarse por su autenticidad como producto derivado del azúcar, pero sin ninguna de las desventajas asociadas con este producto.[11]

3. ***Credibilidad.*** El mercado meta debe considerar que los factores de diferenciación son creíbles. Una empresa debe ofrecer razones convincentes para que los consumidores la prefieran antes que a las opciones de la competencia. Mountain Dew podría destacar que es una bebida más energética que las demás y reforzar esta afirmación apuntando a su mayor contenido de cafeína. Chanel No. 5 podría destacar que es el perfume francés más elegante por excelencia, y reforzar esta afirmación apuntando a la vinculación de Chanel con la alta costura.

Asimismo, existen tres criterios clave de cumplimiento:

1. ***Viabilidad.*** La empresa deberá ser capaz de crear los factores de diferenciación. El diseño del producto y la oferta de marketing deben reforzar la asociación deseada. ¿Supone la comunicación de la asociación deseada cambios reales en el producto, o simplemente cambios perceptivos referentes a cómo ven los consumidores el producto o la marca? Como es evidente, resulta más sencillo convencer a los consumidores de alguna característica de la marca sobre la que no habían oído o que habían pasado por alto que hacer cambios en el producto *y además* convencer a los consumidores sobre estos cambios. General Motors ha tenido que hacer grandes esfuerzos para cambiar la percepción de que Cadillac no era una marca joven y moderna.

2. ***Comunicabilidad.*** Resulta muy difícil crear una asociación que no es consistente con el conocimiento previo de los consumidores, o que a los consumidores, por alguna razón, les cuesta creer. Los consumidores necesitan recibir una razón convincente y un razonamiento comprensible sobre por qué la marca genera los beneficios deseados. ¿Qué evidencia comprobable y objetiva o qué "pruebas" se ofrecen como refuerzo para que los consumidores crean verdaderamente en la marca y en sus asociaciones? Estas pruebas suelen adoptar

la forma de ingredientes patentados y registrados, como en la crema antiarrugas con la coenzima Q10 de Nivea o en la crema acondicionadora Herbal Essences con Hawafena.

3. ***Sustentabilidad.*** ¿El posicionamiento resulta preventivo, defendible y difícil de atacar? ¿Pueden reforzarse los elementos positivos de una asociación de marca con el tiempo? Si la respuesta es sí, el posicionamiento podrá ser duradero. La sustentabilidad dependerá de factores internos (compromiso y uso de recursos) y de factores externos (fuerzas del mercado). Para los líderes de mercado como Gillette, Intel y Microsoft, cuyo posicionamiento se basa, en parte, en los resultados demostrables de sus productos, resulta más fácil conservar su posicionamiento que para otros líderes como Gucci, Prada y Hermes, cuyo posicionamiento se basa en la moda y, por tanto, está sujeto a los antojos de un mercado más inconstante.

Los mercadólogos tienen que decidir a qué niveles situar los factores de diferenciación de la marca. En el nivel inferior se encuentran los *atributos de la marca*, en el siguiente nivel están los *beneficios de la marca*, y en el nivel superior, los *valores de la marca*. De este modo, los responsables del marketing del jabón Dove pueden destacar su atributo de contenido de crema hidratante, o su beneficio de una piel más suave, o su valor de ganar en atractivo. Los atributos suelen ser el nivel de posicionamiento menos adecuado. En primer lugar, porque a los consumidores les interesan más los beneficios. En segundo lugar, porque los competidores pueden copiar los atributos con facilidad. Por último, los atributos actuales tal vez sean menos atractivos en el futuro.

No obstante lo anterior, los estudios han demostrado que, en ocasiones, es posible diferenciar con éxito las marcas con base en atributos aparentemente irrelevantes *si* los consumidores infieren el beneficio adecuado.[12] Procter & Gamble diferencia su café instantáneo Folger con sus "láminas cristalinas de café" creadas mediante un "proceso exclusivo y patentado". En realidad, la forma particular del café es irrelevante porque cuando se añade agua caliente, el café se disuelve de manera instantánea. De igual modo, resaltar el hecho de que una determinada marca de café se cultiva en las montañas es irrelevante porque la mayoría de los cafetales se encuentran en las montañas. En *Cuestiones clave: Cómo redactar una declaración de posicionamiento,* se describe cómo expresar la estrategia de posicionamiento de manera formal.

Creación de factores de diferenciación y de similitud

Una de las dificultades principales en torno al diseño de la estrategia de posicionamiento de marca es que muchos de los factores o las ventajas que constituyen los factores de diferenciación y de similitud guardan una correlación negativa. Si los consumidores valoran positivamente un atributo o ventaja de la marca, también valorarán negativamente otro atributo importante. Por ejemplo, resulta complicado posicionar una marca como de "bajo precio" y al mismo tiempo, afirmar que es "de la mejor calidad". La tabla 10.2 muestra algunos ejemplos de correlación negativa entre atributos y beneficios. Además de lo anterior, en ocasiones los atributos y los beneficios concretos tienen aspectos positivos y negativos. Por ejemplo, piense en una marca con una larga trayectoria, considerada como una marca llena de historia. Esta herencia sugiere experiencia, sabiduría y destreza. Por otra parte, este aspecto podría tornarse negativo con facilidad, al implicar que la marca no es actual y que ha quedado fuera de moda.

CUESTIONES **CLAVE** | CÓMO REDACTAR UNA DECLARACIÓN DE POSICIONAMIENTO

Para comunicar el posicionamiento de una marca o de una empresa, los planes de marketing suelen incluir una *declaración de posicionamiento.* Esta declaración debe respetar el siguiente esquema: Para (*mercado meta y necesidad*) nuestra (*Marca*) es (*concepto*) que (*factor de diferenciación*). Por ejemplo: "Para *los profesionales ocupados que necesitan organización, Palm Pilot es una agenda electrónica que les permite trabajar con archivos de su* PC *de forma más sencilla y confiable que los demás productos del mercado."* En ocasiones, las declaraciones de posicionamiento son más detalladas:

Mountain Dew: Para los consumidores de bebidas sin alcohol jóvenes y dinámicos que no disponen de mucho tiempo para dormir, Mountain Dew es la bebida refrescante que da más energía que cualquier otra marca porque tiene un mayor contenido de cafeína. Con Mountain Dew usted podrá estar alerta y activo incluso cuando no haya dormido bien.

Hay que destacar que el posicionamiento indica primero la pertenencia del producto a una categoría (por ejemplo, Mountain Dew es una bebida refrescante) y a continuación destaca la característica que diferencia al producto de los demás miembros de la categoría (por ejemplo, tiene más cafeína). La pertenencia a una categoría sugiere los factores de similitud que tiene el producto con otras marcas, pero lo esencial reside en los factores de diferenciación. En ocasiones, la empresa situará el producto en una categoría inesperada antes de indicar los factores de diferenciación.

Fuentes: Bobby J. Calder y Steven J. Reagan, "Brand Design", en *Kellogg on Marketing,* Dawn Iacobucci (ed.), Nueva York: John Wiley & Sons, 2001, p. 61; Alice M. Tybout y Brian Sternthal, "Brand Positioning", en *Kellogg on Marketing,* Dawn Iacobucci (ed.), Nueva York: John Wiley & Sons, 2001), p. 54.

| TABLA **10.2** |

Ejemplos de atributos y ventajas
con correlación negativa.

Precio bajo y gran calidad	Potente y seguro
Sabor y pocas calorías	Fuerte y refinado
Nutritivo y buen sabor	Omnipresente y exclusivo
Eficaz y suave	Variado y sencillo

BROOKS BROTHERS

A finales de los 90, Brooks Brothers se encontró con que su larga trayectoria era más bien un lastre en lugar de una ventaja. Las camisas almidonadas y los trajes a rayas de este minorista resultaban anacrónicos en un mundo de jeans, pantalones de colores claros, ropa deportiva y atuendos informales para trabajar los viernes. La empresa intentó dejar atrás su patrimonio histórico y empezó a ofrecer suéteres más modernos y pantalones informales. Esta medida alejó a los clientes más leales y, además, no consiguió atraer a nuevos clientes, por lo que la empresa perdió participación de mercado. En el 2001, Claudio Del Vecchio, nacido en Italia, adquirió la empresa por 225 millones de dólares, y empezó a utilizar el patrimonio histórico de Brooks Brothers como factor de diferenciación. El estilo es más sofisticado, la calidad es la de años atrás, y los precios son más altos. Por el momento, Brooks Brothers se concentra en atraer de regreso a sus clientes tradicionales. La empresa publicó un libro en el que narra su historia, y está invitando a los clientes más selectos a celebraciones de su aniversario número 185, al tiempo que reintroduce elementos del pasado como los suéteres Shetland que lanzó en 1904 y el estilo de traje que tanto gustaba a John F. Kennedy. La empresa está teniendo éxito, al grado de que otras intentan seguir sus pasos resaltando su patrimonio histórico: Coach relanzó sus bolsos con forma cilíndrica, Eddie Bauer volvió a lanzar su chaqueta acolchada Skyliner de 1936, y J. Crew está fabricando de nuevo su clásica chaqueta de lana y sus suéteres de cuello de tortuga.[13]

Por desgracia, los consumidores suelen perseguir la maximización *tanto* de atributos *como* de beneficios. Gran parte de la ciencia y del arte del marketing reside en las relaciones de compensación, y el posicionamiento no es la excepción. Desde luego, el mejor enfoque es desarrollar un producto o servicio que dé buenos resultados en ambas dimensiones. BMW fue capaz de establecer su posicionamiento de compaginación en "lujo y rendimiento" gracias, en parte, al diseño de su producto y al hecho de que el automóvil era concebido como lujoso y con un alto nivel de rendimiento. Gore-Tex fue capaz de superar la imagen aparentemente contradictoria de sus textiles que "permiten transpirar" y que al mismo tiempo son "impermeables" gracias a progresos tecnológicos. Existen otras formas de resolver el problema de la contraposición de los factores de diferenciación y similitud.

PRESENTACIÓN INDEPENDIENTE Una solución cara, aunque a veces eficaz, para analizar los atributos y las ventajas contrapuestas es lanzar dos campañas de marketing diferentes, cada una destinada a un atributo o a una ventaja diferente. Estas campañas pueden lanzarse al mismo tiempo, o en el marco de una secuencia. El champú Head & Shoulders consiguió el éxito en Europa con una campaña dual: por una parte destacaba su eficacia contra la caspa y, por otra, la belleza y el aspecto del cabello tras su uso continuo. La idea es que los consumidores son menos críticos al juzgar los factores de diferenciación o de similitud de forma aislada. La desventaja de este enfoque es que se necesitan dos campañas fuertes. Es más, si los mercadólogos no examinan la correlación negativa entre atributos o ventajas de antemano, es probable que los consumidores no desarrollen las asociaciones positivas deseadas.

TRASLADAR EL CAPITAL DE OTRA ENTIDAD En el ejemplo de Miller Lite que veíamos anteriormente, la marca "tomó prestado" o trasladó el capital de personas famosas y queridas por el público para dar credibilidad a la correlación negativa de las ventajas de su cerveza. Es factible vincular las marcas a cualquier tipo de entidad que posea el capital adecuado para hacer de un atributo o una ventaja un factor de diferenciación o similitud. Los ingredientes de marcas prestigiosas también aportan credibilidad a un atributo potencialmente cuestionable. Sin embargo, esta estrategia no está libre de riesgos. Los fabricantes de computadoras personales IBM y Compaq descubrieron que el programa de cooperación publicitaria que dio gran visibilidad a Intel en los anuncios de estos fabricantes dio como resultado que los consumidores se limitaron a buscar computadoras con Intel.

REDEFINIR LA RELACIÓN Otra forma potencialmente eficaz aunque complicada de analizar el problema de la correlación negativa entre atributos y ventajas es convencer a los consumidores de que la relación, en realidad, es positiva. La redefinición se obtiene al ofrecer a los consumidores una perspectiva diferente sugiriéndoles que podrían estar pasando por alto algunas consideraciones.

APPLE COMPUTERS

Cuando Apple Computers lanzó MacIntosh, su principal factor diferenciador era su facilidad de uso. Muchos consumidores valoraban el producto positivamente, sobre todo quienes buscaban computadoras para uso doméstico. Una de las desventajas de esta asociación fue que los consumidores que buscaban computadoras para uso profesional pensaron que si una computadora era fácil de usar, no podía ser potente. Al detectar este problema potencial, Apple lanzó una campaña publicitaria muy inteligente, con la frase "El poder de hacer lo mejor". La estrategia detrás de estos anuncios era transmitir que como Apple era fácil de usar, las personas hacían precisamente eso, la usaban, un claro signo, aunque sencillo, de "poder". Dicho de otra forma, las computadoras más potentes eran aquellas que la gente en verdad utilizaba.

::: Estrategias de diferenciación

Para no caer en la trampa de los productos básicos, los mercadólogos deben empezar por creer que cualquier cosa es susceptible de diferenciación. (Véase el recuadro *Cuestiones clave: Cómo aprovechar el conocimiento acerca de los consumidores para diferenciar productos y servicios*.) Las marcas se pueden diferenciar en función de numerosas variables. Southwest Airlines se ha diferenciado de diversas maneras.

SOUTHWEST AIRLINES

Esta aerolínea con sede en Dallas conquistó el nicho de los vuelos cortos con precios bajos, un servicio confiable y un sentido del humor muy sano. Southwest mantiene bajos los costos ofreciendo un servicio básico a bordo (sin comida, sin películas) y unas operaciones de embarque y desembarque rápidas para mantener los aviones en el aire. Southwest sabía que no se podría diferenciar exclusivamente con base en el precio, puesto que los competidores pronto entrarían en su mercado con sus propias versiones aún más baratas. Así que la empresa optó por diferenciarse como una aerolínea "divertida", lo que se refleja en los comentarios jocosos de los pilotos y demás miembros de la tripulación en los anuncios. Otra característica peculiar de Southwest es que los asientos no están numerados, de modo que el que llega primero elige asiento. Los pasajeros sólo reciben una tarjeta numerada por el orden en que llegan a la sala de espera. En la actualidad, Southwest es la sexta aerolínea de Estados Unidos por sus ingresos, y se caracteriza porque es la única aerolínea de tarifas bajas que ha logrado éxito a largo plazo.[14]

La forma más evidente de diferenciación y, por lo general, la más convincente para los consumidores es la que se basa en las características del producto o servicio. Swatch ofrece relojes modernos y coloridos. Subway se diferencia por sus emparedados saludables como

---

CUESTIONES **CLAVE** | CÓMO APROVECHAR EL CONOCIMIENTO ACERCA DE LOS CONSUMIDORES PARA DIFERENCIAR PRODUCTOS Y SERVICIOS

En su artículo titulado "Discovering New Points of Differentiation" (Descubriendo nuevos factores de diferenciación), Ian C. MacMillan y Rita Gunther McGrath afirman que si las empresas estudian la experiencia de los consumidores con un producto o servicio (la cadena de consumo) descubrirán oportunidades de posicionamiento para sus ofertas que nunca se les habrían ocurrido. MacMillan y McGrath listan una serie de preguntas que los mercadólogos deben plantearse para identificar factores de diferenciación a partir de los consumidores.

- ¿Cómo reconocen los consumidores que necesitan el producto o servicio de la empresa?
- ¿Cómo encuentran los consumidores la oferta de la empresa?
- ¿Cómo hacen los consumidores su selección final?
- ¿Cómo solicitan y adquieren los consumidores el producto o servicio?

- ¿Qué ocurre cuando se entrega el producto o se presta el servicio?
- ¿Cómo se instala el producto?
- ¿Cómo se paga el producto o servicio?
- ¿Cómo se almacena el producto?
- ¿Cómo cambia el producto de sitio?
- ¿Para qué utilizan los consumidores el producto?
- ¿Qué ayuda necesitan los consumidores cuando utilizan el producto?
- ¿Hay devoluciones o cambios del producto?
- ¿Cómo se repara el producto y qué servicios se ofrecen?
- ¿Qué ocurre cuando los consumidores desechan el producto o ya no lo utilizan?

Fuente: Ian C. MacMillan y Rita Gunther McGrath, "Discovering New Points of Differentiation", *Harvard Business Review*, julio–agosto de 1997, pp. 133–145.

alternativa a la comida rápida. Method generó un negocio de 10 millones de dólares en un año al crear una línea de productos no tóxicos para la limpieza del hogar, con diseños coloridos y atractivos, totalmente únicos en su categoría.[15] Sin embargo, en mercados competitivos, las empresas no se pueden limitar a esto, y deben ir más allá. Existen otras dimensiones que ayudan a una empresa a diferenciar su oferta de mercado: el personal, el canal y la imagen. En esta sección analizaremos las cuatro estrategias de diferenciación.

Diferenciación por medio del producto

Como se verá en el capítulo 12, las marcas se pueden diferenciar en función de diversas dimensiones de producto (forma, características, resultados, componentes, duración, confiabilidad, posibilidades de reparación, estilo y diseño) o de servicio (facilidad de pedido, entrega, instalación, capacitación al cliente, asesoría al comprador y mantenimiento y reparación).

Además de estas consideraciones específicas existe un posicionamiento de marca más general, que es "la mejor calidad". ¿Qué tan importante resulta la calidad en el posicionamiento de un producto? El Instituto de Planeación Estratégica (Strategic Planning Institute) estudió la influencia de una mayor calidad relativa del producto, y descubrió una relación positiva entre la calidad relativa del producto y la recuperación de la inversión.[16] Las unidades de negocio de productos de gran calidad recibían más ingresos porque la calidad que ofrecían les permitía cobrar un precio más alto. Además los consumidores compraban repetidamente, eran fieles y hacían comentarios positivos a otras personas. Y por último, los costos de ofrecer una mayor calidad no eran mucho más elevados en comparación con los de las unidades que ofrecían niveles inferiores de calidad.

La calidad dependerá de los resultados reales que ofrezca el producto, pero también se comunica mediante signos y claves físicas. Éstos son algunos ejemplos:

■ Un fabricante de podadoras que asegura que sus máquinas son "potentes" les instala un motor ruidoso porque los compradores piensan que cuanto más ruido hagan las podadoras, más potentes son.

■ Un fabricante de camiones aplica un tratamiento anticorrosivo al chasis de sus unidades, no porque sea necesario, sino porque es un síntoma de que cuida la calidad de sus productos.

■ Un fabricante de automóviles se asegura de que las puertas de sus vehículos hagan un ruido sólido al cerrarse, porque muchos compradores cierran con fuerza las puertas de los autos en las concesionarias para comprobar que están bien hechos.

■ Los hoteles Ritz Carlton reflejan su gran calidad instruyendo a los empleados para que respondan a las llamadas telefónicas después de tres tonos, con una voz amable, y para que conozcan a fondo todos los servicios del hotel.

Existen otros elementos de marketing que contribuyen a comunicar la calidad de un producto. Un precio alto suele reflejar gran calidad. La proyección de una imagen de calidad también está relacionada con el envase, la distribución, la publicidad y la promoción. He aquí algunos ejemplos de cómo la imagen de calidad de una marca se vio empañada:

■ Una conocida marca de alimentos congelados perdió el prestigio de su marca por ofrecer descuentos con demasiada frecuencia.

■ La imagen de una cerveza de calidad se vio manchada cuando cambió de las botellas a las latas.

■ Un televisor con gran reputación perdió su fama de calidad cuando los almacenes de distribución masiva empezaron a comercializarlo.

La reputación de un fabricante también contribuye a la percepción de calidad por parte de los consumidores. Algunas empresas insisten mucho en la calidad; por ejemplo, los consumidores esperan que los productos de Nestlé o IBM tengan una calidad excelente. Las empresas inteligentes comunican la calidad a los compradores y garantizan la satisfacción de éstos, o si no, "les devuelven su dinero".

Diferenciación por medio del personal

Las empresas pueden lograr una ventaja competitiva considerable si sus empleados tienen un entrenamiento superior a los de la com-

Convertirse en sobrecargo de Singapore Airlines no es fácil; los requisitos de la compañía son estrictos. Pero Singapore Airlines tiene una buena reputación en todo el mundo por su excelente servicio, que se basa sobre todo en el buen trato de sus sobrecargos.

petencia. Singapore Airlines disfruta de una reputación excelente, en gran medida, por sus sobrecargos. Los empleados de McDonald's son educados, los de IBM son profesionales, y los de Disney son entusiastas. La fuerza de ventas de empresas como General Electric, Cisco, Frito-Lay, Northwestern Mutual Life y Pfizer tienen una reputación inmejorable.[17] Los empleados que reciben un entrenamiento superior comparten seis características: *competencia* (tienen la capacidad y el conocimiento necesarios), *cortesía* (son agradables, respetuosos y considerados), *credibilidad* (son dignos de confianza), *confiabilidad* (hacen su trabajo de forma consistente y precisa), *responsabilidad* (responden rápidamente a las peticiones y a los problemas de los clientes) y *comunicación* (se esfuerzan por entender al consumidor y por hacerse entender claramente).[18] Los minoristas, en particular, tienden a recurrir a los empleados de primera línea para diferenciarse y posicionar su marca. Esto es especialmente cierto en grandes cadenas de librerías como Barnes & Noble y Borders:[19]

BARNES & NOBLE Y BORDERS

Los establecimientos de Barnes & Noble y de Borders son extrañamente similares: tienen sillones cómodos y amplios, anaqueles de caoba, decoración de buen gusto y el aroma de un café recién hecho. Sin embargo, estas dos cadenas presentan filosofías empresariales muy distintas, y utilizan a sus empleados como "misioneros" de modelos de negocio y de administración de inventario muy diferentes. Borders, con 32,000 empleados y 445 grandes librerías en Estados Unidos, se concentra en ofrecer la mayor variedad de títulos y personaliza su inventario en función de la ubicación geográfica del establecimiento. Barnes & Noble, con 40,000 empleados en 800 establecimientos por todo Estados Unidos, atrae a los consumidores con precios bajos y los libros más populares. Aunque las dos empresas afirman que la "pasión" es la calidad más importante de un librero, expresan su "pasión" de forma muy diferente. Barnes & Noble contrata a empleados con pasión por la atención al cliente y con un interés especial por los libros. Tienen un aspecto impecable y visten camisa formal. Se les indica que lleven los libros a los clientes y que cobren rápidamente. Por su parte, los empleados de Borders suelen tener tatuajes y perforaciones en el cuerpo. La empresa se enorgullece de la diversidad de sus empleados y contrata a personas que irradien una emoción especial por libros y música concretos, y los anima a que recomienden temas y títulos, en lugar de sólo encontrar el libro que busca el cliente.

Diferenciación por medio del canal

Las empresas pueden conseguir ventaja competitiva al diseñar la *cobertura*, la *capacidad* y el *funcionamiento* de sus canales de distribución. El éxito de Caterpillar en el sector de la maquinaria de construcción se debe, en parte, a un desarrollo superior de su canal de distribución. Sus concesionarios tienen presencia en más zonas que los de la competencia, tienen un mejor entrenamiento y ofrecen mejores servicios. Dell, en el sector informático, y Avon, en el de los cosméticos, se diferencian por desarrollar y administrar canales de marketing directo de gran calidad. En 1946, la comida de mascotas era barata, poco nutritiva, y sólo se vendía en los supermercados y en las tiendas de alimentos especializadas: Iams, con sede en Dayton, Ohio, cosechó el éxito mediante la venta de alimentos para mascotas a través de clínicas veterinarias, criadores y tiendas de mascotas a nivel regional.

APOLLO GROUP INC.

Apollo Group Inc. dio un giro radical a la educación superior al abrir una universidad *on line* destinada al olvidado mercado de los adultos trabajadores. La University of Phoenix Online es una de las operaciones más exitosas de Apollo, con 50,000 estudiantes, y la inscripción el año pasado en esta universidad aumentó vertiginosamente en un 70%. Además de basar su diferenciación en un canal alternativo (las clases a través de Internet), Apollo sólo cobra unas cuotas anuales de aproximadamente 10,000 dólares, lo que representa un 55% menos de las colegiaturas normales de las universidades privadas.[20]

Diferenciación por medio de la imagen

Los compradores responden de forma distinta ante las diferentes imágenes de empresas y marcas. La razón principal para explicar la extraordinaria participación de mercado de Marlboro a nivel mundial (cerca del 30%) es la imagen de "macho cowboy", que ha desencadenado una respuesta positiva en la mayor parte del público fumador. Las empresas productoras de vinos y licores también se esfuerzan por crear una imagen distintiva para sus marcas.

Es necesario diferenciar entre identidad e imagen. La *identidad* es la forma en que una empresa trata de identificarse o posicionarse a sí misma, o posicionar a sus productos. La

Diferenciación por medio de la imagen. La famosa imagen del "hombre Marlboro" se reconoce de inmediato en los anuncios impresos y en los espectaculares.

imagen es la manera en que el público percibe a la empresa o a sus productos. Con una identidad efectiva se consiguen tres objetivos. En primer lugar, se establece el carácter del producto y la propuesta de valor. En segundo lugar, este carácter se comunica de forma distintiva. Por último, se genera un poder emocional más allá de la imagen mental del producto. Para que una identidad funcione, se debe transmitir a través de cualquier vehículo de comunicación disponible y a través de cualquier contacto entre la marca y el consumidor. Se difunde en anuncios, informes anuales, folletos, catálogos, empaques, artículos de papelería de la empresa y tarjetas de presentación. Si "IBM significa servicio", este mensaje se debe transmitir en todos los símbolos, colores, eslóganes, atmósferas, eventos y comportamientos de los empleados.

El espacio físico del vendedor es un gran generador de imagen. Los hoteles Hyatt Regency desarrollaron una imagen distintiva gracias a sus vestíbulos en forma de atrio. Las empresas crean una imagen muy fuerte cuando invitan a sus clientes reales y potenciales a visitar sus oficinas y sus fábricas. Boeing, Ben & Jerry's, Hershey's, Saturn y Crayola ofrecen magníficos recorridos por sus fábricas que atraen a millones de visitantes cada año.[21] Empresas como Hallmark y Kohler cuentan con museos empresariales en sus sedes centrales que exhiben su historia y en los que se representan los procesos de fabricación y marketing de sus productos.

En *Cuestiones clave: Superar las expectativas de los clientes* se describe un enfoque sistemático para desarrollar una oferta diferenciada orientada hacia el cliente.

::: Estrategias de marketing a lo largo del ciclo de vida del producto

La estrategia de diferenciación y posicionamiento debe cambiar conforme se modifican el producto, el mercado y los competidores a lo largo del *ciclo de vida del producto* (CVP). Afirmar que un producto tiene un ciclo de vida significa aceptar que:

1. Los productos tienen una vida limitada.
2. Las ventas de un producto atraviesan distintas fases, y cada una de ellas presenta diferentes desafíos, oportunidades y problemas para el vendedor.

CUESTIONES **CLAVE** | SUPERAR LAS EXPECTATIVAS DE LOS CLIENTES

Crego y Schiffrin postulan que las empresas centradas en el cliente deben estudiar qué valoran los consumidores y, a continuación, preparar una oferta que supere esas expectativas. El proceso consta de tres fases:

1. *Definir el modelo de valor de los consumidores:* En primer lugar, la empresa elabora una lista de todos los factores del producto o servicio que podrían influir en la percepción de valor del mercado meta.

2. *Determinar la jerarquía de valor de los consumidores:* La empresa asigna cada factor a uno de los siguientes cuatro grupos: básico, esperado, deseado e imprevisto. Veamos estos factores para un restaurante de primer nivel:

   - *Básico:* Los alimentos son de excelente calidad y se sirven puntualmente (si un restaurante cumple con esto de forma adecuada, el cliente quedará satisfecho).

   - *Esperado:* La vajilla y los cubiertos son de gran calidad, el mantel y las servilletas son de lino, hay flores en la mesa, el servicio es discreto y la comida está bien cocinada. (Estos factores hacen la oferta aceptable, pero no excepcional.)

   - *Deseado:* El restaurante es agradable y tranquilo, y la comida es especialmente buena y variada.

   - *Imprevisto:* El restaurante sirve una bebida entre un platillo y otro, y coloca caramelos en la mesa una vez que se ha terminado de comer.

3. *Determinar la mezcla de valor para los consumidores:* En este momento, la empresa decide la combinación de activos tangibles e intangibles, experiencias y resultados destinados a sobrepasar a la competencia, a conseguir deleitar a los clientes y a ganarse su lealtad.

Fuente: Edwin T. Crego Jr. y Peter D. Schiffrin, *Customer Centered Reengineering* (Homewood, IL: Irwin, 1995).

---

3. Las utilidades aumentan y disminuyen en las diferentes fases del ciclo de vida del producto.
4. Los productos requieren diferentes estrategias de marketing, financieras, de producción, de compras y de personal en cada una de las fases de su ciclo de vida.

El ciclo de vida de los productos

La trayectoria más común de la curva del ciclo de vida de los productos tiene forma de campana (véase la figura 10.1). Esta curva se divide en cuatro fases conocidas como introducción, crecimiento, madurez y declinación .[22]

1. *Introducción*—Periodo de crecimiento lento de las ventas luego del lanzamiento del producto al mercado. Las ganancias son nulas como consecuencia de los fuertes gastos que implica el lanzamiento del producto.
2. *Crecimiento*—Periodo de aceptación del producto en el mercado en el que las ganancias aumentan de forma considerable.
3. *Madurez*—Periodo de disminución del crecimiento en ventas como consecuencia de que la mayoría de los compradores potenciales ya han aceptado el producto. Las utilidades se estabilizan o disminuyen a causa de un aumento de la competencia.
4. *Declinación*—Las ventas presentan una tendencia a la baja y las utilidades disminuyen vertiginosamente.

El concepto de ciclo de vida del producto sirve para analizar categorías de productos (licores), productos (vodka) o marcas (Smirnoff). Cabe destacar que no todas las curvas del ciclo de vida de los productos adoptan una forma de campana.[23] La figura 10.2 presenta tres modelos típicos de ciclos de vida alternativos.

| FIG. **10.1** |

Ciclos de vida de ventas y utilidades.

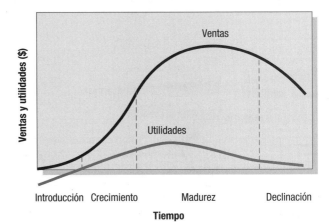

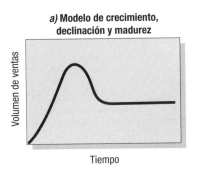

a) Modelo de crecimiento, declinación y madurez

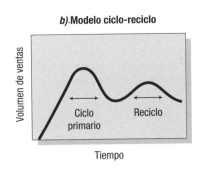

b).Modelo ciclo-reciclo

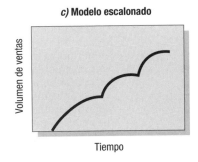

c) Modelo escalonado

FIG. **10.2** Modelos más comunes del ciclo de vida del producto.

La figura 10.2*a* muestra un *modelo de crecimiento seguido de declinación y madurez*, a menudo característico de los aparatos electrodomésticos de cocina como batidoras y hornos pequeños. Las ventas aumentan de forma significativa tras el lanzamiento del producto, y después caen hasta llegar a un nivel de "petrificación" en el que se mantienen gracias a los usuarios primerizos que entran en contacto con el producto de forma tardía y a los que vuelven a comprarlo.

El *modelo ciclo-reciclo* que aparece en la figura 10.2*b* resulta útil para describir las ventas de los medicamentos nuevos. Las empresas farmacéuticas promueven intensamente sus nuevos productos, lo que genera un primer ciclo. Más adelante, cuando las ventas empiezan a descender, la empresa realiza otra campaña de promoción para estimularlas, lo que genera un segundo ciclo, generalmente de menor magnitud y duración.[24]

Otro modelo de ciclo de vida del producto es el denominado *ciclo escalonado* que se ilustra en la figura 10.2*c*. En este caso, las ventas atraviesan una serie de ciclos de vida sucesivos como consecuencia del descubrimiento de nuevas características del producto, usos o usuarios. Las ventas de nylon, por ejemplo, muestran una forma escalonada a causa de los numerosos usos de este producto (paracaídas, medias, camisas, tapicerías, velas de náutica, neumáticos de automóviles) que se descubren a lo largo del tiempo.[25]

Estilos, modas y tendencias pasajeras

Es importante distinguir entre tres categorías especiales de ciclos de vida: estilos, modas y tendencias fugaces (véase la figura 10.3). Un estilo es una forma de expresión básica y distintiva en algún campo de la actividad humana. Por ejemplo, los estilos aparecen en los hogares (colonial, rústico, Cape Cod), en la vestimenta (formal, informal, original), y en el arte (realista, surrealista, abstracto). Un determinado estilo puede mantenerse durante generaciones, y estar unas veces a la moda y otras no. Una moda es la aceptación generalizada de un estilo en un campo determinado. Las modas atraviesan cuatro etapas: distinción, imitación, difusión masiva y declinación.[26]

La duración del ciclo de vida de una moda es difícil de predecir. Un punto de vista afirma que las modas terminan porque representan un determinado compromiso de compra de un producto, y en un momento dado, los consumidores comienzan a buscar atributos distintos a los que ofrece ese producto.[27] Por ejemplo, cuando se fabrican autos cada vez más pequeños, éstos resultan menos confortables, por lo que un número creciente de compradores empieza a buscar vehículos más grandes. Es más, llega un momento en que son demasiados los consumidores que adoptan esta moda, por lo que la tendencia se revierte. Otra perspectiva apunta a que la duración de un ciclo de vida particular depende de la medida en que una moda satis-

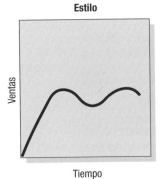

Estilo

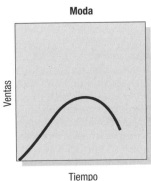

Moda

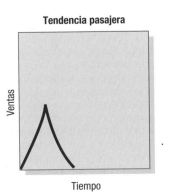

Tendencia pasajera

FIG. **10.3**

Ciclos de vida de estilos, modas y tendencias pasajeras.

faga una necesidad genuina, resulte consistente con otras tendencias sociales, se ajuste a normas y valores sociales, y no encuentre limitaciones tecnológicas en su desarrollo.[28]

Las tendencias pasajeras son modas que llegan rápidamente, se adoptan con gran interés, repuntan muy pronto, y caen de forma estrepitosa. Las tendencias pasajeras suelen tener un ciclo de aceptación corto, y atraen a aquellas personas que buscan algo excitante o que quieren distinguirse de las demás. Las tendencias pasajeras no sobreviven porque no satisfacen una necesidad imperiosa. En marketing, se considera un ganador a la persona capaz de reconocer pronto una tendencia pasajera y convertirla en un producto con poder de permanencia. He aquí la historia de una empresa que logró ampliar el ciclo de vida de una tendencia pasajera:

TRIVIAL PURSUIT

Desde su debut en la Feria Internacional del Juguete de 1982, Trivial Pursuit ha vendido 65 millones de juegos de mesa en 18 idiomas por más de 32 países, y en la actualidad aún es uno de los juegos de mesa para adultos más vendidos en el mundo. Parker Brothers ha conservado la gran popularidad del juego al renovar las preguntas cada año y al crear nuevas variaciones: un modelo de viaje, una versión para niños, el Trivial Pursuit Genus IV, y un CD-ROM interactivo de Virgin Entertainment Interactive. El juego tiene en la actualidad su propio sitio Web (www.trivialpursuit.com), que recibió 100,000 visitas sólo en los dos primeros meses de prueba. Si uno tiene problemas para encontrar temas de conversación durante una cena, no hay problema: NTN Entertainment Network ha instalado el Trivial Pursuit en cerca de 3,000 restaurantes.[29]

Estrategias de marketing: fase de introducción y ventaja del pionero

Puesto que se requiere tiempo para solucionar los problemas técnicos, llenar los canales de distribución y lograr aceptación de los consumidores, las ventas de esta fase, en general, se mantienen en niveles bajos.[30] Las ventas de productos nuevos y caros, como televisores de alta definición, se retrasan aún más por factores adicionales como la complejidad del producto y el menor número de compradores potenciales.

En la fase de introducción, las utilidades son negativas o muy bajas. La razón entre los costos de promoción y las ventas alcanza la cifra más elevada en esta fase, a causa de la necesidad de: **1.** informar a los consumidores potenciales, **2.** inducir a la prueba del producto y **3.** asegurar la distribución en los puntos de venta.[31] Las empresas orientan sus ventas hacia aquellos compradores con mayor predisposición a adquirir el producto, generalmente grupos sociales con ingresos altos. Los precios tienden a ser altos , ya que los costos también lo son.

Las empresas que planean lanzar un nuevo producto tienen que decidir cuándo introducirlo en el mercado. Ser el primero puede reportar una gran recompensa, pero también supone un riesgo y costos muy altos. Tomar la opción de entrar en segundo lugar es razonable cuando la empresa dispone de tecnología, calidad o fuerza de marca superiores a los de la competencia.

En una época de ciclos de vida de productos cada vez más reducidos, la velocidad en la innovación se convierte en un elemento esencial. En términos generales, llegar antes compensa. Un estudio descubrió que los productos que se comercializan seis meses más tarde de lo esperado, aunque dentro de los límites presupuestarios, obtenían, en promedio, un 33% menos de utilidades durante los cinco primeros años, mientras que los productos que se lanzaban a tiempo, con un financiamiento un 50% superior al presupuestado, sólo ven reducidos sus beneficios en un 4%.

La mayoría de los estudios indican que el pionero del mercado es el que consigue una mayor ventaja. Empresas como Campbell, Coca-Cola, Hallmark y Amazon.com han protagonizado un liderazgo continuo en el mercado.[32] Carpenter y Nakamoto descubrieron que 19 de las 25 empresas que en 1923 eran líderes de mercado lo seguían siendo en 1983, es decir, 60 años más tarde.[33] Robinson y Min descubrieron que en una muestra de negocios de bienes industriales, el 66% de los pioneros sobrevivieron al menos 10 años, frente a un 48% de los primeros seguidores.[34]

¿Cuáles son las razones que subyacen en la ventaja del pionero?[35] Los primeros usuarios memorizarán la marca si el producto les satisface. Asimismo, la primera marca determina qué atributos deberá poseer la categoría de producto. Por lo regular, la marca innovadora se dirige al mercado medio, por lo que capta un mayor número de usuarios. Por otra parte, la inercia de los consumidores también tiene una función importante, además de las ventajas de producción: economías de escala, liderazgo tecnológico, patentes, propiedad de activos escasos, y otras barreras de entrada. Los pioneros pueden realizar inversiones de marketing más eficaces y disfrutar de un mayor número de compras repetidas por parte de los consumidores. Un pionero perspicaz podrá mantener su liderazgo de forma indefinida si aplica diversas estrategias.[36]

Sin embargo, ser el primero no siempre implica disfrutar de todas las ventajas.[37] Éste fue el caso de Bowmar (calculadoras de mano), Apple's Newton (con su asistente personal digital), Netscape (buscador de Internet), Reynolds (bolígrafos) y Osborne (computadoras portátiles), todos pioneros a quienes rebasaron otras empresas que llegaron más tarde. Steven Schnaars estudió 28 sectores en los que los imitadores superaban a los innovadores.[38] Schnaars descubrió debilidades comunes entre los pioneros fracasados: productos demasiado rudimentarios, productos con un posicionamiento inadecuado, productos surgidos con anterioridad a la existencia de una demanda suficiente, costos de desarrollo del producto que agotaron los recursos de la empresa, escasez de recursos para competir con empresas más grandes, incompetencia en la administración y autocomplacencia negativa. Los imitadores de éxito crecieron con fuerza gracias a precios más bajos, mejoras continuas de los productos, o utilización de la fuerza bruta del mercado para superar a los innovadores. Ninguna de las empresas que dominan hoy el mercado informático, incluidas Dell, Gateway y Compaq, fueron pioneras.[39]

Por su parte, Golder y Tellis también formulan sus dudas respecto a la ventaja de los pioneros.[40] Hacen una distinción entre un *inventor* (el primero en desarrollar una patente en una categoría de producto), un *pionero de producto* (el primero en desarrollar un modelo operativo) y un *pionero de mercado* (el primero en comercializar una categoría de producto). También incluyen en su estudio ejemplos de pioneros que no sobrevivieron. Concluyen que, aunque los pioneros adquieren una ventaja, muchos de ellos fracasan, mientras que un gran número de líderes de mercado tempranos (aunque no pioneros) triunfan. Algunos ejemplos de empresas que se incorporaron tarde y que terminaron por superar a los pioneros son: IBM que desbancó a Sperry en el mercado de computadoras centrales; Matsushita, que destronó a Sony en el de videograbadoras; y GE, que dejó atrás a EMI en los equipos de tomografía asistida por computadora (CAT). En un estudio más reciente, Tellis y Golder identificaron los cinco factores siguientes como pilares del liderazgo de mercado a largo plazo: visión de un mercado masivo, perseverancia, innovación constante, compromiso financiero y apalancamiento de activos.[41]

El pionero debe considerar los diversos mercados en los que podría colocar inicialmente sus productos, teniendo en cuenta que no es posible entrar en todos a la vez. Supongamos que el análisis de segmentación de mercado revela la existencia de los segmentos que se representan en la figura 10.4. La empresa pionera debe analizar el potencial de beneficios de cada mercado, tanto por separado como en conjunto, y decidir la estrategia de expansión del mercado. Así, la empresa pionera de la figura 10.4 planea lanzar su producto P_1 en el mercado M_1, y después trasladarlo a un segundo mercado (P_1M_2). El paso siguiente, para sorprender a la competencia, consiste en desarrollar un segundo producto para el segundo mercado (P_2M_2), a continuación colocar ese mismo producto en el primer mercado (P_2M_1), y por último lanzar un tercer producto para el primer mercado (P_3M_1). Si estas medidas tienen éxito, la empresa pionera habrá conseguido una buena parte de los primeros dos segmentos de mercado, a los que atenderá con dos o tres productos.

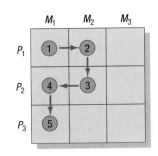

| FIG. **10.4** |

Estrategia de expansión del mercado de un producto de largo alcance (P_i = producto i; M_j = mercado j).

Estrategias de marketing en la fase de crecimiento

La fase de crecimiento se caracteriza por un rápido incremento en las ventas. A los primeros compradores les gusta el producto, y otros comienzan a adquirirlo. Aparecen nuevos competidores que, atraídos por las oportunidades, introducen nuevas características al producto e incrementan la distribución.

Los precios se mantienen en el mismo nivel o se reducen ligeramente, en función de la velocidad a la que aumenta la demanda. Las empresas conservan sus gastos de promoción en el mismo nivel o en uno ligeramente superior para hacer frente a la competencia y para continuar educando al mercado. Las ventas aumentan mucho más que los gastos de promoción, lo que provoca una favorable disminución de la razón entre las actividades de promoción y las ventas. Las utilidades se incrementan durante esta fase, como consecuencia de la distribución de los costos de promoción entre un volumen mayor de producción; además, los costos de fabricación por unidad disminuyen más rápidamente que el precio por el efecto de la curva de aprendizaje del fabricante. Las empresas deben vigilar el momento del cambio hacia una tasa de desaceleración del crecimiento con el fin de adoptar nuevas estrategias.

Durante esta fase, la empresa utiliza diversas estrategias para mantener un crecimiento rápido del mercado:

- Elevar la calidad del producto, añadirle nuevas características y mejorar su estilo.

- Fabricar productos nuevos bajo la forma de nuevos modelos y otros que permitan defenderse de la competencia (por ejemplo, productos de diferentes tamaños, sabores, etc., para proteger el producto principal).

- Penetrar en nuevos segmentos de mercado.

- Aumentar la cobertura de distribución y buscar nuevos canales.

- Modificar la actividad publicitaria, de una publicidad destinada a dar a conocer el producto a otra destinada a crear una mayor preferencia por éste.

- Reducir los precios para atraer a compradores más sensibles al precio.

Estas estrategias de expansión de mercado refuerzan la situación competitiva de la empresa. Veamos el caso de Yahoo!:

YAHOO!

En 1994 un grupo de cibernautas recién graduados de la Universidad de Stanford fundaron Yahoo!, que en la actualidad ocupa el lugar número uno de la Web, con un promedio de 120 millones de visitantes al mes. Más que un buscador , la empresa se convirtió en un portal que ofrece un verdadero paquete de información y servicios, desde cuentas de correo electrónico a centros comerciales *on line*. Los ingresos de Yahoo!, que superaron los 1,300 millones de dólares en 2003, provienen de distintas fuentes: banners, búsqueda mediante pago, suscripciones a servicios como anuncios clasificados, y una colaboración de banda ancha con sbc Communications. La adquisición por parte de Yahoo! de Overture Services, un competidor de paga de Google, en 1,600 millones de dólares, le ayudó a reforzar su argumento de que es la solución perfecta para todos los anunciantes. Yahoo! también continúa su expansión internacional, con un especial hincapié en Europa y Asia.[42]

En la fase de crecimiento, la empresa se enfrenta a un compromiso entre una participación de mercado elevada y una ganancia importante. A través del gasto en la mejora del producto, en promoción y en distribución, la empresa puede lograr una posición dominante. Esto perjudica a las utilidades del momento, pero forja expectativas de un importante crecimiento en la siguiente fase del ciclo de vida del producto.

Estrategias de marketing en la fase de madurez

En un momento dado del ciclo de vida, el índice del crecimiento en ventas se reducirá, y el producto entrará entonces en una fase de madurez relativa. Esta fase normalmente dura más que las anteriores, y plantea desafíos importantes a la dirección de marketing. *La mayoría de los productos se encuentran en la fase de madurez de su ciclo de vida y, por tanto, la mayoría de las decisiones de la dirección de marketing se relacionan con productos maduros.*

Por su parte, la fase de madurez se divide en tres subfases: crecimiento, estabilidad y declinación de la madurez. En la primera fase, la tasa de crecimiento de las ventas empieza a disminuir. No existen nuevos canales de distribución que alimentar. En la segunda fase, se mantienen las ventas per cápita a causa de la saturación del mercado. La mayor parte de los consumidores potenciales han probado el producto y las ventas futuras se mantienen por el crecimiento de la población y la demanda sustituta del producto. En la tercera fase, la de declinación de la madurez, el nivel absoluto de las ventas comienza a disminuir y los clientes empiezan a adquirir otros productos.

La progresiva disminución en las ventas crea un exceso de capacidad en el sector, lo que conduce a una intensificación de la competencia. Los competidores se esfuerzan por encontrar y penetrar en nuevos nichos. Adoptan políticas de fuertes descuentos y de precios de liquidación del catálogo. Incrementan sus gastos publicitarios y de distribución, a la vez que sus presupuestos de investigación y desarrollo, con la finalidad de introducir nuevas mejoras en los productos y de desarrollar extensiones de línea. También actúan como proveedores de las marcas del distribuidor. Comienza entonces un periodo convulsivo, y los competidores más débiles se retiran del mercado. En esta fase, la industria consiste en un conjunto de competidores bien afianzados cuyo objetivo básico es incrementar o mantener la participación de mercado.

Existen pocas empresas grandes que dominan el sector (quizás una líder en calidad, otra en servicios, y otra en costos), que atienden a todo el mercado y obtienen sus utilidades, principalmente, a través de amplios volúmenes de ventas y costos bajos. En torno a estas empresas dominantes existen multitud de empresas expertas en nichos, que incluyen especialistas de mercado o de producto y empresas de customización. El problema al que se enfrenta una empresa en un mercado maduro es si debe luchar para convertirse en una de las "tres grandes" y obtener utilidades a través de un volumen elevado y un costo bajo, o seguir una estrategia de nichos y obtener utilidades mediante un volumen bajo y un gran margen de ganancia.

Algunas empresas abandonan los productos más débiles y se concentran en los más rentables o en los productos nuevos. Sin embargo, con esta estrategia olvidan el gran potencial que aún conservan muchos productos y mercados en la fase de madurez. Los sectores que solían considerarse maduros (automóviles, motocicletas, televisores, relojes, cámaras) resultaron ser lo contrario con

La línea de productos Snapple es un ejemplo de estrategia para mantener el crecimiento rápido del mercado mediante la introducción de nuevos modelos y productos defensores.

la entrada de los fabricantes japoneses, quienes descubrieron cómo ofrecer un nuevo valor a los consumidores. Algunas marcas aparentemente en agonía, como RCA, Jell-O y Ovaltine, lograron recuperaciones en las ventas a través de un ejercicio de imaginación de marketing.[43] El resurgimiento de la popularidad de Hush Puppies en el sector del calzado es un caso digno de mención como ejemplo del renacimiento de marcas casi olvidadas por completo.

HUSH PUPPIES

Los zapatos de gamuza Hush Puppies, característicos por el adorable perrito arrugado de ojos caídos, eran los preferidos de los niños en los años 50 y 60. Los cambios en la moda y unos cuantos percances de marketing terminaron por reportar a la empresa una imagen desfasada y un descenso en las ventas. Wolverine World Wide, fabricantes de Hush Puppies, realizaron una serie de cambios de marketing a principios de los 90 para incrementar las ventas. Con la introducción de nuevos diseños de producto y combinaciones de colores poco convencionales, como azul pastel, verde lima y naranja eléctrico, lograron reforzar el atractivo de la marca. Algunos diseñadores famosos empezaron a utilizar los zapatos Hush Puppies en sus desfiles. Por otra parte, Wolverine incrementó el precio, de los 40 a 70 dólares, y regaló multitud de zapatos a las estrellas de Hollywood. Una vez que los zapatos habían logrado suscitar comentarios, la empresa los puso a disposición del gran público al distribuirlos en grandes almacenes. Las ventas de Hush Puppies aumentaron desde los 30,000 pares en 1994 hasta más de 1.7 millones de pares en 1996. Cuando la moda cambió unos años más tarde, Hush Puppies lanzó sandalias y zapatos cómodos para hacer largas caminatas, entró en el mercado internacional, y en el 2002, la empresa alcanzó un nivel de ventas sin precedentes.[44]

MODIFICACIÓN DEL MERCADO La empresa debe tratar de expandir el mercado de sus marcas maduras actuando sobre dos factores que incrementan el volumen de ventas:

Volumen = número de usuarios de la marca × tasa de utilización por usuario

La empresa podrá expandir el número de usuarios de marca si logra *conquistar a los no usuarios*. La clave del crecimiento de una aerolínea de carga es la búsqueda de nuevos usuarios a los que puedan convencer de las ventajas de utilizar transporte aéreo en lugar de transporte terrestre.

DENTAL FLOSS

A pesar de que la Academia General de Odontología promueve el cepillado y el hilo dental como la mejor forma de combatir las caries, sólo en el 24% de los hogares se utiliza hilo dental. Algunas empresas de la higiene bucal consideran que este hecho es una oportunidad de oro para conquistar a los no usuarios reacios al hilo dental. Aquafresh, propiedad de GlaxoSmithKline, creó Aquafresh Floss 'N' cap que combina el dentífrico y el hilo dental con un tapón que hace las veces de despachador de hilo dental. Johnson & Johnson, el líder del mercado en esta categoría, desarrolló un hilo dental llamado Reach Access Daily Flosser, que viene en un práctico formato. Glide, recientemente adquirida por Procter & Gamble, y la marca más recomendada por los dentistas, quizás sea la que tenga mayor facilidad para convencer al público de que utilice el hilo dental. La empresa experimentó un auge cuando el fanático de la higiene Jerry Seinfeld utilizó Glide en su popular serie de televisión.[45]

La empresa también puede intentar aumentar el número de usuarios de la marca *entrando en nuevos segmentos de mercado*. Cuando Goodyear decidió vender sus neumáticos a través de Wal-Mart, Sears y Discount Tire, su participación de mercado aumentó de un 14 a 16% en el primer año.[46] En los últimos años, AARP ha probado diversos caminos para llegar a nuevos segmentos del mercado:[47]

AARP

La American Association for Retired Persons (la Asociación estadounidense de jubilados o AARP, por sus siglas en inglés) es una marca madura por más de una razón. Esta organización de 625 millones de dólares con 35 millones de miembros atiende a personas a partir de los 50 años ofreciéndoles apoyos, productos, servicios y ventajas especiales para ellos. Sin embargo, esta organización se encuentra encasillada en el estereotipo de que es sólo para ancianos que viven en comunidades de jubilados. Al tener en cuenta que la población de la generación de los *baby boomers* de estas edades se duplicará en las próximas tres décadas, AARP se está reposicionando para atraer a personas de más de 50 años con estilos de vida activos. El objetivo de AARP era reclutar a la mitad de la población de más de 50 en el 2003, y para ello lanzó toda una serie de actividades. Entre éstas se contaban competencias de triatlón en distintas ciudades para promover el ejercicio físico, una muestra de arte de Grandma Moses para inspirar la creatividad, y una campaña de concientización para evitar los préstamos hipotecarios que se convierten en deudas agobiantes, así como el fraude de algunas empresas que realizan reformas en el hogar. El desafío de AARP, sin embargo, consiste en crear una marca única que atraiga a nuevos miembros, pero que al mismo tiempo atraiga al segmento de los mayores de 65 años. Como parte de esta iniciativa, la AARP publica diferentes ediciones de su rebautizada revista AARP The Magazine (que antes se llamaba *Modern Maturity*): una para los *baby boomers*, de entre 50 y 59, otra para los jubilados de entre 60 y 69 años, y otra para los mayores de 70.

Mejora de las características de un producto: Los pepinillos para hamburguesas de la marca Vlasic.

Una tercera forma de aumentar el número de usuarios de la marca es *arrebatar clientes a los competidores*. Existen numerosos ejemplos de empresas que han adoptado esta estrategia. Los responsables del marketing de las toallitas faciales Puffs constantemente tratan de captar a los clientes de Kleenex. También es posible incrementar el volumen de ventas si se logra convencer a los usuarios actuales de que aumenten su frecuencia de uso de la marca en cualquiera de tres formas: **1.** *Utilizar el producto en más ocasiones.* Por ejemplo, servir sopas Campbell como refrigerio, utilizar el vinagre Heinz para limpiar ventanas, o tomar fotos de las mascotas con Kodak. **2.** *Utilizar más producto en cada ocasión.* Por ejemplo, beber un vaso más grande de jugo de naranja. **3.** *Utilizar el producto de nuevas maneras.* Por ejemplo, tomar el antiácido Tums como fuente de calcio.[48]

MODIFICACIÓN DEL PRODUCTO En muchas ocasiones, los directivos también tratan de estimular las ventas al modificar las características del producto por medio de mejoras en la calidad, en las características del producto o en su estilo.

La estrategia de *mejora de la calidad* tiene por objeto incrementar el desempeño funcional del producto. Un fabricante logra adelantarse a sus competidores si lanza un producto "nuevo y mejorado". Los fabricantes de alimentos llaman a esta estrategia de lanzamiento "plus", y promueven nuevos calificativos o anuncian el producto como "más fuerte", "más grande" o "mejor". Esta estrategia es efectiva en la medida en que la calidad mejore, los compradores acepten dichas proposiciones de calidad y un número suficientemente elevado de compradores estén dispuestos a pagar más a cambio de una calidad superior. En el caso de la industria del café envasado, los fabricantes utilizan la "frescura" para posicionar mejor sus marcas de cara a la feroz competencia que ejercen las marcas rivales, como las marcas propias de tiendas que permiten que los consumidores muelan los granos que van a llevarse en el punto de venta. Kraft's Maxwell House promueve el café que vende en su nuevo envase Fresh Seal, y los anuncios de Folger, de P&G, mostrarán cómo sus latas AromaSeal —envases de plástico, con una cinta desprendible, que se pueden cerrar herméticamente y que son fáciles de manejar— hacen que los granos conserven mejor su frescura.[49]

Sin embargo, los consumidores no siempre están dispuestos a aceptar un producto "mejorado", como ilustra la clásica historia de la "nueva Coca-Cola".

COCA-COLA

En 1985, asediada por la competencia de Pepsi, cuya bebida es más dulce, Coca-Cola decidió reemplazar su antigua fórmula con una variante más dulce, denominada New Coke. Coca-Cola invirtió 4 millones de dólares en estudios de mercado. Las pruebas a ciegas demostraban que los consumidores preferían la nueva fórmula, más dulce. Sin embargo, el lanzamiento de New Coke provocó una protesta nacional. Los investigadores habían tenido en cuenta el sabor, pero habían menospreciado el apego emocional que los consumidores sentían por la Coca-Cola clásica. Éstos escribían cartas airadas, protestas formales, e incluso amenazas con denuncias en los juzgados, todo ello con el fin de recuperar "el sabor único" de la Coca-Cola tradicional. Diez semanas más tarde, la empresa retiró New Coke y volvió a comercializar su antigua fórmula como Coca-Cola "clásica", confiriéndole un estatus superior en el mercado.

La estrategia de *mejora de las características del producto* tiene por objeto agregar nuevas características (por ejemplo, de tamaño, peso, materiales, aditivos, accesorios) que aumenten la resistencia, la versatilidad, la seguridad o la comodidad del producto. En 1998, tras años de investigación y desarrollo, Vlasic creó un pepino 10 veces más largo que el tradicional pepinillo en vinagre. Los pepinillos, que se venden con el nombre de "Hamburger Stackers", son lo suficientemente grandes para cubrir la superficie de una hamburguesa y se presentan por docenas en frascos.[50]

Pfizer también inició mejoras de características de su marca Listerine.

PFIZER INC.

"Evidentemente, no es fácil ir por la calle con una botella de Listerine, enjuagarse y escupir", afirma Dermot Boden, vicepresidente de higiene bucal de Pfizer Inc., propietario de la marca Listerine. Éste es el razonamiento detrás de la presentación de bolsillo de Cool Mint de Listerine, en forma de tiras que se disuelven en la boca y que permiten refrescar el aliento siempre que sea necesario. Tras seis años de desarrollo, esta cómoda versión de Listerine no sólo permite que la marca llegue a consumidores más jóvenes, sino que ha generado la increíble cantidad de 120 millones de dólares en menos de un año a partir de su lanzamiento.[51]

Esta estrategia tiene varias ventajas. Las nuevas características contribuyen al desarrollo de la imagen de la empresa como innovadora, y logran la lealtad de los segmentos de mercado que valoran estas características. Asimismo, constituyen una oportunidad de publicidad gratuita y generan entusiasmo en la fuerza de ventas y en los distribuidores. El inconveniente principal es que las mejoras en las características son fáciles de imitar; a menos que exista una ventaja permanente por haber sido el primero en lanzar el producto al mercado, la mejora de las características podría no rendir frutos suficientes en el largo plazo.[52]

La estrategia de *mejora del estilo* pretende aumentar el atractivo estético del producto. La introducción periódica de nuevos modelos de automóviles responde a una competencia basada, principalmente, en el estilo, como ocurre con el envasado de los productos de consumo. Esta estrategia podría conferir al producto una identidad única en el mercado. Sin embargo, no está exenta de problemas. Primero, resulta difícil predecir si el nuevo estilo gustará, y a quién. Segundo, un cambio de estilo generalmente implica descontinuar el estilo anterior, por lo que la empresa se arriesga a perder clientes.

MODIFICACIÓN DEL PROGRAMA DE MARKETING Los gerentes de producto también deben tratar de estimular las ventas por medio de la modificación de uno o más elementos del programa de marketing. Para ello, es conveniente plantearse las siguientes preguntas:

■ *Precios.* ¿Podría una reducción en el precio atraer a nuevos compradores? Si la respuesta es afirmativa, ¿se deberían reducir los precios en general, o sólo en situaciones especiales, como hacer descuentos por volumen o a los clientes que pagan por adelantado, absorber los costos de transporte, u ofrecer mejores condiciones de crédito? ¿O sería más recomendable aumentar los precios como signo de mejor calidad?

■ *Distribución.* ¿Es posible que la empresa obtenga más respaldo y visibilidad para sus productos en los puntos de venta existentes? ¿Es factible penetrar en más puntos de venta? ¿Puede la empresa introducir el producto en nuevos canales de distribución?

■ *Publicidad.* ¿Se debería invertir más en publicidad? ¿Debería cambiarse el mensaje o el texto del anuncio? ¿Deberíamos cambiar de medios de comunicación? ¿Deberíamos modificar el horario, la frecuencia, la duración o el tamaño de los anuncios?

■ *Promoción de ventas.* ¿Es conveniente que la compañía emprenda actividades de promoción de ventas como ofertas especiales, cupones de descuento, rebajas, garantías, regalos y concursos?

■ *Personal de ventas.* ¿Deberíamos aumentar la cantidad y la calidad de los vendedores? ¿Hay que cambiar la especialización de la fuerza de ventas? ¿Habría que reorganizar los territorios de ventas? ¿Deberíamos revisar los incentivos de los vendedores? ¿Es posible mejorar el plan de visitas de los vendedores?

■ *Servicios.* ¿Es posible agilizar las entregas? ¿Es necesario incrementar la asistencia técnica a los clientes? ¿La empresa está en posibilidades de conceder más crédito?

Los mercadólogos suelen considerar qué herramientas resultan más efectivas en la madurez. Por ejemplo, ¿podría la empresa ganar más si incrementa su publicidad o su presupuesto de promoción de ventas? Algunos afirman que la promoción de ventas tiene más impacto en esta fase porque los consumidores han alcanzado un punto de equilibrio en sus hábitos de compra y en sus preferencias, y la persuasión psicológica (publicidad) no resulta tan eficaz como la persuasión financiera (promoción de ventas). En la actualidad, muchas empresas de bienes de consumo envasados invierten más del 60% de su presupuesto total de promoción en promociones de ventas para respaldar a sus productos maduros. Otros mercadólogos sostienen que las marcas deberían administrarse como activos financieros respaldados por la publicidad, y que los gastos en este último rubro deberían considerarse como inversiones de capital. Los gerentes de marca utilizan la promoción de ventas porque sus efectos son más inmediatos y más palpables ante sus superiores, pero una actividad de promoción de ventas excesiva podría perjudicar la imagen de la marca y la rentabilidad a largo plazo.

Estrategias de marketing en la fase de declinación

Las ventas disminuyen por diversas razones, como los avances tecnológicos, los cambios en los gustos de los consumidores, y la intensificación de la competencia nacional e internacional. Todo ello conduce a un exceso de capacidad, a una progresiva reducción de los precios y a una disminución de las utilidades. La declinación puede ser lenta, como en el caso de las máquinas de coser, o rápida, como en el caso de los disquetes de 5.25. En ocasiones las ventas se desploman hasta el nivel cero, o se mantienen congeladas en un nivel muy bajo.

Conforme las ventas y las utilidades disminuyen, algunas empresas se retiran del mercado. Las que permanecen disminuyen el número de productos que ofrecen, abandonan los segmentos de mercado más pequeños y los canales de distribución más débiles, recortan el presupuesto de promoción y reducen los precios aún más. Por desgracia, la mayor parte de las empresas no desarrollan políticas adecuadas para administrar los productos más antiguos.

A menos que existan razones poderosas que así lo aconsejen, mantener productos en fase de declinación es muy costoso para la empresa, y no sólo por el monto no recuperado de los gastos totales y por el monto de las utilidades, sino por todos los costos ocultos: los productos débiles consumen mucho tiempo de la dirección de la empresa; necesitan ajustes frecuentes de precio e inventario; requieren series cortas de producción que vuelven muy caros los procesos; demandan la atención del personal de ventas y de publicidad, cuya dedicación a los productos "saludables" resultaría mucho más rentable; y además, algunos de estos productos empañan la imagen de la empresa. Pero los costos mayores son los que se producirán en el futuro. Si no se eliminan a tiempo los productos más débiles, se retrasará la búsqueda de productos que los sustituyan. Los productos débiles crean una mezcla de producto desequilibrada, pues registraron un alto rendimiento en el pasado y arrojarán un escaso rendimiento en el futuro.

Al tratar con productos que están en proceso de envejecimiento, la empresa enfrenta toda una serie de tareas y decisiones. La primera es establecer un sistema de identificación de los productos débiles. Muchas empresas forman un comité de análisis de productos con representantes de los departamentos de marketing, investigación y desarrollo, producción y finanzas. El departamento de control de administración, por su parte, informa sobre las tendencias de tamaño y participación de mercado, precios, costos y utilidades para cada producto. A continuación, un software analiza esta información. Los directivos responsables de los productos dudosos hacen una serie de estimaciones, como pronósticos de ventas y utilidades, con y sin cambios en la estrategia de marketing. El comité, finalmente, revisa la información y hace sus recomendaciones para cada producto: mantenerlo, modificar la estrategia de marketing o abandonarlo.[53]

Algunas empresas abandonarán los mercados decadentes antes que otras, en función de la cantidad y del nivel de las barreras de salida del sector industrial.[54] Cuanto menores sean estas barreras, más fácilmente podrán las empresas abandonar el sector y más tentaciones tendrán las que deciden quedarse para seguir adelante y dirigirse a los clientes de las que han desaparecido. Por ejemplo, Procter & Gamble continuó con su producción de jabón líquido, a pesar de que se trataba de un mercado en decadencia, pero mejoró sus beneficios conforme otras empresas se retiraban.

En un estudio acerca de las estrategias empresariales en sectores en declive, se detectaron cinco alternativas posibles:

1. Aumentar la inversión (para dominar el mercado o fortalecer la situación competitiva).
2. Mantener el nivel de inversión hasta que se disipe la incertidumbre del sector.
3. Disminuir el nivel de la inversión de forma selectiva, al abandonar los grupos de clientes menos rentables y reforzar la inversión de la empresa en los nichos lucrativos.
4. Obtener el mayor provecho de la inversión para recuperarla tan pronto como sea posible.
5. Desinvertir en el negocio y disponer de sus activos de la manera más ventajosa posible.[55]

La estrategia más adecuada dependerá del atractivo relativo del sector y de la fuerza competitiva de la empresa dentro de éste. Una empresa que opera en un sector poco atractivo pero con la fuerza competitiva suficiente debe considerar la reducción de su actividad de forma selectiva. Una empresa que opera en un sector atractivo y que posee fuerza competitiva debe considerar reforzar su inversión. Veamos el caso de Quaker Oats.

QUAKER OATS

Tras años de destierro, la avena instantánea experimentó un retorno espectacular gracias a las campañas publicitarias que resaltaban los efectos saludables (para todos) y divertidos (para los niños) del producto, con un considerable aumento en las ventas a finales de los 90. El punto de inflexión fue enero de 1997, cuando la Food and Drug Administration (FDA) afirmó que "las dietas bajas en grasas saturadas y colesterol que incluyen la fibra soluble de la avena reducen el riesgo de enfermedades cardiacas". Quaker Oats, propietaria de casi dos tercios de esta categoría, aprovechó la ocasión para dirigirse a los niños y combinó la diversión con la nutrición mediante nuevos productos como Sea Adventures y Dinosaur Eggs.[56]

Si la empresa se encuentra en el dilema de exprimir la inversión o desinvertir, sus estrategias serán bastante diferentes. Para *exprimir* la inversión es necesario reducir los costos del producto o del negocio de forma gradual, al tiempo que se intenta mantener las ventas. El primer paso es reducir los costos de investigación y desarrollo, así como la inversión en fábricas y maquinaria. La empresa también puede reducir la calidad del producto, el personal de ventas, los servicios marginales y los gastos de publicidad. Todo esto debe hacerse sin dejar entrever a los clientes, a la competencia, o a los empleados lo que ocurre. Esta estrategia es difícil de poner en práctica. Sin embargo, con muchos productos maduros su aplicación se justifica, pues permite aumentar de forma sustancial los flujos de efectivo actuales de la empresa.[57]

Las empresas que logran rejuvenecer o rehabilitar un producto maduro generalmente añaden valor al producto original. Veamos el caso de Pitney Bowes, la empresa líder de máquinas de franqueo postal.

PITNEY BOWES

En 1996, los analistas e incluso los integrantes de Pitney Bowes, predecían que los faxes acabarían con el correo postal tradicional, la base sobre la que descansa el negocio de esta empresa. Después se predijo que el correo electrónico acabaría con los faxes y que todos estos avances tecnológicos pondrían fin a las ganancias de Pitney. Sin embargo, el aumento vertiginoso del correo directo y de la facturación relacionada con Internet ha generado más correo postal, y no menos como se esperaba, aunque también propició que nuevas empresas como e-Stamps y stamps-.com invadieran el territorio de Pitney al ofrecer un modo de descargar estampillas a través de Internet. Entonces, Pitney decidió convertirse en una empresa especializada en mensajería (su eslogan es "Pitney posibilita el flujo de la comunicación"). De esta forma, desarrolló productos de software que permiten a sus clientes registrar los materiales de entrada y de salida, convertir facturas y archivos impresos en documentos de fax o correo electrónico, y registrar si un documento se ha manipulado o no. Pitney también ofrece servicios de facturación electrónica para empresas de comercio electrónico e incluso desarrolló una línea de negocio de franqueos digitales para competir con las nuevas empresas. La perspectiva de Pitney es ésta: Internet no es el enemigo, más bien es el vehículo para reconvertirnos en una empresa de mensajería con una amplia gama de servicios.[58]

Cuando una empresa opta por eliminar un producto, se enfrenta a diversas decisiones. Si el producto tiene una buena distribución y aún conserva un potencial de beneficios, podría vendérselo a otra empresa. Si la compañía no encuentra compradores, tendrá que decidir si liquidar la marca rápida o lentamente. También debe decidir cuánto inventario y qué servicios va a conservar para atender a los clientes antiguos.

Crítica del concepto de ciclo de vida del producto

El concepto de ciclo de vida del producto ayuda a los mercadólogos a interpretar la dinámica del producto y del mercado. Se puede utilizar como herramienta de planeación y control, aunque también es muy útil como herramienta de pronóstico. La teoría del ciclo de vida del producto ha sido blanco de muchas críticas. Algunos afirman que los patrones del ciclo de vida son demasiado diferentes en relación con la forma y la duración, y que los mercadólogos rara vez pueden precisar en qué etapa se encuentra un producto. Tal vez un producto parezca maduro cuando en realidad sólo se ha estancado ligeramente antes de resurgir. Además, afirman que el ciclo de vida de los productos es más bien el resultado de las estrategias de marketing en lugar del curso inevitable que siguen las ventas:

> Suponga que una marca es aceptable para todos los consumidores, pero que ha pasado por una serie de años malos por culpa de otros factores (por ejemplo, escasa publicidad, cancelación de un canal de distribución importante, o entrada de un competidor que se apoya en el reparto de muestras gratuitas). En lugar de pensar en términos de medidas correctivas, la dirección de la empresa empieza a pensar que su marca ha entrado en la fase de declinación . Por tanto, retira fondos del presupuesto de promoción para poder financiar la investigación y el desarrollo de nuevos productos. Al año siguiente la marca va aún peor, y cunde el pánico... Resulta claro que el ciclo de vida del producto es una variable dependiente de las acciones de marketing, y no una variable independiente a la que las empresas deban adaptar sus programas de marketing.[59]

La tabla 10.3 resume las características, objetivos y estrategias de marketing para las cuatro etapas del ciclo de vida de los productos.

::: Evolución del mercado

Puesto que el ciclo de vida del producto se centra más en lo que sucede con un producto concreto o con una marca en particular que en lo que sucede con la totalidad del mercado, ofrece perspectivas en torno a los productos y no en torno al mercado. Las empresas deben visualizar la trayectoria de evolución *del mercado*, y tener en cuenta que ésta se verá afectada por nuevas necesidades, competidores, tecnología, canales de distribución y otros acontecimientos.[60]

A lo largo de la existencia de una marca o de un producto, su posicionamiento habrá de cambiar para mantener el ritmo de los diferentes acontecimientos que se presentan en el mercado. Veamos el ejemplo de Lego.

| TABLA 10.3 | Resumen de características, objetivos y estrategias del ciclo de vida de un producto.

	Introducción	**Crecimiento**	**Madurez**	**Declinación**
Características				
Ventas	Ventas bajas	Las ventas aumentan rápidamente	Ventas en el punto máximo	Ventas a la baja
Costos	Alto costo por cliente	Costo promedio por cliente	Bajo costo por cliente	Bajo costo por cliente
Utilidades	Negativas	En ascenso	Elevadas	A la baja
Clientes	Innovadores	Primeros adoptantes	La mayoría en el medio	Tardíos
Competidores	Pocos	Número creciente	Número estable que empieza a disminuir	Número en descenso
Objetivos de marketing				
	Crear conocimiento de producto y fomentar la prueba	Maximizar la participación de mercado	Maximizar utilidades mientras se defiende la participación de mercado	Reducir gastos y exprimir la marca
Estrategias				
Producto	Ofrecer un producto básico	Ofrecer extensiones de producto, servicio y garantía	Diversificar marcas y modelos	Retirar paulatinamente los más débiles
Precio	Se carga un costo adicional	Precio para penetrar en el mercado	Precio para igualar o mejorar el de la competencia	Reducción de precios
Distribución	Selectiva	Intensiva	Más intensiva	Selectiva: Se eliminan puntos de venta no rentables
Publicidad	Se crea conocimiento de producto entre los primeros adoptantes y distribuidores	Se crea conocimiento e interés en el mercado masivo	Se resaltan las diferencias de marca y los beneficios	Se reduce al nivel necesario para retener a los clientes leales
Promoción de ventas	Se usa una fuerte promoción de ventas para inducir a probar el producto	Se reduce para sacar ventaja de la fuerte demanda de los consumidores	Se intensifica para alentar el cambio de marca	Se reduce al nivel mínimo

Fuentes: Chester R. Wasson, *Dynamic Competitive Strategy and Product Life Cycles* (Austin, TX: Austin Press, 1978); John A. Weber, "Planning Corporate Growth with Inverted Product Life Cycles", *Long Range Planning* (octubre de 1976), pp. 12–29; Peter Doyle, "The Realities of the Product Life Cycle", *Quarterly Review of Marketing* (verano de 1976).

LEGO GROUP

LEGO Group, la empresa danesa de juguetes, contaba con un 72% de la participación de mercado global del sector de juguetes de construcción, pero los niños cada vez pasaban más tiempo delante de la computadora, el televisor y las consolas de videojuegos, y menos con los juguetes tradicionales. LEGO se dio cuenta de la necesidad de modificar o ampliar su mercado. Así, redefinió su mercado como "entretenimiento educacional para la familia", lo que engloba juguetes, productos educativos, tecnología interactiva, software, computadoras y algunos otros artículos electrónicos. En resumen, decidió ocuparse de todo lo que tuviera que ver con ejercitar la mente y divertirse al mismo tiempo. Parte del plan de LEGO Group consiste en captar la creciente participación de mercado del gasto de los consumidores conforme los niños se hacen adultos y se convierten en padres.

Al igual que los productos, los mercados atraviesan las mismas cuatro fases: introducción, crecimiento, madurez y declinación.

INTRODUCCIÓN Antes de que un mercado llegue a materializarse, existe como mercado latente. Por ejemplo, a lo largo de los siglos la gente ha deseado una forma de realizar cálculos rápidamente. Hasta hace poco tiempo, esta necesidad se veía satisfecha, aunque de forma imperfecta, con ábacos, reglas de cálculo y máquinas sumadoras. Supongamos que un empresario identifica esta necesidad e imagina una solución tecnológica en la forma de una pequeña calculadora electrónica de bolsillo. Entonces se da a la tarea de definir los atributos del producto, especialmente su tamaño y el número de funciones matemáticas. Como tiene una orientación de mercado, interroga a los compradores potenciales y descubre que su mercado meta tiene preferencias muy dispares. Algunos desean una calculadora con cua-

WHAT WILL YOU MAKE?

play on

Un anuncio de la línea de producto LEGO 2004. LEGO redefinió su espacio de mercado como "entretenimiento educativo para la familia", y dejó atrás su imagen centrada exclusivamente en la fabricación de juguetes infantiles.

tro funciones (sumar, restar, multiplicar y dividir) y otros quieren más (porcentajes, raíces cuadradas y logaritmos). Algunos buscan una calculadora pequeña, y otros una grande. Este tipo de mercados en el que las preferencias de los consumidores son muy diferentes, se denominan *mercados de preferencias difusas*.

El problema del empresario consiste en diseñar un producto óptimo para este mercado. Tiene tres opciones:

1. Diseñar el nuevo producto para satisfacer las preferencias de un solo grupo de consumidores (*estrategia de nicho único*).
2. Lanzar dos o más productos a la vez para captar dos o más segmentos del mercado (*estrategia de nichos múltiples*).
3. Diseñar el nuevo producto para el consumidor promedio de ese mercado (*estrategia de mercado masivo*).

Para las empresas pequeñas, la estrategia de nicho único tiene mayor sentido, puesto que no tendrán recursos suficientes para captar y conservar el mercado masivo. Una empresa de gran tamaño podría dirigirse al mercado masivo si diseña un producto promedio en tamaño y en funciones. Imagine que la empresa pionera es de gran tamaño y que diseña un producto para el mercado masivo. Cuando la empresa lanza el producto se inicia la fase de introducción.[61]

CRECIMIENTO Si las ventas del nuevo producto van bien, otras empresas se incorporarán al mercado e impulsarán la *fase de crecimiento*. ¿Qué estrategia adoptará la segunda empresa en entrar al mercado, si la primera decidió situarse en el centro? Si la segunda empresa es pequeña, lo más aconsejable es evitar la competencia directa con la primera empresa y situar el nuevo producto en alguno de los vértices del mercado. Si la segunda empresa es grande, podría arremeter directamente contra la empresa pionera y situar su producto en el centro del mercado. Quizás las dos empresas terminen por compartir el mercado masivo

**a) Fase de fragmentación
del mercado**

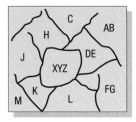

**b) Fase de consolidación
del mercado**

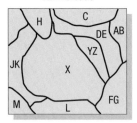

| FIG. **10.5** |

Estrategias de fragmentación y
consolidación del mercado.

con facilidad. Otra alternativa para la segunda empresa, de gran tamaño, es aplicar una estrategia de nichos múltiples y confinar así a la empresa pionera.

MADUREZ En un momento dado, los competidores cubren o atienden a los principales segmentos del mercado, con lo que este último entra en la *fase de madurez*. De hecho, van más allá e invaden los segmentos ocupados por los demás y, en el proceso, reducen las ganancias de cada uno. A medida que el crecimiento del mercado se vuelve lento, éste se divide en segmentos más pequeños y se produce una *fragmentación del mercado*, tal como refleja la figura 10.5*a*, donde las letras representan diferentes empresas que atienden a varios segmentos. Cabe destacar que existen dos segmentos desatendidos porque son tan pequeños que no permitirían generar utilidades.

Con frecuencia, la fragmentación va seguida de una *consolidación del mercado*, causada por la aparición de un atributo nuevo con un fuerte atractivo para el público. Esta situación, junto con la expansión del territorio x, se ilustra en la figura 10.5*b*.

En *Marketing en acción: Dinámica de la competencia en atributos* se analiza cómo aparecen nuevos atributos en un mercado. No obstante lo anterior, la situación de consolidación de un mercado no tiene por qué durar. Es probable que otras empresas copien una marca de éxito, y entonces el mercado se fragmentará de nuevo. Los mercados maduros oscilan constantemente entre la fragmentación y la consolidación: la fragmentación es consecuencia de la competencia, y la consolidación se debe a la innovación. Veamos la evolución del mercado de las toallas de papel.

TOALLAS DE PAPEL

En el pasado, las amas de casa utilizaban paños y toallas de algodón y lino para la cocina. Una empresa de papel, en busca de nuevos mercados, desarrolló toallas de papel. El nuevo producto cristalizó en un mercado latente. Otros fabricantes penetraron en este mercado, el número de marcas fue en aumento, y el mercado se

---

MARKETING **EN ACCIÓN** | **DINÁMICA DE LA COMPETENCIA EN ATRIBUTOS**

La competencia provoca que las empresas agreguen nuevos atributos a los productos de manera continua. Si un atributo tiene éxito, los competidores lo ofrecerán rápidamente. Puesto que ya todas las gasolineras aceptan los pagos con tarjeta de crédito, esto ya no supone una razón para elegir una gasolinera en lugar de otra. *Las expectativas de los consumidores son progresivas*. Esto pone de manifiesto la importancia que tiene conservar el liderazgo a la hora de introducir nuevos atributos. Cada atributo que se añade a un producto, si tiene éxito, genera ventaja competitiva para la empresa, lo que a su vez conduce a una mayor participación de mercado y a ganancias temporalmente por encima del promedio. La empresa líder del mercado debe aprender a hacer de la innovación un proceso rutinario.

¿Es posible para una empresa prever y anticipar la sucesión de atributos que pueden ganar aceptación entre los consumidores y que son factibles desde un punto de vista tecnológico? ¿Cómo logra una empresa descubrir nuevos atributos? Éstas son cuatro aproximaciones posibles.

1. *Encuestas a los clientes:* La empresa pregunta a los clientes qué ventajas agregarían al producto y el nivel esperado de cada una. Asimismo, la empresa estudia el costo de desarrollar cada atributo y las posibles respuestas competitivas.

2. *Proceso intuitivo:* Los empresarios tienen presentimientos y desarrollan productos sin hacer demasiada investigación de mercados. La selección natural determina cuáles empresas ganan y cuáles pierden. Si un fabricante tiene una corazonada con un atributo que el mercado en verdad desea, se le considera inteligente o afortunado.

3. *Proceso dialéctico:* Los innovadores no deben seguir a la muchedumbre. Así es como los jeans, que comenzaron por ser una mo-

desta prenda de ropa, con el tiempo se han convertido en una prenda de moda y cara. Sin embargo, este movimiento unidireccional contiene la semilla de su propia destrucción. Al final, el precio se reduce o algún otro fabricante introduce un material económico para fabricar los jeans.

4. *Proceso de jerarquía de necesidades:* (Véase la teoría de Maslow en el capítulo 6). Cabe afirmar que los primeros automóviles estaban pensados para ofrecer un transporte básico y diseñados para ofrecer seguridad. Más adelante, los fabricantes de automóviles empezaron a apelar a las necesidades de aceptación social y de estatus. Luego, los automóviles se diseñaron para que las personas se sintieran "autorrealizadas". La tarea del innovador consiste en evaluar cuándo el mercado está listo para satisfacer la siguiente necesidad de la escala.

La extensión actual de nuevos atributos en el mercado es más compleja de lo que sugieren las teorías sencillas. No deberíamos menospreciar la función de los procesos tecnológicos y sociales. Por ejemplo, el deseo de los consumidores de poseer computadoras portátiles no se satisfizo sino hasta que la tecnología de la miniaturización se desarrolló lo suficiente. Acontecimientos como la inflación, la escasez, el ecologismo, la protección de los consumidores y la aparición de nuevos estilos de vida ha hecho que los consumidores reconsideren los nuevos atributos de los productos. La inflación fomenta el deseo de tener un automóvil más pequeño, y el deseo de un automóvil seguro aumenta el deseo de tener un automóvil resistente. El innovador debe hacer uso de la investigación de mercados para evaluar la fuerza de los distintos atributos y así determinar qué resultará más beneficioso para la empresa.

Fuente: Marnik G. Dekimpe y Dominique M. Hanssens, "Empirical Generalizations about Market Evolution and Stationarity", *Marketing Science* 14, núm. 3, parte 1 (1995), pp. G109–121.

fragmentó. El exceso de capacidad en el sector llevó a los fabricantes a intentar añadir nuevas características. Un fabricante que atendió a los consumidores que se quejaban de que las toallas no eran absorbentes, introdujo un material con buena capacidad de absorción y ganó participación de mercado. Esta consolidación no duró mucho, puesto que los competidores introdujeron sus propias versiones de toallas de papel absorbente, por lo que el mercado se volvió a fragmentar. A continuación, otro fabricante lanzó el papel de cocina "ultra resistente", y los competidores lo imitaron de inmediato. Más tarde, otro fabricante lanzó el papel que no deja rastro ni pelusa, y también le copiaron. Así, las toallas de papel para la cocina pasó de ser un único producto a convertirse en un producto con aplicaciones, resistencia y capacidad de absorción diferentes. Las fuerzas de la innovación y la competencia fueron las responsables de la evolución de este mercado.

DECLINACIÓN En un momento dado, la demanda del mercado de productos existentes comenzará a disminuir, y el mercado habrá entrado entonces en la *fase de declive*. Esto ocurre porque el nivel total de necesidades disminuye, o bien porque aparece una nueva tecnología que reemplaza a la anterior. Por ejemplo, en los últimos años se han dado una serie de cambios en las tradiciones y actualmente existe una tendencia hacia la incineración, lo que ha hecho que las empresas funerarias y los fabricantes de ataúdes reconsideren su forma de hacer negocios.[62]

RESUMEN :::

1. Para decidir la estrategia de posicionamiento es necesario establecer un marco de referencia (que permita identificar el mercado meta y la naturaleza de la competencia) y los factores de diferenciación y similitud ideales para las asociaciones de marca. La selección del marco de referencia dependerá de la comprensión del comportamiento del consumidor y de sus consideraciones a la hora de tomar decisiones de marca.

2. Los factores de diferenciación son las asociaciones exclusivas de una marca que están firmemente ancladas en la mente de los consumidores y que éstos valoran positivamente. Los factores de similitud son las asociaciones que no son exclusivas de una marca, sino que probablemente se comparten con otras marcas. Las asociaciones de similitud entre categorías son asociaciones que los consumidores consideran necesarias para que una oferta de producto resulte legítima y creíble en una categoría determinada. Las asociaciones de similitud entre competidores son las asociaciones destinadas a invalidar los factores de diferenciación entre competidores.

3. La clave de la ventaja competitiva es la diferenciación del producto. Una oferta de mercado se puede diferenciar en relación con cinco dimensiones: producto (forma, características, resultados, elaboración, calidad, duración, confiabilidad, posibilidades de reparación, estilo, diseño); servicios (facilidad de pedido, entrega, instalación, capacitación a clientes, asesoría a clientes, mantenimiento y reparación, y servicios diversos); personal, canal de distribución o imagen (símbolos, medios de comunicación, ambiente y eventos).

4. Puesto que las condiciones económicas varían, así como las actividades competitivas, las empresas tendrán que reformular sus estrategias de marketing en diversas ocasiones a lo largo del ciclo de vida de un producto. La tecnología, las versiones del producto y las marcas también atraviesan ciclos de vida con fases diferentes. La secuencia general en cualquier ciclo de vida es introducción, crecimiento, madurez y declinación . En la actualidad, la mayoría de los productos se encuentran en su fase de madurez.

5. Cada fase del ciclo de vida de un producto requiere estrategias de marketing diferentes. La fase de introducción se caracteriza por un crecimiento lento y utilidades mínimas. Si tiene éxito, el producto pasará a la fase de crecimiento, que se caracteriza por un rápido aumento en las ventas y en las utilidades. A esta fase le sigue la de madurez, en la que el crecimiento en ventas se modera y las utilidades se estabilizan. Por último, el producto entra en la fase de declinación. En esta fase, la empresa debe detectar los productos verdaderamente débiles; desarrollar una estrategia para cada uno de ellos; y eliminar los productos más débiles a fin de minimizar las consecuencias sobre los empleados, los consumidores y las utilidades de la empresa.

6. Al igual que los productos, los mercados también evolucionan y atraviesan por cuatro fases: introducción, crecimiento, madurez y declinación.

APLICACIONES :::

Debate de marketing Las marcas ¿están condenadas a la desaparición?

Con frecuencia, luego de que una marca empieza a perder popularidad en el mercado o desaparece, los analistas comentan: "Todas las marcas pasan a la historia." Su razonamiento es que todas las marcas tienen una vida limitada y no pueden aspirar a ser líderes eternos. Otros expertos se oponen a este argumento y afirman que es posible extender indefinidamente la vida de las marcas, y que el éxito de éstas dependerá de la capacidad y de la perspicacia de los profesionales de marketing que las administren.

Tome partido: "Las marcas tienen una vida limitada" frente a "no hay razón para que una marca se vuelva obsoleta".

Análisis de marketing

Identifique otros atributos y ventajas que presenten una correlación negativa y que no se hayan incluido en la tabla 10.2.

¿Qué estrategias utilizan las empresas para posicionarse en torno a parejas de atributos y ventajas?

CASO DE **MARKETING** | **KRISPY KREME**

Krispy Kreme produce 2,700 millones de donas cada año. Sin embargo, Krispy Kreme requirió mucho más que donas recién horneadas para convertirse en "la mejor marca de Estados Unidos" en el 2003. La capitalización bursátil de la empresa se cuadruplicó en los tres años siguientes a la oferta pública inicial del 2000, y en la actualidad, la cadena obtiene mil millones de dólares de ingresos en sus más de 300 establecimientos.

¿Cómo consiguió Krispy Kreme convertir las donas en dólares? La respuesta está en un posicionamiento de la marca muy estudiado y en el marketing local. El director general de Krispy Kreme, Scott Livengood, afirma: "Tenemos una marca y un producto humildes. No son nada ostentosos." La empresa no es nueva, se fundó en 1937, y parte de su imagen de marca se basa en su estilo tradicional. Los colores rojo, verde y blanco y los gráficos retro evocan la serie *Happy Days* de los 50, al igual que los establecimientos repletos de formica y agradables a los ojos de los niños. "Queremos que las experiencias de todos los clientes se asocien a los buenos tiempos y a recuerdos entrañables", afirma Livengood.

La imagen de marca de la empresa también se basa en sus donas calientes recién horneadas. En una era de alimentos procesados, nada se compara con una buena dona recién sacada del horno. El marketing de la empresa es básicamente local. Tradicionalmente, Krispy Kreme no ha tenido presupuesto de publicidad, sino que más bien los "directores de marketing de la comunidad" encabezan la lista de quienes apoyan a los grupos altruistas y a las organizaciones sin fines de lucro. Por ejemplo, la empresa ayuda a estas organizaciones a recaudar fondos vendiéndoles donas a mitad de precio, que ellas después pueden revender por el precio total. Así hacen esta ayuda una herramienta promocional de Krispy Kreme.

Otra táctica consiste en regalar donas a las estaciones de televisión, emisoras de radio y periódicos antes de entrar en un nuevo mercado. Krispy Kreme marcó un gol publicitario en 1996 cuando abrió su primer establecimiento en Nueva York. La empresa repartió cajas de donas gratuitas a *Today Show*, y así consiguió una exposición nacional de millones de dólares por el precio de unas cuantas donas. Incluso el mismo día de la oferta pública inicial se rumoraba que se iban a repartir donas gratis en el piso de la bolsa de valores.

Cada punto de venta es un emisario de la marca, y la firma de la empresa, el Teatro de las Donas, define claramente la imagen de marca. El Teatro de las Donas, una experiencia multisensorial, tiene lugar cada día en diversas ocasiones en todos los establecimientos Krispy Kreme. Cuando la tienda enciende el letrero en luz neón que dice "Donas calientes", la función está a punto de empezar. Un gran cristal permite a los consumidores presenciar la totalidad del proceso.

La experiencia del Teatro de las Donas funciona en tres niveles. En el nivel directo, el espectáculo entretiene a los consumidores y los introduce en la experiencia de hornear donas. En el nivel indirecto, demuestra que los productos son frescos y que se fabrican en un entorno impecable. En el nivel subliminal, como afirma el director general, "el movimiento de los productos en la cinta transportadora tiene un efecto relajante, casi hipnótico. Se podría comparar con sentarse en la playa y ver cómo sube la marea. El movimiento es tan consistente y relajante que es muy beneficioso para las personas". Los consumidores se agolpan en las tiendas para ver cómo emergen las bandejas de donas recién horneadas y deliciosamente frescas. Forman largas filas en torno a los puntos de venta recién inaugurados para percibir el aroma de las donas recién hechas, para ver la cascada de vainilla glaseada, y para sentir la calidez de una dona "que se deshace en la boca y sabe delicioso", relata Livengood.

El Teatro de las Donas es como un espectáculo que atrae a los consumidores a la experiencia de la panadería y les hace sentirse parte del proceso. Otro aspecto del espectáculo es el hecho de que sus donas aparecen en series como *Los Sopranos* y *Will y Grace* y en películas como Todopoderoso (*Bruce Almighty*). Por último, la expansión internacional está disparándose gracias a personajes famosos como Dick Clark, Hank Aaron y Jimmy Buffet, quienes solicitaron sus propias franquicias Krispy Kreme. Y es que Krispy Kreme no concede franquicias a cualquiera.

El 65% de los ingresos de Krispy Kreme provienen de la venta directa de donas a los consumidores a través de una cadena de 106 establecimientos propiedad de la empresa. Otro 31% proviene de la venta de mezclas de harina, máquinas para fabricar donas y entregas de producto a 186 franquicias. El 4% restante proviene de licencias y tarifas de franquicia.

En la actualidad, Krispy Kreme se está expandiendo mediante la venta de donas en tiendas de autoservicio. ¿Perjudicará esto a la marca? Stan Parker, vicepresidente de marketing de la empresa, no lo cree así, porque la empresa sigue haciendo hincapié en la frescura de sus productos. Krispy Kreme distribuye las donas empacadas diariamente desde Krispy Kreme local, y retira las que no se vendieron. La presencia de las donas en las tiendas de autoservicio contribuirá a recordar a los consumidores el sabor de una dona fresca, y los incitará a acudir a los establecimientos Krispy Kreme.

El éxito de Krispy Kreme constituye una llamada de atención para su competidor Dunkin' Donuts, que se ha confiado demasiado. El par conformado por Krispy Kreme en el negocio de las donas y Starbucks en el de café ha hecho que Dunkin' Donuts modernice sus menús y sus establecimientos, que no habían cambiado en años. Más que innovar, Dunkin' Donuts investigó lo que los consumidores comían en otros establecimientos. Así, introdujo productos como donas, panqués bajos en calorías, y emparedados para el desayuno. Dunkin' Donuts sigue eclipsando a Krispy Kreme en tamaño, con unos ingresos de 3,000 millones de dólares en el 2003, pero debe encontrar la manera de sembrar el entusiasmo entre los consumidores, porque una cosa está clara: Krispy Kreme se niega a ser aburrido.

Preguntas para discusión

1. ¿Cuáles han sido los factores de éxito de Krispy Kreme?

2. ¿En qué sentido es vulnerable esta empresa? ¿A qué debería prestar atención?

3. ¿Qué recomendaría a los directivos de marketing para el futuro? ¿Qué medidas de marketing deben tomar?

Fuentes: Andy Serwer, "The Hole Story: How Krispy Kreme Became the Hottest Brand in America", *Fortune,* 7 de julio de 2003, pp. 52–62; "Create 'Spontaneous' Media Events", *Business 2.0,* diciembre de 2003; Barbara Grondin Francella, "Krispy Kreme Is Sweet on c-Stores", *Convenience Store News,* 12 de octubre de 2003, p. 70; "Profile: Ethical Sweetener—Charlotte Taylor, Community Marketing Manager, Krispy Kreme", *Marketing,* 11 de septiembre de 2003, p. 18; Dan Malovany, "Kreme de la Kreme", *Snack Food & Wholesale Bakery,* febrero de 2002; Kirk Kazanjian y Amy Joyner, *Making Dough: The 12 Secret Ingredients of Krispy Kreme's Sweet Success* (Nueva York: John Wiley & Sons, 2003); Daniel McGinn, "Oh, Sweet Revenge: Dunkin' Donuts Faces Two High-End Rivals", *Newsweek,* 29 de septiembre de 2003, p. 34; <www.krispykreme.com>.

REFERENCIAS BIBLIOGRÁFICAS :::

1. Joseph Weber, "Public TV's Identity Crisis", *Business Week*, 30 de septiembre de 2002, pp. 65–66; Joe Flint, "PBS Takes Tack of Commercial Peers: Think Young", *Wall Street Journal*, 27 de marzo de 2002, pp. B1, B4.

2. Kortney Stringer, "Hard Lesson Learned: Premium and No-Frills Don't Mix", *Wall Street Journal*, 3 de noviembre de 2003, p. B.1.

3. Al Ries y Jack Trout, *Positioning: The Battle for Your Mind* (Nueva York: Warner Books, 1982).

4. Alice M. Tybout and Brian Sternthal, "Brand Positioning", en *Kellogg on Marketing*, editado por Dawn Iacobucci (Nueva York: John Wiley & Sons, 2001), p. 35; Theresa Howard, "DiGiorno's Campaign Delivers Major Sales", *USA Today*, 1 de abril de 2002.

5. Kevin Lane Keller, Brian Stenthal, y Alice Tybout (2002), "Three Questions You Need to Ask About Your Brand", *Harvard Business Review*, 80 (septiembre), pp. 80–89.

6. Richard Heller, "Folk Fortune", *Forbes*, septiembre 4 del 2000, pp. 66–69.

7. Julia Boorstin, "How Coach Got Hot", *Fortune*, 28 de octubre de 2002, pp. 132–134.

8. Professor Brian Sternthal, "Miller Lite Case", Kellogg Graduate School of Management, Northwestern University.

9. Jim Hopkins, "When the Devil Is in the Design", *USA Today*, 31 de diciembre de 2001, p. 3B.

10. Keith Naughton, "Ford's 'Perfect Storm'", *Newsweek*, septiembre 17, 2001, pp. 48–50.

11. Dale Buss, "Sweet Success", *Brandweek*, 12 de mayo de 2003, pp. 22–23.

12. Gregory S. Carpenter, Rashi Glazer y Kent Nakamoto, "Meaningful Brands from Meaningless Differentiation: The Dependence on Irrelevant Attributes", *Journal of Marketing Research*, August 1994, pp. 339–350.

13. Naomi Aoki, "An Alteration at Brooks Brothers Derailed by Casual Era Retailer Returns to Its Roots", *Boston Globe*, 12 de noviembre de 2003, p. E1.

14. Katrina Brooker, "The Chairman of the Board Looks Back", *Fortune*, 28 de mayo de 2001.

15. Bridget Finn, "Selling Cool in a Bottle—of Dish Soap", *Business 2.0*, diciembre de 2003, pp. 72–73.

16. Robert D. Buzzell y Bradley T. Gale, *The PIMS Principles: Linking Strategy to Performance* (Nueva York: The Free Press, 1987).

17. "The 25 Best Sales Forces", *Sales & Marketing Management* (julio de 1998), pp. 32–50.

18. Para una lista similar, véase Leonard L. Berry y A. Parasuraman, *Marketing Services: Competing Through Quality* (Nueva York: The Free Press, 1991), p. 16.

19. Sarah Fister Gale, "The Bookstore Battle", *Workforce Management*, enero de 2004, pp. 51–53.

20. William C. Symonds, "Working for Working Adults", *Business Week*, junio 9, 2003, p. 86.

21. Karen Axelrod y Bruce Brumberg, *Watch It Made in the U.S.A.* (Santa Fe: John Muir Publications, 1997).

22. Algunos autores distinguen etapas adicionales. Wasson identifica una etapa de turbulencia competitiva entre crecimiento y madurez. Véase Chester R. Wasson, *Dynamic Competitive Strategy and Product Life Cycles* (Austin, TX: Austin Press, 1978). La madurez describe una etapa de reducción en el crecimiento de las ventas y de saturación, una etapa en la que las ventas se estabilizan después de haber alcanzado su punto máximo.

23. John E. Swan y David R. Rink, "Fitting Market Strategy to Varying Product Life Cycles", *Business Horizons* (enero–febrero de 1982), pp. 72–76; Gerald J. Tellis y C. Merle Crawford, "An Evolutionary Approach to Product Growth Theory", *Journal of Marketing* (invierno de 1981), pp. 125–134.

24. William E. Cox Jr., "Product Life Cycles as Marketing Models", *Journal of Business* (octubre de 1967), pp. 375–384.

25. Jordan P. Yale, "The Strategy of Nylon's Growth", *Modern Textiles Magazine*, febrero de 1964, p. 32. Véase también Theodore Levitt, "Exploit the Product Life Cycle", *Harvard Business Review* (noviembre–diciembre 1965), pp. 81–94.

26. Chester R. Wasson, "How Predictable Are Fashion and Other Product Life Cycles?" *Journal of Marketing* (julio de 1968), pp. 36–43.

27. Wasson, "How Predictable Are Fashion and Other Product Life Cycles?", pp. 36–43.

28. William H. Reynolds, "Cars and Clothing: Understanding Fashion Trends", *Journal of Marketing* (julio de 1968), pp. 44–49.

29. Patrick Butters, "What Biggest Selling Adult Game Still Cranks Out Vexing Questions?" *Insight on the News*, 26 de enero de 1998, p. 39.

30. Robert D. Buzzell, "Competitive Behavior and Product Life Cycles", en *New Ideas for Successful Marketing*, John S. Wright y Jack Goldstucker (eds.)(Chicago: American Marketing Association, 1956), p. 51.

31. Rajesh J. Chandy, Gerard J. Tellis, Deborah J. MacInnis, y Pattana Thaivanich, "What to Say When: Advertising Appeals in Evolving Markets", *Journal of Marketing Research* 38 (noviembre), pp. 399–414.

32. William T. Robinson y Claes Fornell, "Sources of Market Pioneer Advantages in Consumer Goods Industries", *Journal of Marketing Research* (agosto de 1985), pp. 305–317; Glen L. Urban *et al.*, "Market Share Rewards to Pioneering Brands: An Empirical Analysis and Strategic Implications", *Management Science* (junio de 1986), pp. 645–659.

33. Gregory S. Carpenter y Kent Nakamoto, "Consumer Preference Formation and Pioneering Advantage", *Journal of Marketing Research* (agosto de 1989), pp. 285–298.

34. William T. Robinson y Sungwook Min, "Is the First to Market the First to Fail? Empirical Evidence for Industrial Goods Businesses", *Journal of Marketing Research* 39 (febrero de 2002), pp. 120–128.

35. Frank R. Kardes, Gurumurthy Kalyanaram, Murali Chankdrashekaran y Ronald J. Dornoff, "Brand Retrieval, Consideration Set Composition, Consumer Choice, and the Pioneering Advantage", *Journal of Consumer Research* (junio de 1993):, pp. 62–75. Véase también, Frank H. Alpert y Michael A. Kamins, "Pioneer Brand Advantage and Consumer Behavior: A Conceptual Framework and Propositional Inventory", *Journal of the Academy of Marketing Science* (primavera de 1994), pp. 244–253.

36. Thomas S. Robertson y Hubert Gatignon, "How Innovators Thwart New Entrants into Their Market", *Planning Review* (septiembre–octubre de 1991), pp. 4–11, 48; Douglas Bowman y Hubert Gatignon, "Order of Entry as a Moderator of the Effect of Marketing Mix on Market Share", *Marketing Science* 15, núm. 3, (1996), pp. 222–242.

37. Venkatesh Shankar, Gregory S. Carpenter y Lakshman Krishnamurthi, "Late Mover Advantage: How Innovative Late Entrants Outsell Pioneers", *Journal of Marketing Research* 35 (febrero de 1998), pp. 54–70.

38. Steven P. Schnaars, *Managing Imitation Strategies* (Nueva York: The Free Press, 1994). Véase también, Jin K. Han, Namwoon Kim y Hony-Bom Kin, "Entry Barriers: A Dull-, One-, or Two-Edged Sword for Incumbents? Unraveling the Paradox from a Contingency Perspective", *Journal of Marketing* (enero de 2001), pp. 1–14.

39. Victor Kegan, "Second Sight: Second Movers Take All", *The Guardian*, 10 de octubre de 2002.

40. Peter N. Golder y Gerald J. Tellis, "Pioneer Advantage: Marketing Logic or Marketing Legend?" *Journal of Marketing Research* (mayo de 1992), pp. 34–46; Shi Zhang y Arthur B. Markman, "Overcoming the Early Advantage: The Role of Alignable and Nanalignable Differences", *Journal of Marketing Research* (noviembre de 1998), pp. 1–15.

41. Gerald Tellis y Peter Golder, *Will and Vision: How Latecomers Can Grow to Dominate Markets* (Nueva York: McGraw-Hill, 2001); Rajesh K. Chandy y Gerald J. Tellis, "The Incumbent's Curse? Incumbency, Size, and Radical Product Innovation", *Journal of Marketing Research* (julio de 2000), pp. 1–17.

42. Linda Himelstein, "Yahoo! The Company, the Strategy, the Stock", *Business Week*, 7 de septiembre de 1998, pp. 66–76; Marc Gunther, "The Cheering Fades for Yahoo!", *Fortune*, 12 de noviembre de 2001; Ben Elgin, "Inside Yahoo! The Untold Story of How Arrogance, Infighting, and Management Missteps Derailed One of the Hottest Companies on the Web," *Business Week*, 21 de mayo de 2001, p. 114; Ben Elgin, "The Search War Is About to Get Bloody", *Business Week*, 28 de julio de 2003, pp. 72–73.

43. Himelstein, "Yahoo! The Company, the Strategy, the Stock", pp. 66–76; Gunther, "The Cheering Fades for Yahoo!"; Elgin, "Inside Yahoo! The Untold Story of How Arrogance, Infighting, and Management Missteps Derailed One of the Hottest Companies on the Web", p. 114; Elgin, "The Search War Is About to Get Bloody", pp. 72–73.

44. Oscar Suris, "Ads Aim to Sell Hush Puppies to New Yuppies", *Wall Street Journal*, 28 de julio de 1993, pp. B1, B6; Keith Naughton, "Don't Step on My Blue Suede Hush Puppies", *Business Week,* 11 de septiembre de 1995, pp. 84–86; Cyndee Miller, "Hush Puppies: All of a Sudden They're Cool", *Marketing News*, 12 de febrero de 1996, p. 10; Denise Gellene, "An Old Dog's New Tricks: Hush Puppies' Return in the '90s Is No Small Feet", *Los Angeles Times*, 30 de agosto de 1997, p. D1; Malcolm Gladwell, "How to Start an Epidemic", *The Guardian*, 22 de abril de 2000.

45. Sarah Ellison, "P&G to Buy Glide Dental Floss, A Popular Brand", *Wall Street Journal*, 17 de septiembre de 2003, p. A19; Anónimo, "What's Hot: Promoting Dental Floss", *Drug Store News*, 8 de septiembre de 2003, p. 23.

46. Allen J. McGrath, "Growth Strategies with a '90s Twist", *Across the Board*, marzo de 1995, pp. 43–46.

47. Jane Eisinger Rooney, "Brand New Day", *Association Management*, febrero de 2003, pp. 46–51.

48. Brian Wansink y Michael L. Ray, "Advertising Strategies to Increase Usage Frequency", *Journal of Marketing* (enero de 1996), pp. 31–46. Véase también Brian Wansink, "Expansion Advertising", en *How Advertising Works*, John Philip Jones (eds.) (Thousand Oaks, CA: Sage Publications), pp. 95–103.

49. Stephanie Thompson, "Coffee Brands Think Outside of the Can", *Advertising Age*, 28 de julio de 2003, p. 26.

50. Vanessa O'Connell, "Food: After Years of Trial and Error, a Pickle Slice That Stays Put", *Wall Street Journal*, 6 de octubre de 1998, p. B1; "Vlasic's Hamburger-Size Pickles", *Wall Street Journal*, 5 de octubre de 1998, p. A26, <www.vlasic.com>.

51. Kathryn Shattuck, "Mouthwash Without the Bottle", *New York Times*, 7 de julio de 2002, p. 32; Michael Beirne y Aaron Baar, "Altoids Takes Offense in Breath Strips War", *Brandweek*, 9 de diciembre de 2002, p. 4.

52. Stephen M. Nowlis y Itamar Simonson, "The Effect of New Product Features on Brand Choice", *Journal of Marketing Research* (febrero de 1996), pp. 36–46.

53. Philip Kotler, "Phasing Out Weak Products", *Harvard Business Review* (marzo–abril de 1965), pp. 107–118; Richard T. Hise, A. Parasuraman y R. Viswanathan, "Product Elimination: The Neglected Management Responsibility", *Journal of Business Strategy* (primavera de 1984), pp. 56–63; George J. Avlonitis, "Product Elimination Decision Making: Does Formality Matter", *Journal of Marketing* (invierno de 1985), pp. 41–52.

54. Kathryn Rudie Harrigan, "The Effect of Exit Barriers upon Strategic Flexibility", *Strategic Management Journal* 1 (1980), pp. 165–176.

55. Kathryn Rudie Harrigan, "Strategies for Declining Industries", *Journal of Business Strategy* (otoño de 1980), pp. 27.

56. "Hot Cereal is One Hot Commodity", *Prepared Foods*, enero de 2000.

57. Philip Kotler, "Harvesting Strategies for Weak Products", *Business Horizons* (agosto de 1978), pp. 15–22; Laurence P. Feldman y Albert

L. Page, "Harvesting: The Misunderstood Market Exit Strategy", *Journal of Business Strategy* (primavera de 1985), pp. 79–85.

58. Claudia H. Deutsch, "Pitney Bowes Survives Faxes, E-Mail and the Internet", *New York Times,* 18 de agosto de 1998, p. D1; Matthew Lubanko, "Pitney Bowes Faces E-Foes Despite Lion's Share of the Market", *Hartford Courant,* 18 de marzo de 2000, p. E1.

59. Nariman K. Dhalla y Sonia Yuspeh, "Forget the Product Life Cycle Concept!" *Harvard Business Review* (enero–febrero de 1976), pp. 105.

60. Robert D. Buzzell, "Market Functions and Market Evolution", *Journal of Marketing* 63 (edición especial, 1999), pp. 61–63.

61. Para un análisis de la evolución del mercado de minivan entre 1982 y 1998, véase José Antonio Rosa, Joseph F. Porac, Jelena Runser-Spanjol y Michael S. Saxon, "Sociocognitive Dynamics in a Product Market", *Journal of Marketing* 63 (edición especial, 1999), pp. 64–77.

62. Daniel Fisher, "Six Feet Under", *Forbes,* 7 de julio de 2003, pp. 66–68.

EN ESTE CAPÍTULO ANALIZAREMOS LAS SIGUIENTES PREGUNTAS:

1. ¿Cómo identificar a los principales competidores?

2. ¿Cómo analizar las estrategias, los objetivos, las fortalezas y las debilidades de los competidores?

3. ¿Cómo pueden los líderes de un mercado expandir el mercado total y defender su participación de mercado?

4. ¿Cómo deben las empresas retadoras atacar a los líderes?

5. ¿Cómo logran las empresas seguidoras o las especialistas en nichos competir de manera efectiva?

Con Levi's® te ves como quieres.

FOR GIRLS

518®

once

Para crear una marca fuerte es necesario conocer a la competencia, que con los años se intensifica cada vez más. Los nuevos competidores provienen de direcciones diferentes: desde multinacionales que quieren aumentar sus ventas en nuevos mercados; competidores *on line* que buscan maneras de aumentar su distribución a bajo costo; marcas privadas y minoristas que aspiran a convertirse en una alternativa de bajo precio; y megamarcas que quieren aprovechar su fortaleza para entrar en nuevas categorías a partir de extensiones de marca. Veamos cómo se ha intensificado la competencia en el mercado de los jeans.

Levi-Strauss presenció cómo sus ventas se desplomaban desde los 7,100 millones de dólares en 1996 hasta cerca de los 4,000 millones en el 2003, como consecuencia, en parte, de la feroz competencia del mercado. Su marca de jeans, ejemplificada con sus clásicos 501, recibe embates desde todos los frentes: por arriba, de diseñadores de moda como Calvin Klein, Tommy Hilfiger y GAP; por abajo, de marcas populares y de bajo precio, como Arizona de JC Penney y Canyon River Blues de Sears; de un lado, por marcas tradicionales consolidadas como Wranglers y Lee's; y del otro por líneas juveniles y modernas como American Eagle, Bugle Boy, JNCO, Lucky y Diesel. Levi's recibe tantos golpes y en tantos frentes que la empresa no sabe qué dirección tomar. Para competir con mayor eficacia, lanzó recientemente la línea Signature que se comercializará en tiendas de descuento como Wal-Mart, y otra más cara, Premium Red Tab, que se venderá en grandes almacenes de más categoría como Nordstrom y Neiman Marcus. Sin

>>>

Competencia de Levi's: una muestra de las diversas marcas y estilos de jeans.

embargo, muchos expertos en marketing se preguntan si no será ya demasiado tarde para que la marca pueda recuperar su envidiable posición del pasado.[1]

Para diseñar y aplicar las mejores estrategias de posicionamiento, las empresas deben prestar especial atención a sus competidores.[2] Los mercados se han vuelto demasiado competitivos como para centrarse únicamente en los consumidores. En este capítulo se estudiará la función que desempeña la competencia y veremos cómo los mercadólogos pueden administrar mejor sus marcas en función de su posicionamiento en el mercado.

::: Fuerzas competitivas

Michael Porter identificó cinco fuerzas que determinan el atractivo intrínseco a largo plazo de un mercado o segmento de mercado: competencia sectorial, competidores potenciales, sustitutos, compradores y proveedores. El modelo se ilustra en la figura 11.1. Las amenazas que plantean estas fuerzas son las siguientes:

1. ***Amenaza de rivalidad intensa en el segmento***—Un segmento no resulta atractivo si ya está poblado por competidores numerosos, fuertes o agresivos. Aún menos atractivo resulta si es estable o se encuentra en fase de declive, si las ampliaciones de equipamiento se deben realizar a gran escala, si los costos fijos son elevados, si las barreras de salida son altas, o si los competidores tienen un gran interés por permanecer en el segmento. Estas condicionantes conducirán a frecuentes guerras de precios, batallas publicitarias y lanzamientos de nuevos productos, lo que incrementará mucho las inversiones necesarias para poder competir de manera eficaz. El mercado de los teléfonos celulares experimenta una competencia feroz como resultado de la rivalidad existente en el segmento.

2. ***Amenaza de nuevos participantes***—El atractivo de un segmento varía en función de la altura de sus barreras de entrada y salida.[3] El segmento más atractivo será aquel en el que las barreras de entrada sean altas y las de salida bajas. Pocas empresas podrán entrar en el sector, y las que no obtengan los beneficios esperados podrán abandonarlo con facilidad. Cuando las barreras tanto de entrada como de salida son elevadas, el potencial de utilidades es alto, pero las empresas se enfrentan a más riesgos porque las empresas que menos rinden se quedarán y tendrán que luchar. Cuando las barreras tanto de entrada como de salida son bajas, las empresas pueden entrar y salir del sector con facilidad, y los ingresos se mantienen a niveles bajos pero estables. La peor situación se da cuando las barreras de entrada son bajas y las de salida son altas. En estos casos, las

| FIG. **11.1** |

Las cinco fuerzas que determinan el atractivo estructural de un segmento.

Fuente: Reimpreso con permiso de Free Press, editor de Simon & Schuster, Michael E. Porter, *Competitive Advantage: Creating and Sustaining Superior Performance.* Copyright 1985 de Michael E. Porter.

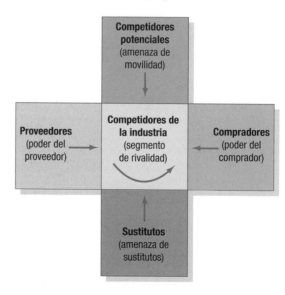

empresas penetran el segmento en épocas de auge, pero les resulta casi imposible abandonarlo en tiempos difíciles. El resultado es un exceso de capacidad crónico e ingresos menguantes para todos. El sector de las líneas aéreas tiene barreras de entrada bajas, pero barreras de salida altas, lo que hace que todas las compañías permanezcan en el sector mientras pelean y pasan apuros en periodos de declive económico.

3. *Amenaza de productos sustitutos*—Un segmento carece de atractivo cuando existen sustitutos reales o potenciales para el producto. Los sustitutos fijan límites de precios y ganancias. La empresa debe estudiar las tendencias de precios con atención. Si la tecnología evoluciona o aumenta la competencia en estos sectores de sustitución, los precios y las utilidades del segmento probablemente descenderán. En Estados Unidos, los autobuses Greyhound y los trenes Amtrak han visto su rentabilidad amenazada como consecuencia del auge del transporte aéreo.

4. *Amenaza de una mayor capacidad de negociación por parte de los compradores*—El atractivo de un segmento se reduce si los compradores tienen una gran capacidad de negociación o si ésta va en aumento. El auge de gigantes de la venta minorista , como Wal-Mart, ha llevado a algunos analistas a concluir que la rentabilidad potencial de las empresas de alimentos envasados descenderá. La capacidad de negociación de los compradores crece a medida que aumenta su concentración u organización, cuando el producto representa una fracción importante de los costos de los compradores, cuando el producto no se diferencia de los demás, cuando los costos de cambio de fabricante son bajos, cuando los compradores son sensibles al precio a causa de bajas utilidades, o cuando los compradores se integran verticalmente. Para protegerse, los vendedores deben seleccionar a los compradores con la menor capacidad de negociación o de cambio de proveedores. Una estrategia de defensa más eficaz consiste en desarrollar ofertas superiores que los compradores fuertes no puedan rechazar.

5. *Amenaza de una mayor capacidad de negociación por parte de los proveedores*—Un segmento no resulta atractivo si los proveedores de la empresa pueden incrementar los precios o disminuir la cantidad vendida. Las empresas petroleras como ExxonMobil, Shell, BP y Chevron-Texaco están a merced de la cantidad de petróleo restante en las reservas de crudo y de las medidas de grupos como la OPEP. Los proveedores tienden a ganar capacidad de negociación cuando están concentrados u organizados, cuando existen pocos sustitutos, cuando el producto ofrecido es un insumo importante, cuando los costos de cambio de proveedor son elevados y cuando los proveedores se integran verticalmente. La mejor estrategia de defensa consiste en establecer relaciones satisfactorias con los proveedores o utilizar diversas fuentes de aprovisionamiento.

::: Identificación de la competencia de la empresa

A primera vista podría parecer sencillo identificar a los competidores de una empresa. Pepsi-Co sabe que el principal competidor de su agua embotellada Aquafina es Dasani de Coca-Cola, Citigroup sabe que Bank of America es un competidor clave en los servicios financieros, y PetSmart.com sabe que su principal competidor *on line* es Petco.com. Sin embargo, el abanico de competidores reales y potenciales de una empresa con frecuencia es mucho más amplio. Además, en ocasiones, una empresa resulta más perjudicada por competidores emergentes o por nuevas tecnologías que por los competidores ya consolidados. Tal es el caso de Toys "R" Us y de otros minoristas de juguetes:

TOYS "R" US Y KB TOYS

La presión sobre los precios que ejercen tiendas de descuento como Wal-Mart o Target, e incluso tiendas de electrónica como Best Buy o Circuit City constituye toda una sacudida para las cadenas de juguetes y ha enviado a algunas a la quiebra. Durante las vacaciones del 2004, Wal-Mart lanzó su ataque más violento contra el sector juguetero al reducir los precios drásticamente y al reducir las ofertas de Toys "R" Us y KB Toys un 20%. En Wal-Mart, uno de los juguetes más vendidos de la temporada, el Hokey-Pokey Elmo, se vendía por 19.46 dólares, mientras que en KB Toys costaba 24.99 dólares. Con estos precios de ganga las tiendas de descuento consiguen más ventas, mayor presencia y la flexibilidad necesaria para alcanzar el punto de equilibrio o incluso perder dinero en secciones como la de los juguetes porque se recuperan con los ingresos provenientes de otros productos. En consecuencia, algunas cadenas, como FAO Schwartz, han quebrado, mientras que otras, como Toys "R" Us, están contraatacando. La empresa cerró 182 tiendas Kids "R" Us al igual que su cadena Imaginarium. KB Toys intentará especializarse para sobrevivir e intentar convertirse en especialista en nichos.[4]

Muchas empresas no prestan la suficiente atención a Internet como fuente de grandes competidores. Los sitios Web de búsqueda de empleo, de agencias inmobiliarias y de compraventa de automóviles amenazan a los periódicos, que obtienen gran parte de sus ingresos por medio de los anuncios clasificados. Los negocios más amenazados por Internet son los intermediarios. Hace unos años, las cadenas de librerías Barnes & Noble y Borders competían en la construcción de grandes librerías, en las que los clientes que quisieran hojear los libros pudiesen ponerse cómodos y sentarse en confortables sillones para disfrutar de un buen *cappuccino*. Mientras decidían qué productos ofrecer, Jeffrey Bezos creaba un imperio *on line* llamado Amazon.com. La ciberlibrería de Bezos tiene la ventaja de que ofrece una selección de títulos casi ilimitada sin el gasto que implica almacenar un inventario. En la actualidad, tanto Barnes & Noble como Borders intentan ponerse al día mediante sus librerías *on line*. La "miopía competitiva" (el hecho de concentrarse en los competidores reales y olvidar a los competidores latentes) ha hecho que determinados negocios queden condenados a la extinción:[5]

ENCICLOPEDIA BRITANNICA

En 1996, la clásica Enciclopedia Británica, de 230 años de historia, despidió a todos sus vendedores nacionales tras la llegada de su suscripción de cinco dólares mensuales a través de Internet, puesto que esta opción resultaba mucho más atractiva para los padres que la idea de adquirir 32 tomos de enciclopedia por 1,250 dólares. Britannica decidió crear un sitio Web tras darse cuenta de que en la actualidad los niños son más proclives a buscar la información en Internet o en CD-ROM, como por ejemplo en la enciclopedia Encarta de Microsoft, que entonces se vendía por 50 dólares. Probablemente, Britannica se siga arrepintiendo porque tuvo la oportunidad de asociarse con Microsoft para ofrecer el contenido de la enciclopedia Encarta, pero la rechazó. En la actualidad, Britannica vende volúmenes impresos y ofrece acceso *on line* a los suscriptores a través de su sitio Web.[6]

Podemos analizar la competencia desde el punto de vista del sector y desde el punto de vista del marketing.[7]

El concepto de competencia sectorial

¿Qué es exactamente un sector industrial? Un **sector industrial** es un conjunto de empresas que ofrecen productos o clases de productos que son sustituibles unos por otros. Los sectores se clasifican según su número de vendedores, grado de diferenciación, presencia o ausencia de barreras de entrada y de salida, estructuras de costos, grado de integración vertical y grado de globalización.

NÚMERO DE VENDEDORES Y GRADO DE DIFERENCIACIÓN El punto de partida para describir un sector consiste en especificar el número de vendedores y la homogeneidad o diferenciación de sus productos. Estas características dan lugar a cuatro tipos de estructura sectorial:

1. *Monopolio puro*—Se presenta cuando una sola empresa ofrece un cierto producto o servicio en un determinado país o área (por ejemplo, las empresas locales de suministro de agua corriente o de electricidad). Si un monopolista no está sometido a regulación podrá cobrar un precio más alto, no necesitará publicidad, y ofrecerá servicios mínimos. Si existen productos sustitutos parciales o algún riesgo de competencia, el monopolista invertirá en tecnología y se preocupará por dar mejor servicio. Por otra parte, un monopolista regulado deberá establecer precios más bajos y ofrecer más servicios, ya que su actividad se considera un asunto de interés público.
2. *Oligopolio*—Se da cuando unas cuantas empresas (por lo general de gran tamaño) fabrican productos fuertemente diferenciados, o bien, estandarizados. Un *oligopolio puro* está formado por unas pocas empresas que producen básicamente el mismo producto (petróleo, acero, etc.). Estas empresas tendrán dificultades para fijar un precio por encima de lo normal. Si los servicios y los precios de la competencia son similares, la única forma de obtener ventaja competitiva es a través de la reducción de costos. Un *oligopolio diferenciado* se compone de unas cuantas empresas que producen bienes parcialmente diferentes (automóviles, cámaras, etc.) en cuanto a distintas calidades, prestaciones, estilos o servicios. Cada competidor buscará el liderazgo en alguno de estos atributos principales y cobrará un sobreprecio por él.
3. *Competencia monopolística*—Existen muchos competidores que son capaces de diferenciar sus ofertas total o parcialmente (por ejemplo, restaurantes y salones de belleza). Los competidores se concentran en aquellos sectores del mercado cuyas necesidades pueden satisfacer mejor y por eso cobran un precio más alto.
4. *Competencia pura*—Numerosos competidores ofrecen el mismo producto o servicio (por ejemplo, el mercado de valores y el mercado de materias primas). Como no existen bases para la diferenciación, los precios de la competencia serán los mismos. Ningún competidor se hará publicidad, a menos que ésta pueda crear diferenciación psicológica (cigarrillos, cerveza, etc.), en cuyo caso sería más preciso describir la situación del sector como de competencia monopolística.

La estructura competitiva de un sector cambia con el tiempo. Por ejemplo, los medios de comunicación han ido consolidándose para pasar de una estructura monopolística a un oligopolio diferenciado:

Shell Oil es una compañía integrada verticalmente que en la actualidad también se está convirtiendo en una empresa amigable con el ambiente. Este anuncio es uno de una serie dentro de la campaña que da a conocer el programa de desarrollo sustentable de Shell.

MEDIOS DE COMUNICACIÓN

Durante más de una década, el sector de los medios de comunicación ha ido consolidándose poco a poco hasta el punto de que, en la actualidad, cuatro imperios integran verticalmente el contenido con la distribución: News Corp (30,000 millones de dólares), Time Warner (39,900 millones de dólares), Viacom (26,600 millones de dólares) y NBC (6,900 millones de dólares). Al combinar los estudios que producen la programación con las unidades de televisión por cable y emisión que distribuyen los contenidos se ahorran costos y se genera valor para los accionistas. Sin embargo, a los consumidores les preocupan los efectos de la reducción de la competencia. Si las decisiones sobre la programación están en manos de unas cuantas personas, mayor riesgo habrá de que se reduzcan la calidad y la variedad, y de que aumenten los precios de la suscripción a la televisión vía satélite y por cable. Además, y más importante, si sólo unos pocos gigantes controlan el contenido y la distribución, se corre el riesgo de que los programas con menos pretensiones, así como los más innovadores queden fuera de juego.[8]

BARRERAS DE ENTRADA, DE MOVILIDAD Y DE SALIDA Los sectores industriales difieren notablemente en cuanto a la facilidad de entrada. Abrir un restaurante resulta sencillo, mientras que entrar en el sector aeronáutico es muy complicado. Las principales *barreras de entrada* son las necesidades de capital, las economías de escala, los requisitos de patentes y licencias, la escasez de terreno, de materiales o de distribuidores, y la necesidad de reputación. Incluso cuando una empresa ya opera en un sector, en ocasiones se topa con *barreras de movilidad* al intentar entrar en segmentos de mercado más atractivos.

A menudo, las empresas han de enfrentarse a barreras de salida tales como obligaciones legales o morales (con los clientes, acreedores y empleados), restricciones gubernamentales, bajo valor residual de los equipos a causa de la superespecialización u obsolescencia de los mismos, falta de oportunidades alternativas, gran integración vertical y barreras emocionales.[9] Muchas empresas permanecen en un sector hasta que logran cubrir sus costos variables y todos o parte de los fijos. Su presencia, sin embargo, hace disminuir las utilidades del resto. Incluso aunque determinadas empresas se nieguen a abandonar un sector, podrían disminuir su tamaño, y aunque también existen obstáculos para esto, los competidores podrían tratar de eliminarlos para propiciar la reducción de tales empresas.[10]

ESTRUCTURA DE COSTOS Cada sector tiene una estructura de costos específica que determina, en gran medida, su comportamiento estratégico. Por ejemplo, la fabricación del acero implica unos costos de producción y materias primas muy importantes, mientras que el sector de los juguetes centra los costos en la distribución y en el marketing. Las empresas deben intentar reducir los costos más importantes. Así, la empresa de acero que tenga la planta productiva más moderna tendrá una gran ventaja sobre las demás, pero aún así sus costos serán mayores que los de las pequeñas compañías fundidoras.

GRADO DE INTEGRACIÓN VERTICAL Las empresas pueden obtener ventajas de una integración hacia delante o hacia atrás (**integración vertical**). Las principales empresas petroleras desarrollan labores de exploración, perforación, refinería, producción química y operación de estaciones de servicio. Con frecuencia, la integración vertical supone costos menores y un mayor control del flujo de valor agregado. Además, las empresas integradas verticalmente pueden manipular sus precios y costos en las diferentes fases de la cadena de valor para obtener utilidades allí donde los impuestos son menores. No obstante, la integración vertical también implica ciertas desventajas, por ejemplo, los altos costos en determinados puntos de la cadena de valor o una cierta carencia de flexibilidad. Las empresas cuestionan cada vez más la verticalidad óptima que deberían alcanzar. Muchas realizan *outsourcing* en cada vez más actividades, sobre todo las que pueden llevar a cabo otras empresas especializadas con mayor eficacia y menores costos.

GRADO DE GLOBALIZACIÓN Algunos sectores tienen un carácter notablemente local (por ejemplo, la jardinería), mientras que otros son más bien globales (petróleo, motores de aviones o cámaras fotográficas). Las empresas de sectores globales compiten a nivel mundial para lograr economías de escala y mantenerse al día con los últimos avances tecnológicos.[11]

El concepto de competencia desde el punto de vista del mercado

Desde el punto de vista del mercado, los competidores son aquellas empresas que satisfacen una misma necesidad de los consumidores. Por ejemplo, un consumidor que adquiere un procesador de textos lo que busca en realidad es un "medio de escritura", una necesidad que también satisfacen los lápices, los bolígrafos o las máquinas de escribir. Los mercadólogos deben superar la "miopía del marketing" y dejar de definir la competencia en términos tradicionales.[12] Coca-Cola, concentrada en el sector de las bebidas refrescantes, no ha prestado atención al mercado de las cafeterías y de los negocios que venden jugos naturales que han afectado a su negocio.

El concepto de competencia desde el punto de vista del mercado revela un conjunto más amplio de competidores reales y potenciales. Rayport y Jaworski sugieren que, para identificar a los competidores directos e indirectos de una empresa, es necesario trazar un esquema de los pasos que dan los consumidores al obtener y utilizar el producto. La figura 11.2

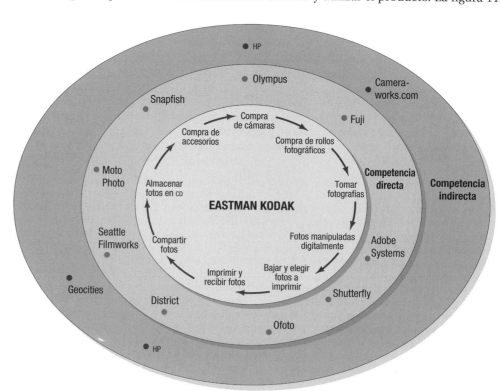

|FIG. 11.2|

Mapa de competidores de Eastman Kodak.

Fuente: Jeffrey F. Rayport y Bernard J. Jaworski, *e-Commerce* (Nueva York: McGraw-Hill, 2001), p. 53.

ilustra el *mapa de competidores* de Eastman Kodak en el sector de las películas fotográficos. En el centro hay una lista de actividades: adquirir una cámara, comprar rollo de película, tomar fotos, etc. En el primer conjunto exterior se encuentran los competidores de Kodak según las diferentes actividades de los consumidores: Olympus para adquirir una cámara, Fuji para comprar un rollo fotográfico, entre otros. El segundo conjunto exterior incluye a los competidores indirectos —HP, Intel, cameraworks.com— que en el caso de Kodak, cada vez se vuelven competidores más directos. Este tipo de análisis pone de manifiesto tanto las oportunidades como los retos a los que se enfrenta una empresa.[13]

::: El análisis de la competencia

Una vez que la empresa identifica a sus principales competidores, debe determinar sus estrategias, objetivos, fortalezas y debilidades.

Estrategias

Un grupo de empresas que adopta la misma estrategia en un determinado mercado se denomina **grupo estratégico**.[14] Supongamos que una empresa quiere entrar en el sector de los electrodomésticos. ¿Cuál sería su grupo estratégico? Si analizamos el mapa que se ilustra en la figura 11.3 descubrimos que existen cuatro grupos estratégicos basados en la calidad del producto y en el grado de integración vertical. En el grupo A hay un competidor (Maytag), en el grupo B hay tres (General Electric, Whirlpool y Sears), en el grupo C hay cuatro, y en el grupo D hay dos. De la identificación de estos grupos estratégicos se derivan claves importantes. En primer lugar, la dificultad de las barreras de entrada difiere para cada grupo estratégico. En segundo lugar, si la empresa logra entrar exitosamente en alguno de los cuatro grupos, los miembros de ese grupo se convertirán en sus principales competidores.

Objetivos

Una vez que la empresa identifica a los competidores principales y conoce las estrategias que utilizan, se debe plantear las siguientes preguntas: ¿Qué busca cada competidor en el mercado? ¿Qué motiva la conducta de cada competidor? Son muchos los factores que definen los objetivos de la competencia, incluidos su tamaño, su trayectoria, su equipo directivo y su situación financiera. Si el competidor es parte de una gran empresa, es importante saber si la empresa matriz, a través de esta división, persigue crecimiento, ganancias o explotación.[15]

Una presunción inicial útil es considerar que los competidores luchan por maximizar las utilidades. Sin embargo, las empresas difieren en la importancia que conceden a las utilidades a corto plazo y a largo plazo. Muchas empresas estadounidenses son blanco de críticas por operar según un modelo de corto plazo, porque sus resultados están continuamente bajo vigilancia de los accionistas que podrían perder la confianza, vender sus participaciones o hacer que aumenten los costos de capital. Las empresas japonesas operan, principalmente, según un modelo de maximización de la participación de mercado. Gran parte de sus fondos provienen de instituciones bancarias con tasas de interés bajas, y tradicionalmente han aceptado sin descontento que las utilidades no sean demasiado altas. Una presunción alternativa es considerar que cada competidor persigue un conjunto de objetivos: rentabilidad actual, incremento de la participación de mercado, flujos de efectivo, liderazgo tecnológico o liderazgo en servicios.

Finalmente, una empresa también debe prestar atención a los planes de expansión de sus competidores. La figura 11.4 reproduce un mapa del área producto/mercado del sector de las computadoras personales. Dell, que se inició como una empresa importante en la venta de computadoras personales a usuarios particulares, ahora es una marca fuerte en el mercado de los compradores comerciales e industriales. Cabe esperar que las empresas que ya atienden a estos segmentos intenten levantar barreras que dificulten la expansión de Dell.

| FIG. **11.3** |

Grupos estratégicos en la industria de los electrodomésticos.

Grupo A
- Línea reducida
- Menor costo de producción
- Excelente servicio
- Precio alto

Grupo C
- Línea media
- Costo de producción regular
- Servicio regular
- Precio regular

Grupo B
- Línea completa
- Costo de producción bajo
- Buen servicio
- Precio regular

Grupo D
- Línea amplia
- Costos de producción regulares
- Servicio deficiente
- Precio bajo

Calidad: Alta / Baja
Integración vertical: Alta / Baja

| FIG. **11.4** |

Planes de expansión de un competidor.

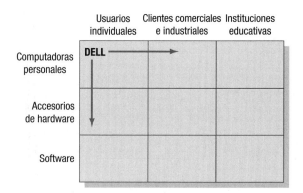

| TABLA 11.1 |

Calificaciones en factores clave de éxito
que otorgaron los consumidores a la
competencia.

	Conocimiento del cliente	Calidad del producto	Disponibilidad del producto	Asistencia técnica	Personal de ventas
Competidor A	E	E	D	D	B
Competidor B	B	B	E	B	E
Competidor C	R	D	B	R	R

Nota: E = excelente, B = bueno, R = regular, D = deficiente.

Fortalezas y debilidades

Las empresas necesitan recopilar información sobre las fortalezas y las debilidades de los competidores. La tabla 11.1 presenta los resultados de la encuesta que realizó una empresa y en la que pedía a los consumidores que calificaran a sus tres competidores, A, B y C, en función de cinco atributos. La empresa A resulta ser una empresa conocida y respetada por sus productos de calidad y por un personal de ventas competente. La disponibilidad de su producto no es muy buena, ni tampoco su asistencia técnica. La empresa B recibe buenas puntuaciones en todos los atributos y sobresale en la disponibilidad de su producto y en su personal de ventas. A la empresa C se le califica como regular o deficiente en la mayoría de los atributos. Este análisis sugiere que la empresa podría atacar a su competidor A en la disponibilidad de su producto y en la asistencia técnica, y al competidor C en prácticamente cualquier rubro, y que no debería arremeter contra B porque no tiene ninguna debilidad aparente.

En general, las empresas deben prestar atención a tres variables cuando analicen a su competencia:

1. *Participación de mercado*—La participación del mercado del competidor en el mercado meta.
2. *Participación de recordación*—El porcentaje de consumidores que mencionaron al competidor en respuesta a la pregunta "Mencione la primera empresa de este sector que le venga a la mente".
3. *Participación de preferencia*—El porcentaje de consumidores que mencionaron al competidor en respuesta a la pregunta "Mencione la empresa a la que usted preferiría comprar el producto".

Existe una relación interesante entre estos tres parámetros. La tabla 11.2 muestra las valoraciones de los tres competidores de la tabla 11.1. La empresa A disfruta de la mayor participación de mercado, aunque la está perdiendo. Su participación de recordación y su participación de preferencia también decaen, probablemente porque la disponibilidad de su producto no es suficiente y porque su asistencia técnica es mediocre. La empresa B va ganando participación de mercado poco a poco, probablemente porque tiene estrategias destinadas a incrementar su recordación y preferencia. La empresa C parece estar anclada en la peor posición de participación de mercado, de recordación y de preferencia, porque su producto es deficiente y por sus escasos atributos de marketing. Podríamos concluir lo siguiente: *Las empresas que logren mejoras estables en su participación de recordación y en su participación de preferencia, también lograrán mejorar su participación de mercado y su rentabilidad.*

Para mejorar la participación de mercado, muchas empresas llevan a cabo análisis de *benchmarking* sobre sus competidores de mayor éxito. Esta técnica y los beneficios que se derivan de su aplicación se exponen en *Cuestiones clave: Cómo ayuda el benchmarking a mejorar la competitividad.*

Tipos de competidores

Una vez que la empresa realiza un análisis del valor para los consumidores y examina meticulosamente su competencia, ya puede concentrar su ataque en uno de los siguientes tipos de competidores: fuerte o débil, similar o diferente, "bueno" o "malo".

| TABLA 11.2 |

Participación de mercado, participación
de recordación y participación de
preferencia.

	Participación de mercado			Participación de recordación			Participación de preferencia		
	2000	2001	2002	2000	2001	2002	2000	2001	2002
Competidor A	50%	47%	44%	60%	58%	54%	45%	42%	39%
Competidor B	30	34	37	30	31	35	44	47	53
Competidor C	20	19	19	10	11	11	11	11	8

■ *Fuerte o débil.* La mayoría de las empresas apuntan a los competidores más débiles porque esto requiere menos recursos por porcentaje de participación ganado. Sin embargo, la empresa también debe competir con empresas fuertes para estar a la altura de los mejores. Incluso los competidores más fuertes tienen algún punto débil.

■ *Similar o diferente.* La mayoría de las empresas compiten con otras que son similares a ellas. Así, Chevrolet compite con Ford, y no con Ferrari. Sin embargo, las empresas también deben identificar a sus competidores diferentes. Coca-Cola afirma que su competidor principal es el agua del grifo, y no Pepsi. A la empresa del acero u.s. Steel le preocupa más el plástico y el aluminio que Bethlehem Steel. Y en la actualidad, los museos sienten más preocupación por los parques y los centros comerciales que por la competencia que representan otros museos.

■ *"Bueno" o "malo".* En todo sector existen competidores "buenos" y competidores "malos".[16] Una empresa debe respaldar a sus competidores "buenos" y atacar a los "malos". Los competidores buenos juegan de acuerdo con las normas del sector, hacen cálculos realistas sobre el potencial de crecimiento, fijan los precios de forma razonable respecto a los costos, favorecen un sector saludable, se limitan a la parte o segmento del sector que les corresponde, motivan a los demás a reducir los costos o a acentuar la diferenciación, y aceptan el nivel general de su participación de mercado y utilidades. Los malos competidores intentan comprar su participación de mercado en lugar de ganársela, asumen riesgos mayores, invierten en exceso de capacidad y desequilibran el sector.

::: Estrategias competitivas para líderes de mercado

Para entender mejor la situación competitiva de las empresas en el mercado meta, podemos clasificarlas según el papel que juegan en éste: empresas líderes, retadoras, seguidoras o especialistas en nichos. Supongamos que un mercado está ocupado por las empresas que aparecen en la figura 11. 5. El 40% del mercado está en manos del la empresa *líder del mercado*, el 30% corresponde a la *empresa retadora*, el 20% en mano de la *empresa seguidora*, es decir, de la empresa que persigue mantener su participación de mercado y no hundirse, y el 10% restante corresponde a las empresas *especialistas en nichos*, o empresas que atienden mercados muy pequeños que suelen desatender las empresas de mayor tamaño.

En muchos sectores existe una empresa reconocida como líder del mercado. Ésta es la empresa que tiene la mayor participación de mercado, y que suele guiar a las demás en todo lo referente a modificaciones de precios, lanzamiento de nuevos productos, cobertura de la distribución e intensidad de las promociones. Algunos de los líderes de mercado más populares son Microsoft (software), Intel (microprocesadores), Gatorade (bebidas rehidratantes), Best Buy (productos electrónicos al menudeo), McDonald's (comida rápida), Gillette (máquinas de afeitar), UnitedHealth (seguros médicos) y Visa (tarjetas de crédito).

Ries y Trout afirman que los productos más conocidos suelen ocupar una posición en la mente de los consumidores. No obstante, a menos que una empresa dominante disfrute de un monopolio legal, no puede confiarse. Las empresas siempre deben estar alerta, puesto que cualquier innovación de producto que aparezca podría perjudicar seriamente a la empresa líder (los teléfonos celulares digitales de Nokia y de Ericsson desbancaron los modelos analógicos de Motorola). Tal vez la empresa líder gaste con cautela y quizás la retadora gas-

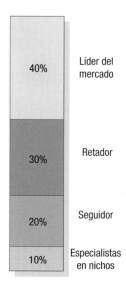

| FIG. **11.5** |

Estructura hipotética de mercado.

CUESTIONES CLAVE | CÓMO AYUDA EL BENCHMARKING A MEJORAR LA COMPETITIVIDAD

El *benchmarking* es el arte de conocer cómo y por qué algunas empresas llevan a cabo su trabajo mucho mejor que otras. Puede haber una enorme diferencia en cuanto a calidad, velocidad y costos entre una empresa de clase mundial y otra de tamaño medio. El objetivo del *benchmarking* consiste en imitar o mejorar las "mejores prácticas" dentro de uno o varios sectores. La práctica del *benchmarking* se divide en siete fases:

1. Determinar qué actividades se someterán a análisis.
2. Identificar las variables clave de resultados que se van a medir.

3. Identificar las mejores empresas en cada variable.
4. Medir los resultados de las mejores empresas en cada variable.
5. Medir los resultados de nuestra empresa en cada variable.
6. Especificar programas y medidas para eliminar las diferencias.
7. Ejecutar y controlar los resultados.

¿Cómo se identifican las mejores empresas en cada variable? Un buen punto de partida consiste en preguntar a clientes, proveedores y distribuidores quién consideran que hace mejor su trabajo.

Fuentes: Robert C. Camp, *Benchmarking: The Search for Industry-Best Practices that Lead to Superior Performance* (White Plains, NY: Quality Resources, 1989); Michael J. Spendolini, *The Benchmarking Book* (Nueva York: Amacom, 1992); Stanley Brown, "Don't Innovate—Imitate!" *Sales & Marketing Management* (enero de 1995), pp. 24–25; Tom Stemerg, "Spies Like Us," *Inc.* (agosto de 1998), pp. 45–49. Véase también, <www.benchmarking.org>; Michael Hope, "Contrast and Compare", *Marketing,* 28 de agosto de 1997, pp. 11–13; Robert Hiebeler, Thomas B. Kelly y Charles Ketteman, *Best Practices: Building Your Business with Customer-Focused Solutions* (Nueva York: Arthur Andersen/Simon & Schuster, 1998).

te con mayor facilidad (Montgomery Ward's perdió su dominio minorista en favor de Sears tras las Segunda Guerra Mundial). El líder podría hacerse una idea equivocada de sus competidores y quedarse rezagado (como le ocurrió a Sears cuando subestimó a Kmart, y más tarde a Wal-Mart). En ocasiones, la empresa dominante parece pasada de moda tras la llegada de rivales más novedosos y vivaces (Pepsi intenta obtener participación de mercado de Coca-Cola al posicionarse como la marca más juvenil). Otras veces, los costos de la empresa dominante se disparan y, en consecuencia, se resienten las utilidades. En *Marketing en acción: Cuando la competencia ofrece más por menos* se describe cómo pueden responder los líderes a los precios de descuento de los competidores.

Veamos cómo logra Hershey mantener su liderazgo en el mercado estadounidense de los chocolates.[17]

HERSHEY

Sometida a la presión constante de los fabricantes de golosinas de todo tipo, Hershey Foods Corp. se dio cuenta de que dominar el mercado estadounidense del chocolate no es suficiente. Cada vez más, los consumidores abandonan los productos de Hershey a favor de las papas fritas, las barras de cereales o las barras energéticas. Para conseguir sus metas de utilidades, Hershey redujo costos, abandonó líneas de productos débiles como las pastillas refrescantes Luden, eliminó cientos de tamaños de empaques que se vendían poco e introdujo extensiones de sus marcas más fuertes como Reese's Inside Out Cups. Sin embargo, para competir más ampliamente y seguir creciendo, Hershey está en proceso de lanzar nuevos productos.

Para mantenerse en el número uno, las empresas deben actuar en tres frentes. En primer lugar, deben encontrar formas de incrementar la demanda total del mercado. En segundo lugar, deben proteger su participación de mercado actual con acciones defensivas y ofensivas. En tercer lugar, deben intentar incremantar su participación de mercado, incluso aunque el tamaño del mercado permanezca constante.

Expansión de la demanda total del mercado

En términos generales, la empresa dominante es la que más se beneficia cuando aumenta la demanda total del mercado. Si los estadounidenses aumentaran su consumo de ketchup, Heinz sería la primera en beneficiarse puesto que es la empresa que comercializa dos tercios del producto en ese país. Si Heinz logra convencer a más estadounidenses de que consuman ketchup, de que lo utilicen con mayor frecuencia, o de que consuman más ketchup en cada ocasión, Heinz obtendrá grandes beneficios. En general, la empresa líder debe buscar nuevos consumidores y tratar de que sus actuales clientes consuman más el producto.

NUEVOS CONSUMIDORES Cualquier producto tiene potencial para atraer a compradores que no lo conocen o que se resisten a adquirirlo por su precio o porque carece de algún atributo. Una empresa puede buscar nuevos usuarios dentro de tres grupos de consumidores: los que estarían dispuestos a utilizarlo pero que no lo hacen (*estrategia de penetración de mercado*), los que nunca lo han utilizado (*estrategia de nuevo mercado*) y los que viven en otro lugar (*estrategia de expansión geográfica*).

Starbucks es una de las marcas más conocidas del mundo, capaz de vender una taza de café a tres dólares mientras que en la cafetería de al lado lo sirven por un dólar. Y si además se trata del popular café con leche de la casa, le costará cuatro dólares. Starbucks tiene más de 7,200 establecimientos en Norte América, los países de la costa del Pacífico, Europa y Oriente Medio, y sus ingresos anuales en 2002 superaron los 3,300 millones de dólares. Su sitio Web da una idea de su estrategia de crecimiento:[18]

> Starbucks compra y tuesta granos de café de la mejor calidad, y los vende en sus establecimientos de venta minorista bajo la forma de bebidas basadas en el café exprés italiano recién hecho, junto con pastas y pasteles, accesorios y productos relacionados con el café. Asimismo, Starbucks vende café en grano a través de tiendas especializadas y supermercados. Por otra parte, Starbucks también fabrica y embotella la bebida de café Frappuccino® y una línea de helados gracias a sus asociaciones de *joint venture*, y ofrece una línea de té de la mejor calidad fabricado por su filial Tazo Tea Company. El objetivo de la empresa es establecerse como la marca más reconocida y respetada en el mundo. Para ello, Starbucks planea seguir aumentando rápidamente sus actividades minoristas, incrementar sus ventas a tiendas especializadas y otras operaciones, así como seleccionar las mejores oportunidades para fortalecer la marca Starbucks mediante la introducción de nuevos productos y el desarrollo de nuevos canales de distribución.

MÁS USO El uso de un producto puede aumentar si se incrementa el *nivel* o la *cantidad* de consumo, o la *frecuencia* de consumo.

MARKETING **EN ACCIÓN** | CUANDO LA COMPETENCIA OFRECE MÁS POR MENOS

Las empresas que ofrecen la poderosa combinación de precios bajos y gran calidad han logrado capturar no sólo el corazón sino también las billeteras de los consumidores tanto de Europa como de Estados Unidos, donde más de la mitad de la población compra, semanalmente, en establecimientos como Wal-Mart y Target, mientras que en 1996 sólo un 25% de la población lo hacía. Estas empresas, y otras similares como Aldi, ASDA, Dell, E*TRADE Financial, JetBlue Airways, Ryanair y Southwest Airlines, están transformando el modo en que los consumidores de todas las edades y niveles de ingreso adquieren alimentos, ropa, boletos de avión, servicios financieros y computadoras.

El incremento en la participación de mercado de estas empresas está haciendo sonar la alarma entre los competidores de precios más altos. Tras años de dominio casi exclusivo de la totalidad del mercado (excepto del segmento de quienes compraban en tiendas de descuento), las principales empresas experimentan desventajas en costos y falta de superioridad de bienes y servicios, los dos factores que en el pasado los diferenciaron de los competidores que ofrecían precios reducidos. En la actualidad, a medida que cada vez más empresas de distintos sectores compiten únicamente con base en el precio ofreciendo calidad, servicio y comodidad similares a los de las empresas tradicionales, estas últimas tienen motivos para sentirse verdaderamente amenazadas.

Para competir con estos rivales centrados en valor, las empresas tradicionales deben reconsiderar las claves perennes del éxito empresarial: mantener los costos constantes, encontrar factores de diferenciación y administrar los precios de manera efectiva. Para triunfar en estos mercados basados en valor es necesario elaborar estas estrategias con mayor intensidad y concentración, y después aplicarlas de manera impecable. Por ejemplo, la diferenciación ya no consiste tanto en el objetivo abstracto de sobresalir en el núcleo competitivo, sino en identificar las oportunidades que dejan los modelos de negocio de los competidores en precio. La fijación de un precio efectivo consiste en hacer una guerra en cada transacción a estas empresas para captar a aquellos clientes predispuestos a creer que los competidores orientados hacia el valor siempre ofrecen precios más bajos que los demás.

Los resultados competitivos quedarán plasmados, como siempre, sobre bases firmes: en los anaqueles de los supermercados, en los mostradores, en las reconsideraciones de procesos y en las etiquetas de precios. Cuando se trata de competencia en torno al valor, a los agentes tradicionales no se les debe escapar nada. Los competidores de valor han cambiado las expectativas de los consumidores sobre la relación entre calidad y precio. Esta tendencia está adquiriendo peso, lo que confiere una nueva importancia a los imperativos tradicionales de diferenciación y ejecución.

Diferenciación

Para enfrentarse a los competidores basados en valor será necesario concentrarse en áreas en las que sus modelos de negocio dejen suficien-te capacidad de maniobra. Por ejemplo, en lugar de competir en precios con Wal-Mart y otros minoristas de descuento, Walgreens hace hincapié en la comodidad que ofrecen todos los elementos de su negocio. Se extendió rápidamente para hacer que sus establecimientos estuvieran bien ubicados, asegurándose de que estén situados en esquinas con facilidades de estacionamiento. Asimismo, Walgreens hizo una minuciosa revisión de la distribución de sus establecimientos para facilitar la entrada y salida de los clientes, colocando las categorías de productos clave como los alimentos básicos y el revelado fotográfico cerca de la puerta. Para proteger las ventas de medicamentos, la empresa puso en marcha un sencillo sistema de pedido telefónico y *on line*, lo que facilita la transferencia de recetas entre diferentes ubicaciones geográficas de todo el país, e instaló ventanillas para atender a los clientes directamente desde sus automóviles en la mayoría de sus establecimientos independientes. Estas medidas ayudaron a Walgreens a duplicar sus ingresos entre 1998 y 2002, y pasar de los 15,000 millones a los 32,000 millones de dólares en ese último año.

Ejecución

Los mercadólogos basados en valor suelen hacer especial hincapié en la ejecución, sobre todo en precios y costos. La desastrosa experiencia de Kmart al intentar competir de frente con Wal-Mart destaca la dificultad de desafiar a los líderes del descuento en sus mismas condiciones. Igualar los precios de los competidores o incluso reducirlos, como hizo Kmart durante algún tiempo, no necesariamente significa ganar la batalla de la percepción de los consumidores contra empresas que tienen la reputación de ofrecer los precios más bajos. Estas empresas tienden a vender aquellos productos o servicios de adquisición frecuente y fácil comparación a precios muy reducidos, y a compensar la pérdida de margen cobrando más por otros productos. Al concentrar la publicidad en los anuncios de descuento y utilizar carteles sencillos y prominentes, los minoristas pueden forjarse la reputación del valor que ofrecen y conseguir más visibilidad en el terreno competitivo.

Es evidente que para ofrecer precios selectivamente competitivos es necesario mantener los costos sin cambios. Es indispensable mejorar los productos y servicios constantemente, lo que pone de manifiesto la función cada vez más importante de los métodos de producción como los que emplea Toyota, cuyo objetivo es reducir costos a la vez que se mejora la calidad. Por ejemplo, en el campo de los servicios financieros, los bancos emplean diversas técnicas para acelerar el procesamiento de pagos y la aprobación de hipotecas, y para mejorar los resultados de los centros de atención telefónica. Probablemente, otros sectores recurrirán a este tipo de técnicas. Las empresas no tienen otra opción: las que no logren reducir costos de manera constante terminarán por extinguirse.

Fuente: Adaptado de Robert J. Frank, Jeffrey P. George y Laxman Narasimhan, "When Your Competitor Delivers More for Less", *McKinsey Quarterly,* invierno de 2004, pp. 48–59.

En ocasiones, la cantidad de consumo logra incrementarse gracias al diseño del envase o del producto. Se ha demostrado que cuanto mayor es el tamaño de los envases más producto se consume en cada momento de uso.[19] El consumo de productos de consumo "impulsivo" tales como las bebidas refrescantes y los aperitivos aumenta cuando la disponibilidad del producto es mayor.

Por otra parte, para aumentar la frecuencia de uso es necesario identificar oportunidades de uso adicionales similares al uso principal de la marca, u oportunidades de uso totalmente nuevas. En algunos casos, el producto podría no resultar útil en determinados momentos y en determinados lugares, sobre todo si tiene una fuerte asociación de marca con situaciones de uso o tipos de usuarios concretos.

Para generar oportunidades de uso adicionales, el programa de marketing puede comunicar las ventajas de usar la marca con más frecuencia en situaciones reales o potenciales y/o recordar a los consumidores que utilicen la marca tanto como sea posible en situaciones concretas. El sector vinícola lanzó una serie de iniciativas a finales de los 90 para atraer a la Generación X y convencerlos de que el vino era la "alternativa informal de cada día a las bebidas fuertes, como el agua mineral, la cerveza o las bebidas gaseosas".[20]

Existe otra oportunidad potencial de aumentar la frecuencia de uso, que tiene lugar cuando las percepciones de uso de los consumidores difieren del uso real del producto. En el caso de muchos productos con ciclos de vida relativamente cortos, los consumidores no sustituyen a tiempo el producto porque sobreestiman la duración de uso del producto.[21] Una estrategia para acelerar la sustitución del producto es vincular este hecho a alguna celebración, acontecimiento o época del año. Otra estrategia podría ser informar mejor a los consumidores sobre: **1.** cuándo se utilizó el producto por primera vez y cuándo debería sustituirse, y **2.** el nivel actual de rendimiento del producto. Cada cartucho de Gillette Mach3 tiene una banda azul que va desapareciendo poco a poco según el uso. Tras una docena de afeitados, la banda desaparece, lo que advierte de que se debe reemplazar por uno nuevo.

Una segunda aproximación es tratar de identificar aplicaciones nuevas y diferentes. Por ejemplo, las empresas de productos alimenticios anuncian nuevas recetas en las que se utilizan sus productos de forma totalmente diferente. Puesto que el consumo promedio de cereales en el desayuno en Estados Unidos es de tres veces por semana, los fabricantes podrían aumentar sus ganancias si lograran promover el consumo de cereales en otras ocasiones, quizás como golosina.

ARM & HAMMER

Tras descubrir que los consumidores utilizaban el bicarbonato para eliminar los malos olores en el refrigerador, se lanzó una gran campaña centrada en este uso exclusivo. Tras lograr que la mitad de los hogares estadounidenses colocasen una caja abierta de bicarbonato en el refrigerador, la marca se extendió a una nueva variedad de categorías de producto, como la crema dental, los antitranspirantes y el detergente.

El desarrollo de productos también puede promover nuevos usos. Los fabricantes de goma de mascar están intentando fabricar productos "nutracéuticos" como medio eficaz de administración de medicamentos . Según Adam's (el número 2 del mundo en el mercado de gomas de mascar), la mayoría de sus productos tienen beneficios para la salud. Aquafresh y Arm & Hammer son dos gomas de mascar para limpieza dental que han cosechado grandes éxitos.[22]

Defensa de la participación de mercado

Además de ampliar el tamaño del mercado, la empresa líder debe defender constantemente su negocio de los ataques de los rivales. La empresa líder es como un elefante atacado por un enjambre de abejas. Tropicana debe defenderse del jugo de naranja Minute Maid, Duracell de Energizer, Hertz de Avis y Kodak de Fuji.[23] En algunas ocasiones los competidores son nacionales, en otras extranjeros.

¿Qué puede hacer el líder del mercado para defender su territorio? La respuesta más precisa es la *innovación continua*. La empresa líder debe encabezar el sector en el desarrollo de nuevos productos, los servicios a los clientes, la distribución eficaz, y la reducción de costos. Así aumentará sin cesar su competitividad y su valor para los consumidores.

Veamos cómo Caterpillar llegó a ser líder en el sector de la maquinaria de construcción a pesar de que sus precios son más altos y de que tiene muchos competidores muy capaces como John Deere, J. I. Case, Komatsu y Hitachi. La combinación de diferentes políticas es la clave del éxito de Caterpillar:[24]

■ ***Resultados extraordinarios:*** Caterpillar fabrica maquinaria de gran calidad, conocida por su buen funcionamiento y duración, dos consideraciones clave para los compradores de maquinaria pesada.

■ ***Una gran red de concesionarios:*** Caterpillar cuenta con el mayor número de concesionarios independientes especializados en maquinaria para la construcción, todos con una línea completa de equipos Caterpillar.

■ *Servicio excelente:* Caterpillar posee un sistema de venta de refacciones y servicio a nivel mundial que ningún competidor supera.

■ *Estrategia de línea completa:* Caterpillar fabrica la totalidad de la línea de maquinaria de construcción para que los clientes realicen todas sus compras en la empresa.

■ *Buen financiamiento:* Caterpillar ofrece una amplia gama de opciones de financiamiento a sus clientes.

Para satisfacer las necesidades de los consumidores, existen tres enfoques: marketing reactivo, marketing anticipativo y marketing creativo. Con el marketing *reactivo*, el profesional del marketing detecta una necesidad y la satisface. Con el enfoque *anticipativo*, el profesional del marketing se adelanta a las necesidades que tendrá el consumidor en el futuro cercano. Con una estrategia *creativa*, el profesional del marketing descubre y genera soluciones que los consumidores no han solicitado, pero a las que responden con entusiasmo.

Sony ilustra claramente el marketing creativo. La empresa ha lanzado muchos productos de éxito que los consumidores nunca habían solicitado, y que ni siquiera imaginaban: walkmans, videograbadoras, videocámaras y reproductores de CD. Sony es una empresa que *conduce el mercado*, en lugar de dejarse llevar por él. Akio Morita, su fundador, afirmó: Sony no atiende mercados, Sony crea mercados.[25] El walkman es un ejemplo clásico. A finales de los setenta Akio Morita trabajaba en un proyecto que revolucionaría la forma en que las personas escuchan música: un reproductor portátil que denominó como walkman. Los ingenieros de la empresa insistían en que la demanda de este producto era limitada, pero Morita se negaba a compartir su opinión. Veinte años después del lanzamiento del walkman, Sony había vendido más de 250 millones de unidades de 100 modelos diferentes.[26]

Incluso aunque no lance ofensivas, el líder de mercado no debe dejar al descubierto ninguno de sus flancos principales. Debe considerar cuidadosamente qué terrenos son más importantes de defender, incluso en un proceso de pérdida, y cuáles pueden entregarse sin resistencia.[27] El objetivo de la estrategia defensiva es reducir las posibilidades de ataque, redireccionar los ataques hacia áreas menos peligrosas, y reducir su intensidad. La velocidad con que responda el ataque determinará las repercusiones sobre las utilidades. Una empresa líder tiene a su disposición las seis estrategias de defensa que se describen en la figura 11.6.[28]

Akio Morita y el primer modelo de walkman. Morita se negó a abandonar su idea de un reproductor portátil de casetes, al insistir en que Sony no atiende mercados, sino que crea mercados. Y definitivamente tenía razón: para el vigésimo aniversario del walkman, Sony había vendido más de 250 millones de unidades.

DEFENSA DE LA POSICIÓN Esta estrategia consiste en ocupar el espacio de mercado más deseado por los consumidores, creando una marca prácticamente invulnerable, como el detergente Tide con la limpieza, el dentífrico Crest con la prevención anticaries, y los pañales Pampers con la protección ante la humedad.

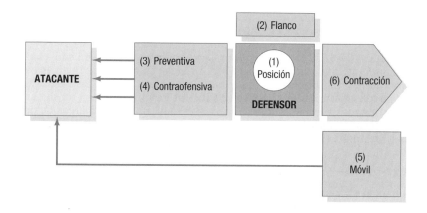

| FIG. **11.6** |

Seis tipos de estrategias de defensa.

DEFENSA DE FLANCOS Aunque la defensa de la posición es importante, el líder del mercado debe levantar flancos o defensas que protejan sus frentes más débiles o que sirvan como punto de partida para un contraataque en caso necesario. Cuando la marca Smirnoff de Heublein, que contaba con un 23% del mercado estadounidense de vodka, recibió el ataque del competidor de bajo precio Wolfschmidt, Heublein *incrementó* el precio de su producto e invirtió los ingresos obtenidos a partir de ello en publicidad. Al mismo tiempo, Heublein lanzó otra marca, Relska, para competir en precio con Wolfschmidt, y otra más, Popov, para vender a un precio inferior al de Wolfschmidt. Esta estrategia neutralizó la maniobra de Wolfschmidt y protegió los flancos de Smirnoff.

DEFENSA PREVENTIVA Una estrategia más agresiva es la de atacar *antes* de que el enemigo inicie su ofensiva. Una empresa puede lanzar una defensa preventiva de muchas formas. Puede emprender una acción de guerrilla en el mercado (al atacar a un competidor aquí y a otro allá) y dejar así a todos fuera de juego, o puede intentar una ofensiva envolvente. Los 13,000 cajeros de Bank of America y sus 4,500 sucursales en Estados Unidos constituyen una feroz competencia para todos los bancos locales y regionales. Otra alternativa es la de lanzar mensajes al mercado para disuadir a los competidores de atacar.[29] La empresa líder puede introducir un flujo de nuevos productos asegurándose de que van acompañados de *preavisos* (comunicaciones deliberadas sobre medidas futuras).[30] Los preavisos sirven para advertir a los competidores de que tendrán que luchar duro para ganar participación de mercado.[31] Si Microsoft hace públicos sus planes de desarrollo de nuevos productos, las empresas más pequeñas podrían decidir concentrar sus esfuerzos en otras direcciones para evitar la competencia directa. Se ha acusado a algunas empresas de tecnología de punta de lanzar preavisos sobre productos que aparecen mucho más tarde de lo esperado o que ni siquiera aparecen.[32]

DEFENSA DE CONTRAOFENSIVA Cuando los líderes de mercado reciben un ataque, la mayoría responde con un contraataque. Estos contraataques adoptan numerosas formas. En una *contraofensiva*, el líder puede enfrentarse directamente con el atacante, golpear sus flancos, o realizar una maniobra de tenazas. Un contraataque eficaz consiste en invadir el territorio principal del atacante para que éste tenga que replegarse y defender su territorio. Cuando FedEx vio cómo ups invadía con éxito su sistema de reparto por avión, invirtió considerablemente en el transporte terrestre con una serie de adquisiciones que desafiaban a ups en su propio terreno.[33] Otra forma común de contraofensiva es el ejercicio de las influencias políticas o económicas. Para tratar de aplastar a su contrincante, la empresa líder puede subvencionar el producto vulnerable con los ingresos de otros productos más rentables, o anunciar la próxima mejora del producto para evitar que los consumidores adquieran el de la competencia, o incluso podría ejercer presión para que los políticos tomen medidas que inhiban o inmovilicen a la competencia.

DEFENSA MÓVIL La defensa móvil del líder implica la defensa agresiva de su posición y la ampliación de su territorio hacia otros nuevos que servirán en el futuro como centros defensivos u ofensivos, a través de la ampliación o la diversificación del mercado. La *ampliación del mercado* requiere que la empresa deje de centrarse en sus productos actuales para centrarse en laS necesidades genéricas, y desarrolle la tecnología asociada con la misma mediante actividades de investigación y desarrollo. Ésta es la razón por la que las empresas petrolíferas trataron de convertirse en compañías "energéticas", lo que implícitamente requería que se dedicaran a investigar todo lo referente a la industria de hidrocarburos, de carbón, nuclear, hidroeléctrica y química. La *diversificación del mercado* supone penetrar en sectores no relacionados. Cuando las tabacaleras estadounidenses como Reynolds y Philip Morris se encontraron con los crecientes obstáculos a los cigarrillos, no se contentaron con defender su posición ni buscaron sustitutos a los cigarrillos, sino que rápidamente entraron en nuevos sectores como el de la cerveza, el licor, las bebidas gaseosas y los alimentos congelados.

DEFENSA DE CONTRACCIÓN En ocasiones, las grandes empresas son conscientes de que no pueden defender la totalidad de su territorio. La mejor línea de acción en estos casos parece ser la *contracción* (también conocida como *retirada estratégica*). Esta estrategia consiste en abandonar los territorios más débiles y de menor importancia y en reasignar los recursos a los territorios más fuertes. Diageo adquirió la mayoría de las marcas de Seagram en 2001 y vendió Pillsbury y Burger King para poder concentrarse en sus marcas más fuertes, como el vodka Smirnoff, el whisky j&b y la ginebra Tanqueray.[34]

Incremento de la participación de mercado

Los líderes del mercado lograrán aumentar su rentabilidad si incrementan su participación de mercado. En muchos mercados, un punto porcentual equivale a decenas de millones de dólares. En el mercado del café, un punto porcentual de la participación de mercado supone un incremento de 48 millones de dólares, y en el de las bebidas refrescantes, de 120 millones de dólares. No es de extrañar, por tanto, que la competencia normal se haya convertido en una guerra de marketing.

Sin embargo, incrementar la participación de mercado no genera mayores utilidades de forma automática, especialmente en las empresas de servicios que requieren mucha mano de obra y que no experimentan economías de escala. Todo depende de la estrategia de la empresa.

Puesto que el costo derivado de adquirir una mayor participación de mercado puede superar con creces los ingresos, las empresas deben considerar cuatro factores antes de intentar incrementar su participación de mercado:

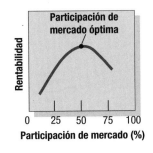

| FIG. **11.7** |

El concepto de participación de mercado óptima.

■ La posibilidad de provocar una reacción antimonopolio, como ocurrió recientemente con Microsoft e Intel. Los competidores "celosos" pueden denunciar una postura monopolística si una empresa no cesa en sus avances. El aumento del riesgo disminuirá mucho el atractivo de lograr participaciones de mercado demasiado grandes.

■ El costo económico. La figura 11.7 muestra la posibilidad de que, superada una participación de mercado límite, la rentabilidad empiece a decrecer. En la gráfica, la *participación de mercado óptima* de la empresa es del 50%, y a partir de ahí, cada incremento en la participación se hace a expensas del valor del producto. Tal vez a los consumidores ya no les guste la empresa, sean leales a fabricantes de la competencia, tengan necesidades exclusivas, o prefieran tratar con proveedores más pequeños. Los costos de las relaciones públicas, los costos legales y los costos de relación con grupos de presión aumentan con la participación de mercado. En general, un incremento en la participación de mercado tiene menos razón de ser cuando no existen economías de escala, cuando los segmentos de mercado existentes son poco atractivos, cuando los compradores quieren diversas fuentes de aprovisionamiento y cuando las barreras de salida son altas. Hay empresas líderes que incluso se han fortalecido al reducir selectivamente su participación de mercado en las áreas más débiles.[35]

■ El tercer factor consiste en que las empresas, al intentar incrementar su participación de mercado, pueden aplicar una estrategia errónea de mezcla de marketing. Miller Brewing invirtió *1,500 millones de dólares* en publicidad durante los 90, y a pesar de todo, perdió participación de mercado. Sus anuncios eran muy distintivos, pero también totalmente irrelevantes para su público meta.[36] Tras la adquisición de SAB en 2002, el nuevo equipo directivo cambió por completo las actividades de marketing.[37] Las empresas que logren aumentar su participación de mercado con éxito suelen superar a sus competidores en tres áreas: desarrollo de nuevos productos, calidad relativa del producto y gastos de marketing.[38] Las empresas que reducen los precios más que sus competidores, en general, no obtienen ganancias significativas, puesto que algunos de sus competidores ofrecerán precios similares y los demás añadirán valor a sus productos para que los consumidores no abandonen sus marcas. Se ha demostrado que la rivalidad competitiva y lss reducciones de precios son más intensos en sectores con costos fijos elevados, costos de inventario considerables, y una demanda primaria estancada, como por ejemplo los sectores del acero, del automóvil, del papel y de los productos químicos.[39]

■ El efecto del incremento de la participación de mercado sobre la calidad real y percibida.[40] Demasiados consumidores pueden ejercer presión sobre los recursos de la empresa, deteriorando el valor del producto y la prestación de servicios. America Online experimentó muchos problemas cuando su base de clientes se expandió, lo que generó cortes en el sistema y problemas de acceso. Los consumidores también podrían inferir que "más grande no es sinónimo de mejor", y dar por hecho que el crecimiento llevará consigo un deterioro de la calidad. Si "exclusividad" es un beneficio clave de la marca, los clientes existentes podrían molestarse por la aparición de nuevos clientes.

::: Otras estrategias competitivas

Las empresas que ocupan la segunda o la tercera posición, e incluso inferiores, dentro de un sector, se denominan perseguidoras o "rastreadoras". Algunas, como Colgate, Ford, Avis y Pepsi, son empresas muy importantes por derecho propio, lo que les permite adoptar dos posturas diferentes: atacar al líder así como a otros competidores en una lucha por aumentar su participación de mercado (empresas retadoras), o pueden seguir su propio camino sin molestar (empresas seguidoras).

Estrategias de las empresas retadoras

Son numerosos los casos de empresas retadoras que han ganado terreno e incluso han superado al líder del mercado. En la actualidad, Toyota fabrica más automóviles que General Motors, y British Airways vende más boletos de avión internacionales que su antiguo líder, Pan Am, cuando éste se situaba en la cumbre del sector. Airbus también vende más aviones que Boeing.

BOEING Y AIRBUS

Cuando cerró los libros del ejercicio 2003 el 31 de diciembre de ese mismo año, Airbus, la empresa que abrió sus puertas en 1979 como una rígida alianza de empresas aeroespaciales europeas, había conseguido sobrepasar a Boeing, la empresa aeronáutica más grande del mundo que llevaba 89 años en el negocio de la fabricación de aeronaves comerciales. Airbus estaba por completar la entrega de los 300 aviones que fabricó en 2003, frente a los 280 de Boeing, mientras que cinco años antes, en 1998, Boeing fabricaba el doble de aeronaves que Airbus. ¿Qué ocurrió? La empresa retadora, Airbus, comenzó con una hoja de servicios en limpio. Creó una nueva línea de productos bien equipados, con características muy modernas (el gigantesco A380 estaba diseñado para transportar 555 pasajeros a un costo de 2.5 centavos por milla y pasajero). Por el contrario, Boeing tenía un sistema de producción secreto, desarrollado durante la Segunda Guerra Mundial que no podía equipararse con los avances de Airbus sin rediseñar sus aeronaves a un precio prohibitivo. Boeing, que en su momento maravilló al mundo, había quedado obsoleta en tecnología y en eficacia productiva durante la década de los 90. "Un nuevo agente agresivo y concentrado siempre ganará terreno a un agente consolidado", afirma Dean Headley, coautor de un informe sobre la calidad de las aerolíneas nacionales. Y en el negocio de la construcción de aeronaves, en el que pueden pasar 10 años desde que se diseña el producto hasta su lanzamiento, el terreno perdido es muy difícil de recuperar.[41]

Las empresas retadoras como Airbus se fijan objetivos altos, maximizando sus recursos, mientras que el líder del mercado suele proseguir con sus negocios de forma habitual. Por esta razón, el director general de Airbus, Noel Foregard, jura conservar lo que él denomina "la mentalidad del retador". Veamos ahora las estrategias competitivas que las empresas retadoras tienen a su disposición.

DEFINICIÓN DEL OBJETIVO ESTRATÉGICO E IDENTIFICACIÓN DEL OPONENTE Lo primero que tiene que hacer un retador es definir su objetivo estratégico, que casi siempre es el incremento de su participación de mercado. El retador debe decidir a qué empresas atacar.

■ *Atacar al líder del mercado.* Esta estrategia es sumamente peligrosa, pero también es la más rentable, y es una buena elección si la empresa líder no está atendiendo bien al mercado. La estrategia alternativa es superar al líder en innovación. Así es como Xerox desplazó a la fotocopiadora 3M, al desarrollar un proceso de fotocopiado más avanzado. Más adelante, Canon también se apropió de una buena parte del mercado de Xerox al introducir fotocopiadoras de escritorio.

■ *Atacar a otras empresas de su mismo tamaño que no atienden bien al mercado y que tienen problemas de financiamiento.* Estas empresas tienen productos obsoletos, precios demasiado altos, y sus clientes están insatisfechos por otras muchas razones.

■ *Atacar a pequeñas empresas locales y regionales.* Por ejemplo, algunos grandes bancos consiguieron su tamaño actual absorbiendo a bancos regionales más pequeños.

Si la empresa atacante decide enfrentarse al líder, es posible que su objetivo consista en arrebatarle parte de su participación de mercado. Miller Brewing es consciente de que no puede superar a Budweiser de Anheuser-Busch en el mercado de la cerveza, por lo que simplemente intenta incrementar su participación de mercado. Si la empresa atacante decide enfrentarse a una pequeña empresa local, es probable que su objetivo sea expulsarla del mercado.

SELECCIÓN DE UNA ESTRATEGIA GENERAL DE ATAQUE Una vez definido el oponente y el objetivo, ¿qué estrategias de ataque son aconsejables? Podemos distinguir entre cinco estrategias de ataque: frontal, de flancos, envolvente, en bypass y de guerrilla.

Ataque frontal En un *ataque frontal* puro, el atacante debe igualar el producto, la publicidad, el precio y la distribución de su oponente. El principio de la fuerza afirma que el bando más fuerte en recursos ganará. Como alternativa, el atacante podría lanzar un ataque frontal modificado, con un precio menor que el del oponente, por ejemplo. Este método podría funcionar si el líder de mercado no contraataca y el competidor es capaz de convencer al público de que su producto es tan bueno como el del líder. Helene Curtis es una empresa experta en convencer de que sus marcas, como Suave y Finesse, tienen una calidad similar y un mejor valor que las marcas más caras.

Ataque de flancos Los puntos débiles del enemigo constituyen objetivos naturales. Un *ataque de flancos* se puede lanzar en dos ámbitos estratégicos diferentes: el geográfico y el de segmento. En un ataque geográfico, el retador localiza y ataca aquellas áreas en las que el oponente no atiende bien al mercado. Por ejemplo, algunos rivales de IBM como Honeywell, decidieron abrir sucursales importantes en ciudades pequeñas y medianas, a las que IBM había dejado de lado. La otra estrategia de flancos se centra en las necesidades de mercado no atendidas por el líder, como hicieron los fabricantes japoneses de automóviles al desarrollar vehículos que consumen menos gasolina.

La estrategia de flancos es otra de las denominaciones que recibe el hecho de identificar cambios en los segmentos de mercado que provocan el desarrollo de vacíos no atendidos en el mercado, y aprovecharlos para convertirlos en segmentos fuertes.

LEAPFROG ENTERPRISES INC.

Esta empresa con sede en in Emeryville, California, es un "David" del sector juguetero que logró vencer al Goliat de los juguetes, Mattel, gracias a un ataque de flancos. En 1999, cuando la categoría de juguetes educativos no podía ser más sombría, LeapFrog lanzó un producto al que describía como "un juguete en la forma y un producto educativo en el fondo". El juguete de LeapFrog, el LeapPad, es un aparato con forma de computadora portátil que enseña a los niños de entre 4 y 8 años a leer, a contar, a escribir y algunas nociones de geografía, de forma divertida. Los padres pagaban con gusto los 50 dólares que costaban las consolas LeapPad, y otros 15 dólares más por cartuchos de contenido. En diciembre de 2000, el producto superó al patín Razor y se convirtió en el juguete más vendido (por primera vez en al menos 15 años, un juguete educativo era líder en ventas). En 2001, el LeapPad fue el juguete más vendido de todo el país, y hasta la fecha, la empresa ha vendido más de 8.6 millones de consolas. Evidentemente, este éxito alentó a Mattel a lanzar su propia versión del LeapPad, el sistema fácil de usar Power Touch Learning System.[42]

El ataque de flancos es una de las mejores estrategias del marketing moderno, que opera bajo el principio de descubrir necesidades y satisfacerlas. Esta estrategia es especialmente atractiva para aquellas empresas con menos recursos que su oponente, y tiene más posibilidades de éxito que un ataque frontal.

Ataque envolvente La maniobra envolvente es un intento por conquistar gran parte del terreno del enemigo mediante un ataque "relámpago". Esta estrategia implica lanzar una gran ofensiva desde diversos frentes. El ataque envolvente tiene sentido cuando el retador cuenta con más recursos que el líder y pretende desmantelar los objetivos del líder por completo. A fin de oponer una mayor resistencia a su archirrival Microsoft, Sun Microsystems permite el uso de su software Java a millones de empresas que desarrollan software para una infinidad de aplicaciones. A medida que los aparatos eléctricos utilizan cada vez más tecnología digital, Java se está incorporando a un gran abanico de productos.

Ataque en bypass La estrategia de asalto más indirecta es el ataque en *bypass*. Esta táctica consiste en dejar de lado inicialmente al enemigo para atacar otros mercados más sencillos a fin de ampliar la base inicial de recursos propios. Este ataque ofrece tres líneas de actuación: diversificación hacia productos no relacionados, diversificación hacia nuevos mercados geográficos y adopción de nuevas tecnologías con el fin de reemplazar los productos existentes. Pepsi utilizó esta estrategia contra Coca-Cola al adquirir: **1.** el gigante del jugo de naranja Tropicana por 3,300 millones de dólares en 1998, que contaba con el doble de participación de mercado que Minute Maid, de Coca-Cola; y **2.** Quaker Oats por 14,000 millones de dólares en 2000. Quaker Oats es propietaria de la bebida Gatorade, que tiene una participación de mercado muy superior a la de Powerade de Coca-Cola.[43]

La estrategia de *adopción de nuevas tecnologías* es una estrategia de bypass que se utiliza frecuentemente en sectores de alta tecnología. La empresa retadora investiga y desarrolla pacientemente la nueva tecnología y entonces lanza su ataque, desplazando la batalla hacia el territorio en el que tiene ventaja. El magnífico ataque de Nintendo en el mercado de los videojuegos consistió precisamente en obtener participación de mercado al introducir una tecnología superior y redefinir el "espacio competitivo". A continuación Sega/Genesis hizo exactamente lo mismo con una tecnología más moderna, y en la actualidad, Playstation de Sony ha tomado el relevo del liderazgo para obtener una participación de mercado del 60% en el sector de los videojuegos.[44] La empresa retadora Google utilizó una táctica de adopción de nuevas tecnologías para desbancar a Yahoo y convertirse en el líder de los buscadores de Internet. En la actualidad, otra empresa está empleando la misma estrategia para convertirse en el "Google" del correo electrónico:

STATA LABS

Si Raymie Stata, cofundador de Stata Labs con sede en San Mateo, consigue su propósito, administraremos el correo electrónico del mismo modo que buscamos el nombre de una empresa o de un producto en Internet con Google. Este empresario creó su sistema de administración del correo electrónico Bloomba en respuesta a las imperfecciones del Outlook de Microsoft, que actualmente utilizan el 50% de las empresas. Stata considera que las personas pierden un tiempo precioso en adaptarse a lo que él considera un sistema de administración de correo electrónico contraintuitivo. En lugar de utilizar carpetas u otros sistemas de archivo complicados, Bloomba presenta una potente función de búsqueda que indexa todos los mensajes (e incluso los archivos adjuntos) y permite localizarlos en cuestión de segundos. Aunque todavía tiene que desbancar a Outlook, los periodistas del sector de negocios acogen la tecnología Bloomba como el futuro de las comunicaciones serias por correo electrónico.[45]

Un anuncio de Gatorade con la estrella de fútbol Mia Hamm. En una estrategia de ataque en bypass contra Coca-Cola, Pepsi compró Quaker Oats Company, propietaria de Gatorade, que tiene una participación de mercado mayor que Powerade de Coca-Cola.

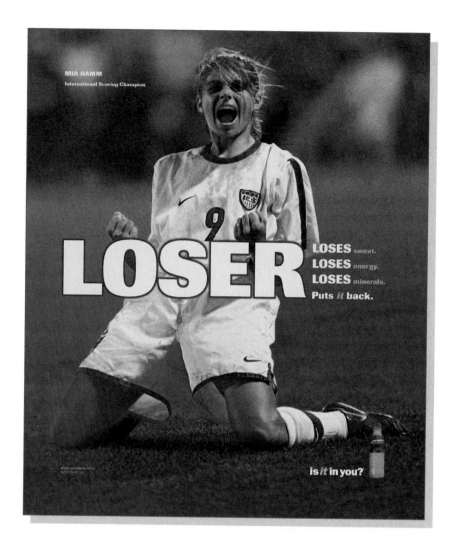

Ataque de guerrillas La estrategia de guerrillas consiste en lanzar ataques de corto alcance e intermitentes a diferentes partes del territorio del oponente con el fin de desmoralizarlo y así lograr avances tímidos, aunque seguros. Esta estrategia pone en práctica métodos convencionales y no tan convencionales, como puede ser una estrategia de reducción selectiva de precios, estrategias promocionales intensivas o acciones legales ocasionales. Princeton Review logró desafiar con éxito a Kaplan Educational Centers, la academia de preparación de exámenes más importante de Estados Unidos con la diseminación por Internet de historias terroríficas sobre Kaplan y con anuncios publicitarios apabullantes ("Stanley es un pelele" o "Un buen amigo no permitiría que nos inscribiéramos en Kaplan"). Al mismo tiempo promovía las clases más reducidas y animadas que ofrecía Princeton Review.

Normalmente son las empresas pequeñas las que practican la estrategia de guerrillas contra empresas más grandes, al lanzar continuos ataques fugaces promocionales o de precios contra zonas aleatorias del territorio del oponente, de forma que logran debilitar gradualmente el poder de este último. El dogma militar sostiene que lanzar una serie de pequeños ataques continuados produce más impacto acumulado, más desorganización y más confusión en el oponente que unos cuantos ataques más potentes. Un ataque de guerrilla puede resultar caro, aunque no tanto como un ataque frontal, envolvente o de flancos. La guerra de guerrillas es más una preparación para la batalla que una batalla en sí misma. Por esta razón, esta estrategia debe respaldarse con un ataque más fuerte si el retador pretende acabar con su contendiente.

ELECCIÓN DE UNA ESTRATEGIA ESPECÍFICA DE ATAQUE La empresa retadora debe ir más allá de estas cinco estrategias de ataque generales y desarrollar otras más específicas:

■ *Estrategia de descuentos.* El retador puede ofrecer productos similares a precios más bajos. Ésta es la estrategia de los minoristas de descuento. Para que esta estrategia resulte efectiva se deben cumplir tres requisitos. Primero, el retador debe ser capaz de convencer a los compradores de que su producto o servicio es similar al del líder. Segundo, los compradores deben ser sensibles al precio. Tercero, el líder ha de negarse a reducir sus precios a pesar del ataque.

■ *Estrategia de productos de precio bajo.* El retador puede ofrecer un producto de calidad media-baja por un precio muy inferior. Los dulces Little Debbie, por ejemplo, son más baratos que los de Drake, y se venden en una proporción de 20 contra 1. No obstante, las empresas que adoptan esta estrategia pueden verse atacadas por otras que ofrecen precios aún más bajos.

■ *Estrategia de productos baratos de calidad.* En los últimos años, diversas empresas que van desde minoristas como Target hasta aerolíneas como Southwest, han comenzado a combinar precios bajos con gran calidad para arrebatar participación de mercado a los líderes. En el Reino Unido, los grandes minoristas como Boots y Sainsbury pelean por hacer frente a la creciente competencia en precio (y calidad) de ASDA y Tesco.[46]

■ *Estrategia de productos de prestigio.* El retador lanza productos de mayor calidad y a precios superiores a los del líder del sector. Mercedes, por ejemplo, superó a Cadillac en el mercado estadounidense ofreciendo un vehículo de mejor calidad a un precio más alto.

■ *Estrategia de proliferación de productos.* El retador ataca al líder lanzando una mayor variedad de productos, de modo que ofrece a los consumidores una mayor variedad para elegir. Baskin-Robbins logró incrementar su participación en el mercado de los helados introduciendo un mayor número de sabores (31) que sus competidores principales.

■ *Estrategia de innovación del producto.* El retador fomenta la innovación de productos para atacar al líder. Por ejemplo, 3M suele entrar en nuevos mercados con la introducción de mejoras o avances en los productos.

■ *Estrategia de mejora de servicios.* El retador ofrece servicios nuevos o mejorados a los consumidores. El famoso ataque lanzado por Avis contra Hertz ("Somos los segundos. Nos esforzamos más"), se basaba en la promesa de un automóvil más limpio y un servicio más rápido que el de Hertz.

■ *Estrategia de innovación en la distribución.* El retador desarrolla un nuevo canal de distribución. Avon se convirtió en una de las empresas cosméticas más importantes al perfeccionar la venta a domicilio, en lugar de luchar contra otras grandes empresas de cosméticos en los puntos de venta convencionales.

■ *Estrategia de reducción de costos de manufactura.* El retador consigue reducir sus costos de fabricación más que sus competidores mediante un aprovisionamiento más eficaz, menos costos de mano de obra, y equipos de producción más modernos.

■ *Estrategia de fuerte inversión promocional.* Algunos retadores atacan al líder incrementando su inversión en publicidad y promoción. No obstante, una fuerte inversión publicitaria no resultará eficaz a menos que el producto y el mensaje publicitario del retador sean mejores que los del líder.

El éxito de la empresa retadora dependerá de la combinación de estrategias diferentes en el tiempo.

SAMSUNG

El gigante coreano de la electrónica, Samsung, ha empleado muchas estrategias como empresa retadora para superar a los fabricantes japoneses y vender más que ellos en numerosas categorías de productos. Al igual que muchas otras empresas asiáticas, Samsung hacía hincapié en el volumen y en el dominio del mercado, y no en la rentabilidad. Sin embargo, durante la crisis financiera asiática de finales de los 90, mientras que otros empresarios coreanos *cedían* ante montañas de deudas, Samsung adoptó una táctica diferente. Redujo los costos y concedió más importancia a la flexibilidad operativa, lo que le permitió llevar sus productos electrónicos desde la fase de proyecto hasta los puntos de venta en tan sólo seis meses. Asimismo, comenzó a concentrarse seriamente en la innovación, utilizando una estrategia de adopción de nuevas tecnologías en el campo de la fabricación de teléfonos celulares que actualmente registran cuantiosas ventas no sólo en Asia, sino también en Europa y Estados Unidos.[47]

En *Cuestiones clave: Cómo ser mejor siendo pequeño* se incluyen algunos consejos adicionales para las empresas retadoras.

Estrategias para empresas seguidoras

Hace unos años, Theodore Levitt escribió un artículo titulado "Innovative Imitation", en el que afirmaba que una estrategia de *imitación de productos* podía resultar tan rentable como una estrategia de *innovación de productos.*[48] Después de todo, la empresa innovadora debe hacer grandes inversiones para desarrollar un producto nuevo, distribuirlo, e informar y educar al mercado. La recompensa de todo este trabajo suele ser la consolidación de la empresa como líder del mercado. Sin embargo, es muy probable que otra empresa copie el producto, o incluso lo mejore, y lo lance al mercado. A pesar de que, probablemente, esta segunda empresa no desbancará a la empresa líder, sí es posible que obtenga grandes utilidades al no tener que hacer frente a ningún gasto derivado de la innovación.

S&S CYCLE

s&s Cycle es el primer proveedor de motores y refacciones a más de 15 empresas que fabrican miles de motocicletas tipo Harley cada año. Estos clonadores cobran hasta 30,000 dólares por sus creaciones personalizadas. s&s ha ganado su reputación mejorando el trabajo de Harley-Davidson. Algunos de sus clientes son clientes potenciales de Harley que acaban frustrados por las largas esperas en las concesionarias. Otros simplemente prefieren los potentes motores de s&s. Para mantenerse al tanto de la evolución del mercado, s&s compra una Harley cada año y desmonta el motor para estudiar cómo puede mejorarlo.[49]

Muchas empresas prefieren seguir al líder en lugar de retarlo. Los modelos de "paralelismo consciente" con el líder son comunes en sectores que requieren grandes inversiones y cuyos productos tienen escasa diferenciación, como las industrias del acero, los fertilizantes y los productos químicos. Las posibilidades de diferenciación de producto y de imagen son escasas, la calidad del servicio suele ser similar, y la sensibilidad al precio es elevada. En este tipo de sectores no es conveniente enfocarse en incrementar la participación de mercado a corto plazo, puesto que esto sólo provoca "revanchas entre empresas". Por esta razón, la mayoría de las empresas no tratan de arrebatar clientela a la competencia, sino que se limitan a presentar ofertas similares siguiendo al líder, lo que genera gran estabilidad en las participaciones de mercado.

Esto no significa que los seguidores carezcan de estrategias. Una empresa seguidora debe saber cómo conservar a sus clientes actuales y cómo conseguir nuevos clientes. Estas empresas han de ofrecer ventajas exclusivas a su público meta: ubicación, servicios, financiamiento, etc. Conscientes de que pueden ser el blanco principal del ataque de empresas retadoras, deben mantener sus costos bajos en todo momento, y la calidad de sus productos y servicios en el mayor nivel posible. Asimismo, las empresas seguidoras deben entrar en mercados nuevos tan pronto como surjan. El seguidor debe determinar vías de crecimiento lo suficientemente discretas como para no provocar represalias. Cabe destacar cuatro tipos de estrategias específicas para los seguidores:

1. ***Estrategia de falsificación***—La empresa que adopta esta estrategia reproduce el producto y el empaque de la empresa líder y lo vende en el mercado negro o en establecimientos de dudosa reputación. Las casas discográficas, Apple Computer y Rolex sufren seriamente este problema, sobre todo en los países asiáticos.

CUESTIONES **CLAVE**   **CÓMO SER MEJOR SIENDO PEQUEÑO**

Adam Morgan ofrece ocho sugerencias a las empresas pequeñas para que compitan de manera más eficaz:

1. ***Romper con el pasado inmediato***—No hay que temer hacer preguntas "tontas" para desafiar las convenciones y ver nuestra marca de forma diferente.

2. ***Crear una "identidad directriz"***—Establecer un conjunto de valores y comunicar quiénes somos y por qué (por ejemplo, Apple).

3. ***Adoptar un pensamiento de liderazgo para la categoría***—Transgredir las convenciones en términos de representación (qué se dice de uno mismo), dónde se dice (medio) y experiencia (qué se hace además de hablar).

4. ***Crear símbolos de reevaluación***—Un cohete utiliza la mitad de su combustible en la primera milla de trayecto para contrarrestar la fuerza de la gravedad. En el caso de las empresas, quizás sea necesario polarizar a la gente.

5. ***Sacrificarse***—Concentrar el objetivo, el mensaje, el alcance, la frecuencia, la distribución y las extensiones de línea y asumir que menos puede ser más.

6. ***Dedicación extra***—Aunque haga pocas cosas, hágalas "a lo grande".

7. ***Utilice la publicidad para entrar en la cultura popular***—Las comunicaciones poco convencionales a menudo logran que la gente hable.

8. ***Concéntrese en las ideas, no en los consumidores***—Mantenga la intensidad de desafío sin perder de vista en qué consiste y puede consistir su marca y redefina el respaldo de marketing y el centro de su campaña para transmitir esta idea.

Fuente: Adam Morgan, *Eating the Big Fish: How Challenger Brands Can Compete Against Brand Leaders* (Nueva York: John Wiley & Sons, 1999).

Estrategias del seguidor del mercado: s&s Cycle provee motores y refacciones a compañías que fabrican clones de Harley Davidson. s&s tiene una reputación de fabricar motores potentes por encima de la calidad de los que produce Harley.

2. ***Estrategia de clonación***—La empresa que adopta esta estrategia reproduce el producto, nombre y empaque del líder, con ligeras variaciones. Por ejemplo, Ralcorp Holding Inc. vende imitaciones de cereales famosos en cajas muy similares a las de los originales. Sus Tasteeos, Fruit Rings y Corn Flakes se venden a un dólar menos que las marcas de los líderes del sector.

3. ***Estrategia de imitación***—La empresa que adopta esta estrategia imita algunos aspectos del producto del líder, pero se diferencia en términos de empaque, publicidad, precio, o puntos de venta. El líder no se preocupa mucho por el imitador, siempre que no lo ataque de forma agresiva. Fernández Pujals creó en Fort Lauderdale, Florida, y llevó la idea del reparto de pizza a domicilio de Domino's a España, donde negoció un préstamo de 80,000 dólares para abrir su primer establecimiento en Madrid. Su cadena TelePizza opera en la actualidad cerca de 1,000 establecimientos en Europa y América Latina.

4. ***Estrategia de adaptación***—La empresa que adopta esta estrategia se basa en los productos del líder, los adapta e incluso los mejora. El adaptador puede optar por atender mercados diferentes, pero suele convertirse en empresa retadora, como ocurrió con multitud de empresas japonesas, una vez que adaptaron y mejoraron los productos que otros habían desarrollado.

¿Cuánto puede llegar a ganar un seguidor? Normalmente, menos que el líder. Por ejemplo, un estudio sobre empresas procesadoras mostraba que la empresa más importante recuperaba el 16% de su inversión, la segunda empresa en importancia el 6%, la número tres el −1% y la cuatro el −6%. No es de extrañar, por tanto, que Jack Welch, ex presidente de GE, comunicara a las distintas unidades de negocio de su grupo que debían alcanzar la primera o la segunda posición en el mercado, o que de lo contrario, simplemente se retiraran. El camino del seguidor no suele ser muy gratificante.

Estrategias para especialistas en nichos

Una de las alternativas a convertirse en empresa seguidora es ser la empresa líder de un pequeño mercado o nicho. En general, las empresas pequeñas evitan la confrontación directa con las grandes dirigiéndose a mercados más pequeños que carecen de interés para estas últimas. Éste es un ejemplo.

LOGITECH INTERNATIONAL

Logitech ha convertido su negocio en un éxito global de 1,300 millones de dólares gracias a la introducción de todas las variaciones imaginables en los *mouses* de computadora. La empresa fabrica *mouses* para diestros y zurdos, otros sin cables que funcionan mediante ondas de radio, otros con forma de ratón para los niños, y *mouses 3D* que permiten al usuario moverse con gran realismo entre los objetos de la pantalla. Esta empresa vende por medio de OEM, así como a través de su propia marca en establecimientos minoristas. Su dominio global en la categoría de los *mouses* ha permitido que la empresa se expanda hacia otros periféricos, como los auriculares para computadora, los periféricos para videojuegos y las cámaras Web.[50]

Cada vez es más frecuente que incluso las compañías más importantes o sus unidades comerciales se dediquen a un determinado nicho.

ITW

Illinois Tool Works (ITW) fabrica miles de productos como clavos, tornillos, asas de plástico para empaques de seis latas de bebidas, cascos para ciclismo , mochilas, hebillas de plástico para collares de mascotas, envases sellados para alimentos, y más. Desde finales de los 80, la empresa ha realizado entre 30 y 40 adquisiciones cada año, con lo que ha agregado nuevos artículos a su línea de productos. itw tiene más de 500 unidades de negocio autónomas y descentralizadas. Cuando una división comercializa un nuevo producto, tanto éste como el personal encargado se convierten en una nueva entidad comercial.[51]

Las empresas con participación de mercado pequeña respecto al mercado total pueden ser muy rentables mediante una buena estrategia de especialización en nichos. Por ejemplo, A. T. Cross se convirtió en especialista en el nicho de bolígrafos de lujo con sus famosos artículos de oro y plata. La empresa familiar Tire Rack vende dos millones de neumáticos especiales al año por Internet, por teléfono y por correo desde su sede en South Bend, Indiana.[52] Estas empresas suelen ofrecer productos valiosos por los que cobran un alto precio, logran costos de producción bajos y desarrollan una fuerte cultura y visión corporativa. New Balance es un ejemplo clásico de pequeña empresa que utilizó la estrategia de especialización en nichos para consolidar una fuerte posición en el mercado.

NEW BALANCE

A pesar de que ningún famoso patrocina sus productos y de que su publicidad es muy inferior a la de sus competidores, New Balance ha logrado generar más lealtad en sus clientes que cualquier otra marca de calzado deportivo. ¿El secreto? Un producto verdaderamente exclusivo. New Balance ofrece a los consumidores zapatos deportivos de diferente anchura. Su mercado meta es el segmento, generalmente olvidado, de deportistas serios entre 25 y 45 años de edad. Con una publicidad sencilla, se anuncia en revistas especializadas como *Outside*, *New England Runner* y *Prevention*, y en las emisoras de televisión por cable como CNN, Golf Channel y A&E. Su enfoque y su perseverancia han dado frutos. Con tan sólo el 3.7% de participación de mercado en 1999, sus ventas alcanzaron en 2002 cerca de los mil millones de dólares, lo que convirtió a la marca en el número tres de su categoría.[53]

En un estudio realizado por el Strategic Plan Institute sobre cientos de unidades de negocio se demostró que la rentabilidad de la inversión alcanzaba el 27% en promedio en los mercados más pequeños, y tan sólo el 11% en los mercados más importantes.[54] ¿Por qué resulta tan rentable la estrategia de especialización en nichos? La razón fundamental es que el especialista en nichos conoce tan bien su mercado meta que es capaz de satisfacer sus necesidades mejor que otras empresas que atienden ese mismo nicho por casualidad. En consecuencia, el especialista puede establecer un precio muy superior al costo: mientras que una empresa masiva genera un *gran volumen*, el especialista genera un *gran margen*.

Los especialistas en nichos deben ejecutar tres tareas: crear nichos, expandirlos y protegerlos. Esta estrategia conlleva el riesgo de que el nicho desaparezca o resulte atacado. En tal caso, la empresa cuenta con multitud de recursos especializados que difícilmente podrá aprovechar en actividades alternativas.

Estrategias de nichos de mercado. Los famosos bolígrafos de oro y plata de A. T. Cross son productos de precios altos que se dirigen a un nicho específico.

ZIPPO

Ahora que el número de fumadores va en franco descenso de forma constante, Zippo Manufacturing, con sede en Bradford, Pennsylvania, asiste a la desaparición de su mercado de encendedores metálicos que han sido todo un icono. Los responsables del marketing de Zippo se encuentran hoy con que tienen que diversificar y ampliar su enfoque para "vender flamas" en lugar de encendedores. Con el objetivo de reducir la dependencia en productos relacionados con el tabaco un 50% en 2010, la empresa lanzó en 2001 un encendedor largo y delgado para múltiples fines (encender velas, asadores y chimeneas) y está estudiando la concesión de licencias a proveedores de productos de exterior que tienen que ver con el fuego. Además, adquirió Case Cutlery, fabricante de cuchillos.[55]

Puesto que cabe la posibilidad de que los nichos se debiliten, es importante que la empresa desarrolle nichos nuevos continuamente. En *Cuestiones clave: Roles del especialista en nichos* se describen algunas opciones. La empresa debe ceñirse a su estrategia de nichos, pero no necesariamente a un nicho en concreto, por lo que una estrategia de *nichos múltiples* resulta mucho más interesante que una de *nicho único*. Al fortalecer su presencia en dos o más nichos, la empresa multiplica sus posibilidades de supervivencia.

Las empresas que tratan de entrar en nuevos mercados deben dirigirse primero a un nicho concreto, y no a la totalidad del mercado. (Véase *Cuestiones clave: Estrategias para penetrar mercados dominados por una marca.*) El sector de la telefonía móvil ha experimentado un crecimiento impresionante, pero en la actualidad sufre una competencia feroz a medida que disminuye el número de usuarios potenciales. Gracias a un marketing innovador, Boost Mobile y Virgin han logrado captar uno de los segmentos de mayor crecimiento, los consumidores de la Generación Y que acceden a este mercado.[56]

⌐ **VIRGIN GROUP LTD.**

Mientras que Virgin es uno de los grandes en los sectores de la música, de las aerolíneas y en otras industrias, en el negocio de la comunicación inalámbrica no es más que un recién llegado. Sin embargo, Virgin Mobile está lanzando un ataque frontal contra AT&T Wireless, Cingular y Verizon, al dirigirse a los usuarios de teléfono más jóvenes, y es la primera empresa en dirigirse a este segmento de manera explícita. Virgin Mobile ofrece uno de los planes de prepago más sencillos del mercado, sin contratos y sin costos ocultos. La empresa promueve disposi-

CUESTIONES **CLAVE** | **ROLES DEL ESPECIALISTA EN NICHOS**

El factor clave en una estrategia de nichos es la especialización. Éstos son algunos de los roles que pueden asumir los especialistas en nichos:

- **Especialista en consumidores finales:** La empresa se especializa en atender a un tipo de consumidor final. Por ejemplo, un *revendedor de valor agregado* personaliza el hardware y el software de una computadora para segmentos de consumidores específicos y establece un precio más alto.

- **Especialista a nivel vertical:** La empresa se especializa en alguno de los niveles del ciclo producción-distribución de la cadena de valor. Por ejemplo, una empresa dedicada al mercado del cobre puede concentrar su actividad en la producción de la materia prima, en las piezas de cobre o en los productos a base de cobre.

- **Especialista en clientes de un determinado tamaño:** La empresa concentra sus ventas en consumidores pequeños, medianos o grandes. Muchos especialistas en nichos se concentran en consumidores de menor tamaño que suelen desatender las grandes empresas.

- **Especialistas en clientes específicos:** La empresa limita sus ventas a uno o, a lo sumo, a unos cuantos clientes. Muchas empresas venden la totalidad de su producción a una sola empresa, por ejemplo, Sears o General Motors.

- **Especialistas en zonas geográficas:** La empresa vende sus productos tan sólo en una determinada localidad, región o área.

- **Especialista en un producto o línea de productos:** La empresa ofrece o fabrica un producto único o línea de productos. Una empresa podría fabricar, por ejemplo, lentes para microscopios. Un minorista podría ofrecer, únicamente, corbatas.

- **Especialista en un solo atributo del producto:** La empresa se especializa en ofrecer un determinado tipo de producto o una característica particular del mismo. Rent-a-Wreck, por ejemplo, es una agencia californiana de alquiler de automóviles que sólo ofrece automóviles seminuevos.

- **Especialistas en productos a medida:** La empresa se dedica exclusivamente a personalizar sus productos para clientes individuales.

- **Especialista calidad/precio:** La empresa se especializa en el mercado de alta o baja calidad del mercado. Por ejemplo, Hewlett-Packard es especialista en el segmento de alta calidad/precio alto en el mercado de calculadoras de mano.

- **Especialista en servicios:** La empresa ofrece uno o más servicios que no brindan las demás empresas. Un ejemplo es un banco que autorizase solicitudes de crédito por teléfono y entregase el dinero a domicilio.

- **Especialista en canal:** La empresa se especializa en un único canal de distribución. Por ejemplo, una empresa de bebidas refrescantes decide producir una bebida en envases de gran tamaño que sólo distribuye en gasolineras.

CUESTIONES **CLAVE** | **ESTRATEGIAS PARA PENETRAR MERCADOS DOMINADOS POR UNA MARCA**

Carpenter y Nakamoto han estudiado las diversas estrategias de lanzamiento de un nuevo producto en un mercado que ya domina una marca, como Jell-O o FedEx. (Estas marcas, entre las que se encuentran muchos innovadores, son especialmente difíciles de atacar, puesto que sirven de punto de referencia para valorar otras marcas.) Los investigadores descubrieron cuatro estrategias con un gran potencial de beneficios para estos casos:

1. **Diferenciación:** Consiste en establecer un posicionamiento alejado de la marca dominante con un precio similar o superior, y una inversión publicitaria fuerte para consolidar la nueva marca como una alternativa creíble. Ejemplo: las motocicletas de Honda desafían a Harley-Davidson.

2. **Desafío:** Consiste en establecer un posicionamiento cercano al de la marca dominante con una fuerte inversión en publicidad y un pre-

cio similar o superior al de la marca dominante para desafiarla como referencia de la categoría. Ejemplo: la competencia de Pepsi contra Coca-Cola.

3. **Nicho:** Consiste en establecer un posicionamiento diferente al de la marca dominante con un precio superior y un presupuesto promocional bajo para explotar un nicho rentable. Ejemplo: el dentífrico natural Tom's of Maine frente a Crest.

4. **Precio:** Consiste en establecer un posicionamiento similar al de la marca dominante con gastos de publicidad moderados y un precio alto, para situar a la nueva marca en niveles superiores a los de la marca dominante. Ejemplo: la competencia de los chocolates Godiva y del helado Häagen-Dazs con respecto a las marcas de referencia.

Fuentes: Gregory S. Carpenter y Kent Nakamoto, "Competitive Strategies for Late Entry into a Market with a Dominant Brand", *Management Science* (octubre de 1990), pp. 1268–1278; Gregory S. Carpenter y Kent Nakamoto, "The Impact of Consumer Preference Formation on Marketing Objectives and Competitive Second Mover Strategies", *Journal of Consumer Psychology* 5, núm. 4 (1996), pp. 325–358; Venkatesh Shankar, Gregory Carpenter y Lakshman Krishnamurthi, "Late Mover Advantage: How Innovative Late Entrants Outsell Pioneers", *Journal of Marketing Research* 35 (febrero de 1998), pp. 54–70.

tivos modernos, como "la llamada de rescate", para escapar de una cita aburrida, o la voz de Isaac Hayes o Grandpa Munster para el saludo inicial. Y además, para destacar que su plan no tiene "nada que esconder", Virgin ha lanzado anuncios provocativos con actores desnudos. El propio Branson apareció medio desnudo en Times Square para inaugurar su colaboración de *joint venture* al 50% con Sprint PCS Group. Parece que esta estrategia de nichos le está funcionado: en un corto periodo, Virgin Mobile consiguió más de un millón de usuarios.[57]

::: Balance entre las orientaciones hacia el cliente y hacia la competencia

Ya se ha destacado la importancia de que la empresa se posicione competitivamente como líder, retadora, seguidora o especialista en nichos. Sin embargo, una empresa no debe dedicar todo su tiempo a pensar en la competencia.

Empresas enfocadas en la competencia

Una *empresa enfocada en la competencia* establece su curso de acción como se indica a continuación:

Situación

- El competidor W nos va a destrozar en Miami.
- El competidor X está mejorando su distribución en Houston y dañando nuestras ventas.
- El competidor Y rebajó sus precios en Denver, y hemos perdido tres puntos de participación de mercado.
- El competidor Z lanzó un nuevo servicio en Nueva Orleans, y estamos perdiendo ventas.

Soluciones

- Nos retiraremos del mercado de Miami porque no podemos enfrentar esta batalla.
- Incrementaremos nuestra inversión publicitaria en Houston.
- Igualaremos nuestro precio con el del competidor Y en Denver.
- Incrementaremos el presupuesto de promoción de ventas en Nueva Orleans.

Este tipo de planeación presenta ventajas y desventajas. En el lado positivo, la empresa desarrolla una orientación de lucha. Forma a sus especialistas para que estén constantemente alerta, detectando sus propias debilidades y las de la competencia. En el lado negativo, la empresa presenta un modelo demasiado reactivo. En lugar de desarrollar una estrategia centrada en los clientes, determina sus movimientos exclusivamente sobre la base de los movimientos de sus competidores. En consecuencia, no persigue sus propios objetivos. No sabe hacia dónde se dirige ni dónde terminará, puesto que depende en gran medida de lo que decidan hacer sus competidores.

Empresas enfocadas en el cliente

Cuando una *empresa enfocada en el cliente* define sus estrategias, lo hace en torno a sus clientes.

Situación

- El mercado total crece a un ritmo del 4% anual.
- El segmento sensible a la calidad crece a un 8% anual.
- El segmento sensible a las promociones también crece rápidamente, pero estos clientes no permanecen demasiado tiempo con el mismo proveedor.
- Un número creciente de clientes ha expresado su interés por un servicio de atención las 24 horas del día, que ningún agente del sector ofrece.

Soluciones

- Nos esforzaremos más por alcanzar y satisfacer el segmento de calidad del mercado. Compraremos mejores piezas, mejoraremos el control de calidad y enfocaremos nuestro tema central publicitario hacia la calidad.
- Evitaremos las reducciones de precios y las promociones porque no queremos el tipo de cliente que compra sobre estas bases.
- Crearemos un servicio de atención las 24 horas del día si parece prometedor.

Es claro que las empresas enfocadas en los clientes se encuentran en una situación más propicia para identificar nuevas oportunidades y establecer estrategias que prometan beneficios a largo plazo. Al seguir la evolución de las necesidades de los consumidores, las empresas pueden decidir qué grupos de consumidores y qué necesidades emergentes es más importante satisfacer. Jeff Bezos, fundador de Amazon.com, aboga claramente por un enfoque hacia el cliente: "El mantra de Amazon.com es la obsesión por nuestros clientes y no por nuestros competidores. Observamos a nuestros competidores, aprendemos de ellos, vemos qué hacen por sus clientes, y lo imitamos en la medida de lo posible. Pero nunca nos obsesionamos con ellos."[58]

RESUMEN :::

1. Para preparar una estrategia de marketing efectiva, las empresas deben estudiar a sus competidores, así como a sus clientes reales y potenciales. Las empresas han de identificar las estrategias, los objetivos, las fortalezas y las debilidades de sus competidores.

2. Los principales competidores de una organización son aquellas empresas que persiguen satisfacer las mismas necesidades y a los mismos clientes con ofertas similares. Las empresas también deben prestar atención a los competidores potenciales que podrían ofrecer maneras nuevas o diferentes de satisfacer las mismas necesidades. Las empresas deben identificar a sus competidores mediante análisis sectoriales y análisis de mercado.

3. El líder de mercado es la empresa que cuenta con la mayor participación en el mercado del producto correspondiente. Para mantener el liderazgo, la empresa debe buscar el modo de incrementar la demanda total del mercado, e intentar proteger y quizás incrementar su participación de mercado.

4. Una empresa retadora es aquella que ataca al líder del mercado y a otros competidores de forma agresiva para in-

crementar su participación de mercado. Las empresas retadoras tienen a su disposición cinco tipos de estrategias generales de ataque, pero también tienen que adoptar estrategias de ataque específicas.

5. Una empresa seguidora es aquella que busca mantener su participación de mercado sin aspirar a nada más. Estas empresas pueden adoptar estrategias de falsificación, clonación, imitación o adaptación.

6. Las empresas especialistas en nichos atienden mercados pequeños que no atienden las grandes empresas. La clave de esta estrategia es la especialización. Las empresas que adoptan esta estrategia desarrollan ofertas que satisfacen plenamente las necesidades de un determinado grupo de consumidores, por lo que establecen un precio más alto.

7. Si bien la orientación en torno a la competencia es muy importante en los mercados globales en la actualidad, las empresas no deben enfocarse exclusivamente en ella. Las empresas deben mantener un equilibrio adecuado entre la orientación hacia los clientes y la orientación hacia los consumidores.

APLICACIONES :::

Debate de marketing   ¿Cómo atacar al líder de una categoría?

Atacar al líder siempre es complicado. Algunas estrategias recomiendan atacar de frente, apuntando a sus fortalezas. Sin embargo, otros estrategas no están de acuerdo y recomiendan estrategias de flancos para evitar la confrontación con las fortalezas del líder.

Tome partido: "La mejor forma de desafiar a un líder es atacando sus puntos fuertes" o "la mejor forma de atacar a un líder es evitar el ataque frontal y adoptar una estrategia de flancos".

Análisis de marketing

Seleccione una industria. Clasifique a las empresas de ese sector según las funciones que pueden desempeñan: líder, retadora, seguidora y especialista en nichos. ¿Cómo calificaría la

naturaleza de la competencia en este sector? ¿Las empresas siguen los principios descritos en este capítulo?

CASO DE **MARKETING**   **ACCENTURE**

Accenture se fundó como la rama especializada en consultoría dentro de la firma Arthur Andersen. Con los años, los consultores cambiaron su nombre para crear su propia imagen de marca. Comenzaron como Administrative Accounting Group para luego convertirse en Management Information Consulting Division.

En 1989, Andersen Consulting se separó de Arthur Andersen para posicionarse contra sus competidores en los servicios de tecnología de la información (TI). En aquel momento, Andersen Consulting ya facturaba 1,000 millones de dólares anuales, pero no era conocido en el mundo de la tecnología de la información, y se le asociaba erróneamente con la auditoría. Esta nueva empresa derivada tenía que promocionar su nombre como innovador en consultoría informática y dejar atrás su origen relacionado con la auditoría.

El mercado de la consultoría informática estaba plagado de competidores, desde proveedores de hardware y software como IBM hasta empresas de consultoría estratégica como McKinsey o Boston Consulting Group. Para consolidar su nombre, Andersen Consulting lanzó una campaña publicitaria a gran escala en el ámbito de los servicios profesionales. Para finales de la década era la empresa más grande del mundo en consultoría de administración y tecnología.

En 2000, tras un proceso de arbitraje contra su antigua empresa matriz, Andersen Consulting obtuvo la independencia total de Arthur Andersen, pero al precio de abandonar el nombre Andersen. Entonces, Andersen Consulting tuvo que encontrar, aplicar y presentar al mundo su nuevo nombre corporativo. Este esfuerzo se convertiría en una de las campañas de cambio de marca más importantes y exitosas en la historia empresarial.

Un consultor de la oficina de Oslo acuñó el término Accenture porque en inglés rimaba con "adventure" (aventura) y tenía la connotación de "poner el acento en el futuro". Este nombre resultó ganador porque era fácil de recordar e inconfundible, y porque aludía tanto al crecimiento como a la innovación. Además, conservaba la "Ac" del nombre original Andersen Consulting (como recuerdo del sitio Web Ac.com), lo que podría ayudar a la empresa a retener parte del capital de marca de su nombre inicial. La campaña de Accenture de 2001 rindió sus frutos. Por un lado, dio a conocer la amplitud y profundidad de los servicios de la empresa. Por otro, la campaña logró aumentar en un 350% el número de empresas que consideraban contratar los servicios de Accenture.

En 2002, Accenture lanzó su campaña "Innovation Delivered" para diferenciarse de sus competidores. Los competidores en el campo de la informática, como IBM o EDS carecían de experiencia en consultoría de negocios y no tenían tantos conocimientos sobre estrategias y procesos empresariales. Asimismo, acostumbraban dirigirse a las empresas a través del departamento de informática, y no a través de los directivos. Por el contrario, los competidores en el campo de la consultoría estratégica como McKinsey contaban con una fuerte asociación de su marca con el pensamiento estratégico. Aunque eran considerados líderes, no se les veía como socios colaboradores dispuestos a remangarse la camisa para poner en práctica las ideas que sugerían.

Accenture encontró su factor de diferenciación en la capacidad tanto de ofrecer como de ejecutar ideas innovadoras (ideas basadas en los procesos de negocio y en la informática). Ian Watmore, responsable de Accenture en el Reino Unido, explicó así la necesidad de ofrecer estrategia y aplicación: "A menos que podamos ofrecer tanto consultoría transformacional como capacidad de *outsourcing*, no lograremos triunfar. Los clientes esperan estos dos servicios. Por eso fortalecimos nuestra capacidad de *outsourcing*, y por eso empresas como IBM y EDS están intentando adquirir capacidad de transformación." IBM hizo exactamente eso al adquirir la rama de consultoría de PriceWaterhouseCooper's, para convertirse en un rival mucho más importante de Accenture.

Accenture realizó un estudio entre directivos de sectores y países diversos y descubrió que consideraban que la incapacidad de ejecutar y ofrecer nuevas ideas era el obstáculo más importante para lograr el éxito. Con su campaña "Innovation Delivered", Accenture se posicionó como la empresa que aportaría resultados y ejecutaría todos los planes: "Desde la innovación hasta la ejecución, Accenture le ayuda a acelerar su visión de futuro." Esta galardonada campaña generó un rendimiento sobre la inversión considerable. Por ejemplo, los cálculos de rendimiento sobre la inversión (ROI) en marketing en el Reino Unido arrojaron un resultado del 215%.

En 2002, el clima cambió. Tras el colapso de las empresas "punto-com" y el enfriamiento de la economía, la innovación ya no era suficiente. Los ejecutivos querían ver resultados en el balance de la empresa. Así, Accenture lanzó su campaña "High Performance Delivered" con Tiger Woods como vocero. El éxito permanente de Accenture queda de manifiesto en las cifras: 11,800 millones de ingresos en 2003 y el puesto número 52 en la lista de las 100 mejores marcas de *Business Week*.

Preguntas para discusión

1. ¿Cuáles han sido los factores de éxito de Accenture?

2. ¿En qué sentido es vulnerable esta empresa? ¿A qué debería prestar atención?

3. ¿Qué recomendaría a los directivos de marketing para el futuro? ¿Qué medidas de marketing deberán tomar?

Fuentes: "Lessons Learned from Top Firms' Marketing Blunders", *Management Consultant International*, diciembre de 2003, p. 1; Sean Callahan, "Tiger Tees Off in New Accenture Campaign", *B to B*, 13 de octubre de 2003, p. 3; "Inside Accenture's Biggest UK Client", *Management Consultant International*, octubre de 2003, pp. 1–3; "Accenture Re-Branding Wins UK Plaudits", *Management Consultant International*, octubre de 2002, p. 5(1); "Accenture's Results Highlight Weakness of Consulting Market", *Management Consultant International*, octubre de 2003, pp. 8–10; <www.accenture.com>.

REFERENCIAS BIBLIOGRÁFICAS :::

1. Wendy Zellner, "Lessons from a Faded Levi Strauss", *Business Week*, 15 de diciembre de 2003, p. 44.

2. Leonard M. Fuld, *The New Competitor Intelligence: The Complete Resource for Finding, Analyzing, and Using Information about Your Competitors* (Nueva York: John Wiley, 1995); John A. Czepiel, *Competitive Marketing Strategy* (Upper Saddle River, NJ: Prentice Hall, 1992).

3. Michael E. Porter, *Competitive Strategy* (Nueva York: The Free Press, 1980), pp. 22–23.

4. Michael Barbero, "Tougher Toy Game Takes Its Toll on KB", *The Washington Post*, 15 de enero de 2004, p. E.01; Constance L. Hays, "Toy Retailers Find Prices At Wal-Mart Tough to Beat", *The New York Times*, 23 de diciembre de 2003, p. C1.

5. Michael Krantz, "Click Till You Drop", *Time*, 20 de julio de 1998, pp. 34–39; Michael Krauss, "The Web Is Taking Your Customers for Itself", *Marketing News*, 8 de junio de 1998, p. 8.

6. Jonathan Gaw, "Britannica Gives in and Gets On Line", *Los Angeles Times*, 19 de octubre de 2000, p. A-1.

7. Allan D. Shocker, "Determining the Structure of Product-Markets: Practices, Issues, and Suggestions", en *Handbook of Marketing*, Barton A. Weitz y Robin Wensley (eds.) (Londres, Sage Publications, 2002), pp. 106-125. Véase también Bruce H. Clark y David B. Montgomery, "Managerial Identification of Competitors", *Journal of Marketing*, 63 (julio de 1999), pp. 67–83.

8. Tom Lowry, Ronald Grover y Catherine Yang con Steve Rosenbush y Peter Burrows, "Mega Media Mergers: How Dangerous?", *BusinessWeek*, 23 de febrero de 2004, pp. 34–42.

9. Kathryn Rudie Harrigan, "The Effect of Exit Barriers upon Strategic Flexibility", *Strategic Management Journal* 1 (1980), pp. 165–176.

10. Michael E. Porter, *Competitive Advantage* (Nueva York: The Free Press, 1985), pp. 225, 485.

11. Porter, *Competitive Strategy*, cap. 13.

12. Artículo clásico de Theodore Levitt, "Marketing Myopia", *Harvard Business Review* (julio–agosto de 1960), pp. 45–56.

13. Jeffrey F. Rayport y Bernard J. Jaworski, *e-Commerce* (Nueva York: McGraw-Hill, 2001), p. 53.

14. Porter, *Competitive Strategy*, cap. 7.

15. William E. Rothschild, *How to Gain (and Maintain) the Competitive Advantage* (Nueva York: McGraw-Hill, 1989), cap. 5.

16. Michael E. Porter, *Competitive Strategy* (Nueva York: The Free Press, 1980), cap. 7.

17. Amy Barrett, "Hershey: Candy is Dandy, But . . . ", *Business Week*, 29 de septiembre de 2003, pp. 68–69.

18. <http://www.starbucks.com/aboutus/overview.asp>.

19. Brian Wansink, "Can Package Size Accelerate Usage Volume?" *Journal of Marketing* 60 (julio de 1996), pp. 1–14.

20. Elizabeth Jensen, "Wine Gets a Makeover: A Complex Zinfandel Becomes a Power 'Zin'", *Wall Street Journal*, 14 de octubre de 1997, pp. A1, A6.

21. John D. Cripps, "Heuristics and Biases in Timing the Replacement of Durable Products", *Journal of Consumer Research* 21 (septiembre de 1994), pp. 304–318.

22. "Business Bubbles", *The Economist*, 12 de octubre de 2002.

23. Carla Rapoport, "You Can Make Money in Japan", *Fortune*, February 12, 1990, pp. 85–92; Keith H. Hammonds, "A Moment Kodak Wants to Capture", *Business Week*, 27 de agosto de 1990, pp. 52–53; Alison Fahey, "Polaroid, Kodak, Fuji Get Clicking", *Advertising Age*, 20 de mayo de 1991, p. 18; Peter Nulty, "The New Look of Photography", *Fortune*, 1o. de julio de 1991, pp. 36–41.

24. Bruce Upbin, "Sharpening the Claws", *Forbes*, 26 de julio de 1999, pp. 102–105.

25. Akio Morita, *Made in Japan* (Nueva York: Dutton, 1986), cap. 1.

26. Jonathan Glancey, "The Private World of the Walkman", *The Guardian*, 11 de octubre de 1999.

27. La intensificación de la competencia en todo el mundo ha despertado el interés de los directivos por los modelos de seguridad militar. Véase Sun Tsu, *The Art of War* (Londres: Oxford University Press, 1963); Miyamoto Mushashi, *A Book of Five Rings* (Woodstock, NY: Overlook Press, 1974); Carl von Clausewitz, *On War* (Londres: Routledge & Kegan Paul, 1908); B. H. Liddell-Hart, *Strategy* (Nueva York: Praeger, 1967).

28. Estas seis estrategias de defensa, al igual que las cinco estrategias de ataque, se tomaron de Philip Kotler y Ravi Singh, "Marketing Warfare in the 1980s", *Journal of Business Strategy* (Invierno de 1981, pp. 30–41. Si desea consultar lecturas adicionales, véase Gerald A. Michaelson, *Winning the Marketing War: A Field Manual for Business Leaders* (Lanham, MD: Abt Books, 1987); AL Ries y Jack Trout, *Marketing Warfare* (Nueva York: New American Library, 1986); Jay Conrad Levinson, *Guerrilla Marketing* (Boston: Houghton-Mifflin Co., 1984); y Barrie G. James, *Business Wargames* (Harmondsworth, Inglaterra: Penguin Books, 1984).

29. Porter, *Competitive Strategy*, ch. 4. Jaideep Prabhu y David W. Stewart, "Signaling Strategies in Competitive Interaction: Building Reputations and Hiding the Truth", *Journal of Marketing Research* 38 (febrero de 2001), pp. 62–72.

30. Jehoshua Eliashberg y Thomas S. Robertson, "New Product Preannouncing Behavior: A Market Signaling Study", *Journal of Marketing Research* 25 (agosto de 1988), pp. 282–292; Roger J. Calantone y Kim E. Schatzel, "Strategic Foretelling: Communication-Based Antecedents of a Firm's Propensity to Preannounce", *Journal of Marketing* 64 (enero de 2000), pp. 17–30.

31. Thomas S. Robertson, Jehoshua Eliashberg y Talia Rymon, "New Product Announcement Signals and Incumbent Reactions", *Journal of Marketing* 59 (julio de 1995), pp. 1–15.

32. Barry L. Bayus, Sanjay Jain y Ambar G. Rao, "Truth or Consequences: An Analysis of Vaporware and New Product Announcements", *Journal of Marketing Research* 38 (febrero de 2001), pp. 3–13.

33. Charles Haddad, "FedEx: Gaining on Ground", *BusinessWeek*, 16 de diciembte de 2002, pp. 126–128; Kevin Kelleher, "Why FedEx is Gaining Ground", *Business 2.0*, octubre de 2003, pp. 56–57.

34. Gerry Kermouch, "Spiking the Booze Business", *BusinessWeek*, 19 de mayo de 2003, pp. 77–78.

35. Philip Kotler y Paul N. Bloom, "Strategies for High Market-Share Companies", *Harvard Business Review*. (noviembre–diciembre de 1975), pp. 63–72. Véase también Porter, *Competitive Advantage*, pp. 221–226.

36. Ira Teinowitz, "New Miller CEO Gives Agencies a Chance: Fallon, Wieden Get Opportunity to Drive Brands", *Advertising Age*, 12 de abril de 1999.

37. Thomas V. Bonoma y Bruce H. Clark, *Marketing Performance Assessment* (Boston: Harvard Business School Press, 1988); Robert Shaw, *Measuring and Valuing Customer Relationships* (Londres: Business Intelligence, 1999).

38. Robert D. Buzzell y Frederick D. Wiersema, "Successful Share-Building Strategies", *Harvard Business Review* (enero–febrero de 1981), pp. 135–144.

39. Robert J. Dolan, "Models of Competition: A Review of Theory y Empirical Evidence", en *Review of Marketing*, Ben M. Enis y Kenneth J. Roering (eds.) (Chicago: American Marketing Association, 1981), pp. 224–234.

40. Linda Hellofs y Robert Jacobson, "Market Share and Customer's Perceptions of Quality: When Can Firms Grow Their Way to Higher Versus Lower Quality?" *Journal of Marketing* 63 (enero de 1999), pp. 16–25.

41. Alex Taylor III, "Lord of the Air", *Fortune*, 10 de noviembre de 2003, pp. 144–152.

42. Bill Breen, "LeapFrog's Great Leap", *Fast Company*, junio de 2003, pp. 88–96.

43. Holman W. Jenkins Jr., "Business World: On a Happier Note, Orange Juice", *Wall Street Journal*, 23 de septiembre de 1998, p. A23; Robert J. O'Harrow Jr., "PepsiCo to Acquire Quaker for $14 Billion", *Washington Post*, 5 de diciembre de 2000, p. E01.

44. Eryn Brown, "Sony's Big Bazooka", *Fortune*, 30 de diciembre de 2002, pp. 111–114.

45. Alison Overholt, "The Google of Email?" *Fast Company*, marzo de 2004, p. 36; Michael Bazeley, "New Software Product Is Called the Google of Email", *Knight-Ridder Tribune Business News*, 14 de abril de 2004, p. 1.

46. "Boots Counts the Cost of Not Counting Pennies", *Marketing Week*, 5 de febrero de 2004, pp. 30–31.

47. Henny Sender, "World Business (A Special Report) Back from the Brink: Samsung Electronics Got into Trouble by Being Like Many Asian Firms; It Survived by Being Different", *Wall Street Journal*, 22 de septiembre de 2003, p. R5.

48. Theodore Levitt, "Innovative Imitation", *Harvard Business Review* (septiembre–octubre de 1966):, pp. 63. Véase también Steven P. Schnaars, *Managing Imitation Strategies: How Later Entrants Seize Markets from Pioneers* (Nueva York: The Free Press, 1994).

49. Stuart F. Brown, "The Company that Out-Harleys Harley", *Fortune*, 28 de septiembre de 1998, pp. 56–57.

50. Allen J. McGrath, "Growth Strategies with a '90s Twist", *Across the Board* (March 1995), pp. 43–46; Antonio Ligi, "The Bottom Line: Logitech Plots Its Escape from Mouse Trap", *Dow Jones Newswire,* 20 de febrero de 2001.

51. Melita Marie Garza, "Illinois Tool Works Stock Continues to Suffer Since Acquisition of Firm", *Chicago Tribune,* 16 de noviembre de 2000.

52. Jayne O'Donnell, "Family Rolling to Success on Tire Rack", *USA Today,* 8 de diciembre de 2003, p. 3B.

53. John Gaffney, "Shoe Fetish", *Business 2.0,* marzo de 2002, pp. 98–99.

54. Reportado en E. R. Linneman y L. J. Stanton, *Making Niche Marketing Work* (Nueva York: McGraw-Hill, 1991).

55. Thomas A. Fogarty, "Keeping Zippo's Flame Eternal", *USA Today,* 24 de junio de 2003, p. 3B.

56. Matthew Maier, "Hooking Up with Gen Y", *Business 2.0,* octubre de 2003, pp. 49–52.

57. Gerry Khermouch, "Richard Branson: Winning Virgin Territory", *Business Week,* 22 de diciembre de 2003, p. 45.

58. Robert Spector, *Amazon.com: Get Big Fast* (Nueva York: HarperBusiness, 2000), p. 151.

EN ESTE CAPÍTULO ANALIZAREMOS LAS SIGUIENTES PREGUNTAS:

1. ¿Cuáles son las características de un producto y cómo se clasifican?

2. ¿Cómo logran las empresas la diferenciación de sus productos?

3. ¿Cómo puede una empresa crear y administrar sus líneas y su mezcla de productos?

4. ¿Cómo combinan las empresas sus productos para crear *cobranding* y componentes de marca?

5. ¿Cómo utilizan las empresas el empaque o envase, las etiquetas y las garantías como herramientas de marketing?

doce

Detrás de toda gran marca hay un gran producto. El producto es el elemento clave de la oferta de marketing. Las empresas líderes suelen ofrecer productos y servicios de la mejor calidad.

Q uizás ningún otro producto combina la avanzada artesanía, el dominio de mercado y la larga historia de los pianos Steinway. Esta empresa familiar de 150 años conserva los procesos de fabricación de sus humildes orígenes en la ciudad de Nueva York. Mientras que los pianos de producción masiva se construyen en aproximadamente 20 días, un Steinway tarda entre nueve meses y un año. Un piano Steinway necesita 12,000 piezas, la mayoría hechas a mano, y se basa en 120 patentes e innovaciones técnicas. A pesar de que la empresa no fabrica más de unos cuantos miles de pianos al año y de que sólo el 2% de las ventas totales corresponden a Estados Unidos, Steinway controla el 25% de las ventas de pianos y el 35% de las utilidades. No resulta sorprendente, por tanto, que Steinway domine el mercado de las salas de concierto (donde tiene una participación de mercado de más del 95%) y de los compositores y músicos profesionales.[1]

Un piano Steinway: un gran producto en el corazón de una gran marca.

La planeación de marketing comienza con la formulación de una oferta que satisfaga los deseos o las necesidades de los consumidores. El consumidor evaluará la oferta en función de tres elementos básicos: características y calidad del producto, mezcla y calidad de los servicios, y precio (véase la figura 12.1). En este capítulo se estudiará el producto, en el capítulo 13 analizaremos los servicios y en el 14 examinaremos los precios. Estos tres elementos se deben combinar de tal forma que creen una oferta atractiva y competitiva.

| FIG. 12.1 |

Componentes de la oferta de mercado.

::: Características y clasificación de los productos

Son muchos los que piensan que un producto es una oferta tangible. Sin embargo, un producto es mucho más que eso. Un **producto** es todo aquello que se ofrece en el mercado para satisfacer un deseo o una necesidad. Los productos que se comercializan se dividen en productos físicos, servicios, experiencias, eventos, personas, lugares, propiedades, organizaciones, información e ideas.

Dimensiones de un producto: la jerarquía de valor para el consumidor

Al diseñar una oferta, los mercadólogos tienen que considerar cinco dimensiones o niveles del producto (véase la figura 12.2).[2] Para el consumidor, cada nivel agrega valor al producto, y en conjunto, estas cinco dimensiones conforman la **jerarquía de valor para el consumidor**. El nivel fundamental es el **beneficio central**, que es aquel servicio o beneficio que realmente le interesa adquirir al consumidor. En el caso de un hotel, por ejemplo, lo que se compra es "descanso y sueño". El comprador de un taladro lo que compra en realidad es la posibilidad de hacer "agujeros". Los mercadólogos se deben ver a sí mismos como proveedores de beneficios.

En el segundo nivel, los mercadólogos deben convertir ese beneficio básico en un **producto básico**. Así, la habitación de un hotel incluye una cama, un baño, toallas, un escritorio, un vestidor y un armario.

En el tercer nivel, los mercadólogos preparan un **producto esperado**, es decir, un conjunto de atributos y condiciones que los compradores habitualmente esperan cuando adquieren ese producto. Los huéspedes de un hotel esperan sábanas y toallas limpias, lámparas que funcionen, y un cierto grado de tranquilidad. Puesto que la mayoría de los hoteles reúnen estos requisitos esperados, el viajero suele elegir el hotel que más le agrade o el que resulte más barato.

En el cuarto nivel, los mercadólogos configuran lo que se denomina un **producto aumentado**, es decir, aquel que sobrepasa las expectativas de los consumidores. En los países desarrollados es en este nivel donde tiene lugar el posicionamiento de marca y la competencia. Sin embargo, en países en vías de desarrollo con mercados emergentes como China o India, la competencia suele tener lugar en la dimensión del producto esperado.

La diferenciación surge a través de la mejora del producto, que a su vez lleva al profesional de marketing a estudiar el **sistema de consumo** total del usuario: el modo en que el compra-

| FIG. 12.2 |

Cinco niveles del producto.

dor adquiere y utiliza un producto, así como los servicios asociados a éste.[3] Como observaba Levitt hace mucho tiempo:

> La nueva competencia no se da entre lo que las empresas producen en sus fábricas, sino entre lo que agregan a sus productos, en forma de envase, servicios, publicidad, asesoría a los clientes, condiciones de financiamiento, acuerdos sobre la entrega, almacenaje y otros factores que valoran los consumidores.[4]

Sin embargo, se deben hacer algunas precisiones sobre la estrategia de mejora de productos. En primer lugar, cada mejora conlleva costos asociados. En segundo lugar, los beneficios aumentados se convierten, con el tiempo, en beneficios esperados y en factores de similitud necesarios. En la actualidad, los clientes de hoteles esperan televisión vía satélite o por cable con control remoto, un acceso rápido a Internet y dos líneas telefónicas. Esto significa que los competidores tendrán que buscar otras características o beneficios para sus ofertas. En tercer lugar, a medida que las empresas incrementan el precio de sus productos mejorados, algunos competidores ofrecen una versión básica del producto a un precio mucho menor. Así, mientras prosperan los hoteles de lujo como los Four Seasons o los Ritz Carlton, también han surgido hoteles de bajas tarifas como los Motel 6 o los Comfort Inn, que se dirigen a consumidores que no buscan más que el producto básico.

JAMESTOWN CONTAINER CO.

¿Qué podría ser más difícil de diferenciar que el cartón corrugado? Pues bien, a pesar de todo, Jamestown Container Company, el proveedor líder de productos corrugados para empresas como 3M, ha realizado alianzas estratégicas con fabricantes del área para ofrecer todos los elementos del sistema de transporte. No sólo ofrece cajas, sino que también ofrece cinta adhesiva, plástico para embalar, y cualquier otro artículo necesario para empacar o transportar el producto final a un cliente. El director de operaciones afirma: "Es una combinación necesaria para sobrevivir. Cada vez más clientes quieren solucionarlo todo con una sola llamada. Tenemos que reinventarnos y crear este tipo de relaciones para seguir siendo competitivos."[5]

En el quinto nivel se encuentra el **producto potencial**, que incluye todas las mejoras y transformaciones que el producto podría incorporar en el futuro. Aquí es donde las empresas investigan nuevas fórmulas para satisfacer a sus clientes y diferenciar las ofertas. Por ejemplo, en una era en la que los clientes demandan conexiones inalámbricas a Internet y una velocidad de conexión cada vez mayor, Verizon invierte su capital en crear toda una serie de productos potenciales.

VERIZON

En lugar de limitarse a ser una empresa seguidora en el competitivo sector de las telecomunicaciones, Verizon está avanzando en territorios hasta ahora inexplorados. Para empezar, Verizon desplegará conexiones de fibra óptica en todos los hogares y las empresas de su territorio que comprende 29 entidades de Estados Unidos entre los próximos 10 y 15 años. Esto permitirá transmisiones de señales a la velocidad de la luz, desde el servicio telefónico tradicional hasta el servicio de HDTV. En materia de tecnología inalámbrica, Verizon no se queda atrás. La empresa tiene cubierto Manhattan con más de 1,000 terminales Wi-Fi, lo que permite a los suscriptores de Verizon utilizar una laptop para navegar en Internet siempre que estén cerca de un teléfono de pago Verizon. La empresa también está desplegando el 3G, un servicio inalámbrico de tercera generación que permite a los clientes obtener conexiones a Internet rapidísimas desde los teléfonos celulares. En resumen, la empresa está invirtiendo miles de millones en servicios que los consumidores aún no saben que quieren, pero que pronto marcarán los parámetros de todo el sector; al menos ésa es la apuesta de Verizon.[6]

También existen las plataformas de personalización que ofrecen los nuevos sitios Web de comercio electrónico, donde las empresas pueden aprender qué prefieren los diferentes consumidores. Procter & Gamble, por ejemplo, desarrolló Reflect.com, que ofrece productos de belleza personalizados creados de manera interactiva a través de Internet.

Clasificaciones de productos

Tradicionalmente, los mercadólogos han clasificado los productos en función de sus diferentes características: duración, tangibilidad y tipo de uso (de consumo o industrial). Para cada tipo de producto existe una adecuada estrategia de mezcla de marketing.[7]

DURACIÓN Y TANGIBILIDAD Los productos se clasifican en tres grupos de acuerdo con su duración y tangibilidad:

1. *Bienes perecederos* son todos aquellos bienes tangibles que se terminan en un solo uso, o si acaso, en unos cuantos, como la cerveza o el jabón. Como estos bienes se consumen rápidamente y se adquieren con frecuencia, la estrategia apropiada es aumentar su dis-

ponibilidad en el mercado, aplicar un pequeño margen de ganancia y anunciarlos para inducir a la prueba del producto y generar preferencia.

2. *Bienes duraderos* son todos aquellos bienes tangibles que sobreviven a múltiples usos, como los refrigeradores, las herramientas, o la ropa. Los bienes duraderos requieren más venta personal y más servicios, exigen un mayor margen de ganancia, y precisan más garantías por parte del vendedor.

3. *Servicios* son todos aquellos productos intangibles, inseparables, variables y perecederos. En consecuencia, exigen un mayor control de calidad, credibilidad del proveedor y adaptabilidad. Algunos ejemplos son los cortes de cabello, la asesoría legal y las reparaciones de electrodomésticos.

CLASIFICACIÓN DE LOS BIENES DE CONSUMO La gran mayoría de los bienes que adquieren los consumidores son susceptibles de clasificarse en función de los hábitos de compra. Podemos distinguir así entre bienes de conveniencia, de compra, de especialidad y bienes no buscados.

Los consumidores adquieren los **bienes de conveniencia** con frecuencia, de forma inmediata y con un esfuerzo mínimo. Algunos ejemplos son los productos derivados del tabaco, el jabón o los periódicos. Estos artículos se subdividen en más categorías. Por un lado, se encuentran los *productos de uso común*, que son los que los consumidores compran habitualmente, como por ejemplo, la ketchup Heinz, la crema dental Crest y las galletas Ritz. Los *bienes de impulso* son aquellos que se adquieren sin planeación o sin esfuerzo de búsqueda. Los caramelos o las revistas pertenecen a esta categoría. Los *bienes de emergencia* son los que se adquieren cuando surge una necesidad apremiante (un paraguas durante una tormenta, o botas y palas durante la primera nevada del invierno). Los fabricantes colocarán los productos de impulso o de emergencia en aquellos lugares donde haya más probabilidad de que los consumidores sientan la necesidad de realizar una compra.

Los **bienes de compra** son aquellos artículos con los que el consumidor, en el proceso de selección y adquisición, hace comparaciones en términos de adecuación, calidad, precio y estilo. Por ejemplo, a esta categoría pertenecen los muebles, la ropa, los autos usados y los electrodomésticos de gran tamaño. Los bienes de compra también se subdividen en otras categorías. Los *bienes de compra homogéneos* son aquellos que el comprador considera similares en calidad pero lo suficientemente distintos en precio como para justificar las comparaciones de compra. Los *bienes de compra heterogéneos* son aquellos en los que las características del producto son más importantes que el precio. El vendedor de bienes de compra heterogéneos debe ofrecer una amplia variedad para satisfacer los distintos gustos individuales, y contar con una fuerza de ventas bien preparada para informar y asesorar a los clientes.

Los **bienes de especialidad** son aquellos productos que tienen características o identificaciones de marca exclusivas por las cuales hay un número suficiente de compradores que están dispuestos a hacer un esfuerzo de compra especial. Algunos ejemplos de este tipo de productos son los automóviles, los estereofónicos, los equipos fotográficos y los trajes para caballero. Un Mercedes es un producto de especialidad porque los compradores interesados estarán dispuestos a desplazarse largas distancias para adquirir uno. Los bienes de especialidad no requieren comparaciones por parte del cliente, quien sólo invierte su tiempo en encontrar a los vendedores que le puedan ofrecer los productos deseados. Los vendedores no necesitan estar estratégicamente situados, aunque deben propiciar que los compradores potenciales los encuentren con facilidad.

Los **bienes no buscados** son aquellos cuya existencia desconoce el consumidor, o que, si los conoce, no piensa en adquirirlos, como por ejemplo, los detectores de humo. Los ejemplos clásicos de bienes no buscados son los seguros de vida, los lotes en los cementerios, las lápidas funerarias y las enciclopedias. Los bienes no buscados requieren un esfuerzo de marketing considerable y un importante respaldo del personal de ventas.

CLASIFICACIÓN DE LOS BIENES INDUSTRIALES Los bienes industriales se clasifican en función de su incorporación al proceso productivo y de su costo relativo. Cabe distinguir tres grupos de bienes industriales: materiales y piezas; bienes de capital; y suministros y servicios.

En la categoría de **materiales y piezas** se incluyen todos aquellos bienes que integran el producto del fabricante. Se dividen en dos clases: materias primas, y piezas y materiales manufacturados. Las materias primas, a su vez, se dividen en dos grupos principales: *productos agropecuarios* (por ejemplo, trigo, algodón, ganado, frutas y verduras) y *productos naturales* (como pescado, madera, petróleo crudo y hierro). Los productos agropecuarios son suministrados por numerosos productores que los envían a los intermediarios para su valoración, almacenamiento, transporte y venta. Su carácter perecedero y estacional exige actividades de marketing especiales, y su carácter de producto básico hace que las actividades promocionales y publicitarias sean relativamente escasas, salvo contadas excepciones. De vez en cuando, un grupo de productores se une para lanzar campañas y promover su producto (papas, queso, carne de ternera). Algunos productores confieren una denominación de marca a sus productos: lechugas Dole, manzanas Mott's y plátanos Chiquita.

Un anuncio de la carne de res Council, parte de la campaña "La ternera es lo que es para la cena", difundida por televisión y a través de medios impresos para promover la carne de res como un buen alimento.

Los productos naturales presentan un suministro limitado. Normalmente se venden a granel, a bajo precio por unidad, y requieren de grandes esfuerzos de transporte para llevarlos desde el productor hasta el consumidor. En general, los productores, tanto grandes como pequeños, venden sus productos directamente a clientes industriales. Como los clientes dependen de estos productos, son comunes los contratos de suministro a largo plazo. La homogeneidad de los materiales naturales limita la cantidad de actividad generadora de la demanda. El precio y la puntualidad en la entrega son los principales factores que influyen en la selección de proveedores.

Las *piezas y los materiales manufacturados* se dividen asimismo en dos categorías: materiales componentes (hierro, hilo, cemento, alambres) y piezas componentes (pequeños motores, neumáticos, piezas fundidas). Los *materiales componentes* por lo general se someten a un proceso de producción ulterior; por ejemplo, el hierro en lingotes se convierte en acero, y el hilo en tela. La naturaleza estandarizada de los materiales componentes generalmente implica que el precio y la confiabilidad del proveedor son los factores de compra clave. Las *partes componentes* no necesitan más transformación para incorporarse al producto, como ocurre con los pequeños motores que se instalan en las aspiradoras, o las llantas en los automóviles. La mayoría de las partes y de los componentes manufacturados se venden directamente a clientes industriales. El precio y los servicios son las consideraciones de marketing más importantes, mientras que la marca y la publicidad son las menos relevantes.

Los **bienes de capital** son bienes duraderos que facilitan el desarrollo o la administración del producto final. Éstos se dividen en dos categorías: instalaciones y equipo. Las *instalaciones* son edificios (fábricas, oficinas) y maquinaria pesada (generadores, prensas, servidores informáticos, ascensores). Las instalaciones son compras muy importantes que se adquieren directamente del productor, con una compra precedida de un largo periodo de negociación. El equipo de ventas del fabricante incluye personal técnico. Los fabricantes deben adaptarse a las necesidades de diseño especificadas y prestar servicios postventa. También se utiliza la publicidad, pero es mucho menos importante que la venta personal.

El *equipo* comprende instrumentación industrial portátil y herramientas (por ejemplo, herramientas de mano y montacargas) y equipo de oficina (por ejemplo, computadoras personales y escritorios). Este equipo no forma parte de los productos terminados. Tiene una vida más corta que las instalaciones, pero más larga que los accesorios que se utilizan en las actividades operativas. Aunque es el mismo fabricante quien vende algunos accesorios de equipo, es más frecuente recurrir a intermediarios por la dispersión geográfica del mercado, el gran número de compradores y el limitado volumen de los pedidos. Calidad, prestaciones, precio y servicios son los aspectos más importantes a la hora de seleccionar al vendedor. La fuerza de ventas tiende a ser más importante que la publicidad, aunque esta última se utilice de forma efectiva.

Los **suministros y los servicios** son bienes y servicios no duraderos que facilitan el desarrollo y la administración de los productos terminados. Los suministros son de dos tipos: productos destinados a *mantenimiento y reparaciones* (pintura, clavos, escobas), y *suministros operativos* (lubricante, carbón, papel, lápices). En conjunto, se les conoce como los bienes MRO (mantenimiento, reparación y operación). Son el equivalente de los bienes de conveniencia en el mercado industrial, y normalmente se adquieren mediante recompras que implican un esfuerzo mínimo.

Normalmente, se comercializan mediante intermediarios como consecuencia de su reducido valor unitario, de la existencia de numerosos consumidores, y de la dispersión geográfica de éstos. El precio y los servicios son las consideraciones de marketing más importantes, porque los proveedores están bastante estandarizados y la preferencia de marca no es alta.

Los servicios incluyen servicios de *mantenimiento y reparación* (como limpieza de ventanas o reparación de fotocopiadoras) y *servicios de asesoría empresarial* (legal, consultoría en administración, publicidad). Por lo general, los servicios de mantenimiento y reparación se prestan mediante un contrato con pequeñas empresas o es el propio fabricante quien los presta. Los servicios de asesoría se contratan con base en la reputación y el personal del proveedor.

::: Diferenciación

Para dar una marca a un producto es necesaria la diferenciación. Los productos físicos varían en cuanto a su potencial de diferenciación. En un extremo se encuentran aquellos productos que apenas permiten variaciones: pollo, aspirinas y acero. Sin embargo, incluso estos productos permiten realizar determinadas variaciones: los pollos Perdue, la aspirina Bayer y el acero India's Tata han obtenido identidades distintivas en sus categorías respectivas. Procter & Gamble produce los detergentes Tide, Cheer y Gain, cada uno con una identidad diferente. En el otro extremo están los productos susceptibles de gran diferenciación, como los automóviles, los edificios comerciales o los muebles. En este caso, el vendedor se enfrenta a una multitud de parámetros de diseño entre los que se cuentan la forma, las características, el nivel de calidad, la uniformidad, la durabilidad, la confiabilidad, la posibilidad de reparación y el estilo.[8]

Los mercadólogos buscan constantemente nuevas dimensiones de diferenciación. Otis Elevator Company ha mejorado la apuesta inicial en esta categoría al fabricar ascensores más inteligentes:

OTIS ELEVATOR COMPANY

Normalmente, cuando uno entra al vestíbulo de una oficina con varios ascensores, pulsa el botón de ascenso y aborda el primer ascensor que se abre sin saber cuántas paradas habrá hasta llegar al piso correspondiente. Otis desarrolló un ascensor "inteligente". Si se pulsa el botón correspondiente al piso al que se desea acceder, un panel centralizado informa qué ascensor se debe abordar. El ascensor sube hasta el piso deseado, y vuelve a bajar. Con este simple cambio, Otis ha logrado fabricar ascensores exprés a partir de ascensores normales. Este diferenciador tan sorprendente supone un viaje más rápido y menos tedioso, y además también presenta ventajas para los constructores. Los edificios requieren menos ascensores para una determinada densidad de personas, por lo que los constructores pueden disponer del espacio sobrante.[9]

Diferenciación del producto

FORMA Muchos productos se pueden diferenciar en cuanto a su **forma**: tamaño, configuración o estructura física. Pensemos, por ejemplo, en la cantidad de formas que puede adoptar un producto como la aspirina. Aunque la aspirina es prácticamente un "commodity", se diferencia en la dosis, la forma, el color, el revestimiento o el tiempo que tarda en hacer efecto.

CARACTERÍSTICAS La mayoría de los productos se ofrecen con **características** diferentes que complementan la función básica del producto. Una empresa puede identificar y seleccionar nuevas características si encuesta a compradores recientes y a continuación calcula el *valor para el consumidor* respecto al *costo para la empresa* de cada posible característica adicional. La empresa también debe estudiar cuántas personas desean una determinada característica, cuánto tiempo tardaría introducir cada una, y si resultaría fácil de copiar para los competidores. La empresa también debe pensar en términos de paquetes o conjuntos de características. Por ejemplo, las empresas automotrices fabrican sus vehículos con diferentes tipos de accesorios y equipo, con lo que reducen los costos de fabricación e inventario. Cada empresa decide si quiere ofrecer la personalización de características a un costo mayor u ofrecer paquetes con menos características más estandarizadas a un precio más bajo.

NIVEL DE CALIDAD La mayoría de los productos se establecen dentro de uno de los cuatro niveles de desempeño: bajo, medio, alto, superior. El **nivel de calidad** es el nivel al que operan las características primarias del producto. Las empresas no necesariamente deben diseñar productos de la mayor calidad posible. Los fabricantes deben elegir el nivel de calidad apropiado para el mercado meta considerando la calidad que ofrecen los competidores. Asimismo, las empresas deben administrar la calidad a lo largo del tiempo, puesto que las mejoras permanentes del producto se traducen en grandes utilidades e incrementan la participación de mercado. Las reducciones de calidad con el objetivo de reducir costos suelen tener consecuencias funestas. Schlitz, la segunda marca de cerveza en Estados Unidos durante las décadas de los 60 y 70, se fue a pique porque la dirección adoptó una estrategia para aumentar las utilidades a corto plazo y congraciarse con los accionistas. En la actualidad, la calidad es un parámetro de diferenciación cada vez más importante conforme las empresas adoptan un modelo de valor y ofrecen mayor calidad por menos dinero. La empresa de venta por catálogo J. Crew incrementa el precio de su mercancía conforme mejora la calidad.

J. CREW

J. Crew está recuperando la tradición de artículos de calidad para jóvenes de clase alta. Añadió pliegues a sus faldas y ahora las confecciona en Italia y no en China. Sus zapatos también se fabrican en Italia, y la empresa rediseñó el patrón de sus pantalones para que sienten mejor. La portada del catálogo de otoño 2003 es una muestra del esmero que pone la empresa en la calidad y que se refleja en las puntadas del mismo color que la tela, en el tejido de la lana y en unos diminutos botones de perla en el cuello de las prendas.[10]

UNIFORMIDAD Los compradores esperan que los productos tengan una gran **uniformidad**, que se refiere al grado en que todas las unidades producidas son idénticas y cumplen con las especificaciones esperadas. Imaginemos que un Porsche 944 se diseña para acelerar 150 km en 10 segundos. Si cada Porsche 944, al salir de la línea de producción, es capaz de alcanzar una determinada aceleración, se dice que el modelo tiene una gran uniformidad. El problema con una uniformidad baja es que el producto decepcionará a los compradores.

DURABILIDAD La **durabilidad** es la medida de vida esperada de un producto en condiciones naturales o forzadas. En algunos productos es un atributo muy valioso. Los compradores pagarán más por automóviles o electrodomésticos que tengan fama de durar mucho. Sin embargo, esta norma no está exenta de algunas precisiones. El precio extraordinario no debe ser excesivo. Es más, el producto no debe estar sujeto a una rápida obsolescencia tecnológica, como ocurre con las computadoras personales o las cámaras de video.

CONFIABILIDAD Normalmente, los compradores pagan una cantidad adicional por productos más confiables. La **confiabilidad** es la medida de las posibilidades de que un producto funcione correctamente y de que no se estropee o se descomponga en un periodo de tiempo específico. Maytag, que produce electrodomésticos, tiene una gran reputación de fabricar máquinas confiables.

POSIBILIDAD DE REPARACIÓN La **posibilidad de reparación** se refiere a la facilidad con que se puede volver a poner en funcionamiento un producto averiado. En este sentido, la situación ideal consistiría en que los usuarios pudiesen reparar el producto ellos mismos con costos reducidos de tiempo y de dinero. Algunos productos incluyen un servicio de diagnóstico que permite a los empleados del servicio de mantenimiento corregir las averías por teléfono o asesorar al usuario para que las repare. Muchas empresas de hardware y software ofrecen asistencia técnica telefónica, por fax o por correo electrónico. Cisco introdujo una sección de preguntas frecuentes (FAQ) en su sitio Web, y calcula que con ella resuelve cerca del 80% de los cuatro millones de solicitudes de información mensuales, lo que implica un ahorro anual a la empresa de unos 250 millones de dólares. Cada nueva pregunta se pone en manos de un redactor que la añade al grupo de preguntas frecuentes, con lo que se reduce el número de llamadas telefónicas.[11]

ESTILO El **estilo** describe la apariencia del producto y lo que transmite para el consumidor. Los compradores de autos pagan un precio extra por los Jaguar, por la apariencia tan magnífica que tienen. La cuestión estética juega un papel clave en el éxito de marcas como el vodka Absolut, los computadoras Apple, los bolígrafos Montblanc, los chocolates Godiva y las motocicletas Harley-Davidson.[12] El estilo tiene la ventaja de crear una factor de diferenciación en el producto que es difícil de copiar. Por otra parte, un estilo fuerte no siempre equivale a buenos resultados. Un automóvil podrá tener un estilo sensacional, pero tal vez tenga que pasar la mayor parte del tiempo en el taller.

Diseño: la fuerza integradora

A medida que se intensifica la competitividad, el diseño es un factor de diferenciación y posicionamiento muy potente tanto para productos como para servicios.[13] En los mercados que se expanden cada vez más vertiginosamente, el precio y la tecnología no son suficientes.

El diseño es el factor que generará ventaja competitiva para la empresa. El **diseño** es la totalidad de características que influyen en la apariencia y el funcionamiento de un producto a los ojos de los consumidores.

El diseño es especialmente importante cuando se trata de producir y promover ropa, bienes envasados, maquinaria duradera y servicios minoristas. Todos los atributos que hemos analizado son parámetros de diseño. El diseñador debe calcular cuánto invertir en la forma, el desarrollo de características, el nivel de calidad, la uniformidad, la confiabilidad, la duración, la posibilidad de reparación y el estilo. Desde el punto de vista de la empresa, un producto bien diseñado es fácil de fabricar y de distribuir. Desde el punto de vista del consumidor, un producto bien diseñado es todo aquel que resulte agradable a la vista y sea fácil de abrir, instalar, utilizar, reparar y desechar. El diseñador debe tener en cuenta todos estos factores al diseñar un nuevo producto.

La necesidad de un buen diseño es especialmente apremiante en pequeñas empresas de productos de consumo y en empresas emergentes que no tienen grandes presupuestos de publicidad. Así es como se hizo notar una compañía productora de cerveza.

FLYING FISH BREWING CO.

Antes de fundar su empresa, Gene Muller envió a Pentagram Design Company varias botellas de cerveza con etiquetas en blanco y una nota que decía: "Espacio disponible para diseño de calidad." Informó a Michael Beirut, socio de Pentagram, que buscaba algo totalmente diferente a los motivos de cordilleras de montañas que todas las empresas del ramo utilizaban. El diseño de Pentagram que más gustó a Muller era un avión de hélice cuyo fuselaje era un pez. Así es como nació Flying Fish Brewing Co. Esta imagen tan llamativa no sólo contribuyó a incrementar las ventas de la cerveza, sino también las de los demás productos de la empresa (camisetas, sombreros y vasos), que han tenido tanto éxito, sobre todo en festivales de música.[14]

Determinados países son conocidos por su diseño: por ejemplo, Italia por el diseño de ropa y mobiliario, o las naciones escandinavas por un diseño funcional, estético y ecológico. Braun, una división alemana de Gillette, elevó el diseño a la categoría de arte en sus máquinas eléctricas para rasurar, sus cafeteras, sus secadoras para el cabello y sus procesadores de alimentos. El departamento de diseño de la empresa disfruta de un estatus similar al del departamento de producción. La empresa danesa Bang & Olufsen ha ganado mucho prestigio por el diseño de sus equipos de música, sus televisores y sus teléfonos. En *Marketing en acción: El diseño, una poderosa herramienta de marketing* se analizan algunos temas referentes al diseño.

Diferenciación de servicios

Cuando el producto físico no se puede diferenciar con facilidad, la clave del éxito competitivo reside en añadir servicios valiosos y mejorar su calidad. Los principales factores de diferenciación de servicios son la facilidad de pedido, la entrega, la instalación, el entrenamiento del cliente, la asesoría técnica, el mantenimiento y las reparaciones.

Un grupo de propietarios de franquicias en la Universidad de la Hamburguesa de McDonald's en Oak Brook, Illinois.

FACILIDAD DE PEDIDO La **facilidad de pedido** hace referencia a la facilidad con que un cliente puede ordenar un producto a la empresa. Baxter Healthcare facilita la realización de pedidos mediante la instalación de terminales informáticas en los hospitales que envían las órdenes directamente a Baxter. Muchos bancos ofrecen hoy un software para "operaciones a distancia" por medio del cual el cliente puede recabar información o realizar una transacción desde su computadora. En la actualidad, los consumidores tienen la posibilidad de encargar y recibir sus provisiones sin necesidad de ir al supermercado.

DENTREGA La **entrega** se refiere al modo en que el producto o servicio llega al consumidor. Incluye la velocidad, precisión y atención en el proceso de entrega. Las expectativas de entrega de los consumidores son mucho mayores en la actualidad: reparto de pizzas a domicilio en media hora, rollos fotográficos revelados en una hora, anteojos en una hora, automóviles lubricados en 15 minutos. Levi Strauss, Benetton y The Limited cuentan con *sistemas computarizados de respuesta rápida* que enlazan los siste-

MARKETING **EN ACCIÓN** | EL DISEÑO, UNA PODEROSA HERRAMIENTA DE MARKETING

Los fabricantes, las empresas de servicios y los minoristas buscan nuevos diseños para crear diferenciación y establecer una conexión más completa con los consumidores. Los mercadólogos de orientación holística reconocen el poder emocional del diseño y la importancia que tienen para los consumidores la apariencia de los productos y las sensaciones que generan. En la actualidad, el diseño está totalmente integrado en el proceso de dirección de marketing. Por ejemplo:

■ Cuando Procter & Gamble se dio cuenta de que algunas de sus marcas perdían participación de mercado en favor de competidores con diseños más estéticos, la empresa nombró a un director de diseño en 2001 y en la actualidad otorga el premio A. G. Lafley Design cada otoño. Lafley, director general de P&G, quiere que el diseño se realice en las etapas iniciales, y no como una última fase del proceso de producción. Los productos diseñados de acuerdo con este esquema, como Crest Whitestrips, Olay Daily Facials y toda la línea de productos Swiffer Quick Clean, han generado más pruebas por parte de los consumidores, más recompras y más ventas.

■ La empresa sueca IKEA se ha convertido en uno de los primeros minoristas de muebles del mundo gracias, en parte, a su capacidad para diseñar y fabricar muebles baratos que no lo parecen. Otra empresa escandinava, la finlandesa Nokia, es reconocida por su habilidad para convertir cualquier artefacto con botones minúsculos en un objeto de deseo. Nokia fue la primera empresa en lanzar cubiertas intercambiables para los teléfonos celulares, la primera en crear teléfonos con forma elíptica, suave y divertida, y con grandes pantallas. A principios de los 90, Nokia controlaba sólo el 12% del mercado mundial de telefonía móvil. En la actualidad es el líder mundial, con el 38% de la participación de mercado.

Con una cultura cada vez más orientada hacia la apariencia, transmitir la marca y el posicionamiento a través del diseño resulta crucial. "En un mercado tan saturado, la estética suele ser la única forma de hacer destacar al producto," afirma Virginia Postrel en *The Substance of Style*. El diseño logra modificar las percepciones de los consumidores y hacer las experiencias de marca más gratificantes. Por ejemplo, cuando Boeing utilizó nuevas medidas para fabricar su 777, el avión parecía más espacioso y más cómodo. Con las papeleras centrales, los compartimentos laterales para equipaje, los paneles divisorios, los techos arqueados y los asientos más altos, el avión parecía más grande. Como apuntó un ingeniero: "Si hacemos nuestro trabajo los pasajeros no lo notan, tan sólo se sienten más cómodos."

En algunas ocasiones, los diseñadores dan un toque humano a sus productos, literalmente. Las curvas del Porsche Boxster sugieren un músculo fuerte y robusto, la iMac de Apple se concibió para ser "una cabeza unida a un cuerpo por un largo y delgado brazo", y el *mouse* óptico de Microsoft parece una mano extendida. Cuando Frog Design se dispuso a diseñar un teléfono inalámbrico infantil para Disney, quería que el diseño estuviese a la altura de la genial imaginación de Disney. Tras un estudio exhaustivo, Frog definió los componentes de un personaje Disney y los aplicó al teléfono. Los ojos se incluyeron como la pantalla LCD y se hicieron tan grandes como fue posible. El torso formó el cuerpo del teléfono, con forma de s, y los extremos superior delantero e inferior trasero se redondearon. Los pies formaron la base del teléfono, es decir, el cargador, que se hizo con plástico realzado para que diese la sensación de ser un calcetín alrededor del tobillo.

Un mal diseño es capaz de arruinar el futuro de un producto. La aplicación de Internet e-Villa de Sony iba a permitir a los consumidores tener acceso a la red desde la cocina. Pero resultó un producto de casi 15 kilos y 40 centímetros, un verdadero mamut, cuyo manual de instrucciones recomendaba a los usuarios apoyarse en las piernas y no en la espalda para levantarlo. Transcurridos tres meses, el producto tuvo que retirarse del mercado.

Fuentes: A. G. Lafley, "Delivering Delight", *Fast Company,* junio de 2004, p. 51; Frank Nuovo, "A Call for Fashion", *Fast Company,* junio de 2004, p. 52; Bobbie Gossage, "Strategies: Designing Success", *Inc. Magazine,* mayo de 2004, pp. 27–29; Jim Hopkins, "When the Devil Is in the Design", *USA Today,* 31 de diciembre de 2001, p. 3B; J. Lynn Lunsford y Daniel Michaels, "Masters of Illusion", *Wall Street Journal,* 25 de noviembre de 2002, pp. B1, B5; Jerome Kathman, "Building Leadership Brands by Design", *Brandweek,* 1o. de diciembre de 2003, p. 20; Bob Parks, "Deconstructing Cute", diciembre de 2002-enero de 2003, *Business 2.0,* pp. 47–50; Lisa Margonelli, "How Ikea Designs Its Sexy Price Tags", *Business 2.0,* octubre de 2002, pp. 106–112.

mas de información de proveedores, fábricas, centros de distribución y puntos de venta. Cemex, la gigantesca cementera con sede en México transformó el negocio del cemento prometiendo entregar el cemento más rápido que si se tratara de pizzas. Los camiones de reparto de Cemex están equipados con un *sistema de posicionamiento global* (GPS) de modo que es posible conocer su localización en tiempo real, y esta información está disponible tanto para los conductores como para los despachadores. Cemex promete que si su carga llega más de 10 minutos después de la hora acordada, hace un descuento del 20% en el precio.[15]

INSTALACIÓN La **instalación** hace referencia al trabajo que hay que realizar para conseguir que un producto funcione en un lugar determinado. Los compradores de maquinaria pesada, por ejemplo, esperan un buen servicio de instalación por parte del vendedor. Conseguir diferenciarse en esta fase de la cadena de consumo es especialmente importante para empresas con productos complejos. Las facilidades en la instalación son en sí mismas una verdadera fuente de ventas, especialmente cuando el mercado meta está constituido por novatos en el terreno tecnológico. Para aquellos consumidores que deseen conectarse a Internet mediante una línea digital de alta velocidad (DSL, por sus siglas en inglés), Pacific Bell ofrece equipos de instalación que incluyen un programa de instalación interactivo que permite a los clientes completar la instalación de la DSL en menos de una hora.[16]

CAPACITACIÓN DEL CLIENTE La **capacitación del cliente** hace referencia a la asesoría que reciben los clientes por parte de los empleados sobre cómo utilizar el producto de manera adecuada. General Electric no sólo vende e instala equipos de rayos X en los hospitales, sino que además ofrece un programa completo de capacitación a los usuarios de sus equipos. McDonald's exige a los nuevos propietarios de franquicias que estudien en la Universidad de la Hamburguesa en Oak Brook, Illinois, durante dos semanas para aprender a administrar adecuadamente una franquicia.

ASESORÍA TÉCNICA   La **asesoría técnica** se refiere a los datos, sistemas de información y servicios de asesoría que ofrece el vendedor a los compradores.

HERMAN MILLER INC.

Herman Miller, una gran empresa de mobiliario de oficina, se asoció con una empresa californiana para enseñar a sus clientes industriales cómo sacar el máximo provecho de sus muebles. La empresa, Future Industrial Technologies, está especializada en capacitación sobre ergonomía en el lugar de trabajo. Gracias a la red de vendedores de Herman Miller, los clientes pueden organizar sesiones de capacitación de dos horas para pequeños grupos de empleados. Las sesiones son dirigidas por algunos de los 1,200 fisioterapeutas, terapeutas ocupacionales, enfermeros y quiroprácticos que colaboran con Future Industrial Technologies. Aunque la capacitación sobre ergonomía sólo supone ingresos mínimos para Herman Miller, la empresa considera que al enseñar hábitos saludables en el lugar de trabajo a sus clientes, también aumenta la satisfacción con la empresa y la exclusividad de sus productos.[17]

MANTENIMIENTO Y REPARACIONES   Con los términos **mantenimiento y reparaciones** se engloba el programa de servicios destinado a ayudar a los clientes a mantener los productos adquiridos en buen funcionamiento. Por ejemplo, Hewlett-Packard ofrece asistencia técnica *on line* o "asistencia electrónica" a todos sus clientes. En caso de que surja un problema, los clientes tienen a su disposición diversas herramientas *on line* para hallar una solución. Aquellos clientes que conocen el problema específico que se les presenta, pueden buscar en las bases de datos *on line* la forma de solucionarlo, mientras que los que no saben de qué se trata tienen a su disposición programas de diagnóstico que determinan los problemas y buscan en las bases de datos una solución de manera automática. Los clientes también pueden solicitar *on line* la ayuda de un técnico.[18]

BEST BUY

A medida que se consolidan los minoristas de electrónica y que aumenta la competencia de precios entre ellos, las empresas buscan nuevas formas de destacar entre la multitud. Por esta razón, Best Buy llegó a un acuerdo con Geek Squad, una pequeña empresa de servicios informáticos, para modernizar los servicios de reparación en su cadena de establecimientos en las ciudades gemelas de Minnesota. Anteriormente, las computadoras se enviaban a servicios de reparación regionales, un proceso que llevaba mucho tiempo y que no satisfacía a los clientes. En la actualidad, cerca del 50% de las reparaciones se realizan en las tiendas Best Buy. Sin embargo, el verdadero factor de diferenciación es la capacidad de Geek Squad de realizar llamadas a domicilio (a una tarifa mayor). Las llamadas a domicilio de Geek Squad se conocen como "llamadas de Beetle" por la moderna flotilla de vehículos Beetle de Volkswagen que utilizan los empleados de la empresa. Los empleados de Geek Squad incluso se visten de forma diferente para realizar llamadas a domicilio, lo que les da una apariencia muy particular y totalmente opuesta al uniforme azul tradicional de Best Buy que visten cuando están en los centros de reparación de las tiendas.[19]

::: Relaciones entre productos y marcas

Todo producto guarda relación con otros.

Jerarquía de productos

La jerarquía de productos es una clasificación que va desde las necesidades básicas hasta los artículos específicos que las satisfacen. Se pueden identificar seis niveles en la jerarquía de productos (utilizando los seguros de vida como ejemplo):

1. *Familia de necesidades*—La necesidad fundamental que subyace en la existencia de una familia de productos. Ejemplo: seguridad.
2. *Familia de productos*—Todas las clases de productos que pueden satisfacer una necesidad fundamental con una eficacia razonable. Ejemplo: ahorros e ingresos.
3. *Clase de productos*—El grupo o conjunto de bienes de una misma familia de productos que comparten cierta coherencia funcional. También se conoce como categoría de productos. Ejemplo: instrumentos financieros.

4. *Línea de productos*—El grupo de productos de una misma clase que están estrecha-mente relacionados porque desempeñan una función similar, se venden a los mismos grupos de consumidores, se comercializan a través de los mismos puntos de venta o ca-nales de distribución, y tienen precios similares. Una línea de productos puede estar compuesta de distintas marcas o de una única marca de familia o individual que se ha extendido. Ejemplo: seguros de vida.

5. *Tipo de productos*—Grupo de productos de una misma línea que comparten una o va-rias formas posibles del producto. Por ejemplo: seguros de vida.

6. *Artículo (también se conoce como variante de producto)*—Se trata de una unidad que puede distinguirse dentro de una marca o línea de productos por su tamaño, precio, as-pecto u otros atributos. Ejemplo: el seguro de vida renovable de Prudential.

Sistema de productos y mezcla de productos

Un **sistema de productos** es un grupo de productos relacionados que funcionan de forma compatible. Por ejemplo, el palmOne y las líneas de teléfono de última generación vienen con accesorios como manos libres, cámaras, teclados, proyectores de presentación, agendas electrónicas, reproductores de MP3 y grabadoras de voz. Una **mezcla de productos** (también llamada **surtido de productos**) es el conjunto de todos los productos y artículos que un ven-dedor ofrece a sus clientes. Una mezcla de productos está formada por diversas líneas de pro-ductos. En la división de electrodomésticos de General Electric hay gerentes de líneas de re-frigeradores, estufas y lavadoras. La mezcla de productos de NEC (Japón) está formada por productos de comunicación y de informática. Michelin tiene tres líneas de producto: neu-máticos, mapas y servicios de clasificación de restaurantes. En Northwestern University, las diferentes facultades tienen decanos distintos: uno para la de medicina, otro para la de de-recho, otro para la de administración, y así también para las de ingeniería, música, oratoria, periodismo y artes liberales.

La mezcla de productos de una empresa tiene una determinada amplitud, longitud, pro-fundidad y consistencia. Estos conceptos se ilustran en la tabla 12.1 a partir del ejemplo de una serie de productos de consumo de Proc-ter & Gamble.

■ La *anchura* de la mezcla de productos se refiere a la cantidad de líneas de productos diferentes que tiene la empresa. La tabla12.1 muestra una mezcla de producto de cinco líneas diferentes. (Aun-que en realidad, P&G tiene muchas otras líneas.)

■ La *longitud* de la mezcla de productos se refiere al número total de productos en cada una de las líneas de la empresa. En la tabla 12.1, es de 20 productos. También podemos hablar de la longitud media de una línea, que se obtiene dividiendo la longitud total (en este caso 20) entre el número de líneas (en este caso 5), de modo que la longitud media es de 4.

■ La *profundidad* de la mezcla de productos tiene relación con cuantas variantes de cada producto se ofrecen en la línea de pro-ductos. Si Tide se vende con dos aromas (primavera de montaña y normal), dos fórmulas (líquido y en polvo) y dos aditivos (con y sin lejía), Tide tiene una profundidad de seis, puesto que son seis las variantes del producto. La profundidad media de la mezcla de pro-ductos de P&G se calcula obteniendo la media del número de va-riantes dentro de las marcas del grupo.

■ La *consistencia* de la mezcla de productos se refiere al grado en que varias líneas de productos se relacionan en términos de uso, requisitos de producción, canales de distribución, entre otros. Las líneas de producto de P&G son consistentes en la medida en que to-das son de bienes de consumo que se comercializan a través de los mismos canales de distribución. Estas líneas son menos consisten-tes en la medida en que desempeñan funciones diferentes para los consumidores.

Estas cuatro dimensiones de la mezcla de productos permiten a la empresa expandir su negocio o sus actividades de cuatro formas dis-tintas: **1.** añadir nuevas líneas de productos de modo que se ensan-che la mezcla de productos, **2.** alargar o incrementar cada línea de productos, **3.** añadir variaciones a los productos existentes para au-mentar la profundidad de la mezcla y **4.** tener más consistencia entre las líneas de productos. Para tomar estas decisiones de producto o marcas es muy útil realizar un análisis de la línea de productos.

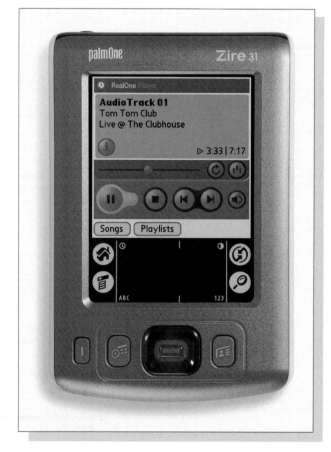

El PalmOne Zire 31. Los usuarios pueden seleccionar entre más de 20,000 aplicaciones disponibles y utilizar el comando de expansión para agregar memoria, aplicaciones o tonos de MP3.

| TABLA 12.1 | Amplitud de la mezcla de productos y longitud de la línea de productos para Procter & Gamble (se incluyen fechas de introducción).

	Amplitud de la mezcla de productos				
	Detergentes	**Crema dental**	**Jabón en pastilla**	**Pañales desechables**	**Productos de papel**
LONGITUD DE LA LÍNEA DE PRODUCTOS	Ivory Snow (1930)	Gleem (1952)	Ivory (1879)	Pampers (1961)	Charmin (1928)
	Dreft (1933)	Crest (1955)	Camay (1926)	Luvs (1976)	Puffs (1960)
	Tide (1946)		Zest (1952)		Bounty (1965)
	Cheer (1950)		Safeguard (1963)		
	Dash (1954)		Oil of Olay (1993)		
	Bold (1965)				
	Gain (1966)				
	Era (1972)				

Análisis de la línea de productos

Al ofrecer una línea de productos, las empresas suelen desarrollar una plataforma básica y distintos módulos que se pueden añadir para satisfacer las diferentes necesidades de los consumidores. Por ejemplo, las empresas automotrices fabrican sus vehículos en torno a esta plataforma básica, y los constructores de viviendas muestran un modelo básico al que se pueden añadir distintas características. Esa aproximación modular permite a la empresa ofrecer variedad reduciendo los costos de producción.

Los responsables de las líneas de productos deben conocer información sobre las ventas y las utilidades de la línea para poder determinar qué artículos fabricar, mantener, explotar o abandonar.[20] Asimismo, necesitan entender el perfil del mercado de cada línea de productos.

VENTAS Y UTILIDADES En la figura 12.3 se muestra un informe de ventas y utilidades de una línea de productos de cinco artículos diferentes. El primer artículo supone el 50% de las ventas totales y el 30% de las utilidades totales. Los dos primeros artículos equivalen al 80% de las ventas y al 60% de las utilidades totales. Si estos dos productos experimentaran una pérdida en la posición de mercado como resultado de las acciones de los competidores, las ventas y la rentabilidad de la línea de productos podrían contraerse de forma alarmante. Estos productos se deben controlar y proteger con sumo cuidado. En el extremo opuesto, el último artículo sólo arroja un 5% de las ventas y de las utilidades totales de la línea, por lo que el responsable podría considerar abandonarlo si no tiene un gran potencial de crecimiento.

Todas las carteras de productos de cualquier empresa tienen productos con márgenes de ganancia diferentes. Los supermercados apenas obtienen márgenes del pan y la leche, mientras que obtienen márgenes moderados de los alimentos enlatados o congelados y márgenes mucho más amplios a partir de la venta de flores y plantas, líneas de alimentos propios de diversas culturas, y productos recién horneados. Una empresa local de telefonía obtiene márgenes diferentes a partir de sus distintos servicios: el básico, el de llamada en espera, el de identificación de llamadas y el del buzón de voz.

Una empresa puede clasificar sus productos en cuatro categorías que dan diferentes niveles de margen bruto de acuerdo con su volumen de ventas y su promoción. Veamos el ejemplo de las computadoras personales:

■ *Producto básico.* Son las computadoras básicas con un gran volumen de ventas y que se promueven intensivamente, pero que arrojan márgenes limitados porque se trata de productos sin diferenciación.

■ *Productos de uso común.* Son artículos con menor volumen de ventas y sin ningún tipo de promoción, por ejemplo los CPU más rápidos o las memorias con mayor capacidad. Estos productos arrojan un margen algo más elevado.

■ *Productos de especialidad.* Son artículos con menor volumen de ventas y mucha promoción, por ejemplo, el equipo para hacer películas digitales; o bien, artículos que generan ingresos por servicios, como la entrega a domicilio, la instalación o el entrenamiento que se requiere para poder utilizarlos.

■ *Productos de conveniencia.* Artículos periféricos que se venden en grandes cantidades pero con poca promoción, por ejemplo monitores, impresoras, tarjetas de audio y video, y software. Los consumidores tienden a adquirirlos en el lugar donde compraron el equipo

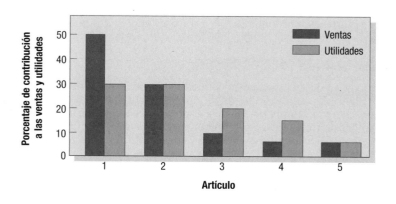

|FIG. **12.3**|

Contribuciones a las ventas por artículo y utilidades totales de la línea de productos.

original porque es más conveniente y más cómodo que desplazarse de nuevo para hacer la compra. Estos artículos tienen márgenes más elevados.

Lo importante es que las empresas sean conscientes de la diferencia de potencial de estos artículos a la hora de fijar un precio más alto o de promoverlos más intensivamente, para incrementar sus ventas, márgenes, o ambos.[21]

PERFIL DE MERCADO El director de la línea de productos debe revisar la posición de la línea respecto de las líneas de los competidores. Imaginemos una empresa X con una línea de productos que consiste en pliegos de papel.[22] Dos de los principales atributos del papel son el peso y la calidad del acabado. El peso generalmente se mide en valores estándar de 90, 120, 150 y 180 gramos. La calidad del acabado se ofrece también en tres niveles: baja, media y alta. La figura 12.4 muestra la situación de varias líneas de productos de la empresa X y de cuatro competidores, las empresas A, B, C y D. La empresa A vende dos productos de peso extra en las categorías de acabado medio a bajo. La empresa B vende cuatro artículos que varían en peso y calidad. La empresa C vende tres productos en los que el peso y el acabado están en relación directa, es decir, a mayor peso mejor acabado. La empresa D vende tres productos, todos con peso ligero, pero con calidades de acabado diferentes. La empresa X ofrece tres artículos con diferente peso y acabados.

Este mapa de productos muestra qué artículos de los competidores compiten con los de la empresa X. Por ejemplo, el papel ligero y de calidad media de la empresa X compite con los papeles de las empresas D y B. Sin embargo, el papel pesado de acabado medio no tiene ningún competidor directo. Asimismo, el mapa también pone de manifiesto posibles ubicaciones para nuevos productos. Por ejemplo, ningún fabricante ofrece un papel pesado con baja calidad de acabado. Si la empresa X calcula que la demanda insatisfecha es elevada y tiene posibilidades de ofrecer este producto a bajo costo, podría considerar añadirlo a su línea actual de productos.

Otra ventaja que se deriva de la obtención de mapas de productos es que permiten identificar segmentos. La figura 12.4 muestra los tipos de papel en función del peso y del acabado que prefieren las imprentas en general, las empresas que imprimen catálogos y las que ofrecen papel a despachos y oficinas, respectivamente. El mapa muestra que la empresa X está bien posicionada para satisfacer las necesidades de la imprenta en general, pero que es menos eficaz en los otros dos sectores.

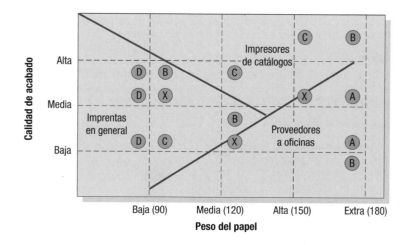

|FIG. **12.4**|

Mapa de productos para una línea de papel.

Fuente: Benson P. Shapiro, *Industrial Product Policy: Managing the Existing Product Line.* (Cambridge, MA: Marketing Science Institute Report No. 77-110.)

El análisis de la línea de productos arroja información para dos decisiones clave: la longitud de la línea de productos y el precio de la mezcla de productos.

Longitud de la línea de productos

La longitud de la línea de productos está condicionada por los objetivos de la empresa. Uno de los objetivos consiste en crear líneas de productos que induzcan al incremento en las ventas. Por ejemplo, General Motors podría desear que sus clientes de Chevrolet pasen a Buick, y después a Cadillac. Otro objetivo podría ser crear una línea de productos que facilite la venta cruzada: Hewlett-Packard vende impresoras y computadoras. Otro objetivo más podría ser crear una línea de productos para protegerse contra los altibajos de la economía. Por ejemplo, Electrolux ofrece refrigeradores, lavavajillas y aspiradoras con marcas diferentes en los mercados de descuento, medio y caro, por si la economía experimenta alzas o descensos.[23] Las empresas que desean incrementar su participación de mercado y crecer necesitarán líneas de productos más largas. Las empresas que hagan hincapié en una rentabilidad elevada necesitarán líneas más cortas que incluyan artículos selectos.

Las líneas de producto tienden a alargarse con el tiempo. El exceso de la capacidad productiva presiona al gerente de la línea de producto para que desarrolle nuevos artículos. La fuerza de ventas y los distribuidores también ejercen presión para que se desarrolle una línea de productos más completa con la finalidad de satisfacer a los clientes. Pero conforme se añaden nuevos productos también aumentan los costos: costos de diseño e ingeniería, de mantenimiento de inventarios, costos derivados de la modificación del proceso productivo, costos de administración de pedidos, de transporte y de promoción de los nuevos artículos. Finalmente, alguien hace una llamada de atención: la dirección ordena detener el desarrollo por escasez de fondos o de capacidad productiva, o tal vez el departamento de control de administración solicite un estudio de artículos incosteables. Este proceso de crecimiento de la línea de productos, seguido de un abandono masivo de los productos, podría repetirse muchas veces.

Una empresa tiene dos posibilidades para alargar su línea de productos: estirarla o rellenarla.

ESTIRAR LA LÍNEA DE PRODUCTOS   La línea de productos de cualquier empresa cubre una determinada posición del total de su amplitud potencial. Por ejemplo, dentro de la industria automotriz, BMW se sitúa en el rango superior de precios. El **estiramiento de línea** tiene lugar cuando una empresa aumenta su línea de productos más allá de los límites establecidos. Las empresas pueden estirar sus líneas hacia arriba, hacia abajo o en ambos sentidos.

Estiramiento hacia abajo   Una empresa posicionada en el mercado intermedio considera el lanzamiento de una línea de precios más bajos por tres razones:

1. La empresa detecta importantes oportunidades de crecimiento puesto que los minoristas a gran escala como Wal-Mart, Best Buy y algunos otros, atraen a un número de consumidores cada vez mayor que busca artículos a buen precio.
2. La empresa podría querer bloquear a los competidores del extremo inferior del mercado, porque de lo contrario, éstos podrían intentar atacar posiciones superiores. Si la empresa ha recibido ataques de un competidor del extremo inferior, normalmente decidirá contraatacar entrando en el segmento inferior del mercado.
3. La empresa considera que el mercado medio está estancándose o decayendo.

Una empresa se encuentra con que tiene que tomar una serie de decisiones antes de estirar hacia abajo. Por ejemplo, Sony se enfrentó a tres opciones:

1. Utilizar el nombre Sony en todos sus artículos. (Es lo que finalmente hizo.)
2. Utilizar una submarca para sus productos más económicos, como por ejemplo Sony Value Line. Otras empresas han hecho lo mismo; por ejemplo, Gillette con Gillette Good News y Ramada Limited. El riesgo es que la marca Sony pierda parte de su imagen y que algunos compradores habituales de Sony opten por los productos de menor precio.
3. Introducir los productos de precio más bajo con un nombre diferente sin mencionar a Sony. Sin embargo, Sony tendría que invertir mucho dinero para crear la nueva marca, y quizás los grandes distribuidores no acepten productos que no lleven la marca Sony.

Al estirar el extremo inferior de la línea de productos la empresa se enfrenta a riesgos diversos. Kodak lanzó los rollos fotográficos Kodak Funtime para competir con marcas más económicas, pero el precio que fijó Kodak no era lo suficientemente competitivo. Además, algunos de sus clientes habituales comenzaron a comprar Funtime, de modo que, sin querer, Kodak propició el "canibalismo" de su marca principal. Por otra parte, Mercedes introdujo con éxito sus vehículos de clase C a 30,000 dólares sin deteriorar su capacidad de vender otros automóviles Mercedes por 100,000 dólares o incluso más. John Deere lanzó una línea de tractores para podar el césped a precios más bajos con la marca Sabre from John Deere, mientras que siguió vendiendo sus tractores más caros con la marca John Deere.

Un anuncio impreso del vino Gallo de Sonoma que presenta a miembros de la generación más joven de la familia Gallo, junto con la frase: "Nueva generación. Clase mundial."

Estirar hacia arriba Las empresas que operan en el extremo inferior del mercado podrían contemplar la posibilidad de dirigirse a niveles superiores para obtener una mayor tasa de crecimiento, mayores márgenes de ganancia, o simplemente para posicionarse como fabricantes de líneas completas. Muchos mercados han generado, sorprendentemente, segmentos muy fuertes en los niveles más altos: Starbucks en el café, Häagen-Dazs en el helado y Evian en el agua embotellada. Las empresas japonesas líderes del sector automovilístico también han lanzado vehículos de alto nivel: Toyota lanzó Lexus; Nissan creó Infinity; y Honda introdujo Acura. Cabe destacar que inventaron nombres totalmente diferentes en lugar de utilizar o incluir sus marcas.

Otras empresas sí han incluido su marca al estirar su oferta hacia arriba. Gallo lanzó Gallo de Sonoma (con precios entre los 10 y 30 dólares la botella) para competir en el segmento de los vinos más finos, y lo ha hecho presentando a los nietos del fundador como portavoces de una campaña intensiva. Con una imagen joven, moderna y divertida, las ventas se triplicaron hasta alcanzar las 680,000 cajas en 1999. General Electric lanzó la marca GE Profile para su gran oferta de electrodomésticos en el extremo superior del mercado.[24] Algunas marcas han recurrido a modificadores para destacar una mejora de la calidad apreciable, aunque no espectacular, como Pampers extra secos, Tylenol ultra fuerte, o PowerPro Dustbuster Plus.

Estirar en dos sentidos Las empresas que se encuentran en un nivel intermedio del mercado podrían considerar la posibilidad de estirar su línea en ambos sentidos. Texas Instruments (TI) lanzó sus primeras calculadoras en el mercado medio de calidad y precio, y fue añadiendo calculadoras gradualmente en el extremo inferior, para arrebatar participación de mercado a Bowmar, y en el extremo superior del mercado para competir con Hewlett-Packard. Esta estrategia de dirigirse a los dos extremos del mercado pronto permitió que TI dominara el mercado de las calculadoras.

Holiday Inn Worldwide también utiliza esta estrategia en su línea de productos hoteleros. La cadena dividió sus hoteles nacionales en cinco cadenas diferentes para atender a cinco segmentos distintos: el lujoso Crowne Plaza, el tradicional Holiday Inn, el económico Holiday Inn Express, y los hoteles para viajeros de negocios Holiday Inn Select y Holiday Inn Suites & Rooms. Estas cadenas con marcas diferentes tienen sus propios programas de marketing. Holiday Inn Express se anuncia con la divertida campaña "Stay Smart" en la que se muestran los festines extraordinarios a los que podrían asistir los huéspedes normales tras pernoctar en los hoteles de la cadena. Al basar el desarrollo de estas marcas en distintos públicos meta con necesidades únicas, Holiday Inn es capaz de protegerse contra la superposición de sus marcas.

RELLENAR LA LÍNEA DE PRODUCTOS Una línea de productos también se puede extender si se añaden más artículos al conjunto existente. Hay diversas razones para rellenar una línea: obtener ganancias adicionales, intentar satisfacer a los distribuidores que manifiestan sus quejas ante la pérdida de ventas provocada por la falta de determinados productos en la línea, intentar utilizar el exceso de capacidad, tratar de ofrecer una línea de productos completa o tratar de ocupar los nichos desatendidos del mercado para evitar la aparición de competidores.

BMW AG

En cuatro años, BMW se ha transformado al pasar de ser un fabricante de automóviles con una sola marca y cinco modelos, a ser un gigante con tres marcas y 10 modelos. La empresa no sólo extendió la gama de productos BMW en sentido descendente con los Mini Cooper y los compactos modelos de la serie 1, sino que además se extendió en sentido ascendente con Rolls-Royce, cubriendo a la vez los posibles huecos con su x3 Sports Activity Vehicle, y el coupé serie 6. La empresa logró completar con éxito su línea de productos para reforzar su atractivo para los "aspirantes" a ricos, para los ricos y para los súper ricos, pero sin abandonar en ningún momento su posicionamiento original de empresa de primera.[25]

En ocasiones, rellenar la línea resulta peligroso si se propicia el "canibalismo" hacia los productos de la empresa y se confunde a los clientes. La empresa ha de diferenciar cada uno de sus productos en la mente de los consumidores. Cada uno de ellos debe poseer alguna *diferencia apenas apreciable*. Según la ley de Weber, los consumidores son más receptivos a las diferencias relativas que a las absolutas.[26] Los consumidores, por tanto, distinguirán entre tablas de 60 o 90 centímetros y tablas de 6 y 9 metros, pero no verán la diferencia entre tablas de 8.8 y 9 metros. La empresa también debe asegurarse de que los nuevos productos satisfagan alguna demanda del mercado y de que no sean simplemente el resultado de la satisfacción de una necesidad interna. El Edsel, con el que Ford perdió 350 millones de dólares a finales de los 50, satisfacía las necesidades internas de la empresa de posicionar un automóvil entre las líneas Ford y Lincoln, pero no satisfacía ninguna necesidad del mercado.

MODERNIZACIÓN, REVISIÓN Y REDUCCIÓN DE LA LÍNEA DE PRODUCTOS Las líneas de productos deben modernizarse. Por ejemplo, si una empresa de herramientas mecánicas conserva el diseño de los 70, seguramente perderá ventas en beneficio de competidores con diseños más modernos. La cuestión es si la modernización debe afectar secuencialmente a ciertos productos de una línea o a todos de golpe. La modernización paulatina permite a la empresa ver cómo los clientes y los vendedores aceptan el estilo nuevo, y además supone un menor gasto. Sin embargo, también permite a los competidores observar los cambios y comenzar a rediseñar sus propias líneas.

En mercados con productos que cambian rápidamente, la modernización es constante. Las empresas planean mejoras para fomentar la migración de consumidores hacia productos de valor y precios más elevados. Las empresas de microprocesadores como Intel y AMD, y las empresas de software como Microsoft y Oracle, introducen de forma continua versiones más avanzadas de sus productos. Un aspecto importante es la fijación del calendario de las mejoras del producto a fin de que éstas no aparezcan demasiado pronto (en cuyo caso perjudicarían a las ventas de la línea inicial), ni demasiado tarde (después de que la competencia haya logrado una importante reputación con equipos más avanzados).

El gerente de la línea de productos normalmente selecciona uno o varios artículos para dar una imagen de línea. Por ejemplo, Sears anunciará una lavadora muy barata para atraer a los consumidores. En otras ocasiones, los gerentes resaltan las características de los modelos del extremo superior de la gama con la intención de conferir prestigio a la línea de productos. A veces, una empresa descubre que un extremo de la línea se vende bien y otro no. En estos casos, la empresa puede tratar de acelerar la demanda de los compradores más lentos, especialmente si los productos de este extremo se fabrican en una planta semiestancada por la carencia de demanda. Sin embargo, se podría argumentar que es más recomendable que la empresa promueva productos que se venden bien en lugar de tratar de impulsar las ventas de productos débiles.

MARKETING EN ACCIÓN | CÓMO RACIONALIZAR LA CARTERA DE MARCAS PARA CRECER

En 1999, Unilever tenía más de 1,600 marcas distintas. Algunas de las marcas más famosas eran el té Lipton, el suavizante de telas Snuggle, las salsas para pasta Ragu, los alimentos congelados Bird-Eye, el dentífrico Close-Up, las fragancias Calvin Klein y los productos de higiene personal Dove. Sin embargo, más el 90% de sus utilidades provenían de tan sólo 400 marcas. Ese mismo año, la empresa anunció su programa "Camino al crecimiento", diseñado para obtener el máximo valor posible de su cartera de marcas y que planeaba eliminar el 75% de ellas antes de 2003. La empresa quería conservar marcas mundiales como Lipton, y otras marcas regionales o "joyas locales" como Persil, el detergente líder en el Reino Unido. El copresidente de Unilever, Niall FitzGerald, comparaba la eliminación de marcas con la poda de un jardín, de modo que "el aire y la luz puedan llegar a las flores, que probablemente crecerán mejor".

Unilever no es la única empresa de este tipo. Las empresas multimarcas están por todo el mundo intentando optimizar sus carteras. En muchos casos, esto ha llevado a una mayor concentración en una marca central, para destinar la mayoría de los recursos y de la energía a las marcas más fuertes y consolidadas. Hasbro diseñó una serie de marcas centrales de juguetes, entre las que se incluyen GI Joe, Transformers y Mi Pequeño Pony, en las que hace hincapié en su programa de marketing. La estrategia de "de vuelta a lo básico" de Procter & Gamble se concentra en 13 marcas de más de 1,000 millones de dólares, como Tide, Crest, Pampers y Pringles.

Al mismo tiempo, las empresas tienen que prestar atención para evitar depender demasiado de marcas existentes en detrimento de las marcas nuevas. Kraft pasó la primera parte del año 2000 lanzando una extensión de línea tras otra de sus marcas consolidadas como las galletas Oreo, Chips Ahoy y Jell-O. Algunas extensiones fracasaron. Una extensión de Chips Ahoy, Gooey Warm n' Chewy, resultó ser difícil para comer y demasiado cara. La proliferación de las extensiones hizo que la empresa no se percatara de las tendencias de nutrición y salud que había en el mercado. La paralización de las ventas llevó a la destitución de una codirectora general, Betsy Holden, en diciembre de 2003.

Fuentes: John Willman, "Leaner, Cleaner, and Healthier Is the Stated Aim", *Financial Times,* 23 de febrero de 2000; John Thornhill, "A Bad Time to Be in Consumer Goods", *Financial Times,* 28 de septiembre de 2000; "Unilever's Goal: 'Power Brands'", *Advertising Age,* 3 de enero de 2000; "Unilever Axes 25,000 Jobs", *CNNfn,* 22 de febrero de 2000; Harriet Marsh, "Unilever a Year Down the 'Path'", *Marketing,* 22 de febrero de 2001, p. 30. Patricia O'Connell, "A Chat With Unilever's Niall Fitzgerald", *BusinessWeek Online,* 2 de agosto de 2001; Nirmalya Kumar, "Kill a Brand, Keep a Customer", *Harvard Business Review,* diciembre de 2003, pp. 86–95; Sarah Ellison, "Kraft's Stale Strategy", *Wall Street Journal,* 18 de diciembre de 2003, pp. B1, B6; Brad Stone, "Back to Basics", *Newsweek,* 4 de agosto de 2003, pp. 42–44.

Es conveniente que los gerentes de línea revisen periódicamente la línea en busca de "ramas secas" que reduzcan las utilidades totales. En *Marketing en acción: Cómo racionalizar la cartera de marcas para crecer* se describen algunos avances de esta estrategia. Los artículos débiles se identifican fácilmente mediante un análisis de ventas y de costos. Una empresa química redujo su línea de 217 productos a tan sólo los 93 que reportaban mayor volumen de ventas, mayor contribución a las utilidades y mayor potencial a largo plazo. Los recortes de la línea de productos también son recomendables cuando existe una capacidad productiva reducida. Las empresas suelen recortar sus líneas de productos en periodos de alta demanda y extenderlas en periodos de baja demanda.

Estrategias de precios para la mezcla de productos

En el capítulo 14 se examinarán detalladamente los conceptos, las estrategias y las tácticas referentes al precio, pero por ahora resultará útil considerar algunos aspectos básicos sobre los precios de la mezcla de productos. La lógica de la fijación de precios varía cuando el producto forma parte de una mezcla de productos. En estos casos, la empresa debe fijar un conjunto de precios que maximicen las utilidades de la mezcla total de productos. La fijación de estos precios es difícil porque cada producto tiene su propia demanda y sus propios costos, y se enfrenta a niveles de competencia diferentes. Podemos distinguir seis situaciones de fijación de precios para grupos de productos: fijación de precios para líneas de productos, fijación de precios para productos opcionales, fijación de precios para productos cautivos, fijación de precios en dos partes, fijación de precios para subproductos y fijación de precios para paquetes de productos.

FIJACIÓN DE PRECIOS PARA LÍNEAS DE PRODUCTOS Normalmente, las empresas no diseñan productos aislados sino líneas completas de productos, e introducen escalas de precios para los diferentes niveles de producto.

INTEL

Intel segmentó su línea de productos en: microprocesadores para mercados específicos (como computadoras personales económicas), computadoras de nivel medio y servidores superpotentes. Esta estrategia permite a la empresa compensar las escasas utilidades de procesadores como el Celeron (cuyos nuevos modelos se venden por tan sólo 150 dólares y se destinan a computadoras de precio bajo) con productos rentables como la estación de trabajo Itanium y los chips para servidores, que cuestan 4,200 dólares por unidad. Los procesadores más rentables de la empresa son los Pentium 4, con precios que oscilan entre los 300 y 600 dólares, en función de la velocidad del procesador.[27]

Anuncio impreso de Intel® Centrino^MR, parte de la línea de productos de microprocesadores Intel segmentada para el mercado. La tecnología de Centrino está diseñada específicamente para las PC *notebook* sin cables y para el segmento superior del mercado.

En muchos sectores, los vendedores utilizan niveles de precio muy consolidados para los diferentes productos de su línea. Por ejemplo, las tiendas de ropa para caballero pueden tener tres niveles de precio diferentes para sus trajes: 200, 400 y 600 dólares. Los consumidores asociarán estos precios con trajes de calidad baja, media y alta, respectivamente. La tarea del vendedor consiste en establecer diferencias de calidad visibles que justifiquen los diferentes niveles de precio.

FIJACIÓN DE PRECIOS PARA PRODUCTOS OPCIONALES Muchas empresas ofrecen productos opcionales o accesorios que se pueden comprar junto con el producto principal. Por ejemplo, el comprador de un automóvil podría encargar un sistema eléctrico para subir y bajar las ventanillas, faros antiniebla, potenciómetros y una garantía ampliada. Fijar el precio de estos productos opcionales es un asunto complicado, puesto que las empresas deben decidir qué artículos incluir en el precio base y qué artículos deben ofrecer como productos opcionales. Durante muchos años, la estrategia de precios de los fabricantes estadounidenses de automóviles consistía en anunciar un modelo sin equipo opcional en 10,000 dólares para atraer a los consumidores a los concesionarios. El modelo económico carecía de tantos atributos que la mayor parte de los clientes abandonaban el concesionario habiéndose gastado 13,000 dólares.

Los restaurantes enfrentan un problema similar. Hay clientes que acostumbran tomar un licor al terminar la comida. Muchos restaurantes establecen un precio alto para el licor, mientras que la comida tiene un precio accesible. Los ingresos de la comida cubren los costos y el licor genera utilidades. Esto explica por qué los camareros suelen insistir en que los clientes pidan un licor. Otros restaurantes, sin embargo, establecen un precio reducido para el licor y un precio alto para la comida a fin de atraer comensales a quienes les gusta beber.

FIJACIÓN DE PRECIOS PARA PRODUCTOS CAUTIVOS Algunos productos exigen la utilización de otros, es decir, de **productos cautivos**. Los fabricantes de máquinas de afeitar, los de teléfonos celulares y los de cámaras fotográficas suelen fijar precios bajos y después se reservan amplios márgenes de utilidades para las navajas de afeitar, el servicio telefónico y los rollos de película, respectivamente. Por ejemplo, AT&T regala un teléfono celular si la persona se compromete a adquirir sus servicios telefónicos durante dos años.

HEWLETT-PACKARD

En 1996, Hewlett-Packard (HP) comenzó a reducir los precios de las impresoras drásticamente; en algunos casos las reducciones fueron del 60%. HP podía permitirse estos recortes porque, normalmente, los consumidores gastaban el doble de dinero en cambiar los cartuchos de tinta, en tóner y en papel especial que en la propia impresora. A medida que cayeron los precios de las impresoras aumentaron sus ventas, y también las de los accesorios. En la actualidad, HP posee cerca del 40% del negocio de mundial de impresoras. Sus productos de inyección de tinta tienen márgenes de ganancias del 35%, y en 2002 generaron 2,200 millones de dólares en utilidad operativa (más del 70% del total de la utilidad operativa de la empresa).[28]

Si el precio de un producto cautivo es demasiado alto, se está frente a un peligro. Por ejemplo, Caterpillar obtiene importantes utilidades al fijar un precio alto para las refacciones y los servicios. Esta práctica propició la aparición de "piratas" que falsifican las piezas y las venden a mecánicos que las instalan, a veces cobrando el mismo precio que si se tratara de refacciones legítimas. Entre tanto, Caterpillar pierde ventas.[29]

FIJACIÓN DE PRECIOS EN DOS PARTES Las empresas de servicios acostumbran fijar precios en dos partes, es decir, cobran una cuota fija a la que añaden una tarifa variable por uso. Por ejemplo, una empresa de telefonía cobra una cuota mensual mínima, más las llamadas que realizan los usuarios más allá de determinada área. Los parques de diversiones cobran un precio base de entrada y una cantidad adicional por comidas o paseos dentro de las mismas instalaciones. Las empresas de servicios enfrentan un problema similar al de los productos cautivos, es decir, tienen que determinar cuánto cobrar por el servicio básico y cuánto por el uso variable. La cuota fija debe ser lo suficientemente baja como para inducir a la contratación del servicio, y a continuación, se podrían obtener ganancias a partir de las tarifas variables por uso.

FIJACIÓN DE PRECIOS PARA SUBPRODUCTOS La producción de determinados artículos (carnes, derivados del petróleo, productos químicos, etc.) suele generar subproductos. Si un grupo de consumidores valora estos subproductos, el precio se debe fijar en función de su valor. Cualquier ingreso obtenido a partir de los subproductos servirá para reducir el precio del producto principal si la competencia ejerce presión. En un principio, la compañía australiana CSR se llamó Colonial Sugar Refinery y se forjó una reputación como empresa azucarera. La empresa comenzó a vender productos derivados del azúcar, concretamente, residuos de fibra de caña de azúcar para fabricar muros. A mediados de los 90, tras desarrollar varios productos y realizar algunas adquisiciones, CSR se había convertido en una de las 10 empresas australianas más fuertes en la venta de materiales para construcción.

FIJACIÓN DE PRECIOS PARA PAQUETES DE PRODUCTOS Con frecuencia, los vendedores agrupan productos y prestaciones. La **agrupación pura** tiene lugar cuando una empresa sólo vende sus productos en paquete. La empresa Artists Management Group, que fue propiedad de Michael Ovitz, aceptará firmar un contrato para que un actor famoso participe en una película si la compañía cinematográfica también acepta a otros talentos que representa Ovitz (directores, guionistas, escritores). Ésta es una forma de *vincular las ventas*. En la **agrupación mixta**, el vendedor ofrece sus productos tanto en paquete como por separado. Cuando se ofrece una agrupación mixta, el vendedor normalmente fija un precio inferior al de todos los elementos de la agrupación por separado. Un fabricante de automóviles podría ofrecer un paquete por un precio inferior que si se compraran todas las opciones por separado. Un teatro fijará el abono de temporada a un precio inferior que el de la totalidad de entradas a los espectáculos de forma independiente. Como los consumidores no han considerado previamente adquirir todos los componentes, el ahorro del paquete de productos debe ser lo suficientemente atractivo como para inducir a los consumidores a la compra.[30]

Algunos clientes desearán menos productos que los que incluye el lote entero. Imaginemos que la oferta de un proveedor de equipos médicos también incluye transporte y entrenamiento. Algún cliente podría solicitar prescindir del transporte y del entrenamiento a cambio de un precio más bajo. El cliente pide al proveedor que desgloce o reorganice su oferta. Si el proveedor ahorra 100 dólares en transporte y reduce el precio final en 80 dólares, tendrá contento a su cliente y obtendrá una utilidad de 20 dólares.

Los estudios realizados demuestran que conforme aumenta la actividad publicitaria de artículos individuales en el paquete, los compradores perciben que ahorrarán menos y, por tanto, se reduce su disposición para adquirir el lote completo. Estos estudios sugieren también tres directrices para aplicar correctamente una estrategia de agrupación de productos:[31]

■ No promover los componentes de forma individual con la misma frecuencia o con el mismo precio que el paquete. El precio del paquete deber ser inferior a la suma de los productos por separado; de lo contrario, los consumidores no percibirán su atractivo.

Cobranding: escena de un anuncio en video dirigido a los niños para dos productos de General Mills (Trix y yogurt Yoplait).

■ Limitar las promociones a un único artículo de la mezcla si a pesar de todo se quiere promover algún producto de manera independiente. Otra opción: alternar promociones, una tras otra, para evitar promociones contradictorias.

■ Si se decide ofrecer descuentos más importantes en productos individuales, esto debe ser una excepción y hacerse con discreción absoluta. De lo contrario, el consumidor utilizará el precio de los productos individuales como referencia externa del paquete, por lo que éste perderá valor.

Cobranding y componentes de marca

COBRANDING Normalmente, los productos se combinan con productos de otras empresas de numerosas maneras. Un fenómeno emergente es el del ***cobranding***, también denominado marcas duales o paquetes de marca, que consiste en la combinación de dos o más marcas existentes en un único producto y/o que se comercializan juntas de alguna manera.[32] Un tipo de *cobranding* es el del *cobranding de una misma empresa*, como cuando General Mills anuncia al mismo tiempo Trix y el yogurt Yoplait. Otra forma más de alianzas de marca es el de las *joint venture*, como es el caso de los focos de General Electric y Hitachi en Japón, y el de las tarjetas de crédito Citibank AAdvantage. También están los *cobranding de patrocinio múltiple*, por ejemplo Taligent, una alianza tecnológica de Apple, IBM y Motorola.[33] Por último, existe el *cobranding entre minoristas*, el las que dos establecimientos minoristas, por ejemplo dos restaurantes de comida rápida, utilizan la misma ubicación para optimizar tanto el espacio como las utilidades.

CINNABON

Al pensar en Cinnabon, se piensa, o más bien, se percibe el olor de una sola cosa: los rollos de canela. Sin embargo, esta cadena con 18 años de historia necesitaba adoptar una nueva dimensión para incrementar las ventas en sus franquicias, todas situadas en centros comerciales. Con este fin, Cinnabon se alió con Freshen, vendedor de bebidas suaves. Estos dos conceptos funcionan muy bien porque los rollos de canela provocan sed, y Freshen ofrece una alternativa saludable a las bebidas gaseosas. Esta combinación logró estimular las ventas de Cinnabon, que han aumentado entre un 3 y 4% en los establecimientos de la alianza.[34]

La ventaja principal del *cobranding* es que entre todas las marcas que participan es factible posicionar un producto de manera muy efectiva. Asimismo, se generan más ventas en el mercado meta existente y posibilidades adicionales con consumidores y canales nuevos. Los *cobranding* también reducen los costos de lanzamiento del producto, puesto que se combinan dos imágenes bien conocidas, lo que acelera la adopción del mismo. Por último, esta estrategia es útil para conocer a los consumidores y cómo se dirigen a ellos otras empresas. Los fabricantes de automóviles se han beneficiado considerablemente del *cobranding*.

Las desventajas potenciales de esta estrategia son los riesgos que implica y la falta de control sobre la confusión que podría generarse al mezclar dos marcas en la mente de los consumidores. Las expectativas de los consumidores sobre el nivel de implicación y compromiso con el *cobranding* con frecuencia son elevadas, de modo que unos resultados insatisfactorios podrían tener repercusiones negativas para las marcas de la alianza. Si alguna de las marcas ya se ha aliado previamente con otras, se corre el riesgo de sobreexposición que diluirá o transferirá cualquier asociación. También es posible que se pierda concentración en las marcas existentes.

Una condición necesaria de este tipo de alianzas es que todas las marcas participantes tengan un capital de marca independiente (que la marca sea conocida y que tenga una imagen positiva suficiente). El requisito más importante es que las marcas armonicen de forma lógica, de modo que la combinación resultante o las actividades de marketing maximicen las ventajas de las marcas individuales y minimicen sus desventajas. Los estudios realizados demuestran que los consumidores tienden a aceptar las alianzas más favorablemente si las marcas son complementarias que si son similares:[35]

GODIVA Y SLIM-FAST

Godiva es una marca de chocolates selectos que tienen un sabor excelente y un alto contenido en calorías, mientras que Slim-Fast es una marca de productos para adelgazar, reconocidos por su bajo contenido calórico. De acuerdo con los resultados de una investigación, los consumidores considerarían una hipotética mezcla para hacer pasteles de cualquiera de estas marcas por separado como una marca similar a la marca matriz. Así, por ejemplo, en una prueba, los consumidores consideraron la mezcla para pasteles de Godiva como de un sabor excelente, pero con demasiadas calorías, mientras que la de Slim-Fast era percibida como baja en calorías y pobre en sabor. Por el contrario, en el caso de alianzas de marca que generaran productos como una "mezcla para pastel Slim-Fast de Godiva", o una "mezcla para pastel Godiva de Slim-Fast", los consumidores consideraron que reunían los atributos positivos de *ambas* marcas.

Además de las consideraciones estratégicas, el *cobranding* se debe meditar y ejecutar cuidadosamente. Debe existir un equilibrio adecuado de valores, capacidades y objetivos entre las marcas, además de un balance óptimo del capital de marca. Asimismo, se deben elaborar planes detallados para legalizar contratos, llegar a acuerdos financieros, y coordinar los programas de marketing. Como afirma un ejecutivo de Nabisco: "Dejar la propia marca en manos de otros es casi como dejar a un hijo; hay que asegurarse de que todo está bien." Los acuerdos financieros entre marcas pueden variar, aunque una opción común es la de conceder licencias o ceder derechos de autor de la marca que más participa en el proceso productivo.

El *cobranding* requiere una serie de decisiones.[36] ¿De qué capacidades carecemos? ¿A qué limitaciones de recursos nos enfrentamos (personas, tiempo, dinero, etc.)? ¿Cuáles son nuestros objetivos de crecimiento o nuestras necesidades de ingresos? Al evaluar el *cobranding*, es necesario hacerse una serie de preguntas. ¿Se trata de una asociación rentable? ¿Cómo contribuye a mantener o reforzar el brand equity? ¿Existe algún riesgo potencial de dilución del *brand equity*? ¿Ofrece alguna ventaja extrínseca (por ejemplo oportunidades de aprendizaje)?

COMPONENTES DE MARCA Los **componentes de marca** son un caso especial de alianzas *cobranding*. Esta estrategia consiste en crear *brand equity* para materiales, componentes o piezas que obligatoriamente aparecen en otros productos de marca. Algunos ejemplos de componentes de marca que han tenido éxito son la reducción de ruido Dolby, la fibra impermeable Gore-Tex y los tejidos Scotchgard. Algunos productos populares con componentes de marca son las mezclas para pasteles Betty Crocker con jarabe de chocolate Hershey, la combinación de Lunchables con tacos Taco Bell y las papas Lay con salsa para barbacoa KC Masterpiece.

Un elemento muy interesante de los componentes de marca son las *auto-branding*, mediante las cuales las empresas promocionan e incluso registran sus propios componentes de marca. Por ejemplo, Westin Hotels promociona su "Heavenly Bed" y su "Heavenly Shower". La "Heavenly Bed" (o cama celestial) ha tenido tanto éxito que ahora Westin vende camas, almohadas, sábanas y cobertores a través de un catálogo *on line*, junto con otros productos y artículos de tocador "Heavenly". Si se hace bien, el uso de componentes de la propia marca cobra sentido porque se tiene más control sobre la alianza y es posible elaborar el ingrediente de tal modo que se ajuste a nuestros objetivos.[37]

Los componentes de marca pretenden crear una conciencia y una preferencia por el producto suficientes, de modo que los compradores no adquieran el producto "anfitrión" sin el ingrediente concreto. DuPont lo ha logrado con sus productos.

DUPONT

Con los años, DuPont ha introducido una serie de productos innovadores, como el recubrimiento para superficies sólidas Corian®, que se utiliza en sectores que van desde el textil hasta la industria aeroespacial. Muchos de estos productos, como los tejidos Lycra® y Stainmaster®, el revestimiento Teflon® y la fibra Kevlar®, se han convertido en nombres muy conocidos como componentes de marca en productos de consumo que fabrican otras empresas. Recientemente, han aparecido algunos otros ingredientes de marca, como la proteína aislada de soya Supro® (que se utiliza en diversos productos alimenticios) y RiboPrinter®, un instrumento utilizado para conocer las huellas genéticas.[38]

Muchos fabricantes producen piezas o materiales que llegan al mercado final como parte de productos de marca, pero cuya identidad individual se pierde en el camino. Una de las pocas empresas que logró poner marca a sus productos, fundamentalmente componentes, es Intel. La campaña de marca de Intel, dirigida a los consumidores, convenció a muchos compradores de computadoras personales para que únicamente adquirieran computadoras con la marca "Intel Inside". En consecuencia, los principales fabricantes de computadoras (IBM, Dell y Compaq) adquirieron los procesadores de Intel a un precio más alto en lugar de adquirir procesadores equivalentes de otras marcas desconocidas. En *Cuestiones clave: Cómo triunfar con componentes de marca*, se describen las claves del éxito de los componentes de marca.

Un anuncio de DuPont para su producto Corian®, que se utiliza aquí como recubrimiento para los muebles de cocina.

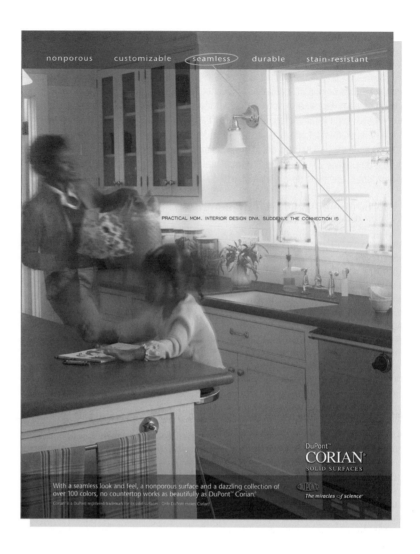

⋮⋮⋮ Envasado, etiquetado y garantías

La mayoría de los productos físicos se envasan y se etiquetan. Algunos envases, como por ejemplo la botella de Coca-Cola o los empaques para huevos L'eggs, son conocidos en el mundo entero. Muchos mercadólogos han designado a los paquetes o envases como la quinta P, tras el precio, el producto, la promoción y la distribución (*place*). Sin embargo, la mayor

---

CUESTIONES CLAVE | CÓMO TRIUNFAR CON COMPONENTES DE MARCA

¿Qué se necesita para triunfar con los componentes de marca?

1. Los consumidores deben percibir que los ingredientes son indispensables para los resultados y el éxito del producto. Lo ideal es que el valor intrínseco sea visible o se pueda experimentar de algún modo.

2. Los consumidores deben estar convencidos de que no todos los componentes de marca son iguales y de que el componente de nuestra marca es superior.

3. Algún símbolo o logotipo distintivo debe indicar claramente a los consumidores que el producto "anfitrión" contiene el componente

de marca. Lo ideal es que el símbolo o el logotipo funcione como un "sello" sencillo y versátil, que transmita calidad y confianza de manera creíble.

4. Se debe ayudar a los consumidores a entender la importancia y las ventajas del ingrediente de marca a través de un programa de "empujar" y "jalar". Los miembros del canal de distribución deben apoyar este esfuerzo. Con frecuencia, esto supondrá publicidad y promociones para los consumidores, y en ocasiones, junto con el fabricante, programas de comercialización y promoción en los puntos de venta.

Fuentes: Kevin Lane Keller, *Strategic Brand Management*, 2a. ed., Upper Saddle River, NJ: Prentice Hall, 2003; Paul F. Nunes, Stephen F. Dull y Patrick D. Lynch, "When Two Brands Are Better Than One", *Outlook*, núm. 1, 2003, pp. 14–23.

parte de los mercadólogos utilizan el envasado y el etiquetado como elementos de la estrategia de producto. Las garantías también constituyen una parte importante de la estrategia del producto y por lo general se especifican en el envase.

Envasado

El **envasado** se define como todas las actividades de diseño y fabricación del contenedor de un producto. Desde el punto de vista del material, los envases admiten tres dimensiones. El frasco de perfume de Paco Rabanne es una botella (*envase primario*), que viene en una caja de cartón (*envase secundario*), que se distribuye en una caja de cartón corrugado (*envase de transporte* o *embalaje*), que contiene seis docenas de cajas de perfume de Paco Rabanne.

Los envases bien diseñados pueden generar conveniencia y valor promocional. Los envases son un arma de diseño, sobre todo en productos alimenticios, cosméticos, productos de aseo personal y pequeños electrodomésticos. El envase es lo primero que encuentran los consumidores acerca del producto, y es capaz tanto de alentar como de desalentar a los consumidores para que compren. En el caso de Arizona Iced Tea, el envase, sin duda, invita a la compra.[39]

ARIZONA ICED TEA

La empresa Arizona Iced Tea, Ferolito, Vultaggio, & Sons ha logrado el éxito gracias a las originales botellas con diseños muy elaborados en las que envasa una bebida bastante tradicional. Estas botellas de boca ancha y cuello largo han creado moda en la categoría de bebidas New Age y, con frecuencia, los consumidores adquieren el té sólo por la botella. Como se sabe que los consumidores reutilizan las botellas vacías o las convierten en lámparas u otros objetos de decoración para la casa, la empresa utiliza formas de botella únicas para sus extensiones de línea. Para su Arizona Rx Elixirs utiliza un diseño con asa muy peculiar, para Arizona Iced Coffees emplea jarras en miniatura, y una tetera azul oscuro con capacidad de medio litro para su Blue Luna Café Latte.[40]

Varios factores contribuyen a la utilización del envase como herramienta de marketing:

■ *Autoservicio.* Cada vez es mayor el número de productos que se venden bajo el régimen de autoservicio. En un supermercado promedio que almacena unos 15,000 artículos, el comprador típico pasa por delante de unos 300 artículos por minuto. Puesto que el 53% de todas las compras se realizan por impulso, un envase eficaz debe desarrollar muchas tareas de ventas: captar la atención, describir las características del producto, inspirar confianza y causar una impresión general positiva en los consumidores. Un buen ejemplo es el sector de las editoriales, en el que muchas veces los consumidores eligen el libro por la portada: la editorial clásica por excelencia, Penguin Books Ltd., está rediseñando la mayoría de sus títulos con una inversión de 500,000 dólares y los promueve con el lema "Obras clásicas, aires nuevos". Las ventas de *Narrativa Completa* de Dorothy Parker aumentaron un 400%, las de una nueva traducción de *Don Quijote* un 50% y las de *Orgullo y Prejuicio* un 43%.[41]

■ *Aumento del bienestar económico de los consumidores.* El aumento del bienestar económico supone que los consumidores están dispuestos a pagar algo más por la comodidad, la apariencia, la confiabilidad y el prestigio de envases mejores.

■ *Imagen corporativa y de marca.* Los envases contribuyen al reconocimiento instantáneo de la empresa o de la marca.

■ *Oportunidad de innovación.* Los envases innovadores pueden proporcionar grandes beneficios a los consumidores y rentabilidad a los fabricantes. Las empresas incorporan a sus envases materiales y características únicas como sistemas de apertura que se pueden volver a sellar. La ketchup EZ Squirt colorido y único de Heinz revitalizó las ventas de la marca. Dutch Boy desarrolló un contenedor de pintura muy popular y galardonado, el Twist & Pour, fácil de llevar, de abrir, de vaciar y de cerrar. El envase no sólo logró aumentar las ventas, sino que además confirió a Dutch Boy más posibilidades de distribución con precios más altos al menudeo.[42]

El desarrollo de un envase efectivo requiere una serie de decisiones. Desde el punto de vista tanto de la empresa como de los consumidores, el envase debe lograr una serie de objetivos:[43]

1. identificar la marca,
2. transmitir información descriptiva y persuasiva,
3. facilitar el transporte y la protección del producto,
4. servir para el almacenamiento en el hogar y
5. ayudar al consumo del producto.

Para lograr los objetivos de marketing de la marca y satisfacer los deseos de los consumidores es necesario elegir correctamente los componentes estéticos y funcionales del envase. Las consideraciones estéticas relativas al envase son el tamaño, la forma, el material, el color, el texto y los gráficos. El color se debe seleccionar con cuidado: el azul es frío y tranquilo, el rojo es activo y vivaz, el amarillo es medicinal y débil, los tonos pastel son femeninos y los oscuros masculinos. Desde un punto de vista funcional, el diseño estructural es indispensable. Por ejemplo, las innovaciones tecnológicas en el envasado de productos alimenticios se han traducido en envases que se pueden volver a sellar tras la apertura y que son manipulables, así como en mayor facilidad de uso (de agarrar, de abrir o de apretar). Los cambios en el enlatado permiten que las verduras estén más crujientes y los envoltorios especiales prolongan la vida de la comida refrigerada.[44]

Los diversos elementos del envase deben estar en armonía. Asimismo, deben ser coherentes con las decisiones sobre precio, publicidad y demás elementos del programa de marketing. Los cambios en el envasado en ocasiones tienen un impacto inmediato sobre las ventas. Por ejemplo, las ventas de las barritas Heath aumentaron en 25% tras el rediseño de su envase.

Una vez diseñado el envase es necesario probarlo. Las *pruebas de ingeniería* se llevan a cabo para garantizar que el envase sea resistente en condiciones normales; las *pruebas visuales* sirven para comprobar que el texto sea legible y los colores armoniosos; las *pruebas con los vendedores*, para garantizar que los vendedores encuentran el envase atractivo y de fácil manejo; y *las pruebas con consumidores*, para cerciorarse de que la respuesta de los consumidores será positiva.

El desarrollo de un envase efectivo puede costar varios cientos de miles de dólares, y por lo general se tarda algunos meses. Las empresas deben prestar atención a las crecientes preocupaciones sobre los envases en relación con el ambiente. La escasez de papel, aluminio y otros materiales sugiere que los mercadólogos deben intentar reducir el envasado. Muchos envases acaban en la calle o en el campo en forma de botellas vacías o latas abolladas. Los envases son un problema a la hora de tratar los residuos sólidos, puesto que requieren una gran cantidad de mano de obra y energía. Afortunadamente, muchas empresas se han vuelto "verdes".

TETRA PAK

Tetra Pak, una importante multinacional sueca, es un buen ejemplo del poder de un envase innovador y de la orientación al cliente. Tetra Pak produce un envase "aséptico" que permite que la leche, el jugo y otros líquidos perecederos se puedan distribuir sin necesidad de refrigeración. De este modo, los distribuidores de leche venden el producto cubriendo una zona mayor sin tener que invertir en camiones frigoríficos e infraestructura especial. Los supermercados pueden colocar estos productos en anaqueles normales, lo que les permite ahorrar espacio en sus refrigeradores. El lema de Tetra Pack es "el envase debe ahorrar más de lo que cuesta". En su publicidad, la empresa explica las ventajas de su envasado e incluso pone en marcha programas de reciclaje para proteger a la naturaleza. Para la construcción de su nueva sede en Estados Unidos, en Vernon Hills, Illinois, la empresa utilizó materiales reciclados, así como otros productos y técnicas inofensivas para el ambiente.[45]

Etiquetado

Los vendedores deben etiquetar sus productos. La etiqueta puede ser una simple pegatina que se adhiera al producto o un gráfico de diseño muy elaborado que forme parte del envase. En ocasiones la etiqueta incluye únicamente la denominación de marca y otras una gran cantidad de información. Incluso aunque el vendedor prefiera una etiqueta sencilla, tal vez la ley exija que se incluya información adicional.

Las etiquetas desempeñan diversas funciones. En primer lugar, *identifican* el producto o la marca (por ejemplo, el nombre Sunkist en las naranjas). En segundo lugar, la etiqueta puede *graduar* el producto (los duraznos en almíbar vienen graduados con las letras A, B y C). En tercer lugar, la etiqueta sirve para *describir* el producto: quién lo fabricó, dónde, cuándo, qué contiene, cómo se utiliza e indicaciones de uso seguro. Por último, la etiqueta *promueve* el producto con gráficos atractivos. Las nuevas tecnologías permiten crear etiquetas de plástico de 360 grados para rodear los contenedores con gráficos atractivos e incluir más información sobre los productos; de esta forma, fue posible sustituir las antiguas etiquetas de papel que se pegaban con goma en las latas y las botellas.[46]

Las etiquetas a veces pasan de moda y es necesario modernizarlas. La etiqueta del jabón Ivory se ha rediseñado al menos 18 veces desde la década de 1890, con cambios graduales en el tamaño y en el diseño de las letras. La etiqueta de las croquetas para perro Milk-Bone se rediseñó para hacer hincapié en los elementos visuales clave (el perro, la croqueta y la forma de hueso), como resultado de los estudios realizados entre consumidores; el rediseño permitió poner fin al descenso de las ventas de la marca.[47] Las empresas que han convertido en iconos sus etiquetas deben tener sumo cuidado al rediseñarlas:

Las etiquetas del jabón Ivory a través de los años: la etiqueta en 1882 y la etiqueta para el paquete de tres jabones en 2003.

CAMPBELL SOUP COMPANY

La empresa Campbell Soup Company calcula que el comprador promedio ve su lata blanca y roja de tamaño familiar unas 76 veces al año, lo que equivale a un ahorro de millones de dólares en publicidad. Su etiqueta es un icono tal que el artista pop Andy Warhol la inmortalizó en una de sus obras a finales de los 60. La etiqueta original de las sopas Campbell's, con el nombre y la firma en blanco y rojo, se diseñó en 1898 y se mantuvo intacta durante un siglo, hasta que en 1999, la empresa decidió rediseñarla. Con el fin de modernizar la etiqueta y facilitar a los clientes la identificación de cada tipo de sopa, Campbell´s redujo el tamaño del logotipo e incluyó la imagen de una cazuela humeante en la que aparece el sabor del preparado. Además del nuevo gráfico, la empresa incluyó en la etiqueta información nutricional, sugerencias para servir la sopa, ideas para cenas rápidas y tiras de color para identificar los seis subgrupos de sopa condensada (por ejemplo cremas, caldos, etcétera.).[48]

Hay un gran número de preocupaciones legales en torno al etiquetado, igual que en torno al envasado. En Estados Unidos, la Federal Trade Commission Act de 1914 determinó que todas las etiquetas falsas, engañosas y susceptibles de inducir a malas interpretaciones constituían competencia desleal. La ley Fair Packaging and Labeling Act, aprobada por el Congreso estadounidense en 1967, fijó una serie de requisitos legales para el etiquetado, fomentó el hecho de que la propia industria fijara normas, y permitió a las agencias federales establecer normativas de envasado para sectores concretos.

La Food and Drug Administration (FDA) exige a los productores de alimentos procesados que incluyan información nutricional que detalle claramente la cantidad de proteínas, grasas, carbohidratos y calorías que contiene cada producto, al igual que la cantidad de vitaminas y minerales, en relación con el porcentaje diario recomendado.[49] Recientemente, la FDA lanzó una campaña para controlar las afirmaciones que se hacen sobre los alimentos, y tomó medidas contra los productos que se presentan como "light", o que afirman tener "alto contenido de fibra" o "bajo contenido de grasas", y que pueden inducir a errores. Los grupos de defensa de los consumidores presionan para que, por ley, se incluya más información en las etiquetas, por ejemplo la *fecha de apertura* (para indicar la frescura del producto), el *precio unitario* (para precisar el costo del producto en unidades de medida estándar), *etiquetado de calidad* (para calificar la calidad del producto) y los *ingredientes en porcentajes* (para mostrar la proporción de cada uno de los ingredientes importantes).

Garantías

Todos los vendedores tienen la responsabilidad legal de cumplir las expectativas normales o razonables de los compradores. Las garantías son declaraciones formales de las expectativas del fabricante acerca del rendimiento del producto. Los productos con garantía se pueden devolver al fabricante para su reparación o sustitución, o para la devolución del dinero. Las garantías, ya sean expresas o implícitas, están respaldadas por la ley.

MITSUBISHI MOTORS

Para contrarrestar la percepción de los consumidores de que la calidad de Mitsubishi es inferior a la de sus competidores, la empresa lanzó una oferta de garantía a 10 años o 100,000 millas (es decir,160,900 kilómetros). Esta garantía, retroactiva para todos los vehículos modelo 2004, viene a sustituir a la garantía a siete años y 60,000 millas (o 96,540 kilómetros). Con esto, Mitsubishi espera que los consumidores comprendan que la empresa tiene confianza plena en la calidad y en el buen funcionamiento de sus vehículos.[50]

Muchas empresas ofrecen garantías generales, o bien, garantías específicas.[51] Una empresa como Procter & Gamble promete una completa satisfacción sin precisar más: "Si el producto no le satisface por cualquier razón, puede devolverlo, reemplazarlo, cambiarlo o recuperar su dinero." Otras empresas ofrecen garantías específicas, y en algunos casos, extraordinarias:

■ La división Saturn de General Motors acepta la devolución de un auto nuevo en los 30 días siguientes a la compra, si el cliente no queda satisfecho.

■ Los moteles Hampton Inn garantizan una noche de descanso. De lo contrario, el cliente no tiene que pagar.

■ A. T. Cross garantiza los bolígrafos y lápices Cross de por vida. El cliente envía por correo el bolígrafo a A. T. Cross (los sobres se suministran en las tiendas que venden artículos Cross), y la empresa lo repara o lo reemplaza de forma gratuita.

■ FedEx ganó notoriedad entre los usuarios habituales del correo gracias a su promesa de puntualidad en la entrega al día siguiente "con total y absoluta certeza antes de las 10:30 de la mañana".

■ Oakley Millwork, un proveedor de productos industriales de Chicago, garantiza que si cualquier artículo de su catálogo no está disponible en el momento del pedido, el cliente tiene derecho a recibirlo de forma gratuita.

■ BBBK, una compañía de exterminación de plagas ofrece la siguiente garantía: **1.** el cliente no hace ningún desembolso hasta que todas las plagas hayan desaparecido, **2.** si el servicio es deficiente, el cliente recibe la devolución íntegra de su dinero para contratar a otra empresa, **3.** si algún huésped del cliente detecta una plaga, BBBK costea los gastos de su estancia en un hotel y envía una carta para disculparse y **4.** si las instalaciones del cliente se cierran a causa de la plaga, BBBK se hace cargo de la multa, absorbe las pérdidas, y además paga una compensación de 5,000 dólares.

Las garantías reducen el riesgo percibido por el comprador, puesto que sugieren que la calidad del producto es alta, y que la empresa y su servicio son confiables. Todo esto permite a la empresa fijar un precio más alto que un competidor que no ofrece una garantía equivalente.

Las garantías resultan más eficaces en dos situaciones concretas. En primer lugar, cuando la empresa o el producto no son demasiado conocidos. Por ejemplo, una empresa podría comercializar un quitamanchas afirmando que acaba hasta con las manchas más difíciles. Con una garantía de devolución del dinero si el cliente no queda satisfecho, los compradores tendrán más confianza al comprar el producto. En segundo lugar, las garantías son eficaces cuando la calidad del producto es superior a la que ofrece la competencia. La empresa podría beneficiarse si ofrece la garantía de unos resultados superiores, y sabe que los competidores no serán capaces de igualarla.

RESUMEN :::

1. El producto es el primer elemento de la mezcla de marketing, y también el más importante. La estrategia de producto exige una serie de decisiones coordinadas referentes al conjunto de productos, las líneas de producto, las marcas, el envasado y el etiquetado.

2. Al planear una oferta de mercado, los mercadólogos deben contemplar los cinco niveles del producto: el beneficio central, el producto básico, el producto esperado, el producto aumentado y el producto potencial, que incluye todas las mejoras y transformaciones posibles en último término.

3. Los productos se clasifican de distintas formas. En términos de duración y confiabilidad, se dividen en bienes perecederos, bienes duraderos y servicios. En la categoría de bienes de consumo, los productos son bienes de conveniencia (de uso común, de impulso o de emergencia), de compra (homogéneos y heterogéneos), de especialidad y no buscados. En la categoría de bienes industriales, los productos pueden ser: materiales y piezas (materias primas y piezas y materiales manufacturados), bienes de capital (instalaciones y equipo), o suministros y servicios (suministros operativos, productos y servicios de mantenimiento y reparaciones, y servicios de asesoría empresarial).

4. Las marcas se diferencian de acuerdo con una serie de dimensiones de producto (la forma, las características, el nivel de calidad, la duración, la confiabilidad, la posibilidad de reparación, el estilo y el diseño) y de acuerdo con una serie de dimensiones de servicio (facilidad de pedido, entrega, instalación, capacitación a los clientes, servicios de consultoría y servicios de mantenimiento y reparación.

5. La mayoría de las empresas venden más de un producto. Una mezcla de productos se puede clasificar en función de su ancho, largo, profundidad y consistencia. Estas cuatro dimensiones son las herramientas necesarias para desarrollar la estrategia de marketing de la empresa y decidir qué líneas de producto fomentar, conservar, explotar o abandonar. Para analizar una línea de productos y decidir cuántos recursos asignarle, los responsables de la línea deben estudiar las ventas y las utilidades, y el perfil del mercado.

6. Una empresa puede cambiar el elemento producto de su mezcla de marketing ampliando su línea de productos me-

diante estirar la línea (hacia arriba, hacia abajo, o en ambos sentidos), o rellenar la línea (cuando moderniza sus productos, añade características, reduce el número de productos y elimina los menos rentables).

7. Con frecuencia las marcas se comercializan junto con otras. El *cobranding* añade valor siempre que tengan un *brand equity* suficiente y que sean compatibles.

8. Los productos físicos han de envasarse y etiquetarse. Los envases bien diseñados pueden generar comodidad para los consumidores y valor promocional para los fabricantes. De hecho, sirven como "anuncios de cinco segundos" para el producto. Las garantías sirven para ofrecer seguridad a los consumidores.

APLICACIONES :::

Debate de marketing   ¿Son adecuadas las extensiones de línea?

El debate de "la forma frente a la función" se aplica a numerosos ámbitos, incluido el marketing. Algunos profesionales consideran que lo que verdaderamente importa son los resultados del producto, y nada más. Otros, sin embargo, consideran que la apariencia, las sensaciones que despierta y el diseño son los factores que verdaderamente marcan la diferencia entre los productos.

Tome partido: "La funcionalidad del producto es la clave del éxito de una marca" o "el diseño del producto es la clave para el éxito de una marca".

Análisis de marketing

Veamos las distintas maneras de diferenciar productos y servicios. ¿Cuáles influyen más sobre sus elecciones? ¿Por qué? ¿Se le ocurre alguna marca que sobresalga en alguno de estos elementos de diferenciación?

CASO DE **MARKETING** | **TOYOTA**

Si bien es cierto que Toyota inició su trayectoria como una empresa seguidora, en la actualidad es la líder. En 1936, Toyota admitió imitar el Airflow, el hito de Chrysler, y fabricar sus motores de acuerdo con el modelo de Chevrolet de 1933. Sin embargo, en 2000, cuando introdujo el primer auto híbrido que funciona con electricidad y gasolina, el Prius, Toyota se convirtió en la empresa líder. En 2002, cuando la segunda generación de Prius llegó a las salas de exposiciones, los concesionarios recibieron 10,000 pedidos incluso antes de que el modelo estuviese a la venta. GM siguió sus pasos anunciando que entraría en el mercado de los híbridos con modelos propios.

La estrategia de Toyota para el Prius consistió en crear un auto ecológico que redujera el impacto ambiental al consumir menos combustible, emitir menos gases de efecto invernadero y generar menos smog. El presidente de Toyota, Fujio Cho, considera que el respeto por la naturaleza será un factor determinante para los automóviles del futuro.

Lanzar estos productos pioneros representa desafíos. Por ejemplo, los mensajes de marketing han de enseñar a los consumidores que el Prius no necesita conectarse a la red eléctrica, como ocurre con los demás automóviles eléctricos. Asimismo, deben comunicar el valor del ahorro de combustible, no sólo para beneficio del bolsillo de los consumidores, sino en pro de la naturaleza. "Cada galón de gasolina en combustión emite nueve kilogramos de dióxido de carbono a la atmósfera. El gran público todavía no comprende la trascendencia que tiene esto para el calentamiento del planeta", afirma Dave Hermance, ingeniero ambiental en el centro técnico de Toyota en Los Ángeles.

Toyota ofrece toda una línea de automóviles al mercado estadounidense, desde automóviles familiares hasta vehículos todo terreno y camionetas. Asimismo, Toyota ofrece productos de distintos precios: los económicos Scions, los Camrys de precio moderado y los costosos Lexus. El diseño de todos estos productos supone escuchar a los consumidores, fabricar los automóviles que desean y diseñar el marketing adecuado para reforzar la imagen de cada vehículo. Por ejemplo, To-

yota invirtió cuatro años en escuchar a los adolescentes antes de lanzar el Scion para los compradores más jóvenes. En esos años aprendió, por ejemplo, que el público meta del Scion estaba constituido por jóvenes de entre 16 y 21 años que buscaban personalización. Para satisfacer esta preferencia, Toyota construye el vehículo básico en las fábricas y permite a los compradores que lo personalicen en los concesionarios a partir de 40 elementos diferentes, como estéreos, llantas y alfombras. Toyota promueve el Scion en acontecimientos musicales y en salas de exposiciones donde "los jóvenes se sientan a gusto y no sólo donde van a ver autos", afirma el vicepresidente de Scion, Jim Letz.

Por otra parte, la estrategia de marketing de Toyota para el Lexus se concentra en la perfección. El lema a nivel mundial es "Passionate Pursuit of Perfection" (La búsqueda apasionada de la perfección). Toyota comercializa Lexus en todo el mundo y entiende que cada país define la perfección de manera diferente. En Estados Unidos, por ejemplo, la perfección y el lujo son sinónimos de comodidad, tamaño y confiabilidad. En Europa, lujo significa cuidado de los detalles y herencia de marca. Por tanto, aunque el eje central del marketing del Lexus es similar (un vocabulario visual, un logotipo, un tipo de letra y un mensaje consistente), la publicidad varía de un país a otro.

Una de las razones principales del éxito de Toyota es el proceso de producción. La combinación de velocidad y flexibilidad de la empresa es insuperable. Sus fábricas tienen la capacidad para fabricar ocho modelos diferentes al mismo tiempo, lo que aumenta considerablemente la productividad y la receptividad ante los cambios del mercado. Toyota se encuentra inmersa en el proceso de integrar sus plantas de montaje de todo el mundo en una sola red gigantesca. Las fábricas personalizarán los vehículos para mercados locales y podrán cambiar la producción rápidamente para satisfacer cualquier cambio en la demanda mundial. Con una sola red de producción, Toyota podrá fabricar una mayor gama de modelos de forma menos costosa, lo que significa que podrá dirigirse a los distintos nichos conforme vayan surgiendo sin necesidad de crear toda una nueva serie de operaciones. "Si existe un mercado o un segmento donde no está presente, allá va Toyota", afirmó Tatsuo Yoshida, analista del sector automovilístico de Deutsche Securities Ltd. Y con clientes cada vez más inconstantes por lo que respecta a lo que esperan de un automóvil, esta flexibilidad confiere a Toyota una ventaja competitiva inmensa.

En 2003, las ventas de Toyota aumentaron en todas las regiones del mundo, y la empresa obtuvo ingresos por 146,000 millones de dólares. Poco a poco logró superar a Ford Motor Co. para convertirse en el segundo fabricante de automóviles del mundo, y su capitalización bursátil es de 110,000 millones de dólares, más que la de GM, Ford y DaimlerChrysler juntas. En la actualidad, Toyota apunta todavía más alto, y pretende superar a GM como primer fabricante de automóviles del mundo en 2010.

Preguntas para discusión

1. ¿Cuáles han sido los factores de éxito de Toyota?

2. ¿En qué sentido es vulnerable esta empresa? ¿A qué debería prestar atención?

3. ¿Qué recomendaría a los directivos de marketing para el futuro? ¿Qué acciones de marketing deberá ejecutar?

Fuentes: Stuart F. Brown, "Toyota's Global Body Shop", *Fortune,* 9 de febrero de 2004, p. 120; James B. Treece, "Ford Down; Toyota Aims for No. 1", *Automotive News,* 2 de febrero de 2004, p.1; Karl Greenberg, "Automakers Drive Sales with Internet Advances", *Brandweek,* 2 de febrero de 2004, p. 16; Brian Bemner y Chester Dawson, "Can Anything Stop Toyota?" *Business Week,* 17 de noviembre de 2003, pp. 114–22; "Toyota Selects Attik for Youth Creative Strategy", *Marketing,* 18 de julio de 2002; "Toyota Looks to Drive Generation Y Sales for Scion with Personalization", *Brandweek,* 15 de julio de 2002, pp. 14–15; John Teresko, "ASIA: Yesterday's Fast Followers Today's Global Leaders", *Industry Week,* febrero de 2004, pp. 22–29; "Lexus Considers Global Marketing", *Automotive News,* 26 de enero de 2004, p. 17; y <www.toyota.com>.

REFERENCIAS BIBLIOGRÁFICAS :::

1. Andy Serwer, "Happy Birthday, Steinway", *Fortune,* 17 de marzo de 2003, pp. 94–97.

2. Adaptación de Theodore Levitt, "Marketing Success through Differentiation: of Anything", *Harvard Business Review* (enero–febrero de 1980), pp. 83–91. La primera dimensión, el beneficio básico, se añadió a la teoría de Levitt.

3. Harper W. Boyd Jr. y Sidney Levy, "New Dimensions in Consumer Analysis," *Harvard Business Review* (noviembre–diciembre de 1963), pp. 129–40.

4. Theodore Levitt, *The Marketing Mode* (Nueva York: McGraw-Hill, 1969), p. 2.

5. Joe Iannarelli, "Jamestown Container Thinks Outside the Box", *Business First,* 3 de octubre de 2003, p. 4.

6. Steven Rosenbush, "Verizon's Gutsy Bet", *Business Week,* 4 de agosto de 2003, pp. 53–62.

7. Si desea consultar alguna definición, véase *Dictionary of Marketing Terms,* Peter D. Bennett (ed.) (Chicago, American Marketing Association, 1995). Véase también Patrick E. Murphy y Ben M. Enis, "Classifying Products Strategically", *Journal of Marketing* (julio de 1986), pp. 24–42.

8. Algunos de estos parámetros se analizan en David A. Garvin, "Competing on the Eight Dimensions of Quality", *Harvard Business Review* (noviembre–diciembre de 1987), pp. 101–109.

9. Seth Godin, "In Praise of the Purple Cow", *Fast Company,* febrero de 2003, pp. 74–85.

10. Tracie Rozhon, "Sales are Thin; Customers Bored; It's Time for 'Quality'", *The New York Times,* 22 de julio de 2003, p. C1.

11. Elizabeth Corcoran, "The E Gang", *Forbes,* 24 de julio de 2000, p. 145.

12. Bernd Schmitt y Alex Simonson, *Marketing Aesthetics: The Strategic Management of Brand, Identity, and Image* (Nueva York: The Free Press, 1997).

13. Bruce Nussbaum, "The Power of Design", *Business Week,* 17 de mayo de 2004, pp. 88–94; "Masters of Design", *Fast Company,* junio de 2004, pp. 61–75. Véase también Philip Kotler, "Design: A Powerful but Neglected Strategic Tool", *Journal of Business Strategy* (otoño de 1984), pp. 16–21.

14. Bobbie Gossage, "Strategies: Designing Success", *Inc. Magazine,* mayo de 2004, pp. 27–29.

15. Si desea información más exhaustiva sobre Cemex, véase Adrian J. Slywotzky y David J. Morrison, *How Digital Is Your Business* (Nueva York: Crown Business, 2000), cap. 5.

16. Todd Wallack, "Pac Bell to Offer DSL, You Can Install", *San Francisco Chronicle,* 20 de marzo de 2000.

17. Mark Sánchez, "Herman Miller Offers Training to Its Furniture Users", *Grand Rapids Business Journal,* 2 de diciembre de 2002, p. 23.

18. Linda Knapp, "A Sick Computer?" *Seattle Times,* 28 de enero de 2001, p. D8.

19. "Best Buy Turns on the Geek Appeal", *DSN Retailing Today,* 24 de febrero de 2003, p. 22.

20. Robert Bordley, "Determining the Appropriate Depth and Breadth of a Firm's Product Portfolio", *Journal of Marketing Research* 40 (febrero de 2003), pp. 39–53. Peter Boatwright y Joseph C. Nunes, "Reducing Assortment: An Attribute-Based Approach" *Journal of Marketing* 65 (julio de 2001), pp. 50–63.

21. Adaptado de Hamilton Consultants White Paper, 1o. de diciembre de 2000.

22. Este ejemplo aparece en Benson P. Shapiro, *Industrial Product Policy: Managing the Existing Product Line* (Cambridge, MA: Marketing Science Institute, septiembre de 1977), pp. 3–5, 98–101.

23. ""Brand Challenge", *The Economist,* 6 de abril de 2002, p. 68.

24. David A. Aaker, "Should You Take Your Brand to Where the Action Is?" *Harvard Business Review* (septiembre–octubre de 1997), pp. 135–143; Amna Kirmani, Sanjay Sood, y Sheri Bridges, "The Ownership Effect in Consumer Responses to Brand Line Stretches", *Journal of Marketing* 63 (1999), pp. 88–101; T. Randall, K. Ulrich y D. Reibstein, "Brand Equity and Vertical Product Line Extent", *Marketing Science* 17 (1998), pp. 356–379.

25. Igor Reichlin, "Racing to Stay Ahead", *Chief Executive*, noviembre de 2003, pp. 50–53.

26. Steuart Henderson Britt, "How Weber's Law Can Be Applied to Marketing", *Business Horizons* (febrero de 1975), pp. 21–29.

27. Andy Reinhardt, "Who Says Intel's Chips Are Down?" *Business Week*, 7 de diciembre de 1998, pp. 103–104; Therese Poletti, "Computer-Chip Price War Breaks Out", *San Jose Mercury News*, 17 de abril de 2001; Cliff Edwards, "Intel: What is CEO Craig Barrett Up To?" *Business Week*, 8 de marzo de 2004, pp. 56–60.

28. Lee Gomes, "Computer-Printer Price Drop Isn't Starving Makers", *Wall Street Journal*, 16 de agosto de 1996, p. B4; Simon Avery, "H-P Sees Room for Growth in Printer Market", *Wall Street Journal*, 28 de junio de 2001, p. B6; Ben Elgin, "Can HP's Printer Biz Keep Printing Money?", *Business Week*, 14 de julio de 2003, pp. 68–70.

29. Robert E. Weigand, "Buy In-Follow On Strategies for Profit", *Sloan Management Review* (primavera de 1991), pp. 29–37.

30. Véase Gerald J. Tellis, "Beyond the Many Faces of Price: An Integration of Pricing Strategies", *Journal of Marketing* (octubre de 1986), pp. 155. Este magnífico artículo también analiza e ilustra otras estrategias de precios. Véase también Dilip Soman y John T. Gourville, "Transaction Decoupling: How Price Bundling Affects the Decision to Consume", *Journal of Marketing Research*, 38 (febrero de 2001), pp. 30–44.

31. Adaptado de George Wuebker, "Bundles Effectiveness Often Undermined", *Marketing News*, 18 de marzo de 2002, pp. 9-12. Véase Stefan Stremersch y Gerard J. Tellis, "Strategic Bundling of Products & Prices", *Journal of Marketing*, 66 (enero de 2002), pp. 55–72.

32. Akshay R. Rao y Robert W. Ruekert, "Brand Alliances as Signals of Product Quality," *Sloan Management Review*, otoño de 1994, pp. 87–97; Akshay R. Rao, Lu Qu y Robert W. Ruekert, "Signaling Unobservable Quality through a Brand Ally", *Journal of Marketing Research*, 36(2), 1999, pp. 258–268.

33. Bernard L. Simonin y Julie A. Ruth, "Is a Company Known by the Company It Keeps? Assessing the Spillover Effects of Brand Alliances on Consumer Brand Attitudes", *Journal of Marketing Research* (febrero de 1998), pp. 30–42. Véase también C. W. Park, S. Y. Jun y A. D. Shocker, "Composite Branding Alliances: An Investigation of Extension and Feedback Effects", *Journal of Marketing Research* 33 (1996), pp. 453–466.

34. Sonny Lufrano, "Co-branding: Fast food Finds Strange Bedfellows", *Atlanta Business Chronicle*, 14 de noviembre de 2003, p. C11.

35. C. W. Park, S. Y. Jun y A. D. Shocker, "Composite Branding Alliances: An Investigation of Extension and Feedback Effects", *Journal of Marketing Research* 33(1996), pp. 453–466; Lance Leuthesser, Chiranjier Kohli y Rajneesh Suri, "2+2 = 5? A Framework for Using Co-branding to Leverage a Brand", *Journal of Brand Management*, septiembre de 2003, vol. II, núm. 1, pp. 35–47.

36. Parcialmente basado en la conferencia de Nancy Bailey, "Using Licensing to Build the Brand", Brand Masters Conference, 7 de diciembre de 2000.

37. Kalpesh Kaushik Desai y Kevin Lane Keller, "The Effects of Brand Expansions and Ingredient Branding Strategies on Host Brand Extendibility", *Journal of Marketing*, 66 (enero de 2002), pp. 73–93; D.C. Denison, "Ingredient Branding Puts Big Names in the Mix", *The Boston Globe*, 26 de mayo de 2002, p. E2.

38. <www.dupont.com>.

39. Gerry Khermouch, "Zona Sets Collectible Max-packs", *Brandweek*, 20 de abril de 1998, p. 16.

40. <www.arizonabev.com>.

41. Judith Rosen, "Classics Strategies; Classics Sale", *Publishers Weekly*, 6 de octubre de 2003, pp. 16-18; Karen Springen, "Nancy's Still Nice", *Newsweek*, 16 de febrero de 2004, p. 9.

42. Seth Goldin, "In Praise of Purple Cows", *Fast Company*, febrero de 2003, pp. 74–85.

43. Susan B. Bassin, "Value-Added Packaging Cuts Through Store Clutter", *Marketing News*, 26 de septiembre de 1988, p. 21.

44. Trish Hall, "New Packaging May Soon Lead to Food That Tastes Better and is More Convenient", *Wall Street Journal*, 21 de abril de 1986, p. 25.

45. "Tetra Pak Opens Innovative Environmentally Friendly Corporate Headquarters", *PR Newswire*, 1o. de septiembre de 1999.

46. Kate Fitzgerald, "Packaging is the Capper", *Advertising Age*, 5 de mayo de 2003, p. 22.

47. Pam Weisz, "Repackaging", *Brandweek*, 27 de febrero de 1995, pp. 25-27.

48. "Campbell Soup Co. Changes the Look Of Its Famous Cans", *The Wall Street Journal*, 26 de agosto de 1999, p. B10; Kate Novack, "Tomato Soup with a Side of Pop Art", *Time*, 10 de mayo de 2004.

49. Siva K. Balasubramanian y Catherine Cole, "Consumers' Search and Use of Nutrition Information: The Challenge and Promise of the Nutrition Labeling and Education Act", *Journal of Marketing*, 66 (julio de 2002), pp. 112-127; John C. Kozup, Elizabeth H. Creyer y Scot Burton, "Making Healthful Food Choices: The Influence of Health Claims and Nutrition Information on Consumers' Evaluations of Packaged Food Products and Restaurant Menu Items", *Journal of Marketing*, 67 (abril de 2003), pp. 19–34.

50. Jason Stein, "10-year Mitsubishi Warranty is Small Part of a Larger Plan", *Automotive News*, 12 de enero de 2004, p. 16.

51. "More Firms Pledge Guaranteed Service", *Wall Street Journal*, 17 de julio de 1991, pp. B1, B6; Barbara Ettore, "Phenomenal Promises Mean Business", *Management Review* (marzo de 1994), pp. 18–23. Véase también Christopher W. L. Hart, *Extraordinary Guarantees* (New York: Amacom, 1993); Sridhar Moorthy y Kannan Srinivasan, "Signaling Quality with a Money-Back Guarantee: The Role of Transaction Costs", *Marketing Science* 14, núm. 4 (1995), pp. 442–446.

EN ESTE CAPÍTULO ANALIZAREMOS LAS SIGUIENTES PREGUNTAS:

1. ¿Cómo se definen y clasifican los servicios, y en qué se diferencian de los productos?

2. ¿Cómo se comercializan los servicios?

3. ¿Cómo se logra mejorar la calidad de un servicio?

4. ¿Cómo crean marcas fuertes los especialistas en marketing de servicios?

5. ¿Cómo pueden las empresas productoras de bienes mejorar su servicio al cliente?

trece

Para las empresas, diferenciar sus productos es una tarea difícil, por lo que cada vez recurren más a la diferenciación a través de los servicios. Son muchos los libros que destacan la considerable rentabilidad de las empresas que prestan servicios superiores a los de la competencia.[1] Las empresas intentan forjarse una buena reputación ofreciendo resultados óptimos, una entrega puntual, una respuesta rápida y precisa a las preguntas de los consumidores, y una resolución sin demora de las posibles reclamaciones. Así es como los servicios se convierten en una filosofía para las empresas de hoy. Quizás el ejemplo más ilustrativo de cómo el auge de los servicios ha cambiado la fisonomía del mundo empresarial sea lo que le ocurrió a una de las empresas de mayor éxito en el mundo, IBM.

I BM, famosa por sus logros en el mundo del hardware y del software, ha experimentado una enorme transformación. En la actualidad, cerca de la mitad de sus ingresos anuales, unos 81,000 millones de dólares, provienen de los servicios globales que presta. Compañías como American Express contratan sus servicios de consultoría, lo que incluye la personalización del hardware y del software, así como soluciones de sistemas. Estos servicios reportan a IBM, literalmente, miles de millones de dólares. La iniciativa de "e-business a la carta" es un esfuerzo de toda la empresa para ayudar a otras organizaciones a aprovechar el poder de la tecnología a través de los productos y servicios de IBM. Para cumplir las promesas de sus servicios, IBM tuvo que desarrollar nuevas capacidades y concentrarse más en los clientes. La adquisición de PriceWaterhouseCoopers Consulting por 3,500 millones de dólares en octubre de 2002 significó un paso estratégico muy valioso. Para mejorar los diseños de investigación y desarrollo, así como la prestación de servicios, la empresa envía a cientos de sus mejores investigadores

>>>

Un anuncio impreso de la campaña "On Demand" de IBM, que se centra en la customización del hardware, del software y de diversos sistemas para ayudar a otras compañías a aprovechar el poder de la tecnología con los productos y servicios de IBM.

a visitar a los clientes para entender mejor cómo utilizan la informática. "El objetivo es crear una relación sólida y estrecha entre IBM y sus clientes", afirma David B. Yoffie, catedrático de Harvard Business School. Y continúa: "Actualmente, IBM parece más una empresa de servicios relacionados con la tecnología que un negocio puramente tecnológico."[2]

El sector de los servicios es, cada vez más, el motor de la economía mundial. Puesto que para los mercadólogos es crucial entender la naturaleza especial de los servicios y lo que éstos significan, en este capítulo los analizaremos sistemáticamente y explicaremos cómo venderlos de manera efectiva.

::: La naturaleza de los servicios

La Oficina de Estadísticas Laborales de Estados Unidos (Bureau of Labor Statistics) revela que el sector de los servicios seguirá siendo el mayor generador de empleos, pues se calcula que abrirá 20.5 millones de puestos de trabajo de aquí a 2010. Se espera que en el periodo comprendido entre 2000 y 2010 el empleo en el sector de los servicios aumente en 19%, mientras que en el sector industrial este aumento apenas alcanzará el 3%. De hecho, se espera que la proporción total de puestos de trabajo en el sector industrial disminuya desde un 13% en 2000 hasta un 11% en 2010.[3] Estas cifras han despertado un creciente interés por los problemas específicos del marketing de servicios.[4]

Las empresas de servicios están por todas partes

El *sector público*, integrado por los tribunales, las agencias de empleo, los hospitales, el ejército, la policía, los bomberos, los servicios postales y las escuelas, pertenece al sector de los servicios. De igual forma, el *sector privado de las instituciones sin fines de lucro*, constituido por museos, organizaciones altruistas, iglesias, universidades, fundaciones y hospitales, corresponde al sector de los servicios. Buena parte del *sector privado* está en el sector de los servicios, con líneas aéreas, bancos, hoteles, aseguradoras, despachos de abogados, empresas de consultoría, servicios médicos, empresas cinematográficas, empresas dedicadas a reparaciones de plomería, agencias inmobiliarias, entre otras muchas organizaciones. Muchas personas que trabajan en el *sector manufacturero*, como por ejemplo, los operadores informáticos, los contadores, los abogados, entre otros, también prestan servicios. De hecho, constituyen "fábricas de servicios" que trabajan para las "fábricas productivas". Y por último, los empleados del *sector minorista* como cajeros, dependientes, vendedores y representantes de atención al cliente, también prestan servicios.

Un **servicio** se define como cualquier acción o cometido esencialmente intangible que una parte ofrece a otra, sin que exista transmisión de propiedad. La prestación de los servicios puede estar vinculada o no con productos físicos.

Los fabricantes, los distribuidores y los minoristas pueden ofrecer servicios de valor agregado o simplemente ofrecer un servicio excelente de atención al cliente para diferenciarse de los demás.

ONSTAR

General Motors ha dado un paso importante con el programa OnStar, que ofrece a sus clientes diversos servicios, como por ejemplo, auxilio en caso de emergencia, recuperación de vehículos robados, asistencia en carretera, diagnósticos a distancia y apoyo en ruta. Cada mes, OnStar abre cerca de 28,000 puertas de automóviles, envía unos 13,000 vehículos de asistencia en carretera, y localiza unos 700 vehículos robados. Aunque el primer año de participación en OnStar es gratuito para los propietarios de vehículos GM, el porcentaje de renovación es del 80% y la cuota anual tiene un costo que oscila entre 200 y 800 dólares. En 2005, se calcula que OnStar reportará más de 2,000 millones de dólares a GM.[5]

La página de bienvenida de eDiets.com, sitio que ganó un premio por su diseño, es fácil de consultar y de personalizar. Se trata de uno de los sitios Web sobre dietas más consultados.

Muchas empresas exclusivamente de servicios utilizan Internet para llegar a los consumidores. Si se navega un poco por Internet, es posible encontrar infinidad de empresas de servicios *on line*. Esto es lo que opinó el jurado del concurso Webby Business 2003 sobre uno de los ganadores:

eDIETS.COM

Si uno busca el término "dieta" en Google, aparece la astronómica cantidad de 8,530,000 resultados, lo que sugiere que la obsesión colectiva en Estados Unidos por la figura ha adoptado tintes tecnológicos. De la infinidad de sitios Web sobre dietas, eDiets ha conseguido reunir la información más relevante y presentarla de la mejor forma posible. El sitio incluye colaboraciones que los consultantes aprecian especialmente: las de especialistas en nutrición como el doctor Atkins y las de revistas de cocina saludable como *Cooking Light*. Además, el sitio cuenta con guías de ejercicios y secciones dedicadas a hablar de problemas médicos (diabetes, colesterol, intolerancia a la lactosa), por lo que eDiets es, sin duda, la fuente de información sobre dietas más personalizada y mejor diseñada de Internet.[6]

Categorías de la mezcla de servicios

Las ofertas de una empresa, por lo general, incluyen algún tipo de servicios, que pueden constituir un elemento mayoritario o minoritario dentro de la oferta total. Se distinguen cinco tipos de ofertas:

1. ***Bienes puramente tangibles***—La oferta consiste exclusivamente en un bien tangible, como jabón, dentífrico o sal. El producto no va acompañado de ningún servicio.
2. ***Bienes tangibles que incluyen algunos servicios***—La oferta consiste en un bien tangible acompañado de uno o más servicios. Levitt asegura que "cuanto más tecnología implique un producto (por ejemplo, autos y computadoras), más dependen sus ventas de la calidad y disponibilidad de los servicios que lo acompañan (por ejemplo, salas de exposición, entrega, reparaciones y mantenimiento, capacitación, instalación y garantía). En este sentido, General Motors es una empresa que hace más hincapié en el servicio que en la fabricación. Sin los servicios, sus ventas descenderían".[7]
3. ***Productos híbridos***—La oferta está compuesta por bienes y servicios por partes iguales. Por ejemplo, los clientes habituales de un restaurante lo son tanto por la comida como por los servicios.
4. ***Servicio principal con bienes y servicios secundarios***—La oferta está formada por un servicio principal acompañado por servicios adicionales o bienes de apoyo. Por ejemplo, los pasajeros de una aerolínea adquieren transporte, pero el viaje también incluye determinados bienes tangibles como la comida y la bebida, el pase de abordar y la revista de la aerolínea. La prestación del servicio requiere una inversión importante en un bien puro (el avión), pero lo fundamental es el servicio.

5. *Servicio puro*—La oferta consiste exclusivamente en un servicio. Algunos ejemplos son la psicoterapia, el masaje o el cuidado de niños.

Como consecuencia de esta mezcla variable de bienes y servicios, es difícil generalizar para obtener conclusiones, a menos que se hagan otras distinciones. He aquí algunas precisiones útiles:

■ Los servicios varían en función de si están *basados en maquinaria* (lavado automático de autos, máquinas expendedoras) o de si están *basados en personas* (limpieza de ventanas, servicios de contabilidad). Los servicios que se basan en personas se clasifican, a la vez, en función del personal que los proporciona: no calificado, calificado o profesional.

■ Las empresas de servicios pueden seleccionar entre *procesos* diferentes para prestar el servicio. Los restaurantes han desarrollado formatos tan diferentes como las cafeterías, la comida rápida, el buffet y el servicio a la luz de las velas.

■ Algunos servicios requieren la *presencia del cliente*, y otros no. La neurocirugía requiere que el cliente esté presente, mientras que para reparar un vehículo averiado esto no es necesario. Si la presencia del cliente es indispensable, la empresa ha de tener en cuenta sus necesidades. Así, los encargados de un salón de belleza invertirán en decoración, fondo musical, y entablarán conversaciones con los clientes.

■ Los servicios también se diferencian según se presten para satisfacer *necesidades individuales* (servicios personales) o *necesidades de empresas* (servicios empresariales). Así, las empresas de servicios desarrollan programas de marketing diferentes para los mercados individuales y para los industriales.

■ Las empresas de servicios difieren en sus objetivos (lucrativos o no lucrativos) y en la propiedad (pública o privada). Cuando estas dos características se cruzan, dan pie a cuatro tipos de organizaciones de servicios bastante diferentes. Los programas de marketing para un hospital privado serán diferentes de los de un hospital público para veteranos.[8]

La naturaleza de la mezcla de servicios también influye de manera importante sobre la valoración de los consumidores acerca de la calidad. De hecho, un consumidor no será capaz de juzgar la calidad técnica de ciertos servicios ni siquiera tras haberlos recibido. En la figura 13.1 se clasifican varios productos y servicios según la dificultad que entraña su evaluación.[9] A la izquierda aparecen aquellos bienes con *características de búsqueda*, es decir, los que son susceptibles de análisis con anterioridad a la compra. En el medio están los bienes y servicios con numerosas *características de experiencia*, es decir, con características que sólo se pueden evaluar después de la adquisición. A la derecha se encuentran los bienes y servicios con diversas *características de credibilidad*, es decir, características que el comprador encuentra difícil de valorar incluso después de su consumo.[10]

Como los servicios tienen muchas características de experiencia y de credibilidad, los consumidores asumen más riesgos al adquirirlos, lo que plantea una serie de factores que hay que tener en cuenta. En primer lugar, los consumidores confían más en la comunicación personal que en la publicidad. En segundo lugar, confieren mucha importancia al precio, al personal y a los aspectos físicos para juzgar la calidad. En tercer lugar, son fieles a las em-

|FIG. **13.1**|

Evaluación para diferentes tipos de productos.

Fuente: Valarie A. Zeithaml, "How Consumer Evaluation Processes Differ between Goods and Services", en *Marketing of Services,* James H. Donnelly y William R. George (eds.). Reimpreso con permiso de la American Marketing Association (Chicago: American Marketing Association, 1981).

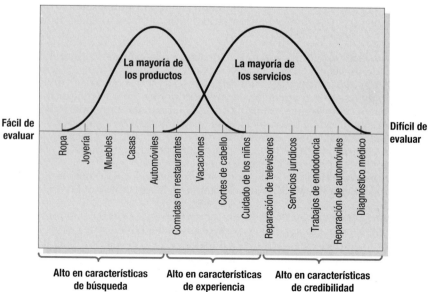

presas capaces de satisfacerles. En cuarto lugar, como existen costos de cambio de proveedor, hay una gran inercia de consumo. Atraer a los clientes de un competidor constituye todo un reto . El eslogan de Wachovia Bank, "Let's Get Started" ("Vamos a comenzar") era una llamada a la acción tanto para los clientes reales como para los potenciales.

Las características distintivas de los servicios

Los servicios poseen cuatro características distintivas que influyen considerablemente en el diseño de los programas de marketing: *intangibilidad, inseparabilidad, variabilidad* y *caducidad*.

INTANGIBILIDAD A diferencia de los productos físicos, los servicios no se pueden experimentar a través de los sentidos antes de su adquisición. La persona que quiere una limpieza de cutis no puede ver los resultados antes de someterse a ella, y el paciente en la consulta del psiquiatra no puede predecir los resultados de la terapia.

Para reducir la incertidumbre, los compradores buscan signos que demuestren la calidad: sacarán conclusiones del establecimiento, las personas, la maquinaria, el material de comunicación, los símbolos y el precio. Por tanto, lo que deben hacer las empresas de servicios es "administrar la evidencia", y "hacer tangible lo intangible".[11] Mientras que quienes venden productos tienen que añadir ideas abstractas, quienes venden servicios tienen que añadir pruebas físicas a sus ofertas abstractas y despertar imágenes de ellas.

Las empresas intentan demostrar la calidad de sus servicios mediante *pruebas físicas* y *presenciales*.[12] Por ejemplo, un hotel elegirá una decoración y un estilo determinados que le ayuden a materializar su propuesta de valor (ya sea la limpieza, la velocidad o cualquier otra) ante los clientes. Imaginemos que un banco quiere posicionarse como el banco "más rápido". Para tangibilizar su propuesta podría recurrir a una serie de herramientas de marketing:

1. *Lugar*—Tanto el exterior como el interior del banco deben estar limpios, la disposición de los escritorios y el flujo del tráfico de clientes debe planearse cuidadosamente: las filas no han de ser muy largas.
2. *Personal*—Los empleados deben estar ocupados y ser suficientes para administrar la carga de trabajo.
3. *Equipo*—Es conveniente que las computadoras, las fotocopiadoras y los despachos sean modernos.
4. *Material de comunicaciones*—El material impreso (texto y fotografías) debe sugerir eficacia y velocidad.
5. *Símbolos*—Es necesario que tanto el nombre como los símbolos transmitan la idea de un servicio rápido.
6. *Precio*—El banco podría anunciar que depositará cinco dólares en la cuenta de todo cliente que tenga que esperar más de cinco minutos para ser atendido.

Los especialistas en el marketing de servicios deben ser capaces de transformar los servicios intangibles en ventajas concretas. Para facilitar la "tangibilización de lo intangible", Carbone y Haeckel proponen un conjunto de conceptos bajo el nombre de *diseño de las experiencias de los clientes*.[13] En primer lugar, las empresas tratan de desarrollar una imagen clara y concisa de la percepción que desean transmitir a los clientes a través de su experiencia, y a continuación, diseñan un conjunto consistente de *claves de resultados y contexto* para respaldar tal experiencia. En el caso de un banco, el hecho de que el cajero dé al cliente la cantidad solicitada de dinero, sin error alguno, es una clave de resultados. Por otra parte, una clave de contexto sería el hecho de que el cajero lleve la indumentaria adecuada. Las claves de contexto en un banco se transmiten a través de las personas (*claves humanas*) y de las cosas (*claves mecánicas*). La empresa agrupa las claves en un *programa de experiencias*, es decir, en una representación pictórica del conjunto de claves. En la medida de lo posible, las claves que se utilicen deben apelar a los cinco sentidos. Disney Company es experta en desarrollar programas de experiencias en sus parques de diversiones, al igual que Jamba Juice y Barnes & Noble en sus respectivos establecimientos minoristas.[14] La Clínica Mayo logró establecer nuevos estándares de referencia en el sector médico.

LA CLÍNICA MAYO

La Clínica Mayo administra meticulosamente su conjunto de claves visuales y de experiencias para transmitir una idea consistente sobre sus servicios. El credo de la clínica es "el paciente es lo más importante". Desde las salas de espera hasta los laboratorios, las instalaciones de Mayo se planearon para que, según palabras del arquitecto que diseñó uno de los edificios, "el paciente se sienta mejor incluso antes de ver al médico". El edificio Gonda, de 20 pisos, en Rochester (Minnesota), incluye espacios abiertos espectaculares, y el vestíbulo del hospital de la Clínica Mayo en Scottsdale (Arizona) tiene una cascada interior y un enorme cristal que permite ver las montañas. Las habitaciones del hospital tienen hornos de microondas y sillones que se convierten en verdaderas camas porque, como explica un empleado, "los pacientes no vienen solos al hospital". En las salas de pediatría, los equipos de reanimación se ocultan tras grandes paneles con alegres dibujos.[15]

INSEPARABILIDAD Los servicios se producen y se consumen a la vez. Éste no es el caso de los productos, que primero se fabrican, después se almacenan, posteriormente se distribuyen a través de numerosos vendedores, y finalmente se consumen. Si el servicio lo presta una persona, ésta es parte del servicio. Como el cliente estará presente durante la prestación del servicio, la interacción entre cliente y proveedor es una de las características especiales del marketing de servicios.

En el caso de los servicios profesionales y de entretenimiento, los compradores se interesan mucho por quién presta el servicio. No es lo mismo que el concierto de Madonna lo dé Shania Twain porque la primera se sintió indispuesta, o que la defensa legal la lleve John Nobody porque el experto en antimonopolio David Boies no está disponible. Cuando los clientes tienen fuertes preferencias por determinados prestadores de servicios, se recurre al precio para limitar la demanda.

Existen diversas estrategias para superar esta limitación. El proveedor de servicios puede aprender a trabajar con grupos más extensos. Así, los psicoterapeutas han dejado de trabajar con un solo paciente para ofrecer terapia a grupos reducidos o incluso a grupos de más de 300 personas en salones de hoteles. Otra opción es trabajar más rápidamente: un psicoterapeuta podría pasar 30 minutos con cada paciente, en lugar de 50, y así atender a más personas. Asimismo, la empresa puede capacitar a más empleados para que presten el servicio y ganarse la confianza de los consumidores, como hizo H&R Block con su red nacional de consultores especialistas en asuntos fiscales. Los artistas también han desarrollado técnicas para superar los límites de la inseparabilidad.

BLUE MAN GROUP

Blue Man Group se fundó en 1988, cuando sus integrantes iniciales, Matt Goldman, Phil Stanton y Chris Wink, empezaron a actuar en las calles de Nueva York. Más tarde, la compañía se trasladó a un teatro, donde los tres artistas realizaron todos los espectáculos durante tres años consecutivos, sin ayuda de suplentes. Cuando el grupo estrenó un segundo espectáculo en Boston, los fundadores decidieron contratar más actores Blue Men para poder repartir todo el peso de las puestas en escena. En la actualidad, un grupo de 33 artistas diferentes, incluida una mujer, permiten al Blue Man Group desarrollar diversos proyectos a la vez, tales como actuar en Las Vegas, grabar un álbum nominado a los Grammy, y aparecer en una serie de anuncios de los procesadores Pentium de Intel.[16]

Tres de los 33 actores de Blue Man Group.

VARIABILIDAD Los servicios son muy variables, puesto que dependen de quién los presta, cuándo y dónde. Algunos médicos tienen una forma excelente de tratar a los pacientes, mientras que otros pierden la paciencia con facilidad. Algunos cirujanos realizan una determinada operación con más pericia que otros. Los compradores de servicios son conscientes de esta alta variabilidad, por lo que generalmente se informan antes de contratar a un proveedor específico. Éstas son tres medidas que ayudan a las empresas de servicios a mejorar su control de calidad.

1. *Invertir en una buena selección y capacitación del personal.* Contratar a los empleados adecuados y ofrecerles la mejor capacitación es esencial, independientemente de si son profesionales especializados o trabajadores no calificados. Lo ideal sería que los empleados demostraran cierta competencia y una actitud cuidadosa, que fuesen receptivos, y que tuvieran iniciativa, capacidad para solucionar problemas y buena disposición. Las empresas de servicios como FedEx y Marriott permiten a sus empleados de primera línea que gasten hasta 100 dólares en resolver problemas de los clientes.

2. *Medir la satisfacción de los clientes.* Es recomendable utilizar sistemas de sugerencias y reclamaciones, encuestas a clientes, y compra comparativa. General Electric envía unas 700,000 tarjetas de respuesta cada año, solicitando a los consumidores una puntuación sobre los servicios que ofrece. Citibank controla constantemente las medidas de precisión, receptividad y plazos. Muchas empresas también crean sistemas y bases de datos con información sobre clientes para poder ofrecer un servicio más personalizado y a la medida.[18]

3. *Estandarizar la prestación del servicio a través de la organización.* Para esto es necesario elaborar un *diagrama de servicios* que muestre los eventos y procesos en un diagrama de flujos, con el fin de identificar posibles fallas. La figura 13.2 muestra el diagrama de servicios de una empresa de reparto de flores a domicilio

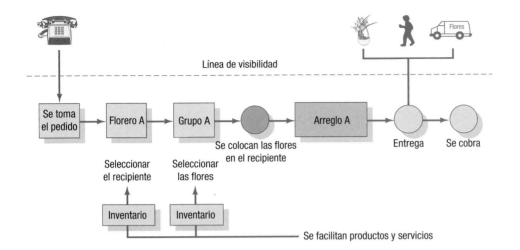

| FIG. 13.2 |

Diagrama de servicio, desempeño y proceso: reparto de arreglos florales en todo el país.

Fuente: Adaptado de G. Lynn Shostack, "Service Positioning Through Structural Change", *Journal of Marketing* (enero de 1987), p. 39. Reimpreso con permiso de la American Marketing Association.

con alcance nacional.[17] La experiencia de los clientes se limita a marcar un número telefónico, hacer su selección y realizar un pedido. Detrás del telón, la empresa selecciona las flores, las coloca en un jarrón, las entrega y cobra. Cualquiera de estas actividades se puede hacer bien, o no tan bien.

CADUCIDAD Los servicios no se pueden almacenar. El carácter perecedero de los servicios no resulta problemático cuando la demanda es estable, pero cuando la demanda fluctúa, las empresas de servicios enfrentan dificultades. Por ejemplo, las empresas de transporte público tienen que contar con muchas más unidades en las horas pico que si la demanda fuese homogénea a lo largo de todo el día. Algunos médicos cobran a los pacientes por citas a las que éstos no acuden porque el valor del servicio está disponible exclusivamente en ese momento.

Existen diversas estrategias que permiten generar un mayor ajuste entre la oferta y la demanda en una empresa de servicios.[19] Por parte de la demanda, las estrategias son:

■ *Precio diferencial:* Traslada parte de la demanda desde las horas pico hacia los periodos regulares. Por ejemplo, las entradas de cine a primera hora de la tarde y los descuentos de fin de semana en el alquiler de vehículos.

■ *Fomento de la demanda en horas no habituales:* Una opción es fomentar esta demanda. McDonald's promueve su servicio de desayunos y los hoteles promueven pequeñas vacaciones de fin de semana.

■ *Servicios complementarios:* En ciertos casos, se crean servicios para ofrecer alternativas a los clientes que tienen que esperar, como por ejemplo bares en los restaurantes y los cajeros automáticos en los bancos.

■ *Sistemas de reserva:* Esta opción permite controlar el nivel de demanda. Las aerolíneas, los hoteles y los médicos la utilizan constantemente.

Por parte de la oferta, las estrategias son:

■ *Empleados que trabajan medio tiempo:* Se puede contratar a personal de medio tiempo para cubrir las horas de mayor demanda. Las universidades contratan profesores de medio tiempo cuando el nivel de inscripciones es elevado, y los restaurantes contratan camareros que trabajan parte de la jornada cuando así se necesita.

■ *Introducción de rutinas de eficacia en horas pico:* Los empleados realizan sólo los servicios esenciales en las horas pico. Algunos paramédicos ayudan a los médicos en los periodos de mayor trabajo.

■ *Incremento de la participación del consumidor:* Los consumidores pueden llenar su propio historial médico o guardar ellos mismos sus víveres en bolsas.

■ *Compartir tareas:* Algunos hospitales realizan las compras de equipo médico en conjunto.

■ *Instalaciones para una futura expansión:* Los parques de diversiones adquieren terrenos en los alrededores para un desarrollo posterior.

Muchas aerolíneas, hoteles y centros turísticos envían mensajes de correo electrónico a segmentos seleccionados previamente de entre su base de clientes para ofrecer descuentos y promociones temporales. Club Med envía mensajes de correo electrónico a principios y mediados de semana cuando no logra vender todos sus viajes organizados y los ofrece con un descuento de entre un 30 y 40%.[20] Tras 40 años de tener personas formando fila a las puertas de sus parques de diversiones, Disney creó el Fastpass, que permite a los visitantes reservar un lugar en la fila y ahorrarse el tiempo de espera. Según las encuestas, el 95%

Una cliente utiliza una máquina para pesar, determinar el precio de la mercancía y pagar; luego, ella misma coloca los productos en bolsas. Estos sistemas computarizados permiten al cliente pagar con una tarjeta de crédito, de débito o con efectivo.

de los visitantes aprecian el cambio. El vicepresidente de Disney, Dale Stafford, comentó a un periodista: "Hemos estado enseñando a los visitantes cómo formarse en la fila desde 1955, y ahora les decimos que no es necesario. De todo lo que podemos hacer y de las maravillas que creamos con nuestras atracciones, esto es algo que tendrá una repercusión increíble en la totalidad del sector."[21]

::: Estrategias de marketing para empresas de servicios

En el pasado, las empresas de servicios iban en busqueda de las empresas manufactureras en el empleo del marketing, porque eran pequeñas, o simplemente, porque pensaban que eran negocios que no requerían del marketing, o se enfrentaban a una gran demanda o a una competencia escasa. Evidentemente, éste ya no es el caso. En *Cuestiones clave: Lista de control del marketing de servicios* se incluye una lista de preguntas que deben plantearse los responsables del marketing de las empresas de servicios.

Todo un cambio en las relaciones con los clientes

A pesar de lo anterior, no todas las empresas invierten en ofrecer servicios superiores, o al menos no a todos sus clientes. La nota de portada de la edición de *Business Week* del 23 de octubre de 2000 se tituló "¿Por qué los servicios son pésimos?", y se basaba, en parte, en el hecho de que entre 1994 y 2000 la satisfacción de los consumidores estadounidenses había disminuido un 12.5% con respecto a las aerolíneas, un 8.1% con respecto a los bancos, un 6.5% con respecto a los puntos de venta, y un 4% con respecto a los hoteles.[22] Los consumidores se quejaban de la imprecisión de la información, del trato de un personal irresponsable, brusco o mal capacitado, y de los largos periodos de espera. Y la verdad es que el panorama no es mucho más alentador en la actualidad. Las reclamaciones de los consumidores no hacen más que aumentar, a pesar de que muchas veces no llegan a ninguna persona dentro de la empresa. A continuación se presentan algunos datos estadísticos que deben tomar en cuenta las empresas de servicios y los departamentos de atención al cliente:[23]

■ *Por teléfono:* Cerca del 80% de las empresas estadounidenses no saben cómo ofrecer a los consumidores la ayuda que necesitan.

■ *On line:* Forrester Research calcula que el 35% de todas las preguntas realizadas por correo electrónico no tienen respuesta en un plazo inferior a los siete días, y que cerca del 25% jamás reciben respuesta.

■ *Contestador de voz interactivo:* Aunque muchas de las empresas más grandes de Estados Unidos cuentan con programas de software de asistencia, denominados Sistemas de Contestador de Voz Interactivos, más del 90% de los clientes de servicios financieros afirman que no les gustan.

En el pasado, las empresas de servicios estrechaban la mano de todos sus clientes a modo de bienvenida, pero en la actualidad tienen tanta información acerca de ellos que son capaces de clasificarlos en niveles de rentabilidad. Así, los servicios no son malos para todos los clientes. Las aerolíneas, los hoteles y los bancos miman con esmero a los mejores clientes. Los que más dinero gastan reciben descuentos especiales, ofertas promocionales y una gran cantidad de servicios especiales. El resto de los clientes deben pagar precios más altos, recibir un servicio de menor calidad y, en el mejor de los casos, esperar a que un buzón de voz responda a sus preguntas.

Los gigantes de los servicios financieros han instalado un software especial que les indica, instantáneamente, cuándo llama un cliente atractivo. Este tipo de sistemas da prioridad a la llamada sobre docenas, e incluso centenas de otros clientes que tienen que esperar hasta que el cliente que más gasta concluya su consulta.[24] Las llamadas de los mejores clientes de Charles Schwab obtienen respuesta en 15 segundos, mientras que los demás clientes tienen que esperar 10 minutos o más. Sears envía un técnico en cuestión de dos horas a sus mejores clientes, en tanto que los demás tienen que esperar al menos cuatro.

Este paso de la democracia de prioridades en lo que respecta a los servicios de atención al cliente obedece también a la reducción de los márgenes de utilidad que ha generado la sensibilidad al precio y la deslealtad de los consumidores. En la actualidad, las empresas

CUESTIONES CLAVE | LISTA DE CONTROL DEL MARKETING DE SERVICIOS

Las expectativas de los clientes son el verdadero punto de referencia en la evaluación de la calidad del servicio. Berry y Parasuraman proponen que los gerentes de marketing se planteen las siguientes preguntas cuando intentan satisfacer y superar las expectativas de los clientes:

1. *¿Nos esforzamos por presentar una imagen realista de nuestro servicio a los clientes?* ¿Revisamos la precisión de nuestros mensajes promocionales antes de hacerlos públicos? ¿Se produce una comunicación frecuente entre los empleados encargados de atender al cliente y los que elaboran las promesas de calidad del servicio? ¿Evaluamos el impacto sobre las expectativas de los clientes frente a elementos clave como el precio?

2. *¿Es prioritario para la empresa prestar bien el servicio desde el primer momento?* ¿Nuestros empleados están capacitados para prestar el servicio sin ningún tipo de error? ¿Evaluamos con regularidad nuestro servicio para identificar y corregir posibles fallas?

3. *¿Nos comunicamos de manera efectiva con nuestros clientes?* ¿Nos ponemos en contacto periódicamente con ellos para determinar

sus necesidades y comprender mejor sus negocios? ¿Capacitamos a nuestros empleados para que demuestren a los clientes que nos preocupamos por ellos y que los valoramos como clientes?

4. *¿Sorprendemos a los clientes durante la prestación del servicio?* ¿Nuestros empleados son conscientes de que el proceso de prestación de servicios es la oportunidad principal para superar las expectativas de los clientes? ¿Tomamos las medidas necesarias para fomentar la excelencia?

5. *¿Nuestros empleados entienden los problemas en el servicio como oportunidades para impresionar a los clientes?* ¿Los preparamos y los motivamos para que destaquen cada vez que tengan que recuperar un servicio? ¿Los recompensamos cuando recuperan un servicio de manera excepcional?

6. *¿Evaluamos y mejoramos constantemente nuestros resultados en relación con las expectativas de los clientes?* ¿Los resultados están siempre por encima del nivel adecuado? ¿Aprovechamos las oportunidades para superar el nivel deseado de servicio?

Fuentes: Pasaje seleccionado de Leonard L. Berry y A. Parasuraman, *Marketing Services: Competing Through Quality* (Nueva York: The Free Press, 1991), pp. 72–73. Véase también Leonard L. Berry, *On Great Service: A Framework for Action* (Nueva York: The Free Press, 1995); y del mismo autor, *Discovering the Soul of Service* (Nueva York: The Free Press, 1999).

buscan el modo de obtener más ganancias de cada nivel de consumidores. Algunas empresas aumentan los precios y disminuyen los servicios a los clientes que no cubren los gastos que generan, y miman a los que más gastan para conservarlos el máximo de tiempo posible.

No obstante, las empresas que ofrecen niveles de servicio diferentes han de tener cuidado al asegurar que ofrecen un servicio superior, puesto que los clientes que reciban un trato de menor calidad harán comentarios negativos de la empresa y mancharán su reputación. La prestación de servicios que maximice la satisfacción de los clientes y la rentabilidad de la empresa supone todo un reto. La aerolínea JetBlue, de reciente creación, es un ejemplo del éxito con los servicios.

JETBLUE

Mientras que otras aerolíneas pierden millones de dólares e incluso se han ido a la quiebra, JetBlue ha logrado avanzar en diversas direcciones. La empresa se propuso crear una alternativa más moderna a Southwest Airlines. Al igual que esta última, utiliza un sólo tipo de avión, evita las ciudades sobresaturadas para hacer conexiones, y mantiene el tiempo de embarque-desembarque en niveles mínimos. Sin embargo, a diferencia de Southwest, JetBlue utiliza aviones Airbus A320, más grandes y capaces de hacer recorridos más largos, equipa los aviones con asientos acolchados de cuero y con respaldos pantalla, y permite la reservación de asientos. Con una publicidad ingeniosa, sobrecargos vestidos elegantemente, y un sitio Web que casi es una obra de arte, logra transmitir una imagen de categoría, muy agradable y atractiva para los consumidores. JetBlue comparte otra característica con Southwest Airlines: ambas fueron las únicas aerolíneas que obtuvieron utilidades en 2002.[25] JetBlue también registró utilidades en 2003 antes de enfrentar ciertas dificultades económicas en 2004.

Existen también otras variaciones que favorecen a los clientes en su relación con las empresas. Los clientes son cada vez más exigentes al adquirir servicios de asistencia y solicitan el desglose de los paquetes de servicios. Quieren precios independientes para cada elemento del servicio, y así poder elegir los elementos que desean. Asimismo, los consumidores cada vez aborrecen más la idea de tener que tratar con infinidad de proveedores que manejan equipos diferentes. En la actualidad, algunas organizaciones de servicios cubren una gama de equipos mucho más amplia.[26]

Lo más importante es que Internet confiere abundante poder a los consumidores, que ahora pueden externar su ira por la prestación de un mal servicio, o hablar maravillas de un buen servicio, y hacer circular sus comentarios por todo el planeta con un click del *mouse*. En *Marketing en acción: El infierno de los buzones de voz interactivos* se explica el modo en que la balanza se está inclinando del lado del consumidor y por qué las empresas de servicios deben prestar atención a este hecho.

El marketing holístico para servicios

En tanto que las interacciones con los servicios son complejas y se ven afectadas por múltiples factores, resulta crucial adoptar una perspectiva de marketing holístico. El resultado del servicio y la lealtad o deslealtad posterior de los clientes dependerá de un sinfín de variables. Keaveney identificó más de 800 conductas críticas que provocaban el cambio de proveedor.[27] Estas conductas se clasifican en ocho categorías (véase la tabla 13.1).

En el marketing holístico de servicios es necesario un marketing externo, un marketing interno, y un marketing interactivo (véase la figura 13.3).[28] El *marketing externo* describe el trabajo que hace una empresa para preparar un servicio, fijar su precio, distribuirlo y promoverlo. El *marketing interno* ser refiere al trabajo que hace la empresa para capacitar y motivar a sus empleados para que brinden la mayor satisfacción posible al cliente. Berry afirma que la contribución más importante que puede hacer el departamento de marketing a una empresa de servicios es "conseguir con inteligencia que todas las personas de la organización practiquen el marketing".[29]

SINGAPORE AIRLINES (SIA)

Singapore Airlines está reconocida como la "mejor" aerolínea del mundo, en gran medida, gracias a sus esfuerzos estelares de marketing interno. SIA se esfuerza por sorprender regularmente a sus clientes. Para lograrlo escucha continuamente a sus clientes e identifica todas las oportunidades que puedan ofrecer las aportaciones de

---

MARKETING EN ACCIÓN | EL INFIERNO DE LOS BUZONES DE VOZ INTERACTIVOS

Cualquiera que haya pasado 15 minutos en el "infierno" que supone un buzón de voz interactivo sabe que el enfado de los consumidores es un hecho en la vida del siglo XXI. A pesar de que en la actualidad tenemos más productos que nunca, y de que éstos deberían facilitarnos la vida, también hay más empresas con las que tenemos que lidiar para instalar y poder utilizar tales productos, o para repararlos cuando se descomponen. En el pasado, solíamos interactuar con personas, pero en la actualidad tenemos que tratar con mensajes de voz grabados o con centros de asistencia técnica a distancia. El resultado: más enfados de consumidores que nunca. De hecho, Customer Care Alliance, con sede en Virginia, realizó un estudio en 1,094 hogares y concluyó que las empresas estadounidenses están volviendo locos a los consumidores.

Del 45% de los hogares que afirmaron haber tenido "problemas serios" con un producto o servicio el año pasado, más de dos tercios experimentaron "molestia" por el modo en que se trató el incidente. El 16% de los encuestados afirmaron querer "vengarse" de la empresa, y el 3% emprendió acciones legales.

Los crecientes niveles de frustración tienen un precio para las empresas. Los clientes furiosos empañan la imagen de la marca o de la empresa con comentarios negativos. El 90% de los consumidores furiosos admitieron haber compartido su historia con algún amigo. En la actualidad, también tienen la posibilidad de relatar sus experiencias a través de Internet. En palabras de Pete Blackshaw, "Internet equivale a un comentario con efecto multiplicador", y lo sabe por experiencia. Blackshaw es el gerente de marketing y de satisfacción del cliente de Intelliseek, una empresa que ha logrado obtener utilidades permitiendo a los consumidores expresar sus comentarios sobre las empresas en su sitio Planetfeedback.com. Con tan sólo unos clicks en el sitio Web de Planetfeedback, los compradores envían mensajes de correo electrónico, reclamaciones, felicitaciones, sugerencias o preguntas directamente a la empresa en cuestión, con la opción de publicar los comentarios en Internet.

Eso es precisamente lo que hizo Beth Heckel, una empleada de un jardín de niños de Colorado, tras recibir una serie de cartas amenazantes de un club de música, Columbia House, seis años después de que su hija lo abandonara. Heckel no fue capaz de obtener ninguna respuesta de la empresa por teléfono o por correo, y estuvo a punto de enviar los 40 dólares en litigio para no dañar su historial de cliente cumplida. Cuando Heckel envió su reclamación a Columbia House vía Planetfeedback.com, recibió un mensaje de correo electrónico en el que la empresa se disculpaba por el error y no volvió a recibir ninguna carta. La posibilidad de que por fin se tomen medidas, o la satisfacción de desahogarse públicamente, es la razón por la que 67,000 consumidores enviaron mensajes de correo electrónico a más de 15,000 empresas a través de Planetfeedback, sólo el año pasado. Sue MacDonald, portavoz de Intelliseek, afirmó: "Cerca del 80% de las empresas responden a las quejas que reciben a través de Planetfeedback, y muchas en el plazo de una hora."

Sin embargo, lo que resulta más importante que responder a un cliente descontento es evitar que los clientes queden insatisfechos en el futuro. Con un tono irónico, Blackshaw afirma: "Cualquier empresa invierte cientos de dólares por persona para atraer clientes, pero invierte mucho menos en retenerlos una vez que los obtiene." Para retenerlos podría bastar con tomarse el tiempo necesario para cuidar la relación y atender a los clientes como lo que son: seres humanos. Columbia Records declara que en la actualidad invierte 10 millones de dólares en mejorar su centro de atención telefónica y que los clientes que llaman a la empresa pueden abandonar el buzón de voz interactivo para hablar con una operadora en cualquier momento.

Fuentes: Jane Spencer, "Cases of Customer Rage Mount as Bad Service Prompts Venting", *Wall Street Journal,* 17 de septiembre de 2003, p. D4; Judi Ketteler, "Grumbling Groundswell", *Cincinnati Business Courier,* 8 de septiembre de 2003; Richard Halicks, "You Can Count on Customer Disservice", *The Atlanta Journal Constitution,* 29 de junio de 2003, p. D4; Michelle Slatella, "Toll-Free Apology Soothes Savage Beast", *New York Times,* 12 de febrero de 2004, p. G4; Bruce Horovitz, "Whatever Happened to Customer Service?" *USA Today,* 26 de septiembre de 2003, p. A1.

| TABLA 13.1 |

Factores que provocan el cambio de proveedor.

Precio
- Demasiado alto
- Aumentos de precio
- Precio injusto
- Precio engañoso

Incomodidad
- Ubicación/horario
- Tiempo de espera para hacer cita
- Tiempo de espera para la prestación del servicio

Falla esencial del servicio
- Errores de servicio
- Errores de facturación
- Servicio caótico

Fallas de contacto con el personal que hace el servicio
- Indiferencia
- Mala educación
- Poca receptividad
- Ineptitud

Respuesta a fallas en el servicio
- Respuesta negativa
- Sin respuesta
- Respuesta reacia

Competencia
- Descubrimiento de un mejor servicio

Problemas éticos
- Engaños
- Barreras de venta
- Falta de seguridad
- Conflicto de intereses

Cambio involuntario
- Traslado del cliente
- Cierre del proveedor

Fuente: Susan M. Keaveney, "Customer Switching Behavior in Service Industries: An Exploratory Study", *Journal of Marketing* (abril de 1995), pp. 71–82.

éstos. Algunos ejemplos son la nueva comida ligera y más nutritiva de SIA y el servicio de correo electrónico a bordo. SIA hace especial hincapié en la capacitación de sus empleados. Su última iniciativa, llamada "Transformación de los servicios a los clientes (TSC)", hace que la plantilla participe en cinco ámbitos operativos: cabina, ingeniería, servicios de tierra, operaciones de vuelo y apoyo de ventas. La cultura TSC está presente en la capacitación de la dirección, a lo largo de toda la empresa. El TSC también emplea la norma 40-30-30 en su enfoque holístico a las personas, los procesos y los productos: 40% de los recursos se destinan a la capacitación y a la motivación, 30% de los recursos se destinan a la revisión de procesos y procedimientos, y el 30% restante se destina a la creación de nuevas ideas de productos y servicios.[30]

El *marketing interactivo* describe la destreza de los empleados en su trato con los clientes. Los clientes juzgan la calidad del servicio no sólo por su *calidad técnica* (por ejemplo, ¿tuvo éxito la operación quirúrgica?), sino también por su *calidad funcional* (por ejemplo, ¿el cirujano se preocupó por el paciente e inspiraba confianza?).[31] La tecnología tiene un poder incalculable para hacer más productivos a los trabajadores del sector de los servicios.[32] Los terapeutas especializados en procesos respiratorios de la Universidad de California, en el Centro Médico de San Diego, llevan en los bolsillos de la bata computadoras en miniatura con los historiales de los pacientes, por lo que pueden pasar más tiempo trabajando directamente con éstos.

Sin embargo, las empresas deben evitar presionar excesivamente para obtener mayor productividad, en detrimento de la calidad percibida. Algunos métodos conducen a una estandarización excesiva. Las empresas de servicios deben ofrecer un alto contacto con el cliente, junto con una tecnología moderna.[33] Veamos el caso de Schwab.

SCHWAB.COM

Charles Schwab, la agencia bursátil más importante de Estados Unidos, utiliza Internet para crear una combinación innovadora de servicios de tecnología de punta y alta calidad en el trato. Siendo una de las primeras agencias de bolsa que ofreció sus servicios *on line*, en la actualidad trabaja con ocho millones de cuentas. Asimismo, ha evitado competir con empresas de precio bajo, como por ejemplo Ameritrade.com, y en cambio, reúne los recursos financieros y empresariales más completos que se ofrecen *on line*. Schwab facilita información de cuentas e in-

| FIG. **13.3** |

Tres tipos de marketing en industrias
de servicios.

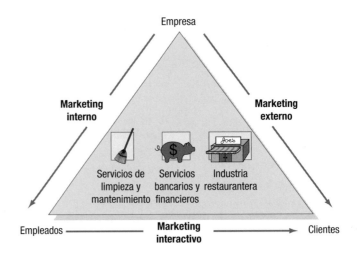

vestigación registrada de corredores minoristas, cotizaciones en tiempo real, un programa de atención en horarios atípicos, un centro de aprendizaje, acontecimientos en directo, servicios de chat para comunicarse con los representantes de servicio al cliente, un servicio de inversión global, y mensajes de correo electrónico con los últimos movimientos del mercado. Schwab sigue superando a sus competidores gracias a la aplicación de tres principios de un servicio superior (*on line*, por teléfono y en las sucursales locales), productos innovadores y precios bajos.[34]

::: Administración de la calidad de los servicios

La calidad de los servicios de una empresa se pone a prueba en cada contacto con el consumidor. Si los dependientes de un minorista parecen aburridos, son incapaces de responder a preguntas sencillas o hablan entre sí mientras los clientes esperan, éstos pensarán dos veces antes de contratar a ese proveedor.

Las expectativas de los consumidores

Los consumidores se forman expectativas sobre el servicio a partir de muchas fuentes, como por ejemplo, las experiencias previas, los comentarios de conocidos y la publicidad. Por norma general, los consumidores comparan el *servicio percibido* con sus *expectativas de servicio*.[35] Si el servicio percibido es inferior a las expectativas, los consumidores se decepcionarán. Si el servicio percibido alcanza o supera las expectativas, los consumidores volverán a contratar al proveedor. Las empresas de éxito añaden ventajas a sus ofertas de modo que no sólo *satisfagan* a sus clientes, sino que los *deleiten*. Deleitar a los clientes es cuestión de superar sus expectativas.

HOTELES RITZ-CARLTON

El servicio legendario de los hoteles Ritz-Carlton comienza con un programa de capacitación anual de 100 horas para cada empleado. La empresa permite a sus empleados tomar decisiones y gastar dinero para solucionar cualquier problema que tenga un cliente. Las habitaciones se revisan exhaustivamente cada 90 días para garantizar que no exista ningún desperfecto, el tiempo de registro se redujo a la mitad, y se han lanzado programas especiales para bodas o viajes en familia. Quizás por esto no resulta sorprendente que Ritz-Carlton fuese la primera empresa en ser condecorada dos veces con el *Malcolm Baldridge National Quality Award* a la calidad.[36]

Parasuraman, Zeithaml y Berry formularon un modelo de calidad en el servicio que subraya los principales requisitos para ofrecer la calidad esperada.[37] El modelo que aparece en la figura 13.4 identifica cinco situaciones que provocan una entrega no satisfactoria:

1. ***Diferencia entre las expectativas del consumidor y la percepción de la dirección***—La dirección no siempre percibe correctamente lo que los consumidores desean. Tal vez, los administradores de hospitales piensen que los pacientes quieren comida de mejor calidad, pero quizás éstos se preocupen más por la atención de las enfermeras.

2. ***Diferencia entre la percepción de la dirección y las especificaciones de calidad del servicio***—La dirección podría percibir correctamente los deseos de los consumidores, pero esto no necesariamente redunda en un nivel de calidad determinado para el servicio. Los administradores de hospitales podrían pedir a las enfermeras que presten un servicio "rápido" sin especificar el tiempo en minutos.

3. ***Diferencia entre las especificaciones de calidad y la prestación del servicio***—El personal podría haber recibido una mala capacitación, no ser capaz de cumplir con el nivel de calidad o simplemente no estar dispuesto a hacerlo; o quizás podrían existir especificaciones contradictorias, como por ejemplo, dedicar suficiente tiempo a escuchar a los pacientes y atenderlos rápidamente.

4. ***Diferencia entre la prestación del servicio y las comunicaciones externas***—Las expectativas de los consumidores se ven influidas por las declaraciones de los representantes de la empresa y por la publicidad. Si el folleto de un hospital muestra una habitación agradable, pero cuando llega el paciente resulta que la habitación tiene un aspecto desagradable, las comunicaciones externas habrán distorsionado las expectativas de los consumidores.

5. ***Diferencia entre el servicio percibido y las expectativas***—Esta situación tiene lugar siempre que el consumidor no percibe adecuadamente la calidad en el servicio. El médico podría visitar a un paciente constantemente para demostrarle que se preocupa por él, pero éste podría pensar que su estado es grave.

Estos mismos investigadores desarrollaron una lista de los principales determinantes de la calidad en el servicio con base en el modelo anterior. Los factores determinantes se listan a continuación por orden de mayor a menor importancia:[38]

1. ***Confiabilidad***—La capacidad de prestar el servicio prometido con precisión y consistencia.

2. ***Receptividad***—La voluntad de ayudar a los clientes y de prestarles el servicio con celeridad.

3. ***Competencia***—El conocimiento y la cortesía de los empleados, y su capacidad de transmitir confianza a los clientes.

4. ***Empatía***—La muestra de interés y la atención individualizada a los clientes.

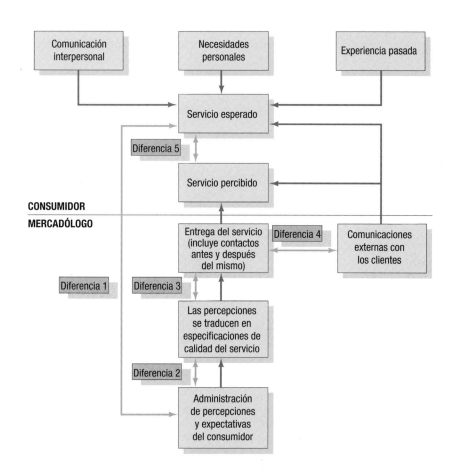

| FIG. **13.4** |

Modelo de calidad en el servicio.

Fuentes: A. Parasuraman, Valarie A. Zeithaml y Leonard L. Berry, "A Conceptual Model of Service Quality and its implications for Future Research", *Journal of Marketing* (otoño de 1985), p. 44. Reimpreso con permiso de la American Marketing Association. El modelo se explica más ampliamente en Valarie A. Zeithaml y Mary Jo Bitner, *Services Marketing* (Nueva York: McGraw-Hill, 1996), cap. 2.

5. *Aspectos tangibles*—El aspecto de las instalaciones, del equipo, del personal y de los materiales de comunicación.

Con base en estos cinco factores, los investigadores desarrollaron la escala de 21 elementos denominada SERVQUAL (véase la tabla 13.2).[39] Asimismo, destacan la existencia de una *zona de tolerancia* en la que las percepciones de los consumidores sobre alguna de las dimensiones del servicio son satisfactorias, comprendida entre el nivel mínimo que los consumidores están dispuestos a aceptar y el nivel que creen que se debería ofrecer. En *Marketing en acción: La función de las expectativas en las percepciones de la calidad de los servicios* se exponen los descubrimientos más recientes sobre el marketing de servicios. En *Cuestiones clave: Cómo valorar la calidad en el servicio on line* se describen algunos modelos sobre la calidad de los servicios *on line*.

Las mejores prácticas para la administración de la calidad en el servicio

Diversos estudios demuestran que las empresas de servicios bien administradas comparten las siguientes prácticas: concepción estratégica, compromiso de la alta dirección con la calidad, establecimiento de altos estándares de calidad, tecnologías de autoservicio, sistemas de control de resultados, sistemas para satisfacer las reclamaciones de los clientes e hincapié en la satisfacción de empleados y clientes. En *Cuestiones clave: Recomendaciones para mejorar la calidad en el servicio* también se incluye una serie de directrices útiles. Rackspace, una empresa de alojamiento de sitios Web con sede en San Antonio, utiliza muchas de estas prácticas.

RACKSPACE

En 1999, el equipo de asistencia técnica de Rackspace no se preocupaba demasiado por brindar un buen servicio y, de hecho, tenía un trato hostil hacia los clientes. El giro radical llegó con una nueva filosofía empresarial: ofrecer una asistencia *fanática*. Este concepto se apoyaba en normas muy sencillas: criticar a un cliente es una infracción castigada con el despido; hay que ser confiables; el hecho de que no haya noticias no significa que todo esté bien (en otras palabras, hay que comunicarse frecuentemente con los clientes); y eliminar todos los obstáculos que dificulten los negocios entre la empresa y el cliente. Rackspace también desglosó los departamentos y creó ocho equipos que incluyen a un jefe de equipo, a dos o tres ejecutivos de cuenta, personal de facturación y especialistas de asistencia técnica. Cada equipo atiende a un grupo de clientes en función del tamaño y la complejidad. Con esta disposición es siempre la misma persona quien atiende a las llamadas de los clientes de Rackspace y soluciona sus problemas. Cada mes, Rackspace concede el premio "camisa de fuerza"

| TABLA 13.2 |

Atributos SERVQUAL.

Confiabilidad	■ Los empleados deben ser corteses en todo momento.
■ Prestar el servicio según lo prometido.	■ Los empleados deben tener los conocimientos necesarios para responder a las preguntas de los clientes.
■ Administrar los problemas de servicio de los clientes con consistencia.	
■ Prestar los servicios bien desde el primer momento.	**Empatía**
■ Prestar los servicios en el momento prometido, sin retrasos.	■ Prestar atención individual a cada cliente.
■ No cometer errores.	■ Los empleados que tratan con los clientes deben preocuparse por ellos.
Receptividad	■ Hay que comprender a fondo los intereses del cliente.
■ Mantener informado al cliente sobre cuándo se prestará el servicio.	■ Los empleados deben entender las necesidades de los clientes.
■ Atender rápidamente a los clientes.	■ Horario comercial conveniente.
■ Voluntad para ayudar a los clientes.	**Aspectos tangibles**
■ Disponibilidad para responder a las preguntas de los clientes.	■ Equipo moderno.
Competencia	■ Instalaciones visualmente atractivas.
■ Los empleados deben inspirar confianza a los clientes.	■ Empleados con una apariencia impecable y profesional.
■ Los clientes deben sentirse seguros con cada transacción.	■ Los materiales asociados con el servicio deben ser atractivos.

MARKETING EN ACCIÓN | **LA FUNCIÓN DE LAS EXPECTATIVAS EN LAS PERCEPCIONES DE LA CALIDAD EN EL SERVICIO**

El modelo de calidad en el servicio de Parasuraman, Ziethaml y Berry pone de manifiesto algunas de las situaciones que provocan la mala prestación de un servicio. Otros estudios posteriores ampliaron este modelo al incorporar consideraciones adicionales. Boulding, Kalra, Staelin y Zeithaml desarrollaron un modelo dinámico sobre la calidad en el servicio. Este modelo se basa en la premisa de que las percepciones y las expectativas de los consumidores sobre la calidad en el servicio cambian con el tiempo, y de que éstas son una conjunción de las expectativas previas sobre *qué* ocurrirá y sobre *qué* debería ocurrir en el momento de la prestación del servicio, así como de la prestación *real* del servicio. Este modelo, que los autores probaron empíricamente, sostiene que existen dos diferentes tipos de expectativas que tienen efectos opuestos sobre el modo en que los consumidores perciben la calidad en el servicio.

1. Si se generan *más* expectativas sobre lo que la empresa *ofrecerá*, es posible mejorar la percepción de la calidad general del servicio.

2. Si se generan *menos* expectativas sobre lo que la empresa *debería* ofrecer es posible mejorar la percepción de la calidad general del servicio.

Se han realizado muchos estudios que validan la función de las expectativas en las interpretaciones y valoraciones de los consumidores acerca del servicio que reciben y de la relación que establecen con la empresa tras la prestación del mismo. Los consumidores suelen estudiar la situación a largo plazo cuando consideran mantener o modificar una relación comercial en torno a un servicio. Cualquier actividad de marketing que influya en el uso actual o futuro del mismo contribuirá a la reafirmación de una relación comercial.

Con la prestación constante de servicios, como por ejemplo, en el caso de los servicios públicos, el cuidado de la salud, los servicios financieros, los servicios informáticos, los seguros, y otros servicios profesionales o que requieren de inscripción, los consumidores calculan el valor de su pago (es decir, la relación que existe entre los beneficios económicos que se derivan del uso del servicio y los costos económicos que éste implica). Los costos económicos son una combinación de un pago inicial (una cuota de entrada o inscripción), de un pago fijo (una cuota mensual por el servicio) y de una cuota variable (cobros en función del uso). Los beneficios económicos dependen de los cobros que exige la empresa y del nivel de uso que hace el cliente. La equidad percibida del intercambio determina la satisfacción y el uso futuro del servicio. Dicho de otro modo, es como si los consumidores se preguntasen a sí mismos: "¿Utilizo este servicio lo suficiente, de acuerdo con lo que pago?" Tal vez los clientes queden satisfechos con un uso limitado si eso cumple con sus expectativas.

En las relaciones de servicio a largo plazo en ocasiones existen desventajas. Por ejemplo, con una agencia publicitaria, el cliente quizás sienta, con el tiempo, que la agencia pierde objetividad y que sus ideas se vuelven obsoletas, o que sólo busca sacar partido de la relación.

Fuentes: William Boulding, Ajay Kalra, Richard Staelin y Valarie A. Zeithaml, "A Dynamic Model of Service Quality: From Expectations to Behavioral Intentions", *Journal of Marketing Research* 30 (febrero de 1993), pp. 7–27; Katherine N. Lemon, Tiffany Barnett White y Russell S. Winer, "Dynamic Customer Relationship Management: Incorporating Future Considerations into the Service Retention Decision", *Journal of Marketing* 6 (enero de 2002), pp. 1–14; Ruth N. Bolton y Katherine N. Lemon, "A Dynamic Model of Customers' Usage of Services: Usage as an Antecedent and Consequence of Satisfaction", *Journal of Marketing* 36 (mayo de 1999), pp. 171–186; Kent Grayson y Tim Ambler, "The Dark Side of Long-Term Relationships in Marketing Services", *Journal of Marketing Research,* 36 (febrero de 1999), pp. 132–141.

al empleado que mejor personalice el lema de "asistencia técnica fanática" de la empresa. El reconocimiento público de los logros de los empleados incluye fijar los mensajes de felicitación de los clientes en las paredes y colocar un letrero que dice "FANÁTICO" sobre el escritorio de los galardonados. Cuando la empresa recibió el primer regalo de un cliente unos meses después de la puesta en marcha de estas directrices y de los nuevos procedimientos, Rackspace supo que estaba haciendo lo correcto.[40]

CONCEPCIÓN ESTRATÉGICA Las mejores empresas de servicios viven "obsesionadas con los clientes". Saben perfectamente cómo dirigirse a ellos y cómo satisfacer sus necesidades, y desarrollan estrategias específicas para tal efecto. Mientras que la mayoría de las agencias corredoras de bolsa persiguen una base de clientes adinerados de edad avanzada, la agencia de correduría *on line* E*TRADE se dirige a miembros de la generación X entre 24 y 37 años, a los que les gusta la tecnología, que son autosuficientes, y a quienes ignoran el resto de las agencias. Como afirma el director general, Christos Cotsakos: "Toda esta generación sabe mucho de computadoras, está amasando una fortuna, y busca soluciones alternativas a las de sus abuelos. Si podemos identificarnos con este tipo de personas y ofrecerles el mejor valor posible, nos apropiaremos de este segmento."[41]

COMPROMISO DE LA ALTA DIRECCIÓN CON LA CALIDAD Las empresas como Marriott, Disney y USAA tienen un compromiso total con la calidad de sus servicios. La dirección no sólo se preocupa por los resultados financieros mensuales, sino también por los resultados de calidad. Ray Kroc, de McDonald's, insiste en medir constantemente los resultados de cada establecimiento de acuerdo con cuatro parámetros de CSLV: calidad, servicio, limpieza y valor. Algunas empresas incluyen pequeños recordatorios en los recibos de nómina de los empleados: OBTENIDO GRACIAS A LOS CLIENTES. Sam Walton, de Wal-Mart, exige a los empleados el siguiente juramento: "Juro solemnemente que sonreiré, miraré a los ojos, y saludaré a todos los clientes que se acerquen a más de tres metros de mí."

CUESTIONES CLAVE | CÓMO VALORAR LA CALIDAD EN EL SERVICIO *ON LINE*

Zeithaml, Parasuraman y Malhotra definen la calidad de los servicios *on line* como el grado en que un sitio Web facilita el estudio, la adquisición y la entrega de forma efectiva y eficaz. Estos autores identifican 11 dimensiones de calidad de los servicios *on line*: acceso, facilidad de navegación, eficacia, flexibilidad, confiabilidad, personalización, seguridad/privacidad, receptividad, garantía/confianza, estética y conocimiento del precio. Algunas de estas dimensiones de calidad tienen lugar tanto *on line* como *off line*, pero los atributos específicos subyacentes en ambos casos son diferentes, y también existen dimensiones exclusivas de los servicios *on line*. Asimismo, descubrieron que la empatía no parecía ser tan importante a través de Internet, a menos que existiesen problemas con el servicio. Las dimensiones fundamentales de la calidad de un servicio ordinario son la eficacia, el cumplimento, la confiabilidad y la privacidad; y las dimensiones de la recuperación de un servicio son la receptividad, la compensación y la existencia de ayuda en tiempo real.

Wolfinbarger y Gilly desarrollaron una escala reducida de la calidad del servicio *on line* con cuatro dimensiones clave: confiabilidad/cumplimiento, diseño del sitio Web, seguridad/privacidad, y servicio al cliente. Estos investigadores interpretaron que los resultados de su estudio sugerían que los componentes básicos de una "experiencia *on line* convincente" eran la confiabilidad y una funcionalidad excepcional del sitio Web, en términos de ahorro, facilidad para realizar transacciones, selección adecuada, información detallada y el "nivel adecuado" de personalización. Los 14 elementos de la escala son los siguientes:

Confiabilidad/cumplimiento
El producto que recibe el cliente aparece representado fielmente en el sitio Web.
El cliente recibe lo que pidió a través del sitio Web.
El cliente recibe el producto en el plazo que la empresa prometió.

Diseño del sitio Web
El sitio Web ofrece información detallada.
El sitio Web no hace perder el tiempo a los clientes.
Completar una transacción a través del sitio Web es una tarea rápida y sencilla.
El nivel de personalización del sitio Web es el adecuado: ni excesivo, ni escaso.
El sitio Web presenta una selección amplia.

Seguridad/privacidad
El cliente considera que su privacidad está protegida en el sitio Web.
El cliente se siente seguro realizando transacciones a través del sitio Web.
El sitio Web permite transacciones seguras.

Servicio al cliente
La empresa está lista y dispuesta a responder a las necesidades de los clientes.
Cuando el cliente tiene un problema, el sitio Web muestra un interés sincero por resolverlo.
Las preguntas reciben respuestas rápidamente.

Fuente: Valarie A. Zeithaml, A. Parsu Parasuraman y Arvind Malhotra, "A Conceptual Framework for Understanding e-Service Quality: Implications for Future Research and Managerial Practice", *Marketing Science Institute Working Paper,* Reporte núm. 00-115, 2000; Mary Wolfinbarger y Mary C. Gilly, ".comQ: Dimensionalizing, Measuring, and Predicting Quality of the E-tail Experience", *Marketing Science Institute Working Paper,* Reporte núm. 02-100, 2002.

ALTOS ESTÁNDARES DE CALIDAD   Las mejores empresas de servicios establecen altos estándares de calidad. Citibank se propone responder a todas las llamadas en 10 segundos y a las cartas en un plazo de dos días. Los estándares deben ser *razonablemente* altos. Quizás un estándar de precisión del 98% suene bien, pero esto significaría que FedEx perdiera 64,000 paquetes por día, o que hubiese seis erratas por página en un libro, o que se expidieran 400,000 recetas erróneamente cada día, o que se bebiera agua insalubre ocho días por año. Es importante distinguir entre las empresas que ofrecen un servicio "simplemente bueno" y las empresas que ofrecen un "servicio significativo", diseñado para lograr la ausencia total de fallas.[42]

Una empresa de servicios podrá diferenciarse si diseña un sistema de entrega mucho mejor y más rápido. Existen tres niveles de diferenciación.[43] El primero es la *confiabilidad*: algunos proveedores son más confiables en la entrega puntual, en la entrega total del pedido, y en el tiempo transcurrido entre el pedido y la entrega. El segundo nivel es la *capacidad de respuesta*: algunos proveedores son mejores para enfrentar las emergencias, retirar los productos del mercado y atender las respuestas a los clientes. El tercero es la *innovación*: algunos proveedores crean mejores sistemas de información, por ejemplo, introduciendo códigos de barras, de tal modo que siempre resulten de utilidad al cliente.

Muchos expertos en distribución afirman que sería más provechoso para una empresa invertir su dinero en mejorar los resultados de distribución que en publicidad. También sostienen que los resultados superiores de un servicio constituyen un factor de diferenciación mucho más eficaz que la publicidad, y destacan el hecho de que para los competidores es más complicado reproducir el sistema de distribución de otra empresa que copiar una campaña publicitaria.

DIAL-A-MATTRESS

Napoleón Barragán creó Dial-A-Mattress en 1976. Para 1999 había generado ventas equivalentes a 80 millones de dólares. Los clientes tienen a su disposición un número telefónico gratuito (1-800-Mattres) las 24 horas del día, los siete días de la semana, que les permite hablar con un consultor y recibir el colchón adecuado el mismo día junto con una garantía de devolución de 30 días si no quedan satisfechos. La empresa no sólo vende en sus salas de exhibición ubicadas en todo Estados Unidos, sino que también comercializa colchones a través de su sitio Web mattress.com.

CUESTIONES **CLAVE** | RECOMENDACIONES PARA MEJORAR LA CALIDAD EN EL SERVICIO

Los pioneros en la investigación sobre servicios, Parasuraman, Berry y Zeithaml, ofrecen algunos consejos en torno a 10 rubros que consideran fundamentales para mejorar la calidad en el servicio de cualquier tipo de empresa.

1. *Escuchar.* Entender qué quieren en verdad los consumidores mediante la identificación de las expectativas y percepciones de los clientes y de quienes no lo son (por ejemplo, mediante un sistema de información de calidad en el servicio).

2. *Confiabilidad.* La confiabilidad es la única dimensión verdaderamente importante de la calidad en el servicio y debe ser una prioridad.

3. *Servicio básico.* Las empresas de servicios deben ofrecer un servicio básico y hacer lo que se supone que deben hacer (cumplir las promesas, utilizar el sentido común, escuchar a los clientes, mantenerlos informados y estar decididas a ofrecer un valor superior).

4. *Diseño del servicio.* Desarrollar una visión holística del servicio a la vez que se cuidan todos los detalles.

5. *Recuperación.* Para satisfacer a los clientes que experimenten algún problema con el servicio, las empresas deben animarlos a reclamar (y deben facilitarles el proceso). A continuación deben responder rápidamente y en persona, y desarrollar un sistema de resolución de problemas.

6. *Sorprender a los clientes.* Aunque la confiabilidad es el elemento más importante cuando se desea alcanzar las expectativas de servicio de los clientes, otros factores del proceso (por ejemplo, seguridad, receptividad y empatía) son más importantes cuando se trata de *superar* las expectativas de los clientes, por ejemplo, sorprendiéndolos con rapidez, destreza, cortesía, competencia, compromiso y comprensión fuera de lo común.

7. *Juego limpio.* Las empresas de servicios deben esforzarse especialmente por ser justas e imparciales, y demostrarlo tanto frente a sus clientes como ante sus empleados.

8. *Trabajo en equipo.* El trabajo en equipo es lo que permite a las grandes empresas prestar servicios con esmero y atención, fomentando la motivación y la capacidad de los empleados.

9. *Investigación entre empleados.* Es conveniente realizar investigaciones con los empleados para descubrir los problemas del servicio y qué se puede hacer para resolverlos.

10. *Liderazgo al servicio de la empresa.* Los servicios de calidad provienen de un liderazgo con inspiración a través de la organización, y se deben a un excelente diseño de prestación de servicios, al uso eficaz de la información y de la tecnología, y a una fuerza interna, todopoderosa y que cambia lentamente, denominada cultura corporativa.

Fuente: Leonard L. Berry, A. Parasuraman y Valarie A. Zeithaml, "Ten Lessons for Improving Service Quality", *MSI Reports Working Paper Series,* núm. 03-001, 2003 Marketing Science Institute, Cambridge, MA. pp. 61–82.

TECNOLOGÍAS DE AUTOSERVICIO Como ocurre con los productos, los consumidores valoran la comodidad en los servicios.[44] Recientemente, muchas interacciones personales se han sustituido por interacciones tecnológicas.[45] A las máquinas expendedoras tradicionales podemos agregar los cajeros automáticos, las gasolineras de autoservicio, los hoteles en los que existen máquinas para hacer el *checkout*, la compra *on line* de boletos de avión y la personalización de productos a través de Internet.

No todas las tecnologías de autoservicio mejoran la calidad, pero sí tienen el potencial de hacer las transacciones más precisas, cómodas y rápidas. Todas las empresas deben pensar cómo aprovechar estas tecnologías para mejorar sus servicios. Las empresas deben estar dispuestas a recibir llamadas de los clientes cuando éstos necesiten más información que la ofrecida por las máquinas de autoservicio. Por ejemplo, muchos sitios Web de reservaciones de hoteles incluyen un botón "Llámeme", y si el cliente lo pulsa, recibe una llamada de un representante del hotel. Incluso los bancos desaprovechan importantes oportunidades con los cajeros automáticos. Un cliente, al hacer una disposición de efectivo, ve un mensaje en la pantalla del cajero que dice: "Llame al 1-800-123-4567 para recibir más intereses." El problema es que el cliente se va a casa y se olvida. Para mayor eficacia, el mensaje del cajero podría ser: "Su saldo es de 6,000 dólares superior al requerido."

Imagine una empresa aseguradora de vehículos que quiere mejorar sus servicios y asistencia al cliente. Normalmente, un conductor que se ve envuelto en un accidente tiene que esperar para que aparezca un perito, evalúe los daños, y ofrezca una solución. El sitio Web de la empresa podría incluir directrices paso a paso que informen a los conductores de lo que deben hacer. En primer lugar, debe dar una lista de los documentos que necesitan la policía y el hospital, sugerir profesionales médicos y legales confiables, y recomendar empresas de alquiler de vehículos y talleres de la zona. Los formularios necesarios podrían llenarse *on line.* El perito, cuando visite al conductor, podría utilizar un sistema informático y una cámara digital para fotografiar los autos chocados, enviar un video a la oficina correspondiente, recibir el visto bueno e imprimir la orden de reparación del auto en el mismo lugar.

Al aplicar tecnologías de autoservicio, algunas empresas han descubierto que el obstáculo principal no es la tecnología en sí, sino convencer a los clientes de que la utilicen. En *Cuestiones clave: Cómo aprovechar las máquinas de autoservicio* se ofrecen algunos consejos.

CUESTIONES CLAVE | CÓMO APROVECHAR LAS MÁQUINAS DE AUTOSERVICIO

En la actualidad, los viajeros ya se muestran demasiado irascibles con los retrasos que imponen los controles de seguridad en los aeropuertos, como para utilizar las máquinas de facturación automática. No les importa tener que hacer largas filas por miedo a que las máquinas no funcionen sin que haya alguien alrededor para ayudarles. Sin embargo, Delta logró que sus clientes utilicen sus máquinas de facturación automática gracias a una serie de estrategias inteligentes.

1. ***Anunciar las ventajas.*** Delta lanzó una gran campaña publicitaria para que sus clientes conocieran las ventajas de la facturación automática. La ciudad de Nueva York estaba plagada de anuncios con el texto "Experimenten la ausencia de esperas" y "Delta Air Lines" con la palabra "lines" tachada (que en inglés también tiene la acep-

ción de fila). En el aeropuerto, representantes de la empresa abordaban a los pasajeros que hacían fila para facturar y los dirigían a las máquinas.

2. ***Prestar ayuda.*** Los viajeros que utilizan el servicio por primera vez suelen necesitar ayuda, de modo que debe haber una persona cerca para enseñarles cómo funciona y ayudarles en caso de que la máquina falle. Si la primera experiencia es positiva, los viajeros no dudarán en recurrir a la autofacturación.

3. ***Ocuparse del mantenimiento de las máquinas.*** Todas las máquinas fallan tarde o temprano, sobre todo en un lugar tan frecuentado como un aeropuerto. Delta intenta evitar las averías en lugar de tener que poner un cartel que diga "fuera de servicio".

Fuente: John McCormick, "Roadblock: The Customer; Airlines, Railroads, Grocery Stores and Hotels Racing to Deploy Self-Service Check-In Devices Have Discovered Two Things", *Baseline*, 1o. de abril de 2003.

SISTEMAS DE CONTROL DE RESULTADOS Las mejores empresas de servicios auditan de forma regular los resultados de sus propios servicios y de los de la competencia. Suelen hacer *mediciones de la opinión de los consumidores* para ver qué les satisface y qué les disgusta. Utilizan diversas herramientas como compras comparativas, encuestas a los clientes, compras fantasma, formularios de sugerencias y reclamaciones, equipos de auditoría de servicios, y cartas al director. El First Chicago Bank utiliza un programa de medición de resultados que vincula éstos con una serie de asuntos de vital importancia para los clientes. La figura 13.5 muestra un mapa típico para la medición de la rapidez con que se contestan las llamadas en un banco. Se deberán tomar medidas siempre que los resultados estén por debajo del nivel mínimo exigido. Asimismo, con el paso del tiempo, los objetivos deberán ser más ambiciosos.

En la actualidad, las compras fantasma, es decir, la utilización de compradores secretos a los que se paga por informar a la empresa, son todo un negocio: 300 millones de dólares en Estados Unidos, y 500 millones de dólares a nivel mundial. Las cadenas de comida rápida, los grandes almacenes, las gasolineras e incluso las agencias gubernamentales utilizan compradores fantasma para identificar y solucionar las posibles fallas en el servicio.

Los servicios se pueden valorar en función del nivel de *importancia para el cliente* y de *resultados de la empresa.* El *análisis de importancia/resultados* se utiliza para calificar los distintos elementos del conjunto del servicio y para determinar las acciones que conviene emprender a fin de mejorarlo. La tabla 13.3 muestra la valoración que realizaron los clientes de 14 atributos de un servicio de reparación de automóviles, en función del nivel de importancia y de resultados de la empresa. Por ejemplo, "Hacer el trabajo bien a la primera" (atributo 1) recibió una puntuación media en importancia de 3.83 y una puntuación media de resultados de 2.63, lo que indica que los consumidores consideran que es muy importante, pero que no se hacen bien.

Las puntuaciones de los 14 componentes del servicio se presentan en la figura 13.6, que se divide en cuatro secciones. El cuadrante A muestra los componentes de servicio considerados como muy importantes y que no se prestan satisfactoriamente; incluye los elementos 1, 2 y 9. La empresa deberá concentrarse en mejorar los departamentos que prestan estos elementos

| FIG. **13.5** |

Seguimiento del servicio al consumidor.

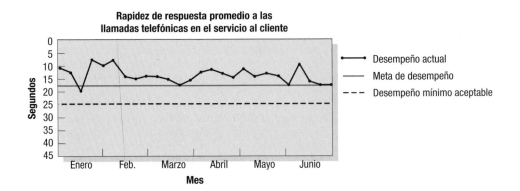

Número de atributo	Descripción del atributo	Puntuación media del nivel de importancia[a]	Puntuación media del nivel de resultados[b]
1	El trabajo se hace bien a la primera	3.83	2.63
2	Las reclamaciones se atienden rápido	3.63	2.73
3	Garantía de trabajo rápido	3.60	3.15
4	Capaces de hacer cualquier trabajo que se necesite	3.56	3.00
5	Servicio disponible cuando se necesite	3.41	3.05
6	Atención cortés y amable	3.41	3.29
7	El auto estuvo listo cuando se prometió	3.38	3.03
8	Se realiza sólo el trabajo necesario	3.37	3.11
9	Precios bajos del servicio	3.29	2.00
10	El vehículo está limpio después de realizar el servicio	3.27	3.02
11	Conveniente para el hogar	2.52	2.25
12	Conveniente para el trabajo	2.43	2.49
13	Autobuses y automóviles de cortesía	2.37	2.35
14	Se envían noticias sobre mantenimiento	2.05	3.33

[a]Calificaciones obtenidas a partir de una escala de cuatro puntos: "muy importante" (4), "importante" (3), "poco importante" (2) y "nada importante" (1).

[b]Calificaciones obtenidas a partir de una escala de cuatro puntos: "excelente" (4), "bueno" (3) , "regular" (2) y "deficiente" (1). También se incluyó la categoría "no sabe".

TABLA 13.3

Calificaciones que otorgaron los clientes a un servicio de reparación de automóviles, en función del nivel de importancia y de los resultados.

del servicio. El cuadrante B muestra aquellos elementos considerados importantes y cuya prestación es satisfactoria; la tarea del establecimiento es mantener los buenos resultados. El cuadrante C incluye elementos menos importantes que se prestan de forma deficiente pero que no requieren atención inmediata, ya que no se les presta mucha importancia. El cuadrante D incluye un elemento del servicio de poca importancia ("enviar noticias sobre mantenimiento"), que se presta de forma excelente y que supone una excesiva dotación de recursos que se podrían invertir en otros elementos más importantes. Este análisis podría reforzarse con un estudio comparativo de los niveles de satisfacción que alcanza la competencia.[46]

SISTEMAS PARA ATENDER LAS QUEJAS DE LOS CLIENTES Los estudios revelan que los clientes no quedan satisfechos en un 25% de las veces, pero que sólo cerca del 5% de ellos

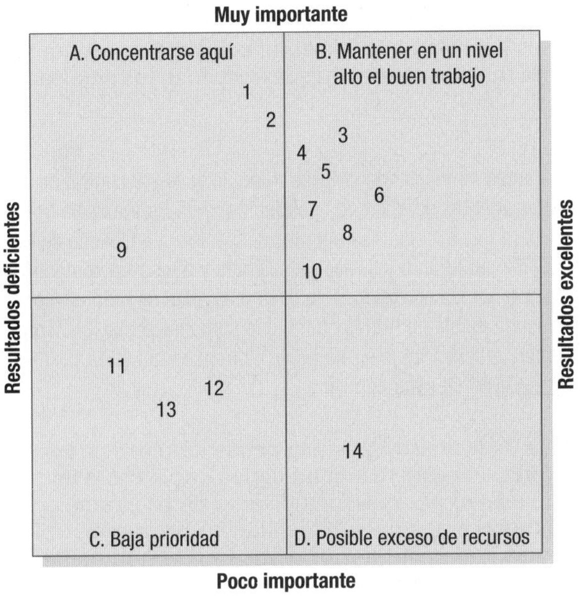

FIG. 13.6

Análisis de importancia/resultados.

reclaman. El 95% restante cree que no vale la pena tomarse la molestia de presentar una queja, o bien, no sabe siquiera cómo o ante quién presentarla.

Del 5% que presenta una queja, únicamente el 50% recibe una solución satisfactoria. Sin embargo, esto es algo crucial. En promedio, un cliente satisfecho relata sus buenas experiencias con un producto a tres personas, mientras que el promedio para un cliente insatisfecho es de 11 personas. Si cada uno de ellos habla con otros tres consumidores, el número de personas expuestas a un comentario negativo crece exponencialmente.

Los clientes cuyas quejas se solucionan de forma satisfactoria suelen volverse más leales que aquellos que nunca quedaron insatisfechos.[47] Cerca del 34% de los clientes que presentan quejas serias volverán a comprar a la empresa únicamente si ésta resuelve su queja, y la cifra aumenta hasta el 52% para las quejas menores. Si la queja se resuelve rápidamente, entre el 52% (quejas relevantes) y el 95% (quejas menores) de los clientes volverán a comprar a la empresa.[48]

Toda queja , si se maneja adecuadamente, es un regalo para la empresa. Las compañías que animan a sus clientes a que presenten quejas, y que además exhortan a sus empleados a solucionar la situación en el momento, obtienen ingresos y utilidades más altas que aquellas que no disponen de un procedimiento sistemático para atender las fallas en el servicio.[49] Pizza Hut imprime su número gratuito en todas las cajas de pizza. Cuando un cliente reclama, Pizza Hut envía un mensaje al gerente del establecimiento, quien deberá llamar por teléfono al cliente en un plazo de 48 horas y resolver la queja. Los hoteles Hyatt reciben puntuaciones muy altas en estos criterios.

HOTELES HYATT

Los hoteles Hyatt se distinguen por atender las quejas de sus clientes en un plazo extraordinariamente breve. Por ejemplo, un cliente de una empresa se registró en el hotel, pero no le gustó su habitación. Encendió el televisor y lo primero que encontró fue un cuestionario para clientes. Con la ayuda del control remoto, incluyó sus calificaciones. Para su sorpresa y satisfacción, a los cinco minutos de enviar la comunicación electrónica, el gerente del hotel le llamó personalmente por teléfono para decirle que, puesto que el hotel estaba completo, no le podían cambiar de habitación, pero que recibiría un detalle para compensarle por los inconvenientes.[50]

Los estudios han demostrado que los clientes evalúan los incidentes en función de las soluciones que se les ofrecen, de los procedimientos empleados para llegar a tales soluciones, y de la naturaleza del trato que reciben en el proceso.[51]

Lograr que los empleados realicen *funciones más allá de su rol* y protejan los intereses y la imagen de la empresa ante los clientes, además de mostrar una conducta seria y con iniciativa a la hora de tratar con estos últimos, es un tema esencial en el manejo de las quejas.[52] Las empresas también están mejorando la calidad de sus *centros de atención telefónica* y de sus *representantes de atención al cliente*. Si las llamadas telefónicas se manejan de forma adecuada, es posible mejorar el servicio, reducir el número de quejas e incrementar la lealtad de los clientes.

SATISFACCIÓN DE EMPLEADOS Y CLIENTES   Las mejores empresas de servicios son conscientes de que la actitud positiva de los empleados generará una mayor lealtad por parte de los clientes. Sears descubrió una importante correlación entre la satisfacción de los clientes, la satisfacción de los empleados y la rentabilidad por sucursal. En empresas como Hallmark, John Deere y los hoteles Four Seasons, los empleados están verdaderamente orgullosos de sus empresas. Veamos la función crucial que desempeñan los empleados de Re/Max:[53]

RE/MAX

Re/Max ha hecho de sus agentes inmobiliarios y de las franquicias el eje central de su marketing. Como apuntó un analista del sector: "Los agentes del mercado perciben que en Re/Max sólo trabajan los mejores. El mensaje es sencillo y poderoso para todos los demás agentes del sector." La filosofía de Re/Max es atraer a los mejores agentes, quienes, a la vez, atraerán a los mejores clientes y a los más rentables. Este enfoque ha llevado a los agentes de Re/Max a obtener las comisiones anuales más altas de todo el sector inmobiliario. La publicidad nacional y el logotipo inconfundible de Re/Max (un globo aerostático rojo, blanco y azul) son financiados, en parte, por los propios agentes, quienes también se benefician, pues tienen la posibilidad de afiliarse gratuitamente a Re/Max y reciben el 100% de cada comisión.

Dada la importancia de la actitud positiva de los empleados, las empresas de servicios deben atraer a los mejores. Por esta razón, no deben ofrecer sólo un puesto de trabajo, sino una carrera profesional a largo plazo. Deben diseñar un programa de capacitación sólido y ofrecer respaldo e incentivos por el trabajo bien hecho. Se pueden utilizar sistemas de intranet, los boletines internos, los recordatorios diarios y las reuniones con los empleados para reforzar una actitud enfocada en el cliente.

Outstanding Agents.
Outstanding Results.

RE/MAX agents average more experience and more sales than other real estate agents.

That's good news for you and your family – whether you're hoping to buy or looking to sell.

www.remax.com

RE/MAX Community
555-1212

Each RE/MAX® real estate office is independently owned and operated.

Los agentes se enfocan en el marketing de RE/MAX, como muestra este anuncio impreso. Los mismos agentes pagan parte de la publicidad.

Es muy importante controlar la satisfacción de los empleados de forma constante. Karl Albrecht observó que los empleados descontentos pueden ser "terroristas". Rosenbluth y Peters llegaron hasta el extremo de decir que los empleados de la empresa, y no los clientes, deben ser las personas más importantes si la empresa espera satisfacer a sus clientes.[54] Una empresa ha de capacitar a sus empleados cuidadosamente para que sean amables con el cliente.

SAFEWAY

En la década de los 90, la cadena de supermercados Safeway estableció el "Servicio Superior", un programa inusitadamente intensivo destinado a despertar la simpatía de los empleados hacia los clientes. Algunas de las normas eran: entablar contacto visual con todos los clientes, sonreír, saludar a los demás empleados, ofrecer muestras de productos o sugerir otros artículos de compra. Para garantizar su cumplimiento, se contrataron "compradores fantasma" para evaluar a los trabajadores. Los que recibían malas notas tenían que tomar un curso de capacitación. Aunque los estudios demostraban que los clientes estaban satisfechos con el programa, muchos empleados admitían sentirse estresados por él y algunos, incluso, renunciaron a modo de protesta. "Es tan artificial que no es sincero", afirmó una empleada de segunda generación que dejó su trabajo tras 20 años como cajera en la empresa, en parte por la frustración que le generó este programa. Algunas empleadas incluso interpusieron demandas por acoso sexual contra Safeway, alegando que las sonrisas forzadas inducían a confusiones y propiciaban acercamientos no deseados por parte de los clientes masculinos.[55]

::: La administración de marcas de servicios

Algunas de las marcas más fuertes del mundo son de servicios. Consideremos, por ejemplo, a los líderes del sector financiero como Citibank, American Express, JP Morgan, HSBC y Goldman Sachs. Algunos hospitales se han forjado reputaciones de "megamarcas" siendo los mejores en su campo, como la Clínica Mayo, el Massachusetts General y el Sloan-Kettering. Estos hospitales podrían abrir clínicas en otras ciudades y atraer pacientes gracias a la fuerza de la reputación de su marca. Como sucede con cualquier marca, las de servicios deben diferenciarse y desarrollar las estrategias apropiadas.

Diferenciación de servicios

Los expertos en marketing de servicios se quejan con frecuencia de la dificultad que implica diferenciar sus ofertas. La liberalización de importantes negocios del sector de los servicios (comunicaciones, transporte, energía, bancos), ha llevado a una intensa competencia en precios. En la medida en que los clientes perciben los servicios como homogéneos, se preocupan más por el precio que por el proveedor.

PROGRESSIVE CORP.

Situada en el primer puesto de las 50 empresas con mejores resultados de *Business Week* en 2004, Progressive demuestra cómo una empresa puede destacar entre la muchedumbre gracias a la pregunta (y a la respuesta) "¿hay alguna mejor forma de hacerlo?". Las aseguradoras de automóviles nunca han tenido reputación de ser agradables con sus clientes, pero Progressive utiliza esta historia sombría en su beneficio. Desde sus inicios en la década de los 90, la empresa ha ganado notoriedad al presentar a los clientes potenciales su presupuesto junto con el de tres de sus competidores. Esto le ha reportado miles de nuevas cuentas. Luego, una vez que Progressive ganó nuevos clientes, movilizó a un ejército de 12,000 peritos que se desplazaban con velocidad al lugar del accidente, y que con frecuencia expedían un cheque directamente en el lugar. Su último servicio consiste en permitir a los conductores implicados en accidentes menores que dejen su vehículo abollado en el lugar del siniestro, utilicen un auto de alquiler, y recojan su vehículo reparado unos días después. Todas estas medidas innovadoras han dado sus frutos: mientras que otras empresas del sector están todavía saliendo de una crisis, las utilidades de Progressive se incrementaron hasta un promedio anual del 183% en los últimos tres años, para alcanzar los 1,300 millones de dólares en 2003.[56]

Sin embargo, es posible diferenciar las ofertas de servicios de muchas maneras. Por ejemplo, la oferta puede incluir características innovadoras. Lo que los clientes esperan se denomina el *paquete de servicios primarios*. Vanguard, la segunda empresa más grande de fondos de inversión tiene una estructura de propiedad única para clientes que reduce los costos y permite una mayor rentabilidad de los fondos. Con una gran diferenciación con respecto a muchos de sus competidores, la marca ha crecido gracias a los comentarios positivos de sus clientes, las relaciones públicas y el marketing viral.[57]

La empresa de servicios puede agregar *características de servicios secundarios*. Por ejemplo, en el sector de las aerolíneas, muchas empresas han introducido características de servicios secundarios en forma de películas, venta de productos, servicio telefónico aire-tierra y programas de viajero frecuente. Marriott tiene disponibles habitaciones para viajeros que requieren contar con facilidades para el uso computadoras, faxes y correo electrónico. Muchas empresas utilizan Internet para ofrecer características de servicios secundarios sin precedentes.

KAISER PERMANENTE

Como muchas otras instituciones privadas para el cuidado de la salud, Kaiser Permanente se esfuerza por diseñar servicios de valor agregado que no se traduzcan en números rojos. Kaiser, la organización más grande del ramo, con ocho millones de pacientes en 11 entidades de Estados Unidos, cuenta con un sitio Web galardonado que permite a sus miembros hacer cita con el médico, enviar preguntas por correo electrónico a enfermeras y farmacéuticos (y recibir respuestas en 24 horas), participar en debates moderados por profesionales de la salud, y buscar información en enciclopedias especializadas en cuestiones de salud. Muy pronto, sus clientes también podrán tener acceso directo a su propio expediente médico.[58]

Por otra parte, algunas empresas de servicios siguen el camino inverso y agregan el factor humano para evitar la competencia de los negocios *on line*. Esto ocurre, por ejemplo, en muchas farmacias. Puesto que las farmacias estadounidenses enfrentan la competencia de establecimientos *on line* de bajo costo que reciben los pedidos a través de Internet, las farmacias tradicionales están explotando la presencia de profesionales de la salud en sus establecimientos. Por ejemplo, Brooks Pharmacy tiene disponibles centros "RX Care" en muchas de sus tiendas remodeladas. Se trata de salas de consulta privadas en las que los farmacéuticos pueden hablar durante largo tiempo con los pacientes sobre recetas y medicamentos, potenciales efectos secundarios, y asuntos embarazosos como la incontinencia urinaria. CVS permite a sus farmacéuticos pasar más tiempo con los clientes gracias a la inversión en máquinas que cuentan las píldoras y llenan los frascos, una tarea tediosa que consume la mayor parte del tiempo de los farmacéuticos.[59]

En ocasiones, la empresa simplemente logra diferenciarse mediante sus ofertas de servicio y el éxito de los esfuerzos de venta cruzada. El desafío principal es que la mayoría de las ofertas y de las innovaciones se copian fácilmente. A pesar de todo, la empresa de servicios que introduzca innovaciones de forma regular obtendrá una importante sucesión de ventajas sobre la competencia.

SCHNEIDER NATIONAL

Schneider National es la empresa de transporte de mercancías de larga distancia más grande del mundo, con más de 40,000 trailers naranja brillante en las carreteras. Aunque el beneficio principal que ofrece consiste en transportar mercancías de un sitio a otro, Don Schneider está en el negocio de las *soluciones para el cliente*. Su empresa es experta en ofrecer un remolque especial para cada tipo de carga a fin de minimizar los costos. Además, ofrece garantías de servicio respaldadas por incentivos monetarios para cumplir los plazos, que suelen ser bastante ajustados. Schneider imparte programas de capacitación para mejorar la pericia de sus conductores y asigna un despachador específico a los clientes más importantes. Esta empresa fue la primera en introducir un sistema de localización informática en cada camión. Incluso la pintura color naranja de sus vehículos es parte de la estrategia de marca. Si este sector es testigo de más innovaciones, con toda seguridad se deberán a Schneider.

Desarrollo de estrategias de marca para servicios

Para desarrollar estrategias de marca para servicios es necesario prestar atención a la selección de los elementos de marca, a la creación de dimensiones de imagen y al diseño de la estrategia.

SELECCIÓN DE ELEMENTOS DE MARCA La intangibilidad de los servicios tiene implicaciones al seleccionar los elementos de marca. Puesto que las dimensiones y los planes de los servicios con frecuencia se realizan lejos de la ubicación del propio servicio (por ejemplo, en casa o en el trabajo), es esencial que los clientes recuerden la marca. En estos casos, es indispensable que el nombre o la denominación de marca sea fácil de recordar.

Asimismo, se utilizan otros elementos de marca como logotipos, símbolos, caracteres y eslogans para reforzar y completar el nombre de marca a fin de generar conciencia e imagen de marca. Estos otros elementos de marca sirven para hacer el servicio y algunas de sus ventajas principales más tangibles, concretos y reales (por ejemplo los "cielos amigables" de United, las "manos amigas" de Allstate, y el toro sinónimo de mercado a la alza de Merrill Lynch).

Puesto que con los servicios no existe ningún producto físico, las instalaciones de la empresa de servicios son especialmente importantes (sus símbolos primarios y secundarios, el diseño del entorno y el área de recepción, el vestuario de los empleados, el material colateral, entre otros). Todos los aspectos del proceso de prestación del servicio pueden ser parte de la marca; por eso Allied Moving Lines hace tanto hincapié en la imágen de sus conductores y demás empleados, por eso UPS ha desarrollado un *brand-equity* tan fuerte con el color café de sus vehículos, y también por esa razón, los hoteles DoubleTree ofrecen galletas recién horneadas a sus huéspedes como muestra del cuidado y la simpatía hacia ellos.

CREACIÓN DE DIMENSIONES DE IMAGEN Las asociaciones en torno a una organización, como por ejemplo la percepción por parte de los consumidores de los empleados que conforman la empresa y de las personas que prestan el servicio, suelen ser asociaciones de marca especialmente importantes que influyen, directa o indirectamente, en las valoraciones sobre la calidad en el servicio. Una asociación fundamental es la credibilidad de la empresa, así como la experiencia, la confiabilidad y la simpatía de sus empleados.

Por todo lo anterior, las empresas de servicios deben diseñar comunicaciones de marketing y programas de información que permitan a los consumidores saber más acerca de la marca que lo que les comunica el servicio en sí mismo. Estos programas pueden incluir comunicaciones de marketing destinadas a ayudar a la empresa a desarrollar su propia personalidad de marca. En 2003, State Farm lanzó una ambiciosa campaña de marketing para crearse una nueva imagen.

STATE FARM

State Farm, en el puesto número 25 de la lista de empresas *Fortune* 500, cuenta con una red de cerca de 17,000 agentes que atienden a aproximadamente 28 millones de hogares en Estados Unidos y Canadá. En 2003, la empresa lanzó una campaña multimedia polifacética con el tema "Vivimos donde usted vive". Respaldada por una campaña de marketing integrado, anuncios impresos, televisivos y radiofónicos, mensajes de correo directo, material para agentes de ventas, anuncios en los puntos de venta, un sitio Web rediseñado, banners en Internet y anuncios espectaculares, la empresa pretendía reforzar su imagen de "buen vecino". Al mismo tiempo State Farm anunciaba que se había expandido más allá de los límites tradicionales de los seguros de automóviles, de vida y del hogar, para entrar en campos como los seguros médicos, los fondos de inversión e incluso los servicios bancarios. La campaña estaba diseñada para demostrar que los servicios financieros de State Farm podían ofrecer asistencia en momentos de transición vital y que sus agentes eran la fuente de tales servicios. "Con todo lo que ha pasado en los mercados financieros estos últimos años, los consumidores demandan integridad, estabilidad y atención personal por parte de todos aquellos que pretenden ayudarles con sus necesidades financieras", afirma Jack Weekes, vicepresidente de marketing de State Farm.[60]

DISEÑO DE LA ESTRATEGIA DE MARCA Por último, las empresas de servicios también tienen que considerar el desarrollo de una jerarquía de marca y de una cartera de marcas que les permitan posicionarse y dirigirse a segmentos de mercado diferentes. Por ejemplo,

Anuncio impreso en el marco de la campaña multimedia "Vivimos donde usted vive", destinada a forjar la imagen de State Farm. El anuncio también incluye la frase "State Farm está ahí como un buen vecino".

se pueden asignar distintas marcas a las diversas clases de servicios, en función de la calidad y del precio. Las extensiones verticales exigen estrategias de submarca en las que el nombre de la empresa se combine con un nombre de marca individual o con un modificador. En el sector de las líneas aéreas y en el hotelero, las líneas y las carteras de marcas se crean mediante extensiones e introducciones de marcas. Por ejemplo, Delta Airlines llamó Business-Elite a su servicio de primera, Sky Miles a su programa de viajeros frecuentes, *Sky* a su revista que ofrece a bordo, Crown Room Clubs a sus salas en los aeropuertos, y Song a su aerolínea de recorridos cortos. Los hoteles Hilton tienen una cartera de marcas que incluye Hilton Garden Inns, destinada a viajeros de negocios con presupuesto austero, para competir con la conocida cadena de Marriott llamada Courtyard, y también cuenta con las marcas DoubleTree, Embassy Suites, Homewood Suites y Hampton Inn. La compañía Cirque du Soleil ha adoptado una estrategia de marca muy estricta.[61]

CIRQUE DU SOLEIL

Cirque du Soleil (el Circo del Sol) puso fin a todas los convencionalismos en torno al espectáculo del circo. La empresa incluye elementos tradicionales como trapecistas, payasos, hombres musculosos y contorsionistas, pero los sitúa en un escenario nada convencional con vestimentas espléndidas, música New Age y diseños espectaculares. Cada producción está asociada a un tema, por ejemplo *Varekai* ("tributo al alma nómada") o *Saltimbanco* ("fantasmagoría de la vida urbana"). Como la mayoría de las producciones teatrales fracasan, el hecho de que las 15 producciones de Cirque du Soleil hayan cosechado tanto éxito y que la empresa se embolse 100 millones de dólares cada año es algo verdaderamente impresionante. Parte de este éxito es atribuible a la cultura de la empresa, que fomenta la creatividad y la innovación, y que protege escrupulosamente su marca. Cada producción se crea en el seno de la misma compañía, a un ritmo de un espectáculo por año, y es totalmente exclusiva: no existe repetición de giras.

⋮⋮⋮ La administración de servicios de apoyo al producto

Hasta aquí nos hemos centrado en las empresas de servicios. Sin embargo, los sectores productivos no son menos importantes, porque también brindan servicios a sus clientes. Los fabricantes de maquinaria (pequeños electrodomésticos, equipos de oficina, tractores, computadoras centrales, aviones) tienen que prestar a los clientes *servicios de apoyo al producto*. De hecho, los servicios de apoyo al producto se están convirtiendo en el campo de batalla para la obtención de ventajas competitivas. En el capítulo 12 vimos cómo los productos se pueden mejorar a través de factores de diferenciación de servicios (facilidad de pedido, entrega, instalación, capacitación, asesoría a los clientes, mantenimiento y reparación). Algunas empresas de maquinaria como Caterpillar Tractor y John Deere consiguen más del 50% de sus utilidades a partir de estos servicios. En el mercado mundial, las empresas que fabrican productos de buena calidad pero que prestan servicios de apoyo deficientes están en seria desventaja. Las empresas que ofrecen servicios de gran calidad están muy por encima de sus competidores menos enfocados en los servicios.

Identificación y satisfacción de las necesidades de los clientes

La empresa tiene que definir cuidadosamente las necesidades de los clientes cuando diseña un programa de servicios de apoyo. Los clientes tienen tres preocupaciones fundamentales:[62]

■ Les preocupa la confiabilidad y la *frecuencia de las averías*. Un granjero tal vez tolere que su cosechadora se descomponga una vez al año, pero no dos ni tres.

■ Los clientes también se preocupan por el *tiempo de inactividad* del producto. Cuanto mayor sea éste, más alto será el costo al que tendrán que hacer frente. El cliente cuenta con la *formalidad del servicio* de la empresa vendedora: la capacidad del vendedor para reparar la máquina rápidamente, o al menos para suministrarle un sustituto durante el periodo de inactividad.[63]

■ Otra preocupación de los clientes son los *costos adicionales* que no habían previsto. ¿Cuánto tendrán que gastar regularmente en el mantenimiento y las reparaciones del producto?

A la hora de seleccionar una empresa, los compradores consideran todos estos factores. El comprador intenta calcular el **costo del ciclo de vida**, es decir, los costos de adquisición del producto, más el costo de mantenimiento y reparación menos el costo de recuperación. Para elegir, los compradores solicitan datos muy precisos.

La importancia de la confiabilidad del producto y de la formalidad del servicio y del mantenimiento varía. Una oficina con una sola computadora necesitará una mayor confiabilidad del producto y un servicio de reparación más rápido que una oficina en la que hay otras computadoras disponibles por si una se descompone. Una aerolínea debe ser 100% confiable. Cuando la confiabilidad es importante, es conveniente que los fabricantes o los que prestan el servicio ofrezcan garantías a fin de promover las ventas.

Para suministrar el mejor servicio de apoyo, los fabricantes deben identificar los servicios que más valoran los consumidores y su importancia relativa. En el caso de maquinaria costosa, los fabricantes ofrecen *servicios que faciliten su uso*, como por ejemplo servicios de instalación, capacitación del personal, servicios de mantenimiento y reparación, así como facilidades de financiamiento. Asimismo, ciertos fabricantes también ofrecen *servicios de valor agregado*. Herman Miller, una importante empresa de mobiliario de oficina, hace una promesa a sus clientes: **1.** garantías de producto a cinco años; **2.** auditorías de calidad tras la instalación del mobiliario; **3.** fechas de entrega garantizadas; **4.** aceptación de muebles antiguos como parte del pago.

Un fabricante tiene distintas alternativas a la hora de ofrecer y cobrar una tarifa por los servicios de valor agregado. Por ejemplo, una empresa especializada en productos químicos orgánicos suministra un nivel básico de servicios que acompaña al producto. Si el cliente desea servicios adicionales, puede pagar una cuota complementaria o incrementar el volumen de compras anuales, en cuyo caso los servicios adicionales estarán incluidos en el precio. Otra alternativa, adoptada por muchas empresas, consiste en ofrecer *contratos de servicio* (también denominados *garantías ampliadas*), mediante los cuales los vendedores acuerdan prestar servicios de mantenimiento y reparación durante un determinado periodo de tiempo a cambio de un precio específico. Los contratos de servicio tienen duraciones y deducibles diferentes, de modo que los clientes tienen la posibilidad de elegir el nivel de servicio que desean más allá del paquete básico.

Las empresas tienen que planear el diseño de su mezcla de productos y servicios conjuntamente. Los gerentes de diseño y de control de calidad deben formar parte del equipo de desarrollo de nuevos productos. Si se diseñan buenos productos se reducirá la necesidad de prestar servicios a posteriori. La fotocopiadora Canon para el hogar utiliza un cartucho desechable de tóner que reduce en gran medida la necesidad de llamar al servicio técnico. Kodak y 3M diseñaron equipos que permiten al usuario conectarse a un dispositivo central de diagnósticos que realiza pruebas, localiza los desperfectos y repara el equipo a través de la línea telefónica. Las empresas agregan cada vez más recursos modulares y desechables que facilitan el autoservicio de los clientes.

Estrategia de servicios posteriores a la venta

La calidad de los distintos departamentos de servicios varía de forma considerable. En un extremo están los departamentos que simplemente transfieren las llamadas de los clientes a las personas o departamentos que se encargan de las acciones pertinentes, pero sin un gran seguimiento. En el extremo opuesto se ubican departamentos impacientes por recibir solicitudes, sugerencias e incluso quejas de los clientes para darles trámite con celeridad.

Cuando prestan sus servicios, la mayoría de las empresas atraviesan una serie de fases. Los fabricantes normalmente comienzan con su propio departamento de servicio y reparación ya que pretenden mantenerse en contacto con sus equipos para descubrir los problemas que pudieran surgir. Además, les resulta caro capacitar a otras personas, lo cual, además, toma tiempo; y descubren que pueden ganar dinero si se encargan de los servicios de mantenimiento y reparación. Si son los únicos proveedores de las refacciones requeridas, podrán establecer un precio superior. De hecho, muchos fabricantes de equipos los venden a precios bajos, pero fijan precios altos a los repuestos y a los servicios. (Esto explica por qué surgen competidores que fabrican las mismas piezas o similares, y las venden a clientes y distribuidores por un precio inferior.)

Con el tiempo, los fabricantes encargan la mayor parte de los servicios de reparación y mantenimiento a distribuidores y concesionarios autorizados que están más cerca del cliente, tienen presencia en más lugares y completan los servicios más rápidamente. Los fabricantes siguen obteniendo utilidades por la venta de las refacciones, pero dejan la ganancia de los servicios a los intermediarios. Posteriormente emergen empresas independientes. En la actualidad, más del 40% de las reparaciones de automóviles se hacen fuera de los concesionarios autorizados, en talleres independientes o en cadenas de talleres como Midas Muffler, Sears y JC-Penney. Estas empresas independientes manejan computadoras centrales, equipos de telecomunicaciones y una gran variedad de líneas de equipamiento. Normalmente ofrecen costos más bajos y/o un servicio más rápido que el fabricante o el distribuidor autorizado.

El abanico de posibilidades de servicio de que gozan los consumidores sigue en aumento, mientras que los precios y las utilidades por el servicio se reducen en consecuencia. Los fabricantes de maquinaria tienen que esforzarse cada vez más por encontrar la manera de generar utilidades con su maquinaria, independientemente de los contratos de servicio. Actualmente, algunas garantías de automóviles cubren cerca de 160,000 kilómetros antes del primer servicio. El aumento de material desechable o irrompible hace que los clientes estén cada vez menos dispuestos a pagar entre el 2 y 10% de la compra, cada año, por servicios adicionales. Algunos compradores importantes se encargan de sus propios servicios de mantenimiento y reparación. Para una empresa con varios cientos de computadoras personales, impresoras y demás productos relacionados probablemente será más barato tener su propio personal de servicio. Estas compañías a menudo presionan al fabricante para que les ofrezca un precio más bajo, puesto que ellas se encargarán del servicio de mantenimiento y reparación.

RESUMEN :::

1. Un servicio es cualquier acción o cometido esencialmente intangible que una parte ofrece a otra, sin que exista transmisión de propiedad. Su prestación puede estar vinculada o no con productos físicos.

2. Los servicios son intangibles, inseparables, variables y perecederos. Cada una de estas características plantea desafíos y exige determinadas estrategias. Los mercadólogos tienen que encontrar el modo de tangibilizar lo intangible, de aumentar la productividad de los prestadores del servicio, de incrementar y estandarizar la calidad del servicio, y de vincular la oferta de servicios con la demanda del mercado.

3. Las empresas de servicios han ido detrás de las manufactureras en la adopción y utilización de herramientas y conceptos de marketing, pero esta situación está en proceso de cambio. El marketing de servicios se debe aplicar desde una perspectiva holística: no sólo es necesario un marketing externo, sino también un marketing interno que motive a los empleados, así como un marketing interactivo para desarrollar una mejor calidad tecnológica y un mejor trato con el cliente.

4. Las expectativas de los clientes desempeñan una función crucial en las experiencias y las evaluaciones de los servicios. Las empresas deben administrar la calidad del servicio

adecuadamente mediante el entendimiento de los efectos de cada contacto con los consumidores.

5. Las mejores empresas de servicios destacan en las siguientes prácticas: concepción estratégica, compromiso de la alta dirección con la calidad, establecimiento de altos estándares, tecnologías de autoservicio, sistemas de control de resultados, sistemas para atender las quejas de los clientes e hincapié en la satisfacción de los empleados.

6. Para asignar una marca a un servicio de manera efectiva, la empresa debe diferenciar su marca mediante características de servicio primarias y secundarias, y a continuación desarrollar las estrategias de marca adecuadas. Las estrategias de marca de servicios incluyen numerosos elementos de marca. Asimismo, se desarrollan jerarquías y carteras de marcas para establecer dimensiones de imagen que refuercen o complementen las ofertas de servicios.

7. Incluso las empresas fabricantes de productos deben proporcionar servicios postventa. Para ofrecer la mejor asistencia, los fabricantes identifican los servicios que más valoran los consumidores y determinan su importancia relativa. La mezcla de servicios incluye tanto servicios anteriores a la venta (que facilitan el uso y generan valor agregado), como servicios postventa (atención al cliente, mantenimiento y reparación).

APLICACIONES :::

Debate de marketing ¿Es diferente el marketing de servicios del marketing de productos?

Algunos especialistas en marketing de servicios sostienen con vehemencia que el marketing de servicios es totalmente distinto del marketing de productos, y que uno y otro requieren de habilidades diferentes. Algunos especialistas en marketing de productos, los más tradicionales, discrepan y piensan que "el buen marketing siempre es buen marketing".

Tome partido: "El marketing de productos es diferente del marketing de servicios" frente a "el marketing de productos tiene mucho que ver con el marketing de servicios".

Análisis de marketing

Las universidades y demás instituciones académicas se podrían catalogar como organizaciones de servicios. ¿Cómo aplicaría los principios de marketing explicados en este capítulo a su universidad? ¿Podría ofrecer algún consejo a su universidad para que aplique una mejor estrategia de marketing?

CASO DE **MARKETING** | **SOUTHWEST AIRLINES**

Southwest Airlines ingresó en el sector de las aerolíneas en 1971 con poca inversión, pero con una gran personalidad. Al promoverse como la aerolínea del amor, la empresa utilizaba un logotipo rojo en forma de corazón. En los años 70, sobrecargos vestidas de naranja y con shorts servían bocadillos de amor (maníes) y pociones de amor (bebidas). En un primer momento, con poco presupuesto de publicidad, la empresa se basaba en sus escandalosas ideas para generar comentarios positivos.

Más adelante, la publicidad pondría de manifiesto las bajas tarifas de Southwest, la frecuencia de sus vuelos, la puntualidad y su magnífico expediente de seguridad. Toda la publicidad estaba dominada por un espíritu divertido. Por ejemplo, un anuncio televisivo mostraba una bolsa de maníes mientras se escuchaba la frase: "Así son las comidas en Southwest Airlines...Y también nuestras tarifas" (en inglés, la palabra maníes también significa una ganga). Southwest empleaba anuncios divertidos para burlarse de sí misma y transmitir su personalidad.

El estilo divertido de Southwest atrae en igual medida tanto a clientes como a empleados. Aunque Southwest no se toma en serio a sí misma, sí toma en serio su trabajo. La estrategia de la empresa consiste en ser una aerolínea de bajo costo, y lo cierto es que esta estrategia alcanza proporciones colosales. Un eslogan interno, que dice "no es un trabajo, es una cruzada", transmite a la perfección la misión de la empresa: abrir los cielos para todos, ofrecer a todos la posibilidad de volar con unos costos tan bajos que le permitan competir con el transporte por tierra, como los automóviles y los autobuses. Los empleados se ven a sí mismos como "protectores de las pequeñas empresas y de los jubilados que cuentan con Southwest para obtener tarifas bajas".

Southwest ofrece tarifas bajas gracias a la eficacia de sus procesos. Por ejemplo, Southwest sólo opera un tipo de avión, el Boeing 737, y tiene todas sus aeronaves equipadas con instrumentos de vuelo idénticos. Esto ahorra tiempo y dinero puesto que simplifica la capacitación: los pilotos, los sobrecargos y los mecánicos sólo necesitan conocer los procedimientos de un modelo único de Boeing 737. De este modo, la dirección puede sustituir aviones, reorganizar tripulaciones o transferir mecánicos sin demora. Esta estrategia también ahorra muchos costos de inventario de piezas de repuesto y de negociación de contratos de nuevos aviones.

Southwest también va contra la corriente en lo referente a las rutas, en lugar de utilizar una sede central para volar desde ahí a otros destinos, realiza trayectos entre destinos sin conexión. La empresa selecciona a conciencia aeropuertos secundarios con tasas inferiores y menos saturados para poder acelerar el tiempo de embarque y desembarque. El tiempo que la aerolínea emplea en estas tareas, entre 15 y 20 minutos (desde el aterrizaje hasta el despegue) es la mitad del promedio del sector, lo que le permite a la empresa aprovechar mejor sus activos (programa más vuelos y transporta a más pasajeros por día). Southwest sabe que si el avión y la tripulación no están en el aire, no generan dinero.

Southwest se ha expandido gracias a su introducción en nuevos mercados en los que los precios son altos y los consumidores no reciben una atención adecuada de las aerolíneas existentes. La empresa considera que reduce las tarifas entre un 33 y 50% cada vez que entra en un nuevo mercado. Southwest hace crecer el mercado en cada ciudad en la que opera poniendo el transporte aéreo a disposición de consumidores que, si no fuese por esta aerolínea, no podrían viajar en avión.

A pesar de que Southwest es una aerolínea de tarifas bajas, es pionera en muchos servicios y programas adicionales, como el servicio de envío de mercancías en un día, los descuentos a jubilados, las "Tarifas Divertidas" y los "Paquetes Divertidos". A pesar de su reputación de precios bajos y servicios sencillos, la empresa se ha ganado el corazón de los consumidores: durante 12 años consecutivos, ha ocupado el primer lugar en la lista del Departamento del Transporte por sus servicios a los clientes, a pesar de que el precio promedio de un boleto con Southwest es de 87 dólares; la revista *Fortune*, desde 1997, ha calificado a Southwest como la aerolínea más admirada, como la tercera empresa estadounidense más admirada en 2004, y como una de las cinco mejores empresas para trabajar de todo Estados Unidos. Los resultados financieros de Southwest también son excelentes: la empresa ha reportado utilidades durante 31 años consecutivos. Luego de los atentados del 11 de septiembre, Southwest fue la única aerolínea que obtuvo utilidades en los trimestres posteriores a la tragedia, y una de las pocas empresas que no despidió a trabajadores tras la crisis del sector turístico que generaron el declive económico y la amenaza terrorista.

Aunque los shorts quedaron atrás desde hace mucho, el espíritu de la empresa permanece en el corazón de Southwest. El símbolo de la empresa en la bolsa de Nueva York es el amor, y en la empresa hay corazoncitos rojos por todas partes. Estos símbolos representan el espíritu de los empleados de Southwest, "cuidarse a sí mismos, cuidar a sus compañeros, y cuidar a los clientes de la empresa", como afirma un manual del empleado. "Otras empresas podrán igualar nuestras tarifas, nuestros aviones y nuestras rutas. Pero lo que nos enorgullece sobre todas las cosas son los servicios que ofrecemos a nuestros clientes", sostiene Sherry Phelps, director de recursos humanos. Por esta razón, Southwest busca y contrata a personas que generen entusiasmo. De hecho, el sentido del humor es un importante criterio de selección para la empresa. Como explicó un empleado: "Podemos enseñar a hacer cualquier trabajo, pero no podemos fomentar el carácter adecuado."

Southwest confía tanto en su cultura y en sus empleados que en 2004 se permitió ser el tema central de una serie de televisión llamada Airline. A la empresa no le preocupa que los competidores la imiten. "Lo que hacemos es simple, pero no simplista", afirmó la directora de operaciones, Colleen Barrett. "Todo lo que hacemos, lo hacemos con pasión."

Preguntas para discusión

1. ¿Cuáles han sido los factores de éxito de Southwest Airlines?

2. ¿En qué sentido es vulnerable esta empresa? ¿A qué debe prestar atención?

3. ¿Qué recomendaría a los directivos de marketing para el futuro? ¿Qué acciones de marketing deberá ejecutar?

Fuentes: Andy Serwer, "Southwest Airlines: The Hottest Thing in the Sky", *Fortune*, 8 de marzo de 2004; Colleen Barrett, "Fasten Your Seat Belts", *Adweek*, 26 de enero de 2004, p. 17; Kevin Freiberg y Jackie Freiberg, *Nuts! Southwest Airlines's Crazy Recipe for Business and Personal Success*, Austin, TX: Bard, 1996; "Southwest May Not Be No. 1, But It Sure Looks Like the Leader", *Airline Financial News*, 24 de noviembre de 2003; Eva Kaplan-Leiserson, "Strategic Service", *Training and Development*, noviembre de 2003, pp. 14–16; Micheline Maynard, "In Philadelphia, Southwest Is Trying the Front Door", *The New York Times*, 31 de enero de 2004, p. B1; <www.southwest.com>.

REFERENCIAS BIBLIOGRÁFICAS :::

1. Leonard L. Berry, *Discovering the Soul of Service: The Nine Drivers of Sustainable Business Success* (Nueva York: The Free Press, 1999); Fred Wiersema (ed.), *Customer Service: Extraordinary Results at Southwest Airlines, Charles Schwab, Lands' End, American Express, Staples, and USAA* (Nueva York: HarperBusiness, 1998); Valarie A. Zeithaml y Mary Jo Bitner, *Services Marketing*, 3ª ed., 2003, McGraw-Hill/Irwin.

2. Spencer E. Ante, "The New Blue", *Business Week*, 17 de marzo 2003, pp. 80-88; "Is Big Blue the Next Big Thing", *The Economist*, 21 de junio de 2003, pp. 55–56; Brent Schlender, "How Big Blue is Turning Geeks into Gold", *Fortune*, 9 de junio de 2003, pp. 133–140; Steve Lohr, "Big Blue's Big Bet: Less Tech, More Touch", *The New York Times*, 25 de enero de 2004, p. 3.

3. <http://www.bls.gov/emp/home.htm>.

4. G. Lynn Shostack, "Breaking Free from Product Marketing", *Journal of Marketing* (abril de 1977), pp. 73–80; Leonard L. Berry, "Services Marketing Is Different", *Business* (mayo–junio de 1980), pp. 24–30; Eric Langeard, John E. G. Bateson, Christopher H. Lovelock y Pierre Eiglier, *Services Marketing: New Insights from Consumers and Managers* (Cambridge, MA: Marketing Science Institute, 1981); Karl Albrecht y Ron Zemke, *Service America! Doing Business in the New Economy* (Homewood, IL: Dow Jones-Irwin, 1986); Karl Albrecht, *At America's Service* (Homewood, IL: Dow Jones-Irwin, 1988); Benjamin Scheider y David E. Bowen, *Winning the Service Game* (Boston: Harvard Business School Press, 1995).

5. Mohanbir Sawhney, Sridhar Balasubramanian y Vish V. Krishnan, "Creating Growth with Services", *MIT Sloan Management Review*, invierno de 2004, pp. 34–43.

6. http://www.webbyawards.com/businessawards/winners.html

7. Theodore Levitt, "Production-Line Approach to Service", *Harvard Business Review* (septiembre–octubre de 1972), pp. 41–52.

8. Si desea consultar más clasificaciones de servicios, véase Christopher H. Lovelock, *Services Marketing*, 3a. ed. (Upper Saddle River, NJ: Prentice Hall, 1996). Véase también John E. Bateson, *Managing Services Marketing: Text and Readings*, 3a. ed. (Hinsdale, IL: Dryden, 1995).

9. Valarie A. Zeithaml, "How Consumer Evaluation Processes Differ between Goods and Services", en *Marketing of Services*, J. Donnelly y W. R. George (eds.), pp. 186–90.

10. Amy Ostrom y Dawn Iacobucci, "Consumer Trade-offs and the Evaluation of Services", *Journal of Marketing* (enero de 1995), pp. 17–28.

11. Theodore Levitt, "Marketing Intangible Products and Product Intangibles", *Harvard Business Review* (mayo–junio de 1981), pp. 94–102; Berry, "Services Marketing Is Different".

12. B. H. Booms y M. J. Bitner, "Marketing Strategies and Organizational Structures for Service Firms", en *Marketing of Services*, J. Donnelly y W. R. George (eds.), (Chicago: American Marketing Association, 1981), pp. 47–51.

13. Lewis P. Carbone y Stephan H. Haeckel, "Engineering Customer Experiences", *Marketing Management* (invierno de 1994).

14. Bernd H. Schmitt, *Customer Experience Management*, John Wiley & Sons, 2003.

15. Leonard L. Berry y Neeli Bendapudi, "Clueing In Customers", *Harvard Business Review*, (febrero de 2003), pp. 100-106.

16. "Mastering the Blues", *Times-Picayue*, 18 de marzo de 2001, p. 1.

17. G. Lynn Shostack, "Service Positioning Through Structural Change", *Journal of Marketing* (enero de 1987), pp. 34–43.

18. Debra Zahay y Abbie Griffin, "Are Customer Information Systems Worth It? Results from B2B Services", *Marketing Science Institute Working Paper*, Informe núm. 02-113, 2002.

19. W. Earl Sasser, "Match Supply and Demand in Service Industries," *Harvard Business Review* (noviembre–diciembre de 1976), pp. 133–140.

20. Carol Krol, "Case Study: Club Med Uses E-mail to Pitch Unsold, Discounted Packages", *Advertising Age*, 14 de diciembre de 1998, p. 40; <www.clubmed.com>.

21. Seth Godin, "If It's Broke, Fix It", *Fast Company*, octubre de 2003, p. 131.

22. Diane Brady, "Why Service Stinks", *Business Week*, 23 de octubre de 2000, pp. 119–28.

23. Bruce Horovitz, "Whatever Happened to Customer Service? Automated Answering, Long Waits Irk Consumers", *USA Today*, 26 de septiembre de 2003, p. A1.

24. Bruce Horovitz, "Whatever Happened to Customer Service? Automated Answering, Long Waits Irk Consumers", *USA Today*, 26 de septiembre de 2003, p. A1.

25. Dan McGinn, "BlueSkies", *MBA Jungle*, marzo/abril 2002, pp. 32–34; Melanie Wells, "Lord of the Skies", *Forbes*, 14 de octubre de 2002, pp. 130–138; Amy Goldwasser, "Something Stylish, Something Blue", *Business 2.0*, pp. 94–95.

26. No obstante, véase Ellen Day y Richard J. Fox, "Extended Warranties, Service Contracts, and Maintenance Agreement: A Marketing Opportunity?" *Journal of Consumer Marketing* (otoño de 1985), pp. 77–86.

27. Susan M. Keaveney, "Customer Switching Behavior in Service Industries: An Exploratory Study", *Journal of Marketing* (abril de 1995), pp. 71–82. Véase también Michael D. Hartline y O. C. Ferrell, "The Management of Customer-Contact Service Employees: An Empirical Investigation", *Journal of Marketing* (octubre de 1996), pp. 52–70; Lois A. Mohr, Mary Jo Bitner y Bernard H. Booms, "Critical Service Encounters: The Employee's Viewpoint", *Journal of Marketing* (octubre de 1994), pp. 95–106; Linda L. Price, Eric J. Arnould y Patrick Tierney, "Going to Extremes: Managing Service Encounters and Assessing Provider Performance", *Journal of Marketing* (abril de 1995), pp. 83–97; Jaishankar Ganesh, Mark J. Arnold y Kristy E. Reynolds "Understanding the Customer Base of Service Providers: An Examination of the Differences Between Switchers and Sayers", *Journal of Marketing* 64 (julio de 2000), pp. 65–87.

28. Christian Gronroos, "A Service Quality Model and Its Marketing Implications", *European Journal of Marketing* 18, núm. 4 (1984), pp. 36–44.

29. Leonard Berry, "Big Ideas in Services Marketing", *Journal of Consumer Marketing* (primavera de 1986), pp. 47–51. Véase también Walter E. Greene, Gary D. Walls y Larry J. Schrest, "Internal

Marketing: The Key to External Marketing Success", *Journal of Services Marketing* 8, núm. 4 (1994), pp. 5–13; John R. Hauser, Duncan I. Simester y Birger Wernerfelt, "Internal Customers and Internal Suppliers", *Journal of Marketing Research* (agosto de 1996), pp. 268–280; Jagdip Singh, "Performance Productivity and Quality of Frontline Employees in Service Organizations", *Journal of Marketing* 64 (abril de 2000), pp. 15–34.

30. Anónimo, "What Makes Singapore a Service Champion?" *Strategic Direction* (abril de 2003), pp. 26-28.

31. Christian Gronroos, "Service Quality Model", 38–39; Michael D. Hartline, James G. Maxham III y Daryl O. McKee, "Corridors of Influence in the Dissemination of Customer-Oriented Strategy to Customer Contact Service Employees", *Journal of Marketing* (abril de 2000), pp. 35–50.

32. Nilly Landau, "Are You Being Served?" *International Business* (marzo de 1995), pp. 38–40.

33. Philip Kotler y Paul N. Bloom, *Marketing Professional Services* (Upper Saddle River, NJ: Prentice Hall, 1984).

34. Philip Kotler y Paul N. Bloom, *Marketing Professional Services*.

35. Glenn B. Voss, A. Parasuraman y Dhruv Grewal, "The Role of Price, Performance, and Expectations in Determining Satisfaction in Service Exchanges", *Journal of Marketing*, 62 (octubre de 1998), pp. 46-61.

36. <www.ritzcarlton.com>.

37. A. Parasuraman, Valarie A. Zeithaml y Leonard L. Berry, "A Conceptual Model of Service Quality and Its Implications for Future Research", *Journal of Marketing* (otoño de 1985), pp. 41–50. Véase también Susan J. Devlin y H. K. Dong, "Service Quality from the Customers' Perspective", *Marketing Research: A Magazine of Management & Applications* (invierno de 1994), pp. 4–13; Michael K. Brady y J. Joseph Cronin Jr., "Some New Thoughts on Conceptualizing Perceived Service Quality", *Journal of Marketing* 65 (julio de 2001):, pp. 34–49.

38. Leonard L. Berry y A. Parasuraman, *Marketing Services: Competing Through Quality* (Nueva York: The Free Press, 1991), p. 16.

39. Parasuraman, Zeithaml y Berry, "A Conceptual Model of Service Quality and Its Implications for Future Research", pp. 41-50.

40. Alison Overholt, "Cuckoo for Customers", *Fast Company*, junio de 2004, pp. 86-87.

41. John Helyar, "At E*Trade, Growing Up is Hard to Do", *Fortune*, 18 de marzo de 2002, pp. 88-90.

42. James L. Heskett, W. Earl Sasser Jr. y Christopher W. L. Hart, *Service Breakthroughs* (Nueva York: The Free Press, 1990).

43. William C. Copacino, *Supply Chain Management* (Boca Raton, FL: St. Lucie Press, 1997).

44. Leonard L. Berry, Kathleen Seiders y Dhruv Grewal, "Understanding Service Convenience", *Journal of Marketing*, 66 (julio de 2002), pp. 1-17.

45. Mary Jo Bitner, "Self-Service Technologies: What Do Customers Expect?" *Marketing Management* (primavera de 2001), pp. 10–11; Matthew L. Meuter, Amy L. Ostrom, Robert J. Roundtree y Mary Jo Bitner, "Self-Service Technologies: Understanding Customer Satisfaction with Technology Based Service Encounters", *Journal of Marketing* 64 (julio de 2000), pp. 50–64.

46. John A. Martilla y John C. James, "Importance-Performance Analysis", *Journal of Marketing* (enero de 1977), pp. 77–79.

47. Resulta interesante que los estudios han demostrado que los clientes que cambian de proveedor por insatisfacción suelen mostrar altos niveles de fidelidad hacia la nueva empresa. Véase Ganesh, Arnold y Reynolds, "Understanding the Customer Base of Service Providers: An Examination of the Differences Between Switchers and Stayers", *Journal of Marketing*, 64 (julio de 2000), pp. 65-87.

48. John Goodman, *Technical Assistance Research Program* (TARP), U.S. Office of Consumer Affairs Study on Complaint Handling in

America, 1986; Albrecht y Zemke, *Service America!*; Berry y Parasuraman, *Marketing Services*; Roland T. Rust, Bala Subramanian y Mark Wells, "Making Complaints a Management Tool", *Marketing Management* 1, núm. 3 (1992), pp. 41–45; Stephen S. Tax, Stephen W. Brown y Murali Chandrashekaran, "Customer Evaluations of Service Complaint Experiences: Implications for Relationship Marketing", *Journal of Marketing* (abril de 1998), pp. 60–76.

49. Stephen S. Tax y Stephen W. Brown, "Recovering and Learning from Service Failure", *Sloan Management Review* (otoño de 1998), pp. 75–88.

50. Robert Hiebeler, Thomas B. Kelly y Charles Ketteman, *Best Practices: Building Your Business with Customer-Focused Solutions* (Nueva York: Arthur Andersen/Simon & Schuster, 1997), pp. 184–185.

51. Tax, Brown y Chandrashekaran, "Customer Evaluations of Service Complaint Experiences: Implications for Relationship Marketing", pp. 60–76; Tax y Brown, "Recovering and Learning from Service Failures", pp. 75-88.

52. James G. Maxham III y Richard G. Netemeyer, "Firms Reap What They Sow: The Effects of Shared Values and Perceived Organizational Justice on Customer's Evaluations of Complaint Handling", *Journal of Marketing*, 67 (enero de 2003), pp. 46-62; Jagdip Singh, "Performance Productivity and Quality of Frontline Employees in Service Organizations", *Journal of Marketing*, 64 (abril de 2000), pp. 15-34; Barry J. Rabin y James S. Boles, "Employee Behavior in a Service Environment: A Model and Test of Potential Differences Between Men and Women", *Journal of Marketing*, 62 (abril de 1998), pp. 77-91.

53. Dale Buss, "Success From the Ground Up", *Brandweek*, 16 de junio de 2003, pp. 21-22.

54. Hal F. Rosenbluth y Diane McFerrin Peters, *The Customer Comes Second* (Nueva York: William Morrow, 1992).

55. Kirstin Downey Grimsley, "Service with a Forced Smile; Safeway's Courtesy Campaign Also Elicits Some Frowns", *Washington Post*, 18 de octubre de 1998, p. A1; Suzy Fox, "Emotional Value: Creating Strong Bonds with Your Customers", *Personnel Psychology*, 1o. de abril de 2001, pp. 230–234.

56. Dean Foust, "How Lowe's Hammers Home Depot", *Business Week*, 5 de abril de 2004.

57. Carolyn Marconi y Donna MacFarland, "Growth By Marketing Under The Radar", presentación ante el Marketing Science Insitute Board of Trustees Meeting: Pathways to Growth, 7 de noviembre de 2002.

58. Heather Green, "A Cyber Revolt in Health Care", *Business Week*, 19 de octubre de 1998, pp. 154–56; Laura Landro, "Health Groups Push 'Information Therapy' to Help Treat Patients", *Wall Street Journal*, 2 de febrero de 2001, p. B1.

59. Christopher Rowland, "The Pharmacist in Chains Promote Personal Touch to Keep Edge Over Mail-Order Firms", *Boston Globe*, 10 de diciembre de 2003, p. D.1.

60. <www.statefarm.com>.

61. Geoff Keighley, "The Phantasmagoria Factory", *Business 2.0*, febrero de 2004, p. 102.

62. Milind M. Lele y Uday S. Karmarkar, "Good Product Support Is Smart Marketing", *Harvard Business Review* (noviembre–diciembre de 1983), pp. 124–132.

63. Si desea consultar un estudio reciente acerca de las consecuencias de los retrasos en la prestación de un servicio en las valoraciones del mismo, véase Shirley Taylor, "Waiting for Service: The Relationship between Delays and Evaluations of Service", *Journal of Marketing* (abril de 1994), pp. 56–69; Michael K. Hui y David K. Tse, "What to Tell Consumers in Waits of Different Lengths: An Integrative Model of Service Evaluation", *Journal of Marketing* (abril de 1996), pp. 81–90.

EN ESTE CAPÍTULO ANALIZAREMOS LAS SIGUIENTES PREGUNTAS:

1. ¿Cómo procesan y evalúan el precio los consumidores?
2. ¿Cómo debe fijar una empresa el precio inicial de productos y servicios?
3. ¿Cómo debe adaptar una empresa sus precios a las diferentes circunstancias y oportunidades?
4. ¿Cuándo es conveniente que una empresa modifique sus precios?
5. ¿Cómo debe responder una empresa ante el cambio de precios de un competidor?

LARGER LOADS
MEAN
FEWER LOADS.

THE DUET® WASHER AND DRYER

Imagine a washer that can handle up to 16 pairs of jeans at one
And a dryer that can dry clothes faster than you ever thought possi
Do more in the same space. Get more done in the same time. The Duet washer and d
from Whirlpool. Giving you the power to get more done. **JUST IMAGINE®**

www.whirlpool.com   *Various sizes.   ®Registered trademark/™ Trademark of Whirlpool, U.S.A. ©2004 Whirlpool Corpor

catorce

El precio es el único elemento de la mezcla de marketing que genera ingresos; todos los demás generan costos. Quizás el precio sea el elemento del programa de marketing más fácil de ajustar, puesto que modificar las características del producto, los canales de distribución e incluso la promoción lleva más tiempo. El precio también comunica al mercado el posicionamiento de valor que busca la empresa para su producto o su marca. Un producto bien diseñado y comercializado justifica un precio más alto y reporta más utilidades. Veamos el caso Whirlpool.

L as lavadoras y secadoras se han considerado productos utilitarios que nunca podrían justificar un precio elevado. En 2001, Whirlpool lanzó el Duet, una combinación de lavadora y secadora con apertura por el frente y que se vendía por 2,300 dólares, casi cuatro veces más que los demás modelos. ¿Por qué? Duet era una oferta verdaderamente única que prometía "resultados y eficacia sin compromiso". La inmensa capacidad del Duet permitía lavar y secar grandes cargas de ropa, pero consumía mucha menos agua y menos energía que los productos rivales. Asimismo, lavaba cualquier tejido, desde seda y encaje hasta bolsas de dormir y edredones. Duet también pretendía ofrecer ventajas emocionales a los usuarios: al poder poner cargas mayores, se utiliza con menor frecuencia y, por tanto, se dispone de más tiempo libre y de más libertad para ocuparse de otros asuntos.[1]

Un anuncio impreso de Duet de Whirlpool, una combinación de lavadora y secadora que se vende por un precio cuatro veces superior al de otros modelos.

431

El plan de precios del Duet fue consecuencia de un cambio más amplio dentro de la estrategia general de precios de Whirlpool, que pretendía reducir la frecuencia de los descuentos, los cuales resultaban costosos para la empresa y potencialmente confusos. La empresa quería fijar los precios óptimos para sus productos. En el caso de otras empresas, los mercadólogos, aunque parezca extraño, desatienden sus estrategias de precios: un estudio reveló que los directivos invertían menos del 10% de su tiempo en actividades relacionadas con los precios.[2]

Como es evidente, las decisiones sobre precios son complejas y laboriosas. Los mercadólogos holísticos deben tener en cuenta muchos factores a la hora de tomar decisiones respecto al precio: la empresa, los clientes, la competencia y el entorno de marketing. Las decisiones de precios deben ser consistentes con la estrategia de marketing de la empresa, con su mercado meta y con el posicionamiento de sus marcas.

En este capítulo se estudiarán los conceptos y las herramientas que facilitan la fijación inicial de precios y los ajustes de precio necesarios según la fase del ciclo de vida del producto y los diferentes mercados en que se opera.

::: Para comprender el precio

El precio no es sólo un número o una etiqueta en un producto:

> Los precios están por todas partes. Se paga el alquiler de un departamento, las colegiaturas para estudiar, los honorarios del médico o del dentista. Las líneas aéreas, los ferrocarriles, los taxis y los autobuses cobran una tarifa; los servicios locales cobran una tarifa; y los bancos aplican una tasa de interés al dinero que prestan. El precio por conducir un automóvil en la autopista Sunshine Parkway de Florida es un peaje, y la empresa que asegura su vehículo aplica una prima. El conferencista invitado cobra honorarios por hablar sobre el funcionario que se dejó sobornar para ayudar a una persona de dudosa reputación a robar cuotas cobradas por una asociación comercial. Los clubes o las asociaciones exigen pagos para atender gastos extraordinarios. El abogado solicitará un anticipo de recursos para cubrir sus servicios. El "precio" de un directivo es su sueldo, el precio de un vendedor su comisión, y el precio de un trabajador es su salario. Por último, aunque los economistas no estén de acuerdo, el impuesto sobre la renta es el precio que se paga por el privilegio de ganar dinero.[3]

A lo largo de la historia, los precios se han fijado a través de un proceso de negociación entre compradores y vendedores. De hecho, en algunos lugares, el "regateo" sigue siendo un deporte. La fijación de un precio único para todos los compradores es una idea relativamente moderna que adquirió gran ímpetu gracias al desarrollo de la venta minorista hacia finales del siglo XIX. F. W. Woolworth, Tiffany and Co., John Wanamaker, entre otros, anunciaron una "política de precio único" porque vendían una diversidad de productos y supervisaban a muchos empleados.

En la actualidad, Internet parece invertir, en parte, la tendencia del precio fijo. La tecnología informática permite a los vendedores utilizar programas para controlar los movimientos de los cibernautas consumidores, así como personalizar ofertas y precios. Las nuevas aplicaciones de software también permiten a los compradores comparar precios simultáneamente mediante compradores virtuales *on line,* también conocidos como "shopbots". Como apunta un analista: "Estamos desplazándonos hacia una economía muy compleja. Es como una carrera armamentista entre la tecnología del vendedor y la tecnología del comprador."[4] (Véase *Marketing en acción: Cómo está revolucionando Internet los precios para compradores y vendedores.*)

Tradicionalmente, el precio ha representado un factor determinante en la elección de los compradores, y de hecho, esto sigue sucediendo en los países más pobres, entre los grupos con menos ingresos, y con los productos básicos. Sin embargo, ciertos factores distintos al precio han cobrado una mayor importancia en estos últimos años, aunque el precio sigue siendo uno de los elementos más importantes a la hora de determinar la participación de mercado y la rentabilidad. Los consumidores y los agentes de compra tienen mayor acceso a la información sobre precios y descuentos. Los consumidores pueden ejercer presión sobre los minoristas para que reduzcan sus precios. Los minoristas, por su parte, presionan a los fabricantes para que reduzcan sus precios. El resultado es un mercado caracterizado por fuertes descuentos y promociones de ventas.

| MARKETING **EN ACCIÓN** | CÓMO ESTÁ REVOLUCIONANDO INTERNET LOS PRECIOS PARA COMPRADORES Y VENDEDORES |

Cabría afirmar que el comercio electrónico es la aplicación más común de Internet. Sin embargo, Internet es mucho más que simplemente un "nuevo mercado". Las tecnologías basadas en Internet están modificando las normas del mercado. A continuación se presenta una breve lista de cómo Internet permite a los vendedores discriminar entre compradores y ayuda a los compradores a discriminar entre vendedores.

Los compradores tienen la posibilidad de:

- *Obtener comparaciones de precios de miles de vendedores al instante.* El sitio Web PriceScan.com atrae a miles de visitantes cada día, y la mayoría son compradores empresariales. Los agentes de compra inteligentes (también llamados "bots"), llevan más allá la comparación y buscan productos, precios y reseñas de unos 2,000 vendedores. Utilicen "bots" o no, los consumidores suelen estudiar los precios *on line,* compararlos con los de las tiendas de su localidad, y echar un vistazo a lo que pagan los consumidores de otros países al otro lado del océano. Los consumidores también pueden desglosar la información del producto y seguir una ruta propia. Por ejemplo, un consumidor podría recurrir a Internet para investigar sobre cámaras digitales, visitar a continuación una tienda de electrónica para ver una demostración, volver a casa y utilizar un buscador de precios bajos, y comprar una cámara a través de Internet.

- *Ofrecer un precio y obtenerlo.* En Priceline.com, los consumidores dicen el precio que están dispuestos a pagar por un boleto de avión, por alojarse en un hotel o por alquilar un auto, y Priceline comprueba si hay algún vendedor dispuesto a aceptarlo. Los consumidores fijan sus precios, y los vendedores también sacan provecho de esta situación: las aerolíneas logran llenar los aviones que tengan asientos vacíos, y los hoteles pueden llenar las habitaciones vacantes. Los sitios de volumen agregado combinan los pedidos de muchos consumidores y presionan al proveedor para que ofrezca un descuento aún mayor.

- *Obtener productos gratuitos.* Open Source, el movimiento informático que comenzó con Linux, acabará por minar los márgenes de cualquier empresa que fabrique software. Los software gratuitos Open-Source están floreciendo por todas partes: computadoras personales, teléfonos celulares, servidores que alojan sitios Web como Google y Amazon, y en sistemas empresariales y gubernamentales gigantes. El mayor reto al que se enfrentan Microsoft, Oracle, IBM y cualquier otra empresa de programación es ¿cómo competir con programas que se pueden adquirir de forma gratuita?

Los vendedores tienen la posibilidad de:

- *Seguir el comportamiento del comprador y preparar ofertas a la medida de cada cliente.* Aunque los programas de los agentes de compras y los sitios Web de comparación de precios indican los precios publicados, es probable que los consumidores estén perdiéndose las ofertas que pueden conseguir gracias a las nuevas tecnologías. Por ejemplo, GE Lighting, que recibe 55,000 solicitudes de presupuesto al año, tiene programas Web que evalúan 300 factores que intervienen a la hora de realizar un presupuesto, por ejemplo, información sobre compras anteriores y descuentos, de modo que reduce el tiempo de procesamiento de presupuestos de 30 días a seis horas.

- *Dar acceso a precios especiales a determinados clientes.* CDNOW, un vendedor *on line* de álbumes musicales, envía mensajes de correo electrónico con la dirección de un sitio Web con precios reducidos a determinados compradores. A menos que uno conozca la dirección secreta del sitio Web, se paga la totalidad del precio. Los mercadólogos industriales están utilizando ya las extranets para administrar de manera más precisa las existencias, los costos y la demanda en un momento dado, para poder ajustar los precios de manera instantánea.

Tanto compradores como vendedores tienen la posibilidad de:

- *Negociar precios en subastas e intercambios on line.* ¿Quiere vender cientos de unidades de sus productos que no ha logrado vender y que se encuentran ligeramente maltratados? Colóquelos en subasta en eBay. ¿Quiere comprar cromos de béisbol antiguos a precio de ganga? Diríjase a www.baseballplanet.com.

Fuentes: Amy E. Cortese, "Good-Bye to Fixed Pricing?" *BusinessWeek,* 4 de mayo de 1998, pp. 71–84; Michael Menduno, "Priced to Perfection", *Business 2.0,* 6 de marzo de 2001, pp. 40–42; Faith Keenan, "The Price Is Really Right", *Business Week,* 31 de marzo de 2003, pp. 61–67; Paul Markillie, "A Perfect Market: A Survey of E-Commerce", *The Economist,* 15 de mayo de 2004, pp. 3–20; David Kirpatrick, "How the Open-Source World Plans to Smack Down Microsoft, and Oracle, and . . .", *Fortune,* 23 de febrero de 2004, pp. 92–100. Para una exposición de otros asuntos académicos relacionados, véase Florian Zettelmeyer, "Expanding to the Internet: Pricing and Communication Strategies when Firms Compete on Multiple Channels", *Journal of Marketing Research* 37 (agosto de 2000), pp. 292–308; John G. Lynch Jr. y Dan Ariely, "Wine Online: Search Costs Affect Competition on Price, Quality, and Distribution", *Marketing Science* (invierno de 2000), pp. 83–103; Rajiv Lal y Miklos Sarvary, "When and How Is the Internet Likely to Decrease Price Competition?" *Marketing Science* 18, núm.4 (1999), pp. 485–503.

Cómo fijan el precio las empresas

Las empresas fijan sus precios de formas diferentes. En las pequeñas empresas suele ser el jefe quien los fija. En las empresas más grandes, son los directores de las distintas divisiones y los gerentes de líneas de productos quienes fijan el precio. Incluso en estos casos, el nivel más alto de la dirección determina objetivos y políticas de precios, y a menudo aprueba aquellos que se fijan en los niveles más bajos dentro del organigrama de la empresa. En industrias donde el precio es un factor clave (aeroespacial, ferroviaria o petrolera), las empresas cuentan con un departamento específico para precios que se encarga de fijarlos, o de ayudar a otros en esta labor. Este departamento depende del departamento de marketing, del financiero o directamente de la alta dirección. Otras personas con influencia sobre los precios son los gerentes de ventas, los de producción, los gerentes financieros y los contables.

Los ejecutivos se quejan de que la fijación de precios es una tarea complicada, que se vuelve más difícil cada día. Muchas empresas no son capaces de administrar bien sus precios, y salen del paso con "estrategias" como ésta: "Calculamos nuestros costos y nos basamos en los márgenes habituales del sector." Otros errores comunes son los siguientes: el precio no se revisa con la frecuencia necesaria para aprovechar los cambios en el mercado; el precio se fija con independencia del resto de la mezcla de marketing y no se toma en cuenta que es un elemento intrínseco de la estrategia de posicionamiento; y el precio no varía lo suficiente para los distintos productos, segmentos, canales de distribución o situaciones de compra.

Otros, sin embargo, muestran una actitud diferente: utilizan el precio como una herramienta estratégica clave. Estas empresas "poderosas como fijadores de precios" han descubierto el gran efecto que tiene el precio en su balance.[5] De este modo, personalizan los precios y las ofertas en función del valor y de los costos de cada segmento.

PROGRESSIVE INSURANCE

Progressive Insurance recopila y analiza la información sobre pérdidas en el sector de los seguros de automóviles mejor que nadie. Su conocimiento de lo que cuesta atender a diferentes tipos de consumidores le permite atender al segmento rentable, aunque riesgoso, de los consumidores a quien nadie más quiere asegurar. Sin competencia y con una perfecta comprensión de los costos, Progressive obtiene considerables utilidades al atender a esta base de clientes.[6]

La importancia que tiene el precio en la rentabilidad quedó demostrada en un estudio que realizó McKinsey & Company en 1992. McKinsey analizó 2,400 empresas y concluyó que una mejora en el precio del 1% redundaba en un aumento de la utilidad de operación del 11.1%. En contraste, una mejora del 1% en los costos variables, el volumen y los costos fijos provocaban aumentos en las utilidades de tan sólo el 7.8, 3.3 y 2.3%, respectivamente.

Para poder diseñar y aplicar estrategias de precios efectivas, es necesario comprender a la perfección la psicología del consumidor en torno a los precios y adoptar un enfoque sistemático de fijación, adaptación y modificación de precios.

Psicología del consumidor y fijación de precios

Muchos economistas dan por hecho que los consumidores aceptan los precios sin cuestionarlos. Las mercadólogos son conscientes de que los consumidores procesan activamente la información referente al precio, y de que la interpretan en función del conocimiento acumulado de experiencias pasadas, comunicaciones formales (publicidad, llamadas de ventas y folletos), comunicaciones informales (amigos, compañeros de trabajo o familiares), puntos de venta o recursos *on line*.[7] Las decisiones de compra se basan en cómo los consumidores perciben los precios y en el precio que ellos consideran real (*no* en el precio que fija la empresa). Tal vez los consumidores consideren un umbral mínimo de precios por debajo del cual los precios indiquen mala calidad, y otro umbral máximo por encima del cual los precios les parezcan exorbitantes e injustificados.

Una de las prioridades más importantes del marketing consiste en saber cómo el consumidor llega a sus percepciones en torno al precio. En esta sección se estudiarán tres elementos clave: los precios de referencia, las inferencias precio-calidad y las terminaciones de precios.

PRECIOS DE REFERENCIA   Los estudios realizados demuestran que aunque los consumidores suelen conocer bien el abanico de precios en que se mueven, muy pocos recuerdan con precisión el precio exacto de productos específicos.[8] Sin embargo, al examinar los productos, los consumidores utilizan **precios de referencia**. Al analizar un precio determinado, los consumidores lo comparan con un marco de referencia interno (información sobre precios almacenada en la memoria) o con un marco de referencia externo (por ejemplo, "el precio habitual de venta minorista").[9]

Existe una infinidad de precios de referencia posibles (véase la tabla 14.1). Con frecuencia, los vendedores intentan manipular los precios de referencia. Por ejemplo, un vendedor trata de situar su producto entre los productos caros para transmitir la idea de que el suyo pertenece a la misma categoría. Los grandes almacenes acostumbran colocar la ropa para dama en distintas ubicaciones en función del precio, y así transmiten la idea de que las prendas expuestas en los departamentos más caros son de mejor calidad.

La utilización de precios de referencia también se fomenta cuando se indica el precio de venta al menudeo que recomienda el fabricante, cuando se afirma que el precio inicial del producto era mucho más caro, o cuando se informa que el precio de los competidores es más alto.[10]

APARATOS ELECTRÓNICOS

En el sitio Web de JVC, el precio de venta al menudeo que recomienda el fabricante difiere de lo que se paga en los puntos de venta minorista. Por ejemplo, en el caso de un modelo de minicámara digital de video cuyo precio es dos veces mayor al de una cámara fotográfica digital, el precio de venta al menudeo que recomienda JVC es de 1,099.95 dólares, pero Circuit City la vende por 799.99 dólares y Amazon.com por 699.99 dólares. Si analizamos otros artículos como ropa, automóviles, muebles, o cepillos dentales, la diferencia entre los precios que recomienda el fabricante y los precios de venta al público suele ser muy grande. "Hemos enseñado a los com-

| TABLA 14.1 |

Posibles precios de referencia de los consumidores.

- "Precio justo" (lo que debería costar el producto).
- Precio habitual.
- Precio pagado en la última adquisición.
- Umbral máximo de precios (precio máximo que los consumidores estarían dispuestos a pagar).
- Umbral mínimo de precios (precio mínimo que los consumidores estarían dispuestos a pagar).
- Precios de la competencia.
- Precio esperado para el futuro.
- Precio normal rebajado.

Fuente: Adaptado de Russell S. Winer, "Behavioral Perspectives on Pricing: Buyers' Subjective Perceptions of Price Revisited", en *Issues in Pricing: Theory and Research,* Timothy Devinney (ed.), Lexington, MA: Lexington Books, 1988, pp. 35–57.

pradores de aparatos electrónicos a pensar que está aprovechando un descuento del 20, 30 o 40%", afirma Robert Atkins, vicepresidente de Mercer Management Consulting. Un jefe de producto de Olympus America, empresa conocida sobre todo por sus cámaras, defiende esta práctica con el argumento de que el precio que recomienda el fabricante no es más que una herramienta psicológica, un precio de referencia que hace pensar a los consumidores que están adquiriendo un producto de valor por un precio inferior.[11]

Los mercadólogos más astutos intentan encuadrar el precio de tal modo que transmita el mejor valor posible. Por ejemplo, un artículo relativamente más caro parecerá más barato si el precio se desglosa en unidades inferiores: una cuota de 500 dólares anuales parece más cara que una cuota de "50 dólares al mes", aunque la cantidad total sea más o menos similar.[12]

Cuando los consumidores evocan uno o varios marcos de referencia, el precio percibido diferirá del precio real.[13] Los estudios realizados en torno a los precios de referencia demuestran que las "sorpresas desagradables" (cuando el precio percibido es inferior al precio real) influyen más sobre las posibilidades de compra que las sorpresas agradables.[14]

INFERENCIAS PRECIO-CALIDAD Muchos consumidores entienden el precio como un indicador de calidad. La utilización del precio para transmitir una imagen determinada es especialmente eficaz con los productos relacionados con la imagen personal, como los perfumes o los automóviles de lujo. Tal vez un frasco de perfume de 100 dólares contenga esencias con valor de 10 dólares, pero las personas que lo regalan lo utilizan para transmitir el gran aprecio que sienten por la persona a la que lo entregan.

Las percepciones de calidad y precio interactúan considerablemente en el caso de los automóviles.[15] Los consumidores perciben los autos más caros como de mejor calidad, mientras que los de mayor calidad se consideran más caros de lo que en verdad son. La tabla 14.2 muestra cómo las percepciones de los consumidores acerca de los automóviles difieren de la realidad. Cuando existe información alternativa disponible sobre la calidad real del producto, el precio es un indicador menos significativo de la calidad. Sin embargo, cuando no se dispone de este tipo de información, el precio se considera una señal de calidad.

RESTAURANTES CKE

En el negocio de la comida rápida, las frecuentes guerras de precios suelen entenderse como síntoma de deterioro de la calidad. Por esta razón, los restaurantes CKE, empresa matriz de Carl Jr.'s and Hardee's, se rebelaron contra la tendencia del "menú a un dólar" y aumentaron el precio de sus hamburguesas. Su presidente y director general, Andrew F. Puzder, afirma: "El problema es que si se empieza a vender algo por 99 centavos, los consumidores piensan que el producto vale 99 centavos. Y este tipo de consumidores son los menos rentables." Cuando Puzder adquirió la cadena Hardee's, que en aquel momento atravesaba serios problemas, parte de su nuevo planteamiento consistió en concentrarse en la calidad y en destacar sus menús en ambas cadenas. Así, creó una hamburguesa de 3.95 dólares que se vende como la "hamburguesa de los seis dólares" para hacer referencia tanto a la calidad como al valor.[16]

Algunas marcas se valen de la escasez para transmitir calidad y justificar su precio más elevado. Ciertos fabricantes de automóviles se rebelan contra la frenética tendencia de los descuentos que sacude al sector y están fabricando lotes más pequeños de nuevos modelos, mientras hacen correr rumores y utilizan la demanda para incrementar el precio.[17] Las listas de espera, exclusivas en el pasado de automóviles con edición limitada como los Ferrari, se están generalizando en el mercado masivo, por ejemplo para los modelos todo terreno de Volkswagen y Acura, y para las minivan de Toyota y Honda.

| TABLA 14.2 |

Percepción de los consumidores
y realidad en el sector automotriz.

La empresa de Wall Street Morgan Stanley empleó el estudio de J. D. Power and Associates de 2003, que mide la confiabilidad de los automóviles a tres años, y la encuesta de calidad percibida de cnw Market Research para descubrir qué marcas podían estar supervaloradas o infravaloradas.

Supervaloradas: Marcas cuya calidad percibida supera la calidad real, en porcentaje:

Land Rover	75.3%
Kia	66.6%
Volkswagen	58.3%
Volvo	36.0%
Mercedes	34.2%

Infravaloradas: Marcas cuya calidad real supera la calidad percibida, en porcentaje:

Mercury	42.3%
Infiniti	34.1%
Buick	29.7%
Lincoln	25.3%
Chrysler	20.8%

Fuente: David Kiley, "U.S. Automakers Get a Bum Rap", *USA Today*, 15 de enero de 2004, p. B5.

Como puso de manifiesto la locura de los muñecos Beanie Baby, la escasez, combinada con una fuerte demanda, conduce a considerables aumentos de precios. He aquí otro ejemplo:

DREW ESTATES

Los puros Drew Estates, fabricados en Nicaragua, cuyo sabor se intensifica con vino, aceites y especias, envasados en cajas con etiquetas tipo graffiti, sólo se venden en unos 500 establecimientos de Estados Unidos. Unas mezclas poco comunes, un marketing colorido y poco convencional, y una producción limitada de las tres líneas principales (Acid, Natural y Ambrosía) facilitan una fijación de precios altos, que giran en torno a los 10 dólares por puro. Drew Estates se complace de hacer su marca más interesante. Como afirma el cofundador Jonathan Drew: "El día que ingresemos en el mercado masivo, quedaremos fuera de juego. Cuando las personas encuentran una tienda que vende nuestros productos, compran cajas de 150 dólares porque no saben si verán otra tienda que los ofrezca en los próximos tres meses."[18]

TERMINACIÓN DE PRECIOS Las estrategias de fijación de precios alternativos también influyen sobre las percepciones del consumidor. Algunos vendedores creen que los precios deberían terminar en un número impar. Muchos consumidores consideran que un amplificador que cuesta 299 dólares en lugar de 300 está en el abanico de los 200 dólares y no en el de los 300. Los estudios demuestran que los consumidores tienden a procesar los precios "de izquierda a derecha", y no mediante el redondeo.[19] Este tipo de estrategia es importante si existe una diferencia importante en la mente entre el precio estipulado y el precio redondeado más alto. Otra explicación de los precios terminados en "9" es que dan la sensación de descuento o ganga, lo que supone que si una empresa quiere proyectar una imagen de precios altos, debe evitar fijar sus precios en números impares.[20] Un estudio demostró que la demanda incluso aumentaba un tercio al *incrementar* el precio de un vestido de 34 a 39 dólares, y que permanecía invariable si el precio pasaba de los 34 a 44 dólares.[21]

Los precios que terminan en "0" y en "5" también son comunes en el mercado, puesto que se considera que los consumidores los procesan y los recuperan de la memoria con más facilidad.[22] También se ha demostrado que los letreros que dicen "oferta" junto a los precios disparan la demanda, pero sólo si no se utilizan en exceso: las ventas totales de una categoría son mayores cuando sólo algunos artículos de la categoría, es decir, no todos, tienen carteles de oferta; una vez que se supera un determinado punto, los letreros adicionales de "oferta" no harán más que reducir las ventas.[23] En *Cuestiones clave: Cuándo utilizar claves de precios* se describen algunas directrices al respecto.

::: Fijación del precio

Las empresas deben fijar un precio por primera vez cuando desarrollan productos nuevos, cuando introducen un producto existente en un canal de distribución diferente o en una región geográfica nueva, y cuando presentan ofertas en procesos de licitación. La empresa deben decidir cómo posicionar su producto en términos de calidad y precio. En algunos mercados, como por ejemplo el de los automóviles, se pueden encontrar hasta ocho *niveles de precios*:

Segmento	Ejemplo
Máximo	Rolls-Royce
Prestigio	Mercedes-Benz
Lujo	Audi
Necesidades especiales	Volvo
Medio	Buick
Comodidad/confort	Ford Escort
"Yo también", pero más barato	Hyundai
Sólo precio	Kia

La mayoría de las empresas tienen entre tres y cinco niveles de precios. Los hoteles Marriott son un buen ejemplo de cómo desarrollar diferentes marcas para diferentes niveles de precios: Marriott Vacation Club—Vacation Villas (el precio más alto), Marriott Marquis (precio alto), Marriott (precio alto-medio), Renaissance (precio medio-alto), Courtyard (precio medio), Towne Place Suites (precio medio-bajo) y Fairfield Inn (precio bajo).

Los consumidores suelen clasificar las marcas en función de los niveles de precios dentro de la categoría.[24] Por ejemplo, la figura 14.1 muestra los tres niveles de precios que se detectaron luego de realizar un estudio sobre el mercado de los helados.[25] En este mercado, como muestra la imagen, también existe una relación entre el precio y la calidad. Como se observa en cualquiera de los niveles de precios, existe un conjunto de precios aceptables denominado *franja de precios*. Las franjas de precios ofrecen pistas a los gerentes sobre la flexibilidad y la amplitud que pueden adoptar a la hora de fijar precios para sus marcas dentro de cada nivel de precios concreto.

Las empresas tienen que considerar muchos factores al determinar sus políticas de precios.[26] En las siguientes secciones se describirá un procedimiento para tal efecto en seis fases: **1.** selección de los objetivos del precio, **2.** cálculo de la demanda, **3.** estimación de costos, **4.** análisis de costos, precios y ofertas de la competencia, **5.** selección de un método de fijación de precios y **6.** selección del precio final.

Fase 1: Selección de los objetivos del precio

En primer lugar, la empresa debe decidir dónde quiere posicionar su oferta. Cuanto más claros sean sus objetivos, más fácil resultará fijar el precio para sus productos. Una empresa puede perseguir cualquiera de los cinco objetivos siguientes a través de sus precios: supervivencia, maximización de las utilidades, maximización de la participación de mercado, maximización del mercado por descremado o liderazgo en calidad del producto.

SUPERVIVENCIA Las empresas persiguen la *supervivencia* como su principal objetivo si se encuentran con un exceso de capacidad o una competencia feroz, o cuando los deseos de los consumidores cambian constantemente. Mientras los precios cubran los costos variables y parte de los costos fijos, la empresa podrá seguir en el negocio. La supervivencia es solamente un objetivo a corto plazo ya que a largo plazo, la empresa debe aprender cómo agregar valor a sus productos, o de lo contrario, se enfrentará a su extinción.

MAXIMIZACIÓN DE LAS UTILIDADES Muchas empresas intentan fijar un precio que sirva para *maximizar las utilidades actuales*. Así, calculan la demanda y los costos asociados con las distintas alternativas de precio, y seleccionan el precio que genere un máximo de utilidades, flujo de efectivo, o tasa de rendimiento de la inversión. Esta estrategia supone que la empresa

---

CUESTIONES CLAVE | CUÁNDO UTILIZAR TERMINACIONES DE PRECIOS

Las terminaciones de precios, como por ejemplo, los letreros que dicen "oferta" o los precios terminados en 9, pierden su eficacia cuando se utilizan con mucha frecuencia. Anderson y Simester sostienen que estas terminaciones se deben utilizar con sensatez y sólo con aquellos artículos para los que los consumidores apenas tienen conocimiento sobre precios. Estos autores citan los siguientes ejemplos:

1. Los consumidores no adquieren el producto con frecuencia.

2. Los clientes son nuevos.

3. Los diseños del producto varían con el tiempo.

4. Los precios varían en función de las estaciones.

5. La calidad y los tamaños varían en función de los puntos de venta.

Fuente: Eric Anderson y Duncan Simester, "Mind Your Pricing Cues", *Harvard Business Review* (septiembre de 2003), pp. 96–103.

| FIG. 14.1 |

Niveles de precios en el mercado de los helados.

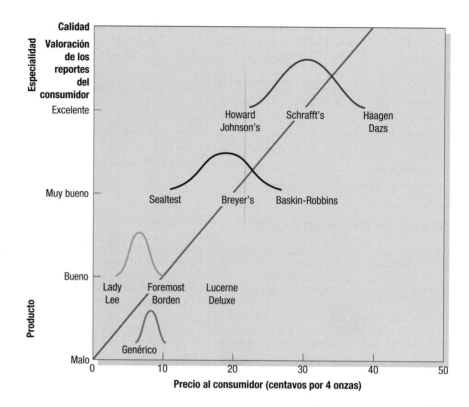

conoce sus funciones de demanda y costos, aunque, en realidad, éstas sean difíciles de calcular. Además, al hacer hincapié en las utilidades a corto plazo, la empresa quizás esté sacrificando la rentabilidad a largo plazo si pasa por alto los efectos de otras variables de la mezcla de marketing, las reacciones de los competidores, o las restricciones legales sobre los precios.

MAXIMIZACIÓN DE LA PARTICIPACIÓN DE MERCADO Algunas empresas tratan de *maximizar su participación de mercado*, animadas por la idea de que un mayor volumen de ventas permitirá reducir los costos unitarios e incremantará las utilidades a largo plazo. Así, estas empresas fijan el precio más bajo posible, con lo que dan por hecho que el mercado es sensible a los precios. Texas Instruments (TI) practica esta estrategia, denominada **precio de penetración de mercado**. TI construye una gran fábrica, fija un precio tan bajo como sea posible, obtiene una gran participación de mercado, reduce los costos y vuelve a reducir sus precios conforme los costos disminuyen.

Las siguientes circunstancias favorecen la fijación de un precio bajo: **1.** el mercado es altamente sensible al precio, y los precios bajos estimulan el crecimiento del mercado, **2.** los costos de producción y de distribución disminuyen como consecuencia de la experiencia acumulada y **3.** la fijación de precios bajos desanima a los competidores reales y potenciales.

MAXIMIZACIÓN DEL MERCADO POR DESCREMADO Las empresas que descubren algún avance tecnológico suelen favorecer los precios altos para *maximizar el mercado por descremado.* Sony utiliza esta estrategia con precios iniciales elevados y paulatinas reducciones de los mismos. Cuando Sony lanzó el primer televisor de alta definición del mundo (HDTV) en el mercado japonés en 1990, su precio era de 43,000 dólares. De este modo, Sony pudo obtener el monto máximo de ingresos posibles de los diferentes segmentos del mercado. Con los años, el precio fue disminuyendo paulatinamente: en 1993, un televisor de alta definición de 28 pulgadas costaba poco más de 6,000 dólares, y en 2004 uno de 42 pulgadas costaba 1,200 dólares.[27]

Esta estrategia tiene sentido en las siguientes condiciones: **1.** existe una gran demanda por parte de un número suficiente de compradores, **2.** los costos unitarios de producir un volumen reducido de unidades no son tan altos como para desestimular la producción, **3.** el alto precio inicial no atrae a más competidores al mercado y **4.** el precio alto transmite la imagen de un producto superior.

LIDERAZGO EN CALIDAD DEL PRODUCTO Una empresa puede aspirar a ser el *líder del mercado en calidad de productos*. Muchas marcas se esfuerzan por convertirse en "lujos accesibles", es decir, en productos o servicios que se caracterizan por niveles elevados de calidad percibida, gusto y estatus, pero con un precio no demasiado alto como para poder estar al alcance de los consumidores. Las marcas como el café Starbucks, el champú Aveda, la lencería Victoria's Secret, los automóviles BMW, y las cocinas Viking se han posicionado como líderes de calidad en sus categorías respectivas, al combinar calidad, lujo y precios altos con una base de clientes muy leales.[28] Grey Goose y Absolut se han apropiado de nichos muy rentables en la categoría inodora, incolora e insípida del vodka, gracias a un marketing inteligente que confiere a las marcas una imagen exclusiva y a la moda.[29]

OTROS OBJETIVOS Las organizaciones sin fines de lucro y las organizaciones del sector público pueden tener otros objetivos de precio. Por ejemplo, las universidades buscan la *recuperación parcial de los costos*, conscientes de que dependen de donaciones privadas o del presupuesto público para cubrir los demás costos. Un hospital público tal vez busque la cobertura total de sus costos a través del precio. Una compañía de teatro podría fijar el precio de sus producciones de modo que llene las salas al máximo. Una agencia de servicios sociales podría fijar sus precios en función de los ingresos del cliente.

Sea cual fuere el objetivo, las organizaciones que utilicen el precio como herramienta estratégica se beneficiarán más que aquellas que simplemente dejen que los costos o el mercado determinen su precio.

Fase 2: Cálculo de la demanda

Cada precio que la empresa fije conducirá a un nivel de demanda diferente y, por tanto, tendrá un impacto diferente en los objetivos de marketing de la empresa. La relación entre los distintos precios y la demanda resultante se hace patente en la curva de demanda (véase la figura 14.2). En el caso más frecuente, la demanda y el precio están en relación inversa: cuanto mayor sea el precio, menor será la demanda. En el caso de los bienes de prestigio, la curva de la demanda a veces va hacia arriba. Se ha dado el caso de una empresa de perfumes que aumentó el precio de su producto y vendió más cantidad, ¡en lugar de menos! Algunos consumidores consideran que cuanto mayor sea el precio mejor será el producto. Sin embargo, si el precio es demasiado alto, la demanda podría venirse abajo.

SENSIBILIDAD AL PRECIO La curva de demanda muestra el volumen de compra probable ante distintas alternativas de precios y constituye la suma de las reacciones de numerosos individuos con sensibilidades diferentes ante el precio. El primer paso para calcular la demanda es entender qué influye en la sensibilidad al precio. En términos generales, los consumidores se muestran más sensibles al precio con productos caros o que se adquieren con frecuencia. Por otra parte, se preocupan menos por el precio con productos baratos o que no acostumbran comprar. También son menos sensibles al precio cuando éste representa sólo una pequeña fracción del costo total de adquirir, operar y mantener el producto a lo largo de su vida. Un vendedor puede fijar un precio más alto que el de la competencia y lograr las ventas si logra convencer al cliente de que ofrece un *costo total de propiedad* inferior.

Como es evidente, las empresas prefieren a aquellos clientes que son menos sensibles al precio. En la tabla 14.3 se incluyen algunas de las características asociadas con una menor sensibilidad al precio. Por otra parte, Internet tiene un gran potencial para aumentar la sensibilidad de los consumidores ante el precio. Por ejemplo, al comprar *on line* un libro específico, un comprador tiene la posibilidad de comparar los precios que ofrecen más de 20 librerías *on line* haciendo click en mySimon.com. Estos precios diferirán hasta en un 20%.

Aunque Internet haya aumentado las probabilidades de que los compradores sensibles al precio encuentren y utilicen sitios Web con precios más bajos, muchos compradores no se preocupan tanto por el precio. McKinsey realizó un estudio que demostró que el 89% de la muestra de compradores *on line* visitaba una sola librería en Internet, que el 84% sólo visitaba una juguetería *on line*, y que el 81% visitaba una sola tienda de música, lo que indica que existe menos comparación de precios en Internet de lo que sería posible.

Las empresas necesitan comprender la sensibilidad al precio de sus clientes reales y potenciales, así como la relación que esperan los compradores entre el precio y las características del producto. Si una empresa se dirige exclusivamente a los compradores más sensibles al precio, tal vez acabe por perder dinero.

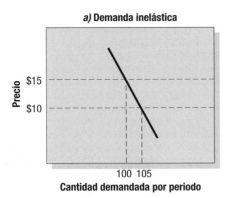

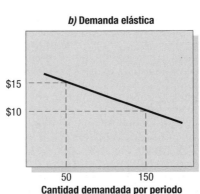

FIG. 14.2

Demanda inelástica y elástica.

| TABLA 14.3 |

Factores que generan una menor
sensibilidad al precio.

- El producto es más exclusivo.
- Los compradores no conocen productos sustitutos.
- Los compradores no pueden comparar fácilmente la calidad de los sustitutos.
- El precio del producto es una cantidad muy inferior al ingreso del comprador.
- El gasto que implica es reducido en comparación con el costo total del producto final.
- Un tercero absorbe parte del costo total.
- El producto se utiliza junto con otros artículos adquiridos con anterioridad.
- Se da por hecho que el producto tiene más calidad, prestigio o exclusividad.
- Los compradores no pueden almacenar el producto.

Fuente: Thomas T. Nagle y Reed K. Holden, *The Strategy and Tactics of Pricing,* 3a. ed. (Upper Saddle River, NJ: Prentice Hall, 2001), cap. 4.

MÉTODOS PARA CALCULAR LA CURVA DE LA DEMANDA La mayor parte de las empresas hacen algún intento por calcular sus curvas de demanda, para lo que utilizan diversos métodos.

- Los **análisis estadísticos** de precios históricos, cantidades vendidas y otros factores sirven para identificar las relaciones entre ellos. Los datos pueden ser longitudinales (en el tiempo) o transversales (diferentes ubicaciones en un mismo momento). Construir el modelo apropiado y hacer coincidir los datos con las técnicas estadísticas adecuadas es una tarea compleja.

- Otro método son los **experimentos de precios.** Bennett y Wilkinson variaban sistemáticamente los precios de diversos productos vendidos en un establecimiento de descuento y observaban los resultados.[30] Un enfoque alternativo consiste en fijar precios diferentes en territorios parecidos para ver cómo afectan estas variaciones a las ventas. Internet permite un método alternativo. Una empresa *on line* puede probar el impacto de un aumento de precios del 5% si ofrece el precio más alto a uno de cada 40 visitantes para comparar la respuesta de compra. Sin embargo, para hacer esto hay que tener cuidado y no alejar a los consumidores, como ocurrió cuando Amazon probó sus precios con descuentos del 30, el 35 y hasta del 40% con los compradores de DVD. Al final, los consumidores que habían recibido el 30% de descuento se disgustaron mucho con la empresa por no haber recibido un descuento mayor.[31]

- Las **encuestas** permiten conocer cuántas unidades comprarían los consumidores si el precio fuese diferente, aunque es posible que los encuestados infravaloren sus intenciones de compra con precios más altos para disuadir a la empresa de aumentar los precios.[32]

Al medir la relación entre el precio y la demanda, el investigador de mercados debe controlar los diferentes factores que influyen sobre esta última, así como la respuesta de los competidores. Asimismo, si la empresa realiza cambios en otros factores de la mezcla de marketing además del precio, podría resultar complicado aislar los efectos del cambio en el precio. Nagle presenta un resumen excelente de los distintos métodos para calcular la sensibilidad al precio y la demanda.[33]

LA ELASTICIDAD PRECIO DE LA DEMANDA Los mercadólogos necesitan saber cómo responde la demanda ante los cambios de precios, es decir, en qué medida es elástica la demanda respecto al precio. Consideremos dos curvas de demanda como las que aparecen en la figura 14.2. En la curva *a*), un incremento del precio de 10 a 15 dólares apenas supone una pequeña reducción de la demanda de 105 a 100. En la curva *b*), el mismo incremento del precio representa una reducción importante de la demanda desde 150 hasta 50. Si la demanda apenas cambia ante las variaciones de precio, se dice que es *inelástica*; si cambia considerablemente, se dice que es *elástica*. Cuanto mayor sea la elasticidad de la demanda, mayor será el crecimiento del volumen resultante de una reducción del 1%.

La demanda suele ser menos elástica cuando: **1.** no existen productos sustitutos o rivales, **2.** los compradores no se percatan de que el precio es más alto, **3.** los compradores cambian sus hábitos de compra lentamente y **4.** los compradores consideran que los precios más altos están justificados. Si la demanda es elástica, los vendedores considerarán reducir el precio. Un precio menor incrementará los ingresos totales. Esta situación tiene sentido siempre que los costos de producir y vender más unidades no aumenten de forma desproporcionada.[34]

El hecho de no incluir la elasticidad precio de los consumidores y sus necesidades en los programas de marketing es un error. En 1997, las autoridades del transporte de Nueva York lanzaron un nuevo sistema de compra de boletos de metro por el cual los viajeros recibían descuentos a partir de haber utilizado el bono 47 veces al mes. Los críticos aseguraron que la tarifa especial no beneficiaría a aquellos clientes cuya demanda era más elástica, es decir, a los pasajeros fuera de hora pico que utilizaban menos el metro. La curva de la demanda de las personas que deben viajar diariamente para ir al trabajo es totalmente inelástica: independientemente de lo que ocurra con el precio, estos viajeros tienen que ir a trabajar y volver a casa.[35]

La elasticidad precio depende de la magnitud y de la dirección del cambio de precio contemplado. Puede ser insignificante si se da un pequeño cambio en el precio, o considerable si el precio cambia de forma drástica. Puede diferir en el supuesto de una reducción del precio o del incremento, y es posible que exista una *franja de indiferencia al precio* en la que los cambios de precio apenas tienen consecuencias, si es que las tienen. Un estudio sobre precios realizado por McKinsey calculó que la franja de indiferencia al precio podía ser del 17% para enjuagues bucales, del 13% para baterías del 9% para aparatos electrodomésticos y del 2% para comisiones por apertura de cuentas bancarias.

Por último, hay ocasiones en las que la elasticidad precio a largo plazo es distinta a la elasticidad precio a corto plazo. Es probable que los compradores sigan comprando a un mismo proveedor tras un aumento de precio, pero también podrían cambiar a otro proveedor. En este caso, la demanda es más elástica a largo plazo que a corto plazo, aunque también podría ocurrir lo contrario: es factible que los compradores abandonen a un proveedor tras el anuncio de un aumento de precios, pero podrían volver más tarde. La diferencia entre la elasticidad a corto plazo y la elasticidad a largo plazo significa que los vendedores no conocerán los efectos totales de las modificaciones en los precios hasta que haya trascurrido cierto tiempo.

Fase 3: Estimación de costos

La demanda determina el límite superior de los precios que puede cobrar una empresa por sus productos, mientras que los costos determinan el límite inferior. Las empresas necesitan fijar un precio que cubra sus costos de producción, distribución y venta del producto, incluida una utilidad razonable por los esfuerzos realizados y los riesgos asumidos. Sin embargo, cuando las empresas fijan precios para cubrir los costos totales, no siempre obtienen rentabilidad. Consulte *Cuestiones clave: Tres mitos sobre las estrategias de precios* si desea saber más sobre los errores frecuentes en el proceso de fijación de precios.

TIPOS DE COSTOS Y NIVELES DE PRODUCCIÓN Los costos de una empresa son de dos tipos: fijos y variables. Los **costos fijos** (también denominados **generales**) son los costos que no varían con la producción o el volumen de ventas. Una empresa debe pagar todos los meses el alquiler, la calefacción, los intereses y las nóminas, independientemente del volumen de producción.

CUESTIONES CLAVE | TRES MITOS SOBRE LAS ESTRATEGIAS DE PRECIOS

Según George E. Cressman, Jr., responsable de precios de Strategic Pricing Group, los mercadólogos alimentan tres mitos clásicos sobre las estrategias de fijación de precios:

- **Si fijamos los precios de nuestros productos de modo que se cubran todos los costos, obtendremos utilidades.** Con frecuencia, los mercadólogos no se dan cuenta del valor que en realidad ofrecen, sino que piensan en términos de prestaciones del producto. Muchas veces tratan los elementos de servicio de una oferta de producto como incentivos para las ventas y no como mejoras que agregan valor y por las que pueden cobrar. Cressman afirma: "Cuando se fijan precios para cubrir costos, se da por hecho que los consumidores valoran la empresa por sus costos. Entonces, la conclusión lógica sería que deberíamos aumentar los costos para poder aumentar el precio, y así los consumidores nos querrán aún más." Sin embargo, los mercadólogos deben determinar cuántos clientes atribuirán un determinado valor a su oferta, y a continuación, preguntarse: "Dada nuestra estructura de costos, ¿qué cambios en el volumen se necesitan para que las modificaciones de precios sean rentables?"

- **Si fijamos el precio de modo que aumente nuestra participación de mercado, obtendremos utilidades.** Cressman recuerda a los mercadólogos que la participación de mercado está determinada por la entrega de valor y la ventaja competitiva, y no por las reducciones de precio. Por tanto, "la pregunta correcta no es: '¿qué nivel de precios permitirá lograr nuestros objetivos de ventas y participación de mercado?', sino '¿a qué proporciones del mercado podemos atender de forma rentable?'".

- **Si fijamos un precio que satisfaga las demandas de los consumidores, obtendremos utilidades.** Las reducciones de precio destinadas a conservar clientes o a superar ofertas de la competencia suelen animar a los consumidores a solicitar concesiones de precios y sirven para que los vendedores se acostumbren a ofrecer descuentos. "Si tiene la tentación de preguntar a los consumidores cuánto estarían dispuestos a pagar, no lo haga, pues no le gustará la respuesta", afirma Cressman. Lo que deben preguntar los mercadólogos es: "¿con qué precio podríamos convencer a los consumidores para que paguen por el valor de nuestros productos y servicios?" y "¿cómo podemos segmentar mejor el mercado para ver las diferencias en el valor entregado a los distintos tipos de clientes?". Es recomendable crear diferentes niveles de valor y diferentes opciones de precio para los distintos segmentos de mercado y sus necesidades de valor respectivas. En lugar de reducir los precios, ofrezca una opción más barata. "Esto traslada a los consumidores la decisión sobre concesiones de precio, pues tienen que decidir a qué beneficios están dispuestos a renunciar."

Fuente: Adaptado de Bob Donath, "Dispel Major Myths About Pricing", *Marketing News,* 3 de febrero de 2003, p. 10.

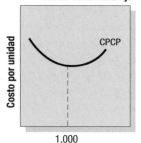

***a)* Comportamiento del costo en una fábrica de tamaño fijo**

Costo por unidad

CPCP

1,000

Cantidad producida por día

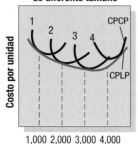

***b)* Comportamiento del costo en fábricas de diferente tamaño**

Costo por unidad

1 2 3 4 CPCP

CPLP

1,000 2,000 3,000 4,000

Cantidad producida por día

| FIG. **14.3** |

Costo por unidad a diferentes niveles de producción por periodo.

Los **costos variables** cambian directamente con el nivel de producción. Por ejemplo, cada calculadora que fabrica Texas Instruments implica los costos del plástico, de los microprocesadores, del empaque, etc. Estos costos tienden a ser constantes para cada unidad producida. Se denominan variables porque el costo total depende del número de unidades fabricadas.

Los **costos totales** son la suma de los costos fijos más los costos variables, dado un nivel determinado de producción. El **costo promedio** es el costo por unidad para un nivel de producción determinado, y se obtiene al dividir los costos totales entre la producción. La gerencia fija un precio que permita cubrir, al menos en parte, los costos totales para un determinado nivel de producción.

Para fijar los precios de una forma inteligente, la gerencia necesita saber cómo varían sus costos con diferentes niveles de producción. Imaginemos el caso de una empresa como TI que construye una fábrica de tamaño fijo capaz de producir 1,000 calculadoras al día. El costo unitario es alto si se fabrican pocas unidades, pero conforme la producción se acerca a las 1,000 unidades, el costo promedio se reduce, puesto que los costos fijos se distribuyen entre un mayor número de calculadoras. El costo promedio a corto plazo (CPCP) aumenta al superar las 1,000 unidades porque la fábrica resulta poco eficiente: los obreros tienen que hacer fila, las máquinas se descomponen con más frecuencia, y los trabajadores se estorban unos a otros (véase la figura 14.3*a*).

Si TI calcula que puede vender 2,000 unidades al día, debería plantearse la posibilidad de construir una fábrica más grande. La fábrica utilizará más maquinaria y material, y el costo unitario de fabricar 2,000 unidades al día será inferior al costo unitario de fabricar 1,000, según muestra la curva de costos promedio a largo plazo (CPLP) en la figura 14.3*b*). De hecho, una fábrica con capacidad para producir 3,000 unidades sería aún más eficaz de acuerdo con la figura 14.3*b*), pero una producción de 4,000 unidades al día sería menos eficiente por el decremento de las deseconomías de escala: hay demasiados trabajadores que coordinar, la burocracia entorpece la administración de la empresa, etc. La figura 14.3*b*) indica que el volumen óptimo de la fábrica sería de 3,000 unidades diarias siempre que la demanda sea lo suficientemente alta como para absorber este nivel de producción.

PRODUCCIÓN ACUMULADA Imaginemos que TI opera una fábrica capaz de producir 3,000 calculadoras diarias. Conforme TI va adquiriendo experiencia en la fabricación de calculadoras, sus métodos mejoran. Los trabajadores descubren atajos, los materiales fluyen más libremente y los costos de suministro disminuyen. El resultado, como muestra la figura 14.4, es que los costos promedio disminuyen a medida que se obtiene experiencia a través de una producción acumulada. Así, el costo promedio de fabricar las primeras 100,000 calculadoras de mano es de 10 dólares por calculadora. Luego de que la empresa fabrica las primeras 200,000 calculadoras, el costo promedio es de nueve dólares. Al duplicarse la producción hasta 400,000 unidades, el costo promedio es de ocho dólares. La disminución del costo promedio conforme se acumula experiencia productiva se denomina **curva de experiencia** o **curva de aprendizaje**.

Supongamos ahora que tres empresas compiten en este sector, TI, A y B. TI es el fabricante con costos más bajos ($8), y ya fabricó previamente 400,000 unidades. Si las tres empresas vendiesen sus calculadoras a $10, TI obtendría una ganancia de $2 por unidad, A de $1 por unidad, y B estaría en el punto de equilibrio. La medida más inteligente para TI sería reducir el precio a $9. Esto dejaría a la empresa B fuera del mercado, e incluso la empresa A también podría considerar esta opción. TI se quedaría con la parte del mercado correspondiente a B (y posiblemente también de A, si ésta se retira). Es más, los consumidores sensibles al precio comprarán en este mercado al precio más bajo. Cuando la producción supere las 400,000 unidades, los costos de TI disminuirán aún más rápidamente para obtener así mayores utilidades, incluso a un precio de $9. TI ha utilizado esta aguerrida estrategia de precios en repetidas ocasiones para obtener participación de mercado y expulsar a otros del sector.

La *fijación de precios basada en la curva de experiencia* implica algunos riesgos importantes. Una fijación de precios agresiva transmite la imagen de que el producto es barato. También su-

| FIG. **14.4** |

Costo por unidad como función de la producción acumulada: la curva de experiencia.

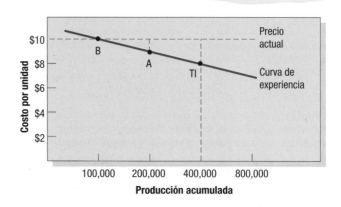

El paquete rediseñado de cuatro latas de 9Lives®.

pone que los competidores son seguidores de mercado débiles. Finalmente, esta estrategia puede conducir a que la empresa construya más plantas para atender la demanda, mientras la competencia adopta una tecnología más novedosa a un costo más bajo. En este caso, la primera empresa se quedaría rezagada con una tecnología obsoleta.

La fijación de precios según la curva de experiencia se concentra, principalmente, en los costos de fabricación. Sin embargo, es posible reducir todos los costos, incluidos los de marketing. Si tres empresas invierten una gran cantidad de dinero en telemarketing, la empresa que haya invertido más podría lograr los costos más reducidos. A continuación, esta empresa podría cobrar un poco menos por el producto y seguir obteniendo la misma rentabilidad, si todos los demás costos permanecen constantes.[36]

COSTEO BASADO EN ACTIVIDADES En la actualidad, las empresas intentan adaptar sus ofertas y sus condiciones de venta a los diferentes compradores. Por ejemplo, un fabricante negociará términos diferentes con las diversas cadenas minoristas. Tal vez un minorista solicite suministros diarios (para mantener bajo el nivel de existencias), mientras que otro prefiere dos entregas semanales con el fin de obtener un precio más bajo. Los costos del fabricante serán diferentes para cada minorista, y también las utilidades. Para calcular la rentabilidad real de distribuir a través de los distintos minoristas, el fabricante necesitará utilizar un **sistema de costos por actividades** (ABC, por sus siglas en inglés), en lugar de una contabilidad de costos.[37]

Este sistema de costos trata de identificar los costos reales asociados con cada cliente. Tanto los costos indirectos como los costos de oficina, suministros, etc. tienen que asignarse a las actividades en que se emplean, en lugar de asignarlos proporcionalmente a los costos directos. Tanto los costos variables como los fijos repercuten en cada cliente. Las empresas que no miden estos costos correctamente serán incapaces de calcular sus utilidades y probablemente se equivocarán con sus esfuerzos de marketing. La clave para utilizar el sistema de costos ABC de manera eficaz es definir y juzgar las "actividades" correctamente. Una solución propuesta consiste en calcular el costo indirecto por minuto, y decidir qué parte de este costo se destina a cada actividad.[38]

COSTOS OBJETIVO Los costos varían con la escala de producción y con la experiencia. También varían como resultado de los esfuerzos coordinados de diseñadores, ingenieros y agentes de compra, quienes pueden reducirlos mediante **costos objetivo**.[39] Esta técnica consiste en utilizar la investigación de mercados para determinar cuáles son las nuevas funciones que se esperan de un producto y el precio al que se venderá, en función de su atractivo y los precios de la competencia. A continuación, se deduce del precio el margen de ganancia que se desea, y se obtiene el costo objetivo que se debe alcanzar. Cada elemento de costos (diseño, ingeniería, producción, ventas) se debe examinar estudiando las diferentes opciones para reducir los costos en cada función. El objetivo es lograr que las proyecciones de costo final estén dentro del rango de los costos objetivo. Si esto no es posible, quizás sea necesario dejar de fabricar el producto, puesto que no se podría comercializar según los objetivos y, por tanto, no se podrían obtener las utilidades esperadas.

Para lograr los objetivos de precio y utilidades, los responsables del marketing del alimento para gatos 9Lives® utilizaron los costos objetivo para reducir el precio hasta "cuatro latas por un dólar", y lo lograron mediante el rediseño del envase y del proceso de producción. A pesar de ofrecer precios más bajos, las utilidades de la marca se duplicaron.

Precio alto
(No hay demanda a este precio)
Límite superior del precio
Valoración de los consumidores de las características exclusivas del producto
Punto de referencia
Precios de la competencia y de productos sustitutos
Costos
Umbral mínimo del precio
Precio bajo
(No hay utilidad a este precio)

| FIG. **14.5** |

El modelo de las tres C para la fijación del precio.

Fase 4: Análisis de costos, precios y ofertas de la competencia

Dentro de los límites que determinan la demanda del mercado y los costos, la empresa debe tener en cuenta los costos, los precios y las posibles reacciones de los competidores. La empresa debe considerar en primer lugar el precio de su competidor más cercano. Si la oferta de la empresa tiene características que no ofrece el competidor principal, se debe calcular el valor de estas características para el consumidor y sumarse al precio del producto rival. Si la oferta del competidor contiene características que no ofrece nuestro producto, se debe calcular su valor y descontarlo del precio del producto de la empresa. Ahora esta última puede decidir si desea cobrar más o menos que la competencia. Pero hay que recordar que una vez que se fija el precio, es muy probable que los competidores reaccionen y también modifiquen sus precios, como se verá más adelante en el capítulo.

Fase 5: Selección de una estrategia de fijación de precios

Una vez conocidas las tres C, es decir, las funciones de demanda de los clientes, de costos y de los precios de los competidores, la empresa ya está en condiciones de fijar un precio. La figura 14.5 resume las tres consideraciones más importantes sobre la fijación de precios. Los costos suponen el límite inferior del precio. Los precios de los competidores y de los productos sustitutos sirven como punto de referencia. Las percepciones de los consumidores en relación con las características de la oferta de la empresa establecen el límite superior del precio.

Las empresas deben seleccionar un sistema de precios que incluya una o más de estas consideraciones. A continuación explicaremos seis métodos de fijación de precios: fijación de precios mediante márgenes, fijación de precios para obtener rendimiento de la inversión, fijación de precios basada en el valor percibido, fijación de precios basada en el valor, fijación de precios basada en la competencia y fijación de precios mediante subastas.

FIJACIÓN DE PRECIOS MEDIANTE MÁRGENES El método más sencillo de fijación de precios consiste en agregar un **margen** estándar al costo del producto. Por ejemplo, las empresas constructoras calculan el precio total del proyecto y le añaden un margen de ganancias. Tanto los abogados como los contadores acostumbran fijar sus tarifas al agregar un margen de ganancias al total de costos y tiempo.

Imaginemos que un fabricante de tostadores tiene las siguientes expectativas de costos y ventas:

Costo variable por unidad	$10
Costos fijos	$300,000
Ventas esperadas	50,000 unidades

En consecuencia, el costo unitario de este fabricante está determinado por:

$$\text{Costo unitario} = \text{costo variable} + \frac{\text{costo fijo}}{\text{venta en unidades}} = \$10 + \frac{\$300,000}{50,000} = \$16$$

Supongamos ahora que el fabricante desea ganar un 20% sobre las ventas. El precio que fija está determinado por:

$$\text{Precio de venta} = \frac{\text{costo unitario}}{(1 - \text{rentabilidad esperada sobre las ventas})} = \frac{\$16}{1 - 0.2} = \$20$$

El fabricante podría cobrar a los distribuidores un precio de $20 por tostador y obtener utilidades de $4 por unidad. Los distribuidores incrementarán aún más el precio del tostador. Si desean obtener el 50% sobre las ventas, aumentarán el precio de cada tostador hasta los $40. Esto es equivalente a un margen del 100%. Los márgenes suelen ser más altos en los productos que presentan un comportamiento estacional (para cubrir el riesgo de no ser vendidos), en productos especiales, en productos con baja rotación, en productos con costos elevados de almacenamiento y manipulación, y en productos con demanda inelástica como los medicamentos que sólo se venden con receta.

¿Tiene sentido el uso de márgenes estandarizados para fijar precios? Normalmente no. Cualquier método de fijación de precios que ignore la demanda actual, el valor percibido y la competencia no permitirá la fijación de un precio óptimo. La fijación de precios mediante márgenes sólo da buenos resultados cuando el volumen de ventas real coincide con el esperado.

Las empresas que introducen un nuevo producto suelen fijar un precio alto, con la esperanza de recuperar los costos lo más rápidamente posible. Sin embargo, esta estrategia podría tener consecuencias funestas si los competidores fijan precios inferiores. Esto es lo que le ocurrió a Philips, el fabricante holandés de aparatos electrónicos, cuando fijó el precio de sus reproductores de videodiscos. Philips pretendía conseguir utilidades con la venta de cada reproductor. Los competidores japoneses fijaron precios inferiores y lograron adquirir

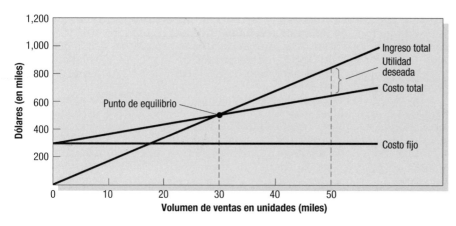

|FIG. **14.6**|

Gráfica de punto de equilibrio para determinar el volumen del punto de equilibrio y el precio a partir del rendimiento de la inversión.

una importante participación de mercado rápidamente, lo que a la vez provocó una reducción sustancial de sus costos.

A pesar de todo, la fijación de precios mediante márgenes está muy generalizada. En primer lugar, para los vendedores es más sencillo calcular los costos que calcular la demanda, y resuelven la fijación de precios relacionándolos con los costos, lo que simplifica la tarea. En segundo lugar, cuando todas las empresas de un mismo sector utilizan este método, los precios tienden a ser similares, por lo que la competencia en precios se minimiza. En tercer lugar, muchas personas consideran que la fijación de precios basada en los costos es más transparente, tanto para compradores como para vendedores. Estos últimos no se aprovechan de los compradores cuando la demanda se incrementa y pueden lograr, aún así, una rentabilidad razonable de su inversión.

FIJACIÓN DE PRECIOS PARA OBTENER RENDIMIENTO DE LA INVERSIÓN Otro enfoque para la fijación de precios consiste en calcular el precio que arrojará la **tasa deseada de rendimiento sobre la inversión**. Ésta es la técnica que emplea, por ejemplo, General Motors, que fija un precio para sus vehículos que le permita lograr una recuperación de la inversión de entre el 15 y 20%. También las empresas de servicios públicos aplican este método, puesto que necesitan obtener un alto rendimiento sobre la inversión.

Imaginemos que el fabricante de tostadores invirtió un millón de dólares en su empresa y quiere fijar un precio que le permita obtener una rentabilidad del 20%, es decir, de 200,000 dólares. El precio para alcanzar esta rentabilidad está determinado por la siguiente fórmula:

$$\text{Precio para alcanzar rentabilidad} = \text{costo unitario} + \frac{\text{rentabilidad deseada} \times \text{capital invertido}}{\text{unidades vendidas}}$$

$$= \$16 + \frac{.20 \times \$1,000,000}{50,000} = \$20$$

El fabricante logrará un 20% de rentabilidad siempre que los cálculos de costos y de ventas sean correctos. ¿Qué ocurrirá si no logra vender 50,000 unidades? El fabricante puede elaborar una gráfica de punto de equilibrio para saber qué pasaría con otros niveles de ventas (véase la figura 14.6). Los costos fijos se mantendrán en 300,000 dólares independientemente del volumen de ventas. Los costos variables, que no aparecen en la gráfica, aumentarán con el volumen. Los costos totales son iguales a la suma de los costos fijos y de los costos variables. La curva de ingresos totales comienza en un nivel cero y se prolonga linealmente con cada unidad vendida.

Las curvas de ingresos y costos totales se cruzan cuando las ventas alcanzan las 30,000 unidades. Éste es el volumen de ventas que corresponde al punto de equilibrio, que puede verificarse a través de la siguiente fórmula:

$$\text{Punto de equilibrio} = \frac{\text{costos fijos}}{(\text{precio} - \text{costos variables})} = \frac{\$300,000}{\$20 - \$10} = 30,000$$

Evidentemente, el fabricante espera que el mercado adquiera 50,000 unidades a $20 cada una, en cuyo caso obtendrá $200,000 a partir de su inversión de un millón. Sin embargo, esto dependerá en gran medida de la elasticidad precio y de los precios de los competidores. Por desgracia, la fijación de precios para lograr un rendimiento sobre la inversión determinada omite estas consideraciones. El fabricante debe considerar diferentes precios y estimar sus consecuencias potenciales sobre el volumen de ventas y utilidades, además de investigar el modo de reducir sus costos fijos y variables, porque cuanto menores sean éstos, menor será el volumen de ventas necesario para alcanzar el punto de equilibrio.

FIJACIÓN DE PRECIOS BASADA EN EL VALOR PERCIBIDO Cada vez más empresas fijan sus precios en función del **valor percibido** por los consumidores. Así, las empresas deben entregar el valor que promete su propuesta, y los consumidores deben percibir ese mismo valor. Las empresas utilizan otros elementos de la mezcla de marketing, como la publicidad y la fuerza de ventas, para comunicar y fortalecer en la mente de los consumidores el valor percibido por éstos.[40]

El valor percibido se compone de diversos elementos, por ejemplo, la imagen que tiene el comprador sobre los resultados del producto, el canal de distribución, la calidad de la garantía, los servicios de atención al cliente, y otros atributos, como la reputación del proveedor, su confiabilidad y el aprecio que sienten los consumidores hacia él. Es más, cada cliente potencial asigna una importancia diferente a estos elementos, lo que divide a los consumidores en *compradores con base en el precio, compradores con base en el valor* y *compradores leales.* Las empresas necesitan estrategias diferentes para llegar a estos tres grupos. En el caso de los compradores con base en el precio, las empresas deberán ofrecer productos básicos y reducir los servicios. Para los compradores con base en el valor, deberán incluir innovaciones de valor constantemente y reafirmar el valor de sus ofertas de forma intensiva. Para los compradores leales, las empresas deben invertir en entablar relaciones y en "intimar" con los clientes.

Caterpillar utiliza este método para fijar los precios de su maquinaria de construcción. Por ejemplo, supongamos que fija el precio de un tractor en 100,000 dólares, aunque un tractor similar de la competencia cuesta 90,000. Cuando un cliente potencial preguntó a un vendedor de Caterpillar por qué debería pagar 10,000 dólares más por el tractor de su empresa, el vendedor respondió:

$ 90,000	es el precio de un tractor con características similares al de la competencia.
$ 7,000	es la prima por la mayor duración de la maquinaria Caterpillar.
$ 6,000	es la prima por la mayor confiabilidad de la maquinaria Caterpillar.
$ 5,000	es la prima por la superioridad de los servicios Caterpillar.
$ 2,000	es la prima por la mayor duración de la garantía de las refacciones Caterpillar.
$110,000	es el precio normal que cubre el valor superior de Caterpillar.
−$10,000	de descuento.
$100,000	precio final.

Los clientes de Wal-Mart obtienen precios bajos siempre en las marcas principales.

Así, el distribuidor de Caterpillar fue capaz de explicar por qué su tractor aportaba más valor que el de la competencia. Aunque se pide al cliente que pague 10,000 dólares más, en realidad éste obtiene ¡20,000 dólares de valor extra! El comprador se inclinó por el tractor Caterpillar puesto que estaba convencido de que los costos de mantenimiento a lo largo de la vida del producto serían inferiores.

En ocasiones, a pesar de que una empresa afirme que ofrece un valor total superior, no todos los consumidores responden positivamente. Siempre hay un segmento de consumidores que compra con base en el precio. Otros sospechan que la empresa exagera la calidad de sus productos y servicios. Sin embargo, tenemos el ejemplo de una empresa que instaló su software en una o dos plantas de fabricación de un cliente, y la reducción de costos sustancial y documentada que supuso esta aplicación convenció al cliente de adquirir el mismo software para sus demás fábricas.

La clave para la fijación de precios según el valor percibido consiste en entregar más valor que los competidores y demostrarlo así a los compradores potenciales. En esencia, la empresa necesita comprender el proceso de toma de decisiones del cliente. La empresa puede intentar determinar el valor de su oferta inicial de diversas maneras: cálculos de la gerencia dentro de la empresa, valor de productos similares, sesiones de grupo, encuestas, experimentos, análisis de datos históricos y análisis conjuntos.[41]

Por ejemplo, DuPont ha enseñado a sus clientes el verdadero valor de su resina de polietileno llamada Alathon. En lugar de limitarse a afirmar que las tuberías hechas de Alathon son un 5% más durables, DuPont elaboró un análisis detallado de los costos comparativos de instalación y mantenimiento de una tubería de irrigación superficial. Los ahorros reales se derivaban de la menor necesidad de mano de obra y de la ausencia de deterioros del cultivo asociados con la excavación y sustitución de tuberías subterráneas.

DuPont fue capaz de cobrar un 7% más y sus ventas, a pesar de todo, se duplicaron el año siguiente.

FIJACIÓN DE PRECIO BASADA EN EL VALOR En los últimos años, muchas empresas han adoptado la técnica de **fijación de precios basada en el valor**, que consiste en conseguir clientes leales cobrando un precio relativamente bajo por una oferta de gran calidad. Entre los mejores ejemplos de empresas que la practican están IKEA y Southwest Airlines.

A principios de los 90, Procter & Gamble causó un gran revuelo cuando redujo el precio de sus pañales Pampers y Luvs, de su detergente líquido Tide y del café Folger's. En el pasado, una familia leal a la marca tenía que pagar durante un año una prima de 725 dólares por productos P&G con respecto a marcas privadas o de precio bajo. Para ofrecer precios basados en el valor, P&G hizo cambios importantes: rediseñó el modo en que desarrollaba, fabricaba, distribuía, promovía y comercializaba sus productos para ofrecer un valor superior a lo largo de toda la cadena de distribución.[42]

La fijación de precios basada en el valor no consiste simplemente en fijar precios más bajos, sino en rediseñar las operaciones de la empresa para convertirla en un fabricante de costos bajos sin sacrificar la calidad, y en reducir los precios lo suficiente como para atraer a un gran número de consumidores sensibles al valor.

Una variante importante de la fijación de precios basada en el valor es la **fijación de un precio bajo diario**, que se produce a nivel minorista. Los minoristas que aplican esta estrategia fijan precios bajos constantemente, sin hacer promociones o descuentos especiales. Estos precios bajos eliminan la incertidumbre del precio semana tras semana, y contrastan con el sistema de fijación de precios "altos-bajos" que aplican los competidores orientados en torno a la promoción. En el **sistema de precios altos-bajos**, el minorista cobra precios más altos diariamente, pero aplica promociones frecuentes en las que los precios se reducen por tiempo definido por debajo del nivel de los precios bajos diarios.[43] Se ha demostrado que estas dos estrategias de precios afectan las valoraciones de los consumidores: los grandes descuentos (precio bajo diario) suelen provocar una percepción de precios más bajos con el tiempo que los descuentos frecuentes pero fugaces (precios altos-bajos), aunque en promedio unos y otros sean iguales.[44]

En los últimos años, el sistema de precios altos-bajos ha cedido paso al precio bajo diario en sectores tan distintos como el de los concesionarios (por ejemplo, los de Saturn de General Motors), o el de los grandes almacenes de prestigio como Nordstrom. Pero sin lugar a dudas, el rey del precio bajo diario es Wal-Mart, que prácticamente ha llegado a servir de definición para este término. Salvo por unos pocos productos cada mes, Wal-Mart promete precios bajos diarios en sus marcas principales. "No se trata de una estrategia a corto plazo", comenta uno de sus directivos. "Uno tiene que estar dispuesto a comprometerse con ello, y tiene que ser capaz de operar con niveles de gastos más bajos que cualquier otro."

Algunos minoristas basan toda su estrategia de marketing en lo que se podría denominar precios bajos diarios *extremos*. En parte como consecuencia del descenso económico, los establecimientos "todo a dólar" que habían pasado de moda, hoy están cobrando nuevos bríos.

DOLLAR GENERAL CORP., FAMILY DOLLAR

Las tiendas "todo a dólar" están librándose de su estigma, mientras se llenan de marcas y atraen a clientes más jóvenes y adinerados. Estos establecimientos de superdescuento desarrollaron una fórmula de éxito para arrebatar clientes a Target e incluso a Wal-Mart: abrir tiendas pequeñas, fáciles de recorrer, con facilidades de estacionamiento, costos fijos bajos gracias a la limitación de inventario, una decoración modesta y con publicidad gratuita mediante los comentarios de sus clientes. I. J. Rosenberg consiguió atraer a más de 3,000 clientes a la inauguración de la segunda tienda Little Bucks en la periferia de Atlanta repartiendo folletos en los que prometía vender nueve televisores, nueve Game-boys y nueve monopatines Razor a 99 centavos de dólar cada uno. Aunque la gran mayoría de tiendas de superdescuento son regionales, algunas cadenas como Little Bucks, Dollar Tree, Family Dollar y Big Lots operan en al menos 40 entidades de Estados Unidos. Las dos cadenas más grandes, Dollar General y Family Dollar, están abriendo tiendas a un ritmo de más de una por día. Estas dos empresas operan más de 10,000 establecimientos en todo el país, casi el doble que hace seis años.[45]

La razón principal por la que los minoristas adoptan la estrategia de precios bajos diarios es que las ventas y las promociones continuas son muy costosas y han erosionado la credibilidad de los consumidores en los precios diarios de las góndolas de los supermercados. Los consumidores también tienen menos tiempo y menos paciencia para buscar los productos especiales en los supermercados y recortar cupones de descuento. Sin embargo, es innegable que este tipo de promociones despierta entusiasmo entre los compradores y les atrae. Por esta razón, los precios bajos diarios no son una garantía de éxito. A medida que los supermercados se enfrentan a la creciente competencia de vendedores y canales alternativos, muchos creen que la clave para atraer a un mayor número de clientes es utilizar una combinación de precios altos-bajos y de precio bajo diario, con mayores dosis de publicidad y promociones.[46]

FIJACIÓN DE PRECIOS BASADA EN LA COMPETENCIA La **fijación de precios basada en la competencia** consiste en que las empresas establecen sus precios, en gran medida, en función de los de la competencia. Esto significa que la empresa podría fijar un precio similar, mayor o menor que el de sus competidores. En los sectores oligopólicos que venden un producto básico como el acero, el papel o los fertilizantes, las empresas suelen fijar el mismo precio. Las empresas más pequeñas siguen al líder, y modifican sus precios cuando lo hace la primera empresa del mercado, y no cuando cambian sus costos o su propia demanda. Algunas empresas aplican una pequeña prima o un descuento minúsculo, pero siempre manteniendo la diferencia. Así, por ejemplo, ciertas gasolineras, fijan un precio inferior en unos centavos al de la empresa principal, sin permitir que la diferencia aumente o disminuya.

Esta estrategia goza de bastante aceptación. Cuando los costos son difíciles de medir o la respuesta de los competidores es incierta, las empresas recurren a este método porque refleja la sabiduría colectiva del sector.

FIJACIÓN DE PRECIOS MEDIANTE SUBASTAS La **fijación de precios mediante subastas** se utiliza cada vez más, especialmente gracias al auge de Internet. Existen más de 2,000 cibermercados en los que se vende de todo, desde cerdos hasta vehículos de segunda mano, servicios de transporte de mercancías y productos químicos. Una de las razones por las que se recurre a las subastas es para deshacerse del excedente de inventario o de bienes usados. Las empresas necesitan conocer los tres tipos de subastas principales, y los procedimientos de fijación de precios correspondientes a cada una de ellas.

- *Subastas inglesas (pujas ascendentes).* En este tipo de subasta hay un vendedor y muchos compradores. En sitios Web como Yahoo! o eBay, el vendedor subasta un artículo y los compradores van subiendo sus pujas hasta que se llega a un precio máximo que nadie supera. Las subastas inglesas se utilizan en la actualidad para la adquisición de antigüedades, ganado, propiedades inmobiliarias, maquinaria y vehículos de segunda mano. Tras observar cómo los revendedores y los intermediarios se enriquecían cobrando por una entrada la cantidad que el mercado estaba dispuesto a pagar, Ticketmaster Corp. empezó a subastar las mejores plazas en los conciertos a través de su sitio Web ticketmaster.com, en 2003.[47]

- *Subastas holandesas (pujas descendentes).* Un vendedor y muchos compradores, o un comprador y muchos vendedores. En el primer caso, el subastante anuncia un precio alto para un producto, y va reduciéndolo hasta que alguien acepte pagar el precio. En el segundo caso, una persona anuncia que quiere comprar algo, y los vendedores potenciales compiten por la venta ofreciendo el precio más bajo. Cada vendedor conoce la última puja y decide si reduce el precio. FreeMarkets.com ayudó a Royal Mail Group plc, el servicio postal del Reino Unido, a ahorrar cerca de dos millones y medio de libras esterlinas gracias, en parte, a una subasta en la que 25 aerolíneas compitieron por la asignación del servicio de reparto internacional.[48]

- *Subastas a sobre cerrado o licitación cerrada.* Los aspirantes a proveedores entregan una oferta, sin conocer la propuesta de los competidores. El gobierno estadounidense suele recurrir a este método para sus suministros. Las empresas que participan no pueden ofrecer un precio por debajo de sus costos, pero tampoco pueden aumentarlo demasiado por temor a no conseguir el proyecto. El efecto neto de estas dos fuerzas opuestas se describe en los términos de la *utilidad esperada* de las ofertas. Esta técnica de fijación de precios con base en la utilidad esperada resulta muy útil cuando el vendedor realiza muchas ofertas. El vendedor que sólo hace ofertas ocasionalmente o que necesita un contrato específico no obtendrá ninguna ventaja de esta técnica. Este criterio no distingue entre 1,000 dólares de utilidad con un 10% de posibilidades de adjudicación y una utilidad de 125 dólares con un 80% de posibilidades de adjudicación. Es más, la empresa que desee mantener su producción preferirá la segunda opción antes que la primera.

Fase 6: Selección del precio final

Los métodos de fijación de precios reducen el abanico de posibilidades entre las que puede elegir una empresa para el precio final. Para seleccionarlo, la empresa debe considerar factores adicionales, incluido el impacto del resto de actividades de marketing, de políticas de precios de la empresa, el reparto de riesgo y ganancias, y el impacto del precio en terceros.

IMPACTO DE OTRAS ACTIVIDADES DE MARKETING El precio final debe tener en cuenta la calidad de la marca y la publicidad, respecto a los competidores. En un estudio clásico, Farris y Reibstein estudiaron las relaciones entre el precio relativo, la calidad relativa y la publicidad relativa de 227 consumidores, y descubrieron lo siguiente:

- Las marcas con una calidad relativa media, pero con grandes presupuestos de publicidad podían aplicar precios más altos. Los consumidores parecían estar dispuestos a pagar precios más altos por productos conocidos, que por productos desconocidos.

■ Las marcas con una calidad y una publicidad relativas elevadas presentaban los precios más altos. A la inversa, las marcas con calidad y publicidad relativa bajas asignaban los menores precios.

■ La relación positiva entre precios altos y una gran inversión en publicidad aparecía con mayor intensidad en las últimas fases del ciclo de vida del producto en el caso de los líderes de mercado.[49]

Estos descubrimientos sugieren que el precio no es tan importante como la calidad y otros elementos de la oferta de marketing. En otro estudio se pidió a un grupo de consumidores que numeraran el precio y los demás atributos de la oferta por orden de importancia al hacer compras por Internet. Sólo el 19% de los encuestados se preocupaba por el precio, mientras que un número mucho mayor (65%) se preocupaba por la atención al cliente, por la entrega puntual del pedido (58%) y por el transporte y el manejo de los productos (49%).[50]

POLÍTICAS DE PRECIO DE LA EMPRESA El precio debe ser coherente con las políticas de precio de la empresa. Además, muchas empresas aplican penalizaciones en el precio en determinadas circunstancias.[51]

Las aerolíneas cobran 150 dólares a aquellos viajeros que cambian sus reservaciones de boletos con descuento. Los bancos cobran comisiones si los clientes realizan demasiadas disposiciones de efectivo al mes o si retiran un depósito antes de tiempo. Las empresas de alquiler de autos cobran penalizaciones de entre 50 y 100 dólares cuando el cliente no recoge un vehículo especial reservado. Aunque estas políticas suelen ser justificables, hay que aplicarlas con cautela para no ahuyentar a los clientes. (Véase *Marketing en acción: Aumentos furtivos de precios.*)

Muchas empresas establecen departamentos de fijación de precios para desarrollar estas políticas o para aprobar decisiones sobre precios. El objetivo es garantizar que los vendedores ofrezcan precios razonables a los clientes, que también resulten rentables para la empresa. Dell Computer trabaja con técnicas de fijación de precios muy innovadoras.

DELL

Dell utiliza un sistema de "proyección de costos" de alta tecnología, que le permite escalar sus precios de venta[52] según la demanda de los consumidores y los costos propios de la compañía. Dell aplicó este modelo flexible de fijación de precios en 2001 para maximizar los márgenes durante el descenso económico. Los directores de Dell recopilaron información de costos a través de proveedores, la combinaron con la información sobre metas de rentabilidad, fechas de entrega y datos de la competencia, y fijaron precios para segmentos industriales.

MARKETING EN ACCIÓN | AUMENTOS FURTIVOS DE PRECIOS

Los consumidores cada vez se resisten más a aceptar precios altos, por lo que las empresas tienen que encontrar el modo de incrementar sus ingresos sin aumentar los precios. La solución que goza de mayor aceptación consiste en cobrar por lo que antes era gratis. Aunque algunos consumidores odian las estrategias de precios de impacto mínimo, estos pequeños cargos adicionales representan toda una fuente de ingresos.

Las cifras llegan a ser astronómicas. Las tarifas correspondientes por pagar facturas *on line,* rechazar cheques o por utilizar cajeros automáticos suponen ingresos para los bancos de cerca de 30,000 millones de dólares anuales. Algunos minoristas como Target y Best Buy cobran un 15% de "cuota de reabastecimiento" cada vez que se devuelve un producto eléctrico. Los pagos retrasados de la tarjeta de crédito (que aumentaron un 11% en 2003), superan los 10,000 millones de dólares en total. El sector de las telecomunicaciones en general ha sido muy agresivo al comenzar a cobrar cuotas de instalación y por cambio de servicio, cancelación de contratos, información telefónica, valoración legal, transferencia de números, conexión de cables y equipo, lo que le ha costado a los consumidores miles de millones de dólares. Si AT&T cobrara a los clientes de líneas telefónicas de larga distancia una nueva tarifa por "asesoría" de tan sólo 99 centavos, podría embolsarse hasta 475 millones de dólares.

Esta explosión de tarifas añadidas tiene una serie de consecuencias. Como los precios de venta permanecen fijos, es posible que se esté minimizando la inflación. Asimismo, los consumidores tienen más dificultades para comparar ofertas rivales. Aunque se han creado asociaciones de ciudadanos para presionar a las empresas a fin de que retiren algunas de estas tarifas, no siempre reciben la comprensión de los gobiernos estatales o locales, que también han aumentado una serie de tarifas, multas y penalizaciones para aumentar sus ingresos.

Las empresas justifican estos cobros adicionales como el único modo razonable y viable de cubrir gastos sin perder clientes. Muchos afirman que cobrar una prima por servicios adicionales que cuesta prestar tiene más lógica que cobrar a todos los clientes la misma cantidad, independientemente de si utilizan o no estos servicios. Al desglosar tarifas y cobros en función de los servicios que se prestan se consigue mantener los costos a raya. Las empresas también utilizan las tarifas como medio para deshacerse de los clientes no rentables o cambiar su conducta. Algunas aerolíneas cobran 50 dólares más a los viajeros que exigen boleto de papel, y 25 dólares por cada maleta que pesa más de 23 kilogramos.

En último término, serán el mercado y la disposición de los clientes los que decidirán la viabilidad de estos cobros. Los clientes tienen la opción de pagar por los servicios adicionales, o simplemente darse media vuelta y abandonar a la empresa.

Fuentes: Adaptado de Michael Arndt, "Fees! Fees! Fees!" *Business Week,* 29 de septiembre de 2003, pp. 99–104; "The Price Is Wrong", *The Economist,* 25 de mayo de 2002, pp. 59–60.

Un día cualquiera, la misma computadora se vendía a precios diferentes en función de quién la adquiría: el gobierno, una pequeña empresa, o un consumidor individual. Este sistema de proyección de costos permite entender por qué Dell fue el único de los seis mejores fabricantes estadounidenses de computadoras que obtuvo utilidades durante el primer trimestre de 2001.[53]

PARTICIPACIÓN DEL RIESGO Y LAS GANANCIAS Algunos compradores podrían resistirse a aceptar la propuesta de un vendedor por el alto grado de riesgo percibido. El vendedor tiene la opción de ofrecerse a absorber parte del riesgo (o la totalidad) si no entrega el valor prometido. Veamos el siguiente ejemplo.

BAXTER HEALTHCARE

Baxter, empresa líder en productos farmacéuticos, se acercó a Columbia/HCA, empresa líder en el cuidado de la salud, con la propuesta de desarrollar un sistema de administración de información que le ahorraría a esta última varios millones de dólares en un periodo de ocho años. Cuando Columbia rechazó la propuesta, Baxter le ofreció garantizar los ahorros: si no lo conseguía, Baxter emitiría un cheque por el valor de la diferencia. Baxter consiguió el contrato.

Baxter podría haber ido más lejos y proponer que si su sistema ahorraba a Columbia más de la cantidad ofrecida, compartirían los ahorros adicionales en una proporción de 70-30 (es decir, 70% para Columbia y 30% para Baxter). Cada vez más empresas que prometen grandes ahorros deben estar dispuestas a garantizar las ventajas prometidas y, si es posible, participar de las ganancias si éstas superan con creces lo prometido.

IMPACTO DEL PRECIO EN TERCEROS La dirección también debe considerar las posibles reacciones de terceros ante cambios en el precio.[54] ¿Cómo se sentirán los distribuidores y los vendedores? Si no consiguen ganancias suficientes, tal vez decidan no colocar el producto en el mercado. ¿Estará la fuerza de ventas dispuesta a vender a esos precios? ¿Cómo reaccionarán los competidores? ¿Aumentarán el precio los proveedores tras el cambio de precio de la empresa? ¿Intervendrá el gobierno para prohibir el aumento de precios?

Mientras la política de Wal-Mart de abatir los costos y reducir los precios ha beneficiado a los consumidores, esta presión del precio a la baja está causando estragos en los proveedores como Vlasic.[55]

VLASIC

A finales de los 90, cuando Wal-Mart ofrecía los pepinillos gigantes en frascos con capacidad de casi cuatro kilogramos por tan sólo 2.97 dólares, los clientes estaban encantados, e incluso pensaban que no podrían acabárselos lo suficientemente rápido. Sin embargo, lo que se alababa como un "producto declarado" de Wal-Mart, es decir, el tipo de producto que reflejaba el compromiso de la empresa con los precios bajos, redefinió todos los aspectos del negocio de los pepinillos de Vlasic y tuvo consecuencias fatales. Aquí está la clave: los frascos de pepinillos de Vlasic se vendían en las 3,000 tiendas Wal-Mart por 2.97 dólares, pero estas dos empresas no se quedaban más que con un centavo o dos por frasco. Sin embargo, si se venden 80 frascos a la semana en cada tienda, estamos hablando de 908,000 kilogramos de pepinillos por semana. Rápidamente, los frascos de cuatro kilogramos de pepinillos comenzaron a ejercer canibalismo con el resto de negocios de Vlasic que no estaban relacionados con Wal-Mart, puesto que la empresa tenía que hacer un esfuerzo sobrehumano para conseguir pepinillos suficientes con los que llenar los frascos. Los márgenes de ganancia de la cuenta con Wal-Mart, que se convirtió en un 30% del negocio de Vlasic, empezaron a tambalearse. A pesar de que el volumen de pepinillos que abandonaba las fábricas de Vlasic reportaba a la empresa ventas muy sólidas, un importante crecimiento y un primer puesto en el mundo de los pepinillos de Wal-Mart, las utilidades de la empresa cayeron un 25%, o más. Finalmente, Vlasic consiguió modificar el precio y fijarlo en 2.97 dólares por el frasco de dos kilogramos.

Los mercadólogos necesitan conocer la legislación existente sobre precios. La legislación estadounidense establece que los vendedores deben fijar el precio sin consultar con los competidores: los precios pactados están castigados por la ley. Muchos estatutos federales y estatales protegen a los consumidores frente a prácticas desleales de precios. Por ejemplo, es ilegal que una empresa fije artificialmente precios altos y los presente como "regulares", y después anuncie "ofertas" a precios cercanos a los normales de cada día.

::: Adaptación del precio

Las empresas no suelen fijar un único precio, sino que más bien elaboran una estructura de precios en función de las variaciones de la demanda y los costos por región geográfica, de las exigencias de los diferentes segmentos, del calendario de compras, del volumen de pedidos, de la frecuencia del suministro, de las garantías, de los contratos de servicios y de otros factores.

Como consecuencia de los descuentos, de los incentivos a la compra y del apoyo promocional, las empresas rara vez obtienen la misma utilidad de cada unidad de productos que venden. En este apartado estudiaremos diversas estrategias de adaptación de precios: precios geográficos, descuentos e incentivos a la compra, precios de promoción y diferenciación de precios.

Precios geográficos (efectivo, intercambio, trueque)

La fijación de precios por región geográfica supone que la empresa debe decidir qué precios ofrecer a los diferentes clientes en diversos lugares y países.

PROCTER & GAMBLE

China es el sexto mercado más grande de P&G, a pesar de que dos tercios de la población de ese país viven con menos de 25 dólares al mes. En 2003, P&G desarrolló una iniciativa de niveles de precios para competir con las marcas locales, más baratas, sin dejar de proteger el valor de sus marcas globales. P&G introdujo una bolsa de 320 gramos del detergente Tide Clean White por 23 centavos, frente al paquete de 350 gramos de Tide Triple Action que costaba 33 centavos. La versión Clean White no ofrece los mismos resultados de eliminación de manchas ni la misma fragancia, pero cuesta menos y, según la empresa, ofrece mejores resultados que cualquier otra marca del mismo nivel de precio.[56]

¿Debería una empresa cobrar precios más altos a los clientes que viven más lejos para cubrir los costos de transporte o un precio más bajo para ganar negocios adicionales? ¿Qué tratamiento se debería dar a los tipos de cambio y a la fortaleza de las divisas de determinados países? La debilidad del dólar en el verano de 2003 permitió a las empresas estadounidenses fijar precios más altos y así compensar el encarecimiento de las importaciones. En 2003, Dow Chemical consiguió aumentar sus precios en aproximadamente un 15%.[57]

Otro aspecto importante es la forma de pago. Este aspecto es decisivo cuando los compradores no tienen suficiente efectivo para pagar sus compras. Numerosos compradores ofrecen otros productos a modo de pago, una práctica conocida como **intercambio de mercancías**. Las empresas estadounidenses a menudo se ven obligadas a entrar en este sistema si quieren llevar a cabo sus negocios. El intercambio supone entre el 15 y 25% del comercio mundial, y adopta distintas formas:[58] trueque, operaciones de compensación, acuerdos de recompra y acuerdos de compensación.

- *Trueque.* Se refiere al intercambio directo de bienes, sin dinero y sin la participación de terceras partes. En 1993, Eminence S.A., una de las principales empresas textiles francesas firmó un contrato de operación a cinco años para intercambiar en países de Europa del este ropa interior y ropa deportiva fabricada en Estados Unidos con valor de 25 millones de dólares por una serie de bienes y servicios que incluían transporte global y espacios publicitarios en revistas de aquellos países.

- *Operaciones de compensación.* El vendedor recibe un porcentaje del pago en efectivo y el resto en productos. Un fabricante británico vendió así aviones a Brasil y cobró el 70% del precio en efectivo y el resto en café.

- *Acuerdo de recompra.* El vendedor vende una fábrica, maquinaria o tecnología a otro país y acuerda aceptar, como pago parcial, productos fabricados con el equipo vendido. Una empresa química estadounidense construyó una fábrica para una empresa india y aceptó un pago parcial en efectivo, y el resto en productos químicos fabricados en India.

- *Acuerdo de compensación.* El vendedor recibe la totalidad del pago en efectivo, pero acuerda invertir una cantidad sustancial del dinero en el país correspondiente durante un determinado periodo. Por ejemplo, PepsiCo vende su jarabe de cola a Rusia a cambio de rublos y se compromete a adquirir vodka ruso a un precio determinado para venderlo en Estados Unidos.

Descuentos e incentivos a la compra

La mayoría de las empresas modifican su precio de lista a través de descuentos y otros incentivos, para recompensar a los clientes por pronto pago, grandes volúmenes de compra y compras fuera de temporada (véase la tabla 14.4).[59] Estos ajustes deben efectuarse cuidadosamente para no encontrarse con que las utilidades son mucho menores de lo que se preveía.[60]

La fijación de precios de descuento se ha convertido en el *modus operandi* de un número sorprendentemente elevado de empresas, que ofrecen tanto productos como servicios. Algunas categorías de productos tienden a la autodestrucción si siempre anuncian rebajas. Los vendedores, en particular, suelen ofrecer descuentos con rapidez para cerrar una venta. Sin embargo, se puede extender el rumor de que la política de precios de la empresa es "blanda" y entonces los descuentos se convierten en la norma, en lugar de la excepción. Los descuentos socavan la percepción de valor de las ofertas de mercado.

| TABLA 14.4 |

Precios de descuento e incentivos
a la compra.

Descuento en efectivo:	Una reducción del precio a compradores que pagan pronto sus facturas. Un ejemplo típico es "2/10, neto 30", que significa que se tiene un plazo de 30 días para pagar, pero si el comprador paga antes de 10 días obtiene un descuento del 2%.
Descuento por cantidad:	Una reducción de precio a quienes compran grandes volúmenes de mercancía. Un ejemplo es "$10 por unidad por menos de 100 unidades; $9 por unidad por 100 o más unidades". Los descuentos por cantidad deben ofrecerse por igual a todos los clientes y no deben exceder lo que ahorra el vendedor en costos. Es factible ofrecerlos en cada pedido o con base en el número de unidades compradas a lo largo de un determinado periodo.
Descuento funcional:	Descuento (también llamado *descuento comercial*) que ofrece un fabricante a los canales comerciales si éstos desempeñan ciertas funciones, como vender, almacenar y llevar registros de actividades. Los fabricantes deben ofrecer los mismos descuentos funcionales en cada canal.
Descuento fuera de temporada:	Una reducción de precio a quienes compran mercancía o contratan servicios fuera de temporada. Los hoteles, moteles y aerolíneas ofrecen este tipo de descuentos en periodos de ventas escasas.
Incentivo de la compra:	Un pago extra que pretende ganar participación del revendedor en programas especiales. Los *incentivos comerciales* pretenden fomentar la compra de un artículo antiguo cuando se compra uno nuevo. Los incentivos promocionales recompensan a los distribuidores por participar en la publicidad y en los programas de apoyo de ventas.

Algunas empresas con exceso de capacidad se ven tentadas a ofrecer descuentos e incluso empiezan a trabajar para un minorista con una versión del producto con marca de la tienda a precios muy bajos. Sin embargo, como la marca propia de la tienda es más barata, podría superar a la marca del fabricante. Los fabricantes deberían detenerse y valorar las implicaciones de vender sus productos a minoristas de descuento porque podrían perder utilidades a largo plazo por intentar alcanzar los objetivos de ventas a corto plazo.

Cuando los fabricantes de automóviles ofrecen descuentos a la ligera, el mercado simplemente se cruza de brazos y espera la mejor oferta. Cuando Ford logró invertir esta tendencia obtuvo resultados positivos.

FORD

En 2003, cuando otros fabricantes estadounidenses de automóviles anunciaban ofertas y crédito sin intereses, Ford Motor Company aumentó los precios promedio mediante una táctica muy inteligente. La empresa analizó la información sobre ventas de los concesionarios para estudiar qué precios y qué incentivos serían los más eficaces para los diferentes modelos en los diversos mercados. Así, destinó más fondos de marketing a los modelos más rentables, pero con menos ventas, por ejemplo la F-150, y a promover las opciones más rentables. Ford ofrecía únicamente un descuento de 1,000 dólares en su todo terreno Escape, pero permitía una rebaja de 3,000 dólares en el modelo Explorer, que reportaba ventas inferiores.[61] Ford logró así aumentar su participación de mercado y calcula que un tercio de sus utilidades son el resultado de esta estrategia de precios.

Kevin Clancy, presidente de Copernicus, una gran empresa de marketing y consultoría, descubrió que sólo entre el 15 y 35% de los compradores de todas las categorías son sensibles al precio. Las personas con ingresos más altos y mayor implicación con los productos están dispuestas a pagar más por las características del producto, la atención al cliente, la calidad, la comodidad agregada y la marca. Por tanto, no es conveniente que una marca fuerte y exclusiva permita que sus precios se desplomen a través de descuentos para responder a los ataques de empresas con precios inferiores.[62] Al mismo tiempo, los descuentos son una herramienta muy útil si la empresa está en posibilidad de obtener concesiones a cambio, por ejemplo, cuando el cliente acepta firmar un contrato a tres años, realizar sus pedidos a través de Internet (lo que implica un ahorro para la empresa), o comprar en cantidades de carga de vehículos de transporte.

La gerencia de ventas ha de controlar qué proporción de clientes reciben descuentos, la cantidad descontada en promedio, y qué vendedores en particular utilizan los descuentos en exceso. Los altos directivos deben realizar un **análisis del precio neto** para conocer el "precio real" de sus ofertas. El precio real se ve influido no sólo por los descuentos, sino por muchos otros gastos (véase más adelante el apartado de precios promocionales) que reducen el precio final: imaginemos que el precio de lista de la empresa es de 3,000 dólares, el descuento promedio es de 300 dólares, y la inversión promedio en promoción es de 450 dólares (15% del precio de lista). Asimismo, la empresa ofrece 150 dólares a los minoristas para que apoyen sus productos. Por tanto, el precio neto del producto es de 2,100 dólares, y no de 3,000.

Precios de promoción

Las empresas tienen a su disposición varias técnicas de fijación de precios para estimular la compra temprana:

- *Reducción del precio de productos líderes.* Los supermercados y los grandes almacenes suelen reducir el precio de marcas conocidas con la finalidad de atraer clientes. Esta estrategia es rentable si los ingresos provenientes de las compras adicionales compensan los menores márgenes de los productos líderes. Los fabricantes de estos productos generalmente desaprueban que se utilice esta práctica porque puede diluir su imagen de marca y molestar a los minoristas que cobran el precio de lista. Los fabricantes han intentado frenar a los intermediarios para que no utilicen esta reducción de precios con sus productos presionando para que se promulguen leyes de mantenimiento del precio al menudeo, pero estas leyes han sido revocadas.

- *Precios especiales en fechas señaladas.* Los vendedores fijan precios especiales en temporadas específicas para atraer a más clientes. Por ejemplo, cada mes de agosto se anuncian promociones con motivo del regreso a clases.

- *Descuentos en efectivo.* Las empresas de automóviles y de otros bienes de consumo ofrecen descuentos en efectivo para estimular las compras de sus productos en un plazo determinado. Estos descuentos pueden ayudar a sanear los inventarios sin necesidad de reducir el precio de lista.

- *Financiamiento a tasas de interés bajas.* En lugar de reducir el precio, la empresa ofrece a los clientes financiar sus compras con tasas de interés bajas. Los fabricantes de automóviles han llegado a anunciar financiamiento de sus productos sin intereses.

- *Financiamiento a largo plazo.* Los vendedores, especialmente los bancos que ofrecen créditos hipotecarios y los distribuidores de automóviles, prolongan los plazos de los créditos para reducir los pagos mensuales. Los consumidores se preocupan menos del costo de un crédito (es decir, de la tasa de interés) y más de sus posibilidades de afrontar los pagos mensuales.

- *Garantías y contratos de servicio.* Las empresas pueden promover sus ventas al agregar una garantía o al ofrecer un contrato de servicio de forma gratuita, o a bajo costo.

- *Descuento psicológico.* Esta estrategia consiste en fijar un precio artificialmente alto para un producto, y después ofrecerlo a un precio más bajo; por ejemplo, "Antes, $359. Ahora, $299". En Estados Unidos las tácticas ilegales de descuentos están penalizadas, y son la Federal Trade Commission y las agencias Better Business Bureaus las que se encargan de ello. Sin embargo, los descuentos sobre precios normales son una práctica legítima de promoción.

Las estrategias para promover los precios son a menudo un juego de suma cero. Si funcionan, los competidores las imitarán y entonces perderán su efectividad. Si no dan buen resultado, suponen para la empresa una pérdida de dinero que podría haberse destinado al desarrollo de herramientas de marketing, como por ejemplo, aumentar la calidad del producto o servicio y mejorar la imagen de éstos a través de la publicidad.

Diferenciación de precios

Las empresas con frecuencia modifican el precio básico de los productos para ajustarlo a las diferencias entre consumidores, productos, ubicaciones, etc. Lands' End elabora camisas con estilos, telas y calidad diferentes. Una camisa blanca podría costar 18.50 dólares, o hasta 48 dólares.[63]

GATEWAY COUNTRY

En sus más de 200 establecimientos Country Stores, Gateway lanzó una estrategia de precios en cuatro niveles: precio de mercado (en torno al 5% del precio habitual de los productos), precio competitivo, precio muy competitivo y precio de escándalo. Este último se ubica un 50% por debajo del precio de mercado. El objetivo de este precio es conseguir participación de mercado en las categorías que presentan mayor potencial de crecimiento. Gateway ya probó la táctica del precio de escándalo, al ofrecer un televisor de plasma de 42 pulgadas por 2,999 dólares. La empresa afirma que a pesar del precio tan bajo que fijó, obtuvo un margen de utilidad muy saludable.[64]

La **discriminación de precios** tiene lugar cuando una empresa vende un producto o servicio a dos o más precios diferentes que no reflejan una diferencia proporcional en costos. En un primer nivel de discriminación de precios, el vendedor asigna un precio diferente a cada cliente en función de la intensidad de su demanda. En un segundo nivel, el vendedor asignado cobra menos a los compradores que adquieren un mayor volumen. En un tercer nivel, el vendedor asigna precios diferentes a los distintos tipos de compradores, como en los siguientes casos:

Anuncio impreso de Lands' End para sus camisas Oxford, que presenta los diversos estilos, colores, telas y niveles de calidad que fabrica para satisfacer las necesidades de diferentes consumidores.

■ ***Precios por segmentos de consumidores.*** El vendedor cobra diferentes precios a los distintos grupos de consumidores por un mismo producto o servicio. Por ejemplo, los museos asignan una precio de entrada inferior a estudiantes y jubilados.

■ ***Precios por versiones o tipo de producto.*** El vendedor cobra precios distintos por las diferentes versiones del producto, sin guardar relación proporcional con sus costos respectivos. La botella de agua mineral de Evian de un litro y medio cuesta dos dólares. La empresa utiliza el mismo tipo de agua y la coloca en un envase con atomizador de medio litro y cobra $6 por él. Gracias a esta técnica, Evian cobra $3 por 30 ml con una de las versiones, y cerca de $0.04 por 30 ml con la otra.

■ ***Precios por imagen.*** Algunas empresas fijan el precio de un mismo producto a dos niveles diferentes. Un fabricante de perfumes puede envasar su perfume en un frasco, darle un nombre y una imagen, y venderlo en 10 dólares por cada 30 ml. Este mismo fabricante puede envasar su perfume de forma diferente, darle otro nombre y otra imagen, y venderlo por 30 dólares por cada 30 ml.

■ ***Precios por canal.*** Coca-Cola fija un precio diferente en función del punto de venta: restaurante, cadena de comida rápida o máquina expendedora.

■ ***Precio por ubicación.*** El vendedor fija un precio diferente por el mismo producto en función de la ubicación, incluso aunque el costo de ofrecerlo en cada lugar sea el mismo. En un mismo teatro varían los precios de las butacas en función de las preferencias del auditorio por determinadas localidades.

■ ***Precio por tiempo.*** Los precios cambian con las estaciones, los días o incluso las horas. Las empresas energéticas establecen tarifas diferentes a los usuarios comerciales en función de la hora del día, y de si es día laborable o fin de semana. Los restaurantes cobran menos a los clientes que comen antes de determinado horario, y los hoteles cobran menos los fines de semana.

Las aerolíneas y los hoteles utilizan **precios en función del rendimiento**, al ofrecer descuentos limitados a los clientes que compran con antelación, tarifas altas a los clientes que compran tardíamente, y tarifas de ganga para el inventario no vendido justo antes de que caduque.[65] Las aerolíneas asignan tarifas diferentes a los pasajeros del mismo vuelo en función de la clase, de la hora del día (mañana o noche), del día de la semana (laborable o fines de semana), de la temporada, de la empresa del viajero, de la frecuencia con que viaja, o del estatus (joven, militar, jubilado), etcétera.

Por esta razón, en un vuelo de Nueva York a Miami, un pasajero que pagó 200 dólares puede estar sentado al lado de alguien que haya pagado 1,290 dólares. Veamos el caso de Continental Airlines: opera 2,000 vuelos al día, y en cada uno ofrece entre 10 y 20 precios diferentes. Continental empieza a reservar boletos con 330 días de antelación, y los días de vuelo nunca son iguales. En un momento dado, tiene en el mercado hasta siete millones de precios diferentes. Existe un sistema que mide las diferencias de precios entre las ofertas de la empresa y las de la competencia, y en total, ¡las aerolíneas cambian 75,000 precios cada día! Este sistema está diseñado para penalizar a las personas que dejan todo para el último momento, aplicándoles el precio más alto posible.

El fenómeno de ofrecer diferentes escalas de precios a consumidores distintos y de ajustar los precios de manera dinámica está en plena efervescencia.[66] Consulte *Marketing en acción: El despegue de los precios inteligentes* para conocer más acerca de cómo las empresas utilizan programas de cómputo que ofrecen información en tiempo real sobre las respuestas de los consumidores ante escalas de precios diferentes.

La mayoría de los consumidores ni siquiera se dan cuenta del grado en que son el blanco de la discriminación de precios. Por ejemplo, los minoristas de venta por catálogo como Victoria's Secret envían de forma rutinaria catálogos diferentes que presentan bienes idénticos pero con distinto precio. De esta forma, los clientes que viven en zonas más exclusivas sólo verán los productos con precios altos. La tienda de material de oficina Stables también envía catálogos de sus productos con precios diferentes.

Algunas formas de discriminación de precios (en las que los vendedores ofrecen diferentes precios para diferentes personas dentro del mismo grupo comercial) son ilegales. Sin embargo, la discriminación de precios es legal si el vendedor demuestra que sus costos son diferentes cuando vende volúmenes diferentes o calidades distintas de un mismo producto a distintos minoristas. La práctica de vender por debajo del costo de producción con la intención de destruir a la competencia, va contra la ley.[67] Por otro lado, las empresas que practican la discriminación de precios, a pesar de que esto es legal, se encuentran con reacciones bastante hostiles. Por ejemplo, Coca-Cola pensó aumentar el precio de sus productos en las máquinas expendedoras en los días más calurosos y reducirlos en los días más frescos utilizando tecnología inalámbrica. A los consumidores les desagradó tanto la idea, que Coca-Cola tuvo que olvidar la propuesta.

Para que la discriminación de precios funcione son indispensables determinadas condiciones. En primer lugar, el mercado tiene que ser segmentable y los segmentos deben presentar intensidades de demanda diferentes. En segundo lugar, los miembros del segmento con menos ingresos no deben ser capaces de revender el producto adquirido a bajo precio en un segmento más caro. En tercer lugar, los competidores no deben ser capaces de comercializar el producto adquirido a bajo precio en un segmento más caro. En cuarto lugar, el costo de segmentar el mercado no debe superar las utilidades resultantes de la discriminación de precios. En quinto lugar, esta práctica no debe alimentar el resentimiento o la mala fe de los consumidores. Por último, el modo en que se desarrolle la discriminación de precios debe ser legal.[68]

::: Estrategias de modificación de precios y sus respuestas posibles

A menudo, las empresas se enfrentan a situaciones en las que necesitan incrementar o reducir los precios.

Reducciones de precios

Las situaciones que propician una reducción de precios son diversas. Una es el exceso de capacidad. En este caso, la empresa necesita actividad adicional y no puede generarla aumentando los esfuerzos de ventas, ni mejorando el producto, ni por medio de otras medidas. La empresa podría recurrir a una estrategia de precios agresiva, pero al reducirlos, podría desencadenar una guerra de precios.

En ocasiones, las empresas reducen los precios en un *intento por dominar el mercado mediante costos más bajos.* La empresa puede comenzar con costos más bajos que los de sus competidores, o bien, iniciar una reducción en los precios con la esperanza de obtener una mayor participación de mercado y reducir los costos. Una estrategia de reducción de precios trae consigo ciertos riesgos considerables:

- *Imagen de baja calidad.* Los consumidores dan por hecho que la calidad del producto o servicio es baja.

- *Fragilidad de la participación de mercado.* Un precio reducido logrará una mayor participación de mercado, pero no la lealtad de los consumidores, que dirigirán sus compras a la empresa que reduzca el precio a continuación.

MARKETING EN ACCIÓN | EL DESPEGUE DE LOS PRECIOS INTELIGENTES

Stelios Haji-Ioannou ha amasado una fortuna con easyJet, la aerolínea de escasos ocho años de antigüedad que ofrece tarifas de descuento que se fijan de forma dinámica. En pocas palabras, cuanto antes se compre el boleto, menos costará. Stelios, como se le conoce en el mundo entero, ha aplicado la misma fórmula de administración de la rentabilidad con diferentes grados de éxito en los sectores del alquiler de vehículos, de las tarjetas de crédito, e incluso de los cibercafés. En la actualidad, Stelios está llevando este concepto al cine. En 2003 lanzó easyCinema, un complejo con 10 pantallas y 2,000 butacas a los suburbios de Londres. Se basa en la premisa de que el 80% de las butacas nunca ven un trasero. En easyCinema el precio de los boletos comienza en los 30 centavos y va aumentando a la par que la demanda, lo que beneficia a los más fieles que reservan con antelación o que prefieren las proyecciones fuera de los horarios de mayor afluencia. Sin embargo, el mismo sistema que le sirvió para enriquecerse con EasyJet en la actualidad enfrenta diversos obstáculos: las grandes distribuidoras cinematográficas británicas prefieren recaudar un alto porcentaje de los cines tradicionales durante las primeras semanas de proyección, antes que recibir un pago único de Stelios. Sin embargo, Stelios no se da por vencido, y protegido por el easyGroup, este empresario planea lanzar un crucero (easyCruise), una cadena de hoteles (easyDorm), e incluso una cadena de comida rápida (easyPizza)!

Actualmente, easyGroup es el líder en lo que se denomina administración de los ingresos o administración de la rentabilidad, es decir, fijar el precio de un producto perecedero en función de la demanda de múltiples segmentos de consumidores para maximizar los ingresos o las utilidades. Los precios se ajustan de forma dinámica como una función del nivel de inventario y del tiempo restante de la temporada de venta. Sin embargo, la "fijación de precios dinámica", también conocida como fijación de precios "inteligente" o "científica", no es sólo para los que tienen inventarios perecederos como el sector de las aerolíneas o de la hotelería. Con el advenimiento de la tecnología de Internet se ha experimentado una explosión de información acerca de los consumidores y sus preferencias. Si se combina esta capacidad con las necesidades imperiosas de las empresas, entenderemos por qué estamos entrando en una nueva era de los precios. Dada la lentitud de la economía, las empresas no han podido aumentar sus precios durante años. Al igual que easyGroup, están tomando nota de las aerolíneas, que han utilizado estas técnicas de administración de ingresos durante 25 años.

Estos nuevos sistemas dinámicos de fijación de precios, ideados por SAP y empresas emergentes como DemandTec y ProfitLogic Inc., tamizan la infinidad de bases de datos existentes en la Intranet de la empresa. Estas bases de datos incluyen información actualizada sobre pedidos, promociones, ingresos por producto y niveles de existencias en los almacenes. Los primeros en adoptar estas tecnologías fueron Saks, Best Buy, Ford Motor co., The Home Depot, JC Penney, Safeway y General Electric. Veamos dos historias de éxito:

CASUAL MALE

Casual Male, una cadena minorista de ropa para caballeros altos y bajos, estudió la información de sus ventas para determinar exactamente cómo dividir el mercado a fin de ofrecer el precio adecuado en el momento preciso. Con la información correspondiente a dos años de más de 40,000 artículos desde corbatas a suéteres, vendidos en 410 establecimientos, la empresa calcula cuándo y cuánto reducir los precios. Los precios podrían reflejar el hecho de que los habitantes del noreste han dejado de comprar trajes de baño en julio, aunque en agosto sigue habiendo demanda en mercados del medio oeste, y en el Sunbelt estadounidense la demanda es constante. Gracias a esta estrategia de fijación de precios, más flexible y receptiva, los márgenes brutos aumentaron un 25% en 2002.

DHL WORLDWIDE EXPRESS INC.

DHL solía tener una lista de precios únicos para los envíos de paquetes dentro y fuera de Estados Unidos, y cuando un cliente potencial preguntaba las tarifas, la empresa los asustaba pidiendo más que FedEx o UPS. Gracias a herramientas de fijación de precios on line, DHL ha puesto a prueba al mercado ofreciendo precios diferentes para ver cuánto podría reducir sus precios sin dejar de obtener utilidades. Al final, DHL terminó por modificar cientos de precios. Hubo multitud de sorpresas. La mayoría de los precios disminuyeron, pero la empresa no tuvo que igualar los pecios de la competencia. De hecho, al reducir sus precios ligeramente, los negocios "ad hoc" de DHL no sólo se estabilizaron, sino que también crecieron. Por ejemplo, antes de las modificaciones, de todas las personas que llamaban para preguntar las tarifas, el 17% acababa por contratar los servicios de la empresa. Con los nuevos precios, este porcentaje se incrementó hasta cerca del 25%.

La variación constante de precios, sin embargo, es una tarea complicada cuando hay relaciones con los clientes de por medio. Los estudios realizados demuestran que esta técnica suele funcionar mejor en situaciones donde no existen vínculos entre comprador y vendedor. Una forma de hacerla funcionar es ofrecer a los clientes un paquete único de productos y servicios para satisfacer sus necesidades con precisión, lo que dificulta la comparación de precios. Esta táctica se utiliza en la actualidad para vender software, un producto vulnerable a las guerras de precios porque el costo de producir más copias es prácticamente nulo. Ahora las empresas de aplicaciones "alquilan" su software y su asistencia técnica por meses, en lugar de ofrecer una licencia ilimitada.

Sin embargo, la táctica más empleada por las empresas es ofrecer el precio perfecto como recompensa por un buen comportamiento, en lugar de como penalización. Por ejemplo, la empresa de transportes APL, Inc., recompensa con precios más bajos a los clientes que mejor predicen cuánto espacio del transporte necesitarán, siempre y cuando reserven con antelación. Los consumidores están aprendiendo a evitar el remordimiento del comprador. Están cambiando su conducta de compra para adaptarse a las nuevas realidades de los precios dinámicos, como la frecuente variación de precios por canales, productos, clientes y momentos.

Fuentes: Ajit Kambil, "Are You Leaving Money on the Table?" *The Journal of Business Strategy,* enero-febrero de 2002, pp. 40–43; Peter Coy, "The Power of Smart Pricing", *Business Week,* 10 de abril de 2000, pp. 160–164; Charles Fishman, "Which Price Is Right?" *Fast Company,* marzo de 2003, pp. 92–102; Mark Ritson, "Stelios Shows There's an 'Easy' Way to a Smart Pricing Strategy", *Marketing,* 10 de abril de 2003, p. 16; Ian Wylie, "In Movieland, Not So Easy", *Fast Company,* octubre de 2003, p. 35; Bob Tedeschi, "E-Commerce Report", *New York Times,* 2 de septiembre de 2002, p. C5; Faith Keenan, "The Price Is Really Right", *Business Week,* 31 de marzo de 2003, pp. 62–67. Para un estudio de los trabajos fundamentales más recientes sobre la vinculación entre las decisiones de precios y los aspectos operativos, véase: Moritz Fleischmann, Joseph M. Hall y David F. Pyke, "Research Brief: Smart Pricing", *MIT Sloan Management Review* (invierno de 2004), pp. 9–13.

	Antes	Después	
Precio	$ 10	$10.10	(un incremento en el precio del 1%)
Unidades vendidas	100	100	
Ingresos	$1000	$1010	
Costos	−970	−970	
Utilidad	$ 30	$ 40	(un incremento en las utilidades del 33%)

| TABLA 14.5 |

Utilidades antes y después
de un aumento de precio.

■ *Mayor solvencia del competidor.* Los competidores con precios más altos podrían reducir sus precios y tener más capacidad de subsistencia en el mercado gracias a sus reservas de efectivo.

Incrementos en los precios

Si una empresa logra aumentar sus precios con éxito, también podrá aumentar sus utilidades de forma considerable. Por ejemplo, si el margen de utilidad de la empresa es el 3% de sus ventas, un aumento en el precio del 1% supondrá un aumento del 33% de las utilidades si no varía el volumen de ventas. Esta situación aparece reflejada en la tabla 14.5. En tal caso se supone que una empresa que cobraba 10 dólares por unidad y vendía 100 unidades hacía frente a unos costos de 970 dólares, lo que representaba una utilidad de 30 dólares, o lo que es lo mismo, del 3% de las ventas. Al aumentar su precio en 10 centavos (un aumento del 1%), aumentó sus utilidades en un 33%, suponiendo que el volumen de ventas permaneció constante.

Una de las causas principales que provocan incrementos en los precios es la *inflación en los costos*. Un incremento en los costos, si no va seguida de un incremento en la productividad, podría acabar con los márgenes de utilidad y conducir a las empresas a aplicar aumentos de precios de forma periódica. Las empresas suelen aumentar sus precios por encima del incremento en los costos anticipando un aumento de la tasa de inflación o posibles controles del gobierno en materia de precios. Esta práctica se denomina *fijación de precios anticipada*.

Otro factor que conduce a incrementos de precios es el *exceso de demanda*. Cuando una empresa no está en posibilidades de atender a todos sus clientes tiene la opción de aumentar sus precios, racionar el producto a los consumidores, o hacer ambas cosas. El precio real puede incrementarse de las formas siguientes (cada una tiene un impacto diferente sobre los compradores).

■ *Fijación de precios retrasada.* La empresa no fija su precio final sino hasta que el producto está terminado o entregado. Este tipo de fijación de precios prevalece en sectores en los que el periodo de producción es largo, tales como el de la construcción industrial o el de la maquinaria pesada.

■ *Cláusulas de revisión.* La empresa exige a su cliente el pago del precio actual más la totalidad o una parte del aumento provocado por la inflación registrada antes de la entrega. Las cláusulas de revisión de precios basan el aumento de precios en el comportamiento de algún índice de precios específico. Estas cláusulas son frecuentes en los contratos de proyectos industriales de gran impacto, por ejemplo, la fabricación de aviones o la construcción de puentes.

■ *Separación de bienes y servicios.* La empresa mantiene su precio, pero factura por separado uno o varios elementos de la oferta inicial, como por ejemplo, la entrega gratuita o la instalación. Las empresas automotrices suelen añadir sistemas de frenos antibloqueo y bolsas de aire laterales como equipo adicional en sus vehículos.

■ *Eliminación de descuentos.* La empresa comunica a su fuerza de ventas que no debe ofrecer descuentos por pronto pago ni por volúmenes de compra.

Las empresas deben decidir si incrementan sus precios de forma repentina y una sola vez, o paulatinamente. Por lo general, los consumidores prefieren pequeños aumentos moderados distribuidos en periodos regulares en lugar de considerables incrementos repentinos.

Ante todo, al comunicar los aumentos de precios a los clientes, la empresa debe evitar transmitir una imagen de extorsión.[69] Las empresas también deben pensar quién se verá más afectado por el aumento de precios. Los consumidores suelen tener buena memoria, y no perdonarán a aquellas empresas que incrementen los precios de forma abusiva. Un ejemplo de estas reacciones lo vivió Marlboro, la marca de cigarrillos líder de Philip Morris.[70]

MARLBORO

El 2 de abril de 1993, el "viernes Marlboro", Philip Morris anunció sus planes de "aumentar su participación de mercado y sus utilidades a largo plazo en un entorno de sensibilidad a los precios". Así, anunció una reducción

CUESTIONES CLAVE | ESTRATEGIAS DE MARKETING PARA EVITAR EL AUMENTO DE PRECIOS

Dada la fuerte resistencia de los consumidores ante los aumentos de precios, los mercadólogos recorren largos caminos para encontrar métodos alternativos que les permitan evitar incrementar los precios en situaciones que así lo demandan. Éstas son algunas estrategias comunes.

- Reducir la cantidad de producto en lugar de aumentar el precio. (Hershey Foods mantuvo intacto el precio de su barra de chocolate, pero redujo su tamaño. Nestlé mantuvo intacto el tamaño y aumentó el precio.)

- Sustituir materiales o ingredientes caros por otros más económicos. (Muchas empresas de dulces sustituyeron el chocolate real por chocolate sintético para luchar contra los aumentos en el precio del cacao.)

- Eliminar o reducir características del producto. (Sears eliminó ciertas características de algunos de sus aparatos eléctricos para poder ofrecer un precio más bajo y competir con las tiendas de descuento.)

- Eliminar o reducir el número de servicios que acompañan al producto, como el transporte gratuito y la instalación.

- Utilizar material de envasado más barato o tamaños de envasado más grandes.

- Reducir la variedad de tamaños y modelos del producto.

- Crear marcas económicas nuevas. (Los supermercados Jewel lanzaron 170 productos genéricos entre un 10 y 30% más baratos que las marcas nacionales.)

---

de 40 centavos en las cajetillas de Marlboro, aumentó los gastos en promoción en los puntos de venta y en programas de lealtad de los clientes. Tras estas reducciones de precios, Philip Morris aumentó los precios regular y considerablemente, hasta dos o tres veces al año (un 10% al año), superando incluso los niveles de inflación. La diferencia de precios entre Marlboro y las marcas más económicas llegó a ser de un dólar, lo que supuso un auge de estas últimas en detrimento de la participación de mercado de Marlboro. Finalmente, la capitalización bursátil de Philip Morris cayó un 23%, lo que supuso una pérdida diaria de valor para los accionistas de 13,000 millones de dólares. Sin embargo, Philip Morris fue capaz de recuperar muchos clientes al reducir la diferencia de precios entre Marlboro y otras marcas. Nueve meses después de la reducción de precios, la participación de mercado de Marlboro aumentó casi un 27%, con posibilidades de llegar al 30%.[71]

El ejemplo de Marlboro refuerza la teoría de que aunque las marcas fuertes están en condiciones de fijar precios más altos, la diferencia no debe ser excesiva. Los aumentos de precios sin las inversiones correspondientes en el valor de la marca aumentan su vulnerabilidad ante competidores que ofrecen precios más bajos. Los consumidores podrían estar dispuestos a cambiar a otras empresas por considerar que ya no vale la pena pagar un precio más alto por la marca. Esto también le ocurrió a Kraft.

KRAFT FOODS INC.

A principios de 2003, Kraft respondió al incremento en los precios del café y del queso aumentando sus precios. Esta medida amplió la diferencia entre el precio de los productos Kraft y el de los productos genéricos, muchos de los cuales también incrementarosn los precios. Los consumidores, sumidos en la recesión, optaron por marcas menos costosas. Al ver que las marcas de la empresa caían, Kraft dio marcha atrás, redujo muchos precios, e inundó el mercado con nuevos cupones y promociones. Fue un paso en falso que le salió muy caro. Kraft, que normalmente invierte cerca de 900 millones de dólares en marketing cada año, tuvo que invertir 200 millones más para recuperar a sus clientes. Los analistas y otros observadores se preguntaban si no hubiera sido preferible aumentar los márgenes a través de la reducción de costos adicionales, incluidos los gastos en publicidad.[72]

Existen varias técnicas para evitar y las reacciones hostiles cuando aumentan los precios. Una consiste en actuar con transparencia cada vez que aumentan los precios e informar a los clientes con antelación para que éstos compren antes del incremento, si así lo desean. Los aumentos considerables de precios deben explicarse en términos que los consumidores comprendan. Un aumento de precios menos visible al principio también es una buena técnica: eliminar descuentos, aumentar el volumen de pedido mínimo y reducir la producción de artículos de rentabilidad baja. Por otra parte, los contratos o las ofertas para proyectos a largo plazo deben incluir cláusulas de revisión en función de factores, por ejemplo, los incrementos de índices nacionales de precios.[73] En *Cuestiones clave: Estrategias de marketing para evitar el aumento de precios* se describen otros medios que tienen a su alcance las empresas para responder a costos más elevados o a un exceso de demanda sin necesidad de incrementar los precios.

Reacciones ante cambios en el precio

Cualquier modificación en el precio puede desencadenar una reacción por parte de los consumidores, de los competidores, de los proveedores, e incluso del gobierno.

Anuncio de Zantac, que le arrebató el liderazgo del mercado a su competidor Tagamet, a pesar de que se introdujo con un precio superior.

REACCIONES DE LOS CONSUMIDORES Los consumidores suelen cuestionar los motivos subyacentes a los cambios de precios.[74] Una reducción en los mismos podría interpretarse de diferentes maneras: el producto está a punto de ser reemplazado por un modelo nuevo; el producto tiene algún defecto y no se vende bien; la empresa enfrenta problemas financieros; el precio se reducirá aún más; la calidad disminuyó. Un aumento de precios que, por lo común, afecta negativamente a las ventas, en ocasiones transmite mensajes positivos a los consumidores: el producto es atractivo y tiene un valor agregado muy bueno.

REACCIONES DE LOS COMPETIDORES Los competidores suelen reaccionar cuando: el número de empresas es escaso, el producto es homogéneo, y los compradores disponen de mucha información. Las reacciones de los competidores se convierten en un problema importante cuando cuentan con fuertes propuestas de valor.

ZANTAC *VERSUS* TAGAMET

La empresa farmacéutica Glaxo lanzó su medicamento contra la úlcera Zantac para atacar al líder del mercado Tagamet. El sentido común sugería que, al ser el segundo en llegar, Glaxo fijaría el precio de Zantac un 10% por debajo del precio de Tagamet. El director general, Paul Girolam, sabía que Zantac era mejor que Tagamet porque tenía menos interacciones con otras medicinas, menos efectos secundarios y una dosificación más práctica. Así que Glaxo lanzó Zantac con un precio bastante superior al de Tagamet y, a pesar de todo, consiguió adueñarse del liderazgo del mercado.[75]

¿Cómo logra una empresa anticipar las reacciones de los competidores? Una forma es suponer que el competidor reaccionará ante los cambios de precios en conjunto. Otra es suponer que el competidor tratará cada modificación del precio como un desafío y reaccionará de acuerdo con sus intereses particulares en cada momento. En cualquier caso, la empresa tendrá que estudiar la situación financiera del competidor, las ventas, la lealtad de sus clientes y sus objetivos. Si el objetivo del competidor apunta hacia la participación de mercado, probablemente igualará el cambio de precios.[76] Si el objetivo es la maximización de las utilidades, podría reaccionar aumentando el presupuesto en publicidad o la calidad del producto.

El problema se complica si el competidor interpreta las reducciones de precios de forma diferente: tal vez piense que la empresa está tratando de arrebatarle el mercado, que la empresa tiene poca actividad y está tratando de incrementar las ventas, o que la empresa quiere que todo el sector reduzca los precios para estimular la demanda total.

Respuestas a los cambios de precios de los competidores

¿Cómo debe responder una empresa ante una reducción de precios de un competidor? En los mercados que se caracterizan por una gran homogeneidad del producto, la empresa debe encontrar la manera de mejorar su producto. Si esto no resulta posible, tendrá que igualar la reducción de precio. Si el competidor aumenta sus precios en un mercado de productos homogéneos, otras empresas podrían mantener sus precios a menos que el aumento beneficie a la totalidad del sector. En este caso, el líder deberá dar marcha atrás al incremento.

En mercados con productos no homogéneos, la empresa tendrá más capacidad de maniobra. Antes de reaccionar, deberá considerar los siguientes aspectos: **1.** ¿Por qué el competidor modificó el precio? ¿Para conseguir mercado, para utilizar el exceso de capacidad, para adaptarse a cambios de costos, o para provocar un cambio de precios en todo el sector? **2.** ¿El competidor pretende cambiar el precio de forma temporal o permanente? **3.** ¿Qué sucederá con la participación de mercado y con las utilidades de la empresa si no responde a la acción del competidor? ¿Van a responder las otras empresas? **4.** ¿Cuáles son las respuestas más probables tanto del competidor como de otras compañías?

Con frecuencia, los líderes del mercado se enfrentan a reducciones de precios agresivas por parte de pequeñas empresas que intentan obtener participación de mercado. A través de los precios, Fuji ataca a Kodak, Schick ataca a Gillette, y AMD ataca a Intel. Las marcas líderes también se enfrentan a marcas privadas con precios más bajos. En esta situación, el líder tiene varias opciones:

■ ***Mantener el precio.*** El líder podría mantener su precio y su margen de utilidades, bajo el supuesto de que **1.** dejaría de obtener ganancias considerables si reduce su precio, **2.** no perdería mucha participación de mercado, y **3.** podría reconquistar la participación perdida en caso necesario. Sin embargo, el argumento contra el mantenimiento del precio es que el atacante adquiere más confianza conforme sus ventas aumentan, mientras que la fuerza de ventas del líder se desmoraliza y pierde más participación de mercado de lo que se esperaba. Entonces el líder, temeroso, reduce sus precios para reconquistar participación de mercado, lo que le resulta más difícil y costoso de lo previsto.

■ ***Mantener el precio y añadir valor.*** El líder podría mejorar sus productos, servicios y comunicaciones. En ocasiones, resulta más barato para la empresa conservar el precio e invertir en mejorar la calidad percibida que operar con márgenes más bajos.

■ ***Reducir el precio.*** El líder podría reducir su precio hasta el nivel de los competidores, como consecuencia de que: **1.** sus costos se reducen con el volumen de producción, **2.** perde-

| FIG. **14.7** |

Programa de reacción ante una
reducción de precios de la competencia.

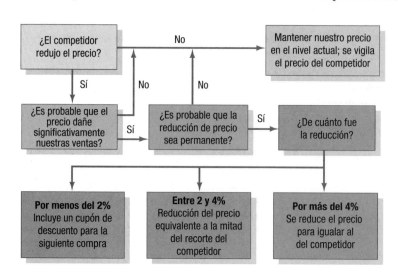

ría participación de mercado puesto que este último es sensible al precio y **3.** sería difícil recuperar la participación de mercado una vez que se haya perdido. Esta acción reducirá las utilidades a corto plazo.

■ *Incrementar el precio y mejorar la calidad.* El líder podría elevar su precio e introducir nuevas marcas para neutralizar la marca del atacante.

■ *Lanzar una línea de productos económicos de pelea.* El líder podría agregar productos de precio bajo a su línea o crear una marca independiente de precio bajo.

La mejor respuesta varía en cada situación. La empresa debe considerar la fase del ciclo de vida del producto, su importancia para la cartera de la empresa, las intenciones y los recursos de la competencia, el precio del mercado y su sensibilidad a la calidad, el comportamiento de los costos con respecto al volumen, así como las diferentes oportunidades de la empresa.

Tal vez no resulte factible elaborar un análisis detallado sobre las posibles respuestas cuando ataca un competidor. En ocasiones, la empresa tiene que reaccionar en cuestión de horas o días. Lo más lógico sería anticipar los posibles cambios de precio de los competidores y preparar respuestas de contingencia. En la figura 14.7 se presenta *un programa de reacción ante una reducción de precios de la competencia* que resultará útil cuando un competidor ataque con una disminución de precios. Los programas de reacción ante los cambios de precios tienen más aplicaciones en aquellos sectores en que se producen cambios de precios con frecuencia, y donde es importante reaccionar con prontitud, por ejemplo, con la carne empacada, el conglomerado de madera y la industria petrolera.

RESUMEN :::

1. A pesar de que los aspectos no relacionados con el precio tienen un papel cada vez más importante en los procesos de marketing modernos, el precio sigue siendo un factor fundamental de la mezcla de marketing. El precio es la única de las cuatro P que genera ingresos, el resto sólo genera costos.

2. Las empresas siguen un proceso de seis fases para establecer una política de precios. En primer lugar, la empresa determina su objetivo de precios. Posteriormente calcula la curva de demanda, es decir, la cantidad del producto que venderá con todos los precios posibles. A continuación, calcula cómo variarán sus costos a diferentes niveles de producción, a distintos niveles de experiencia productiva acumulada, y para ofertas de marketing alternativas. En la siguiente fase, la empresa estudia los costos, los precios y las ofertas de la competencia. A continuación selecciona un método de fijación de precios y, por último, determina el precio final.

3. Por lo general, las empresas no se basan en un precio único, sino más bien establecen una estructura de precios que refleja variaciones en función de la demanda y los costos geográficos, de las necesidades del segmento, de la frecuencia de compra, de los volúmenes de ventas y de otros factores. Existen diferentes estrategias de adaptación de precios: **1.** precios en función de regiones, **2.** descuentos e incentivos a la compra, **3.** precios promocionales y **4.** diferenciación de precios.

4. Una vez que la empresa desarrolla su estrategia de precios, es común que enfrente situaciones en las que necesita modificar sus precios. Varias situaciones inducen a una empresa a reducir sus precios: un exceso de capacidad productiva, disminución de la participación de mercado, un intento de dominar el mercado a través de costos más bajos, o una recesión económica. Por otra parte, la inflación y una demanda excesiva propicia un aumento de precios. Las empresas deben estar atentas a las percepciones de los consumidores ante los aumentos de precios.

5. Las empresas deben anticipar las modificaciones de precios de los consumidores y preparar una respuesta de contingencia. Existen diferentes respuestas posibles que giran en torno a conservar o modificar el precio o la calidad.

6. Una empresa que se enfrente al cambio de precios de un competidor debe intentar conocer sus intenciones y la posible duración del cambio. Con frecuencia, la estrategia depende de si la empresa fabrica productos homogéneos o heterogéneos. Los líderes de mercado que reciben el ataque de competidores tendrán que decidir si mantienen el precio, incrementan la calidad percibida del producto, reducen o aumentan el precio, mejoran la calidad o si lanzan una línea de productos económicos de pelea.

APLICACIONES :::

Debate de marketing **¿El precio adecuado es un precio justo?**

Por lo general, los precios se fijan para satisfacer la demanda o para reflejar la cantidad que están dispuestos a pagar los consumidores por un producto o servicio determinados. Sin embargo, algunos críticos se estremecen cuando ven botellas de agua por dos dólares, zapatos deportivos por 150 dólares, o entradas para conciertos a 500 dólares.

Tome partido: "Los precios deben reflejar el valor que están dispuestos a pagar los consumidores" o "el precio debe reflejar, fundamentalmente, el costo de producción del bien o servicio".

Análisis de marketing

Piense en los diferentes modelos de fijación de precios que mencionamos anteriormente (fijación de precios mediante márgenes, fijación de precios para alcanzar una tasa de rentabilidad, fijación de precios basada en el valor percibido, fijación de precios basada en el valor, fijación de precios basada en la competencia y fijación de precios mediante subastas).

Como consumidor, ¿qué método le parece más apropiado? ¿Por qué? Si el precio se mantuviese estable en promedio, ¿qué preferiría?: **1.** que las empresas fijaran un precio y no se desviaran de él, o **2.** que las empresas fijaran precios ligeramente superiores durante todo el año, y los redujeran en determinadas ocasiones.

CASO DE **MARKETING** | **EBAY**

Pierre Omidayar, un inmigrante franco-iraní, creó eBay para ayudar a su novia a comprar y vender artículos para su colección de despachadoras de caramelos Pez. Muy pronto, el sitio creció considerablemente y en él se subastaban todo tipo de colecciones, desde cromos de béisbol a muñecas Barbie. El auge siguió, y los vendedores comenzaron por subastar artículos cada vez más novedosos y menos frecuentes, y los compradores comenzaron a buscar en eBay productos cotidianos, desde mobiliario usado hasta cámaras digitales nuevas. Las pequeñas empresas descubrieron que eBay era un modo eficaz de llegar a consumidores y a otras compañías. Las grandes empresas veían a eBay como la oportunidad de vender toneladas de lotes de inventario no vendido. Al ayudar a que los compradores obtengan el mejor precio, permitiéndoles decidir qué cantidad quieren pagar por los productos, eBay ha generado una revolución de precios.

En 2003, eBay realizó transacciones en todo el mundo de 23 categorías de mercancías diferentes, con un valor conjunto de 23,000 millones de dólares. El sitio tiene 62 millones de usuarios registrados y recibe 43 millones de visitantes cada mes. Y además, eBay por sí misma no compra ningún inventario ni es dueña de los productos que subasta. La empresa obtiene ingresos al cobrar una tarifa de subasta, más una comisión si la venta se realiza. Con la expansión de eBay a otras categorías (los productos de colección sólo representan el 13% de las ventas actuales), la empresa está creando continuamente nuevas categorías de mercancías para compradores y empresas, como utensilios de restaurante de segunda mano (ollas, sartenes y máquinas para preparar café exprés).

Por ejemplo, cuando se dieron cuenta de que alguien subastaba un Ferrari de verdad en la sección de autos de juguete, eBay creó una nueva categoría: autos de segunda mano. Tradicionalmente, los coches se vendían a nivel local, pero eBay Motors creó un mercado nacional de autos usados que en la actualidad es una de las secciones más grandes de eBay. Dada la reputación de los vendedores de autos usados, ¿cómo podría alguien confiar en un vendedor anónimo a muchos kilómetros de distancia? eBay Motors creó los siguientes elementos de confianza para sus operaciones de intermediación con autos usados:

- Calificaciones de reputación *on line* de compradores y vendedores.
- Servicios de custodia del pago hasta la entrega del auto.
- Garantía contra fraudes de hasta 20,000 dólares.
- Red de inspectores independientes disponibles.

La mayoría de los automóviles subastados en eBay provienen de concesionarios. Tal vez resulte sorprendente, pero lo cierto es que para los concesionarios es una ganga: por 40 dólares, un concesionario tiene acceso a un público de tamaño nacional. En contraste, los concesionarios gastan hasta 500 dólares en lograr vender un auto a un cliente local, según la Asociación Nacional de Concesionarios de Automóviles de Estados Unidos. Vemos así cómo eBay es un canal de distribución increíblemente eficaz para los concesionarios, quienes además logran vender a mejores precios puesto que mucha más gente ve sus vehículos a través de Internet, lo que incrementa las posibilidades de que alguien realmente se interese por ellos. Todos los meses (por ejemplo, abril de 2003), ocho millones de clientes visitan el sitio de eBay Motors. Cada subasta recibe entre siete y ocho pujas, en promedio. Cerca del 75% de las transacciones de venta de automóviles que se realizan en eBay rebasan las fronteras estatales de Estados Unidos.

Y la empresa no sólo opera con productos de colección y automóviles. eBay se está posicionando para convertirse en un gigante mundial, en parte como un lugar de intercambios internacionales, y en parte como una casa de subastas para fabricantes y minoristas de cualquier parte del mundo. Por ejemplo, actualmente intenta establecer el sistema de pago electrónico PayPal en todo el planeta, y está reforzando su sitio Web con nuevas categorías y grandes colaboradores como Sears, Sharper Image e IBM, que se desahogan del exceso de inventario a través de eBay.

Aunque eBay comenzó como un sitio de subastas, también ha evolucionado para llegar a ofrecer una opción de precio fijo "compra ahora", para los compradores que no quieren esperar a la subasta y que están dispuestos a pagar el precio fijado por el comprador. Durante años, compradores y vendedores han utilizado eBay como una guía informal para determinar el valor de mercado. eBay se ha convertido en el árbitro de los precios. Si un consumidor o un empresario quiere conocer el "precio corriente" de cualquier producto, desde una fotocopiadora hasta un nuevo DVD, acude a eBay. Las empresas con nuevos diseños de producto que quieren probar su atractivo y su precio con los consumidores, recurren a eBay. A finales de 2003, eBay comenzó a vender información sobre los precios de miles de bienes subastados en su sitio. Por ejemplo, PGA.com utiliza la información de eBay para fijar el valor de mercado de más de 2,000 modelos de palos de golf.

Esta revolución de los precios deja el control en manos de los consumidores, quienes deciden el precio que quieren pagar. Al mismo tiempo, la eficacia y la amplitud del alcance del sitio Web, permite a los vendedores conseguir buenos márgenes. eBay cobra una tarifa y una comisión por sacar los productos a subasta que oscila entre el 1 y 5%. Los subastadores afirman obtener márgenes de hasta el 40%. De las miles de subastas en Internet, eBay es la más grande y la más rentable de todas. eBay obtuvo utilidades netas de 422 millones de dólares en 2003 y espera alcanzar los 3,000 millones de dólares en ventas a finales de 2004. Según las proyecciones, los ingresos de eBay rebasarán los 40,000 millones anuales de euros en los dos próximos años, y todo esto a partir del intercambio de mercancías en su sitio Web. No está nada mal para una empresa que, de hecho, no vende nada.

Preguntas para discusión

1. ¿Cuáles han sido los factores de éxito de eBay?

2. ¿En qué sentido es vulnerable esta empresa? ¿A qué debe prestar atención?

3. ¿Qué recomendaría a los directivos de marketing para el futuro? ¿Qué acciones de marketing deberá ejecutar?

Fuentes: Betsy Streisand, "Make New Sales, but Keep the Old", *U.S. News & World Report,* 16 de febrero de 2004, p. 40; "Booting Online", *The Economist,* 24 de enero de 2004, p. 30; David Kirkpatrick, "Why 'Bottom Up' Is on Its Way Up", *Fortune,* 26 de enero de 2004; Ryan Underwood, *Fast Company,* mayo de 2003, p. 68; Patricia Seybold, *The Customer Revolution* (Nueva York: Crown Business, 2001); Chris Taylor, "Getting a Little Wild on the Net", *Time,* 1o. de diciembre de 2003, p. 7; Adam Lashinsky, "There's No Stopping eBay", *Fortune,* 23 de febrero de 2004, p. 78.

REFERENCIAS BIBLIOGRÁFICAS :::

1. Linda Tischler, "The Price Is Right", *Fast Company*, noviembre de 2003, pp. 83–89.

2. "The Price is Wrong", *The Economist*, 25 de mayo de 2002.

3. David J. Schwartz, *Marketing Today: A Basic Approach*, 3a. ed. (Nueva York: Harcourt Brace Jovanovich, 1981), p. 271.

4. Michael Menduno, "Priced to Perfection", *Business 2.0*, 6 de marzo de 2001, pp. 40–42.

5. Robert J. Dolan y Hermann Simon, "Power Pricers", *Across the Board* (mayo de 1997), pp. 18–19.

6. Dolan y Simon, "Power Pricers", pp. 18–19.

7. Si desea consultar un análisis exhaustivo y actualizado sobre investigación de precios, véase Chezy Ofir y Russell S. Winer, "Pricing: Economic and Behavioral Models", en *Handbook of Marketing*, Bart Weitz y Robin Wensley (eds.), en prensa.

8. Peter R. Dickson y Alan G. Sawyer, "The Price Knowledge and Search of Supermarket Shoppers", *Journal of Marketing* (julio de 1990), pp. 42–53. Si desea una clasificación metodológica, véase Hooman Estalami, Alfred Holden y Donald R. Lehmann, "Macro-Economic Determinants of Consumer Price Knowledge: A Meta-Analysis of Four Decades of Research", *International Journal of Research in Marketing*, 18 (diciembre de 2001), pp. 341–355.

9. Si desea consultar una teoría alternativa, véase Chris Janiszewski y Donald R. Lichtenstein, "A Range Theory Account of Price Perception", *Journal of Consumer Research* (marzo de 1999), pp. 353–368.

10. K. N. Rajendran y Gerard J. Tellis, "Contextual and Temporal Components of Reference Price", *Journal of Marketing* (enero de 1994), pp. 22–34; Goromurthy Kalyanaram y Rossell S. Winer, "Empirical Generalizations from Reference Price Research", *Marketing Science* 14, núm. 3 (1995), pp. G161–G169.

11. Robert Strauss, "Prices You Just Can't Believe", *New York Times*, 17 de enero de 2002, p. G.1.

12. John T. Gourville, "Pennies-a-Day: The Effect of Temporal Reframing on Transaction Evaluation", *Journal of Consumer Research* (marzo de 1998), pp. 395–408.

13. Gurumurthy Kalyanaram y Russell S. Winer, "Empirical Generalizations from Reference Research", *Marketing Science*, (otoño de 1995), pp. 161–169.

14. Glenn E. Mayhew y Russell S. Winer, "An Empirical Analysis of Internal and External Reference Price Effects Using Scanner Data", *Journal of Consumer Research* (junio de 1992), pp. 62–70.

15. Gary M. Erickson y Johny K. Johansson, "The Role of Price in Multi-Attribute Product-Evaluations", *Journal of Consumer Research* (septiembre de 1985), pp. 195–199.

16. Karen Robinson-Jacobs, "Exec No Advocate of Burger Price Wars", *Los Angeles Times*, 13 de enero de 2003, p. C1.

17. Jonathan Welsh, "A New Status Symbol: Overpaying for Your Minivan Despite Discounts, More Cars Sell Above the Sticker Price", *Wall Street Journal*, 23 de julio de 2003, p. D1.

18. David Howard, "Smoke 'Em – If You Can Get 'Em", *Business 2.0*, mayo de 2003, pp. 72–74; Melanie Wells, "Cult Brands", *Forbes*, 16 de abril de 2001.

19. Mark Stiving y Russell S. Winer, "An Empirical Analysis of Price Endings with Scanner Data", *Journal of Consumer Research* (junio de 1997), pp. 57–68.

20. Eric Anderson y Duncan Simester, "Effects of $19 Price Endings on Retail Sales: Evidence from Field Experiments", *Quantitative Marketing and Economics*, 1(1), 2003, pp. 93–110.

21. Eric Anderson y Duncan Simester, "Mind Your Pricing Cues", *Harvard Business Review* (septiembre de 2003), pp. 96–103.

22. Robert M. Schindler y Patrick N. Kirby, "Patterns of Rightmost Digits Used in Advertised Prices: Implications for Nine-Ending Effects", *Journal of Consumer Research* (septiembre de 1997), pp. 192–201.

23. Eric Anderson y Duncan Simester, "Mind Your Pricing Cues", *Harvard Business Review* (septiembre de 2003), pp. 96–103.

24. Robert C. Blattberg y Kenneth Wisniewski, "Price-Induced Patterns of Competition", *Marketing Science*, 8 (otoño de 1989), pp. 291–309.

25. Elliot B. Ross, "Making Money with Proactive Pricing", *Harvard Business Review* (noviembre-diciembre de 1984), pp. 145–155.

26. Shantanu Dutta, Mark J. Zbaracki y Mark Bergen, "Pricing Process as a Capability: A Resource Based Perspective", *Strategic Management Journal* 24, núm. 7 (2000), pp. 615–630.

27. Kara Swisher, "Electronics 2001: The Essential Guide", *Wall Street Journal*, 5 de enero de 2001.

28. Michael Silverstein y Neil Fiske, *Trading Up: The New American Luxury* (Nueva York, NY: Portfolio, 2003).

29. Christopher Lawton, "A Liquor Maverick Shakes Up Industry With Pricey Brands", *Wall Street Journal*, 21 de mayo de 2003, pp. A1, A9.

30. Sidney Bennett y J. B. Wilkinson, "Price-Quantity Relationships and Price Elasticity under In-Store Experimentation", *Journal of Business Research* (enero de 1974), pp. 30–34.

31. Walter Baker, Mike Marn y Craig Zawada, "Price Smarter on the Net", *Harvard Business Review* (febrero de 2001), pp. 122–127.

32. John R. Nevin, "Laboratory Experiments for Estimating Consumer Demand: A Validation Study", *Journal of Marketing Research* (agosto de 1974), pp. 261–68; Jonathan Weiner, "Forecasting Demand: Consumer Electronics Marketer Uses a Conjoint Approach to Configure Its New Product and Set the Right Price", *Marketing Research: A Magazine of Management & Applications* (verano de 1994), pp. 6–11.

33. Thomas Nagle y Reed K. Holden, *The Strategy and Tactics of Pricing*, 3a. ed. (Prentice-Hall:Upper Saddle River, NJ, 2002).

34. Si desea consultar un resumen de los estudios realizados sobre la elasticidad, véase Dominique M. Hanssens, Leonard J. Parsons y Randall L. Schultz, *Market Response Models: Econometric and Time Series Analysis* (Boston: Kluwer Academic Publishers, 1990), pp. 187–91.

35. Gene Epstein, "Economic Beat: Stretching Things", *Barron's*, 15 de diciembre de 1997, p. 65.

36. William W. Alberts, "The Experience Curve Doctrine Reconsidered", *Journal of Marketing* (julio de 1989), pp. 36–49.

37. Robin Cooper y Robert S. Kaplan, "Profit Priorities from Activity-Based Costing", *Harvard Business Review* (mayo–junio de 1991), pp. 130–135. Si desea obtener más información acerca del sistema de administración de costos por actividad, véase el capítulo 24.

38. "Easier Than ABC", *The Economist*, 25 de octubre de 2003, p. 56.

39. Michael Sivy "Japan's Smart Secret Weapon", *Fortune*, 12 de agosto de 1991, p. 75.

40. Tung-Zong Chang y Albert R. Wildt, "Price, Product Information, and Purchase Intention: An Empirical Study", *Journal of the Academy of Marketing Science* (invierno de 1994), pp. 16–27. Véase también G. Dean Kortge y Patrick A. Okonkwo, "Perceived Value Approach to Pricing", *Industrial Marketing Management* (mayo de 1993), pp. 133–40.

41. James C. Anderson, Dipak C. Jain y Pradeep K. Chintagunta, "Customer Value Assessment in Business Markets: A State-of-Practice Study", *Journal of Business-to-Business Marketing* 1, núm. 1 (1993), pp. 3–29.

42. Bill Saporito, "Behind the Tumult at P&G", *Fortune*, 7 de marzo de 1994, pp. 74–82. Si desea consultar un análisis empírico de sus efectos, véase Kusim L. Ailawadi, Donald R. Lehmann y Scott A. Neslin, "Market Response to a Major Policy Change in the Mezcla de marketing: Learning from Procter & Gamble's Value Pricing Strategy", *Journal of Marketing* 65 (enero de 2001), pp. 44–61.

43. Stephen J. Hoch, Xavier Dreze y Mary J. Purk, "EDLP, Hi-Lo, and Margin Arithmetic", *Journal of Marketing* (octubre de 1994):, pp. 16–27; Rajiv Lal y R. Rao, "Supermarket Competition: The Case of Everyday Low Pricing", *Marketing Science* 16, núm. 1 (1997), pp. 60–80.

44. Joseph W. Alba, Carl F. Mela, Terence A. Shimp y Joel E. Urbany, "The Effect of Discount Frequency and Depth on Consumer Price Judgments", *Journal of Consumer Research* (septiembre de 1999), pp. 99–114.

45. Jeff Meyer, "The Mad Dash to the Dollar Shop", *Christian Science Monitor*, 4 de agosto de 2003, p. 13; Anónimo, "Low Prices, Treasure Hunts Build Dollar Empire", *DSN Retailing Today*, 24 de noviembre de 2003, pp. 23–24.

46. Becky Bull, "No Consensus on Pricing", *Progressive Grocer* (noviembre de 1998), pp. 87–90.

47. Chris Nelson, "Ticketmaster Auction Will Let Highest Bidder Set Concert Prices", *New York Times*, 1o. de septiembre de 2003, p. C6.

48. "Royal Mail Drives Major Cost Savings Through Free Markets", boletín de prensa de Free Markets, 15 de diciembre de 2003.

49. Paul W. Farris y David J. Reibstein, "How Prices, Expenditures, and Profits Are Linked", *Harvard Business Review* (noviembre–diciembre de 1979), pp. 173–84. Véase también Makoto Abe, "Price and Advertising Strategy of a National Brand against Its Private-Label Clone: A Signaling Game Approach", *Journal of Business Research* (julio de 1995), pp. 241–50.

50. J. P. Morgan Report, "eTailing and the Five C's", marzo de 2000.

51. Eugene H. Fram y Michael S. McCarthy, "The True Price of Penalties", *Marketing Management* (octubre de 1999), pp. 49–56.

52. Kissan Joseph, "On the Optimality of Delegating Pricing Authority to the Sales Force", *Journal of Marketing*, 65 (enero de 2001), pp. 62–70.

53. Gary McWilliams, "How Dell Fine-Tunes Its PC Pricing to Gain Edge in a Slow Market", *Wall Street Journal*, 8 de junio de 2001, p. A1.

54. Joel E. Urbany, "Justifying Profitable Pricing", *Journal of Product and Brand Management* 10, núm. 3 (2001), pp. 141–157.

55. Charles Fishman, "The Wal-Mart You Don't Know", *Fast Company*, diciembre de 2003, pp. 68-80.

56. Normandy Madden, "P&G Adapts Attitude Toward Local Markets", *Advertising Age*, 23 de febrero de 2004, pp. 28–29.

57. James Mehring, "Let the Markups Begin", *Business Week*, 19 de mayo de 2003, p. 100.

58. Michael Rowe, *Countertrade* (Londres: Euromoney Books, 1989); P. N. Agarwala, *Countertrade: A Global Perspective* (Nueva Delhi: Vikas Publishing House, 1991); Christopher M. Korth (ed.), *International Countertrade* (Nueva York: Quorum Books, 1987).

59. Si desea leer un análisis interesante acerca de sobrecarga cuantitativa, véase David E. Sprott, Kenneth C. Manning y Anthony Miyazaki, "Grocery Price Settings and Quantity Surcharges", *Journal of Marketing* 67 (julio de 2003), pp. 34–46.

60. Michael V. Marn y Robert L. Rosiello, "Managing Price, Gaining Profit", *Harvard Business Review* (septiembre–octubre de 1992), pp. 84–94. Véase también Gerard J. Tellis, "Tackling the Retailer Decision Maze: Which Brands to Discount, How Much, When, and Why?" *Marketing Science* 14, núm. 3, parte 2 (1995), pp. 271–299; Kusom L. Ailawadi, Scott A. Neslin y Karen Gedeak, "Pursuing the Value-Conscious Consumer: Store Brands Versus National Brand Promotions", *Journal of Marketing* 65 (enero de 2001), pp. 71–89.

61. David Welch, "Ford Tames the Rebate Beast", *Business Week*, 5 de mayo de 2003, p. 38.

62. Kevin J. Clancy, "At What Profit Price?" *Brandweek*, 23 de junio de 1997.

63. Jay E. Klompmaker, William H. Rogers y Anthony E. Nygren, "Value, Not Volume", *Marketing Management*, mayo-junio de 2003, pp. 45-48

64. Doug Olenick, "Gateway Unveils Overhaul Plans", *TWICE*, 19 de mayo de 2003, pp. 1, 10.

65. Ramarao Deesiraju y Steven M. Shugan, "Strategic Service Pricing and Yield Management", *Journal of Marketing*, 63 (enero de 1999), pp. 44–56; Robert E. Weigand, "Yield Management: Filling Buckets, Papering the House", *Business Horizons* (septiembre–octubre de 1999), pp. 55–64.

66. Charles Fishman, "Which Price is Right?" *Fast Company*, marzo de 2003, pp. 92–102; John Sviokla, "Value Poaching", *Across the Board*, marzo-abril de 2003, pp. 11–12.

67. Mike France, "Does Predatory Pricing Make Microsoft a Predator?" *Business Week*, 23 de noviembre de 1998, pp. 130–132. Véase también Joseph P. Guiltinan y Gregory T. Gundlack, "Aggressive and Predatory Pricing: A Framework for Analysis", *Journal of Advertising* (julio de 1996), pp. 87–102.

68. Si desea más información sobre métodos concretos de discriminación de precios que son ilegales, véase Henry Cheesman, *Contemporary Business Law* (Upper Saddle River, NJ: Prentice Hall, 1995).

69. Margaret C. Campbell, "Perceptions of Pricing Unfairness: Antecedents and Consequences", *Journal of Marketing Research* 36 (mayo de 1999), pp. 187–199.

70. Ira Teinowitz, "Marlboro Friday: Still Smoking", *Advertising Age*, 28 de marzo de 1994, p. 24.

71. Laura Zinn, "The Smoke Clears at Marlboro", *Business Week*, 31 de enero de 1994, pp. 76–77.

72. Delroy Alexander, "Products, Profits Put Kraft, Leader in Pinch", *Chicago Tribune*, 2 de noviembre de 2003, p. 5.

73. Eric Mitchell, "How Not to Raise Prices", *Small Business Reports* (noviembre de 1990), pp. 64–67.

74. Si desea consultar un análisis clásico, véase Kent B. Monroe, "Buyers' Subjective Perceptions of Price", *Journal of Marketing Research* (febrero de 1973), pp. 70–80. Véase también, Z. John Zhang, Fred Feinberg y Aradhna Krishna", Do We Care What Others Get? A Behaviorist Approach to Targeted Promotions", *Journal of Marketing Research*, 39 (agosto de 2002). pp. 277-291.

75. Adaptado de Robert J. Dolan y Hermann Simon, "Power Pricers", *Across the Board* (mayo de 1997), pp. 18–19.

76. Kusum L. Ailawadi, Donald R. Lehmann y Scott A. Neslin, "Market Response to a Major Policy Change in the Mezcla de marketing: Learning from Procter & Gamble's Value Pricing Strategy", *Journal of Marketing* 65 (enero de 2001), pp. 44–61.

**EN ESTE CAPÍTULO
ANALIZAREMOS LAS SIGUIENTES
PREGUNTAS:**

1. ¿Qué son los canales de
   marketing y las cadenas
   de valor?

2. ¿Cómo operan los canales
   de marketing?

3. ¿Cómo se deben diseñar los
   canales de marketing?

4. ¿A qué decisiones de
   administración del canal se
   enfrentan las empresas?

5. ¿Cómo deben integrar las
   empresas los canales y enfrentar
   los conflictos de canal?

6. ¿Qué le depara el futuro al
   comercio electrónico?

quince

Para tener éxito en la creación de valor es necesario entregar con éxito ese valor. Los especialistas en el marketing holístico entienden cada vez más sus negocios como una cadena de generación valor. En lugar de concentrarse únicamente en sus proveedores más inmediatos, en los distribuidores y en los clientes, estudian la totalidad de la cadena de distribución que comprende las materias primas, los componentes y los productos manufacturados, y refleja cómo éstos llegan hasta los consumidores finales. Las empresas miran hacia arriba para analizar a los proveedores de sus proveedores, y hacia abajo para analizar a los clientes de los distribuidores. Asimismo, estudian los segmentos de consumidores e intentan analizar los recursos de la empresa para satisfacer las necesidades de éstos de la mejor manera posible. Si no se logra coordinar la cadena de valor adecuadamente, las consecuencias pueden ser funestas.

E l auge de la cadena Kmart en los años 70 se caracterizó por sus anuncios "Blue Light" dentro de la tienda (famosos, aunque algo infames), que decían "¡Atención compradores de Kmart!". Pero con sus puntos de venta mal ubicados, una imagen desfavorable y ventas decadentes, Kmart decidió imitar los precios bajos siempre de Wal-Mart. Esta medida, sin embargo, obligó a la empresa a abandonar las circulares que acompañaban al periódico dominical, que promovían las ventas y dirigían la afluencia dentro de la tienda. Y lo que es aún peor, el deficiente sistema de reabastecimiento provocó que se agotaran las existencias de un gran número de productos. Kmart se declaró en quiebra el 22 de enero de 2002: el mayor minorista que se había arruinado hasta entonces.[1]

>>>

Una terminal "Blue Light" de compra *on line* dentro de Kmart.

En la actualidad, las empresas crean y administran cadenas de valor en constante evolución. En este capítulo trataremos los aspectos estratégicos y tácticos relativos a los canales de marketing y a las cadenas de valor. En el siguiente capítulo se estudiarán los canales de marketing desde la perspectiva de los minoristas, los mayoristas y las agencias de distribución física.

::: Los canales de marketing y las cadenas de valor

La mayoría de los fabricantes no vende sus productos directamente a los usuarios finales, sino que entre ellos existe una serie de intermediarios que realizan diversas funciones. Estos intermediarios conforman los canales de marketing (también llamados canales de distribución o canales comerciales). Formalmente, los **canales de marketing** son conjuntos de organizaciones interdependientes que participan en el proceso de poner a disposición de los consumidores un bien o un servicio para su uso o adquisición. Existen diversas trayectorias que siguen los bienes y los servicios luego de su producción, y que culminan en la compra y uso por parte del consumidor final.[2]

Algunos intermediarios, como los mayoristas o los minoristas, compran, se apropian de la mercancía y la revenden; se les denomina *intermediarios del mercado*. Otros, como los corredores, los representantes de los fabricantes o los agentes de ventas, buscan clientes y tienen la facultad de negociar en representación del fabricante, pero no compran los productos y por eso se les llama *agentes*. Otros, como empresas de transporte, almacenes independientes, bancos o agencias de publicidad, colaboran en el proceso de distribución pero no compran la mercancía ni negocian su compraventa, por lo que reciben el nombre de *proveedores de servicios* o *facilitadores*.

La importancia de los canales

Un **sistema de canales de marketing** es el conjunto específico de canales de marketing que utiliza una empresa. Las decisiones sobre el sistema de canales de marketing son de las más críticas a las que se enfrenta la dirección. En Estados Unidos los miembros del canal, conjuntamente, logran márgenes que oscilan entre el 30 y 50% del precio final de venta. En contraste, la publicidad representa entre el 5 y 7% del precio final.[3] Los canales de marketing también representan un costo de oportunidad importante. Una de las funciones más decisivas de los canales de marketing es lograr que los compradores potenciales realicen pedidos rentables: los canales de marketing no sólo deben *atender* mercados, sino que también deben *crear* mercados.[4]

Los canales elegidos afectarán a todas las demás decisiones de marketing. Los precios de la empresa dependerán de si se utilizan vendedores masivos o tiendas exclusivas de gran prestigio. Las decisiones referentes a la publicidad y a la fuerza de ventas de la empresa dependerán de la capacitación y de la motivación que necesiten los intermediarios. Además, las decisiones de canal implican compromisos con otras empresas, más o menos a largo plazo, al igual que una serie de políticas y procedimientos. Cuando un fabricante de autos selecciona concesionarios para comercializar sus vehículos, el fabricante no puede renunciar a ellos al día siguiente y sustituirlos por establecimientos propiedad de la empresa.[5]

Al tratar con intermediarios, la empresa debe decidir cuánto esfuerzo dedicará a un marketing que implica "empujar" o a un marketing que implica "jalar". La **estrategia de "empujar"** supone que el fabricante utiliza su fuerza de ventas y la promoción comercial para inducir a los distribuidores a ofrecer, promover y vender el producto a los consumidores finales. Esta estrategia es especialmente adecuada cuando hay poca lealtad hacia la marca en la categoría, cuando la elección de la marca se hace en el establecimiento, cuando el producto se compra por impulso, y cuando se conocen bien los beneficios del producto. Una **estrategia de "jalar"** supone que el fabricante utiliza la publicidad y la promoción para convencer a los consumidores de solicitar el producto a los distribuidores, induciéndoles así a realizar pedidos. Esta estrategia es especialmente adecuada cuando la lelatad hacia la marca es fuerte y existe una participación alta en la categoría, cuando las diferencias entre marcas son claramente perceptibles, y cuando los consumidores eligen la marca antes de desplazarse al punto de venta. Las empresas con el mejor marketing del mundo, como Nike, Intel y Coca-Cola, combinan con destreza estas dos estrategias.

Desarrollo de canales

Una nueva empresa inicia, por lo general, con operaciones locales en un mercado limitado, empleando los intermediarios existentes. El número de intermediarios de cualquier mercado local es limitado: unos pocos agentes de ventas del fabricante, algunos mayoristas, varios minoristas consolidados, unas cuantas empresas de transporte y unos cuantos almacenes. Decidir cuál es el mejor canal no debería ser un problema. Más bien, el problema consiste en convencer a los intermediarios de que acepten los productos de la empresa.

Si la nueva empresa tiene éxito, podría expandirse hacia nuevos mercados y utilizar canales diferentes en los demás mercados. En mercados de dimensiones reducidas, la empresa podría intentar vender directamente a los minoristas, mientras que en mercados más grandes la empresa recurrirá a distribuidores. En zonas rurales, la empresa podría trabajar con distribuidores de bienes en general, y en zonas urbanas podría recurrir a una línea limitada de comerciantes. Tal vez le convenga utilizar franquicias exclusivas en una región del país, y en otra vender a través de todos aquellos establecimientos dispuestos a aceptar el producto. En un país podría utilizar agentes de ventas internacionales, y en otro quizás le convenga asociarse con una empresa local.[6] En resumen, el sistema de canal del fabricante evoluciona en función de las oportunidades y de las condiciones locales.

La siguiente empresa comenzó por desarrollar canales en un nicho reducido por expandirse lentamente hacia nuevos canales.

SEAYU ENTERPRISES INC.

SeaYu está desarrollando el canal para su producto innovador "Petrotech Odor Eliminator" de forma lenta, pero segura. El producto, diseñado para eliminar los olores que generan las mascotas (como el característico olor del perro y el de las cajas de gatos), Petrotech Odor Eliminator se empezó a comercializar a través de tiendas minoristas de mascotas, criadores y centros de rescate de animales. Una vez que se forjó una reputación en estos canales especializados y que logró que se hablara de su producto, SeaYu firmó un contrato con la enorme cadena PetSmart. El producto de SeaYu se empezó a vender solamente a través del catálogo PetSmart, y a continuación se llevó a los puntos de venta. Mientras tanto, los consumidores informaron a la empresa de que el producto no sólo era eficaz para eliminar los olores de las mascotas, sino que también resultaba útil para limpiar el ambiente de otros olores molestos como las frituras o el humo del tabaco. SeaYu se está planteando un posible aumento de la distribución en otros mercados como el de los almacenes o el de los accesorios de automóviles. Esto, a su vez, podría llevar a acuerdos con cadenas de descuento más grandes como Wal-Mart o Target.[7]

Las empresas que triunfan en la actualidad también están multiplicando el número de canales de entrada al mercado o los **canales híbridos** en cualquier otra área del mercado:

■ IBM utiliza su fuerza de ventas para vender a grandes cuentas, recurre al telemarketing para las cuentas de tamaño medio, al correo directo para las cuentas más pequeñas, a los minoristas para las cuentas aún más pequeñas y a Internet para artículos especiales.

■ Charles Schwab permite a sus clientes hacer transacciones en sus sucursales, por teléfono o vía Internet.

■ Staples vende a través de su canal minorista tradicional, de su sitio Web, de los centros comerciales virtuales y de miles de vínculos a sitios asociados.

Las empresas que utilizan canales híbridos deben asegurarse de que todos los canales funcionan correctamente en su conjunto y de que satisfacen la forma de hacer negocios de cada segmento meta. Los consumidores esperan una *integración del canal*, con las siguientes características:

■ La posibilidad de realizar un pedido en Internet y recoger el producto en un punto de venta minorista cercano a su residencia.

■ La posibilidad de devolver un producto adquirido por Internet a través de un minorista cercano a su residencia.

■ El derecho a recibir descuentos en función de las compras totales, tanto *on line* como *off line*.

En *Cuestiones clave: Lista de control para las compras multicanal* se brindan algunas sugerencias específicas sobre la integración de canales. He aquí un ejemplo de una empresa que administra sus canales con sumo cuidado.

REI

¿Qué resulta más frustrante: comprar unas botas de montaña que torturen los pies o encontrar las botas de montaña perfectas y que la tienda se haya quedado sin el número que calzamos? En Recreational Equipment Inc. (REI), los amantes del aire libre pueden evitar cualquiera de estas frustraciones. En los 59 establecimientos REI de Estados Unidos, los clientes pueden probar las estufas de gas, las tiendas de campaña y las bolsas de dormir. Si no quedan existencias de algún artículo, lo único que los clientes tienen que hacer es dirigirse a una ter-

CUESTIONES CLAVE | LISTA DE CONTROL PARA LAS COMPRAS MULTICANAL

En la temporada de "regreso a la escuela" de 2003, una empresa de consultoría en comercio electrónico de Chicago envió compradores fantasma a visitar puntos de venta minoristas de 16 empresas *on line* para experimentar lo que ellos denominaban la experiencia de compra integrada en el proceso de devolución *on line/off line*. En general, el estudio descubrió que el 44% de las devoluciones *off line* de mercancía adquirida en línea era el mismo gerente del establecimiento quien tenía que darles trámite. En respuesta a éste y otros errores del sistema, el grupo creó una "lista de control para la compra multicanal", con el fin de ayudar a las empresas a integrar mejor sus canales *on line* y *off line*:

■ Enseñar a todos los dependientes cómo administrar las devoluciones de productos adquiridos a través de Internet.

■ Indicar el número gratuito de la empresa en el sitio Web, y asegurarse de que las horas de apertura del servicio de atención al cliente son apropiadas.

■ Ofrecer un centro de información fácil para navegar, que incluya información de cómo establecer contacto con la empresa, preguntas

frecuentes, garantías, políticas de devolución y consejos para los compradores novatos.

■ Aplicar un localizador de tiendas con información sobre la sucursal más cercana, su horario comercial y eventos de importancia.

■ Ofrecer la posibilidad de recoger los pedidos en las tiendas e incluir un nivel de inventario en tiempo real, cuando sea posible.

■ Publicar el boletín semanal de la tienda en Internet para completar la experiencia multicanal.

■ Ofrecer bonos de regalo canjeables tanto *on line* como *off line*.

■ Enviar notificaciones por correo electrónico sobre el pedido, el transporte y el periodo de devolución. Incluir un recordatorio de los procesos de devolución en las notificaciones, junto con un vínculo con el localizador de tiendas.

■ Incluir en el empaque o en la factura toda la información pertinente/compatible para devoluciones de mercancía en las tiendas.

Fuente: Hallie Mummert, "Multi-Channel Marketers Earn a 'C+' on Returns", *Target Marketing,* octubre de 2003, p. 158.

minal de Internet de la tienda y pedirlo a través del sitio Web de REI. Los consumidores menos familiarizados con Internet pueden pedir a los empleados de mostrador que realicen el pedido en su nombre. Gracias a esta integración perfecta entre puntos de venta, sitio Web, terminales de Internet, catálogos de pedido por correo y números gratuitos para realizar pedidos, Forrester Research designó a REI como la mejor empresa multicanal. Y además, REI no sólo genera tráfico desde los puntos de venta hacia Internet, sino que también conduce a sus ciberclientes a los establecimientos físicos. Si un cliente navega por el sitio Web de REI y se detiene a leer un artículo sobre mochilas en la sección "Compartir y aprender", tal vez le interese un anuncio sobre las promociones de botas de montaña que ofrece el establecimiento más cercano. Los resultados de vincular todos sus canales son impresionantes: en un periodo de 24 meses, REI calculó que los compradores de canales dobles gastaron un 114% más que los compradores de un único canal, y que los compradores de canales triples gastaron un 48% más que los compradores de canales dobles.[8]

Sin embargo, los diferentes consumidores presentan necesidades distintas a lo largo del proceso de compra. Nunes y Céspedes argumentan que en multitud de mercados, los compradores entran en cualquiera de las siguientes cuatro categorías:[9]

1. ***Compradores habituales***—Compran en los mismos establecimientos y del mismo modo.
2. ***Buscadores de las mejores ofertas***—Conocen sus necesidades y "navegan" mucho por los canales antes de comprar al precio más bajo posible.
3. ***Compradores amantes de la variedad***—Recopilan información de numerosos canales, aprovechan los servicios de contacto humano y después compran en su canal favorito, independientemente del precio.
4. ***Compradores con altos niveles de implicación***—Reúnen información de todos los canales, compran en el que les ofrece el mejor precio, pero aprovechan los servicios al cliente de los canales con contacto personal.

El mismo consumidor podría decidir emplear canales diferentes para fines distintos al realizar una compra. Tal vez un consumidor decida hojear un catálogo antes de ir al punto de venta o probar el automóvil en una concesionaria antes de adquirirlo a través de Internet.

Asimismo, es probable que los consumidores utilicen canales diferentes en función del tipo de artículos de que se trate. Algunos consumidores prefieren utilizar canales más exclusivos para adquirir relojes TAG Heuer o palos de golf Callaway, y utilizar minoristas de descuento para comprar toallas de papel para la cocina, detergente o vitaminas.[10]

Cadenas de valor

Desde el punto de vista de la cadena de distribución, los mercados son lugares de destino y el flujo hacia ellos tiene un carácter lineal. Sin embargo, la empresa debe pensar primero en los mercados meta y a continuación diseñar la cadena de distribución hacia atrás, a partir

Canal de venta para el equipo de acondicionamiento físico Bowflex: un anuncio impreso acompañado de un cupón y de un número telefónico 800.

del mercado meta. Esta estrategia se conoce como **planeación de la cadena de demanda**. Don Schultz, de Northwestern University, afirma: "La administración de la cadena de demanda no sólo sirve para facilitar el flujo del sistema, sino que hace hincapié en las soluciones que buscan los consumidores, y no en los productos que las empresas intentan venderles." Schultz sugiere que las cuatro P se sustituyan por un nuevo acrónimo, SIVA, que significa: soluciones, información, valor y acceso.[11]

Desde una perspectiva aún más amplia, la empresa se sitúa en el centro de una **cadena de valor**, es decir, en el centro de un sistema de alianzas y colaboraciones que crean las empresas para generar, mejorar y entregar sus ofertas. En la cadena de valor de una empresa se incluyen los proveedores directos, los proveedores de los proveedores, los clientes inmediatos de los proveedores y los clientes finales. La cadena de valor incluye relaciones valiosas con terceros, como investigadores académicos y agencias gubernamentales.

Una empresa necesita organizar todos estos agentes para poder ofrecer un valor superior a su mercado meta. Palm, el fabricante líder de dispositivos electrónicos, es una comunidad entera de proveedores y ensambladores de componentes semiconductores, estructuras de plástico, pantallas de plasma y accesorios; de vendedores *on line* y *off line*; y de 275,000 especialistas que han creado y desarrollado más de 21,000 programas de cómputo y 100 accesorios de hardware para el sistema operativo de Palm, así como para computadoras de mano y teléfonos inteligentes.

La planeación de la cadena de demanda tiene una serie de ventajas. En primer lugar, le permite a la empresa calcular dónde se genera más dinero (hacia arriba o hacia abajo), en caso de que quiera llevar a cabo una integración vertical en sentido ascendente o descendente. En segundo lugar, la empresa puede identificar las posibles interrupciones a lo largo de toda la cadena de valor que podrían generar cambios repentinos de costos, precios o suministros. En tercer lugar, la empresa puede recurrir a Internet para conseguir comunicaciones, transacciones y pagos con sus colaboradores comerciales que reduzcan costos, aceleren el flujo de información y aumenten la precisión. Con la llegada de Internet, las empresas están entablando más relaciones de mayor complejidad con otras. Por ejemplo, Ford no sólo admi-

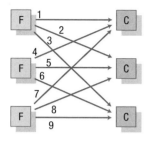

a) Número de contactos

F x C = 3 x 3 = 9

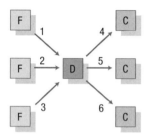

b) Número de contactos

F + C = 3 + 3 = 6

F = fabricante

C = cliente

D = distribuidor

| FIG. **15.1** |

Cómo un distribuidor incrementa su eficiencia.

nistra numerosas cadenas de distribución, sino que además patrocina u opera muchos sitios Web B2B y de intercambio, conforme lo necesite.

La administración de la cadena de valor ha hecho que las empresas aumenten sus inversiones en tecnologías de la información (TI) y en software, lo que ha animado a empresas como SAP y Oracle a diseñar *sistemas de planeación de recursos empresariales* (ERP, por sus siglas en inglés) accesibles para administrar dentro de un mismo marco el flujo de efectivo, la producción, los recursos humanos, las compras y otras funciones principales. El objetivo de estos programas es romper los silos departamentales y llevar a cabo a la perfección los procesos de negocio fundamentales. Sin embargo, en la mayoría de los casos, las empresas aún están muy lejos de aplicar sistemas ERP verdaderamente accesibles.

Los profesionales del marketing, por su parte, se han concentrado tradicionalmente en aquellos eslabones de la cadena de valor que miran hacia el cliente. Sin embargo, en el futuro tendrán que participar e influir en las actividades empresariales que tienen lugar en eslabones anteriores de la cadena de valor, y convertirse en administradores de redes, sin limitarse a la administración de clientes y de productos.

::: La función de los canales de marketing

¿Por qué delega un fabricante parte de las tareas de venta en los intermediarios? Delegar supone el traspaso de control sobre cómo y a quién se van a vender los productos. Para los fabricantes, recurrir a intermediarios representa diversas ventajas:

■ *Muchos fabricantes carecen de los recursos financieros necesarios para entrar directamente en el mercado.* Por ejemplo, General Motors vende sus vehículos a través de más de 8,000 concesionarios sólo en Norteamérica. Incluso General Motors tendría dificultades para reunir el dinero necesario para adquirir todos estos puntos de venta.

■ *Con frecuencia, los fabricantes que establecen sus propios canales obtienen una mayor rentabilidad al aumentar la inversión en su actividad principal.* Si una empresa obtiene una rentabilidad del 20% con su actividad productiva y un 10% con la actividad minorista, no tiene sentido que distribuya sus propios productos.

■ *En algunos casos, el marketing directo simplemente no es factible.* Para la empresa William Wrigley Jr. Company no resultaría práctico abrir tiendas de venta minorista de goma de mascar en todo el mundo, como tampoco lo sería recibir sus pedidos por correo. En el primer caso, tendría que vender goma de mascar junto con otros productos y acabaría en el negocio de las farmacias o de las tiendas de comestibles. Para Wrigley es más fácil trabajar a través de una red amplia de distribuidores privados.

Los intermediarios suelen ser más eficaces cuando se trata de poner los productos a disposición del mercado meta, y de facilitar su acceso a los mismos. Gracias a sus contactos, experiencia, especialización y escala de operaciones, los intermediarios ofrecen a las empresas mucho más de lo que podrían conseguir por sí solas. Según Stern y sus colaboradores:

> Los intermediarios armonizan el flujo de bienes y servicios [. . .] Este procedimiento es necesario a fin de salvar la discrepancia existente entre el conjunto de bienes y servicios generados por el fabricante y el conjunto demandado por el consumidor. La discrepancia tiene lugar porque los fabricantes producen una gran cantidad de bienes con una variedad limitada, mientras que los consumidores generalmente desean sólo una cantidad limitada de una amplia variedad de bienes.[12]

La figura 15.1 muestra una de las mayores fuentes de ahorro que se deriva de la existencia de intermediarios. En el inciso *a*) de la gráfica aparecen representados tres fabricantes, cada uno de los cuales utiliza un canal directo de marketing para llegar a tres consumidores. Este sistema necesita nueve contactos diferentes. En el inciso *b*) de la gráfica aparecen los tres fabricantes que trabajan a través de un distribuidor único que tiene contacto con los tres clientes. El sistema sólo requiere de seis contactos. De esta manera, los intermediarios reducen el número de contactos y el trabajo necesario.

Funciones y flujos de los canales de marketing

Un canal de marketing se encarga de trasladar los bienes desde los fabricantes hasta los consumidores, solucionando las dificultades temporales, espaciales y de propiedad que separan los bienes y los servicios de aquellos que los necesitan o los desean. Los miembros del canal de distribución realizan una serie de funciones clave (véase la tabla 15.1).

Algunas funciones (físicas, de propiedad y de promoción) constituyen un flujo de actividad *hacia delante* desde la empresa hacia el cliente, y otras funciones (pedido y pago) representan flujos *hacia atrás* desde los clientes hacia la empresa. También hay otras funciones (información, negociación, financiamiento y asunción de riesgos) que tienen lugar en am-

| TABLA 15.1 |

Funciones de los miembros del canal.

- Recopilar información sobre clientes reales y potenciales, competidores y demás agentes y fuerzas del entorno de marketing.
- Desarrollar y distribuir comunicaciones persuasivas para estimular las ventas.
- Firmar acuerdos de precio y demás condiciones para los traspasos de propiedad o posesión.
- Hacer pedidos a los fabricantes.
- Conseguir los fondos necesarios para financiar inventarios a diferentes niveles del canal de marketing.
- Asumir riesgos vinculados con el desarrollo del trabajo del canal.
- Facilitar el almacenamiento y el flujo sucesivos de los productos físicos.
- Ofrecer facilidades de pago a los compradores a través de bancos u otras instituciones financieras.
- Supervisar la transferencia de posesión real de una persona u organización a otra.

bos sentidos. La figura 15.2 muestra seis flujos de marketing en el caso de productos como los montacargas. Si hubiera que representar todos estos flujos en un diagrama, se pondría de manifiesto la enorme complejidad de los canales de marketing aparentemente sencillos como éstos. Un fabricante que vende productos físicos y servicios podría necesitar tres canales: un *canal de ventas*, un *canal de distribución física* y un *canal de servicios*. Así, para comercializar sus aparatos de acondicionamiento físico Bowflex, el Nautilus Group utiliza los anuncios televisivos informativos, el teléfono e Internet como canales de venta; los servicios de reparto de UPS como canal de distribución; y los reparadores locales como canal de servicios. Cuando en 2003 no logró los objetivos de ventas, Nautilus agregó establecimientos minoristas a sus canales de distribución. Cuando un competidor violó la patente del Bowflex y puso a la venta una imitación del producto, Nautilus empezó a vender aparatos Bowflex para ejercitarse en casa a través del canal minorista.

La cuestión no reside en *si* se deben realizar varias funciones dentro del canal (puesto que sí se debe), sino más bien *quién* habrá de realizarlas. Todas estas funciones tienen tres aspectos en común: utilizan recursos escasos; a menudo pueden llevarse a cabo mejor a través de la especialización; y son susceptibles de intercambio entre los miembros del canal. En la medida en que el fabricante transfiera algunas funciones a los intermediarios, los costos y precios del primero serán menores, pero el intermediario deberá añadir un margen al precio para cubrir sus propios costos. Si los intermediarios son más eficaces que el fabricante, los precios finales deberían ser inferiores. Si los consumidores llevan a cabo algunas de estas funciones, los precios serían aún más bajos.

| FIG. 15.2 | Cinco flujos de marketing para montacargas.

Las funciones de marketing son, por tanto, más básicas que las instituciones que las desempeñan en cualquier momento dado. Los cambios en los componentes de un canal reflejan en gran medida el descubrimiento de formas más eficientes de combinar o separar funciones económicas que ponen una variedad de productos o servicios a disposición del mercado meta.

Niveles de canal

El fabricante y el consumidor final son partes integrantes de cualquier canal. Se utilizará el número de niveles de intermediarios para designar la longitud de un canal. La figura 15.3*a* ilustra varios canales de marketing de bienes de consumo con diferente longitud.

Un **canal de nivel cero** (también llamado **canal de marketing directo**) está formado por un fabricante que vende directamente al cliente final. Las formas más relevantes de canales de marketing directo son la venta a domicilio, las reuniones en casa para vender productos, la venta por correo, el telemarketing, la venta por televisión y los establecimientos propiedad del fabricante. Los representantes de Avon venden cosméticos a domicilio, los representantes de Tupperware organizan reuniones en casas particulares para vender utensilios de cocina, Franklin Mint vende sus artículos de colección a través de pedidos por correo, AT&T utiliza el teléfono para intentar captar nuevos clientes o para vender servicios mejorados a los clientes existentes, Time-Life vende colecciones de audio y video a través de comerciales televisivos o "infomerciales" de mayor duración, Red Envelope vende regalos a través de Internet, y Gateway vende computadoras y otros aparatos electrónicos a través de sus propios establecimientos. El recuadro *Marketing en acción: El comercio móvil abre nuevas puertas a las empresas* describe los avances en esta área.

Un *canal de un nivel* incluye un intermediario, como por ejemplo un minorista. Un *canal de dos niveles* incluye dos intermediarios. En mercados de consumo, éstos suelen ser un mayorista y un minorista. Un *canal de tres niveles* incluye tres intermediarios. Por ejemplo, en la industria del empacado de carne, los mayoristas venden a los mayoristas intermedios, quienes, por su parte, venden a los minoristas. En Japón, la distribución de alimentos abarca hasta seis niveles. Desde el punto de vista del fabricante, el problema de obtener información sobre los usuarios finales y de llevar a cabo labores de control adquiere mayor complejidad conforme se incrementa el número de niveles del canal.

La figura 15.3*b* ilustra los canales utilizados con mayor frecuencia en el marketing industrial. Un fabricante de bienes industriales puede utilizar su fuerza de ventas para vender directamente a los clientes industriales; o quizás venda a través de distribuidores industriales, quienes, por su parte, venderán a clientes industriales; o podría vender a través de sus representantes, o utilizar sus propias sucursales para vender directamente a clientes industriales, o indirectamente a través de distribuidores industriales. Los canales de marketing de nivel cero, de un nivel y de dos niveles son los más frecuentes.

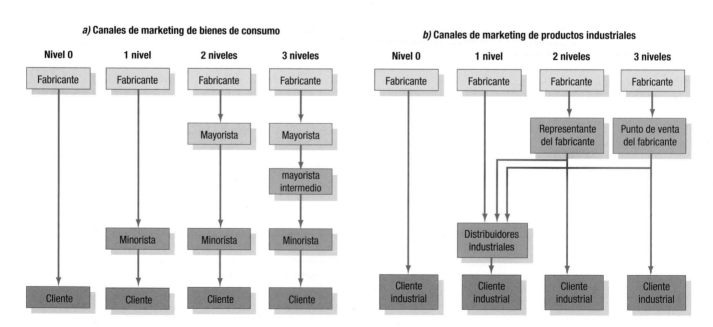

FIG. 15.3 | Canales de marketing de bienes de consumo y de productos industriales.

MARKETING **EN ACCIÓN**

EL COMERCIO MÓVIL ABRE NUEVAS PUERTAS A LAS EMPRESAS

Los consumidores hombres y mujeres de negocios, ya no necesitan estar cerca de una computadora para enviar y recibir información. Todo lo que necesitan es un teléfono celular o una agenda personal digital (PDA). De este modo, a pesar de estar viajando, pueden conectarse a Internet para revisar las cotizaciones de la bolsa, el clima y las noticias deportivas, o para enviar y recibir mensajes de correo electrónico, y realizar pedidos *on line*. Existe toda una disciplina llamada *telemática* que consiste, entre otras muchas cosas, en colocar computadoras conectadas a Internet por redes inalámbricas en los tableros de los automóviles y de los camiones, y en convertir en inalámbricos todos los aparatos que hay en los hogares (como las computadoras) para poder utilizarlos desde cualquier lugar dentro o fuera de la casa. Muchos creen que el futuro está en el *m-commerce* o *comercio móvil* (de ahí la m). No hay más que pensar en el vertiginoso auge de los teléfonos conectados a Internet.

En Japón, millones de adolescentes llevan teléfonos DoCoMo de NTT (Nippon Telephone and Telegraph, la empresa de telefonía de ese país). Entre otras cosas, pueden utilizar sus celulares para realizar pedidos. Cada mes, el suscriptor recibe una factura de NTT en la que aparece la cuota de suscripción, la cuota de uso y el costo de todas las transacciones. Entonces, el suscriptor puede pagar la factura en la tienda 7-11 más cercana. En Estados Unidos, Conversagent (anteriormente Active-Buddy) crea aplicaciones de software que conectan a los usuarios a través de mensajes instantaneos con información del fabricante utilizando comunicación *on line*.

Las oportunidades de mercado potenciales para este tipo de servicios son inmensas. Veamos algunas posibilidades:

■ Obtener una Coca-Cola apuntando con el celular a una máquina expendedora y apretando un botón. La botella aparece, y el precio correspondiente se carga en nuestra cuenta bancaria.

■ Utilizar el teléfono para ubicar un restaurante cercano que reúna una serie de características.

■ Observar las fluctuaciones de la bolsa de valores desde un restaurante, y decidir comprar o vender acciones.

■ Pulsar una tecla del celular para pagar la cuenta de la cena; el celular sustituye a la tarjeta de crédito.

■ Al llegar a casa, pulsar una combinación de teclas en el celular para abrir la puerta.

Algunos ven muchas ventajas, como por ejemplo, localizar a personas que realizaron una llamada a los teléfonos de emergencia, o comprobar por dónde andan los hijos cuando salen por la noche. A otros, sin embargo, les preocupan los temas de la privacidad de la persona. ¿Qué pasaría si un jefe descubre que un empleado recibe un tratamiento contra el SIDA en el hospital local, o si una mujer descubre que su marido ha salido de juerga? Al igual que muchos otros avances tecnológicos, estos servicios encierran potencial para el bien y para el mal y, en último término, serán la regulación y el escrutinio público los que determinen su uso.

Fuentes: Douglas Lamont, *Conquering the Wireless World: The Age of M-Commerce* (Nueva York: Wiley, 2001); Marc Weingarten, "The Medium Is the Instant Message", *Business 2.0,* febrero de 2002, pp. 98–99.

Los canales generalmente describen un movimiento hacia delante de los productos, desde el origen hasta el usuario final. Sin embargo, también se puede hablar de *canales de flujo inverso*. Éstos son especialmente importantes en los siguientes casos: **1.** para reutilizar productos o envases (por ejemplo, contenedores recargables para productos químicos), **2.** para renovar productos (por ejemplo, circuitos y computadoras) y revenderlos, **3.** para reciclar productos (como el papel) y **4.** para desechar productos y envases (productos de desecho). Son diversos los intermediarios que participan en los canales de flujo inverso, por ejemplo, los centros de reparación del fabricante, grupos comunitarios, intermediarios tradicionales como los de las bebidas refrescantes, especialistas en recuperación de residuos, centros de reciclaje, agentes de reciclaje de material y almacenes.[13]

HEWLETT-PACKARD

Cada mes, Hewlett-Packard, el segundo fabricante de computadoras más grande del mundo, envía 1.7 millones de toneladas de máquinas rotas o descompuestas para que acaben sus días (o vuelvan a empezarlos) en su planta de reciclaje de Roseville, California. A pesar de todo, la empresa, junto con su socio de reciclaje, Noranda Inc., recicla menos del 1% del hardware que fabrica. Presionados por las quejas sobre los métodos que utilizan para deshacerse de los productos, incluido el envío de computadoras viejas a países asiáticos con leyes ambientales menos estrictas, los fabricantes de computadoras se han unido a la Environmental Protection Agency (EPA), a grupos ecologistas y a una asociación civil llamada Product Stewardship Institute. Estos grupos crearon la *National Electronics Product Stewardship Initiative* en Estados Unidos, pero el proceso para crear una normativa de reciclaje a nivel nacional es increíblemente lento. Sin un sistema en marcha, los fabricantes de aparatos electrónicos como HP y Dell lanzaron innovadoras campañas de relaciones públicas para animar al público a que recicle. En el Día de la Tierra de 2003, en un establecimiento Starbucks de Seattle, y al día siguiente en la Grand Central Terminal de Nueva York, HP aceptó computadoras de cualquier fabricante, y las recicló gratis. HP también aumentó el incentivo para que los consumidores y las pequeñas empresas la contraten para reciclar sus computadoras y monitores antiguos a través de los programas de reciclaje por correo. HP cobra por ello entre 15 y 46 dólares en función del tamaño del equipo.[14]

Un cliente opera un mini laboratorio ubicado en un punto de venta. Los mini laboratorios a menudo se localizan en establecimientos minoristas que también tienen departamentos de procesamiento de fotografías, como las tiendas Walgreens y CVS.

Los canales en el sector de los servicios

Los canales de marketing no se limitan a la distribución de bienes. Los productores de servicios e ideas también se encuentran con el problema de cómo poner sus servicios a disposición del mercado meta y de cómo facilitar su acceso a los mismos. Las escuelas han desarrollado "sistemas de difusión cultural" y los hospitales "sistemas de distribución de salud", que derivan en agencias ubicadas de tal modo que permiten alcanzar a una población distribuida en un área específica.

Los canales de marketing también se utilizan en el marketing "de personas". Antes de 1940, los cómicos profesionales llegaban a su audiencia gracias a teatros de revista, eventos especiales, clubes nocturnos, la radio, el cine y el teatro. Los teatros de revista desaparecieron y, en su lugar, están los clubes nocturnos y las televisoras. Los políticos también tienen que seleccionar una mezcla de canales (medios de comunicación de masas, mítines, reuniones, anuncios de televisión, correo directo, anuncios espectaculares, faxes, mensajes de correo electrónico y sitios Web) para hacer llegar sus mensajes a los electores.[15]

A medida que se desarrollan Internet y otras tecnologías, las empresas de servicios como los bancos, las aseguradoras, las agencias de viajes y los intermediarios bursátiles recurren a nuevos canales de distribución. Kodak ofrece a sus clientes cuatro opciones para imprimir sus fotografías digitales: mini laboratorios en puntos de venta, impresoras caseras, servicios *on line* en el sitio Web Ofoto y quioscos de autoservicio.[16]

El medio para llegar a los clientes adecuados fue un factor clave en una de las fusiones más importantes de la historia del sector financiero.

CITICORP

La estrategia de distribución y la mezcla de diferentes segmentos de clientes era un objetivo manifiesto de la fusión por 70,000 millones de dólares entre Citicorp y Travelers Group. Citicorp era uno de los bancos más grandes del mundo, mientras que Travelers se concentraba en las pólizas de seguros, los fondos de inversión y las operaciones de banca de inversión. Uno de los principales objetivos de la fusión era la posibilidad de vender productos de cada una de las empresas a los clientes de la otra, y explotar los canales de distribución de ambas para maximizar la penetración de los productos de las empresas fusionadas en todo el mundo.[17]

::: Decisiones sobre el diseño del canal

Para diseñar un canal de marketing es necesario analizar las necesidades de los consumidores, fijar los objetivos de canal, identificar las principales alternativas de canal y valorarlas.

Análisis del nivel de servicios deseado por los clientes

Para diseñar el canal de marketing, los profesionales deben conocer los niveles de servicio deseados por el mercado meta. Los canales producen cinco niveles de servicio:

1. ***Tamaño del lote***—Se refiere al número de unidades que el canal de marketing permite adquirir a un cliente promedio en cada compra. Cuando Hertz compra automóviles para su flotilla, prefiere un canal que le permita adquirir un lote de gran tamaño, mientras que una familia espera que el canal le permita adquirir una sola unidad.
2. ***Tiempo de espera***—Se refiere al tiempo promedio que los clientes del canal esperan para recibir las mercancías. Los clientes cada vez prefieren canales de entrega más rápidos.
3. ***Comodidad de puntos de venta***—Es el grado de facilidad de compra que ofrece el canal a los consumidores. Por ejemplo, Chevrolet ofrece mayor facilidad en sus puntos de venta que Cadillac porque cuenta con más concesionarios. La mayor descentralización de Chevrolet hace que los clientes reduzcan los costos de búsqueda y transporte cuando quieren comprar y reparar sus automóviles.

4. *Variedad de productos*—La variedad de productos se mide por la amplitud del surtido que brinda el canal de marketing. Generalmente, los clientes prefieren una gran amplitud de surtido puesto que esto aumenta las posibilidades de comprar exactamente lo que necesitan.
5. *Servicios de ayuda*—Se refiere a los servicios adicionales (crédito, entrega, instalación, reparaciones) que ofrece el canal. Cuanto mayor sea el nivel de servicios prestados, mayor será el valor proporcionado por el canal.[18]

El diseñador del canal de marketing sabe que ofrecer niveles de servicio cada vez más altos también implica costos más elevados para el canal y precios más altos para el cliente. Cada consumidor tiene necesidades de servicio diferentes. El éxito de los establecimientos de descuento pone de manifiesto que muchos consumidores están dispuestos a aceptar menos servicios cuando pueden ahorrar dinero.

El establecimiento de los objetivos de canal y sus limitaciones

Los objetivos del canal se deben establecer en función del nivel de servicios ofrecido. En situaciones competitivas, los canales deben organizar sus tareas funcionales para minimizar su costo total y seguir ofreciendo los niveles de servicio deseados.[19] Por lo general, es posible identificar varios segmentos que desean niveles de servicios diferentes. Una planeación efectiva del canal exige que el fabricante determine a qué segmentos del mercado va a atender y cuáles son los mejores canales en cada caso.

Los objetivos de canal varían con las características del producto. Los productos perecederos requieren un marketing más directo. Los productos de gran tamaño, por ejemplo, el material de construcción, requieren canales que minimicen las distancias de transporte y la cantidad de manejo necesaria. Los productos no estandarizados, tales como la maquinaria producida por encargo o determinados productos especializados, se venden directamente a través de la fuerza de ventas de la empresa. Los servicios de instalación o de mantenimiento (por ejemplo, los servicios de calefacción o refrigeración) que requieren algunos productos, generalmente los vende la propia empresa o distribuidores que poseen franquicias. Los productos que tienen un alto valor unitario, como los generadores y las turbinas, se venden a través de la fuerza de ventas de la empresa y no a través de intermediarios.

El diseño del canal debe reflejar las fortalezas y las debilidades de los distintos tipos de intermediarios. Por ejemplo, hay ciertos representantes de fabricantes que son capaces de encontrar clientes con un bajo costo por cliente porque el costo total se distribuye entre varios. Sin embargo, el esfuerzo de venta por cliente es menos intenso que si los vendedores de la empresa realizaran esa venta. El diseño del canal se ve influenciado, también, por los canales de la competencia.

El diseño del canal debe adaptarse al entorno de la empresa. Cuando las condiciones económicas no son favorables, los fabricantes intentan llevar sus productos al mercado a través de canales más cortos y suprimen servicios de modo que aumente el precio final de los mismos. La normativa y las restricciones legales también afectan el diseño del canal. La legislación estadounidense no ve con buenos ojos los acuerdos de canal que tiendan a disminuir la competencia de manera significativa y a crear un monopolio.

Identificación de las alternativas principales

Las empresas tienen la posibilidad de elegir entre una gran variedad de canales para llegar a sus clientes: desde vendedores y agentes hasta distribuidores, comisionistas, correo directo, telemarketing e Internet. Cada canal tiene ventajas exclusivas, al igual que inconvenientes. Las fuerzas de ventas pueden administrar productos y transacciones complejos, pero resultan caras. Internet supone costos mucho menores, pero no puede administrar productos complejos. Los distribuidores son capaces de generar ventas, pero la empresa pierde el contacto directo con los clientes.

El problema es aún más complicado en la actualidad, puesto que las empresas utilizan una mezcla de canales. Con cada canal se dirigen a un segmento diferente de compradores, para hacerles llegar los productos correspondientes al precio más bajo posible. Cuando esto no ocurre, surge un conflicto de canal y los costos se disparan.

Una alternativa de canal se compone de tres elementos: el tipo de intermediarios disponibles, el número de intermediarios necesarios, y las funciones y responsabilidades de cada miembro del canal.

TIPOS DE INTERMEDIARIOS La empresa debe identificar los tipos de intermediarios disponibles para poner en marcha su canal.

Por ejemplo, un fabricante de equipos de prueba desarrolló un dispositivo auditivo para detectar conexiones mecánicas defectuosas en máquinas con partes móviles. Los directivos

Canales innovadores de marketing: Calyx and Corolla vende arreglos florales y los entrega a domicilio. Para ello, pone a la disposición de sus clientes un catálogo impreso y una tienda *on line*.

de la empresa consideraron que el producto podría venderse en todos aquellos sectores en que se utilizaran máquinas eléctricas, de combustión o de vapor, como por ejemplo, la industria de la aviación, la automotriz, el sector de los ferrocarriles, la industria del enlatado de alimentos, la de la construcción y la del petróleo. La fuerza de ventas de la empresa era reducida, y el problema consistía en cómo llegar a estos sectores tan diversos de forma efectiva. Se identificaron las siguientes alternativas:

■ Aumentar la fuerza de ventas directa de la empresa. Asignar vendedores que entren en contacto con los clientes potenciales de la zona, o desarrollar fuerzas de ventas distintas para los diferentes sectores.

■ Contratar agentes en distintas regiones o sectores industriales de usuarios finales para que vendan el nuevo producto.

■ Encontrar distribuidores en distintas regiones o en sectores industriales de usuarios finales que compren y vendan el aparato; habría que darles una distribución exclusiva, márgenes adecuados, asesoramiento sobre el producto y apoyo promocional.

La tabla 15.2 incluye una lista de las alternativas de canal de una empresa de electrónica que fabrica teléfonos celulares adecuados para utilizarse en automóviles.

Las empresas deben buscar canales de marketing innovadores. Medion vendió 600,000 computadoras en Europa, la mayoría de ellas a través de "promociones explosivas" en los supermercados Aldi, con una duración de una o dos semanas.[20] Columbia House ha logrado vender con éxito todos sus álbumes musicales a través del correo. Otros vendedores como Harry and David y Calyx & Corolla venden arreglos frutales y florales, respectivamente, de forma muy creativa a través del reparto a domicilio. (Véase *Marketing en acción: Cómo CarMax está transformando el sector automotriz.*)

- La empresa podría vender sus teléfonos a fabricantes de automóviles para su instalación como parte del equipo original.
- La empresa podría vender sus teléfonos a los concesionarios de automóviles.
- La empresa podría vender sus teléfonos a minoristas de accesorios de automóviles, mediante una fuerza de ventas directa o mediante distribuidores.
- La empresa podría vender sus teléfonos a intermediarios especializados a través de una fuerza de ventas directa o de distribuidores.
- La empresa podría vender sus teléfonos a través de catálogos de pedido por correo.
- La empresa podría vender sus teléfonos en mercados masivos a través de establecimientos como Best Buy o Circuit City.

| TABLA **15.2** |

Alternativas de canal para un fabricante de teléfonos para automóviles.

Bank One está permitiendo a Avon, literalmente, abrir sus puertas a una distribución más amplia de sus tarjetas de crédito:

BANK ONE CORP, AVON PRODUCTS INC.

La reciente asociación entre Bank One y Avon marca el primer hito en que un emisor de tarjetas de crédito utiliza la red de distribución de otra empresa (los representantes de Avon), como parte de un programa de afinidad destinado a poner más plástico en los bolsillos y las billeteras de los consumidores. Hay diversos factores que juegan a favor de la asociación. En primer lugar, los representantes de Avon, por sí solos, constituyen un mercado meta muy rentable, obtienen las mismas recompensas que los consumidores cuando utilizan la Visa Platino, y además obtienen un ingreso de 25 dólares a su cuenta Avon cada vez que un cliente contrata una tarjeta. Si cada representante de Avon pudiese conseguir un cliente, ya tendríamos 600,000 tarjetas en circulación. Los

MARKETING **EN ACCIÓN**

CÓMO CARMAX ESTÁ TRANSFORMANDO EL SECTOR AUTOMOTRIZ

Hace años se pensaba que comprar un automóvil de segunda mano era arriesgado y peligroso, y a menudo se hacían parodias de los vendedores de coches usados en cualquier comedia. Entonces llegó CarMax para cambiar la imagen del sector y de sus prácticas. Circuit City, un importante minorista de productos electrónicos lanzó CarMax, la Supertienda de Autos, en 1993. El primero de sus establecimientos se abrió en Richmond, Virginia. CarMax es hoy el minorista líder de automóviles usados. Con su sede central en Richmond, CarMax opera 50 grandes supertiendas en 24 mercados. Asimismo, CarMax cuenta con 12 franquicias de automóviles nuevos, que se integran dentro o muy cerca de los establecimientos de automóviles usados.

¿Qué es lo que tiene de especial CarMax? La empresa ubica sus establecimientos, cada uno con cerca de 500 automóviles, en grandes terrenos en la periferia de las ciudades, cerca de una gran autopista. Los clientes llegan a una sala de exposiciones atractiva donde un vendedor les pregunta por el tipo de automóvil que desean, y a continuación los conduce hasta una terminal con pantalla táctil. Luego de introducir una serie de datos en la pantalla, el vendedor muestra los automóviles que reúnen los criterios de los compradores. Asimismo, se sabe en qué colores está disponible cada modelo, se detallan las características y se indica el precio de venta fijo. La empresa tiene más de 15,000 vehículos en total, prácticamente de todas las marcas y modelos existentes.

El precio no se negocia. El vendedor, quien recibe una comisión por el número de unidades que vende y no por su valor, no tiene incentivos para vender los automóviles más caros. Los compradores reciben la garantía de que los mecánicos de CarMax realizaron una inspección de 110 factores clave y de que hicieron las reparaciones necesarias antes de poner a la venta el vehículo. Es más, el comprador recibe una garantía de devolución de cinco días, y una garantía por 30 días de reparaciones mayores. Si el comprador quiere facilidades de financiamiento para su automóvil, los vendedores lo arreglan en 20 minutos. El proceso completo suele tardar menos de una hora.

El nicho de la empresa se centra en los automóviles de segunda mano. Puesto que los modelos actuales son mejores y tienen mayor esperanza de vida, muchos compradores prefieren ahorrar dinero comprando automóviles usados, cuya oferta también se ha visto potencializada por el sustancial crecimiento en la renta de vehículos. En la actualidad, los bancos tienen más disposición para ofrecer financiamiento con intereses bajos para automóviles usados, sobre todo desde que un estudio reveló que las tasas por retraso en el pago para los compradores de segunda mano eran inferiores. Por último, los concesionarios confiesan obtener más utilidades de la venta de automóviles usados, incluso hasta 100 dólares más que por un modelo nuevo.

CarMax ha logrado obtener márgenes mucho mayores. El precio de venta de un vehículo usado es de 15,000 dólares, y su margen promedio es del 13%, en relación con los 13,650 dólares y el 11%, respectivamente, del resto del sector. Aunque la mayoría de los fabricantes de automóviles experimentaron un descenso en las ventas y las utilidades en 2003, CarMax registró aumentos en los dos rubros.

Fuentes: Gregory J. Gilligan, "Circuit City's CarMax Superstores Pass $300 Million in Yearly Sales", *Knight-Ridder/Tribune Business News,* 5 de abril de 1997, p. 19; Arlena Sawyers, "CarMax Is Out of the Red, in the Pink", *Automotive News,* 16 de abril de 2001, p. 28; Laura Heller, "Circuit City Restructures, Spins Off CarMax Unit", *DSN Retailing Today,* 11 de marzo de 2002, pp. 3–4.

representantes y clientes de Avon son principalmente mujeres, y Avon afirma que las mujeres controlan el 81% de las decisiones de compra familiares y que el 85% de ellas administra el gasto familiar. Al asociarse con Avon, Bank One se dirige directamente a la persona que mueve los hilos del dinero de la familia. Sin embargo, los beneficios van en dos direcciones, puesto que la asociación disparará la difusión y la conciencia de la marca Avon. "Cada vez que alguien saque la tarjeta Avon del monedero, recordará que existimos", afirma un alto directivo de operaciones con tarjetas de crédito de Avon.[21]

En ocasiones, la empresa elige un canal poco convencional, ante la dificultad o el costo de operar con el canal dominante. La ventaja radica en que la empresa tendrá menos competencia durante la fase inicial de operación con el canal. U.S. Time Company, luego de tratar inicialmente de vender su reloj económico Timex a través de joyerías convencionales, empezó a buscar otros canales y situó sus productos en puntos de venta masiva. Avon, por su parte, prefirió la venta a domicilio puesto que no fue capaz de penetrar en los grandes almacenes. La empresa ha obtenido más dinero que la mayoría de las empresas de cosméticos que venden a través de importantes puntos de venta.

NÚMERO DE INTERMEDIARIOS Las empresas tienen que decidir el número de intermediarios que van a utilizar en cada nivel del canal. Existen tres estrategias posibles: distribución exclusiva, distribución selectiva y distribución intensiva.

La **distribución exclusiva** consiste en limitar de forma importante el número de intermediarios. Se utiliza cuando el fabricante desea conservar el control del nivel y de los resultados de los intermediarios. A menudo va acompañada de un acuerdo de *colaboración exclusiva*. Al conceder derechos exclusivos de distribución, el fabricante espera incentivar esfuerzos de venta más intensos y tener distribuidores con mayores conocimientos. La distribución exclusiva requiere un alto nivel de asociación entre el vendedor y el intermediario, y se utiliza, por ejemplo, en la distribución de automóviles nuevos, de ciertos electrodomésticos de prestigio, y con algunas marcas de ropa para dama. Cuando el legendario diseñador italiano Gucci vio cómo su imagen se deterioraba por la sobreexposición de su marca, como consecuencia de la concesión de licencias y la comercialización de sus productos en tiendas de descuento, la empresa decidió rescindir sus contratos con proveedores de terceros, controlar su distribución y abrir sus propias tiendas para recuperar algo del brillo perdido.[22] Los acuerdos exclusivos entre proveedores y minoristas son cada vez más importantes para los especialistas que quieren sobresalir en un mundo empresarial movido por los precios.[23]

■ Disney Consumer Products y Wal-Mart firmaron un pacto histórico en 2003 por el cual Wal-Mart logró un acuerdo de venta exclusiva por seis meses para comercializar los juguetes y demás productos de la marca Kim Possible de Disney.

■ Cuando Scholastic Entertainment relanzó su marca Clifford the Big Red Dog kids', tras haberla tenido olvidada durante años, la empresa recurrió a acuerdos exclusivos con Target y JCPenny para disfrutar de una cierta comodidad que no habría tenido si hubiese lanzado su producto a través de más canales.

La **distribución selectiva** consiste en la utilización de más de un intermediario, pero no de todos los que desean distribuir un producto en particular. Esta técnica es frecuente entre empresas consolidadas y empresas nuevas que buscan distribuidores. La empresa no tiene que distribuir sus esfuerzos entre muchos puntos de venta, sino que puede lograr una cobertura de mercado apropiada con más control y menos costos que a través de la distribución intensiva. Disney es un buen ejemplo de la distribución selectiva.

DISNEY

Disney vende sus videos, principalmente, a través de cinco canales: videoclubes como Blockbuster; tiendas minoristas de la propia empresa, llamadas Tiendas Disney; minoristas como Best Buy; minoristas *on line* como Amazon.com y las Tiendas Disney *on line;* y el catálogo Disney y otras empresas de venta por catálogo. Esta variedad de canales supone para la empresa una cobertura máxima del mercado, al tiempo que le permite ofrecer sus videos a precios diferentes.[24]

La **distribución intensiva** consiste en la distribución de bienes y servicios a través de tantos puntos de venta como sea posible. Esta estrategia es frecuente para artículos como cigarrillos, jabón, botanas y goma de mascar, que se tienen que emplazar en lugares cómodos para los consumidores.

Con frecuencia, los fabricantes tienen la tentación de pasar de un sistema de distribución exclusiva o selectiva a un sistema de distribución intensiva para aumentar la cobertura del mercado y el volumen de ventas. Esta estrategia puede servir a corto plazo, pero suele deteriorar los resultados a largo plazo. La distribución intensiva aumenta la disponibilidad del producto o del servicio, pero también genera una competencia intensiva entre minoristas. Si las guerras de precios se vuelven frecuentes, las ganancias del minorista descenderán, lo que también disminuirá el interés de este último por apoyar el producto. Además, también podría perjudicar al capital de marca, como ilustra la experiencia de Calvin Klein.

CALVIN KLEIN

En mayo de 2000, el diseñador Calvin Klein demandó a Linda Wachner, directora general de Warnaco Group Inc., por vender sus jeans en puntos de venta masiva a un precio más bajo sin su permiso. Warnaco, que contaba con la licencia necesaria para fabricar y distribuir los jeans, fue acusada por Calvin Klein de fabricarlos con baja calidad para estos establecimientos, lo que deterioraba su imagen. El litigio se solucionó fuera de los tribunales en enero de 2001, y ambas partes afirmaron que deseaban "incrementar las ventas de jeans de una forma consistente con la imagen y el prestigio de los productos Calvin Klein". Warnaco limitó así la distribución de jeans Calvin Klein a los grandes almacenes de más renombre.

CONDICIONES Y RESPONSABILIDADES DE LOS MIEMBROS DEL CANAL El fabricante debe determinar los derechos y obligaciones de los miembros que participan en el canal. Cada uno debe recibir un trato respetuoso y la oportunidad de obtener utilidades.[25] Los elementos principales de la "mezcla de relaciones comerciales" son las políticas de precio, las condiciones de venta, los derechos territoriales y los servicios específicos que tiene que prestar cada parte.

La *política de precios* obliga a que el fabricante establezca una relación de precios y un desglose de posibles descuentos e incentivos que resulten justos y suficientes para los intermediarios.

Las *condiciones de venta* hacen referencia a las condiciones de pago y a las garantías del fabricante. La mayoría de los fabricantes ofrecen descuentos a los distribuidores por pronto pago, pero también deben asegurarlos contra productos defectuosos o por reducciones de precios. Esta última garantía motiva a los distribuidores a adquirir cantidades mayores.

Los *derechos territoriales de los distribuidores* definen las zonas de operación de estos últimos y las condiciones en las que el fabricante podrá conceder derechos a otros. En general, los distribuidores esperan derechos de distribución exclusiva en su territorio, independientemente de si logran o no las ventas.

Las *responsabilidades y servicios mutuos* se deben evaluar cuidadosamente, sobre todo cuando se trata de franquicias o de distribuciones exclusivas. McDonald's ofrece a sus franquicias asesoría sobre construcción, apoyo promocional, sistemas contables, capacitación, así como sobre asistencia administrativa y técnica en general. Como contraprestación, los franquiciatarios han de satisfacer los estándares establecidos por la empresa en términos de espacio físico, cooperación con nuevos programas promocionales, suministro de la información requerida y compra de los productos que especifica la empresa.

Evaluación de las alternativas principales

Cada alternativa de canal debe valorarse de acuerdo con criterios económicos, de control y de adaptación.

CRITERIOS ECONÓMICOS Cada alternativa de canal generará un nivel diferente de ventas y de costos. La figura 15.4 indica cómo se dividen seis canales de ventas diferentes en términos de valor agregado por venta y costo por transacción. Por ejemplo, al vender productos industriales con precios entre $2,000 y $5,000, se ha calculado que el costo por transacción

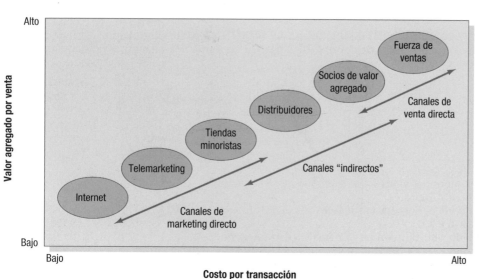

| FIG. **15.4** |

Valor agregado frente a costos de diferentes canales.

Fuente: Oxford Associates, adaptado de Dr. Rowland T. Moriarty, Cubex Corp.

es de $500 (ventas sobre el terreno), $200 (distribuidores), $50 (televenta) y $10 (Internet). Los bancos afirman que al vender sus servicios al por menor, el costo por transacción es de $2 (cajero), $0.50 (cajero automático) y $0.10 (Internet). Como es evidente, los vendedores intentarán sustituir los canales más caros por los canales de menor costo siempre que el valor agregado por la venta sea suficiente. Los canales de menor costo tienden a ser canales sin interacción humana. Esto no es importante cuando se trata de productos básicos; sin embargo, los compradores que buscan productos más complejos preferirán canales con más contacto humano, por ejemplo, la fuerza de ventas.

Cuando los vendedores descubren un canal cómodo y de bajo costo, intentan hacer que sus clientes lo utilicen. Hay empresas que recompensan a los clientes por hacerlo. En un principio, muchas aerolíneas regalaban puntos extra cuando los viajeros hacían sus reservaciones a través de Internet. Otras empresas podrían incrementar las tarifas para clientes que utilizan los canales más caros, con la intención de obligarlos a cambiar a los de menor costo. Las empresas que logran que sus clientes utilicen los canales más baratos con éxito, sin descenso de ventas o deterioro en la calidad del servicio, obtienen una **ventaja de canal**.[26]

A modo de ejemplo de análisis económico de las alternativas de canal, consideremos la siguiente situación:

> Un fabricante de muebles de Carolina del Norte quiere vender su línea de productos a minoristas de la costa occidental de Estados Unidos. El fabricante está considerando dos alternativas: una supone contratar 10 vendedores nuevos que operarán una oficina de ventas en San Francisco, con un salario base más comisiones. La segunda alternativa consiste en utilizar un agente de ventas de San Francisco que tiene muchos contactos con minoristas. El agente tiene 30 representantes, que recibirían una comisión sobre las ventas que obtengan.

El primer paso es determinar si la empresa logrará más ventas a través de su fuerza de ventas o a través de la agencia. La mayoría de los gerentes de marketing creen que la fuerza de ventas de una empresa conseguirá mejores resultados porque se concentra mejor en los productos, los conoce y se siente más comprometida, puesto que su futuro depende de la supervivencia de la empresa. Asimismo, muchos clientes prefieren tratar directamente con la empresa. Sin embargo, una agencia también puede vender más que la fuerza de ventas propia de la empresa, porque en primer lugar, el agente tiene 30 representantes y no 10. En segundo lugar, esta fuerza de ventas puede ser tan activa como los vendedores de la empresa, todo depende del monto de la comisión que la empresa ofrezca. Algunos clientes prefieren tratar con agentes que trabajan con distintos fabricantes en lugar de hacerlo solamente con una fuerza de ventas que representa a una empresa única. Y por último, la agencia tiene numerosos contactos y un amplio conocimiento de la empresa, mientras que la fuerza de ventas de la compañía tendría que obtenerlos partiendo de cero.

El siguiente paso es calcular los costos de vender diferentes cantidades a través de cada canal. La relación entre el nivel de ventas y los costos aparece en la figura 15.5. Los costos fijos de actuar a través de un agente de ventas son menores que los derivados del establecimiento de una oficina de ventas, pero los costos se elevan más rápidamente en el caso de la agencia de ventas puesto que los agentes ganan una comisión mayor que los vendedores. El último paso consiste en comparar las ventas y los costos. Como se observa en la figura 15.5, existe un nivel de ventas (V_B) para el cual los costos de venta son los mismos en los dos canales. La agencia de ventas es, por tanto, el mejor canal para cualquier volumen inferior a V_B. Con esta información, no resulta sorprendente que las empresas más pequeñas o las empresas grandes con mercados pequeños y un volumen de ventas reducido prefieran recurrir a agentes de ventas.

CRITERIOS DE CONTROL Y DE ADAPTACIÓN La utilización de una agencia de ventas plantea un problema de control. Una agencia de ventas es una empresa independiente que

| FIG. **15.5** |

Gráfica de punto de equilibrio de costos para la elección entre una fuerza de ventas de la empresa y una agencia de ventas del fabricante.

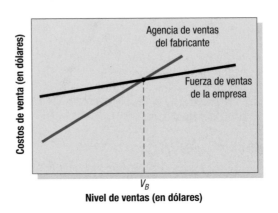

pretende maximizar las utilidades. Los agentes se concentrarán en los clientes que compren más cantidad, pero no necesariamente en los que compren los artículos del fabricante. Es más, es probable que los agentes no manejen con precisión los detalles técnicos del producto del fabricante o quizás lleven a cabo la promoción de forma poco efectiva.

Para desarrollar un canal, los miembros deben comprometerse durante un periodo de tiempo específico. Sin embargo, estos compromisos dan lugar, de forma inevitable, a un descenso en la capacidad del fabricante de responder a los cambios del mercado. En mercados cambiantes, volátiles o inciertos, el fabricante necesita estructuras y políticas de canal con una gran capacidad de adaptación.

::: Decisiones sobre la administración del canal

Una vez que la empresa elige una alternativa de canal, debe seleccionar a los intermediarios individuales, capacitarlos, motivarlos y evaluarlos. Los acuerdos de canal deben modificarse con el tiempo.

La selección de los miembros del canal

Las empresas deben seleccionar cuidadosamente a los miembros del canal. Para los clientes, los canales son la empresa. Imaginemos la impresión negativa que se llevarían los clientes de McDonald's, Shell Oil o Mercedes-Benz si alguno de sus establecimientos estuviese sucio, fuese ineficaz o desagradable de forma sistemática.

Para facilitar la selección de los miembros del canal, los fabricantes deben determinar qué características diferencian a los mejores intermediarios. Deben evaluar los años de operación, las demás líneas que llevan los intermediarios, el historial de crecimiento y utilidades, la capacidad financiera, la cooperación y la reputación de sus servicios. Si los intermediarios son agentes de ventas, los fabricantes deben evaluar el número y la naturaleza de las líneas que lleva la agencia, así como el tamaño y la calidad de su fuerza de ventas. Si los intermediarios son grandes almacenes que buscan la distribución exclusiva, el fabricante debe evaluar la ubicación de los puntos de venta, el potencial de crecimiento futuro y el tipo de clientela.

La capacitación de los miembros del canal

Las empresas necesitan poner especial atención en la planeación y puesta en práctica de programas de capacitación para sus distribuidores. Los restaurantes Culver, con su rápido crecimiento, exigen a sus franquiciatarios de la zona central de Estados Unidos que trabajen 60 horas en uno de los cinco restaurantes propiedad de la empresa, y que después pasen 12 horas al día, seis días a la semana durante cuatro meses en las oficinas centrales aprendiendo cómo opera Culver a nivel logístico y financiero.[27]

Microsoft solicita a los ingenieros externos que tomen una serie de cursos y que aprueben los exámenes de certificación. Quienes aprueban el examen obtienen el título oficial de *Profesionales Certificados Microsoft*, y pueden utilizarlo para promover el negocio. Otras empresas recurren a las encuestas con clientes antes que a los exámenes.

ᅳ KYOCERA MITA CORPORATION

En 2003, Kyocera Mita America encargó a J. D. Power and Associates el desarrollo de un programa para encuestar a los clientes de sus distribuidores y así poder certificar a aquellos distribuidores que alcanzaban o superaban el promedio nacional de ventas y satisfacción del cliente. Esta certificación se basa en la satisfacción de los clientes respecto al conocimiento del producto del distribuidor, a la destreza operativa con los equipos, a la capacidad para asesorar a los clientes acerca de sus necesidades específicas, y a la entrega puntual de equipos. El programa cubre otras áreas, por ejemplo, la capacidad para llevar a cabo revisiones de mantenimiento puntualmente, la preocupación por las necesidades del cliente, y las explicaciones claras y concisas de los servicios prestados. "La certificación de J. D. Power and Associates reconoce a los distribuidores de Kyocera Mita Total Solution Provider por su destacada experiencia con los clientes, y les permite diferenciarse en el mercado de los distribuidores, lo que conlleva un aumento en la afluencia de clientes y un nivel de ventas superior", afirma Michael Pietrunti, vicepresidente de marketing de Kyocera Mita America. "Esta certificación posiciona a los distribuidores como líderes del sector en satisfacción del cliente."[28]

La motivación de los miembros del canal

Las empresas deben considerar a sus intermediarios de igual modo que a sus usuarios finales, es decir, deben determinar sus necesidades y desarrollar un posicionamiento de canal de tal forma que su oferta les proporcione un valor superior.

Para animar a los miembros del canal a que den lo mejor de sí mismos, primero hay que entender sus necesidades y deseos. La empresa debe ofrecer programas de capacitación, de investigación de mercados y otros programas de desarrollo de habilidades para que los intermediarios realicen mejor su trabajo. La empresa debe comunicar constantemente su visión de que los intermediarios son colaboradores en una empresa conjunta cuyo fin es satisfacer a los usuarios finales del producto.

Los fabricantes difieren mucho en el modo en que dirigen a sus distribuidores. El **poder de canal** se define como la capacidad de modificar la conducta de los miembros del canal de modo que tomen medidas que no habrían tomado de otro modo.[29] Los fabricantes tienen a su disposición las siguientes fuentes de poder para lograr la cooperación de los intermediarios:

■ *Poder coercitivo.* Un fabricante amenaza con retirar recursos o poner fin a la relación si el intermediario no coopera. Este poder es efectivo, pero su ejercicio provoca resentimiento y podría generar conflictos que lleven a los intermediarios a organizarse para contrarrestar ese poder.

■ *Poder de recompensa.* El fabricante ofrece a los intermediarios un beneficio extra por realizar funciones o tomar medidas específicas. Este poder suele arrojar mejores resultados que el poder coercitivo, pero puede sobreestimarse en el caso de que los intermediarios esperen siempre una recompensa cada vez que el fabricante les solicite una determinada conducta.

■ *Poder legítimo.* El fabricante pide al intermediario una conducta garantizada por el contrato de colaboración entre ellos. Siempre que los intermediarios contemplen al fabricante como un líder legítimo, este poder funcionará.

■ *Poder experto.* El fabricante posee conocimientos especiales que el intermediario valora. Este poder disminuye cuando los intermediarios adquieren tales conocimientos. El fabricante debe seguir desarrollando conocimientos nuevos para que los intermediarios continúen dispuestos a cooperar.

■ *Poder de referencia.* El fabricante es tan respetado que los intermediarios se enorgullecen de trabajar con él. Empresas como IBM, Caterpillar y Hewlett-Packard poseen un gran poder de referencia.[30]

Los poderes coercitivo y de recompensa se observan de manera objetiva, mientras que los poderes legítimo, experto y de referencia son más subjetivos y dependen de la capacidad y la disposición de las partes a reconocerlos.

La mayoría de los fabricantes consideran que obtener la cooperación de los intermediarios plantea un gran desafío.[31] Con frecuencia se utilizan motivadores positivos como grandes márgenes, acuerdos especiales, primas, incentivos publicitarios, incentivos de exposición de productos y concursos de ventas. En ocasiones se aplican sanciones negativas como amenazas de reducción de márgenes, disminución del suministro o el fin de la relación comercial. La desventaja de este enfoque es que el fabricante utiliza una estrategia simple de estímulo-respuesta.

Las empresas más consolidadas intentan forjar relaciones de colaboración a largo plazo con sus intermediarios. En estos casos, el fabricante explica con claridad qué espera de sus distribuidores con respecto a asuntos como la cobertura del mercado, los niveles de inventario, el desarrollo de marketing, la solicitud de cuentas, la asesoría y servicio técnico, y la información de marketing. El fabricante busca llegar a un acuerdo con el distribuidor con base en estos objetivos, y puede introducir un plan de compensación para consolidar estas políticas. He aquí tres ejemplos de prácticas de colaboración que se llevan a cabo con éxito:

■   Los vendedores de Timken Corporation (cojinetes de rodillos) realizan llamadas multinivel a sus distribuidores.

■   DuPont tiene un comité de marketing para distribuidores que se reúne regularmente.

■   Rust-Oleum presenta un menú de programas de marketing cada trimestre, y los distribuidores eligen aquellos programas que mejor se adaptan a sus necesidades.

El rincón de los niños en una tienda minorista de Apple. Los establecimientos de Apple están diseñados para ofrecer una experiencia tecnológica completa a sus clientes, quienes tienen acceso a todos sus productos , a demostraciones y talleres en el interior de la tienda y a asesoría de los expertos.

Evaluación de los miembros del canal

Los fabricantes deben evaluar periódicamente los resultados de los intermediarios utilizando para ello indicadores como el volumen de ventas alcanzado, el nivel medio de existencias, el tiempo de entrega a los clientes, el tratamiento de bienes deteriorados o perdidos, y la cooperación en programas de promoción y de capacitación. Quizás un fabricante descubra que está pagando demasiado a ciertos intermediarios por lo que realmente hacen. Un fabricante que pagaba a un distribuidor por mantener existencias en sus almacenes se dio cuenta de que en realidad éste había abandonado los inventarios a su suerte en un almacén público. Los fabricantes deben fijar descuentos funcionales con cantidades específicas según los resultados del canal para un determinado servicio. Quienes no alcancen los niveles mínimos necesitarán asesoría, más capacitación, motivación, o bien, merecen la expulsión.

La modificación de los acuerdos del canal

Los fabricantes deben revisar periódicamente sus acuerdos de canal y modificarlos cuando éste no funcione según lo previsto, cuando los patrones de compra de los consumidores varíen, cuando el mercado se expanda, cuando aparezcan nuevos competidores o nuevos canales de distribución, o cuando el producto entre en una fase más madura de su ciclo de vida. Veamos el caso de Apple.

APPLE

Para aumentar su limitada participación del 3.4% en el mercado estadounidense de computadoras personales, Apple ha abierto más de 75 puntos de venta minoristas desde 2001. Estos establecimientos sólo venden productos Apple y están dirigidos a consumidores con un amplio conocimiento tecnológico, ofrecen presentaciones de productos y talleres en el punto de venta, una línea completa de productos, software y accesorios Apple, y un "Bar Genius" operado por un especialista Apple. Aunque esta medida ha enfadado a los minoristas existentes, Apple explica que puesto que www.apple.com generaba cerca del 25% de las ventas, el paso de abrir puntos de venta propios era una extensión natural.[32]

No existe ningún canal de marketing que sea confiable a lo largo de todo el ciclo de vida del producto. Los compradores iniciales tal vez estén dispuestos a pagar un precio alto por canales de valor agregado, pero los últimos compradores preferirán canales de bajo costo. En un primer momento, las pequeñas fotocopiadoras de oficina se vendieron directamente a través de la fuerza de ventas de los fabricantes, más adelante a través de intermediarios, posteriormente a través de vendedores con acceso a mercados masivos, y en la actualidad a través de pedidos por correo y vía Internet.

En mercados competitivos con bajas barreras de entrada, la estructura de canal óptima inevitablemente cambia con el tiempo. Este cambio tal vez implique agregar o abandonar a ciertos miembros del canal, adoptar o abandonar canales de mercado específicos, o desarrollar formas totalmente nuevas de vender el producto.

Agregar o eliminar intermediarios específicos requiere de un análisis incremental. ¿Cuáles serían las utilidades de la empresa con y sin un intermediario determinado? Para que un fabricante de automóviles se incline por eliminar un concesionario debe calcular sus ventas sin contar con este último y calcular las posibles pérdidas o las ganancias para los demás concesionarios.

A veces un fabricante se plantea la posibilidad de prescindir de todos aquellos intermediarios cuyas ventas se encuentran por debajo de una determinada cifra. Veamos el ejemplo de Navistar.

Un camión Navistar, uno de los muchos modelos que la empresa fabrica y vende a través de una red de concesionarios, que cuentan con experiencia técnica y contactos locales que le permiten mantenerse vigente en mercados grandes y pequeños.

N A V I S T A R

La empresa que opera Navistar, International Truck and Engine Corporation, se dio cuenta de que en un momento dado, el 5% de sus vendedores vendían menos de tres o cuatro camiones por año. Esto costaba a la empresa más servicios de lo que ingresaba por vía de las ventas de estos concesionarios, pero si los abandonaba, el sistema en su totalidad podría verse afectado. El costo unitario de producir camiones aumentaría puesto que los costos indirectos se repartirían entre menos camiones; algunos empleados y equipos quedarían ociosos; determinados clientes pasarían a la competencia; y otros concesionarios se sentirían inseguros. Otros factores incluían la falta de representación en mercados más pequeños, la falta de servicios adecuados a antiguos clientes leales y, en general, menos concesionarios con el conocimiento técnico necesario para atender a la base de clientes actual. Para tomar una decisión es necesario considerar todos estos factores.

La decisión más complicada es la de valorar la estrategia conjunta del canal.[33] Sin duda, los canales de distribución pasan de moda con el tiempo, y el canal de distribución existente dista mucho del sistema ideal que podría satisfacer las necesidades y los deseos de los clientes meta (véase *Cuestiones clave: Cómo diseñar un sistema de distribución basado en el cliente*). Los ejemplos de esta idea son numerosos: el sistema de venta de cosméticos a domicilio de Avon tuvo que modificarse conforme más mujeres se incorporaban al mercado de trabajo; la confiabilidad exclusiva de IBM con respecto a su fuerza de ventas tuvo que modificarse con la introducción de las nuevas computadoras personales a un precio más bajo; y en la banca minorista la tendencia de abrir sucursales está resurgiendo luego de 10 años.

S U C U R S A L E S   B A N C A R I A S

Hace tan sólo 10 años, las sucursales bancarias parecían ser una especie en extinción, una víctima de la consolidación del sector bancario y de la creencia en que los cajeros automáticos, la banca a través de Internet y los centros telefónicos reducirían la dependencia de los clientes de la sucursal de su localidad. Sólo en Manhattan, el número de sucursales y oficinas bancarias disminuyó de 607 a 459 entre junio de 1994 y junio de 2001. Sin embargo, en la actualidad, los banqueros afirman que el sector exageró el atractivo de la banca electrónica y la rentabilidad de la banca minorista. Muchos consumidores siguen prefiriendo el contacto humano antes que el contacto a través de Internet, o por lo menos quieren tener la posibilidad de elegir uno de los dos. Los bancos responden ante esta tendencia abriendo sucursales a un ritmo vertiginoso. Bank of America, por ejemplo, planea abrir 550 sucursales en los próximos tres años. Bank One Corp., que cerró 80 sucursales entre 2000 y 2002, se está expandiendo de nuevo. Sin embargo, los analistas advierten que la expansión del canal de distribución a través de sucursales, si no se administra con cuidado, podría diluir los ingresos de los bancos. Según los analistas, los bancos que triunfen serán los que se comprometan totalmente con la estrategia minorista, como el Washington Mutual de Seattle y o el Commerce Bancorp Inc. de Cherry Hill, Nueva Jersey. Según el director general de Commerce, no basta con crear una red de sucursales. Los bancos necesitan un modelo de negocio que agregue verdadero valor a sus procesos, para así atraer a los consumidores y hacer venta vertical y cruzada de sus productos.[34]

::: Integración y sistemas de canal

Los canales de distribución no permanecen estáticos. Surgen nuevas instituciones de venta mayorista y minorista, y los nuevos sistemas de distribución evolucionan. A continuación se examinará el reciente crecimiento de los sistemas de marketing vertical, horizontal y multicanal, y en el próximo apartado se analizará cómo cooperan, entran en conflicto y compiten entre sí estos sistemas.

Sistemas verticales de marketing

Uno de los avances más recientes y significativos de los canales de distribución es el auge de los sistemas verticales de marketing. Un **canal de marketing convencional** está formado por un fabricante independiente, uno o varios mayoristas, y uno o varios minoristas. Cada uno de los miembros del canal es una empresa independiente que persigue maximizar sus propias ganancias, aunque este objetivo reduzca la rentabilidad del sistema en su conjunto. Ningún miembro del canal tiene un control completo o sustancial sobre los demás.

CUESTIONES **CLAVE** | CÓMO DISEÑAR UN SISTEMA DE DISTRIBUCIÓN BASADO EN EL CLIENTE

Stern y Sturdivant elaboraron un modelo excelente, al que llamaron Diseño de sistemas de distribución basados en el cliente, que sirve para transformar un sistema de distribución deficiente en un sistema cercano a lo que sería el ideal para los consumidores. Las empresas han de reducir las diferencias entre los resultados reales y los resultados esperados por los consumidores; entre los resultados que genera el sistema de canal existente y los resultados que la dirección considera factibles dadas las limitaciones existentes. Este modelo tiene seis fases:

1. Analizar las percepciones de valor, las necesidades y los deseos del mercado meta con respecto a los resultados del canal.

2. Examinar los resultados de los canales de distribución existentes de la empresa y de la competencia en relación con los deseos de los consumidores.

3. Descubrir las diferencias entre los resultados de los servicios y los servicios esperados que necesiten medidas correctivas.

4. Identificar las restricciones principales que limitan las posibles acciones correctivas.

5. Diseñar una solución de canal "delimitada por la dirección".

6. Aplicar el sistema de distribución reconfigurado.

Fuente: Anne T. Coughlan, Erin Anderson, Louis W. Stern y Adel I. El-Ansary, *Marketing Channels*, 6a. ed. (Upper Saddle River, NJ: Prentice Hall, 2001).

Un **sistema vertical de marketing** (SVM), por el contrario, está formado por el fabricante, uno o varios mayoristas, y uno o varios minoristas que actúan como un sistema unificado. Uno de los miembros del canal, el *capitán del canal*, es propietario o franquiciador de los demás, o tiene tanto poder que todos los demás cooperan. El capitán del canal puede ser el fabricante, el mayorista o el minorista. Algunos de los capitanes de canal más destacados son Coca-Cola en las bebidas gaseosas, Gillette en los productos para afeitar, y Procter & Gamble en los detergentes.

Los SVM surgieron como consecuencia de las insistentes tentativas por parte de los miembros de canal más fuerte de controlar la conducta dentro del sistema y de eliminar cualquier conflicto que pudiese aparecer cuando diferentes miembros de un mismo canal persiguieran sus propios objetivos. Con los SVM se logran economías de escala por tamaño y poder de negociación, al tiempo que se evita el duplicado de servicios. En el mercado de consumo estadounidense, los SVM son los sistemas más frecuentes, y atienden entre un 70 y 80% de la totalidad del mercado. Existen tres formas principales de sistema vertical de marketing: corporativo, administrado y contractual.

SISTEMA VERTICAL DE MARKETING CORPORATIVO El *SVM corporativo* combina las fases sucesivas de producción y distribución en una propiedad única. Por ejemplo, Sears obtiene más del 50% de los productos que comercializa de empresas que posee o en las que participa. Sherwin-Williams fabrica pinturas, pero también opera 2,000 puntos de venta minoristas. Giant Food Stores opera un sistema de preparación de helados, otro de embotellado de bebidas refrescantes, una fábrica de helados y una pastelería que suministra a las tiendas Giant desde rosquillas hasta pasteles de cumpleaños.

SISTEMA VERTICAL DE MARKETING ADMINISTRADO Un *SVM administrado* coordina las fases sucesivas de producción y distribución a través del tamaño y del poder de uno de los miembros del canal. Los fabricantes de una marca dominante pueden asegurarse la cooperación comercial y un fuerte apoyo por parte de los minoristas. Así, Kodak, Gillette y Campbell Soup son capaces de exigir grandes dosis de cooperación de sus revendedores en términos de espacio en los mostradores y en los anaqueles, así como en las promociones y políticas de precios.

El acuerdo más avanzado de los SVM administrados es la **programación de la distribución**, que consiste en crear un sistema vertical de marketing bien diseñado y administrado de forma profesional, que satisfaga las necesidades tanto del fabricante como de los distribuidores. El fabricante crea un departamento interno llamado de *planeación de las relaciones con los distribuidores*. Su tarea es identificar las necesidades de estos últimos y crear programas de comercialización para ayudarles a operar lo más eficazmente posible. El departamento, en colaboración con los distribuidores, fija objetivos de comercialización, de niveles de inventario, de espacio en los anaqueles y de presencia en los puntos de venta, determina necesidades de capacitación de ventas, y detalla la planeación de promoción y publicidad. El objetivo consiste en hacer que los distribuidores dejen de pensar que para ganar dinero tienen que adoptar la postura del comprador (y entablar una negociación difícil con el fabricante), y hacerles ver que ganan dinero desde la postura del vendedor (como parte de un sistema de marketing vertical muy complejo). Kraft y Procter & Gamble son dos empresas con excelentes departamentos de planeación de relaciones con distribuidores.

SISTEMA VERTICAL DE MARKETING CONTRACTUAL Un *SVM contractual* está formado por empresas independientes con diferentes niveles de producción y distribución que integran sus programas sobre una base contractual para lograr más economías y/o impacto sobre las ventas del que podrían obtener por sí solas. Johnston y Lawrence las denominan "asociaciones de valor agregado".[35] El SVM contractual es uno de los desarrollos más significativos de la economía y existe en tres modalidades:

1. ***Cadenas voluntarias patrocinadas por el mayorista***—Los mayoristas organizan cadenas voluntarias de minoristas independientes para ayudarles a competir con las grandes cadenas. El mayorista desarrolla un programa en el cual los minoristas individuales estandarizan sus prácticas de venta y logran economías en sus compras que permiten al grupo competir eficazmente con organizaciones formadas por grandes cadenas.
2. ***Cooperativas de minoristas***—Los minoristas toman la iniciativa de organizarse como forma jurídica de empresa con la finalidad de realizar compras en grandes volúmenes y, en algunos casos, la producción completa. Los miembros concentran sus compras a través de la cooperativa y planean sus campañas publicitarias de manera conjunta. Las utilidades se distribuyen entre los miembros en proporción a sus compras. Los minoristas que no son miembros también pueden comprar a través de la cooperativa, pero no participan de las utilidades.
3. ***Franquicias***—Un miembro del canal, llamado el *franquiciador*, puede unir varias fases sucesivas del proceso de producción-distribución. Las franquicias han experimentado el crecimiento más rápido de la venta minorista en los últimos años. Aunque la idea básica es antigua, algunas formas de franquicia son bastante innovadoras.

El sistema tradicional se denomina *sistema de franquicia minorista patrocinado por el fabricante*. Ford, por ejemplo, autoriza a los concesionarios a vender sus automóviles, aunque éstos siguen siendo independientes, y acuerda con ellos una serie de condiciones específicas de ventas y de servicios. Un segundo sistema es el que se conoce con el nombre de *sistema de franquicia mayorista patrocinado por el fabricante*. Coca-Cola, por ejemplo, autoriza a embotelladores (mayoristas) de varios mercados a que compren su concentrado de cola, le agreguen agua carbonatada, lo embotellen y lo vendan a minoristas en mercados locales. El sistema más reciente recibe el nombre de *franquicia de servicios al minorista*. En este sistema, una empresa de servicios organiza un sistema integral para llevar su producto de forma eficaz hasta los consumidores. Existen ejemplos de este sistema en el sector de alquiler de vehículos (Hertz, Avis), de comida rápida (McDonald's, Burger King) y de hoteles (Howard Johnson, Ramada Inn).

LA NUEVA COMPETENCIA EN LA DISTRIBUCIÓN Muchos minoristas independientes que no se han integrado en un sistema vertical establecen tiendas especializadas para atender a segmentos específicos. El resultado es una polarización de la distribución minorista entre grandes organizaciones verticales y tiendas especializadas independientes, lo que supone un problema para los fabricantes. Éstos suelen estar vinculados estrechamente con intermediarios independientes, pero en ocasiones deben realinearse dentro de los sistemas de marketing verticales y aceptar condiciones menos atractivas. Es más, los sistemas verticales de marketing amenazan constantemente a los fabricantes con sacarlos de la jugada y empezar a fabricar ellos mismos. *La nueva competencia en la distribución ya no ocurre entre unidades de negocio independientes, sino entre sistemas completos que operan con redes programadas de forma centralizada (corporativa, administrada y contractual) que compiten unos contra otros para lograr las mejores economías de costos y respuestas de los consumidores.*

Sistemas horizontales de marketing

Otro de los avances experimentados en la distribución son los **sistemas horizontales de marketing**, en los que dos o más empresas independientes unen recursos o programas para explotar oportunidades de marketing emergentes. Muchas cadenas de supermercados tienen acuerdos con bancos locales para vender productos bancarios en los propios supermercados. Citizen Bank tiene 256 sucursales en supermercados en Nueva Inglaterra. Cada una de las empresas tiene alguna carencia, ya sea de capital, de experiencia, de producción o de marketing, lo que le impide aventurarse sola o le supone un riesgo demasiado importante. Así, las empresas pueden colaborar de forma temporal o permanente, o crear otras

Un anuncio de Parker-Hannifin que destaca su experiencia en muchas aplicaciones de la ingeniería.

empresas independientes o *joint ventures*. H&R Block, Inc., por ejemplo, firmó un acuerdo con la aseguradora GEICO para ofrecer información sobre seguros de automóviles a los clientes de Block. En la actualidad, los clientes pueden comunicarse con GEICO a través de un número telefónico gratuito.

Sistemas de marketing multicanal

En el pasado eran muchas las empresas que vendían en un solo mercado a través de un canal único. En la actualidad, con la proliferación de los diferentes segmentos de consumidores y las posibilidades de canal existentes, cada vez más empresas adoptan estrategias de marketing multicanal. El **sistema de marketing multicanal** tiene lugar cuando una empresa utiliza dos o más canales para llegar hasta uno o más segmentos de consumidores.

PARKER-HANNIFIN

La Parker-Hannifin Corporation (PHC) vende sistemas de control y movimiento electromecánicos y de control de fluidos a una amplia gama de mercados de maquinaria estática y móvil a través de distribuidores y fabricantes de equipo original (OEM, por sus siglas en inglés). Al parecer, los canales que venden a segmentos de mercado independientes como los de ingeniería forestal, marina, industrial, agrícola y minera no tienen conflictos entre sí.

Las empresas que actúan a través de múltiples canales de distribución obtienen tres ventajas muy importantes. En primer lugar, logran una cobertura de mercado mucho mayor. En segundo lugar, el costo del canal es inferior (por ejemplo, la venta telefónica a los clientes pequeños es menos costosa que las visitas con el mismo fin). La tercera es una venta más personalizada (mediante la contratación de personal técnico de ventas para ofrecer equipos más complejos). Sin embargo, las ventajas de agregar nuevos canales tienen un precio. Los nuevos canales suelen crear conflictos y generar problemas de control. Asimismo, es factible que dos o más canales acaben compitiendo entre sí por los mismos clientes. Por último, los canales nuevos también podrían ser más independientes y dificultar la cooperación.

PLANEACIÓN DE LA ESTRUCTURA DE CANAL Como es evidente, las empresas necesitan considerar la estructura de su canal. Moriarty y Moran proponen que se utilice la matriz híbrida que aparece en la figura 15.6 para planear la estructura del canal.[36] El cuadro muestra varios canales de marketing (filas) y varias tareas de generación de demanda (columnas). La matriz demuestra por qué un solo canal de marketing resulta ineficaz. Supongamos que se utiliza únicamente una fuerza de ventas directa. Un vendedor tendría que generar oportunidades de negocios, habilitarlas, realizar tareas de preventa, cerrar la venta, ofrecer servicios posteriores a la venta y administrar el crecimiento de la cuenta corporativa. Sería mucho más eficaz para la empresa realizar por sí misma las tareas iniciales y dejar que el vendedor invirtiera su precioso tiempo en cerrar la venta. Así, el departamento de marketing de la empresa será el que genere las oportunidades de negocios a través de la venta telefónica, el correo directo, la publicidad y las demostraciones. Luego se clasificará a los clientes potenciales por categorías, de mayor a menor receptividad, utilizando técnicas especiales, como por ejemplo, verificar si el destinatario desea recibir una visita de ventas, o si goza del poder adquisitivo adecuado. El departamento lanzará también una campaña de preventa para informar a los clientes potenciales sobre los productos de la empresa a través de la publicidad, el marketing por correo o el telemarketing. En este caso, el vendedor aborda al cliente potencial cuando éste está listo para hablar de negocios. La arquitectura multicanal optimiza la cobertura, la personalización y el control, además de minimizar los costos y los conflictos.

Las empresas deben utilizar canales diferentes para vender a clientes de diferentes dimensiones. Una empresa puede utilizar su fuerza de ventas directa para vender a grandes clientes, el telemarketing para clientes de tamaño medio, y los distribuidores para los clientes de menor tamaño. Sin embargo, estas ventajas pueden verse comprometidas por un mayor nivel de conflicto sobre quién es el responsable de la cuenta del cliente. Por ejemplo, quizás los representantes locales con territorios geográficos asignados soliciten la comisión para todas las ventas que se efectúen en su territorio, independientemente del canal de marketing utilizado.

Las empresas que adoptan una estructura de canales múltiples también han de decidir qué productos ofrecer a través de cada uno de los canales. Existen muchas posibilidades, pero consideremos las dos siguientes:[37]

■ **J&R _Music and Computer World_**, la empresa de electrónica de 292 millones de dólares, ofrece la totalidad de su línea de productos en su catálogo, su sitio Web y sus tiendas, para ofrecer a los clientes la misma imagen de los productos independientemente del canal que elijan. J&R considera que ofrecer de todo en los tres canales es una ventaja competitiva, y que así se

| FIG. 15.6 |

La matriz híbrida.

Fuente: Rowland T. Moriarty y Ursula Moran, "Marketing Hybrid Marketing Systems", _Harvard Business Review_ (noviembre–diciembre de 1990), p. 150.

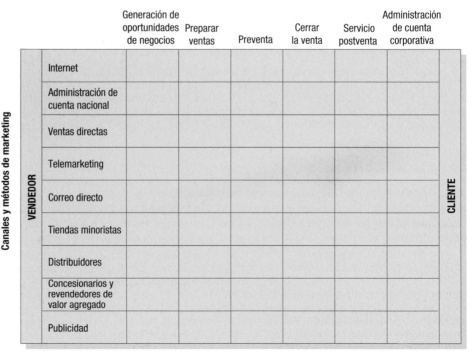

Tareas de generación de demanda

Canales y métodos de marketing (VENDEDOR)	Generación de oportunidades de negocios	Preparar ventas	Preventa	Cerrar la venta	Servicio postventa	Administración de cuenta corporativa
Internet						
Administración de cuenta nacional						
Ventas directas						
Telemarketing						
Correo directo						
Tiendas minoristas						
Distribuidores						
Concesionarios y revendedores de valor agregado						
Publicidad						

asegura de que todos los clientes reciben el mismo trato, lo que hace que esta empresa sea única. Sin embargo, no todos los minoristas disfrutan de tiendas autónomas gigantes como el emporio comercial de 28,000 metros cuadrados que tiene J&R en Manhattan. Además, los catálogos exhaustivos suponen costos de impresión y envío más altos.

■ *Patagonia Inc.* concibe Internet como el canal ideal para exponer toda su línea de productos, que se queda limitada por motivos espaciales en sus 14 tiendas (y otros cinco puntos de venta), por lo que en éstas sólo ofrece una selección de su línea de ropa de calle. Del mismo modo, Patagonia ofrece menos del 70% de su mercancía en los catálogos impresos. Otras empresas prefieren limitar sus ofertas *on line* porque, en teoría, los consumidores buscan en los sitios Web y en los catálogos "lo mejor" de los productos, y no quieren buscar por un sinfín de páginas.

::: Conflictos, cooperación y competencia

Independientemente de lo bien diseñados y dirigidos que estén los canales, aparecerán conflictos, por la sencilla razón de que los intereses de las empresas independientes no siempre coinciden. Se dice que existe un **conflicto de canal** cuando un miembro, a través de sus actos, impide a otro lograr sus objetivos. La **coordinación de canal** consiste en que todos los miembros de éste se unen para lograr los objetivos del canal en lugar de sus objetivos personales, que suelen ser incompatibles entre sí.[38] En este apartado se examinarán tres cuestiones: los tipos de conflictos que existen en los canales, sus causas y sus posibles soluciones.

Tipos de conflictos y competencia

Supongamos que un fabricante crea un canal vertical formado por mayoristas y minoristas. El fabricante espera la cooperación dentro del canal, puesto que ésta proporciona más utilidades totales para cada uno de los participantes. Sin embargo, es probable que surjan conflictos en canales verticales, horizontales o de multicanal.

Los *conflictos de canal vertical* se dan entre diferentes niveles de un mismo canal. General Motors entró en conflicto con sus concesionarios cuando intentó aplicar políticas de servicios, precios y publicidad. Coca-Cola entró en conflicto con sus embotelladoras porque éstas aceptaron embotellar también Dr. Pepper.

Los *conflictos de canal horizontal* se producen cuando surge un problema entre miembros del mismo nivel dentro del canal. Algunos vendedores de Ford en Chicago se quejaban de que otros concesionarios de la zona tenían políticas de precios y de promoción demasiado agresivas. Algunas franquicias Pizza Inn argumentaban que otros franquiciados engañaban con la calidad de los ingredientes y del servicio, lo que manchaba la imagen general de la empresa.

Los *conflictos multicanal* ocurren cuando un fabricante establece dos o más canales para vender a un mismo mercado. Estos conflictos suelen ser especialmente intensos cuando los miembros de un canal obtienen un precio más bajo (por un volumen de compra mayor) o trabajan con un margen inferior. Cuando Goodyear empezó a vender su popular marca de neumáticos en Sears, Wal-Mart y Discount Tire, enfureció a los vendedores independientes. Logró tranquilizarlos ofreciéndoles modelos exclusivos que no se vendían en otros establecimientos. Sin embargo, esta estrategia no siempre funciona. Cuando Pacific Cycles adquirió Schwinn, decidió complementar la red de 2,700 intermediarios de su marca más cara con algunos canales propios en los que vendía las bicicletas de calidad media a grandes cadenas como Toys "R" Us, Target y Wal-Mart. Aunque Pacific Cycles ofrecía modelos exclusivos a la red existente de Schwinn, más de 1,700 intermediarios se retiraron. La pregunta clave es si el aumento en las ventas de las grandes cadenas minoristas compensó o no la pérdida de los otros intermediarios.[39]

Causas del conflicto de canal

Es importante detectar las causas que provocan los conflictos de canal. Algunas son sencillas de resolver, otras no tanto.

Una causa principal es la *incompatibilidad de objetivos*. Por ejemplo, tal vez el fabricante intente lograr una rápida penetración de mercado a través de una política de precios bajos, mientras que los vendedores, por su parte, prefieren trabajar con márgenes más altos y obtener rentabilidad a corto plazo. En ocasiones, el conflicto tiene lugar por no haber definido claramente los *derechos y obligaciones*. HP vende computadoras personales a grandes clientes a través de su propia fuerza de ventas, pero quizás sus distribuidores autorizados también intenten vender a las mismas cuentas. Los límites territoriales y al financiamiento de las ventas a menudo provocan conflictos.

Los conflictos también surgen por *diferencias de expectativas*. El fabricante podría ser optimista sobre la evolución económica a corto plazo y querer que sus distribuidores aumenten el nivel de existencias, mientras que éstos podrían mostrarse pesimistas. En el sector de las bebidas, es frecuente que las disputas surjan entre fabricantes y distribuidores por la mejor estrategia publicitaria. Los conflictos también pueden desencadenarse por la *dependencia* de los intermediarios con respecto a los fabricantes. Los distribuidores exclusivos, como los vendedores de automóviles, dependen en gran medida del diseño del producto y de las decisiones de precio de los fabricantes, lo que supone un alto potencial de conflicto.

La administración de conflictos de canal

A medida que las empresas agregan canales para aumentar las ventas, corren el riesgo de crear conflictos de canal. Algunos conflictos resultan constructivos, porque permiten una mayor adaptación a un entorno cambiante, pero demasiados conflictos resultan perjudiciales. El desafío no consiste en eliminar los conflictos, sino en administrarlos de la mejor manera posible. Éste es un ejemplo de cómo una empresa B2B añadió un canal de comercio electrónico, con gran potencial de conflicto, y sin embargo lo administró de tal modo que sembró más confianza entre los distribuidores:[40]

AB DICK

El fabricante de maquinaria de impresión AB Dick estuvo a punto de pasar por encima de un importante distribuidor para crear un canal directo de comercio electrónico. En lugar de esto, lo que hizo la empresa fue crear un modelo de intermediación escalonado, al formar alianzas estratégicas en la cadena de distribución con los distribuidores más influyentes. AB Dick trataría directamente a través de Internet con todos los clientes para la venta de suministros. El intermediario, por su parte, actuaría como punto de venta, emisor de facturas y receptor de cobros de los clientes, mantendría la relación con el fabricante, actuaría como vendedor de maquinaria de alta calidad, lograría márgenes mayores a través de las ventas por Internet (aunque la transacción sería directa entre AB Dick y el usuario final), y seguiría siendo el contacto local para la venta de equipos de impresión en la zona. Según el vicepresidente de tecnología de AB Dick, los intermediarios quedaron satisfechos con la decisión porque lograron beneficiarse del margen de operaciones que nunca habían tenido, pero también porque consiguieron pagos, transportes, fletes y mano de obra con los que no contaban. AB Dick se benefició de una reducción de costos por cada transacción *on line* y de un aumento de las ventas. Eso sí, tuvo que equilibrar la eficacia y la comodidad de los pedidos *on line* de los usuarios finales con la necesidad de mantener a sus distribuidores como puntos de venta locales y como contacto con los clientes.

Existen diversos mecanismos para solucionar los conflictos de canal de manera eficaz.[41] Uno es la adopción de una jerarquización de objetivos. Los miembros de los canales tienen que llegar a un acuerdo sobre el objetivo fundamental que persiguen en conjunto, si es la supervivencia, la participación de mercado, un nivel elevado de calidad o la satisfacción de los consumidores. Esto ocurre cuando el canal se enfrenta a una amenaza externa, por ejemplo, un canal más competitivo, legislación adversa, o un cambio en los deseos de los consumidores.

Una medida muy útil para solucionar conflictos es el intercambio de personas entre dos o más niveles de canal. Por ejemplo, los directivos de General Motors podrían acordar trabajar en algunas concesionarias, y ciertos concesionarios podrían trabajar en alguna área de su competencia en GM. Probablemente, cada una de las partes tenderá a apreciar los puntos de vista de la parte contraria y a desarrollar una mayor comprensión cuando vuelvan a sus puestos originales.

La *cooptación* consiste en el esfuerzo mediante el cual una empresa trata de obtener el apoyo de los líderes de la otra organización mediante su inclusión como asesores, consejeros, o en un cargo similar. En la medida en la que una empresa trate con la otra seriamente y tenga en cuenta sus opiniones, podrá funcionar la cooperación y se reducirán los conflictos. Pero la organización que inicia el acuerdo tendrá que comprometer sus políticas y planes para conseguir el apoyo de la otra parte.

También es posible lograr mucho con la participación conjunta en asociaciones comerciales. Por ejemplo, existe una buena cooperación entre la asociación llamada Grocery Manufacturers of America, que agrupa a los fabricantes de comestibles de Estados Unidos, y el Food Marketing Institute, que representa a la mayoría de las cadenas de comida. Esta cooperación dio lugar a un código de producto universal (CPU). Presumiblemente, las asociaciones pueden detectar posibles conflictos entre productores y minoristas en el ramo de los alimentos, y tratar de solucionarlos de forma adecuada.

Cuando un conflicto es crónico o agudo, las partes tienen que tratar de resolverlo por la vía diplomática, la mediación o el arbitraje. La *diplomacia* tiene lugar cuando cada parte envía a una persona o grupo a encontrarse con sus contrarios con la intención de resolver el conflicto. La *mediación* consiste en utilizar a un tercero neutral, que actúa como conciliador de los intereses de las dos partes. El *arbitraje* supone que las dos partes se muestran de acuerdo en presentar sus argumentos a una persona o parte (uno o más árbitros) y en aceptar la decisión final que ésta tome. En ocasiones, cuando ninguno de estos métodos resulta eficaz, una empresa o un miembro del canal podría decidir entablar acciones legales. Levi Strauss y el minorista británico Tesco estuvieron inmersos en una batalla legal a principios de 1999.

LEVI'S

Levi-Strauss llevó a Tesco ante el Tribunal Europeo de Justicia pues descubrió que el minorista vendía a precio bajo jeans Levi's importados desde fuera del Reino Unido, "socavando así la experiencia del producto". Tesco había comercializado Levi's auténticos a la mitad del precio que otros minoristas del país. Levi-Strauss también se negaba a que sus jeans apareciesen en las mismas tiendas en que se vendían alimentos. Tras muchas deliberaciones, el tribunal finalmente decidió dar la razón a Levi-Strauss en noviembre de 2001. En consecuencia, Levi-Strauss decidió lanzar una línea de jeans mucho más económica, llamada Signature, que se comercializaría en los supermercados Asda del Reino Unido, y en Wal-Mart en Estados Unidos.[42]

Medidas legales y éticas en las relaciones del canal

En la mayoría de los casos, las empresas son libres, desde el punto de vista legal, de desarrollar en el canal cualquier acuerdo que les convenga. De hecho, la ley trata de evitar que las empresas utilicen tácticas de exclusión que mantengan a los competidores fuera de un canal. En este apartado se analizará brevemente la legalidad de ciertas prácticas, incluida la intermediación exclusiva, la territorialidad exclusiva, los acuerdos vinculantes y los derechos de los distribuidores.

Muchos fabricantes intentan desarrollar canales exclusivos para sus productos. La estrategia por la cual el vendedor sólo permite a determinados establecimientos comercializar sus productos se denomina distribución exclusiva. Cuando el vendedor exige a estos intermediarios que no comercialicen productos de la competencia, esta práctica se denomina intermediación exclusiva. Ambas partes se benefician de los acuerdos exclusivos: el vendedor obtiene puntos de venta más leales y dependientes, y los intermediarios obtienen una fuente constante de abastecimiento de productos especiales y un apoyo más firme. Los acuerdos exclusivos son legales siempre que no disminuyan el nivel de competencia ni tiendan a crear monopolios, y siempre que ambas partes suscriban tales acuerdos de manera voluntaria.

La distribución exclusiva a menudo incluye acuerdos territoriales exclusivos. El fabricante puede aceptar no vender a otros intermediarios de la zona, o el comprador puede acordar vender únicamente en su territorio. La primera práctica incrementa el entusiasmo y el compromiso del intermediario. Asimismo, es totalmente legítima: un vendedor no tiene obligación legal de vender a través de más establecimientos de los que desee. La segunda práctica, por la cual el fabricante intenta evitar que un intermediario venda fuera de su territorio, se ha convertido en un tema candente. Un ejemplo de conflicto complicado es el que protagonizaron GT Bicycles de Santa Ana, California, y la cadena Price-Costco, que vendió 2,600 bicicletas de montaña a un precio muy inferior, lo que enfureció a otros intermediarios estadounidenses. GT argumenta que primero vendió las bicicletas a un intermediario ruso, que sólo podría venderlas en ese país. GT sostiene que la práctica por la cual los establecimientos de descuento trabajan con intermediarios para conseguir bienes exclusivos es fraudulenta.[43]

Los fabricantes de una marca reconocida a veces venden a los intermediarios, pero sólo si adquieren una parte importante o la totalidad de la línea de productos. Esta práctica se conoce como obligación de línea completa. Este tipo de **acuerdos vinculantes** no necesariamente son ilegales, pero sí violan la ley estadounidense si su propósito es disminuir sustancialmente la libre competencia.

Los fabricantes son libres de escoger a sus intermediarios, pero su derecho a rescindir los contratos está algo restringido. Por lo general, los vendedores pueden romper relaciones con los intermediarios "por causa justificada", pero no pueden hacerlo si, por ejemplo, un intermediario rechaza cooperar en un acuerdo de legalidad dudosa, por ejemplo, en el caso de la intermediación exclusiva o de acuerdos vinculantes.

::: Marketing y comercio electrónico

El término inglés **e-business** se utiliza para describir el uso de medios y plataformas electrónicas para hacer negocios.[44] El **comercio electrónico** (o **e-commerce**) consiste en que una empresa permite transacciones y ventas de productos y servicios *on line*. Por su parte, el comercio electrónico ha generado las compras *on line* y el e-marketing. Las **compras *on line*** consisten en que las empresas deciden adquirir bienes, servicios e información de proveedores en la web. Esta práctica ya ha ahorrado millones de dólares a muchas empresas. El **e-marketing** describe los esfuerzos que realiza una empresa por informar, comunicar, promover y vender sus productos y servicios a través de Internet. La letra "e" al principio de palabras también se utiliza para crear nuevos términos como e-finance (financiamiento a través de Internet), e-learning (aprendizaje a través de Internet) y e-service (prestación de servicios a través de Internet). Pero como señalan algunos expertos, esta "e" acabará desapareciendo cuando la mayoría de las prácticas comerciales se realicen *on line*.

Cabe diferenciar entre empresas con **presencia exclusiva *on line*** (o **pure-click**), es decir, las que lanzan un sitio Web sin existencia previa como empresa, y las empresas con **presencia *on line* y *off line*** (también llamadas **brick-and-click** en inglés), es decir, las empresas consolidadas que han incorporado un sitio Web para ofrecer información o para realizar transacciones *on line*.

Empresas con presencia exclusiva *on line*

Existen numerosos tipos de empresas con presencia exclusiva *on line*: motores de búsqueda, proveedores de servicios de Internet, sitios de comercio electrónico, sitios de transacciones, sitios de contenido y sitios de activación. Los sitios de comercio electrónico venden todo tipo de productos y servicios, especialmente libros, música, juguetes, seguros, acciones, ropa, servicios financieros, etc. Entre los más importantes se encuentran Amazon, eBay y Expedia. Estos sitios emplean diversas estrategias para competir: AutoNation, un líder intermediario en adquisiciones de automóviles y servicios relacionados; Hotels, el líder en reservaciones de hoteles; Buy.com, el líder en precios bajos; Winespectator, especialista en una sola categoría; y Reflect.com, el sitio más personalizado para el cuidado de la piel y el cabello.

Internet resulta más eficaz con productos y servicios para los cuales el comprador busca comodidad de pedido (por ejemplo, libros y música) o precios bajos (por ejemplo, comercio de acciones o lectura de periódicos). Asimismo, también resulta útil cuando los compradores necesitan información sobre características y precios de productos (por ejemplo, automóviles y computadoras). Internet no resulta tan eficaz con productos que deben palparse o examinarse con antelación. Pero incluso en este caso hay excepciones. Las personas pueden realizar pedidos de muebles en EthanAllen.com, de electrodomésticos en Sears.com, y de costosas computadoras en los sitios Web de Dell o Gateway, sin necesidad de probarlos previamente.

LA BURBUJA "PUNTO-COM" Las empresas con presencia exclusiva *on line* alcanzaron niveles de capitalización bursátil sin precedentes a finales de los 90 y, en algunos casos, superaron la capitalización de grandes empresas como United Airlines o PepsiCo. Se les consideraba una importante amenaza para las empresas tradicionales, hasta que el frenesí de las inversiones se derrumbó en el año 2000. En *Marketing en acción: La explosión de la burbuja punto-com* se describe el auge y caída de las punto-com. Al igual que el auge de Internet se sobreestimó, también se exageró su declive. La tabla 15.3 muestra algunas ideas falsas sobre el estado actual del comercio y los negocios electrónicos.

Las empresas deben crear y administrar sus sitios Web para hacer transacciones comerciales con mucho cuidado. El servicio que reciben los consumidores es algo fundamental. Empresas como Ritz Camera utilizan el chat en tiempo real para ofrecer a los clientes potenciales asesoría sobre los productos que se pueden adquirir a través de sus sitios Web.[45] Los representantes de Vanguard, una administradora de activos, enseñaba por teléfono a sus clientes cómo utilizar su sitio Web. Así, Vanguard fue capaz de reducir su plantilla a la mitad, lo que supuso un hito importante dado que la llamada de un vendedor costaba nueve dólares a la empresa, mientras que el registro de sus clientes en el sitio Web le cuesta unos cuantos centavos.[46]

| TABLA **15.3** | Percepciones y realidades sobre el comercio electrónico.

Percepción	Realidad
No hay muchas empresas *on line* rentables.	Cerca del 40% de las más de 200 empresas públicas de Internet obtuvieron utilidades en los cuatro trimestres de 2003.
Las empresas abandonaron los esfuerzos Web tras la recesión tecnológica.	El gasto en proyectos de e-business ha aumentado cada año desde la explosión de la burbuja punto-com, y en la actualidad representa el 27% del gasto total en tecnología.
La banda ancha no ha fraguado.	En Estados Unidos, las suscripciones se han duplicado desde 2001, y la tasa de crecimiento es del 56%.
Las ventajas productivas del comercio electrónico son escasas.	El aumento de la productividad se duplicó con la proliferación de Internet, pero la mayor aceleración la experimentan los sectores que hacen uso amplio de la tecnología, por ejemplo el automotriz.
La publicidad *on line* ha muerto.	La popularidad de los *banners* ha dado paso a anuncios vinculados a resultados de búsquedas, haciendo crecer la publicidad *on line* hasta los 6,600 millones de dólares este año.
Los inversionistas en ofertas públicas iniciales de minoristas en Internet han perdido mucho dinero.	Cualquier inversión de 1,000 dólares en cualquier oferta pública inicial de minoristas en Internet, para bien o para mal, ha aumentado su valor un 35%.
El comercio electrónico B2B nunca ha existido.	Aunque cientos de intercambios B2B han fracasado, en 2003 el comercio electrónico alcanzó transacciones por valor de 3.9 billones de dólares.
Las ventajas productivas de la era de Internet se limitan a las empresas de tecnología.	Más del 80% de la aceleración posterior a 1995 se ha producido en sectores no tecnológicos.

Fuente: Adaptado de Timothy J. Mullaney, "The E-Biz Surprise", *Business Week,* 12 de mayo de 2003, pp. 60–68.

MARKETING **EN ACCIÓN** | **LA EXPLOSIÓN DE LA BURBUJA "PUNTO-COM"**

A pesar de que Internet marcó el comienzo de una nueva era, muchas empresas desaprovecharon las oportunidades iniciales que ofrecía y cometieron muchos errores. Muchas "punto-com" fracasaron por diversas razones. Algunas se precipitaron al mercado sin la investigación o la planeación necesarias. Los sitios Web no estaban bien diseñados, y presentaban problemas de complejidad, navegación pobre, y largos tiempos de inactividad. Les faltaba infraestructura adecuada para hacer sus entregas a tiempo y para responder a las preguntas de los clientes. Se pensaba, erróneamente, que la primera empresa que entrase en una categoría obtendría el liderazgo. Estas empresas querían explotar las economías de red, es decir, el hecho de que el valor de una red se incrementa exponencialmente con el número de usuarios conectados a ella (Ley de Metcalfe). Algunas empresas simplemente entraron en el mercado con la intención de lanzar una oferta pública inicial mientras el mercado siguiera en plena efervescencia.

Muchas "punto-com" no crearon un modelo de negocio lo suficientemente sólido como para generar utilidades. La facilidad de entrada para competidores y la rapidez con que los consumidores cambiaban de sitio Web en busca de mejores ofertas les obligó a aceptar precios con escasos márgenes. Para conseguir clientes, las "punto-com" invirtieron grandes cantidades en marketing masivo y publicidad *off line*. Se basaron en generar rumores en lugar de seleccionar un mercado meta y hacer un marketing de persona a persona, y dedicaron demasiados esfuerzos a adquirir una gran base de clientes y no en conseguir una proporción de clientes habituales y leales de entre la base total de clientes. Además, no llegaron a comprender la conducta de los consumidores en términos de navegación y compras *on line*.

Moraleja: para crear un negocio *on line* que resulte efectivo, se necesita tanto trabajo duro y tanta planeación y paciencia como en un negocio tradicional.

Fuente: Timothy J. Mullaney, "The E-Biz Surprise", *Business Week,* 12 de mayo de 2003, pp. 60–68.

COMERCIO ELECTRÓNICO ENTRE EMPRESAS A pesar de que la prensa ha prestado más atención a los sitios Web entre empresas y consumidores, o B2C, lo cierto es que existe mucha más actividad entre empresas a través de Internet, con sitios B2B. Estos sitios están cambiando drásticamente las relaciones entre proveedores y clientes. Las empresas recurren a sitios de subastas, intercambios, catálogos en línea, trueque y otros recursos en línea para conseguir los mejores precios. En 2002, LendingTree gestionó 1.5 millones de préstamos en nombre de 170 prestatarios. Los préstamos para consumidores son un activo ideal con el que negociar *on line:* son bastante estandarizados, el sector de los préstamos está muy fragmentado, y el gran volumen de transacciones permite pequeños márgenes de ganancias.[47]

El impacto de los sitios B2B está haciendo más eficientes a las empresas. En el pasado, los compradores tenían que esforzarse mucho para recopilar información sobre proveedores internacionales. Con Internet, los compradores tienen un acceso muy sencillo a grandes cantidades de información. Los compradores pueden obtener información a partir de: **1.** sitios Web de proveedores, **2.** *infomediarios,* es decir, terceros que agregan valor con información sobre las diferentes alternativas, **3.** *creadores de mercados,* es decir, terceros que crean mercados al vincular a compradores con vendedores y **4.** *comunidades de consumidores,* que son sitios Web en los que los compradores pueden intercambiar experiencias sobre productos y servicios de proveedores.[48]

La consecuencia principal de estos mecanismos es que los precios son más transparentes. En el caso de productos no diferenciados, la presión sobre los precios es mayor. En el caso de productos altamente diferenciados, los compradores obtienen una imagen más clara de cuál es su verdadero valor. Los proveedores de productos superiores podrán compensar la transparencia de los precios con la transparencia del valor, mientras que los proveedores de productos estandarizados tendrán que reducir los costos para poder competir.

Empresas con presencia tanto *on line* como *off line*

Muchas empresas tradicionales, con presencia exclusiva *off line,* han reflexionado mucho sobre si deberían agregar un canal de comercio electrónico a través de Internet. Algunas crearon sus propios sitios Web muy rápidamente, pero se resistían a agregar a éstos facilidades de comercio electrónico. Pensaban que al comercializar sus productos o servicios a través de Internet generarían conflictos de canal (estarían compitiendo con sus distribuidores, agentes de ventas o incluso con sus propios puntos de venta).[49] Por ejemplo, Compaq temía que los minoristas abandonasen sus productos si decidía vender las mismas computadoras *on line.* Merrill Lynch dudaba si debía lanzar facilidades de negociación bursátil a través de Internet para competir con E*TRADE, Schwab y otros corredores de bolsa *on line,* por miedo a que sus propios corredores se revelasen. Incluso la librería Barnes & Noble retrasó la apertura de su tienda *on line* para desafiar a Amazon. Finalmente, todos sucumbieron cuando se dieron cuenta de cómo aumentaba el negocio de sus competidores *on line.*

Sin embargo, agregar canales de comercio electrónico plantea el riesgo de que minoristas, agentes y demás intermediarios se rebelen. La cuestión es cómo vender a través de intermediarios y de Internet. Existen al menos tres estrategias para obtener el visto bueno de los intermediarios. Una es ofrecer marcas o productos diferentes a través de Internet. Otra es ofrecer a los socios *off line* comisiones más importantes para amortiguar el impacto negativo sobre las ventas. Y la tercera es recibir pedidos a través del sitio Web, pero entregarlos y cobrarlos a través de intermediarios. Harley-Davidson estudió las posibilidades con cuidado antes de aventurarse en Internet.

HARLEY-DAVIDSON

Puesto que Harley vende piezas y accesorios por más de 500 millones de dólares, la venta a través de Internet era un paso lógico para obtener aún más ingresos. Sin embargo, Harley tenía que ser cauteloso para no despertar la furia de los 650 intermediarios que se beneficiaban de importantes márgenes con tales ventas. La solución de Harley fue enviar a los consumidores que querían adquirir accesorios a su sitio Web. Antes de permitirles comprar, les solicita que seleccionen un intermediario de Harley-Davidson. Cuando el comprador realiza un pedido, éste se redirige al intermediario para que lo tramite. De esta forma, el intermediario sigue siendo el centro de la experiencia de los consumidores. Por su parte, los concesionarios tuvieron que aceptar una serie de condiciones, como por ejemplo, revisar los pedidos realizados dos veces al día y enviar los pedidos a tiempo. El sitio Web recibe en la actualidad más de un millón de visitantes cada mes.[50]

Algunas empresas con presencia exclusiva en Internet, o que se basan principalmente en este medio, han invertido en crear puntos de venta *off line*. Dell instaló quioscos en las cadenas de renombre como Sears para llegar mejor a los consumidores e inducir a la prueba del producto. Algunos minoristas rechazaron esta propuesta de Dell, por ejemplo, Best Buy y CompUSA, porque consideraban a la empresa como un competidor.[51]

Muchas empresas ofrecen un nombre de marca existente a sus incursiones *on line*. Resulta complicado lanzar una nueva marca con éxito, como pudo constatar Bank One.

WINGSPANBANK.COM

En junio de 1999, Bank One lanzó una empresa derivada llamada WingspanBank para entrar en el negocio de la banca a través de Internet, pero lo hizo como si se tratase de una entidad independiente. Los clientes de WingspanBank no podían utilizar las sucursales de Bank One para realizar sus operaciones en persona. No es de extrañar, por tanto, que sólo consiguiera 144,000 cuentas y que tuviera que cerrar como empresa independiente.

En último término, las empresas tienen la posibilidad de abandonar a algunos minoristas y vender directamente. Sin embargo, en el caso de los bancos, han descubierto que a pesar de lo prácticos que resultan sus servicios *on line,* muchos consumidores prefieren realizar determinadas transacciones en las oficinas del banco (el 80% de las cuentas de ahorros se siguen abriendo en las sucursales).[52]

TIENDAS DE COMESTIBLES *ON LINE*

A pesar de la extinción de la tienda de comestibles *on line* Webvan —tras perder en el proceso mil millones de dólares— algunas cadenas de supermercados tradicionales como Publix, Safeway y Albertson's están triunfando con sus empresas por Internet. Royal Ahold adquirió una participación mayoritaria del alguna vez famoso Peapod como servicio complementario para sus cadenas Giant y Stop & Shop. Estas cadenas descubrieron que las ventas *on line* eran una buena forma de satisfacer a los clientes con mayores recursos económicos y de competir con supermercados de descuento como Wal-Mart. A pesar de que las cadenas tenían costos de reparto, los gastos de marketing eran mínimos. Como el servicio resulta tan cómodo, la compra promedio por Internet en Safeway es de 120 dólares, el doble del promedio de compras en la tienda. Las ventas de comestibles *on line* del mayor supermercado británico, Tesco, superaron los 500 millones de libras esterlinas (947.1 millones de dólares), lo que lo convierte en el supermercado *on line* más grande del mundo. Tesco cubre el 96% del Reino Unido y entrega más de 110,000 pedidos por semana.[53]

Sin embargo, no todo el mundo ha incorporado a Internet como canal. Veamos el caso de Stihl.

STIHL

Stihl fabrica herramientas eléctricas para exteriores. Todos sus productos tienen una sola marca, y Stihl no elabora marcas privadas para otras empresas. Su fama se la debe a las sierras eléctricas, aunque también fabrica podadoras, sopladores, podadoras de arbustos y maquinaria para cortar. En Estados Unidos, Stihl comercializa sus productos a través de siete distribuidores independientes y de cinco centros de distribución y comercialización propiedad de la empresa, que venden sus productos a una red nacional de más de 8,000 intermediarios minoristas. Asimismo, es una empresa exportadora a nivel mundial que comercializa sus productos en 130 países. Stihl es una de las pocas empresas fabricantes de maquinaria eléctrica para exteriores que no comercializa sus productos a través de tiendas de venta masiva, catálogos o Internet.[54]

Este anuncio de Stihl se centra en el valor de su red nacional de distribuidores minoristas, quienes venden exclusivamente sus productos y brindan servicio, también de forma exclusiva, a sus clientes. Si alguien quiere un producto de la empresa tiene que acudir a un distribuidor de Stihl.

RESUMEN :::

1. La mayoría de los fabricantes no venden sus productos directamente a los usuarios finales. Entre los fabricantes y los consumidores finales existen uno o más canales de marketing, y una multitud de intermediarios que realizan funciones diferentes.

2. Las decisiones relativas a los canales de marketing son de las más importantes a las que se enfrenta la dirección de la empresa. El canal o canales que ésta elija afectarán considerablemente al resto de las decisiones de marketing.

3. Las empresas utilizan intermediarios cuando no poseen los recursos financieros necesarios para llevar a cabo el marketing directo, cuando éste no es factible, y cuando pueden incrementar sus ganancias por esta vía. Las funciones más importantes que desarrollan los intermediarios son la información, la promoción, la negociación, la recepción de pedidos, el financiamiento, la asunción de riesgos, la posesión física, el pago y la acumulación de inventarios.

4. Los fabricantes tienen muchas alternativas para llegar al mercado: vender sus productos directamente, o bien, utilizar canales de uno, dos o tres niveles. Para decidir qué tipo de canal conviene utilizar, la empresa deberá analizar las necesidades de los clientes, fijarse objetivos de canal, e identificar y evaluar las principales alternativas, así como el número de participantes del canal.

5. Para una administración eficaz del canal se requiere seleccionar intermediarios, capacitarlos y motivarlos. El propósito es desarrollar una relación armoniosa y duradera que resulte rentable para todos los miembros del canal.

6. Los canales de marketing se caracterizan por cambios continuos y, en ocasiones, de gran envergadura. Las tres tendencias principales del momento son los sistemas verticales de marketing, los horizontales y los multicanal.

7. Todos los canales de marketing están sujetos a conflictos potenciales y a la competencia como consecuencia de incompatibilidad de objetivos, escasa definición de derechos y deberes, diferentes expectativas y relaciones de interdependencia. Las empresas pueden solucionar los conflictos a través de la subordinación de objetivos, del intercambio de personas entre dos o más niveles del canal, de la cooptación del apoyo de líderes en diferentes partes del canal, y de la actuación conjunta en asociaciones de naturaleza comercial.

8. Los acuerdos de canal son decisión de la empresa, pero existen ciertas restricciones legales y éticas que se deben tener

en cuenta, como por ejemplo, prácticas como la intermediación exclusiva, la distribución geográfica exclusiva, los acuerdos vinculantes y los derechos de los intermediarios.

9. El comercio electrónico está creciendo en importancia, conforme las empresas desarrollan canales tanto *on line*

como *off line*. La integración de canal debe incorporar las ventajas de la venta tanto tradicional como a través de Internet, y maximizar las contribuciones conjuntas.

APLICACIONES :::

Debate de marketing   ¿De verdad importa el punto de venta?

Algunos mercadólogos creen que la imagen del canal específico a través del cual venden sus productos no importa en absoluto, sino que lo que más importa es que el cliente adecuado utilice el canal, y que los productos se expongan de la manera adecuada. Sin embargo, otros sostienen que la imagen del canal (por ejemplo, una tienda minorista) es crucial, y que debe ser consistente con la imagen del producto.

Tome partido: "La imagen del canal no influye en la imagen de marca de los productos" o "la imagen del canal debe ser consistente con la imagen de marca".

Análisis de marketing

Piense cuáles son sus minoristas favoritos. ¿Cómo han integrado su sistema de canal? ¿Cómo le gustaría que integraran sus canales? ¿Utiliza los canales múltiples de estos minoristas? ¿Por qué?

   CASO DE **MARKETING** | **AMAZON**

Amazon se inició como "la librería más grande del mundo" en julio de 1995. Se trataba de una librería virtual que no poseía ningún libro. Muchos detractores se preguntaban si Internet era el canal adecuado para la venta de libros. Sin poder hojear los ejemplares como en una librería tradicional, ¿cómo podrían los compradores decidir si un libro les gustaba o no? Sin dependientes amables y serviciales, ¿cómo podrían los compradores encontrar el libro adecuado? La única ventaja parecía ser que Amazon era capaz de ofrecer un abanico de títulos mucho más amplio que la mayoría de las librerías locales.

Amazon dio los pasos necesarios para reproducir las características de las librerías físicas a través de su canal *on line*. En primer lugar, sustituyó a los "dependientes amables y serviciales" con reseñas de los lectores. Cualquiera puede escribir una reseña sobre cualquier libro de Amazon, y estos comentarios ayudan a los clientes a seleccionar libros. Además, un sistema de calificación interno permite detectar qué reseñas son más útiles. Algunos críticos llegan a obtener cierta fama escribiendo cientos de reseñas y cultivando un grupo de seguidores leales a lo largo del tiempo que compran los libros gustosamente en función de sus críticas.

En segundo lugar, Amazon sustituyó la costumbre de hojear en las librerías tradicionales por un servicio de sugerencias personalizadas. Amazon se dio cuenta de que si una persona compra el mismo libro que otra, probablemente ambas tengan los mismos intereses. Así, la primera persona podría estar interesada en los libros que compra la segunda. El servicio de sugerencias personales de Amazon registra información sobre patrones de compra para elaborar recomendaciones sobre libros que podrían interesar a los compradores. El resultado es una lista de libros bajo el título "la persona que compró este libro también compró los siguientes...". Así, Amazon invita a sus clientes a las estanterías virtuales de su tienda.

Amazon también enfrenta la última desventaja del canal *on line*. La empresa ha comenzado a ofrecer la posibilidad de revisar el contenido, el índice y las primeras páginas de los libros. En 2003, Amazon llevó aún más allá el canal virtual, con la característica "busque dentro del libro", que permite a los consumidores buscar en el texto completo de unos 120,000 libros (casi el mismo número de títulos que tiene una librería tradicional de Barnes & Noble). El servicio es gratuito, aunque algunos clientes deben darse de alta y tener una tarjeta de crédito registrada en Amazon. Los clientes teclean una palabra, un nombre, o una frase, y pueden consultar una lista con las páginas del libro en las que aparece la palabra introducida. A continuación, se ve una imagen de la página en la que aparece, pero el consultante no puede imprimirla.

Internet permite a Amazon realizar promociones que una librería tradicional no podría permitirse. Por ejemplo, durante la Navidad de 2003 Amazon lanzó una promoción estelar: cada día, un actor, escritor, director, músico o personaje público ofrecía un texto exclusivo *on line* para los compradores de Amazon.com de forma totalmente gratuita. Así, por ejemplo, Michael J. Fox y Jack Black mostraron obras de arte originales. Algunos músicos, entre ellos Bruce Springsteen, revelaron parte de un concierto inédito y un video realizado "tras el escenario".

El objetivo de Amazon con esta promoción era deleitar a los clientes, generar más afluencia en su sitio Web y aumentar las ventas. Por esta razón, estos famosos también recomendaban dos o tres de sus productos favoritos que estaban disponibles en Amazon.com. Podían recomendar sus propios CD o sus películas, o podían recomendar algo que poseían ya y que les gustaba. "El hecho de que los participantes recomendaran productos fue una forma magnífica de dar ideas a los compradores sobre qué podrían regalar en Navidad, a la vez que conocían algo más acerca de los famosos. Fue una promoción que causó un gran impacto", afirma Emily Glassman, portavoz de Amazon.

Al mantener en secreto el nombre del famoso del día, Amazon motivó a los consumidores a que visitasen su sitio Web diariamente para descubrir quién iba a presentarse en Amazon. Esta promoción, junto con la gran gama de productos y los envíos gratuitos para pedidos superiores a 25 dólares, hizo que Amazon tuviese la Navidad más activa de su historia. En un único día, los pedidos alcanzaban los más de 2.1 millones de artículos, lo que significa un ritmo de 24 productos por segundo.

Amazon no tiene presencia minorista y, por tanto, no necesita preocuparse por las diferencias de precios entre las tiendas tradicionales y las tiendas *on line*. Los minoristas que intentan operar en estos dos canales corren el riesgo de experimentar conflictos internos: guerras territoriales entre canales físicos y virtuales por reparto de costos (por ejemplo, de marketing), competencia de precios (si el canal en línea es más barato que el *off line*) y reparto de utilidades (por ejemplo, cuando un cliente de una tienda física compra *on line*).

En muchas páginas de Amazon se pueden encontrar libros usados junto con libros nuevos. Normalmente son librerías independientes las que venden los libros de segunda mano, y no Amazon. ¿Por qué va Amazon en detrimento de sus propias ventas al ofrecer libros que ni siquiera son suyos? La clave está en que las tasas de la transacción y las utilidades de un libro usado no son similares a las de los libros nuevos. Las ventas de sus libros nuevos confieren a Amazon utilidades más importantes que las derivadas de ayudar a un tercero a vender un ejemplar de segunda mano, pero la venta de libros nuevos también implica costos mucho más altos. Al fin y al cabo, ayudar a otros a vender libros usados genera más utilidades para Amazon, y atrae a más clientes.

Amazon no teme al canal minorista. De hecho, obtiene ingresos ayudando a empresas tradicionales como Target.com, Nordstrom y Toys "R" Us a entrar en el mundo *on line*. Amazon no sólo cobra una tarifa por abrir el sitio Web, sino que además recibe una proporción de las ventas del canal, lo que incrementó las ventas generales de la empresa en un 33% en 2003. Para Amazon, el canal no consiste en comprar a mayoristas y vender a minoristas, sino que más bien consiste en crear un canal de servicios minorista que sirva como punto de encuentro para vendedores y compradores.

Preguntas para discusión

1. ¿Cuáles han sido los factores de éxito de Amazon?

2. ¿En qué sentido es vulnerable esta empresa? ¿A qué debe prestar atención?

3. ¿Qué recomendaría a los directivos de marketing para el futuro? ¿Qué acciones de marketing deberá ejecutar?

Fuentes: Elizabeth West, "Who's Next?" *Potentials,* febrero de 2004, pp. 7–8; Nikki Swartz, "Amazon.com's Text Search Revolution", *Information Management Journal* (enero–febrero de 2004), pp. 18–19; Chris Taylor, "Smart Library", *Time,* 17 de noviembre de 2003, p. 68; Cynthia L Webb, "Amazon's Lump of Coal?" Washingtonpost.com, 22 de octubre de 2003.

REFERENCIAS BIBLIOGRÁFICAS :::

1. Joann Muller, "Kmart: The Flood Waters are Rising", *Business Week,* 28 de enero de 2002, p. 106. Nótese que Kmart resurgió de la quiebra el 6 de mayo de 2003.

2. Anne T. Coughlan, Erin Anderson Louis W. Stern y Adel I. El-Ansary, *Marketing Channels,* 6a. ed., Upper Saddle River, NJ: Prentice Hall, 2001.

3. Louis W. Stern y Barton A. Weitz, "The Revolution in Distribution: Challenges and Opportunities", *Long Range Planning* 30, núm. 6 (1997), pp. 823–829.

4. Si desea leer un resumen exhaustivo de estudios académicos, véase Erin Anderson y Anne T. Coughlan, "Channel Management: Structure, Governance, and Relationship Management", en *Handbook of Marketing,* Bart Weitz y Robin Wensley (eds.), Sage Publications, Londres, 2002, pp. 223–247. Véase también, Gary L. Frazier, "Organizing and Managing Channels of Distribution", *Journal of the Academy of Marketing Sciences* 27, núm. 2 (1999), pp. 226–240.

5. E. Raymond Corey, *Industrial Marketing: Cases and Concepts,* 4a. ed. (Upper Saddle River, NJ: Prentice Hall, 1991), cap. 5.

6. Si desea consultar un análisis técnico de cómo las empresas orientadas a servicios seleccionan sus mercados internacionales, véase M. Krishna Erramilli, "Service Firms' International Entry-Mode Approach: A Modified Transaction-Cost Analysis Approach", *Journal of Marketing* (julio de 1993):, pp. 19–38.

7. Jessica Materna, "Sweet Smell of Success", *San Francisco Business Times,* 17 de octubre de 2003, p. 29.

8. Martin Wildberg, "Multi-channel Business Basics for Successful E-commerce", *Electronic Commerce News,* 16 de septiembre de 2002, p. 1; Matthew Haeberle, "REI Overhauls its E-commerce", *Chain Store Age,* enero de 2003, p. 64.

9. Paul F. Nunes y Frank V. Céspedes, "The Customer Has Escaped", *Harvard Business Review",* noviembre de 2003, pp. 96–105.

10. John Helyar, "The Only Company Wal-Mart Fears", *Fortune,* 24 de noviembre de 2003, pp. 158–166. Véase también Michael Silverstein y Neil Fiske, *Trading Up: The New American Luxury,* portfolio, 2003.

11. Mike Troy, "From Supply Chain to Demand Chain, a New View of the Marketplace", *DSN Retailing Today,* 13 de octubre de 2003, pp. 8–9.

12. Coughlan, Anderson, Stern y El-Ansary, *Marketing Channels,* pp. 5–6.

13. Si desea más información sobre canales de flujo inverso, véase Marianne Jahre, "Household Waste Collection as a Reverse Channel: A Theoretical Perspective", *International Journal of Physical Distribution and Logistics* 25, núm. 2 (1995), pp. 39–55; Terrance L. Pohlen y M. Theodore Farris II, "Reverse Logistics in Plastics Recycling", *International Journal of Physical Distribution and Logistics* 22, núm. 7 (1992), pp. 35–37.

14. Chris Gaither, "Giving PC's the Boot", *Boston Globe,* 22 de abril de 2003, p. F1.

15. Irving Rein, Philip Kotler y Martin Stoller, *High Visibility* (Nueva York: Dodd, Mead, 1987).

16. Faith Keenan, "Big Yellow's Digital Dilemma", *Business Week,* 24 de marzo de 2003, pp. 80-81.

17. De Anne T. Coughlan y Louis W. Stern, "Marketing Channel Design and Management", en *Kellogg on Marketing,* Dawn Iacobucci (ed.) (Nueva York: John Wiley, 2001), p. 249.

18. Louis P. Bucklin, *Competition and Evolution in the Distributive Trades* (Upper Saddle River, NJ: Prentice Hall, 1972). Véase también Stern y El-Ansary, *Marketing Channels.*

19. Louis P. Bucklin, *A Theory of Distribution Channel Structure* (Berkeley: Institute of Business and Economic Research, University of California, 1966).

20. Bridget Finn, "A Quart of Milk, a Dozen Eggs and a 2.6-GHz Laptop", *Business 2.0*, octubre de 2003, p. 58.

21. Matthew de Paula, "Bank One Buffs Its Image, Care of Avon", *USBanker*, febrero de 2004, p. 26.

22. "Trouser Suit", *The Economist*, 24 de noviembre de 2001, p. 56.

23. "Exclusives Becoming a Common Practice", *DSN Retailing Today*, 9 de febrero de 2004, pp. 38, 44.

24. <www.disney.com>; Edward Helmore, "Media: Why House of Mouse Is Haunted by Failures", *The Observer*, 11 de febrero de 2001, p. 10.

25. Para más información sobre relaciones y el control de los canales de marketing, véase Jan B. Heide, "Interorganizational Governance in Marketing Channels", *Journal of Marketing* (enero de 1994), pp. 71–85.

26. Lawrence G. Friedman y Timothy R. Furey, *The Channel Advantage: Going to Marketing with Multiple Sales Channels* (Woburn, MA: Butterworth-Heinemann, 1999). Estos autores sugieren calcular la rentabilidad de un canal mediante la razón entre gastos e ingresos. Esta razón es el costo medio por transacción dividido por el volumen promedio de pedido. El costo promedio por transacción se obtiene dividiendo los gastos totales de operación del canal entre el número total de transacciones. Cuanto menor sea la razón entre gastos e ingresos, más rentable será el canal porque se invierte menos dinero en costos de ventas por cada dólar ingresado.

27. Erin Killian, "Butter 'Em Up", *Forbes*, 9 de junio de 2003, pp. 175-176.

28. <http://americas.kyocera.com/news/>

29. Anderson y Coughlan, "Channel Management: Structure, Governance, and Relationship Management", pp. 223–247.

30. Las bases del poder fueron identificadas por John R. P. French y Bertram Raven, "The Bases of Social Power", en *Studies in Social Power*, Dorwin Cartwright (ed.) (Ann Arbor: University of Michigan Press, 1959), pp. 150–67.

31. Bert Rosenbloom, *Marketing Channels: A Management View*, 5ª ed. (Hinsdale, IL: Dryden, 1995).

32. Tobi Elkin, "Apple Gambles with Retail Plan", *Advertising Age*, 24 de junio de 2001. <http://www.apple.com/retail/>

33. Para un informe excelente en la materia, véase Howard Sutton, *Rethinking the Company's Selling and Distribution Channels*, research report no. 885, Conference Board, 1986, p. 26.

34. Janny Scott, "More Banks Than a Roll of Dimes Stake Their Claim", *The New York Times*, 7 de febrero de 2004, p. B1; Robert Julavits, "Current Emphasis on Retail Banking Called Temporary", *American Banker*, 2 de octubre de 2003, p. 2.

35. Russell Johnston y Paul R. Lawrence, "Beyond Vertical Integration: The Rise of the Value-Adding Partnership", *Harvard Business Review* (julio–agosto de 1988), pp. 94–101. Véase también Judy A. Siguaw, Penny M. Simpson y Thomas L. Baker, "Effects of Supplier Market Orientation on Distributor Market Orientation and the Channel Relationship: The Distribution Perspective", *Journal of Marketing* (julio de 1998), pp. 99–111;

Narakesari Narayandas y Manohar U. Kalwani, "Long-Term Manufacturer–Supplier Relationships: Do They Pay Off for Supplier Firms?" *Journal of Marketing* (enero de 1995), pp. 1–16; Arnt Bovik y George John, "When Does Vertical Coordination Improve Industrial Purchasing Relationships", *Journal of Marketing* 64 (octubre de 2000), pp. 52–64.

36. Rowland T. Moriarty y Ursula Moran, "Marketing Hybrid Marketing Systems", *Harvard Business Review* (noviembre-diciembre de 1990), pp. 146–155. Véase también Gordon S. Swartz y Rowland T. Moriarty, "Marketing Automation Meets the Capital Budgeting Wall", *Marketing Management* 1, núm. 3 (1992); Sridhar Balasubramanian, "Mail versus Mall: A Strategic Analysis of Competition Between Direct Marketers and Conventional Retailers", *Marketing Science* 17, núm. 3 (1998), pp. 181–195.

37. Paul Miller, "Merchandise by Medium", *Catalog Age*, junio de 2003, pp. 91–95.

38. Coughlan y Stern, "Marketing Channel Design and Management", pp. 247–269.

39. Rob Wheery, "Pedal Pushers", *Forbes*, 14 de octubre de 2002, pp. 205–206.

40. Fareena Sultan y Andrew J. Rohm, "The Evolving Role of the Internet in Marketing Strategy: An Exploratory Study", *Journal of Interactive Marketing* (primavera de 2004), pp. 6–19.

41. Esta sección se refiere Stern y El-Ansary, *Marketing Channels*, cap. 6. Véase también Jonathan D. Hibbard, Nirmalya Kumar y Louis W. Stern, "Examining the Impact of Destructive Acts in Marketing Channel Relationships", *Journal of Marketing Research* 38 (febrero de 2001), pp. 45–61; Kersi D. Antia y Gary L. Frazier, "The Severity of Contract Enforcement in Interfirm Channel Relationships", *Journal of Marketing* 65 (octubre de 2001), pp. 67–81; James R. Brown, Chekitan S. Dev y Dong-Jin Lee, "Managing Marketing Channel Opportunism: The Efficency of Alternative Governance Mechanisms", *Journal of Marketing* 64 (abril de 2001), pp. 51–65.

42. Allessandra Galloni, "Levi's Doesn't Fancy Selling With Cukes", *Wall Street Journal*, 10 de abril de 2001, p. B10; "Trouser Suit", *The Economist*, 24 de noviembre de 2001, p. 56. <www.levistrauss.com>

43. Greg Johnson, "Gray Wail: Southern California Companies Are among the Many Upscale Manufacturers Voicing Their Displeasure about Middlemen Delivering Their Goods into the Hands of Unauthorized Discount Retailers", *Los Angeles Times*, 30 de marzo de 1997, p. B1. Véase también Paul R. Messinger y Chakravarthi Narasimhan, "Has Power Shifted in the Grocery Channel?" *Marketing Science* 14, núm. 2 (1995), pp. 189–223.

44. William G. Zikmund y William J. Stanton, "Recycling Solid Wastes: A Channels-of-Distribution Problem", *Journal of Marketing* (julio de 1971), p. 34.

45. Heather Green, "Lessons of the Cyber Survivors", *Business Week*, 22 de abril de 2002, p. 42.

46. Duff McDonald, "Customer, Support Thyself", *Business 2.0*, abril de 2004, p. 56.

47. Steve Bodow, "The Care and Feeding of a Killer App", *Business 2.0*, agosto de 2002, pp. 76–78.

48. Ronald Abler, John S. Adams y Peter Gould, *Spatial Organizations: The Geographer's View of the World* (Upper Saddle River, NJ: Prentice Hall, 1971), pp. 531–532.

49. Descrito en *Inside 1-to-1,* Peppers and Rogers Group newsletter, 14 de mayo de 2001.

50. Bob Tedeshi, "How Harley Revved *On line* Sales", *Business 2.0,* diciembre 2002/enero 2003, p. 44

51. Gary McWilliams y Ann Zimmerman, "Dell Plans to Peddle PCs Inside Sears, Other Large Chains", *Wall Street Journal,* 30 de enero de 2003, B1, B3.

52. Pallavi Gogoi, "The Hot News in Banking: Bricks and Mortar", *Business Week,* 21 de abril de 2003. pp. 83–84.

53. Louise Lee, "Online Grocers: Finally Delivering the Lettuce", *Business Week,* 28 de abril de 2003, p. 67.

54. "2001 Industry Forecasts", *Outdoor Power Equipment,* 1o. de enero de 2001.

EN ESTE CAPÍTULO ANALIZAREMOS LAS SIGUIENTES PREGUNTAS:

1. ¿Qué tipos de intermediarios de marketing integran este sector?

2. ¿Qué decisiones de marketing toman estos intermediarios?

3. ¿Cuáles son las tendencias principales entre los intermediarios de marketing?

dieciséis

En el capítulo anterior estudiamos los intermediarios de marketing desde el punto de vista de los fabricantes que desean crear y dirigir canales de marketing. En este capítulo estudiaremos a esos mismos intermediarios (minoristas, mayoristas y empresas de logística) como agentes que necesitan y crean sus propias estrategias de marketing. Los intermediarios deben buscar la excelencia en el marketing, como cualquier otra empresa; de lo contrario, sufrirán las consecuencias.

A finales de diciembre de 2003, *Manifest Discs and Tapes*, La Meca de los amantes de la música de Carolina del Norte y Carolina del Sur, sorprendió a sus clientes más leales al anunciar su decisión de cerrar todos sus establecimientos y de despedir a 100 empleados. A pesar de que todavía muchos consumidores estaban dispuestos a dar un vistazo a las existencias de 85,000 álbumes de la empresa, la conocida cadena estaba cediendo ante la presión de poderosas fuerzas que sacudían a los minoristas musicales de todo el país. Tower Records, Musicland y Wherehouse estaban en quiebra o a la venta a precios de ganga. Los cambios en los gustos de los consumidores, la grabación ilegal de discos compactos y la proliferación de las descargas de Internet (situaciones que el conocido sitio de Apple iTunes se encargó de fomentar) supuso una disminución en las ventas de CD. La competencia de tiendas de descuento, que trataban a los CD como anzuelos para generar afluencia en sus establecimientos, y del gigante on line Amazon hizo que los precios de los minoristas tradicionales parecieran demasiado altos. Con el fin de propiciar una experiencia de compra que justifique el tiempo y el dinero que invierten en ellos los consumidores, algunos minoristas experi-

>>>

Día de la inauguración de Hear Music Coffeehouse de Starbucks en Santa Mónica, California en marzo de 2004, como un *joint venture* con su filial Hear Music y Hewlett Packard.

mentan con tecnología dentro de la tienda, como computadoras conectadas a Internet y aparatos portátiles Wi–Fi que permiten escuchar música mientras se deambula por el establecimiento. Junto con su filial, el minorista Hear Music, Starbucks está abriendo cafeterías Hear Music Coffeehouses, es decir, cafeterías y tiendas de música totalmente integradas en locales de 915 metros cuadrados con iluminación tenue, donde se venden discos compactos de éxitos de hace algunos años, y donde se puede disfrutar de un café con leche mientras se escucha música o mientras se navega por una base de datos con miles de canciones para seleccionar las favoritas y crear un CD personalizado. En cinco minutos es posible grabar un CD y ponerle el título y los motivos de nuestra elección en la carátula para llevarlo a casa.[1]

Al mismo tiempo, las tiendas departamentales también se enfrentan a una base de clientes en franco descenso. Sin embargo, no todos los minoristas se han quedado atrás. Algunos intermediarios son tan poderosos que dominan a los fabricantes cuyos productos distribuyen. Muchos emplean la planeación estratégica, los sistemas informáticos más avanzados y herramientas de marketing muy complejas. Del mismo modo, miden los resultados en términos del rendimiento sobre la inversión, más que en términos de margen de utilidad. Segmentan sus mercados, mejoran la definición de su mercado meta, sus estrategias de posicionamiento, y persiguen de forma agresiva su expansión en el mercado y la aplicación de estrategias de diversificación. En este capítulo estudiaremos cómo alcanzar la excelencia en la venta minorista, en la venta mayorista y en la logística del mercado.

::: La venta minorista

La **venta minorista** incluye todas las actividades relacionadas con la venta directa de bienes y servicios al consumidor final para un uso personal no comercial. Un **minorista** o **establecimiento al detalle** es toda aquella empresa cuyo volumen de ventas procede, principalmente, de la venta al menudeo.

Cualquier empresa que venda a los consumidores finales, ya sea un fabricante, un mayorista, o un minorista, practica la venta al menudeo . No importa *cómo* se vendan los bienes o servicios (en persona, por correo, por teléfono, a través de una máquina expendedora o a través de Internet), ni *dónde* se vendan (en una tienda, en la calle o en el hogar del consumidor).

Tipos de establecimientos minoristas

En la actualidad, los consumidores pueden comprar bienes y servicios en una amplia variedad de establecimientos minoristas. Hay establecimientos minoristas, minoristas sin establecimiento y empresas de minoristas. Quizás el tipo de establecimiento minorista más conocido es el de las tiendas departamentales. En el caso de Japón, las tiendas departamentales, por ejemplo, Takashimaya y Mitsukoshi, atraen a millones de compradores cada año. Estos almacenes incluyen galerías de arte, restaurantes, escuelas de cocina y áreas de juego para los niños.

Los establecimientos minoristas atraviesan fases de crecimiento y declive que pueden describirse como el *ciclo de vida de los establecimientos minoristas*.[2] Así, un establecimiento minorista aparece, disfruta de un periodo de crecimiento acelerado, alcanza la madurez y posteriormente decae. Las tiendas departamentales tardaron 80 años en alcanzar la madurez, mientras que los establecimientos de venta en almacenes tipo *outlet* no tardaron más que 10 años. En la tabla 16.1 se describen los tipos de establecimientos minoristas más importantes.

NIVELES DE SERVICIO La hipótesis del *giro de la rueda minorista* sirve para explicar el surgimiento de nuevos tipos de establecimientos minoristas.[3] Las tiendas minoristas convencionales acostumbran aumentar los servicios y los precios para cubrir los costos. Como los costos son altos, surgen oportunidades para crear nuevas formas de establecimientos con precios más bajos y menos servicios. Los nuevos tipos de minoristas satisfacen las preferencias de consumidores muy dispares en términos de calidad y cantidad de servicios.

Establecimientos especializados: Línea de productos reducida. Ejemplos: Athlete's Foot, Tall Men, The Limited, The Body Shop.

Almacenes departamentales: Varias líneas de productos. Ejemplos: Sears, JcPenney, Nordstrom, Bloomingdale's.

Supermercados: Establecimientos relativamente grandes, de bajo costo y márgenes reducidos, gran volumen de ventas, en régimen de autoservicio, diseñados para satisfacer la totalidad de necesidades de alimentación y productos para el hogar de los consumidores. Ejemplos: Kroger, Jewel, Food Emporium.

Establecimientos de conveniencia: Tiendas relativamente pequeñas en zonas residenciales, abiertas las 24 horas todos los días de la semana; línea limitada de productos de conveniencia con una gran rotación y con precios ligeramente más altos. Ejemplos: 7-Eleven, Circle K.

Establecimientos de descuento: Productos de calidad estándar que se venden a precios más bajos, con márgenes reducidos y grandes volúmenes de venta. Ejemplos: Wal-Mart, Kmart, Circuit City, Crown Bookstores.

Minoristas de precios bajos: Productos excedentes, desiguales, de fuera de temporada, que se venden a precios inferiores a los de la venta minorista. Outlets de fábricas, minoristas independientes (Filene's Basement, T. J. Maxx), clubes mayoristas (Sam's Club, Price-Costco, BJ's Wholesale).

Supertiendas: Inmenso espacio de ventas, con productos alimenticios y del hogar que se adquieren de forma rutinaria, servicios adicionales (lavandería, reparación de zapatos, tintorería, cajeros automáticos). Ejemplos: Eliminadora de categoría o "category killers" (amplio surtido en una categoría) como Petsmart, Staples, Home Depot; establecimientos combinados como Jewel, Osco; hipermercados (tiendas enormes que combinan supermercado, tienda de descuento y tienda de fábrica), como Carrefour en Francia, Pryca en España y Meijer's en Holanda.

Tiendas catálogo: Gran selección de productos con amplio margen, de gran rotación y que se venden por catálogo a precios de establecimientos de descuento. Los clientes recogen la mercancía en los puntos de venta. Ejemplos: Incide Edge Ski y Bike.

| **TABLA 16.1** |

Principales tipos de minoristas.

Los minoristas pueden posicionarse en torno a uno de estos cuatro niveles de servicio:

1. *Autoservicio*—El autoservicio es la clave de todas las empresas de descuento. Muchos consumidores están dispuestos a llevar a cabo su propio proceso de búsqueda-comparación-selección para ahorrar dinero.
2. *Autoselección*—Los clientes buscan sus propios productos, aunque tienen la posibilidad de solicitar ayuda.
3. *Servicio limitado*—Estos minoristas ofrecen un mayor número de bienes, y los clientes necesitan más información y asistencia. También ofrecen servicios (como facilidades de crédito o devolución de mercancías).
4. *Servicio completo*—Hay vendedores dispuestos a atender a los consumidores en cualquier fase del proceso búsqueda-comparación-selección. Los clientes a quienes les gusta ser atendidos prefieren este tipo de establecimientos. Los altos costos del personal, la mayor proporción de productos de especialidad con una menor rotación y los numerosos servicios que ofrecen suponen altos costos de venta.

Mediante la combinación de diferentes niveles de servicio y de amplitud de surtido, se pueden diferenciar cuatro estrategias genéricas de posicionamiento, como muestra la figura 16.1:

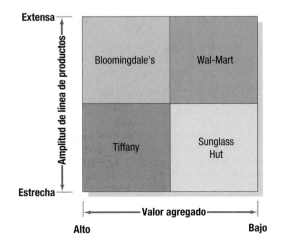

| FIG. **16.1** |

Mapa de posicionamiento de establecimientos minoristas.

Fuente: William T. Gregor y Eileen M. Friars, *Money Merchandising: Retail Revolution in Consumer Financial Service* (Cambridge, MA: The MAC Group, 1982).

1. *Bloomingdale's*—Es un claro representante del establecimiento que proporciona un amplio surtido de productos y un alto valor agregado. Los establecimientos de este cuadrante prestan especial atención al diseño y a la decoración del punto de venta y a la calidad, los servicios y la imagen del producto. Su margen de utilidad es alto y, si tienen un volumen de ventas alto, serán muy rentables.
2. *Tiffany*—Representa a los establecimientos con un surtido reducido de productos, pero con mucho valor agregado. Este tipo de establecimientos cultiva una imagen exclusiva y tiende a operar con un alto margen de utilidades y un volumen de ventas limitado.
3. *Sunglass Hut*—Representa a los establecimientos que tienen una línea de productos reducida y poco valor agregado. Mantienen los costos y los precios bajos al centralizar las compras, la comercialización, la publicidad y la distribución.
4. *Wal-Mart*—Establecimientos con una amplia gama de productos y bajo valor agregado. Concentran su atención en mantener los precios bajos para conservar la imagen de que son económicos. Compensan sus menores márgenes con altos volúmenes de venta.

Aunque la inmensa mayoría de los bienes y servicios (el 97%) se venden en establecimientos, la *venta minorista sin establecimiento* ha experimentado un crecimiento mucho más rápido que la venta en establecimientos. La venta sin establecimiento se divide en cuatro categorías principales: venta directa, marketing directo (que incluye la venta telefónica y a través de Internet), la venta automática y la venta de servicios:

1. La **venta directa** (también llamada *venta multinivel* o *marketing de red*) es un negocio de 9,000 millones de dólares, con más de 600 empresas que venden de casa en casa o en reuniones de carácter doméstico. Algunas empresas conocidas de venta a domicilio son Avon, Electrolux y Southwestern Company of Nashville (Biblias). En el caso de Tupperware y Mary Kay Cosmetics, una persona vende a varios compradores: el vendedor se dirige a la casa de un anfitrión que ha invitado a sus amigos, hace una demostración de los productos y recibe pedidos. Amway fue pionera en la venta multinivel, que consiste en contratar a vendedores independientes que actúan como distribuidores. La remuneración del distribuidor incluye un porcentaje de las ventas de aquellos a quienes contrató y otro sobre las ventas directas a los clientes. Las empresas de venta directa, que cada vez encuentran menos clientes potenciales en casa, tratan de desarrollar estrategias de distribución múltiple.
2. El **marketing directo** tiene sus raíces en las comunicaciones por correo y la venta por catálogo (Lands' End, L. L. Bean). Éste incluye el *telemarketing* (1-800-FLOWER), la *TV de respuesta directa* (Home Shopping Network, QVC), y las compras *a través de Internet* (Amazon.com, Autobytel.com). De estas modalidades, el despegue más importante lo experimentó la compra a través de Internet a finales de los 90, cuando los consumidores acudían en multitud a las punto-com para comprar libros, música, juguetes, aparatos electrónicos y muchos otros artículos.
3. La **venta automática** se utiliza para un sinfín de productos, entre los que se cuentan productos de compra impulsiva como cigarrillos, bebidas refrescantes, café, golosinas, periódicos, revistas y otros productos como medias, cosméticos, comida caliente, preservativos y libros de bolsillo. Las máquinas expendedoras se sitúan en fábricas, oficinas, grandes empresas minoristas, gasolineras, hoteles, restaurantes y muchos otros lugares. Estas máquinas ofrecen productos a la venta las 24 horas, autoservicio y productos siempre frescos. Japón es el país con el mayor número de máquinas expendedoras por persona (sólo Coca-Cola tiene más de un millón, y las ventas anuales rondan los 50,000 millones de dólares, el doble que en Estados Unidos). Estas máquinas de tecnología avanzada permiten a los consumidores adquirir productos que van desde jeans hasta comidas caras. Algunos minoristas estadounidenses intentan emular el éxito japonés con una nueva generación de máquinas expendedoras en zonas de mucho tráfico. Todo el sur de Florida está repleto de máquinas expendedoras que ofrecen productos Banana Boat a los turistas y a los entusiastas del aire libre para protegerse de los rayos del sol cuando más lo necesitan.[4]
4. El **servicio de venta** es el que realiza un distribuidor que no posee establecimiento y que presta sus servicios a una determinada clientela, generalmente a los empleados de grandes empresas, que están autorizados a comprar a una serie de minoristas con los que ya se ha acordado previamente un tipo de descuento.

MINORISTAS CORPORATIVOS Aunque muchos establecimientos minoristas son de propietarios independientes, un número cada vez mayor pertenece al grupo de los **minoristas corporativos**. Este tipo de organizaciones se beneficia de las economías de escala, un mayor poder adquisitivo, una mayor conciencia de marca y empleados mejor capacitados. Las principales clases de comercios asociados son las cadenas corporativas, las cadenas voluntarias, las cooperativas de minoristas, las franquicias y los conglomerados, que se describen en la tabla 16.2. La franquicia se explica en detalle en el recuadro *Marketing en acción: La fiebre de las franquicias*.

Nuevos modelos de éxito

En el pasado, los minoristas retenían a los clientes ofreciéndoles una ubicación cómoda, un surtido de productos único o especial, mejores servicios que la competencia y tarjetas de

Cadenas corporativas de tiendas: Dos o más puntos de venta en propiedad y bajo un control único, que centralizan sus compras y actividades de marketing, y venden líneas de mercancía similares. Ejemplos: GAP, Pottery Barn y Hold Everything. **Cadena voluntaria:** Asociación de un grupo de minoristas independientes patrocinada por un mayorista, que realizan compras masivas y tienen un marketing común. Ejemplo: Independent Grocers Alliance (IGA). **Cooperativa de minoristas:** Minoristas independientes que emplean una organización de compra central y unen esfuerzos de promoción. Ejemplos: Associated Grocers, ACE Hardware. **Cooperativa de consumidores:** Empresa minoristas propiedad de sus clientes. Los miembros contribuyen con su dinero para abrir su propia tienda, votan sobre las políticas de la empresa, eligen un grupo para que la dirija, y reciben dividendos. **Franquicias:** Asociación contractual entre un franquiciador y un franquiciatario, muy común para ofrecer determinados productos y servicios. Ejemplos: McDonald's, Subway, Pizza Hut, Jiffy Lube, 7-Eleven. **Conglomerado de venta:** Conjunto de minoristas de distinta índole y naturaleza que se agrupan bajo un mismo propietario, con cierta integración de sus funciones de distribución y de dirección. Ejemplos: Allied Domeq PLC con Dunkin' Donuts y Baskin-Robbins, más un cierto número de minoristas británicos, así como un grupo de vinos y licores.	| TABLA **16.2** | Principales tipos de empresas de minoristas.

crédito de la casa. Hoy todo esto ha cambiado. En la actualidad, podemos encontrar marcas nacionales como Ralph Lauren Polo, Calvin Klein y Levi's en tiendas departamentales, en sus propias tiendas, en *outlets* y en tiendas de descuento. En su intento por aumentar las ventas, los fabricantes de marcas nacionales han diseminado sus productos por todas partes. El resultado es que los minoristas cada vez se parecen más entre sí.

Los servicios como factor de diferenciación entre minoristas también han perdido su significado. Muchas tiendas departamentales reducen sus servicios, mientras que muchos establecimientos de descuento los incrementan. Los clientes se han convertido en compradores más inteligentes. No están dispuestos a pagar más cuando las marcas son idénticas, sobre todo si las diferencias de servicios son menores, ni tampoco necesitan disponer del crédito de ningún establecimiento en particular, porque las tarjetas de crédito bancarias son aceptadas en todos los comercios.

De cara a una competencia creciente por parte de los establecimientos de descuento y de especialidad, las tiendas departamentales libran una nueva batalla. Además de estar instaladas en el centro de las ciudades, han abierto numerosos establecimientos en los centros comerciales de los alrededores, donde hay mucho espacio para estacionamiento y donde los ingresos familiares son más altos. Bloomingdale's abrió una tienda en el barrio de Soho de Nueva York para atraer a los jóvenes adinerados que rara vez se desplazaban a las tiendas de la periferia.[5] Para competir de manera más eficaz, las tiendas departamentales actualizan sus productos con mayor frecuencia, remodelan sus establecimientos, lanzan sus propias marcas y experimentan con el telemarketing y la venta por correo e Internet.[6]

Todo indica que están surgiendo dos modelos de éxito para las tiendas departamentales:[7]

■ *Minorista con marca propia fuerte.* En este tipo de tienda departamental, ejemplificado por Marks and Spencer en el Reino Unido y Kohl's en Estados Unidos, se da gran importancia a la marca de la casa y los gerentes participan activamente en la selección del inventario. Kohl's y Marks and Spencer están más interesados en promoverse como marcas que en promover cualquier otra marca. Aunque estos establecimientos tienen importantes costos operativos, suelen establecer márgenes elevados cuando sus marcas son modernas y populares.

■ *La tienda escaparate.* Ejemplificado por las galerías Lafayette en París y Selfridges en Londres, este tipo de establecimiento no sólo vende terceras marcas, sino que además los vendedores de estas últimas suelen ser responsables del inventario, el personal, e incluso el espacio de venta. El vendedor paga un porcentaje de las ventas al propietario del establecimiento. Esto se traduce en considerables márgenes brutos para los almacenes y en ba-

Carteles publicitarios de la nueva tienda Bloomingdale's en el barrio de Soho en Nueva York.

MARKETING EN ACCIÓN | **LA FIEBRE DE LAS FRANQUICIAS**

Actualmente, las franquicias representan más de un billón de dólares de las ventas anuales en Estados Unidos, y cerca de un tercio del total de transacciones minoristas. En ese país, más de 320,000 pequeñas empresas son franquicias y emplean a uno de cada 16 trabajadores. Esta cifra no debería resultar sorprendente en una sociedad donde prácticamente resulta imposible encontrar una manzana o una calle de los suburbios sin ver un McDonald's, un Jiffy-Lube, un Supercuts o un 7-Eleven.

En un sistema de franquicia, los *franquiciatarios* son un grupo denso y unido de empresas cuyas operaciones sistemáticas son planeadas, dirigidas y controladas por el innovador de la operación, denominado *franquiciador*. En general, las franquicias se caracterizan por tres rasgos en común:

1. El franquiciador posee una marca comercial o de servicio y concede licencias para su uso a los franquiciatarios a cambio de un pago de derechos.

2. El franquiciatario paga por el derecho de formar parte de un sistema. Los costos iniciales incluyen el arrendamiento del equipo y de las instalaciones, y generalmente una tarifa de licencia normal. Los franquiciatarios de McDonald's invierten hasta 1,600 millones de dólares en la puesta en marcha de la franquicia. A continuación, el franquiciatario paga a McDonald's un porcentaje determinado de las ventas más una cuota mensual de alquiler.

3. El franquiciador proporciona a sus franquiciatarios un sistema comercial para llevar el negocio. McDonald's exige a los franquiciatarios que asistan a "La Universidad de la Hamburguesa" en Oak Brook, Illinois, durante tres semanas, para aprender a administrar el negocio, y los franquiciatarios se comprometen a seguir ciertos procedimientos en la compra de materias primas.

El sistema de negocios en la franquicia es beneficioso tanto para el franquiciador como para el franquiciatario. Entre las ventajas que obtienen los franquiciadores se encuentra la motivación y el trabajo duro de individuos que son empresarios más que simples proveedores de mano de obra; la familiaridad de los franquiciatarios con las comunidades y las condiciones locales; y el gran poder de compra del franquiciador. Los franquiciatarios, por su parte, se benefician de entrar en un negocio con un nombre de marca conocido y aceptado. Así, les resulta más fácil obtener préstamos de las instituciones financieras, al tiempo que reciben apoyo en áreas que van desde el marketing y la publicidad hasta la selección de la situación de la franquicia y la selección de personal.

Los franquiciatarios siempre caminan en la cuerda floja entre ser independientes y leales al franquiciador. Su independencia les permite mayor flexibilidad. Cuando Mike Roper abrió su primera franquicia Quiznos Sub al sur de Chicago en otoño de 2000, el sector de los restaurantes se encontraba al borde de la crisis tras la depresión más larga de los últimos 30 años. Sin embargo, las ventas aumentaron un 40% durante el segundo año de operaciones del establecimiento y superó con creces sus expectativas de crecimiento de tan sólo un 4%. Cada vez que el negocio decae, hace como si fuese el día de la inauguración, y vuelve a repartir cupones y galletitas para atraer a más clientes. "Cuando uno se juega su propio dinero, actúa de manera muy diferente. Se es más dinámico cada día", afirma Roper.

Sin embargo, la explosión de las franquicias en los últimos años ha saturado considerablemente el mercado nacional. Para lograr un crecimiento consistente, las empresas miran al extranjero (McDonald's tiene más de 30,000 restaurantes en 119 países fuera de Estados Unidos) o buscan ubicaciones poco tradicionales dentro del país. Se están abriendo franquicias en aeropuertos, estadios deportivos, planteles universitarios, hospitales, casinos, parques temáticos, salones de convenciones, e incluso en los barcos.

Fuentes: Norman D. Axelrad y Robert E. Weigand, "Franchising—A Marriage of System Members", en *Marketing Managers Handbook* (3a. ed.), Sidney Levy, George Frerichs y Howard Gordon (eds.) (Chicago: Dartnell, 1994), pp. 919–934; Meg Whittemore, "New Directions in Franchising", *Nation's Business* (enero de 1995), pp. 45–52; "Trouble in Franchise Nation", *Fortune*, 6 de marzo de 1995, pp. 115–129; Carol Steinberg, "Millionaire Franchisees", *Success* (marzo de 1995), pp. 65–69; Richard Gibson, "Even 'Copycat' Businesses Require Creativity and Flexibility", *Wall Street Journal Online*, marzo de 2004; <http://www.entrepreneur.com>.

jos costos de operación. Estos establecimientos necesitan atraer a muchos consumidores, lo que significa que deben ser un destino de entretenimiento por derecho propio. Recientemente se impartieron clases de *striptease* profesional en una de las galerías Lafayette en París, para promover la inauguración de su enorme departamento de lencería.

Los supermercados han abierto tiendas más grandes, tienen un surtido más amplio y variado, y han mejorado sus instalaciones. Asimismo, han aumentado el presupuesto de promoción y empiezan a utilizar las marcas privadas. Otros, sin embargo, buscan una mayor diferenciación.

WHOLE FOODS MARKET

En las 157 tiendas distribuidas en 28 entidades de Estados Unidos, en el Distrito de Columbia, en Canadá y en Gran Bretaña, Whole Foods crea "fiestas de alimentos". Los mercados están bien atendidos, y los mostradores están repletos de productos dispuestos de manera atractiva. Whole Foods es el minorista de alimentos naturales y orgánicos más importante de Estados Unidos y ofrece vasta información acerca de sus alimentos. Si desea saber, por ejemplo, si el pollo en el congelador vivió libre y plácidamente, le ofrecen un folleto de 16 páginas y una invitación a visitar la granja de Pennsylvania en la que se crió. Si no encuentra la información que desea, sólo tiene que preguntar a los empleados, que tienen una gran capacitación y vastos conocimientos de la materia. Este enfoque ha funcionado para Whole Foods, sobre todo con los consumidores que consideran la comida orgánica como un lujo. En los cuatro años anteriores, Whole Foods superó a Wal-Mart tanto en el crecimiento de ventas de establecimientos comparables, como en el de ventas anuales.[8]

| CUESTIONES **CLAVE** | CÓMO AUMENTAR LAS VENTAS DE LOS ESTABLECIMIENTOS MINORISTAS |

En su búsqueda por lograr un mayor volumen de ventas, los minoristas analizan el entorno de sus puntos de venta para mejorar las experiencias de los compradores. Paco Underhill, director general de la consultora de venta minorista Envirosell Inc., ofrece los siguientes consejos para poner a punto el espacio minorista y conseguir que los compradores no dejen de gastar:

■ *Atraer a los consumidores y retenerlos en el punto de venta.* Probablemente, el tiempo que pasan los compradores en el establecimiento es el factor más importante a la hora de determinar sus compras.

■ *Venerar la "zona de transición".* Al entrar al punto de venta, los compradores deben aminorar el ritmo y ordenar los estímulos que reciben, lo que supone que probablemente llevarán un ritmo demasiado rápido como para responder positivamente a los signos, productos o dependientes antes de hacer esa transición. Es necesario asegurar una disposición visual adecuada.

■ *Evitar que los compradores tengan que buscar.* Es recomendable situar los productos de mayor demanda a la vista para ayudar a los compradores más ocupados y animar a los compradores con más tiempo a ver más. En Staples, los cartuchos de tinta son uno de los productos que primero ven los consumidores cuando entran en la tienda.

■ *Permitir que los compradores vean y toquen la mercancía.* Conferir demasiada importancia a las manos de los consumidores nunca es suficiente. Una tienda puede ser la más exclusiva, la más barata, o la que tiene los productos más llamativos, pero si el comprador no puede verlos ni tocarlos, perderá gran parte de su atractivo.

■ *Los hombres no hacen preguntas.* Los hombres siempre se mueven más de prisa que las mujeres por los pasillos de las tiendas. En muchos establecimientos, es difícil llamar su atención sobre un producto que no pretendan comprar. Asimismo, a los hombres no les gusta preguntar dónde pueden encontrar los artículos que buscan. Si un hombre no encuentra la sección que busca, dará un par de vueltas y después se irá sin pedir ayuda.

■ *Las mujeres necesitan espacio.* Los compradores, sobre todo las mujeres, estarán menos dispuestas a la compra si cada vez que se mueven o miran un aparador otro comprador les roza el trasero, aunque sea ligera e involuntariamente. Es fundamental que los pasillos sean anchos y que estén despejados.

■ *Facilite la salida.* Asegúrese de tener los productos más rentables cerca de las cajas para satisfacer a los compradores impulsivos. A los compradores golosos les encanta comprar caramelos a la salida para satisfacer su avidez de azúcar.

Fuente: Paco Underhill, *Why We Buy: The Science of Shopping* (Nueva York: Simon & Schuster, 1999); Keith Hammonds, "How We Sell", *Fast Company*, (noviembre de 1999), p. 294; Paul Keegan, "The Architect of Happy Customers", *Business 2.0*, agosto de 2002, pp. 85–87; Bob Parks, "5 Rules of Great Design", *Business 2.0*, marzo de 2003, pp. 47–49.

Las decisiones de marketing

En este apartado se estudiarán las decisiones a las que se enfrentan los vendedores minoristas en términos de mercado meta, surtido y abastecimiento de productos, servicios y ambiente del establecimiento, precio, comunicación y ubicación. (Véase también *Cuestiones clave: Cómo aumentar las ventas de los establecimientos minoristas.*)

MERCADO META La decisión más importante de un minorista es la relativa al mercado meta. Mientras éste no esté definido y perfilado, el minorista no podrá tomar decisiones consistentes sobre surtido de productos, decoración del establecimiento, mensajes publicitarios y medios de comunicación, precio y niveles de servicio. Algunos distribuidores han definido sus mercados meta de manera muy acertada:

CHRISTOPHER & BOND

El minorista textil Christopher & Bond logró revertir una tendencia a la baja del sector y aumentar sus ventas en el ejercicio 2002-2003, al rechazar las modas pasajeras y dirigirse a un consumidor más maduro y menos preocupado por lo último y lo más llamativo. Christopher & Bond decidió dirigirse a las madres cuarentonas (un segmento que a menudo se pasaba por alto), que prefieren un estilo más clásico en su forma de vestir. Llegaron incluso a crear un prototipo para concentrar sus esfuerzos: "Mary" tiene 48 años, vive en los suburbios, tiene dos hijos, es profesora, enfermera o cajera de un banco. Al contar con un perfil muy detallado de su mercado meta, lo que incluye hasta medidas físicas, lograron diseñar y fabricar ropa para llenar sus armarios, algo que muy pocos minoristas hacían hasta el momento.[9]

Los minoristas segmentan el mercado en grupos cada vez más pequeños y lanzan nuevas líneas de tiendas para ofrecer un conjunto de productos relevantes para satisfacer a nichos específicos. Gymboree lanzó Janie and Jack para vender ropa y regalos para bebés; Hot Topic lanzó Torrid para vender moda a adolescentes con tallas grandes; y Chico's lanzó Pazo, que vende ropa informal para mujeres trabajadoras de treinta y tantos.[10]

SURTIDO DE PRODUCTOS El surtido de productos del fabricante debe satisfacer las expectativas de compra de su mercado meta. El minorista ha de decidir sobre el ancho y la *profundidad* del surtido de productos. Un restaurante puede ofrecer un surtido escaso y poco pro-

| TABLA **16.3** | Administración minorista de categorías.

Fase	En qué consiste	Aplicación de Borders
1. Definir la categoría	Decidir cómo separar las categorías de productos. Por ejemplo, ¿consideran nuestros clientes que las bebidas refrescantes y las bebidas alcohólicas pertenecen a la misma categoría o se deberían administrar por separado?	Nombró la sección de libros de cocina como Alimentos y Gastronomía, porque los consumidores también esperaban encontrar libros de nutrición en la misma sección.
2. Identificar su función	Determinar cómo la categoría encaja en el resto de la tienda. Por ejemplo, las categorías "destino" atraen a los compradores, de modo que reciben gran apoyo de marketing, mientras que la categoría de "relleno" apenas si recibe un surtido escaso.	Decidió hacer de la sección Alimentos y Gastronomía una categoría "destino".
3. Comprobar resultados	Analizar información de ventas de ACNielsen, Information Resources Inc., y otros. Identificar oportunidades.	Se dio cuenta de que los libros de cocina se vendían más rápido de lo esperado en época de celebraciones especiales. Respondió con promociones que incluían regalos.
4. Fijar objetivos	Determinar los objetivos de la categoría, incluidos los objetivos de ventas, de utilidades, de promedio de transacciones y de satisfacción de clientes.	Incrementar las ventas de libros de cocina hasta niveles superiores a los de la media de la librería y arrebatar participación de mercado a la competencia.
5. Seleccionar el mercado meta	Avivar la concentración en la categoría para lograr el máximo efecto posible.	Decidió dirigirse a compradores habituales. "Puesto que el 30% de los compradores compra el 70% de los libros de cocina vendidos, nos dirigimos a los más entusiastas", afirma el director de marketing de Borders, Mike Spinozzi.
6. Planear la estrategia	Seleccionar el mejor surtido de productos, la mejor promoción, y la fijación del precio más adecuado para lograr los objetivos.	Dedicó más espacio a los chefs famosos, como Mario Batali. Creó una sección más accesible al reducir el número de títulos en determinadas materias.
7. Aplicar el plan	Fijar el calendario y poner en marcha la estrategia.	En noviembre de 2002 modificó las secciones de libros de cocina.

Fuente: Andrew Raskin, "Who's Minding the Store", *Business 2.0,* febrero de 2003, p. 73.

fundo (menú del día), un surtido estrecho y profundo (platillos selectos), un surtido amplio y poco profundo (cafetería) o un surtido amplio y profundo (grandes restaurantes). En la tabla 16.3 se explica cómo Borders desarrolló un surtido de categorías en una sección de sus almacenes. El semanario *Business Week* nombró a Aeropostale con sede en Nueva York como el minorista del año en su lista "Hot Growth", principalmente por su meticulosa administración del surtido de productos destinados a satisfacer las necesidades del mercado adolescente.

AEROPOSTALE INC.

En lugar de competir frontalmente con las empresas que marcan la moda, como Abercrombie and Fitch o American Eagle Outfitters Inc., Aeropostale decidió recurrir a una realidad clave de su mercado meta: los adolescentes, especialmente aquellos que quieren verse como los demás. Así, mientras Abercrombie y American Eagle reducían el número de existencias de pantalones en las rebajas de otoño de 2003, Aeropostale no hacía más que aumentar su número y venderlos a un precio adecuado para no vaciar los bolsillos de los adolescentes. Pero invertir en la tendencia correcta resulta costoso. Por otra parte, Aeropostale es de los minoristas más cuidadosos en lo que a estudios de mercado se refiere. Además de *focus groups* con adolescentes y de pruebas de producto en las propias tiendas, Aeropostale lanzó un programa basado en Internet para pedir la opinión de los visitantes con el fin de crear nuevos estilos. La empresa se dirige a sus 10,000 mejores clientes y logra que participen unos 3,500 voluntarios en cada una de las 20 pruebas anuales que realiza. Así Aeropostale pasó de ser un minorista deslucido con sólo 100 tiendas a convertirse en un gigante con 494 tiendas en centros comerciales que han crecido, en promedio, un 88% en los últimos tres años.[11]

El verdadero desafío comienza luego de definir el surtido de productos. Consiste en desarrollar una estrategia de diferenciación de producto. Éstas son algunas opciones:

■ ***Desarrollar marcas nacionales exclusivas que no están disponibles para los minoristas competidores.*** Por ejemplo, Saks podría conseguir los derechos exclusivos para comercializar los vestidos de un diseñador de renombre internacional.

Anuncio impreso del calzado deportivo de Hot Topic y Converse: Hot Topic diseña, antes que la competencia, el producto que los adolescentes desean.

■ *Enfocarse casi exclusivamente en marcas propias.* Benetton y GAP diseñan la mayor parte de la ropa que se vende en sus establecimientos. Muchos supermercados y cadenas de descuento venden productos de marcas propias.

■ *Diferenciarse a través de eventos comerciales.* Bloomingdale's realiza exposiciones mensuales con productos de otro país, como India o China.

■ *Sorprender con cambios en el diseño de los productos.* El minorista de ropa de descuento T. J. Maxx ofrece surtidos sorpresa de productos que el propietario quiere vender rápidamente porque necesita efectivo, excedentes de inventario y ropa fuera de temporada, con lo que logra vender más de 10,000 artículos por semana.

■ *Ser el primero en introducir lo último o lo más nuevo.* Hot Topic vende ropa moderna y artículos pop difíciles de encontrar dirigidos a adolescentes, y aprovecha las diferentes tendencias para lanzar nuevos productos en un plazo de entre seis y ocho semanas, esto es, literalmente, meses antes de que lo hagan sus competidores habituales.[12]

■ *Ofrecer los productos con servicios personalizados.* Harrod's, en Londres, confecciona trajes, camisas y corbatas a la medida, además de contar con una sección de ropa ya confeccionada para caballero.

■ *Ofrecer un surtido muy especializado.* Lane Bryant ofrece artículos para mujeres con tallas grandes. Brookstone ofrece herramientas y aparatos poco comunes, para personas que deseen comprar en tiendas "de juguetes para adultos".[13]

Los productos pueden variar en función del mercado geográfico. En 2003, Best Buy hizo una revisión de cada uno de sus 25,000 almacenes para ajustar la mercancía al nivel de ingresos y a los hábitos de compra de los consumidores de la zona.[14] Bed Bath & Beyond permite a los gerentes de las tiendas seleccionar el 70% de la mercancía para ajustar los productos a los gustos locales.[15]

ABASTECIMIENTO Después de haber decidido la estrategia de surtido de productos, el minorista tiene que definir sus fuentes, políticas y prácticas de abastecimiento. En las sedes de las cadenas de supermercados, los compradores especialistas (denominados a veces *gerentes de categoría*) son los responsables de desarrollar la variedad de la marca y de escuchar las presentaciones de los vendedores. En otras cadenas, los compradores están autorizados para aceptar o rechazar nuevos productos. En otros casos, se limitan a proceder a los "rechazos evidentes" y a las "aceptaciones evidentes", y someten los demás artículos a la aprobación del comité de compras. Incluso cuando un comité acepta un producto, es posible que algunos establecimientos individuales no los vendan. La comercialización de cerca de un tercio de los productos es obligatoria, mientras que el tercio restante se somete al criterio del gerente de cada establecimiento.

Los fabricantes se enfrentan a un gran reto cuando intentan introducir nuevos productos. Ofrecen a los supermercados entre 150 y 250 nuevos artículos cada semana, de los cuales los compradores rechazan más del 70%. Los fabricantes necesitan conocer qué criterios utilizan los compradores, los comités de compra y los gerentes de los establecimientos para aceptar un producto. A. C. Nielsen Company entrevistó a diversos gerentes y descubrió que lo que más influía en sus decisiones, en orden de importancia, era la aceptación de los consumidores, un plan de publicidad y de promoción de ventas bien diseñado, e incentivos financieros generosos por parte del fabricante.

Los minoristas mejoran cada vez más sus habilidades en las estimaciones de la demanda, de selección de productos, de control de inventario, de asignación de espacios y de exposición. Utilizan computadoras para controlar el inventario, computar el volumen económico del pedido, realizar pedidos y determinar el dinero invertido en cada vendedor y en cada producto. Las cadenas de supermercados utilizan datos que obtienen a través de escáner para administrar su mezcla de productos por tienda. Muy pronto, todos los establecimientos utilizarán "etiquetas inteligentes" para controlar los artículos en tiempo real, desde las fábricas hasta los supermercados, e inclusive hasta los carritos de autoservicio. Estas etiquetas se basan en versiones simplificadas de la tecnología de seguimiento RFID (identificación por radiofrecuencia). Estos sistemas están compuestos por lectores y "etiquetas inteligentes", es decir, microchips comunicados con antenas. Cuando una etiqueta está cerca de un lector, éste envía la información del chip. Las etiquetas inteligentes contienen números exclusivos para identificar los productos, y pueden servir para recuperar información adicional almacenada en el microchip. Si desea leer más sobre otros usos (y abusos) de esta tecnología, véase *Marketing en acción: Las etiquetas cada vez más inteligentes*.

Cuando los minoristas estudian la rentabilidad de la compra y de la venta de cada producto, suelen descubrir que un tercio de su superficie está repleto de productos que no aprotan beneficios económicos para la tienda (por encima del costo del capital). Otro tercio de la superficie se destina a productos con economías de equilibrio (o punto muerto). Y el tercio restante es el que genera más del 100% de las utilidades. Sin embargo, la mayor parte de los minoristas no sabe qué tercio de sus productos es el que reporta utilidades.[16]

Los establecimientos utilizan la **rentabilidad directa del producto (RDP)** para calcular los costos de manipulación de un producto (recepción, traslado hasta el almacén, papeleo, selección, comprobación, carga y costo por ocupar espacio) desde que llega al almacén hasta el momento en que un consumidor lo adquiere en el establecimiento minorista. Los vendedores que han adoptado este cálculo se sorprenden al constatar que el margen bruto de un producto suele guardar escasa relación con la utilidad directa del mismo. Algunos productos de gran volumen pueden tener costos de manipulación tan altos que resultan poco redituables, por lo que merecerían menos espacio en los anaqueles que otros de menor volumen. Es evidente que los fabricantes se enfrentan a minoristas cada vez más exigentes.

Para diferenciarse y despertar el interés de los consumidores, algunos minoristas de artículos de lujo intentan variar sus establecimientos y sus productos. Burberry's vende mancuernillas antiguas y faldas escocesas a la medida en Londres, y gabardinas personalizadas en Nueva York.[17]

Trader Joe's es un establecimiento que logra diferenciarse, en gran medida, gracias a su innovadora estrategia de abastecimiento.

TRADER JOE'S INC.

Con sede en Los Ángeles, Trader Joe's se fundó hace 45 años como tienda de conveniencia y ha creado su propio nicho. Se la ha descrito como "un híbrido entre tienda para gourmet y almacén de descuento", por vender un surtido de alimentos y vinos caros con una rotación constante y precios mucho más bajos que el promedio. Trader Joe's también vende cerca del 80% de lo que ofrece como marcas privadas (en comparación con tan sólo el 16% de la mayoría de supermercados). Respecto al abastecimiento, Trader Joe's ha adoptado una filosofía de "menos es más". Cada establecimiento tiene unos 2,500 productos, en comparación con los 25,000 de los supermercados convencionales, y además sólo acepta aquellos productos que puede comprar y vender a buen precio, aunque eso signifique cambiar el surtido de productos cada semana. Cada uno de sus 18 compradores expertos acuden directamente con cientos de proveedores (no con intermediarios), y entre el 20 y 25% de ellos están en el extranjero. La empresa mantiene relaciones con miles de fabricantes de todo el mundo, por lo que el éxito de su fórmula empresarial es difícil de imitar. Además, los productos sólo llegan a los anaqueles si reciben

MARKETING EN ACCIÓN | LAS ETIQUETAS CADA VEZ MÁS INTELIGENTES

En abril de 2004 llegaron al centro de distribución de Wal-Mart en Sanger, Texas, una serie de fardos de papel higiénico. Este acontecimiento, aparentemente cotidiano, realmente fue el precursor de una revolución en la tecnología de la venta minorista. Con una pequeña etiqueta electrónica pegada a cada caja de embalaje de productos Kimberly Clark, el papel higiénico anunció su propia llegada al centro de distribución, mientras que la computadora, al mismo tiempo, comprobaba que se trataba de las mismas cajas que habían abandonado la fábrica de Kimberly Clark previamente. Si alguno de las cajas hubiese faltado, la computadora habría dado la señal de alarma.

La identificación por radiofrecuencia (RFID) o etiquetas "inteligentes" ha existido durante décadas. Sin embargo, el hecho de que Wal-Mart haya comenzado a utilizarlas extensivamente podría volverlas tan comunes como los códigos de barras. Para que los lotes de papel higiénico, champú y otros artículos avisen de su llegada al centro de distribución de Wal-Mart, la empresa anunció que espera (o más bien exige) que sus 100 proveedores principales hayan adoptado la tecnología RFID para enero de 2005, con lo que causó conmoción en el mundo minorista. Y lo cierto es que los proveedores hacen todo lo que Wal-Mart les pide. Si los proveedores de Wal-Mart cumplen el plazo que la empresa les fijó, este megaminorista espera ahorrar hasta ocho mil millones de dólares al año. Esto es sólo una idea general de cómo la tecnología RFID cambiará el escenario empresarial.

Las etiquetas inteligentes permiten que los minoristas avisen a los fabricantes antes de que los anaqueles se queden vacíos, y que los fabricantes perfeccionen aún más su cadena de distribución para no producir o distribuir demasiados artículos, o muy pocos. Gillette afirma que las empresas minoristas y de bienes de consumo pierden cerca de 30,000 millones de dólares al año por quedarse sin existencias de productos clave. Gillette está recurriendo a las etiquetas inteligentes para que los propietarios de las tiendas sepan cuándo necesitan pedir más producto, y para alertar ante posibles robos cuando el número de productos de una estantería disminuye a un ritmo demasiado rápido. Gillette también utiliza esta tecnología para mejorar la logística y el transporte desde las fábricas, en lugar del código de barras tradicional. Los consultores de IBM afirman que las etiquetas inteligentes permiten reducir el volumen de inventario entre un 5 y 25%.

La tecnología RFID tiene el potencial de transformar las relaciones de las personas con los objetos que les rodean, y las relaciones de los objetos entre sí. Por ejemplo, muy pronto, las prendas de vestir podrán indicarle a la lavadora qué programa conviene utilizar. La comida congelada podrá indicarle al microondas cuántos minutos necesita para quedar en su punto. "Parecería como si la tecnología RFID otorgara a los objetos inanimados la capacidad de percibir, razonar, comunicarse, e incluso de actuar", afirma Glover Ferguson, responsable de ciencia de la consultoría Accenture.

La capacidad de vincular la identidad de los productos con bases de datos que almacenan sus historiales hace de esta tecnología una herramienta extremadamente útil para evitar las falsificaciones, e incluso garantizar la calidad y seguridad de los alimentos y las medicinas. Por ejemplo, una empresa de alimentos programaría un sistema para alertar a los jefes de planta cuando los empaques de carne permanecieran sin refrigeración durante demasiado tiempo. La FDA ya está ejerciendo presión para que se utilice este tipo de etiquetado en los medicamentos, con el fin de evitar que las falsificaciones lleguen al mercado. Algunos minoristas utilizan esta tecnología para evitar robos.

Aunque las etiquetas inteligentes son de gran ayuda para las empresas, también despiertan suspicacias en torno a la intimidad de los consumidores. Tomemos el caso de los medicamentos a modo de ejemplo. Los lectores electrónicos de las oficinas podrían detectar el tipo de medicamentos que utilizan sus empleados, lo que supondría una intromisión en su vida privada. O por ejemplo, ¿qué ocurriría con las tarjetas de lealtad que codifiquen todo tipo de información personal o financiera? Ya existe un grupo formado por más de 40 asociaciones de consumidores que demanda leyes de notificación pública estrictas, el derecho de solicitar la desactivación de la etiqueta cuando las personas abandonan el establecimiento, y límites generales en el uso de la RFID hasta que los temas de la privacidad y la intimidad de los consumidores se hayan analizado de manera suficiente. Sin embargo, los defensores de las etiquetas inteligentes tienen tiempo para organizarse. Hasta el momento, el precio de la tecnología RFID es demasiado prohibitivo como para adherir etiquetas inteligentes en todos los productos. Con un precio de entre 25 y 50 centavos por etiqueta, todavía no resulta rentable colocarlas en las latas de bebidas refrescantes o en los tubos de crema dental.

Fuentes: Christine Y. Chen, "Wal-Mart Drives a New Tech Boom", *Fortune,* 28 de junio de 2004, p. 202; Rana Foroohar, "The Future of Shopping", *Newsweek,* 7 de junio de 2004, p. 74; Jonathan Krim, "Embedding Their Hopes in RFID. Tagging Technology Promises Efficiency but Raises Privacy Issue", *Washington Post,* 23 de junio de 2004, p. E01; Barbara Rose, "Smart-Tag Wave About to Wash over Retailing", *Chicago Tribune,* 18 de abril de 2004, p. 5; "The Best Thing Since Bar Code", *The Economist,* 8 de febrero de 2003, pp. 57–58.

---

el visto bueno de un grupo de catadores, que varía en función de la ubicación geográfica para que los productos se ajusten a los gustos regionales. Pero aunque un producto finalmente llegue a los anaqueles, nada garantiza su éxito. La empresa introduce unos 20 productos cada semana para sustituir a aquellos con menor aceptación.[18]

SERVICIOS Y ATMÓSFERA DEL ESTABLECIMIENTO La mezcla de servicios es una herramienta clave para la diferenciación de los establecimientos. Los minoristas deben decidir qué *mezcla de servicios* quieren ofrecer a sus clientes:

■ Los servicios previos a la compra incluyen pedidos por teléfono y por correo, publicidad, escaparates y exposiciones en el interior de la tienda, probadores, horarios de compra, desfiles de moda y aceptación de artículos usados.

■ Los servicios posteriores a la compra incluyen transporte y entrega a domicilio, envoltura para regalo, arreglos, devoluciones, modificaciones, confección a la medida, instalaciones, grabados, etcétera.

■ Los servicios adicionales incluyen información general, recepción de cheques personales, estacionamiento, restaurantes, reparaciones, decoración interior, crédito, servicios sanitarios y guardería.

Los minoristas también tienen que considerar la diferenciación en función de la confiabilidad de los servicios. Sometidos a la presión de los establecimientos de descuento y de los compradores a los que cada vez preocupan menos las marcas, los minoristas están redescubriendo la utilidad de los servicios como factor de diferenciación, ya sean éstos cara a cara, por teléfono, o incluso a través de la innovación tecnológica:

■ Los dependientes de GAP reciben hoy el doble de capacitación que en el pasado, y se les anima a ayudar a los clientes a combinar conjuntos de ropa, lo que aumenta las posibilidades de llevar más prendas a la caja registradora.

■ Wal-Mart instaló cajas rápidas de pago automático para ayudar a los clientes más apresurados en la fase final de sus compras.

■ Las tiendas de comestibles han comenzado a apuntar directamente a los clientes, preguntándoles qué les gustaría encontrar en los puntos de venta. La cadena Hannaford Brothers de Nueva Inglaterra hizo exactamente eso, y guiándose por las respuestas, aumentó su oferta de alimentos orgánicos y naturales.

Independientemente de lo que hagan los minoristas para mejorar los servicios para sus clientes, siempre tendrán que pensar en las mujeres. Cerca del 85% de todos los bienes y servicios vendidos en Estados Unidos los compra una mujer o, por lo menos, alguna mujer influye en su adquisición. Y lo cierto es que las mujeres están hartas del deterioro en los servicios e intentan por todos los medios sortear el sistema: recurren a los pedidos *on line*, evitan las ventas engañosas o simplemente dejan de comprar.[19] Véase *Cuestiones clave: Lo que esperan las mujeres del servicio al cliente*, para consultar directrices que hacen la experiencia de compra más gratificante para las mujeres (y para las cuentas de la empresa).

La *atmósfera* del establecimiento es otro elemento clave del arsenal minorista. Cada establecimiento tiene una determinada distribución física, que hace que sea fácil o difícil moverse por él, y una apariencia propia. El establecimiento debe ofrecer una imagen acorde con su mercado meta e incitar a los consumidores a la compra. Veamos el caso de Kohl's.

KOHL'S

El gigante minorista Kohl's emplea una distribución del suelo en forma de circuito de atletismo. Este sistema está diseñado para que los clientes pasen por delante de todos los productos de la tienda, y consiste en un pasillo de 2.5 metros de ancho que les hace moverse en círculo dentro del establecimiento. El diseño también incluye un pasillo central que los compradores con más prisa pueden utilizar como atajo. Este sistema circular genera más ventas que los de los competidores: las tiendas Kohl's reciben unos 25.92 dólares por metro cuadrado, respecto a los 20.43 dólares de Target y los 13.65 de Dillard's.[20]

Los supermercados han descubierto que al variar el ritmo de la música también varía el tiempo promedio que pasan los consumidores en el establecimiento y el volumen promedio de compras por cliente. Últimamente, los minoristas también están añadiendo fragancias a sus establecimientos para estimular determinadas actitudes de los compradores. En el aeropuerto de Heathrow, Londres, perfuman el ambiente con aroma de pino porque estimula la sensación de vacaciones y de excursiones de fin de semana. Los vendedores de automóviles usados rocían los vehículos con una fragancia de "cuero" para que huelan como si fueran nuevos.[21]

CUESTIONES **CLAVE** | LO QUE ESPERAN LAS MUJERES DEL SERVICIO AL CLIENTE

1. *Empezar por el final: acelerar la salida.* No intente hacer que una mujer pierda su tiempo. Whole Foods garantiza un tiempo máximo de espera en la caja de cuatro minutos. National Car Rental acabó con la necesidad de esperar al permitir a sus clientes reservar los vehículos a través de Internet. Así que piense un momento: ¿qué pensarán sus clientes más rentables cuando tengan que hacer largas filas porque el cliente que sólo compra unos cuantos artículos entorpece el tránsito de salida?

2. *Haga que la experiencia valga la pena.* Desarrolle el método para que todos los que estén cerca de la puerta saluden a todos los compradores y conozcan la disposición del piso de la tienda. Wal-Mart y Old Navy tienen personas contratadas para que saluden permanentemente. Si no tiene la posibilidad de emplear a más trabajadores, coloque a los más simpáticos cerca de la puerta.

3. *Cree grupos de vigilancia para la mejor atención al cliente.* A la respuesta de "¿Puedo ayudarle?", muchas mujeres responden "Sólo estoy mirando, gracias". Probablemente sólo están mirando. Pero esté atento para cuando levanten la cabeza hacia el horizonte en busca de ayuda. En ese momento estarán listas para recibir ayuda, y la querrán ¡ya! Es el momento de la verdad, y si lo deja pasar, lo habrá perdido para siempre.

4. *Conózcase a sí mismo.* Hay una razón especial por la que minoristas como Chico's, The Limited, y Kohl's han cosechado tanto éxito. No sólo se debe a la integración de sus marcas (productos, entorno, servicio y precios), sino a que satisfacen las expectativas de los clientes que los quieren. Demasiados minoristas desean conseguir "nuevos" clientes (más jóvenes, más delgados, más modernos, con más dinero), y olvidan a sus clientes principales. Enorgullézcase de quién es, y quiera a los que están con usted.

Fuente: Adaptado por Mary Lou Quinlan, "Women Aren't Buying It", *Brandweek*, 2 de junio de 2003, pp. 20–22.

ACTIVIDADES Y EXPERIENCIAS DE ESTABLECIMIENTO El auge del comercio electrónico ha obligado a los minoristas tradicionales a tomar medidas. Además de sus ventajas naturales, como la oferta de productos que los compradores pueden ver, tocar y sentir, o el servicio y la puntualidad en compras de tamaño medio o reducido, también ofrecen experiencias de compra como un factor de diferenciación muy importante.[22]

Para animar a los consumidores más aficionados a Internet a visitar sus establecimientos, los minoristas desarrollan nuevos servicios y promociones. El cambio de estrategia se nota en prácticas tan sencillas como llamar "huéspedes" a los compradores (como muchas tiendas hacen ya) o en prácticas tan fastuosas como crear un parque de diversiones dentro de la tienda.

Por ejemplo, REI aplica el principio de "la venta minorista experimental" para su ropa y sus equipos de deporte al aire libre: los clientes pueden probar el equipo de escalada en paredes de ocho o incluso de 20 metros dentro de la propia tienda, y pueden probar los abrigos de Gore-Tex situándose debajo de una ducha que simula la lluvia.[23] Las tiendas Victoria's Secret operan según el concepto de "teatro de la venta minorista". Los clientes sienten que protagonizan una novela de amor, con música romántica y tenues aromas florales de fondo.

Se ha producido un considerable aumento en el número de establecimientos que ofrecen a los consumidores un lugar para reunirse, como por ejemplo cafeterías, librerías y bares. Bass Pro Shops, un minorista de equipos de deporte al aire libre, imita acuarios gigantes, cascadas, ríos con truchas, campos de tiro con arco y con rifle, hoyos de golf, y ofrece clases de cualquier deporte, desde pesca en el hielo hasta conservación de la naturaleza, y todo gratis. The Discovery Zone, una cadena de juguetes infantiles, ofrece espacios interiores en los que los niños pueden jugar libremente sin temor a causar destrozos, y los padres agobiados pueden intercambiar historias.

Los minoristas también crean entretenimiento dentro de los establecimientos con el fin de atraer nuevos clientes en busca de diversión y emoción. En el Reino Unido, Selfridges es el campeón del modelo de negocio del "espectáculo" y del parque temático minorista. Selfridges también ofrece zonas a otros fabricantes para que controlen y ofrezcan sus marcas. La empresa anima a estos vendedores a crear áreas vibrantes, emocionantes, que no sólo parezcan diferentes, sino que también permitan realizar actividades diferentes. Mientras los minoristas se esforzaban por encontrar "un centro de gravedad más joven", las ventas de Selfridges aumentaron un 10.6% entre 2002 y 2003.

Incluso fabricantes como Maytag son conscientes del potencial que encierran los espectáculos minoristas con sus marcas como protagonistas, y han creado "establecimientos escaparate". En la gran inauguración de Costa Mesa, la tienda de Maytag de California, se invitaba a los clientes a "hornear galletas, lavar los platos y a poner en funcionamiento la lavadora". Y los incitaba: "Deténgase un momento y pruebe hoy su nuevo electrodoméstico." La prueba de electrodomésticos no es algo que sólo se permite en las inauguraciones de las tiendas Maytag, sino más bien algo que ocurre en ellas todos los días. Los clientes se sientan y comen galletas en las cocinas de diseño de Maytag, y después observan lo limpios que deja los platos el lavavajillas. También llevan su ropa sucia para probar las lavadoras/secadoras mientras los niños ven dibujos animados en el televisor.[24]

Los centros comerciales supra-regionales están abriendo tiendas únicas y muy interesantes, en lugar de limitarse a los puntos de venta de marcas y a los minoristas tradicionales que suelen ocupar los centros comerciales tradicionales. Laurence C. Siegel, presidente y director general de Mills Corp., afirma: "En nuestros centros no hay ningún Macy's. Queremos minoristas que constituyan un destino de por sí." La tienda Sony Style, en la que se exhiben los productos electrónicos y de entretenimiento de Sony en entornos que fomentan la prueba por parte de los consumidores, es un ejemplo de una tienda de megacentro comercial.

DECISIONES DE PRECIO Los precios que fija el minorista son un factor clave de su posicionamiento, y para que resulten eficaces se deben considerar el mercado meta, la mezcla de productos y servicios, y la competencia. A todos los minoristas les gustaría poder aplicar márgenes altos y registrar grandes volúmenes de ventas. Les gustaría obtener *altas rotaciones* multiplicadas por *altos márgenes*, pero generalmente estos dos conceptos no se presentan juntos. La mayoría de los distribuidores optan por *márgenes más altos y un volumen de ventas pequeño* (establecimientos selectos), o por *márgenes reducidos y volumen de ventas alto* (vendedores masivos y establecimientos de descuento). Dentro de cada uno de estos grupos hay distintas categorías. Bijan's, en Rodeo Drive (Beverly Hills) vende trajes a partir de 1,000 dólares y zapatos a partir de 400. En el extremo contrario, Target ha combinado con destreza una imagen moderna con precios de ganga, para ofrecer a sus clientes una fuerte propuesta de valor.

Los minoristas también deben prestar atención a las tácticas de precios. La mayoría fija precios bajos para determinados productos con el fin de generar afluencia de consumidores y atraer a los compradores con "precios gancho". También pueden aplicar estrategias de rebajas, es decir, periodos en que se reducen los márgenes. Por ejemplo, una zapatería espera vender el 50% de sus zapatos con un margen normal, el 25% con un margen del 40% y el 25% restante a precio de costo.

Como veíamos en el capítulo 14, algunos minoristas como Wal-Mart abandonaron las rebajas en favor de los precios bajos todos los días. Esta estrategia supone menos costos de publicidad, mayor estabilidad de precios, una imagen más fuerte de precios justos y confiables, y ganancias más cuantiosas. Los estudios demuestran que las cadenas de supermercados que practican los precios bajos diarios, en general, son más rentables que las que aplican estrategias de precios altos-bajos, pero sólo en determinadas circunstancias.[25]

DECISIONES DE PROMOCIÓN Los minoristas utilizan una amplia gama de herramientas de promoción para atraer clientes y generar compras. Utilizan anuncios publicitarios, lanzan promociones especiales y rebajas, emiten cupones de descuento, anuncian programas de lealtad, ofrecen degustaciones y regalan vales en las cajas registradoras. Cada minorista debe emplear la estrategia de comunicación que mejor sustente y refuerce su posicionamiento. Los establecimientos selectos optarán por páginas completas para sus anuncios en periódicos y revistas como *Vogue, Vanity Fair* o *Esquire*. Capacitarán cuidadosamente a sus vendedores sobre cómo deben saludar a los clientes, interpretar sus necesidades y enfrentar las reclamaciones. Los minoristas de precios bajos prepararán su mercancía para promover la idea de oportunidades y grandes ahorros, al tiempo que cuidarán el servicio y el asesoramiento de los vendedores.

BLOOMINGDALE'S Y LIMITED TOO

Para evitar los astronómicos costos de publicidad y destacar sutilmente determinadas marcas, algunos minoristas publican revistas en papel brillante o incluso libros, y a veces cobran a los clientes por ellos. El selecto Bloomingdale's de Nueva York publicó B en 2003, una revista a todo color de 130 páginas, de la cual el 80% del contenido destacaba asuntos de moda, viajes, entretenimiento y noticias de personajes famosos. Cerca de 270,000 clientes del programa de lealtad de Bloomingdale's reciben la revista trimestralmente de forma gratuita, pero los demás pueden adquirirla por 3.95 dólares en Bloomingdale's o mediante una suscripción. Limited Too adoptó una estrategia aún más sutil. Este minorista de ropa y accesorios para niñas entre 8 y 14 años empezó a vender no hace mucho "Tuned In", una serie de libros de ficción de Julia De Villers. Los libros se venden a 5.50 dólares sólo en los puntos de venta. Aunque esta serie no pretende anunciar los productos de Limited, la primera novela que apareció, *Fast Friends*, está llena de referencias a la moda e incluye la lista de compras que hizo el personaje principal antes de regresar a clases. Éstas y otras publicaciones minoristas no incluyen el número de teléfono de la empresa ni la dirección de su sitio Web, sino que persiguen que el lector absorba o imite el estilo de vida de la marca o la imagen que transmite el minorista de sí mismo.[26]

DECISIONES SOBRE UBICACIÓN Muchos minoristas coinciden en que las tres claves del éxito en la venta minorista son "ubicación, ubicación y ubicación". Las cadenas de tiendas departamentales, las empresas petroleras, las franquicias de comida rápida, entre muchas otras, ponen mucho esmero al seleccionar el lugar en el que van a situar su establecimiento. El problema consiste, en primer término, en seleccionar la región del país en la que se desea operar, a continuación, las ciudades específicas y, por último, las direcciones exactas. Una cadena de supermercados podría desear operar en la zona del medio oeste de Estados Unidos; en las ciudades de Chicago, Milwaukee e Indianápolis; y en 14 ubicaciones, la mayoría en los suburbios de Chicago.

Los minoristas pueden elegir entre situar su negocio en una zona céntrica, en un centro comercial de alcance regional, en un centro comercial de alcance local, en una galería comercial, o en el interior de una gran tienda:

■ *Zonas comerciales céntricas.* Suelen ser las zonas más antiguas y transitadas de las zonas urbanas, conocidas simplemente como "centro de la ciudad". Los alquileres de los locales comerciales y de las oficinas suelen ser caros. La mayoría de estas zonas han experimentado cambios de población, sobre todo a causa de la emigración hacia zonas periféricas iniciada en los años 60, lo que ha supuesto un deterioro de las posibilidades de compra. Sin embargo, en los 90 empezó a resurgir un cierto interés por los departamentos, las tiendas y los restaurantes del centro en muchas ciudades.

■ *Centros comerciales de alcance regional.* Se trata de concentraciones de establecimientos comerciales que contienen entre 40 y 200 tiendas. Normalmente atienden a clientes en un radio de entre 8 y 32 kilómetros. Por lo general, en estos centros se encuentra algún establecimiento de dimensión nacional como JCPenney o Lord & Taylor, y un gran número de tiendas más pequeñas, muchas de ellas en régimen de franquicia. Sin embargo, el papel tradicional de los minoristas se derrumba frente a grandes establecimientos como Petco, Circuit City y Bed Bath & Beyond.[27] Los centros comerciales resultan atractivos por sus instalaciones para estacionar el automóvil, por sus zonas recreativas y restaurantes, y porque sólo es necesario hacer un viaje para encontrar de todo. Los centros comerciales de éxito cobran alquileres altos por los locales, y algunos exigen una participación de las ventas de los distintos establecimientos.

■ *Centros comerciales de alcance local.* Se trata de centros comerciales de menor dimensión que alojan entre 20 y 40 establecimientos más pequeños.

■ *Galerías comerciales.* Este formato consiste en un conjunto de establecimientos, normalmente albergados en una superficie alargada, donde se encuentran tiendas de comestibles, ferreterías, tintorerías, zapaterías, lavanderías, etc., de una colonia de vecinos que se encuentra a una distancia, en tiempo, de entre cinco y 10 minutos.

■ ***Ubicación dentro de un establecimiento más grande.*** Algunos minoristas de renombre, como McDonald's, Starbucks, Nathan's, o Dunkin' Donuts, ubican pequeños establecimientos en espacios de concesión dentro de establecimientos de mayor tamaño, como los aeropuertos, los colegios, o las tiendas departamentales.

Los minoristas deben decidir la mejor situación para sus establecimientos, considerando la relación entre el tránsito de consumidores y el precio del alquiler. Tienen a su disposición toda una serie de métodos para decidir la localización más ventajosa, entre los que pueden citarse los recuentos de personas que pasan por la zona, las encuestas sobre hábitos de compra de los consumidores, y el análisis de situación de la competencia.[28] Históricamente, se han desarrollado varios modelos para determinar la localización óptima.[29]

Los minoristas pueden valorar la efectividad de ventas de un establecimiento a partir de cuatro indicadores: **1.** número de personas en la zona en un día normal, **2.** el porcentaje que entra en el establecimiento, **3.** el porcentaje de compra de quienes entran en el establecimiento y **4.** el monto promedio de las compras.

Tendencias de la venta minorista

Llegados a este punto podemos resumir los principales avances que deben considerar tanto minoristas como fabricantes a la hora de planear sus estrategias competitivas.

■ ***Nuevas formas y combinaciones minoristas.*** Algunos supermercados incluyen sucursales bancarias. Las librerías ofrecen cafeterías. Las gasolineras incluyen tiendas de alimentos. Los supermercados Loblaw's han agregado gimnasios a sus establecimientos. Los centros comerciales y las estaciones de autobuses y trenes tienen carritos con diversas mercancías a los lados de los pasillos. Los minoristas también experimentan con tiendas de duración limitada llamadas "pop-ups", en las que los minoristas promueven marcas, se dirigen a los compradores estacionales y desencadenan rumores. Cuando Target lanzó su primera línea de prendas diseñadas por Isaac Mizrahi abrió una tienda temporal en el Rockefeller Center de Nueva York en la que sólo vendía esta línea. La publicidad convenció a los compradores para que se dirigiesen a la tienda Target de Queens, un barrio en la periferia de Nueva York. JCPenney tomó nota de lo que hizo Target, y exhibió las líneas de hogar, baño y cocina diseñadas por Chris Madden en un espacio de 230 metros cuadrados en el Rockefeller Center durante un mes. Esta tienda temporal ofrecía cuatro computadoras para comprar a través de Internet, de modo que los visitantes estaban expuestos a una mayor selección de artículos de JCPenney.[30]

■ ***Aumento de una competencia heterogénea.*** Diferentes tipos de establecimientos (tiendas de descuento, tiendas departamentales, establecimientos con venta por catálogo) compiten por los mismos clientes ofreciendo el mismo tipo de artículos. Los minoristas que han ayudado a los compradores a seleccionar los precios, a simplificar su vida cada vez más ocupada y complicada, y que les ofrecen una conexión emocional, son los que más éxito han cosechado y cosecharán en el nuevo panorama de la venta minorista del siglo XXI. Los triunfadores absolutos: supercentros, tiendas de todo a un dólar, almacenes e Internet.[31]

■ ***Competencia entre minoristas con y sin establecimiento.*** En la actualidad, los consumidores reciben ofertas a través de cartas personalizadas y catálogos, de la televisión, de las computadoras y de los teléfonos. Estos minoristas sin establecimiento arrebatan clientes a los minoristas con establecimiento. Algunos de estos últimos pensaron, en un principio, que la venta a través de Internet era una amenaza definitiva. Home Depot sorprendió a sus principales proveedores (Black & Decker, Stanley Tools, entre muchos otros) al enviarles una notificación en la que les advertía que si comenzaban a comercializar sus productos a través de Internet, Home Depot rescindiría sus contratos de abatecimiento. En la actualidad, Home Depot está descubriendo las ventajas de trabajar con ciberminoristas. Wal-Mart se asoció recientemente con America Online (AOL), de modo que esta última ofrece servicios de acceso a Internet a bajo costo con la marca Wal-Mart; y Wal-Mart, por su parte, promueve a AOL en sus establecimientos y en la publicidad televisiva. Determinados minoristas como Wal-Mart y Kmart han desarrollado sus propios sitios Web, y algunos ciberminoristas están descubriendo las ventajas de poseer o administrar sus propios establecimientos físicos, tanto almacenes como puntos de venta.

■ ***Crecimiento de los minoristas gigantes.*** Gracias a sus magníficos sistemas de información y logística, y a su capacidad de compra, los grandes minoristas ofrecen un buen servicio y volúmenes inmensos de productos a precios que atraen a infinidad de consumidores. En este proceso dejan fuera de la jugada a los minoristas más pequeños que no están en posibilidades de ofrecer una cantidad suficiente. Los minoristas gigantes incluso indican a los fabricantes más poderosos lo que tienen que hacer, cómo deben fijar sus precios y promover sus productos, cuándo y cómo expedir sus mercancías, e incluso cómo mejorar la producción y la administración. Los fabricantes necesitan estas cuentas: si no, perderían entre el 10 y 30% del mercado. Algunos minoristas gigantes son *eliminadores de categoría (category killers)*, es decir, se concentran en una categoría de productos, por ejemplo en los juguetes (Toys "R"

Us), la mejora del hogar (Home Depot), o los productos para oficina (Staples). Otros son *supercentros* que combinan alimentos con otra gran selección de productos no alimenticios (Wal-Mart). El supercentro es el modelo que prevalece en Estados Unidos: el 63% de las mujeres estadounidenses compraron en estos establecimientos en los últimos 90 días de 2003, mientras que sólo el 32% lo hizo en 2000.[32]

■ ***Declive de los minoristas que atienden al mercado intermedio.*** Cada vez más, el sector minorista adopta forma de reloj de arena: el crecimiento se concentra en los extremos superiores (con ofertas de lujo) o en los extremos inferiores (con precios de descuento). Las oportunidades en segmentos intermedios escasean, donde los minoristas como Sears y JCPenney se desenvuelven. De hecho, Montgomery Ward llegó a quebrar. Los supermercados, las tiendas departamentales y las farmacias son los que corren más riesgos: desde 2000, se ha reducido semanalmente el número de compradores de estos establecimientos en favor de otros puntos de venta más nuevos y relevantes que atienden sus necesidades.[33] A medida que los minoristas de descuento mejoran su calidad y su imagen, los consumidores están más dispuestos a comprar en ellos. Target ofrece diseños Todd Oldham y Kmart vende una amplia gama de ropa interior y de cama Joe Boxer.[34] Para competir de manera más efectiva, Sears ha reajustado su mercancía, sus servicios y precios, con el fin de ofrecer una alternativa más atractiva frente a tiendas departamentales y minoristas de descuento.[35]

■ ***Incremento de la inversión en tecnología.*** Los minoristas utilizan computadoras para hacer proyecciones más precisas, para controlar los costos de inventario, para realizar pedidos a proveedores, para enviar mensajes de correo electrónico entre diferentes establecimientos, e incluso para vender a los clientes dentro de las tiendas. Asimismo, están adoptando sistemas de registro de salida de existencias por escáner,[36] transferencia electrónica de fondos, intercambio electrónico de información,[37] televisión en el punto de venta, sistemas de radar para control del tráfico de clientes,[38] y mejora en los sistemas de manejo de mercancías.

■ ***Presencia internacional de los principales minoristas.*** Los minoristas con un único formato y un fuerte posicionamiento de marca se están expandiendo hacia otros países.[39] Algunos minoristas estadounidenses como McDonald's, The Limited, GAP y Toys "R" Us tienen una presencia mundial. Wal-Mart opera más de 700 establecimientos fuera de Estados Unidos. Entre los minoristas internacionales extranjeros con presencia en Estados Unidos está el británico Marks and Spencer, el italiano Benetton, los hipermercados franceses Carrefour, las tiendas de muebles suecas IKEA y los supermercados japoneses Yaohan.[40]

::: Marcas privadas

Una creciente tendencia y que implica una gran decisión de marketing por parte de los minoristas es la de las marcas privadas. Una **marca privada** (también llamada marca del distribuidor, marca de la tienda o marca de la casa) es toda aquella marca que desarrollan minoristas o mayoristas. Los minoristas como Benetton, The Body Shop y Marks & Spencer ofrecen, principalmente, productos propios. En el Reino Unido, las principales cadenas de supermercados, Sainsbury y Tesco, venden un 50 y 45%, respectivamente, de productos de marca propia. En Estados Unidos, uno de cada cinco productos que se venden tienen marca privada, lo que el año pasado representó 51,600 millones de dólares según la Asociación de Fabricantes de Marcas Privadas.

Algunos expertos consideran que el 50% es la barrera natural de las marcas privadas porque: **1.** los consumidores prefieren determinadas marcas nacionales, y **2.** muchos productos no resultan factibles ni atractivos bajo una marca privada. De ser así, Target ha llegado al "límite", con un 50% de productos de marca privada, incluidos los accesorios para el hogar diseñados por Michael Graves y Todd Oldham.

Lo cierto es que las marcas privadas están ganando tanto terreno que algunos fabricantes se muestran temerosos. Veamos los siguientes casos:[41]

■ La comida para perros Ol' Roy de Wal Mart ha sobrepasado a Purina de Nestlé como líder en ventas.

■ Uno de cada dos ventiladores de techo que se vende en Estados Unidos es de Home Depot y la mayoría pertenecen a su propia marca, Hampton Bay.

■ *Consumer Reports* situó al helado de chocolate del supermercado Winn-Dixie por encima de Breyer's en su calificación de marcas.

■ El gigante de los alimentos Kroger obtiene 4,300 productos de su marca propia de las 41 fábricas que posee y opera.

Existen marcas privadas en numerosas categorías. Cuando los grandes minoristas de productos electrónicos vieron cómo desaparecían las computadoras de sus establecimientos, algunos de ellos, como Best Buy y Radio Shack, lanzaron sus propias marcas.[42]

Marcas del minorista

¿Por qué se preocupan los intermediarios de respaldar sus propias marcas? En primer lugar, son más rentables. Los intermediarios buscan fabricantes con exceso de capacidad para que produzcan sus marcas a bajo costo. Otros costos, como los de investigación y desarrollo, publicidad, promoción de ventas y distribución física, son mucho menores. Esto significa que las empresas con marcas privadas pueden fijar precios más bajos y, aún así, obtener un alto nivel de utilidades. En segundo lugar, los minoristas desarrollan marcas privadas para diferenciarse de los competidores. Muchos consumidores desarrollan preferencias por las marcas privadas en determinadas categorías.

LOBLAW

Desde 1984, cuando su línea de alimentos President's Choice hizo su debut, es difícil hablar de "marcas privadas" sin que Loblaw y President's Choice vengan instantáneamente a la mente. La galleta de Loblaw (empresa con sede en Toronto), llamada Decadent Chocolate Chip Cookie, pronto se convirtió en un producto líder en Canadá, y puso de manifiesto que las marcas privadas podían competir eficazmente con marcas nacionales al ofrecer el mismo nivel de calidad e incluso niveles superiores. Con una estrategia de marca bien detallada en torno a su línea President's Choice, la línea No Name de etiqueta amarilla ha ayudado a diferenciar sus establecimientos y a convertir a Loblaw en una superpotencia en Canadá y Estados Unidos. La línea de productos President's Choice ha cosechado tanto éxito que Loblaw concede licencias de comercialización a los minoristas que no compiten con él en otros países. De este modo, una marca local se ha convertido en una marca internacional, por muy increíble que parezca. En la actualidad, las ventas de la marca de la casa constituyen un 30% de las ventas totales de Loblaw's, mientras que el promedio en Canadá es del 20%.[43]

Así es como "nacieron" las marcas privadas. Cada vez más cadenas buscan diferenciarse en el concurrido sector minorista con marcas que no están disponibles en ningún otro sitio.

RH MACY & CO.

Gracias a una estrategia de marca privada muy creativa, concebida por la empresa matriz de Macy, Federated Department Stores, los adolescentes se desplazan al este de Nueva York en busca de las prendas de vestir American Rag. Federated creó ropa inspirada en una vendimia y la presentó en un entorno que recordara un mercado de las pulgas o tienda de segunda mano. Antes de lanzar American Rag, Federated sembró las semillas de la autenticidad cuidadosamente, al patrocinar una gira de Lollapalooza y al contratar a especialistas de diseño y de marcas.[44]

En algunos casos, incluso se ha experimentado un salto en el tiempo a los días "sin marcas" para determinados productos básicos de consumo y para los medicamentos. Carrefour, pionero de los hipermercados franceses, lanzó una línea de genéricos o productos sin marca a principios de los 70. Los **genéricos** son versiones sin marca, con envases sencillos y con precios inferiores, de productos comunes como espagueti, toallas de papel o duraznos en almíbar. Presentan una calidad estándar o inferior, a un precio entre un 20 y 40% más bajo que las marcas nacionales, y entre un 10 y 20% más bajo que las marcas privadas. El precio más bajo de los genéricos se consigue al utilizar ingredientes de menor calidad, procesos de etiquetado y envasado menos costosos y una publicidad mínima.

La amenaza de las marcas privadas

En la lucha entre marcas de fabricantes y marcas privadas, los minoristas tienen mucha ventaja y un mayor poder sobre el mercado. Como el espacio en los anaqueles escasea, muchos supermercados cobran una *cuota por dedicarle espacio* a una nueva marca con el fin de cubrir los costos de incluirla en el inventario y almacenarla. Los minoristas también cobran por espacios especiales y espacios publicitarios dentro de la tienda. Normalmente dan más prominencia a sus propias marcas y se aseguran de que están bien situadas. En la actualidad, los minoristas están aumentando la calidad de sus marcas.

El creciente poder de las marcas privadas no es el único factor que provoca el debilitamiento de las marcas nacionales. También sucede que los consumidores son más sensibles al precio. Son testigos de una mayor calidad en los productos a medida que los fabricantes y los minoristas nacionales imitan y replican la calidad de

Heinz aportó esta foto que utilizó para la introducción de EZ Squirt: ni los niños ni sus papás tienen una clave para descubrir qué hay dentro sino hasta que vierten el producto o dibujan con él sobre su comida favorita. Los colores: rojo apasionado, naranja intenso y azul verdoso profundo.

las mejores marcas. El aluvión constante de cupones y precios especiales ha educado a toda una generación a comprar con base en el precio. El hecho de que las empresas hayan reducido los gastos de publicidad al 30% del presupuesto total de promoción también ha debilitado su capital de marca. El flujo constante de extensiones de marca y de línea ha diluido la identidad de marca y ha traído consigo una confusa proliferación de productos.

Los fabricantes han reaccionado ante la amenaza de las marcas privadas invirtiendo mucho dinero en la publicidad y en la promoción dirigida al consumidor para conservar la preferencia de marca. Los precios, por tanto, deben ser algo más altos, para cubrir los altos costos de promoción. Al mismo tiempo, los distribuidores masivos presionan a los fabricantes para que inviertan más dinero en ofertas e incentivos comerciales si quieren conseguir espacio en sus anaqueles. Cuando los fabricantes empiezan a ceder, ya tienen menos dinero disponible para invertir en publicidad y promoción al consumidor, por lo que sus marcas van cayendo en espiral. Éste es el dilema de los fabricantes de marcas nacionales.

Para conservar su poder, los principales fabricantes deben hacer fuertes inversiones de manera constante en investigación y desarrollo para crear nuevas marcas, extensiones de línea, nuevas características de producto y mejorar la calidad. Asimismo, deben crear programas publicitarios que implican "jalar" para mantener altos los niveles de conciencia y preferencia de marca, y asociarse con distribuidores masivos para buscar economías de logística y estrategias competitivas que les permitan ahorrar. Para lograr precios más competitivos es crucial reducir todos los costos innecesarios. Las marcas nacionales pueden fijar un precio más alto, pero sin exceder las percepciones de valor de los consumidores.[45] Éste es un ejemplo de lo que deben hacer los fabricantes de marcas líderes:

HEINZ

H. J. Heinz ha conservado el liderazgo en la categoría de la ketchup al combinar un producto inconfundible y ligeramente dulce con una diferencia de precio respecto a los competidores y estrategias de envasado, desarrollo de productos y de promoción bien diseñadas. Así por ejemplo, introdujo sus envases a los que sólo hay que apretar para que dejen salir el contenido sin producir escurrimientos, versiones de la ketchup tradicional con sabores y colores nuevos, y lanzó una publicidad masiva.

::: La venta mayorista

La **venta mayorista** incluye todas las actividades de venta de bienes o servicios dirigidos a la reventa o a fines comerciales. En la venta mayorista no se incluyen fabricantes ni agricultores, puesto que éstos participan fundamentalmente en la producción; tampoco se incluyen minoristas. Los mayoristas (también llamados *distribuidores*) se diferencian de los minoristas en los siguientes aspectos. En primer lugar, los mayoristas prestan menos atención a la promoción, al ambiente y a la ubicación, puesto que tratan con clientes empresariales y no con los consumidores finales. En segundo lugar, las transacciones al mayoreo suelen ser de mayor monto que los intercambios a nivel minorista, y los mayoristas normalmente cubren una zona comercial más amplia que los minoristas. En tercer lugar, el gobierno impone diferentes regímenes legales y fiscales a mayoristas y a minoristas.

¿Por qué se recurre a los mayoristas? ¿Por qué los fabricantes no venden directamente a los minoristas o a los consumidores finales? Por regla general, se recurre a los mayoristas cuando resultan más eficaces en el desarrollo de una o más de las siguientes funciones:

- *Venta y promoción.* La fuerza de ventas de los mayoristas ayuda a los fabricantes a llegar a muchos clientes de tamaño reducido y a un costo relativamente bajo. Los mayoristas tienen más contactos, y los compradores suelen confiar más en ellos que en un fabricante lejano.

- *Compra y constitución del surtido de productos.* Los mayoristas son capaces de seleccionar productos y combinarlos de modo que se ajusten a las necesidades de sus clientes, lo que supone un considerable ahorro de trabajo para éstos.

- *Ahorros derivados de un gran volumen de compras.* Los mayoristas obtienen ahorros para sus clientes al comprar en grandes cantidades que después fragmentan en lotes más pequeños.

- *Almacenamiento.* Los mayoristas almacenan sus existencias, por lo que reducen los costos de inventario y los riesgos para sus proveedores y para sus clientes.

- *Transporte.* Los mayoristas ofrecen repartos más rápidos a los compradores, porque están más cerca de éstos.

- *Financiamiento.* Los mayoristas ofrecen facilidades de pago a sus clientes mediante créditos, y financian a sus proveedores al realizar pedidos con gran antelación y pagar sus facturas a tiempo.

- *Asunción de riesgos.* Los mayoristas asumen algunos riesgos puesto que absorben los costos de robos, daños, deterioros y obsolescencia de la mercancía.

■ *Información del mercado.* Los mayoristas ofrecen información a clientes y proveedores sobre los competidores, sus actividades, productos nuevos, precios, etcétera.

■ *Servicios de administración y asesoría.* Los mayoristas con frecuencia ayudan a los minoristas a mejorar sus operaciones cuando colaboran con ellos en la capacitación de los dependientes, cuando participan en el orden y la distribución de sus establecimientos, y cuando implantan sistemas de contabilidad y de control de inventarios. Asimismo, muchos brindan capacitación y asistencia técnica a sus clientes industriales.

Crecimiento y tipos de mayoristas

En los últimos años, el sector mayorista estadounidense ha crecido considerablemente.[46] Una serie de factores ha contribuido a la expansión mayorista: el crecimiento de las grandes fábricas ubicadas a cierta distancia de los compradores principales; la producción que se anticipa a los pedidos en lugar de esperar pedidos específicos; el aumento en el número de niveles de productores y usuarios intermedios; y la creciente necesidad de adaptar los productos a las necesidades de usuarios intermedios y finales, especialmente respecto a cantidades, envases y formas. En la tabla 16.4 se describen los principales tipos de mayoristas.

Las decisiones de marketing de los mayoristas

Los distribuidores mayoristas soportan cada vez más presión como consecuencia de la aparición de nuevos tipos de competidores, de clientes más exigentes, de los avances tecnológicos, y de programas de compra directa de grandes compradores industriales, institucionales y minoristas. Por tanto, han tenido que desarrollar fórmulas estratégicas adecuadas. Una respuesta importante es la de aumentar la productividad de los activos mediante una mejor administración de inventarios y de las cuentas por cobrar. Asimismo, han tenido que mejorar sus decisiones estratégicas sobre mercados meta, surtido de productos y servicios, precios, promoción y plaza.

| TABLA 16.4 |

Principales tipos de mayoristas.

Mayoristas en general: Negocios independientes que asumen la propiedad de la mercancía con que operan. Pueden ser intermediarios, distribuidores o comisionistas que ofrecen servicios integrales o limitados.

Mayoristas de servicios completos: Prestan servicios como almacenamiento de mercancía, mantenimiento de una fuerza de ventas, otorgamiento de créditos, reparto de mercancía y asesoramiento de administración. Estos mayoristas venden fundamentalmente a minoristas: algunos ofrecen varias líneas, otros sólo una o dos, y otros incluso sólo parte de una línea. Los distribuidores industriales venden a los fabricantes y además ofrecen servicios como repartos y facilidades de crédito.

Mayoristas de servicios limitados: Los mayoristas *cash and carry* tienen una línea limitada de productos con gran rotación, que venden a pequeños minoristas y que cobran en efectivo. El *mayorista en camión* vende y reparte una línea limitada de bienes semiperecederos a supermercados, tiendas de comestibles, hospitales, restaurantes y hoteles. El *mayorista transportista* trabaja para sectores que operan con productos a granel, como carbón, madera o maquinaria pesada. Los *mayoristas de anaquel* venden productos no alimenticios a minoristas de comestibles. Los empleados del mayorista montan exhibidores, fijan los precios y mantienen el inventario. Estos mayoristas mantienen la propiedad de los bienes y facturan a los minoristas a finales de año los bienes vendidos. Las *cooperativas de productores* son propietarios agrícolas que producen y venden en mercados locales. Los *mayoristas por correo* envían catálogos a clientes industriales, minoristas e instituciones, y los pedidos se solicitan y envían por correo, ferrocarril, avión o por carretera.

Comisionistas y agentes: Facilitan la compra y la venta a cambio de una comisión de entre el 2 y 6% del precio de venta, tienen funciones limitadas y se especializan en una línea de productos o en un tipo de clientes. Los comisionistas ponen en contacto a compradores y vendedores y les ayudan en la negociación, son retribuidos por la parte que los contrata. Algunos ejemplos son los corredores de bienes inmuebles, vendedores de seguros y del sector de la alimentación. Los agentes representan a los compradores o a los vendedores de forma permanente. La mayor parte de los agentes de los fabricantes son pequeñas empresas con un reducido número de empleados muy capaces. Los agentes de venta tienen licencia contractual para vender toda la producción de un fabricante, los agentes de compra realizan las adquisiciones en lugar del comprador, las reciben, inspeccionan, almacenan y transportan. Y los agentes a comisión adquieren la mercancía y negocian su venta.

Sucursales y oficinas de fabricantes y de distribuidores minoristas: Se trata de operaciones que llevan a cabo los propios compradores y vendedores, en lugar de recurrir a mayoristas independientes. Oficinas y sucursales independientes se dedican a la compra o a la venta. Muchos minoristas establecen oficinas de compra en los mercados principales.

Mayoristas especializados: Mayoristas que se especializan en agricultura (adquieren la producción agrícola de numerosas granjas), plantas petrolíferas y sus terminales (consolidación del producto de varios pozos), casas de subastas (por ejemplo, subastas de automóviles o maquinaria).

MERCADO META Los mayoristas tienen que definir sus mercados meta. Pueden decidir en función del tamaño (sólo grandes minoristas), el tipo de cliente (sólo tiendas de conveniencia y de alimentos), la necesidad de servicios (clientes que necesitan financiamiento), o cualquier otro criterio. Dentro del mercado meta, deben identificar a los clientes más rentables y diseñar ofertas fuertes para entablar buenas relaciones con ellos. Pueden proponer, por ejemplo, sistemas de pedidos automáticos, sistemas de administración, capacitación y asesoría, e incluso promover una cadena voluntaria. También tienen la posibilidad de desalentar a los clientes menos rentables exigiendo grandes volúmenes de compra o añadiendo cargos en el precio a los pedidos más pequeños.

SURTIDO DE PRODUCTOS Y SERVICIOS El "producto" de los mayoristas es su surtido. A los mayoristas se les presiona para que se encarguen de líneas completas y conserven un inventario suficiente para entregas inmediatas, lo que pone en riesgo sus utilidades. Por esa razón, en la actualidad los mayoristas acostumbran reexaminar cuántas líneas de productos les conviene mantener y se quedan solamente con las más rentables. Asimismo, analizan qué servicios son los más importantes para establecer relaciones sólidas con los clientes, y qué servicios deberían abandonar o por cuáles deberían cobrar. La clave es encontrar una mezcla distintiva de servicios que valoren los clientes.

DECISIONES DE PRECIO Los mayoristas suelen fijar un margen sobre el costo de los bienes con base en un porcentaje determinado, por ejemplo un 20%, para así cubrir sus gastos. Éstos podrían suponer un 17% del margen bruto, lo que dejaría un margen de utilidades de cerca del 3%. En la venta mayorista de alimentos, el margen de utilidades en promedio suele ser inferior al 2%. Los mayoristas comienzan a experimentar con nuevas estrategias de fijación de precios. Por ejemplo, reducen el margen de ganancia en algunas líneas para conseguir nuevos clientes importantes, o piden a sus proveedores un precio especial cuando encuentran una oportunidad para aumentar las ventas.

DECISIONES DE PROMOCIÓN Los mayoristas dependen, en primer lugar, de su fuerza de ventas para lograr los objetivos promocionales. Incluso en estos casos, gran parte de los mayoristas consideran que en el proceso venta interviene un único vendedor que se dirige a un único cliente, en lugar de concebirlo como un esfuerzo en equipo por vender, crear y atender cuentas corporativas. Los mayoristas podrían obtener grandes ventajas si adoptasen algunas de las técnicas de creación de imagen que utilizan los minoristas. Necesitan desarrollar una estrategia exhaustiva de promoción que integre publicidad, promoción de ventas y relaciones públicas. Asimismo, deben hacer más uso de los materiales y programas de promoción de los proveedores.

DECISIONES EN TORNO A LA DISTRIBUCIÓN (PLAZA) Tradicionalmente, los mayoristas se situaban en zonas con alquileres e impuestos bajos, y apenas si gastaban en sus establecimientos u oficinas. A menudo, los sistemas de manejo de materiales y de procesamiento de pedidos eran obsoletos frente a las nuevas tecnologías disponibles. Sin embargo, en la actualidad, los mayoristas más modernos han mejorado sus procesos de manejo de materiales y de administración de costos a través de *almacenes automatizados* y de mejoras en sus capacidades de distribución con avanzados sistemas informáticos. Veamos un ejemplo.[47]

MCKESSON

McKesson Corporation es una empresa líder de servicios de cuidado de la salud que presta servicios de administración de productos farmacéuticos y material médico-quirúrgico, soluciones informáticas, automatización de farmacias, y servicios de ventas y marketing al sector de la salud. La empresa ofrece soluciones a farmacias, hospitales, médicos, centros de salud y fabricantes de productos médico-quirúrgicos con la profundidad, amplitud y alcance de una oferta inigualable, y con importantes ahorros en los costos. McKesson tiene una fuerte presencia en Internet a través de su sitio Web www.mckesson.com. En el sitio Web, la empresa ofrece información sobre sus empleados, productos y servicios. Los clientes de McKesson pueden utilizar el sitio Web para tener acceso a las aplicaciones de software de la empresa, así como para realizar pedidos y estar al tanto de productos farmacéuticos y médico-quirúrgicos.[48]

Tendencias en la venta mayorista

Los fabricantes siempre tienen la opción de prescindir de los mayoristas o de sustituir a los menos eficaces por otros mejores. Las principales quejas de los fabricantes sobre los mayoristas son las siguientes: no promueven de forma intensiva la línea de productos del fabricante, pues actúan principalmente como receptores de pedidos; no adquieren suficiente volumen de existencias, por lo que fracasan a la hora de atender los pedidos de los clientes con la rapidez necesaria; no aportan al fabricante información actualizada del mercado, de los clientes o de los competidores; no atraen a directivos de alto nivel para reducir sus costos; y cobran demasiado por sus servicios.

Incluso parece que los mayoristas se encaminan hacia un declive significativo, puesto que los fabricantes y los minoristas están aplicando agresivos programas de compra directa. Los mayoristas más entendidos comprenden el reto y han comenzado a reestructurar sus negocios. Los mayoristas-distribuidores de mayor éxito han adaptado sus servicios para satisfacer las necesidades de proveedores y clientes. Son conscientes de que la razón de su existencia es agregar valor al canal. Reducen sus costos constantemente e invierten en tecnologías de manipulación de materiales más avanzadas y en mejores sistemas de información e Internet.

GRAINGER

W. W. Grainger, Inc. es el proveedor líder de una amplia línea de productos de mantenimiento en Norteamérica. Las ventas de 2002 alcanzaron los 4,600 millones de dólares. Grainger atiende a sus clientes a través de una red de 600 sucursales, 17 centros de distribución y cuatro sitios Web, para garantizar la disponibilidad de sus productos y la rapidez de sus servicios. Los centros de distribución están comunicados por una red satelital, lo que ha reducido el tiempo de respuesta que esperan los clientes y ha disparado las ventas. La empresa ofrece más de 500,000 artículos y dos millones y medio de piezas de repuesto a sus clientes.[49]

Narus y Anderson entrevistaron a distribuidores líderes de productos industriales y detectaron que, fundamentalmente, éstos utilizaban cuatro métodos para fortalecer sus relaciones con los fabricantes:

1. Buscaban un acuerdo explícito con sus fabricantes sobre las funciones que esperaban de ellos dentro del canal de marketing.
2. Obtenían más información sobre las exigencias de los fabricantes a través de la visita a sus plantas y de la asistencia a convenciones de asociaciones de fabricantes y ferias comerciales.
3. Atendían sus compromisos con los fabricantes adquiriendo los volúmenes de ventas que éstos deseaban, pagaban sus facturas puntualmente y les proporcionaban información sobre sus clientes.
4. Identificaban y ofrecían servicios de valor agregado para ayudar a sus proveedores.[50]

El sector mayorista sigue siendo vulnerable a una de las tendencias más persistentes: la resistencia feroz a los aumentos de precios y la selección de los proveedores en función del costo y de la calidad. La tendencia hacia la integración vertical, en la que los fabricantes tratan de controlar o de adquirir a sus intermediarios sigue siendo fuerte. En *Cuestiones clave: Estrategias de alto rendimiento para mayoristas-distribuidores* se destacan algunas de las estrategias utilizadas por organizaciones de mayoristas que han tenido éxito.

::: Logística del mercado

La distribución física comienza en la fábrica. Los gerentes seleccionan un conjunto de almacenes y de empresas de transporte que entregarán los bienes en los puntos de destino final, en el tiempo deseado, o con el menor costo total. La distribución física se ha extendido a un concepto más amplio, que es el de la **administración de la cadena de distribución** (ACD). La administración de la cadena de distribución comienza antes que la distribución física: consiste en reunir los insumos adecuados (materias primas, componentes y principales equipos de producción), convertirlos de manera eficaz en productos terminados, para luego transportarlos hasta su destino final. Una perspectiva aún más amplia requiere estudiar cómo los proveedores de la empresa obtienen sus insumos. La perspectiva de la cadena de distribución ayuda a una empresa a seleccionar los mejores proveedores y distribuidores, y a asesorarlos para mejorar su productividad, lo que en última instancia reduce los costos de la empresa.

La **logística del mercado** consiste en planear la infraestructura necesaria para satisfacer la demanda, implementarla y controlar los flujos físicos de los materiales y de los productos finales desde su origen hasta los puntos de uso, con el fin de satisfacer las necesidades de los consumidores a cambio de obtener utilidades.

La planeación de la logística del mercado se desarrolla en cuatro fases:[51]

1. Decidir la propuesta de valor que ofrece la empresa a sus clientes. (¿Qué estándar de puntualidad de entrega se debe ofrecer? ¿Qué niveles de precisión se deben alcanzar en la realización pedidos y en la facturación?)
2. Decidir el mejor diseño de canal y la mejor estrategia de red para llegar a los clientes. (¿La empresa debe atender a los clientes directamente o a través de intermediarios? ¿Qué productos se debe adquirir y de qué fabricantes? ¿Cuántos almacenes es conveniente mantener y dónde deben estar situados?)

CUESTIONES **CLAVE** | ESTRATEGIAS DE ALTO RENDIMIENTO PARA MAYORISTAS-DISTRIBUIDORES

Lusch, Zizzo y Kenderine estudiaron a 136 mayoristas norteamericanos y concluyeron que los más avanzados se renuevan mediante cinco estrategias principales:

1. *Reforzar las operaciones centrales.* Los mayoristas adquieren tal pericia distribuyendo su propia línea de productos que ni los fabricantes ni los minoristas pueden igualar su eficacia.

2. *Expandirse a mercados internacionales.* Los mayoristas, especialmente en los sectores de la electrónica, la química y la informática, se han expandido no sólo a México y Canadá, sino también a Europa y Asia.

3. *Obtener más con menos.* Los mayoristas han invertido considerablemente en tecnología, con códigos de barras y escáner, almacenes automatizados, sistemas de intercambio electrónico de datos (EDI, por su siglas en inglés) y tecnologías de la información muy avanzadas.

4. *Comprometerse con la calidad total.* Los principales mayoristas están comenzando a administrar sus procesos para mejorar los productos finales tal y como los esperan encontrar los clientes. Esto supone reconocer la calidad de los productos de sus proveedores, y por tanto, agregar valor. Mientras los mayoristas tienden hacia unos servicios impecables, los fabricantes y los minoristas consideran que esta tendencia contribuirá a su propia capacidad de satisfacer a los clientes.

5. *Filosofía de apoyo de marketing.* Los mayoristas comienzan a reconocer que su función no sólo consiste en representar los intereses de sus proveedores o de sus clientes, sino en brindar apoyo a unos y otros en tanto que son valiosos miembros de la cadena de valor.

Fuentes: Robert F. Lusch, Deborah Zizzo y James M. Kenderine, "Strategic Renewal in Distribution", *Marketing Management*, núm. 2 (1993), pp. 20–29. Veáse también, de los mismos autores, *Foundations of Wholesaling—A Strategic and Financial Chart Book, Distribution Research Program* (Norman: College of Business Administration, University of Oklahoma, 1996).

3. Desarrollar la excelencia operativa en el pronóstico de ventas, la administración de almacenes, del transporte y de materiales.
4. Aplicar la solución que incluya los mejores sistemas de información, la mejor maquinaria, así como las mejores políticas y procedimientos.

La logística de mercado conduce al examen del modo más eficaz de generar valor:

■ Una empresa de software suele ver como un reto la fabricación y el proceso de empaque de los discos y manuales del software, y su envío a los mayoristas (que los envían a los minoristas y los venden a los consumidores). Los compradores se llevan un software a su casa o a la oficina, e instalan el programa en su disco duro. Gracias a la logística se podrían utilizar dos sistemas mejores. El primero implicaría la descarga del software directamente en la computadora del cliente, y la segunda sería que el fabricante lo cargase directamente en la computadora del cliente. Estas dos soluciones acabarían con la necesidad de imprimir, empacar, enviar y almacenar millones de discos y manuales. Estas mismas soluciones son aplicables a la distribución de música, periódicos, videojuegos, películas y otros productos con voz, texto, datos o imágenes.

■ IKEA, la mayor cadena de venta minorista de muebles del mundo, es capaz de vender muebles de buena calidad a un precio un 20% inferior que el de los competidores. El ahorro de costos de IKEA se explica con varias razones: **1.** la empresa compra volúmenes tan grandes que obtiene precios más bajos; **2.** los muebles se adquieren desmontados, por lo que ocupan menor espacio en los vehículos de transporte, lo que implica costos mucho más bajos; **3.** el cliente se lleva el mueble a casa en su automóvil, lo que evita costos de flete; **4.** el comprador ensambla los muebles. El concepto de IKEA se basa, por tanto, en un margen mínimo y en un gran volumen de compras.

Sistemas de logística integrados

Las funciones de logística requieren **sistemas de logística integrados** que consisten en administración de materiales, sistemas de flujos de materiales y distribución física, respaldados por tecnología de la información (TI). Normalmente otros proveedores, como FedEx Logistics Services o Ryder Integrated Logistics, participan en el diseño y la administración de estos sistemas. Volvo, que colabora con FedEx, montó un almacén en Memphis con un inventario completo de refacciones para camiones. Un intermediario que tiene una emergencia y necesita una refacción puede llamar a un número gratuito, y la pieza en cuestión se envía ese mismo día, llega por la noche al aeropuerto más cercano al distribuidor, o a su oficina, o incluso al taller donde se repara el vehículo.

Los sistemas de información desempeñan una función esencial en la logística, sobre todo las computadoras, las terminales del punto de venta, los códigos de barras de productos, el seguimiento vía satélite, y los sistemas de intercambio electrónico de datos (EDI, por sus siglas en inglés) y de transferencia electrónica de fondos (EFT). Estos avances reducen la duración del ciclo de pedido, reducen la labor administrativa, disminuyen el número de errores por documento, y mejoran el control de las operaciones. Asimismo, permiten a las empresas hacer promesas como "el producto estará en el muelle 25 mañana a las 10:00 A.M.", y controlar su cumplimiento en tiempo real.

La logística supone diversas actividades. La primera es el pronóstico de ventas, a partir del cual la empresa planea la distribución, la producción y los niveles de inventario. Los planes de producción indican el volumen de materiales que el departamento de compras debe adquirir. Estos materiales llegan a la empresa gracias al transporte de entrada, llegan a un área de recepción, y se almacenan y se archivan en un inventario de materias primas. A continuación, las materias primas se convierten en productos terminados. El inventario de productos terminados es el vínculo entre los pedidos de los clientes y la actividad productiva de la empresa. Los productos terminados abandonan la línea de montaje, pasan al proceso de empaque, almacenamiento y de ahí a la sala de envíos; luego, son transportados, almacenados de nuevo y, finalmente, se entregan a los clientes.

Algo que suele preocupar a la dirección es el costo total de la logística, que supone entre el 30 y 40% del costo del producto. El sector alimentario considera que si rediseñase su sistema de logística podría reducir sus costos de operación anuales en 10%, o lo que es lo mismo, ahorrar 30,000 millones de dólares. Una caja de cereales común tarda 104 días en llegar desde la fábrica al supermercado, luego de pasar por un laberinto de mayoristas, distribuidores, agentes y consolidadores.[52] Con una ineficiencia tal, no resulta sorprendente que los expertos llamen a la logística "la última frontera para obtener economías de costos". Unos costos de logística más bajos permitirían lograr precios más atractivos, generar márgenes de utilidades más amplios, o ambas cosas a la vez. A pesar de que el costo de la logística resulte alto, un programa bien elaborado constituye una herramienta poderosa para un marketing competitivo. Las empresas pueden atraer nuevos clientes si ofrecen un mejor servicio, un ciclo más rápido, o precios más bajos gracias a las mejoras en la logística.

Objetivos de la logística del mercado

Muchas empresas afirman que su objetivo de logística es "obtener las mercancías necesarias, llevarlas a los lugares oportunos en su debido tiempo y al costo más bajo". Por desgracia, este objetivo no resulta de gran ayuda en la práctica. Ningún sistema es capaz de maximizar el servicio a los clientes y, simultáneamente, minimizar los costos de distribución. Para prestar el mejor servicio a los clientes es necesario tener grandes inventarios, un transporte inmejorable y varios almacenes, lo que incrementa los costos de logística.

Una empresa no puede lograr eficacia en la logística a base de pedir a cada gerente relacionado con esta actividad que minimice sus costos. Los costos de logística tienen que interactuar y a menudo manifiestan intereses contrapuestos. Por ejemplo:

- El gerente de transporte se inclina por el transporte en ferrocarril, en lugar de en avión, porque es más barato. Sin embargo, como los ferrocarriles son más lentos, el capital circulante está bloqueado durante más tiempo, el pago del cliente se retrasa, y es probable que los clientes acaben por comprar a competidores que ofrezcan un servicio más rápido.

- El departamento de embarques utiliza contenedores económicos para minimizar los costos, pero estos contenedores suponen un mayor número de artículos deteriorados, lo que genera reclamaciones por parte de los clientes.

- El director de almacén es partidario de bajos volúmenes de existencias. Esto aumenta los envíos, las devoluciones, el papeleo, la producción de nuevas series especiales y el aumento en los costos de envíos urgentes.

Como las actividades de logística suponen muchos compromisos, las decisiones se deben tomar desde una perspectiva global. El punto de partida es estudiar qué de-

Una empleada del servicio al cliente de Xerox que recibe por teléfono una solicitud de reparación. El servicio estándar de Xerox indica que hay que poner una máquina descompuesta de nuevo en operación en un plazo de tres horas a partir de que se recibe la llamada.

sean los clientes y qué ofrecen los competidores. Los clientes quieren una entrega puntual, la disposición del proveedor a satisfacer necesidades de emergencia, un manejo cuidadoso de la mercancía, la devolución de los productos defectuosos y su pronta sustitución.

La empresa debe investigar la importancia relativa que tienen estos servicios para los clientes. Por ejemplo, el tiempo de reparación es muy importante para los compradores de fotocopiadoras. Por eso Xerox desarrolló un servicio que "puede recoger una máquina en cualquier parte continental de Estados Unidos y repararla dentro de las tres horas siguientes a la recepción de la llamada de solicitud del servicio". Xerox tiene toda una división de servicio atendida por personas dedicadas a la reparación y al suministro de refacciones para cumplir con sus compromisos.

La empresa también debe fijarse en los niveles de servicio de los competidores a la hora de fijar el suyo. Generalmente deseará ofrecer, como mínimo, el mismo nivel de servicio que la competencia, pero el objetivo debe ser maximizar las utilidades, y no las ventas. La empresa también debe prestar atención a los costos de ofrecer servicios mejores. Algunas empresas ofrecen menos servicios pero también tienen precios más bajos, mientras que otras empresas ofrecen más servicios y fijan precios más altos.

En última instancia, la empresa tendrá que lanzar alguna promesa al mercado. Coca-Cola quiere "poner la Coca-Cola al alcance de la mano". Lands' End, el gran minorista textil, pretende responder las llamadas de teléfono en un plazo de 20 segundos, y enviar los pedidos en las 24 horas siguientes a su recepción. Algunas empresas definen niveles mínimos para cada factor de servicio. Un fabricante de electrodomésticos se fijó los siguientes niveles mínimos: entregar el 95% de los pedidos de los intermediarios en un plazo de siete días, cumplir con los pedidos de los intermediarios con un 99% de precisión, responder a las preguntas sobre el estado del pedido en tres horas, y garantizar que las mercancías dañadas durante el transporte no superen el 1%.

Una vez que la empresa ha definido los objetivos de logística debe diseñar un sistema para minimizar los costos de su consecución. Cada sistema de logística posible supone un costo total de distribución expresado por la siguiente ecuación:

$$M = T + CFA + CVA + V$$

donde M = costo total de la logística del mercado del sistema propuesto.
   T = costo total del transporte del sistema propuesto.
  CFA = costo fijo de almacenamiento del sistema propuesto.
  CVA = costo variable del almacenamiento (incluidas las existencias) del sistema propuesto.
   V = costo total de las ventas perdidas debido al retraso promedio, de conformidad con el sistema propuesto.

La elección de un sistema de logística exige el examen de los costos totales (M) asociados con los diferentes sistemas propuestos y la selección de aquel que minimice el costo total de distribución. Alternativamente, si V es difícil de medir, la empresa debe intentar minimizar $T + CFA + CVA$ para un objetivo concreto de servicios al cliente.

Decisiones de logística

Las decisiones principales relativas a la logística son cuatro: **1.** ¿cómo se deben atender los pedidos? (tramitación de pedidos); **2.** ¿dónde deben almacenarse las existencias? (almacenamiento); **3.** ¿qué volumen de existencias hay que almacenar? (inventario), y **4.** ¿cómo deben enviarse los productos? (transporte).

TRAMITACIÓN DE PEDIDOS En la actualidad, la mayoría de las empresas intentan reducir el *ciclo pedido-envío-facturación*, es decir, el tiempo que transcurre entre la recepción de un pedido, su entrega y el cobro. Este ciclo incluye muchos pasos: la transmisión del pedido por parte del vendedor, el registro del pedido y la verificación del crédito del cliente, el nivel de existencias y el calendario de producción, el envío del pedido y la factura, y la recepción del pago. Cuanto más largo sea este ciclo, menores serán la satisfacción del cliente y las utilidades de la empresa. Tal vez los vendedores envíen los pedidos con lentitud, utilicen comunicaciones poco eficaces, y quizás los pedidos se apilen en los despachos de las personas encargadas de tramitarlos mientras se espera la confirmación del crédito del cliente y la información sobre existencias disponibles.

Las empresas necesitan fijar criterios para la perfecta tramitación de los pedidos. Imaginemos que el cliente espera que la mercancía se entregue a tiempo y de forma precisa, que el pedido esté completo, y que la facturación sea correcta. Supongamos que el proveedor tiene un 70% de posibilidades de acertar con todos estos factores en cada pedido. Entonces, la probabilidad de que el proveedor entregue cinco pedidos seguidos a la perfección sería $0.70^5 = 0.168$. Esto generaría una serie de decepciones para el cliente que le llevarían a abandonar al proveedor. Un mínimo del 70%, por tanto, es insuficiente.

Sin embargo, las empresas hacen progresos constantes. Por ejemplo, General Electric opera un sistema de información cuya misión es comprobar, tan pronto como recibe un pedido, el crédito del cliente y si la empresa dispone de los productos en existencia y dónde. A continuación, la computadora emite una orden de envío, factura al cliente, actualiza los niveles de inventario, envía una orden de producción para reponer la mercancía, y envía un mensaje al vendedor para informarle de que el pedido está en proceso. Y todo esto en menos de 15 segundos.

ALMACENAMIENTO Todas las empresas tienen que almacenar sus mercancías y esperar hasta poder venderlas, puesto que los ciclos de producción y consumo raras veces coinciden. El almacenamiento elimina las posibles diferencias entre los niveles de producción y la demanda del mercado. La empresa debe decidir dónde situar sus inventarios. Las empresas de bienes envasados han reducido el número de almacenes de entre 10 y 15 hasta entre 5 y 7, y los distribuidores farmacéuticos han reducido sus puntos de almacenaje desde aproximadamente 90 hasta cerca de 45. Por otra parte, cuantos más almacenes tenga una empresa, mayores serán las posibilidades de atender a los clientes más rápidamente, pero también serán mayores los costos de almacenamiento e inventario. Para reducir estos costos, la empresa podría centralizar su inventario en una ubicación única, y utilizar transporte rápido para atender los pedidos. Después de que National Semiconductor decidiera cerrar seis de sus almacenes y crear un almacén central de distribución en Singapur, su tiempo promedio de entrega disminuyó un 47%, sus costos de distribución se redujeron en 2.5% y sus ventas aumentaron un 34%.[53]

Generalmente, parte de las existencias de la empresa se mantienen próximas a las fábricas, y el resto en almacenes y otros establecimientos, que pueden ser propios o alquilados. Los *locales de almacenamiento* guardan los productos por periodos de tiempo de moderados a largos. Los *almacenes para distribución* reciben los productos de varias fábricas y proveedores, y procuran darles salida lo antes posible. Los *almacenes automatizados* utilizan avanzados sistemas de manipulación controlados desde una computadora central. Helene Curtis Company sustituyó seis de sus anticuados almacenes por uno nuevo de 32 millones de dólares, y logró reducir sus costos de distribución en un 40%.[54]

En la actualidad, algunos almacenes realizan actividades que tradicionalmente se realizaban en la fábrica. Entre éstas se cuentan el ensamblado, el envasado y el arreglo de aparadores con motivo de promociones. Si se "retrasa" la finalización de la oferta se obtienen ahorros de costos y un ajuste más preciso de la oferta y la demanda.

INVENTARIO El nivel de inventario representa un costo muy importante. Los vendedores desearían que sus empresas tuvieran un volumen de inventario tal que pudieran atender todos los pedidos de los clientes de forma inmediata. Sin embargo, esto no es conveniente desde el punto de vista de los costos. *El costo de mantenimiento de las existencias se eleva a una tasa cada vez mayor a medida que el nivel de servicio se aproxima al 100%.* La dirección necesita saber en qué medida las ventas y las utilidades se incrementarían como resultado de mantener un volumen de existencias más alto que permitiera plazos más cortos de atención y surtido de pedidos, para después tomar una decisión en consecuencia.

Las decisiones de inventario suponen conocer cuánto hay que pedir y cuándo. Conforme disminuyen las existencias, la dirección debe saber para qué nivel de pedido tiene que realizar un nuevo abastecimiento. Este nivel de inventario se denomina *nivel de reabastecimiento o punto de pedido.* Si el nivel de reabastecimiento es de 20, significa que cuando las existencias sean inferiores a 20 habrá que realizar un nuevo pedido. El nivel de reabastecimiento debe tener en cuenta y valorar simultáneamente los riesgos de quedarse sin existencias y los costos que supone un volumen excesivo de inventario. La otra decisión es cuánto pedir. Cuanto mayor sea la cantidad pedida, menor será la frecuencia necesaria de abastecimiento. La empresa debe encontrar un equilibrio entre los costos de hacer los pedidos y los costos de mantenimiento de existencias. Los *costos de procesamiento de pedidos* de un fabricante son los *costos de preparación y costos de operación (costos operativos cuando la producción está corriendo).* Si los costos de lanzamiento son bajos, el fabricante puede producir sus artículos con frecuencia, y el costo promedio por producto será casi constante, similar a los costos de operación. Sin embargo, si los costos de preparación son altos el fabricante puede reducir el costo promedio por unidad al fabricar un mayor número de productos y mantener un volumen de existencias considerable.

Los costos de procesamiento de pedidos se deben comparar con los *costos de almacenamiento.* Cuanto mayores sean las existencias almacenadas, mayores serán los costos de almacenamiento. Estos costos incluyen los costos derivados del propio almacén, el costo del capital, los impuestos, los seguros, la depreciación y la obsolescencia. Los costos de almacenamiento podrían alcanzar incluso un 30% del valor de inventario. Esto significa que los gerentes de marketing que deseen que sus empresas tengan grandes volúmenes de inventario deben demostrar que un mayor volumen de inventario podría producir un incremento de la utilidad bruta mayor que el aumento de los costos derivados de almacenar esas existencias.

| FIG. **16.2** |

Determinación de la cantidad óptima de pedido.

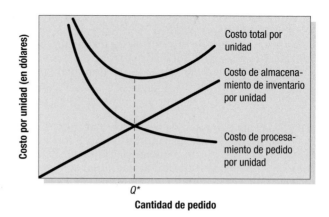

El volumen de inventario óptimo se determina al observar las curvas de costos de almacenamiento y de costos de procesamiento de pedidos. La figura 16.2 muestra que el costo de pedido por unidad disminuye con el número de unidades del pedido porque los costos totales del pedido se distribuyen entre un mayor número de unidades. Estas dos curvas se suman verticalmente y se representan en una curva de costo total. El punto mínimo de esta curva de costo total coincide con la intersección de las curvas de costo anteriores, y representa el volumen óptimo de pedido Q^* en el eje horizontal.[55]

Las empresas intentan reducir sus costos de inventario administrando los diferentes artículos de manera distinta. Por ejemplo, posicionan los componentes del inventario en función del riesgo y la oportunidad. Así, diferencian entre productos cuello de botella (mucho riesgo, pocas oportunidades), productos críticos (mucho riesgo, muchas oportunidades), productos básicos (poco riesgo, muchas oportunidades) y productos tediosos (poco riesgo, pocas oportunidades).[56] Asimismo, mantienen los artículos con salida más lenta cerca de las oficinas centrales, y envían los artículos con salida más rápida a almacenes cercanos a los clientes.

La solución más reciente es la del *inventario cercano a cero*, es decir, la de fabricar sobre pedido, y no para almacenar. Sony denomina este sistema SOMA, "sell-one, make-one" (vender uno, fabricar uno). Dell, por ejemplo, exige a sus clientes que realicen el pedido y que paguen el producto con antelación, y después emplea este dinero para pagar a sus proveedores para que le envíen las piezas necesarias. Siempre que los compradores no necesiten el producto de manera inmediata, todos pueden ahorrar dinero.

Algunos minoristas acuden a eBay para deshacerse del exceso de inventario. Al menos una docena de grandes cadenas han creado "Tiendas eBay", es decir, sitios Web dedicados a su mercancía. Así, utilizan estos sitios para subastar un lote de artículos que va desde el exceso de inventario hasta productos devueltos, reparados o ligeramente defectuosos. Al prescindir del intermediario tradicional, los minoristas pueden obtener un margen de entre 60 y 80 centavos por dólar, en comparación con los 10 centavos por dólar que obtenían anteriormente. Entre las empresas que recurren a eBay se encuentran Sharper Image, Sears, Ritz Camera y Best Buy.[57]

TRANSPORTE Los mercadólogos se enfrentan a decisiones de transporte muy importantes, que afectan el precio del producto, los periodos de entrega y su puntualidad, y el estado de los productos a su llegada, lo que a la vez influye en la satisfacción de los clientes.

A la hora de enviar mercancías a los almacenes, a los distribuidores o a los clientes, las empresas seleccionan distintos medios de transporte: ferrocarril, avión, camión, barco o conductos. Los expedidores deben considerar criterios como velocidad, frecuencia, formalidad, capacidad, disponibilidad, costo y la posibilidad de hacer un seguimiento de la mercancía. Si un expedidor busca rapidez, el transporte aéreo, ferroviario y por carretera serán las opciones a considerar. Si el objetivo es un bajo costo, el transporte marítimo o fluvial y los conductos serán las alternativas más convenientes.

Los expedidores combinan con mayor frecuencia dos o más modalidades de transporte, gracias al empleo de contenedores. El uso de contenedores consiste en poner las mercancías en cajas o remolques que son fácilmente transferibles entre distintos medios de transporte alternativos. *Piggyback* es el término utilizado cuando se combina el ferrocarril con el transporte por carretera, *fishyback* cuando se combina el transporte fluvial y el transporte por carretera, *trainship* cuando se combina el transporte fluvial y el ferrocarril, y *airtruck* cuando se combinan el transporte aéreo y el transporte por carretera. Por ejemplo, la modalidad *piggyback* es más barata que el empleo exclusivo de transporte por carretera, y proporciona mayor flexibilidad y adaptación.

Al elegir las formas de transporte, los expedidores habrán de decidir entre transportistas privados, contratistas y transportistas comunes. Si el expedidor posee su propia flota aérea o de carretera, entonces recibe el nombre de *transportista privado*. Un *contratista de transportes* es una organización independiente que presta servicios de transporte a otros sobre la base legal de un contrato. Por último, un transportista común presta servicios de transporte entre determinados puntos, de acuerdo con un horario y tarifas preestablecidas, y se encuentra disponible para todos los expedidores.

En la actualidad se invierten miles de millones de dólares en desarrollar "sistemas de reparto a una milla", para llevar los productos al cliente en el menor tiempo posible. Domino's Pizza ubica sus franquicias en lugares desde los que puede prometer repartir pizzas calientes en media hora. Los consumidores pronto tendrán que pensar dos veces antes de hacer el esfuerzo de desplazarse para comprar alimentos, videos o ropa, pues tendrán la posibilidad de encargar a las tiendas que lleven la mercancía a su domicilio en el mismo periodo de tiempo.

Ciudad de México: un repartidor de Domino's lleva rápidamente una pizza caliente al cliente.

Lecciones de organización en el campo de la logística

Los ejecutivos de las empresas han aprendido varias lecciones gracias a su experiencia con los sistemas de logística:

1. Las empresas deben nombrar a un director de logística para que fuese el único punto de contacto para todos los elementos logísticos. Este directivo sería el responsable de los resultados de la logística tanto en términos de costos como de satisfacción de clientes.
2. El director de logística debe convocar a reuniones periódicas (cada semana o cada dos) con los vendedores y los responsables de operaciones para revisar los inventarios, los costos operativos, la atención y la satisfacción de los clientes, así como para considerar la situación del mercado y si se deberían modificar los calendarios de producción.
3. La clave para conseguir resultados de logística más competitivos en el futuro son los nuevos sistemas y software.

Las estrategias de logística tienen que partir de las estrategias de negocio, y no sólo de meras consideraciones de costos. El sistema de logística debe proporcionar grandes dosis de información y establecer vínculos electrónicos entre todos los participantes. Por último, la empresa debe fijarse como objetivo de logística igualar o superar los niveles de servicio de la competencia, y debe incluir a todos los equipos relevantes en el proceso de planeación.

¿Qué ocurre cuando la logística de una empresa no funciona adecuadamente? Kodak lanzó una campaña publicitaria a nivel nacional para una nueva cámara instantánea antes de haber enviado un número suficiente de cámaras a los puntos de venta. Como las cámaras Kodak no estaban disponibles, los clientes compraban cámaras Polaroid.

La demanda actual de apoyo logístico de los grandes clientes aumentará los costos de los proveedores. Los clientes solicitan entregas más frecuentes para no tener que guardar demasiado inventario. Buscan ciclos de pedido más cortos, lo que significa que los proveedores tendrán que tener más existencias disponibles. Asimismo, los clientes prefieren repartos directos al punto de venta en lugar de repartos a centros de distribución, y prefieren lotes mixtos en lugar de lotes separados. Finalmente, prefieren un envasado, un etiquetado y exhibidores totalmente personalizados.

Los proveedores no pueden negarse a muchas de estas demandas, pero al menos pueden crear diferentes programas de logística con diferentes niveles de servicio y precios. Las empresas más perspicaces ajustarán sus ofertas a las necesidades de los principales clientes. El grupo comercial de la empresa logrará una *distribución diferenciada* si ofrece un programa de servicios elaborado de forma específica para los diferentes clientes.

RESUMEN :::

1. La venta minorista engloba todas las actividades relacionadas con la venta directa de bienes y servicios al consumidor final, para un uso personal no comercial. Los minoristas se clasifican en minoristas con establecimiento, minoristas sin establecimiento y empresas de minoristas.

2. Al igual que los productos, los diferentes tipos de establecimientos minoristas atraviesan fases de crecimiento y declive. Dado que los establecimientos existentes ofrecen más servicios para seguir siendo competitivos, sus costos y sus precios aumentan, lo que permite la entrada de nuevas formas que ofrecen una mezcla de productos y de servicios a precios inferiores. Los principales tipos de establecimientos minoristas son: establecimientos de especialidad, tiendas departamentales, supermercados, tiendas de conveniencia, tiendas de descuento, minoristas de precios bajos (*outlets*, minoristas independientes de precio bajo, almacenes que exigen membresía), supertiendas (combinación de tiendas y supermercados) y minoristas de venta por catálogo.

3. Aunque la inmensa mayoría de bienes y servicios se venden en establecimientos, la venta minorista sin establecimiento está creciendo a más velocidad que la venta en establecimiento. Los principales tipos de venta minorista sin establecimiento son la venta directa (venta a domicilio, en reuniones de carácter doméstico, venta multinivel); el marketing directo (que incluye el comercio electrónico y los ciberminoristas); las máquinas expendedoras; y los servicios de venta.

4. Aunque muchos establecimientos minoristas pertenecen a propietarios independientes, cada vez más minoristas actúan de forma conjunta con otros distribuidores. Las empresas de minoristas o comercios asociados logran economías de escala, mayor poder de compra, reconocimiento de marca más amplio, y empleados mejor capacitados. Los comercios asociados principales son: las cadenas de tiendas, las cadenas voluntarias, las cooperativas de minoristas, las cooperativas de consumidores, las franquicias y los conglomerados de formas de venta.

5. Los minoristas, como cualquier empresa, deben preparar planes de marketing que incluyan decisiones sobre mercados meta, surtido y abastecimiento de productos, ambiente del establecimiento y servicios, precio, promoción y plaza. Estas decisiones deben considerar las principales tendencias de la venta minorista, como por ejemplo, el auge de las marcas privadas, nuevas formas y combinaciones de comercio minorista, el auge de la competencia entre minoristas de distinta naturaleza, la competencia entre minoristas con y sin establecimiento, el crecimiento de los minoristas gigantes, el declive de los minoristas que atienden el mercado intermedio, el aumento de la inversión en tecnología y la presencia internacional de los principales minoristas.

6. La venta mayorista incluye todas las actividades relacionadas con la venta de bienes y servicios a compradores con fines de reventa o comerciales. Los mayoristas pueden realizar ciertas funciones mejor que los fabricantes, y con costos más bajos. Estas funciones incluyen la venta, la promoción, la compra y selección del surtido de productos, el almacenamiento, el transporte, el financiamiento, la asunción de riesgos, la diseminación de información del mercado y la prestación de servicios de administración y consultoría.

7. Existen cuatro tipos de mayoristas: mayoristas en general; comisionistas y agentes; sucursales de fabricantes y minoristas, oficinas de venta y oficinas de compra; y mayoristas diversos como los especialistas agrícolas y las casas de subastas.

8. Al igual que los minoristas, los mayoristas deben tomar decisiones relativas a su mercado meta, el surtido de productos y servicios, los precios, la promoción y la plaza. Los mayoristas de más éxito son los que adaptan sus servicios a las necesidades de sus proveedores y de sus clientes.

9. Los fabricantes de productos y de servicios deben establecer sus sistemas de logística, que se definen como la mejor forma de almacenar y transportar bienes y servicios hasta los mercados de destino, de coordinar las actividades de los proveedores, de los agentes de compra, de los fabricantes, de los comerciantes, de los miembros del canal y de los clientes. Los principales avances en logística provienen del desarrollo de las tecnologías de la información.

APLICACIONES :::

Debate de marketing   ¿Los fabricantes de marcas nacionales también deberían ofrecer marcas privadas?

Algunos fabricantes de grandes marcas han optado por ofrecer marcas privadas, una decisión que suscita bastante controversia. Por ejemplo, Ralston-Purina, Borden, ConAgra y Heinz admiten que fabrican productos, en ocasiones de menor calidad que los normales, para marcas privadas. Otras empresas, sin embargo, critican esta estrategia de "si no puedes vencer al enemigo, únete a él", y sostienen que estas medidas, si salen a la luz, pueden crear confusión e incluso reforzar la idea de que todas las marcas de la categoría son más o menos similares.

Tome partido: "Los fabricantes deberían producir marcas privadas como fuente de ingresos si así lo desean", frente a "los fabricantes nacionales nunca deberían participar en la producción de marcas privadas".

Análisis de marketing

Piense en sus establecimientos favoritos. ¿Qué es lo que estimula su lealtad hacia ellos? ¿Qué es lo que le gusta de las experiencias en el establecimiento?

| CASO DE **MARKETING** | WAL-MART |

Wal-Mart Stores, Inc. es el minorista más grande del mundo. En 2003 realizó ventas por 259 mil millones de dólares; cuenta con un millón y medio de empleados y 4,300 establecimientos. Cada semana, más de 100 millones de clientes visitan un establecimiento Wal-Mart. Sam Walton fundó la empresa en 1962 con un objetivo muy sencillo: ofrecer precios bajos para todos. Sus valores de trabajo duro y dedicación siguen bien arraigados en la cultura de Wal-Mart en la actualidad, a pesar de que su fundador falleció en 1992. Los empleados de la empresa ven sus trabajos como una misión: la de "reducir el costo de la vida en todo el mundo". La filosofía de Wal-Mart es permitir a las personas con recursos económicos medios comprar los mismos productos que anteriormente sólo se podían permitir los ricos. La empresa se esfuerza en ser eficaz y en utilizar su influencia de compra para obtener precios más bajos de sus proveedores, y reflejar esos ahorros en los precios finales.

Wal-Mart tiene éxito en el competitivo sector minorista estadounidense por diversas razones. En primer lugar, sus precios bajos, su amplísima selección y sus servicios de calidad hacen que los clientes regresen. Pero uno de los puntos fuertes más importantes de Wal-Mart no está siquiera dentro de sus establecimientos. El sistema de logística inigualable de la empresa garantiza que puede ofrecer precios bajos sin dejar de colocar los productos adecuados en los anaqueles de sus establecimientos. Como el mayor minorista de Estados Unidos, las demandas de logística de Wal-Mart son muy importantes. La empresa debe coordinarse con más de 85,000 proveedores, administrar miles de millones de dólares en inventarios y llevar las mercancías a los anaqueles de sus puntos de venta.

Para racionalizar estas tareas, Wal-Mart creó una red de 103 centros de distribución masiva localizados estratégicamente por todo el país: ningún punto de venta está a más de un día en carretera de los centros de distribución. De hecho, Wal-Mart recibe el sobrenombre de "el rey de la logística" por su habilidad para administrar una red tan amplia.

En lo relativo a la logística, Sam Walton fue una especie de visionario; tanto, que desde los años 60 fue capaz de prever que para lograr los objetivos de crecimiento de su empresa necesitaba sistemas de información capaces de administrar grandes volúmenes de mercancía. La clave de la venta minorista de bajo costo es conocer qué artículos se venderán y en qué cantidades, a fin de garantizar que en los anaqueles de los puntos de venta nunca haya demasiado, ni muy poco. En 1966, Walton contrató al egresado con mejor expediente de un centro educativo IBM y le asignó la tarea de informatizar las operaciones de Wal-Mart. El resultado de esta medida tan progresista fue que Wal-Mart se convirtió en el icono del control de inventario en tiempo real y de la logística más moderna. En 1998, la base de datos de Wal-Mart era la segunda en cuanto a capacidad, sólo detrás de la del Pentágono.

El éxito de la logística de Wal-Mart es increíble, sobre todo si se considera su tamaño: cada día, más de 100 millones de artículos deben llegar a la tienda correcta en el momento preciso. Para lograr este objetivo, Wal-Mart desarrolló diferentes sistemas informáticos que actúan en sincronía. Todo comienza en la terminal de la caja registradora o punto de venta. Cada vez que se pasa un artículo por el escáner, esta información se envía a la sede principal mediante vínculos de información vía satélite. Gracias a esta información de ventas en tiempo real, el Sistema de Administración de Inventario de Wal-Mart calcula el índice de las ventas, toma en consideración los factores estacionales y promocionales, y genera pedidos automáticos a los centros de distribución y a sus proveedores.

Wal-Mart emplea su sistema de información para otros fines además de la logística. Los proveedores utilizan las bases de datos de los puntos de venta para analizar los patrones de compra por región. Por ejemplo, Procter & Gamble descubrió que el detergente Tide líquido se vende mejor en el norte y el noreste de Estados Unidos, mientras que el detergente Tide en polvo se vende mejor en el sur y el sureste del país. P&G utiliza este tipo de información para personalizar su disponibilidad de productos para las distintas regiones. Esto supone que vende diferentes versiones de Tide a las distintas sucursales de Wal-Mart en función de su ubicación y de las preferencias de los compradores de la zona. Quizás los establecimientos de la empresa parezcan idénticos por fuera, pero la empresa utiliza sus sistemas informáticos y de logística para personalizar la oferta en el interior de la tienda y así adecuarse a la demanda regional.

En la actualidad, Wal-Mart sigue creciendo. A pesar de contar ya con 3,200 establecimientos en Estados Unidos, Wal-Mart planea abrir entre 220 y 230 supercentros más, entre 50 y 55 establecimientos de descuento, entre 35 y 40 Sam's Clubs, y entre 25 y 30 Neighborhood Markets sólo en Estados Unidos, además de unas 130 tiendas a nivel internacional. Si Wal-Mart logra mantener la tasa de crecimiento de los últimos 10 años, podría convertirse en la primera empresa de un billón de dólares en el mundo.

Preguntas para discusión

1. ¿Cuáles han sido los factores de éxito de Wal-Mart?

2. ¿En qué sentido es vulnerable esta empresa? ¿A qué debe prestar atención?

3. ¿Qué recomendaría a los directivos de marketing para el futuro? ¿Qué acciones de marketing deberá ejecutar?

Fuentes: Jerry Useem, "Should We Admire Wal-Mart?" *Fortune,* 8 de marzo de 2004, pp. 118–121; Perry A. Trunick, "Wal-Mart Sells Its Suppliers on RFID", *Logistics Today,* diciembre de 2003, pp. 1–3; *Wal-Mart Case Study,* 1997 Innovation Collection, Smithsonian/ Computerworld Awards; Jim Collins, "Bigger, Better, Faster", *Fast Company,* junio de 2003, p. 74; *Wal-Mart Fact Sheet,* febrero de 2004; <www.walmart.com>.

REFERENCIAS BIBLIOGRÁFICAS :::

1. Louis Lee, "Taps for Music Retailers", *Business Week*, 23 de junio de 2003, p. 40; Paul Keegan, "Is the Music Store Over?", *Business 2.0*, marzo de 2004, pp. 115–119; David Segal, "Requiem for the Record Store; Downloaders and Discounters Are Driving Out Music Retailers", *The Washington Post*, 7 de febrero de 2004, p. A.01; Alison Overholt, "Listening to Starbucks", *Fast Company*, julio de 2004, pp. 50–56.

2. William R. Davidson, Albert D. Bates y Stephen J. Bass, "Retail Life Cycle", *Harvard Business Review* (noviembre–diciembre de 1976), pp. 89–96.

3. Stanley C. Hollander, "The Wheel of Retailing", *Journal of Marketing* (julio de 1960), pp. 37–42.

4. Margaret Webb Pressler, "Convenience, No Store; Vending Machines Are Being Stocked With More Than Snacks", *The Washington Post*, 10 de abril de 2004, p. D.12.

5. Anne D'Innocenzio, "Upscale Bloomingdale's Heads Down To Soho", *New York Times*, 23 de abril de 2004.

6. Amy Merrick, Jeffrey Trachtenberg y Ann Zimmerman, "Department Stores Fight to Preserve Role That May Be Outdated", *Wall Street Journal*, 2002; Ann Zimmerman, "Dillard's Counts on House Brands to Recapture Reputation", *Wall Street Journal*, marzo de 2001.

7. "Reinventing the Store—the Future of Retailing", *The Economist*, 22 de noviembre de 2003, pp. 65–68.

8. Charles Fishman, "The Anarchist's Cookbook", *Fast Company*, julio de 2004, pp. 70–78.

9. Amy Merrick, "How Gingham and Polyester Rescued a Retailer", *Wall Street Journal*, 9 de mayo de 2003, pp. A1, A6.

10. Louis Lee, "Thinking Small at the Mall", *Business Week*, 26 de mayo de 2003, pp. 94–95.

11. Robert Berner, "To Lure Teenager Mall Rats, You Need the Right Cheese", *Business Week*, 7 de junio de 2004, pp. 96–101.

12. Kimberly L. Allers, "Retail's Rebel Yell", *Fortune*, 10 de noviembre de 2003, pp. 137–142.

13. Laurence H. Wortzel, "Retailing Strategies for Today's Marketplace", *Journal of Business Strategy* (primavera de 1987), pp. 45–56.

14. Mark Tatge, "Fun & Games", *Forbes*, 12 de enero de 2004, pp. 138-144.

15. Nanette Byrnes, "What's Beyond for Bed Bath & Beyond", *Business Week*, 19 de enero de 2004, pp. 48-50.

16. Uta Werner, John McDermott y Greg Rotz, "Retailers at the Crossroads: How to Develop Profitable New Growth Strategies", *Journal of Business Strategy*, vol. 25, núm. 2, 2004, pp. 10–17.

17. Cecilie Rohwedder, "Viva la Differenza", *Wall Street Journal*, 29 de enero de 2003, pp. B1, B8.

18. Amy Wu, "A Specialty Food Store With a Discount Attitude", *The New York Times*, 27 de julio de 2003, pp. 3–4.

19. Constance L. Hays, "Retailers Seeking to Lure Customers with Service", *The New York Times*, 1 de diciembre de 2003, p. C.13.

20. Cametta Coleman, "Kohl's Retail Racetrack", *Wall Street Journal*, 1o. de marzo de 2000.

21. Piet Vroon *et al.*, *Smell: The Secret Seducer* (Nueva York: Farrar, Straus & Giroux, 1997).

22. Kenneth T. Rosen y Amanda L. Howard, "E-tail: Gold Rush or Fool's Gold?" *California Management Review* (1o. de abril de 2000), pp. 72–100; Moira Cotlier, "Census Releases First E-commerce Report", *Catalog Age*, 1o. de mayo de 2001; Associated Press, "Online Sales Boomed at End of 2000", Star-Tribune of Twin Cities, 17 de febrero de 2001; "Reinventing the Store", *The Economist*, 22 de noviembre de 2003, pp. 65–68.

23. Si desea leer más sobre el tema, véase Philip Kotler, "Atmospherics as a Marketing Tool", *Journal of Retailing* (invierno de 1973–1974), pp. 48–64; y Mary Jo Bitner, "Servicescapes: The Impact of Physical Surroundings on Customers and Employees", *Journal of Marketing* (abril de 1992), pp. 57–71. Véase también B. Joseph Pine II y James H. Gilmore, *The Experience Economy* (Boston: Harvard Business School Press, 1999).

24. Janet Eastman, "In the Latest Form of Retail Theater, Appliance Customers Who Come to Visit are Making Themselves Right at Home", *The Los Angeles Times*, 1o. de noviembre de 2002, p. E.32.

25. Frank Feather, *The Future Consumer* (Toronto: Warwick Publishing, 1994), p. 171. Véase también Stephen J. Hoch, Xavier Dreeze y Mary E. Purk, "EDLP, Hi-Lo, and Margin Arithmetic", *Journal of Marketing* (octubre de 1994), pp. 1–15; David R. Bell y James M. Lattin, "Shopping Behavior and Consumer Preference for Retail Price Format: Why 'Large Basket' Shoppers Prefer EDLP", *Marketing Science* 17 (primavera de1998), pp. 66–68.

26. Lorrie Grant, "Retailers Take Novel Approach to Get Their Brands in Front of Shoppers", *USA Today*, 17 de junio de 2003, p. 2B.

27. Carol Tice, "Anchors Away: Department Stores Lose Role at Malls", *Puget Sound Business Journal*, 13 de febrero de 2004, p. 1.

28. R. L. Davies y D. S. Rogers (eds.), *Store Location and Store Assessment Research* (Nueva York: John Wiley, 1984).

29. Sara L. McLafferty, *Location Strategies for Retail and Service Firms* (Lexington, MA: Lexington Books, 1987).

30. Theresa Howard, "Retail Stores Pop Up for Limited Time Only", *USA Today*, 28 de mayo de 2004, 1B.

31. Wendy Liebmann, "Consumers Push Back", *Brandweek*, 23 de febrero de 2004, pp. 19–20.

32. Liebmann, "Consumers Push Back", pp. 19–20.

33. Ibid.

34. Teri Agins, "Todd Does Target", *Wall Street Journal*, 11 de abril de 2002, pp. B1, B6.

35. "Sears Updates Its Operations", *USA Today*, 29 de octubre de 2001; Amy Merrick, "Sears to Overhaul Stores, Change Format, Cut 5,000 Jobs in Move to Boost Earnings", 25 de octubre de 2001. p. B9.

36. Catherine Yang, "Maybe They Should Call Them Scammers", *Business Week*, 16 de enero de 1995, pp. 32–33; Ronald C. Goodstein, "UPC Scanner Pricing Systems: Are They Accurate?" *Journal of Marketing* (abril de 1994), pp. 20–30.

37. Para consultar una lista de los factores clave del éxito de los sistemas EDI, véase R. P. Vlosky, D. T. Wilson y P. M. Smith, "Electronic Data Interchange Implementation Strategies: A Case Study", *Journal of Business & Industrial Marketing* 9, núm. 4 (1994), pp. 5–18.

38. "Business Bulletin: Shopper Scanner", *Wall Street Journal*, 18 de febrero de 1995, p. A1.

39. Para consultar un análisis más detallado de tendencias minoristas, véase Louis W. Stern y Adel I. El-Ansary, *Marketing Channels*, 5a. ed. (Upper Saddle River, NJ: Prentice Hall, 1996).

40. Shelley Donald Coolidge, "Facing Saturated Home Markets, Retailers Look to Rest of World", *Christian Science Monitor*,

14 de febrero de 1994, p. 7; Carla Rapoport con Justin Martin, "Retailers Go Global", *Fortune*, 20 de febrero de 1995, pp. 102–108.

41. Matthew Boyle, "Brand Killers", *Fortune*, 11 de agosto de 2003, pp. 88–100.

42. Gary McWilliams, "Retailers Create Own-Label PCs as Brand Names Dwindle", *Wall Street Journal*, 3 de mayo de 2002, pp. B1, B3.

43. Matthew Boyle, "Brand Killers", *Fortune*, 11 de agosto de 2003, pp. 88–100; William C. Copacino, *Supply Chain Management* (Boca Raton, FL: St. Lucie Press, 1997).

44. Ken Clark, "Store Brands Get Serious", *Chain Store Age*, marzo de 2004, pp. 44–46.

45. James A. Narus y James C. Anderson, "Contributing as a Distributor to Partnerships with Manufacturers", *Business Horizons* (septiembre–octubre de 1987). Véase también James D. Hlavecek y Tommy J. McCuistion, "Industrial Distributors— When, Who, and How", *Harvard Business Review* (marzo–abril de 1983), pp. 96–101.

46. Bert McCammon, Robert F. Lusch, Deborah S. Coykendall y James M. Kenderdine, *Wholesaling in Transition* (Norman: University of Oklahoma, College of Business Administration, 1989).

47. Hoover's Company Profiles, 1999; y sitios Web de empresas.

48. Michael Liedtke, "Online Goes Offline at McKesson HBOC", *Pittsburgh Post-Gazette*, 27 de febrero de 2001, p. B4.

49. <www.grainger.com.>

50. Narus y Anderson, "Contributing as a Distributor to Partnerships with Manufacturers". Véase también James D. Hlavecek y Tommy J. McCuistion, "Industrial Distributors—When, Who, and How", pp. 96–101.

51. Copacino, *Supply Chain Management*.

52. Ronald Henkoff, "Delivering the Goods", *Fortune*, 28 de noviembre de 1994, pp. 64–78.

53. Henkoff, "Delivering the Goods", pp. 64–78.

54. Rita Koselka, "Distribution Revolution", *Forbes*, 25 de mayo de 1992, pp. 54–62.

55. El volumen óptimo de pedido resulta de la fórmula $Q^* = 2DS/IC$, donde D = demanda anual, S = costo de realizar un pedido, I = costo de almacenamiento anual unitario. Esta fórmula, conocida como la fórmula de la cantidad del orden económico, supone un costo de pedido constante, un costo de almacenamiento de una unidad adicional constante, una demanda conocida y la ausencia de descuentos por volumen. Para más información sobre este tema, véase Richard J. Tersine, *Principles of Inventory and Materials Management*, 4a. ed. (Upper Saddle River, NJ: Prentice Hall, 1994).

56. Copacino, *Supply Chain Management*, pp. 122–23.

57. Renee DeGross, "Retailers Try eBay Overstocks, Returns For Sale Online", *The Atlanta Journal-Constitution*, 10 de abril de 2004, p. E1.

**EN ESTE CAPÍTULO
ANALIZAREMOS LAS SIGUIENTES
PREGUNTAS:**

1. ¿Cuál es la función de la comunicación integral de marketing?

2. ¿Cómo funciona la comunicación integral de marketing?

3. ¿Qué pasos son necesarios para desarrollar una comunicación efectiva?

4. ¿Qué es la mezcla de comunicaciones y cómo se elabora?

5. ¿Qué es un programa de comunicación integral de marketing?

LET'S MESS WITH PERFECTION. Let's Daniel Boone-flag it. Let's paint it. Let's detail it. Let's whale tail it. Let's fuzzy dice it. Let's trick Let's spoiler kit it. Let's mirror tint it. Let's whitewall it. Let's hot rod i lower it. Let's raise it. Let's do nothing. Let's do whatever. **LET'S MO**

11223344556677889

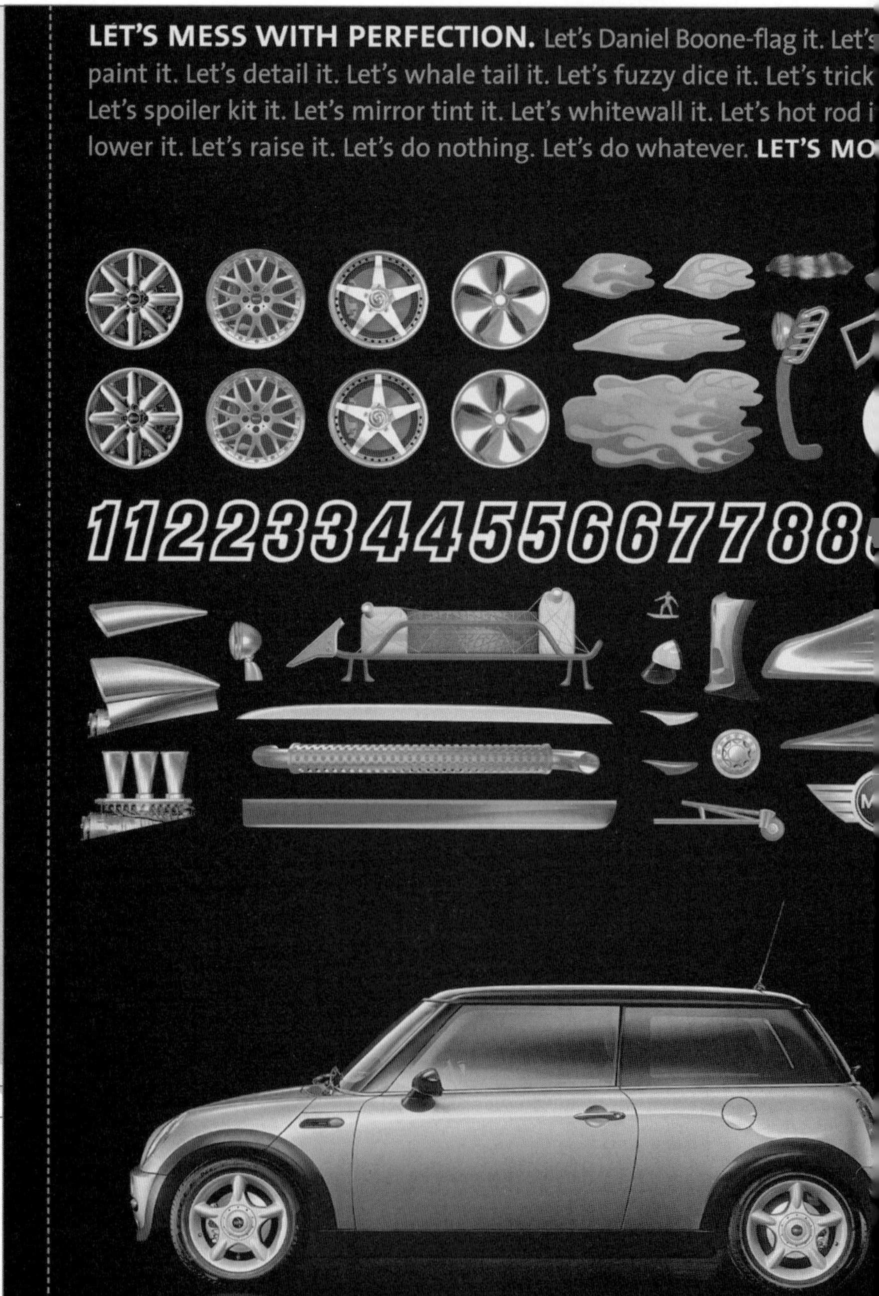

DISEÑO Y ADMINISTRACIÓN
DE ESTRATEGIAS PARA LA
COMUNICACIÓN INTEGRAL
DE MARKETING

diecisiete

En el marketing moderno no basta con desarrollar un buen producto, darle un precio atractivo y lanzarlo al mercado. Las empresas también deben comunicarse con los grupos de interés reales y potenciales, y con el público en general. Para la mayoría de las empresas no se trata de decidir si hay que comunicarse o no, sino más bien de definir qué decir, cómo decirlo, a quién decirlo y con qué frecuencia. El problema es que con tantas empresas que intentan captar la atención (cada vez más dividida) de los consumidores, las comunicaciones se tornan difíciles. Para llegar al mercado meta y crear *brand equity*, los mercadólogos holísticos emplean numerosas formas de comunicación de forma muy creativa.[1] Por ejemplo, cuando BMW lanzó el Mini no utilizó anuncios televisivos.

En Estados Unidos, el Mini sólo se comercializó durante siete años en la década de los 60, antes de ser retirado por la estricta normativa sobre emisiones a la atmósfera. En marzo de 2002, BMW decidió relanzar en Estados Unidos un Mini Cooper nuevo, modernizado, destinado a los cosmopolitas que buscaban un auto pequeño, moderno y divertido por menos de 20,000 dólares. Con tan sólo 20 millones de dólares de presupuesto de lanzamiento, los encargados de marketing del Mini utilizaron una campaña de comunicaciones de guerrilla con usos poco convencionales de los anuncios espectaculares, carteles, anuncios impresos y otros medios básicos. Nada de anuncios televisivos. Se podía ver un Mini encima de tres vehículos todoterreno Ford, y en las principales ferias de automóviles de 21 ciudades de Estados Unidos. El vehículo también aparecía en otros sitios poco usuales como dentro de un estadio deportivo, como si se tratara de butacas

Un cartel que anunciaba el Mini Cooper, parte de una campaña
de comunicaciones de guerrilla.

para ver el partido, o en la revista Playboy como anuncio central. En los anuncios espectaculares sólo aparecían mensajes de texto que decían: "EL DECLIVE OFICIAL DE LOS TODOTERRENO COMIENZA HOY", "GOLIAT PERDIÓ" y "XXL-XL-L-M-S-MINI". Muchas de las comunicaciones redirigían a un sitio Web muy bien diseñado que ofrecía la información necesaria sobre el producto. Esta campaña tan creativa dio como resultado una lista de espera de seis meses para adquirir el vehículo en la primavera de 2002.[2]

Las comunicaciones de marketing pueden reportar a la empresa beneficios incalculables. En este capítulo se describirá cómo funcionan las comunicaciones de marketing y cómo contribuyen al desempeño de una empresa. Asimismo, se explicará cómo los mercadólogos holísticos combinan e integran las comunicaciones de marketing. En el capítulo 18 se estudiarán las distintas formas de comunicación masiva (impersonal), es decir, publicidad, promoción de ventas, eventos y experiencias, y relaciones públicas; y en el capítulo 19 se analizarán las diferentes formas de comunicaciones personales (marketing directo, comercio electrónico y venta personal).

::: La función de las comunicaciones de marketing

Las **comunicaciones de marketing** son el medio por el cual una empresa intenta informar, convencer y recordar, directa o indirectamente, sus productos y marcas al gran público. En cierto modo, se podría decir que las comunicaciones de marketing representan la "voz" de la marca, y posibilitan el diálogo y la creación de relaciones con los consumidores.

Las comunicaciones de marketing desempeñan numerosas funciones para los consumidores, quienes, a partir de ellas, reciben información de la empresa sobre cómo y por qué se emplea un producto, quiénes lo utilizan, dónde y cuándo. Además, también se enteran de quién fabrica el producto y qué significan la marca y la empresa, y en último término, reciben un incentivo o una recompensa por probar o utilizar el producto. Las comunicaciones de marketing permiten a las empresas vincular sus marcas a personas, lugares, marcas, experiencias, sentimientos y objetos. Las comunicaciones de marketing contribuyen a recordar y transmitir la imagen de marca.

Las comunicaciones de marketing y el *brand equity*

Aunque la publicidad suele ser un elemento central del programa de comunicación de una empresa, no es el único, ni siquiera el más importante, al menos por lo que respecta a la creación de *brand equity*. La **mezcla de comunicaciones de marketing** está integrada por seis tipos de comunicación principales:[3]

1. *Publicidad*—Toda comunicación impersonal y remunerada de un promotor determinado para la presentación de ideas, bienes o servicios.
2. *Promoción de ventas*—Conjunto de incentivos a corto plazo para fomentar la prueba o la compra de un producto o servicio.
3. *Eventos y experiencias*—Conjunto de actividades y programas patrocinados por la empresa destinados a crear interacciones con la marca.
4. *Relaciones públicas y publicidad*—Conjunto de programas diseñados para promover la imagen de la empresa o sus productos individuales.
5. *Marketing directo*—Utilización del correo postal, el teléfono, el fax, el correo electrónico o Internet para comunicarse directamente con determinados clientes reales o potenciales, o para solicitar una respuesta de éstos.
6. *Venta personal*—Interacción cara a cara con uno o más compradores potenciales con el fin de hacer una presentación, responder a preguntas y conseguir pedidos.

La tabla 17.1 ofrece una lista de numerosas plataformas de comunicación. Las comunicaciones de la empresa van más allá de estas plataformas específicas. El estilo y el precio del producto, la forma y color del envase, los modales y la forma de vestir del vendedor, la decoración del establecimiento, los artículos de papelería de la empresa: todo comunica algo a los compradores. Todos los *contactos con la marca* aportan una sensación que puede reforzar la opinión que tiene el cliente de la empresa, o por el contrario, debilitarla.

| TABLA **17.1** | Plataformas de comunicación más comunes.

Publicidad	Promoción de ventas	Eventos y experiencias	Relaciones públicas	Venta personal	Marketing directo
Anuncios impresos, de radio y TV	Concursos, juegos, sorteos, loterías	Eventos deportivos	Boletines de prensa	Presentaciones de ventas	Catálogos
Empaque	Obsequios	Entretenimiento	Discursos	Reuniones de ventas	Mensajes por correo
Insertos en el empaque	Muestras	Festivales	Seminarios	Programas de incentivos	Telemarketing
Dibujos animados	Ferias y espectáculos comerciales	Exposiciones artísticas	Reportes anuales	Muestras	Compras por Internet
Folletos	Exhibiciones	Causas	Donaciones	Ferias y espectáculos comerciales	Venta por TV
Carteles y volantes	Demostraciones	Visitas a las fábricas	Publicaciones		Mensajes por fax
Directorios	Cupones	Museos de la empresa	Relaciones con la comunidad		Correo electrónico
Reimpresiones de anuncios	Devoluciones	Actividades en la calle	Cabildeo (*Lobbying*)		Correo de voz
Anuncios espectaculares	Financiamiento con tasa de interés baja		Medios de identidad		
Letreros de exhibición	Entretenimiento		Revista de la empresa		
Escaparates en puntos de venta	Programas de continuidad				
Material audiovisual	Acuerdos				
Símbolos y logotipos					
Videos					

Como se observa en la figura 17.1, las actividades de comunicación de marketing contribuyen al *brand equity* de diferentes maneras: a crear conciencia de marca, a vincular las asociaciones adecuadas a la imagen de la marca en la memoria de los consumidores, a generar sentimientos o juicios positivos sobre la marca, y/o a favorecer la creación de un vínculo más fuerte entre consumidor y marca.

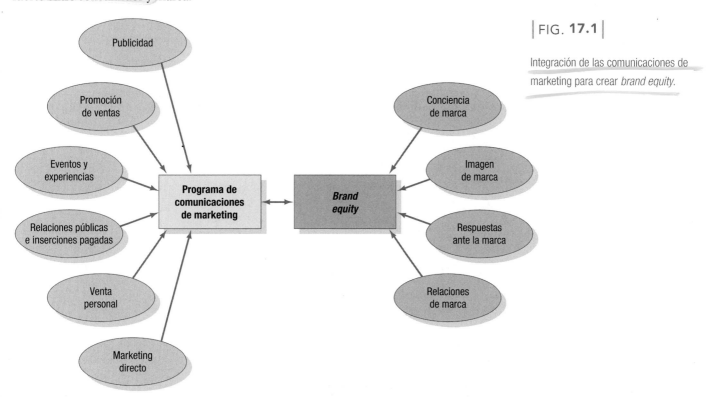

| FIG. **17.1** |

Integración de las comunicaciones de marketing para crear *brand equity*.

Anuncio de Kleenex® Soft Pack que incluye un cupón de descuento.

El concepto de *brand equity* implica que no importa el modo en que se crean las asociaciones de marca. En otras palabras, si un consumidor asocia intensa, positiva y exclusivamente con la marca Subaru los conceptos "aire libre", "dinamismo" y "escarpado" porque ha visto un anuncio en televisión donde aparece el automóvil mientras circula en un terreno escarpado en diferentes épocas del año, o porque Subaru patrocina eventos de esquí, kayak o ciclismo de montaña, el impacto en términos de *brand equity* debería ser idéntico.

Sin embargo, estas comunicaciones de marketing se deben integrar para poder transmitir un mensaje consistente y así lograr un posicionamiento estratégico. El punto de partida para planear las comunicaciones de marketing es realizar una auditoría de todas las posibles interacciones que el público meta pudiera tener con la marca o la empresa. Por ejemplo, si un consumidor está interesado en comprar una computadora nueva, hablará con otras personas sobre el tema, estará atento a los anuncios televisivos, leerá artículos, buscará información en Internet y observará las computadoras en las tiendas. Los mercadólogos deben evaluar qué experiencias e impresiones ejercerán una mayor influencia en cada fase del proceso de compra. Esta información les ayudará a asignar los fondos destinados a la comunicación de manera más eficiente, y a diseñar e implementar los programas de comunicación adecuados.

KLEENEX SOFT PACK

Para lanzar su nuevo producto, Kleenex Soft Pack, Kimberly-Clark determinó que destinaría el 75% de su asignación general para publicidad en televisión, el 23% a los anuncios impresos, y el 2% restante a la publicidad *on line*, a fin de generar conciencia de marca e incitar a la prueba. Los anuncios a través de Internet llegaron a una audiencia que la televisión había pasado por alto, y los anuncios en revistas y *on line* resultaron la mezcla más eficaz para dar a conocer la marca.[4]

Con esta información, los mercadólogos juzgan las comunicaciones según su capacidad de generar *brand equity* y de acelerar las ventas del producto. Por ejemplo ¿en qué medida contribuye una campaña publicitaria a la creación, el mantenimiento o el refuerzo de las asociaciones de marca? ¿Un patrocinio provoca sentimientos más favorables hacia la marca en los consumidores? ¿Hasta qué punto motiva una promoción a los consumidores para que compren más cantidad del producto? ¿A qué precio?

Desde el punto de vista de creación de *brand equity*, los mercadólogos deben evaluar *todas* las opciones posibles de comunicación en función de criterios de eficacia (cómo funciona) y de eficiencia (cuánto cuesta). Este extenso análisis de las actividades generadoras de *brand equity* es especialmente importante cuando los mercadólogos analizan qué estrategias deben utilizar para mejorar la conciencia de marca.

La conciencia de marca es una función del número de exposiciones a la marca y de experiencias que acumulan los consumidores.[5] *Cualquier* cosa que haga que el consumidor preste atención a la marca, aumentará la conciencia de marca, al menos en lo que se refiere al reconocimiento de ésta. La exposición de la marca, por ejemplo en patrocinios, sugiere que estas actividades son especialmente valiosas para aumentar el reconocimiento de marca. Sin embargo, para fomentar la memorización, es necesario un proceso más intenso y elaborado que refuerce los vínculos de la marca a la categoría de productos o a las necesidades de los consumidores.

De igual modo, puesto que las asociaciones de marca, las respuestas y las relaciones de marca se pueden crear de formas distintas, se deben considerar *todas* las comunicaciones de marketing posibles, con el fin de generar la imagen y el conocimiento deseados.

ORQUESTA SINFÓNICA DE BOSTON

El público de la música clásica parecía reducirse a un pequeño número de asistentes habituales a los conciertos, cada vez de mayor edad, por lo que la Orquesta Sinfónica de Boston (OSB) pensó que tenía que revitalizar su publicidad para llegar a nuevas audiencias a través de una serie de canales de comunicación. Antes de 1998, la OSB apenas utilizaba Internet. Sin embargo, después, a través de una serie de esfuerzos de estudios de mercado, encuestas y sesiones de grupo, descubrió que había muy pocas diferencias entre las audiencias más jóvenes y las de mayor edad en lo referente al interés por el producto, mientras que existía una brecha considerable en las preferencias de medios de comunicación. Los melómanos de mayor edad eran ávidos lectores de libros y revistas, mientras que los jóvenes utilizaban medios electrónicos e Internet. Así, la OSB desarrolló una campaña integrada que combinaba el correo directo, el marketing por correo electrónico, los infomerciales personalizados a través de Internet y los anuncios en los taxis. El resultado fue que la orquesta aumentó los ingresos por entradas y otras ventas a través de Internet desde los 320,000 dólares en el ejercicio fiscal de 1997 hasta los 3.7 millones de dólares en 2002. Las ventas totales alcanzaron los 19 millones de dólares en 2002, en contraste con los 16.7 millones de 1997.[6]

El proceso de comunicación: diferentes modelos

Los mercadólogos deben comprender los componentes fundamentales de una comunicación eficaz. Existen dos opciones que son especialmente útiles a este respecto: un macromodelo y un micromodelo.

MACROMODELO DEL PROCESO DE COMUNICACIÓN   La figura 17.2 muestra un modelo de comunicación con nueve elementos. Dos de ellos corresponden a los dos participantes principales en la comunicación: el *emisor* y el *receptor*. Otros dos representan las principales herramientas de comunicación: el *mensaje* y el *canal*. Cuatro elementos representan las funciones principales: *codificación, decodificación, respuesta* y *retroalimentación*. El último elemento es el *ruido*, es decir, cualquier distorsión aleatoria o mensaje de la competencia pudiera interferir con la comunicación que pretende transmitir la empresa.[7]

Este modelo contempla los factores principales de una comunicación eficaz. Así, el emisor debe definir bien a qué audiencias desea llegar y qué respuestas quiere obtener. A continuación, debe codificar su mensaje de modo que la audiencia pueda decodificarlo. Luego, tiene que transmitir ese mensaje a través de un medio que llegue al receptor y que cuente con canales de retroalimentación que permitan al receptor dar a conocer su respuesta al mensaje. Cuanto mayor coincidencia exista entre el campo de experiencia del emisor y el del receptor, más eficaz será el mensaje.

Cabe destacar que la atención, la distorsión y la retención selectivas (conceptos que se estudiaron en el capítulo 6) pueden influir en el proceso de comunicación de las siguientes formas:

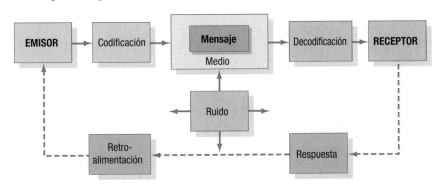

| FIG. **17.2** |

Elementos del proceso de comunicación.

1. *Atención selectiva*—Cada día, los televidentes son bombardeados con 1,500 anuncios por día, lo que explica por qué, en ocasiones, los publicistas tienen que llegar a utilizar el miedo, la música o el sexo, o titulares llamativos del tipo "Cómo conseguir un millón", para captar la atención de la audiencia. El exceso de anuncios es el principal obstáculo para llamar la atención de los consumidores: los contenidos fuera de programación ocupan entre el 25 y 33% del tiempo en la televisión y en la radio, y superan el 50% del espacio en revistas y periódicos.

2. *Distorsión selectiva*—Los receptores perciben lo que va de acuerdo con su sistema de creencias, por lo que suelen añadir matices inexistentes al mensaje (amplificación) o no percibir matices que sí están en el mensaje (reducción). El emisor ha de esforzarse por lograr un mensaje simple, claro, interesante y reiterativo, de tal manera que, al menos, transmita los puntos principales.

3. *Retención selectiva*—Los receptores sólo retienen en la memoria una pequeña fracción de los mensajes que les llegan. Si la actitud inicial del receptor hacia un objeto es positiva y además recibe argumentos de apoyo, probablemente aceptará el mensaje y tendrá un alto grado de recordación. Por el contrario, si la actitud inicial es negativa y además recibe argumentos en contra, es probable que el mensaje sea rechazado, aunque algo quedará en la memoria a largo plazo. Como la persuasión requiere que el receptor renueve parte de sus pensamientos a largo plazo, mucho de lo que se denomina persuasión no es más que autopersuasión.[8]

MICROMODELO DE RESPUESTA DE LOS CONSUMIDORES   Los micromodelos de comunicaciones de marketing se concentran en las respuestas específicas que éstas originan en los consumidores. La figura 17.3 resume los cuatro *modelos clásicos de jerarquía de respuestas.*

Todos estos modelos dan por hecho que el comprador atraviesa una fase cognitiva, otra afectiva y otra conductual. La secuencia "aprender, sentir, actuar", se presenta cuando el mercado tiene un especial interés por la categoría del producto y los consumidores perciben importantes diferencias entre fabricantes, como en el sector automotriz o el inmobiliario. Una secuencia alternativa consiste en "actuar, sentir, aprender", propia de productos en los que el mercado tiene mucho interés, pero en los que la diferenciación es escasa o nula, como por ejemplo, en la compra de boletos de avión o de computadoras personales. Una tercera secuencia consiste en "aprender, actuar, sentir", característica de mercados en los que el producto se considera de poco interés y no existe diferenciación entre las marcas, como en el caso de la sal o de las baterías. La planeación se verá muy favorecida si el responsable de marketing es capaz de identificar la secuencia correcta de cada caso.[9]

Aquí partiremos de que el comprador tiene una gran implicación con la categoría de productos y siente que existen grandes diferencias entre marcas. Se analizará el modelo de *jerarquía de efectos* (en la segunda columna de la figura 17.3) en el contexto de una campaña de comunicaciones de marketing para una pequeña universidad de Iowa llamada Pottsville:

■ *Conciencia.* Si la mayor parte del público meta no conoce el producto, el comunicador debe generar conciencia de él. Imaginemos que Pottsville busca estudiantes de Nebraska, pe-

| FIG. **17.3** |

Modelos de jerarquía de respuestas.

Fuentes: [a]E. K. Strong. *The Psychology of Selling* (Nueva York: McGraw-Hill. 1925), p. 9; [b]Robert J. Lavidge y Gary A. Steiner, "A Model for Predictive Measurements of Advertising Effectiveness", *Journal of Marketing* (octubre de 1961), p. 61; [c]Everett M. Rogers, *Diffusion of Innovation* (Nueva York: The Free Press, 1962), pp. 79–86; [d]varias fuentes.

Modelos

Etapas	Modelo AIDA[a]	Modelo de jerarquía de efectos[b]	Modelo de innovación-adopción[c]	Modelo de comunicación[d]
Etapa cognitiva	Atención	Conciencia ↓ Conocimiento	Conciencia	Exposición ↓ Recepción ↓ Respuesta cognitiva
Etapa afectiva	Interés ↓ Deseo	Agrado ↓ Preferencia ↓ Convicción	Interés ↓ Evaluación	Actitud ↓ Intención
Etapa conductual	Acción	Compra	Prueba ↓ Adopción	Comportamiento

ro que allí nadie conoce esta institución. Supóngase que en Nebraska hay 30,000 estudiantes de educación media superior a quienes les podría interesar esta universidad. Pottsville podría fijarse el objetivo de darse a conocer entre el 70% de estos estudiantes en el plazo de un año.

■ *Conocimiento.* El mercado podría identificar el nombre de la empresa, pero quizás no sepa mucho de ella. Pottsville quiere que su público meta sepa que se trata de una universidad privada, que se fundó hace cuatro años y que cuenta con excelentes programas en inglés, idiomas extranjeros e historia; pero antes tiene que saber cuántas personas de entre el público meta saben poco, algo o mucho sobre Pottsville. Si no saben mucho sobre la universidad, Pottsville podría fijar como objetivo de comunicación crear conocimiento de marca.

■ *Gusto.* Si quienes integran el público meta ya conocen la marca ¿qué les parece? Si la audiencia tiene sentimientos negativos hacia Pottsville, el comunicador tiene que descubrir por qué. Si estos sentimientos se basan en problemas reales, Pottsville tendrá que solucionarlos y después comunicar su calidad renovada. Unas buenas relaciones públicas requieren "buenos hechos seguidos de buenas palabras".

■ *Preferencia.* Al público meta podría agradarle el producto, pero tal vez no lo prefiera antes que otras marcas. En este caso, el comunicador debe intentar crear preferencia por la marca al comparar la calidad, el valor, los resultados y demás características de su producto con los de la competencia.

■ *Convicción.* Tal vez el público meta prefiera un producto específico, pero sin estar absolutamente convencido de su compra. La función del comunicador es generar convicción e intención de compra entre los estudiantes interesados en Pottsville.

■ *Compra.* Finalmente, algunos miembros del público meta están convencidos de las bondades del producto, pero no dan el paso decisivo para comprarlo. El comunicador debe lograr que estos clientes den el paso final, al ofrecer el producto a un precio más bajo, al ofrecer alguna recompensa, o permitir una prueba. Pottsville podría invitar a una selección de estudiantes de educación media superior a visitar el campus y a participar en algunas clases, o incluso ofrecer becas parciales a los estudiantes con mejores expedientes.

Para demostrar la fragilidad del proceso de comunicación en su conjunto, supongamos que la probabilidad de que *cada una* de las fases anteriores termine con éxito es del 50%. Las leyes de la probabilidad sugieren que las posibilidades de que *todas* las fases culminen con éxito, si se supone que los acontecimientos son independientes, sería $0.5 \times 0.5 \times 0.5 \times 0.5 \times 0.5 \times 0.5$, lo que equivale a 1.5625%. Si la probabilidad de que cada fase terminara con éxito fuese, en promedio, algo más moderada, por ejemplo del 10%, la probabilidad conjunta de las seis fases sería del 0.0001, es decir, ¡sólo 1 en 10,000!

Para aumentar las posibilidades de éxito de las campañas de comunicación, los mercadólogos deben intentar aumentar la posibilidad de que *cada* fase ocurra con éxito. Por ejemplo, en el caso de una campaña publicitaria, deben existir garantías de que:

1. El consumidor adecuado se vea expuesto al mensaje apropiado en el lugar y en el momento precisos.
2. El anuncio llame la atención del consumidor pero sin distraerle del mensaje principal.
3. El anuncio refleje el nivel de conocimiento del consumidor sobre el producto y la marca.
4. El anuncio posicione la marca correctamente en cuanto a los factores de diferenciación y de similitud deseables y reales.
5. El anuncio incite a los consumidores a considerar la compra de la marca.
6. El anuncio cree asociaciones de marca fuertes con toda la información de la comunicación previa almacenada en la memoria, de modo que surta efecto cuando el consumidor considere la compra.

::: Desarrollo de una comunicación efectiva

La figura 17.4 muestra las ocho etapas en que se divide el desarrollo de una comunicación efectiva. Comenzaremos con las cuestiones esenciales: seleccionar el público meta, definir los objetivos de comunicación, diseñar las comunicaciones, seleccionar los canales y determinar el presupuesto.

Identificación del público meta

El proceso debe comenzar con una idea clara de quién conforma el público meta: compradores potenciales de los productos de la empresa, usuarios actuales, personas que toman las decisiones y personas que influyen; y también se debe tener una idea clara de si se trata de individuos, grupos o el gran público. El público meta determinará las decisiones sobre qué decir, cómo, cuándo, dónde y a quién.

La selección del público meta se puede hacer en función de cualquiera de los segmentos de mercado que se estudiaron en el capítulo 8. Por lo general, resulta útil definir el público meta en función del uso y de la lealtad. ¿El público meta está integrado por usuarios potenciales o por usuarios reales? ¿La audiencia es fiel a la marca o a un competidor, o por el con-

| FIG. **17.4** |

Etapas en el desarrollo de una comunicación efectiva.

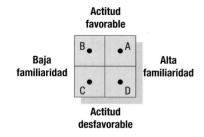

| FIG. 17.5 |

Análisis de familiaridad y escala

de actitudes.

trario, cambia de marca con frecuencia? Si el público meta está formado por individuos fieles a la marca, ¿se trata de usuarios esporádicos o de usuarios habituales? La estrategia de comunicación será diferente en función del uso y de la lealtad del público meta. Para determinar el perfil del público meta en lo que respecta al conocimiento de marca, es conveniente realizar un *análisis de imagen*.

Uno de los aspectos más importantes del análisis del público meta consiste en la valoración de la imagen de la empresa, de sus productos y de sus competidores. La **imagen** es el conjunto de creencias, ideas e impresiones que tiene una persona respecto a un objeto. Las actitudes y las acciones de las personas hacia un objeto están estrechamente ligadas a la imagen que se tiene del mismo.

El primer paso consiste en estimar el conocimiento que tiene el público meta sobre el producto en cuestión, utilizando la *escala de notoriedad:*

| Nuca he oído hablar de él | He oído algo de él | Lo conozco un poco | Lo conozco bastante bien | Lo conozco muy bien |

Si los encuestados sólo responden con las dos primeras opciones, el reto consistirá en incrementar la conciencia de marca.

A aquellos entrevistados que conozcan el producto, se les preguntará por sus actitudes hacia el mismo, utilizando una *escala de actitudes:*

| Muy desfavorable | Algo desfavorable | Indiferente | Algo favorable | Muy favorable |

Si la mayoría de los encuestados se centran en las dos primeras respuestas, la empresa tendrá que solucionar un grave problema de imagen.

Para comprender mejor los retos que plantea la estrategia de comunicación habrá que combinar los resultados de estas mediciones. Imaginemos que se pregunta a un grupo de vecinos sobre cuatro hospitales de la zona, A, B, C y D. La figura 17.5 refleja la media de sus respuestas. El hospital A tiene la imagen más positiva: la mayor parte de los encuestados lo conocen y lo aprecian. El hospital B es desconocido para un mayor número de personas, pero es del agrado de aquellos que lo conocen. El hospital C es el que peor imagen tiene entre aquellos que lo conocen, pero (por fortuna para el hospital), no son demasiados. El hospital D se encuentra en la peor situación, puesto que muchos lo conocen y a casi nadie le gusta.

Cada hospital se enfrenta a una tarea de comunicación distinta. El hospital A debe centrarse en mantener su notoriedad y su buena reputación. El hospital B debe captar la atención de más personas. El hospital C debe descubrir por qué no gusta y qué debe hacer para mejorar sus resultados, aunque sea poco conocido. Por último, el hospital D primero debe aparecer menos en los medios y mejorar su calidad, y después captar la atención pública.

La imagen de una empresa es "pegajosa": se queda hasta mucho tiempo después de haber cambiado. La razón es que cuando las personas ya se formaron una imagen sobre algo, perciben sólo aquello que es consistente con tal imagen. Para que los consumidores se cuestionen sus ideas y abran la mente a otras nuevas, serán necesarias grandes dosis de información persuasiva y clarificadora, sobre todo cuando no existen experiencias constantes o de primera mano entre los consumidores y el objeto una vez modificado.

HÄAGEN-DAZS

En los últimos años, este fabricante de helados ha luchado tenazmente contra la imagen que adquirió durante los años 80. La empresa contrató a la agencia publicitaria Goodby, Silverstein y Partners para crear una nueva campaña y deshacerse de la pegajosa imagen de Häagen Dazs. "La marca recordaba un lujo cremoso, y automáticamente se pensaba en el hedonismo de los años 80, como con aquel joven con gazné apoyado en un Bentley", afirma el director creativo y socio de Goodby, Albert Kelly. Goodby desarrolló una campaña que se centraba en la calidad del producto y, sobre todo, en la calidad de sus ingredientes. En dos de los anuncios titulados "Fresa" y "Vainilla" aparecían plantaciones de fresas y de vainilla con el texto: "La fabricación de Häagen Dazs es única", lo que suponía un importante contraste con la publicidad anterior, que se centraba en el lujo, con frases como "Puro placer" o "Simplemente, perfecto".[10]

Definición de los objetivos de comunicación

Como veíamos en el ejemplo de la Universidad de Pottsville, los objetivos de comunicación se pueden fijar en cualquier nivel del modelo de la jerarquía de efectos. Rossiter y Percy identifican cuatro objetivos posibles:[11]

1. ***Necesidad de categoría***—Convertir una categoría de producto o servicio en una categoría necesaria para eliminar o satisfacer la percepción de una discrepancia entre un estado motivacional y un estado emocional. Las comunicaciones de productos novedosos, por ejemplo, los autos eléctricos, siempre comienzan por crear la necesidad de la categoría.
2. ***Conciencia de marca***—Capacidad para identificar (reconocer o recordar) la marca dentro de su categoría, con un nivel de detalle suficiente para proceder a la compra. Por lo re-

gular, es más sencillo lograr que los consumidores reconozcan la marca a que la recuerden (es más probable que los consumidores reconozcan los empaques color naranja característicos de Stouffer a que recuerden la marca cuando piensen en marcas de productos congelados). El recordatorio de marca es más importante fuera del punto de venta, mientras que el reconocimiento de marca es más importante dentro. La conciencia de marca sirve como base para el *brand equity*.

3. ***Actitud frente a la marca***—Valoración de la marca con respecto a la percepción de su capacidad de satisfacer una necesidad específica. Hay necesidades relevantes que se orientan negativamente (solución de problemas, elusión de problemas, satisfacción parcial o disminución normal) o positivamente (gratificación sensorial, estimulación intelectual o aprobación social). Los productos de limpieza del hogar utilizan el enfoque de solución de problemas; por otra parte, los productos alimenticios suelen recurrir a anuncios relacionados con los sentidos, al hacer hincapié en el apetito.

4. ***Intención de compra de la marca***—Se refiere a autoindicaciones para adquirir la marca o tomar medidas en relación con la misma. Las ofertas promocionales de tipo dos por uno incitan a los consumidores a adoptar un compromiso mental para comprar un producto. Sin embargo, muchos consumidores no tienen una necesidad de categoría manifiesta, y quizás no estén en situación de compra cuando se vean expuestos a un anuncio, por lo que es menos probable que se formen intenciones al respecto. Por ejemplo, en una semana cualquiera, sólo cerca del 20% de los adultos planea comprar detergente, sólo el 2% planea comprar un producto de limpieza para alfombras, y sólo el 0.25% planea comprar un automóvil.

Las comunicaciones más efectivas son capaces de lograr varios objetivos. Por ejemplo, Geico anuncia que con una llamada de 15 minutos el cliente puede ahorrar un 15% en el seguro de su automóvil, con lo que la empresa combina los objetivos de actitud frente a la marca y de intención de compra.

Diseño del mensaje

Para formular un mensaje capaz de conseguir la respuesta deseada por parte de los consumidores, será necesario solucionar tres problemas: qué decir (contenido del mensaje), cómo decirlo (estructura del mensaje) y quién debe decirlo (fuente del mensaje).

MENSAJE ESTRATÉGICO Para determinar el contenido del mensaje, la dirección de la empresa ha de trabajar en la búsqueda de apelativos, temas o ideas que fortalezcan el posicionamiento de la marca y que contribuyan a establecer factores de diferenciación y de similitud. Algunos de éstos podrían estar relacionados directamente con los resultados del producto o servicio (calidad, economía, valor de la marca), mientras que otros podrían ser consideraciones más extrínsecas (una marca moderna, popular o tradicional).

John Maloney considera que los compradores esperan una recompensa de cada producto, y que ésta puede ser de cuatro tipos: racional, emocional, social o de satisfacción del ego.[12] Los compradores podrían visualizar estas recompensas a través de la experiencia de resultados de uso, de la experiencia de uso del producto o de la experiencia de factores incidentales relacionados con el uso. Si se relacionan los cuatro tipos de recompensas que esperan los consumidores con estos tres tipos de experiencias se obtienen 12 tipos de mensajes. Por ejemplo, la frase "deja la ropa más limpia", es una promesa de recompensa racional según la experiencia de resultados de uso. La frase "el auténtico sabor a cerveza de una magnífica cerveza sin alcohol", es una promesa de recompensa emocional conectada con una experiencia de uso del producto.

Muchos coinciden en el hecho de que los compradores industriales son más receptivos a los mensajes sobre resultados. Este tipo de compradores conocen el producto, tienen la capacitación necesaria para reconocer su valor, y tienen que rendir cuentas a otros, de sus elecciones. Los consumidores, cuando compran productos caros, también tienden a recopilar información y a evaluar las ventajas que les reporta el producto.

MENSAJE CREATIVO La efectividad de los mensajes depende tanto de cómo se expresa un mensaje como del propio contenido. Una comunicación será poco efectiva si no utiliza el contenido adecuado, o si no expresa correctamente el contenido adecuado. Las *estrategias creativas* son los procesos mediante los cuales los mercadólogos plasman lo que quieren transmitir en un mensaje concreto. Estas estrategias se clasifican, en términos generales, en "informativos" o "transformativos".[13] Estas dos categorías generales incluyen distintos enfoques creativos.

Informativos Un *mensaje informativo* se centra en los atributos o en las ventajas del producto o servicio. Por ejemplo, los anuncios de solución de problemas (Excedrin acaba rápidamente con el dolor de cabeza), de demostraciones del producto (Thompson Water Seal resiste la lluvia, la nieve y las altas temperaturas), de comparación de productos (Verizon ofrece un acceso a Internet mejor que Comcast), y testimonios de personas desconocidas o de famosas que apoyan un producto (la estrella de la NBA LeBron James anuncia Coca-Cola y Nike). Los atractivos informativos suponen un tratamiento del mensaje muy racional por parte de los consumidores, en el que imperan la lógica y la razón.

Los estudios de Hovland en Yale aportan mucha luz sobre los informativos y sobre su relación con temas como: la elaboración de conclusiones; los argumentos que se refieren a un solo aspecto de un hecho frente a los que presentan dos perspectivas del mismo; y el orden de la presentación de los argumentos. Los experimentos iniciales defendían la mayor eficacia de ofrecer conclusiones a la audiencia. Sin embargo, los estudios posteriores indican que los mejores anuncios plantean interrogantes y permiten a los lectores o a los espectadores llegar a sus propias conclusiones.[14] Si Honda hubiese proclamado a los cuatro vientos que el Element era sólo para jóvenes, quizás los segmentos de personas de mayor edad no se habrían decidido a comprarlo. Los estímulos ambiguos llevan a una definición del mercado más amplia y generan un mayor número de compras espontáneas.

Tal vez se piense que las presentaciones parciales de un producto son más eficaces que las que señalan tanto las ventajas como los inconvenientes. Sin embargo, estas últimas resultan más apropiadas, sobre todo cuando hay que enfrentarse a alguna asociación negativa. Heinz lanzó el mensaje: "Heinz tarda en ser bueno", y Listerine afirmaba: "Listerine sabe mal dos veces al día".[15] Los mensajes que muestran las dos caras de la moneda son más eficaces para audiencias más educadas y para quienes no apoyan el producto desde un principio.[16]

Por último, el orden de presentación de los argumentos es importante.[17] En el caso de un mensaje que sólo destaca los aspectos positivos del producto, presentar el argumento más fuerte al principio tiene la ventaja de llamar la atención de la audiencia y de despertar su interés. Esto es importante en medios de comunicación donde la audiencia no suele escuchar la totalidad del mensaje. Por el contrario, con una audiencia que preste atención a todo el mensaje, una presentación que reserve el mejor argumento para el final resultará más eficaz. En el caso de un mensaje que destaque ventajas y desventajas, si la audiencia no es partidaria del producto, el comunicador debe comenzar con el argumento de los detractores y culminar con su argumento más fuerte.[18]

Transformativos Un *mensaje transformativo* se centra en una ventaja o en una imagen no relacionada con el producto. Podría referirse al tipo de persona que utiliza una marca determinada (VW se anuncia como una marca de personas jóvenes y dinámicas con su campaña "Drivers Wanted", es decir, "Se buscan conductores"), o al tipo de experiencia que resulta de utilizar la marca (el jabón Coast se anuncia como "El jabón que te ayuda a abrir los ojos"). El objetivo de los mensajes transformativos es llegar hasta aquellas emociones que motivan la compra. Éste es el camino que eligió Clairol para revivir una marca moribunda de los años 70.

CLAIROL HERBAL ESSENCES

"¡Sí, sí, sí!", exclaman las actrices para simular el orgasmo mientras se lavan el cabello y disfrutan de lo que denominan "una experiencia totalmente orgánica". Algunas mujeres encuentran el juego de palabras algo degradante. El Club de Mujeres Publicistas de Nueva York (Advertising Women of New York Club) incluso le concedió un reconocimiento como "el peor anuncio". Sin embargo, Procter & Gamble, que adquirió Clairol en 2002, reconoce que el anuncio fue capaz de revivir una marca que estaba en el umbral de la muerte. Herbal Essences se ha convertido en una de las marcas con mayor crecimiento en el mundo, pues logró aumentar sus ventas desde un nivel próximo a cero hasta los 700 millones de dólares en siete años. Al explicar su éxito, la agencia responsable de la campaña, The Kaplan Thaler Group, afirma: "Los sentimientos son como una caña de pescar, el desencadenante para realizar una compra."[19]

Los comunicadores apelan a emociones negativas como el miedo, el sentimiento de culpa y la vergüenza, para incitar a los consumidores a hacer cosas (lavarse los dientes, someterse a un chequeo médico anualmente) o para que dejen de hacerlas (dejar de fumar, de abusar del alcohol, o de comer en exceso). Apelar al miedo funciona mejor cuando éste no es demasiado fuerte. Es más, lo mejor es utilizar una fuente cuya credibilidad sea indudable, y que el mensaje prometa aliviar el miedo que despierta de una forma creíble y eficaz.[20] Los mensajes resultan más persuasivos cuando discrepan ligeramente de las creencias de la audiencia. Los mensajes que se limitan a afirmar lo que ya cree el público al que se dirigen, en el mejor de los casos, sólo refuerzan sus creencias; y por el contrario, si discrepan demasiado de éstas, sólo se objetarán y resultarán poco creíbles.

Asimismo, los recursos emocionales positivos como el humor, el amor, el orgullo y la alegría, también son frecuentes. Los recursos motivacionales como la presencia de bebés adorables, cachorros dulces, música popular o sexo provocativo, se utilizan para llamar la atención del consumidor y aumentar su implicación con el mensaje.

Se considera que estas técnicas son necesarias en el difícil entorno de medios de comunicación, que se caracteriza por una baja implicación del consumidor y una dosis elevada de competencia. En 2003, el cantante británico Sting, que en la década de los 80 se negó a que la letra de su canción "Don't Stand So Close to Me" ("No te pongas tan cerca de mí") se utilizara en un anuncio de desodorantes, llegó a un acuerdo muy lucrativo con Ford Motor Company, que pretendía dirigirse a los consumidores a partir de 35 años. De esta forma, Sting apareció en un anuncio conduciendo un Jaguar, mientras se escuchaba como fondo su última canción, "Desert Rose".[21]

Aunque estas técnicas llaman la atención de los consumidores y despiertan sentimientos agradables y credibilidad hacia el patrocinador, también pueden restarle méritos al anuncio, agotar rápidamente el impacto inicial y hacer sombra al producto.[22] Con frecuencia, las tácticas diseñadas para captar la atención son *demasiado* efectivas y distraen al público del producto o de la marca. Así, el reto para desarrollar la mejor estrategia creativa es encontrar la manera de "hacerse oír entre la multitud" para llamar la atención de los consumidores y, al mismo tiempo, ser capaz de comunicar el mensaje deseado.

La magia de la publicidad es dar vida, en la mente del público meta, a los conceptos que están sobre el papel. En un anuncio impreso, el comunicador debe decidir sobre el titular, la imagen y el color. En un mensaje radiofónico, el comunicador tiene que elegir las palabras, las voces y la vocalización. El "sonido" de un anuncio de un automóvil de segunda mano ha de ser diferente de otro que promueva un Cadillac nuevo. Si el mensaje va a aparecer en televisión o se va a transmitir en persona, todos estos elementos, más el lenguaje corporal (no verbal) tienen que estudiarse cuidadosamente. Los presentadores tienen que prestar atención a sus expresiones faciales, gestos, vestimenta, postura y peinado. Si el mensaje se transmite a través de un producto o de su envase, el comunicador debe prestar atención al color, la textura, el olor, el tamaño y la forma de éstos.

Todos los detalles cuentan. Recordemos cómo las frases publicitarias de la columna derecha fueron capaces de dar vida a los conceptos de marca mencionados a la izquierda.

Concepto de marca	Frase publicitaria
Nuestras hamburguesas son más grandes.	¿Dónde está la carne? (restaurantes Wendy's)
Nuestro tejido es más suave.	Por favor, no retuerza el Charmin (papel higiénico Charmin)
Nada de venta difíci, sólo buenos.	Se buscan conductores (automóviles Volkswagen) de automóviles
Como no alquilamos tantos automóviles, tenemos que hacer más por nuestros clientes.	Nos esforzamos más (alquiler de vehículos Avis)
Ofrecemos servicio telefónico de larga distancia.	Extienda la mano y toque a alguien (telecomunicaciones AT&T)

FUENTE DEL MENSAJE Muchos comunicadores no utilizan más fuente que la de su propia empresa. Otros recurren a referencias conocidas o desconocidas. Los mensajes que transmiten fuentes atractivas o populares con frecuencia logran despertar más atención y generar más posibilidades de recordar la marca, y por eso los publicistas contratan a personajes famosos como portavoces. Cuando los famosos personifican un atributo clave del producto es cuando más efectivos resultan. La belleza de Catherine Deneuve lo consiguió con el perfume Chanel No. 5, y la rudeza australiana de Paul Hogan con el vehículo Subaru Outback. Por otra parte, cuando los publicistas recurrieron a James Garner y a Cybill Shepherd para promover el consumo de la carne de ternera, les resultó contraproducente: poco más tarde, Garner tuvo que someterse a una quíntuple operación de *bypass*, y Shepherd confesó que era vegetariana.

Lo más importante es la credibilidad del personaje. ¿Qué factores subyacen en la credibilidad de la fuente? Los tres más comunes son la experiencia, la confiabilidad y la aceptación.[23] La *experiencia* se refiere al conocimiento especializado que tiene el comunicador para respaldar las afirmaciones del anuncio. La *confiabilidad* se refiere a la percepción de objetividad y honestidad de la fuente por parte de los consumidores. Normalmente se confía más en amigos que en extraños o en vendedores, y las personas que recomiendan un producto de forma gratuita suelen inspirar más confianza que los que lo hacen a cambio de un pago.[24] La *aceptación* describe el atractivo de la fuente. Cualidades como el candor, el humor o la naturalidad hacen que una fuente tenga una mejor aceptación.

La fuente más creíble será aquella persona que posea altas dosis de estos tres elementos. Las empresas farmacéuticas recurren a médicos para que hablen de las ventajas de sus productos porque, en general, gozan de una gran credibilidad. De igual forma, las asociaciones contra la drogadicción acostumbran presentar a ex drogadictos en sus mensajes. Antes de su muerte, Dave Thomas, que tenía una credibilidad inherente y una personalidad agradable, hizo más de 800 anuncios de Wendy's con su corbata roja de marca registrada y su camisa de manga corta.

Si se consigue el respaldo de un personaje famoso, es posible lanzar cualquier producto al estrellato.

SALTON Y GEORGE FOREMAN

Salton era un fabricante apenas conocido de aplicaciones poco corrientes, que experimentó una fama pasajera en los años 50 con su Salton Hot Tray, un artículo que con frecuencia se daba como regalo en las bodas. A principios de los 90, la empresa creó un asador para hamburguesas para uso en interiores que parecía estar condenado al olvido, hasta que el campeón de peso completo George Foreman decidió no sólo apoyarlo, sino además asociarse con la empresa para su comercialización. Foreman con su fantástico asador reductor de grasa resultó ser un astro en el cielo de las hamburguesas. Foreman, presentado en este caso como un hombre adorable, era conocido por su predilección por las hamburguesas con queso. Un año después de la introducción del producto, Foreman se lanzó al canal de televisión QVC para vender los asadores para hamburguesas. La cámara lo enfocó en un momento de espera en el que los presentadores estaban charlando entre ellos y George no tenía nada que hacer, excepto mirar las hamburguesas calientitas. Tomó un panecillo y una hamburguesa, y empezó a comer: los teléfonos no dejaban de sonar. Foreman ayudó a Salton a vender más de 40 millones de asadores de hamburguesas desde mediados de los 90, y como le correspondía parte de las utilidades, desde entonces ha ganado más de lo que ganó como boxeador: una cifra que rebasa los 150 millones de dólares. Mientras que el sector de los electrodomésticos crece a un 7% anual, Salton ha crecido a un ritmo superior al 46% anual desde 1995.[25]

El recuadro *Marketing en acción: La estrategia de recurrir a los famosos* está basado en diversos testimonios.

Si una persona tiene una actitud positiva o negativa tanto sobre la fuente como sobre el mensaje, se dice que existe un estado de *congruencia*. ¿Qué ocurre si una persona mantiene una actitud hacia la fuente y una actitud contraria hacia el mensaje? Supongamos que un comprador oye cómo una celebridad que le cae bien alaba una marca que a él no le gusta. Osgood y Tannenbaum sostienen que se producirá *un cambio de actitud que incrementará el nivel de congruencia entre las dos opiniones.*[26] El consumidor terminará por respetar menos a la celebridad y un poco más a la marca. Si más tarde vuelve a encontrar a la misma persona alabando otras marcas que le desagradan, podría acabar por desarrollar una visión negativa del personaje famoso y por mantener sus actitudes negativas hacia la marca. El **principio de congruencia** implica que los comunicadores pueden utilizar su buena imagen para reducir algunos sentimientos negativos hacia la marca, pero tal vez, en el proceso, pierdan popularidad entre la audiencia.

Las empresas multinacionales se enfrentan a una serie de desafíos cuando desarrollan programas de comunicaciones globales: decidir si un producto es apropiado para un país, asegurarse de que el segmento de mercado al que se dirigen es al mismo tiempo legal y habitual, decidir si el estilo del anuncio es aceptable, y si los anuncios se deben producir localmente o en la sede central.[27]

MARKETING **EN ACCIÓN** | LA ESTRATEGIA DE RECURRIR A LOS FAMOSOS

Con un personaje famoso bien seleccionado es posible dirigir la atención del público hacia un producto o una marca, como cuando Sara Ferguson, la duquesa de York, más conocida como Fergie, mostró cómo había adelgazado gracias a Weight Watchers. En otros casos, la mística de la persona famosa se puede transferir a la marca: Bill Cosby juega con un grupo de niños mientras come Jell-O.

La elección del personaje famoso es crucial. En primer lugar, debe gozar de un alto grado de reconocimiento, de afecto positivo y de acercamiento al público, además de ser una figura apropiada para el producto. Britney Spears tiene un gran reconocimiento, pero también cuenta con el afecto negativo de muchos grupos. Robin Williams es muy conocido y goza de afecto positivo, pero no resultaría muy apropiado para anunciar una Conferencia Mundial de Paz. Tom Hanks, Meryl Streep y Oprah Winfrey podrían anunciar con éxito un gran número de productos porque son muy conocidos y porque gustan (lo que se conoce como el factor Q en la industria del entretenimiento).

Las celebridades están por todas partes. En la categoría de las medicinas contra la impotencia masculina, las empresas farmacéuticas han recurrido a famosos para despertar la atención del público y obtener relevancia. En un principio, el político retirado Bob Dole anunciaba el medicamento de Pfizer, pero después la empresa contrató al beisbolista de 40 años, Rafael Palmeiro, y al piloto de NASCAR de 45 años, Mark Martin, para dar al Viagra un toque más juvenil. El producto rival, Levitra, recurrió al famoso entrenador de fútbol americano Mike Ditka para garantizar a su audiencia rapidez y calidad. Sólo la tercera marca, Cialis, evitó el respaldo de famosos e invirtió 100 millones de dólares en anuncios que muestran a parejas en entornos románticos.

Los deportistas constituyen un grupo especialmente frecuente para avalar productos deportivos, bebidas y ropa. Uno de los deportistas más populares en la publicidad es el ciclista Lance Armstrong, quien superó un cáncer en los testículos antes de ganar seis Tours de Francia consecutivos. Armstrong respalda a algunas empresas de ciclismo y productos deporti-

vos, entre las que se cuentan Trek, PowerBar y Nike. La historia llena de adversidades de Armstrong y su triunfo posterior le han permitido firmar numerosos contratos con empresas que no tienen nada que ver con el deporte, por ejemplo, la empresa farmacéutica Bristol-Myers Squibb, Coca-Cola, Subaru y los servicios postales de Estados Unidos. Sólo en 2003, Armstrong ganó más de 10 millones de dólares por aparecer en comerciales.

Las celebridades desempeñan una función más estratégica para sus marcas, no sólo al respaldarlas, sino también al contribuir en su diseño, posicionamiento y venta de productos y servicios. Desde que Tiger Woods firmara un contrato con Nike en 1996, la empresa ha visto aumentar su participación de mercado del 1 al 6%. Woods ha jugado un papel clave en el diseño de ropa y en el desarrollo de productos de golf, que Nike modifica periódicamente para ajustarse a la personalidad y a los gustos de diseño del golfista.

Sin embargo, recurrir a los famosos supone algunos riesgos. En primer lugar, cuando expira el primer contrato, el personaje famoso puede pedir una cifra astronómica para su renovación, o abandonar la empresa. Como ocurre con las películas o con los discos, las campañas respaldadas por famosos resultan muy caras. Aunque Celine Dion tenía un contrato por tres años de 14 millones de dólares, Chrysler decidió interrumpir sus anuncios porque resultaban poco eficaces. De la misma forma, Pepsi decidió hacer a un lado a las cantantes Britney Spears y Beyoncé Knowles, cuyas personalidades resultaron demasiado abrumadoras para la marca, y empezó a concentrarse en promover otros eventos que se ajustaran más a la experiencia Pepsi.

Asimismo, es factible que el personaje famoso pierda popularidad, o peor aún, que se vea envuelto en un escándalo o en una situación embarazosa. Después de que la leyenda de la NBA, Magic Johnson, hiciera público su diagnóstico del virus VIH y sus aventuras extramatrimoniales en 1991, sus anuncios se retiraron y sus contratos para aparecer en comerciales no se renovaron. McDonald's decidió no renovar un contrato de 12 millones de dólares anuales con la estrella del baloncesto Kobe Bryant luego de hacerse públicos los cargos de violación que pesaban contra él.

Fuentes: Irving Rein, Philip Kotler y Martin Scoller, *The Making and Marketing of Professionals into Celebrities* (Chicago: NTC Business Books, 1997); Greg Johnson, "Woods Cautious Approach to the Green", *Los Angeles Times,* 26 de julio de 2000, p. A1; Bruce Horovitz, "Armstrong Rolls to Market Gold", *USA Today,* 4 de mayo de 2000, p. 1B; Theresa Howard, "Pepsi Takes Some Fizz off Vanilla Rival", *USA Today,* 16 de noviembre de 2003; Keith Naughton, "The Soft Sell", *Newsweek,* 2 de febrero de 2004, pp. 46–47; Betsy Cummings, "Star Power", *Sales & Marketing Management* (abril de 2001), pp. 52–59.

1. ***Producto***—Numerosos productos tienen restricciones o están prohibidos en determinados lugares del mundo. La cerveza, el vino y los licores no se pueden anunciar ni vender en los países musulmanes. Los productos derivados del tabaco están sujetos a normativas muy estrictas en muchos países.
2. ***Segmento de mercado***—Los fabricantes estadounidenses de juguetes se sorprendieron al enterarse de que en muchos países (Suecia y Noruega, por ejemplo) no se permite la emisión de anuncios televisivos destinados a niños menores de 12 años. En 2001, Suecia presionó para que esta prohibición se extendiese a todos los países miembros de la Unión Europea (UE), pero no lo consiguió. En ese país, para pisar sobre seguro, McDonald's se anuncia como un restaurante para toda la familia.
3. ***Estilo***—Los anuncios comparativos, que en Estados Unidos y Canadá son aceptables e incluso habituales, no lo son tanto en el Reino Unido, son inaceptables en Japón, e ilegales en la India y Brasil. En Japón, PepsiCo presentó un anuncio en el que se hacían pruebas para comparar sabores, pero muchas cadenas se negaron a emitirlo y la empresa acabó en los tribunales.
4. ***Local o mundial***—En la actualidad, cada vez más multinacionales intentan crear una imagen mundial única al utilizar la misma publicidad en todos los mercados. Cuando Daimler AG y Chrysler se fusionaron para convertirse en el quinto fabricante de automóviles del mundo, la empresa lanzó una campaña de tres semanas en más de 100 países, que consistía en un inserto de 12 páginas en las revistas, de nueve páginas en los periódicos, y en un folleto de 24 páginas que se envió a empresas, instituciones públicas, líderes sindicales y medios de comunicación. El lema de la campaña era "Expect the extraordinary" ("Espere lo mejor"), y en las imágenes aparecían personas de las dos empresas trabajando juntas.

Las empresas que venden sus productos a consumidores de culturas o países diferentes deben prepararse para cambiar el mensaje. Al anunciar sus productos en distintos países, Helene Curtis ajusta los mensajes. Las mujeres británicas de clase media se lavan el cabello con frecuencia, mientras que las mujeres españolas no. Las mujeres japonesas evitan lavarse demasiado el cabello por miedo a eliminar las grasas protectoras.

La famosa campaña del Consejo de Productores de Leche de California llamada "¿Tiene leche?" consiguió atraer a la mayoría de grupos demográficos, excepto a uno.

¿TIENE LECHE?

Cuando el Consejo de productores de leche de California se propuso dirigirse a los latinoamericanos de Estados Unidos, cuyo idioma principal es el español, descubrió algo interesante: "¿Tiene leche?" significaba para ellos "¿Estás lactando?". Es más, la reacción de los hispanos a los irreverentes anuncios que describían lo molesto que resulta quedarse sin leche fue totalmente inesperada. El director general, Jeff Manning, observó: "Nos dimos cuenta de que no tener leche o arroz en los hogares hispanos no es nada divertido: quedarse sin leche significa que has fallado a tu familia." Por esta razón se creó una campaña totalmente diferente con el tema "Generaciones" para llegar al público hispano. El anuncio se dirigía a las madres, y les preguntaba "¿Les has dado suficiente leche hoy?". En lugar de referirse a la falta de leche, los anuncios trataban la leche como un ingrediente casi sagrado en las recetas más preciadas, que pasan de abuelas a madres y a hijas en las familias mexicanas.[28]

Selección de los canales de comunicación

El comunicador debe seleccionar los canales más eficientes para transmitir su mensaje, pero esta tarea se vuelve más difícil a medida que los canales de comunicación se fragmentan y se desorganizan. Veamos por ejemplo los desafíos de la industria farmacéutica: más de 63,000 vendedores llaman por teléfono a los médicos cada día, con la esperanza de conseguir cinco minutos de su precioso tiempo. Cerca del 40% de las llamadas no culminan en una visita, lo que hace que la llamada de ventas sea extremadamente cara. El sector ha tenido que ampliar su batería de canales de comunicación para incluir revistas médicas, correo directo (con cintas de audio y video), muestras gratuitas e incluso telemarketing. Las empresas farmacéuticas patrocinan conferencias en las que pagan a los médicos para que pasen un fin de semana escuchando cómo sus colegas prescriben determinados fármacos por la mañana, para que jueguen golf o tenis por la tarde.

Todos estos canales se utilizan con la finalidad de generar la preferencia de los médicos por los productos de la empresa. Las compañías farmacéuticas también recurren a las nuevas tecnologías para llegar a los médicos a través de tecnología de bolsillo, servicios *on line* y equipos de videoconferencia.[29]

Los canales de comunicación se dividen en canales personales y canales impersonales, que, a su vez, se dividen en varios subcanales.

CANALES PERSONALES DE COMUNICACIÓN En los **canales personales de comunicación** participan dos o más personas que transmiten información directamente cara a cara; también incluyen el caso de una persona que se dirige a una audiencia, o que se comunica mediante el teléfono o el correo electrónico. La mensajería instantánea y los sitios Web independientes que recogen opiniones de los consumidores constituyen una forma cada vez más importante de comunicación personal. La efectividad de estos canales se deriva de las posibilidades de personalizar la presentación y la retroalimentación.

Cabe hacer una división entre canales dirigidos, de expertos o de canales sociales. El *canal dirigido* consiste en que los empleados de una empresa entran en contacto con compradores potenciales en el mercado. El *canal de expertos* está formado por personas independientes y experimentadas que hacen declaraciones al público meta. El *canal social* está formado por vecinos, amigos, familiares y asociados que se dirigen al público meta. En un estudio realizado entre 7,000 consumidores en siete países europeos, el 60% de los encuestados afirmó haber recibido influencia de amigos y familiares para utilizar una nueva marca.[30]

En un estudio, Burson-Marsteller y Roper Starch Worldwide descubrieron que los comentarios de una persona influyente afectan las actitudes de compra de otras dos personas en promedio. Sin embargo, este círculo de influencias en ocasiones engloba a ocho personas. En Internet existe una importante cantidad de comunicación entre consumidores sobre una infinidad de materias. Los cibernautas no se limitan a leer información sobre productos, sino que también la generan, y en gran cantidad. Se unen a grupos de interés en Internet para compartir información, de modo que el "comentario Web" constituye una importante fuente de influencia. La información positiva sobre empresas se disemina rápidamente, pero la información negativa lo hace aún más rápidamente. Como comentó un profesional del marketing: "Para dar a conocer un producto nuevo no es necesario llegar a dos millones de personas, sino que basta con encontrar a 2,000 personas adecuadas, y ellas te ayudarán a llegar a los dos millones."[31]

La influencia personal desempeña una función esencial en dos situaciones específicas. Una es cuando los productos son caros, implican riesgos o no se compran con frecuencia.

MARKETING **EN ACCIÓN** | EL RUMOR EN EL MARKETING

El interés de los mercadólogos por la comunicación interpersonal, los rumores y el marketing viral, ha generado toda una serie de nuevos conceptos e ideas. A continuación presentamos tres ejemplos principales.

■ *Renée Dye: los cinco mitos del rumor*

Un estudio realizado por Renée Dye, experta en estrategia de la empresa McKinsey, sugiere que el rumor evoluciona de acuerdo con ciertos principios básicos. Dye sostiene que las empresas que intenten aprovechar el rumor deberán, en primer lugar, superar cinco errores comunes al respecto. Éstos son "los cinco mitos del rumor":

1. *Sólo los productos más modernos o más escandalosos son susceptibles de promoción a través del rumor.* Los productos más inusuales, como medicamentos con receta médica, pueden generar un rumor imparable.

2. *El rumor simplemente ocurre.* Cada vez más, el rumor es el resultado de tácticas de marketing muy estudiadas, en las que las empresas utilizan un grupo de vanguardia, distribuyen muestras, utilizan a famosos para difundir el rumor, y recurren a técnicas básicas de marketing.

3. *Quienes mejor desencadenan el rumor son los mejores clientes.* Con frecuencia, una contracultura tiene una gran capacidad para empezar a difundir rumores.

4. *Para sacar partido al rumor hay que actuar rápido y ser el primero.* Las empresas imitadoras pueden cosechar jugosas utilidades si saben cuándo deben lanzarse, y cuándo no.

5. *Para desencadenar el rumor es necesario recurrir a los medios de comunicación y a la publicidad.* Cuando se utilizan antes de lo debido o cuando se abusa de ellos, los medios de comunicación y la publicidad pueden sofocar el rumor incluso antes de que tome fuerza.

■ *Michael Cafferky: consejos para un buen marketing basado en la comunicación interpersonal*

El autor de marketing Michael Cafferky ofrece un sitio Web con muchos consejos para lograr un buen marketing basado en la comunicación interpersonal. A continuación se presentan cinco de ellos:

1. *Implicar a los clientes en el proceso de diseño o entrega del producto o servicio.*

2. *Solicitar a los clientes su opinión.* Utilice un formulario de respuesta para solicitar información sobre sus experiencias con el producto o servicio (y permiso para citarlas).

3. *Contar historias verdaderas a los clientes.* Las historias son el vehículo central para difundir la reputación de los productos o servicios, puesto que comunican a un nivel emocional.

4. *Educar a los mejores clientes.* Seleccione cualquier tema relevante para sus mejores clientes, y conviértalos en una fuente de información confiable y actualizada sobre el mismo.

5. *Ofrecer un servicio rápido de administración de quejas.* Ofrecer una pronta respuesta es crucial para evitar los comentarios negativos desde el principio, puesto que las sensaciones negativas sobre un producto o servicio en ocasiones duran años.

■ *Malcolm Gladwell: la ley de unos pocos, el gancho y el poder del contexto*

Malcolm Gladwell afirma que hay tres factores que despiertan el interés público sobre una idea. Gladwell denomina el primero "La ley de unos pocos". Hay tres tipos de personas capaces de difundir una idea como si se tratara de una epidemia. En primer lugar están los *expertos*, personas que saben mucho sobre todo tipo de asuntos. En segundo término están los *conectores*, individuos que conocen a muchas personas y que se comunican con ellas. En tercer lugar están los *vendedores*, que poseen una capacidad de persuasión natural importante.

Cualquier idea que despierte el interés de expertos, conectores y vendedores, tendrá un gran alcance. Un segundo factor es el "gancho". Cualquier idea se debe expresar de forma que motive a la gente a actuar. De otro modo, "La ley de unos pocos" no generará una epidemia sostenible. El tercer factor, el poder del contexto, servirá para controlar si los que difunden la idea son capaces de organizar grupos y comunidades en torno a ésta.

Fuentes: Renée Dye, "The Buzz on Buzz", *Harvard Business Review* (noviembre–diciembre de 2000), p. 139; Scott R. Herriott, "Identifying and Developing Referral Channels", *Management Decision* 30, núm. 1 (1992), pp. 4–9; Peter H. Riengen y Jerome B. Kernan, "Analysis of Referral Networks in Marketing: Methods and Illustration," *Journal of Marketing Research* (noviembre de 1986), pp. 37–78; Jerry R. Wilson, *Word of Mouth Marketing* (Nueva York: John Wiley, 1991); Cafferky's Free Word-of-Mouth Marketing Tips, 1999, disponible en <www.geocities.com/wallstreet/6246>. Véase también Emanuel Rosen, *The Anatomy of Buzz* (Nueva York: Doubleday, 2000); Malcolm Gladwell, *The Tipping Point: How Little Things Can Make a Big Difference* (Boston: Little, Brown & Company, 2000).

La otra es cuando el producto sugiere algo sobre el estatus del usuario o sobre su gusto. Las personas acostumbran pedir referencias sobre médicos, plomeros, hoteles, abogados, contadores, arquitectos, agentes de seguros, decoradores de interiores y consultores financieros. Si confiamos en la recomendación, normalmente la seguimos. En tales casos, la persona que hace la recomendación beneficia al prestador del servicio, al igual que a quien busca el servicio. A los profesionales y a las empresas de servicios, por tanto, les interesa especialmente crear fuentes de referencia importantes.

Los investigadores de la comunicación están orientándose hacia una visión social de las comunicaciones interpersonales.[32] Entienden que la sociedad está formada por pequeños grupos sociales cuyos miembros interactúan con frecuencia. Los miembros de los grupos son similares, y su proximidad facilita la comunicación efectiva entre ellos, pero también les aísla de nuevas ideas. El desafío consiste en crear una mayor apertura en el sistema, de modo que los diversos grupos intercambien información entre sí. Esta apertura se obtiene con personas que hacen las veces de vínculos o puentes. Un *vínculo* es una persona que conecta dos o más grupos sin pertenecer a ninguno de ellos, mientras que un *puente* es una persona que pertenece a un grupo y que está vinculado a alguien de otro grupo.

Muchas empresas están conscientes de la gran importancia que tienen la *comunicación interpersonal* y el *rumor*. (Véase *Marketing en acción: El rumor en el marketing*.) El éxito de determinados productos y marcas, como el calzado deportivo Converse, los zapatos Hush Puppies, las mochilas JanSport, las donas Krispy Kreme y la película *La pasión de Cristo,* se logró a través de la comunicación interpersonal.[33] Empresas como Body Shop, USAA, Starbucks, Palm Pilot, Red Bull y Amazon, se volvieron conocidas gracias a la comunicación interpersonal, pues apenas si tenían publicidad. En algunos casos, los comentarios positivos en el marco de la comunicación interpersonal tienen lugar de forma natural.

KIEHL

Kiehl es una empresa pequeña, con 153 años de historia, que fabrica y comercializa productos para la piel y el cabello, como por ejemplo, el tónico facial de agua de rosas Kiehl o el exfoliante de piña y papaya. Sus prácticas comerciales van en contra de toda lógica: no tiene ninguna publicidad. Su envasado es sencillo y el texto es difícil de leer. Rechaza que las tiendas comunes comercialicen sus productos, excepto las tiendas más exclusivas como Saks Fifth Avenue, Neiman Marcus y Barney's. Distribuye toneladas de muestras gratuitas a cualquiera que pasa por sus tiendas, y concentra mucha atención de la prensa empresarial sin solicitarla. Kiehl tiene el don de poder dejarse llevar por la comunicación interpersonal.[34]

En la mayoría de los casos, el "rumor" está dirigido.[35] Algunas agencias se han creado exclusivamente para ayudar a sus clientes a generar rumores.

BZZAGENT

BzzAgent es una empresa que opera desde hace dos años en Boston, y que ha reunido un ejército de voluntarios de todo el país dispuestos a hablar de los productos de los clientes de la agencia que consideren merecedores de tal promoción. Una vez que un cliente contrata a la empresa, ésta busca en su base de datos a los "agentes" que mejor coinciden con el perfil demográfico y psicográfico del público meta. Estos agentes reciben la posibilidad de participar en la campaña basada en el rumor. Como compensación por sus esfuerzos, los agentes reciben una muestra gratuita del producto y un manual de capacitación sobre métodos para generar y divulgar rumores (desde charlar con vendedores y dependientes hasta mostrar el producto a amigos y familiares). La empresa afirma que el rumor es sincero, puesto que el proceso requiere de unos cuantos agentes que se incorporan a cambio de muestras del producto, y que no promueven aquellos artículos que no les gustan.[36]

Las empresas pueden estimular la influencia de los canales personales para que éstos trabajen a su favor de varias maneras:

- **Buscar personas y empresas con influencia y dedicarles tiempo y esfuerzo.** En el sector tecnológico, los más influyentes son los grandes clientes empresariales, los analistas y periodistas del sector, los políticos encargados de establecer regulaciones en la materia y los innovadores que pronto adoptaron el producto.[37]
- **Suministrar de forma atractiva el producto a personas que funjan como líderes de opinión y lo promuevan.** Pepsi distribuyó muestras gratuitas del derivado de Mountain Dew, Code Red, y animó a su público meta principal, los jóvenes de entre 13 y 19 años, a que buscaran el nuevo sabor en puntos de venta como máquinas expendedoras en centros comerciales. Como apunta un ejecutivo: "Permitimos a los adolescentes influyentes que defiendan la marca. Fueron ellos quienes lo lanzaron en su propio mundo."[38]
- **Trabajar con agentes de influencia social, como disk jockeys locales, presidentes de grupos estudiantiles, presidentes de asociaciones femeninas, entre otros.** Cuando Ford lanzó el Focus, invitó a *disk jockeys* y personajes modernos a conducirlo para que se les viera públicamente en el auto. Ford también identificó a 100 jóvenes influyentes en cinco estados clave, y les prestó un Focus para que lo condujeran durante un tiempo.[39]
- **Emplear personas con influencia o credibilidad en anuncios testimoniales.** Accenture, American Express, Nike y Buick utilizan a la estrella del golf Tiger Woods como promotor, para que alabe las virtudes de sus empresas y productos respectivos.
- **Desarrollar publicidad que tenga alto "valor de conversación"**, o mejor aún, incorporar en el diseño del producto características que se conviertan fácilmente en rumor. Algunos anuncios utilizan eslogans que se han convertido en expresiones de uso común, como en el caso de "¿Dónde está la carne?" de Wendy's. Anheuser-Busch utiliza expresiones que despiertan la imaginación del público, como "Sí, lo soy" y "Te quiero, hombre", de Bud Light en los 90, y más recientemente "Whassup?!" ("¿Qué hay de nuevo?") para Budweiser.
- **Desarrollar fuentes de referencia interpersonal para generar negocio.** Los profesionales suelen animar a sus clientes a recomendar sus servicios. Weight Watchers descubrió que las referencias de alguien que había participado en el programa tenían una influencia incalculable para su negocio.[40]
- **Establecer un foro electrónico.** Los propietarios de vehículos Toyota que utilizan un servicio de Internet como America Online pueden mantener conversaciones para compartir experiencias.

■ **Recurrir al marketing viral.** Los mercadólogos a través de Internet utilizan el **marketing viral** como un derivado del comentario interpersonal para atraer la atención de los cibernautas hacia sus sitios Web.[41] El marketing viral consiste en la transmisión entre usuarios de productos, servicios o información acerca de la empresa. Un ejemplo clásico es el de Hotmail, una empresa proveedora de servicios de Internet, que ofrecía una cuenta de correo electrónico gratuita a todos los que se suscribieran. En cada envío de correo electrónico que se hacía desde Hotmail se agregaba una frase muy corta al final de cada mensaje: "Obtenga gratis su cuenta privada de correo electrónico en http://www.hotmail.com." De esta forma, los usuarios anunciaban Hotmail a los receptores de los mensajes. Hotmail gastó menos de 500,000 dólares en marketing, y en tan sólo 18 meses atrajo12 millones de suscriptores.

Un equipo de expertos de marketing viral advierte de que aunque los influyentes crean tendencias, suelen ser demasiado introspectivos y estar demasiado alejados de la sociedad como para diseminarlas. Por eso aconsejan a los mercadólogos que practiquen la "apicultura", es decir, que formen enjambres de clientes extremadamente devotos que no se limiten a conocer la próxima moda, sino que vivan para diseminarla por el mundo.[42] Éste es un ejemplo de una empresa que practica la apicultura y que consigue toneladas de "miel" en forma de millones de apariciones en los medios e importantes volúmenes de ventas:

INZONE BRANDS INC.

Con un presupuesto minúsculo, InZone Brands se basa fundamentalmente en el poder de las licencias y en el envasado para crear conciencia de marca para sus BellyWashers, las bebidas infantiles con envases divertidos y decorados con personajes de dibujos animados. A continuación, lo que hace la empresa es despertar el rumor mediante el uso de la herramienta más potente del marketing infantil: la influencia de los amigos. La empresa creó un Consejo de Niños, un panel nacional que actúa como una mini unidad de negocio dentro de la empresa. Cada año, la empresa selecciona a 15 clientes devotos y patrocina sus proyectos de servicio a la comunidad. A cambio, los niños ayudan a InZone a conseguir ideas para nuevos productos y, lo que es más importante, contribuyen a generar un fervor genuino por sus productos. Sólo el año pasado, los miembros de este consejo organizaron 40 proyectos comunitarios en los que participaron 60,000 niños, todos con el logotipo de BellyWashers. Se calcula que este programa ha generado más de cuatro millones de apariciones en los medios de comunicación. El rumor despertado por los consumidores fanáticos de BellyWashers ha hecho que sus productos vuelen de los anaqueles en establecimientos como Kroger, Target, Toys "R" Us y Wal-Mart. Los comentarios interpersonales también han creado un importante mercado posterior a la venta, y la primera generación de BellyWashers recibe importantes ofertas en eBay.[43]

Los mercadólogos deben ser cautos a la hora de dirigirse a los consumidores, puesto que éstos podrían sentirse molestos por comunicaciones personales no deseadas. Un estudio realizado en 2003 descubrió que a cerca del 80% de los encuestados les disgustaban considerablemente los anuncios emergentes de Internet, el spam y el telemarketing.[44]

CANALES DE COMUNICACIÓN IMPERSONALES Los canales impersonales son comunicaciones que se dirigen a más de una persona, e incluyen los medios de comunicación masiva, las promociones de ventas, los eventos especiales y la publicidad.

■ Los **medios de comunicación masiva** incluyen los medios impresos (revistas y periódicos), la radio y la televisión, los medios de redes (teléfonos, cable, satélite, comunicación inalámbrica), los medios electrónicos (audiocasetes, videocasetes, videodiscos, CD-ROM, sitios Web), y otros medios de exhibición (anuncios espectaculares, señales, carteles). La mayoría de los mensajes impersonales se transmiten a través de medios de comunicación de paga.

■ Las **promociones de ventas** incluyen promociones para consumidores (muestras, cupones y premios); promociones para distribuidores (incentivos a la publicidad y la exposición); y promoción empresarial y de fuerzas de ventas (concursos para vendedores).

■ Entre los **eventos y las experiencias** se encuentran eventos deportivos, artísticos, de entretenimiento y por causas sociales, así como actividades menos formales que crean nuevas interacciones con los consumidores.

■ Las **relaciones públicas** son comunicaciones internas dirigidas a los empleados de la empresa, o externas, dirigidas a los consumidores, a otras empresas, al gobierno o a los medios de comunicación masiva.

El mayor crecimiento que han experimentado los canales impersonales se ha producido en el ámbito de los eventos y las experiencias. Una empresa puede crear su imagen de marca al organizar o patrocinar eventos. Los mercadólogos de eventos que en el pasado se limitaban a los eventos deportivos, hoy recurren a otras posibilidades como museos de arte, zoológicos o patinaje sobre hielo para entretener tanto a clientes como a empleados. AT&T e IBM patrocinan conciertos sinfónicos y exposiciones artísticas, Visa es un patrocinador activo de los Juegos Olímpicos, Harley-Davidson patrocina las carreras anuales de motos, y Perrier patrocina eventos deportivos.

Anuncios de visa en una caseta de ATM en los Juegos Olímpicos de Atenas en 2004.

Las empresas que buscan mejores maneras de cuantificar las utilidades del patrocinio solicitan una mayor responsabilidad a los organizadores de los eventos. Asimismo, las empresas organizan eventos destinados a sorprender al público y a despertar rumores. Muchas recurren a tácticas de marketing de guerrillas. Veamos algunos ejemplos:

■ Driver 2, un nuevo videojuego de carreras de autos, organizó una caravana de 20 autos a los que les salía humo del motor para que desfilaran por Manhattan y Los Ángeles, y así llamar la atención y despertar el interés por el juego.

■ Ask Jeeves, el buscador de Internet, envió a 35 actores vestidos con trajes de mayordomo a guiar a los visitantes a sus asientos y a responder trivias en el Abierto de tenis de Estados Unidos.

■ Kibu.com paga a cientos de colegialas para que distribuyan entre sus amigas muestras gratuitas de brillo labial y para que promuevan el sitio Web de los cosméticos Kibu.[45]

La proliferación de los eventos destinados a capturar la atención del público es una respuesta a la fragmentación de los medios: los consumidores tienen acceso a cientos de canales de televisión, miles de revistas y millones de páginas Web. Los eventos logran despertar la atención, aunque la duración de sus efectos variará en función de la conciencia, el conocimiento y la preferencia de marca, así como de la calidad del producto, del evento y de su organización.

INTEGRACIÓN DE LOS CANALES DE COMUNICACIÓN A pesar de que la comunicación personal suele ser más eficaz que la comunicación masiva, los medios masivos pueden ser la mejor forma de estimular la comunicación personal. Las comunicaciones masivas influyen en las actitudes y en los comportamientos personales a través de un proceso de dos fases. Las ideas fluyen de la radio, la televisión y los medios impresos hasta los líderes de opinión, y de estos últimos hasta los grupos de población que tienen menos contacto con los medios de comunicación masiva. Este flujo en dos fases conlleva una serie de consecuencias. En primer lugar, la influencia de los medios masivos en la opinión pública no es tan directa, poderosa y automática como se cree. Esta influencia se transmite a través de los líderes de opinión, de personas cuyas opiniones solicitan los consumidores, o de aquellas que simplemente transmiten sus opiniones a otros. En segundo lugar, este flujo en dos fases se opone a la idea de que los estilos de consumo se ven influenciados por el apoyo o el rechazo de los medios masivos. Las personas interactúan, sobre todo, con sus grupos sociales, y adquieren ideas de los líderes de opinión de esos grupos. En tercer lugar, la comunicación en dos fases sugiere que los comunicadores masivos deben dirigir sus mensajes específicamente a los líderes de opinión, y después dejar que éstos lleven el mensaje a los demás.

Por último, cualquier deliberación sobre la eficacia de la estrategia de comunicación debe considerar los cambios sustanciales que han socavado la eficacia de los medios de comunicación masiva. Si desea saber más acerca de las fuerzas a las que se enfrentan los publicistas de hoy, preste atención al *Marketing en acción: Cómo triunfar en el mundo del mercado post-masivo.*

Determinación del presupuesto total de comunicación de marketing

Una de las decisiones de marketing más difíciles consiste en determinar cuánto se debe invertir en promoción. John Wanamaker, el magnate de los grandes almacenes, dijo una vez: "Sé que la mitad de mi publicidad se desperdicia, pero desconozco de qué mitad se trata."

Las empresas y los distintos sectores invierten cantidades muy dispares en promoción. Los gastos en ese rubro oscilan entre el 30 y 50% de las ventas en el sector de los cosméticos, o entre el 5 y 10% en el sector de la maquinaria industrial. Dentro de un mismo sector, hay empresas que gastan más, y otras que gastan menos.

¿Cómo determinan las empresas el presupuesto de promoción? A continuación se estudiarán cuatro métodos muy utilizados: el método de la inversión alcanzable, el método del porcentaje sobre las ventas, el método de la paridad competitiva y el método de la inversión por objetivos.

MÉTODO DE LA INVERSIÓN ALCANZABLE Muchas empresas determinan el presupuesto de promoción en función de su solvencia. El método alcanzable pasa por alto la función de la promoción como inversión, y el impacto inmediato de la promoción en el volumen de ventas. Este método conduce a un presupuesto anual incierto, lo que dificulta la planeación a largo plazo.

MÉTODO DEL PORCENTAJE SOBRE LAS VENTAS Numerosas empresas determinan el gasto en promoción como un porcentaje específico de las ventas (reales o previstas) o del precio de venta. Las empresas automotrices suelen establecer un porcentaje determinado en función del precio del automóvil. Las empresas petroleras destinan a su promoción un centavo por cada litro de gasolina que venden.

Los defensores de esta técnica le ven una serie de ventajas. En primer lugar, el gasto en promoción variará en función de lo que se pueda "permitir" la empresa. Esto satisface a los directores de finanzas, que consideran que los gastos deben ser proporcionales a las fluctuaciones de las ventas empresariales a lo largo del ciclo empresarial. En segundo lugar, anima a la dirección a considerar la relación entre costo de promoción, precio de venta y las ganancias por unidad. En tercer lugar, fomenta la estabilidad cuando las empresas rivales invierten aproximadamente el mismo porcentaje en promoción.

MARKETING **EN ACCIÓN**

CÓMO TRIUNFAR EN EL MUNDO DEL MERCADO POST-MASIVO

En 1960, Procter & Gamble podía llegar al 80% de las mujeres estadounidenses con un comercial de Tide de 30 segundos de duración, que se transmitiera de forma simultánea en tan sólo tres canales: NBC, ABC y CBS. En la actualidad, este mismo anuncio se tendría que emitir en 100 canales para lograr los mismos efectos de marketing, y aún así, se correría el riesgo de que los consumidores se lo "saltaran" al contar con grabadores personales de video como TiVo o Replay TV. De hecho, Yankee Group realizó un estudio titulado "La muerte de los comerciales de 30 segundos", en el que se calcula que en 2007 se malgastarán cerca de 5,500 millones de dólares de inversión en publicidad.

Los culpables de este declive de la que era la forma más eficaz de tener éxito en el marketing de consumo, son dos. En primer lugar, la fragmentación de la audiencia estadounidense, y, con la llegada de Internet y de la tecnología digital, la fragmentación de los medios de comunicación que llegaban a los consumidores. Los índices de audiencia no han hecho más que caer desde los años 70. La novedad es la proliferación de diversas opciones de medios de comunicación y entretenimiento: desde cientos de canales de televisión por cable y estaciones de radio, miles de revistas *off line* y *on line*, e innumerables sitios Web, videojuegos y teléfonos celulares. Los consumidores no sólo tienen más opciones en lo referente al medio que van a utilizar, sino que además pueden elegir si desean recibir contenido comercial, y en caso afirmativo, de qué forma.

Y esto es parte de la segunda fuerza detrás del fracaso del comercial de 30 segundos. Los nuevos grabadores de video personal o sistemas PVR permiten al consumidor eliminar los anuncios gracias al botón de avance en el control remoto. En un estudio, el Yankee Group calcula que en 2008, 25 millones de hogares estadounidenses, o lo que es lo mismo, el 20% del total, tendrá un sistema PVR en casa, y que entre el 65 y 70% no verá los comerciales. Internet supone una amenaza aún mayor, con una penetración en Estados Unidos de 150 millones de usuarios, quienes tienen la posibilidad de elegir si desean ver un anuncio o no, con tan sólo hacer click sobre un icono.

Así, los publicistas incorporan una variedad de nuevas herramientas de comunicación a sus planes de comunicación integral, muchas de las cuales están en el límite entre la publicidad y el entretenimiento. Los participantes de las series *Survivor* de CBS subsistieron a base de Doritos de Frito-lay, de Mountain Dew de Pepsi-Cola, o de la cerveza Budweiser de Anheuser Busch. Las empresas también utilizan patrocinios televisivos exclusivos. La serie *24* de la cadena Fox se estrenó con un único patrocinador: el Ford-150. En lugar de cortar la serie en infinidad de pausas publicitarias con diferentes comerciales, se emitía una mini película de tres minutos (con un estilo similar al de la serie y en la que aparecía el vehículo en cuestión), tanto antes como después del programa. Además, el personaje principal conducía un Ford Explorer en la serie. Otros publicistas van más allá de la televisión. Nike Europa consiguió una base de jugadores inmensa a nivel mundial para los partidos de fútbol *on line* que ha lanzado en los últimos tres años.

Fuentes: Noreen O'Leary, "The 30-second Spot Is Dead, Long Live the 30-second Spot", *Adweek,* 17 de noviembre de 2003, pp. 12–21; Anthony Bianco, "The Vanishing Mass Market", *Business Week,* 12 de julio de 2004, pp. 60–68; Susan Thea Posnock, "It Can Control Madison Avenue", *American Demographics,* (febrero de 2004), pp. 28–33; Jennifer Pendleton, "Multi TASKERS", *Advertising Age,* 29 de marzo de 2004, pp. S1, S8; Hank Kim, "Madison Ave. Melds Pitches and Content", *Advertising Age,* 7 de octubre de 2002, pp. 1, 14; Christopher Reynolds, "Game Over", *American Demographics* (febrero de 2004), pp. 34–38.

A pesar de estas ventajas, el método del porcentaje de ventas tiene escasa justificación, ya que considera las ventas como el factor determinante de la promoción, y no como una consecuencia. Además, conduce a la determinación de un presupuesto con base en la disponibilidad de fondos, en lugar de en función de las oportunidades de mercado, lo que desanima la experimentación con promociones cíclicas o con inversiones considerables. Por otra parte, la dependencia de este presupuesto interfiere con la planeación a largo plazo. No existe una base lógica para elegir el porcentaje específico, a no ser el que se utilizó en el pasado o el que establecen los competidores en el presente. Por último, este método no promueve la creación de un presupuesto de promoción que determine lo que requiere o merece cada producto o territorio.

MÉTODO DE PARIDAD COMPETITIVA Algunas empresas establecen su presupuesto de promoción de tal forma que alcancen la misma proporción sobre las ventas que sus competidores. Existen dos razones a favor de este método: una es que los gastos de la competencia representan la sabiduría colectiva del sector, y la otra es que mantener una paridad competitiva ayuda a evitar las guerras promocionales. Sin embargo, ninguno de estos dos argumentos es válido. No existe ninguna base para creer que la competencia sabe mejor que nosotros cuánto deberíamos gastar en publicidad, y la imagen de cada empresa, sus recursos, oportunidades y objetivos difieren tanto, que sus presupuestos difícilmente servirán de guía para los nuestros. Es más, no existe prueba alguna de que los presupuestos basados en la paridad competitiva pongan freno a las guerras promocionales.

MÉTODO DE INVERSIÓN POR OBJETIVOS El método de inversión por objetivos requiere que los expertos de marketing definan sus objetivos específicos, determinen qué tareas se deben realizar para lograrlos y calculen los costos de las mismas. La suma de todos estos costos constituirá el presupuesto de promoción.

Por ejemplo, imaginemos que Cadbury Schweppes desea introducir una nueva bebida natural energética llamada Sunburst para los aficionados al deporte.[46]

1. ***Establecer el objetivo de participación de mercado***—La empresa calcula un mercado potencial de 50 millones de usuarios, y se fija el objetivo de atraer al 8% de ese mercado (es decir, cuatro millones de usuarios).
2. ***Determinar el porcentaje del mercado al que llegará la publicidad***—El publicista espera alcanzar al 80% (40 millones de clientes potenciales) con los mensajes publicitarios.
3. ***Definir el porcentaje de personas que, conociendo la marca, se sentirán animadas a probarla***—El publicista se sentiría complacido si el 25% de los clientes potenciales (10 millones de personas) probaran Sunburst. La razón es que se calcula que el 40% de los consumidores que prueben el producto, es decir, cuatro millones de personas, se convertirán en usuarios leales. Éste es el objetivo de mercado.
4. ***Determinar el número de impresiones publicitarias necesarias para un porcentaje de prueba del 1%***—El publicista calcula que son necesarias 40 impresiones (es decir, exposiciones) publicitarias por cada 1% de la población, para conseguir un 25% de pruebas de la marca.
5. ***Establecer el número de puntos de contacto bruto que hay que comprar***—Un *punto de exposición* supone alcanzar al 1% del público meta. Como la empresa quiere conseguir 40 exposiciones para una cobertura neta del 80% de la población total, deberá comprar 3,200 puntos de exposición.
6. ***Determinar el presupuesto publicitario en función del número de puntos de exposición necesarios***—Si el costo promedio de una exposición al 1% del público meta es de 3,277 dólares, los 3,200 puntos de exposición costarán 10,486,400 (= \$3,277 × 3,200) en el año de lanzamiento.

Este método tiene la ventaja de implicar a la dirección de la empresa, que debe exponer sus hipótesis sobre el dinero que se gasta y los niveles de exposición, el índice de prueba del producto y el uso regular del mismo.

Un asunto fundamental es cuánta importancia se debe dar a las comunicaciones de marketing en relación con las demás alternativas, como la mejora de productos, la reducción de los precios, o el otorgar mejores servicios. La respuesta depende de la fase del ciclo de vida de los productos de la empresa, de si se trata de productos básicos o de bienes muy diferenciados, de si los consumidores tienen una necesidad rutinaria de adquirir los productos o de si éstos "tienen que ser vendidos", entre otras consideraciones. Los presupuestos de comunicación tienden a ser más altos en los siguientes casos: **1.** existe poco apoyo del canal, **2.** el programa de marketing varía considerablemente con el paso del tiempo, **3.** existen muchos consumidores a los que resulta difícil llegar, **4.** el proceso de toma de decisiones de los clientes es complejo, **5.** los productos son muy diferentes y las necesidades de los consumidores heterogéneas y **6.** cuando las compras son frecuentes, pero el volumen es reducido.[47]

En teoría, el presupuesto total de comunicación se debe fijar de tal modo que la utilidad marginal del último dólar de comunicación sea igual a la utilidad marginal del último dólar de la actividad más productiva (que no sea la comunicación). Sin embargo, aplicar esta teoría entraña un cierto grado de dificultad.

::: Decisiones en torno a la mezcla de comunicación

Las empresas deben distribuir el presupuesto de comunicaciones de marketing entre seis herramientas de comunicación diferentes: publicidad, promoción de ventas, relaciones públicas e inserciones pagadas en los medios de comunicación masiva, eventos y experiencias, fuerza de ventas y marketing directo. He aquí un ejemplo de cómo una empresa examina todos los puntos de interés.

SELECT COMFORT CORPORATION

Un colchón siempre es un colchón, ¿no? Ya habíamos oído hablar de las camas de agua, pero ahora, Select Comfort nos ofrece una "cama de aire". El colchón se infla, y los usuarios pueden ajustar su firmeza al modificar el nivel de aire. Incluso dos personas que duerman sobre el mismo colchón podrán ajustarlo de manera diferente en su respectivo lado. Para comercializar estos colchones, Select Comfort, con sede en Minneapolis, reunió una fuerte combinación de canales e iniciativas promocionales: en 300 puntos de venta minoristas, los consumidores pueden "descansar en el aire"; la empresa produjo videos de demostración y elaboró material complementario sobre "la ciencia del sueño"; el sitio Web de la compañía (www.selectcomfort.com) describe los productos y brinda asesoría sobre cómo dormir mejor; se grabó un comercial informativo que se transmite por televisión en el horario nocturno; se obtuvo el apoyo de algunas celebridades; y la empresa se compromete a entregar un certificado a los clientes que recomiendan a otros que compren el colchón y éstos finalmente lo hacen.

Dentro del mismo sector, las empresas pueden seleccionar canales y medios de comunicación muy diferentes. Avon concentra sus fondos promocionales en la venta personal, mientras que Revlon invierte considerablemente en publicidad. En la venta de aspiradores, Electrolux invierte mucho en la venta a domicilio, mientras que Hoover recurre más a la publicidad.

Las empresas siempre buscan la manera de incrementar su eficiencia, sustituyendo una herramienta promocional por otra. Así, muchas reemplazan algunos rubros de las actividades de ventas por publicidad, correo directo y telemarketing. Un distribuidor de automóviles despidió a sus cinco vendedores y redujo los precios, y vio cómo se disparaban sus ventas. Otras empresas incrementan sus gastos de promoción en relación con la inversión en comunicación. El carácter sustitutivo de las diversas herramientas de comunicación explica por qué las diferentes funciones de marketing necesitan estar coordinadas. Por ejemplo, un nuevo sitio Web y una campaña televisiva dirigida a toda la población de Los Ángeles dispararon las ventas de la aerolínea hawaiana Aloha Airlines; en un solo día la empresa expidió boletos por un monto total de un millón de dólares. Los anuncios de televisión estaban diseñados para dar a conocer la empresa y dirigir a la audiencia al sitio Web, donde se podía cerrar la venta.[48]

Características de la mezcla de comunicación

Cada herramienta de comunicación tiene sus propios costos y sus propias características.

PUBLICIDAD La publicidad se puede utilizar para crear una imagen a largo plazo del producto (anuncios de Coca-Cola), o para disparar las ventas súbitamente (un anuncio de Sears sobre una oferta para el fin de semana). La publicidad permite alcanzar a compradores muy dispersos geográficamente. Algunas formas, tales como la publicidad en televisión, requieren de un gran presupuesto, mientras que otras, como los periódicos, no tanto. La sola presencia de publicidad en los medios puede tener un efecto directo sobre las ventas, ya que muchos consumidores pensarán que las marcas son buenas por el solo hecho de anunciarse.[49] Como existen innumerables formas y usos publicitarios, resulta difícil hacer generalizaciones.[50] Sin embargo, cabría destacar las siguientes cualidades:

1. *Influencia*—La publicidad permite al vendedor repetir un mismo mensaje muchas veces, y al comprador recibir y comparar los mensajes de varias empresas rivales. La publicidad utilizada en gran escala comunica lo positivo sobre la importancia del vendedor, su popularidad y su éxito.
2. *Expresividad amplificada*—La publicidad ofrece a las empresas la oportunidad de destacar sus productos a través del uso artístico de la impresión, el sonido y el color.
3. *Impersonalidad*—La audiencia no se siente obligada a prestar atención o a responder al anuncio. La publicidad es un monólogo en lugar de un diálogo con el público meta.

PROMOCIÓN DE VENTAS Las empresas utilizan herramientas de promoción de ventas (cupones de descuento, concursos, premios, etc.) para generar respuestas más rápidas y más intensas por parte de los compradores. Las promociones de ventas sirven para conseguir efectos a corto plazo, por ejemplo, destacar las ofertas del producto y reavivar unas ventas decadentes. Las herramientas de promoción de ventas presentan tres características comunes:

1. *Comunicación*—Atraen la atención y generalmente atraen a los consumidores hacia el producto.

2. *Incentivo*—Incorporan algún tipo de atractivo, estímulo o beneficio que proporciona valor al consumidor.

3. *Invitación*—Representan un estímulo para efectuar la transacción en el momento.

RELACIONES PÚBLICAS E INSERCIONES PAGADAS Los mercadólogos tienden a hacer un uso escaso de las relaciones públicas, aunque éstas, coordinadas con el resto de elementos de la mezcla promocional, suelen ser muy efectivas. El atractivo de las relaciones públicas y de las inserciones pagadas con formato de noticia o reportaje se fundamenta en tres características distintivas:

1. *Gran credibilidad*—Las notas periodísticas y los reportajes resultan más auténticos y creíbles para los lectores que los anuncios.

2. *Capacidad para captar compradores desprevenidos*—Las relaciones públicas pueden llegar hasta consumidores que prefieren evitar a los vendedores y huir de la publicidad.

3. *Dramatización*—Las relaciones públicas tienen un gran potencial para destacar positivamente la imagen de la empresa o del producto.

EVENTOS Y EXPERIENCIAS Esta herramienta presenta numerosas características positivas:

1. *Relevancia*—Un segmento de consumidores bien seleccionado considerará un acontecimiento o experiencia muy relevante si sus miembros se sienten implicados personalmente con el evento.

2. *Atractivo*—Puesto que los acontecimientos y experiencias tienen lugar en tiempo real y en directo, los consumidores consideran que tienen más atractivo que otras herramientas de comunicación.

3. *Potencial implícito*—Los acontecimientos son una especie de "venta blanda".

MARKETING DIRECTO Las numerosas formas de marketing directo (correo directo, telemarketing, marketing por Internet) comparten tres características distintivas:

1. *Personalización*—El mensaje se puede preparar para que atraiga al receptor.

2. *Actualización*—El mensaje se puede preparar con rapidez.

3. *Interacción*—El mensaje es susceptible de modificarse según las respuestas del receptor.

VENTA PERSONAL La venta personal es la herramienta más eficaz en las últimas fases del proceso de compra, especialmente cuando se trata de crear preferencias en los compradores, convencerlos o llevarlos a la acción. La venta personal posee tres características distintivas:

1. *Interacción personal*—Supone una relación interactiva e inmediata entre dos o más personas. Cada parte es capaz de observar las reacciones de la otra.

2. *Permite cultivar relaciones*—La venta personal permite el surgimiento de todo tipo de relaciones, desde las derivadas de los intereses comerciales hasta profundos sentimientos de amistad.

3. *Respuesta*—La venta personal genera en el comprador un sentimiento de obligación de escuchar al vendedor.

Factores determinantes en el diseño de la mezcla de comunicación

Las empresas deben considerar diversos factores a la hora de desarrollar su mezcla de comunicación: el tipo de mercado para el producto, disposición a la compra de los consumidores y fase del ciclo de vida del producto. También es importante considerar la posición competitiva que ocupa la empresa en el mercado.

TIPO DE MERCADO PARA EL PRODUCTO La distribución de la mezcla de comunicaciones varía entre mercados de consumo y mercados industriales. Las empresas de productos de consumo tienden a invertir más, comparativamente, en promoción de ventas y publicidad, mientras que las empresas de productos industriales invierten más en la venta personal. En general, la venta personal se utiliza con artículos complejos, caros y que implican algún riesgo, y en mercados con menos vendedores de mayor tamaño (es decir, mercados industriales). Si bien la publicidad es menos importante que la venta personal en los mercados empresariales, conserva una función significativa:

- La publicidad sirve para presentar la empresa y sus productos.
- La publicidad permite explicar las nuevas características del producto.
- Recordar a los clientes la existencia del producto a través de la publicidad resulta más barato que hacerlo a través de la venta personal.
- Los folletos en los que aparece el número telefónico de la empresa son una forma eficaz de generar posibilidades de venta para los vendedores.
- Los vendedores pueden utilizar los anuncios de la empresa para legitimar sus productos.
- La publicidad permite recordar a los clientes cómo utilizar el producto y reafirmar su seguridad en la compra.

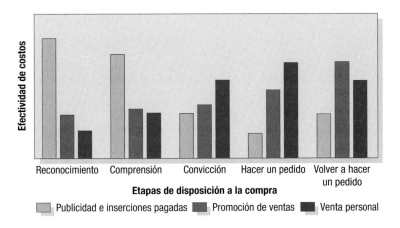

|FIG. **17.6**|

Efectividad de costos de tres herramientas de comunicación en diferentes etapas de disposición del consumidor a la compra.

La importancia de la publicidad en los mercados industriales se ha devaluado en muchos estudios. Se ha demostrado que la publicidad combinada con la venta personal aumenta el volumen de ventas más que si no se hubiese utilizado publicidad.[51] La publicidad empresarial es capaz de mejorar la reputación de una empresa y aumentar las posibilidades de los vendedores de ser recibidos a la primera y de vender pronto su producto.[52]

La venta personal también hace una importante contribución al marketing de bienes de consumo. Algunos mercados de consumo recurren a un equipo de ventas para recoger los pedidos de los intermediarios y para garantizar que siempre haya existencias en los anaqueles. Un equipo de ventas bien capacitado desempeña cuatro tareas importantes:

1. *Incrementar el nivel de existencias*—Los vendedores pueden persuadir a los comercios para que tengan más existencias y dediquen más espacio a sus marcas en los anaqueles.
2. *Despertar entusiasmo*—Los vendedores lograrán despertar el entusiasmo de los intermediarios si destacan la publicidad y el apoyo de promociones de ventas.
3. *Practicar la venta misionera.* Los vendedores pueden conseguir nuevos distribuidores.
4. *Administrar las cuentas de los clientes más importantes*—Los vendedores pueden asumir la responsabilidad del crecimiento del negocio si se hacen cargo de las cuentas de los clientes más importantes.

DISPOSICIÓN DE LOS CONSUMIDORES A LA COMPRA Las herramientas de comunicación varían en su efectividad de costos según el nivel de disposición de los consumidores a la compra. La figura 17.6 muestra la efectividad de costos de tres herramientas de comunicación. La publicidad tradicional y las inserciones pagadas en los medios de comunicación masiva son especialmente eficaces en la fase de reconocimiento. La comprensión por parte del cliente se ve influida, en primer lugar, por la publicidad y por la venta personal. La convicción del cliente se ve afectada principalmente por la venta personal. Para cerrar una compra, la herramienta principal es la venta personal y la promoción de ventas. El hecho de volver a hacer un pedido también se ve afectado tanto por la venta personal como por la promoción de ventas y, en cierta medida, también por la publicidad que se encarga de recordarle el producto.

CICLO DE VIDA DEL PRODUCTO Las herramientas de comunicación también varían según las distintas etapas en el ciclo de vida del producto. En la fase de lanzamiento, la publicidad es la herramienta con mayor efectividad de costos, seguida de la venta personal para ganar capacidad de distribución, y de la promoción de ventas y del marketing directo para inducir a la prueba del producto. En la fase de crecimiento, la demanda repunta gracias a los comentarios de una persona a otra. En la fase de madurez, la publicidad, los eventos y experiencias, y la venta personal, son de suma importancia. Finalmente, en la fase de declinación, la promoción de ventas sigue siendo importante, varias herramientas de comunicación se reducen, y los vendedores prestan una atención mínima al producto.

Medición de los resultados de comunicación

Los altos directivos quieren conocer los *resultados* y las *utilidades* de sus inversiones en comunicación. Sin embargo, con demasiada frecuencia los directores de comunicación sólo presentan *entradas* y *gastos*: recuentos de apariciones en prensa, número de anuncios publicados o emitidos y costos de medios de comunicación. Para ser justos, hay que reconocer que los directores de comunicaciones intentan traducir estas cifras en resultados inmediatos como alcance y frecuencia de las comunicaciones, niveles de recordación, reconocimiento de marca, cambios de actitud y cálculos de costos en función del número de consumidores a los que se llega. En último término, son las medidas de cambio de conducta las que reflejan el resultado real de la publicidad.

Una vez que se pone en práctica el plan de comunicación, el director de comunicaciones debe medir su impacto en el público meta. Para ello, se pregunta a una muestra de miem-

| FIG. **17.7** |

Datos sobre los consumidores en relación con dos marcas.

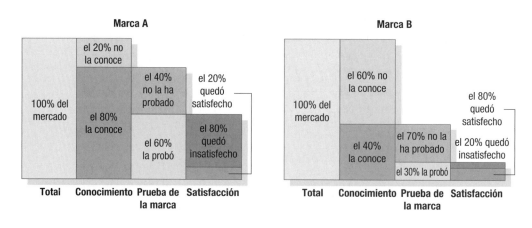

bros de la audiencia si recuerdan o reconocen el mensaje, cuántas veces lo han visto, qué recuerdan de él, qué les parece, cuál era su actitud antes del mensaje y cuál es su actitud actual en relación con el producto y con la empresa. El comunicador también debe recabar datos sobre el comportamiento de respuesta de la audiencia, como por ejemplo, cuánta gente adquirió el producto, a cuántos le gustó, y cuántos hablaron sobre él a otros.

La figura 17.7 es un ejemplo de una buena forma de medir resultados a través de la retroalimentación. En primer lugar, observamos que el 80% del total de consumidores conocen la marca A, que el 60% la ha probado, y que sólo el 20% de los consumidores que la probaron quedaron satisfechos. Esto indica que el programa de comunicación logró crear reconocimiento y conciencia de marca, pero que el producto no logra satisfacer las expectativas de los consumidores. Por otro lado, solo el 40% del mercado total conoce la marca B, sólo el 30% la ha probado, pero el 80% de los que la probaron quedaron satisfechos. En este caso, es necesario reforzar el programa de comunicaciones para aprovechar el poder de la marca.

::: Administración del proceso de comunicación integral de marketing

Según la definición de la American Association of Advertising Agencies, la **comunicación integral de marketing** (CIM) es un concepto de planeación de comunicaciones de marketing que reconoce el valor agregado de un plan completo. Un plan de este tipo evalúa los roles estratégicos de una variedad de disciplinas de comunicación (por ejemplo, publicidad general, respuesta directa, promociones de ventas y relaciones públicas), y que combina estas disciplinas para brindar claridad, consistencia y máximo impacto a las comunicaciones a través de la integración uniforme de mensajes.

Por desgracia, muchas empresas se limitan a utilizar una o dos herramientas de comunicación. Esta práctica sigue en vigor a pesar de la fragmentación de los mercados masivos en infinidad de mini mercados (cada uno de los cuales requiere su propio enfoque de comunicación), y a pesar de la proliferación de nuevos tipos de medios de comunicación, y de la creciente complejidad que representan los consumidores. La gran variedad de herramientas de comunicación, mensajes y audiencias obliga a las empresas a integrar sus comunicaciones. Las empresas tienen que lograr "una visibilidad de 360°" de los consumidores para poder entender cómo las comunicaciones de marketing influyen en su conducta diaria.

Éste es un ejemplo de una integración de comunicaciones que obtuvo éxito.

ACCENTURE

Obligada a abandonar el nombre Andersen Consulting por decisión arbitral, la empresa Accenture desarrolló una campaña de marca basada en un programa de comunicaciones totalmente integrado. En enero de 2001 aparecieron anuncios en televisión, medios impresos, Internet y carteles publicitarios, con el nombre Accenture en los 48 países en los que operaba la empresa. Entre enero y marzo de 2001, más de 6,000 anuncios televisivos y más de 1,000 anuncios impresos se divulgaron en el mercado internacional. En Australia, la empresa creó una "portada adicional" en la revista *Business Review Weekly* y colocó carteles en las paradas de autobús y en las bancas de los parques en el distrito comercial de Sydney. La empresa colocó inmensos anuncios en la plaza Oberdan de Milán y cubrió 10 taxis con su logotipo en Londres. El torneo Accenture World Match Play Championship de enero de 2001 permitió a la empresa emitir cerca de 300 anuncios en sus mercados internacionales y otros 100 en Estados Unidos, además de incluir anuncios impresos en los periódicos de mayor circulación, en publicaciones empresariales y en las revistas de golf estadounidenses. Otros patrocinios importantes fueron los de las carreras de Fórmula 1, los campeonatos de esquí europeos, el torneo de las Seis Naciones de rugby, el tour PGA de Asia, el World Soccer Dream Match de Japón y el campeonato italiano de fútbol.

Un anuncio de la serie de Tiger Woods dentro de la campaña de marca de Accenture.

Coordinación de los medios de comunicación

La coordinación debe tener lugar entre todos los medios de comunicación. Los canales personales de comunicación y los impersonales deben combinarse para obtener el máximo impacto posible. Imaginemos una empresa que utiliza una sola herramienta en un único esfuerzo por dirigirse y vender a un solo cliente potencial. Un ejemplo de una campaña de una *única fase* con un *único canal* consistiría en enviar una sola carta para ofrecer un electrodoméstico de regalo. Una campaña de *varias fases* con un *único canal* implicaría hacer envíos sucesivos por correo al mismo cliente potencial. Por ejemplo, los publicistas de revistas envían cerca de cuatro recordatorios de renovación antes de darse por vencidos. Una opción más adecuada es la de una campaña en *varias fases* con *múltiples canales*. Veamos la siguiente secuencia:

Campaña informativa sobre un nuevo producto → Anuncio pagado con mecanismo de respuesta →
Correo directo → Telemarketing → Visita personal de ventas → Comunicación en curso.

Si se despliegan diferentes medios en un periodo definido es posible aumentar tanto el alcance como las consecuencias del mensaje. En una campaña de Citibank sobre hipotecas, en lugar de utilizar "correo y número gratuito", el banco utilizó "correo, más cupón, más número gratuito, más telemarketing, más publicidad impresa". Aunque la segunda campaña fue más cara, dio como resultado un 15% más de nuevas cuentas que la campaña que únicamente incluía el correo directo.[53]

Los estudios realizados también demuestran que las promociones pueden ser aún más efectivas cuando se combinan con publicidad.[54] La conciencia y las actitudes de marca que generan las campañas publicitarias pueden aumentar el éxito de una venta más directa. En *Marketing en acción: Cómo coordinar los medios de comunicación para crear brand equity,* se explica cómo reforzar la publicidad en televisión y otros medios de comunicación.

En la actualidad, numerosas empresas coordinan también sus actividades de comunicación *on line* y *off line*. Cerca de un tercio de los anunciantes que compraron espacios publicitarios para la temporada 2002-2003, también compraron espacio publicitario en sitios Web.[55] Al incluir una dirección de Internet en los anuncios (sobre todo en los impresos), y en los envases, los consumidores tienen la posibilidad de explorar con más cuidado los productos de una empresa, encontrar la dirección de los puntos de venta y buscar más información sobre productos o servicios. Para Danone, redirigir a los consumidores a su sitio Web es una prioridad, porque así la empresa aprovecha dos ventajas principales: **1.** forjar relaciones directas con los consumidores, y **2.** crear una base de datos de sus mejores clientes para reforzar su lealtad con cupones de descuento y esfuerzos promocionales de correo directo.[56]

Pepsi ha tenido mucho éxito al vincular sus iniciativas *on line* con sus iniciativas *off line*. En 2001, Pepsi y Yahoo! aunaron esfuerzos para desarrollar una promoción *on line* que les costó una quinta parte de lo que costaban las promociones tradicionales por correo y que se tradujo en un aumento del 5% en las ventas. Durante la campaña, Pepsi incluyó el logotipo de este portal en 1,500 millones de latas de su producto, mientras que Yahoo! creó un sitio de comercio electrónico PepsiStuff.com, donde los consumidores podían canjear los puntos de los tapones de las botellas por productos de electrónica o boletos para conciertos.[57] Cuando la empresa holandesa de servicios financieros ING Group lanzó su marca en Estados Unidos, combinó los anuncios en televisión y medios impresos con anuncios *on line*. En una campaña realizada en sitios de noticias financieras, siempre que aparecían juntas las letras "ing" se volvían de color naranja, el color corporativo de la empresa.[58]

Incluso aunque los consumidores no realicen pedidos por Internet, pueden utilizar los sitios Web de tal manera que éstos les animen a visitar los puntos de venta para comprar. El sitio de Best Buy se utiliza como herramienta de búsqueda, de lo que da fe un estudio que revela que el 40% de los clientes de Best Buy primero buscan en Internet, y después se dirigen al punto de venta.[59]

Puesta en práctica de una comunicación integral de marketing

Son varias las razones que explican este retraso en el despegue de las comunicaciones integrales de marketing. Las grandes empresas emplean a varios especialistas en comunicación para que trabajen con sus gerentes de marca, que comparativamente no saben mucho del resto de herramientas de comunicación. Además, muchas empresas internacionales recurren a un

---

MARKETING EN ACCIÓN | CÓMO COORDINAR LOS MEDIOS DE COMUNICACIÓN PARA CREAR *BRAND EQUITY*

En ocasiones, para desarrollar programas de comunicación integral, los mercadólogos deben vincular los mensajes de marketing de manera explícita a fin de generar *brand equity* o reforzarlo.

Problema: asociaciones de marca débiles

Para crear *brand equity*, los efectos de comunicación de la publicidad deben vincularse con la marca. En ocasiones esto resulta difícil por las siguientes razones:

- **Exceso de competidores.** Los anuncios rivales dentro de la categoría de productos pueden crear "interferencias" y confusión sobre qué anuncio corresponde a cada marca.[61] Cuando Eveready lanzó una campaña muy perspicaz para sus pilas Energizer con un conejito rosa que no paraba de correr ... y correr ... y correr, el 40% de la gente atribuía el anuncio, por error, a su principal competidor, Duracell.

- **Contenido y estructura del anuncio.** Aunque los recursos motivacionales atraen la atención de los consumidores, quizás el procesamiento de la información no genere asociaciones de marca fuertes. Cuando el conocido actor James Garner anunciaba la marca Polaroid, los estudios de marketing apuntaban que su promoción se atribuía a Kodak, el principal competidor de Polaroid. Al retrasar la identificación de la marca o al mencionarla poco en un anuncio, se puede aumentar la intensidad del procesamiento de información, pero es probable que la atención acabe concentrada en cualquier otro asunto que no sea la marca, lo que supone la creación de asociaciones de marca muy débiles.[62]

- **Participación de los consumidores.** Tal vez los consumidores no tengan un interés natural por la categoría del producto o servicio, o que no conozcan la marca en cuestión. El descenso resultante de la motivación de los consumidores y de la capacidad de procesar la información también se traducirá en asociaciones de marca débiles.[63]

Solución: reforzar los efectos del mensaje

Quizás la publicidad "funcione" en el sentido de que los efectos del mensaje se almacenen en la memoria. Sin embargo, también cabe la posibilidad de que "fracase" si estos efectos almacenados no están accesibles cuando do el consumidor toma decisiones relativas a la marca. Para analizar este problema, una táctica frecuente es la de resaltar la marca y la información del envase en los anuncios. Por desgracia, aunque los consumidores son más capaces de recordar la marca cuando se utiliza esta táctica, no hay más información qué recordar sobre la marca. Existen otras tres estrategias potencialmente más eficaces, que son las claves de marca, las claves de recuperación y las interacciones de los medios.

- **Claves de marca.** La *clave de una marca* es la forma en que la marca se identifica al final de un anuncio de radio o televisión o que aparece en un anuncio impreso. Una clave de marca eficaz sirve como conexión con el anuncio en su totalidad. Por ejemplo, la famosa campaña "¿Tiene leche?" siempre mostraba este eslogan de forma que encajaba perfectamente en el anuncio (por ejemplo, en medio de las llamas en el anuncio del "yuppy en el infierno" o en una página impresa de una escuela primaria en el anuncio del "matón del comedor escolar").

- **Claves de recuperación.** Una *clave de recuperación* es un eslogan que se graba fácilmente en la memoria, una clave visual o un elemento publicitario único que sirve como recordatorio a los consumidores. Eveready incluía la imagen del conejito rosa de las pilas Energizer en sus empaques para reducir la confusión con Duracell. Estas claves se pueden colocar en el punto de venta (en el empaque o como parte de los anaqueles, o en cualquier otro lugar del punto de venta), o combinarse con una promoción (en un cupón), se pueden incluir en el directorio de comercios, o en cualquier comunicación de marketing en la que los efectos del acto de recordar resulten especialmente útiles.

- **Interacciones de los medios.** El refuerzo impreso o radiofónico de los mensajes televisivos (en los que los componentes de audio o de video sirven como base para otros anuncios), constituyen una forma eficaz de reforzar los efectos de comunicación existentes como consecuencia de la exposición al anuncio, y de vincularlos a la marca. Una estrategia útil, aunque poco utilizada, es la de crear publicidad impresa o radiofónica *con anterioridad* al anuncio televisivo. Los primeros aumentan la motivación de los consumidores a procesar el anuncio televisivo, que es más "completo".

Fuente: Kevin Lane Keller, *Strategic Brand Management,* 2a. ed. (Upper Saddle River, NJ: Prentice Hall, 2002).

Este anuncio impreso de Danone incluye una dirección Web y un cupón para conducir a los lectores y clientes al sitio Web de Danone, así como a comprar el producto.

gran número de agencias publicitarias de distintos países que atienden a diferentes departamentos, lo que genera una descoordinación de la comunicación y una dispersión importante de la imagen de la empresa.

Pese a todo, algunas grandes empresas han mejorado mucho sus comunicaciones integrales. Para ofrecer más servicios a sus clientes, las principales agencias publicitarias han adquirido agencias promocionales, empresas de relaciones públicas, consultorías de diseño de envases, empresas diseñadoras de sitios Web y empresas de correo directo. Muchos clientes internacionales han optado por generar la mayor parte de sus comunicaciones a través de una agencia publicitaria única. Un ejemplo es IBM, que dejó todas sus comunicaciones en manos de Ogilvy para conseguir una marca uniforme. El resultado es una comunicación de marketing más eficaz e integrada, y un costo total muy inferior.

La comunicación integral de marketing permite generar un mensaje con mayor consistencia y un mayor impacto sobre las ventas, puesto que obliga a los directivos a pensar en todas las formas posibles de contacto entre los consumidores y la empresa, en cómo la empresa comunica su posicionamiento, en la importancia relativa de cada canal, y en el establecimiento de periodos determinados. Se crea una figura sin precedentes encargada de unificar la imagen de marca y los mensajes de la empresa a través de miles de actividades corporativas. Las comunicaciones integrales de marketing deben mejorar la capacidad de la empresa para llegar hasta los consumidores adecuados con el mensaje adecuado, en el lugar apropiado y en el momento preciso.[60] En *Cuestiones clave: ¿Qué nivel de integración presenta su programa de comunicaciones?*, se ofrecen algunas directrices.

Los que abogan por la comunicación integral de marketing la describen como una forma de examinar el proceso de marketing en su conjunto, en lugar de concentrarse en componentes individuales del mismo. Empresas como Motorola, Xerox y Hewlett-Packard agrupan a sus expertos en publicidad, marketing directo, relaciones públicas y comunicaciones en una especie de "supraconsejos" que se reúnen un par de veces al año en cursos de capacitación y en seminarios para mejorar la comunicación entre ellos. Recientemente, Procter & Gamble revisó su plan de comunicaciones y determinó que cada programa nuevo se formulara de manera conjunta en una reunión entre la agencia publicitaria responsable y la agencia de relaciones públicas de P&G, sus unidades de marketing directo, sus empresas de promoción y comercialización, y los responsables de operaciones a través de Internet.

CUESTIONES **CLAVE**

¿QUÉ NIVEL DE INTEGRACIÓN PRESENTA SU PROGRAMA DE COMUNICACIONES?

Al evaluar el efecto colectivo de un programa de comunicación integral, el objetivo primordial es crear el programa más eficaz y eficiente posible. Para conocer el nivel de integración de un programa de marketing resultan útiles los siguientes seis criterios.

- **Cobertura.** Se refiere a la proporción de audiencia a la que llega cada opción de comunicación utilizada y a la coincidencia existente entre las diferentes opciones. Dicho de otro modo, se refiere al grado en que llegan las comunicaciones a su público meta y a si son los mismos consumidores, u otros, los que conforman la audiencia de las diferentes comunicaciones.

- **Contribución.** Se refiere a la capacidad inherente a un mensaje de marketing de crear la respuesta esperada, y a los efectos de comunicación en los consumidores que tiene el no estar expuesto a ninguna otra opción de comunicación. ¿En qué medida contribuye un mensaje a crear conciencia de marca de los consumidores, a reforzar la imagen de marca, a generar respuestas, o a inducir a la compra?

- **Comunidad.** Se refiere al grado en que se refuerzan las asociaciones comunes con las diferentes opciones de comunicación, es decir, el grado en que las diferentes opciones de comunicación comparten significado. La consistencia y cohesión de la imagen de marca es importante, puesto que determina la facilidad con la que las asociaciones y respuestas existentes se pueden recordar, así como la facilidad con la que las asociaciones y respuestas nuevas se vinculan con la marca en la memoria.

- **Complementariedad.** Las opciones de comunicación suelen ser más efectivas cuando se utilizan de manera conjunta. La complementariedad hace referencia al grado en que asociaciones y vínculos *diferentes* se destacan en las distintas opciones de comunicación. Es posible establecer de manera efectiva diferentes asociaciones de marca si se aprovechan las opciones de comunicación más adecuadas para desencadenar una respuesta específica de los consumidores, o para crear una determinada asociación de marca. Como parte de su campaña "Se buscan conductores", vw utilizó la televisión para presentar una historia que continuaba en su sitio Web.

- **Versatilidad.** En el marco de un programa de comunicación integral, cuando los consumidores reciben un mensaje específico, algunos de ellos ya habrán estado expuestos a otros mensajes de la marca, mientras que otros no habrán tenido ninguna exposición previa. La versatilidad se refiere al grado en que una opción de comunicación es sólida y "funciona" con diversos grupos de consumidores. Es crucial la capacidad de un mensaje de marketing para funcionar "a dos niveles", es decir, su capacidad de comunicar tanto a los consumidores que hayan estado expuestos a otros mensajes como a los que no.

- **Costo.** La evaluación de la comunicación de marketing resultante de estos criterios debe ponderarse respecto a su costo para llegar así al programa de comunicación más efectivo y eficaz.

Fuente: Kevin Lane Keller (2003), *Strategic Brand Management,* 2a. ed. (Upper Saddle River, NJ: Prentice Hall, 2002).

RESUMEN :::

1. El marketing moderno no se limita a desarrollar un producto, darle un precio atractivo y ponerlo a disposición del público meta. Las empresas deben darlo a conocer a los grupos de interés reales y potenciales, y al público en general.

2. La mezcla de comunicaciones de marketing tiene seis elementos principales: publicidad, promoción de ventas, relaciones públicas e inserciones pagadas con formato de noticia o reportaje, eventos y experiencias, marketing directo y venta personal.

3. En el proceso de comunicación intervienen nueve elementos: emisor, receptor, mensaje, canal, codificación, decodificación, respuesta, retroalimentación y ruido. Para transmitir su mensaje, los mercadólogos tienen que codificarlo de modo que el público meta pueda decodificarlo. Asimismo, deben transmitir el mensaje a través de canales que lleguen a la audiencia meta y desarrollar canales que permitan la retroalimentación a fin de conocer la respuesta al mensaje. La respuesta del público a un mensaje a menudo se comprende gracias a la jerarquía de respuestas y a la secuencia "aprender, sentir, actuar".

4. El desarrollo de una comunicación efectiva supone ocho etapas: **1.** identificar al público meta, **2.** definir los objetivos de marketing, **3.** diseñar el mensaje, **4.** seleccionar los canales de comunicación, **5.** determinar el presupuesto total de comunicación, **6.** decidir la mezcla de comunicación, **7.** me-

dir los resultados de las comunicaciones y **8.** administrar y coordinar todo el proceso de comunicación integral.

5. Para identificar al público meta, los profesionales de marketing deben eliminar cualquier discrepancia entre la percepción pública del momento y la imagen buscada. Los objetivos de comunicación incluyen necesidad de categoría, conciencia de marca, actitud hacia la marca, o intención de compra. Para formular el mensaje es necesario responder a tres preguntas: qué decir (contenido del mensaje), cómo decirlo (estructura del mensaje) y quién debe decirlo (fuente del mensaje). Los canales de comunicación pueden ser personales (canales de vendedores, de expertos y canales sociales) o impersonales (medios de comunicación, ambientes y eventos especiales). Aunque existen varios métodos para determinar el presupuesto de promoción, el método de inversión según objetivos es el más adecuado.

6. Las empresas tienen en cuenta las ventajas y los costos de cada herramienta de comunicación y la situación competitiva de la empresa a la hora de decidir la mezcla de comunicación. Asimismo, estudian el tipo de mercado para el producto que venden, qué nivel de disposición a la compra presentan los consumidores, y en qué fase de su ciclo de vida está el producto. Para calcular la eficacia de la mezcla de comunicaciones es necesario preguntar a miembros del público meta si reconocen o recuerdan el mensaje,

cuántas veces lo han visto, qué recuerdan de él, qué les parece, y por sus actitudes hacia la empresa y el producto antes y después de recibir el mensaje.

7. La dirección y coordinación del proceso total de comunicación se denomina comunicación integral de marketing (CIM); se trata de un concepto de planeación de comunica-

ciones de marketing que reconoce el valor agregado de un plan completo que evalúa los roles estratégicos de una variedad de disciplinas de comunicación y que las combina para brindar claridad, consistencia y máximo impacto a las comunicaciones a través de la integración uniforme de mensajes discretos.

APLICACIONES :::

Debate de marketing ¿Cuál es el principal obstáculo para integrar las comunicaciones de marketing?

A pesar de que la comunicación integral de marketing suele ser un objetivo muy apreciado, existen pocos programas verdaderamente integrados. Algunos críticos afirman que el problema es de índole organizativa: las agencias no han logrado reunir a todos los equipos y organizaciones que participan en una campaña de comunicación. Otros sostienen que el problema fundamental es la falta de directrices para evaluar los programas de comunicación integral. ¿Cómo sabe un gerente si su programa de marketing está integrado adecuadamente?

Tome partido: "El obstáculo fundamental al que se enfrentan los programas de comunicación integral es la falta de coordinación entre las agencias a lo largo de unidades de comunicación" o "el principal obstáculo para conseguir un programa de comunicación integral eficaz es la falta de conocimiento sobre cómo diseñarlo y evaluarlo".

Análisis de marketing

Elija una marca y visite su sitio Web. Identifique todas las formas de comunicación posibles. Realice una auditoría informal

de comunicaciones. ¿Qué le llama la atención? ¿Son consistentes los diferentes mensajes?

CASO DE **MARKETING** | **INTEL**

Intel fabrica microprocesadores que se instalan en el 80% de las computadoras personales de todo el mundo. En un principio, los microprocesadores Intel se conocían por sus números de fabricación, por ejemplo, "80386" y "80486". Intel logró posicionar sus microprocesadores como los más avanzados. Muy pronto, Intel descubrió que había un problema: los números no se podían incluir en los registros de marcas. Así, los competidores no tardaron en sacar sus propios chips "486", por lo que Intel no tenía forma alguna de diferenciarse de sus competidores. Peor aún, como sus productos iban ocultos dentro de las computadoras, Intel, con un producto oculto y sin registrar, tenía que encontrar la forma de convencer a los consumidores de que pagaran un precio superior por sus productos.

La respuesta de Intel fue una campaña de marketing que hizo historia. La empresa eligió un nombre registrable (Pentium) y lanzó una campaña de marketing para dar a conocer la marca Intel. Con la campaña "Intel Inside", Intel intentaba hacer aflorar su nombre desde el interior de las computadoras y hacerlo llegar a la mente de los consumidores.

Intel utilizó un esquema de cooperación innovador para ampliar el alcance de su campaña. En primer término, ayudaría a los fabricantes de computadoras que utilizaban procesadores Intel a promover sus productos, si éstos incluían el logotipo de Intel en sus anuncios. Asimismo, Intel ofreció un descuento para sus procesadores si los fabricantes aceptaban adherir el letrero "Intel Inside" en la parte exterior de las computadoras personales y portátiles.

Al mismo tiempo, Intel comenzó su propia campaña para familiarizar a los consumidores con la marca. La campaña "Intel Inside" cambió la imagen de la empresa, que pasó de ser un mero fabricante de microprocesadores a convertirse en un sinónimo de calidad. Los anuncios que incluían el logotipo Intel Inside se diseñaron para hacer creer a los consumidores que si adquirían una computadora con un microprocesador Intel estarían tomando una decisión segura y tecnológicamente adecuada. Entre 1990 y 1993, la empresa invirtió más de 500 millones de dólares en programas publicitarios y promocionales diseñados

para generar *brand equity*. En 1993, *Financial World* estimó que la marca Intel valía 17,800 millones de dólares.

Intel sigue utilizando campañas integrales en la actualidad. Por ejemplo, cuando lanzó su plataforma móvil Centrino, comenzó con anuncios televisivos que se emitieron en Estados Unidos y otros 11 países. Estos anuncios incluían el logotipo animado de Intel y la ahora conocida melodía de cinco notas que señala que la computadora tiene "Intel Inside". La publicidad *on line*, al aire libre y en medios escritos no se hizo esperar demasiado. Por ejemplo, un anuncio de una revista deportiva mostraba el logotipo en el centro de una raqueta de tenis con el eslogan "Computadora portátil de gran rendimiento. Sin compromisos".

De forma simultánea, Intel celebró un evento llamado "Un día sin cables" en grandes ciudades como Nueva York, Chicago, San Francisco y Seattle. Además de permitir probar el acceso Wi-Fi, había música en directo, reparto de premios y demostraciones del producto. La empresa también abrió sitios Web gratuitos con demostraciones del producto (con computadoras portátiles con Centrino) en lugares donde hubiera muchos viajeros frecuentes, como el aeropuerto de San Francisco. Para fomentar el interés por la informática móvil, la empresa se asoció con Zagat Survey para producir un mini manual incluido en *The New Yorker,* que identificaba más de 50 ubicaciones Wi-Fi (especialmente restaurantes y hoteles), y que repartió en el "Día sin cables". Por último, Intel creó anuncios *on line* en páginas como CNET.com y Weather.com. Yahoo! creó un centro Web Wi-Fi copatrocinado por Intel en el que se incluía publicidad de Centrino.

La campaña "sin cables" fue otro éxito de integración de marketing de Intel. La inversión total de 300 millones de dólares para la plataforma móvil contribuyó a generar utilidades de 2,000 millones de dólares durante los primeros nueve meses de la campaña. Intel ganó el premio a la Innovación en el certamen Business Superbrands Awards de 2003.

Al referirse al futuro, el presidente de Intel, Craig Barrett, afirmó que la empresa saldría de su corriente habitual en las computadoras personales, y que intentaría aprovechar oportunidades diferentes. La empresa no se limitará a incluir sus productos dentro de las computadoras, sino que intentará introducir sus procesadores en todos los aparatos digitales, como teléfonos celulares, televisores de pantalla plana, reproductores de video portátiles, redes inalámbricas caseras, e incluso en los aparatos para diagnóstico médico. La compañía se dirige a 10 nuevas áreas de producto para sus chips. Si los nuevos mercados despegan, también aumentará la demanda de computadoras personales y servicios, lo que generará más ingresos para los productos principales de Intel, incluso aunque los productos nuevos no triunfen en estos mercados. En 2005, Paul Otellini, profesional del marketing, sucederá a Craig Barett como director general, y tendrá entonces que tomar las riendas de esta empresa de 34,000 millones de dólares.

Preguntas para discusión

1. ¿Cuáles han sido los factores de éxito de Intel?

2. ¿En qué sentido es vulnerable esta empresa? ¿A qué debe prestar atención?

3. ¿Qué recomendaría a los directivos de marketing para el futuro? ¿Qué acciones de marketing deberá ejecutar?

Fuentes: Cliff Edwards, "Intel Everywhere?" *Business Week,* 8 de marzo de 2004, pp. 56–62; Scott Van Camp, "ReadMe.1st", *Brandweek,* 23 de febrero de 2004, p. 17; "How to Become a Superbrand", *Marketing,* 8 de enero de 2004, p. 15; Roger Slavens, "Pam Pollace, VP-Director, Corporate Marketing Group, Intel Corp", *B to B,* 8 de diciembre de 2003, p. 19; Kenneth Hein, "Study: New Brand Names Not Making Their Mark", *Brandweek,* 8 de diciembre de 2003, p. 12; Heather Clancy, "Intel Thinking Outside the Box", *Computer Reseller News,* 24 de noviembre de 2003, p. 14; Cynthia L. Webb, "A Chip Off the Old Recovery?" Washingtonpost.com, 15 de octubre de 2003; "Intel Launches Second Phase of Centrino Ads", *Technology Advertising & Branding Report,* 6 de octubre de 2003; y David Kirkpatrick, "At Intel, Speed Isn't Everything", *Fortune,* 9 de febrero de 2004, p. 34.

REFERENCIAS BIBLIOGRÁFICAS :::

1. Noah Brier, "Buzz Giant Poster Boy", *American Demographics,* (junio de 2004), pp. 11–16.

2. Karen Lundegaard, "BMW 'Mini' Campaign: Odd to the Max", *Wall Street Journal,* 28 de febrero de 2002; John Gaffney, "Most Innovative Campaign", *Business 2.0,* mayo de 2002, pp. 98–99; Warren Berger, "Dare-Devils", *Business 2.0,* abril de 2004, pp. 111–116.

3. Algunas definiciones son adaptaciones de Peter D. Bennett (ed.), *Dictionary of Marketing Terms* (Chicago: American Marketing Association, 1995).

4. "Online Is in the Mix for Traditional Marketers", Special Advertising Section, *Brandweek,* febrero de 2003.

5. Joseph W. Alba y J. Wesley Hutchinson, "Dimensions of Consumer Expertise", *Journal of Consumer Research* 13 (marzo de 1987), pp. 411–453.

6. Deborah L. Vence, "Marketing in Harmony: Boston Orchestra Tunes up Net Campaign", *Marketing News,* 23 de junio de 2003, p. 5.

7. Para un modelo de comunicación alternativo desarrollado específicamente para las comunicaciones publicitarias, véase Barbara B. Stern, "A Revised Communication Model for Advertising: Multiple Dimensions of the Source, the Message, and the Recipient", *Journal of Advertising* (junio de 1994), pp. 5–15. Para otras perspectivas adicionales, véase Tom Duncan y Sandra E. Moriarity, "A Communication-Based Marketing Model for Managing Relationships", *Journal of Marketing* (abril de 1998), pp. 1–13.

8. Brian Sternthal y C. Samuel Craig, *Consumer Behavior: An Information Processing Perspective* (Upper Saddle River, NJ: Prentice Hall, 1982), pp. 97–102.

9. Demetrios Vakratsas y Tim Ambler, "How Advertising Works: What Do We Really Know", *Journal of Marketing* 63, núm. 1 (enero de 1999), pp. 26–43.

10. Celeste Ward, "Goodby Pulls Häagen-Dazs Back From 1980s Limbo", *Adweek* 45, núm. 24, p. 11.

11. Este apartado se basa en el magnífico texto de John R. Rossiter y Larry Percy, *Advertising and Promotion Management,* 2a. ed. (Nueva York: McGraw-Hill, 1997).

12. James F. Engel, Roger D. Blackwell y Paul W. Minard, *Consumer Behavior,* 9a. ed. (Fort Worth, TX: Dryden, 2001).

13. John Rossiter y Larry Percy, *Advertising and Promotion Management.*

14. Engel, Blackwell y Minard, *Consumer Behavior.*

15. Ayn E. Crowley y Wayne D. Hoyer, "An Integrative Framework for Understanding Two-Sided Persuasion", *Journal of Consumer Research* (marzo de 1994), pp. 561–574.

16. C. I. Hovland, A. A. Lumsdaine y F. D. Sheffield, *Experiments on Mass Communication,* vol. 3 (Princeton, NJ: Princeton University Press, 1948), cap. 8; Crowley y Hoyer, "An Integrative Framework for Understanding Two-Sided Persuasion". Para un punto de vista alternativo, véase George E. Belch, "The Effects of Message Modality on One- and Two-Sided Advertising Messages", en *Advances in Consumer Research,* Richard P. Bagozzi y Alice M. Tybout (eds.) (Ann Arbor, MI: Association for Consumer Research, 1983), pp. 21–26.

17. Curtis P. Haugtvedt y Duane T. Wegener, "Message Order Effects in Persuasion: An Attitude Strength Perspective", *Journal of Consumer Research* (junio de 1994), pp. 205–218; H. Rao Unnava, Robert E. Burnkrant y Sunil Erevelles, "Effects of Presentation Order and Communication Modality on Recall and Attitude", *Journal of Consumer Research* (diciembre de 1994), pp. 481–490.

18. Sternthal y Craig, *Consumer Behavior,* pp. 282–284.

19. Stuart Elliott, "Why a Duck? Because it Sells Insurance", *The New York Times,* 24 de junio de 2002, p. C11.

20. Michael R. Solomon, *Consumer Behavior,* 6a. ed. (Upper Saddle River, NJ: Prentice Hall, 2004).

21. "The Death of the Jingle", *The Economist,* 8 de febrero de 2003, p. 61.

22. Kevin Goldman, "Advertising: Knock, Knock. Who's There? The Same Old Funny Ad Again", *Wall Street Journal,* 2 de noviembre de 1993, p. B10. Véase también Marc G. Weinberger, Harlan Spotts, Leland Campbell y Amy L. Parsons, "The Use and Effect of Humor in Different Advertising Media", *Journal of Advertising Research* (mayo–junio de 1995), pp. 44–55.

23. Herbert C. Kelman y Carl I. Hovland, "Reinstatement of the Communication in Delayed Measurement of Opinion Change", *Journal of Abnormal and Social Psychology* 48 (1953), pp. 327–335.

24. David J. Moore, John C. Mowen y Richard Reardon, "Multiple Sources in Advertising Appeals: When Product Endorsers Are Paid by the Advertising Sponsor", *Journal of the Academy of Marketing Science* (verano de 1994), pp. 234–243.

25. Julie Sloane, "Gorgeous George", *Fsb: Fortune Small Business,* junio de 2003, p. 36.

26. C. E. Osgood y P. H. Tannenbaum, "The Principles of Congruity in the Prediction of Attitude Change", *Psychological Review* 62 (1955), pp. 42–55.

27. Richard C. Morais, "Mobile Mayhem", *Forbes*, 6 de julio de 1998, p. 138; "Working in Harmony", *Soap Perfumery & Cosmetics*, 1o. de julio de 1998, p. 27; Rodger Harrabin, "A Commercial Break for Parents", *Independent*, 8 de septiembre de 1998, p. 19; Naveen Donthu, "A Cross Country Investigation of Recall of and Attitude toward Comparative Advertising", *Journal of Advertising* 27 (junio de 1998), pp. 111; "EU to Try Again on Tobacco Advertising Ban", Associated Press, 9 de mayo de 2001.

28. Leon E. Wynter, "Group Finds Right Recipe For Milk Ads in Spanish", *Wall Street Journal*, 6 de marzo de 1996.

29. "Rebirth of a Salesman", *The Economist*, 14 de abril de 2001.

30. Michael Kiely, "Word-of-Mouth Marketing", *Marketing* (septiembre de 1993), p. 6. Véase también Aric Rindfleisch y Christine Moorman, "The Acquistion and Utilization of Information in New Product Alliances: A Strength-of-Ties Perspective", *Journal of Marketing* (abril de 2001), pp. 1–18.

31. Ian Mount, "Marketing", *Business 2.0*, agosto–septiembre de 2001, p.84.

32. J. Johnson Brown y P. Reingen, P., "Social Ties and Word-of-Mouth Referral Behavior", *Journal of Consumer Research* 14 (1987), pp. 350–362; Jacqueline Johnson Brown, Peter M. Reingen y Everett M. Rogers, *Diffusion of Innovations*, 4a. ed. (Nueva York: The Free Press, 1995).

33. Elizabeth Wellington, "Freebies and Chitchat are Hot Marketing Tools", *Philadelphia Inquirer*, 31 de diciembre de 2003; Bob Sperber, "Krispy Kreme Word-of-Mouth Tactics Continue to Go Against the Grain", *Brandweek*, 21 de octubre de 2002, p. 9.

34. Stephanie Thompson, "Minimal Hype Nets Max Buzz at Kiehl's", *Advertising Age*, 5 de abril de 2004, pp. 4, 33.

35. Renee Dye, "The Buzz on Buzz", *Harvard Business Review* (noviembre–diciembre 2000), pp. 139–146.

36. Linda Tischler, "What's the Buzz?" *Fast Company*, mayo de 2004, pp. 76–77.

37. John Batelle, "The Net of Influence", *Business 2.0*, marzo de 2004, p. 70.

38. Kenneth Hein, "Run Red Run", *Brandweek*, 25 de febrero de 2002, pp. 14–15.

39. Malcolm Macalister Hall, "Selling by Stealth", *Business Life*, noviembre de 2001, pp. 51–55.

40. Ann Meyer, "Word-of-Mouth Marketing Speaks Well for Small Business", *Chicago Tribune*, 28 de julio de 2003.

41. Emanuel Rosen, *The Anatomy of Buzz* (Nueva York: Currency, 2000), cap. 12; "Viral Marketing", *Sales & Marketing Automation* (noviembre de 1999), pp. 12–14; George Silverman, *The Secrets of Word-of-Mouth Marketing* (Nueva York: Amacom, 2001).

42. Marian Salzman, Ira Matathia y Ann O'Reilly, *Buzz: Harness the Power of Influence and Create Demand* (Nueva York: JohnWiley, 2003).

43. Linda Tischler, "Buzz Without Bucks", *Fast Company*, agosto de 2003, p. 78.

44. JJack Neff, "Spam Research Reveals Disgust With Pop-Up Ads", *Advertising Age*, 25 de agosto de 2003, pp. 1, 21.

45. Theodore Levitt, *Industrial Purchasing Behavior: A Study in Communication Effects* (Boston: Division of Research, Harvard Business School, 1965).

46. Adaptado de G. Maxwell Ule, "A Media Plan for 'Sputnik' Cigarettes", *How to Plan Media Strategy* (American Association of Advertising Agencies, 1957 Regional Convention), pp. 41–52.

47. Thomas C. Kinnear y Kenneth L. Bernhardt, *Principles of Marketing*, 2a. ed. (Glenview, IL: Scott Foresman and Co., 1986).

48. Terrence Sing, "Integrated Marketing More than Just an Internet Brochure", *Pacific Business News*, 18 de febrero de 2004, p. 23.

49. Amna Kirmani, "The Effect of Perceived Advertising Costs on Brand Perceptions", *Journal of Consumer Research*, 17 (17 de septiembre de 1990), pp. 160-171; Amna Kirmani y Peter Wright, "Money Talks: Perceived Advertising Expense and Expected Product Quality", *Journal of Consumer Research*, 16 (diciembre de 1989), pp. 344–353.

50. Demetrios Vakratsas y Tim Ambler, "How Advertising Works: What Do We Really Know", *Journal of Marketing* 63, núm. 1 (enero de 1999), pp. 26–43.

51. *How Advertising Works in Today's Marketplace: The Morrill Study* (Nueva York: McGraw-Hill, 1971), p. 4.

52. Levitt, *Industrial Purchasing Behavior: A Study in Communication Effects.*

53. Ernan Roman, *Integrated Direct Marketing: The Cutting Edge Strategy for Synchronizing Advertising, Direct Mail, Telemarketing, and Field Sales* (Lincolnwood, IL: NTC Business Books, 1995).

54. William T. Moran, "Insights from Pricing Research", en E.B. Bailey (ed.), *Pricing Practices and Strategies* (Nueva York, NY: The Conference Board, 1978), pp. 7–13.

55. Bob Tedeschi, "E-Commerce Report", *The New York Times*, 24 de junio de 2002, p. C8

56. Gerry Khermouch, "The Top 5 Rules of the Ad Game", *Business Week*, 20 de enero de 2003, pp. 72–73.

57. Dale Buss, "On Again, Off Again", *Brand Marketing*, febrero de 2001, p. 51. Kenneth Hein, "Pepsi: This Time It's 'All About the Dew'", *Brandweek*, 19 de enero de 2004, p. 4.

58. Heather Green, "Online Ads Take Off Again", *Business Week*, 5 de mayo de 2003, p. 75.

59. María Puente, "Online Experience is Now a Much Better Fit", *USA Today*, 4 de diciembre de 2002, p. 2E.

60. Don E. Shultz, Stanley I. Tannenbaum y Robert F. Lauterborn, *Integrated Marketing Communications: Putting It Together and Making It Work* (Lincolnwood, IL: NTC Business Books, 1992); Don E. Schultz y Heidi Schultz, *IMC, The Next Generation: Five Steps For Delivering Value and Measuring Financial Returns* (Nueva York: McGraw-Hill, 2003).

61. Raymond R. Burke y Thomas K. Srull, "Competitive Interference and Consumer Memory for Advertising", *Journal of Consumer Research* 15 (junio de 1988), pp. 55–68; Kevin Lane Keller, "Memory Factors in Advertising: The Effect of Advertising Retrieval Cues on Brand Evaluations", *Journal of Consumer Research* 14 (diciembre de 1987), pp. 316–333; Kevin Lane Keller, "Memory and Evaluations in Competitive Advertising Environments", *Journal of Consumer Research* 17 (marzo de 1991), pp. 463–476; Robert J. Kent y Chris T. Allen, "Competitive Interference Effects in Consumer Memory for Advertising: The Role of Brand Familiarity", *Journal of Marketing* 58 (julio de 1994), pp. 97–105.

62. David Walker y Michael J. von Gonten, "Explaining Related Recall Outcomes: New Answers From A Better Model", *Journal of Advertising Research* 29 (1989), pp. 11–21.

63. Kevin Lane Keller, Susan Heckler y Michael J. Houston, "The Effects of Brand Name Suggestiveness on Advertising Recall", *Journal of Marketing* 62 (enero de 1998), pp. 48–57.

**EN ESTE CAPÍTULO
ANALIZAREMOS LAS SIGUIENTES
PREGUNTAS:**

1. ¿Qué pasos son necesarios para desarrollar un programa de publicidad?

2. ¿Cómo deben tomarse las decisiones sobre promoción de ventas?

3. ¿Cuáles son las directrices para organizar eventos y experiencias de construcción de marca?

4. ¿Cómo pueden las empresas explotar su potencial de relaciones públicas y publicidad no pagada?

dieciocho

En la conferencia anual de medios de la American Association of Advertising Agencies de 1994, el director general de Procter & Gamble, Ed Atrzt, sacudió el mundo de la publicidad al vaticinar que los mercadólogos deberían desarrollar y utilizar nuevos medios de comunicación. Diez años más tarde, en el mismo foro, el director de marketing de P&G, Jim Stengel, presentó un informe en el que exponía sus conclusiones sobre cómo les había ido a los mercadólogos desde entonces.[1] Stengel destacó que aunque existían numerosos medios de comunicación nuevos, los mercadólogos y las agencias de publicidad no los utilizaban de manera suficiente. En 1994, el 90% del gasto total en publicidad de P&G se destinaba a anuncios televisivos, aunque el lanzamiento de una de sus marcas de más éxito, Prilosec OTC, que tuvo lugar en 2003, sólo destinó un cuarto del presupuesto a la televisión. Veamos qué decía la empresa:

"Tiene que haber vida más allá del comercial de 30 segundos, y de hecho la hay. El problema es que nuestros sistemas giran en torno a él. El mundo del marketing actual está desfasado [...] Seguimos dependiendo de tácticas de marketing que no llegan a los consumidores actuales. Todo el marketing debería ser marketing 'de permiso', debería ser tan atractivo que los consumidores desearan que formara parte de sus vidas [...] El modelo tradicional es obsoleto. El marketing holístico es la tendencia que guía nuestro negocio."

>>>

Jim Stengel, director de marketing de Procter & Gamble, en su oficina.

Procter & Gamble no está sola. Organizaciones de todo tipo tratan de encontrar el modo de utilizar los medios de comunicación masiva en el nuevo entorno de las comunicaciones. En este capítulo se estudiará la naturaleza y el uso de las herramientas de comunicación masiva (publicidad, promoción de ventas, eventos y experiencias, y relaciones públicas).

::: Desarrollo y administración de un programa de publicidad

La **publicidad** es cualquier tipo de comunicación impersonal remunerada, en la que un patrocinador conocido presenta y promueve ideas, productos o servicios. Los anuncios constituyen una forma efectiva de diseminar mensajes, ya sea para crear preferencia de marca o para educar a los consumidores.

Las empresas realizan su publicidad de diferentes maneras. En las empresas pequeñas, la publicidad es administrada por algún empleado del departamento de ventas o de marketing, que trabaja en colaboración con una agencia de publicidad. En el caso de las grandes empresas, existe un departamento de publicidad, cuyo director se reporta al director de marketing. Las funciones del departamento son proponer un presupuesto, desarrollar una estrategia, aprobar anuncios y campañas y administrar la publicidad de correo directo, los exhibidores de los intermediarios, así como las demás formas de publicidad.

La mayoría de las empresas contratan a una agencia externa para la creación de campañas y para seleccionar y comprar espacio en los medios de comunicación masiva. En la actualidad, las agencias de publicidad se están redefiniendo como *empresas de comunicación* que ayudan a los clientes a mejorar la eficacia general de sus comunicaciones y les ofrecen asesoría práctica y estratégica sobre numerosas formas de comunicación.[2]

En el desarrollo de un programa de publicidad, los gerentes de marketing siempre deben comenzar por la identificación del mercado meta y de sus motivos de compra. Una vez que los identifican, se encuentran en posibilidad de tomar las cinco decisiones principales, conocidas en inglés como las cinco M: *misión* (¿cuáles son los objetivos de publicidad?); *dinero*, esto es, *money*, en inglés (¿cuánto se puede gastar?); *mensaje* (¿qué mensaje debe transmitirse?); *medio* (¿qué medio de comunicación conviene utilizar?), y *medida* (¿cómo se deberían evaluar o medir los resultados?). Estas decisiones se describen con más detalle en la figura 18.1 y se estudiarán en los siguientes apartados.

Definición de objetivos

La definición de objetivos se deriva de las decisiones anteriores sobre la elección del mercado meta, el posicionamiento de marca y el programa de marketing.

| FIG. **18.1** |

Las cinco M de la publicidad.

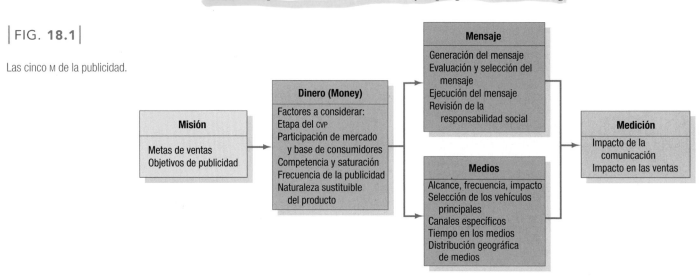

Una **meta de publicidad** (u objetivo) es una función específica de comunicación, en la que se precisa el nivel de audiencia que se desea conseguir y se fija el periodo para hacerlo:[3]

> De entre los 30 millones de amas de casa que tienen una lavadora automática, nuestro objetivo es hacer que un mayor número de ellas identifique la marca X como detergente que hace poca espuma, y convencerlas, en un periodo de un año, de que deja la ropa entre un 10 y 40% más limpia.

Los objetivos de publicidad se clasifican de acuerdo con su finalidad: si se trata de informar, convencer, hacer recordar o reforzar. El objetivo en las diferentes fases de la *jerarquía de efectos* ya se estudió en el capítulo 17.

■ *Publicidad informativa:* Pretende crear conciencia de marca y dar a conocer nuevos productos o nuevas características de productos existentes. Uno de los comerciales más memorables de todos los tiempos fue el de las pilas Energizer, protagonizado por el jugador australiano de rugby Jacko, quien aparecía disfrazado de pila, en la orilla de la carretera muy temprano por la mañana, mientras gritaba el nombre de la marca a los automovilistas que pasaban por ahí. Las personas recordaban el nombre de la marca, pero por desgracia ¡odiaban el anuncio! La conciencia de marca no se puede generar a expensas de la actitud respecto a la marca.

■ *Publicidad persuasiva:* Pretende generar afinidad, preferencia, convicción y compras de un producto o servicio. Chivas Regal intenta convencer a los consumidores de que tiene más sabor y más clase que el resto de marcas de whisky escocés. Algunos anuncios persuasivos recurren a la publicidad comparativa en la que se mencionan abiertamente las ventajas o los atributos de dos o más marcas.[4] Durante años, VISA protagonizó una campaña llamada "Está allí donde quieras ir", en la que aparecían destinos turísticos fantásticos y lugares interesantes donde no se aceptaba la tarjeta American Express. La publicidad comparativa produce mejores resultados cuando genera motivaciones cognitivas y afectivas al mismo tiempo.[5]

■ *Publicidad recordatoria:* Pretende estimular la adquisición repetitiva de productos o servicios. Los caros anuncios a cuatro colores de Coca-Cola que aparecen en las revistas, están destinados a recordar a los lectores que compren Coca-Cola.

■ *Publicidad de reforzamiento:* Pretende convencer a los compradores actuales de que tomaron la decisión correcta. Los anuncios de automóviles suelen mostrar a compradores satisfechos que disfrutan de las ventajas de su nuevo vehículo.

El objetivo de publicidad debe basarse en un análisis global de la situación de marketing de la empresa. Si el producto se encuentra en su fase de madurez, la empresa es líder del mercado, o el uso del producto es limitado, el objetivo adecuado debe ser estimular la frecuencia de uso. Si, por el contrario, el producto es nuevo y la empresa no se sitúa a la cabeza del sector pero su marca es mejor que la del líder, el objetivo adecuado será convencer al mercado de la superioridad de su marca.

Decisiones en torno al presupuesto de publicidad

¿Cómo sabe una empresa si está invirtiendo la cantidad adecuada en publicidad? Algunos críticos afirman que las grandes empresas de productos envasados tienden a invertir demasiado en publicidad sólo para asegurarse de que su inversión no sea raquítica, mientras que las empresas industriales infravaloran la importancia de crear imagen corporativa y de marca, y tienden a gastar poco en publicidad.[6]

Aunque la publicidad se trata como un gasto corriente desde un punto de vista contable, en realidad parte de ella es una inversión en la creación de *brand equity*. Cuando se gastan cinco millones en maquinaria productiva, ésta se considera un activo fijo amortizable a un plazo, digamos, de cinco años. De este modo, sólo una quinta parte del costo se descuenta en el primer año. Cuando se invierten cinco millones en publicidad, todo el costo se refleja en el mismo año, lo que reduce las utilidades de la empresa y, por tanto, limita el número de lanzamientos anuales de nuevos productos.

En el capítulo 17 se describieron algunos métodos generales para determinar el presupuesto de comunicación. A continuación veremos cinco factores específicos que conviene considerar en la elaboración de un presupuesto de publicidad:[7]

1. *Fase del ciclo de vida del producto*—Los nuevos productos suelen recibir mayores presupuestos de publicidad para darlos a conocer en el mercado e incitar a la prueba. Las marcas consolidadas reciben presupuestos más bajos, en forma de porcentaje de las ventas.[8]
2. *Participación de mercado y base de consumidores*—Las marcas con una gran participación de mercado requieren menos inversión en publicidad, que corresponde a un porcentaje de las ventas y se destina a conservar el nivel de participación de mercado. Si se desea incrementar la participación aumentando el tamaño del mercado, será necesario invertir más dinero. Si se toma como medida el costo por exposición, resulta menos costoso llegar a los clientes de marcas con mayor participación de mercado que a los de marcas con menor participación.

3. ***Competencia y saturación***—En un mercado con muchos competidores y grandes gastos en publicidad, se deberá intensificar la publicidad de una marca si se quiere hacer llegar el mensaje. Incluso con una saturación mínima de publicidad, aunque no sea de competidores directos, es necesario promover la marca más intensivamente.
4. ***Frecuencia de la publicidad***—El número de repeticiones necesarias para que el mensaje quede en la mente de los consumidores determina también el presupuesto de publicidad.
5. ***Naturaleza sustituible del producto***—Las marcas de categorías menos diferenciadas o de productos básicos (cerveza, bebidas refrescantes, bancos y aerolíneas) requieren más publicidad para diferenciar su imagen. La publicidad también es importante cuando una marca ofrece características o beneficios físicos únicos.

En un estudio sobre asignación de presupuestos, Low y Mohr descubrieron que los directivos destinan menos fondos a la publicidad cuando: **1.** las marcas avanzan hacia una fase más madura de su ciclo de vida; **2.** existe una gran diferenciación entre marcas rivales; **3.** los gerentes reciben recompensas por los resultados a corto plazo; **4.** los minoristas tienen más poder, y **5.** los gerentes tienen menos experiencia con la empresa.[9]

Desarrollo de la campaña publicitaria

Al diseñar y evaluar una campaña publicitaria es importante diferenciar entre la *estrategia de mensaje* o posicionamiento de un anuncio (qué intenta transmitir el anuncio sobre la marca) y la *estrategia creativa* (cómo se expresa). Así, diseñar campañas de publicidad efectivas es un arte y, a la vez, una ciencia. Para desarrollar una estrategia de mensaje, los publicistas atraviesan tres fases: generación y evaluación del mensaje, desarrollo y ejecución creativa, y revisión de la responsabilidad social.

GENERACIÓN Y EVALUACIÓN DEL MENSAJE Es importante generar mensajes frescos e innovadores, y evitar utilizar los mismos recursos e ideas de otros. En la actualidad, los anuncios de automóviles son bastante uniformes: presentan un automóvil que circula rápidamente en una sinuosa carretera de montaña o en el desierto. El resultado es que sólo existe un vínculo muy débil entre la marca y el mensaje.

Un buen anuncio suele centrarse en una o dos propuestas de venta principales. Para detallar el posicionamiento de la marca, el anunciante debe realizar un estudio de mercado a fin de determinar qué atractivo funciona mejor con el mercado meta. Una vez encontrado el atractivo adecuado, los publicistas deben redactar un *brief creativo*, normalmente de entre una y dos páginas de extensión. Se trata de la declaración de posicionamiento (véase el capítulo 10), que incluye: el mensaje clave, el mercado meta, los objetivos de comunicación (hacer, conocer, creer), las ventajas principales de la marca, el soporte de la promesa de la marca y los medios de comunicación que se utilizarán. Todos los miembros del equipo responsable de la campaña deben estar de acuerdo en el *brief creativo* antes de invertir en costosos anuncios publicitarios.

¿Cuántos temas alternativos para la publicidad hay que proponer antes de tomar una decisión? Cuantos más anuncios se elaboren, mayores serán las posibilidades de encontrar un anuncio excelente. Sin embargo, en un sistema de comisiones, las agencias no reciben de buen grado la idea de crear y probar con antelación numerosos anuncios. Por fortuna, los gastos de producción de anuncios están en un vertiginoso descenso gracias a las computadoras. El departamento creativo de una agencia de publicidad tiene la posibilidad de crear numerosos anuncios alternativos con imágenes estáticas o en movimiento contenidas en archivos informáticos.

DESARROLLO Y EJECUCIÓN CREATIVA El impacto del anuncio no sólo depende de qué se dice, sino de algo que es aún más importante: el modo en que se dice. Por eso la producción del mensaje resulta decisiva. Al preparar una campaña publicitaria, el anunciante elabora una *declaración de estrategia*, en la que describe el objetivo, el contenido, el soporte y el tono del anuncio que desea. Ésta es una declaración de estrategia para un producto de Pillsbury llamado 1869 Brand Biscuits.

PILLSBURY

El *objetivo* de publicidad es convencer a los consumidores de galletas de que pueden comprar galletas enlatadas tan buenas como las hechas en casa: las galletas 1869 Brand Biscuits de Pillsbury. El *contenido* consiste en destacar las características del producto: parecen galletas caseras, saben como galletas caseras y tienen la misma textura. El *soporte* de la promesa "tan buenas como hechas en casa" tendrá dos vertientes: 1. las galletas 1869 Brand Biscuits están hechas con harina especial utilizada en las galletas caseras pero sin precedentes en las galletas enlatadas, y 2. el uso de recetas tradicionales que hay en Estados Unidos para hacer galletas. El tono del anuncio será el de la retransmisión de información novedosa, atenuado con un tono cálido que emana de una vuelta atrás en el tiempo: a la calidad de las galletas estadounidenses.

Cada medio publicitario tiene sus propias ventajas e inconvenientes. A continuación se verá el caso de la televisión, la radio y los medios impresos.

Anuncios televisivos Normalmente se cree que la televisión es el medio publicitario más potente que alcanza a un mayor número de consumidores. Este gran alcance se traduce en un costo reducido por exposición. Desde una perspectiva de construcción de marca, la publicidad en televisión presenta dos ventajas principales. En primer lugar, sirve para demostrar en directo los atributos de un producto y para convencer de sus ventajas principales. En segundo lugar, los anuncios televisivos son un medio convincente para retratar en una dramatización al usuario del producto, y para transmitir la personalidad de marca, así como otros elementos intangibles.

Sin embargo, los anuncios que se transmiten por televisión también presentan desventajas. Por la naturaleza fugaz de los anuncios y los elementos potencialmente distractores que suelen incluir, los mensajes referentes al producto y a la marca podrían pasarse por alto. Es más, con el gran número de anuncios y de elementos ajenos a la programación, es posible que se genere tal desorden que los consumidores terminen por ignorar los comerciales, o bien, por olvidarlos. Otro punto débil de la publicidad en televisión es que sus costos se han incrementado notablemente en los últimos tiempos, mientras que los niveles de audiencia en las principales cadenas van en descenso. El resultado es que la eficacia media de un anuncio televisivo ha disminuido. Por ejemplo, Video Storyboards constató que el número de espectadores que afirmaban prestar atención a los anuncios había disminuido de manera drástica en los últimos 10 años.

No obstante, un anuncio televisivo bien diseñado y producido es capaz de mejorar el *brand equity* e influir directamente en las ventas y en las utilidades. Con los años, una de las empresas con mejores anuncios ha sido Apple. El anuncio "1984" para el lanzamiento de la computadora personal Macintosh, en el que se reproducía un crudo futuro orwelliano a modo de película, sólo se emitió una vez y, sin embargo, es uno de los más conocidos de la historia. En los años siguientes, la publicidad de Apple ha logrado dar a conocer toda una serie de productos y transmitir su imagen. Más recientemente, la empresa fue aclamada por su campaña "Think Different" ("Piensa diferente"). Incluso a pesar del descenso de los niveles de audiencia, un buen anuncio televisivo constituye una herramienta de marketing muy poderosa.

AFLAC INC.

Para las empresas aseguradoras no resulta fácil crear conciencia de marca ni diferenciarse de sus competidores. La compañía de seguros Aflac Inc. era relativamente desconocida hasta que, con una campaña de una creatividad extraordinaria, se convirtió en una de las marcas más reconocidas de la historia reciente. La desenfadada campaña mostraba a un pato muy irascible que profería sin cesar el nombre de la empresa "¡Aflac!", mientras algunas personas, incluidas ciertas celebridades, comentaban sobre su plan de seguros médicos. El frustrado intento del pato de llamar la atención atrajo tanto a los consumidores que ahora sí prestan atención a la empresa: las ventas aumentaron un 28% durante el primer año de emisión del anuncio, y el reconocimiento de la marca subió, en ese mismo periodo, desde un 13 hasta un 91%.[10]

Anuncios impresos Los medios de comunicación impresos presentan un importante contraste respecto a los medios electrónicos de difusión. Con su particular ritmo, tanto revistas como periódicos permiten ofrecer una gran cantidad de información detallada sobre el producto y comunicar de manera eficaz imágenes del usuario y del uso de producto. Sin embargo, al mismo tiempo, la naturaleza estática de las imágenes en estos medios dificulta las presentaciones dinámicas y las demostraciones del producto. Otra desventaja es que se trata de un medio de comunicación bastante pasivo.

En general, los dos principales medios de comunicación impresos, las revistas y los periódicos, presentan las mismas ventajas y desventajas. Aunque los periódicos son oportunos y gozan de una gran distribución, las revistas suelen ser más eficaces para transmitir la imagen de los usuarios y del uso de la marca. Cerca del 75% de la población lee los diarios, por lo que son un medio solicitado para publicidad local, sobre todo por parte de minoristas. Aunque los publicistas tienen algo de flexibilidad al diseñar y publicar anuncios en los periódicos, su impacto podría verse afectado como consecuencia de la mala calidad de la impresión y de su corta duración.

Los elementos de *formato*, como por ejemplo, tamaño del anuncio, color e ilustración, también influyen en el impacto sobre el receptor. Un ligero reajuste de los elementos mecánicos es capaz de mejorar la capacidad del anuncio para captar la atención de los lectores. Los anuncios más grandes reciben mayor atención, aunque la diferencia en costos no suele ser demasiada. Las ilustraciones a cuatro colores aumentan la eficacia del anuncio, y también su costo. Los recientes estudios sobre el movimiento ocular demuestran que los consumidores pueden ser guiados por el anuncio a través de la ubicación estratégica de elementos dominantes.

Los investigadores que se dedican a la publicidad en medios impresos afirman que la *imagen*, el *titular* y el *texto* de un anuncio son importantes, en ese orden. La imagen debe ser lo suficientemente fuerte como para captar la atención. Por su parte, el titular debe reforzar la imagen y llevar al lector a leer el texto, que debe capturar al lector y mencionar de mane-

Creación de una imagen de marca única: Absolut Warhol, un anuncio impreso del voldka Absolut elaborado por Andy Warhol.

ra prominente la marca. En el mejor de los casos, un anuncio verdaderamente sobresaliente sólo atraerá al 50% de los lectores. Cerca del 30% de éstos leerán el titular, cerca del 25% recordará el nombre de la empresa, y menos del 10% leerá la mayor parte del texto. Los anuncios ordinarios no consiguen siquiera estos resultados.

Como resultado del modo en que los consumidores procesan los anuncios, existe una serie de implicaciones administrativas que se deben considerar, y que se resumen en *Cuestiones clave: Criterios de evaluación para los anuncios impresos.* Una campaña en medios impresos que consiguió definir la imagen de marca fue la del vodka Absolut.

VODKA ABSOLUT

Generalmente, el vodka es considerado un producto básico, a pesar de que la preferencia de marca y la lealtad dentro de esta categoría de productos es asombrosa. En gran medida, la lealtad y la preferencia se deben a la imagen de marca. Cuando esta marca sueca entró en el mercado estadounidense en 1979, la empresa vendió la decepcionante cifra de 7,000 botellas. En 1991, las ventas habían aumentado hasta los más de dos millones de botellas. Absolut se convirtió en el vodka de importación más vendido en Estados Unidos, con el 65% de la participación de mercado, en buena parte gracias a su estrategia de marketing. En Estados Unidos, Absolut se había dirigido a los consumidores más exigentes con mejor nivel económico. El vodka viene envasado en una botella semitransparente con un color inconfundible, que es el centro de atención de todos los anuncios. Artistas muy conocidos (incluidos Warhol, Haring y Scharf) han diseñado anuncios de Absolut, y la imagen de la botella siempre combina con la leyenda de manera muy inteligente.[11]

Anuncios radiofónicos La radio es un medio muy difundido: el 96% de los estadounidenses mayores de 12 años escuchan la radio diariamente y, en promedio, más de 20 horas semanales. Quizás la principal ventaja de la radio sea su flexibilidad: las emisoras tienen un mercado meta claramente definido, la producción y la emisión de anuncios no son muy costosas, y la fugacidad de la exposición permite una respuesta rápida. La radio es especialmente eficaz por la mañana. Además, también permite a las empresas conseguir un equilibrio entre la cobertura de mercado masiva y la cobertura de mercado localizada. AT&T emplea la radio para dirigirse a los consumidores afroamericanos, puesto que éstos escuchan la radio, en promedio, cuatro horas diarias, una cifra muy superior a la media nacional que se sitúa en las 2.8 horas.[12] Como pieza central de su campaña multimedia de 2000, AT&T patro-

CUESTIONES **CLAVE**

CRITERIOS DE EVALUACIÓN PARA LOS ANUNCIOS IMPRESOS

Para valorar la eficacia de un anuncio impreso, además de considerar la estrategia de comunicación (mercado meta, objetivos de comunicación, estrategia de mensaje y estrategia creativa), es necesario responder afirmativamente a las siguientes preguntas:

1. ¿Resulta claro el mensaje a primera vista? ¿Se puede decir inmediatamente sobre qué trata el anuncio?

2. ¿Aparece la ventaja principal en el titular?

3. ¿La imagen refuerza el titular?

4. ¿La primera línea del texto refuerza o explica el titular y la ilustración?

5. ¿Resulta fácil leer y seguir el anuncio?

6. ¿Resulta sencillo identificar el producto?

7. ¿Resulta sencillo identificar la marca o el patrocinador?

Fuente: Philip Ward Burton y Scott C. Purvis, *Which Ad Pulled Best*, 9a. ed. (Lincolnwood, IL: NTC Business Books, 2002).

cinó un concierto en directo del grupo Destiny's Child que incluía una promoción en la que los oyentes podían ganar un viaje a Nueva Orleáns.

La desventaja evidente de la radio es la falta de imágenes visuales y el consiguiente procesamiento pasivo de los anuncios.[13] No obstante, los comerciales de radio pueden ser extremadamente creativos. Algunos consideran que la falta de imágenes visuales es una ventaja, puesto que un uso inteligente de la música, del sonido y de los demás elementos creativos logrará despertar la imaginación de los oyentes y crear imágenes relevantes, apreciadas y muy poderosas. Veamos este ejemplo:

MOTEL 6

Motel 6, la cadena de moteles de bajas tarifas más importante de Estados Unidos, se fundó en 1962, cuando el 6 significaba que la noche costaba seis dólares. Cuando en 1986 el negocio tocaba fondo, con una tasa de ocupación de tan sólo el 66.7%, Motel 6 hizo una serie de cambios de marketing. Entre éstos se contaba el lanzamiento de una campaña radiofónica de anuncios humorísticos de 60 segundos en los que aparecía el contratista convertido en escritor, Tom Bodett, con un eslogan muy inteligente: "Dejaremos la luz encendida para usted." La prueba de la eficacia de la campaña es que la ocupación aumentó considerablemente, y que la marca sigue en proceso de revitalización en la actualidad.

REVISIÓN DE LA RESPONSABILIDAD SOCIAL Los anunciantes y sus agencias deben estar seguros de que su publicidad no sobrepase los límites de las normas sociales ni legales. Los políticos han desarrollado una estructura sólida de leyes y reglamentos que rigen la publicidad.

Según la ley estadounidense, no se permite a los anunciantes realizar afirmaciones falsas, por ejemplo, afirmar que el producto alivia un mal que en realidad no cura. Asimismo, se deben evitar las demostraciones falsas, por ejemplo, utilizar acrílico cubierto de arena en lugar de lija para demostrar que una navaja puede afeitar hasta una lija. En Estados Unidos también es ilegal crear anuncios engañosos, aun cuando nadie resulte engañado. Por ejemplo, no se puede anunciar una cera para pisos y afirmar que los protege durante seis meses, a menos que así sea en condiciones normales. Tampoco se podría afirmar que un pan tiene menos calorías simplemente porque las rebanadas son más finas. El problema es cómo discernir entre "engaño" y "exageración"; por esta última se entiende una afirmación excesiva que no se pretende que la gente crea y que la ley permite.

Los vendedores en Estados Unidos están obligados por ley a evitar la publicidad "gancho" que atraiga a los consumidores mediante falsas esperanzas. Imaginemos que un vendedor anuncia una máquina de coser a 149 dólares. Cuando los consumidores quieran comprarla, el vendedor no podrá rehusarse a vender, ni intentar quitarle mérito, ni mostrar un ejemplar defectuoso, ni prometer fechas de entrega poco razonables para que los consumidores compren otra máquina más cara.[14]

Desde el punto de vista de la responsabilidad social, los anunciantes deben tener cuidado para no ofender al gran público ni a los diferentes grupos étnicos, minorías raciales o grupos de interés especial.[15] Se ha acusado a los anuncios de ropa de Calvin Klein de sobrepasar los límites de la decencia por mostrar a la raquítica modelo Kate Moss, lo que despertó la ira del grupo Boicott Anorexic Marketing (Boicot al marketing de la anorexia), y por mostrar a jóvenes en plena pubertad (algunas de apenas 15 años) en poses muy provocativas. Esto último derivó en el envío masivo de cartas de protesta a la empresa, una campaña promovida por la American Family Association.[16]

Cada año, la asociación sin fines de lucro Advertising Women of New York selecciona los anuncios televisivos y los anuncios impresos que, en su opinión, reflejan una imagen positiva o negativa de las mujeres. En 2004, Sirius Satellite Radio ganó el premio a "lo peor de la TV" por el anuncio "lavado de coches", en el que aparecía Pamela Anderson en un centro de lavado de autos utilizando todo su cuerpo para lavar el coche de un joven. En la categoría de "lo peor en los medios impresos", el ganador fue Sony Playstation, por un anuncio en el que aparecía una mujer dando a luz a la cabeza de un hombre adulto. Esta asociación concedió el premio "lo mejor de la TV" a MasterCard por el anuncio en el que una mujer logra abrir un frasco de pepinillos después de que el debilucho de su marido no lo había logrado.[17]

::: Selección del medio y medición de la eficacia

Una vez seleccionado el mensaje, el siguiente paso es la elección del medio que lo difundirá. Para esto es necesario definir el alcance del anuncio, la frecuencia y el impacto del mismo, y elegir entre medios generales y específicos, el tiempo de exposición y la localización geográfica de los mismos. A continuación se deben valorar los resultados de estas decisiones.

La decisión sobre el alcance, la frecuencia y el impacto del anuncio

La **selección de medios** consiste en encontrar el medio de comunicación más eficaz desde el punto de vista de los costos para generar el número y el tipo de exposiciones deseado en el mercado meta. ¿A qué nos referimos con el número de exposiciones deseado? Se supone que el anunciante persigue un objetivo publicitario y que espera una respuesta del mercado meta, por ejemplo, un nivel determinado de prueba del producto. El índice de prueba dependerá de diferentes factores, por ejemplo, el nivel de conciencia de marca, entre otros. Imaginemos que el índice de prueba del producto aumenta a un ritmo decreciente con el nivel de conocimiento del producto por parte de la audiencia, tal como se ilustra en la figura 18.2*a*. Si el anunciante busca un nivel de prueba de P^*, será necesario conseguir un nivel de conciencia de marca C^*.

El siguiente paso consiste en determinar cuántas exposiciones, E^*, generarán un nivel de conciencia de marca C^*. El efecto de estas exposiciones sobre la conciencia de marca de la audiencia dependerá del alcance, de la frecuencia y del impacto de la publicidad:

- ***Alcance (A):*** Número de personas u hogares expuestos, dentro de un medio de comunicación específico, a al menos una exposición durante un periodo determinado.
- ***Frecuencia (F):*** Número de veces dentro de un periodo determinado a las que un individuo u hogar promedio está expuesto al mensaje.
- ***Impacto (I):*** Valor cualitativo de una exposición dentro de un medio específico (así, un anuncio de un producto alimenticio en la revista *Good Housekeeping* tendrá un mayor impacto que si se incluye en la revista *Fortune*).

La figura 18.2*b* refleja la relación entre la conciencia de marca y el alcance del anuncio. Cuanto mayores sean el alcance, la frecuencia y el impacto de las exposiciones, mayor será el nivel de conciencia de marca. La relación entre alcance, frecuencia e impacto es muy importante. Imaginemos que un publicista cuenta con un presupuesto de un millón de dólares, y que el costo de cada mil exposiciones de calidad promedio es de $5. Esto significa que el publicista podrá comprar 200 millones de exposiciones (1,000,000 ÷ [$5/1,000]). Si el publicista busca una frecuencia de exposición promedio de 10, podrá llegar a 20 millones de personas (200,000,000 ÷ 10) con ese presupuesto. Ahora bien, si el publicista quiere un medio de mejor calidad, y cada mil exposiciones le cuestan $10, sólo podrá llegar a 10 millones de personas a menos que esté dispuesto a disminuir la frecuencia de las exposiciones.

La relación entre alcance, frecuencia e impacto se resume en los siguientes conceptos:

- ***Número total de exposiciones (E):*** Es el producto del alcance por la frecuencia, es decir, $E = A \times F$. A este producto se le conoce como puntos de *alcance bruto*. Si un plan de medios alcanza al 80% de los hogares con una frecuencia promedio de exposición de tres, se dice que

| FIG. **18.2** |

Relación entre prueba, conciencia y exposición.

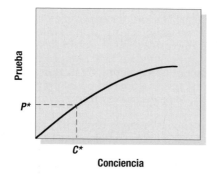

a) Relación entre el índice de prueba del producto y nivel de conciencia de la audiencia

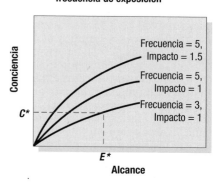

b) Relación entre nivel de conciencia de la audiencia y alcance y frecuencia de exposición

el plan de medios tiene un alcance bruto de 240 = (80 × 3). Si otro plan de medios tiene un alcance bruto de 300, se dice que tiene más peso, pero no se puede desglosar en alcance y frecuencia.

■ **Número ponderado de exposiciones (PE):** Es el producto del alcance por la frecuencia y por el impacto medio $PE = A \times F \times I$.

A la hora de planear los medios de comunicación, es necesario lograr la combinación del alcance, de la frecuencia y del impacto que más eficaz resulte desde el punto de vista de los costos. El alcance es el factor más importante para lanzar nuevos productos, marcas defensoras, extensiones de marcas conocidas, o marcas con baja frecuencia de adquisición, y cuando se persigue un mercado poco definido. La frecuencia resulta más importante cuando existen competidores fuertes, una historia difícil de contar, o un ciclo de compra frecuente.[18]

Muchos publicistas creen que la audiencia necesita un gran número de exposiciones para que la publicidad funcione. Otros, sin embargo, dudan del valor de la frecuencia: consideran que una vez que el mercado meta ha visto el anuncio un par de veces, actúan en consecuencia, se sienten molestos, o bien, dejan de prestarle atención.[19]

Los defensores de la repetición también emplean otro argumento, que es el del olvido. La función de la repetición es, en parte, volver a introducir el mensaje en la memoria de la audiencia. Cuanto mayor sea el índice de olvido asociado con una marca, categoría de producto o mensaje, mayor será el nivel de repetición necesario. Sin embargo, la repetición no es suficiente: los anuncios pasan de moda y el mercado meta deja de sentirse identificado con ellos. Los anunciantes, por tanto, no deberían apoyarse en un anuncio que han explotado demasiado, sino más bien insistir en propuestas frescas de su agencia de publicidad.

Selección de los medios principales

Los responsables de la planeación de medios deben conocer la capacidad de los principales tipos de medios que generan el alcance, la frecuencia y el impacto deseados. La tabla 18.1 menciona los principales medios de publicidad junto con sus costos, ventajas y desventajas.

Los responsables de la planeación de medios eligen entre las citadas categorías y consideran diversas variables:

■ **Tipología de la audiencia de cada medio.** La radio y la televisión son más eficaces para llegar a los adolescentes.

■ **Características del producto.** Los diferentes tipos de medios presentan un potencial diferente de demostración, visualización, explicación, credibilidad y color. Los vestidos se ilustran mejor en las revistas a todo color, y las cámaras Kodak se ilustran mejor en televisión.

| TABLA **18.1** | Características de los principales medios de comunicación.

Medio	Ventajas	Desventajas
Periódicos	Flexibilidad; puntualidad; buena cobertura local del mercado; amplia aceptación; alta credibilidad.	Corta vida; baja calidad de reproducción; por lo general, cada ejemplar tiene un solo lector.
Televisión	Combina imágenes, sonido y movimiento; apela a los sentidos; concentra la atención; gran alcance.	Costo elevado; alta saturación; exposición fugaz; escasa selectividad de audiencia.
Correo directo	Selectividad del público receptor; flexibilidad; no hay competencia en el mismo medio; personalización.	Costo relativamente alto; imagen de "correo basura" ("junk mail").
Radio	Difusión masiva; selectividad geográfica y demográfica; bajo costo.	El mensaje sólo es auditivo; se le presta menor atención que a la TV; estructura de tarifas no estandarizadas; exposición fugaz.
Revistas	Alta selectividad geográfica y demográfica; alta calidad de reproducción; larga vida; varias personas leen un mismo ejemplar.	El espacio tiene que comprarse con antelación; cierto desperdicio de circulación; no hay garantía del posicionamiento.
Exteriores	Flexibilidad; exposición repetitiva; bajo costo; bajo nivel de competencia.	Selectividad limitada de audiencia; restricciones para la creatividad.
Directorios comerciales	Excelente cobertura local; alta credibilidad; gran alcance; bajo costo.	Alto nivel de competencia; el espacio tiene que comprarse con antelación; restricciones para la creatividad.
Cartas	Muy alta selectividad; pleno control; oportunidades para la interacción; costos relativamente bajos.	Los costos podrían salirse de control.
Folletos	Flexibilidad; pleno control; posibilidad de presentar mensajes dramatizados.	La sobreproducción podría hacer salir de control los costos.
Teléfono	Muchos usuarios; oportunidad de tener contacto personal.	Costos relativamente altos a menos que haya voluntarios que colaboren.
Internet	Alta selectividad; posibilidades de interacción; costo relativamente bajo.	Medio incipiente con escaso número de usuarios en algunos países.

| TABLA **18.2** |

Gastos en comunicaciones de marketing (en Estados Unidos, en 2001 y en miles de millones de dólares).

	$	% del total
TV	52.7	22%
Radio	19.4	8%
Periódicos	49.4	21%
Revistas	12.3	5%
Directorios comerciales	13.3	6%
Internet	3.4	1%
Respuesta directa	44.7	19%
Otros	40.0	17%
Total	141.7	

Fuente: Tom Duncan, *IMC: Using Advertising and Promotion to Build Brands* (Nueva York: McGraw-Hill, 2002).

■ ***Características del mensaje.*** La adecuación e información del contenido influirá en la selección del medio de comunicación. Un mensaje que anuncie sorprendentes rebajas para el día siguiente deberá emitirse en la radio, la televisión, o publicarse en un medio escrito. Un mensaje que contenga gran cantidad de datos técnicos requerirá de revistas especializadas o de la publicidad directa.

■ ***Costo.*** La televisión es muy cara, mientras que la publicidad impresa es relativamente barata. Lo que cuenta es el costo por cada mil exposiciones.

Ante la abundancia de medios de comunicación, quienes hacen la planeación de medios deben decidir en primer lugar cómo distribuir el presupuesto de publicidad entre los principales medios de comunicación (véase la tabla 18.2). Para el lanzamiento de unas galletas nuevas, Pillsbury podría decidir destinar tres millones de dólares a anuncios televisivos diarios, dos millones a revistas femeninas, un millón a diarios que circulan en los 20 mercados principales, 500,000 dólares a eventos culinarios y concursos, y 50,000 dólares al mantenimiento de su sitio Web.

La distribución se debe planear teniendo en cuenta que las personas cada vez disponen de menos tiempo. Cada día se ven bombardeadas por anuncios e información a través de los medios tradicionales, más los nuevos medios como el correo electrónico, el buzón de voz y los mensajes instantáneos. Cada vez hay menos tiempo para pensar sobre experiencias, y mucho menos sobre entretenimiento y otras formas de diversión. La atención es ya una moneda escasa, y los anunciantes necesitan recursos potentes para llamar la atención de la audiencia.[20] Para determinar el presupuesto de un anuncio, los mercadólogos también deben tener claro que la respuesta de los consumidores tiene forma de S: se da un efecto umbral del anuncio cuando se necesita una cantidad positiva de publicidad antes de poder notar el impacto del anuncio sobre las ventas, pero el aumento de estas últimas termina por decaer.[21]

Opciones alternativas de publicidad

La televisión fue el medio dominante durante mucho tiempo. Sin embargo, los estudiosos han descubierto que su eficacia va en descenso como consecuencia de la masificación comercial (los anuncios son cada vez más cortos y frecuentes), de la posibilidad de cambiar de canal con la ayuda del control remoto en las pausas publicitarias (y que se refuerza con la llegada de sistemas de televisión como TiVo y Replay TV), y del descenso de la audiencia que ha generado la proliferación de la televisión vía satélite, de la televisión por cable y de los reproductores DVD/VCR.[22] La tabla 18.3 muestra cómo ha cambiado el entorno de los medios de comunicación en los últimos 25 años. Por otra parte, los costos de la publicidad en televisión han aumentado mucho más rápidamente que los de otros medios. Muchas empresas recurren en la actualidad a medios publicitarios alternativos.[23] La empresa cervecera canadiense Molsen ha adoptado un enfoque muy innovador al incluir frases llamativas directamente en sus botellas.

MOLSON

La campaña de Crispin, Porter + Bogusky para la cervecera canadiense Molson ganó el premio al mejor plan de medios de *Adweek* con una inversión de menos de 10 millones de dólares. Molson contrató a CP+B para que revitalizara su imagen en Estados Unidos y renovara su relevancia entre su mercado meta (hombres de entre 21 y 27 años que no se quedan quietos delante del televisor para ver los comerciales de cerveza de 30 segundos). CP+B propuso una alternativa radical: no invertir más en anuncios y disfrazar las botellas. Al equipo de CP+B se le ocurrió la idea de utilizar la etiqueta de la botella como una especie de insignia del producto que ayudara a los hombres a decir algo de sí mismos (especialmente para los miembros del sexo opuesto). Así, diseñaron etiquetas muy novedosas en forma de rompehielos, para despertar comentarios entre los clientes de bares. Las

	1980	2003
Hogares con televisor	**80 millones**	**108 millones**
Con VCR	2%	92%
Con TV por cable	30%	70%
Con TV vía satélite	—	13%
Con más de 2 televisores	53%	75%
Con TV con control remoto	20%	98%
Con PC	—	69%
Con acceso a Internet	—	62%

| TABLA **18.3** |

El entorno cambiante de la televisión.

etiquetas aparecían únicamente en aquellas botellas destinadas a la comercialización en bares, e incluían frases como "100% disponible", "Imán sensual", "Despechado", "Adivina dónde tengo el tatuaje", "Industrial adinerado", y quizás la más sugerente, "No llevo ropa interior".[24]

PUBLICIDAD EN EXTERIORES La **publicidad en exteriores**, también llamada publicidad fuera de casa, es una categoría muy amplia que engloba numerosas alternativas publicitarias. Los especialistas en marketing recurren a lugares cada vez más insospechados para llamar la atención de los consumidores. La lógica subyacente en esta categoría es que resulta más fácil llegar hasta los consumidores en sus propios entornos, por ejemplo, el lugar de trabajo, de entretenimiento y evidentemente, de compra. Algunas alternativas disponibles son los anuncios espectaculares, los lugares públicos, los puntos de venta y la exhibición de productos.

Anuncios espectaculares Los anuncios espectaculares han experimentado una gran transformación con los años, y hoy presentan gráficos digitales a todo color, iluminación posterior, sonido, movimiento, e incluso imágenes tridimensionales.[25] Incluso algunos anuncios son humanos. Adidas empleó hombres-anuncio en Tokyo y Osaka, Japón. Dos jugadores de fútbol luchaban por meter gol durante 15 minutos, cinco veces al día, suspendidos de unas cuerdas (al igual que el balón) a una altura de un duodécimo piso.[26] Los anuncios espectaculares no necesariamente han de estar en un lugar fijo. Las empresas pueden comprar espacios publicitarios en autobuses que circulan por áreas determinadas. Oscar-Mayer envía seis "Wienermóviles" a circular por Estados Unidos cada año para aumentar la exposición de los consumidores a la marca y despertar su simpatía. La empresa de software Oracle empleó un barco para remolcar un anuncio flotante con el logotipo de la empresa por toda la bahía de San Francisco.

Espacios públicos Con frecuencia, los publicistas colocan los anuncios impresos y los anuncios televisivos en lugares poco convencionales, como por ejemplo, películas, líneas aéreas, salas de reunión, aulas de clase, estadios deportivos, ascensores de oficinas y hoteles, y demás espacios públicos. Los carteles publicitarios más pequeños están por todas partes. Los anuncios en autobuses, metro y trenes suburbanos se han convertido en un vehículo muy eficaz para llegar a las mujeres trabajadoras. El "mobiliario urbano" (paradas de autobús, quioscos y áreas públicas) son una opción cada vez más utilizada. Coca-Cola, por ejemplo, montó unos dispositivos rectangulares iluminados que nombró "cajas de luz" en las paredes del metro de Nueva York para anunciar así su agua Dasani.

Los anunciantes también pueden adquirir espacios en estadios deportivos, en botes de basura, en estacionamientos para bicicletas, en parquímetros, en las bandas transportadoras de equipaje de los aeropuertos, en elevadores, en las bombas de gasolineras, en trofeos, en los empaques de bocadillos que se sirven en los aviones, y en las pequeñas etiquetas que vienen adheridas a las manzanas y los plátanos que se venden en los supermercados. Los anunciantes pueden incluso comprar espacios en las tapas de los inodoros o encima de los urinarios, zonas que, según los expertos, los em-

Un ejemplo del uso de la publicidad en exteriores para aumentar la exposición a la marca y despertar simpatía: el "Wienermóvil" de Oscar Mayer.

pleados de oficina visitan de tres a cuatro veces al día, en promedio, durante cuatro minutos por visita.[27]

EXHIBICIÓN DE PRODUCTOS La exhibición de productos se ha extendido desde el cine a todo tipo de programas de televisión. Los anunciantes pagan tarifas de entre 50,000 y 100,000 dólares, o incluso más, para que sus productos tengan apariciones estelares en el cine o en la televisión. La suma exacta depende de la cantidad y de la naturaleza de la exposición del producto. En ocasiones, las exhibiciones del producto son el resultado de largas negociaciones comerciales, mientras que otras veces pueden ser simplemente el fruto del trabajo de pequeños establecimientos que mantienen vínculos estrechos con maestros de la propaganda, diseñadores de prestigio y productores.[28]

En ocasiones, las exhibiciones de productos se combinan con promociones especiales en el marco de acuerdos de entretenimiento. 7-UP, Aston Martin, Finlandia, VISA y Omega son empresas que lanzaron iniciativas promocionales muy importantes relacionadas con la aparición de sus productos en la película "Die Another Day" de James Bond.[29] Con una cantidad de 100 millones de dólares recaudada a través de la exhibición de productos, algunos críticos designaron la película con el sobrenombre de "Buy Another Day".

Algunas empresas logran exhibiciones de sus productos de forma gratuita, regalándolos a la productora (Nike no paga por aparecer en películas, pero acostumbra regalar calzado, chaquetas, bolsas, etc.).[30] En otras ocasiones, a las empresas les sonríe la fortuna y aparecen en películas o programas de televisión porque el guión así lo requiere. Por ejemplo, FedEx consiguió una gran cantidad de exposición a través de la película *Náufrago*.[31] Algunos programas de televisión giran en torno a la exhibición de un solo producto: Ford y la cadena WB crearon un programa sin pausas comerciales llamado *No Boundaries,* en 2001, en el que aparecían los vehículos todoterreno de Ford.

Las empresas recurren a otras formas más innovadoras de promoverse durante las emisiones televisivas. Los aficionados al deporte estarán familiarizados con la aparición de logotipos virtuales que se agregan digitalmente al terreno de juego. Aunque los asistentes al evento deportivo no los ven, para los telespectadores parecen logotipos pintados en el terreno de juego. Los anuncios que también parecen obtener grandes ventas son los que aparecen en las cubiertas de *best-sellers* y en carátulas de videos. Diversos materiales escritos, como informes anuales, hojas de datos, catálogos y noticias de empresa cada vez incluyen más publicidad. Las **gacetillas** son anuncios en medios escritos que ofrecen contenido editorial en el que se elogia la marca y que son difíciles de distinguir del resto del contenido del periódico o revista. Muchas empresas incluyen elementos publicitarios en las facturas mensuales. Otras envían cintas de video o audio a sus clientes potenciales.

Algunas empresas están explorando el terreno del **entretenimiento de marca**, por ejemplo, las mini películas. Ogilvy y Digitas crearon para su cliente American Express una serie de "Webepisodios" de entre tres y cinco minutos, en los que aparece Jerry Seinfeld en "Las aventuras de Seinfeld y Superman", y también utilizan anuncios televisivos basados en la intriga y el misterio.[32] Los fabricantes de vehículos promueven sus automóviles con emocionantes videos *on line* repletos de efectos especiales, que tienen mucho más éxito que los acostumbrados anuncios de automóviles.

Exhibición de productos: el anuncio de James Bond de los relojes Omega, vinculado con la película "Die Another Day".

BMWFILMS.COM

BMW fue uno de los primeros fabricantes de vehículos en lanzar una campaña de video que cosechó gran éxito. En 2001, la empresa contrató a algunos de los mejores directores de películas de acción de Hollywood, como John Woo, Guy Ritchie y Ang Lee, para producir pequeñas películas en las que aparecieran los automóviles de la empresa al lado de figuras como Mickey Rourke y Madonna. Para conseguir afluencia en su sitio bmwfilms.com, BMW utilizó anuncios televisivos que parecían avances de películas. Según la agencia publicitaria de BMW, 55.1 millones de personas vieron la serie "The Hire". Mazda siguió esta tendencia con su video "Venus Flytrap", en el que promueve su RX-8, mientras el video "Evil Twin" de Ford, anuncia el Sportka. Por sus nombres, es evidente que estos videos *on line* están destinados a hombres de entre 18 y 34 años que cada vez pasan menos tiempo delante del televisor y más tiempo en Internet.[33]

PUBLICIDAD EN EL PUNTO DE VENTA Existen muchas formas de transmitir mensajes a los consumidores en el **punto de venta**. La publicidad en el establecimiento incluye anuncios en carritos de supermercados, pasillos, anaqueles y alternativas de promoción, por ejemplo, demostraciones en la tienda, muestras gratuitas y máquinas de cupones de descuento. Algunos supermercados venden espacios a empresas para que coloquen sus logotipos, y están experimentando con anaqueles parlantes. La radio POP (siglas que corresponden a *point-of-purchase*, es decir, punto de venta) ofrece una programación musical de tipo convencional e incluye mensajes comerciales sobre miles de tiendas de alimentos y de farmacias de Estados Unidos. La programación incluye un formato musical seleccionado para establecimientos comerciales, consejos a los consumidores y anuncios. Los anuncios de Wal-Mart TV se emiten en 2,500 establecimientos y aparecen tres veces por hora. El precio de emisión oscila entre los 50,000 y 300,000 dólares por cuatro semanas, en función de la frecuencia. Su impacto puede ser considerable: según un estudio realizado, más de la mitad de los compradores estadounidenses visitan un establecimiento Wal-Mart al menos una vez al mes, y un tercio de estos consumidores lo hacen una vez por semana.[34]

El atractivo de la publicidad en el punto de venta reside en el hecho de que numerosos estudios demuestran que en infinidad de categorías de producto, los consumidores toman la decisión final en el punto de venta. Un estudio sugirió que hasta el 70% de las decisiones de compra se toman en el propio establecimiento. La publicidad en el punto de venta está diseñada para aumentar el número de decisiones de compra espontáneas.

EVALUACIÓN DE MEDIOS ALTERNATIVOS Los medios alternativos presentan opciones muy interesantes para los mercadólogos. En la actualidad, los anuncios aparecen en prácticamente cualquier sitio en el que los consumidores tengan un par de minutos libres, o incluso unos cuantos segundos para captarlos. La principal ventaja de los medios no tradicionales es que permiten llegar hasta una audiencia específica y atenta (de acuerdo con la naturaleza del lugar en que aparece el anuncio), y a un costo relativamente bajo. El mensaje debe ser simple y directo. De hecho, la publicidad al aire libre se denomina "venta en 15 segundos". Desde un punto de vista estratégico, esta modalidad es más eficaz para generar conciencia de marca o para reforzar la imagen de marca, que para crear nuevas asociaciones de marca.

El desafío que presentan los medios no tradicionales es demostrar su alcance y eficacia a través de estudios confiables e independientes. Estas innovadoras estrategias y tácticas de marketing deben evaluarse, en último término, por su contribución, ya sea directa o indirecta, al *brand-equity*. La ubicación única de anuncios destinada a destacar entre la muchedumbre podría considerarse una práctica molesta e indiscreta. De hecho, tras la llegada de anuncios a lugares que solían estar libres de publicidad, como colegios, vehículos de la policía o salas de espera de hospitales, algunos consumidores han expresado su rechazo. El defensor del consumidor Ralph Nader afirma: "Lo que no entienden estas personas de Madison Avenue es que los consumidores llegan a un punto de saturación."

Sin embargo, no todos los estadounidenses se sienten abrumados por la proliferación de la publicidad. Un consultor de marketing afirma: "Los menores de 18 años ni siquiera reflexionan al respecto. Los productos de marca son simplemente el paisaje habitual de sus vidas." Quizás precisamente por la omnipresencia de la publicidad, los consumidores parecen sentirse más molestos en la actualidad con los medios no tradicionales que en el pasado.

Para justificar la inversión en medios no tradicionales, éstos deben influir favorablemente en los consumidores. Algunas empresas que ofrecían espacios publicitarios en las cajas de los supermercados, en los restaurantes de comida rápida, en las salas de espera de los médicos, en las clínicas y en las paradas de autobuses han dejado de hacerlo, en parte, por la falta de interés de los consumidores. Sin embargo, en resumidas cuentas, siempre hay lugar para medios creativos que sitúen la marca frente a los consumidores. Las posibilidades son infinitas: en *Marketing en acción: Jugando videojuegos con las marcas,* se describe la aparición de una nueva tendencia en los medios de comunicación.

Selección de los canales específicos

La persona encargada de hacer la planeación de medios debe buscar los canales más efectivos en relación con los costos dentro del medio que haya elegido. El anunciante que decide

Anuncio del ejército estadounidense en el marco de la campaña "Army of One".

comprar 30 segundos de publicidad en una cadena de televisión puede pagar cerca de 100 dólares por su emisión durante un nuevo programa, más de 400 dólares por su emisión durante un programa de gran audiencia como *Will & Grace*, ER o *Survivor*, o más de dos millones de dólares si se emite durante un evento como el Súper Bowl.[35] La elección no es fácil: el costo promedio de transmitir un anuncio televisivo de 30 segundos en una cadena nacional en 2001 era de 350,000 dólares. ¡Transmitir un anuncio una sola vez por televisión puede costar lo mismo que producirlo!

Para tomar decisiones, quien realiza la planeación debe basarse en los servicios de medición que generan cálculos de tamaño y composición de la audiencia en relación con los costos. La medición de la audiencia tiene distintos valores posibles:

■ *Circulación:* El número total de unidades físicas dentro de las cuales se incluye la publicidad.

■ *Audiencia:* El número de personas expuestas al canal de comunicación (si el mensaje pasa de una persona a otra, la audiencia es superior a la circulación.)

■ *Audiencia efectiva:* El número de personas expuestas al mensaje que reúnen las características del mercado meta.

■ *Audiencia efectiva expuesta al anuncio:* El número de personas que reúnen las características del mercado meta que realmente prestan atención al anuncio.

Los responsables de la planeación de medios calculan el costo por cada mil personas a las que llega el mensaje. Si un anuncio de una página a cuatro colores en *Newsweek* cuesta 200,000 dólares y el tiraje aproximado de *Newsweek* es de 3.1 millones, el costo de exponer el anuncio ante 1,000 personas es aproximadamente de $65. El mismo anuncio en *Business Week* podría costar 70,000 dólares, pero sólo llegaría a 970,000 personas, con un costo por cada mil personas de $72. El responsable de la planeación de medios clasifica cada revista en función del costo por cada millar de personas y se inclina por aquellas que impliquen el menor costo posible y que lleguen al mercado meta. Las propias revistas tienen un "perfil de lector" para los anunciantes, en el que resumen las características de sus lectores en relación con la edad, los ingresos, el lugar de residencia, el estado civil y las actividades de entretenimiento.

MARKETING **EN ACCIÓN** | JUGANDO VIDEOJUEGOS CON LAS MARCAS

Ante la explosiva popularidad de los videojuegos entre los consumidores más jóvenes, muchos publicistas han adoptado la actitud de "Si no puedes vencer a tu enemigo, únete a él". Los videojuegos *on line* tienen un gran atractivo. Se calcula que 58 millones de personas se entretuvieron con estos juegos en 2002, y que la mitad son mujeres con una edad promedio de 28 años. Las mujeres parecen preferir los acertijos y los juegos en equipo, mientras que los hombres se inclinan por los juegos de competición o de simulación. Desarrollar un juego de primera cuesta entre 100,000 y 500,000 dólares, y se puede jugar en el sitio Web del patrocinador, en portales de juegos, o incluso en restaurantes. La cadena NTN íTV Network es una cadena interactiva que lleva juegos de entretenimiento y deportes a cerca de 3,600 establecimientos de Estados Unidos, entre los que se cuentan Applebee's, Bennigan's y tgiFriday's, entre otros.

7-Up, McDonald's y Porsche han protagonizado videojuegos. Honda desarrolló un juego que permitía a los jugadores elergir un Honda y hacer zoom en diversas calles de la ciudad que mostraban el logotipo de la empresa. En los tres primeros meses, 78,000 personas jugaron ocho minutos en promedio con este videojuego. El costo por cada mil personas fue de siete dólares, cifra inferior a los 11.65 dólares que habría costado un anuncio televisivo con el mismo alcance. Los mercadólogos recopilan información muy valiosa sobre los consumidores cuando éstos se registran para jugar, y suelen pedir su consentimiento para enviarles mensajes de correo electrónico. De todos los jugadores que se registraron para divertirse con el juego del Ford Escape, el 54% aceptó recibir mensajes por correo electrónico.

El ejército estadounidense también ha recurrido a los videojuegos como parte de su arsenal de marketing. Consciente de que el 90% de su audiencia se conecta a Internet, al menos una vez por semana, el ejército estadounidense decidió hacer de su sitio Web el eje de su nueva campaña "Army of One". El sobrio sitio Web del ejército incorporó gráficos animados muy modernos y una sala de chat. La pieza central era un juego llamado "El Ejército de Estados Unidos: Operaciones", al que cada fin de semana jugaba medio millón de personas. El ejército también patrocinó un auto NASCAR e hizo una gira por universidades e institutos en uno de sus vehículos Hummer en el que se colocó un aro de básquetbol; para llamar aún más la atención, del vehículo salía música hip-hop a todo volumen. Además, el famoso director de la película *Top Gun*, Tony Scott, grabó un anuncio para una campaña televisiva en el que aparecían soldados verdaderos en situaciones reales. Esta campaña se respaldó con una serie de anuncios en medios impresos, y un número telefónico gratuito que recibió más de 201,000 llamadas. En total, la campaña prácticamente duplicó el número de personas interesadas en enlistarse y logró que más personas con mejores resultados en las pruebas de aptitudes y con mayor formación académica se enrolaran en el ejército estadounidense.

Fuentes: Keith Ferrazzi, "Advertising Shouldn't Be Hard Work, But Lately the Game Has Changed", *Wall Street Journal*, 30 de abril de 2002; Marc Weingarten, "It's an Ad! It's a Game! It's . . . Both!" *Business 2.0*, marzo de 2002, p. 102; Thomas Mucha, "Operation Sign 'Em Up" *Business 2.0*, abril de 2003, pp. 43–45; Dorothy Pomerantz, "You Play, They Win", *Forbes*, 14 de octubre de 2002, pp. 201–202; Suzanne Vranica, "Y&R Bets on Videogame Industry", *Wall Street Journal*, 11 de mayo de 2004; Hassan Fattah y Pamela Paul, "Gaming Gets Serious", *American Demographics* (mayo de 2002), pp. 39–43.

La unidad de medida (de costo por cada millar de personas) debe someterse a determinados ajustes. En primer lugar, hay que determinar su relación con la *calidad de la audiencia*. Para un anuncio de crema para bebés, una revista que lee un millón de madres jóvenes podría tener un valor de exposición de un millón, mientras que si la leen un millón de adolescentes, el valor de exposición sería cero. En segundo lugar, el valor de la exposición se debe ajustar según la *probabilidad de atención de la audiencia*. Los lectores de *Vogue* prestarán más atención a los anuncios que los lectores de *Newsweek*. Un anuncio "divertido" que se transmite durante un programa de televisión que derrocha optimismo será más efectivo que un anuncio de tono pesimista que se transmita durante el mismo programa.[36] En tercer lugar, el valor de exposición se debe ajustar en función de la *calidad editorial* (prestigio y credibilidad) de la revista. Además, las personas tienden a creer más en los anuncios de radio y televisión, y a presentar una actitud más favorable hacia la marca cuando el anuncio se emite durante uno de sus programas favoritos.[37] Por último, el valor de exposición se debe ajustar a las *políticas de publicidad y servicios adicionales* de la revista (por ejemplo, ediciones regionales u ocupacionales, y periodos de entrega).

Los responsables de la planeación de medios utilizan medidas cada vez más precisas para cuantificar la eficacia de éstos, e incorporan modelos matemáticos para llegar a la mejor mezcla de medios. Muchas agencias de publicidad utilizan programas de cómputo para seleccionar el medio inicial, y a continuación desarrollan mejoras con base en factores subjetivos omitidos en el modelo.[38]

Decisiones sobre tiempo y lugar de emisión en los medios

Al seleccionar los medios, el publicista se enfrenta a un problema de decisión del tiempo de emisión a corto y largo plazo. El *problema de la distribución de tiempo a largo plazo* supone tener que distribuir la publicidad según las temporadas y los distintos ciclos comerciales. Imaginemos que el 70% de las ventas de un producto tiene lugar entre junio y septiembre. En este caso, la empresa puede variar su inversión en publicidad de acuerdo con el modelo estacional, oponerse al mismo, o tener gastos constantes durante todo el año.

El *problema de la distribución de tiempo publicitario a corto plazo* requiere distribuir los gastos de publicidad en un periodo breve para obtener el máximo impacto posible. Supongamos que una empresa decide contratar tiempo para 30 anuncios radiofónicos durante el mes de septiembre. La figura 18.3 ilustra varias soluciones posibles. La columna de la izquierda muestra cómo los mensajes de publicidad se pueden concentrar en un periodo corto del mes

| FIG. **18.3** |

Clasificación de patrones de tiempo para
la publicidad.

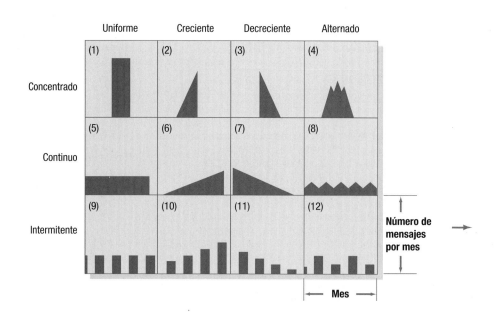

(publicidad "de choque"), repartirse de forma continua, o dispersarse de manera intermitente. La fila superior indica que los mensajes pueden transmitirse de manera uniforme, o repartirse de forma creciente, decreciente o alternada.

El modelo más efectivo dependerá de los objetivos de comunicación, de la naturaleza del
producto, del mercado meta, de los canales de distribución y de otros factores de marketing.
El modelo de distribución del gasto en el tiempo debe considerar tres factores. El primer factor es la *rotación de compradores,* que expresa el ritmo con el que nuevos compradores entran
en el mercado: cuanto mayor sea esta cifra, más continua debe ser la publicidad. Asimismo,
hay que considerar la *frecuencia de compra,* que se refiere al número de veces que un comprador promedio adquiere el producto: cuanto mayor sea esta cifra, más continua debe ser la publicidad. Por último, el *índice de olvido* muestra el ritmo al que los compradores olvidan la
marca: cuanto mayor sea esta cifra, más intensa debe ser la publicidad.

Al lanzar un nuevo producto, el publicista ha de elegir entre las estrategias de continuidad, concentrada, *flighting* o pulsaciones.

■ La **continuidad** se logra repartiendo las exposiciones a lo largo de un periodo determinado. Normalmente, los publicistas recurren a esta estrategia en situaciones de expansión
de mercado, con productos de compra frecuente, y en categorías de consumidores bien definidas.

■ La **publicidad concentrada** requiere gastar todo el presupuesto de publicidad de una sola vez. Esta estrategia es útil con productos que tienen una temporada de ventas única.

■ El **flighting** consiste en invertir en publicidad durante un periodo, no invertir en el siguiente, y reanudar la actividad publicitaria a continuación. Esta estrategia se utiliza cuando los recursos son limitados, cuando el ciclo de compra es relativamente poco frecuente, y
con artículos estacionales.

■ Las **pulsaciones** son una publicidad de continuidad de bajo presupuesto que se refuerza periódicamente con oleadas de mayor actividad. Esta estrategia se basa en la fuerza de la publicidad de continuidad y en la de la publicidad por *flighting,* y da como resultado una distribución
equilibrada en el tiempo.[39] Los que apoyan esta estrategia consideran que, con la publicidad de
mantenimiento, la audiencia consigue captar el mensaje a la perfección, y que además ahorra
dinero.

Una empresa también tiene que decidir cómo distribuir su publicidad a lo largo del espacio,
al igual que a lo largo del tiempo. Las empresas realizan "compras nacionales" cuando colocan
sus anuncios en las cadenas nacionales o en revistas de circulación nacional. Por otra parte,
realizan "compras regionales" cuando adquieren tiempo de emisión en unos cuantos mercados
o en ediciones regionales de periódicos o revistas. Estos mercados se denominan *áreas de influencia dominante (AID)* o *áreas designadas de marketing (ADM).* Los anuncios alcanzan un mercado de entre 50 y 100 kilómetros de radio desde el centro de la ciudad. Las empresas, por otra
parte, realizan "compras locales" cuando se anuncian en periódicos locales, en emisoras locales, o cuando recurren a la publicidad en exteriores. Veamos el siguiente ejemplo.

┌─ **PIZZA HUT**

Pizza Hut cobra un 4% de sus gastos de publicidad a sus franquicias. Gasta la mitad de su presupuesto en medios nacionales y la otra mitad en medios regionales y locales. Parte de la publicidad nacional se desperdicia a

causa de la baja penetración de la empresa en ciertas áreas. Por lo tanto, incluso si Pizza Hut tiene una participación del 30% del mercado franquiciado de la pizza a nivel nacional, esta cifra puede variar entre el 5% en algunas ciudades y el 70% en otras. Los franquiciatarios de las ciudades con mayor participación de mercado desean que se gaste mucho más dinero en la publicidad de su área, pero Pizza Hut no tiene suficiente como para cubrir todo el país por regiones. La publicidad nacional es, por tanto, una alternativa eficaz, pero no logra adecuarse a las diferentes situaciones locales de manera efectiva.

Evaluación de la efectividad de la publicidad

La planeación y el control de la publicidad dependerán de cómo se valore la eficacia de la publicidad. La gran mayoría de los publicistas intenta medir los efectos comunicativos del mensaje, es decir, el efecto potencial sobre la conciencia, el conocimiento y la preferencia de marca. Asimismo, también tratan de medir el impacto del mensaje sobre las ventas.

INVESTIGACIÓN SOBRE LOS EFECTOS DE LA COMUNICACIÓN La **investigación sobre los efectos de la comunicación** pretende determinar si un anuncio comunica de manera efectiva. Las *pruebas de copy* se pueden realizar antes y después de que el anuncio aparezca en los medios.

Existen tres métodos fundamentales para comprobar previamente la eficacia de un anuncio. El primero es el *método de la retroalimentación del consumidor*, en el que se pide a los consumidores que expresen sus reacciones ante una serie de anuncios propuestos. Se les hacen preguntas como:

1. ¿Qué mensaje le transmite este anuncio?
2. ¿Qué piensa que los comunicadores quieren hacerle saber, creer o hacer?
3. ¿Qué probabilidad existe de que este anuncio le incite a la acción?
4. ¿Qué elemento funciona mejor y peor en el anuncio?
5. ¿Qué le hace sentir el anuncio?
6. ¿En qué lugar es más probable que le llegue el anuncio? ¿En qué lugar sería más probable que se percatara del mismo y que le prestara atención? ¿Dónde y cuándo toma decisiones sobre lo expuesto en el mensaje?

Las *pruebas de recordación* consisten en pedir a los consumidores que vean o escuchen una serie de anuncios. A continuación se les pide que recuerden los anuncios y su contenido, ayudados o no por el entrevistador. El nivel de recordación indica la medida en que destaca el anuncio y en que consigue transmitir el mensaje y hacer que su contenido se guarde en la memoria de una persona.

Las *pruebas de laboratorio* utilizan equipos para medir las reacciones fisiológicas de los consumidores ante un anuncio: pulsaciones, presión arterial, dilatación de las pupilas, respuesta galvánica de la piel, transpiración. También se puede pedir a los consumidores que opriman un botón para indicar qué momentos les gustan más del anuncio y cuáles despiertan más su interés a lo largo de una secuencia.[40] Estas pruebas sirven para medir la capacidad de los mensajes para captar la atención, pero no revelan nada sobre las creencias, actitudes o intenciones de los sujetos sometidos a ellas. En la tabla 18.4 se describen algunas técnicas específicas de investigación publicitaria.

| TABLA **18.4** |

Técnicas de investigación publicitaria.

Para anuncios impresos. Starch y Gallup & Robinson, Inc. son dos empresas que realizan pruebas con anuncios impresos. Los anuncios de prueba se insertan en revistas que se hacen circular entre los consumidores, con quienes posteriormente se establece contacto para hacerles una entrevista. Se realizan pruebas de recordación y reconocimiento para determinar la efectividad de la publicidad.

Para anuncios de radio y televisión. *Pruebas en casa:* Un video se pone a la disposición en Internet o se lleva a los hogares de consumidores meta, quienes entonces tienen la posibilidad de verlo.

Pruebas en el interior de un trailer: Se coloca un trailer en un centro comercial, donde se muestran diversos productos a los compradores y se les pide que elijan una serie de marcas. Entonces se les proyectan comerciales y se les entregan cupones que pueden hacer válidos en el centro comercial. Los índices de canje indican la influencia de los comerciales en el comportamiento de compra.

Pruebas en cines: Se invita a los consumidores a un cine a ver una nueva serie de televisión junto con algunos comerciales. Antes de que comience el programa, los consumidores tienen que indicar sus marcas preferidas en diferentes categorías; después de la proyección, los consumidores indican de nuevo sus marcas predilectas. Los cambios en las preferencias permiten conocer el poder persuasivo de los comerciales.

Pruebas al aire: Se convoca a los participantes en el estudio para ver un programa en un canal de televisión en el que se pasa el comercial de prueba, o bien, se selecciona a los sujetos de entre aquellos que vieron el programa. Se les hacen preguntas para conocer el grado en que se recuerda el comercial.

Cuota de
inversión
publicitaria

Cuota de
notoriedad

Cuota de
preferencia
mental y
afectiva

Participación
de mercado

| FIG. **18.4** |

Fórmula para medir el impacto
de la publicidad sobre las ventas.

Los críticos de las pruebas previas a la exhibición de los anuncios sostienen que las agencias pueden diseñar anuncios que funcionen bien en las pruebas pero no en el mercado. Los defensores, por su parte, consideran que estas pruebas aportan información de diagnóstico que será útil junto con otros criterios para la decisión final. Nike, reconocido mundialmente por sus anuncios, no suele recurrir a las pruebas previas a la emisión de los anuncios. En *Cuestiones clave: ¿Cómo vender en tiempos difíciles?*, se reproducen algunas recomendaciones de comunicación de la agencia de publicidad de Nike, Weiden & Kennedy.

Muchos publicistas utilizan pruebas posteriores a la aparición del anuncio para evaluar el impacto general de la campaña una vez terminada. Si una empresa desea incrementar la conciencia de marca desde un 20 hasta un 50% y sólo consigue hacerlo hasta el 30%, significa que la empresa no invierte lo suficiente en publicidad, que sus anuncios no son adecuados, o que algún otro factor se ha pasado por alto.

INVESTIGACIÓN DEL IMPACTO SOBRE LAS VENTAS ¿Cuántas ventas genera una campaña que incrementa la conciencia de marca un 20% y la preferencia de marca un 10%? Por lo general, el efecto de la publicidad sobre las ventas es más difícil de medir que su efecto sobre la comunicación, puesto que aquéllas se ven influidas por muchos factores además de la publicidad (por ejemplo, las características del producto, el precio, la disponibilidad y las acciones de los competidores). Cuanto menos factores de este tipo haya o cuanto más susceptibles de control sean, más fácil resultará calcular el impacto de la publicidad sobre las ventas. Por otro lado, es más sencillo medir las consecuencias de la publicidad sobre las ventas en situaciones de marketing directo, y es más complicado hacerlo en la publicidad cuyo objetivo es crear imagen de marca o imagen corporativa.

En general, las empresas se interesan mucho por valorar si su inversión en publicidad es excesiva o escasa. Una posible respuesta a esta pregunta es trabajar con la fórmula indicada en la figura 18.4.

Cualquier empresa tiene una *cuota de inversión publicitaria* que genera una *cuota de notoriedad* (es decir, la proporción de la publicidad de un producto de la empresa respecto a toda la publicidad de ese producto), que a la vez genera una *cuota de preferencia mental y afectiva* del consumidor, y, en último término, una *cuota de participación de mercado*.

Los investigadores intentan medir el impacto sobre las ventas mediante el análisis de la información histórica o experimental. El *enfoque histórico* supone buscar la correlación de las cifras de ventas con las de publicidad mediante el empleo de modernas técnicas estadísticas.[41] Otros, por su parte utilizan un *diseño experimental* para medir el impacto de la publicidad en las ventas. Veamos un ejemplo.

INFORMATION RESOURCES, INC.

Information Resources comercializa un servicio llamado BehaviorScan, que ofrece a las empresas estadounidenses información sobre la efectividad de la publicidad; para ello realiza un seguimiento de las compras de los consumidores relacionadas con algún tipo de publicidad específica. Los consumidores en los mercados de prueba

---

CUESTIONES **CLAVE** | **CÓMO VENDER EN TIEMPOS DIFÍCILES**

La agencia publicitaria Weiden & Kennedy (w&k) de Portland, Oregon, responsable de la campaña "Just do it" de Nike, una de las mejores de los últimos 10 años, conoce bien qué funciona cuando corren buenos y malos tiempos. Éstas son algunas recomendaciones.

1. *Hacer ruido.* Durante momentos de ajetreo es difícil hacerse oír entre todo el barullo. En tiempos de tranquilidad, cualquiera que tenga un mensaje creativo destacará y obtendrá ventaja sobre los competidores que no se hayan hecho oír.

2. *Abrirse a los consumidores.* Los consumidores buscan marcas en las que puedan confiar. Hay que dar a conocer a los consumidores en qué consiste la marca, en qué cree y qué representa.

3. *Confiar en el instinto.* Nike y w&k nunca mostraron su anuncio en sesiones de grupo porque las ideas originales o poco convencionales suelen enfrentar el rechazo, tan sólo por ser diferentes.

4. *Mirar más allá del tubo de imagen.* La televisión es cara y no siempre necesaria. w&k confía en la publicidad de calle tipo guerrilla, con anuncios en carteles, en revistas personalizadas y en juguetes, para correr la voz.

5. *Dirigirse a las tribus.* Para llegar a los grupos de consumidores más reducidos e influyentes, a los que denomina "tribus", w&k los aborda allá donde estén. Proyecta mensajes en las aceras y en las paredes de los edificios, y reparte cd y dvd que promueven el calzado Nike en fiestas y eventos en directo.

6. *Atraer a los consumidores a Internet.* w&k recurre a la intriga para atraer a los consumidores al sitio Web de la marca, la herramienta de marketing más eficaz. La agencia ha utilizado anuncios de suspenso cuyos desenlaces sólo se pueden ver en el sitio Web de Nike, mientras los principios se presentan en televisión, en anuncios impresos, anuncios espectaculares e incluso en escaparates, a modo de rompecabezas o acertijos.

Fuente: Warren Berger, "Just Do It Again", *Business 2.0,* septiembre de 2002, p. 81.

MARKETING **EN ACCIÓN** | LOS EFECTOS DE LA PUBLICIDAD Y LA PROMOCIÓN

El Information Resources Institute (IRI) ha estudiado de forma exclusiva y en detalle cómo funciona la publicidad. El IRI analizó los resultados de 389 estudios de investigación realizados a lo largo de un periodo de siete años y concluyó que existen ciertos principios generales en torno a los efectos de la publicidad y la promoción:

1. *La publicidad en televisión por sí sola no es suficiente.* Sólo cerca de la mitad de la publicidad televisiva surte un efecto medible sobre las ventas, aunque cuando lo hace suele ser importante. El índice de éxito es mayor con productos nuevos o extensiones de línea que con marcas establecidas.

2. *La publicidad en televisión tiene más posibilidades de éxito cuando se ha modificado la estrategia de medios* (una nueva estrategia de texto o un mayor mercado meta).

3. *Cuando la publicidad logra aumentar el volumen de ventas, su impacto se prolonga más allá del periodo de máxima inversión.* Estudios recientes demuestran que los efectos positivos a largo plazo de la publicidad duran hasta dos años después del momento de máxima inversión. Es más, el aumento de las ventas a largo plazo que se genera suele ser el doble del aumento de ventas del primer año tras un aumento en la inversión publicitaria.

4. *Cerca del 20% de los planes de publicidad producen resultados a corto plazo.* Sin embargo, cuando se consideran los efectos de la publicidad a largo plazo, es probable que la mayoría de los planes publicitarios que funcionan en los experimentos sean rentables.

5. *Las promociones casi siempre surten efectos medibles en las ventas. Sin embargo, este efecto suele ser a corto plazo.*

6. *Las estadísticas de rentabilidad de las promociones son funestas.* Apenas el 16% de las promociones a distribuidores son rentables. Es más, las promociones sólo dan resultados a corto plazo, excepto en el caso de nuevos productos.

7. *Las estadísticas anteriores sobre publicidad y promoción demuestran que muchas marcas están malgastando en respaldo de marketing.* Es posible reducir muchos gastos para aumentar las utilidades.

8. *Para asignar los fondos de marketing es necesario buscar de forma continua programas de marketing que produzcan la mejor rentabilidad de la inversión.* Las relaciones entre publicidad, promociones empresariales y promociones a los consumidores pueden ser muy rentables cuando se fundamentan sobre sistemas de evaluación confiables, capaces de medir la productividad en cualquier momento.

9. *La tendencia actual hacia la inversión en promociones no resulta sólida desde el punto de vista de la productividad de marketing.* Cuando se consideran las desventajas estratégicas de las promociones, es decir, la pérdida de control sobre la operación y la proclividad de los consumidores a comprar sólo cuando el producto está de oferta, es necesario reconsiderar las prácticas actuales y los sistemas de incentivos responsables de esta tendencia.

Un estudio del IRI realizado en 2004 sobre 23 marcas refuerza estas afirmaciones y concluye que la publicidad no suele aumentar las ventas de marcas maduras o de categorías decadentes.

Fuentes: Leonard M. Lodish, Magid Abraham, Stuart Kalmenson, Jeanne Livelsberger, Beth Lubetkin, Bruce Richardson y Mary Ellen Stevens, "How T.V. Advertising Works: A Meta Analysis of 389 Real World Split Cable T.V. Advertising Experiments", *Journal of Marketing Research* 32 (mayo de 1995), pp. 125–139; Jack Neff, "TV Doesn't Sell Package Goods", *Advertising Age,* 24 de mayo de 2004, pp. 1, 30.

que se inscriben para formar parte del panel de IRI, llamado "Shoppers Hotline", acceden a llevar consigo microcomputadoras que registran cuando el televisor está encendido y en qué canal está sintonizado, mientras que un escáner registra los códigos de los productos que se adquieren en el supermercado. IRI envía diversos anuncios a los distintos hogares que participan en sus experimentos. La empresa también realiza pruebas en los establecimientos de las principales cadenas y en los principales mercados estadounidenses para estudiar el efecto de las promociones, de la disposición de los productos, de los cupones de descuento, de las características del establecimiento y del empaque.[42]

En *Marketing en acción: Los efectos de la publicidad y la promoción,* se ofrece un resumen del meta-análisis de los estudios de IRI.

Un número cada vez mayor de empresas intenta medir el efecto de la publicidad sobre las ventas, en lugar de valorar simplemente su eficacia en términos de comunicación.[43] Millward Brown International ha realizado este tipo de estudios de seguimiento de las pautas de los consumidores en relación con la publicidad durante muchos años en el Reino Unido, y ofrece a los anunciantes información que les permite valorar si la publicidad está beneficiando a su marca o no.[44]

::: La promoción de ventas

La **promoción de ventas** es un elemento clave en las campañas de marketing, que consiste en un conjunto de instrumentos de incentivos, por lo general a corto plazo, diseñados para estimular rápidamente o en mayor medida la compra de determinados productos o servicios. Estos incentivos pueden estar destinados a los consumidores o a los clientes empresariales.[45]

Mientras que la publicidad ofrece una *razón* para comprar, la promoción de ventas ofrece un *incentivo* para la compra. La *promoción de ventas para el consumidor* incluye herramientas como muestras gratuitas, cupones, reembolsos, descuentos, premios, pruebas gratuitas del producto, garantías, promociones vinculadas, promociones cruzadas, exhibición de los productos en el punto de venta y demostraciones. La *promoción de ventas para distribuido-*

res incluye herramientas como descuentos, publicidad, exhibición de productos y mercancía de obsequio. Por último, la *promoción de ventas empresarial* y *para la fuerza de ventas* incluye herramientas como las reuniones de ventas, los concursos de ventas, las ferias comerciales y la publicidad especializada.

Objetivos

Las herramientas de promoción de ventas difieren en sus objetivos específicos. Una muestra gratuita estimula la prueba del producto, mientras que un servicio de consultoría de administración gratuito persigue afianzar las relaciones a largo plazo con el cliente.

Los vendedores utilizan promociones a base de incentivos para lograr que nuevos consumidores prueben el producto, para premiar a los clientes más leales, y para aumentar la frecuencia de compra de los clientes esporádicos. Las promociones de ventas atraen a aquellos que cambian de marca con frecuencia y que se guían, sobre todo, por un precio bajo, un valor aceptable, o beneficios adicionales. Sin embargo, las promociones de venta no los convertirán en clientes leales, aunque sí pueden lograr que realicen una serie de compras seguidas.[46] Las promociones de ventas que se llevan a cabo en mercados con marcas muy similares provocan una gran respuesta a corto plazo, pero un escaso aumento permanente de la participación de mercado. Por el contrario, en mercados que presentan diferencias importantes entre marcas, las promociones de ventas podrán cambiar las participaciones de mercado de forma permanente. Además de cambiar de marca, los consumidores pueden empezar a hacer acopio del producto, comprar con más frecuencia de lo normal (aceleración de las compras) o adquirir cantidades adicionales.[47] Sin embargo, es probable que las ventas experimenten un descenso considerable una vez finalizada la promoción.[48]

Algunas de las ventajas que presenta la promoción de ventas repercuten tanto en los fabricantes como en los consumidores.[49] Las promociones de ventas permiten a los fabricantes ajustarse a las variaciones a corto plazo de la oferta y de la demanda, y probar un rango de precios posibles (porque siempre pueden aplicar descuentos). Además, inducen a los consumidores a probar nuevos productos en lugar de ceñirse siempre a los mismos. Las promociones también contribuyen a generar formatos minoristas más variados, por ejemplo, establecimientos con precios bajos diarios o establecimientos con precios promocionales. Para los minoristas, las promociones pueden aumentar las ventas de categorías complementarias (las promociones de mezclas para pasteles impulsan las ventas del azúcar *glass*), o hacer que los consumidores cambien el establecimiento donde realizan sus compras. También contribuyen a que los consumidores sean más conscientes de los precios. Permiten a los fabricantes vender más de lo normal al precio de lista, y adaptar sus programas a los distintos segmentos de consumidores. Por su parte, cuando los consumidores aprovechan estos precios especiales, sienten la satisfacción de haber hecho una compra inteligente.

Los mercadólogos de servicios también recurren a las promociones de ventas para lograr objetivos de marketing. Algunas empresas de servicios utilizan las promociones para atraer a nuevos clientes y reafirmar la lealtad de los existentes.

CITIBANK

En un sector bancario cada vez más competitivo, los bancos de Nueva York están recurriendo a regalos que dejaron de utilizarse hace unos 10 años. En lugar de repartir premios a todos los recién llegados, los bancos los utilizan para generar lealtad y conservar clientes. Citibank ofrece 100 dólares en efectivo a los nuevos clientes que abran una cuenta, pero la condición para poder recibir el dinero es que éstos empiecen a pagar sus facturas en Internet a través de Citibank. El banco ha descubierto que los consumidores que realizan sus pagos *on line* se convierten en clientes más leales y utilizan más servicios bancarios, así que ésta es una forma de recompensarlos.[50]

Publicidad frente a promoción

Hace unos 10 años, la relación publicidad-promoción de ventas era de 60:40. En la actualidad, en muchas empresas de productos de consumo envasados, la promoción de ventas alcanza el 75% del presupuesto combinado (cerca del 50% es promoción para distribuidores y el 25% es promoción para consumidores). Los gastos de promoción de ventas han aumentado como un porcentaje del presupuesto anual de gastos durante los últimos 20 años. Son varias las razones que han contribuido a este crecimiento tan vertiginoso, especialmente en los mercados de consumo.[51]

En la actualidad, la alta dirección acepta mejor la promoción como una herramienta de ventas eficaz, y los gerentes de producto están más calificados para utilizar este recurso, en tanto que experimentan más presión para aumentar el nivel de ventas. Además, el número de marcas ha aumentado, los competidores recurren con frecuencia a las promociones, muchas marcas son similares, los consumidores son más sensibles al precio, la práctica comercial exige más acuerdos con los fabricantes, y la efectividad de la publicidad ha caído como consecuencia del incremento en costos, de la saturación de los medios y de restricciones legales.

Sin embargo, dejar rezagada a la publicidad respecto de la promoción de ventas es peligroso, puesto que la primera genera lealtad a la marca. La cuestión es si la promoción de ventas debilita la lealtad a la marca o no, todo depende de la interpretación que se le dé. La promoción de ventas, con sus incesantes descuentos, cupones, rebajas y premios puede devaluar la oferta del producto en la mente de los consumidores. Sin embargo, antes de llegar a cualquier conclusión prematura, hay que distinguir entre promociones de precio y promociones de valor agregado. Determinados tipos de promociones de ventas permiten mejorar la imagen de marca. La proliferación de las promociones de ventas en los medios ha creado una saturación similar a la de la publicidad. Los fabricantes tienen que encontrar la manera de destacar entre la muchedumbre, por ejemplo, mediante cupones o demostraciones del producto más llamativas en el punto de venta.

Generalmente, cuando una marca se promueve con demasiada frecuencia a través del precio, devalúa su valor ante los consumidores, y éstos sólo la comprarán cuando tenga un descuento. Por tanto, existe un riesgo importante cuando se promueve una marca conocida durante más del 30% del tiempo.[52] Los fabricantes de automóviles comenzaron a aplicar una tasa del 0% a los planes de financiamiento y a ofrecer cuantiosos descuentos para promover las ventas durante el declive económico de 2000-2001, pero descubrieron que es difícil quitar a los consumidores la costumbre de buscar este tipo de oportunidades. Dos tercios de la población estadounidense afirma que el momento de compra de su siguiente vehículo estará determinado por el nivel de incentivos, y un tercio afirma que nunca compraría un automóvil sin este tipo de promociones.[53]

Las marcas dominantes utilizan los descuentos con menos frecuencia, ya que esto sólo beneficia a los usuarios habituales. Los estudios realizados demuestran que las promociones de ventas tienen un efecto más rápido sobre las ventas y más sencillo de contabilizar que la publicidad, pero que no generan nuevos clientes a largo plazo en mercados maduros. Los compradores leales a la marca no suelen modificar sus hábitos de compra como consecuencia de una promoción competitiva. La publicidad parece ser más eficaz para incrementar la lealtad a la marca.[54]

También se ha comprobado que las promociones de precios tampoco incrementan el volumen total de ventas de una categoría de forma permanente. Un estudio realizado con más de 1,000 promociones concluyó que sólo el 16% de éstas habían resultado rentables.[55] Los competidores con menor participación de mercado también encuentran algunas ventajas en las promociones de ventas, puesto que no están en posibilidades de igualar los presupuestos de publicidad de las grandes empresas, ni pueden conseguir espacio en los puntos de venta sin ofrecer descuentos, ni estimular la prueba de los competidores sin ofrecer incentivos. Así, la competencia de precios es un recurso que emplean con frecuencia las marcas incipientes que pretenden aumentar su participación de mercado, pero no resulta eficaz para los líderes de mercado cuyo crecimiento se fundamenta en expandir la totalidad de la categoría.[56] El resultado final es que muchas empresas de bienes de consumo se sienten obligadas a recurrir a más promociones de las que hubiesen deseado. Culpan al abuso de las promociones de ventas del descenso de la lealtad de marca, del aumento de la sensibilidad al precio de los consumidores, de la dilución de la imagen marca-calidad, y de la tendencia hacia una planeación de marketing a corto plazo.

Decisiones principales en la promoción de ventas

Cuando una empresa recurre a la promoción de ventas, debe fijar sus objetivos, seleccionar las herramientas necesarias, desarrollar el programa de promoción, probarlo, aplicarlo y controlarlo; y finalmente debe evaluar los resultados.

DEFINICIÓN DE OBJETIVOS Los objetivos de promoción de ventas se derivan de otros objetivos más amplios, que a la vez provienen de los objetivos de marketing básicos fijados para el producto. Con respecto a los consumidores, los objetivos son estimular las ventas, conseguir que los no usuarios prueben el producto, y fomentar el cambio de marca desde las marcas rivales. Lo ideal es que las promociones tengan un impacto sobre las ventas a corto plazo, así como sobre el capital de marca a largo plazo. Con respecto a los minoristas, los objetivos pueden ser convencerlos de que adquieran más productos o mayores niveles de inventario, estimular la compra fuera de temporada y el almacenamiento de artículos relacionados con la promoción, contrarrestar las promociones de la competencia, generar lealtad de marca y conseguir acceso a nuevos tipos de establecimientos minoristas o puntos de venta. En el caso de la fuerza de ventas, los objetivos pueden ser conseguir su apoyo para un nuevo producto o para una nueva versión de un producto existente, estimular la búsqueda de clientes potenciales, o fomentar las ventas fuera de temporada.[57]

SELECCIÓN DE HERRAMIENTAS DE PROMOCIÓN AL CONSUMIDOR Para planear la promoción es necesario considerar el tipo de mercado, los objetivos de promoción de ventas, las condiciones competitivas y la relación costo-eficacia de cada herramienta. Las principales herramientas de promoción al consumidor se detallan en la tabla 18.5. Distinguiremos

| TABLA **18.5** |

Principales herramientas de promoción
al consumidor.

Muestras: Consisten en ofrecer gratis cierta cantidad de un producto o servicio que se entrega de casa en casa, se envía por correo, se entrega en una tienda, se regala al comprar otro producto, o se anuncia en una oferta publicitaria.

Cupones: Certifican que el portador se hace acreedor a un descuento en la compra de un producto específico. Los cupones se envían por correo, se distribuyen a través de otros productos o se incluyen en los anuncios de diarios y revistas.

Reembolsos de dinero en efectivo: Permiten obtener una reducción en el precio después de haber efectuado la compra, pero no en el establecimiento minorista. El consumidor tiene que enviar una "prueba de compra" específica al fabricante, quien le "reembolsa" por correo parte del precio pagado por el producto.

Paquetes con descuento: Permiten al consumidor ahorrar una determinada cantidad de dinero en relación con el precio normal de un producto. El ahorro se anuncia en la etiqueta o en el empaque. Un *paquete con precio reducido* consiste en un producto que se vende a un menor precio (como cuando se venden dos unidades de un producto por el precio de una). Un *paquete combinado* consiste en dos productos diferentes que se venden juntos (como cuando se venden en un mismo paquete un cepillo de dientes y una crema dental).

Obsequios: Mercancía que se ofrece a un costo relativamente bajo o gratis como un incentivo por la compra de un producto determinado. Un *obsequio en el empaque* es aquel que acompaña al producto en el interior del empaque o que va pegado por fuera de éste. Un *obsequio a vuelta de correo* se manda por vía postal a los consumidores que hayan enviado una prueba de compra, como la cubierta de una caja o un código del producto. Un *producto a precio de liquidación* se vende por debajo de su precio normal al menudeo a los consumidores que lo soliciten.

Programas de clientes frecuentes: Son programas que proporcionan recompensas al consumidor en relación con la frecuencia e intensidad de la compra de los productos o servicios de una empresa.

Premios (concursos, sorteos, juegos): Los *premios* consisten en ganar dinero en efectivo, viajes o mercancías como resultado de comprar algún producto. Un *concurso* invita a los consumidores a enviar algún tipo de colaboración que se someterá a la consideración de un jurado que seleccionará los mejores trabajos. En un *sorteo* se invita a los consumidores a enviar sus datos en algún formato. Un *juego* consiste en presentar a los consumidores, cada vez que realicen una compra, un elemento que los ayudará a ganar un premio, como por ejemplo, cuando se incluyen números de lotería o letras que hay que unir para completar palabras.

Recompensas: Valores en efectivo o en otras formas que son proporcionales al apoyo que ha brindado a la empresa un determinado vendedor o grupo de vendedores.

Pruebas gratuitas: Consisten en invitar a los posibles compradores a probar el producto sin costo alguno con la intención de que, más adelante, se conviertan en clientes.

Garantías de producto: Son promesas explícitas o implícitas que hace un vendedor acerca de que el producto dará ciertos resultados, o de que él se encargará de la reparación en caso necesario, o de que devolverá al cliente el dinero en un determinado lapso si no queda satisfecho.

Promociones vinculadas: Consisten en que dos o más marcas o empresas se unen para repartir cupones, hacer reembolsos u organizar concursos con la finalidad de atraer a más clientes.

Promociones cruzadas: Consisten en utilizar una marca para anunciar otra que no sea de la competencia.

Exhibiciones y demostraciones en el punto de venta: El producto se exhibe o se hacen demostraciones de su desempeño en el punto de venta.

---

entre *promociones del fabricante* y *promociones del minorista*. Un ejemplo de las primeras es el uso que se hace en la industria automotriz de descuentos, obsequios para motivar la prueba de manejo y la compra de los vehículos, y la aceptación de un automóvil usado como parte del pago del auto nuevo. Las promociones de minorista incluyen descuentos en los precios, publicidad sobre características del producto, cupones descuento, concursos y premios.

También se puede distinguir entre las herramientas de promoción destinadas a *generar lealtad de clientes* y a reforzar la preferencia de marca, y las que tienen otros fines. Las primeras imparten un mensaje de venta a través de la promoción, como en el caso de las muestras gratuitas, de las recompensas por compras frecuentes, de los cupones con mensajes de venta incorporados y de los premios, siempre que guarden relación con el producto. Las herramientas que no están destinadas a generar preferencia de marca incluyen reducciones en el precio, regalos no relacionados con el producto, concursos y sorteos, reembolsos de dinero y otros incentivos de naturaleza comercial. Las promociones de ventas destinadas a generar lealtad por parte de los clientes ofrecen una doble ventaja, puesto que crean *brand equity* y aceleran la rotación del producto. Éste es un ejemplo muy ilustrativo.

DIGIORNO

Kraft ha anunciado su pizza congelada DiGiorno desde que se lanzó en 1996 con el eslogan "No es de entrega a domicilio, es DiGiorno". El concurso promocional "Conviértete en un repartidor de pizzas DiGiorno" se basaba en el hecho de que DiGiorno no es una pizza de entrga a domicilio, sino que se hornea en casa. A los ganadores se les asignaba la tarea de "no hacer nada", con un salario de 100,000 dólares (por no hacer nada), se les regalaba un PT Cruiser (que los ganadores no tenían obligación de conducir), se les entregaban 1,500 dólares para comprar un teléfono celular y contratar el servicio correspondiente (para no tener que tomar órdenes), y un uniforme de repartidor (para no repartir pizzas). Este concurso se respaldó con una campaña en televisión y en medios impresos, con empaques promocionales y un número telefónico gratuito. El resultado fue un asombroso aumento de las ventas, que generó una participación de mercado del 18.1%, la más alta en la historia de DiGiorno.[58]

La promoción de ventas parece ser más efectiva cuando se utiliza conjuntamente con la publicidad. Un estudio puso de manifiesto que la promoción por sí sola generaba un aumento en el volumen de ventas del 15%, mientras que si se combinaba con publicidad, las ventas aumentaban en un 19%. Además, cuando se combinó con publicidad y con exposición en el punto de compra, las ventas aumentaron en 24%.[59]

Muchas grandes empresas tienen un director de promociones encargado de ayudar a los gerentes de marca a elegir la herramienta promocional más adecuada. Algunas empresas como Colgate-Palmolive y Hershey Foods también ofrecen cupones descuento *on line* gracias a determinados sitios Web especializados en esa labor.

COOLSAVINGS.COM

Los consumidores pueden hacer click en coolsavings.com, que cuenta con más de 20 millones de participantes, y seleccionar e imprimir cupones canjeables en los establecimientos locales. Las categorías más populares son las de alimentos, libros, productos para la salud, música, productos de belleza, comida rápida, ropa y juguetes. El hecho de que los consumidores puedan elegir sus propios cupones da como resultado un índice de canje del 57% en comparación con el 1.2% habitual. A los vendedores les complace esta idea, puesto que les permite iniciar una relación con los clientes que les compran por primera vez a través de los cupones. También existen cupones *on line* para los que los consumidores reciben un código impreso en un anuncio, lo introducen en algún sitio Web como CDNow y reciben descuentos especiales.[60]

SELECCIÓN DE HERRAMIENTAS DE PROMOCIÓN PARA DISTRIBUIDORES Los fabricantes emplean numerosas herramientas de promoción para distribuidores (tabla 18.6). De manera sorprendente, del total de promociones, la mayor parte es de carácter empresarial (46.9%) respecto a una proporción muy inferior dedicada a los consumidores (27.9%). Los fabricantes persiguen cuatro objetivos cuando invierten su dinero en promociones: **1.** convencer al minorista o al mayorista de que adopte su marca, **2.** convencer al minorista o al mayorista de que adquiera un mayor número de unidades del producto, **3.** inducir a los minoristas a promover la marca dando a conocer sus características, exhibiéndola y mediante reducciones de precios y **4.** animar a los minoristas y a sus vendedores a respaldar el producto.

El creciente poder de los grandes minoristas ha incrementado sus exigencias de promociones de ventas a expensas de la publicidad y de las promociones de ventas para los consumidores.[61] Estos minoristas dependen del dinero de las promociones de los fabricantes. Ningún fabricante podría, de forma unilateral, dejar de ofrecer incentivos comerciales sin perder el apoyo de los minoristas. Los vendedores de la empresa y sus gerentes de marca dependen de la suerte de las promociones de ventas. Los vendedores afirman que los minoristas locales no comercializan los productos de la empresa a menos que reciban más dinero para promociones, mientras que los gerentes de marca quieren invertir los fondos limitados en publicidad y en promociones para los consumidores.

Los fabricantes se enfrentan a otros desafíos cuando administran las promociones. En primer lugar, encuentran difícil controlar a los minoristas y asegurarse de que cumplen con

| TABLA **18.6** |

Herramientas de promoción para distribuidores.

Descuento en el precio (o descuento en la factura): Un descuento en el precio de lista en cada operación de compra durante un determinado periodo.

Incentivo: Una cantidad ofrecida a cambio de que el minorista acepte promover los productos del fabricante de algún modo. Un *incentivo a la publicidad* recompensa a los minoristas por anunciar el producto del fabricante. Un *incentivo a la exhibición* los recompensa por colocar el producto en un lugar especial del establecimiento comercial.

Productos gratis: Se ofrece una remesa adicional de mercancía a los intermediarios que compren una cierta cantidad del producto o que hagan destacar un cierto sabor o presentación del mismo.

Fuente: Para mayor información, véase Betsy Spethman, "Trade Promotion Redefined", *Brandweek,* 13 de marzo de 1995, pp. 25–32.

lo acordado. Los fabricantes insisten cada vez más en pruebas de su actuación cuando se trata de pagar las gratificaciones correspondientes. En segundo lugar, cada vez más minoristas hacen *compras a futuro*, es decir, compran un volumen superior al que pueden vender durante la promoción. Así, por ejemplo, ante un descuento del 10%, los minoristas compran existencias para 12 semanas o incluso más. El fabricante, entonces, se encuentra con que tiene que alterar el calendario de producción, y con las consecuencias correspondientes sobre los costos que genera la sobrecarga de trabajo y la saturación de actividades. En tercer lugar, los minoristas tienden más hacia la "diversificación", es decir, compran más de lo que necesitan en una región en la que el fabricante ofrece descuentos, y transportan el excedente a las regiones en las que no se aplica la promoción. Los fabricantes tratan de luchar contra las ventas a futuro y la diversificación, por lo que limitan la cantidad que se puede adquirir con la promoción, o producen y entregan una cantidad inferior a la solicitada para intentar estabilizar la producción.[62]

Por lo anterior, los fabricantes sienten que la promoción empresarial se ha convertido en una pesadilla: contiene infinidad de niveles de descuento, es difícil de administrar y con frecuencia implica pérdidas de ingresos.

SELECCIÓN DE HERRAMIENTAS DE PROMOCIÓN A OTRAS EMPRESAS Y A LA FUERZA DE VENTAS Las empresas invierten miles de millones de dólares en herramientas de promoción para su fuerza de ventas y para otras empresas (tabla 18.7). Estas herramientas se utilizan con propósitos tales como reunir a empresas importantes, impresionar y recompensar a los clientes y motivar a la fuerza de ventas. Por lo general, las empresas desarrollan presupuestos que permanecen relativamente estables año tras año para cada herramienta de promoción.

DESARROLLO DEL PROGRAMA DE PROMOCIÓN DE VENTAS Cuando planean un programa de promoción de ventas, los mercadólogos agrupan un número cada vez mayor de medios en un único concepto total de campaña.

SAMSUNG Y *MATRIX RELOADED*

Con el fin de dejar su huella en los consumidores de entre 19 y 49 años, Samsung utilizó su exclusivo teléfono portátil de la película *Matrix Reloaded* para lanzar una promoción multimedia a nivel mundial. Diseñada para reforzar los valores de alta tecnología y modernidad de la marca, el mercado meta encontró la campaña muy moderna y relevante. La empresa asignó un presupuesto global de 100 millones de dólares para anuncios televisivos, impresos, en exteriores y *on line,* personalizados para cada mercado internacional (se utilizaron más de 30 idiomas). Algunos de los esfuerzos publicitarios sin precedentes fueron: adquirir todos los espacios publicitarios de trenes y estaciones de ferrocarril en Tokio durante dos días, envolver un edificio de diez pisos en Singapur con imágenes de Samsung, y toneladas de anuncios espectaculares en más de 50 mercados desde Francia a Paraguay. Entre los productos de comercialización había artículos gratuitos y carteles que se regalaban al realizar cualquier compra en las tiendas Best Buy y Radio Shack. Asimismo, un concurso tipo lotería celebrado *on line* ayudó a aumentar la afluencia de visitas a su sitio Web en un 65%. Todos estos esfuerzos de marketing dieron como resultado un 25% de aumento en las ventas durante el periodo promocional comprendido entre abril y junio de 2003.[63]

| TABLA **18.7** |

Herramientas de promoción para la fuerza de ventas y para otras empresas.

Eventos comerciales y reuniones de ventas: Las asociaciones industriales organizan eventos comerciales y reuniones de ventas. Los mercadólogos industriales gastan tanto como 35% de su presupuesto anual para promociones en organizar eventos comerciales. Más de 5,600 eventos comerciales tienen lugar cada año, y en ellos participan unos 80 millones de asistentes. La asistencia a los eventos comerciales oscila entre unos cuantos miles de personas y más de 70,000 en el caso de los de mayor envergadura, como sucede con los eventos que organizan las industrias hotelera y restaurantera. Los vendedores que participan esperan ciertos beneficios, que incluyen nuevas oportunidades de concretar ventas, conservar contactos con la clientela, lanzar nuevos productos, conocer nuevos clientes, vender más a los clientes actuales y consolidar la relación con ellos mediante publicaciones, videos y otros materiales audiovisuales.

Concursos de ventas: Un concurso de ventas pretende motivar a la fuerza de ventas o a los intermediarios a incrementar sus resultados de ventas, en un periodo determinado, con premios (consistentes en dinero, viajes, regalos o puntos) para aquellos que se destaquen en esa labor.

Publicidad especializada: La publicidad especializada consiste en artículos útiles y de bajo costo que ostentan el nombre y dirección de la empresa, y en ocasiones también incluyen un mensaje que el personal de ventas quiere comunicar a los clientes actuales y potenciales. Algunos artículos comunes utilizados con este fin son bolígrafos, calendarios, llaveros, linternas, mochilas y libretas.

Para decidir qué incentivo específico emplear, los mercadólogos deben considerar varios factores. En primer lugar, han de determinar el *tamaño* del incentivo. Es necesario llegar a un mínimo para que la promoción tenga éxito. En segundo lugar, tienen que establecer las *condiciones* de participación. Se pueden ofrecer incentivos a todos los consumidores o a grupos selectos. En tercer lugar, el vendedor debe decidir la *duración* de la promoción. Según un experto, la frecuencia óptima es de tres semanas por trimestre, y la duración óptima es la del ciclo de compra del producto.[64] En cuarto lugar, el vendedor debe elegir el *vehículo de distribución*. Un cupón de 15 centavos se puede distribuir dentro del empaque, en los puntos de venta, por correo o a través de medios publicitarios. En quinto lugar, el director de marketing debe definir un *calendario* para la promoción. Por último, es necesario determinar el *presupuesto total de promoción de ventas*. El costo de una promoción es igual al costo administrativo (impresión, correo y promoción de la oferta), más el costo del incentivo (el costo del premio o del descuento, incluidos los reembolsos de efectivo), multiplicado por el número de unidades que se espera vender con la promoción. En el caso de un cupón de descuento, el costo debe tomar en consideración el hecho de que sólo una parte de los consumidores harán válidos los cupones.

PRESENTACIÓN, APLICACIÓN, CONTROL Y EVALUACIÓN DEL PROGRAMA Aunque la mayor parte de los programas de promoción de ventas se diseñan en función de la experiencia, las pruebas previas a la aplicación de la promoción ayudarán a determinar si las herramientas son adecuadas, si el volumen del incentivo es óptimo, y si el método de presentación es eficaz. También se puede pedir a los consumidores que establezcan un orden de preferencias para las distintas ofertas posibles, o bien, podría optarse por realizar pruebas en regiones geográficas limitadas.

Los gerentes de marketing deben preparar planes de aplicación y de control para cada promoción que cubran el periodo previo a la promoción y su duración. El *periodo previo* es el tiempo necesario para diseñar el programa antes de lanzarlo al mercado: planeación inicial, diseño y aprobación de las modificaciones del envase o material que se va a distribuir por correo, preparación del material publicitario y del material destinado al punto de venta, la notificación al personal de ventas, la asignación de cantidades de producto a los distribuidores, la compra e impresión de premios o envases especiales, la producción de las existencias necesarias a fin de tenerlas listas para una fecha determinada, y, por último, su distribución a los diferentes minoristas.[65] La *duración* de la promoción comienza con el lanzamiento promocional y finaliza cuando aproximadamente el 95% de los productos en promoción se encuentran en manos de los consumidores.

Los fabricantes tienen a su disposición tres métodos para medir la efectividad de la promoción: las cifras de ventas, los estudios sobre los consumidores y los experimentos. El primero consiste en examinar las cifras de ventas registradas con escáner. Las empresas pueden analizar el tipo de personas que aprovechan la promoción, qué compraban antes de ella, y cómo se comportaron cuando la promoción terminó con respecto a la marca de la empresa y a las marcas rivales. ¿Atrajo la promoción a nuevos consumidores y fomentó las compras entre los consumidores existentes?

En general, la promoción de ventas da mejores resultados cuando atrae a clientes de otros competidores y favorece el cambio de marca. Si el producto de la empresa no es mejor, lo más probable es que cuando la promoción termine, los consumidores vuelvan a sus marcas habituales y las participaciones de mercado a su estado inicial. Las *encuestas entre consumidores* son una opción útil para saber cuántos recuerdan la promoción, qué les pareció, cuántos la aprovecharon y cómo afectó la promoción a su comportamiento de compra posterior.[66] Las promociones de ventas también se pueden valorar a través de *experimentos* que permiten alterar atributos tales como el valor de los incentivos, la duración y los medios de distribución. Por ejemplo, se pueden enviar cupones de descuento a la mitad de las amas de casa de un grupo de consumidores. Gracias a los datos que recauda el escáner se podrá saber si estos cupones indujeron a más personas a la compra y cuándo.

Además de los costos de la promoción, hay que considerar que existen otros costos. En primer lugar, las promociones de ventas podrían hacer disminuir la lealtad a la marca a largo plazo. En segundo lugar, las promociones en ocasiones resultan más caras de lo que parecen, ya que, inevitablemente, algunas se dirigen a consumidores no adecuados. En tercer lugar, existen costos adicionales de producción, de trabajo extra de los vendedores y de trámites administrativos extraordinarios. Por último, algunas promociones irritan a los minoristas, quienes podrían exigir compensaciones comerciales adicionales o rechazar la participación en la promoción.[67]

::: Eventos y experiencias

Según el informe sobre patrocinios de IEG, en 2004 se invertirían 11,140 millones de dólares en patrocinios en toda Norteamérica, el 69% de los cuales se destinarán al mundo del deporte, el 10% al entretenimiento, el 7% a festivales, ferias y eventos anuales, el 5% al mundo

Creación de una experiencia de marca: "Todo Coca-Cola" en Las Vegas, donde una botella iluminada de 30 metros se destaca en la fachada del edificio.

del arte y el 9% a causas sociales. Los eventos contribuyen a ampliar y profundizar la relación de la empresa con su mercado meta, puesto que le permite formar parte de la vida de los consumidores en una situación más relevante para ellos.

Al mismo tiempo, el encuentro diario con marcas también influye en la actitud y en las creencias de los consumidores hacia los productos. Los *atmósferas* son "entornos envasados" que crean o refuerzan las tendencias a la compra de los consumidores. Los despachos de abogados decorados con alfombras orientales y muebles de roble comunican "estabilidad" y "éxito".[68] Un hotel de cinco estrellas utilizará candelabros elegantes, columnas de mármol y otros signos tangibles de lujo.

Coca-Cola, consciente de que en la actualidad sólo puede llegar hasta el 15% de la población con un anuncio en horas de máxima audiencia (mientras que a mediados de los 80 llegaba fácilmente hasta el 40% de la población), ha invertido en nuevas iniciativas que le permiten inmiscuirse en las actividades favoritas de su mercado meta. La empresa creó "salas de reunión" de adolescentes en Chicago y Los Ángeles, en las que los jóvenes pueden relajarse y comprar Coca-Cola en máquinas expendedoras transparentes; también subió música descargable en su sitio Web myCokeMusic.com en Gran Bretaña, e introdujo su marca en el contenido de programas televisivos desde Estados Unidos hasta Venezuela.[69]

Coca-Cola no está sola. Muchas empresas crean experiencias de marca y producto en su propio territorio y en lugares distantes. En Las Vegas existe "Todo Coca-Cola", en Times Square en Nueva York se encuentra "El Mundo M&M", y "La aventura de los cereales General Mills" en el Mall of America en Minnesota.[70] Las marcas más pequeñas, por necesidad, son las más proclives a tomar caminos menos caros y evidentes en los patrocinios y las comunicaciones. Con un presupuesto limitado, Yoo-hoo decidió dirigirse a los adolescentes mediante el patrocinio de un festival de música alternativa, llamado Warped Tour, y a través de muestras gratuitas y de concursos estrafalarios. Por ejemplo, los asistentes a los conciertos podían conseguir productos gratuitos si estaban dispuestos a tomar una bebida de chocolate vertida en una bota (concurso llamado "shoehoo").[71]

HARLEY-DAVIDSON

Para crear una experiencia de marca memorable, Harley-Davidson decidió "llevar la fiesta a la gente", para celebrar su centenario en 2003. La celebración del aniversario consistió en una serie de giras por carretera, desfiles, conciertos, pruebas de conducción gratuitas, exposiciones, fiestas exclusivas, e incluso un par de bodas. La caravana Ride Home Tour circuló por cuatro grandes rutas de todo el país, y terminó en las oficinas centrales de Harley en Milwaukee, donde se celebró una gran final que duró tres días, y a la que asistieron 150,000 personas. Además de reforzar la lealtad de sus clientes, las celebraciones lograron llegar a nuevos clientes y recaudar dinero para la Asociación de enfermos de distrofia muscular.[72]

Objetivos en eventos

Los expertos en marketing citan una serie de razones por las que resulta conveniente patrocinar eventos:

1. ***Para identificarse con un mercado meta determinado o con su estilo de vida.*** Las empresas se dirigen a los consumidores a partir de una selección geográfica, demográfica, psicográfica o conductual, de acuerdo con los eventos. Estos últimos se planean en función de las actitudes de los asistentes o del uso de determinados productos o marcas. Empresas como Sony, Gillette y Pepsi se anuncian durante los "X Games" de ESPN que se celebran dos veces al año para llegar al evasivo público de entre 12 y 19 años.[73]
2. ***Para aumentar la notoriedad de la empresa o del producto.*** Los patrocinios ofrecen una exposición constante a la marca, una condición necesaria para generar notoriedad. Si se seleccionan cuidadosamente los eventos o las actividades, se logrará la identificación con el producto y, por tanto, se reforzará la recordación de marca.

3. ***Para crear o reforzar las percepciones de las asociaciones clave de marca.*** Los eventos, por sí mismos, tienen asociaciones que ayudan a crear o reforzar asociaciones de marca. Anheuser-Busch decidió que Bud Light se convirtiera en el patrocinador del *Ironman* y otros triatlones porque quería dar una imagen "saludable" a su cerveza.

4. ***Para reforzar las dimensiones de la imagen corporativa.*** El patrocinio se considera una forma de transmitir la idea de que la empresa es agradable, prestigiosa, etc., de modo que los consumidores crean en la empresa y la favorezcan cuando, más adelante, tomen decisiones de producto.

5. ***Para crear experiencias y evocar sentimientos.*** Los sentimientos que despierta un evento emocionante o gratificante se pueden adjudicar indirectamente a la marca. Los mercadólogos utilizan Internet con la intención de generar más respaldo para el evento y experiencias adicionales.

6. ***Para expresar compromiso con la comunidad o con temas sociales.*** Los patrocinios que incluyen vinculaciones de la empresa a organizaciones altruistas y asociaciones sin fines de lucro se conocen con el nombre de marketing comprometido o de causas sociales. Empresas como Timberland, Stoneyfield Farms, Home Depot, Starbuck's, American Express y Tom's of Maine han hecho del marketing comprometido un pilar fundamental de sus programas de marketing.

7. ***Para entretener a los mejores clientes y recompensar a los empleados clave.*** Muchos eventos incluyen carpas fastuosas de recepción y otros servicios o actividades especiales sólo para los patrocinadores y sus invitados. Al hacer partícipes del evento a los clientes de ésta u otras maneras, se despertarán sentimientos positivos hacia la empresa y se establecerán valiosos contactos empresariales. Desde la perspectiva de los empleados, los eventos generan más participación y elevan el ánimo, por lo que se pueden utilizar como incentivo.

8. ***Para aprovechar oportunidades promocionales o de comercialización.*** Muchas empresas vinculan concursos o competencias, y actividades de marketing como el *merchandising* o el marketing de respuesta directa con algún evento. Ford, AT&T Wireless y Nokia emplearon su patrocinio de este modo para el popular programa de televisión *American Idol*.

A pesar de estas ventajas potenciales, también existen algunas desventajas en el patrocinio. El éxito de un evento es impredecible y escapa al control del patrocinador. Aunque muchos consumidores darán crédito a los patrocinadores por contribuir económicamente a la celebración del evento, otros se sentirán molestos por la comercialización del mismo.

Decisiones principales

Para realizar patrocinios con éxito es necesario seleccionar los eventos apropiados, diseñar el mejor programa de patrocinio para el evento, y evaluar la efectividad del patrocinio.[74]

SELECCIÓN DE LAS OPORTUNIDADES DE PATROCINIO Ante la gran cantidad de dinero que mueven los patrocinios y la gran cantidad de eventos que existen, los mercadólogos toman decisiones cada vez más estratégicas sobre qué eventos patrocinar y cómo.

Los objetivos de marketing y la estrategia de comunicación de la marca deben ser coherentes con el evento, y la audiencia a la que se dirige debe ser la misma que el mercado meta de la marca. Asimismo, el evento debe tener una relevancia suficiente, transmitir la imagen deseada y debe ser capaz de generar los efectos deseados en el mercado meta. Los consumidores deben desarrollar sentimientos positivos hacia el patrocinador por su participación. Un "evento ideal" es aquel que: **1.** logra reunir a una audiencia que se ajusta al perfil del mercado meta, **2.** genera atención favorable, **3.** es único y en el que no hay sobrecarga de patrocinadores, **4.** se presta a actividades de marketing adicionales y **5.** refleja o refuerza la imagen de la marca o del patrocinador.

Cada vez más empresas utilizan sus nombres para patrocinar estadios deportivos y otros lugares en los que se celebran eventos.[75] Entre 1999 y 2004 se invirtieron más de 2,000 millones de dólares en poner nombre a las principales instalaciones deportivas de Norteamérica. Por ejemplo, Petco pagará 60 millones de dólares durante 22 años por el derecho de haber nombrado al nuevo estadio de béisbol de San Diego con el nombre de Petco Park.

DISEÑO DE LOS PROGRAMAS DE PATROCINIO Muchos mercadólogos consideran que es el programa de marketing que acompaña a cualquier patrocinio el que en último término determina su éxito. Un patrocinador puede identificarse estratégicamente con un evento de diversas maneras, con anuncios, símbolos y programas. Para lograr un impacto más significativo, los patrocinadores suelen incluir actividades complementarias, como reparto de muestras gratuitas, premios, publicidad o promociones minoristas. Al menos el doble o el triple del dinero invertido en el patrocinio se debe destinar a actividades de marketing. Jamba Juice acompaña sus patrocinios de carreras con multitud de corredores disfrazados de plátano. Si un corredor termina antes que un plátano, recibe productos gratis durante un año. Asimismo, los carteles de Jamba Juice se despliegan por todas partes y sus productos se reparten a los corredores y a los espectadores.[76]

La *organización de eventos* es un factor especialmente importante en las campañas de recaudación de fondos para organizaciones no lucrativas. Los recaudadores de fondos han desarrollado todo un repertorio de eventos especiales, incluidas fiestas de aniversario, exposiciones de arte, subastas, veladas, juegos de lotería, ventas de libros o de pasteles, concursos, bailes, cenas, ferias, desfiles de moda, fiestas en lugares poco habituales, jornadas para invitar a la gente por vía telefónica a hacer donaciones, venta de artículos usados, viajes y caminatas. Tan pronto como se crea un nuevo tipo de evento, como el maratón de caminata, los competidores desarrollan todo tipo de versiones, como los maratones de lectura, de ciclismo y de yoga.[77]

EVALUACIÓN DE LA EFECTIVIDAD DEL PATROCINIO Como ocurre con las relaciones públicas, medir la efectividad de los patrocinios es complicado. Los métodos básicos para evaluar los patrocinios son de dos tipos: los métodos que adoptan un *enfoque en la oferta* se concentran en la exposición potencial a la marca y calculan el alcance de la cobertura de los medios, y los que adoptan un *enfoque en la demanda* se basan en la exposición que reportan los consumidores. Veamos cada método por separado.

Los métodos que adoptan un enfoque oferta pretenden calcular la cantidad de tiempo o de espacio dedicado a la cobertura de un evento en los medios de comunicación. Por ejemplo, el número de segundos que la marca es claramente visible en la pantalla del televisor, o los centímetros de las columnas de periódicos dedicados al evento en los que aparece la marca. Este cálculo de "impresiones" potenciales se traduce, a continuación, en inversión en publicidad, según las tarifas publicitarias en el medio correspondiente. Algunos consultores del sector calculan que 30 segundos de exposición del logotipo en un evento televisado equivalen a entre el 6 y 10%, o incluso hasta el 25% de un anuncio televisivo.

Aunque los métodos con enfoque en la oferta producen medidas cuantificables, su validez es cuestionable. El problema reside en el hecho de que equiparar la cobertura de medios con la exposición publicitaria pasa por alto el contenido de las comunicaciones respectivas que reciben los consumidores. El anunciante utiliza espacio y tiempo en los medios para comunicar un mensaje diseñado estratégicamente. La cobertura de un evento por parte de los medios de comunicación sólo expone la marca y no necesariamente embellece su significado de manera directa. Aunque algunos profesionales de las relaciones públicas consideran que la cobertura editorial positiva puede tener un valor entre cinco y 10 veces superior al de la publicidad, no es habitual que el patrocinador reciba un trato tan favorable.[78]

El método de enfoque en la demanda pretende identificar los efectos del patrocinio en función del conocimiento de marca de los consumidores. Gracias a los sondeos personalizados es posible investigar la capacidad del patrocinio para influir en la conciencia de marca, en la actitud de los consumidores, e incluso en el volumen de ventas. Las empresas pueden identificar a los asistentes a los eventos o a los espectadores para que éstos valoren el patrocinio y ofrezcan información sobre las actitudes y las intenciones hacia el patrocinador después del evento.

::: Las relaciones públicas

La empresa ha de relacionarse de forma constructiva con los clientes, los proveedores y los distribuidores, pero también con un amplio número de públicos de interés. Estos **públicos** son conjuntos de personas que tienen un interés real o potencial en la empresa, o la capacidad de influir en el logro de sus objetivos. Las **relaciones públicas** (RP) abarcan una variedad de programas diseñados para promover o proteger la imagen de la empresa o de sus productos individuales.

Las empresas bien administradas toman medidas concretas para administrar las relaciones públicas con los públicos de interés clave. La mayor parte de las empresas tiene un departamento de relaciones públicas que controla la actitud de los grupos de interés de la organización y disemina información y comunicados para despertar sentimientos favorables hacia la empresa. El mejor departamento de RP es aquel que aconseja a la alta dirección sobre la adopción de programas positivos y sobre la eliminación de prácticas cuestionables, de modo que no exista publicidad negativa para la empresa. Estos departamentos desarrollan las siguientes cinco funciones:

1. *Relaciones con la prensa*—Presentación de noticias e información sobre la empresa de la forma más positiva posible.
2. *Publicidad de productos*—Medidas de apoyo para promover productos concretos.
3. *Comunicación corporativa*—Promoción del conocimiento de la empresa mediante comunicaciones internas y externas.
4. *Cabildeos:* Relación con legisladores y funcionarios del gobierno para promover o desacreditar normativas y medidas legales.
5. *Asesoramiento*—Recomendaciones a la dirección sobre asuntos públicos y posturas de la empresa, así como imagen corporativa durante buenos y malos tiempos.

Relaciones públicas de marketing

Muchas empresas están comenzando a adoptar las **relaciones públicas de marketing** (RPM) para reforzar la promoción de la empresa o del producto, y la proyección de la imagen de éstos. Las relaciones públicas de marketing, al igual que las RP financieras o sociales, dependen de una sección concreta de la empresa, en este caso del departamento de marketing.[79]

El nombre inicial que recibían las RPM era **publicity**, que consistía en conseguir espacio publicitario gratuito en los medios electrónicos o impresos para promover un producto, un servicio, una idea, un lugar, una persona o una organización. Las relaciones públicas de marketing en la actualidad van más allá y desempeñan una función crucial en tanto que contribuyen a las siguientes tareas:

■ *Apoyar el lanzamiento de nuevos productos:* El increíble éxito comercial de juguetes como las Tortugas Ninja, los Mighty Morphin' Power Rangers, los Beanie Babies y los Pokemon, se debe en gran medida a las relaciones públicas de marketing.

■ *Ayudar en el reposicionamiento de productos maduros:* Nueva York tuvo una prensa muy negativa en los años 70, hasta que se lanzó la campaña "I Love New York".

■ *Despertar el interés por una categoría de producto:* Las empresas y las asociaciones comerciales han recurrido a las RPM para revitalizar categorías en declive como el huevo, la leche, la carne de res y las papas, así como para aumentar el consumo de productos como el té, la carne de cerdo y el jugo de naranja.

■ *Influir en grupos específicos de consumidores:* McDonald's patrocina determinados eventos locales en las comunidades latinas y afroamericanas para generar actitudes favorables.

■ *Defender productos que se han enfrentado a problemas públicos:* Los profesionales de las RP deben ser expertos en administrar situaciones de crisis como el incidente de Coca-Cola en Bélgica, donde, según se dijo, se vendió producto contaminado, o el de Firestone, con el problema de la banda de rodamiento de sus neumáticos.

■ *Transmitir la imagen de la empresa de tal modo que afecte positivamente a sus productos:* Los discursos y los libros de Bill Gates han contribuido a crear una imagen moderna e innovadora de Microsoft Corporation.

Conforme se debilita el poder de la publicidad masiva, los gerentes de marketing recurren cada vez más a las relaciones públicas de marketing para crear conciencia y conocimiento de marca, tanto en el caso de productos nuevos como en el de productos consolidados. Las RPM también son eficaces para llegar a comunidades locales o a grupos específicos de consumidores. En muchos casos, las RPM han demostrado ser más eficaces, desde el punto de vista de los costos, que la publicidad. No obstante, se deben planear de manera conjunta con la publicidad.[80] Además, los gerentes de marketing tienen que adquirir más destreza al utilizar los recursos de RPM. En este sentido, Gillette es pionera: la empresa exige a los gerentes de marca que establezcan un presupuesto para RPM y que justifiquen su uso (o no uso). Si las relaciones públicas de marketing se emplean de forma adecuada, su impacto será asombroso.

MEOW MIX CO.

Meow Mix está haciendo un despliegue de lo que denomina "gattitud", al incorporar las relaciones públicas a su mezcla de medios. Tras la repetición de sus famosos anuncios de los años 70 en los que aparecían gatos cantantes, las encuestas revelaron que los propietarios de gatos dejaban el televisor encendido para sus mascotas. Las agencias de publicidad y relaciones públicas de la empresa, en colaboración, llegaron a la idea de crear un programa para los gatos y sus propietarios. Meow TV, con secciones como yoga para gatos y otros contenidos, se emite en Oxygen Cable Network. El valor de RP del programa ha sido tremendo. El interés de los medios por la producción del programa y la búsqueda de talento necesario para éste en grandes mercados ha generado más de 153 millones de menciones en la prensa local y en cadenas de televisión, y todo con un presupuesto relativamente modesto de 400,000 dólares.[81]

Como es evidente, un programa de relaciones públicas creativo puede tener impacto en la notoriedad de la marca a un costo muy inferior al de la publicidad. La empresa no paga por el espacio o el tiempo que le dedican los medios, sino que sólo paga a una plantilla de empleados para que desarrolle y divulgue historias, y para que organice determinados eventos. Si la empresa desarrolla una historia interesante, los medios darán cuenta de ella, lo que será tan valioso como una campaña publicitaria de millones de dólares. Algunos expertos afirman que los consumidores tienen cinco veces más posibilidades de verse influidos positivamente por el contenido editorial de los medios, que por la publicidad. He aquí un ejemplo de una campaña de relaciones públicas de gran alcance.

CONAGRA

En la Campaña del Año 2001 de *PRWeek*, ConAgra descubrió el modo de agrupar a 80,000 empleados y a 80 empresas independientes en una campaña de RP con fines sociales, "Alimentar mejor a los niños". Los estudios

Publicaciones: Las empresas se apoyan de manera importante en materiales publicados para alcanzar e influir en los mercados meta. Las publicaciones incluyen reportes anuales, folletos, artículos, cartas y revistas de la empresa, así como material audiovisual.

Eventos: Las empresas pueden llamar la atención hacia sus nuevos productos o hacia sus actividades mediante la organización de eventos especiales como conferencias de prensa, seminarios, excursiones, ferias comerciales, exposiciones, concursos y competencias, y celebraciones de aniversarios; todo esto les permite llegar al mercado meta.

Patrocinios: Las empresas logran promover sus marcas y su imagen corporativa al patrocinar eventos deportivos y culturales, así como al colaborar en causas nobles.

Noticias: Una de las principales tareas de los profesionales de relaciones públicas es encontrar o generar noticias favorables acerca de la empresa, sus productos y su personal, así como lograr que los medios de comunicación den entrada a sus boletines de prensa y asistan a sus conferencias.

Discursos: Cada vez es más común que los directivos de las empresas tengan que sortear las preguntas que les plantean los medios de comunicación o que den pláticas en el seno de asociaciones comerciales o en reuniones de ventas. Estas presentaciones contribuyen a fortalecer la imagen de la compañía.

Actividades de servicio público: Las empresas tienen la oportunidad de generar actitudes favorables si contribuyen a causas nobles con dinero y tiempo.

Medios de identidad: Las empresas necesitan identidad visual que el público reconozca de inmediato. La identidad visual reside en el logotipo de la empresa, papelería, folletos, letreros, formas de negocios, tarjetas de presentación, edificios, uniformes y códigos de vestuario.

realizados indicaban que 12 millones de niños se iban hambrientos a la cama regularmente. Así, la empresa desarrolló una estrategia con tres frentes: ofrecer alimentos a los niños necesitados en 100 comedores llamados *Kids Cafes;* solucionar los problemas de distribución de alimentos; y despertar la conciencia nacional sobre el problema del hambre infantil con una campaña de tres años con el Ad Council (y animar a las marcas de la empresa a desarrollar promociones contra el hambre).[82]

Principales decisiones en las relaciones públicas de marketing

Al decidir cómo y cuándo utilizar las RPM, la dirección debe establecer los objetivos de marketing, seleccionar los mensajes y canales adecuados, poner en marcha el plan meticulosamente, y evaluar los resultados. Las principales herramientas de las RPM se describen en la tabla 18.8.[83]

DEFINICIÓN DE OBJETIVOS Las RPM pueden generar *notoriedad* al divulgar historias en los medios de comunicación para llamar la atención de los consumidores sobre un producto determinado, un servicio, una persona, una organización o una idea. Además, son capaces de generar *credibilidad* al comunicar el mensaje en un contexto editorial. Asimismo, contribuyen a disparar el entusiasmo de los vendedores y de los distribuidores con historias sobre nuevos productos antes de su lanzamiento, y permiten reducir los *costos de promoción*, puesto que los costos de las RPM son inferiores a los del correo directo y de la publicidad en los medios de comunicación.

Mientras que los expertos en RP llegan hasta su mercado meta a través de los medios de comunicación masiva, las relaciones públicas de marketing cada vez adoptan más técnicas y tecnologías del marketing de respuesta directa para llegar, uno por uno, a todos los miembros de su mercado meta.

SELECCIÓN DE MENSAJES Y CANALES El gerente de RPM debe identificar o desarrollar historias interesantes sobre el producto. Imaginemos que una universidad relativamente poco conocida desea tener más relevancia. El gerente de RPM debe buscar historias apropiadas. ¿Algún miembro del profesorado tiene trayectorias peculiares o trabaja con proyectos poco frecuentes? ¿Se imparte algún curso innovador o exclusivo? ¿Se celebran eventos interesantes en el campus? Si no hay ninguna historia interesante, será conveniente que el gerente de RPM sugiera el patrocinio por parte de la universidad de eventos de interés periodístico. El desafío en este caso será el de generar hechos noticiosos. Algunas sugerencias podrían ser la celebración de una convención académica e invitar a ponentes expertos y reconocidos, y organizar conferencias de prensa. Cada evento es una oportunidad de crear multitud de historias diferentes destinadas a audiencias distintas.

Los mejores profesionales de las RPM son aquellos capaces de encontrar o crear historias innovadoras con productos mundanos o pasados de moda. Ésta es una reciente historia de éxito.

PBS BLUES

Con el objetivo de disipar la extendida idea de que el "blues" estaba muriendo, PBS lanzó el Proyecto Blues para recordar a la audiencia cómo influyó este género musical en otros, como el rock y el hip-hop, y así renovar su interés al respecto. El exhaustivo esfuerzo multimedia, encabezado por el director cinematográfico Martin Scorsese, triunfó, en primer lugar, al lograr que el Congreso estadounidense declarara al año 2003 el Año del Blues. A continuación se celebraron una serie de eventos y actividades: la emisión en televisión de una serie de siete películas, un sitio Web, un programa de radio de 13 semanas, un manual para profesores, un libro de Scorsese, una exposición y un concierto en el Radio City Music Hall. La campaña recibió cerca de mil millones de menciones positivas en los medios, más de 1,000 artículos en las publicaciones de mayor circulación, y además llevó a la grabación de un CD de blues.[84]

APLICACIÓN DEL PLAN Y EVALUACIÓN DE RESULTADOS La contribución de las RPM a las cuentas de la empresa es difícil de cuantificar, puesto que se utiliza en conjunción con otras herramientas promocionales. Existen tres métodos comunes para medir la eficacia de las RPM: el número de exposiciones; el cambio en la notoriedad, la comprensión y la actitud de los consumidores respecto al producto o la empresa; y la contribución a las ventas y las utilidades.

La forma más sencilla de medir la efectividad de las RPM es hacer un recuento del número de *exposiciones* en los medios de comunicación. Los publicistas entregan al cliente un libro con los recortes de todos los medios de comunicación que han incluido noticias sobre el producto, junto con un resumen como el que sigue:

> La cobertura en los medios incluyó 8,890 cm de columnas y fotografías en 350 publicaciones, con una circulación combinada de 79.4 millones; 2,500 minutos de tiempo en el aire en 290 emisoras de radio y una audiencia aproximada de 65 millones de personas; 660 minutos de tiempo en el aire en 160 cadenas de televisión con una audiencia aproximada de 91 millones de personas. Si esta cobertura hubiese sido remunerada, habría costado 1,047,000 dólares.[85]

Este método no es demasiado satisfactorio puesto que no incluye ningún cálculo sobre el número de personas que verdaderamente leyeron o prestaron atención al mensaje, ni sobre cuántas personas lo recuerdan, ni sobre qué pensaron después de verse expuestas a él. Este método tampoco aporta información sobre la audiencia neta alcanzada, puesto que es posible que varias personas lean un mismo ejemplar. Como el objetivo de las RP no es la frecuencia, sino el alcance, resultaría más útil conocer el número de exposiciones no duplicadas.

Una forma más apropiada de evaluar los resultados es analizar los cambios en la notoriedad del producto y en la comprensión y la actitud de los consumidores provocados por la campaña de RPM (dejando pasar un tiempo para que las herramientas promocionales surtan efecto). Por ejemplo ¿cuántas personas recuerdan haber oído el mensaje? ¿Cuántas han hablado de él a otras personas (una medida del comentario de persona a persona)? ¿Cuántas cambiaron de opinión tras oírlo?

El impacto sobre las ventas y las utilidades es el método más propicio. Por ejemplo, las ventas de la comida para gatos 9-Lives aumentaron un 43% tras la campaña de RP de Morris el gato. Sin embargo, la publicidad y la promoción de ventas también contribuyeron. Imaginemos que el total de las ventas hubiese aumentado en 1,500,000 dólares, y que la dirección calculó que las relaciones públicas contribuyeron en un 15%. La rentabilidad de la inversión en relaciones públicas sería como sigue:

Incremento total de las ventas	$1,500,000
Incremento estimado de las ventas generadas por las RP (15%)	225,000
Margen de contribución a las ventas del producto (10%)	22,500
Costo total directo del programa de RPM	210,000
Margen de contribución de la inversión en RP	12,500
Tasa de rentabilidad de la inversión en RP ($12,500/$10,000)	125%

RESUMEN :::

1. La publicidad es cualquier forma remunerada de presentación y promoción impersonal de ideas, productos o servicios realizada por un patrocinador concreto. No sólo las empresas recurren a la publicidad, también lo hacen las organizaciones altruistas, las asociaciones sin fines de lucro y las instituciones gubernamentales.

2. El desarrollo de un programa de publicidad es un proceso de cinco fases: **1.** definición de los objetivos de publicidad; **2.** establecimiento del presupuesto; **3.** selección del mensaje y de la estrategia creativa; **4.** selección de los medios y **5.** evaluación de los resultados de comunicación y del impacto sobre las ventas.

3. La promoción de ventas consiste en un conjunto de instrumentos de incentivos, generalmente a corto plazo, cuyo fin es estimular rápidamente y/o en mayor medida, la compra de determinados productos o servicios por parte de los consumidores o de clientes empresariales. La promoción de ventas incluye herramientas de promoción al consumidor, de promoción a distribuidores, y de promoción empresarial y a la fuerza de ventas (ferias comerciales y convenciones, concursos para vendedores y publicidad especializada). Al recurrir a la promoción de ventas, la empresa debe fijar sus objetivos, seleccionar las herramientas, desarrollar un programa, probarlo con anterioridad a su aplicación, ponerlo en práctica y controlarlo, y evaluar sus resultados.

4. Los eventos y las experiencias son un modo de compartir con los consumidores momentos especiales y relevantes de sus vidas. La participación en estos eventos puede ampliar y afianzar la relación del patrocinador con su mercado meta, pero sólo si se maneja adecuadamente.

5. Las relaciones públicas (RP) consisten en una variedad de programas diseñados para promover o proteger la imagen de una empresa o de sus productos individuales. En la actualidad, muchas empresas recurren a las relaciones públicas de marketing (RPM) para respaldar al departamento de marketing en la promoción de la empresa, de sus productos, o de su imagen. Las relaciones públicas de marketing pueden influir en la notoriedad del producto o de la empresa a un costo muy inferior al de la publicidad, y generalmente resultan más creíbles. Las principales herramientas de RP son las publicaciones, los eventos, las noticias, los discursos, las actividades de servicio social y la aparición no remunerada en los medios de comunicación.

APLICACIONES :::

Debate de marketing   ¿Ha perdido poder la publicidad televisiva?

Durante años se ha considerado a la televisión como el medio de comunicación más eficaz para la publicidad. Sin embargo, hoy es objeto de numerosas críticas por sus tarifas publicitarias y, peor aún, por no surtir el mismo efecto que en el pasado. Los detractores mantienen que los consumidores evitan los anuncios gracias al control remoto, y que resulta difícil causar una gran impresión. Algunos afirman, incluso, que el futuro será la publicidad *on line*. Los defensores de la publicidad televisiva no están de acuerdo, y sostienen que el impacto multisensorial de la televisión es insuperable, y que ninguna otra opción dentro de los medios de comunicación masiva ofrece el mismo potencial.

Tome partido: "La publicidad en televisión ha perdido relevancia" o "la publicidad en televisión sigue siendo el medio publicitario más poderoso".

Análisis de marketing

¿Cuáles son sus anuncios televisivos favoritos? ¿Por qué? ¿Son eficaces el mensaje y la estrategia creativa? ¿De qué manera contribuyen al *brand equity*?

CASO DE **MARKETING**   **GRUPO VIRGIN**

El iconoclasta extravagante Richard Branson llegó al mundo empresarial británico en la década de los 70, con su innovadora Virgin Records. Firmó con artistas desconocidos a los que nadie habría contratado y empezó un maratón publicitario que aún hoy continúa. Desde entonces, ha vendido Virgin Records (a Thorn-EMI por casi mil millones de dólares en 1992), pero también ha creado más de 200 empresas en todo el mundo cuyas utilidades, en conjunto, superan los cinco mil millones de dólares.

La marca Virgin (la tercera más respetada en el Reino Unido) y la personalidad de Branson consolidan estas 200 empresas. La marca Virgin aparece en diferentes productos y servicios como aviones, trenes, servicios financieros, bebidas refrescantes, teléfonos celulares, automóviles, vinos, publicidad e incluso vestidos de novia. A pesar de las diferencias, todas comparten el valor del dinero, de la calidad, de la innovación y de la diversión, y un especial sentido de desafío competitivo. El grupo Virgin busca nuevas oportunidades en mercados en los que los consumidores han estado desatendidos o donde se les cobra demasiado, y en los que los competidores son demasiado confiados. Branson denomina a estos competidores hostiles con los consumidores "los grandes lobos feroces". "Allá donde estén, existe una oportunidad para que Virgin se desempeñe mucho mejor que ellos, genere confianza, aporte innovación y sea agradable con los consumidores que nunca antes recibieron un trato similar", afirma Branson.

Por ejemplo, Branson lanzó Virgin Atlantic Airways para competir con British Airways, una aerolínea aburrida y cara. Como gran maestro de la publicidad estratégica que es, Branson anunció la nueva aerolínea de tal modo que conseguiría publicidad gratis: subido en una avioneta de la Primera Guerra Mundial, anunció la fundación de Virgin Atlantic Airways el 29 de febrero de 1984. El primer vuelo, el 22 de junio de 1984, despegó lleno de personajes famosos y periodistas. En el avión había una banda de música, camareros de Maxim's con frac y corbata blanca, que sirvieron champaña en abundancia. Esta fiesta aerotransportada tuvo una cobertura internacional en los medios de comunicación y una cantidad de publicidad gratuita que le ahorró millones de dólares. Branson sabía que los fotógrafos tenían trabajo que hacer, y que sólo aparecerían en este tipo de eventos si se les daba una buena razón.

Del mismo modo, cuando Branson lanzó Virgin Cola en Estados Unidos en 1998, condujo un tanque por la Quinta Avenida de Nueva York, y concedió entrevistas en todas las emisoras de televisión, como resultado. En 2002 apareció en Times Square colgado de una grúa para anunciar su empresa de telefonía celular. En 2004, para anunciar una nueva línea de aparatos de tecnología de punta llamada Virgin Pulse, Branson volvió a subir al escenario, esta vez en una discoteca de Nueva York. Llegó vestido con unos pantalones ceñidos color carne y un discman cubriéndole las partes nobles.

El grupo evoluciona cada año con nuevas aventuras empresariales. "La marca se ha regenerado, en lugar de extenderse en el sentido más convencional de la palabra. Con cada negocio hemos vuelto a nacer", afirma Branson. "En esencia, somos una organización de capital de riesgo poco habitual: tenemos una marca." En lugar de ofrecer simplemente apoyo financiero, el grupo Virgin ofrece una marca y recursos de administración muy poderosos a las organizaciones decadentes que Branson adquiere. Normalmente, Branson se queda con el 51% del capital de todas las empresas de la marca Virgin, pero insiste en mantener una estructura directiva muy descentralizada y plana, de modo que los empleados se sientan motivados para tomar decisiones.

Aunque Branson evita los estudios de mercado tradicionales, con su actitud "¡vamos a hacerlo!", se mantiene en contacto permanente con los clientes. Tras el lanzamiento de Virgin Atlantic, cada mes se puso en contacto con unos cincuenta clientes para charlar y pedirles su opinión. Se dejaba ver por los aeropuertos para intercambiar impresiones con los clientes, y si algún vuelo se retrasaba repartía vales canjeables por regalos en una tienda Virgin Megastore o por descuentos para boletos de avión.

Las campañas de marketing de Virgin incluyen anuncios en prensa y radio, publicidad por correo y material en el punto de venta. Por ejemplo, Virgin Mobile repartió postales gratuitas para anunciar a los consumidores descuentos para sus nuevos teléfonos.

Para saber desde dónde escuchan los oyentes la nueva radio por Internet Virgin Radio, la empresa creó un club VIP. Los oyentes que quieren unirse al club tienen que indicar su código postal, lo que permite a Virgin Radio dirigir sus promociones y su publicidad certeramente, en regiones específicas, como haría cualquier emisora de radio local. El que una vez recibió el apodo de "hippie capitalista", hoy convertido por la Reina de Inglaterra en Sir Richard Branson, sigue en busca de nuevos negocios y nuevas formas de generar publicidad con su estilo y su carisma característicos. Con el consejo de un amigo suyo siempre en mente, "si no les das una nota de portada, no volverán a aparecer en el próximo evento", Branson siempre les da una razón para volver.

Preguntas para discusión

1. ¿Cuáles han sido los factores de éxito de Virgin?
2. ¿En qué sentido es vulnerable esta empresa? ¿A qué debe prestar atención?
3. ¿Qué recomendaría a los directivos de marketing para el futuro? ¿Qué acciones de marketing deberá ejecutar?

Fuentes: Sean Hargrave, "Making Waves", *New Media Age,* 15 de enero de 2004, pp. 24–27; Adam Lashinsky, "Shootout in Gadget Land", *Fortune,* 10 de noviembre de 2003, p. 74; Sam Hill y Glenn Rifkin, *Radical Marketing* (Nueva York: Harper Business, 1999); "Virgin Holiday Store Hires HHM for Major Push", *Precision Marketing,* 23 de enero de 2004, pp. 3–4; "Virgin Mobile Postcards Offer Discounts", *Precision Marketing,* 23 de enero de 2004, pp. 5–6; y <www.virgin.com>.

REFERENCIAS BIBLIOGRÁFICAS :::

1. Jack Neff y Lisa Sanders, "'It's Broken'", *Advertising Age,* 16 de febrero de 2004, pp. 1, 30.

2. Ellen Neuborne, "Ads That Actually Sell Stuff", *Business 2.0,* junio de 2004, p. 78.

3. Russell H. Colley, *Defining Advertising Goals for Measured Advertising Results* (Nueva York: Association of National Advertisers, 1961).

4. William L. Wilkie y Paul W. Farris, "Comparison Advertising: Problem and Potential", *Journal of Marketing* (octubre de 1975), pp. 7–15.

5. Randall L. Rose, Paul W. Miniard, Michael J. Barone, Kenneth C. Manning y Brian D. Till, "When Persuasion Goes Undetected: The Case of Comparative Advertising", *Journal of Marketing Research* (agosto de 1993), pp. 315–330; Sanjay Putrevu y Kenneth R. Lord, "Comparative and Noncomparative Advertising: Attitudinal Effects under Cognitive and Affective Involvement Conditions", *Journal of Advertising* (junio de 1994), pp. 77–91; Dhruv Grewal, Sukumar Kavanoor y James Barnes, "Comparative versus Noncomparative Advertising: A Meta-Analysis", *Journal of Marketing* (octubre de 1997), pp. 1–15; Dhruv Grewal, Kent B. Monroe y P. Krishnan, "The Effects of Price-Comparison Advertising on Buyers' Perceptions of Acquisition Value, Transaction Value, and Behavioral Intentions", *Journal of Marketing* (abril de 1998), pp. 46–59.

6. Para un análisis más detallado, véase David A. Aaker y James M. Carman, "Are You Overadvertising?" *Journal of Advertising Research* (agosto–septiembre de 1982), pp. 57–70.

7. Donald E. Schultz, Dennis Martin, y William P. Brown, *Strategic Advertising Campaigns* (Chicago: Crain Books, 1984), pp. 192–197.

8. Rajesh Chandy, Gerard J. Tellis, Debbie MacInnis y Pattana Thaivanich, "What to Say When: Advertising Appeals in Evolving Markets", *Journal of Marketing Research* 38, núm. 4 (noviembre de 2001). Gerard J. Tellis, Rajesh Chandy and Pattana Thaivanich, "Decomposing the Effects of Direct Advertising: Which Brand Works, When, Where, and How Long?" *Journal of Marketing Research* 37 (febrero de 2000), pp. 32–46.

9. Véase George S. Low y Jakki J. Mohr, "Brand Managers' Perceptions of the Marketing Communications Budget Allocation Process" (Cambridge, MA: Marketing Science Institute, Reporte núm. 98–105, marzo de 1998); y de los mismos autores, "The Advertising Sales Promotion Trade-Off: Theory and Practice" (Cambridge, MA: Marketing Science Institute, Reporte núm. 92–127, octubre de 1992). Véase también Gabriel J. Beihal y Daniel A. Sheinen, "Managing the Brand in a Corporate Advertising Environment: A Decision-Making Framework for Brand Managers", *Journal of Advertising* 17 (22 de junio de 1998), p. 99.

10. Chad Bray, "If It Quacks, It May Be an Insurance Ad", *Wall Street Journal,* 2 de abril de 2003, p. B4; Stuart Elliott, "Why a Duck? Because It Sells Insurance", *The New York Times,* 24 de junio de 2002, p. C11.

11. James B. Amdorfer, "Absolut Ads Sans Bottle Offer a Short-Story Series", *Advertising Age,* 12 de enero de 1998, p. 8; Shelly Branch, "Absolut's Latest Ad Leaves Bottle Behind", *Wall Street Journal,* 3 de mayo de 2001, p. B9.

12. "Radio Is Everyone". Suplemento publicitario de Radio Advertising Bureau.

13. David Ogilvy, *Ogilvy on Advertising* (Nueva York: Vintage Books, 1983).

14. Para lecturas adicionales, véase Dorothy Cohen, *Legal Issues in Marketing Decision Making* (Cincinnati, OH: South-Western, 1995).

15. Kim Bartel Sheehan, *Controversies in Contemporary Advertising,* (Thousand Oaks, CA: Sage Publications, 2003).

16. "Calvin Klein: A Case Study", Media Awareness Network, Ottawa, Ontario.

17. Suzanne Vranica, "Sirius Ad is Best for Most Sexist", *Wall Street Journal,* 1o. de abril de 2004, p. B6.

18. Schultz *et al., Strategic Advertising Campaigns,* p. 340.

19. Herbert E. Krugman, "What Makes Advertising Effective?" *Harvard Business Review* (marzo–abril de 1975), p. 98.

20. Thomas H. Davenport y John C. Beck, *The Attention Economy: Understanding the New Currency of Business* (Boston: Harvard Business School Press, 2000).

21. Demetrios Vakratsas, Fred M. Feinberg, Frank M. Bass y Gurumurthy Kalyanaram, "The Shape of Advertising Response Functions Revisited: A Model of Dynamic Probabilistic Thresholds", *Marketing Science* 23, núm. 1 (invierno de 2004), pp. 109–119.

22. Susan Thea Posnock, "It Can Control Madison Avenue", *American Demographics* (febrero de 2004), pp. 29–33.

23. James Betzold, "Jaded Riders Are Ever-Tougher Sell", Advertising Age, 9 de julio de 2001; Michael McCarthy, "Ads Are Here, There, Everywhere", *USA Today*, 19 de junio de 2001; Kipp Cheng, "Captivating Audiences", *Brandweek*, 29 de noviembre de 1999; Michael McCarthy, "Critics Target 'Omnipresent' Ads", *USA Today*, 16 de abril de 2001.

24. Nate Nickerson, "How About This Beer Label: 'I'M IN ADVERTI- SING'", *Fast Company*, marzo de 2004, p. 45; Tony Case, "Crispin, Porter + Bogusky", *Adweek*, 21 de junio de 2004.

25. Sam Jaffe, "Easy Riders", *American Demographics*, marzo de 2004, pp. 20–23.

26. Theresa Howard, "Ads Seek Greatness", *USA Today*, 23 de junio de 2004, p. 4B.

27. Jeff Pelline, "New Commercial Twist in Corporate Restrooms", *San Francisco Chronicle*, 6 de octubre de 1986.

28. Brian Steinberg y Suzanne Vranica, "Prime-Time TV's New Guest Stars: Products", *Wall Street Journal*, pp. B1, B4.

29. Jane Weaver, "A License to Shill", MSNBC News, 17 de noviembre de 2002.

30. Joanne Lipman, "Product Placement Can Be Free Lunch", *Wall Street Journal*, 25 de noviembre de 1991; John Lippman y Rick Brooks, "Hot Holiday Flick Pairs FedEx, Hanks", *Wall Street Journal*, pp. B1, B6.

31. Warren Berger, "That's Advertainment", *Business 2.0*, marzo de 2003, pp. 91–95.

32. Catherine P. Taylor, "Digitas", *Brandweek IQ Quarterly*, 23 de febrero de 2004, pp. 24–25.

33. Jean Halliday, "Mazda Goes Viral to Tout New Cars", *Automotive News*, 24 de noviembre de 2003, p. 42B.

34. Matthew Boyle, "Hey Shoppers: Ads on Aisle 7!", *Fortune*, 24 de noviembre de 2003.

35. Richard Linnett, "'Friends' Tops TV Price Chart", *Advertising Age*, 15 de septiembre de 2003, pp. 1, 46.

36. Michael A. Kamins, Lawrence J. Marks y Deborah Skinner, "Television Commercial Evaluation in the Context of Program Induced Mood: Congruency versus Consistency Effects", *Journal of Advertising* (junio de 1991), pp. 1–14.

37. Kenneth R. Lord y Robert E. Burnkrant, "Attention versus Distraction: The Interactive Effect of Program Involvement and Attentional Devices on Commercial Processing", *Journal of Advertising* (marzo de 1993), pp. 47–60; Kenneth R. Lord, Myung-Soo Lee y Paul L. Sauer, "Program Context Antecedents of Attitude Toward Radio Commercials", *Journal of the Academy of Marketing Science* (invierno de 1994), pp. 3–15.

38. Roland T. Rust, *Advertising Media Models: A Practical Guide* (Lexington, MA: Lexington Books, 1986).

39. Hani I. Mesak, "An Aggregate Advertising Pulsing Model with Wearout Effects", *Marketing Science* (verano de 1992), pp. 310–326; Fred M. Feinberg, "Pulsing Policies for Aggregate Advertising Models", *Marketing Science* (verano de 1992), pp. 221–234.

40. Josephine L.C.M. Woltman Elpers, Michel Wedel y Rik G. M. Pieters, "Why Do Consumers Stop Viewing Television Commercials? Two Experiments on the Influence of Moment-to-Moment Entertainment and Information Value", *Journal of Marketing Research* 40 (noviembre de 2003), pp. 437–453.

41. Kristian S. Palda, *The Measurement of Cumulative Advertising Effect* (Upper Saddle River, NJ: Prentice Hall, 1964), p. 87; David B. Montgomery y Alvin J. Silk, "Estimating Dynamic Effects of Market Communications Expenditures", *Management Science* (junio de 1972): 485–501.

42. <www.infores.com>; Leonard M. Lodish, Magid Abraham, Stuart Kalmenson, Jeanne Livelsberger, Beth Lubetkin, Bruce Richardson y Mary Ellen Stevens, "How T.V. Advertising Works: A Meta Analysis of 389 Real World Split Cable T.V. Advertising Experiments", *Journal of Marketing Research* 32 (mayo de 1995), pp. 125–139.

43. Además de las referencias citadas a continuación, véase David Walker y Tony M. Dubitsky, "Why Liking Matters", *Journal of Advertising Research* (mayo–junio de 1994), pp. 9–18; Abhilasha Mehta, "How Advertising Response Modeling (ARM) Can Increase Ad Effectiveness", *Journal of Advertising Research* (mayo–junio de 1994), pp. 62–74; Karin Holstius, "Sales Response to Advertising", *International Journal of Advertising* 9, núm. 1 (1990), pp. 38–56; John Deighton, Caroline Henderson y Scott Neslin, "The Effects of Advertising on Brand Switching and Repeat Purchasing", *Journal of Marketing Research* (febrero de 1994), pp. 28–43; Anil Kaul y Dick R. Wittink, "Empirical Generalizations about the Impact of Advertising on Price Sensitivity and Price", *Marketing Science* 14, núm. 3, pt. 1 (1995), pp. G151–60; Ajay Kalra y Ronald C. Goodstein, "The Impact of Advertising Positioning Strategies on Consumer Price Sensitivity", *Journal of Marketing Research* (mayo de 1998), pp. 210–224; Gerard J. Tellis, Rajesh K. Chandy y Pattana Thaivanich, "Which Ad Works, When, Where, and How Often? Modeling the Effects of Direct Television Advertising", *Journal of Marketing Research* 37 (febrero de 2000), pp. 32–46.

44. Nigel Hollis, "The Link between TV Ad Awareness and Sales: New Evidence from Sales Response Modelling", *Journal of the Market Research Society* (enero de 1994), pp. 41–55.

45. From Robert C. Blattberg y Scott A. Neslin, *Sales Promotion: Concepts, Methods, and Strategies* (Upper Saddle River, NJ: Prentice Hall, 1990). Este texto incluye el tratamiento más exhaustivo y analítico de la promoción de ventas hasta la fecha. Para un estudio actualizado y pormenorizado del trabajo académico sobre promoción de ventas, véase Scott Neslin, "Sales Promotion", en *Handbook of Marketing*, Bart Weitz and Robin Wensley (eds.) (Londres: Sage Publications, 2002), pp. 310–338.

46. Kusum Ailawadi, Karen Gedenk y Scott A. Neslin 1999, "Heterogeneity and Purchase Event Feedback in Choice Models: An Empirical Analysis with Implications for Model Building", *International Journal of Research in Marketing* 16 (1999), pp. 177–198. Véase también, Eric T. Anderson y Duncan Simester, "The Long-Run Effects of Promotion Depth on New Versus Established Customers: Three Field Studies", *Marketing Science* 23, núm. 1 (invierno de 2004), pp. 4–20.

47. Carl Mela, Kamel Jedidi y Douglas Bowman, "The Long Term Impact of Promotions on Consumer Stockpiling", *Journal of Marketing Research* 35, núm. 2 (mayo de 1998), pp. 250–262.

48. Harald J. Van Heerde, Peter S. H. Leeflang y Dick Wittink, "The Estimation of Pre- and Postpromotion Dips with Store-Level Scanner Data", *Journal of Marketing Research* 37, núm. 3 (agosto de 2000):, pp. 383–395.

49. Paul W. Farris y John A. Quelch, "In Defense of Price Promotion", *Sloan Management Review* (otoño de 1987), pp. 63–69.

50. Tom Fredrickson, "Banks Return to Giveaways to Bring in Flighty Customers", *Crain's New York Business*, 15 de marzo de 2004, p. 30.

51. Roger A. Strang, "Sales Promotion: Fast Growth, Faulty Management", *Harvard Business Review* (julio–agosto de 1976), pp. 116–119.

52. Para un buen resumen de los estudios sobre si la promoción de ventas socava la imagen de las marcas líderes en la mente de los consumidores, véase Blattberg y Neslin, *Sales Promotion*.

53. AutoVIBES, *AutoBeat Daily*, 3, de marzo de 2004; Karen Lundegaard y Sholnn Freeman, "Detroit's Challenge: Weaning Buyers from Years of Deals", *Wall Street Journal*, 6 de enero de 2004, pp. A1, A2.

54. Robert George Brown, "Sales Response to Promotions and Advertising", *Journal of Advertising Research* (agosto de 1974): 36–37. Véase también Carl F. Mela, Sunil Gupta y Donald R. Lehmann, "The Long-Term Impact of Promotion and Advertising on Consumer Brand Choice", *Journal of Marketing Research* (mayo de 1997), pp. 248–261; Purushottam Papatla y Lakshman Krishnamurti, "Measuring the Dynamic Effects of Promotions on Brand Choice", *Journal of Marketing Research* (febrero de 1996), pp. 20–35; Kandel Jedidi, Carl F. Mela y Sunil Gupta, "Managing Advertising and Promotion for Long-Rum Profitability", *Marketing Science* 18, núm. 1 (1999), pp. 1–22.

55. Magid M. Abraham y Leonard M. Lodish, "Getting the Most Out of Advertising and Promotion", *Harvard Business Review* (mayo–junio de 1990), pp. 50–60. Véase también Shuba Srinivasan, Koen Pauwels, Dominique Hanssens y Marnik Dekimpe, "Do Promotions Benefic Manufacturers, Retailers, or Both?", *Management Science*, 2004, de próxima aparición.

56. F. Kent Mitchel, "Advertising/Promotion Budgets: How Did We Get Here, and What Do We Do Now?" *Journal of Consumer Marketing* (otoño de 1985), pp. 405–447.

57. Para un modelo de definición de objetivos de promoción de ventas, véase David B. Jones, "Setting Promotional Goals: A Communications Relationship Model", *Journal of Consumer Marketing* 11, núm. 1 (1994), pp. 38–49.

58. Sonia Reyes, "Krafting the Total Promo Package", *Brandweek*, 15 de julio de 2002, pp. 24–27.

59. Véase John C. Totten y Martin P. Block, *Analyzing Sales Promotion: Text and Cases*, 2a. ed. (Chicago: Dartnell, 1994), pp. 69–70.

60. Roger O. Crockett, "Penny-Pinchers' Paradise: E-coupons are Catching on Fast—and Companies are Learning How to Use Them", *BusinessWeek E.Biz*, 22 de enero de 2001, p. EB12; Bob Tedesch, "Consumers Downloading Coupons", *New York Times*, 17 de marzo de 2003.

61. Paul W. Farris y Kusum L. Ailawadi, "Retail Power: Monster or Mouse?" *Journal of Retailing* (invierno de 1992), pp. 351–369.

62. "Retailers Buy Far in Advance to Exploit Trade Promotions", *Wall Street Journal*, 9 de octubre de 1986, p. 35; Rajiv Lal, J. Little y J. M. Vilas-Boas, "A Theory of Forward Buying, Merchandising, and Trade Deals", *Marketing Science* 15, núm. 1 (1996), pp. 21–37.

63. Kenneth Hein, "Samsung Decodes the *Matrix* Mania", *Brandweek*, 22 de marzo de 2004, p. R3.

64. Arthur Stern, "Measuring the Effectiveness of Package Goods Promotion Strategies" (documento presentado ante la Association of National Advertisers, Glen Cove, NY, febrero de 1978).

65. Kurt H. Schaffir y H. George Trenten, *Marketing Information Systems* (Nueva York: Amacom, 1973), p. 81.

66. Joe A. Dodson, Alice M. Tybout y Brian Sternthal, "Impact of Deals and Deal Retraction on Brand Switching", *Journal of Marketing Research* (febrero de 1978), pp. 72–81.

67. Algunos libros sobre promociones de ventas son Totten y Block, *Analyzing Sales Promotion: Text and Cases*; Don E. Schultz, William A. Robinson y Lisa A. Petrison, *Sales Promotion Essentials*, 2a. ed. (Lincolnwood, IL: NTC Business Books, 1994); John Wilmshurst, *Below-the-Line Promotion* (Oxford, Inglaterra: Butterworth/Heinemann, 1993); Blattberg y Neslin, *Sales Promotion: Concepts, Methods, and Strategies*. Para una aproximación avanzada a la promoción de ventas, véase John W. Keon y Judy Bayer, "An Expert Approach to Sales Promotion Management", *Journal of Advertising Research* (junio–julio de 1986), pp. 19–26.

68. Philip Kotler, "Atmospherics as a Marketing Tool", *Journal of Retailing* (invierno de 1973–1974), pp. 48–64.

69. Dean Foust, "Coke: Wooing the TiVo Generation", *BusinessWeek*, 1o de marzo de 2004, pp. 77-78.

70. Kathleen Kerwin, "When the Factory is a Theme Park", *BusinessWeek*, 3 de mayo de 2004, p. 94; Vanessa O'Connell, "'You-Are-There' Advertising", *Wall Street Journal*, 5 de agosto de 2002, pp. B1 y B3.

71. Kenneth Hein, "The Age of Reason", *Brandweek*, 27 de octubre de 2003, pp. 24–28.

72. Matt Kinsman, "Happy One Hundred", *Promo*, 1o. de agosto de 2003.

73. Monte Burke, "X-treme Economics", *Forbes*, 2 de febrero de 2004, pp. 42–44.

74. La Association of National Advertisers tiene información muy útil, *Event Marketing: A Management Guide*, disponible en <http://www.ana.net/bookstore>.

75. Ian Mount, "Exploding the Myths of Stadium Naming", *Business 2.0*, abril de 2004, p. 82.

76. Kelley Gates, "Wild in the Streets", *Brand Marketing*, febrero de 2001, p. 54.

77. Dwight W. Catherwood y Richard L. Van Kirk, *The Complete Guide to Special Event Management* (Nueva York: John Wiley, 1992).

78. William L. Shankin y John Kuzma, "Buying That Sporting Image", *Marketing Management* (primavera de 1992), p. 65.

79. Para una explicación excelente, véase Thomas L. Harris, *The Marketer's Guide to Public Relations* (Nueva York: John Wiley, 1991). Véase también Harris, *Value-Added Public Relations* (Chicago: NTC Business Books, 1998).

80. Tom Duncan, *A Study of How Manufacturers and Service Companies Perceive and Use Marketing Public Relations* (Muncie, IN: Ball State University, 1985). Para más información sobre cómo contrastar la eficacia de la publicidad con la de las RP, véase Kenneth R. Lord y Sanjay Putrevu, "Advertising and Publicity: An Information Processing Perspective", *Journal of Economic Psychology* (marzo de 1993), pp. 57–84.

81. Lisa Sanders, "Meow Mix TV Pulls off PR Coup", *Advertising Age*, 23 de junio de 2003, p. 18.

82. <www.coneinc.com>.

83. Para lecturas adicionales sobre el marketing comprometido, véase P. Rajan Varadarajan y Anil Menon, "Cause-Related Marketing: A Co-Alignment of Marketing Strategy and Corporate Philanthropy", *Journal of Marketing* (julio de 1988), pp. 58–74.

84. Premios *PRWEEK* 2004.

85. Arthur M. Merims, "Marketing's Stepchild: Product Publicity", *Harvard Business Review* (noviembre–diciembre de 1972), pp. 111–112. Véase también Katherine D. Paine, "There Is a Method for Measuring PR", *Marketing News*, 6 de noviembre de 1987, p. 5.

EN ESTE CAPÍTULO
ANALIZAREMOS LAS SIGUIENTES
PREGUNTAS:

1. ¿Cómo utilizan las empresas la integración del marketing directo para obtener ventaja competitiva?

2. ¿Cómo pueden las empresas llevar a cabo un marketing *on line* eficaz?

3. ¿Qué decisiones tienen que tomar las empresas al conformar su fuerza de ventas?

4. ¿Cómo pueden administrar las empresas su fuerza de ventas de manera eficaz?

5. ¿Qué hacen los vendedores para mejorar sus habilidades de venta, negociación y mantenimiento de relaciones de marketing?

ADMINISTRACIÓN
DE PROGRAMAS DE
COMUNICACIÓN PERSONAL:
EL MARKETING DIRECTO
Y LA VENTA PERSONAL

diecinueve

En la actualidad, las comunicaciones de marketing se entienden como un diálogo interactivo entre la empresa y sus clientes. Para conseguir cerrar una venta es necesario trabajar arduamente y con inteligencia. Las empresas no sólo se deben preguntar: ¿cómo podemos llegar a nuestros clientes?, sino también ¿cómo pueden nuestros clientes llegar hasta nosotros? Gracias a los avances tecnológicos, las personas se pueden comunicar hoy a través de medios de comunicación convencionales (periódicos, revistas, radio, teléfono, televisión, anuncios espectaculares), así como a través de computadoras, faxes, teléfonos celulares, localizadores y otros dispositivos inalámbricos. Las nuevas tecnologías han reducido los costos de comunicación, lo que ha propiciado que las empresas abandonen la comunicación masiva para adoptar una estrategia de comunicación más personalizada basada en el diálogo.

En el programa de empleo de Newell Rubbermaid en Phoenix, los recién graduados son asignados a minoristas como Wal-Mart, Home Depot, Lowe's y algunos otros, donde tienen que hacer de todo, desde colocar la mercancía en los anaqueles hasta demostrar cómo funcionan los nuevos contenedores de plástico resistentes a las manchas, y organizar brigadas de detección de clientes que comen los productos en la tienda y se van sin pagar. Los más de 500 graduados que participan en el programa son elegidos en función de sus logros extracurriculares. A los deportistas simpáticos o a los presidentes de hermandades se les da preferencia por su manifiesta ambición, dotes de liderazgo y disposición a trabajar en >>>

Un aprendiz de Newell Rubbermaid coloca un despachador de productos como parte de su participación en el programa de la empresa en Phoenix.

equipo. A continuación, reciben una capacitación intensiva sobre marketing de la venta al detalle y se les asigna el cometido de incrementar la demanda de los consumidores en las siete u ocho tiendas que se ponen a su cargo. Esta fuerza de ventas tan motivada y enérgica ha generado, año tras año, un aumento promedio de dos dígitos en el volumen de ventas.[1]

La personalización de las comunicaciones es fundamental, como también lo es la comunicación adecuada en el momento justo y a la persona precisa. En este capítulo estudiaremos cómo las empresas personalizan sus comunicaciones de marketing para conseguir un mayor impacto. Comenzaremos por el marketing directo y continuaremos con la venta personal y la fuerza de ventas.

::: El marketing directo

El **marketing directo** consiste en la utilización de canales que llegan directamente a los consumidores con el fin de entregar bienes y servicios a los compradores sin necesidad de intermediarios de marketing. Estos canales incluyen el correo directo, los catálogos, el telemarketing, la televisión interactiva, las terminales de venta, los sitios Web y otros dispositivos móviles.

De esta forma, los mercadólogos pretenden obtener una respuesta medible, que generalmente adopta la forma de un pedido por parte de los consumidores. Por eso también se utiliza el término **marketing de pedidos directos** para definir esta estrategia. En la actualidad, muchos expertos recurren al marketing directo para consolidar las relaciones a largo plazo con los clientes.[2] Por ejemplo, envían tarjetas de cumpleaños, material informativo o pequeños premios a determinados clientes. Las aerolíneas, los hoteles y otro tipo de empresas establecen fuertes vínculos con sus clientes a través de clubes y programas de frecuencia.

El marketing directo es una de las formas de atención a los consumidores que experimentan una mayor expansión. Cada vez más mercadólogos empresariales utilizan el correo directo y el telemarketing, en respuesta a los crecientes costos que implica llegar hasta los clientes industriales mediante la fuerza de ventas. En total, las ventas que se consiguen a través del marketing directo generan el 9% de la economía estadounidense.[3]

Además de tratar de aumentar la productividad de la fuerza de ventas, las empresas intentan sustituir las modalidades de venta por correo y por teléfono para reducir gastos. Las ventas que se consiguen a través de canales tradicionales de marketing directo (catálogos, correo directo y telemarketing) han aumentado de forma considerable. Mientras que la venta al por menor crece a un ritmo cercano al 3% anual, las ventas por correo y por catálogo crecen el doble de rápido. Las ventas a través del marketing directo engloban ventas a los mercados de consumo (53%), ventas de negocio a negocio (27%), y recaudación de fondos por parte de organizaciones no lucrativas (20%). La inversión total de marketing directo en medios de comunicación en el año 2000 (incluidos el correo directo, el teléfono, las emisiones de radio y televisión, Internet, diarios y revistas) superó los 236,300 millones de dólares.[4] En la figura 19.1 aparece un desglose de los diferentes tipos de marketing directo.

Las ventajas del marketing directo

El crecimiento extraordinario del marketing directo se debe a una serie de factores. La *desmasificación del mercado* ha generado un creciente número de nichos. El precio de la gasolina, la congestión del tránsito, la dificultad de encontrar un lugar para estacionar el auto, la escasez de tiempo, la falta de ayuda por parte de los vendedores y las largas filas que hay que hacer para pagar en las tiendas han animado a los consumidores a realizar sus compras desde casa. Los consumidores agradecen los teléfonos gratuitos y los sitios Web disponibles 24 horas al día, los siete días de la semana, así como el compromiso de los directores de marketing por atender a sus clientes. El auge de las entregas de mercancías al día siguiente con FedEx, Airborne y UPS ha facilitado la realización de pedidos y ha mejorado la rapidez en la entrega. Además, muchas cadenas han abandonado los artículos con menor rotación, lo que ha generado una oportunidad fantástica para que las empresas con un buen marketing directo promuevan estos productos entre los compradores interesados. El auge de Internet, del correo electrónico, de los teléfonos celulares y del fax ha simplificado considerablemente la selección de productos y la realización de pedidos.

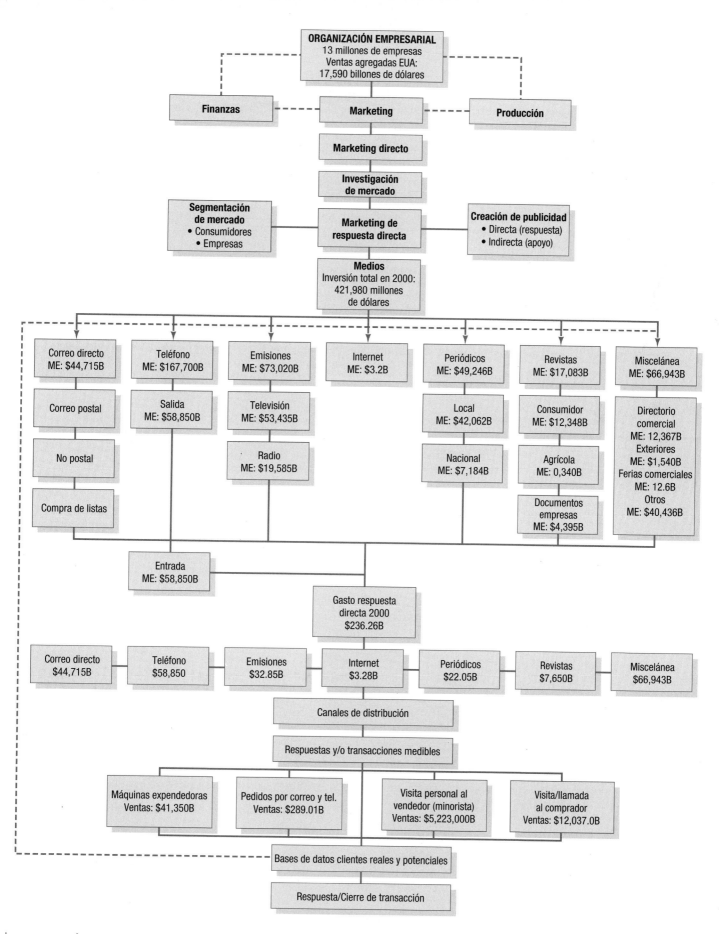

ORGANIZACIÓN EMPRESARIAL
13 millones de empresas
Ventas agregadas EUA:
17,590 billones de dólares

Finanzas

Marketing

Producción

Marketing directo

Investigación de mercado

Segmentación de mercado
• Consumidores
• Empresas

Marketing de respuesta directa

Creación de publicidad
• Directa (respuesta)
• Indirecta (apoyo)

Medios
Inversión total en 2000:
421,980 millones
de dólares

Correo directo
ME: $44,715B

Teléfono
ME: $167,700B

Emisiones
ME: $73,020B

Internet
ME: $3.2B

Periódicos
ME: $49,246B

Revistas
ME: $17,083B

Miscelánea
ME: $66,943B

Correo postal

Salida
ME: $58,850B

Televisión
ME: $53,435B

Local
ME: $42,062B

Consumidor
ME: $12,348B

Directorio
comercial
ME: 12,367B
Exteriores
ME: $1,540B
Ferias comerciales
ME: 12.6B
Otros
ME: $40,436B

No postal

Radio
ME: $19,585B

Nacional
ME: $7,184B

Agrícola
ME: 0,340B

Compra de listas

Documentos
empresas
ME: $4,395B

Entrada
ME: $58,850B

Gasto respuesta
directa 2000
$236.26B

Correo directo
$44,715B

Teléfono
$58,850

Emisiones
$32.85B

Internet
$3.28B

Periódicos
$22.05B

Revistas
$7,650B

Miscelánea
$66,943B

Canales de distribución

Respuestas y/o transacciones medibles

Máquinas expendedoras
Ventas: $41,350B

Pedidos por correo y tel.
Ventas: $289.01B

Visita personal al
vendedor (minorista)
Ventas: $5,223,000B

Visita/llamada
al comprador
Ventas: $12,037.0B

Bases de datos clientes reales y potenciales

Respuesta/Cierre de transacción

FIG. **19.1** Diagrama de flujo del marketing directo.

Fuente: Reimpreso con permiso de la revista *Direct Marketing*, 224 Seventh Street, Garden City, Nueva York, 11530-5771.

El marketing directo favorece a los consumidores por diversas razones. En primer lugar, comprar desde casa es cómodo, divertido y sencillo. De esta forma se ahorra tiempo y se tiene acceso a una variedad de productos mucho mayor. Por otra parte, se pueden comparar precios y productos mediante catálogos por correo o servicios *on line*. Los consumidores pueden comprar para sí mismos o para otros. Los compradores empresariales, por su parte, también tienen la posibilidad de conocer qué productos y servicios ofrecen las demás empresas sin dedicar su tiempo a reunirse con vendedores.

El marketing directo también resulta ventajoso para los vendedores. Los especialistas en marketing directo pueden adquirir listas de nombres de prácticamente cualquier grupo de consumidores: zurdos, personas con sobrepeso, millonarios, etc. De este modo es posible personalizar e individualizar los mensajes, y entablar una relación continua con cada cliente. Los padres de recién nacidos reciben información periódica por correo sobre ropa, juguetes y muchos otros artículos conforme el bebé crece.

El marketing directo se planea de tal modo que llegue a los consumidores meta en el momento adecuado. Asimismo, el marketing directo recibe mucha más atención que otras modalidades porque alcanza a segmentos más interesados. Por otra parte, el marketing directo permite probar medios y mensajes alternativos para encontrar finalmente la combinación más adecuada desde el punto de vista de los costos. Además, dificulta el acceso de los competidores a la oferta y a la estrategia de la empresa. Por último, los marketing directo permite medir los efectos de las campañas para estudiar cuál ha sido más rentable. (Sin embargo, no hay que olvidar los aspectos contenidos en *Cuestiones clave: Asuntos éticos del marketing directo.*)

Los especialistas en marketing directo disponen de una serie de canales para llegar hasta los clientes reales y potenciales: el correo postal, los catálogos, el telemarketing, la televisión y otros medios de respuesta directa, las terminales de venta y el marketing *on line*.

LANDS' END

Land's End es una empresa que vende artículos de equipaje, artículos para el hogar y ropa para toda la familia, de corte tradicional y precios relativamente caros. Esta empresa, adquirida en 2002 por Sears a cambio de 1,860 millones de dólares, ofrece sus productos a través de catálogos, de Internet y de puntos de venta. Desde 1964 los catálogos se publican cuatro veces al año, e incluyen explicaciones detalladas de los productos. Lands' End fue una de las primeras empresas en adoptar Internet con el lanzamiento de su sitio Web en 1995. En el sitio estadounidense de Lands' End se pueden encontrar todos los productos de la empresa, y es el sitio Web más grande del mundo en cuanto a volumen de ventas de ropa. Pionera en la búsqueda de nuevas formas de mejorar la experiencia de compra de sus clientes, la empresa les ofrece la creación de modelos virtuales de sí mismos en tercera dimensión si proporcionan sus medidas; también les ofrece los servicios de un "consultor personal de guardarropa" si responden a unas sencillas preguntas acerca de sus gustos. Los mensajes semanales de correo electrónico con historias estrafalarias y descuentos también generan ventas. En una ocasión, la empresa relató cómo un cliente se había puesto su camiseta de malla de Lands' End para visitar a una reserva ecológica de chimpancés huérfanos en la República de Ghana y las ventas de esa prenda subieron un 40% esa semana.[5]

CUESTIONES **CLAVE**   ASUNTOS ÉTICOS DEL MARKETING DIRECTO

Los especialistas en marketing directo suelen gozar de las relaciones gratificantes con sus clientes. Sin embargo, en ocasiones aparecen cuestiones problemáticas:

- **Irritación:** Muchos consideran molesto el creciente número de solicitudes de marketing directo que intentan vender a toda costa. Les desagradan especialmente las llamadas a la hora de la comida o a altas horas de la noche, los teleoperadores con poca formación y las llamadas informatizadas que generan teléfonos de automarcado con mensajes grabados con antelación.

- **Injusticia:** Determinados vendedores se aprovechan de los compradores impulsivos o menos exigentes. Los programas de venta por televisión y los infomerciales podrían ser los peores ejemplos con sus presentadores de voz suave y los anuncios de drásticas rebajas en el precio.

- **Decepción y fraude:** Determinados vendedores diseñan mensajes e incluyen contenido destinado a inducir al error a los compradores. Por ejemplo, exageran el tamaño del producto, los resultados o el precio "al por menor". En Estados Unidos, la agencia encargada de estos asuntos, la Federal Trade Commission, recibe miles de quejas cada año sobre fraudulentas empresas de inversión o de beneficencia.

- **Invasión de la intimidad:** Parece que cada vez que los consumidores realizan un pedido por correo o por teléfono, participan en un concurso, solicitan una tarjeta de crédito o se suscriben a una revista, su nombre, dirección y patrones de compra se incorporan a las bases de datos de diferentes empresas. Los críticos manifiestan su preocupación por la posibilidad de que las empresas sepan demasiado sobre cómo viven sus clientes, puesto que podrían utilizar esta información para tomar ventaja.

Los especialistas en marketing directo intentan solucionar estos problemas. Son conscientes de que si no les prestan atención, la actitud de los consumidores será cada vez más negativa, el índice de respuesta al marketing directo disminuirá y se solicitará más regulación por parte del Estado. Al fin y al cabo, la mayor parte de los mercadólogos pretenden lo mismo que los consumidores: ofertas de marketing honestas y bien diseñadas que se dirijan exclusivamente a los consumidores a los que podrían interesar.

Correo directo

El correo directo consiste en enviar una oferta, un anuncio, un recordatorio o cualquier otro tipo de información a una persona determinada. Gracias a listas muy selectivas que contienen los datos de los consumidores, los especialistas en marketing directo envían millones de sobres cada año con cartas, folletos, trípticos o cualquier otra modalidad de "vendedores con alas". Algunas empresas llegan a enviar cintas de audio, de video, discos compactos y disquetes a sus clientes reales y potenciales.

El correo directo es una herramienta de gran aceptación, puesto que permite una gran selección de consumidores, es susceptible de personalización, además de flexible, y permite comprobar y medir sus resultados con rapidez. A pesar de que el costo de llegar a cada mil personas a través de este medio es más elevado que el de recurrir a los medios de comunicación masiva, la población a la que se dirige está constituida por consumidores mucho más proclives a la compra. El correo directo puede tener un soporte de papel y enviarse a través de los servicios postales, de los servicios telegráficos, o de otras empresas privadas de reparto como FedEx, DHL o Airborne Express. De manera alternativa, también se pueden utilizar el fax, el correo electrónico o el buzón de voz.

El marketing a través del correo directo atraviesa diferentes etapas:

- **"Bombardeo por correo":** Los mercadólogos preparan o adquieren una lista con tantos nombres como sea posible y envían un correo de forma masiva. Generalmente, el índice de respuesta es muy bajo.
- **Marketing de bases de datos:** Los mercadólogos filtran una base de datos para detectar a los consumidores con el perfil más adecuado que podrían estar interesados en la oferta.
- **Marketing interactivo:** Los mercadólogos incluyen una dirección de Internet y un número de teléfono, y ofrecen en el sitio Web cupones que se imprimen. Los receptores pueden ponerse en contacto con la empresa para preguntar sus dudas. La empresa utiliza esta interacción como una oportunidad para hacer venta cruzada o vertical, y para consolidar la relación con el cliente.
- **Marketing personalizado en tiempo real:** Los mercadólogos saben lo suficiente sobre cada cliente como para personalizar e individualizar la oferta y el mensaje.
- **Marketing de por vida:** Los mercadólogos desarrollan un plan de marketing de por vida para cada uno de los clientes más valiosos en función de lo que saben sobre los sucesos o las transiciones de su vida.

Una de las empresas con fama de concentrarse de forma exhaustiva y atenta en sus clientes es L. L. Bean, Inc., con sede en Maine, que vende ropa y accesorios informales a través de pedidos por correo, catálogos *on line*, establecimientos minoristas y tiendas de fábrica. Para maximizar la satisfacción de sus clientes, la empresa ofrece una garantía del 100% para todas las compras. En 1916, el fundador L. L. Bean colgó un cartel en la tienda de Freeport en el que proclamaba: "En mi opinión, una venta no está completa hasta que la ropa se ha desgastado de tanto usarse y el cliente sigue satisfecho." En una ocasión, Bean devolvió el dinero de unos zapatos adquiridos dos años antes porque el cliente afirmaba que no habían durado todo lo que debían.[6]

Para crear una campaña de correo directo eficaz, los mercadólogos tienen que fijarse una serie de objetivos, definir los mercados meta y el perfil del cliente potencial, probar la campaña con grupos de consumidores y medir los efectos de la misma.

ANZ BANK

La campaña "Cambia de casa para que se ajuste a tu vida", del banco australiano ANZ Bank, fue galardonada como la mejor campaña de marketing directo e interactivo internacional de 2003 por la Direct Marketing Association. La agencia de respuesta directa M&C Saatchi utilizó un sistema de análisis de datos muy complejo para identificar y personalizar una campaña que despertara el interés por los créditos hipotecarios. Se filtró la base de datos para seleccionar consumidores pertenecientes a 16 grupos diferentes. A continuación, la empresa envió información específica para cada grupo del público meta en función de sus necesidades y su situación. El resultado de la campaña fue que ANZ recibió un número de llamadas sin precedentes (un aumento del 83% respecto a la tasa anual normal); además, la solicitud de créditos hipotecarios se incrementó en un 3%, y el reconocimiento de la campaña aumentó un 47%. De manera específica, la campaña de correo directo supuso 4,922 nuevas cuentas o hipotecas con una tasa de interés del 6%.[7]

OBJETIVOS   La mayoría de los especialistas en marketing directo pretenden conseguir un pedido de sus clientes potenciales. El éxito de una campaña se mide por el índice de respuesta que genera. Por norma general, un índice de respuesta del 2% se considera adecuado, aunque todo dependerá del precio y de la categoría del producto. El correo directo también permite alcanzar otros objetivos de comunicación, como por ejemplo, generar disposición a la compra en clientes potenciales, estrechar las relaciones con los clientes, informarlos y educarlos, recordarles ofertas especiales, y reforzar las decisiones de compra recientes de los clientes.

CUESTIONES **CLAVE** | **CUANDO SU CLIENTE ES UN COMITÉ**

Una de las múltiples ventajas del marketing de base de datos y del marketing directo es que permiten diseñar el formato, la oferta y el mensaje de venta de modo que se ajuste al público meta. Los mercadólogos empresariales pueden diseñar una serie de mensajes interrelacionados y reforzados, y dirigirlos a los responsables de tomar decisiones y a quienes influyen en este proceso. He aquí algunos consejos para mejorar las posibilidades de venta cuando su cliente sea un comité:

■ Cuando se generan oportunidades de negocio y se envían por correo mensajes de seguimiento, es importante tener en mente que la mayor parte de las comunicaciones empresariales se leen una o dos veces, o incluso más, antes de alcanzar al público meta.

■ Planee y presupueste una serie de mensajes diferentes para cada uno de los miembros de su comité de compra. La frecuencia y la periodicidad de las exposiciones son fundamentales para llegar a estas audiencias.

■ Siempre que sea posible, diríjase a las personas por su nombre y su cargo. Al utilizar esta información es más probable que el correo interno de la empresa haga llegar el mensaje al destinatario si éste ha cambiado de posición dentro de la empresa.

■ No es necesario utilizar el mismo formato y el mismo tamaño para llegar a todo el público meta. Para enviar el mensaje al director general o al presidente, es conveniente utilizar un sobre de apariencia elegante, pero para dirigirse a las demás personas con capacidad para influir en la decisión bastará con utilizar un formato menos costoso y menos personal.

■ Informe a su cliente-comité de que está en contacto con otros miembros de la organización.

■ Consiga que las personas que influyen en la decisión se sientan importantes. Pueden ser sus aliados más valiosos.

■ Cuando se comunique con públicos diferentes, asegúrese de prever sus objetivos y objeciones de compra individuales; prepare argumentos para rebatir las objeciones.

■ Cuando su base de datos o su lista de direcciones no le sirvan para alcanzar a las personas clave, solicite al destinatario que remita la información a la persona correspondiente.

■ Cuando elabore un mensaje para generar clientes, asegúrese de preguntar el nombre y el cargo de todos aquellos que estén interesados en la decisión y que participen en ella. Introduzca esta información en su base de datos.

■ Aunque parezca mucho trabajo (o gasto), escribir diferentes versiones de la misma carta y crear ofertas diferentes resulta muy rentable. El principal responsable de la decisión estará interesado en recibir una versión del costo total, pero los demás podrían estar más interesados en ventajas como la seguridad, la comodidad y el ahorro de tiempo. Adapte su oferta a su público meta.

Fuente: Adaptado de Pat Friesen, "When Your Customer Is a Committee", *Target Marketing* (agosto de 1998), p. 40.

PÚBLICO META Y CLIENTES POTENCIALES Los mercadólogos necesitan identificar las características de los clientes reales y potenciales que pueden y desean comprar, y que están listos para ello. Normalmente se utiliza la fórmula u-f-i (*última adquisición, frecuencia de compra, importe gastado*) para seleccionar y clasificar a los consumidores. Para cualquier oferta, la empresa ha de seleccionar a los consumidores en función de cuánto tiempo ha pasado desde su última adquisición, de cuántas veces han comprado y de cuánto han gastado desde su primera compra. Imaginemos que una empresa ofrece una chaqueta de piel. Podría informar de esta oferta a los clientes que hicieron su última adquisición en un plazo comprendido entre los últimos 30 y 60 días, que hacen entre 3 y 6 compras anuales, y que desde su primera compra se han gastado unos 100 dólares como mínimo. A continuación se asignan puntuaciones a los diferentes niveles de u-f-i, y se clasifica a los clientes. Cuanta mayor puntuación obtenga una persona, más atractivo tendrá como cliente. El correo sólo se envía a los clientes con las puntuaciones más altas.[8]

También es posible identificar a los clientes potenciales con base en variables como la edad, el género, los ingresos, la educación y las adquisiciones previas por vía postal. Las ocasiones especiales ofrecen un buen punto de partida para la segmentación. Cuando las parejas tienen hijos entran en el mercado de la ropa y los juguetes para bebé, cuando los estudiantes entran en la universidad adquieren computadoras y televisores, los recién casados compran muebles, electrodomésticos y casas o departamentos, y solicitan créditos hipotecarios. Otra variable de segmentación muy útil es el estilo de vida o las aficiones, por ejemplo, los amantes de la informática, los amantes de la cocina, o los amantes de las actividades al aire libre. En el caso de los mercados empresariales, Dun & Bradstreet opera un servicio de información que ofrece un sinfín de datos relevantes.

En el marketing directo de negocio a negocio (b2b), el cliente potencial no es una persona, sino más bien un grupo o un comité compuesto por personas encargadas de tomar decisiones y de influir en otros. Véase *Cuestiones clave: Cuando el cliente es un comité,* en el que se brinda una serie de consejos para diseñar una campaña de correo directo dirigida a clientes empresariales.

Una vez definido el mercado meta, la empresa procede a conseguir nombres específicos. Los mejores clientes meta de una empresa son aquellos consumidores que ya han adquirido el producto alguna vez. Las ofertas gratuitas son una forma sencilla de obtener nombres adicionales. Los mercadólogos también pueden adquirir listas de intermediarios, pero éstas con frecuencia suponen algún problema, por ejemplo, duplicación de nombres, información incompleta, direcciones antiguas, etc. Las mejores listas incluyen anexos con información demográfica y psicográfica. Los mercadólogos suelen comprar y probar con una muestra de la lista antes de adquirirla en su totalidad.

ELEMENTOS DE LA OFERTA Nash considera que la estrategia de oferta está integrada por cinco elementos: el *producto*, la *oferta*, el *medio*, el *método de distribución* y la *estrategia creativa*.[9] Por fortuna, todos estos elementos son susceptibles de someterse a prueba antes de tomar una decisión definitiva.

Además de estos elementos, el profesional del marketing directo ha de decidir sobre cinco componentes del correo: el sobre exterior, la carta de ventas, la circular, el formato de respuesta y el sobre de respuesta. Veamos algunos descubrimientos:

1. El sobre exterior será más efectivo si contiene alguna ilustración, de preferencia a color, y/o algún elemento llamativo que incite a abrirlo (por ejemplo, el anuncio de un concurso, un premio o una ventaja para el receptor). Los sobres son más eficaces cuando contienen un sello conmemorativo a todo color, cuando la dirección se escribe a mano o cuando está impresa imitando la escritura a mano, y cuando el sobre difiere en tamaño y en forma de los sobres normales.[10]
2. La carta de ventas debería comenzar con un saludo personal y con un encabezado en negritas. El texto debería ser breve e imprimirse en un papel de buena calidad. Si se escribe e imprime con una computadora, el resultado es mucho más eficaz que si se utiliza una carta de imprenta. La presencia de una posdata expresiva al final de la carta suele aumentar el índice de respuesta, al igual que la firma de alguna persona importante dentro de la empresa.
3. La mayor parte de las veces, si se acompaña la carta con una circular a todo color, el índice de respuesta aumentará lo suficiente como para justificar su costo.
4. El mensaje debería incluir un número de teléfono gratuito e invitar a los receptores a visitar el sitio Web de la empresa. Debe ofrecerse la posibilidad de imprimir los cupones disponibles en el sitio Web.
5. Si se incluye un sobre de respuesta con el sello de franqueo, el índice de respuesta aumentará de forma considerable.

El correo directo debería ir seguido de un mensaje de correo electrónico, que es más barato y menos inoportuno que una llamada de telemarketing.

PRUEBA DE LOS ELEMENTOS DE LA OFERTA Una de las grandes ventajas del marketing directo es que se tiene la posibilidad de probar, en condiciones de mercado reales, los diferentes elementos de una oferta, como los productos en sí mismos, sus características, los impresos, el tipo de envío, el sobre, los precios o las listas de correo.

Los mercadólogos deben recordar que el índice de respuesta no tiene en cuenta el efecto a largo plazo de una campaña. Imaginemos que tan sólo el 2% de los receptores de un correo de Samsonite hacen un pedido. El número de consumidores que llega a conocer el producto es mucho mayor (puesto que el correo directo tiene un alto índice de lectura), y algunos de ellos se habrán formado intenciones de compra para el futuro (ya sea por correo o en un punto de venta minorista). Además, algunos de ellos mencionarán a otros las maletas Samsonite como resultado del correo directo. Para conseguir un cálculo aproximado más certero sobre los efectos de la promoción, algunas empresas estudian el impacto del marketing directo en la conciencia de marca, la intención de compra y los comentarios a otras personas.

MEDICIÓN DEL ÉXITO DE LA CAMPAÑA: VALOR DE VIDA DEL CLIENTE Los mercadólogos pueden calcular con antelación el nivel de equilibrio necesario, en términos de porcentaje de respuesta, al sumar los costos totales que se esperan de la campaña. El índice de respuesta debe ser neto, es decir, no debe incluir la mercancía devuelta ni los pagos no realizados, que pueden acabar con la eficacia de una campaña. Los mercadólogos necesitan analizar las causas de las devoluciones de productos (entregas tardías, mercancías defectuosas, deterioro en el transporte, diferencias entre el producto y la publicidad, o errores al tomar el pedido).

Es posible mejorar los resultados de una campaña si se estudian campañas pasadas. Incluso cuando una campaña no consigue llegar al nivel de punto de equilibrio a corto plazo, sí puede resultar rentable a largo plazo si tenemos en cuenta el valor de vida del cliente (véase el capítulo 5). En último término, el valor de un cliente no se manifiesta con la respuesta a un mensaje determinado. Más bien, el valor de un cliente es la ganancia que espera obtener la empresa de todas las compras futuras menos los costos de adquisición y mantenimiento del cliente. En el caso de un cliente promedio, se debe calcular la esperanza de vida media del cliente, los gastos anuales promedio por cliente, la utilidad bruta promedio, y restar a esta cifra el costo medio de adquisición y mantenimiento del cliente (descontado adecuadamente por el costo de oportunidad del dinero).[11]

Marketing de venta por catálogo

En el marketing de venta por catálogo las empresas pueden enviar catálogos con la línea de productos completa, o catálogos de especialidad para consumidores, o catálogos para clientes empresariales. Muchos catálogos se imprimen en papel, pero otros se presentan en CD, videos o en Internet. JCPenney y Spiegel envían catálogos de productos generales. Victoria's Secret y Saks Fifth Avenue envían catálogos con prendas especiales al mercado medio-alto. Gracias a sus catálogos, Avon vende cosméticos, W. R. Grace vende queso e IKEA vende muebles. Muchas de estas empresas han descubierto que al combinar los catálogos con los sitios Web consiguen más ventas. Miles de pequeñas empresas también tienen catálogos especiales. Las grandes empresas como Grainger y Merck, entre otras, envían catálogos a sus clientes personales y empresariales, tanto reales como potenciales.

En Estados Unidos, los catálogos son un negocio lucrativo: cerca del 71% de la población compra por catálogo y hace sus pedidos por teléfono, por correo o por Internet, y en 2002 cada pedido representó, en promedio, 149 dólares.[12] El éxito de una empresa de venta por catálogo depende de la capacidad que tenga para administrar su base de clientes (de modo que no haya duplicados ni incumplimiento de pagos), para controlar exhaustivamente su inventario, para ofrecer productos de calidad cuya tasa de devolución sea baja y para proyectar una imagen distintiva. Para diferenciar sus catálogos, algunas empresas incluyen características literarias o informativas, envían muestras de los artículos, ponen a la disposición de los consumidores una línea telefónica gratuita para responder a sus preguntas, envían obsequios a sus mejores clientes y donan un porcentaje de las ventas a causas sociales.

PATAGONIA

"Sensacional", "increíble" y "fantástico" fueron algunos de los adjetivos que empleó el jurado de *Catalog Age* cuando concedió el galardón "Catálogo del año" a la edición de otoño de 2002 de Patagonia. Los jueces quedaron impresionados por la espectacular fotografía de la portada, en la que aparecía una pintoresca imagen de las montañas sudamericanas, la excelente selección de productos y la soberbia presentación del catálogo. Asimismo, el texto del catálogo recibió elogios por su gran detalle sin exceso de tecnicismos, y las imágenes también recibieron cumplidos por su calidad y por ofrecer un importante refuerzo visual. El jurado también consideró que los informes del trabajo de campo y los ensayos sobre cuestiones ambientales constituían un contenido editorial relevante. Además, destacaron las sólidas políticas de servicio y de facilidad de pedido del catálogo.[13]

Los consumidores de Asia y de Europa están uniéndose al frenesí de la compra por catálogo. En la década de los 90, las empresas estadounidenses de venta por catálogo como L. L. Bean, Lands' End, Eddie Bauer y Patagonia empezaron a desarrollar con éxito sus operaciones en Japón. En tan sólo unos cuantos años, los catálogos extranjeros, sobre todo estadounidenses y algunos europeos, consiguieron el 5% del mercado japonés de pedidos por catálogo, que representa 20,000 millones de dólares. Incluso el 90% de las ventas internacionales de L. L.

Portada de la edición de otoño de 2002 del catálogo Patagonia, que obtuvo un galardón.

Bean provienen de Japón. Las empresas de venta por catálogo como Tiffany & Co., Patagonia, Eddie Bauer y Lands' End también han entrado en Europa.

Las empresas de productos industriales también han hecho importantes progresos. Las ventas en mercados extranjeros (sobre todo europeos) han generado un aumento en las utilidades de Viking Office Products, así como de la empresa de venta de computadoras y equipos Black Box Corporation. Viking ha triunfado en Europa porque allí hay menos centros comerciales que en Estados Unidos y porque la población es muy receptiva a la venta por correo. Black Box debe gran parte de su crecimiento internacional a sus políticas de servicio al cliente que en Europa son inigualables.[14] Al presentar en Internet la totalidad del catálogo, las empresas tienen un mejor acceso a los consumidores de todo el mundo, un acceso sin precedentes que además les sirve para ahorrar costos de impresión y de reparto por correo.

Telemarketing

El **telemarketing** consiste en emplear operadores telefónicos y centros de llamadas para atraer a nuevos clientes, vender a clientes existentes y ofrecer un servicio adicional como tomar nota de pedidos y responder preguntas. El telemarketing ayuda a las empresas a aumentar sus ingresos, reducir sus costos de venta y mejorar la satisfacción del cliente. Las empresas utilizan los centros de llamadas tanto para el *telemarketing de entrada* (respuesta de llamadas de clientes) como para el *telemarketing de salida* (llamar a clientes reales y potenciales). De hecho, las empresas desarrollan cuatro tipos de telemarketing:

- *Televenta:* Recepción de pedidos de catálogos o anuncios y llamadas a clientes. Los operadores pueden hacer venta cruzada, vertical, presentar nuevos productos, abrir nuevas cuentas y reactivar cuentas inertes.
- *Telecobertura:* Llamadas a clientes para conservar y alimentar las relaciones clave y prestar más atención a las cuentas olvidadas.
- *Teleproyección:* Preparación y generación de nuevas posibilidades de venta que se cerrarán con otros canales de venta.
- *Atención al cliente y servicio técnico:* Respuestas a preguntas técnicas y de servicio.

Aunque el telemarketing se ha convertido en una herramienta fundamental del marketing directo, su naturaleza, en ocasiones inoportuna, ha llevado a los políticos a apoyar la creación en octubre de 2003 de un registro de la Federal Trade Commission en el que puede inscribirse todo aquel que no quiere que las empresas le llamen a casa. Sólo las organizaciones políticas, las asociaciones altruistas, los encuestadores o las empresas que ya mantienen una relación con el cliente están exentas de esta prohibición.[15]

El telemarketing está cada vez más extendido en el marketing empresarial, como ocurre en el de consumo. Raleigh Bicycles utiliza el telemarketing para reducir la cantidad de personal de ventas necesario para establecer contacto con sus intermediarios. Durante el primer año, los gastos de desplazamiento de vendedores se redujeron un 50%, mientras que las ventas, en tan sólo un trimestre, aumentaron un 34%. El telemarketing, gracias al uso de videoteléfonos, sustituirá poco a poco a las visitas de ventas, que resultan más costosas, aunque no las eliminará del todo. Un número de vendedores cada vez mayor consigue ventas de cinco y seis dígitos sin ni siquiera ver el rostro del cliente. Para que el telemarketing sea eficaz, la empresa debe seleccionar a los operadores idóneos, darles la capacitación adecuada y ofrecerles incentivos por resultados. Veamos un ejemplo de un buen telemarketing.

USAA

USAA, ubicada en San Antonio, Texas, es la prueba de que una compañía de seguros es capaz de realizar todos sus negocios por teléfono sin llegar a ver el rostro de sus clientes. Desde sus inicios, USAA se concentró en la venta de seguros para automóviles, y posteriormente comenzó a asegurar otros productos hasta entrar en el sector militar. Para aumentar su participación en los negocios del cliente, la empresa fundó un banco, emitió tarjetas de crédito, abrió una correduría de bolsa de descuento y maneja fondos de inversión. A pesar de que las transacciones se realizan por teléfono, USAA ha conseguido uno de los índices de satisfacción del cliente más altos de Estados Unidos. De hecho, la empresa recibió el Premio del Presidente de J. D. Power & Associates en 2002.[16]

Otros medios de respuesta directa

Los especialistas en marketing directo utilizan los principales medios de comunicación para realizar sus ofertas a compradores potenciales. Tanto los periódicos como las revistas contienen numerosos anuncios impresos que ofrecen libros, prendas de ropa, electrodomésticos, viajes y otros bienes y servicios que los consumidores pueden adquirir si llaman a un número de teléfono gratuito. Los anuncios en la radio ofrecen productos 24 horas al día.

TELEVISIÓN La televisión se utiliza de diversas formas:

1. *Publicidad de respuesta directa.* Algunas empresas preparan comerciales informativos de 30 a 60 minutos en los que combinan el aspecto comercial de los anuncios con infor-

mación educativa y entretenimiento. Los *infomerciales* son una mezcla entre las llamadas de ventas y los anuncios televisivos, y su producción cuesta entre 250,000 y 500,000 dólares. Algunas personas se han vuelto muy famosos entre los espectadores que ven la televisión de madrugada (por ejemplo, Tony Robbins, Victoria Principal y Kathy Smith). Cada vez más empresas recurren a la publicidad de respuesta directa para vender productos complejos, productos con tecnología avanzada o productos que simplemente requieren una explicación exhaustiva (Callaway Golf, Carnival Cruises, Mercedes, Microsoft, Philips Electronics, Universal Studios e incluso el sitio Web de búsqueda de empleo Monster.com).[17] Estas empresas narran la historia del producto y alaban sus ventajas para millones de clientes potenciales adicionales con un costo por pedido que suele ser inferior al del correo directo o al de los anuncios impresos.[18]

2. ***Canales de televisión especializados en ventas:*** Algunos canales de televisión se dedican exclusivamente a vender bienes y servicios. En Home Shopping Network (HSN), que emite 24 horas al día, los presentadores ofrecen precios de ganga para productos como ropa, joyería, lámparas, muñecas de colección y herramientas eléctricas. Los espectadores pueden hacer pedidos si llaman a un número gratuito y recibir sus compras en un plazo de 48 horas. Millones de adultos ven este tipo de programas, y cerca del 50% de ellos realiza alguna compra de este modo.

3. ***Videotexto y televisión interactiva:*** En este caso, el aparato de televisión del consumidor está vinculado a un catálogo, mediante un cable o a través de la línea telefónica. Los consumidores hacen sus pedidos a través de un dispositivo especial conectado al sistema. En la actualidad se está investigando el modo de combinar la televisión, el teléfono y las computadoras en una única forma de televisión interactiva.

TERMINAL DE MARKETING Una terminal o quiosco es una pequeña estructura o una construcción de dimensiones reducidas que alberga una unidad de venta o de información. En este conjunto se incluyen los puestos de periódicos, los quioscos que venden bebidas refrescantes y los carritos que venden relojes, bisutería, etc. Estos carritos suelen estar ubicados en estaciones de autobús o de ferrocarril y en los pasillos de los centros comerciales. El término también incluye las máquinas expendedoras conectadas a computadoras que se encuentran en aeropuertos, tiendas y demás ubicaciones posibles. Todos estos elementos son herramientas de venta directa. Algunas empresas han adaptado las características de autoservicio de las terminales a sus propios negocios. Continental Airlines descubrió que el 66% de sus pasajeros estadounidenses se documentaban en las terminales instaladas para tal fin en sólo 66 segundos si llevaba maletas y en 30 segundos si no portaban equipaje. McDonald's descubrió que los clientes que utilizaban las terminales gastaban un 30% más por pedido.[19]

::: Marketing interactivo

Los canales más novedosos de marketing directo son electrónicos.[20] Internet ofrece a las empresas y a los consumidores nuevas oportunidades de *interacción* e *individualización*. En el pasado, las empresas enviaban mensajes a través de los medios de comunicación a todo el público en general. En la actualidad, esas mismas empresas envían contenido individualizado y los propios consumidores personalizan aún más tal contenido. Las empresas hoy pueden interactuar y dialogar con grupos mucho más amplios que en el pasado.

Sin embargo, el proceso de intercambio en la era de la información lo inician y controlan los consumidores. Las empresas y sus representantes han de esperar hasta que los consumidores acepten participar en el intercambio. Incluso después de que las empresas entran en el proceso de intercambio, los consumidores dictan las normas del compromiso que adoptan y pueden protegerse con la ayuda de agentes e intermediarios. Los consumidores deciden qué información necesitan, qué ofertas les interesan y qué precios están dispuestos a pagar.[21]

El marketing electrónico está experimentando un crecimiento explosivo. En el último trimestre de 2003 se invirtieron 2,200 millones de dólares en publicidad *on line*. En Estados Unidos el 43% de los usuarios de computadoras, es decir, el 51% de los hogares estadounidenses, se conectan a Internet a través de una conexión de banda ancha, necesaria para descargar una gran cantidad de archivos digitales de audio y video.[22] Estas nuevas posibilidades dispararán el crecimiento de los anuncios novedosos que combinan animación, video y sonido con características interactivas.

AXE

La campaña del spray corporal desodorante Axe, de Unilever, fue galardonada con el premio "Sweet Spot Award" de *Business* 2.0 a la campaña más innovadora de 2003. La campaña se lanzó en 2002 y estaba destinada a una audiencia masculina de entre 18 y 24 años interesada en mejorar su atractivo para el sexo opuesto. La pieza central de la campaña, diseñada por la agencia publicitaria Bartle Bogle Hegarty, era una serie de anuncios que parecían videos caseros y que sólo estaban disponibles en el sitio Web de Axe (www.theaxeeffect.com). En cada uno, una bella mujer se sentía atraída, instantáneamente, por el desodorante Axe. En un clip de 25 segundos, una porrista entra corriendo en un campo de fútbol americano y derriba a un jugador que usaba el desodorante. La agencia dio por hecho que este grupo demográfico (el 95% del cual pasa al menos 4 horas en Internet) preferiría descubrir las marcas, y no que se las vendiesen. La campaña evitó los anuncios televisivos convencionales en favor de banners en revistas masculinas *on line* como *Maxim* y FHM, así como en AtomFilms, un sitio de cortos estrafalarios. Los banners llevaban a un sitio Web lleno de animación en el que los cibernautas podían ver los videos. La rentabilidad de la inversión de la campaña superó todas las expectativas. El sitio recibió siete veces más visitas de lo esperado. Tras cuatro meses de campaña, 1.7 millones de cibernautas habían visitado el sitio Web y un tercio afirmó haberlo recomendado a sus amigos. Para finales de año, Axe había capturado cerca del 4% de la participación del mercado (valuado en 2,000 millones de dólares) de desodorantes masculinos en Estados Unidos.[23]

Ventajas del marketing interactivo

El marketing interactivo presenta ventajas exclusivas.[24] En primer lugar, es fácilmente medible y sus efectos se pueden controlar de forma sencilla. Eddie Bauer ha recortado sus costos de marketing por cada venta en un 74% gracias a la concentración en anuncios más impactantes.[25] Internet ofrece la ventaja de la "situación contextual". Las empresas pueden adquirir espacio publicitario en sitios relacionados con la oferta y en función de búsquedas por palabras en sitios como Google. De esta forma, Internet llega a los consumidores cuando empiezan el proceso de compra. El público que apenas consume medios de comunicación, sobre todo televisión, es fácilmente alcanzable a través de Internet. Este medio es especialmente eficaz para llegar hasta los consumidores durante el día. Los consumidores jóvenes, con grandes ingresos y educación superior tienen un consumo de Internet que supera al de la televisión.[26]

El diseño de un sitio Web atractivo

Desde luego, todas las empresas tienen que considerar y evaluar las oportunidades que ofrecen el marketing y las compras *on line*. Un desafío especialmente importante es el diseño de un sitio Web que resulte atractivo a primera vista y suficientemente interesante para animar a los navegantes a visitarlo de nuevo.

Rayport y Jaworski sostienen que los sitios Web atractivos comparten siete elementos de diseño que denominan las siete "C":[27]

■ *Contexto:* Disposición y diseño del sitio Web.
■ *Contenido:* El texto, las imágenes, el sonido y los videos que presenta el sitio.
■ *Comunidad:* Cómo el sitio permite la comunicación entre usuarios.
■ *Capacidad de personalización:* La capacidad del sitio para personalizarse a la medida de los diferentes usuarios o para permitir que el propio usuario lo personalice a su gusto.
■ *Comunicación:* Se refiere a la posibilidad de comunicación entre el sitio y el usuario en un sentido o en ambos.
■ *Conexión:* La vinculación del sitio con otros sitios.
■ *Comercio:* Las características del sitio que permiten transacciones comerciales.

Para fomentar la repetición de visitas, las empresas deben prestar especial atención a los factores tanto de contenido como de contexto, y añadir otra "C" más: cambio constante.[28]

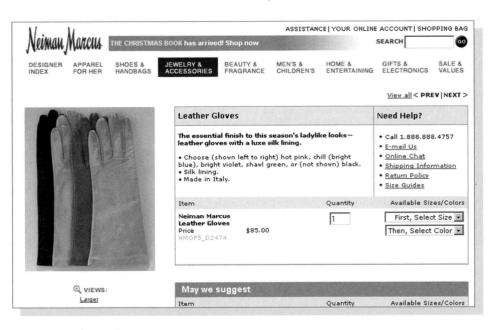

El sitio Web de Neiman Marcus es al mismo tiempo atractivo y funcional: es fácil navegar y hacer compras en él. Si una persona está interesada en adquirir estos guantes de piel, encontrará una detallada descripción de los mismos junto con una lista de los colores disponibles. Para hacer el pedido tendrá que seguir las instrucciones y hacer clic unas cuantas veces con el *mouse*.

CUESTIONES **CLAVE**

¿CUÁL ES SU TIPO?

Durante muchos años, las empresas han analizado a clientes y consumidores en función de la edad, el género, el origen étnico y algunas otras características. Sin embargo, las variables demográficas no son las únicas herramientas que se utilizan para segmentar un mercado *on line*. La empresa de investigación con sede en San Diego, Miller-Williams Inc., divide a los compradores de Internet en cinco categorías:

Los *sensibles*, con un 37%, son los compradores *on line* más numerosos, los más fáciles de satisfacer y, probablemente, los mejores clientes. Los *agonizantes*, con un 10%, hacen mucha comparación de precios y productos, pero no se dejan llevar tanto por el precio como *los amos del regateo*, que representan el 34%.

Los *expertos*, con un 15%, destacan por su gran experiencia en la compra a través de Internet. Cerca del 5% de los compradores *on line* son amantes de la tecnología, cibernautas enamorados de Internet.

La enseñanza que se obtiene de esta segmentación es que las empresas han de conocer a sus clientes y asegurarse de que no les están ofreciendo algo que no quieren o que no necesitan. "Si uno no sabe que sus clientes son amos del regateo, no sabrá tampoco que la mejor forma de llamar su atención es ofrecerles cupones de descuento", afirma Amy Ferraro, directora de investigación de Miller-Williams Inc.

Fuente: Adaptado de Mark Henricks, "Net Meeting", *Entrepreneur,* febrero de 2003, p. 55.

Los visitantes del sitio Web juzgarán su funcionamiento por la facilidad de uso y el atractivo físico. La facilidad de uso reside en tres atributos diferentes: **1.** el acceso al sitio es rápido, **2.** la primera página es de fácil comprensión y **3.** es fácil para el visitante navegar a otras páginas que se abren rápidamente dentro del sitio. El atractivo físico viene determinado por los siguientes factores: **1.** las páginas individuales son sencillas y no están saturadas de contenido, **2.** el tipo y el tamaño de la letra es legible y **3.** el sitio tiene un uso adecuado del color (y del sonido).

Los factores contextuales posibilitan la repetición de visitas, pero no son una garantía. El hecho de que una persona visite de nuevo un sitio dependerá del contenido de éste, que debe ser interesante y útil, y estar en constante evolución. Determinados contenidos resultan más útiles para atraer a los navegantes que visitan el sitio por primera vez y para hacer que vuelvan: **1.** mucha información con vínculos a otros sitios, **2.** novedades de interés, **3.** ofertas diferentes para los visitantes, **4.** concursos y sorteos, **5.** bromas y humor y **6.** juegos.

Las empresas también prestan atención en la forma como compran los consumidores a través de Internet. En *Cuestiones clave: ¿Cuál es su tipo?,* se describen cinco categorías de compradores *on line*.

Anuncios y promociones *on line*

Las empresas tienen que decidir qué forma de publicidad por Internet resulta más efectiva para conseguir sus objetivos publicitarios desde el punto de vista de los costos. Los **banners** son rectángulos pequeños que contienen texto y en ocasiones alguna imagen. Las empresas sitúan sus banners en sitios Web que estén relacionados de algún modo con el anuncio. Cuanto mayor sea la audiencia a la que llega el anuncio, mayor será su costo. Existen sitios en los que no hay que pagar por colocar un *banner,* sino que se aceptan a cambio de un trueque. En los primeros días de Internet, los cibernautas prestaban atención a cerca del 2 o 3% de los *banners* que veían, pero este porcentaje se desplomó rápidamente y los publicistas empezaron a explorar otras formas de comunicación.

Muchas empresas se promocionan en Internet mediante el patrocinio de contenidos especiales como noticias o información financiera. Los **patrocinios** resultan más eficaces cuando se colocan en sitios destinados a un público específico al que le interese la información o el servicio en cuestión. El patrocinador paga por mostrar el contenido, y a cambio recibe el reconocimiento como patrocinador de ese servicio en el sitio Web.

Un **micrositio** es un área limitada de Internet que administra y financia un anunciante o empresa externos. Los micrositios son especialmente importantes para empresas que venden productos de bajo interés como los seguros. Los cibernautas casi nunca visitan los sitios Web de las compañías aseguradoras. Pero una compañía aseguradora puede crear un micrositio en un sitio de autos de segunda mano para ofrecer sus servicios de asesoría a los posibles compradores, y a la vez, hacerles una buena oferta.

Los **pop-ups** son anuncios, normalmente con algún tipo de video o animación, que emergen cuando se pasa de un sitio Web a otro. Los anuncios de Tylenol, el remedio para el dolor de cabeza de Johnson & Johnson's, aparecen en los sitios Web de información bursátil cuando el mercado cae más de 100 puntos. Puesto que los consumidores consideran que los *pop-ups* son molestos y que impiden concentrarse, muchos usuarios de servicios como AOL han instalado un software que bloquea este tipo de anuncios.[29]

El área de mayor crecimiento en Internet es el de los **anuncios relacionados con la búsqueda**.[30] El 35% de las búsquedas de Internet tienen giran en torno a productos o servicios. Los términos de búsqueda se utilizan como variable de referencia de los intereses de consumo de los usuarios y sirven para generar una lista de vínculos de ofertas de productos o servicios que aparece junto con los resultados de la búsqueda en Google, MSN y Yahoo!. Los anunciantes sólo pagan si los usuarios hacen click en el vínculo. El costo por click depende de la valoración del vínculo y de la popularidad del criterio de búsqueda. El promedio de visitantes ronda el 2%, lo que supone un índice de visitas muy superior al de cualquier otro tipo de anuncios *on line*.[31] Con un costo promedio de 35 centavos, estos anuncios resultan mucho más baratos que los de los directorios comerciales que cuestan un dólar por exposición. Un ejecutivo de Samsung calcula que alcanzar a unas mil personas a través de Internet resulta 50 veces más barato que hacerlo por televisión. En la actualidad, la empresa invierte el 10% de su presupuesto en publicidad *on line*.[32] Una nueva tendencia es el de la **publicidad por contenidos**, que permite vincular los anuncios no a palabras clave sino al contenido de páginas Web.

Las empresas pueden formar **alianzas** o **programas de afiliación**. Cuando una empresa de servicios de Internet trabaja con otra terminan por hacerse publicidad recíproca. AOL ha formado muchas alianzas de éxito con otras empresas. Amazon tiene cerca de un millón de afiliados que incluyen *banners* de Amazon en sus sitios Web. Las empresas también pueden tomar medidas de marketing de guerrilla para promover su sitio Web y generar comentarios positivos. Cuando Yahoo! lanzó su sitio danés, distribuyó manzanas entre los pasajeros de la estación de tren más concurrida de Dinamarca con el mensaje de que en las próximas horas se podrían ganar un viaje a Nueva York en el sitio de Yahoo!; y así también consiguió aparecer en los periódicos daneses. Las empresas pueden ofrecerse a enviar información y anuncios a audiencias selectas que accedan a recibirlos, y que probablemente estarán más interesadas en el producto o en la categoría de productos.

La publicidad por Internet está experimentando un crecimiento exponencial. Los costos son razonables si los comparamos con los de los demás medios de comunicación. Por ejemplo, ESPN.com (www.espn.com), el sitio número uno de deportes, atrae a más de cinco millones de cibernautas cada semana. Según las tarifas publicitarias actuales, colocar un anuncio en este sitio durante todo un año podría costar entre medio millón de dólares y un millón (en función de los niveles de impresión).[33] Yahoo! emplea a 100 vendedores que hacen demostraciones de cómo los anuncios por Internet pueden llegar hasta personas con una serie de intereses comunes o que viven en determinadas zonas.

Directrices para el marketing *on line*

Si una empresa realiza adecuadamente una campaña de correo electrónico, no sólo podrá entablar relaciones con sus clientes, sino que también podrá conseguir ventajas adicionales. El correo electrónico supone una fracción del precio de una campaña de correo directo. Por ejemplo, Microsoft invertía aproximadamente 70 millones de dólares cada año en enviar mensajes por correo postal. En la actualidad, cada mes envía 20 millones de mensajes de correo electrónico y ha conseguido reducir los costos de manera significativa. Asimismo, en comparación con otras formas de marketing *on line*, el correo electrónico es un ganador indiscutible. El índice de consulta de los banners ha caído por debajo del 1%, mientras que el índice de visitas de vínculos incluidos en mensajes de correo electrónico se sitúa en torno al 80%.

Los mercadólogos *on line* siguen una serie de directrices importantes:[34]

■ *Ofrecen al cliente una razón para responder al mensaje.* Las empresas deberían ofrecer a los cibernautas incentivos para que lean los mensajes de correo electrónico y los anuncios *on line*, por ejemplo, hacer concursos de preguntas sobre datos curiosos, incluir juegos y organizar sorteos con resultados al instante.

■ *Personalizan el contenido de los mensajes de correo electrónico.* iSource, de IBM, se envía por correo electrónico de forma semanal a cada cliente y en él se incluyen sólo las noticias que el cliente "elige" de acuerdo con las actualizaciones semanales y de las notificaciones recibidas. Los clientes que acceden a recibir los boletines de noticias seleccionan, a partir de una lista de alternativas, los temas que más les interesan.

■ *Ofrecen algún incentivo que el cliente no podría obtener a través del correo postal.* Puesto que los mensajes por correo electrónico se envían a gran velocidad, son el vehículo idóneo para difundir información urgente. Por ejemplo, Travelocity envía mensajes para informar sobre las bajas tarifas de boletos de avión que ofrece a última hora. Por su parte, Club Med utiliza el correo electrónico para informar a los clientes potenciales de su base de datos sobre las atractivas rebajas que ofrece en los paquetes de vacaciones que no se han vendido.

■ *Facilitan el proceso a los consumidores que decidan darse de baja.* Es importante que los ciberconsumidores tengan una experiencia de abandono positiva. Según un estudio de Burston-Marsteller y Roper Strach Worldwide, el 10% de los usuarios de Internet, que corresponde a aquellos que se comunican *on line* con mayor frecuencia, comparten sus opiniones por correo electrónico con 11 amigos cuando están satisfechos, pero se ponen en contacto con 17 cuando no lo están.[35]

Los vendedores *on line* se enfrentan a numerosos desafíos cuando intentan expandir el uso del comercio electrónico. Los consumidores necesitan saber que la información que proporcionan en Internet es confidencial y que no se va a poner a la venta. También necesitan confiar en que las transacciones *on line* son seguras. Las empresas deben fomentar la comunicación e invitar a los clientes reales y potenciales a que planteen preguntas, sugerencias e incluso quejas a través del correo electrónico. Algunos sitios incluyen un botón que permite al consultante solicitar que un representante de la empresa lo llame (el navegante hace clic y su teléfono suena: un vendedor está dispuesto a responder a sus preguntas). En principio, los vendedores pueden atender de forma inmediata a este tipo de mensajes. Los mercadólogos más inteligentes responderán con premura y enviarán boletines de noticias, ofertas especiales de producto o promociones basadas en experiencias de otros clientes, recordatorios sobre necesidades de servicios o renovación de garantías, y anuncios sobre eventos especiales.

El marketing directo se puede integrar con otros tipos de comunicaciones o de actividades de canal.[36] Citigroup, AT&T, IBM, Ford y American Airlines han utilizado la integración del marketing directo para crear, durante años, relaciones rentables con sus clientes. Minoristas como Nordstrom, Nieman Marcus, Saks Fifth Avenue y Bloomingdale's con regularidad envían catálogos para complementar las ventas de sus establecimientos. Las empresas de marketing directo como L. L. Bean, Eddie Bauer, Franklin Mint y The Sharper Image consiguieron amasar fortunas con el negocio de los pedidos por correo o por teléfono, y después de haber creado marcas fuertes como vendedores directos abrieron puntos de venta al por menor. Asimismo, realizan promociones cruzadas de sus establecimientos, catálogos y sitios Web; por ejemplo, acostumbran poner la dirección de Internet en las bolsas de la compra.

VIRGIN MOBILE

En una campaña que recibió el León de Oro en Cannes en 2004, Virgin Mobile dio a conocer su servicio para vender mensajes de texto por 5 centavos a través de su sistema de telefonía inalámbrica en Australia. La campaña combinó anuncios televisivos, anuncios en exteriores y una página Web, todos ellos basados en la historia de Warren, un personaje de ficción sediento de amor. En los anuncios en exteriores aparecía la dirección junto con la imagen de Warren, y en ellos se leía: "Sé mi gatita textual" o "¿Cuál es tu postura textual favorita?". Durante las 10 semanas que duró la campaña, Warren recibió 600,000 respuestas de texto, el sitio Web recibió tres millones de visitas, y las ventas aumentaron más de un 35% cada mes. Los antiguos clientes también incrementaron su uso: hicieron un 15% más de llamadas y enviaron un 20% más de mensajes de texto.[37]

::: El diseño de la fuerza de ventas

La forma original y más antigua de marketing directo es la visita de ventas. En la actualidad, muchas empresas industriales dependen en gran medida de que su fuerza de ventas localice a clientes potenciales, los convierta en clientes reales y consolide el negocio. Otras contratan representantes y agentes para que lleven a cabo la venta directa. Asimismo, numerosas empresas de consumo recurren a la venta directa: agentes de seguros, corredores de bolsa y distribuidores que trabajan para organizaciones como Avon, Amway, Mary Kay y Tupperware.

Las empresas estadounidenses invierten más de un billón de dólares cada año en su fuerza de ventas y en material de venta (más de lo que invierten en cualquier otro método promocional). Cerca del 12% del total de los vendedores trabajan la jornada completa. Tanto las organizaciones empresariales como las asociaciones no lucrativas cuentan con vendedores. Los hospitales y los museos, por ejemplo, se valen de recaudadores de fondos para que se pongan en contacto con posibles donadores y soliciten su colaboración.

Nadie pone en duda la importancia de la fuerza de ventas en los programas de marketing. Sin embargo, una gran preocupación de las empresas son los costos elevados que se necesitan para mantener una fuerza de ventas (salarios, comisiones, bonos, viáticos y prestaciones). El costo promedio de una visita de ventas oscila entre los 200 y 300 dólares, y como para cerrar una compra suele ser necesario realizar cuatro visitas, el costo total oscila entre los 800 y 1,200 dólares.[38] No resulta sorprendente, por tanto, que las empresas intenten aumentar la productividad de su fuerza de ventas a través de mejores sistemas de selección, capacitación, supervisión, motivación y compensación.

El término *vendedor* o *representante de ventas* cubre un amplio espectro de actividades. Cabe diferenciar seis tipos de actividades de ventas, de menor a mayor creatividad:[39]

1. **Distribuidor físico**—Vendedor cuya misión consiste en entregar el producto (agua, combustible, petróleo).
2. **Receptor de pedidos**—Vendedor que actúa desde dentro de la empresa recibiendo pedidos (el vendedor detrás del mostrador) o de forma externa (el vendedor de jabones que va a visitar al gerente de un supermercado).
3. **Creador de imagen**—Vendedor que no está autorizado para tomar nota de pedidos; en lugar de ello, se dedica a crear una buena imagen de su empresa o a brindar información a los usuarios reales o potenciales (por ejemplo, un visitador médico que representa a una empresa farmacéutica).
4. **Técnico**—Vendedor con un alto nivel de conocimiento técnico (por ejemplo, la fuerza de ventas constituida por ingenieros que actúan, fundamentalmente, como consultores de los clientes de la empresa).

5. **Generador de demanda**—Vendedor que emplea toda una serie de estrategias creativas para vender productos tangibles (aspiradoras, cepillos o productos para el hogar) o intangibles (seguros, espacios publicitarios en los medios o cursos).
6. **Asesor**—Vendedor especializado en resolver los problemas del cliente relacionados con los productos y servicios de la empresa (por ejemplo, sistemas informáticos y de comunicaciones).

El personal de ventas es el vínculo entre la empresa y los consumidores. Los vendedores, para muchos clientes, son la propia empresa. El vendedor es quien recopila la información necesaria sobre los clientes. Por esta razón, la empresa debe diseñar cuidadosamente su equipo de ventas, es decir, tendrá que establecer los objetivos de ventas, la estrategia, la estructura y el tamaño del equipo, así como el sistema de retribución. (Véase la figura 19.2.)

SOBE

John Bello, fundador de la empresa SoBe dedicada a vender té y jugos enriquecidos con complementos nutricionales, reconoce que gran parte del éxito de su marca reside en su fuerza de ventas. Bello afirma que la calidad y la consistencia del esfuerzo de ventas de los 150 vendedores con que contaba la empresa en su momento de mayor éxito tenía un único objetivo: "SoBe consiguió ganar la batalla en la calle porque nuestros vendedores estaban allí, en mayor proporción que los de la competencia, y además, con mayor motivación." La fuerza de ventas de SoBe operaba a todos los niveles de la cadena de distribución: con los distribuidores, la comunicación constante daba a SoBe una gran ventaja frente a otras marcas; por lo que se refiere a su relaciones con otras empresas, como 7 Eleven, Costco y Safeway, la mayor parte de los vendedores se encargaban de estrecharlas y fortalecerlas; y a nivel minorista, el equipo de SoBe siempre colaboraba cuando había que acomodar los anaqueles, colocar en ellos la mercancía, o arreglar los puntos de venta y los exhibidores.[40] Según Bello, el éxito definitivo de cualquier esfuerzo empresarial depende, en último término, de cómo se realizan las ventas.

Objetivos y estrategia de la fuerza de ventas

Los días en que los vendedores sólo tenían que "vender, vender y vender" ya han quedado atrás. En la actualidad, los vendedores tienen que saber cómo diagnosticar los problemas de los clientes y proponer una solución adecuada. Los vendedores demuestran a los clientes cómo su empresa podría ayudarles a aumentar su rentabilidad.

Las empresas necesitan definir los objetivos específicos que quieren para sus vendedores. Por ejemplo, una empresa podría necesitar que sus vendedores dedicaran el 80% de su tiempo a los clientes actuales y el 20% restante a los clientes potenciales, y que dedicaran el 85% de su tiempo a los productos consolidados y el 15% restante para los productos nuevos. El esquema de distribución temporal dependerá de cada tipo de cliente o producto, pero sea cual fuere el contexto de venta, los vendedores tendrán que desarrollar una o varias de las siguientes tareas específicas:

■ **Búsqueda:** Lo que incluye búsqueda de nuevos clientes y de oportunidades de venta.
■ **Distribución de tiempo:** Decisión sobre cómo distribuir el tiempo entre clientes reales y clientes potenciales.
■ **Comunicación:** Los vendedores tienen que dar información sobre los productos y servicios de la empresa.
■ **Venta:** Acercamiento, presentación, respuesta a las preguntas del cliente y cierre de transacciones.
■ **Servicio:** Prestación de diversos servicios a los clientes (asesoría en la resolución de problemas, consultoría técnica, trámites relacionados con el financiamiento, envío de mercancías).
■ **Recopilación de información:** Realización de estudios de mercado y funciones de inteligencia de marketing.
■ **Asignación:** Decisión sobre qué clientes recibirán suministros en periodos de escasez de productos.

En virtud del costo que implica la fuerza de ventas, la mayor parte de las empresas comienzan a adoptar el concepto de *apalancamiento de la fuerza de ventas*. De este modo, la fuerza de ventas se concentra en vender los productos más complejos y personalizados de la empresa a los grandes clientes, mientras que las ventas más sencillas corren a cargo de vendedores internos o se realizan a través de Internet. Así, la fuerza de ventas delega en otros la creación de oportunidades de venta, la redacción de propuestas, el cumplimiento de pedidos y la asistencia post-venta. Los vendedores administran menos cuentas y reciben una retribución en función del crecimiento de éstas. Tal enfoque difiere notablemente del tradicional, en el que los vendedores tenían que vender a cualquier tipo de cuenta, un problema al que se enfrentan los equipos de ventas dispersos geográficamente.[41]

Las empresas deben desplegar a sus vendedores de manera estratégica a fin de que puedan visitar a los clientes adecuados en el momento preciso y de la manera apropiada. Los re-

| FIG. **19.2** |

Diseño de una fuerza de ventas.

Un representante brinda servicio personalizado a un cliente que desea comprar un camión Navistar.

presentantes de ventas actuales fungen como "gerentes de cuenta", ya que están en contacto con diversas personas que ocupan cargos relevantes en las organizaciones con las que se tienen relaciones comerciales. En la actualidad, las ventas requieren cada vez más del trabajo en equipo que incluye a todo el personal de la empresa. Por ejemplo, se requerirá del apoyo de la *alta dirección*, en especial cuando se trata de cuentas nacionales o de gran tamaño; del *personal técnico*, que ofrece información y servicio al cliente antes, durante y después de la compra del producto; de los *representantes de atención al cliente*, que brindan servicios de instalación y mantenimiento; y del *personal administrativo*, como analistas de ventas, asistentes y personas encargadas de tramitar los pedidos.

Para mantener la concentración en el mercado, los vendedores deberían saber cómo analizar la información de ventas, calcular el potencial de mercado, realizar tareas de inteligencia de marketing, y desarrollar planes y estrategias de marketing. Los representantes de ventas deben poseer cualidades analíticas de marketing; estas cualidades con aún más importantes en el caso de los gerentes de ventas. Los mercadólogos consideran que la fuerza de ventas será más eficaz a largo plazo si quienes la integran comprenden tanto los procesos de marketing como los de ventas.

Una vez que la empresa decide el enfoque que desea utilizar para sus ventas, podrá valerse de una fuerza de ventas directa o contratar una fuerza de ventas externa. La **fuerza de ventas directa (o de la empresa)** está formada por empleados remunerados que trabajan, ya sea tiempo completo o medio tiempo, exclusivamente para la empresa. Esta fuerza de ventas incluye personal interno, que realiza su actividad desde la oficina con la ayuda del teléfono y que se encarga de recibir a los clientes, y vendedores de campo, que se desplazan para visitar a los clientes en sus oficinas. Una **fuerza de ventas externa** está formada por vendedores, agentes de ventas o comisionistas que reciben un salario en función de las ventas que consiguen.

Estructura de la fuerza de ventas

La estrategia de ventas que adopte la empresa tendrá repercusiones sobre la estructura de la fuerza de ventas. Una empresa que vende una línea de productos en un único sector industrial con clientes repartidos por diferentes zonas geográficas necesitará una organización territorial del equipo de ventas. Una empresa que vende diferentes productos a distintos tipos de clientes necesitará una estructura de ventas por producto o por mercado. Algunas empresas necesitan una estrategia más compleja. Motorola, por ejemplo, posee cuatro tipos de equipos de ventas: **1.** una fuerza de ventas estratégica compuesta por ingenieros técnicos, de aplicaciones y de calidad, y por personal de servicio que se asigna a las cuentas principales; **2.** una fuerza de ventas territorial que visita a miles de clientes en diferentes zonas; **3.** una fuerza de ventas para distribuidores que visita y asesora a los distribuidores oficiales de Motorola, y **4.** una fuerza de ventas interna que hace tareas de telemarketing y recibe pedidos por teléfono o por fax.

Las empresas consolidadas deben revisar la estructura de su fuerza de ventas conforme cambien las condiciones económicas y el mercado. SAS, dedicada a la venta de software de inteligencia, reorganizó su equipo de ventas por sectores (por ejemplo, el sector bancario, el de correduría de bolsa y el de seguros), y registró un aumento en las utilidades del 14%.[42] En *Marketing en acción: Cómo administrar grandes cuentas,* nos ocuparemos de una forma especial de estructurar la fuerza de ventas para administrar las cuentas principales de una empresa.

| MARKETING **EN ACCIÓN** | CÓMO ADMINISTRAR GRANDES CUENTAS |

Las grandes cuentas (también conocidas como cuentas nacionales, cuentas globales o cuentas clave) se suelen tratar de forma independiente, para garantizar la atención adecuada. Las empresas ofrecen contratos con precios uniformes y servicios coordinados a los clientes importantes que tienen sus negocios repartidos por lugares diferentes. Los gerentes de grandes cuentas supervisan a los vendedores que visitan las fábricas de su territorio. Por lo general, las grandes cuentas son responsabilidad de un equipo de administración estratégica integrado por personal de diferentes departamentos que se encarga de todos los aspectos de la relación empresarial. Por ejemplo, en 1992, Procter & Gamble creó un equipo de administración estratégica para trabajar con la cuenta de Wal-Mart en sus oficinas centrales de Bentonville, Arkansas. En 1998, P&G y Wal-Mart habían conseguido ahorrar, de manera conjunta, 30,000 millones de dólares gracias a las mejoras que implementaron en la cadena de distribución. En la actualidad, el equipo de P&G en Bentonville está formado por cerca de 100 empleados que se dedican exclusivamente a Wal-Mart.

Una empresa promedio administra cerca de 75 grandes cuentas. Si una empresa tiene numerosas cuentas de este tipo, crea un departamento de grandes cuentas, en el que los gerentes se ocupan, en promedio, de nueve de ellas. Los gerentes de cuenta dependen del gerente de ventas nacional, quien tiene que reportarse al vicepresidente de marketing y ventas, quien, a su vez, depende del director general.

Esta estructura de administración de grandes cuentas está prosperando. Conforme aumenta la concentración de compradores mediante fusiones y adquisiciones, las ventas de las empresas provienen de un número cada vez menor de compradores. Muchos compradores centralizan sus compras para determinados artículos, lo que les confiere mayor poder de negociación. Por su parte, los vendedores dedican más tiempo a estos compradores principales. Otro elemento importante es que los productos cada vez son más complejos, por lo que cada vez más empleados de la empresa compradora participan en el proceso de adquisición. El vendedor típico, por sí solo, podría no reunir las habilidades, la autoridad o la cobertura necesarias para vender a los grandes clientes con eficacia.

Al seleccionar las grandes cuentas, las empresas buscan clientes con un gran volumen de compras (especialmente de los productos más rentables), que presenten patrones de compra centralizados, que requieran un gran nivel de servicios en diferentes territorios, que sean sensibles al precio y que persigan una relación de colaboración a largo plazo. Los gerentes de grandes cuentas tienen una serie de responsabilidades: actuar como contacto único con la empresa para el cliente, desarrollar y expandir el negocio con el cliente, comprender los procesos de toma de decisiones del cliente, identificar las oportunidades que añadan valor, ofrecer inteligencia competitiva, negociar las ventas y coordinar los servicios del cliente. Por lo regular, la evaluación de los gerentes se realiza en función de su eficacia para aumentar el volumen de negocios con el cliente y de sus logros en términos de ventas y utilidades. Un gerente de grandes cuentas afirmó: "Mi trabajo no consiste únicamente en actuar como vendedor, sino en actuar como 'consultor de marketing' para nuestros clientes, pues les ofrezco no sólo los productos de mi empresa, sino también sus capacidades."

Las grandes cuentas suelen obtener precios más ventajosos en función del volumen de compra, pero las empresas no pueden recurrir únicamente a este incentivo para conseguir la lealtad de sus clientes. Siempre existe el riesgo de que los competidores igualen o superen los descuentos, o tal vez sea necesario aumentar los precios como consecuencia de un incremento en los costos. Las grandes cuentas buscan el valor agregado más que unos precios ventajosos. De este modo, aprecian tener un único interlocutor en el proveedor dedicado exclusivamente a ellos, una única factura, garantías especiales, vínculos EDI, prioridad en la entrega, información puntual, productos personalizados y servicios eficaces de mantenimiento, reparación y actualización. Además de estas consideraciones prácticas, también valoran la buena disposición y voluntad de sus proveedores. Las relaciones personales con empleados que valoran el negocio de los grandes clientes y a quienes les interesa el éxito de la empresa son razones de peso para convertirse en un cliente leal.

Fuentes: S. Tubridy, "Major Account Management", en *AMA Management Handbook* (3a. ed.), John J. Hampton (ed.) (Nueva York: Amacom, 1994), pp. 3–25, 3–27; Sanjit Sengupta, Robert E. Krapfel y Michael A. Pusateri, "The Strategic Sales Force", *Marketing Management* (verano de 1997), pp. 29–34; Robert S. Duboff y Lori Underhill Sherer, "Customized Customer Loyalty", *Marketing Management* (verano de 1997), pp. 21–27; Tricia Campbell, "Getting Top Executives to Sell", *Sales & Marketing Management* (octubre de 1998), p. 39; "Promotion Marketer of the Decade: Wal-Mart", *Promo*, 1o. de diciembre de 1999; Noel Capon, *Key Account Management and Planning: The Comprehensive Handbook for Managing Your Company's Most Important Strategic Asset* (Nueva York: Free Press, 2001); Sallie Sherman Joseph Sperry y Samuel Reese, *The Seven Keys to Managing Strategic Accounts* (Nueva York: McGraw-Hill Trade, 2003). Más información disponible en NAMA (National Account Management Association), <www.nasm.com>.

Tamaño de la fuerza de ventas

Una vez que la empresa tiene clara la estrategia y la organización de su fuerza de ventas, se encuentra en disposición de determinar el tamaño del equipo de vendedores, uno de sus activos más productivos y costosos. Al aumentar el tamaño de la fuerza de ventas se incrementan, como consecuencia, las ventas y los costos.

Una vez que la empresa determina el número de clientes que desea alcanzar, podrá calcular el número de vendedores que necesitará en función de la *carga de trabajo*. Este método se divide en cinco pasos:

1. Se agrupa a los clientes por tamaño, según su volumen anual de compras.
2. Se establece la frecuencia de visitas deseada para cada grupo de clientes (número de visitas al año por cliente).
3. Se multiplica el número de cuentas de cada grupo de clientes por la frecuencia de visitas correspondiente para determinar la carga de trabajo total a nivel nacional. El resultado indicará el número de visitas que habrán de hacerse por año.
4. A continuación se obtiene el promedio de visitas por año que puede realizar un vendedor.
5. Se calcula el número de vendedores requeridos dividiendo el número de visitas necesarias en un año por la media de visitas anuales que puede realizar un vendedor.

| FIG. **19.3** |

Administración de la fuerza de ventas.

Imaginemos que la empresa calcula que existen 1,000 cuentas tipo A, que requieren 36 visitas por año, y 2,000 cuentas tipo B, que requieren 12 visitas por año. La empresa necesitará, por tanto, una fuerza de ventas capaz de realizar 60,000 visitas por año. Si el total de visitas que puede realizar un vendedor es de 1,000 por año, la empresa necesitará 60 vendedores que trabajen tiempo completo.

Retribución de la fuerza de ventas

Para conseguir a los mejores vendedores, la empresa tendrá que desarrollar un sistema de retribución que resulte atractivo. Los vendedores buscan regularidad en los ingresos, beneficios adicionales por superar los objetivos establecidos, y una retribución acorde con su experiencia y antigüedad en la empresa. La dirección de la empresa, por su parte, busca control, economía y sencillez. Algunos de estos objetivos son contradictorios. No es de extrañar, por tanto, que los planes salariales de la fuerza de ventas varíen tanto entre los diferentes sectores, e incluso entre empresas de un mismo sector.

La empresa debe determinar los cuatro componentes de la retribución del equipo de ventas: salario fijo, retribución variable, dietas y prestaciones. El *salario fijo* o salario base trata de satisfacer las necesidades de los vendedores de obtener ingresos estables. La *retribución variable*, que adquiere la forma de comisiones, bonos y un porcentaje de las utilidades, tiene por objetivo estimular a los vendedores y recompensar sus esfuerzos. Las *dietas* permiten a los vendedores hacer frente a los gastos que supone desplazarse a visitar a los clientes. Las *prestaciones*, por ejemplo, vacaciones pagadas, seguros de gastos médicos, planes de pensiones y seguros de vida, son una forma de proporcionar seguridad al vendedor y de hacerle sentir satisfecho con su trabajo.

En general, se le da más importancia al salario fijo cuando apenas existe relación entre las ventas conseguidas y el esfuerzo de los trabajadores, y cuando la venta es compleja desde un punto de vista técnico y requiere trabajo en equipo. La retribución variable es más relevante en puestos donde las ventas son de naturaleza cíclica o dependen de la iniciativa del vendedor. Las remuneraciones fija y variable dan lugar a tres sistemas salariales básicos: sueldo fijo, sueldo variable, y sueldo fijo más comisiones. El 75% de las empresas utilizan una combinación de salario fijo y comisiones, aunque la proporción entre ambos componentes varía de manera considerable.[43]

El sistema de vendedores a sueldo ofrece a los trabajadores unos ingresos garantizados, lo que los predispone a dedicarse a actividades ajenas a la venta y los desmotiva para vender más volumen. Desde la perspectiva de la empresa, los vendedores se administran con más facilidad y presentan un índice de rotación inferior. El sistema de venta por comisiones únicamente atrae a los grandes vendedores, que se sienten motivados, necesitan menos supervisión y controlan los costos de venta. En su parte negativa, el sistema de comisiones concede demasiado valor a la venta y subestima el cultivo de la relación con el cliente. Los planes combinados reúnen las ventajas de los dos sistemas y minimizan sus inconvenientes.

Con un sistema salarial que combine una retribución fija con una variable, las empresas pueden vincular las comisiones de los vendedores a toda una serie de objetivos estratégicos. Algunos consideran que hay una tendencia a conceder menor importancia al volumen de ventas en favor de otros factores como la rentabilidad bruta, la satisfacción y la retención del cliente. Por ejemplo, IBM retribuye a sus vendedores en función de la satisfacción del cliente según los informes que éste proporciona en las encuestas.[44] Otras empresas basan una parte de la retribución de los vendedores en los resultados del equipo de ventas o incluso en los resultados de la totalidad de la empresa. Este enfoque debería hacer que los vendedores colaboraran unos con otros de manera más estrecha por el bien común.

::: La administración de la fuerza de ventas

Una vez que se han fijado los objetivos de ventas, que se ha determinado la estrategia, el tamaño y el sistema de retribución de los vendedores, la empresa tiene que seleccionarlos, capacitarlos, supervisarlos, motivarlos y evaluarlos. Existen diversas políticas y procedimientos que guían estas decisiones (véase la figura 19.3).

El proceso de selección de la fuerza de ventas

Uno de los aspectos clave para constituir un equipo de ventas eficaz es la selección acertada de los vendedores. Un estudio reveló que el 27% de los mejores vendedores realizaban más del 52% de las ventas. Además de las diferencias en términos de productividad, hay que tener el cuenta el despilfarro que supone contratar a las personas equivocadas. La rotación anual media de personal para todos los sectores industriales gira en torno al 20%. Cuando un vendedor se retira de la empresa se pierden ventas y se generan gastos en las tareas de encontrar y capacitar a otro nuevo; además, el equipo de ventas tendrá más carga laboral al tratar de suplir a la persona que dejó el puesto.

La selección de vendedores podría ser sencilla si se conociese el perfil necesario para el puesto. Un buen punto de partida es preguntar a los clientes qué tipo de vendedor prefieren. Muchos afirman que esperan que los vendedores sean honestos, confiables, expertos y serviciales. Sin embargo, resulta aún más complicado descubrir qué características se traducirán en más ventas. Muchos estudios han demostrado que apenas existe relación entre los resultados de ventas por un lado, y la experiencia previa, el estatus actual, el estilo de vida, la actitud, la personalidad y las habilidades, por otro. Los indicadores más eficaces son las pruebas compuestas y los centros de evaluación donde se simula el entorno de trabajo y se evalúa a los candidatos en una situación con características similares a las de la vida real.[45]

Una vez que la dirección determina sus criterios de selección, debe contratar a los vendedores. El departamento de recursos humanos tendrá que buscar a los candidatos, y para ello tiene varias opciones: solicitar a los vendedores actuales que recomienden a alguien, recurrir a agencias de contratación, publicar ofertas de trabajo y ponerse en contacto con estudiantes universitarios. Los procedimientos de selección varían desde una única entrevista informal hasta largas sesiones de entrevistas y pruebas. Muchas empresas someten a los candidatos a diferentes pruebas de carácter formal. Aunque las puntuaciones sólo son un elemento dentro de un conjunto que incluye características personales, referencias, experiencia previa y reacciones ante el entrevistador, muchas empresas como IBM, Prudential y Procter & Gamble, les confieren mucha importancia. Gillette se vanagloria de que las pruebas que aplica han reducido la rotación de la fuerza de ventas y de que los resultados guardan una relación directa con el progreso de los vendedores dentro de la organización.

Capacitación y supervisión del equipo de ventas

En la actualidad, los clientes esperan que los vendedores conozcan a fondo los productos, que les aporten sugerencias para facilitar sus actividades, y que sean tan eficaces como confiables. Estas demandas han obligado a las empresas a invertir mucho más en la capacitación de sus vendedores.

La capacitación de los vendedores puede tardar entre unas semanas y varios meses. El periodo medio de capacitación para empresas de productos industriales es de 28 semanas, para empresas de servicios de 12 semanas, y para empresas de productos de consumo de cuatro semanas. La duración del proceso de capacitación depende de la complejidad de la labor de venta y del tipo de persona que se ha contratado.

IBM

En IBM, los nuevos vendedores reciben una capacitación inicial exhaustiva, y cada año pueden invertir hasta el 15% de su tiempo en cursos de capacitación adicional. IBM ha trasladado el 25% del proceso de capacitación desde el aula al aprendizaje a través de Internet, con lo que ahorra una cantidad considerable de dinero. La empresa utiliza un sistema de autoestudio llamado Info-Window que combina la computadora personal y un videodisco. Las personas en proceso de capacitación pueden practicar una visita de ventas con un actor que aparece en la pantalla y que adopta el papel de gerente de compras de un sector determinado. El actor responde de forma diferente de acuerdo con lo que dice el vendedor.

Constantemente aparecen nuevos métodos de capacitación, como por ejemplo, las dramatizaciones, las dinámicas para desarrollar la sensibilidad, el uso de cintas de audio, de video y CD-ROM, el aprendizaje programado, la enseñanza a distancia y películas sobre ventas.

WHIRLPOOL

Con el fin de aumentar el conocimiento que tenían los vendedores sobre sus electrodomésticos, Whirlpool alquiló una casa de campo de ocho dormitorios cerca de sus oficinas centrales en Benton Harbor, Michigan, y la equipó con lavavajillas, hornos de microondas, lavadoras, secadoras y refrigeradores de su marca. La empresa envió a ocho de sus nuevos vendedores a vivir, cocinar, lavar la ropa y realizar otras labores del hogar. Cuando la abandonaron sabían mucho más sobre los productos Whirlpool y habían conseguido niveles de confianza superiores que si hubieran tomado el convencional curso de dos semanas en un aula.[46]

Whirlpool utiliza hogares de la localidad para capacitar a su personal de ventas y para ayudar a sus investigadores a desarrollar electrodomésticos inteligentes. *Fuente*: SAVOY Professional.

Las empresas supervisan a su personal de ventas de forma diferente. Los vendedores que cobran por comisión suelen estar menos controlados, mientras que los que ganan un sueldo fijo y tienen una serie de cuentas asignadas reciben bastante supervisión. En el caso de la estructura de ventas multinivel que utilizan empresas como Avon, Sara Lee, Virgin y AOL Time Warner, entre otras, los distribuidores independientes también son responsables de que su propio equipo venda los productos de la empresa. Estos contratistas independientes reciben comisión por sus propias ventas y por las que realizan los vendedores a los que contratan y capacitan.[47]

La productividad del personal de ventas

¿Cuántas visitas por año debería hacer una empresa a un cliente en determinado? Algunos estudios sugieren que los vendedores de hoy invierten demasiado tiempo en vender a cuentas pequeñas y poco rentables, cuando deberían concentrar sus esfuerzos en cuentas de mayor tamaño y rentabilidad.[48]

NORMAS PARA VISITAR A LOS CLIENTES Con frecuencia las empresas especifican cuánto tiempo debería dedicar un vendedor a buscar nuevos clientes. Spector Freight solicita a sus vendedores que dediquen el 25% de su tiempo a buscar clientes potenciales y que desistan después de tres intentos fallidos por vender a alguno de ellos.

Las empresas establecen este tipo de normas por diversos motivos. Si se abandona a los vendedores a su suerte, éstos tienden a pasar la mayor parte del tiempo con los clientes actuales, a los que conocen mejor. Es cierto que los vendedores ven en ellos un negocio seguro, mientras que los clientes potenciales quizás nunca lleguen a comprar. Por esta razón, determinadas empresas dedican una fuerza de ventas especial para la búsqueda de nuevos clientes.

USO EFICIENTE DEL TIEMPO DE VENTAS Los estudios demuestran que los mejores vendedores son los que administran su tiempo con eficacia.[49] Una herramienta de planeación eficaz es el *análisis de tiempo y obligaciones,* que ayuda a los vendedores a comprender cómo distribuyen su tiempo y cómo podrían aumentar su productividad. A lo largo de un día, los vendedores tienen que distribuir su tiempo entre actividades como hacer planes, viajar, esperar, vender y realizar tareas administrativas (redactar informes, facturar, asistir a reuniones de ventas y conversar sobre temas como producción, entrega, facturación, resultados de ventas, etc.). Con tantas actividades, no es de extrañar que el tiempo real de venta de cara al cliente no supere el 29% del tiempo total de trabajo.[50]

Las empresas buscan mejoras constantes en la productividad de la fuerza de ventas. Para ello, algunas recurren a métodos como, por ejemplo, enseñar a los vendedores el "poder del teléfono", a simplificar los asuntos administrativos, a utilizar la computadora e Internet para planear las visitas y los recorridos, a generar información sobre el cliente y la competencia, y a automatizar el proceso de preparación de pedidos.

OWENS-CORNING

Owens-Corning ha llevado su equipo de ventas a Internet con el sistema FAST o Field Automation Sales Team (Equipo de Ventas de Campo Automatizado). FAST permite a los vendedores tomar más decisiones por cuenta propia al ofrecerles información constante sobre la empresa y sobre las personas con las que tratan. Mediante una computadora portátil, cada vendedor tiene acceso a información muy valiosa sobre el producto y sobre el cliente. Con sólo teclear unos cuantos comandos, los vendedores pueden recopilar los antecedentes de los clientes, utilizar formatos de cartas, hacer pedidos y resolver en el momento problemas de servicio que los clientes les planteen durante una visita; además, tienen la posibilidad de llevar consigo muestrarios, folletos y cualquier otra documentación destinada a los clientes.

Muchas empresas han aumentado el volumen y las responsabilidades de la fuerza de ventas interna con el fin de bajar costos, reducir el tiempo que pasan fuera de la oficina los vendedores, y aprovechar las ventajas y las novedades que ofrecen las computadoras y las telecomunicaciones.[51]

Hay tres clases dentro del personal de ventas interno. Por un lado está el *personal de asistencia técnica,* que ofrece información técnica a los clientes y responde a sus preguntas. Por otro están los *asistentes de ventas,* que ofrecen apoyo administrativo a los vendedores (concertan las citas y las confirman, controlan el crédito, hacen un seguimiento de las entregas y responden a las preguntas de los clientes). Finalmente, tenemos los *televendedores,* que se ocupan de llamar a clientes potenciales, clasificarlos y venderles el producto. Los televendedores pueden llamar hasta a 50 clientes por día, frente a las cuatro visitas que hace un vendedor externo en promedio.

El personal de ventas interno libera a los vendedores externos de determinadas labores, lo que les permite dedicar más tiempo a actividades como administrar las cuentas principales, buscar y vender a nuevos clientes potenciales de gran tamaño, instalar los sistemas de pedido electrónico en las oficinas de los clientes, y obtener más contratos de sistemas e integrales. El personal de ventas interno dedica más tiempo a actividades como revisar el inventario, hacer el seguimiento de los pedidos y llamar a clientes con cuentas pequeñas. Los vendedores externos reciben gran parte de su sueldo a comisión, mientras que los internos suelen estar asalariados o recibir un salario fijo más un bono.

Otro gran adelanto es el de los equipos de tecnología de punta (computadoras de mesa y portátiles, PDA, videocaseteras, reproductores de videodiscos, marcadores automáticos, correo electrónico, fax, equipo de teleconferencias y videoteléfonos). El personal de ventas ha entrado de lleno al mundo de la electrónica. No sólo se transfiere mucho más rápidamente la información de ventas y del inventario, sino que también existen sistemas de apoyo para la toma de decisiones en CD para vendedores y gerentes de ventas.

Una de las herramientas electrónicas más valiosas para los vendedores es el sitio Web de la empresa, y una de sus aplicaciones más útiles es la de servir para buscar nuevos clientes potenciales. Los sitios Web corporativos contribuyen a definir las relaciones de la empresa con los clientes individuales y a identificar a aquellos que vale la pena visitar personalmente. Los sitios Web son una especie de presentación de los clientes potenciales. En función de la naturaleza del negocio, incluso el primer pedido se podría realizar *on line*. Para transacciones más complejas, el sitio Web ofrece los datos necesarios para que el comprador se comunique con el vendedor. Pall Corporation, fabricante de equipos de filtración y purificación de fluidos, redirige todos los mensajes de correo que recibe a la sede central de la empresa, y los que tienen que ver con una posible compra se envían directamente al vendedor correspondiente.[52]

La venta a través de Internet refuerza el marketing de relaciones gracias a la solución de problemas que no requieren interacción humana, lo que a la vez permite que los vendedores dediquen más tiempo a asuntos que conviene tratar personalmente.

La motivación de los vendedores

La mayoría de los vendedores necesitan motivación e incentivos especiales. Esto ocurre con mayor frecuencia en el caso de las ventas de campo: los vendedores suelen trabajar solos, el horario que tienen es irregular, y pasan mucho tiempo fuera de casa. Además, compiten con vendedores agresivos, tienen un estatus inferior con respecto al comprador, no poseen la autoridad necesaria para hacer todo lo posible a fin de conseguir una cuenta, y en ocasiones pierden grandes pedidos por los que han trabajado arduamente.[53]

La mayoría de los mercadólogos opinan que cuanto mayor es la motivación del vendedor, mayor será su esfuerzo y mejores los resultados de venta, las recompensas y la satisfacción, y por tanto, la motivación posterior. Esta idea se fundamenta en varios supuestos.

■ ***Los gerentes de ventas deben ser capaces de convencer a sus vendedores de que si trabajan más duro o se preparan más, conseguirán vender un mayor volumen.*** Pero si las ventas vienen determinadas en gran medida por la coyuntura económica o por la competencia, estos propósitos fracasarán.

■ ***Los directores de ventas deben ser capaces de convencer a sus vendedores de que las recompensas por resultados hacen que los esfuerzos adicionales merezcan la pena.*** Pero si la recompensa se establece de forma arbitraria o es escasa, o simplemente no es apropiada, este argumento pierde su validez.

Para aumentar la motivación de los vendedores, las empresas refuerzan las recompensas intrínsecas y extrínsecas de todo tipo. Un estudio que se propuso medir la importancia de las diferentes recompensas concluyó que la más valorada era el dinero, seguida de la promoción, el reconocimiento personal y la sensación de haber logrado los objetivos.[54] Las recompensas menos apreciadas eran la felicitación y el respeto, la seguridad y el reconocimiento. En otras palabras, los vendedores se sienten motivados con el dinero, con la posibilidad de recibir una promoción y con la satisfacción de sus necesidades intrínsecas, y no se motivan con los cumplidos y la seguridad. Sin embargo, los investigadores también descubrieron que la importancia de los diferentes incentivos variaba en función de las características demográficas. La recompensa de naturaleza económica es más apreciada por los vendedores de mayor edad, con más antigüedad en la empresa y con familias numerosas. En cambio, los vendedores jóvenes solteros o con familias poco numerosas y un nivel educativo más elevado reciben con mayor beneplácito las demás recompensas (reconocimiento, afecto y respeto, y sensación de logro).

Muchas empresas fijan cuotas de ventas anuales. Las cuotas se pueden fijar en cantidad de dinero, volumen de unidades, margen, esfuerzo o actividad de ventas y tipo de producto. Por lo general, la remuneración del vendedor está ligada a la proporción de la cuota que ha logrado. Las cuotas de ventas se desarrollan a partir del plan anual de marketing. En primer lugar, la empresa elabora un pronóstico de ventas que sirve como base para planear la producción, determinar el tamaño de la fuerza de ventas y estudiar las necesidades financieras. A continuación, la dirección fija cuotas por regiones y territorios, que suelen ser superiores a los pronósticos, con la intención de motivar a los gerentes y a los vendedores a que den lo mejor de sí mismos. Además, si no alcanzan la cuota establecida, la empresa, después de todo, habrá conseguido sus objetivos de ventas.

Cada gerente de ventas de área divide la cuota de su territorio entre los diferentes vendedores. En ocasiones, a los vendedores se les asignan cuotas demasiado altas para conseguir esfuerzos adicionales, o más bajas para generar confianza. Una opinión generalizada es que la cuota de un vendedor debería ser similar, por lo menos, al volumen de ventas del año anterior, más una fracción de la diferencia entre el potencial de ventas de la zona y las ventas del año anterior. Cuanto mejor reaccione el vendedor bajo presión, mayor debería ser esta fracción.

Por lo general, se cree que las utilidades se maximizan cuando los vendedores se concentran en los productos más importantes y más rentables. Los vendedores no suelen conseguir sus cuotas para los productos consolidados si la empresa lanza diferentes productos nuevos a la vez. En estas condiciones, la empresa tendrá que expandir la fuerza de ventas del producto nuevo.

La fijación de cuotas con frecuencia resulta problemática. Si la empresa infravalora a sus vendedores y fija unas cuotas demasiado bajas que los vendedores consiguen fácilmente, la empresa estará pagando demasiado a sus vendedores. Si la empresa exagera el potencial de su fuerza de ventas y fija unas cuotas demasiado altas que los vendedores difícilmente podrán conseguir, éstos se sentirán frustrados o renunciarán. Otra desventaja es que las cuotas inducen a los vendedores a conseguir el mayor número posible de clientes, lo que propicia que la faceta de servicios de la empresa quede en el olvido. De esta forma, la empresa dará prioridad a los resultados a corto plazo en detrimento de la satisfacción de los clientes a largo plazo.

Algunas empresas han abandonado el sistema de cuotas.[55] Siebel, el proveedor líder de software de automatización de ventas, evalúa a sus vendedores mediante una serie de parámetros como, por ejemplo, la satisfacción de los clientes, la frecuencia de las compras y las utilidades. Cerca del 40% de la retribución variable depende de los informes de satisfacción de los clientes en relación con el producto y el servicio. El seguimiento que hace la empresa del proceso de ventas satisface a sus clientes: más del 50% de los ingresos de Siebel provienen de la repetición de compra de los clientes.[56] Nortel y AT&T Worldnet también prefieren utilizar una gama de parámetros para motivar y compensar a sus vendedores. Incluso Oracle ha cambiado su sistema de retribución de vendedores.

ORACLE

Cuando la empresa vio cómo sus ventas se desplomaban y cómo sus clientes comenzaban a refunfuñar, Oracle, la segunda empresa de software del mundo, rediseñó su departamento de ventas en 2002. La capacidad de Oracle para expandirse rápidamente, con repercusiones en los recursos humanos, la cadena de distribución y la administración de relaciones con los clientes, hacía difícil su sistema de administración de cuentas. Los vendedores no podían hacerse cargo de vender todos los productos de Oracle a determinados clientes. Así que la reorganización consistió en la especialización de los vendedores en determinados productos. Para suavizar la reputación de agresividad de la fuerza de ventas, las comisiones se fijaron entre el 4 y 6%, en contraste con el rango comprendido entre el 2 y 12% del pasado, y que se aplicaba en función del tiempo que faltaba para el cierre del trimestre cuando se realizaba la venta.[57]

Evaluación de los vendedores

Hasta este momento hemos estudiado los *aspectos previos* de la supervisión de las ventas: cómo la dirección comunica a los vendedores qué deberían hacer y cómo los motiva. Sin embargo, para analizar estos aspectos previos de forma adecuada es necesario tener una buena *retroalimentación*, es decir, información regular sobre los vendedores para evaluar su desempeño.

FUENTES DE INFORMACIÓN La fuente de información más importante la constituyen los informes de ventas. La información adicional procede de la observación personal, los informes de los propios vendedores, las cartas de los clientes, sus quejas, las encuestas realizadas a los clientes y las conversaciones con los demás vendedores.

Los informes de ventas se dividen entre *planes de actividad* y *desglose de resultados*. El mejor ejemplo de los primeros es el plan de trabajo del vendedor, que debe presentar con una semana o un mes de antelación. En el plan se describen las visitas y las rutas previstas. Este reporte obliga a los vendedores a planear sus actividades y fijar fechas, y a informar a la dirección de su paradero. Asimismo, sirve para comparar sus planes con sus logros. Los vendedores, por tanto, se pueden evaluar según su capacidad para "planear el trabajo y trabajar de acuerdo con un plan".

Muchas empresas exigen a sus vendedores el desarrollo de un plan de marketing territorial de carácter anual, en el que deben detallar el programa que piensan seguir para encontrar nuevos clientes y para conseguir un mayor volumen de ventas con los existentes. Este tipo de informes confiere a los vendedores el papel de gerentes de mercado y de centros de utilidades. Los gerentes de ventas estudian estos planes, hacen las correspondientes sugerencias de ventas, y los utilizan para fijar las cuotas de ventas. Los vendedores plasman sus actividades en lo que denominan *informes de visitas*. Los vendedores también rinden informes sobre gastos, clientes nuevos, negocios perdidos, o sobre las condiciones económicas y los negocios locales.

Estos informes proporcionan los siguientes datos, a partir de los cuales los gerentes de ventas obtienen indicadores fundamentales para evaluar el desempeño de la fuerza de ven-

Área: Midland Vendedor: John Smith	2001	2002	2003	2004
1. Ventas netas producto A	$251,300	$253,200	$270,000	$263,100
2. Ventas netas producto B	423,200	439,200	553,900	561,900
3. Total de ventas netas	674,500	692,400	823,900	825,000
4. Porcentaje de cuota producto A	95.6	92.0	88.0	84.7
5. Porcentaje de cuota producto B	120.4	122.3	134.9	130.8
6. Utilidades brutas producto A	$50,260	$50,640	$54,000	$52,620
7. Utilidades brutas producto B	42,320	43,920	55,390	56,190
8. Total de utilidades brutas	92,580	94,560	109,390	108,810
9. Gastos de ventas	$10,200	$11,100	$11,600	$13,200
10. Gastos de ventas en relación con el total de ventas (%)	1.5	1.6	1.4	1.6
11. Número de llamadas	1,675	1,700	1,680	1,660
12. Costo por llamada	$6.09	$6.53	$6.90	$7.95
13. Número promedio de clientes	320	24	328	334
14. Número de nuevos clientes	13	14	15	20
15. Número de clientes perdidos	8	10	11	14
16. Promedio de ventas por cliente	$2,108	$2,137	$2,512	$2,470
17. Utilidad bruta promedio por cliente	$289	$292	$334	$326

| TABLA **19.1** |

Formato para evaluar el desempeño de los vendedores.

tas: **1.** promedio de visitas por vendedor y por día, **2.** duración promedio de cada visita, **3.** ingresos promedio por visita, **4.** costo promedio de cada visita, **5.** tiempo de distracción y su costo por cada visita, **6.** porcentaje de pedidos por cada 100 visitas, **7.** número de clientes nuevos por periodo, **8.** número de clientes perdidos por periodo y **9.** costo de la fuerza de ventas como porcentaje de las ventas totales.

EVALUACIÓN FORMAL Los informes de la fuerza de ventas, junto con otras observaciones, constituyen la base de toda evaluación. Existen diferentes alternativas para evaluar a los vendedores. Una opción es comparar los resultados actuales con los resultados pasados, como se muestra en la tabla 19.2.

El gerente de ventas puede aprender mucho acerca de un vendedor si utiliza una tabla similar. El total de las ventas aumentó cada año (línea 3). Esto no significa, necesariamente, que el vendedor haga bien su trabajo. El desglose de productos pone de manifiesto que el vendedor logró impulsar las ventas del producto B más que las del producto A (líneas 1 y 2). Según sus cuotas de los dos productos (líneas 4 y 5), el éxito con el producto B se consiguió en detrimento de las ventas del producto A. De acuerdo con los datos de las utilidades brutas (líneas 6 y 7), la empresa gana más con la venta del producto A que del producto B. El vendedor podría haber estimulado las ventas de un producto que proporciona un margen menor de ganancia a expensas de un producto más rentable. A pesar de haber incrementado las ventas totales en 1,100 dólares entre 2001 y 2002 (línea 3), las utilidades brutas de las ventas totales, en realidad, descendieron 580 dólares (línea 8).

Los gastos de venta (línea 9) reflejan un crecimiento sostenido, aunque el gasto total, como porcentaje del volumen de ventas, parece estar bajo control (línea 10). La tendencia alcista de los gastos totales no parece ser consecuencia de un aumento en el número de visitas (línea 11), aunque podría tener que ver con la consecución de nuevos clientes (línea 14). Existe la posibilidad de que, al intentar llegar a nuevos clientes, el vendedor pase por alto a los clientes existentes, como indica la tendencia creciente en el número de clientes perdidos por año (línea 15).

Las dos últimas líneas muestran el nivel y la tendencia de ventas y utilidades brutas por cliente. Estas cifras cobran más sentido cuando se comparan con los promedios de la empresa. Si la utilidad bruta por cliente que consigue el vendedor está por debajo de la media de la empresa, esto podría indicar que el vendedor se concentra en los clientes menos adecuados, o que no invierte suficiente tiempo en cada cliente. El número de visitas anuales (línea 11) indica que el vendedor realiza menos visitas que el vendedor promedio. Si las distancias en este territorio son similares a las de otras zonas, esto podría significar que el vendedor no trabaja la jornada completa, que no planea bien las visitas y las rutas, o que pasa demasiado tiempo con determinados clientes.

| FIG. **19.4** |

Principales pasos de la venta eficaz.

Es posible que un vendedor sea eficaz a la hora de realizar ventas, aunque no goce de buena reputación entre los clientes. Quizás sólo sea un poco mejor que los vendedores de la competencia, o su producto es mejor, o tal vez siempre encuentre nuevos clientes para sustituir a quienes no les gusta tratar con él. La opinión del cliente sobre el vendedor, el producto y el servicio se obtiene mediante encuestas por correo o llamadas telefónicas.

Las evaluaciones también permiten medir el conocimiento que tiene el vendedor de la empresa, de los productos, de los clientes, de la competencia, de la zona y de sus responsabilidades. Por otra parte, las características de personalidad, tales como actitudes generales, apariencia, habilidades de expresión verbal y temperamento, también son susceptibles de medición. El gerente de ventas podrá revisar cualquier problema de motivación o de obediencia.[58] Los vendedores tienen la oportunidad de exponer las razones del éxito o del fracaso, y sus propuestas para mejorar los resultados de las siguientes visitas. La explicación de sus resultados podría estar relacionada con factores internos (esfuerzos, habilidad y estrategia) o con factores externos (tareas asignadas y suerte).[59]

::: Principios de la venta personal

La venta personal es un arte antiguo que ha generado una vasta bibliografía y que ha motivado la búsqueda de los principios que la sustentan. Los vendedores eficaces tienen mucho más que su propio instinto: han recibido capacitación en métodos de análisis y en administración de relaciones con los clientes. En la actualidad, las empresas invierten cientos de millones de dólares cada año en capacitar a sus empleados en el arte de la venta personal. Con la capacitación se intenta convertir a los vendedores en ganadores de pedidos que participan activamente en la resolución de los problemas de los clientes, para que no se limiten únicamente a recibir y procesar órdenes de pedido. Un ganador de pedidos aprende a escuchar y a preguntar al cliente para detectar sus necesidades para encontrar las soluciones de producto adecuadas. Este enfoque da por supuesto que los clientes tienen necesidades latentes que se traducen en oportunidades, y que serán leales a los vendedores capaces de analizar sus necesidades y que presenten un interés sincero por ellos a largo plazo. En *Marketing en acción: Principios de la venta orientada hacia el consumidor,* se ofrecen algunas directrices.

La mayor parte de los programas de capacitación coincide en los pasos necesarios para cualquier proceso efectivo de ventas, que aparecen en la figura 19.4. A continuación estudiaremos su aplicación en un contexto de venta empresarial.[60]

Los seis pasos de la venta personal

PROSPECCIÓN Y CLASIFICACIÓN   El primer paso del proceso de ventas consiste en identificar a los clientes interesados y clasificarlos. Cada vez más empresas asumen la responsabilidad de encontrar los clientes adecuados para que los vendedores puedan dedicar su precioso tiempo a hacer lo que mejor saben hacer: vender. Las empresas pueden clasificar a los clientes potenciales cuando se ponen en contacto con ellos mediante el correo o por teléfono, pues esto les permite valorar su nivel de interés y su capacidad financiera. A continuación, y según la clasificación, los clientes potenciales más probables se pueden asignar a los vendedores de campo y los clientes medianamente probables a los televendedores. Incluso en estos casos, suelen ser necesarias cuatro visitas o llamadas para conseguir una venta.

APROXIMACIÓN PREVIA   El vendedor debe saber todo lo posible acerca de la empresa a la que va a atender (qué necesita, quién participa en la decisión de compra) y sobre los compradores (características personales y estilos de compra). El vendedor debe fijarse ciertos objetivos para la visita: evaluar al cliente, recopilar información, hacer una venta rápida, etc. El vendedor también debe decidir qué enfoque adoptar para la venta: una visita en persona, una llamada telefónica, o una carta. Por último, el vendedor debería planear una estrategia general de ventas para el cliente.

PRESENTACIÓN Y DEMOSTRACIÓN   En esta fase el vendedor ya está en condiciones de contar la "historia" del producto, siguiendo la técnica AIDA (obtener *atención*, mantener el *interés*, provocar *deseo* e incitar a la *acción*). El vendedor utiliza un enfoque (CVBV) *características, ventajas, beneficios* y *valor*. Por características nos referimos a las características físicas de una oferta, por ejemplo, la velocidad de procesamiento o la capacidad de memoria de una computadora. Las ventajas se refieren a las características que suponen una ventaja para el cliente. Los beneficios se refieren al provecho económico, técnico, social o de servicio que representa la oferta. El valor representa el valor económico de la oferta (en términos monetarios). Con frecuencia, los vendedores invierten demasiado tiempo en describir las características del producto (venta con orientación al producto), y muy poco en resaltar los beneficios y el valor de la oferta (venta con orientación al cliente).

CÓMO VENCER LAS OBJECIONES DE LOS CLIENTES   Los clientes suelen presentar objeciones durante la fase de presentación del producto o cuando se les pide que realicen un

MARKETING **EN ACCIÓN**

PRINCIPIOS DE LA VENTA ORIENTADA HACIA EL CONSUMIDOR

Neil Rackham y Sharon Drew Morgen son dos defensores acérrimos de la venta orientada hacia el consumidor. Neil Rackham desarrolló un método que denomina venta SPIN (Situación, Problema, Implicación, Necesidad de compensación). Ya no se trata de ser un vendedor astuto, sino uno que sepa formular las preguntas adecuadas y saber escuchar y aprender. Neil Rackham enseña a los vendedores cómo plantear cuatro tipos de preguntas sobre el cliente potencial:

1. **Preguntas de situación:** Son preguntas sobre hechos concretos destinadas a investigar la situación actual del comprador. Por ejemplo, "¿Qué sistema de facturación utiliza con sus clientes?"

2. **Preguntas sobre problemas:** Se trata de preguntas destinadas a solucionar problemas, dificultades o descontentos que experimenta el comprador. Por ejemplo, "¿Qué elementos de su sistema están generando errores?"

3. **Preguntas de implicación:** Estas preguntas tratan sobre las consecuencias o los efectos de los problemas, dificultades o descontentos del comprador. Por ejemplo, "¿Cómo influye este problema en la productividad de sus empleados?"

4. **Problemas sobre la necesidad de compensación:** Son preguntas sobre el valor o la utilidad de la solución propuesta. Por ejemplo, "¿Cuánto ahorraría si su empresa pudiese reducir los errores en un 80%?"

Rackham sugiere que las empresas, especialmente las que venden productos o servicios muy complejos, deberían hacer que sus vendedores pasaran de los *preliminares* a la *investigación* de los problemas y de las necesidades del cliente potencial, para luego *demostrar* la mejor capacidad de la empresa para solucionarlos y así *conseguir* un compromiso a largo plazo.

Este enfoque refleja el creciente interés de muchas empresas por cambiar la búsqueda de una transacción inmediata por el desarrollo de una relación a largo plazo con el cliente.

Sharon Drew Morgen lleva aún más lejos la teoría de Rackham con lo que ha denominado el Método de facilitación de la compra. Esta autora sostiene que el trabajo del vendedor consiste en guiar al cliente potencial a lo largo de un proceso para decidir, en primer término, si los resultados de su empresa se pueden mejorar, y en segundo lugar, si la oferta del vendedor podría suponer una solución adecuada. Los clientes potenciales sólo compran cuando se dan cuenta de que tienen un problema, de que carecen de los recursos necesarios para solucionarlos, y de que la oferta del vendedor supone un valor agregado.

El gurú de las ventas, Tom Hopkins, brinda algunos consejos adicionales para cerrar una operación:

1. **Haga preguntas en cuya respuesta no haya cabida para un no.** "Podría pasar a visitarle hoy a las tres ¿o quizás le convendría mejor mañana a las nueve?"

2. **No utilice nunca las palabras "precio" o "costo".** Es preferible hablar de inversión.

3. **No pida nunca "una cita".** Cita sugiere un compromiso temporal firme. Es preferible decir "Voy a estar por su zona, así que estaba pensando que quizás podría pasar por su oficina para charlar un rato".

4. **No pregunte, "¿Necesita ayuda?"** Le responderán: "Sólo estamos mirando, gracias." Es preferible preguntar qué les llevó a visitar la tienda.

5. **Aísle las áreas en las que existe acuerdo.** Para conseguir un "gran sí" harán falta muchos "sí pequeños".

Fuentes: Neil Rackham, SPIN *Selling* (Nueva York: McGraw-Hill, 1988). Véase también, del mismo autor, *The SPIN Selling Fieldbook* (Nueva York: McGraw-Hill, 1996); Neil Rackham y John De Vincentis, *Rethinking the Sales Force* (Nueva York: McGraw-Hill, 1996); Sharon Drew Morgen, *Selling with Integrity: Reinventing Sales Through Collaboration, Respect, and Serving* (Nueva York: Berkeley Books, 1999); James Lardner, "Selling Salesmenship", *Business 2.0,* diciembre de 2002–enero de 2003, p. 66.

pedido. La *resistencia psicológica* incluye resistencia a la interferencia, preferencia por marcas o proveedores anteriores, apatía, renuencia a dejar de hacer algo, asociaciones desagradables creadas por el vendedor, prejuicios, rechazo a tomar decisiones y una actitud neurótica hacia el dinero. La *resistencia lógica* consiste en objeciones sobre el precio, la fecha de entrega o determinadas características del producto o de la empresa.

Para hacer frente a estas objeciones, el vendedor debe mantener una actitud positiva, pedir al comprador que clarifique los inconvenientes, plantear las preguntas de modo que el comprador no tenga más remedio que plantear sus objeciones, negar la validez de la objeción o convertirla en un argumento de compra. El tratamiento de las objeciones es una de las muchas habilidades que han de tener los buenos vendedores.

Un problema potencial de los vendedores es ceder demasiado rápido cuando los clientes les piden un descuento. Una empresa descubrió este problema cuando los ingresos aumentaron un 25%, pero sus utilidades permanecieron constantes. La empresa decidió entonces enseñar a sus vendedores a "vender el precio", en lugar de a "vender a través del precio". Los vendedores recibieron gran cantidad de información sobre el historial y los hábitos de conducta de cada cliente. Asimismo, tomaron un curso para aprovechar las oportunidades que agregan valor en lugar de aquellas que reducen precios. Como resultado, los ingresos de la empresa siguieron en aumento, y con ellos también los márgenes de ganancia.[61]

CIERRE En la siguiente fase el vendedor tratará de cerrar la venta. Los vendedores han de saber cómo reconocer en el comprador aquellos signos que indican la posibilidad de cerrar una venta, como acciones, frases o comentarios y preguntas. Existen diversas técnicas para cerrar una venta; entre ellas, las siguientes: solicitar al cliente que haga un pedido, recapitular los puntos en los cuales existe acuerdo, ofrecerse a ayudar al asistente a llenar el formato de pedido, preguntar si el cliente prefiere A o B, hacer que el comprador tome pequeñas decisiones como el color o el tamaño, o decirle que perderá el pedido si no lo realiza en ese momento. El vendedor podría ofrecer al comprador algún atractivo específico para cerrar la venta como, por ejemplo, un precio especial, una cantidad adicional gratuita o un regalo.

SEGUIMIENTO Y MANTENIMIENTO Esta última fase es necesaria si el vendedor desea garantizar la satisfacción del cliente y que éste vuelva a comprarle. Tan pronto como se cierra la operación, el vendedor debe ocuparse de todos los detalles referentes a la entrega puntual, los términos del contrato y otros asuntos de importancia para el cliente. El vendedor debería hacer una visita de seguimiento una vez entregado el pedido, para asegurarse de que el producto se ha instalado adecuadamente, de que el cliente comprende las instrucciones y de que ha recibido servicio oportuno. Con esta visita se detectará cualquier problema, se dará una imagen de interés ante el comprador y se reducirá cualquier tipo de disonancia cognitiva que haya podido surgir tras la compra. El vendedor también debería desarrollar un plan de crecimiento y mantenimiento para cada cuenta a su cargo.

Negociación

El marketing es una actividad vinculada al intercambio de actividades y al modo en que se fijan las condiciones para los intercambios. En un *intercambio rutinario*, las condiciones se establecen de acuerdo con programas de precios y distribución fijados con antelación. En un *intercambio negociado*, el precio y los demás elementos del intercambio se determinan en una serie de conversaciones y negociaciones entre dos o más partes que finalmente acuerdan las condiciones a largo plazo. Aunque el precio es el aspecto que se negocia con mayor frecuencia, también se tratan otros asuntos como la fecha de vencimiento, la calidad de los productos y servicios de la oferta, el volumen de compra, la responsabilidad en el financiamiento, la asunción de riesgos, la promoción, la titularidad y la seguridad del producto.

Los mercadólogos que tienen que enfrentarse a situaciones de negociación necesitan poseer ciertos rasgos y contar con conocimientos que les permitan actuar con eficacia. En la negociación, lo más importante es la preparación, la capacidad de planeación, el conocimiento del asunto que se negocia, la capacidad de pensar lúcida y rápidamente bajo presión y en situaciones inciertas, la capacidad de expresar los pensamientos con palabras, el saber escuchar, el juicio y la inteligencia general, la integridad, la capacidad de persuasión y la paciencia.[62]

Marketing de relaciones

Los principios de la venta personal y de la negociación que hemos examinado están muy orientados hacia la propia transacción, puesto que su finalidad es cerrar una venta específica. Sin embargo, en numerosas ocasiones la empresa no persigue una operación inmediata, sino que más bien aspira a crear una relación duradera entre proveedor y cliente. La empresa desea demostrar que tiene la capacidad de satisfacer las necesidades del cliente mejor que la competencia. Los clientes actuales representan cuentas importantes y, con frecuencia, son internacionales. Por esta razón prefieren proveedores que les puedan vender y entregar un conjunto de productos y servicios en diferentes partes del mundo, que sean capaces de resolver problemas en lugares diferentes y de inmediato, y que estén dispuestos a colaborar estrechamente con equipos de clientes para mejorar los productos y los procesos.

Los vendedores que trabajan con clientes clave no deben limitarse a visitarlos cuando crean que están listos para la compra, sino que deben comunicarse con ellos o visitarlos con regularidad, invitarlos a comer y hacerles sugerencias útiles sobre el negocio. Asimismo, deberían estar al pendiente de las cuentas más importantes, conocer los problemas de los clientes y estar listos para solucionarlos de diferentes maneras.

Cuando un programa de administración de relaciones se pone en práctica de forma adecuada, la organización comenzará a concentrarse tanto en administrar sus clientes como en administrar sus productos. Al mismo tiempo, las empresas no deben olvidar que aunque existe una tendencia clara y prominente hacia el marketing de relaciones, éste no siempre funciona. Las empresas deben, en último término, valorar qué segmentos y qué clientes específicos responderán favorablemente a la administración de relaciones.

RESUMEN :::

1. El marketing directo es un sistema de marketing interactivo que recurre a uno o más medios para generar una respuesta medible o una transacción en cualquier lugar. El marketing directo, sobre todo el electrónico, experimenta un crecimiento exponencial.

2. Al planear sus campañas, los especialistas en marketing directo establecen objetivos, detectan mercados y clientes potenciales, definen las ofertas y los precios. A continuación

prueban la oferta y establecen parámetros para medir el éxito de la campaña.

3. Los principales canales de marketing directo incluyen la venta personal, el correo directo, el marketing por catálogo, el telemarketing, la televisión interactiva, las terminales de venta, los sitios Web y otros dispositivos móviles.

4. El marketing interactivo ofrece a las empresas la oportunidad de interactuar e individualizar sus ofertas a niveles sin

precedentes a través de sitios Web bien diseñados, así como a través de anuncios y promociones *on line*.

5. El personal de ventas de una empresa es el vínculo con sus clientes. Los vendedores, para muchos clientes, son la propia empresa, y también son las personas que aportan valiosa información sobre los clientes a la empresa.

6. El diseño de la fuerza de ventas implica tomar decisiones sobre objetivos, estrategias, estructura y tamaño del equipo de ventas y remuneración. Los objetivos incluyen la búsqueda de nuevos clientes, la comunicación, la venta, el servicio, la recopilación de información y la asignación. Para determinar una estrategia es necesario seleccionar los enfoques de venta que se van a utilizar. La selección de la estructura del equipo de ventas supone organizar a los vendedores por territorios, productos o mercados (o por una combinación de éstos). Para calcular el tamaño adecuado de la fuerza de ventas es necesario calcular la carga de trabajo total y cuántas horas de venta se requerirán (y por tanto, cuántos vendedores). Para determinar el sistema de retribución de los vendedores es necesario definir los sueldos, comisiones, bonos,

dietas y prestaciones que se van a ofrecer, así como precisar la importancia que tendrá la satisfacción de los clientes como factor de remuneración.

7. La administración de la fuerza de ventas es un proceso de cinco fases: **1.** selección y contratación de los vendedores; **2.** capacitación de los vendedores en técnicas de venta, productos y políticas de la empresa, y en el enfoque de satisfacción del cliente; **3.** supervisión de la fuerza de ventas y capacitación para que los vendedores administren su tiempo de forma eficaz; **4.** motivación de la fuerza de ventas, equilibrio de las cuotas, recompensas económicas e incentivos adicionales; y **5.** evaluación individual y de grupo.

8. Los vendedores eficaces reciben capacitación en métodos de análisis y administración de las relaciones con los clientes, así como en el arte de la venta. No hay ninguna táctica infalible para todas las situaciones, pero la mayor parte de los formadores coinciden en que la venta es un proceso dividido en seis etapas: prospección y clasificación de clientes, aproximación, presentación y demostración, solución de objeciones, cierre, y seguimiento y mantenimiento.

APLICACIONES :::

Debate de marketing   Los grandes vendedores, ¿nacen o se hacen?

Un tema en el que hay opiniones enfrentadas es el del papel que juegan la capacitación, por un lado, y la selección, por otro, en la creación de un equipo de ventas eficaz. Algunos sostienen que los mejores vendedores son los vendedores natos, es decir, individuos que nacen con el don de vender y que son eficaces por su personalidad y por las habilidades de comunicación que desarrollan con los años. Otros, en cambio, argumen-

tan que la aplicación de técnicas especializadas puede convertir a cualquiera en un vendedor estrella.

Tome partido: "La clave para crear un equipo de ventas eficaz es la selección" frente a "la clave para crear un equipo de ventas eficaz es la capacitación".

Análisis de marketing

Elija una empresa y visite su sitio Web. ¿Cómo calificaría el sitio? ¿Qué puntuación le daría a cada una de las siete C del di-

seño de sitios Web: contexto, contenido, comunidad, capacidad de personalización, comunicación, conexión y comercio?

CASO DE **MARKETING** | **YAHOO!**

Yahoo! pasó de ser una pequeña empresa rodeada de los negocios consolidados de Silicon Valley a convertirse en uno de los principales agentes de Internet. David Filo y Jerry Yang, dos doctorados en ciencias de la computación por la Universidad de Standford, crearon un sencillo motor de búsqueda en 1994. Con un sistema casero de archivos, estos dos investigadores catalogaban los sitios de la recién creada World Wide Web y publicaban el directorio en Internet. La versión original se llamaba Jerry and David's Guide to the World Wide Web (La Guía de Internet de Jerry y David).

Filo y Yang bautizaron su obra como Yahoo! cuando dejaron la universidad y dedicaron todos sus esfuerzos a la empresa. En aquel entonces, este motor de búsqueda era exclusivo porque además de incluir facilidades de búsqueda por palabras, Yahoo! ofrecía a sus usuarios un índice masivo. Los cibernautas podían localizar sitios Web en categorías amplias como Empresas y Economía, o Artes y Humanidades. Además, podían organizar los resultados por país o región y consultar los resultados de cada categoría de manera independiente. Puesto que Yahoo! fue una de las primeras guías de Internet de este tipo, el sitio atrajo a cientos de miles de cibernautas desde el primer año de lanzamiento. Esta atención

inicial atrajo a los inversionistas, y en abril de 1995, los fundadores Filo y Yang ya habían recaudado un millón de dólares de capital de riesgo.

Desde sus inicios, Yahoo! siempre ha mostrado una actitud irreverente, que proviene de la cúspide de la pirámide organizativa, de la personalidad de Filo y Yang. Los fundadores concibieron Yahoo! encerrados entre "cajas vacías de pizza", y sus tarjetas de presentación incluyen el título "Chief Yahoo!". Incluso el nombre de la empresa incluye una broma oculta: Yahoo es un acrónimo de desprecio que significa "Yet Another Hierarchical Officious Oracle" ("Y a pesar de todo, otro oráculo jerárquico oficioso más"). El marketing de Yahoo! también refleja el estilo de la empresa: en un anuncio, unos esquimales piden una tina de agua caliente a través de Internet. Cada anuncio termina con el lema "Do You Yahoo!?" y el nombre de la empresa cantado al estilo tirolés, con el fin de fomentar el recuerdo de la marca.

El avance más reciente de Yahoo! en el mundo del marketing interactivo es la inclusión de publicidad contextual en su sitio Web. La publicidad contextual consiste en incluir vínculos comerciales en el sitio de Yahoo! ligados al contenido específico de las diferentes páginas. Por ejemplo, un navegante que visita caranddriver.com y lee una reseña sobre el Acura MDX verá vínculos de texto de pago que anuncian el sitio Web de Acura y el sitio de comparación de precios Edmunds, en lugar de anuncios sobre teléfonos celulares que no tienen nada que ver con la consulta del cibernauta. La publicidad contextual ofrece los mismos vínculos que encontraría un navegante si tecleara "Acura MDX" en el motor de búsqueda de Yahoo!.

La publicidad contextual atrae a los anunciantes que se alejan del marketing de masas para adoptar enfoques más concentrados. El nuevo servidor de anuncios de Yahoo! crea relevancia contextual, puesto que se dirige a los consumidores o a los encargados de tomar decisiones cuando leen material directamente relacionado con el tema del anuncio.

Aunque la mayoría de los usuarios creen que Yahoo! es un motor de búsqueda, Yahoo! se ve a sí mismo como un lugar en el que se reúnen las experiencias y se ponen a disposición de los consumidores. Gran parte de sus ingresos provienen de la publicidad, pero la empresa también obtiene utilidades mediante contenidos para los que se necesita suscripción como, por ejemplo, los anuncios personales, los productos adicionales de correo electrónico y los servicios para pequeñas empresas. Por ejemplo, Yahoo! se alió con la empresa de telecomunicaciones SBC para vender servicios de Internet de alta velocidad junto con un paquete de servicios Yahoo! y más capacidad de correo electrónico. SBC Communications paga a Yahoo! 2.10 dólares al mes por cada cliente que utiliza el servicio. Esto permite a Yahoo! aumentar sus ingresos sin vender servicios adicionales a cada cliente de manera independiente. La publicidad no relacionada con la búsqueda en Yahoo! aumentó un 31% en el último trimestre de 2003, el doble que la de otros sitios de contenido especializado.

Las dos ventajas que ofrece Yahoo! respecto al buscador rival, Google, son su amplia gama de contenido original y una gran base de datos con información sobre sus 133 millones de usuarios registrados. Como la empresa sabe dónde viven sus usuarios y qué les interesa, Yahoo! cree que les puede ofrecer unos resultados de búsqueda más relevantes y una publicidad más concentrada.

Yahoo! también está atrayendo a anunciantes tradicionales como Pepsi y Ford. El anuncio de Yahoo! para el Ford Explorer, por ejemplo, incluía sonidos que simulaban un motor en marcha y características de animación que hacían que el buscador vibrara con el ruido del motor. Para anunciar su nuevo modelo F-150, Ford creó un anuncio interactivo en tercera dimensión y compró *roadblocks* (anuncios en los que los navegantes tienen que hacer clic para llegar a otro contenido) durante el primer día de su lanzamiento, tanto en Yahoo! como en MSN y AOL.

Preguntas para discusión

1. ¿Cuáles han sido los factores de éxito de Yahoo!?
2. ¿En qué sentido es vulnerable esta empresa? ¿A qué debería prestar atención?
3. ¿Qué recomendaría a los directivos de marketing para el futuro? ¿Qué medidas de marketing deberían tomar sin lugar a dudas?

Fuentes: Saul Hansell, "The Search Engine That Isn't a Verb, Yet", *New York Times,* 22 de febrero de 2004; John Battelle, "Putting Online Ads in Context", *Business 2.0,* junio de 2003; Roger Slavens, "Contextual Search Heats Up", *B to B,* 10 de noviembre de 2003, p. 25; "What Works", *Brandweek,* 24 de noviembre de 2003, p. S12.

REFERENCIAS BIBLIOGRÁFICAS :::

1. Matthew Boyle, "Joe Galli's Army", *Fortune,* 30 de diciembre de 2002, pp. 135–138.

2. Los términos *marketing de pedido directo* y *marketing de relaciones directas* se han propuesto como subconjuntos del marketing directo. Véase Stan Rapp y Tom Collins en *The Great Marketing Turnaround* (Upper Saddle River, NJ: Prentice Hall, 1990).

3. Michael McCarthy, "Direct Marketing Gets Cannes Do Spirit", *USA Today,* 17 de junio de 2002, p. 4B.

4. Cifras provistas por *Direct Marketing Magazine,* teléfono: 516-716-6700.

5. Chana R. Schoenberger, "Web? What Web?", *Forbes,* 10 de junio de 2002, p. 132; Amy Merrick, "Keep it Fresh", *Wall Street Journal,* 10 de diciembre de 2001, p. R6; Amy Merrick, "Sears Orders Fashion Makeover From the Land's End Catalog", *Wall Street Journal,* 28 de enero de 2004, pp. A1, A8.

6. Cortesía de L. L. Bean, Freeport, Maine.

7. <www.directmarketingmag.com>.

8. Bob Stone, *Successful Direct Marketing Methods,* 6a. ed. (Lincolnwood, IL: NTC Business Books, 1996). Véase también David Shepard Associates, *The New Direct Marketing,* 2a. ed. (Chicago: Irwin, 1995); Amiya K. Basu, Atasi Basu y Rajeev Batra, "Modeling the Response Pattern to Direct Marketing Campaigns", *Journal of Marketing Research* (mayo de 1995), pp. 204–212.

9. Edward L. Nash, *Direct Marketing: Strategy, Planning, Execution,* 3a. ed. (Nueva York: McGraw-Hill, 1995).

10. Rachel McLaughlin, "Get the Envelope Opened!" *Target Marketing* (septiembre de 1998), pp. 37–39.

11. La *esperanza de vida media* (N) está relacionada con el *índice de relación de clientes* (CR). Imaginemos que la empresa retiene al 80% de sus clientes cada año. Entonces, la esperanza de vida media del cliente viene dada por:

    $N = 1/(1-CR) = 1/.2 = 5$

12. Lorie Grant, "Niche Catalogs' Unique Gifts Make Money Less of an Object", *USA Today,* 20 de noviembre de 2003, p. 3B; Olivia

Barker, "Catalogs Are Complementary with Online Sales, Purchases", *USA Today,* 4 de diciembre de 2002, p. 4E.

13. Melissa Dowling, Catálogo del año: Patagonia", *Catalog Age,* 1o. de septiembre de 2003.

14. Mari Yamaguchi, "Japanese Consumers Shun Local Catalogs to Buy American", *Marketing News,* 2 de diciembre de 1996, p. 12; Cacilie Rohwedder, "U.S. Mail-Order Firms Shake 'Jp Europe—Better Service, Specialized Catalogs Find Eager Shoppers", *Wall Street Journal,* 6 de enero de 1998; Kathleen Kiley, "B-to-B Marketers High on Overseas Sales", *Catalog Age* (1o. enero de 1997), p. 8.

15. <http://www.ftc.gov/donotcall/>.

16. "USAA Receives Chairman's Award", *San Antonio Business Journal,* 20 de junio de 2002.

17. Jim Edwards, "The Art of the Infomercial", *Brandweek,* 3 de septiembre de 2001, pp. 14–19.

18. "Infomercial Offers Multiple Uses", *Direct Marketing* (septiembre de 1998), p. 11; Tim Hawthorne, When and Why to Consider Infomercials", *Target Marketing* (febrero de 1998), pp. 52–53.

19. Charles Fishman, "The Tool of a New Machine", *Fast Company,* mayo de 2004, pp. 92–95.

20. Tony Case, "Growing Up", *Interactive Quarterly,* 19 de abril de 2004, pp. 32–34.

21. Asim Ansari y Carl F. Mela (2003), "E-Customization", *Journal of Marketing Research* 40, núm. 2 (mayo de 2003): pp. 131–145

22. Byron Acohido, "Rich Media Enriching PC Ads", *USA Today,* 25 de febrero de 2004, p. 3B.

23. Thomas Mucha, "Spray Here. Get Girl", *Business 2.0,* 1o. de junio de 2003.

24. David L. Smith y Karen McFee, "Media Mix 101: Online Media for Traditional Marketers", septiembre de 2003, <http://advantage.msn.com/articles/MediaMix101_2.asp>.

25. Paul C. Judge, "Will Online Ads Ever Click?", *Fast Company,* marzo de 2001, pp. 181–192.

26. Online Publisher's Association, "OPA Media Consumption Study", enero de 2002.

27. Jeffrey F. Rayport y Bernard J. Jaworski, *e-commerce* (Nueva York: McGraw-Hill, 2001), p. 116.

28. Bob Tedeschi, "E-Commerce Report", *The New York Times*, 24 de junio de 2002, p. C8.

29. Stephen Baker, "Pop-Up Ads Had Better Start Pleasing", *Business Week*, 8 de diciembre de 2003, p. 40

30. "Prime Clicking Time", *The Economist*, 31 de mayo de 2003, p. 65; Ben Elgin, "Search Engines are Picking Up Steam", *Business Week*, 24 de marzo de 2003, pp. 86–87.

31. Ned Desmond, "Google's Next Runaway Success", *Business 2.0*, noviembre de 2002, p. 73.

32. Heather Green, "Online Ads Take Off Again", *Business Week*, 5 de mayo de 2003, p. 75.

33. Estas cifras corresponden a marzo de 2004 y se basan en las impresiones de anuncios disponibles en la página principal de 6MM al día, y un costo por millar de una unidad estándar de 728×90 (con la unidad horizontal en la parte superior de la página) de 15 dólares (aunque los anunciantes principales no tienen que pagar este precio).

34. Seth Godin, *Permission Marketing: Turning Strangers into Friends and Friends into Customers* (Nueva York: Simon & Schuster, 1999).

35. Chana R. Schoenberger, "Web? What Web?", *Forbes*, 10 de junio de 2002, p. 132.

36. Rapp y Collins, *Maximarketing* (Nueva York: McGraw-Hill, 1987).

37. Theresa Howard, "Ad Winners Able to Implement 'Total Communications Strategy'", 22 de junio de 2004.

38. Bill Keenan, "Cost-per-call Data Deserve Scruitiny", *Industry Week*, 10 de enero de 2000.

39. Adaptado de Robert N. McMurry, "The Mystique of Super-Sales-manship", *Harvard Business Review* (marzo–abril de 1961), p. 114. Véase también William C. Moncrief III, "Selling Activity and Sales Position Taxonomies for Industrial Salesforces", *Journal of Marketing Research* (agosto de 1986), pp. 261–270.

40. Jon Bello, "Sell Like Your Outfit Is at Stake. It Is.", *Business Week Online*, 5 de febrero de 2004.

41. Lawrence G. Friedman y Timothy R. Furey, *The Channel Advantage: Going to Marketing with Multiple Sales Channels* (Oxford, Inglaterra: Butterworth-Heinemann, 1999).

42. Michael Copeland, "Hits and Misses", *Business 2.0*, abril de 2004, p. 142.

43. Luis R. Gómez-Mejía, David B. Balkin y Robert L. Cardy, *Managing Human Resources* (Upper Saddle River, NJ: Prentice Hall, 1995), pp. 416–418.

44. "What Salespeople Are Paid", *Sales & Marketing Management* (febrero de 1995), pp. 30–31; Christopher Power 3 de agosto de 1992, "Smart Selling", *Business Week*, pp. 46–48; William Keenan Jr. (ed.), *The Sales & Marketing Management Guide to Sales Compensation Planning: Commissions, Bonuses & Beyond* (Chicago: Probus Publishing, 1994).

45. Sonke Albers, "Salesforce Management – Compensation, Motivation, Selection, and Training", en *Handbook of Marketing*, Bart Weitz y Robin Wensley (eds.) (Londres: Sage Publications, 2002), pp. 248–266.

46. Betsy Commings, "Welcome to the Real Whirled: How Whirlpool Training Forced Salespeople to Live with the Brand", *Sales and Marketing Management* (febrero de 2001), pp. 87–88.

47. Nanette Byrnes, "Avon Calling – Lots of New Reps", *Business Week*, 2 de junio de 2003, pp. 53–54

48. Michael R. W. Bommer, Brian F. O'Neil y Beheruz N. Sethna, "A Methodology for Optimizing Selling Time of Salespersons", *Journal of Marketing Theory and Practice* (primavera de 1994), pp. 61–75. Véase también, Lissan Joseph, "On the Optimality of Delegating Pricing Authority to the Sales Force", *Journal of Marketing* 65 (enero de 2001), pp. 62–70.

49. Thomas Blackshear y Richard E. Plank, "The Impact of Adaptive Selling on Sales Effectiveness within the Pharmaceutical Industry", *Journal of Marketing Theory and Practice* (verano de 1994), pp. 106–125.

50. Dartnell Corporation, 30a. Sales Force Compensation Survey. Otros desgloses muestran que el 12.7% del tiempo se dedica a visitas, el 16% a tareas administrativas, el 25.1% a llamadas de ventas y el 17.4% a esperar o viajar.

51. James A. Narus y James C. Anderson, "Industrial Distributor Selling: The Roles of Outside and Inside Sales", *Industrial Marketing Management* 15 (1986), pp. 55–62.

52. Charles Waltner, "Pall Corp. Wins Business with Info-Driven Web Site", *Net Marketing* (octubre de 1996).

53. Willem Verbeke y Richard P. Bagozzi, "Sales Call Anxiety: Exploring What it Means When Fear Rules a Sales Encounter", *Journal of Marketing* 64 (julio de 2000), pp. 88-101.

54. Gilbert A. Churchill Jr., Neil M. Ford y Orville C. Walker Jr., *Sales Force Management: Planning, Implementation and Control*, 4a. ed. (Homewood, IL: Irwin, 1993). Véase también Jhinuk Chowdhury, "The Motivational Impact of Sales Quotas on Effort", *Journal of Marketing Research* (febrero de 1993), pp. 28–41; Murali K. Mantrala, Prabhakant Sinha y Andris A. Zoltners, "Structuring a Multiproduct Sales Quota-Bonus Plan for a Heterogeneous Sales Force: A Practical Model-Based Approach", *Marketing Science* 13, núm. 2 (1994), pp. 121–144; Wujin Chu, Eitan Gerstner y James D. Hess, "Costs and Benefits of Hard-Sell", *Journal of Marketing Research* (febrero de 1995), pp. 97–102; Manfred Krafft, "In Empirical Investigation of the Antecedents of Sales Force Control Systems", *Journal of Marketing* 63 (julio de 1999), pp. 120–134.

55. Eilene Zimmerman, "Quota Busters", *Sales & Marketing Management* (enero de 2001), pp. 59– 63.

56. Melanie Warner, "Confessions of a Control Freak", *Fortune*, 4 de septiembre de 2000, p. 30; Peter Burrows, "The Era of Efficiency", *Business Week*, 18 de junio de 2001, p. 92.

57. Ian Mount, "Out of Control", *Business 2.0*, agosto de 2002, pp. 38–44.

58. Philip M. Posdakoff y Scott B. MacKenzie, "Organizational Citizenship Behaviors and Sales Unit Effectiveness", *Journal of Marketing Research* (agosto de 1994), pp. 351–163. Véase también, Andrea L. Dixon, Rosann L. Spiro y Magbul Jamil, "Successful and Unsuccessful Sales Calls: Measuring Salesperson Attributions and Behavioral Intentions", *Journal of Marketing* 65 (julio de 2001), pp. 64–78; Willem Verbeke y Richard P. Bagozzi, "Sales Call Anxiety: Exploring What It Means When Fear Rules a Sales Encounter", *Journal of Marketing* 64 (julio de 2000), pp. 88–101.

59. Dixon, Spiro y Jamil, "Successful and Unsuccessful Sales Calls: Measuring Salesperson Attributions and Behavioral Intentions", pp. 64–78.

60. Parte de lo que viene a continuación está basado en W. J. E. Crissy, William H. Cunningham e Isabella C. M. Cunningham, *Selling: The Personal Force in Marketing* (Nueva York: John Wiley, 1977), pp. 119–129.

61. Joel E. Urbany, "Justifying Profitable Pricing", Working Paper Series, Marketing Science Institute, Reporte núm. 00-117, 2000, pp. 17–18.

62. Para lecturas adicionales, véase Howard Raiffa, *The Art and Science of Negotiation* (Cambridge, MA: Harvard University Press, 1982); Max H. Bazerman y Margaret A. Neale, *Negotiating Rationally* (Nueva York: The Free Press, 1992); James C. Freund, *Smart Negotiating* (Nueva York: Simon & Schuster, 1992); Frank L. Acuff, *How to Negotiate Anything with Anyone Anywhere Around the World* (Nueva York: American Management Association, 1993); Jehoshua Eliashberg, Gary L. Lilien y Nam Kim, "Searching for Generalizations in Business Marketing Negotiations", *Marketing Science* 14, núm. 3, pt. 1 (1995), pp. G47–G60.

EN ESTE CAPÍTULO ANALIZAREMOS LAS SIGUIENTES PREGUNTAS:

1. ¿Qué desafíos enfrenta una empresa cuando desarrolla nuevos productos?

2. ¿Qué estructuras organizativas se utilizan para administrar el desarrollo de nuevos productos?

3. ¿Cuáles son las principales etapas en el desarrollo de nuevos productos?

4. ¿Cómo se logra optimizar la administración del proceso de desarrollo de nuevos productos?

5. ¿Qué factores influyen en el índice de difusión y adopción de los productos una vez que se lanzan al mercado?

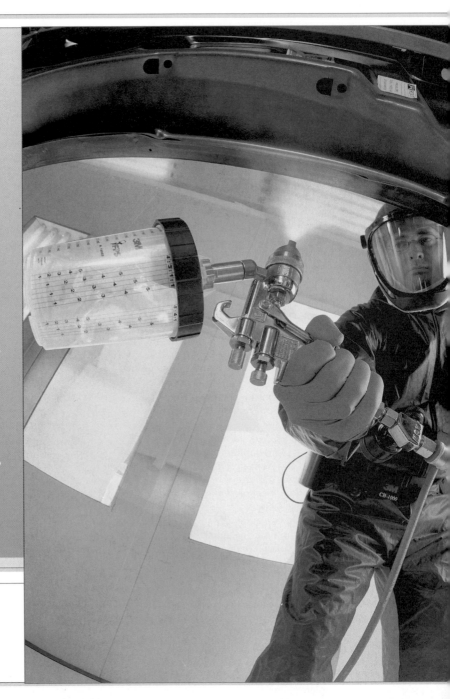

veinte

Las empresas deben aumentar sus utilidades mediante el desarrollo de nuevos productos y la expansión hacia nuevos mercados. El desarrollo de nuevos productos definirá el futuro de la empresa; el perfeccionamiento o la sustitución de productos mantendrá o aumentará las ventas. Algunas empresas dan prioridad a la innovación sobre todas las demás actividades. 3M, una de las empresas más innovadoras de Estados Unidos, hace hincapié especial en los productos nuevos.[1]

3M *fabrica más de 50,000 productos entre los que se cuentan el papel de lija, los adhesivos, las películas ópticas y los conectores de fibra óptica. La empresa invierte más de mil millones de dólares cada año en investigación y desarrollo –para lo que emplea a más de 6,000 científicos de todo el mundo– y lanza numerosos productos nuevos cada año. En 2003, 3M generó ventas por 18,000 millones de dólares. La política de 3M, que consiste en permitir a todos sus empleados que pasen el 15% de su tiempo trabajando en proyectos de interés, es lo que le valió el desarrollo de los blocks de notas Post-it®, de la cinta adhesiva y de la tecnología de microréplica. Al mismo tiempo, la empresa realiza un seguimiento del potencial de comercialización de los productos candidatos, se asegura de que tanto los científicos como los mercadólogos colaboren desde las etapas iniciales del proceso, y asigna los recursos necesarios a los productos con mayor potencial. El programa Golden Step Award reconoce a los empleados que desarrollan nuevos productos, líneas de productos o mercados, y que logran generar con éxito al menos 10 millones de dólares en ventas anuales a nivel mundial en los tres años siguientes al lanzamiento del producto.*

>>>

Un innovador producto de 3M: el sistema Paint Preparation, que permite aplicar la pintura desde cualquier ángulo, al tiempo que garantiza una alta calidad en el trabajo, incluso en lugares difíciles de alcanzar. El producto logró gran aceptación en la reparación de automóviles, en la industria aeroespacial, naval y en diversos mercados de todo el mundo.

Los mercadólogos desempeñan una función crucial en los procesos de desarrollo de nuevos productos, pues se encargan de identificar y de evaluar nuevas ideas; además, colaboran con empleados de investigación y desarrollo y de algunos otros departamentos en todas las fases del desarrollo del producto. En este capítulo se analizará con detalle el proceso de desarrollo de nuevos productos. En el capítulo 21 se verá cómo los mercadólogos pueden recurrir a los mercados internacionales como fuente alternativa de crecimiento a largo plazo.

::: Los desafíos en el desarrollo de nuevos productos

Una empresa puede incorporar nuevos productos a su oferta mediante la adquisición o el desarrollo. La vía de la adquisición adopta tres formas. La empresa puede adquirir otras empresas, comprar patentes, o adquirir una licencia o una franquicia de otra empresa. El gigante suizo, Nestlé, aumentó su presencia en Norteamérica mediante la adquisición de marcas tan diversas como Carnation, Hills Brothers, Stouffer's, Ralston Purina, Dreyer's Ice Cream, y Chef America.[2]

El desarrollo de productos adopta dos formas. La empresa puede desarrollar nuevos productos en sus propios laboratorios, o bien, tiene la opción de ponerse en contacto con investigadores independientes o empresas de desarrollo de nuevos productos con el fin de desarrollar productos específicos. Cabe distinguir entre seis categorías de nuevos productos:[3]

1. *Productos sin precedentes*—Productos nuevos que crean un mercado totalmente nuevo.
2. *Nuevas líneas de productos*—Productos nuevos que permiten a la empresa penetrar por primera vez en un mercado consolidado.
3. *Incorporación de productos a líneas existentes*—Productos nuevos que complementan líneas de productos consolidadas (distintos tamaños de envase, sabores, etcétera).
4. *Perfeccionamiento y revisión de productos existentes*—Productos nuevos que ofrecen mejores resultados o un mayor valor percibido, y que sustituyen a otros.
5. *Reposicionamiento*—Productos existentes dirigidos a nuevos mercados o a nuevos segmentos.
6. *Reducciones de costo*—Productos nuevos que ofrecen las mismas prestaciones con menos costos.

Menos del 10% de los productos nuevos son realmente innovadores en el mundo. Estos productos implican riesgos y costos mayores, puesto que son nuevos tanto para la empresa como para el mercado. W. L. Gore, más conocido por su tejido Gore-Tex, ha innovado en diversos ámbitos: cuerdas de guitarra, hilo dental, instrumentos médicos y baterías. La empresa ha adoptado diversos principios para el desarrollo de nuevos productos:[4]

1. *Trabajar con clientes potenciales.* Su injerto torácico, destinado a combatir las enfermedades cardiacas, se desarrolló en estrecha colaboración con distintos profesionales de la medicina.
2. *Permitir que los empleados elijan los proyectos.* Pocas veces la empresa forma los equipos de desarrollo y designa a sus responsables. Gore prefiere dejar que sus "empleados más apasionados" convenzan a otros de que determinado proyecto es merecedor de la inversión en tiempo y esfuerzo. El desarrollo de las baterías congregó a más de 100 de los 6,000 investigadores de la empresa.
3. *Permitir que los empleados prueben "por aquí y por allá".* Todos los investigadores dedican cerca del 10% de su tiempo de trabajo a desarrollar sus propias ideas. La empresa apoya las ideas más prometedoras si superan la prueba "oportunidad, triunfo, valor": La oportunidad ¿es real? ¿Podemos triunfar con ella? ¿Podemos ganar dinero?
4. *Saber cuándo hay que abandonar.* En algunas ocasiones, los proyectos abandonados en un ámbito desencadenan la innovación en otro. Las cuerdas de guitarra acústica Elixir surgieron a partir de un proyecto fallido de cuerdas para bicicleta. Incluso los éxitos tienen que progresar. La empresa vendió el hilo dental antideslizante a Procter & Gamble porque Gore-Tex sabía que los minoristas querrían trabajar con una empresa que vende toda una familia de productos para la salud.

La mayor parte de la actividad relacionada con nuevos productos se dedica a perfeccionar productos existentes. En Sony, más del 80% de estas actividades se destinan a modificar y perfeccionar los productos ya comercializados por la empresa. Gillette actualiza con frecuencia sus sistemas de afeitado; prueba de ello es el lanzamiento de su sistema de afeitado

Este anuncio impreso del nuevo rastrillo Gillette M3Power es un buen ejemplo del perfeccionamiento de productos existentes.

M3Power para caballeros y Venus Divine para damas, en 2004.[5] En muchas categorías, cada vez es más difícil identificar qué productos serán grandes éxitos que transformarán el mercado; pero la innovación constante destinada a satisfacer las necesidades de los consumidores obligará a los competidores a que intenten ponerse al día.[6]

BLACKBERRY

Blackberry, que en 1999 lanzó su sistema Research in Motion (RIM) —hoy indispensable para usuarios como Jeb Bush, Sarah Jessica Parker o Jack Welch— se ha convertido en sinónimo de correo electrónico inalámbrico. Los mensajes de correo electrónico se dirigen a Blackberry a la vez que a la computadora, y se pueden responder gracias a un teclado que se opera con el dedo pulgar. El objetivo de la empresa es "permitir el acceso inalámbrico al correo electrónico desde cualquier lugar y desde cualquier aparato". Gracias a nuevas características como micrófono y alta-voces, pantallas a todo color, teclados iluminados *y roaming* internacional, las ventas se han disparado. Su atractivo ha llevado a algunos fanáticos a nombrar el producto "CrackBerry". Con una base de usuarios que alcanzará los dos millones en 2004, no resulta sorprendente que la cotización bursátil se multiplicara por 10 el año anterior[7]

El lanzamiento de nuevos productos como extensiones de línea en una categoría de productos relacionada es una forma de ampliar el significado de la marca. Nike comenzó como un fabricante de calzado para atletismo, pero hoy compite en el mercado deportivo con todo tipo de calzado, ropa y equipo. Armstrong World Industries se inició en la venta de cubiertas para techos y suelos, y en la actualidad ofrece servicios de decoración integral de interiores. La innovación de los productos y programas de marketing eficaces han permitido a estas empresas dejar una mayor "huella" en el mercado.

En una economía como la actual, en cambio constante, es necesario que la innovación sea un proceso continuo. La mayoría de las empresas rara vez protagonizan innovaciones, otras innovan en ocasiones, y son contadas las que hacen de la innovación un estilo. A este último grupo pertenecen empresas como Sony, 3M, Charles Schwab, Dell Computer, Sun Microsystems, Oracle, Southwest Airlines, Maytag, Costco y Microsoft, que se han convertido en líderes en cotización bursátil de sus respectivas categorías.[8] Estas empresas han fomentado actitudes positivas respecto a la innovación y a la asunción de riesgos, y han convertido sus procesos de innovación en mera rutina, practican el trabajo en equipo y permiten que sus empleados experimenten e incluso, que fracasen.

Las empresas que no logran desarrollar nuevos productos se encuentran en grave riesgo. Sus productos son vulnerables ante los cambios en los gustos y en las necesidades de los consumidores, las nuevas tecnologías, los ciclos de vida cada vez más cortos de los productos, y el aumento de la competencia nacional e internacional. Pero la amenaza más importante es la de las nuevas tecnologías.

Las empresas más consolidadas se concentran en una *innovación creciente.* Las empresas más novedosas crean *tecnologías disruptivas,* que son más económicas y presentan mayor potencial para alterar el panorama competitivo. Las empresas consolidadas pueden reaccionar tarde o invertir en estas tecnologías porque amenazan su inversión. De repente, se encuentran ante competidores formidables, y muchas de ellas fracasan.[9] Para asegurarse de no caer en esta trampa, las empresas deben seguir de cerca las preferencias tanto de sus clientes como de quienes no lo son, y descubrir la evolución de las necesidades de los consumidores, que, en ocasiones, resultan difíciles de articular.[10]

PEPSICO

El gigante de las bebidas y de la alimentación PepsiCo, con la firme determinación de adaptarse a los cambiantes gustos de los consumidores y de las variables demográficas, anuncia más de 200 variaciones de productos cada año, desde los Quaker Soy Crisps hasta Gatorade Xtremo Thirst Quencher. El presidente y director general, Steven Reinmund, considera que la innovación es la clave de los recurrentes aumentos en los ingresos: "Los consumidores buscan innovación, sobre todo en los aspectos más insignificantes y rutinarios de la vida." PepsiCo hace hincapié en los nuevos sabores y en los ingredientes sanos dentro de sus marcas existentes. Asimismo, ha lanzado con éxito nuevas líneas de productos en Estados Unidos, como las papas fritas Sabritas, un éxito de 100 millones de dólares que importa de su filial mexicana, y el agua embotellada Propel, que consiguió un éxito de ventas similar tan sólo un año después de su lanzamiento.[11]

Sin embargo, no hay que olvidar que el desarrollo de productos nuevos también entraña sus riesgos. Texas Instruments perdió 660 millones de dólares antes de retirarse del negocio de los computadoras familiares; RCA perdió 500 millones de dólares con sus reproductores de video; FedEx perdió 340 millones con su correo Zap; DuPont perdió cerca de 100 millones de dólares con una piel sintética llamada Corfam; y la empresa anglofrancesa Concorde nunca recuperó su inversión.[12] Incluso estas cantidades resultan insignificantes comparadas con los 5,000 millones de dólares del fiasco de Iridium (véase *Marketing en acción: Iridium pierde el contacto con los clientes de todo el mundo*).

Los productos nuevos siguen fallando a un ritmo abrumador. Estudios recientes indican que el índice de fracaso en Estados Unidos es del 95% y en Europa del 90%.[13] Los productos nuevos fracasan por múltiples razones. Las más comunes con las siguientes: no considerar o malinterpretar los estudios de mercado, exagerar el volumen del mercado, costos de desarrollo elevados, diseño inadecuado, posicionamiento incorrecto, publicidad poco eficaz, precio equivocado, red de distribución insuficiente y competidores fuertes.

Existen otros factores que tienden a dificultar aún más el desarrollo de nuevos productos:

- ■ ***Escasez de buenas ideas en determinados ámbitos:*** Es posible que queden pocas formas de mejorar determinados productos básicos (como el acero o los detergentes).
- ■ ***Fragmentación de los mercados:*** Las empresas tienen que dirigir sus productos nuevos a segmentos de mercado cada vez más pequeños, lo que supone menos ventas y utilidades para cada producto.
- ■ ***Limitaciones sociales o legales:*** Los productos nuevos tienen que satisfacer determinados requisitos de seguridad para los consumidores y para el ambiente.
- ■ ***Costos de desarrollo:*** Por lo regular, una empresa tiene que generar muchas ideas para encontrar una que valga la pena desarrollar. A esto hay que agregar costos elevados de investigación y desarrollo, fabricación y marketing.
- ■ ***Escasez de capital:*** Algunas empresas con buenas ideas no cuentan con los fondos necesarios para investigar los nuevos productos y lanzarlos.
- ■ ***Periodos de desarrollo más cortos:*** Las empresas tienen que aprender a reducir el tiempo de desarrollo mediante el empleo de nuevas técnicas, colaboraciones estratégicas, pruebas del producto en etapas muy tempranas, y planeación de marketing.
- ■ ***Reducción del ciclo de vida de los productos:*** Cuando un producto nuevo tiene éxito, los competidores se apresuran a imitarlo. Sony solía llevar tres años de ventaja respecto a sus competidores. En la actualidad, Matsushita copia los productos en un plazo de seis meses, lo que apenas deja tiempo para que Sony recupere su inversión.

MARKETING **EN ACCIÓN** | **IRIDIUM PIERDE EL CONTACTO CON LOS CLIENTES DE TODO EL MUNDO**

A finales de los 90, Motorola lanzó, junto con sus colaboradores, el Iridium, un sistema mundial de telefonía inalámbrica vía satélite de 5,000 millones de dólares. Los ingenieros de Motorola habían previsto poner en órbita alrededor de la Tierra 66 satélites de telecomunicaciones que posibilitarían que los usuarios hicieran y recibieran llamadas telefónicas desde cualquier rincón del mundo. El objetivo de Motorola era crear una referencia universal para la telefonía inalámbrica.

Sin embargo, en agosto de 1999, Iridium tuvo que declararse en bancarrota porque no podía hacer frente al pago de bonos por 90 millones de dólares, y en marzo de 2000, un juez ordenó el cierre del proceso de quiebra. Motorola se vio obligada a abandonar el proyecto. En la actualidad resulta evidente que los responsables del proyecto no analizaron con detenimiento los principales conceptos de marketing.

1. El teléfono Iridium pesaba cerca de medio kilo, mientras que la mayoría de los teléfonos celulares no pesan más que unos 200 o 300 gramos. El Iridium tenía forma de ladrillo y era difícil de llevar en un bolso o un maletín. Además, el usuario tenía que llevar consigo una bolsa con accesorios para obtener la funcionalidad necesaria. Asimismo, existían determinados problemas de transmisión como llamadas perdidas o cortes de línea, y la calidad de la voz era menor que la de los teléfonos celulares a los que estaban acostumbrados los usuarios.

2. El Iridium se lanzó, inicialmente, a un precio de 3,000 dólares, y se redujo a 1,500. Peor aún, las cuotas de servicio oscilaban entre los cuatro y los nueve dólares por minuto, independientemente de si el usuario llamaba a su ciudad o a la selva de Borneo.

3. Aunque se suponía que el teléfono funcionaba en cualquier parte, no se podía utilizar dentro de edificios o de vehículos en movimiento. Los usuarios debían tener vía libre entre el teléfono y los satélites en órbita. Es más, en grandes zonas de Europa, Asia y África no había cobertura.

4. Iridium había presupuestado 180 millones de dólares para promoción. En la campaña publicitaria aparecía un hombre con ropa abrigadora que tiraba de un trineo en una zona nevada y desolada. De repente, sonaba su teléfono: había hecho contacto con el mundo exterior. La campaña se complementó con otra de correo directo y un programa de relaciones públicas intenso, pero todos estos esfuerzos de promoción tuvieron que apuntalarse con una campaña de venta personal competente. Éste fue el desafío más importante, puesto que los clientes hacían preguntas sobre el precio, los cortes en el servicio y el pesado equipo, y muchos de ellos concluían que los beneficios no valían el precio.

5. Además, para otros países, Motorola escogió colaboradores de ventas que carecían de los conocimientos de marketing necesarios. Aunque la campaña de promoción generó cerca de 1.5 millones de preguntas, la mayoría se quedaron sin respuesta, o fueron atendidas demasiado tarde.

La alta dirección fijó el 23 de septiembre de 1998 como fecha de lanzamiento, pero tuvo que aplazarlo para el 1o. de noviembre. Incluso en aquel momento la empresa tenía problemas con el producto, el servicio, la distribución y las finanzas. Con todas estas complicaciones, no es de extrañar que el proyecto nunca atrajera a más de 50,000 compradores. La moraleja: Ninguna campaña de promoción podrá lograr que un producto con defectos de diseño, de calidad y de servicio tenga éxito en el mercado.

Fuentes: Jonathan Sidener, "Iridium's Adventure Over Satellite Phone System Ordered Shut Down", *Arizona Republic,* 18 de marzo de 2000; Kevin Maney, "$3,000 Gadget Might Be Globe-Trotters Best Friend", *USA Today,* 17 de septiembre de 1998; Leslie Cauley, "Iridium's Downfall", *Wall Street Journal,* 18 de agosto de 1999; Eric M. Olson, Stanley F. Slater y Andrew J. Czaplewski, "The Iridium Story: A Marketing Disconnect?" *Marketing Management* (verano de 2000), pp. 54–57.

¿Qué puede hacer una empresa para desarrollar nuevos productos de éxito? Cooper y Kleinschmidt descubrieron que la garantía de éxito definitiva es un producto superior y exclusivo. Estos productos triunfan el 98% de las veces, en contraste con los productos con una ventaja moderada (58% de éxito) o mínima (18% de éxito). Otro factor clave es un concepto de producto bien definido. Antes de proceder, la empresa tiene que definir y evaluar con cuidado el mercado meta, los requisitos del producto y sus ventajas. Otros factores de éxito son la sinergia de la tecnología y el marketing, la calidad de la ejecución en todas las fases y el atractivo del mercado.[14] (Véase *Cuestiones clave: Lecciones para el éxito de nuevos productos.*)

::: La preparación de una organización efectiva

Una vez que la empresa segmenta el mercado, selecciona a su mercado meta, identifica sus necesidades y determina su posicionamiento de marketing, estará en condiciones de desarrollar nuevos productos. Muchas empresas utilizan un *sistema de ingeniería orientado al consumidor* para diseñar sus nuevos productos. Este sistema da prioridad a la incorporación de las preferencias de los consumidores en el diseño final.

El desarrollo de nuevos productos exige que la alta dirección defina el alcance del negocio, las categorías de producto y los criterios específicos. General Motors ha adoptado una referencia de 400 millones de dólares que aplica a cada nuevo modelo de automóvil (que corresponde a lo que cuesta llevar un vehículo a la línea de producción).[15] Una empresa fijó los siguientes criterios de aceptación de nuevos productos:

■ El producto podrá comercializarse en un plazo de cinco años.

■ El producto tendrá un mercado potencial de al menos 50 millones de dólares y un crecimiento del 15% anual.

■ El producto generará al menos un 30% de rentabilidad sobre las ventas y un 40% sobre la inversión.

■ El producto alcanzará un liderazgo técnico o de mercado.

El presupuesto de desarrollo de nuevos productos

La dirección de la empresa debe decidir cómo elaborar el presupuesto de desarrollo de nuevos productos. Los resultados de la fase de investigación y desarrollo son tan inciertos que es difícil utilizar criterios de inversión normales. Algunas empresas solucionan este problema financiando tantos proyectos como sea posible, con la esperanza de que triunfen unos cuantos. Otras empresas aplican un porcentaje de las ventas o invierten lo mismo que la competencia. Otras, en cambio, deciden cuántos productos de éxito quieren obtener y, a partir de ahí, trabajan "hacia atrás" para calcular la inversión necesaria.

La tabla 20.1 muestra una opción para calcular el costo del desarrollo de un producto nuevo. El gerente de productos nuevos de una gran empresa de bienes de consumo analizó los resultados de 64 ideas que surgieron en el seno de la empresa. Sólo una de cada cuatro,

| TABLA **20.1** |

Búsqueda de un nuevo producto de éxito.

Fase	Número de ideas	Razón de ideas aprobadas	Costo por idea de producto	Costo total
1. Análisis de la idea	64	1:4	$ 1,000	$ 64,000
2. Prueba del concepto	16	1:2	20,000	320,000
3. Desarrollo del producto	8	1:2	200,000	1,600,000
4. Prueba de mercado	4	1:2	500,000	2,000,000
5. Lanzamiento nacional	2	1:2	5,000,000	10,000,000
			$5,721,000	$13,984,000

es decir, en total 16, superaron la primera fase de selección. En esta fase cuesta unos 1,000 dólares analizar cada idea. La mitad de estas ideas, es decir, ocho, superaron la fase de prueba del concepto, a un costo de 20,000 dólares cada una. La mitad de éstas, es decir, cuatro, pasaron la prueba de desarrollo del producto, a un costo de $200,000 cada una. La mitad de estos proyectos, es decir, dos, superaron la fase de prueba de mercado, con un costo de 500,000 dólares cada uno. Cuando se lanzaron estas dos ideas, con un costo de cinco millones de dólares cada una, sólo una tuvo éxito. Por tanto, el desarrollo de un producto de éxito costó a la empresa 5,721,000 dólares.

Como en el proceso, otras 63 ideas se dejaron a un lado, el costo total de desarrollar un nuevo producto fue de 13,984,000 dólares. A menos que la empresa pueda aumentar el porcentaje de productos que superan las pruebas y reducir el costo de estas últimas, tendrá que presupuestar cerca de 14 millones de dólares por cada idea que tenga éxito. Si la alta dirección quiere que en los próximos años triunfen en el mercado cuatro nuevos productos, tendrá que contar con un presupuesto mínimo de 56 millones de dólares (4 × 14 millones de dólares) para el desarrollo de productos.

Organización del desarrollo de nuevos productos

Las empresas tienen diferentes opciones para afrontar la organización del desarrollo de nuevos productos.[16] Muchas asignan la responsabilidad de las nuevas ideas a los *gerentes de producto*. Sin embargo, los gerentes de producto suelen estar tan ocupados en la administración de las líneas existentes que apenas si prestan atención a nuevos productos que no sean extensiones de línea. Además, algunos carecen de los conocimientos y las habilidades necesarias para desarrollar y criticar los nuevos productos. Kraft y Johnson & Johnson tienen *gerentes de nuevos productos* que dependen de los gerentes de categorías. Otras empresas tienen *comités de administración* que se encargan de revisar y aprobar las propuestas de productos. Las grandes empresas cuentan con un *departamento de nuevos productos* liderado por un gerente con gran autoridad y acceso a la alta dirección. Las responsabilidades principales de este departamento son generar y analizar nuevas ideas, colaborar con el departamento de investigación y desarrollo, y hacer pruebas de campo y comercialización.

3M, Dow y General Mills asignan el desarrollo de nuevos productos a *equipos de proyectos*. Un **equipo de proyectos** es un grupo formado por empleados de diferentes departamentos que se encarga de desarrollar productos o negocios específicos. A estos "empresarios a sueldo" se les libera de otras responsabilidades y se les asigna un presupuesto y una "madriguera". Las *madrigueras* son lugares de trabajo informales, a veces garajes, donde estos equipos tratan de desarrollar nuevos productos.

Los equipos multifuncionales utilizan el desarrollo de nuevos productos concurrentes para lanzar sus productos al mercado.[17] El desarrollo de productos concurrentes se parece a un partido de rugby, pues los integrantes del equipo "lanzan" el producto hacia atrás y hacia delante en dirección a su objetivo. Con este sistema, Allen-Bradley Corporation (fabricante de sistemas de control industrial) fue capaz de desarrollar un nuevo sistema de control eléctrico en tan sólo dos años, en contraste con los seis años que tardó en desarrollar su sistema anterior.

Los equipos multifuncionales contribuyen a asegurar que los ingenieros se abstengan de crear un producto que los consumidores no quieren ni necesitan. Algunos criterios posibles para formar equipos de proyectos de riesgo son los siguientes:[18]

- **Estilo de liderazgo y experiencia acumulada:** Cuanto más complejo sea el nuevo producto, mayor debe ser la experiencia.
- **Conocimientos y experiencia de los miembros del equipo:** Los equipos de proyectos de riesgo de Aventis, parte de un conglomerado farmacéutico, agrícola y químico, están formados por personas con experiencia en química, ingeniería, estudios de mercado, análisis financiero y producción.
- **Interés en el concepto del nuevo producto:** ¿Están interesados los miembros del equipo, o mejor aún, muestran un alto nivel de compromiso y vinculación afectiva hacia el producto (son "ganadores")?
- **Potencial de recompensa personal:** ¿Qué motiva a los miembros del equipo a participar en el proyecto?
- **Diversidad de los miembros del equipo:** La diversidad se refiere a raza, género, nacionalidad, experiencia, grado de especialización y personalidad. Cuanto mayor sea la diversidad, más numerosos serán los puntos de vista y el potencial de toma de decisiones.

3M, Hewlett-Packard, Lego y muchas otras empresas utilizan un *sistema de etapas* para administrar el proceso de innovación.[19] Este proceso se divide en varias fases, y al final de cada una se efectúa una revisión. El responsable del proyecto, en colaboración con un equipo multifuncional, debe presentar una serie de informes en cada punto de revisión antes de que el proyecto pueda pasar a la siguiente fase. Para pasar del plan de negocio al desarrollo del producto es necesario realizar un estudio de mercado convincente sobre las necesidades y los intereses de los consumidores, un análisis de la competencia y una evaluación técnica.

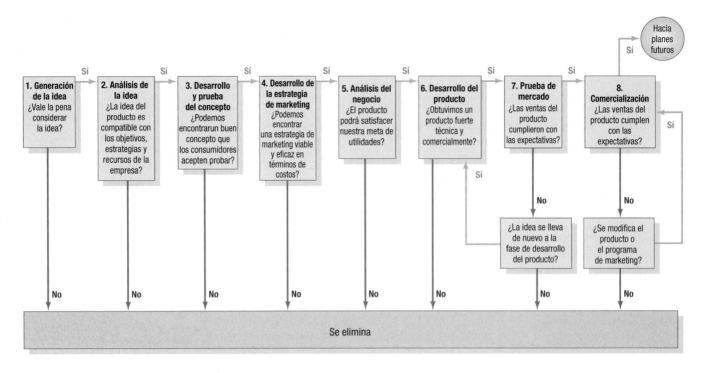

| FIG. **20.1** | Proceso de decisión en el desarrollo de un nuevo producto.

A continuación, los directivos estudian los criterios utilizados en cada revisión para decidir si el proceso debe o no pasar a la siguiente fase. Los responsables del sistema de control pueden tomar cuatro decisiones: *avanzar, eliminar, paralizar* o *reciclar*. Este sistema hace que el proceso de innovación sea visible para todos los participantes y define con claridad las responsabilidades tanto del líder como del propio equipo en cada fase.[20]

La figura 20.1 es un diagrama de las fases del proceso de desarrollo de nuevos productos. Muchas empresas tienen diversos proyectos paralelos en proceso, cada uno en etapas diferentes.[21] El proceso se podría comparar con un *embudo:* se tiene un gran número inicial de ideas y conceptos de nuevos productos a partir de los cuales se hace una selección hasta que finalmente sólo se lanzan unos cuantos productos, pero con un gran potencial. Sin embargo, este proceso no siempre es lineal. Muchas empresas emplean *procesos de desarrollo en espiral* que reconocen el valor de retroceder una fase para mejorar el producto antes de seguir adelante.

ELI LILLY

Consciente de que el 90% de los medicamentos experimentales fracasan, Eli Lilly ha creado una cultura corporativa que entiende el error como un componente inevitable del descubrimiento. Si un fármaco no funciona para el propósito que se había planteado, los científicos de Lilly exploran otros posibles usos. Con frecuencia, Lilly forma un equipo de médicos y científicos para que analicen todos los compuestos que fallan en cualquier fase de una prueba clínica en humanos. Muchos de los éxitos de Lilly comenzaron, de hecho, como fracasos. Evista era un anticonceptivo fallido que se convirtió en un medicamento para combatir la osteoporosis y que registra ventas por 1,000 millones de dólares al año. Stattera era un antidepresivo fallido que se convirtió en un medicamento de gran éxito para controlar el trastorno de déficit de atención con hiperactividad. Un prometedor fármaco para el sistema cardiovascular, que aún está en la etapa de desarrollo, surgió de un proyecto para combatir el asma.[22]

En los siguientes apartados estudiaremos los retos de marketing que presenta cada una de las ocho fases del proceso de desarrollo de nuevos productos.

::: Administración del proceso de desarrollo: las ideas

Generación de ideas

El proceso de desarrollo de nuevos productos comienza con la búsqueda de ideas. Algunos expertos de marketing consideran que las oportunidades más valiosas para desarrollar productos surgen cuando se descubre el mejor conjunto posible de necesidades insatisfechas de los consumidores o cuando se genera una innovación tecnológica.[23] Las ideas para nuevos productos a menudo provienen de la interacción con diversos grupos o del uso de técnicas creativas. (Véase *Cuestiones clave: Diez formas de impulsar ideas innovadoras.*)

INTERACCIÓN CON LOS DEMÁS Las ideas de nuevos productos pueden provenir de múltiples fuentes, como clientes, científicos, competidores, empleados, colaboradores de canal y directivos.

Las necesidades y deseos de los consumidores son el punto de partida lógico de la investigación de ideas de nuevos productos. Las entrevistas personales y las sesiones de grupo sirven para estudiar la necesidad de productos y las reacciones ante éstos. Griffin y Hauser sugieren que si se sostienen entre 10 y 20 entrevistas experimentales detalladas por segmento de mercado, se podrá conocer la gran mayoría de las necesidades de los consumidores.[24]

Procter & Gamble hace hincapié en las técnicas de observación con sus clientes. Los responsables de marca suelen invertir 12 horas al mes en casa de los clientes para ver cómo lavan los platos, limpian los pisos o se lavan los dientes, y para preguntarles acerca de sus hábitos y de sus frustraciones. Asimismo, cuentan con algunos laboratorios, como por ejemplo, un centro de prueba de pañales, donde docenas de madres llevan a sus bebés para que las estudien. Esta observación tan meticulosa ha generado varios productos de éxito.

PROCTER & GAMBLE

Para desarrollar su lápiz labial de larga duración Cover Girl Outlast, P&G probó el producto en cerca de 30,000 mujeres; invitó a 500 de ellas a visitar sus laboratorios cada mañana para pintarse los labios, les pidió que registraran sus actividades durante el día y que volvieran ocho horas más tarde para medir la cantidad de color restante. Estas actividades, que la empresa llamó "pruebas de tortura", eran tan variadas como comer espagueti, practicar kickboxing o darse una ducha. El producto viene con un tubo de brillo hidratante que se puede aplicar una y otra vez encima del color sin necesidad de mirarse al espejo. El producto pronto se convirtió en el líder del mercado.[25]

Un producto de éxito indiscutible: el lápiz labial Cover Girl Outlast, que se vende junto con un tubo de humectante que se aplica sobre el color.

Las empresas tecnológicas aprenden mucho al estudiar a aquellos clientes que hacen un uso más avanzado de los productos y que se dan cuenta, antes que los demás, de qué se necesita mejorar.[26] Microsoft estudió a jóvenes de entre 13 y 24 años de edad para desarrollar su software ThreeDegrees y satisfacer las necesidades de mensajería instantánea de ese segmento.[27] (Para el caso particular de los productos de tecnología de punta, véase *Marketing en acción: Factores que hay que considerar al desarrollar productos que incorporan nuevas tecnologías.*)

Todos los empleados de la empresa son una fuente de ideas para perfeccionar y desarrollar productos o servicios. Toyota afirma que sus empleados proponen dos millones de ideas cada año (cerca de 35 sugerencias por empleado), de las cuales se lleva a la práctica el 85%. Kodak, Milliken y otras empresas ofrecen recompensas consistentes en dinero en efectivo, de vacaciones o reconocimientos a aquellos empleados que proponen las mejores ideas.

Las empresas también encuentran buenas ideas al estudiar los productos y servicios de la competencia. Podrán descubrir qué les gusta o qué no les gusta a los consumidores sobre los productos de la competencia. Muchas adquieren los productos de la competencia, los desmontan y fabrican otros mejores. Los vendedores y los intermediarios de la empresa son una fuente de ideas especialmente valiosa. Estos grupos tienen un contacto directo con los clientes y suelen ser los primeros en aportar buenas sugerencias.

La alta dirección también es fuente de numerosas ideas. Algunos líderes empresariales como el fallecido Edwin H. Land, quien fue director general de Polaroid, o Andy Grove de Intel, asumen la innovación tecnológica de sus empresas como una responsabilidad personal. Las ideas de nuevos productos pueden provenir de inventores, abogados de patentes, laboratorios universitarios y comerciales, consultores industriales, agencias de publicidad, empresas de estudios de mercado y publicaciones industriales. Sin embargo, aunque las ideas provengan de muchas fuentes, las posibilidades de recibir una atención seria dependen de que algún miembro de la organización asuma el rol como responsable de productos.

CUESTIONES **CLAVE** | DIEZ FORMAS DE IMPULSAR IDEAS INNOVADORAS

1. Organice sesiones informales en las que se reúnan grupos de clientes con ingenieros y diseñadores de la empresa para discutir sus problemas y necesidades, así como para plantear posibles soluciones.

2. Proporcione horas libres al personal técnico para que trabajen en sus propios proyectos. 3M les concede el 15% del tiempo, Rohm & Haas el 10%.

3. Organice sesiones de "lluvia de ideas" con los clientes cuando éstos visiten la empresa.

4. Aplique encuestas a sus clientes: averigüe lo que les gusta y lo que les disgusta sobre sus productos y sobre los de la competencia.

5. Realice investigación "personal" o "excursiones" con sus clientes, como hacen Fluke y Hewlett-Packard.

6. Realice sesiones iterativas: reúna a un grupo de clientes en una sala para que planteen problemas, y sitúe a su personal técnico en la sala contigua para que escuchen y busquen soluciones, que de inmediato se sometan a la consideración de los clientes.

7. Establezca una "búsqueda de términos clave" que periódicamente se localicen en publicaciones nacionales e internacionales de interés para estar al tanto de nuevos productos.

8. Considere las ferias comerciales como misiones de inteligencia, en las que podrá obtener información sobre todas las novedades del sector.

9. Envíe a sus técnicos y empleados de marketing a visitar los laboratorios de los proveedores y a hablar con su personal para que averigüen todas las novedades.

10. Forme un "arcón de ideas", al que tengan fácil acceso todos los empleados. Permítales que estudien las ideas y aporten sugerencias.

Fuente: Adaptado de Robert Cooper, *Product Leadership: Creating and Launching Superior New Products* (Nueva York: Perseus Books, 1998).

TÉCNICAS CREATIVAS Éstas son algunas técnicas destinadas a estimular la creatividad de grupos e individuos.[28]

■ *Listas de atributos.* Consiste en elaborar una lista de los atributos de un objeto, como por ejemplo, un destornillador. A continuación se modifica cada atributo, por ejemplo, sustituir el mango de madera por uno de plástico, colocar diferentes tipos de punta, calibrarlo, etcétera.

■ *Relaciones forzadas.* Consiste en hacer una lista de diversas ideas y considerar cada una en relación con las demás. Por ejemplo, para diseñar mobiliario de oficina, se puede pensar en un escritorio, un librero y un archivador como ideas separadas. A continuación se imagina un escritorio con un librero empotrado o con un archivador adosado, o un librero que también sirva como archivador.

■ *Análisis morfológico.* Esta técnica comienza con un problema, como por ejemplo, "trasladar algo de un sitio a otro con un vehículo automático". A continuación se consideran las dimensiones, por ejemplo, el tipo de plataforma (carro, silla, cama), en el medio (aire, agua, aceite, rieles), y la fuente de energía (aire comprimido, motor eléctrico, campos magnéticos). Al considerar todas las combinaciones posibles se generarán numerosas soluciones nuevas.

■ *Análisis invertido de supuestos.* Consiste en hacer una lista de todos los supuestos normales de una entidad y luego invertirlos. En lugar de suponer que un restaurante tiene menús, sirve comida y cobra por ello, se trata de invertir los supuestos. El nuevo restaurante podría decidir servir sólo lo que haya comprado y cocinado el chef cada mañana, podría ofrecer comida y cobrar sólo por el tiempo que se ocupa la mesa, o podría diseñar una atmósfera exótica y alquilar el espacio a las personas que traigan su propia comida y bebida.

■ *Nuevos contextos.* Consiste en considerar procesos familiares, como los servicios de asistencia, y darles un nuevo contexto. Por ejemplo, pensemos en ayudar a perros y gatos, y brindarles servicios de cuidado durante el día, reducción de estrés, psicoterapia o funerales de mascotas. Otro ejemplo, en lugar de que los huéspedes de un hotel tengan que presentarse en la recepción para registrarse, se les podría dar la bienvenida en la puerta y utilizar un sistema inalámbrico para registrarlos en el hotel.

Un cibercafé: cafetería + Internet.

■ *Mapa mental.* Esta técnica comienza con un pensamiento como, por ejemplo, un automóvil. Se escribe la palabra en una hoja de papel, y se piensa en lo primero que venga a la mente (por ejemplo, Mercedes), se vincula con "automóvil", y se piensa en la siguiente asociación (Alemania), y así sucesivamente con todas las ideas que se nos ocurren relacionadas con la palabra. Esta técnica permite materializar ideas totalmente nuevas.

Cada vez más productos nuevos provienen del *marketing lateral* que consiste en combinar dos ideas o conceptos de productos para dar origen a una nueva oferta. Éstos son algunos ejemplos de éxito:

■ Las tiendas de las gasolineras = gasolinera + alimentos.
■ Cibercafés = cafetería + Internet.
■ Barras de cereales = cereales + refrigerio.
■ Chocolates Kinder Sorpresa = golosina + juguete.
■ Sony Walkman = música + aparato portátil.

Análisis de ideas

Las empresas deben motivar a sus empleados para que expongan sus ideas a un *gerente de ideas* cuyo nombre y número telefónico sean del conocimiento de toda la organización. Las ideas se deben presentar por escrito, para que un *comité de ideas* las discuta. A continuación, la empresa dividirá las ideas en tres grupos: prometedoras, marginales y rechazadas. Cada una de las ideas prometedoras será analizada por un miembro del comité, quien rendirá un informe al respecto. Las ideas que superen esta fase se someterán a un proceso de selección. En este proceso, las empresas deben evitar dos tipos de errores.

Un *error de abandono* es el que tiene lugar cuando la empresa rechaza una idea que podría haber prosperado. Es muy fácil detectar los errores en las ideas de los demás (figura 20.2). Algunas empresas se estremecen cuando vuelven la vista atrás y recuerdan algunas ideas que dejaron pasar, y que podrían haberse convertido en grandes éxitos de ventas. Éste fue el caso de la serie de televisión *Friends*.

FRIENDS

La serie *Friends* de la cadena NBC se transmitió durante 10 años, de 1994 a 2004, y siempre encabezó la lista de índices de audiencia. Sin embargo, esta serie estuvo a punto de no llegar a ver la luz. Según un informe interno de la cadena, el episodio piloto fue considerado "poco entretenido, falto de perspicacia y nada original"; así que no pasó la primera prueba al obtener una calificación de 41 sobre 100. Resulta irónico que el episodio piloto de un éxito anterior, Seinfeld, también fuese tachado de "flojo", aunque el episodio piloto de ER *Urgencias* recibiese una puntuación de 91 sobre 100. Mónica, interpretada por Courtney Cox, fue el personaje de *Friends* que mayor aceptación logró entre el público de prueba, mientras que a los personajes de Lisa Kudrow y Matthew Perry se les consideró de un atractivo marginal, y los personajes de Rachel, Ross y Joey recibieron calificaciones aún más bajas. En las emisiones de prueba, los adultos mayores de 35 consideraron que, en general, todos los personajes eran "petulantes, superficiales y egocéntricos".[29]

Un *error de avance* tiene lugar cuando la empresa permite que una idea mediocre progrese hasta su desarrollo y posterior comercialización. Un *error total de producto* hace que la empresa pierda dinero: sus ventas no cubren los costos variables. Un *error parcial de producto* hace que la empresa pierda dinero, aunque sus ventas alcanzan a cubrir todos los costos variables y parte de los fijos. Un *error relativo de producto* produce utilidades inferiores a la rentabilidad sobre la inversión que había planeado la empresa.

El propósito del análisis de ideas es abandonar las malas ideas lo antes posible. La razón es que los costos de desarrollo de productos aumentan considerablemente con las sucesivas fases del proceso. La mayoría de las empresas necesitan que las ideas de nuevos productos se describan de manera estandarizada para que puedan someterse a la revisión de un comité. La descripción debe incluir la idea de producto, el mercado meta y la competencia, así como cálculos aproximados del tamaño de mercado, del precio del producto, del tiempo y del costo de desarrollo, de los costos de fabricación y de la rentabilidad sobre la inversión.

A continuación, el comité revisará cada idea y la clasificará con base en una serie de criterios. ¿Satisface el producto alguna necesidad? ¿Ofrecerá un valor superior? ¿Se puede anunciar de forma distintiva? ¿Cuenta la empresa con los conocimientos y el capital necesarios? ¿El producto alcanzará el volumen de ventas, el índice de aumento de ventas y las utilidades esperados?

Las ideas que superen el contraste con los criterios de evaluación se pueden valorar con la ayuda del método de índices ponderados, como el que aparece en la tabla 20.2. La primera columna incluye los factores necesarios para el lanzamiento exitoso de un nuevo producto, y la segunda columna indica la importancia que se confiere a cada factor. La tercera co-

"¡Tengo una gran idea!"

"No funcionará en este caso."

"Ya lo hemos intentado antes."

"No es el momento."

"No podría realizarse."

"No es la forma
en que actuamos."

"Hemos trabajado
bien sin ello."

"Costará mucho dinero."

"Lo discutiremos en
la próxima reunión."

| FIG. **20.2** |

Argumentos que surgen durante el análisis de ideas.

Fuente: Reproducido con permiso de Jerold Panas, Young & Oartners, Inc.

MARKETING EN ACCIÓN | **FACTORES QUE HAY QUE CONSIDERAR AL DESARROLLAR PRODUCTOS QUE INCORPORAN NUEVAS TECNOLOGÍAS**

Las nuevas tecnologías cubren un amplio espectro de sectores industriales: telecomunicaciones, informática, electrodomésticos, electrónica, biotecnología, software, etc. Las innovaciones radicales implican riesgos importantes y suelen perjudicar al balance de la empresa, al menos a corto plazo. La ventaja es que si se innova con éxito, se obtiene una ventaja competitiva duradera mucho mayor que la que pueden ofrecer los productos más comunes.

Una forma de definir el alcance de la tecnología de punta es definir sus características comunes:

■ *Gran incertidumbre tecnológica:* Los científicos que trabajan con productos de nuevas tecnologías nunca están seguros de si funcionarán como esperan o de si estarán listos en la fecha prevista.

■ *Gran incertidumbre de mercado:* Los fabricantes no saben a ciencia cierta qué necesidades satisfarán las nuevas tecnologías. ¿Cómo utilizarán los compradores la televisión interactiva? ¿Qué formato de DVD sobrevivirá tras el lanzamiento del DVD HD de Toshiba (de alta definición) en 2005?

■ *Gran volatilidad competitiva:* La mayor presión competitiva ¿se ejercerá desde el propio sector industrial o vendrá de fuera? ¿Reescribirán las normas los competidores? ¿Qué productos vendrá a sustituir el nuevo producto?

■ *Gran costo de inversión, bajo costo variable:* Numerosos productos de tecnología de punta requieren una gran cantidad de inversión inicial para desarrollar la primera unidad, pero los costos caen de forma drástica con la fabricación de unidades sucesivas. El costo de desarrollar un nuevo software es muy elevado, pero el costo de distribuirlo en CD-ROM es relativamente bajo.

■ *Vida corta:* La mayor parte de productos de tecnología de punta se actualizan y modernizan constantemente. Con frecuencia, los competidores obligarán al innovador a fabricar una segunda generación del producto antes de recuperar la totalidad de la inversión empleada en la primera generación.

■ *No es fácil encontrar financiamiento para proyectos de riesgo:* Las empresas han de conseguir importantes colaboraciones de investigación y desarrollo y marketing para obtener el financiamiento necesario. Existen pocas técnicas confiables para calcular la demanda de innovaciones radicales. Las sesiones de grupo aportarán algo de luz en el interés y las necesidades de los consumidores, pero los fabricantes de nuevas tecnologías tendrán que recurrir al enfoque "prueba y error" basado en la observación de los usuarios y a la recopilación de información sobre sus experiencias.

Los fabricantes de productos de tecnología de punta también se enfrentan a preguntas complicadas relativas a la mezcla de marketing:

■ *Producto:* ¿Qué características y prestaciones deberá incorporar el nuevo producto? ¿Deberá fabricarse en las plantas de la empresa o es mejor encargar su fabricación a otra compañía?

■ *Precio:* ¿Deberá ser alto? ¿Resultará más adecuado fijar un precio más bajo para vender más unidades y disminuir la curva de la experiencia más rápidamente? ¿Debemos "regalar" el producto para acelerar el proceso de adopción?

■ *Distribución:* ¿Se deberá vender el producto a través de la fuerza de ventas de la empresa o será más apropiado dejarlo en manos de agentes, distribuidores e intermediarios? ¿Será conveniente que la empresa tenga un solo canal o será mejor crear una estructura multicanal desde el principio?

■ *Comunicación:* ¿Qué mensaje transmite mejor las ventajas y características fundamentales del producto? ¿Qué medio es más apropiado para comunicar el mensaje? ¿Qué incentivos de promoción de ventas atraerán el interés de los consumidores y fomentarán la compra desde el principio?

Fuente: Más ideas en Jakki Mohr, *Marketing of High-Technology Products and Innovations*, 2a. ed. (Upper Saddle River, NJ: Prentice Hall, 2005).

lumna es la puntuación de la idea de producto, en una escala de 0 a 1.0, donde 1.0 es la mayor puntuación posible. El paso final consiste en multiplicar la importancia de cada factor por la puntuación del producto para obtener así una puntuación general. En este ejemplo, la idea de producto recibe una puntuación de 0.69, lo que significa que se trata de una "buena idea". El propósito de este sencillo sistema de clasificación es promover la evaluación y la discusión sistemáticas de las ideas de producto, y en ningún caso pretende sustituir la decisión final de la alta dirección.

Conforme se desarrolle la idea, la empresa tendrá que revisar las posibilidades de éxito general del producto que había calculado mediante la siguiente fórmula:

| TABLA 20.2 |

Método de valoración de ideas de productos.

Requisitos para el éxito del producto	Importancia relativa (a)	Puntuación del producto (b)	Puntuación general (c = a × b)
Producto único o superior en su tipo	.40	.8	.32
Alta proporción entre resultados y costos	.30	.6	.18
Fuerte apoyo económico de marketing	.20	.7	.14
Falta de una fuerte competencia	.10	.5	.05
Total	1.00		.69[a]

[a]Escala de puntuación: .00–.30 insuficiente; .31–.60 regular; .61–.80 buena. Puntuación mínima aceptable: .61.

Probabilidad		**Probabilidad**		**Probabilidad de**		**Probabilidad de**
de éxito	=	de logro	×	comercialización	×	éxito económico
general		técnico		superados los		
				obstáculos técnicos		

Por ejemplo, si los valores específicos de probabilidad son 0.50, 0.65 y 0.74, respectivamente, la probabilidad de éxito general será de 0.24, por lo que la empresa tendrá que determinar si esta cifra es lo suficientemente elevada como para continuar con el desarrollo de la idea.

::: Administración del proceso de desarrollo: del concepto a la estrategia

Las ideas atractivas se deben definir hasta convertirlas en ideas de producto susceptibles de prueba. Una *idea de producto* es un producto posible que la empresa podría lanzar al mercado. Un *concepto de producto* es una versión elaborada de la idea de producto que se expresa en términos de consumo.

Desarrollo y prueba del concepto de producto

DESARROLLO DEL CONCEPTO Para explicar el desarrollo del concepto de producto se utilizará el siguiente ejemplo: a una gran empresa de alimentos procesados se le ocurre la idea de fabricar un producto en polvo que, al agregarse a la leche, enriquece su valor nutricional y su sabor. Esto es una idea de producto, pero los consumidores no compran ideas, sino conceptos.

Una idea de producto se puede convertir en varios conceptos de producto. La primera pregunta es: ¿Quién utilizará el producto? Esta mezcla en polvo podría dirigirse a niños, adolescentes, adultos jóvenes o adultos maduros. En segundo lugar, ¿qué ventajas ofrece este producto? ¿Sabor, nutrición, bebida refrescante, energía? En tercer lugar, ¿cuándo se consumirá esta bebida? ¿Con el desayuno, a media mañana, con la comida, para merendar, con la cena, antes de ir a la cama? Una vez respondidas estas preguntas, la empresa está en condiciones de desarrollar diversos conceptos:

- **Concepto 1:** Bebida instantánea para el desayuno destinada a adultos que prefieren un desayuno nutritivo rápido sin necesidad de preparación.
- **Concepto 2:** Bebida sabrosa destinada a los niños, como refrigerio de media mañana.
- **Concepto 3:** Complemento saludable para adultos, que se recomienda beber antes de acostarse.

Cada uno de estos conceptos representa una *categoría de concepto* que define la competencia del producto. Una bebida instantánea para el desayuno se enfrentaría a los huevos con tocino, a los cereales, al pan dulce, al café y a las demás alternativas. Una bebida sabrosa para niños competiría con bebidas refrescantes, jugos y demás productos para mitigar la sed.

Imaginemos que el concepto más prometedor es el de la bebida instantánea para el desayuno. A continuación, la empresa debe analizar la situación del producto respecto a los demás productos de desayuno. La figura 20.3*a* muestra cómo se utilizan las dimensiones costo y tiempo de preparación para crear un *mapa de posicionamiento de producto* para la bebida que se habrá de consumir en el desayuno. Una bebida instantánea para el desayuno ofrece rapidez en la preparación y bajo costo. Sus competidores más cercanos son los cereales y las barras nutritivas, mientras que los más lejanos son el tocino y los huevos. Estos contrastes se podrán utilizar para dar a conocer y promover el producto en el mercado.

A continuación, el concepto de producto se debe traducir en un *concepto de marca*. La figura 20.3*b* es un mapa de posicionamiento de marca que refleja la situación actual de las tres marcas existentes de bebidas instantáneas para el desayuno. La empresa debe fijar el precio del producto y decidir cuántas calorías asignarle. La marca podría posicionarse como exclusiva en el mercado de precios regulares y nivel medio de calorías, o en el de precios altos y elevado nivel de calorías. No resultaría conveniente para la empresa posicionar su producto de forma similar a la de una marca existente, a menos que ésta sea débil o inferior.

PRUEBA DEL CONCEPTO Para probar el concepto de producto es necesario presentarlo a un grupo de consumidores meta y estudiar sus reacciones. Los conceptos se pueden presentar físicamente o de forma simbólica. Cuanto más se parezcan los conceptos sometidos a prueba al producto final, más confiables serán los resultados.

**a) Mapa de
posicionamiento
del producto
(mercado de desayunos)**

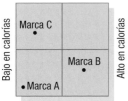

**b) Mapa de posicionamiento
de marca
(mercado de desayunos
instantáneos)**

| FIG. **20.3** |

Posicionamiento del producto y de la marca.

Antes costaba mucho tiempo y dinero crear prototipos físicos a partir de conceptos de producto. Sin embargo, gracias a los programas de diseño y manufactura asistidos por computadora, el panorama es muy diferente en nuestros días. Las empresas actuales utilizan el construir prototipos de manera rápida para diseñar productos (por ejemplo, pequeños electrodomésticos o juguetes) por computadora, y a continuación fabrican modelos de plástico. Los clientes potenciales observan el modelo y expresan sus opiniones.[30] Las empresas también hacen uso de la *realidad virtual* para probar conceptos de producto. Los programas de realidad virtual son programas informáticos con dispositivos sensoriales (como guantes o visores) que simulan la realidad.

Para probar el concepto es necesario hacer una presentación de una versión elaborada del concepto a los consumidores. Éste es un ejemplo de elaboración del primer concepto del ejemplo que veíamos antes:

> Nuestro producto es una mezcla en polvo que se agrega a la leche para hacer un desayuno instantáneo que proporciona al consumidor todo el valor nutritivo que requiere, además de un buen sabor y una gran comodidad. El producto estará disponible en tres sabores (chocolate, vainilla y fresa), vendrá en sobres individuales, y cada caja, con seis sobres, costará 2.49 dólares.

Después de recibir esta información, los investigadores miden ciertos atributos del producto. Para ello plantean a los consumidores las siguientes preguntas:

1. ***Capacidad de comunicación y credibilidad***—¿Considera los beneficios del producto claros y creíbles? Si los resultados son pobres, el concepto se debe depurar o revisar.
2. ***Nivel de necesidad:*** ¿Considera que este producto le soluciona algún problema o cubre alguna necesidad insatisfecha? Cuanto mayor sea la necesidad, más interés tendrán los consumidores por el producto.
3. ***Diferencia con productos existentes***—¿Existen otros productos que cubran esta necesidad de forma satisfactoria? Cuanto menor sea el número de productos del mismo tipo que existan en el mercado, más interés tendrán los consumidores por el producto. El nivel de necesidad se puede multiplicar por el nivel de diferencia con productos existentes para determinar la proporción *necesidad-diferencia*. Si esta relación es alta, el consumidor considerará que el producto satisface una necesidad importante que no cubren las alternativas disponibles.
4. ***Valor percibido***—¿Le parece razonable el precio del producto respecto a su valor? Cuanto mayor sea el valor percibido, más interés tendrán los consumidores por el producto.
5. ***Intención de compra:*** ¿Compraría usted el producto? Las opciones de respuesta son: sin duda, probablemente sí, probablemente no, de ningún modo. La respuesta a esta pregunta debe ser afirmativa, si los consumidores han respondido positivamente a las preguntas anteriores.
6. ***Usuarios meta, ocasiones de compra, frecuencia de compra***—¿Quién utilizará este producto, cuándo y con qué frecuencia?

Las respuestas de los encuestados indican si el atractivo del concepto es adecuado o no, con qué productos compite, y qué consumidores conforman el mejor mercado meta. Los niveles de necesidad-diferencia y de intención de compra se pueden contrastar con los índices de la categoría de producto para ver si éste se perfila como un éxito, un fracaso, o si tiene alguna posibilidad, aunque sea remota, de triunfar en el mercado. Una empresa procesadora de alimentos rechaza cualquier concepto que recibe una puntuación inferior al 40% en la intención de compra.

ANÁLISIS CONJUNTO Las empresas utilizan el **análisis conjunto** para analizar las preferencias de los consumidores por conceptos de producto alternativos. Se trata de un método para identificar la utilidad que los consumidores asocian a los diferentes niveles de atributos del producto.[31] Los investigadores muestran a los encuestados distintas ofertas hipotéticas en las que se combinan diferentes niveles de atributos, y a continuación les solicitan que clasifiquen las alternativas. De esta forma, la dirección identifica qué oferta resulta más atractiva, y calcula la participación de mercado y las utilidades que la empresa podría obtener.

Green y Wind ilustraron este método con el desarrollo de un nuevo producto de uso doméstico para eliminar manchas de las alfombras.[32] Imaginemos que el fabricante del nuevo producto considera cinco elementos de diseño:

- Tres diseños de envase (A, B, C; véase la figura 20.4).
- Tres nombres de marca (K2R, Glory, Bissell).
- Tres precios ($1.19, $1.39, $1.59).
- Un posible sello de garantía de la revista *Good Housekeeping* contra defectos (sí, no).
- Una posible garantía de devolución del dinero (sí, no).

Aunque existen 108 combinaciones posibles ($3 \times 3 \times 3 \times 2 \times 2$), para los consumidores sería demasiado complicado ordenar tantos conceptos, por lo que la empresa elige sólo 18, y pide a los consumidores que los clasifique por orden de preferencia.

A continuación, el mercadólogo utiliza un programa estadístico para obtener las funciones de utilidad de los consumidores para cada uno de los cinco atributos (véase la figura 20.5). La utilidad se clasifica con una puntuación de cero a uno: cuanto mayor es la utilidad, más fuerte es la preferencia del consumidor por ese nivel de atributo. Si nos fijamos en el envase, vemos que el B es el favorito, seguido de C y de A (este último apenas tiene utilidad). En orden de preferencia, los nombres serían Bissell, K2R y Glory. La percepción de utilidad varía en función inversa con el precio. En el caso del sello de garantía de la publicación *Good Housekeeping* contra defectos, los consumidores lo prefieren pero no agrega demasiada utilidad, y quizás no valdría la pena incluirlo. La garantía de devolución del dinero sí refleja una preferencia considerable.

De este modo, la oferta preferida por los consumidores sería la del diseño de envase B, con el nombre Bissell, con un precio de venta de $1.19, con el sello de *Good Housekeeping* y con una garantía de devolución del dinero. Asimismo, es posible determinar la importancia relativa de cada atributo para el consumidor: la diferencia entre el nivel de utilidad máximo y mínimo para cada atributo. Cuanto mayor sea la diferencia, más importante será el atributo. Es evidente que este consumidor considera el precio y el diseño como los atributos más importantes, seguidos de la garantía de devolución del dinero, de la marca y del sello de *Good Housekeeping*.

Cuando se recopila información de una muestra suficiente de consumidores, los datos resultarán útiles para calcular la participación de mercado, si se toman en cuenta determinadas suposiciones sobre la respuesta de la competencia. Sin embargo, la empresa podría decidir no lanzar la oferta que prometa mayor participación de mercado por razones de costos. La oferta que más atrae a los consumidores no siempre resulta la más rentable.

En determinadas circunstancias, los investigadores podrán recopilar información sin hacer una descripción exhaustiva de cada oferta, sino sólo presentando dos factores al mismo tiempo. Por ejemplo, se podría mostrar a los encuestados un cuadro con tres niveles de precio y tres tipos de envases, preguntarles cuál de las nueve combinaciones prefieren, y pedirles que clasifiquen las combinaciones restantes por orden de preferencia. A continuación se les podría mostrar otras tablas con otras dos variables. Este enfoque de compensación resulta más sencillo de utilizar cuando existen muchas variables y ofertas posibles. Sin embargo, no resulta tan realista, puesto que los encuestados sólo consideran dos variables a la vez.

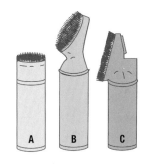

| FIG. **20.4** |

Muestras para un análisis conjunto.

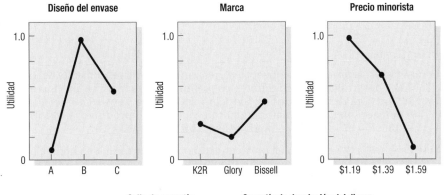

| FIG. **20.5** |

Funciones de utilidad basadas en un análisis conjunto.

Un anuncio de Continental Airlines para su servicio de primera clase, un tipo de servicio para el que las aerolíneas a menudo realizan análisis conjuntos.

El análisis conjunto se ha convertido en una de las herramientas de desarrollo y prueba de conceptos más utilizadas. Marriott diseñó el concepto de sus hoteles Courtyard gracias al análisis conjunto. Otras aplicaciones son los servicios de las aerolíneas, el diseño de fármacos y las prestaciones de tarjetas de crédito.

Estrategia de marketing

Una vez realizadas las pruebas de concepto correspondientes, el responsable del nuevo producto procede a desarrollar un plan estratégico preliminar para lanzar el producto al mercado. Este plan constará de tres partes: descripción del tamaño, la estructura y el comportamiento del mercado meta; el posicionamiento esperado del producto; y los objetivos de ventas, participación de mercado y utilidades para los primeros años:

El mercado meta de la mezcla en polvo para preparar al instante una bebida para el desayuno está formado por familias con hijos dispuestas a aceptar nuevas formas económicas para desayunar que sean cómodas y nutritivas. La marca de la empresa se posicionará en el segmento de precio alto y gran calidad, dentro de la categoría de bebidas para el desayuno. Para el primer año, la empresa pretende vender 500,000 cajas del producto, es decir, planea atender al 10% del mercado, sin que las pérdidas superen la cantidad de 1.3 millones de dólares durante el primer año. Para el segundo año se espera que las ventas alcancen las 700,000 cajas de producto, es decir, se espera atender al 14% del mercado y obtener 2.2 millones de dólares por concepto de utilidades.

En la segunda parte se debe destacar el precio planeado, la estrategia de distribución y el presupuesto de marketing para el primer año:

El producto se presentará en paquetes de seis sobres individuales, con sabor a chocolate, vainilla y fresa. Su precio minorista será de $2.49 por caja. En cada caja habrá 48 paquetes del producto, y el precio para los distribuidores será de $24 por caja.

Durante los dos primeros meses se ofrecerá a los distribuidores una caja gratis por cada cuatro cajas adquiridas, más incentivos para la cooperación publicitaria. Se hará una distribución de muestras gratuitas a domicilio. Se incluirán cupones de descuento de veinte centavos en los periódicos. El presupuesto total de promoción de ventas será de $2.9 millones. El presupuesto de publicidad de $6 millones se dividirá al 50% en publicidad local y nacional. Dos tercios se destinarán a la televisión y un tercio a los medios impresos. El texto de los anuncios hará hincapié en las ventajas nutricionales y de comodidad. El concepto del anuncio girará en torno a un niño que toma el preparado para hacerse fuerte. Durante el primer año se invertirán $100,000 en investigación de mercados para realizar estudios en los puntos de venta y obtener información de los consumidores. De esta forma, se podrá hacer un seguimiento de cómo reacciona el mercado y cuáles son los índices de compra.

La tercera parte del plan estratégico de marketing describe los objetivos de ventas y de utilidades a largo plazo y la estrategia de marketing a lo largo del tiempo:

La empresa pretende obtener un 25% de la participación de mercado y lograr una rentabilidad de la inversión, después de impuestos, del 12%. Para lograrlo , se mejorará la calidad inicial del producto y se mejorará aún más con el tiempo mediante investigación técnica. En un principio, el precio será alto y se irá reduciendo gradualmente para expandir el mercado e igualar a la competencia. El presupuesto total de promoción aumentará cada año en un 20%, con una proporción inicial de publicidad-promoción de ventas de 65:35, que se modificará hasta que cada una alcance el 50% del presupuesto. La investigación de mercados se reducirá en $60,000 por año tras el primer año de vida del producto.

Análisis del negocio

Una vez que la dirección de la empresa ha desarrollado el concepto de producto y la estrategia de marketing, podrá evaluar el atractivo de la propuesta de negocio. La dirección tendrá que preparar proyecciones de ventas, costos y utilidades para poder decidir si se ajustan a los objetivos de la empresa. De ser así, el concepto podrá pasar a la fase de desarrollo. Conforme se recopile nueva información se tendrá que revisar y ampliar el análisis de negocio.

CÁLCULO DEL TOTAL DE VENTAS   Para calcular el total de ventas hay que sumar las ventas esperadas de primera vez, las ventas de reemplazo y las ventas de repetición. Los métodos de estimación de ventas dependen de si se trata de un producto de una sola compra (por ejemplo, un anillo de compromiso o una residencia para la jubilación), de si es un producto de compra poco frecuente, o de si es un producto de compra frecuente. Para los productos que se compran una sola vez, las ventas aumentan al principio, alcanzan un punto máximo, y más adelante se acercan a cero conforme se agota el número de compradores potenciales (véase la figura 20.6a). Las ventas no se anularán mientras existan nuevos compradores en el mercado.

Los productos de compra poco frecuente, como automóviles, tostadores o maquinaria industrial, presentan ciclos de sustitución determinados por el uso o la obsolescencia asociada a cambios de estilo, características y desempeño. Para prever las ventas de este tipo de productos es necesario calcular las ventas de primera vez y las ventas de sustitución de forma separada (véase la figura 20.6b).

Los productos de compra frecuente como, por ejemplo, los bienes perecederos ya sean industriales o de consumo, registran ventas con un ciclo de vida similar al de la figura 20.6c. El número de compradores primerizos aumenta al principio, y después va disminuyendo conforme se reduce el número de consumidores que nunca han comprado el producto (si se supone una población constante). Las compras repetidas tienen lugar pronto, siempre que el producto satisfaga a una serie de compradores. Después, la curva de ventas se estanca en un nivel de ventas repetidas constantes, y en este momento el producto deja de ser nuevo.

Para calcular las ventas de un producto, lo primero que hay que hacer es calcular las ventas de primera vez en cada periodo. Para calcular las ventas de sustitución, la dirección tiene que estudiar la *distribución de los años de supervivencia del producto*, es decir, el número de unidades que sobreviven al primer año, al segundo, al tercero, etc. El nivel mínimo de supervivencia indica el momento en el que comenzarán a producirse ventas de reemplazo. No hay que olvidar que el ciclo de reemplazo también se verá condicionado por una serie de factores. Puesto que las ventas de reemplazo son difíciles de calcular antes de que el producto esté en uso, muchos fabricantes basan sus decisiones de lanzar un producto nuevo sólo en las estimaciones de ventas de primera vez.

Para un producto nuevo de compra frecuente, el vendedor tiene que calcular las ventas de repetición junto con las de primera vez. Cuando la repetición de compra alcanza niveles altos es porque los consumidores están satisfechos; las ventas suelen seguir a buen ritmo incluso una vez que ya se han producido todas las ventas de primera vez. El vendedor debe te-

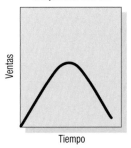

a) **Producto que se compra una sola vez**

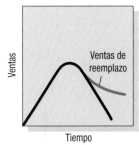

b) **Producto de compra poco frecuente**

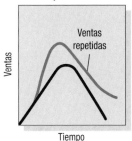

c) **Producto de compra frecuente**

| FIG. 20.6 |

Ciclo de vida de las ventas de tres tipos diferentes de producto.

ner en cuenta el porcentaje de repetición de compras que tienen lugar según los distintos patrones de repetición: clientes que repiten la compra una vez, dos, tres, etc. Algunos productos y marcas se adquieren unas cuantas veces, y después se abandonan.[33]

CÁLCULO DE COSTOS Y UTILIDADES Los departamentos de investigación y desarrollo, producción, marketing y finanzas se encargan de estimar los costos. La tabla 20.3 ilustra una proyección a cinco años de ventas, costos y utilidades para la bebida instantánea para el desayuno.

La *fila 1* muestra las ventas esperadas para los cinco primeros años. La empresa espera vender $11,889,000 (cerca de 500,000 cajas a $24 cada una) durante el primer año. Estas proyecciones están apoyadas por una serie de supuestos sobre la tasa de crecimiento del mercado, la participación de mercado de la empresa y el precio del producto. La *fila 2* muestra el costo de los bienes vendidos, que gira alrededor del 33% de los ingresos por ventas. Para llegar a esta cifra hay que calcular el costo de la mano de obra, de los ingredientes y del empaque por cada caja. La *fila 3* muestra el margen bruto esperado, que es la diferencia entre los ingresos por ventas y el costo de los bienes vendidos.

En la *fila 4* aparece el concepto de costo de desarrollo anticipado, valorado en $3.5 millones y que incluye los costos de desarrollo del producto, los costos de investigación de mercado y los costos de fabricación. La *fila 5* recoge los costos de marketing aproximados para los primeros cinco años, destinados a cubrir la publicidad, la promoción de ventas, la investigación de mercados, la fuerza de ventas y la administración de marketing. La *fila 6* representa los costos fijos asociados al producto, destinados a cubrir la proporción correspondiente de los salarios, la calefacción, la electricidad, etcétera.

En la *fila 7* aparece la contribución bruta, que se obtiene al restar los tres costos anteriores del margen bruto. En la *fila 8* se indica la contribución suplementaria, que se refiere a cualquier cambio en los ingresos de otros productos de la empresa provocado por el lanzamiento del nuevo producto. La contribución suplementaria tiene dos componentes: los *ingresos por arrastre*, que son ingresos adicionales para otros productos como resultado de añadir el producto nuevo a la línea, y los *ingresos por canibalismo*, es decir, la reducción de ingresos para otros productos de la empresa como resultado de añadir el producto nuevo a la línea.[34] En la tabla 20.3 se da por supuesto que no habrá ingresos suplementarios. La *fila 9* refleja la contribución neta, que en este caso es igual a la contribución bruta. La *fila 10* indica la contribución descontada, es decir, el valor presente de cada contribución futura descontada a un 15% anual. Por ejemplo, la empresa no recibirá $4,716,000 dólares antes del quinto año. En la actualidad, esta cantidad sólo vale $2,346,000 si la empresa puede obtener el 15% de este dinero a través de otras inversiones.[35]

Por último, la *fila 11* refleja el flujo de efectivo acumulativo descontado, que es el valor acumulado de las contribuciones anuales de la fila 10. Dos cifras son especialmente interesantes. La primera es el riesgo máximo para la inversión, es decir, la mayor pérdida que pue-

| TABLA **20.3** | Estado de cuenta proyectado a cinco años (en miles de dólares). |

	Año 0	Año 1	Año 2	Año 3	Año 4	Año 5
1. Ingresos por venta	$ 0	$11,889	$15,381	$19,654	$28,253	$32,491
2. Costo de bienes vendidos	0	3,981	5,150	6,581	9,461	10,880
3. Margen bruto	0	7,908	10,231	13,073	18,792	21,611
4. Costos de desarrollo	−3,500	0	0	0	0	0
5. Costos de marketing	0	8,000	6,460	8,255	11,866	13,646
6. Asignación de costos fijos	0	1,189	1,538	1,965	2,825	3,249
7. Contribución bruta	−3,500	−1,281	2,233	2,853	4,101	4,716
8. Contribución suplementaria	0	0	0	0	0	0
9. Contribución neta	−3,500	−1,281	2,233	2,853	4,101	4,716
10. Contribución descontada (15%)	−3,500	−1,113	1,691	1,877	2,343	2,346
11. Flujo de efectivo acumulativo descontado	−3,500	−4,613	−2,922	−1,045	1,298	3,644

de generar el proyecto. Se observa que la empresa enfrentará una situación de riesgo máximo durante el primer año, con $4,613,000. El segundo dato que hay que considerar es el periodo de recuperación de la inversión, es decir, el tiempo que la empresa tarda en recuperar toda su inversión más la rentabilidad del 15%. En este caso, el periodo de recuperación de la inversión es de cerca de tres años y medio. Los directivos tendrán que decidir si deben enfrentarse al riesgo de perder una inversión de $4.6 millones y a un periodo de recuperación de la inversión de tres años y medio.

Las empresas también utilizan otros parámetros financieros para decidir si siguen adelante con una nueva propuesta de producto. El más sencillo es el **análisis del punto de equilibrio**, mediante el cual la dirección calcula cuántas unidades del producto deberá vender la empresa para no incurrir en pérdidas dado su nivel de precios y su estructura de costos. Este cálculo también podrá consistir en averiguar cuántos años tardará la empresa en alcanzar el punto de equilibrio. Si la dirección considera que la empresa puede alcanzar con facilidad el punto de equilibrio, probablemente dará el visto bueno a la propuesta y desarrollará el producto.

El método más complejo para calcular las utilidades es el **análisis de riesgos**. En realidad, este cálculo incluye tres escenarios (optimista, pesimista y más probable), que corresponden a cada variable que influye en la rentabilidad, en un determinado entorno de marketing y con una estrategia de marketing específica para el periodo en cuestión. La computadora simula posibles resultados, calcula los posibles resultados de rentabilidad y muestra toda la gama de resultados posibles con su probabilidad correspondiente.[36]

::: Administración del proceso de desarrollo: del desarrollo a la comercialización

Hasta este momento, el producto sólo ha existido como una descripción con palabras, un esquema o un prototipo. El siguiente paso consiste en una inversión que eclipsa los costos en que se ha incurrido en etapas anteriores. En esta fase, la empresa ha de determinar si la idea de producto se puede traducir en un producto factible desde un punto de vista tanto técnico como comercial. De no ser así, el costo acumulado del proyecto se perderá, excepto el que se refiere a cualquier información útil que se haya conseguido en el proceso.

Desarrollo del producto

Los profesionales se valen de una serie de herramientas para traducir las necesidades del mercado meta en un prototipo de producto. Éstos métodos se conocen como *despliegue de funciones de calidad*. En esencia, consisten en tomar la lista de *atributos deseados por el consumidor* y convertirla en una lista de *atributos de ingeniería* que puedan utilizar los ingenieros de la empresa. Por ejemplo, los usuarios de un camión podrían desear una capacidad de aceleración determinada. Los ingenieros pueden convertir esta cifra en la potencia necesaria y demás equivalencias de ingeniería. Este método permite medir los costos de los deseos de los consumidores. Una de las principales contribuciones del despliegue de funciones de calidad es que mejora la comunicación entre los mercadólogos, los ingenieros y el personal de producción.[37]

PROTOTIPOS FÍSICOS El departamento de investigación y desarrollo podrá elaborar una o más versiones físicas del concepto de producto con el fin de encontrar la alternativa que reúna los atributos clave de la descripción del concepto, que tenga un desempeño seguro en condiciones de uso normales, y que se pueda fabricar según el presupuesto de producción establecido. El desarrollo y la fabricación de un prototipo físico pueden durar días, semanas, meses, o incluso años. La compleja tecnología de la realidad virtual permite acelerar este proceso. Por ejemplo, al diseñar y probar los productos mediante simulación, las empresas obtienen la flexibilidad necesaria para responder a información nueva y para resolver incertidumbres explorando de inmediato varias alternativas.

BOEING

Boeing diseñó el modelo 777 con medios digitales exclusivamente. Los diseñadores, los ingenieros y más de 500 proveedores diseñaron la aeronave en una red informática especial sin necesidad de hacer un solo esbozo en papel. Sus colaboradores estaban conectados a la empresa mediante una extranet que les permitía comunicarse, compartir ideas y trabajar a distancia en el proyecto. Un "humano" generado por computadora podía entrar en el diseño tridimensional del avión para estudiar la dificultad que entrañaría el mantenimiento para un mecánico humano. Este tipo de programa informático permitió a los ingenieros detectar errores de diseño que, de otra forma, hubieran permanecido ocultos hasta que se comenzara a trabajar con prototipos físicos. Al ahorrar el tiempo y el costo asociados con construir un prototipo físico se redujo el tiempo de desarrollo, prueba, error y reconstrucción entre un 60 y 90%.[38]

El modelo 777 de Boeing, diseñado digitalmente sin que existiera un prototipo físico, realiza su primer "vuelo" por el edificio más grande del mundo, la planta de ensamble de Boeing en Everett, Washington.

La aparición de Internet refuerza la necesidad de elaborar nuevos prototipos con mayor rapidez y de crear procesos de desarrollo más flexibles. Michael Schrage, socio investigador del laboratorio de medios del MIT, acertó cuando vaticinó: "La creación eficaz de prototipos será la 'competencia central' más valiosa para una organización innovadora."[39] Sin duda, éste ha sido el caso de empresas de software como Microsoft, Netscape y los cientos de empresas emergentes de Silicon Valley. Aunque Schrage afirma que en las empresas orientadas a la especificación todas las "i" deben tener su punto antes de que el producto avance a la siguiente fase, las empresas orientadas a los prototipos (como Yahoo!, Microsoft y Netscape) aprecian las pruebas y los experimentos de corta duración.

Los científicos de laboratorio no sólo tienen que diseñar las características funcionales del producto, sino que además deben comunicar sus aspectos psicológicos a través de claves físicas. ¿Cómo reaccionarán los consumidores ante diferentes colores, tamaños y pesos? En el caso de un enjuague bucal, el color amarillo es un indicador de "antiséptico" (Listerine), el color rojo da sensación de "frescura" (Lavoris), y el color verde o azul da sensación de "modernidad" (Scope). Los mercadólogos deben informar al personal de laboratorio sobre los atributos que aprecian los consumidores y sobre la importancia que dan a estos atributos.

PRUEBAS CON CONSUMIDORES Cuando los prototipos están listos deben superar una serie de rigurosas pruebas funcionales y de *pruebas con consumidores*. Las *pruebas alfa* son las primeras pruebas que tienen lugar dentro del laboratorio de la empresa, y que permiten estudiar el desempeño del producto en las diferentes aplicaciones. Una vez refinado el prototipo aún más, la empresa debe realizar *pruebas beta* con consumidores.[40] Estas pruebas consisten en que los consumidores utilicen el prototipo e informen a la empresa sobre sus impresiones. La tabla 20.4 describe algunas de las pruebas funcionales a que se someten los productos antes de lanzarlos al mercado.

Las pruebas con consumidores adoptan diversas formas. Por ejemplo, en algunos casos, los consumidores acuden al laboratorio y recogen muestras del producto para utilizarlas en casa. Las pruebas en el hogar son comunes con productos que van desde los helados hasta los electrodomésticos. Cuando DuPont desarrolló su alfombra sintética, la instaló de manera gratuita en diversos hogares a cambio de que los usuarios le informaran sobre las ventajas y los inconvenientes que encontraban en el producto.

Las preferencias de los consumidores se pueden medir de diversas maneras. Imaginemos que la empresa muestra tres artículos a los consumidores, A, B y C (tres cámaras fotográficas, tres planes de seguros o tres anuncios televisivos).

■ El método de ***clasificación*** consiste en que el consumidor ordene los tres productos por orden de preferencia. El consumidor podría responder A>B>C. Aunque este método es sencillo, lo cual es una ventaja, no revela la intensidad de las reacciones del consumidor hacia cada uno de los artículos. Asimismo, no es fácil utilizar este método cuando se desea clasificar muchos objetos.

■ El método de ***comparación por parejas*** consiste en presentar parejas de artículos y preguntar al consumidor qué componente de la pareja prefiere. Así por ejemplo, la empresa muestra las parejas AB, AC y BC al consumidor, y éste afirma que prefiere A respecto a B, A respecto a C, y B respecto a C. Puede concluirse, por tanto, que el orden de preferencia es A>B>C. Para los consumidores es más fácil elegir entre dos artículos, y este método les permite concentrarse en ellos para detectar las diferencias y similitudes entre ambos.

■ El método de ***clasificación por puntuaciones*** consiste en pedir al consumidor que califique cada artículo según una escala de preferencia. Imaginemos que se utiliza una escala de siete puntos, en la que 1 significa desagrado, 4 indiferencia, y 7 preferencia intensa. Supongamos que el consumidor clasifica los productos como sigue: A = 6, B = 5, C = 3. Podemos inferir, por tanto, el orden de preferencia del sujeto (es decir, A>B>C), e incluso conocer los

| TABLA **20.4** |

Ejemplos de pruebas con
consumidores.

Shaw Industries

Shaw Industries paga cinco dólares por hora a los empleados temporales para que caminen durante ocho horas al día por cinco filas de alfombra; cada uno camina un promedio de 22.5 km. Uno de estos empleados lee tres novelas de misterio por semana mientras camina, y ha perdido 18 kg en dos años como consecuencia de ello. Shaw Industries cuenta los pasos de los caminantes y calcula que 20,000 pasos equivalen a un par de años de uso de la alfombra.

Apple Computer

Apple Computer se pone en la peor de las situaciones que podrían enfrentar sus clientes y somete a las computadoras a un sinfín de desastres: rocía Pepsi y otras bebidas por encima de la computadora, las unta con mayonesa y las hornea a temperaturas de 140°C para simular la temperatura del portaequipaje de un automóvil.

Gillette

En Gillette, 200 voluntarios de diferentes departamentos van al trabajo sin afeitarse, se dirigen al segundo piso de la planta de fabricación e investigación al sur de Boston, y entran en pequeñas cabinas con un espejo y un lavabo. Allí siguen las instrucciones de los técnicos que se encuentran al otro lado de la ventana y les indican qué navaja, espuma de afeitar o loción de afeitado utilizar. A continuación llenan un pequeño formulario. Un empleado de Gillette afirma: "Nosotros sangramos para que nuestros clientes consigan un afeitado perfecto."

Fuentes: Faye Rice, "Secrets of Product Testing", *Fortune,* 28 de noviembre de 1994, pp. 172–174; Lawrence Ingrassia, "Taming the Monster: How Big Companies Can Change: Keeping Sharp: Gillette Holds Its Edge by Endlessly Searching for a Better Shave", *Wall Street Journal,* 10 de diciembre de 1992, p. A1.

niveles cualitativos de preferencia para cada artículo, así como la diferencia entre los artículos en términos de preferencias.

Pruebas de mercado

Una vez que la dirección está satisfecha con los resultados funcionales y psicológicos del producto, éste se encuentra listo para recibir una marca y un envase, y para someterse a las pruebas de mercado o de comercialización. Así, la empresa coloca el nuevo producto en un contexto real para estudiar el tamaño del mercado y analizar cómo reaccionan los consumidores e intermediarios ante el manejo, uso y compra del producto.

No todas las empresas realizan este tipo de pruebas. Un ejecutivo Revlon, Inc. afirmó: "En nuestro sector, el de los cosméticos caros de distribución exclusiva, no es necesario hacer pruebas de mercado. Cuando desarrollamos un producto nuevo, por ejemplo, un maquillaje líquido, sabemos que se va a vender porque conocemos el terreno. Y además contamos con 1,500 asistentes en los puntos de venta que nos ayudarán a promoverlo." Sin embargo, muchas empresas consideran que las pruebas de comercialización permiten recabar información muy valiosa sobre compradores, intermediarios, eficacia del programa de marketing y potencial de mercado. La pregunta central que hay que responder es: ¿cuántas pruebas de mercado se deben realizar y de qué tipo?

El número de pruebas de mercado estará determinado por el costo y el riesgo de la inversión, por un lado, y por el factor de tiempo y los costos de investigación, por otro. Los productos de alto riesgo, en los que la inversión es considerable y para los que la probabilidad de fracaso es elevada, deben someterse a pruebas de mercado; el costo de estas pruebas será un porcentaje insignificante del costo total del proyecto. Los productos de alto riesgo, como los que crean nuevas categorías de producto (primera bebida instantánea para el desayuno) o los que presentan características innovadoras (crema dental que fortalece las encías), deben someterse a más pruebas que los productos modificados (por ejemplo, una marca más de crema dental).

El número de pruebas de mercado se podría reducir de forma drástica si la empresa está sometida a una gran presión de tiempo porque acaba de empezar la temporada o porque los competidores están a punto de lanzar sus marcas. En este caso, tal vez la empresa prefiera arriesgarse al fracaso del producto en lugar de arriesgarse a perder capacidad de distribución o de penetración en el mercado con un producto de éxito.

PRUEBAS DE MERCADO PARA BIENES DE CONSUMO En las pruebas de bienes de consumo, la empresa pretende calcular cuatro variables: *prueba, primera repetición, adopción* y *frecuencia de compra.* La empresa espera que todas estas variables registren niveles altos. Sin embargo, en ocasiones descubrirá que muchos consumidores prueban el producto pero que pocos lo vuelven a comprar, o que existe una adopción permanente del producto pero poca frecuencia de compra (como sucede con los alimentos congelados para gourmet).

A continuación estudiaremos cuatro pruebas de mercado alternativas para bienes de consumo; las pruebas se presentan ordenadas por costos, de menor a mayor.

Investigación de ventas por oleadas En una *investigación de ventas por oleadas*, la empresa ofrece a los consumidores, tras haber probado el producto de forma gratuita, la posibilidad de adquirirlo o de adquirir un producto de la competencia a precios rebajados. La empresa puede hacerlo entre tres y cinco veces (oleadas), registrando siempre cuántos consumidores seleccionan el producto de nuevo y su nivel de satisfacción. Esta herramienta también permite exponer a los consumidores a diversos conceptos publicitarios y analizar su impacto en la compra repetida del producto.

Esta técnica se puede llevar a la práctica con rapidez y con un grado razonable de seguridad; además, es posible aplicarla sin contar con el envase o la publicidad definitivos. Sin embargo, no revela el índice de prueba que se podría conseguir con diferentes incentivos a la compra, puesto que se preselecciona a los consumidores que van a probar el producto; tampoco indica la capacidad de la marca para obtener facilidades de distribución o una posición privilegiada en los anaqueles de los supermercados.

Pruebas de comercialización simulada Las técnicas de simulación consisten en encontrar entre 30 y 40 compradores y preguntarles sobre su familiaridad con la marca y sus preferencias dentro de una determinada categoría de productos. A continuación, se invita a estos consumidores a que vean una serie de anuncios, algunos nuevos y otros conocidos, ya sea de televisión o de prensa. Uno de ellos es el del producto nuevo, pero no se menciona esta información a los consumidores. Luego, los consumidores reciben una determinada cantidad de dinero y se les invita a entrar en una tienda donde pueden adquirir cualquier artículo. Los investigadores toman nota de cuántos consumidores adquieren la nueva marca y las marcas de la competencia. Esto sirve de medida de la eficacia relativa del anuncio para estimular la prueba del producto frente a los de la competencia. Además, se pide a los consumidores que expongan sus razon es para comprar o para no comprar determinada marca. Los que no compraron la nueva marca reciben una muestra gratuita. Unas semanas más tarde, se les entrevista por teléfono para preguntarles sobre su actitud respecto al producto, su uso, satisfacción e intención de recompra, y se les ofrece la oportunidad de volver a comprar cualquier producto.

Con este método se obtienen resultados bastante precisos sobre la eficacia de la publicidad y los índices de prueba (y de recompra si se amplía el experimento), en un plazo más corto y por una fracción del costo de utilizar mercados reales. Las pruebas previas al lanzamiento sólo duran unos tres meses y pueden costar unos 250,000 dólares.[41] Los resultados se incorporan entonces a los nuevos modelos de proyecciones para el producto y así se realizan pronósticos de ventas más precisos. Las empresas de investigación de mercados realizan pronósticos sorprendentemente precisos de los volúmenes de ventas de los productos que se lanzan poco después al mercado.[42]

Pruebas de comercialización controlada En este caso, la empresa de investigación forma un grupo de tiendas que aceptan los productos nuevos a cambio de una tarifa. El fabricante del producto especifica el número de tiendas y el área geográfica en que quiere probar el producto. La empresa de investigación reparte el producto a las tiendas participantes y controla la distribución de los anaqueles, el número de muestrarios, exhibidores, promociones en el punto de venta y el precio. Los resultados de ventas se miden con el escáner de las cajas registradoras. La empresa también puede evaluar el impacto de la publicidad local y de las promociones.

Las pruebas de comercialización controlada permiten a la empresa estudiar la influencia de los factores internos del punto de venta y de la publicidad limitada en el comportamiento de compra de los consumidores. Más adelante se puede seleccionar una muestra de consumidores y solicitarles que den su opinión del producto. Con este método, la empresa no necesita utilizar a su propia fuerza de ventas, ni ofrecer incentivos a la compra, ni "adquirir" facilidades de distribución. Sin embargo, las pruebas de comercialización controlada no ofrecen información sobre cómo reaccionarán los intermediarios con el producto. Esta técnica también permite que la competencia estudie el producto y sus características.

Pruebas de mercado La forma definitiva de probar un nuevo producto de consumo es someterlo a condiciones reales de comercialización. La empresa selecciona unas cuantas ciudades representativas, y la fuerza de ventas intenta convencer a los distribuidores de que comercialicen su producto y lo coloquen en los anaqueles a la vista del público. La empresa lleva a cabo una campaña de publicidad y promoción similar a la que utilizaría para su marketing nacional. La prueba de comercialización también permite probar el impacto de diferentes planes de marketing alternativos, puesto que permite modificar el programa de marketing para las diferentes ciudades: una prueba de comercialización completa puede costar más de un millón de dólares, en función del número de ciudades de prueba, la duración y la cantidad de información que la empresa desea recopilar.

La dirección tendrá que tomar varias decisiones:

1. ***¿En cuántas ciudades conviene realizar la prueba?*** La mayoría de las pruebas incluyen entre dos y seis ciudades. Cuanto mayor sea la posible pérdida de la empresa, el número de estrategias de marketing alternativas, las diferencias regionales y las posibilidades de interferencia en la prueba por parte de los competidores, mayor será el número de ciudades en las que se deberá realizar la prueba.

2. ***¿En qué ciudades?*** Cada empresa debe desarrollar una serie de criterios de selección, como por ejemplo, una cobertura de medios adecuada, la existencia de cadenas comerciales dispuestas a cooperar, y una actividad competitiva media.

3. ***¿Cuánto tiempo durará la prueba?*** Las pruebas de mercado duran entre unos cuantos meses y un año. Cuanto más largo sea el periodo de recompra promedio, mayor deberá ser el periodo de prueba.

4. ***¿Qué información se requiere?*** La información de partidas de salida del almacén reflejará la compra bruta de inventario, pero no indicará el volumen de ventas semanal a nivel minorista. Las auditorías del punto de venta reflejarán las ventas minoristas y las participaciones de mercado de los competidores, pero no revelarán las características de los compradores. Los paneles de consumidores indicarán quién compra qué marcas, y qué niveles de lealtad y de alternancia de marcas presentan. Los sondeos entre compradores aportarán información detallada sobre la actitud, el uso y la satisfacción de los consumidores con respecto al producto.

5. ***¿Qué medidas tomar?*** Si la prueba refleja niveles de prueba y recompra altos, el producto se deberá lanzar a nivel nacional. Si por el contrario, el nivel de prueba es alto y el de recompra es bajo, el producto se deberá rediseñar o abandonar. Si el índice de prueba es bajo y el de recompra es alto, el producto es satisfactorio, pero lo deberán probar más consumidores, por lo que será necesario aumentar la publicidad y la promoción de ventas. Si los niveles de prueba y recompra son bajos, lo más recomendable será abandonar el producto.

A pesar de las ventajas que presentan las pruebas de mercado, muchas empresas se las saltan y utilizan métodos más rápidos y económicos en su lugar. General Mills prefiere lanzar sus productos nuevos en el 25% del territorio de Estados Unidos, una zona demasiado amplia como para que sus competidores pudieran interferir. Los gerentes revisan la información proveniente de los minoristas obtenida por escáner para mantenerse al corriente de los progresos del producto en cuestión de días, y poder tomar medidas en consecuencia. Colgate-Palmolive acostumbra lanzar los productos nuevos en una serie de "países prueba" y sigue adelante en los demás países si los resultados son satisfactorios.

PRUEBAS DE MERCADO PARA PRODUCTOS INDUSTRIALES También es factible someter a los productos industriales a pruebas de mercado. Por lo general, los productos industriales caros y las nuevas tecnologías se someten a pruebas alfa (dentro de la empresa) y beta (con los clientes). Durante la fase beta, el personal técnico del fabricante observa cómo prueban el producto los consumidores, una práctica que con frecuencia pone de manifiesto problemas de seguridad imprevistos, así como las necesidades de capacitación y servicio de los clientes. Los vendedores también pueden observar qué valor agrega el producto a las operaciones del cliente, y utilizar más adelante esta información para fijar precios.

El vendedor solicitará a los participantes en el estudio que manifiesten su intención de compra y otras reacciones una vez terminada la prueba. Los vendedores deben ser cautelosos al interpretar los resultados de estas pruebas porque sólo se utiliza un número limitado de clientes que no se eligen al azar, y porque las pruebas se personalizan ligeramente para cada caso. Otro riesgo que corre el fabricante es que los participantes que no queden impresionados con el producto difundan informes desfavorables.

Un segundo método de prueba para productos industriales es presentar el producto en ferias comerciales. El vendedor podrá observar el interés que despierta el producto y las reacciones de los visitantes ante las características del mismo; también descubrirá cuántos visitantes tienen intención de adquirir el producto o de realizar un pedido.

Los productos industriales nuevos se pueden probar en salas de exposición de distribuidores e intermediarios, donde estarán junto a los demás productos del fabricante y, posiblemente, junto a los de la competencia. Este método brinda información sobre preferencias y precios en el entorno de venta normal del producto. Una desventaja es que los clientes podrían desear hacer pedidos demasiado pronto, cuando la empresa aún no está en condiciones de satisfacerlos. Otra desventaja es que los asistentes podrían no ser representativos del mercado meta.

Los fabricantes de productos industriales realizan pruebas de mercado reales cuando ofrecen un suministro limitado del producto a la fuerza de ventas para que lo venda en determinadas zonas en las que se dan apoyos a la promoción y se distribuyen catálogos impresos.

Comercialización

Si la empresa sigue adelante con la comercialización, se enfrentará a los costos más altos de todo el proceso, puesto que tendrá que contratar personal para fabricar el producto y construir o alquilar una planta de producción. El tamaño de la fábrica será una decisión crucial. Cuando Quaker Oats lanzó sus cereales para el desayuno 100% naturales, construyó una fábrica pequeña de acuerdo con el pronóstico de ventas. La demanda superó tanto las expectativas, que durante cerca de un año no fue capaz de hacer frente a los pedidos. A pesar de que la empresa se sentía muy satisfecha con la respuesta de los consumidores, la inexactitud de los pronósticos supuso una pérdida considerable de utilidades.

Otro costo importante es el de marketing. Para lanzar un bien de consumo envasado en un mercado nacional, la empresa podría tener que invertir entre 25 y 100 millones de dólares en publicidad, promoción y otras actividades de comunicación durante el primer año. En el lanzamiento de productos alimenticios, los gastos de marketing suelen representar el 57% de las ventas durante el primer año. La mayoría de las campañas para nuevos productos utilizan una mezcla secuenciada de comunicaciones de marketing.

CUÁNDO (MOMENTO DEL LANZAMIENTO) En la comercialización de un nuevo producto, la decisión del momento de entrada en el mercado es fundamental. Supongamos que una empresa ha completado prácticamente todos los trabajos de desarrollo de un producto y se entera de que su competidor más cercano está a punto de concluir el desarrollo de otro producto. La empresa se enfrenta a tres decisiones:

1. *Lanzar primero el producto*—Por lo regular, la primera empresa que lanza un producto al mercado disfruta de ciertas ventajas, como por ejemplo, facilidades de distribución, captación de clientes y la reputación de liderazgo. Pero si la empresa se apresura a lanzar al mercado el producto sin depurarlo, podría resultar contraproducente.
2. *Lanzar el producto simultáneamente*—La empresa podría sincronizar el lanzamiento de su producto para que coincida con el de su competidor. El mercado presta más atención cuado dos empresas anuncian un producto novedoso al mismo tiempo.
3. *Lanzar el producto después que la competencia*—La empresa podría retrasar el lanzamiento de su producto hasta que el competidor haya lanzado el suyo. El competidor tendrá que hacerse cargo de los gastos de educar al mercado, y quizás su producto presente fallas que la segunda empresa podría evitar. Además, de este modo, la empresa podrá conocer el tamaño del mercado.

La decisión temporal requiere consideraciones adicionales. Si un producto nuevo sustituye a otro, la empresa podría retrasar su lanzamiento hasta que se agoten las existencias del producto anterior. Si el producto es estacional, su lanzamiento se podría retrasar hasta que llegue la temporada adecuada.[43] Con frecuencia, hay que esperar el momento propicio para lanzar el producto al mercado. Y para complicar aún más la situación, muchas empresas se encuentran con que los competidores imitan sus innovaciones y hacen sus propias versiones lo suficientemente diferentes como para evadir acusaciones por violación de patentes y el pago de derechos.

RADIORAY

La innovación de Gerald Gol, un ganadero de Nebraska, consistía en una lámpara operada mediante control remoto que le permitía no tener que bajar la ventanilla de su camioneta y encender una linterna cada vez que quería buscar el ganado por la noche. En 1997, patentó su producto, el RadioRay, una versión inalámbrica de su lámpara que se adhería al vehículo mediante ventosas o soportes y que podía girar 360 grados. Con un precio de 200 dólares, RadioRay llamó la atención de ganaderos, tripulantes de embarcaciones, cazadores y policías, e incluso de la cadena Sam's Club de Wal-Mart. Sin embargo, Gohl rechazó los acercamientos de las empresas minoristas porque temía que éstas fijaran precios más bajos que el que él ofrecía a sus distribuidores, quienes seguramente se disgustarían. Poco después, Sam's Club empezó a vender sus propias lámparas inalámbricas con control remoto, prácticamente idénticas al RadioRay, excepto por una pieza de plástico que restringía la rotación de la luz a un ángulo menor de 360 grados y por el precio: 60 dólares. Gohl ganó la demanda que interpuso por violación de la patente en 2000, pero todavía tiene que enfrentar un recurso de apelación del demandado.[44]

DÓNDE (ESTRATEGIA GEOGRÁFICA) La empresa debe decidir si lanzar el producto en una localidad, una región, varias regiones, todo el mercado nacional o a nivel mundial. La mayoría de las empresas desarrollan un mercado que van expandiendo poco a poco. Coca-Cola lanzó su nuevo producto, Citra, una bebida sin cafeína y con sabor a toronja, en la mitad del territorio de Estados Unidos. La expansión por fases, tras las pruebas en Phoenix, el sur de Texas y el sur de Florida, comenzó en enero de 1998 en Dallas, Denver y Cincinnati.[45]

El tamaño de la empresa es un factor determinante para esta decisión. Por lo general, las pequeñas empresas seleccionan una ciudad atractiva y realizan una campaña de "bombardeo". A continuación, introducen el producto en distintas ciudades, una tras otra. Las gran-

des empresas suelen introducir su producto en toda una región y a continuación pasan a otra región diferente. Las empresas con redes de distribución nacional, por ejemplo, las del sector automotriz , lanzan sus nuevos modelos en el mercado nacional.

La mayoría de las empresas diseñan productos nuevos para vender, sobre todo, en el mercado nacional. Si el producto funciona, la empresa considerará su exportación a países vecinos o al mercado internacional, y rediseñarán el producto en caso necesario. Cooper y Kleinschmidt, en su estudio de productos industriales, descubrieron que los productos diseñados exclusivamente para el mercado nacional tendían a experimentar un alto índice de fracasos, una participación de mercado baja y un crecimiento lento. Por el contrario, los productos diseñados para el mercado internacional (o al menos para los países vecinos), generaban utilidades mucho más significativas, tanto en el país como en el extranjero. Sin embargo, tan sólo el 17% de los productos del estudio de Cooper y Kleinschmidt se habían diseñado con un enfoque internacional.[46] Las empresas, por tanto, deberían adoptar este enfoque para diseñar y desarrollar nuevos productos.

Al decidir a qué mercados se va a llevar el producto, los principales criterios son el potencial del mercado, la reputación local de la empresa, el costo de llevar el producto hasta el mercado, el costo de los medios de comunicación, la influencia del territorio en otras áreas, y la penetración competitiva. La presencia de competidores influirá en la estrategia de desarrollo. Imaginemos que McDonald's quiere lanzar una nueva cadena de comida rápida especializada en pizzas. La cadena Pizza Hut, un competidor importante, está bien asentado en la costa oriental de Estados Unidos Otra cadena de pizza está establecida en la costa occidental, pero es débil. El medio oeste del país es el campo de batalla de otras dos cadenas. El sur está libre, pero Shakey's está planeando establecerse allí. La decisión sobre la estrategia de expansión de McDonald's, por tanto, no es sencilla.

Gracias a Internet, que conecta todos los rincones del mundo, la competencia tiene más posibilidades de superar las fronteras. Las empresas lanzan sus nuevos productos al mismo tiempo por todo el mundo, en lugar de lanzarlos por países o por regiones. Sin embargo, planear un lanzamiento a nivel mundial es un gran desafío.

Las empresas cada vez recurren más a Internet como un medio de publicidad para lanzar y describir cada producto que lanzan al mercado:

PHILIPS

Philips, la empresa holandesa de electrónica, lanzó recientemente Pronto, un "sistema de control remoto inteligente" que sustituirá a todos los dispositivos de mando a distancia operados por infrarrojo. Su sitio Web, www.pronto.philips.com, contiene diversas secciones: Sobre Pronto, Una visita virtual, Dónde comprar, Noticias Pronto, Comunidades Pronto, y Preguntas Frecuentes y Contacto. Ésta es la información más exhaustiva que alguien podría ofrecer.

A QUIÉN (SELECCIÓN DEL MERCADO META) La empresa debe seleccionar a quién dirigir su distribución y promoción iniciales, dentro de los mercados de expansión que haya considerado. Se supone que la empresa ya delineó un perfil inicial, que debe incluir los siguientes grupos: consumidores que adopten el producto en una fase inicial, usuarios frecuentes y líderes de opinión, a los que se pueda llegar a bajo costo.[47] Pocos grupos reúnen todas estas características. La empresa debe clasificar los diferentes segmentos meta según estos criterios, y dirigirse al más adecuado. El objetivo es generar un volumen de ventas significativo lo antes posible para atraer a más público.

CÓMO (ESTRATEGIA DE LANZAMIENTO) La empresa debe desarrollar un plan de acción para lanzar el producto nuevo a los mercados de expansión. En 1998, Apple Computer planeó un bombardeo de marketing por etapas para lanzar la iMac, lo que significó su regreso al mundo de las computadoras tras un paréntesis de 14 años. Cinco años más tarde, Apple encontró una vez más la veta de oro al lanzar su iPod.

APPLE IPOD

Como ocurre con la mayoría de sus productos, el diseño de Apple para su reproductor de MP3, el iPod, es todo un éxito. Pequeño y moderno, el producto ofrece también mucha funcionalidad. Apple presenta el iPod junto con su servicio de descarga legal de música iTunes en atractivos comerciales televisivos, en los que aparecen siluetas en negro de personas que escuchan la música de "Rock Star" por N.E.R.D. Para llegar a la Generación Y, Apple creó el sitio Web www.ipodrocks.com, en noviembre de 2003. El iPod se promovía como un regalo de Navidad perfecto, y ofrecía sugerencias para lograr que los padres compraran uno a sus hijos ("Sé agradable cuando lo pidas", "Anexa tus calificaciones", "Haz una buena acción" y "Recurre a la publicidad subliminal"). Además, Apple inició colaboraciones de marketing con iconos empresariales como America Online y Volkswagen. La empresa vendió más de dos millones de iPods junto con su servicio iTunes en menos de un año, y consiguió el 50% del nuevo mercado. A continuación extendió aún más el mercado al lanzar el iPod mini, un reproductor de unos 100 gramos capaz de almacenar hasta 1,000 canciones con calidad de CD.[48]

Para coordinar las numerosas actividades de lanzamiento de un nuevo producto , la dirección dispone de técnicas de planeación en red, como por ejemplo, la programación del proceso principal. La **programación del proceso principal** consiste en desarrollar un esquema maestro en el que se incluyan las diferentes actividades simultáneas y secuenciales que deben seguirse en el lanzamiento del producto. Al calcular el tiempo que llevará cada actividad, también se hace una estimación del tiempo total necesario para completar el proyecto. Cualquier retraso en las actividades del proceso principal hará que todo el proyecto se retrase. Si el lanzamiento debe completarse antes, los encargados de hacer la planeación tendrán que buscar la forma de reducir la duración del proceso principal.[49]

::: El proceso de adopción de los consumidores

La **adopción** es la decisión individual de convertirse en usuario frecuente de un producto. ¿Cómo llegan a conocer los clientes potenciales los nuevos productos , a probarlos, y a convertirse en usuarios habituales? El *proceso de adopción* por parte de los consumidores va seguido por el *proceso de lealtad*, que es el objetivo último del fabricante. Hace años, los fabricantes de nuevos productos utilizaban un enfoque del *mercado masivo* para lanzar sus productos. Este enfoque implicaba dos problemas principales: en primer lugar, requería fuertes inversiones de marketing, y en segundo lugar, se desperdiciaban numerosas exposiciones. Estas desventajas llevaron a un segundo enfoque, el de los *usuarios frecuentes*. Este enfoque resulta lógico siempre que sea posible identificar a los usuarios frecuentes, y siempre que éstos adopten con facilidad los nuevos productos. Sin embargo, incluso dentro del grupo de usuarios frecuentes, muchos serán leales a las marcas existentes. Los fabricantes de nuevos productos en la actualidad se dirigen a los consumidores que adoptan el producto en fases iniciales.

La teoría de la difusión de innovaciones y de la adopción de los consumidores proporciona claves para identificar a los "adoptantes tempranos".

Fases del proceso de adopción

Una **innovación** es cualquier bien, servicio o idea que *se percibe* como novedad. Por ejemplo, una idea puede tener una larga historia, pero será una innovación para todos aquellos que la perciban como una novedad. Las innovaciones tardan en esparcirse por el sistema social. Rogers define el **proceso de difusión de innovaciones** como "la propagación de una nueva idea desde su fuente de invención o creación hasta sus usuarios finales o adoptantes".[50] Por otra parte, el proceso de adopción se centra en el proceso mental que atraviesa un individuo desde que oye hablar de la innovación por primera vez hasta que la adopta.[51]

Se ha observado que los consumidores atraviesan cinco etapas en este proceso:

1. *Conciencia*—El consumidor es consciente de la existencia de la innovación pero le falta información sobre ella.
2. *Interés*—El consumidor siente interés por buscar información sobre la innovación.
3. *Evaluación*—El consumidor considera si vale la pena o no probar el producto nuevo.
4. *Prueba*—El consumidor prueba la innovación para cerciorarse de su valor.
5. *Adopción*—El consumidor decide hacer uso pleno y regular de la innovación.

El fabricante del producto nuevo deberá facilitar el tránsito entre estas fases. Un fabricante de lavavajillas eléctricas podría descubrir que muchos consumidores están detenidos en la fase de interés, pero que no compran porque no conocen bien el producto y porque esto supone una inversión importante. Sin embargo, estos mismos consumidores podrían estar dispuestos a utilizar el producto, a modo de prueba, por una pequeña cuota mensual. Entonces, el fabricante deberá considerar la posibilidad de ofrecer un plan de prueba con opción de compra.

Factores que influyen en el proceso de adopción

Los mercadólogos distinguen las siguientes características en el proceso de adopción: diferencias en la disposición individual a probar productos nuevos, el efecto de la influencia personal, distintos niveles de adopción y diferencias en la disposición de las organizaciones a probar productos nuevos.

DISPOSICIÓN PARA PROBAR NUEVOS PRODUCTOS E INFLUENCIA PERSONAL Everett Rogers define el nivel de aceptación personal de la innovación como "el grado en que una persona adopta las ideas innovadoras en un plazo relativamente menor en comparación con otros miembros de su mismo sistema social". En cada área productiva hay pioneros de consumo y adoptantes iniciales. Algunas personas son las primeras en seguir las modas del vestir o de los electrodomésticos, algunos médicos son los primeros en prescribir nuevos medicamentos, y algunos agricultores son los primeros en adoptar los nuevos métodos de cultivo.[52] Las personas se pueden clasificar en las categorías de adopción que se presentan en la figura 20.7. Tras un comienzo lento, hay un número cada vez mayor de personas que adoptan la innovación; esta cifra alcanza un punto máximo y después disminuye a medida que quedan menos personas sin probar el producto. Los cinco grupos tienen diferentes escalas de valores y motivos para adoptar el nuevo producto o resistirse a ello.[53]

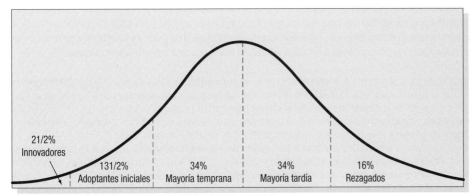

Tiempo de adopción de innovaciones

| FIG. **20.7** |

Categorías de adopción con base en el tiempo relativo de adopción de innovaciones.

Fuente: Everett M. Rogers, *Diffusion of Innovations* (Nueva York: The Free Press, 1983).

Gwyneth Paltrow en su Vespa. La revista *In Style* publicó esta foto en su número de octubre de 2003 con la leyenda "El derroche en el consumo de gasolina quedó atrás para dar paso a nuevos y más eficientes modos de transporte. Gwyneth Paltrow (que aparece aquí), Matthew Broderick y Sandra Bullock conducen Vespas, que ofrecen un rendimiento de 65 millas por galón (y cuestan $3,000; vespa.usa.com)".

- Los ***innovadores*** son entusiastas de la tecnología a quienes les encanta probar nuevos productos y estudiar sus complejidades. A cambio de precios bajos, suelen ser voluntarios para realizar pruebas alfa y beta, e informar a la empresa sobre el producto.

- Los ***adoptantes iniciales*** son líderes de opinión que buscan nuevas tecnologías que les ofrezcan una ventaja competitiva importante. Son menos sensibles al precio y se muestran dispuestos a adoptar el producto si reúne determinadas soluciones personalizadas y un buen servicio.

- La ***mayoría temprana*** está constituida por pragmáticos reflexivos que adoptan las nuevas tecnologías cuando se demuestran sus ventajas y un gran número de consumidores lo ha hecho ya. Conforman el mercado principal.

- La ***mayoría tardía*** está integrada por conservadores escépticos a los que no les gusta el riesgo, no les interesa demasiado la tecnología y son sensibles al precio.

- Los ***rezagados*** tienen las tradiciones muy arraigadas y se resisten a la innovación hasta que se dan cuenta de que su postura ya no es justificable.

Las empresas deben dirigirse a cada uno de estos cinco grupos con un marketing diferente si quieren que su producto complete su ciclo de vida.[54]

La **influencia personal** es el efecto que una persona tiene sobre la actitud o la intención de compra de otra. Aunque la influencia personal es un factor significativo, su importancia es aún mayor en determinadas situaciones y con determinadas personas. La influencia personal es más importante en la fase de evaluación del proceso de adopción que en el resto de etapas. Asimismo, la influencia personal cobra mayor importancia para quienes tardan más en adoptar las innovaciones, y en situaciones de riesgo.

Las empresas suelen dirigirse primero a los innovadores y a los adoptantes iniciales. Por ejemplo, Piaggio contrató a modelos para que fueran a cafeterías y bares de moda de Los Ángeles y hablaran de sus motos Vespa.[55] Cuando Nike decidió entrar en el mercado de las patinetas se dio cuenta del reto que suponía vencer los prejuicios contra las grandes empresas existentes en el mercado. Para conseguir algo de "credibilidad en la calle", la empresa vendía exclusivamente a través de tiendas independientes, sólo se anunciaba en revistas especializadas para aficionados a la patineta y obtuvo el patrocinio de admirados patinadores, a quienes permitió participar en el diseño de sus productos.[56]

HASBRO POX

Pox es un juego de lucha que se juega más o menos como el Gameboy, excepto por el hecho de que el aparato tiene un transmisor de radio incorporado. Un jugador de Pox puede competir con otras personas, e incluso con desconocidos que por casualidad estén dentro del alcance del radio. Para lanzar al mercado este juego, Hasbro seleccionó una zona con gran potencial, Chicago, y recurrió a los chicos más modernos para que le ayudaran con el marketing. Los jóvenes estaban distribuidos geográficamente, y fueron seleccionados a través de sondeos. La empresa entregó 10 juegos Pox a estos muchachos para que los repartieran entre sus amigos, y les pagó 30 dólares para que hicieran correr el rumor. El lanzamiento tuvo tanto éxito que los distribuidores de juguetes pidieron a la empresa un lanzamiento a nivel nacional, lo que obligó a Hasbro a reforzar el marketing viral con el marketing masivo.[57]

CARACTERÍSTICAS DE LA INNOVACIÓN Algunos productos se ponen de moda con facilidad (los patines en línea), mientras que otros necesitan más tiempo para imponerse (automóviles diesel). Son cinco las características que influyen en la adopción de los nuevos productos. Para estudiarlas se utilizará el ejemplo de la adopción de los grabadores personales de video (PVR) para uso doméstico, ejemplificados por el sistema TiVo.[58]

La primera característica es la *ventaja relativa*, es decir, el grado en que la innovación parece superior a los productos existentes. Cuanto mayor sea la ventaja relativa percibida de utilizar un PVR, por ejemplo, para grabar la serie favorita de televisión, congelar el programa en directo y saltar los anuncios, más rápidamente se adoptará el TiVo. La segunda característica es la *compatibilidad*, es decir, el grado en que la innovación se ajusta a los valores y experiencias de las personas. Por ejemplo, el PVR es totalmente compatible con todos aquellos a los que les gusta ver la televisión. En tercer lugar, está la *complejidad*, es decir, la dificultad de uso o comprensión del nuevo producto. Estos sistemas de grabación personal son ligeramente complejos y, por tanto, tardarán cierto tiempo en penetrar en el mercado doméstico. En cuarto lugar está la *divisibilidad*, que hace referencia a la posibilidad de probar el producto de manera limitada. Esto supone un reto importante para los PVR, puesto que sólo se pueden probar en la tienda o quizás en casa de un amigo. Por último, está la *comunicabilidad*, que se refiere al grado en que los resultados favorables del uso del producto son observables y descriptibles. El hecho de que el PVR ofrezca ventajas evidentes contribuirá a despertar el interés y la curiosidad por el producto.

Otras características que influyen en la adopción de nuevos productos son el costo, el riesgo, la incertidumbre, la credibilidad científica y la aprobación social. El fabricante tendrá que estudiar todos estos factores y prestar su máxima atención a los más importantes cuando diseñe tanto el producto como el programa de marketing.[59]

DISPOSICIÓN DE LAS ORGANIZACIONES PARA ADOPTAR NUEVOS PRODUCTOS El creador de un nuevo método de enseñanza querrá identificar las escuelas más innovadoras. El productor de un aparato médico tratará de identificar los hospitales con mayor disposición para adoptarlo. El proceso de adopción se relaciona con variables del entorno de la organización (nivel de progreso de la comunidad, nivel de ingresos de la población), de la propia organización (tamaño, utilidades, resistencia al cambio) y de sus administradores (nivel educativo, edad, nivel de exigencia). Cuando se pretende que organizaciones financiadas por el gobierno (como las escuelas públicas) adopten un producto, entran en juego otros factores. Por ejemplo, es factible que la opinión pública rechace un producto innovador controvertido.

RESUMEN :::

1. Una vez que la empresa segmenta el mercado, selecciona su mercado meta, identifica sus necesidades y determina su posicionamiento, está en condiciones de desarrollar y lanzar nuevos productos . El departamento de marketing deberá participar, junto con otros, en todas las fases del desarrollo de nuevos productos.

2. Para desarrollar nuevos productos con éxito es necesario que la empresa cree una organización efectiva para administrar este proceso. Las empresas pueden recurrir a gerentes de producto, gerentes de nuevos productos, comités de nuevos productos, departamentos de nuevos productos, o equipos de proyectos . Cada vez más empresas recurren a equipos multifuncionales y desarrollan diferentes conceptos de producto.

3. El proceso de desarrollo de nuevos productos se divide en ocho fases: generación de ideas, análisis de ideas, desarrollo y prueba del concepto, desarrollo de la estrategia de marketing, análisis del negocio, desarrollo del producto, pruebas de mercado y comercialización. En cada fase, la empresa tiene que decidir si abandona la idea o sigue adelante.

4. El proceso de adopción de innovaciones es el proceso mediante el cual los consumidores llegan a conocer nuevos productos , los prueban y los adoptan o los rechazan. En la actualidad, muchas empresas se dirigen a los usuarios frecuentes y a los adoptantes iniciales de nuevos productos, porque se puede llegar hasta ellos a través de medios específicos y porque suelen ser líderes de opinión. El proceso de adopción se ve influido por numerosos factores que escapan al control del fabricante, como por ejemplo, la disposición de las organizaciones y de los individuos a probar nuevos productos, y las influencias personales.

APLICACIONES :::

Debate de marketing   ¿A quién deberían dirigirse los nuevos productos?

Muchas empresas dirigen sus nuevos productos a los innovadores y dan por hecho que si éstos los adoptan, también lo hará el gran público. Otros están en desacuerdo, y sostienen que la vía más rápida y eficaz es dirigir los productos al mercado masivo.

Tome partido: "Los nuevos productos siempre se deberían dirigir primero a los adoptantes iniciales" frente a "los nuevos productos deberían dirigirse al mercado más amplio posible".

Análisis de marketing

Piense en el último producto que compró. ¿Cómo cree que afectan las cinco características de la innovación a este producto (ventaja relativa, compatibilidad, complejidad, divisibilidad y comunicabilidad)?

CASO DE **MARKETING** | NOKIA

Nokia, inicialmente una empresa finlandesa de productos forestales creada en 1865, es hoy la primera empresa de telefonía móvil del mundo. Con los años, Nokia ha fabricado de todo, desde papel higiénico hasta televisores y neumáticos. Sin embargo, en 1992, el recién nombrado director general, Jorma Ollila, concentró todos los recursos de la empresa en las telecomunicaciones.

Los primeros teléfonos digitales Nokia se pusieron a la venta en 1993. En aquel entonces, Nokia esperaba vender únicamente unas 400,000 unidades. Sin embargo, vendió 20 millones. En 1998, Nokia vendía 40 millones de teléfonos celulares al año; de esta forma superó a Motorola y se convirtió en la empresa de telefonía móvil más grande del mundo. En la actualidad, Nokia tiene cerca del 40% de la participación de mercado mundial y espera vender 500 millones de unidades en 2004.

¿Qué logró tanto éxito en esta empresa? En la década de los 90, los fabricantes de teléfonos celulares, como Motorola, aplicaban al pie de la letra el lema de Henry Ford: "Se puede tener un automóvil (o un teléfono) de cualquier color, siempre que sea negro." Los teléfonos celulares eran negros y aburridos, y se utilizaban para los negocios. Nokia se dio cuenta de que los teléfonos celulares eran accesorios personales y de que muchos consumidores le daban un uso más práctico. Así, la empresa finlandesa lanzó teléfonos con estilo, con divertidas cubiertas intercambiables, y un sinfín de tonos. La división de telefonía móvil de la empresa lanzó 15 productos nuevos en 2001. En 2002 lanzó 30 más. En 2003, a los 10 años de haber entrado en el mercado, Nokia sobrepasó a Motorola, su más cercano competidor, con un margen de dos a uno.

Los nuevos productos se vendieron bien, pero no sólo porque incorporaban cambios de color o de diseño: Nokia fue la primera empresa que lanzó al mercado masivo teléfonos celulares con antena interna, fue la primera en utilizar cubiertas intercambiables, la primera en incluir una cámara integrada en el teléfono y la primera en incorporar la función de los mensajes de texto. El modelo más reciente incluye una cubierta de goma, una linterna, un termómetro, un contador de calorías, un cronómetro y una radio. Otros vienen con un teclado QWERTY en forma de alas y con una gran pantalla a color.

¿Por qué toda esta innovación? Sencillamente, porque el mercado lo demanda. El deseo de moda, nuevas prestaciones y tamaños reducidos de los consumidores hace que Nokia invierta sumas considerables en investigación y desarrollo. Y el interminable conjunto de posibilidades técnicas como WCDMA, GPRS, 3G e IPV6 llevan a Nokia a innovar con piezas internas e infraestructura de redes que siempre hacen que los nuevos teléfonos superen a los del año anterior. La empresa destina el 10% de las ventas a investigación y desarrollo, lo que representa un presupuesto anual de 3,000 millones de dólares para explorar nuevos productos.

El secreto de Nokia para fabricar productos que son de gran aceptación en el mercado reside en cómo organiza la innovación. Un tercio de los 52,000 empleados de Nokia trabaja en el departamento de investigación y desarrollo. Pero no trabajan en un laboratorio central, sino en pequeños equipos autónomos. Nokia tiene unos 69 equipos de investigación y desarrollo repartidos desde Boston a Bangalore. Nokia confiere a estos equipos la autoridad y la capacidad necesarias para generar ideas nuevas que satisfagan las necesidades del mercado que van surgiendo. "Las grandes empresas pierden sensibilidad", afirma Matti Alahuhta, presidente de la división de telefonía móvil. "Las personas necesitan sentir que pueden marcar la diferencia. Y necesitan tener la capacidad de hacer realidad sus propias ideas. Nosotros tenemos el alma de una empresa pequeña encerrada en el cuerpo de una gran empresa."

Aunque Nokia conserva un laboratorio de investigación central para tecnología básica y diseño de productos, cada equipo es responsable de sus pérdidas y ganancias a la hora de crear su modelo de negocio, y es responsable también de desarrollar sus procesos de investigación y desarrollo y sus programas de marketing. "El 90% del tiempo me siento como si dirigiese mi propia empresa", afirma Iikka Raiskinen, responsable de la unidad de medios y entretenimiento. "Se nos ha dado libertad total para decidir qué normas seguir, cuál es nuestra cadena de valor[...] Consultamos al Consejo de Nokia igual que una empresa nueva consulta a sus inversionistas."

Desde sus humildes orígenes en la región nórdica, Nokia ha pasado de ser una empresa de recursos naturales en el siglo XIX a convertirse en un líder de nuevas tecnologías en el siglo XXI. En la actualidad, unos 300 millones de personas en 130 países utilizan teléfonos Nokia. La capacidad de la empresa para reinventarse y dar rienda suelta a la creatividad de sus empleados la ha convertido en la sexta marca más reconocida del mundo. Sin embargo, la empresa no puede confiarse y tendrá que seguir por el camino de la innovación. Cuando Nokia perdió la oportunidad de los teléfonos con diseño de concha a principios de 2004 (lo que provocó un extraño descenso en sus ingresos), se apresuró a lanzar nuevos modelos durante el segundo semestre del año.

Preguntas para discusión

1. ¿Cuáles han sido los factores de éxito de Nokia?

2. ¿En qué sentido es vulnerable esta empresa? ¿A qué debe prestar atención?

3. ¿Qué recomendaría a los directivos de marketing para el futuro? ¿Qué acciones de marketing deberá ejecutar?

Fuentes: Ian Wylie, "Calling for a Renewable Future", *Fast Company,* mayo de 2003, pp. 46–48; Paul Kaihla, "Nokia's Hit Factory", *Business 2.0,* agosto de 2002, pp. 66–70; Jorma Ollila, "Nokia at the Forefront of Mobility", Nokia Annual General Meeting, 27 de marzo de 2003; <www.Nokia.com>; Andy Reinhardt, "Can Nokia Get the Wow Back?" *Business Week,* 31 de mayo de 2004, pp. 48–49.

REFERENCIAS BIBLIOGRÁFICAS :::

1. Michael Arndt, "3M: A Lab for Growth?", *Business Week*, 21 de enero de 2002, pp. 50-51; Michael Arndt, "3M's Rising Star", *Business Week*, 12 de abril de 2004, pp. 62-74; Mark Tatge, "Prescription for Growth", *Forbes*, 17 de febrero de 2003, pp. 65–66.

2. Deborah Ball y Sarah Ellison, "Nestles' Appetite for Acquisitions Quickens", *Wall Street Journal*, 7 de agosto de 2002, p. B3.

3. Booz, Allen y Hamilton, *New Products Management for the 1980s* (Nueva York: Booz, Allen & Hamilton, 1982).

4. Ann Harrington, "Who's Afraid of a New Product", *Fortune*, 10 de noviembre de 2003, pp. 189-192; Brad Weiners, "Gore-Tex Tackles the Great Indoors", *Business 2.0*, abril de 2004, p. 32.

5. William Symonds, "Can Gillette Regain Its Edge", *Business Week*, 26 de enero de 2004, p. 46.

6. "Don't Laugh at Gilded Butterflies", *The Economist*, 24 de abril de 2004, pp. 71–73.

7. Diane Brady, "The Brains Behind Blackberry", *Business Week*, 19 de abril de 2004, pp. 55-56; Alison Overholt, "Good to Great", *Fast Company*, mayo de 2004, p. 45.

8. Para más detalles, véase Thomas Kuczmarski, Arthur Middlebrooks y Jeffrey Swaddling, *Innovating the Corporation: Creating Value for Customers and Shareholders* (Lincolnwood, IL: NTC, 2000).

9. Clayton M. Christensen, *The Innovator's Dilemma: When New Technologies Cause Great Firms to Fail* (Boston, MA: Harvard University Press, 1997).

10. Ely Dahan y John R. Hauser, "Product Development: Managing a Dispersed Process", en *Handbook of Marketing*, Bart Weitz y Robin Wensley (eds.) (Londres: Sage Publications, 2002), pp. 179–222.

11. Diane Brady, "A Thousand and One Noshes", *Business Week*, 14 de junio de 2004, pp. 54–56.

12. Christopher Power, "Flops", *Business Week*, 16 de agosto de 1993, pp. 76–82.

13. Deloitte and Touche, "Vision in Manufacturing Study", Deloitte Consultng and Kenan-Flagler Business School, 6 de marzo de 1998; A. C. Nielsen, "New Product Introduction—Successful Innovation/Failure: Fragile Boundary", A. C. Nielsen BASES y Ernst & Young Global Client Consulting, 24 de junio de 1999.

14. Robert G. Cooper y Elko J. Kleinschmidt, *New Products: The Key Factors in Success* (Chicago: American Marketing Association, 1990).

15. David Welch, "Can Stodgy GM Turn Stylish?", *Business Week*, 11 de noviembre de 2002, pp. 111–112.

16. David S. Hopkins, *Options in New-Product Organization* (Nueva York: Conference Board, 1974); Doug Ayers, Robert Dahlstrom y Steven J. Skinner, "An Exploratory Investigation of Organizational Antecedents to New Product Success", *Journal of Marketing Research* (febrero de 1997), pp. 107–116.

17. Rajesh Sethi, Daniel C. Smith y C. Whan Park, "Cross Functional Product Development Teams, Creativity, and the Innovativness of New Consumer Products", *Journal of Marketing Research* 38 (febrero de 2001), pp. 73–85.

18. Don H. Lester, "Critical Success Factors for New Product Development", *Research Technology Management* (enero–febrero de 1998), pp. 36–43.

19. Robert G. Cooper, "Stage-Gate Systems: A New Tool for Managing New Products", *Business Horizons* (mayo–junio de 1990), pp. 44–54. Véase también "The New Prod System: The Industry Experience", *Journal of Product Innovation Management* 9 (1992), pp. 113–127.

20. Robert Cooper, *Product Leadership: Creating and Launching Superior New Products* (Nueva York: Perseus Books, 1998).

21. Ely Dahan y John R. Hauser, "Product Development: Managing a Dispersed Process", en *Handbook of Marketing*, Bart Weitz y Robin Wensley (eds.), pp. 179–222.

22. Thomas N. Burton, "By Learning From Failures Lilly Keeps Drug Pipelines Full", *Wall Street Journal*, 21 de abril de 2004, pp. A1, A12.

23. John Hauser y Gerard J. Tellis, "Research on Innovation: A Review and Agenda for Marketing", 2004, informe de trabajo.

24. Abbie J. Griffin y John Hauser, "The Voice of the Customer", *Marketing Science* (invierno de 1993), pp. 1–127.

25. Emily Nelson, "Stuck on You", *Wall Street Journal*, 9 de mayo de 2002, pp. B1, B4.

26. Eric von Hippel, "Lead Users: A Source of Novel Product Concepts", *Management Science* (julio de 1986), pp. 791–805. Véase también *The Sources of Innovation* (Nueva York: Oxford University Press, 1988); y "Learning from Lead Users", en *Marketing in an Electronic Age*, Robert D. Buzzell (ed.) (Cambridge, MA: Harvard Business School Press, 1985), pp. 308–317.

27. Steven Levy, "Microsoft Gets a Clue From its Kiddie Corps", *Newsweek*, 24 de febrero de 2003, pp. 56–57.

28. Michael Michalko, *Cracking Creativity: The Secrets of Creative Genius* (Berkeley, CA: Ten Speed Press, 1998); James M. Higgins, *101 Creative Problem Solving Techniques* (Nueva York: New Management Publishing Company, 1994); Darren W. Dahl y Page Moreau, "The Influence and Value of Analogical Thinking During New Product Ideation", *Journal of Marketing Research* 39 (febrero de 2002), pp. 47–60.

29. <www.smokinggun.com>.

30. "The Ultimate Widget: 3-D 'Printing' May Revolutionize Product Design and Manufacturing", *U.S. News & World Report*, 20 de julio de 1992, p. 55.

31. Para información adicional, véase también Paul E.7 Green y V. Srinivasan, "Conjoint Analysis in Marketing: New Developments with Implications for Research and Practice", *Journal of Marketing* (octubre de 1990), pp. 3–19; Dick R. Wittnick, Marco Vriens y Wim Burhenne, "Commercial Uses of Conjoint Analysis

in Europe: Results and Critical Reflections", *International Journal of Research in Marketing* (enero de 1994), pp. 41–52; Jordan J. Louviere, David A. Hensher y Joffre D. Swait, *Stated Choice Models: Analysis and Applications* (Nueva York: Cambridge University Press, 2000).

32. El ejemplo completo se extrajo de Paul E. Green y Yoram Wind, "New Ways to Measure Consumers' Judgments", *Harvard Business Review* (julio–agosto de 1975), pp. 107–117.

33. Robert Blattberg y John Golany, "Tracker: An Early Test Market Forecasting and Diagnostic Model for New Product Planning", *Journal of Marketing Research* (mayo de 1978), pp. 192–202; Glen L. Urban, Bruce D. Weinberg y John R. Hauser, "Premarket Forecasting of Really New Products", *Journal of Marketing* (enero de 1996), pp. 47–60; Peter N. Golder y Gerald J. Tellis, "Will It Ever Fly? Modeling the Takeoff of Really New Consumer Durables", *Marketing Science* 16, núm. 3 (1997), pp. 256–270.

34. Roger A. Kerin, Michael G. Harvey y James T. Rothe, "Cannibalism and New Product Development", *Business Horizons* (octubre de 1978): 25–31.

35. El valor actual (V) de una suma futura (I) que se recibirá en t años a partir de hoy, y descontado al tipo de interés (r) está dado por $V5I_t/(11r)^t$. Por tanto, $\$4,761,000/(1.15)^5 = \$2,346,000$.

36. David B. Hertz, "Risk Analysis in Capital Investment", *Harvard Business Review* (enero–febrero de 1964), pp. 96–106.

37. John Hauser, "House of Quality", *Harvard Business Review* (mayo–junio de 1988), pp. 63–73. La ingeniería en torno al consumidor también se denomina "despliegue de funciones de calidad". Véase Lawrence R. Guinta y Nancy C. Praizler, *The QFD Book: The Team Approach to Solving Problems and Satisfying Customers through Quality Function Deployment* (Nueva York: AMACOM, 1993); V. Srinivasan, William S. Lovejoy y David Beach, "Integrated Product Design for Marketability and Manufacturing", *Journal of Marketing Research* (febrero de 1997), pp. 154–163.

38. Marco Iansiti y Alan MacCormack, "Developing Products on Internet Time", *Harvard Business Review* (septiembre–octubre de 1997), pp. 108–117; Srikant Datar, C. Clark Jordan y Kannan Srinivasan, "Advantages of Time-Based New Product Development in a Fast-Cycle Industry", *Journal of Marketing Research* (febrero de 1997), pp. 36–49; Christopher D. Ittner y David F. Larcker, "Product Development Cycle Time and Organizational Performance", *Journal of Marketing Research* (febrero de 1997), pp. 13–23.

39. Tom Peters, *The Circle of Innovation* (NuevaYork: Alfred A. Knopf, 1997), p. 96. Para un análisis general, véase también Rajesh Sethi, "New Product Quality and Product Development Teams", *Journal of Marketing* (abril de 2000), pp. 1–14; Christine Moorman y Anne S. Miner, "The Convergence of Planning and Execution Improvisation in New Product Development", *Journal of Marketing* (julio de 1998), pp. 1–20; y Ravinchoanath MacChavan y Rajiv Graver, "From Embedded Knowledge to Embodied Knowledge: New Product Development as Knowledge Management", *Journal of Marketing* (octubre de 1998), pp. 1–12.

40. Peters, *The Circle of Innovation*, p. 96. Para más información, véase también Sethi, "New Product Quality and Product Development Teams", pp. 1–14;. Miner, "The Convergence of Planning

and Execution .Improvisation in New Product Development", 1–20; y Ravinchoanath MacChavan y Graver, "From Embedded Knowledge to Embodied Knowledge: New Product Development as Knowledge Management", *Journal of Marketing*, pp. 1–12.

41. Christopher Power, "Will It Sell in Podunk? Hard to Say", *Business-Week*, 10 de agosto de 1992, pp. 46–47.

42. Kevin J. Clancy, Robert S. Shulman y Marianne Wolf, *Simulated Test Marketing: Technology for Launching Successful New Products* (Nueva York: Lexington Books, 1994); V. Mahajan y Jerry Wind, "New Product Models: Practice, Shortcomings, and Desired Improvements", *Journal of Product Innovation Management* 9 (1992), pp. 129–139; Glen L. Urban, John R. Hauser y Roberta A. Chicos, "Information Acceleration: Validation and Lessons from the Field", *Journal of Marketing Research* (febrero de 1997), pp. 143–153.

43. Para más referencias sobre este tema, véase Robert J. Thomas, "Timing: The Key to Market Entry", *Journal of Consumer Marketing* (verano de 1985), pp. 77–87; Thomas S. Robertson, Jehoshua Eliashberg y Talia Rymon, "New Product Announcement Signals and Incumbent Reactions", *Journal of Marketing* (julio de 1995), pp. 1–15; Frank H. Alpert y Michael A. Kamins, "Pioneer Brand Advantages and Consumer Behavior: A Conceptual Framework and Propositional Inventory", *Journal of the Academy of Marketing Science* (verano de 1994), pp. 244–336; Barry L. Bayos, Sanjay Jain y Ambar Rao, "Consequences: An Analysis of Truth or Vaporware and New Product Announcements", *Journal of Marketing Research* (febrero de 2001), pp. 3–13.

44. Timothy Aeppel, "Brothers of Invention", *Wall Street Journal*, 19 de abril de 2004, p. B1.

45. Mickey H. Gramig, "Coca-Cola Unveiling New Citrus Drink", *Atlanta Journal and Constitution*, 24 de enero de 1998, p. E3.

46. Cooper y Kleinschmidt, *New Products*, pp. 35–38.

47. Philip Kotler y Gerald Zaltman, "Targeting Prospects for a New Product", *Journal of Advertising Research* (febrero de 1976), pp. 7–20.

48. Peter Burrows, "Rock On, iPod", *Business Week*, 7 de junio de 2004, pp. 130–131; Jay Lyman, "Mini iPod Moving Quickly, Apple Says", *TechNewsWorld*, 26 de febrero de 2004; David Taylor, *Brand Stretch* (Nueva York: JohnWiley, 2004).

49. Para más detalles, véase Keith G. Lockyer, *Critical Path Analysis and Other Project Network Techniques* (Londres: Pitman, 1984). Véase también Arvind Rangaswamy y Gary L. Lilien, "Software Tools for New Product Development", *Journal of Marketing Research* (febrero de 1997), pp. 177–184.

50. El siguiente análisis se basa en Everett M. Rogers, *Diffusion of Innovations* (Nueva York: The Free Press, 1962). Véase también la tercera edición, publicada en 1983.

51. C. Page Moreau, Donald R. Lehmann y Arthur B. Markman, "Entrenched Knowledge Structures and Consumer Response to New Products", *Journal of Marketing Research* 38 (febrero de 2001), pp. 14–29.

52. Steve Hoeffler, "Measuring Preferences for Really New Products", *Journal of Marketing Research* 40 (noviembre de 2003), pp. 406–420.

53. Rogers, *Diffusion of Innovations*, p. 192; Geoffrey A. Moore, *Crossing the Chasm: Marketing and Selling High-Tech Products to Mainstream Customers* (Nueva York: HarperBusiness, 1999).

54. A. Parasuraman y Charles L. Colby, Techno-Ready Marketing (Nueva York: The Free Press, 2001; Jakki Mohr, *Marketing of High-Technology Products and Innovations* (Upper Saddle River, NJ: Prentice Hall, 2001).

55. Malcolm Macalister Hall, "Selling by Stealth", *Business Life*, noviembre de 2001, pp. 51–55.

56. Jordan Robertson, "How Nike Got Street Cred", *Business 2.0*, mayo de 2004, pp. 43–46.

57. Maria Flores Letelier, Charles Spinosa y Bobby J. Calder, "Strategies for Viral Marketing", en *Kellogg on Integrated Marketing*, Dawn Iacobucci y Bobby J. Calder (eds.) (Nueva York: John Wiley & Sons, 2003), pp. 90–134.

58. Cliff Edwards, "Is TiVo's Signal Still Fading?" *Business Week*, 10 de septiembre de 2001, pp. 72–74; Cliff Edwards, "Will Souping Up Tivo Save It?", *Business Week*, 17 de mayo de 2004, pp. 63–64.

59. Hubert Gatignon y Thomas S. Robertson, "A Propositional Inventory for New Diffusion Research", *Journal of Consumer Research* (marzo de 1985), pp. 849–867; Vijay Mahajan, Eitan Muller y Frank M. Bass, "Diffusion of New Products: Empirical Generalizations and Managerial Uses", *Marketing Science* 14, núm. 3, parte 2 (1995), pp. G79–G89; Fareena Sultan, John U. Farley y Donald R. Lehman, "Reflection on 'A Meta-Analysis of Applications of Diffusion Models'", *Journal of Marketing Research* (mayo de 1996), pp. 247–249; Minhi Hahn, Sehoon Park y Andris A. Zoltners, "Analysis of New Product Diffusion Using a Four-segment Trial-repeat Model", *Marketing Science* 13, núm. 3 (1994), pp. 224–247.

EN ESTE CAPÍTULO ANALIZAREMOS LAS SIGUIENTES PREGUNTAS:

1. ¿Qué factores debería considerar una empresa antes de decidirse a incursionar en el extranjero?

2. ¿Cómo pueden las empresas evaluar y decidir en qué mercados extranjeros entrar?

3. ¿Cuáles son los caminos más comunes para entrar en mercados extranjeros?

4. ¿Hasta qué punto debe una empresa adaptar sus productos y su programa de marketing al mercado extranjero?

5. ¿Cómo debería una empresa administrar y organizar sus actividades internacionales?

veintiuno

El mundo es cada vez más pequeño gracias a la rapidez de las comunicaciones, del transporte y de los flujos financieros. Los productos que se desarrollan en un país (bolsos Gucci, plumas Mont Blanc, hamburguesas McDonald's, sushi japonés, trajes Chanel, BMW alemanes), encuentran una buena recepción en otros. Un empresario alemán podría vestirse con un traje de Armani para cenar en un restaurante japonés con un amigo británico, quien más tarde irá a casa a ver una serie estadounidense por televisión mientras se toma un vodka ruso. Veamos el éxito internacional de Red Bull.

R ed Bull se ha convertido en una marca de mil millones de dólares y ha capturado el 70% del mercado mundial de bebidas energéticas en menos de 15 años, gracias a que ha sabido conectarse con los jóvenes de todo el mundo. Red Bull, fundada en Austria por Dietrich Mateschitz, fue lanzada en el primer mercado extranjero, Hungría, en 1992, y hoy se vende en más de 100 países. Red Bull contiene el aminoácido taurina, vitaminas del complejo B, cafeína y carbohidratos. En un principio, la bebida se vendía en un único formato, la lata plateada de 250 ml, y recibía poco respaldo publicitario más allá de los anuncios televisivos de "Red Bull te da alaaaaas". Red Bull decidió despertar rumores sobre el producto a través de su "programa de siembra": la empresa se dirige a tiendas, discotecas y bares de moda, a continuación pasa a las tiendas de conveniencia y a los restaurantes, y finalmente llega a los supermercados. La empresa se dirige a los "líderes de opinión" al ofrecer Red Bull en los eventos deportivos, en limusinas, antes de la entrega de premios y en las fiestas que reúnen a los ganadores posteriormente. Red Bull también se ha forjado su imagen moderna al patro-

>>>

Evento de Red Bull en 2004.

cinar deportes de riesgo y mediante campañas únicas de marketing. Por ejemplo, en ciudades de todo el mundo, la empresa patrocina un Flugtag anual, un concurso donde los participantes construyen máquinas voladoras que después prueban lanzándose al agua por una rampa, fieles al eslogan de la marca.[1]

Aunque las empresas pueden encontrar buenas oportunidades para entrar y competir en mercados extranjeros, los riesgos asociados son dignos de consideración. Sin embargo, las empresas que venden sus productos en mercados globales no tienen otra opción más que internacionalizar sus operaciones. En este capítulo estudiaremos las principales consideraciones que se deben hacer al entrar en mercados extranjeros.

::: La competencia global

En la actualidad existen 200 empresas gigantescas, y la mayoría son más grandes que muchas economías nacionales, con ventas que superan un cuarto de la actividad económica mundial. En estos términos, Philip Morris es más grande que Nueva Zelanda, y opera en 170 países. El comercio internacional en 2003 representó más de un cuarto del PIB estadounidense, respecto al 11% de 1970.[2]

Muchas empresas han aplicado un marketing internacional durante años: Nestlé, Shell, Bayer y Toshiba son marcas familiares para todos los consumidores del planeta. Sin embargo, la competencia a nivel mundial se intensifica día con día. Las empresas nacionales que nunca habían pensado en los competidores extranjeros, de repente, se los encuentran en el jardín trasero. Los periódicos informan sobre las utilidades que generan las exportaciones de vehículos japoneses, alemanes, suecos y coreanos al mercado estadounidense, y sobre las pérdidas de los mercados textiles y del calzado como consecuencia de las importaciones de países en desarrollo de Latinoamérica, Europa oriental y Asia. Muchos creen que empresas como Danone, Red Roof Inn, Wild Turkey, Interscope o L'Oreal son estadounidenses, cuando en realidad son francesas.[3]

Aunque a muchas empresas estadounidenses les gustaría borrar del mapa a los competidores extranjeros mediante una legislación de carácter proteccionista, la mejor forma de competir con ellos es mejorar los productos dentro de las fronteras y, a continuación, lanzarlos a los mercados extranjeros. Una **industria global** es aquella en la que la posición estratégica de los competidores en grandes extensiones geográficas o en mercados nacionales se ve influida por su posición internacional.[4] Una **empresa global** es aquella que opera en más de un país y que goza de ventajas en las áreas de investigación y desarrollo, producción, logística, marketing y finanzas, a las que sus competidores nacionales no pueden aspirar.

Las empresas globales o internacionales planean, operan y coordinan sus actividades a nivel mundial. Por ejemplo, en el caso de los camiones Ford, la cabina está fabricada en Europa, el chasis está fabricado en Norteamérica y ensamblado en Brasil, y posteriormente el producto terminado se importa a Estados Unidos para su venta. En el caso de los ascensores Otis, las puertas se producen en Francia, determinados engranajes se adquieren en España, el sistema eléctrico es alemán, algunos dispositivos especiales de tracción provienen de Japón y los sistemas de integración son estadounidenses. Una de las empresas internacionales de mayor éxito es ABB, formada a partir de la fusión entre la empresa sueca ASEA y la empresa suiza Brown Boveri.[5]

ABB

Entre los productos de ABB se incluyen transformadores de energía, instalaciones eléctricas, instrumentación, piezas de automóviles, aparatos de aire acondicionado y equipos ferroviarios. La empresa tiene ingresos anuales de 32,000 millones de dólares y cuenta con 200,000 empleados. Su lema es "ABB es una empresa local en cualquier rincón del mundo". El idioma oficial de la empresa es el inglés (todos los directivos de ABB deben hablarlo con fluidez), y los resultados financieros se expresan en dólares. ABB aspira a reconciliar tres contradicciones: ser mundial y ser local, ser grande y ser pequeña, y estar radicalmente descentralizada con un sistema central de información financiera y control administrativo. En la sede central de Suiza trabajan menos de 200 empleados, en contraste con los 3,000 que laboran en la sede de Siemens. Las numerosas líneas de productos de la empresa se organizan en ocho segmentos empresariales, 65 áreas de negocio, 1,300 empresas, 5,000 centros de utilidades, y el empleado promedio pertenece a un centro formado por cerca de 50 empleados. Los directivos suelen rotar de país en país, lo que propicia la formación de equipos multiculturales. En función del tipo de negocio, algunas unidades reciben un tratamiento supralocal, con mucha autonomía, mientras que otras se dirigen desde la unidad de control central, y se consideran negocios mundiales.[6]

Para que una empresa pueda vender a nivel mundial debe ser grande, aunque las PYMES tienen la oportunidad de practicar en nichos internacionales. Poilane Bakery vende 15,000 barras de pan de estilo tradicional en París (el 2.5% del pan que se vende en esa ciudad), gracias a los camiones de reparto de la empresa. Sin embargo, cada día, el pan Polaine también llega a sus clientes más leales repartidos por cerca de 20 países de todo el mundo a través de FedEx.[7]

Para que una empresa de cualquier tamaño pueda globalizarse, debe tomar una serie de decisiones que estudiaremos a continuación (véase la figura 21.1).

::: La decisión de salir al extranjero

La mayoría de las empresa preferirían limitarse a los mercados nacionales si éstos fuesen lo suficientemente grandes. Los directivos no tendrían que estudiar otros idiomas ni otros sistemas legales, no tendrían que negociar con monedas extranjeras cuyos tipos de cambio fluctúan, ni tendrían que enfrentarse a incertidumbres de índole legal o política ni rediseñar sus productos para adaptarlos a las necesidades y a las expectativas de diferentes consumidores. Los negocios serían más sencillos y seguros. Sin embargo, existen otros factores que hacen que cada vez más empresas salten a la palestra internacional:

- La empresa descubre que determinados mercados extranjeros ofrecen mejores oportunidades de generar utilidades que los mercados nacionales.
- La empresa necesita una base de clientes más extensa para conseguir economías de escala.
- La empresa quiere reducir su dependencia de un único mercado.
- Las empresas internacionales que ofrecen mejores productos o precios más bajos pueden atacar el mercado nacional de la empresa, por lo que ésta podría decidir contraatacar en los mercados nacionales de los competidores.
- Los clientes de la empresa van al extranjero y demandan un servicio internacional.

Antes de tomar la decisión de salir al extranjero, la empresa debe sopesar diversos riesgos:

- La empresa podría no comprender las preferencias de los consumidores extranjeros y ofrecer productos que no resulten atractivos.
- La empresa podría no entender la cultura empresarial del mercado extranjero e incurrir en errores cuando negocie con personas de la localidad.
- La empresa podría subestimar la normativa extranjera e incurrir en costos inesperados.
- La empresa podría percatarse de que sus directivos carecen de la experiencia internacional necesaria.
- La legislación comercial del mercado extranjero podría cambiar, su moneda podría devaluarse o el país podría experimentar una revolución política que expropiara las empresas extranjeras.

Como los riesgos y las ventajas competitivas que supone salir al extranjero entran en conflicto, las empresas no actúan sino hasta que algún acontecimiento las empuja al mercado internacional. Por ejemplo, tal vez un exportador nacional, un importador internacional o un gobierno de otro país solicite a la empresa que opere en el extranjero, o quizás la empresa experimente un exceso de capacidad productiva y se vea obligada a buscar mercados adicionales para sus productos.

Numerosos países lamentan que pocas empresas nacionales participen en el comercio internacional, puesto que la economía nacional no puede hacer frente a las importaciones necesarias con otro tipo de intercambios. Además, esto también aumenta el temor de que las empresas nacionales se vean perjudicadas o absorbidas por las multinacionales. Estos países animan a sus empresas a que crezcan a nivel local y a que se expandan a nivel internacional. Muchos países patrocinan programas de fomento a las exportaciones para que sus empresas salgan al extranjero. Para aplicar estos programas es necesario conocer en detalle cómo se internacionalizan las empresas.

| FIG. **21.1** |

Principales decisiones para entrar en el mercado internacional.

Un panadero dibuja el logotipo de Poilane en una pieza de pan, que llegará a manos de uno de los muchos clientes leales de la empresa en el mercado internacional a través de FedEx.

El *proceso de internacionalización* consta de cuatro fases:[8]

1. Irregularidad en las actividades de exportación.
2. Exportación a través de representantes independientes (agentes).
3. Establecimiento de una o más oficinas comerciales en el extranjero.
4. Establecimiento de fábricas en el extranjero.

El primer paso consiste en hacer que las empresas pasen de la fase 1 a la fase 2. Para ello es necesario estudiar cómo las empresas toman la primera decisión de exportar.[9] La mayoría de las empresas trabajan con un agente independiente y penetran en un mercado similar o cercano geográficamente. Entonces la empresa contrata a más agentes para entrar en otros países. Más adelante, crea un departamento de exportaciones para administrar las relaciones con los agentes independientes. Posteriormente, la empresa sustituye a los agentes independientes con sus propias oficinas comerciales en los mercados de importación más importantes. Esto dispara la inversión y el riesgo de la empresa, pero también sus oportunidades de obtener más ingresos.

Para administrar estas oficinas comerciales, la empresa sustituye el departamento de exportación con un departamento internacional. Si determinados mercados mantienen su volumen y estabilidad, o si el país importador insiste en la fabricación local, la empresa dará un paso más en el proceso de internacionalización al construir plantas productivas en esos mercados. Esto supone un compromiso aún más serio, y un mayor potencial de ingresos. Llegados a este punto, la empresa ya está operando como una multinacional, y se compromete a optimizar su aprovisionamiento, financiamiento, producción y comercialización a nivel mundial. Según algunos investigadores, la alta dirección empieza a prestar más atención a las oportunidades internacionales cuando el 15% de sus ingresos provienen de mercados extranjeros.[10]

::: La decisión referente a los mercados en que se va a entrar

Cuando una empresa decide salir al extranjero es necesario que defina sus objetivos y políticas de marketing. ¿Qué proporción de ventas nacionales y de ventas internacionales quiere conseguir? La mayoría de las empresas prefieren adoptar posturas prudentes cuando se aventuran más allá de sus fronteras. Algunas planean ser empresas pequeñas en el extranjero, mientras que otras tienen mayores pretensiones. Ayal y Zif argumentan que una empresa debería entrar en pocos países cuando:

- Los costos de entrada y de control del mercado son elevados.
- Los costos de adaptación del producto y de las comunicaciones son elevados.
- La población de los países que se eligen, sus ingresos y su crecimiento son elevados.
- Las empresas extranjeras dominantes pueden establecer fuertes barreras de entrada.[11]

En cuántos mercados se debería entrar

La empresa debe decidir en cuántos mercados quiere entrar y con qué rapidez desea expandirse. Veamos el caso de Amway:

AMWAY

Amway Corp., una de las principales empresas de venta directa del mundo, ofrece sus servicios a través de empresarios independientes de todo el orbe. Amway entró en Australia en 1971. En la década de los 80 entró en 10 nuevos países. Para 2004, Amway se había convertido en un gigante, con una fuerza de ventas de más de 3.6 millones de distribuidores independientes y con ingresos de 4,500 millones de dólares por concepto de ventas. Amway India, fundada en 1998, se expandió rápidamente, hasta llegar a los 200,000 distribuidores activos en 2004. En la actualidad, Amway comercializa sus productos en 80 países y territorios de todo el mundo. El objetivo de la empresa es que los mercados extranjeros representen el 80% de sus ventas. Y la verdad es que no es un objetivo poco realista o demasiado ambicioso si se toma en cuenta que el 70% de las ventas actuales de Amway ya proviene de mercados fuera de Norteamérica.[12]

La estrategia de entrada en nuevos mercados suele adoptar uno de estos dos posibles enfoques: el modelo de *cascada*, mediante el cual la empresa sigue una secuencia gradual de penetración de nuevos mercados, o el modelo de *aspersor*, mediante el cual la empresa entra en numerosos países a la vez, en un periodo de tiempo limitado. Cada vez más empresas, sobre todo en el sector tecnológico, *nacen* internacionalizadas, pues se desenvuelven en el mercado mundial desde un principio.[13]

En términos generales, empresas como Matsushita, BMW y General Electric, o incluso empresas de más reciente creación como Dell, Benetton y The Body Shop, han adoptado el modelo de cascada. Con esta estrategia se puede planear con mayor detenimiento la expansión, además de que no genera tanta presión de recursos humanos y financieros. Cuando ser el primero implica importantes ventajas y cuando existe una competencia intensa, es preferible adoptar el modelo de aspersor, como hace Microsoft para lanzar las nuevas versiones de Windows. El riesgo de este enfoque es la cantidad de recursos en juego y la dificultad de planear las estrategias de entrada en tantos mercados potencialmente diferentes.

La empresa también debe decidir el tipo de países en los cuales va a entrar. El atractivo de un país está determinado por el producto, la situación geográfica, los ingresos y la población, el clima político y algunos otros factores. Kenichi Ohmae recomienda que las empresas se concentren en "la tríada" (Estados Unidos, Europa occidental y el Lejano Oriente), porque estos mercados representan un porcentaje importante de todo el comercio internacional.[14]

Mercados desarrollados frente a mercados en desarrollo

Aunque la postura de Ohmae cobra sentido en el contexto más inmediato, a largo plazo podría provocar un desastre en la economía mundial. Las necesidades no satisfechas de los países emergentes o en desarrollo representan un potencial inmenso para empresas de alimentos, ropa, construcción, electrónica, electrodomésticos, entre otros. Muchos líderes de mercado han comenzado a abordar Europa oriental, China e India. En la actualidad, Colgate tiene más personal y más negocios de productos para el hogar en Latinoamérica que en Norteamérica.[15]

Los países industrializados y las zonas más prósperas de los países en desarrollo representan menos del 15% de la población mundial. ¿Hay alguna forma de que las empresas atiendan al 85% restante, que tiene un poder adquisitivo muy inferior? Para triunfar en mercados en desarrollo es necesario contar con planes y habilidades especiales. Veamos los siguientes ejemplos de empresas que aplican medidas innovadoras para atender a estos consumidores invisibles:[16]

■ Grameen-Phone vende teléfonos celulares en 35,000 pueblos de Bangladesh y contrata a mujeres de la zona como agentes, que alquilan el teléfono a los demás habitantes para que realicen sus llamadas.

■ Colgate-Palmolive llega a los pueblos indios con equipos que proyectan videos en los que se explican las ventajas de cepillarse los dientes. La empresa espera que en 2003, el 50% de sus ingresos en la India provenga de las zonas rurales.

■ Un fabricante de automóviles indo-australiano diseñó un vehículo de transporte rural a precio asequible para competir con los carros de bueyes, en lugar de competir con autos. Este vehículo funciona sin problemas a velocidades bajas y puede transportar hasta dos toneladas de carga.

■ Fiat desarrolló un "auto del tercer mundo", el Palio, que en Brasil se vende más que el Ford Fiesta, y que pronto se lanzará en otras naciones en desarrollo.

■ Corporación GEO construye viviendas de bajo precio en México. Los hogares de dos dormitorios son modulares y se pueden ampliar. En la actualidad, la empresa comienza a operar en Chile y en comunidades del sur de Estados Unidos

■ Un minorista latinoamericano de productos de la construcción ofrece sacos de cemento en tamaños más reducidos para los consumidores que construyen sus propias casas.

Estas empresas son capaces de aprovechar el potencial de los mercados en desarrollo porque modifican sus prácticas de marketing convencionales para poder vender sus productos y servicios de manera más eficaz.[17] Cuando se opera en mercados en desarrollo no es posible hacer negocios de igual modo que en el mundo desarrollado: las diferencias económicas y culturales son numerosas, apenas existe infraestructura de marketing, y la competencia local puede ser sorprendentemente ruda. En China, el fabricante de computadoras personales Legend y la compañía de telefonía celular TCL han prosperado a pesar de la intensa competencia extranjera. Además de su profundo conocimiento de los gustos nacionales, estas empresas también cuentan con grandes redes de distribución, sobre todo en las zonas rurales.[18]

Por lo general, es necesario fabricar envases más pequeños con precios de venta más bajos en aquellos mercados en que el ingreso per cápita es inferior. Los sobres de detergente y champú de Unilever que se venden por el equivalente de cuatro centavos de dólar han sido todo un éxito en las áreas rurales de India, donde todavía se concentra el 70% de la población del país. Cuando Coca-Cola lanzó en ese mismo país su envase más pequeño, de 200 ml, que

Un anuncio ruso para el Nescafé de Nestlé. Conforme el gasto de los consumidores ha ido en aumento, el mercado para los productos de las grandes multinacionales, como Nestlé, ha crecido.

se vendía a un precio que oscilaba entre 10 y 12 centavos en pequeñas tiendas, estaciones de autobuses y restaurantes a lo largo de las carreteras, las ventas se dispararon.[19] En ocasiones, reflejar la imagen de vida occidental resulta útil, como descubrió Coca-Cola en China. Parte de su éxito frente a la bebida local de cola, Jianlibao, se debe a sus valores simbólicos de modernidad y riqueza.[20]

Procter & Gamble se dio cuenta de que no podía competir eficazmente en mercados emergentes por su estructura de costos, por lo que la empresa ideó inteligentes fórmulas más económicas para fabricar los productos adecuados que mejor satisficiesen la demanda de los consumidores. En la actualidad, contrata a fabricantes de determinados mercados y ha conseguido ocho puntos porcentuales de la participación de mercado de higiene femenina en Rusia con su marca Always, gracias a que respondió a la demanda de las consumidoras, quienes solicitaban compresas de mayor grosor.[21] Como consecuencia de un auge en el gasto de los consumidores, Rusia se ha convertido en el mercado con mayor crecimiento para muchas multinacionales, incluidas Nestlé, L'Oreal e IKEA.[22]

El desafío consiste en adoptar una forma de pensar creativa para hacer realidad, a través del marketing, los sueños de una mejor calidad de vida de la mayor parte de la población mundial. Muchas empresas apuestan a que pueden conseguirlo.

GENERAL MOTORS

Tras lanzar el Buick en China en 1999, GM invirtió más de 2,000 millones de dólares en la región durante los cinco años siguientes, para expandir la línea a 14 modelos, que iban desde el Chevrolet Spark de 8,000 dólares al Cadillac de lujo. Aunque la competencia en el tercer mercado automovilístico más grande del mundo es dura, GM consiguió el 11% de la participación de mercado en 2004 y cosechar utilidades. Sin embargo, en China, el éxito inicial no es sinónimo de prosperidad a largo plazo. Tras invertir en la consolidación de sus mercados, los pioneros extranjeros en el sector de los televisores y las motocicletas vieron cómo las empresas nacionales chinas se alzaban como fieros rivales. En 1995, casi todos los teléfonos celulares que había en China eran de gigantes como Nokia, Motorola y Ericsson. En tan solo 10 años, su participación de mercado cayó hasta el 60%. Para asegurarse no sólo de obtener utilidades sino de incrementarlas, General Motors se comprometió a invertir otros 3,000 millones de dólares en la zona para estimular su capacidad y forjarse una buena reputación.[23]

Zonas de libre comercio

La integración económica regional, es decir, los acuerdos comerciales entre grupos de países, se ha intensificado en los últimos años. Este desarrollo significa que las empresas tienen más oportunidades de entrar en territorios más amplios. Algunos países han creado zonas de libre comercio o comunidades económicas (grupos de países organizados para conseguir objetivos comunes en la regulación del comercio internacional). Una de estas comunidades es la Unión Europea (UE).

LA UNIÓN EUROPEA Fundada en 1957, la Unión Europea se constituyó para crear un mercado común único mediante la reducción de las barreras a la libre circulación de productos, servicios, capitales y trabajadores entre los Estados miembros, y mediante el desarrollo de políticas comerciales comunes con respecto a los países no pertenecientes a la UE. En la actualidad, la Unión Europea es uno de los mercados más grandes del mundo. En mayo de 2004, los 15 Estados miembros dieron la bienvenida a otros 10 nuevos países: Chipre, República Checa, Estonia, Hungría, Letonia, Lituania, Malta, Polonia, Eslovaquia y Eslovenia. En la actualidad, la UE está formada por más de 454 millones de consumidores, y representa el 23% de las exportaciones mundiales. Además, cuenta con una moneda común, el euro.

La unificación europea ofrece oportunidades comerciales increíbles para las empresas de otros países. Sin embargo, también plantea amenazas. Las empresas europeas crecerán y se volverán más competitivas, como ha ocurrido en el sector aeroespacial con la competencia entre el consorcio europeo Airbus y la empresa estadounidense Boeing. Otro riesgo más grave es que la eliminación de las barreras interiores pueda implicar unas barreras exteriores más difíciles de sortear. Algunos analistas prevén que Europa será una "fortaleza" que favorecerá a las empresas europeas, pero que entorpecerá las operaciones de empresas de terceros países al elevar las tarifas a la importación e imponer exigencias de carácter local y otras barreras no arancelarias.

Asimismo, las empresas que deseen lanzar campañas de marketing "paneuropeas" dirigidas a una Europa unificada, deberán actuar con precaución. Aunque la UE consiga estandarizar las normas de regulación comercial y la política monetaria, para formar una comunidad económica, no creará un mercado homogéneo. Las empresas que operan en Europa se enfrentan a 14 idiomas diferentes, a 2,000 años de diferencias históricas y culturales, y a una infinidad de normas locales.

TLCAN En Norteamérica, Estados Unidos, Canadá retiraron las barreras comerciales en 1989. En enero de 1994, el Tratado de Libre Comercio de América del Norte (TLCAN o NAFTA, por sus siglas en inglés) estableció una zona de libre comercio entre Estados Unidos, México y Canadá. Este acuerdo creó un mercado único de 360 millones de personas que consumen bienes y servicios por valor de 6.7 billones de dólares. Transcurrido un periodo de 15 años a partir de su puesta en marcha, el TLCAN eliminará todas las barreras comerciales y demás restricciones a la inversión entre estos tres países. Antes del TLCAN, los aranceles de productos estadounidenses importados a México, en promedio, eran del 13%, mientras que los aranceles estadounidenses para productos mexicanos eran del 6%.

MERCOSUR En Latinoamérica también existen zonas de libre comercio, como el MERCOSUR, que incluye a Brasil, Argentina, Paraguay y Uruguay. Chile y México también firmaron un tratado de libre comercio, y es probable que el TLCAN se una a estos acuerdos para crear una zona de libre comercio en todo el Continente Americano.

Las empresas europeas son las que más han explotado el enorme potencial latinoamericano. Tras los intentos fallidos de Washington de extender el TLCAN a toda Latinoamérica, los países europeos se han instalado en esta región con mucho ímpetu. Cuando los países latinoamericanos realizaron reformas institucionales y privatizaron las empresas públicas, las empresas europeas se apresuraron a firmar contratos lucrativos para reconstruir las infraestructuras latinoamericanas. La empresa española Telefónica de España invirtió 5,000 millones de dólares en comprar empresas de telefonía en Brasil, Chile, Perú y Argentina. En Brasil, siete de las 10 empresas privadas más grandes son europeas, frente a dos estadounidenses. Entre las empresas europeas más destacadas que operan en Latinoamérica están los gigantes de la industria automotriz Volkswagen y Fiat, la cadena francesa de supermercados Carrefour, y el grupo anglo-holandés de productos para la higiene personal, Gessy-Lever.

APEC Veintiún países de la Costa del Pacífico, incluidos los Estados miembros del TLCAN, Japón y China, están trabajando para crear una zona de libre comercio del Pacífico, bajo los auspicios del Foro de Cooperación Económica Asia-Pacífico (o APEC, por sus siglas en inglés). Asimismo, existen intentos de integración económica regional en el Caribe, en el Sudeste Asiático y en ciertas zonas de África.

Evaluación de mercados potenciales

Sin importar el número de países y regiones que integren sus políticas y normas comerciales, cada nación tiene una serie de características específicas que hay que comprender. La

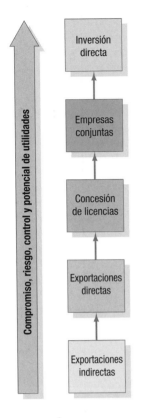

| FIG. **21.2** |

Cinco formas de entrar en mercados extranjeros.

disposición de un país ante diferentes productos y servicios, y su atractivo como mercado para empresas extranjeras dependerá de su entorno económico, político-legal y cultural.

Supongamos que una empresa elabora una lista con los mercados potenciales en los que podría entrar. ¿Cómo hace una selección entre ellos? Muchas empresas prefieren vender en países vecinos porque se entienden mejor entre sí y porque pueden controlar los costos de manera más eficaz. No resulta sorprendente, por tanto, que los dos mercados a los que más exporta Estados Unidos sean el canadiense y el mexicano, ni que las empresas suecas vendan, sobre todo, a los países escandinavos vecinos. Por eso, muchas de las empresas estadounidenses que deciden salir al extranjero prefieren empezar por los vecinos más cercanos geográficamente.

En otras ocasiones, la *proximidad psicológica* es el determinante para escoger el país al cual se va a entrar. Muchas empresas estadounidenses prefieren vender sus productos en Canadá, Inglaterra y Australia, que en mercados de mayores dimensiones como Alemania y Francia, porque se sienten más cómodas con el idioma, la legislación y la cultura. Sin embargo, las empresas deberían prestar una atención especial si van a seleccionar sus mercados en función de la distancia cultural. Además de que tal vez estén pasando por alto mercados con mayor potencial, este enfoque podría suponer un análisis superficial de las verdaderas diferencias entre los países. Asimismo, podría conducir a medidas de marketing predecibles, lo que podría suponer una desventaja desde un punto de vista competitivo.[24]

Sea cual fuere la manera como se seleccionen los mercados, con frecuencia es recomendable operar en menos países, pero con mayor compromiso y más ahínco. En general, las empresas prefieren entrar en países: **1.** que constituyan mercados atractivos, **2.** que no supongan grandes riesgos y **3.** en los que dispongan de ventaja competitiva. He aquí el modo en que Bechtel Corporation, el gigante de la construcción, evalúa los mercados extranjeros.

BECHTEL CORPORATION

Bechtel presta servicios técnicos, administrativos y similares, destinados a desarrollar, administrar, organizar, construir y operar instalaciones para clientes repartidos en 60 países de todo el mundo. Antes de aventurarse a un nuevo mercado, la empresa realiza un análisis estratégico y detallado de mercado. En primer lugar, estudia los mercados e intenta determinar el escenario más probable en ellos una vez transcurridos cinco años. Un equipo directivo realiza un análisis de costos-beneficios, teniendo en cuenta la situación de la competencia, su infraestructura, las barreras comerciales y legislativas y la situación fiscal (tanto a nivel empresarial como a nivel individual). El mercado ideal es el que presenta una necesidad de sus productos o servicios, una mano de obra calificada capaz de fabricar el producto, y un entorno acogedor (gubernamental y físico).

¿Existe algún país que reúna los requisitos de Bechtel? Aunque Singapur disfruta de estabilidad política, fomenta la inversión extranjera y cuenta con una fuerza de trabajo integrada por personas que hablan inglés y con un alto nivel educativo, su población es pequeña. En muchos países de Europa central, la población tiene deseos de trabajar y aprender, pero las infraestructuras de esas naciones son un inconveniente. Por tanto, el equipo de evaluación debe determinar si la empresa podría ganar lo suficiente como para cubrir los factores de riesgo o las condiciones menos favorables.[25]

::: La decisión de cómo entrar en el mercado

Una vez que la empresa ha decidido entrar en un país específico, debe determinar el mejor modo de hacerlo. Las alternativas principales son la *exportación indirecta*, la *exportación directa*, la *concesión de licencias*, las *empresas conjuntas* y la *inversión directa*. Estas cinco estrategias de entrada en el mercado aparecen en la figura 21.2. Conforme se avanza en el diagrama de abajo hacia arriba, aumenta el grado de compromiso, riesgo, control y potencial de utilidades.

La exportación directa e indirecta

La forma más sencilla de entrar en un mercado extranjero es mediante la exportación. La *exportación esporádica* es una forma débil de participación, en la que la empresa exporta de vez en cuando, ya se por iniciativa propia, o para satisfacer un pedido extranjero. La *exportación activa* tiene lugar cuando la empresa se compromete a expandirse a un mercado específico. En cualquier caso, la empresa fabrica bienes en su país de origen y los vende en el mercado internacional, en ocasiones con alguna adaptación.

Las empresas suelen empezar con la *exportación indirecta*, es decir, recurren a intermediarios independientes. Los *exportadores nacionales* adquieren los productos del fabricante y los comercializan en el extranjero. Los *agentes de exportación nacionales* buscan y negocian compras en el extranjero a cambio de una comisión. En este grupo se incluyen las empresas comerciales. Las *organizaciones cooperativas* desarrollan actividades de exportación en representación de diversos productores y se encuentran, parcialmente, bajo su control administrativo. Esta fórmula es la que por lo general utilizan las empresas de productos primarios como las frutas. Las *empresas de administración de exportaciones* son intermediarios que acuerdan hacerse cargo de las actividades de exportación de una empresa a cambio de una cuota.

La exportación indirecta presenta dos ventajas. En primer lugar, requiere menos inversión: la empresa no necesita un departamento de exportaciones, ni una fuerza de ventas en el país de destino de los productos, ni una serie de contactos internacionales. En segundo lugar, implica menos riesgo, pues los intermediarios internacionales, al aportar sus conocimientos y servicios a la relación, evitan que el vendedor cometa errores.

Sin embargo, las empresas también tienen la opción de administrar, ellas mismas, sus exportaciones.[26] La inversión necesaria y los riesgos implícitos son mayores, pero también lo son las utilidades potenciales. Para administrar sus exportaciones, una empresa podrá elegir entre los siguientes recursos:

- *Departamento de exportaciones en el país de origen.* Podría evolucionar hacia la creación de un departamento de exportaciones autosuficiente que opere como un centro generador de utilidades.

- *Oficina comercial o filial en el país de destino.* La oficina comercial se encarga de las ventas y de la distribución, y podría ocuparse, también, del almacenamiento y de la promoción. Con frecuencia sirve como centro de exposición y servicios para clientes.

- *Fuerza de ventas itinerante.* Vendedores con sede en el país de origen, que viajan al extranjero en busca de oportunidades de negocios.

- *Distribuidores o agentes extranjeros.* La empresa podría otorgar derechos exclusivos a distribuidores o agentes extranjeros para que la representen en el país de destino, u otorgarles derechos limitados.

Ya sea que las empresas decidan exportar de forma directa o indirecta, muchas de ellas recurren a la exportación para "conocer el terreno" antes de construir instalaciones y empezar a fabricar el producto en el extranjero. University Games, con sede en Burlingame, California, fabrica juguetes educativos que fomentan la interacción social y despiertan la imaginación. Esta empresa se ha convertido en una multinacional con una facturación de 50 millones de dólares al año gracias a su expansión internacional.

UNIVERSITY GAMES

Bob Moog, presidente y fundador de University Games, afirma que la estrategia internacional de ventas de su empresa se basa, sobre todo, en distribuidores independientes y en su flexibilidad. "En primer lugar identificamos los mercados extranjeros en los que queremos operar, y a continuación nos asociamos con un distribuidor local que nos conceda gran parte del control. En Australia esperamos vender 5,000 juegos de mesa, que serán fabricados en Estados Unidos. Sin embargo, si alcanzamos la cifra de 25,000 juegos, contrataremos a una empresa local en Australia o Nueva Zelanda para que imprima los juegos", afirma Moog. En la actualidad, la empresa opera en 28 países.[27]

Estrategia global a través de Internet

Una de las mejores formas para lanzar o expandir las actividades de exportación es participar en una feria comercial extranjera. Gracias a Internet, ya no es necesario desplazarse a estos eventos para mostrar los productos: la comunicación electrónica pone los mercados internacionales al alcance de empresas grandes y pequeñas.

Las empresas que hacen más uso del comercio electrónico son variadas, desde las automotrices (GM) hasta las del sector de la venta directa (L. L. Bean y Lands' End), los gigantes del calzado deportivo (Nike y Reebok), y Amazon.com. Estas empresas utilizan Internet para diversos fines, como llegar a nuevos consumidores fuera de sus mercados nacionales, apoyar a los clientes existentes que residen en el extranjero, comprar a proveedores internacionales y generar una conciencia de marca a nivel mundial.

Estas empresas adaptan sus sitios Web para ofrecer contenido y servicios acordes con las características específicas de cada país y, de ser posible, en el idioma local. El número de usuarios de Internet aumenta rápidamente a medida que los precios por el servicio de acceso se reducen, los contenidos en idiomas locales aumentan, y las infraestructuras mejoran. El minorista de productos de lujo y venta por catálogo The Sharper Image recibe más del 25% de sus pedidos *on line* de clientes extranjeros.[28]

Internet se ha convertido en un medio eficaz para conseguir información y directrices de exportación de manera gratuita, a la vez que facilita los estudios de mercado y un proceso seguro de pedido y pago durante las 24 horas del día, adecuado para los clientes de diferentes zonas horarias. Sin embargo, "salir al extranjero" a través de Internet también plantea desafíos especiales. Las empresas multinacionales corren el riesgo de infringir algún tipo de restricción gubernamental o cultural. Por ejemplo, en Alemania, un vendedor no puede aceptar un pago con tarjeta de crédito sino hasta dos semanas después de que recibió el pedido. La legislación alemana también prohíbe a las empresas utilizar determinadas técnicas de marketing, por ejemplo, las garantías incondicionales de por vida. En términos más generales, el tema de quién paga los impuestos y demás obligaciones tributarias en el comercio electrónico es todavía más oscuro y complicado.

Nunca antes había sido tan fácil encontrar información comercial y sobre exportaciones. Éstas son algunas direcciones para comenzar la búsqueda:

www.ita.doc.gov	Departamento de la Administración de Comercio Internacional de Estados Unidos.
www.exim.gov	Banco de Importaciones y Exportaciones de Estados Unidos.
www.sba.gov	Administración de las Pequeñas Empresas de Estados Unidos.
www.bxa.doc.gov	Departamento de Industria y Seguridad, una rama del Departamento de Comercio de Estados Unidos.

Asimismo, muchas oficinas estatales de promoción a la exportación tienen recursos *on line* y permiten a las empresas vincularlos a sus sitios Web.

Concesión de licencias

La concesión de licencias representa una forma sencilla de incorporarse a los mercados internacionales. La empresa otorgante concede una licencia a una empresa extranjera para que utilice un proceso de fabricación, una marca registrada, una patente, un secreto industrial, o cualquier otro elemento de valor a cambio del pago derechos. De esta forma, la empresa que otorga la licencia podrá entrar en un mercado extranjero con poco riesgo, y la empresa que la recibe ganará conocimientos y experiencia, así como un producto o una marca de renombre.

La concesión de licencias presenta desventajas potenciales. La empresa otorgante tiene menos control sobre la que obtiene la licencia que sobre su propia producción y volumen de ventas. Es más, si la empresa que recibe la licencia tiene mucho éxito, la empresa otorgante habrá dejado pasar la oportunidad de conseguir más utilidades, y cuando el contrato llegue a su fin, podría encontrarse con que ha creado un competidor fuerte. Para evitar esta situación, la empresa otorgante suele proveer determinados ingredientes o piezas necesarias para el producto (como hace Coca-Cola). Pero la mejor estrategia para la empresa otorgante es innovar de modo que la empresa concesionaria siga dependiendo de ella.

Existen diversas variantes del sistema de concesión de licencias. Algunas empresas como Hyatt y Marriott venden *contratos de administración* a propietarios de hoteles extranjeros para hacerse cargo de estos negocios a cambio de una cuota. Estas empresas podrían tener la opción de comprar acciones del negocio administrado durante un determinado periodo de tiempo.

En un *contrato de producción*, la empresa contrata a fabricantes locales para que produzcan un determinado artículo. Cuando Sears abrió sus grandes almacenes en México y en España, encontró fabricantes locales calificados para la producción de muchos de sus artículos. Los contratos de producción tienen el inconveniente de un menor control sobre el proceso productivo y la pérdida de parte de las utilidades que éste genera. Sin embargo, ofrece a la empresa la oportunidad de comenzar a operar en un país pronto, con menos riesgo, con la oportunidad de asociarse o de comprar el negocio del productor local más adelante.

Por último, una empresa también tiene la posibilidad de entrar en un mercado extranjero por medio de una *franquicia*, que es una forma de concesión de licencias más completa. Quien otorga la franquicia ofrece un concepto de marca y un sistema operativo; a cambio, quien recibe la franquicia invierte y paga una cuota determinada al primero. Con este método, McDonald's, KFC y Avis han entrado en un gran número de países, luego de asegurarse de que su marketing resulta relevante desde un punto de vista cultural.

KFC CORPORATION

KFC es la cadena de comida rápida a base de pollo más grande del mundo, con unos 12,800 puntos de venta en 90 países (el 60% fuera de Estados Unidos). KFC se enfrentó a una serie de obstáculos cuando entró en el mercado japonés. Los nipones consideraban la comida rápida como artificial y poco saludable. Para generar confianza en la marca KFC, la empresa incluyó en su publicidad comerciales con escenas que recreaban sus inicios en Kentucky, y que presentaban al Coronel Sanders, una figura asociada con la hospitalidad sureña, la tradición estadounidense y la comida casera auténtica. La campaña tuvo mucho éxito, y en menos de ocho años, KFC expandió su presencia al pasar de 400 establecimientos a más de un millar. KFC es la cadena de comida rápida más antigua y conocida en China, también con más de mil puntos de venta. KFC es la marca internacional más popular en toda China, por encima de todas las demás, según una encuesta realizada por AC Nielsen entre los consumidores. En China, la empresa ofrece una gran variedad de alternativas, por ejemplo, un "Twister tradicional de Pekín", que consiste en un rollo similar a aquellos en los que se sirve el guisado de pato, sólo que relleno de pollo frito.[29]

Empresas conjuntas

Los inversionistas extranjeros pueden asociarse con inversionistas locales para crear **empresas conjuntas** en las que comparten la propiedad y el control. Por ejemplo:[30]

■ Coca-Cola y Nestlé unieron esfuerzos para desarrollar un mercado internacional "dispuesto a beber" té y café, productos que venden en grandes cantidades en Japón.

■ Procter & Gamble formó una empresa conjunta con su acérrimo rival italiano Fater para fabricar pañales en Inglaterra e Italia.

■ Whirlpool adquirió el 53% del capital del negocio de electrodomésticos de la empresa holandesa Philips para dar el salto al mercado europeo.

Una empresa conjunta resulta necesaria o aconsejable por razones económicas o políticas. Tal vez la empresa extranjera carezca de los recursos financieros, físicos o administrativos para lanzarse a la aventura por sí sola, o quizás el gobierno del país en cuestión exija la participación conjunta con una empresa local como condición para entrar en el mercado. Incluso los gigantes necesitan de este tipo de asociaciones para irrumpir en mercados complicados. Cuando Unilever tomó la decisión de incorporarse al mercado de helados en China, no le quedó más remedio que asociarse con Sumstar, una empresa pública china de inversión. El director de la sociedad afirma que la colaboración de Sumstar fue crucial a la hora de enfrentarse a los trámites burocráticos en ese país para construir una planta de producción con la última tecnología y tenerla en funcionamiento en un plazo de 12 meses.[31]

La propiedad conjunta, sin embargo, también tiene sus desventajas. Los socios podrían no estar de acuerdo sobre el volumen de inversión necesario, el marketing o cualquier otra política. En ocasiones, un socio desea reinvertir las utilidades en programas de expansión, mientras que el otro prefiere más dividendos. La propiedad conjunta también podría representar obstáculos para que la empresa multinacional aplique políticas específicas de fabricación y marketing a escala mundial.

Inversión directa

La última forma de actuar en los mercados extranjeros es la propiedad directa de instalaciones de ensamblaje o fabricación en el extranjero. La empresa que decida traspasar las fronteras del país podría adquirir la totalidad o una parte de una empresa local, o construir su propia fábrica. General Motors ha invertido miles de millones de dólares en fábricas de automóviles de todo el mundo, como Shangai GM, Fiat Auto Holdings, Isuzu, Daewoo, Suzuki, Saab, Fuji Heavy Industries, Jinbei GM Automotive Co. y AvtoVAZ.[32]

Si el mercado es lo suficientemente grande, las plantas de producción en el extranjero ofrecen una serie de ventajas. En primer lugar, la empresa se asegura las economías de escala en forma de mano de obra o materias primas a precios inferiores, incentivos a la inversión por parte del gobierno del país, y ahorros en los gastos de transporte. En segundo lugar, la empresa refuerza su imagen en el país que recibe la inversión porque genera puestos de trabajo. En tercer lugar, la empresa desarrolla una relación más estrecha con el gobierno, los clientes, los proveedores locales y los distribuidores, lo que le permite adaptar mejor sus productos al entorno local. En cuarto lugar, la empresa conserva todo el control sobre su inversión y, por tanto, puede establecer las políticas productivas y de marketing que se ajusten a sus objetivos internacionales a largo plazo. Por último, la empresa se asegura el acceso al mercado en caso de que el país de destino insista en que los productos del mercado deben contener cierto porcentaje de elementos de manufactura nacional.

La desventaja principal de la inversión directa es que la empresa se expone a riesgos de inversión importantes, por ejemplo, que la moneda se congele o se devalúe, que el mercado enfrente condiciones adversas, o que se proceda a la expropiación. También es factible que la empresa no sea capaz de reducir o terminar sus operaciones en el país como consecuencia de las indemnizaciones exigidas para los trabajadores despedidos.

::: La decisión sobre el programa de marketing

Las empresas internacionales deben decidir en qué medida van a adaptar su estrategia de marketing a las condiciones locales.[33] En un extremo encontramos a las empresas que utilizan una *mezcla de marketing estandarizada* para todo el mundo. La estandarización del producto, de las comunicaciones y de los canales de distribución es la estrategia que menos costos conlleva. En la tabla 21.1 se resumen las ventajas y las desventajas de estandarizar un programa de marketing. En el extremo contrario se encuentran las empresas con una *mezcla de marketing adaptada*, es decir, fabricantes que ajustan su programa de marketing a cada mercado meta. Este asunto se trata en detalle en *Marketing en acción: ¿Estandarizar o adaptar para el mercado global?*

Entre estos dos extremos caben muchas alternativas. La mayor parte de las marcas se adaptan en cierto grado para reflejar las diferencias más significativas de conducta de consumo, desarrollo de marca, fuerzas competitivas y entorno legal y político. Para satisfacer diferentes necesidades y deseos de consumidores tal vez se necesiten diferentes programas de marketing. Asimismo, las diferencias culturales también son importantes. Hofstede identificó cuatro dimensiones culturales en las que se diferencian los países:[34]

| TABLA **21.1** |

Ventajas y desventajas del marketing global.

Ventajas

Economías de escala en la producción y la distribución.

Menores costos de marketing.

Poder y alcance.

Consistencia en la imagen de marca.

Capacidad de desarrollar las buenas ideas de manera rápida y eficaz.

Uniformidad en las prácticas de marketing.

Desventajas

Diferencias en las necesidades, los deseos y los patrones de uso de productos de los consumidores.

Diferencias en la respuesta de los consumidores ante los elementos de la mezcla de marketing.

Diferencias en el desarrollo de marcas y productos, y en el entorno competitivo.

Diferencias en el entorno legal.

Diferencias en las instituciones de marketing.

Diferencias en los procedimientos administrativos.

1. ***Individualismo frente a colectivismo.*** En las sociedades colectivistas, como la japonesa, el valor individual de una persona está más arraigado en el sistema social que en los logros personales.
2. ***Diferencias en el poder adquisitivo.*** Las sociedades con grandes diferencias de poder adquisitivo tienden a ser menos igualitarias.
3. ***Masculino frente a femenino.*** Esta dimensión se refiere al grado en que la cultura está dominada por hombres autoritarios o por mujeres educadoras.
4. ***Rechazo a la incertidumbre.*** Se refiere a la actitud de las personas frente al riesgo: tolerancia o rechazo.

Incluso las marcas mundiales como Pringles, Always y Toyota, experimentarán cambios en las características del producto, de las presentaciones, de los canales, del precio o de las comunicaciones en los diferentes mercados internacionales. (Véase *Cuestiones clave: Los diez mandamientos de las marcas mundiales.*) Las empresas deben asegurarse en cualquier caso de que su marketing resulta relevante en todos los mercados.

Disneyland Paris, la principal atracción turística de Europa.

WALT DISNEY CO.

Cuando Walt Disney lanzó el parque temático Euro Disney en las afueras de París en 1992, suscitó muchas críticas y se le tachó de ser un ejemplo del imperialismo cultural estadounidense. La empresa pasó por alto una serie de costumbres y valores franceses, como el hecho de servir vino en las comidas. Como apuntó un ejecutivo de Euro Disney: "Cuando inauguramos en Francia pensamos que bastaba con ser Disney. Ahora somos conscientes de que debemos recibir a nuestros huéspedes de acuerdo con su propia cultura y sus costumbres de viaje." La empresa rebautizó el parque como Disneyland Paris, y finalmente se convirtió en la principal atracción turística de Europa, incluso más popular que la torre Eiffel, y todo gracias a algunos cambios y a la inclusión de más detalles con carácter local.[35]

Producto

Algunos productos viajan mejor que otros. Por ejemplo, los fabricantes de alimentos y bebidas tienen que lidiar con infinidad de gustos de los consumidores.[36] En *Marketing en acción: Creación de marcas mundiales de servicios* se describen algunos aspectos dignos de consideración en los servicios internacionales. Warren Kee-

MARKETING **EN ACCIÓN** | ¿ESTANDARIZAR O ADAPTAR PARA EL MERCADO GLOBAL?

Uno de los conceptos básicos del marketing afirma que los consumidores presentan necesidades diferentes, y que la eficacia de los programas de marketing aumentará según se ajusten a cada público meta. Este concepto también es aplicable a los mercados extranjeros. Sin embargo, en 1983 el catedrático de Harvard, Theodore Levitt, publicó un artículo radicalmente innovador en *Harvard Business Review*, en el que ponía en tela de juicio este concepto, y además daba sus razones para abogar por la estandarización mundial: "El mundo se está convirtiendo en un único mercado en el que las personas, sin importar su lugar de residencia, desean obtener los mismos productos y los mismos estilos de vida."

El desarrollo de Internet, la rápida expansión de la televisión por cable y por satélite en todo el mundo, y las redes de telecomunicaciones han generado una convergencia de los estilos de vida. La convergencia de las necesidades y deseos de los consumidores ha creado mercados globales para productos estandarizados, en especial entre los jóvenes de clase media.

Levitt es partidario de que las multinacionales intenten vender el mismo producto de la misma manera a todos los consumidores, de que se concentren en las similitudes que comparten los mercados mundiales y de que "lancen productos y servicios adecuadamente estandarizados en todo el planeta". Las empresas globales consiguen economías mediante la estandarización de la producción, de la distribución, del marketing y de la administración. Así, traducen su eficiencia en un mayor valor para los consumidores, y ofrecen una mayor calidad y unos productos más confiables a precios más bajos.

Coca-Cola, McDonald's, Marlboro, Nike, la NBA y Gillette son algunas de las empresas que han conseguido comercializar sus productos globales con éxito. Veamos el caso de Gillette: cerca de 1,200 millones de personas utilizan, al menos, un producto de Gillette a diario, según los cálculos de la empresa. Gillette goza, por tanto, de inmensas economías de escala gracias a la venta de unos cuantos tipos de navajas de afeitar en cada mercado.

Muchas empresas han intentado lanzar sus propias versiones de un producto mundial. Sin embargo, la mayoría de los productos requieren cierto grado de adaptación. El Toyota Corolla tiene peculiaridades de estilo. McDonald's ofrece un emparedado de jamón y queso en Francia, el "Croque McDo", una variación del famoso *croque monsieur* francés. En algunos países, la Coca-Cola es más dulce y menos carbonatada. En lugar de dar por hecho que el producto nacional se puede lanzar "tal cual" en otro país, la empresa debería estudiar los siguientes elementos, y determinar cuáles implican más ingresos que costos:

- Características del producto.
- Nombre de marca.
- Etiquetado.
- Envasado.
- Colores.
- Ejecución de la publicidad.
- Materiales.
- Precio.
- Promoción de ventas.
- Temas de la publicidad.
- Medios de comunicación.

La conducta de los consumidores puede variar de forma considerable de un mercado a otro. Veamos el caso de las bebidas. El índice de consumo de bebidas carbonatadas más alto del mundo es el de Estados Unidos, con 203.9 litros per cápita. Italia, por el contrario, está entre los países con un menor consumo de este tipo de bebidas, aunque presenta uno de los índices de consumo de agua embotellada más altos del mundo, con 164.4 litros por persona, mientras que en Gran Bretaña sólo se beben 20 litros por persona. Por lo que respecta a la cerveza, Irlanda y la República Checa ocupan las primeras posiciones, con más de 150 litros por persona, y Francia está en último lugar, con 35.9 litros per cápita.

Además de las diferencias en relación con la demanda, también pueden existir diferencias en relación con la oferta. Los críticos de Levitt destacan que las técnicas de fabricación flexibles facilitan la producción de diferentes versiones adecuadas para cada país. Un estudio demostró que las empresas hacen una o varias adaptaciones de su mezcla de marketing en el 80% de sus productos destinados a mercados extranjeros, y que el número promedio de elementos adaptados era de cuatro. Esto hace pensar que quizás la máxima de Levitt sobre la globalización debería reformularse. Marketing global, sí. Estandarización global, no necesariamente.

Fuentes: Theodore Levitt, "The Globalization of Markets", *Harvard Business Review* (mayo–junio de 1983), pp. 92–102; Bernard Wysocki Jr., "The Global Mall: In Developing Nations, Many Youths Splurge, Mainly on U.S. Goods", *Wall Street Journal*, 26 de junio de 1997, p. A1; "What Makes a Company Great?" *Fortune*, 26 de octubre de 1998, pp. 218–26; David M. Szymanski, Sundar G. Bharadwaj y P. Rajan Varadarajan, "Standardization versus Adaptation of International Marketing Strategy: An Empirical Investigation", *Journal of Marketing* (octubre de 1993), pp. 1–17; "Burgers and Fries a la Française", *The Economist*, 17 de abril de 2004, pp. 60–61; Johny K. Johansson, "Global Marketing: Research on Foreign Entry, Local Marketing, Global Management", en *Handbook of Marketing*, Bart Weitz y Robin Wensley (eds.) (Londres: Sage Publications, 2002), pp. 457–483.

gan distingue cinco estrategias de adaptación de producto y comunicaciones a los mercados extranjeros (véase la figura 21.3).[37]

La **extensión directa** supone introducir el producto en el mercado extranjero sin modificación alguna. Esta estrategia ha tenido éxito con cámaras fotográficas, productos de electrónica y numerosas herramientas mecánicas. Sin embargo, en otros casos, ha fracasado estrepitosamente. General Foods lanzó su compuesto en polvo para gelatina Jell-O en el mercado británico y descubrió que los consumidores preferían las gelatinas en forma de láminas sólidas o en forma de pastel. Campbell Soup Company perdió cerca de 30 millones de dólares cuando lanzó su sopa condensada en Gran Bretaña: los consumidores veían latas de tamaño reducido y caras, y no se daban cuenta de que tenían que añadir agua para preparar la sopa. La extensión directa es tentadora porque no requiere gastos adicionales de investigación y desarrollo, rediseño de fabricación o modificaciones promocionales, aunque a largo plazo podría resultar costosa.

La **adaptación de productos** supone modificar un producto para adaptarlo a las preferencias locales o a las condiciones prevalecientes. Existen diferentes niveles de adaptación.

- Una empresa puede fabricar *versiones por región* de su producto como, por ejemplo, una versión especial para Europa occidental. La superestrella finlandesa de la telefonía celular,

| FIG. **21.3** |

Cinco estrategias de productos
y comunicación internacionales.

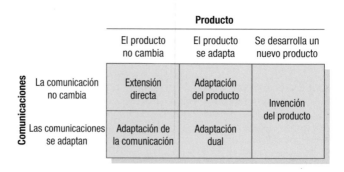

		Producto	
	El producto no cambia	El producto se adapta	Se desarrolla un nuevo producto
Comunicaciones La comunicación no cambia	Extensión directa	Adaptación del producto	Invención del producto
Las comunicaciones se adaptan	Adaptación de la comunicación	Adaptación dual	

Nokia, personalizó la serie 6100 para sus mercados principales. Los encargados de desarrollar los aparatos integraron un sistema de reconocimiento de voz rudimentario en Asia, donde las teclas son un problema, y aumentaron el volumen de los tonos para que los usuarios puedan oírlos en las transitadas calles asiáticas.

■ Algunas empresas fabrican una *versión por país* para sus productos. En Japón, la taza de café en Mister Donut's es más pequeña y más ligera para embonarse en la mano del consumidor japonés promedio, e incluso las donas son más pequeñas. Kraft mezcla diferentes cafés para el público británico (que bebe café con leche), para el público francés (que bebe café solo) y para el público latinoamericano (que prefiere el sabor de la achicoria).

■ Algunas empresas fabrican una *versión por ciudad* de su producto, por ejemplo, una cerveza que se ajuste a los gustos de Munich o de Tokio.

■ Una empresa también puede fabricar diferentes *versiones por minorista* para su producto, por ejemplo, un café para la cadena Migros y otro para Cooperative, ambas suizas.

CUESTIONES **CLAVE** | LOS DIEZ MANDAMIENTOS DE LAS MARCAS MUNDIALES

Para muchas empresas, las marcas mundiales han sido tanto una bendición como una maldición. Un programa de marca mundial permite reducir los costos de marketing, generar economías de escala más importantes y constituir una fuente de crecimiento a largo plazo. Sin embargo, si estos programas no se diseñan y se aplican de la manera adecuada, pueden pasar por alto diferencias muy importantes en el comportamiento de los consumidores y/o en el entorno competitivo de cada país. Estas sugerencias contribuirán a que las empresas aprovechen muchas de las ventajas de las marcas globales al minimizar sus desventajas potenciales:

1. *Comprender las diferencias y similitudes del panorama mundial de marcas.* Los mercados internacionales varían en términos de desarrollo de marca, conducta de los consumidores, actividad de la competencia, restricciones legales, etcétera.

2. *Nunca tomar atajos.* Para erigir una marca en mercados nuevos se debe empezar por el principio y seguir un orden, tanto desde un punto de vista estratégico (al crear conciencia de marca antes que imagen de marca) como desde un punto de vista táctico (al crear fuentes generadoras de capital de marca en mercados nuevos).

3. *Establecer una infraestructura de marketing.* Una empresa debe crear su infraestructura de marketing ya sea a partir de cero, o bien, adaptando la infraestructura existente en otros países.

4. *Integrar las comunicaciones de marketing.* Con frecuencia, una empresa debe crear diversas formas de comunicación en mercados extranjeros, sin limitarse a la publicidad.

5. *Formar alianzas de marca.* La mayoría de las marcas mundiales tienen socios de marketing en los mercados internacionales, que

les ayudan a conseguir ventajas de distribución, rentabilidad y valor agregado.

6. *Equilibrar la personalización y la estandarización.* Determinados elementos del programa de marketing son susceptibles de estandarización (envase, nombre de marca); otros requieren una mayor personalización (canales de distribución).

7. *Equilibrar el control global y el local.* Las empresas deben equilibrar el control global y el local dentro de la organización, y distribuir la toma de decisiones entre directivos locales y globales.

8. *Establecer directrices operativas.* La empresa debe fijar la definición y las directrices de la marca, comunicarlas y llevarlas a la práctica adecuadamente, de modo que los mercadólogos, sea cual fuere el país en el que se encuentren, sepan a qué atenerse. El objetivo es fijar las normas de cómo se debería posicionar y comercializar la marca.

9. *Aplicar un sistema global de medición del capital de marca.* Un sistema de capital de marca mundial es un conjunto de procedimientos de investigación destinado a recabar información puntual, precisa y medible, que los mercadólogos puedan utilizar en sus decisiones tácticas a corto plazo y en sus decisiones estratégicas a largo plazo.

10. *Reforzar los elementos de marca.* La aplicación y el diseño adecuados de los elementos de marca (nombre de marca y demás factores de identificación de la marca registrada) constituyen una fuente incalculable de capital de marca en todo el mundo.

Fuente: Adaptado de Kevin Lane Keller y Sanjay Sood (2001), "The Ten Commandments of Global Branding", *Asian Journal of Marketing* 8, núm. 2 (2001), pp. 97–108.

MARKETING EN ACCIÓN | **CREACIÓN DE MARCAS MUNDIALES DE SERVICIOS**

El mercado mundial de servicios crece a un ritmo dos veces mayor que el comercio de mercancías. Las grandes empresas de contabilidad, publicidad, servicios bancarios, comunicaciones, construcción, seguros, bufetes de abogados, consultoría de administración y cadenas minoristas están inmersas en un proceso de expansión global. Pricewaterhouse, American Express, Citigroup, Club Med, Hilton y Thomas Cook son empresas conocidas a nivel mundial. Las empresas estadounidenses de tarjetas de crédito han cruzado el Atlántico y han convencido a los europeos de las ventajas que ofrece el uso de tarjetas de crédito. En Gran Bretaña, corporaciones fuertes como Citibank y American Express han luchado contra multitud de grandes empresas británicas como Barclay's.

Sin embargo, muchos países han erigido barreras o normas que dificultan la entrada de estas empresas. En Brasil se exige que los contadores posean una certificación profesional expedida por una universidad brasileña. Numerosos países de Europa occidental quieren limitar el número de programas y películas estadounidenses que se transmiten por televisión. Muchos estados de Estados Unidos prohíben la presencia de sucursales de bancos extranjeros. Al mismo tiempo, Estados Unidos presiona a Corea del Sur para que abra sus mercados a sus bancos. La Organización Mundial del Comercio, que integran 147 países, y el GATT (Acuerdo General sobre Aranceles y Comercio), formado por 110 países, presionan para conseguir una mayor libertad comercial en los servicios internacionales, entre otros ámbitos.

Los minoristas que venden libros, videos y CD-ROM, así como las empresas de entretenimiento, han tenido que enfrentarse a una cultura de censura en países como China y Singapur. En el caso de este último país, por ejemplo, las librerías minoristas deben remitir todos los materiales "picantes" al Comité de Publicaciones Indeseables.

Fuentes: Charles P. Wallace, "Charge!" *Fortune,* 28 de septiembre de 1998, pp. 189–96; <www.wto.org>; Ben Dolven, "Find the Niche", *Far Eastern Economic Review,* 26 de marzo de 1998, pp. 58–59.

La **invención de productos** consiste en crear algo nuevo. Puede adoptar dos formas. La **invención hacia el pasado** reintroduce productos en sus formas primitivas que se adaptan bien a las necesidades del país de destino. Así, la empresa NCR reintrodujo en el mercado una máquina registradora manual a la mitad de precio que una registradora moderna y vendió un volumen importante en Latinoamérica y África.

La **invención hacia el futuro** consiste en crear un producto nuevo para satisfacer una necesidad específica de un país. Existe una necesidad imperiosa de productos alimenticios ricos en proteínas y a bajo costo en los países menos desarrollados. Empresas como Quaker Oats, Swift y Monsanto estudian las necesidades nutricionales de estos países, elaboran alimentos nuevos y desarrollan campañas publicitarias para incitar a la prueba del producto y a su aceptación. Toyota fabrica vehículos diseñados con la ayuda de empleados locales, para adaptarse a los gustos de estos mercados.[38]

La invención de productos es una estrategia cara, pero que se justifica, sobre todo si la empresa aprovecha la innovación en otros países. En el último giro de la globalización, las empresas estadounidenses no sólo inventan nuevos productos para los mercados extranjeros, sino que toman productos e ideas de sus operaciones internacionales y las llevan a casa.

HÄAGEN-DAZS

Häagen-Dazs ha desarrollado un sabor llamado "dulce de leche" que, en un principio, sólo se vendía en Argentina. El nombre se debe a la leche caramelizada que es uno de los sabores predilectos en ese país. Un año más tarde, la empresa llevó el helado de dulce de leche a los supermercados de Boston, Los Ángeles y París. Este sabor pronto generó ventas por un millón de dólares al mes en Estados Unidos, con lo que se convirtió en uno de los 10 más vendidos. El helado tuvo especial éxito en Miami, donde duplicó las ventas de cualquier otro sabor.[39]

En ocasiones, al lanzar productos y servicios a nivel mundial, es necesario modificar ciertos elementos de marca. Cuando Clairol lanzó el "Mist Stick", un rizador para el cabello, en el mercado alemán, descubrió que *mist* es un sinónimo vulgar de estiércol, así que pocos alemanes lo compraron. A veces, es necesario cambiar el eslogan:[40]

■ Cuando Coors tradujo su eslogan "Turn it loose" al español, se podía interpretar como "padecer diarrea".

■ Un anuncio de detergente que en inglés decía "acaba con las partes más sucias" se tradujo al francés de Quebec de tal manera que se podía interpretar como "un jabón para lavar las partes íntimas".

■ El eslogan de Perdue, en inglés, "It takes a tough man to make a tender chicken", al traducirse al español, se interpretaba como "sólo un hombre excitado sexualmente puede ablandar un pollo".

| TABLA 21.2 |

Errores en el marketing internacional.

- Las tarjetas Hallmark fracasaron al entrar en Francia. A los franceses les desagradan los mensajes empalagosos y prefieren escribir sus propias tarjetas de felicitación.

- Philips logró generar ganancias en Japón sólo después de que redujo el tamaño de sus cafeteras para que cupieran en las pequeñas cocinas de ese país, y el de sus máquinas de afeitar para que se ajustaran a las pequeñas manos de los japoneses.

- Coca-Cola tuvo que retirar de España su presentación de dos litros después de descubrir que en pocos hogares españoles había refrigeradores con espacio suficiente para guardar botellas de esas dimensiones.

- El producto Tang de General Foods fracasó en Francia porque se posicionó como un sustituto del jugo de naranja para el desayuno. Los franceses casi no consumen jugo de naranja, y menos en el desayuno.

- Las Pop-Tarts de Kellogg's fueron un fracaso en Gran Bretaña porque el porcentaje de hogares con tostadores era significativamente más bajo que en Estados Unidos, y porque el producto era demasiado dulce para el gusto de los británicos.

- En un principio, la pasta dental Crest de Procter & Gamble fracasó en México porque se utilizó la misma campaña que en Estados Unidos. Los mexicanos no se preocupan tanto por la prevención de las caries, por lo que no les atrajo la publicidad basada en información de carácter científico.

- General Foods gastó millones de dólares al tratar de introducir en el mercado japonés sus mezclas en polvo para preparar pasteles. La empresa pasó por alto el hecho de que sólo el 3% de los hogares japoneses tienen horno.

- La cera para pisos S. C. de Johnson fracasó en Japón. El producto hacía muy resbalosos los pisos y la empresa no recapacitó en el hecho de que los japoneses acostumbran quitarse los zapatos para estar en casa.

- El eslogan de las aspiradoras Electrolux en Gran Bretaña "Nothing sucks like an Electrolux" (Nada aspira como una Electrolux), desde luego no atraería en absoluto a los consumidores de Estados Unidos, donde el verbo "suck" tiene una connotación vulgar.

En la tabla 21.2 se incluyen algunos de los errores más estrepitosos en este sentido.

Comunicación

Las empresas pueden emplear los mismos programas de comunicación que utilizan en su mercado nacional o adaptarlos para cada mercado local, mediante un proceso denominado **adaptación de comunicaciones.** Si la empresa adapta tanto el producto como las comunicaciones, se dice que la empresa ha realizado una **adaptación dual**.

Veamos qué ocurre con el mensaje. La empresa puede utilizar un mensaje en todas partes, y cambiar sólo el idioma, el nombre y los colores.[41] La compañía Exxon utilizó el eslogan "Pon un tigre en el tanque de gasolina" con pequeñas variaciones y consiguió reconocimiento a nivel mundial. Los colores con frecuencia tienen que modificarse para evitar determinados tabúes. En Birmania y algunos países latinoamericanos el púrpura es sinónimo de muerte, el blanco es un color de luto en India, y en Malasia el verde se asocia con la enfermedad.[42]

La segunda posibilidad consiste en utilizar el mismo tema a escala internacional, pero adaptar cada copia al mercado local. Por ejemplo, un anuncio de jabón Camay mostraba a una hermosa mujer mientras se daba un baño. En la versión para Venezuela, se veía a un hombre en el baño, mientras que en Italia y Francia sólo se veía la mano de un hombre, y en Japón, el hombre esperaba fuera del baño. El posicionamiento siempre es el mismo, pero la ejecución creativa refleja la sensibilidad local, como es el caso de Unilever.

UNILEVER

Esta empresa de magnífico marketing decidió basar el posicionamiento internacional de sus marcas de detergente en la idea universal de que los padres ven la ropa sucia de sus hijos como un síntoma positivo de sus experiencias y sus juegos. En Europa, el detergente Omo tenía un comercial de corte sentimental de 60 segundos con el tema "la suciedad es buena", que animaba a los espectadores a adorar sus manchas. En Estados Unidos, en cambio, se utilizó otro tono. El eslogan para el detergente Wisk era "Sigue adelante y mánchate", y en los mensajes aparecía la leyenda del béisbol, Cal Ripken.[43]

La tercera posibilidad consiste en desarrollar un conjunto de anuncios publicitarios, para que cada país seleccione el más apropiado a su idiosincrasia. Coca-Cola y Goodyear con

Un anuncio de Lands' End en Alemania. Como la legislación de ese país limita el uso de las herramientas de promoción de ventas, Lands' End no puede decir en sus anuncios que ofrece garantía de devolución del dinero, aunque sí acepta cambiar el producto.

frecuencia recurren a esta estrategia. Por último, algunas empresas permiten a sus directores nacionales crear anuncios específicos para cada país, desde luego, en el marco de ciertas directrices. Kraft utiliza diferentes anuncios para Cheez Whiz en función del país de que se trate; por ejemplo, en Puerto Rico, donde todo se come con queso, la penetración es del 95%, y en Canadá, donde el queso se unta en pan tostado para el desayuno, es del 65%. En Estados Unidos se considera comida chatarra.

El uso de los medios de comunicación también requiere adaptación internacional porque la disponibilidad de medios varía de un país a otro. Noruega, Bélgica y Francia (y ahora Estados Unidos) no permiten la publicidad televisiva de cigarrillos y alcohol (excepto para el caso de la cerveza en Estados Unidos). Austria e Italia regulan la publicidad televisiva dirigida a niños. En Arabia Saudita no está bien visto que los publicistas muestren a mujeres en los anuncios. En India la publicidad genera impuestos. Asimismo, las revistas varían en efectividad y alcance: en Italia son muy importantes, mientras que en Austria no lo son tanto.

Los fabricantes también tienen que adaptar las promociones de ventas a los distintos mercados. Varios países europeos tienen prohibiciones o restricciones a determinadas herramientas como descuentos, rebajas, cupones, sorteos y premios. En Alemania, Lands' End no pudo anunciar su garantía de devolución de dinero, aunque sí acepta cambios de producto. American Express no pudo ofrecer puntos en función del uso de la tarjeta para canjear por productos. Una tienda alemana no pudo anunciar que iba a contribuir con una determinada cantidad para luchar contra el SIDA por cada transacción. Una ley alemana limita los descuentos al 3% del precio. Sin embargo, todas estas restricciones suscitan muchas críticas y están empezando a tambalear.

En un entorno internacional también podría ser necesario cambiar las tácticas de venta personal. El enfoque directo que prefieren los estadounidenses (caracterizado por la postura "vamos a hacer negocios" y "qué puedes ofrecerme") no funciona en Europa, Asia y otros lugares donde un efecto más indirecto y sutil resulta más eficaz.[44] Sin embargo, con los empleados más jóvenes, que se consideran ciudadanos del mundo, estas diferencias culturales son menos pronunciadas.

Precio

Las empresas multinacionales se enfrentan a una serie de problemas al fijar sus precios en el extranjero: escalada y transferencia de precios, cargos por dumping y mercados grises.

Cuando las empresas venden sus productos en el extranjero, se enfrentan a un problema de **escalada de precios**. Un bolso Gucci en Italia cuesta 120 dólares, mientras que en Estados Unidos cuesta 240. ¿Por qué? Gucci tiene que añadir a su precio de fabricación los costos de transporte, los aranceles, los márgenes de ganancia del importador, del mayorista y del minorista. El producto podría venderse por el doble o el quíntuple en el país de destino, en función de los costos agregados y de la fluctuación de la moneda, para que el fabricante obtenga la misma utilidad que en el país de origen. Como la escalada de costos varía de un país a otro, entonces la pregunta es cómo se fijan los precios en los distintos mercados. Las empresas tienen tres opciones:

1. ***Un precio único generalizado***—Coca-Cola podría decidir cobrar 75 centavos de dólar por lata en todo el mundo, pero entonces la empresa obtendría márgenes de ganancia muy diferentes en los distintos países. Además, esta estrategia daría como resultado que el precio sería demasiado elevado en los países pobres, y no lo suficientemente alto en los países ricos.

2. ***Un precio para cada país según el mercado***—En este caso, Coca-Cola cobraría lo que cada país estuviera en condiciones de pagar. Sin embargo, esta estrategia pasa por alto las diferencias en el costo real de un país a otro. Además, podría desembocar en una situación en la que los intermediarios de países de bajo precio revendieran el producto a países con precios más elevados.

3. ***Un precio para cada país según los costos***—En este caso, Coca-Cola utilizaría un margen estándar para todos sus costos, pero esto provocaría que el precio de Coca-Cola resultara desorbitado en países con costos altos.

La empresa se enfrenta a un problema diferente cuando fija un **precio de transferencia** (el precio que cobra a otra unidad operativa de la propia empresa) por los bienes que envía a sus filiales extranjeras. Si la empresa cobra un precio demasiado alto a su filial, podría terminar pagando aranceles muy elevados, aunque podría pagar impuestos sobre el ingreso más bajos en el país extranjero. Si la empresa cobra un precio demasiado bajo a su filial, podría incurrir en una práctica de dumping. El **dumping** se produce cuando una empresa cobra un precio inferior a sus costos o fija los precios por debajo de los del mercado donde se asienta para abrirse paso. En 2000, Stelco, un fabricante canadiense de acero, consiguió ganar la batalla del dumping contra productores de Brasil, Finlandia, India, Indonesia, Tailandia y Ucrania. Un tribunal canadiense consideró que las importaciones de acero de estos países provocaban "perjuicios importantes para los fabricantes canadienses, incluido Stelco".[45]

Cuando el departamento de aduanas estadounidense detecta casos de dumping, aplica una tarifa arancelaria especial. Varios gobiernos están pendientes de la aparición de abusos y a menudo obligan a las empresas a cobrar los mismos precios que la competencia por productos iguales o similares.

Numerosas multinacionales sufren el problema del mercado gris. El fenómeno del **mercado gris** se produce cuando un mismo producto se vende a través de canales de distribución normales o autorizados, ya sea en el país de origen o a escala internacional. De alguna forma, los intermediarios del país con precios más bajos se las arreglan para vender sus productos en mercados con precios más altos y obtener así mayores utilidades. Los estudios sugieren que cada año, la actividad del mercado gris representa 40,000 millones de dólares. En 2004, 3Com consiguió ganar una batalla legal contra varias empresas canadienses por un total de 10 millones de dólares que falseaban los hechos para conseguir importantes descuentos en los equipos de red de 3Com. Se suponía que estos equipos, por valor de varios millones de dólares, iban destinados a una empresa de software educativo estadounidense y que posteriormente se enviarían a China y Australia. Sin embargo, terminaban en Estados Unidos.[46]

Con frecuencia, una empresa se encuentra con distribuidores que compran más de lo que pueden vender en su propio país y que revenden la mercancía a un tercer país para aprovechar las diferencias de precios. Las multinacionales tratan de evitar estas prácticas con medidas consistentes en controlar de cerca a los distribuidores, cobrar precios más altos a los distribuidores de bajo precio, o alterar las características del producto o las garantías del servicio en los diferentes países. En la Unión Europea el mercado gris podría desaparecer de una vez por todas con la moneda única. Una vez que los consumidores se den cuenta de la enorme diferenciación de precios entre países, las empresas se verán obligadas a igualarlos en todos los Estados miembros que hayan adoptado el euro. La transparencia de precios afectará menos a las empresas y a los fabricantes que ofrezcan los productos más innovadores, especializados o necesarios.[47]

Internet también reducirá la diferenciación de precios entre países. Cuando las empresas venden sus mercancías por Internet, el precio es visible por completo. Los consumidores podrán comprobar el precio del mismo producto en otros países. Veamos el ejemplo de un curso de capacitación a través de Internet. Aunque el precio de un curso en el aula varía considerablemente entre países como Estados Unidos, Francia o Tailandia, el precio de un curso *on line*, impartido a través de Internet, tendría que ser uniforme.[48]

Otro desafío importante de la fijación de precios que ha surgido en los últimos años es el hecho de que los países con monedas más débiles, exceso de capacidad y necesidad de exportar de forma intensiva han bajado los precios y han devaluado sus monedas. Esto representa varios desafíos para las multinacionales: la escasa demanda y el rechazo a pagar precios más altos dificulta la comercialización en estos mercados emergentes. En lugar de rebajar los precios y obtener una menor rentabilidad, algunas empresas han encontrado métodos más lucrativos e ingeniosos para enfrentar esta situación:[49]

GENERAL ELECTRIC COMPANY

En lugar de buscar una mayor participación de mercado, la unidad de sistemas de energía de GE se concentró en obtener un mayor porcentaje de gastos de cada cliente. La unidad preguntó a sus 100 mejores clientes qué servicios consideraban primordiales y cómo podía la empresa mejorarlos. La encuesta dio lugar a que la empresa redujese su tiempo de respuesta de sustitución de piezas antiguas o averiadas de 12 a seis semanas. También comenzó a asesorar a sus clientes sobre las implicaciones de hacer negocios en diferentes entornos de Europa o Asia y puso personal de mantenimiento a disposición de aquellos clientes que necesitaran actualizaciones o reparaciones ocasionales. Al agregar valor y ayudar a los clientes a reducir sus costos y a mejorar su eficacia, GE no sólo se abstuvo de bajar los precios, sino que, además, generó mayores márgenes de ganancias. Estos márgenes supusieron unos ingresos récord de 15,000 millones de dólares en 2000, un aumento del 50% respecto al año anterior.[50]

Canales de distribución

Demasiadas empresas estadounidenses creen que su trabajo termina una vez que el producto abandona la fábrica. Sin embargo, harían bien en prestar atención a la forma en que se mueven sus productos por el extranjero y en adoptar una visión amplia de la totalidad del canal para distribuir sus productos a los usuarios finales. La figura 21.4 muestra los tres vínculos intermedios más importantes entre el vendedor y el usuario final. En el primero, las *oficinas de comercio exterior*, el departamento de exportación o la división internacional toma la decisión sobre los canales y demás elementos de la mezcla de marketing. En el segundo, los *canales entre países* llevan los productos hasta la frontera del país extranjero. Las decisiones que se toman en esta fase incluyen el tipo de intermediarios (agentes, empresas de intermediación), el tipo de transporte (por aire, por mar) y los acuerdos sobre el financiamiento y la asunción de riesgos. En el tercero, los *canales extranjeros* llevan los productos desde el punto de entrada en el país hasta los compradores y los usuarios finales.

Los canales de distribución varían de forma considerable de un país a otro. Para vender jabones en Japón, Procter & Gamble ha tenido que trabajar con uno de los canales de distribución más complicados del mundo. En primer lugar debe vender a un mayorista general, quien vende el producto a un mayorista de jabón, que lo vende a un mayorista especializado en jabones, que lo vende a un mayorista regional, que lo vende a un mayorista local, que finalmente lo vende a los minoristas. Todos estos niveles de distribución hacen que el precio de importación del producto se duplique o se triplique. Si P&G llevara el jabón al África tropical, la empresa podría vender a un mayorista de importación, que vendería el producto a diversos distribuidores, que lo venderían a pequeños intermediarios (por lo general, mujeres) que trabajan en mercados locales.

Otra diferencia reside en el tamaño y en la naturaleza de las unidades minoristas extranjeras. Las cadenas minoristas a gran escala dominan la escena estadounidense, pero gran parte del comercio minorista extranjero está en manos de pequeños minoristas independientes. En India millones de minoristas operan pequeñas tiendas o venden en mercados al aire libre. Sus márgenes de ganancia son elevados, pero el precio real se reduce mediante el regateo. Los ingresos son bajos, lo que obliga a las personas a comprar en pequeñas cantidades cada día: se limitan a adquirir aquella cantidad que pueden llevar a casa a pie o en bicicleta. La mayoría de los hogares carece de espacio de almacenamiento o refrigeración. Los costos de envasado se controlan para mantener precios de venta reducidos. En India, se acostumbra comprar los cigarrillos uno por uno, en lugar de adquirirlos en cajetillas. Una tarea importante de los intermediarios es acabar con la venta a granel, puesto que este sistema perpetúa la existencia de canales de distribución largos que dificultan la expansión de formas de distribución más eficientes en los países en desarrollo.

Cuando las multinacionales entran en un país por primera vez prefieren trabajar con distribuidores locales que conocen la zona, pero a menudo aparecen fricciones.[51] La multinacional se queja de que el distribuidor local no invierte en el crecimiento del negocio, o de que no sigue las políticas de la empresa, o de que no comparte la información necesaria. El distribuidor local, por su parte, se queja de que no recibe suficiente apoyo, de que la empresa le fija objetivos imposibles de alcanzar y de que las políticas son confusas. Las empresas multinacionales tienen que escoger a los distribuidores adecuados, invertir en ellos, y fijar objetivos de desempeño en los que ambas partes estén de acuerdo.[52]

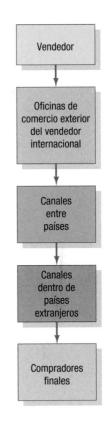

| FIG. **21.4** |

Concepto de canal total para marketing internacional.

Algunas empresas deciden invertir en infraestructura para asegurarse de que los beneficios provienen de los canales adecuados. La empresa peruana de la bebida refrescante Kola Real ha sido capaz de sobrevivir a pesar de competir con Coca-Cola y Pepsi-Cola en México gracias a que ha fijado su propia red de distribución con 600 camiones alquilados, 24 centros de distribución y 800 vendedores.[53]

Son muchos minoristas que intentan avanzar en el mercado global. La empresa francesa Carrefour, la alemana Metro y la británica Tesco se han establecido en posiciones internacionales. La empresa alemana Aldi sigue una fórmula sencilla en todo el mundo. Almacena unos 700 productos frente a los más de 20,000 de un minorista tradicional de alimentos como Royal Ahold's Albert Heijin, casi todos con su etiqueta de la casa. Como vende tan pocos productos, Aldi ejerce un gran control sobre la calidad y el precio de los mismos, y puede simplificar su envío y manejo, lo que genera mayores márgenes de ganancia. Los expertos minoristas esperan que en 2010, Aldi cuente con 1,000 establecimientos en Estados Unidos y que tenga en sus manos el 2% del mercado de productos comestibles. Otro gigante de la venta al por menor, Wal-Mart, también se está abriendo paso en el extranjero, aunque con resultados diversos:[54]

WAL-MART

Wal-Mart tiene más de 1,000 establecimientos en México, Canadá, Alemania, Argentina, China, Inglaterra, Corea del Sur, Brasil y Puerto Rico. En 2003, el 20% de los ingresos de Wal-Mart provenían del extranjero, un aumento considerable si se compara con el 12% registrado en 2000. La empresa ha aprendido con los años. Las operaciones en Alemania han enfrentado una serie de problemas. Cuando Wal-Mart abrió en Latinoamérica, las ventas fueron decepcionantes. La empresa había diseñado los establecimientos de la misma forma que en Estados Unidos: pasillos estrechos repletos de mercancías, con espacios enormes de estacionamiento, y con letreros blancos, rojos y azules para anunciar los productos. Sin embargo, los compradores latinoamericanos esperaban pasillos más anchos para poder ir con familias numerosas, muchos no tienen automóvil, por lo que recurren al transporte en transporte colectivo, y las pancartas blancas, rojas y azules se entendían como un símbolo de imperialismo yanqui.[55]

::: Efectos del país de origen

En un mundo cada vez más conectado, el competitivo mercado internacional, los altos funcionarios gubernamentales y las empresas se preocupan de cómo afectarán las actitudes y las creencias sobre el país de origen a los consumidores y a la toma de decisiones. Las *percepciones del país de origen* son las asociaciones mentales y las creencias que despierta un país. Los funcionarios públicos tratan de fortalecer la imagen de su país para ayudar a las empresas nacionales que se dedican a la exportación y para atraer a empresas e inversionistas extranjeros. Las empresas buscan utilizar las percepciones del país de origen de la forma más ventajosa posible para vender sus productos y servicios.

La imagen del país

En la actualidad, los gobiernos son conscientes de que la imagen de sus ciudades y países no sólo influye en el turismo, sino de que también tiene un importante valor comercial. Si se consigue atraer a empresas extranjeras, la economía local mejorará, se generarán puestos de trabajo y la infraestructura se extenderá. Los responsables municipales de la ciudad de Kobe, Japón, fueron capaces de atraer a multinacionales como Procter & Gamble, Nestlé y Eli Lilly para que establecieran allí sus oficinas centrales; para ello utilizaron técnicas de marketing tradicional y un posicionamiento adecuado.[56] La ciudad de Venecia, al ver cómo su nombre se utilizaba en todo el mundo para vender desde pizza hasta perfume o persianas, se propuso aprovechar su imagen internacional. Los funcionarios municipales registraron una marca de la que se podrían conceder licencias a los fabricantes.[57] Las autoridades municipales de Hong Kong también diseñaron un símbolo, un estilizado dragón, para representar los valores de marca de la ciudad.[58]

Los países de todo el mundo se someten al marketing al igual que cualquier otra marca. En algunos casos se trata de superar percepciones negativas. Según un estudio del British Council realizado en 2000, jóvenes líderes de opinión de más de 28 países consideraban que los británicos carecían de creatividad e innovación, eran clasistas, racistas y fríos. De modo que, si se hacía hincapié en los valores tradicionales y en la herencia cultural del país, como se había hecho hasta entonces, sólo se conseguiría exacerbar la situación. La recomendación de un analista fue concentrarse en los 1,700 corresponsales extranjeros en Londres, puesto que éstos tienen una importancia especial al trasmitir la imagen de Gran Bretaña a sus respectivos países.[59]

La actitud hacia el país de origen también pueden cambiar con el tiempo. Antes de la Segunda Guerra Mundial, Japón tenía la reputación de ser un país con productos de escasa calidad. El éxito de Sony y de sus televisores Triniton, así como de los fabricantes de automóviles Honda y Toyota ha conseguido cambiar la opinión pública. Finlandia también lanzó una campaña basada en el éxito de Nokia para reforzar su imagen como centro de innovación tecnológica.[60] En *Marketing en acción: Los altibajos de la marca Estados Unidos* se des-

La marca de Hong Kong: un dragón estilizado acompañado por la leyenda "La ciudad mundial de Asia".

criben algunos de los temas más importantes en relación con el sentimiento anti-estadounidense como consecuencia de la guerra de Irak en 2003.

Percepción de los consumidores respecto al país de origen

Las empresas internacionales son conscientes de que los compradores presentan actitudes y creencias diferentes sobre marcas y productos de distintos países.[61] Estas percepciones respecto al país de origen afectan la toma de decisiones tanto de forma directa como indirecta. Las percepciones se pueden incluir como atributo en el proceso de toma de decisiones, o como factor de influencia de otros atributos ("si el producto es francés, ha de tener estilo"). El simple hecho de que una marca se perciba como de éxito en el escenario internacional genera credibilidad y respeto.[62] Diversos estudios han revelado lo siguiente:[63]

■ Las personas suelen ser etnocéntricas y estar predispuestas a favorecer los productos nacionales, a menos que provengan de un país con escaso desarrollo.

■ Cuanto más favorable sea la imagen de un país, más prominente debería ser la etiqueta "Fabricado en...".

■ El impacto del país de origen varía con el tipo de producto. Los consumidores quieren saber dónde se fabricó un automóvil, pero no les importa el país de origen del lubricante.

■ Algunos países tienen reputación como fabricantes de determinados artículos: Japón por los automóviles y la electrónica, Estados Unidos por la innovación tecnológica, las bebidas refrescantes, los juguetes, los cigarrillos y los jeans, y Francia por el vino, el perfume y los artículos de lujo.

■ En ocasiones, las percepciones sobre el país de origen engloban a todos los productos de ese país. En un estudio se observó que los consumidores de Hong Kong percibían los productos estadounidenses como artículos de prestigio, los japoneses como innovadores y los chinos como baratos.

Las percepciones sobre el país de origen deben tenerse en cuenta tanto desde una perspectiva nacional como desde una perspectiva extranjera. En el mercado nacional, las percepciones sobre el país de origen podrían despertar los sentimientos patrióticos de los consumidores y recordarles su pasado. Conforme aumenta el comercio internacional, los consumidores conciben ciertas marcas como símbolos importantes de su patrimonio e identidad cultural. Los temas patrióticos se han utilizado en estrategias de marketing por todo el mundo, a pesar de que pueden carecer de exclusividad y de que con frecuencia se cae en excesos. Por ejemplo, durante la administración Reagan en la década de los 80, toda una serie de marcas en un amplio rango de categorías (como automóviles, cerveza y ropa, por citar unos cuantos ejemplos) utilizaron temas pro-estadounidenses en su publicidad, aunque quizás sólo consiguieron diluir sus esfuerzos de marketing.

MARKETING **EN ACCIÓN** | LOS ALTIBAJOS DE LA MARCA ESTADOS UNIDOS

Una de las preocupaciones de los mercadólogos internacionales es cómo los asuntos políticos de su país influyen en las percepciones de los consumidores sobre los productos y servicios de la empresa en los mercados extranjeros. Como en estos últimos años Estados Unidos ha tenido conflictos con otros países por diferentes motivos, entre ellos la guerra de Irak, los mercadólogos se preguntan cómo influyen estas situaciones en sus programas de marketing.

En un principio, parecía que la respuesta era más bien nula. Como un manifestante contra Estados Unidos en Corea del Norte afirmaba: "Pedir la independencia política es una cosa, las marcas estadounidenses son otra muy diferente. A mí me gustan IBM, Dell, Microsoft, Starbucks y Coca-Cola." Muchos consumidores parecían estar dispuestos a separar la política de los productos. La tecnología estadounidense es admirada en todo el mundo, y los jóvenes de cualquier país aprecian la cultura juvenil de Estados Unidos. Quizás el ejemplo más ilustrativo del poder de las marcas estadounidenses en el extranjero es que el mercado más fructífero de McDonald's en Europa es Francia, un país que suele desdeñar la política y la cultura estadounidenses.

Parte de la explicación de esta separación que se hace en la mente reside en el modo en que las marcas estadounidenses se han constituido y comercializado con los años. Muchas de ellas han adoptado valores universales y satisfacen necesidades de todos los consumidores: Nike con el rendimiento de los deportistas, Levi's con el individualismo inquebrantable, y Coca-Cola con el optimismo juvenil. Es más, estas marcas contratan a miles de personas y se aseguran de que sus productos y sus actividades de marketing sean consistentes con la sensibilidad local.

Muchas de estas mismas marcas han llegado muy lejos con los años, y se han insertado en la cultura de los mercados extranjeros. Una anécdota de un directivo de Coca-Cola cuenta la historia de una niña japonesa que visitó Estados Unidos y cuando vio una máquina expendedora de Coca-Cola dijo a sus padres: "¡Miren, también tienen Coca-Cola!" La pequeña creía que Coca-Cola era una marca japonesa.

En ocasiones, los consumidores desconocen el país de procedencia de las marcas, ya sea porque ésta se ha implantado en muchos países, o porque el país de origen no es tan conocido. En encuestas realizadas en Estados Unidos, los consumidores piensan que Heineken es alemana y que Nokia es japonesa, mientras que son holandesa y finlandesa, respectivamente. Pocos consumidores saben que Häagen-Dazs y Estée Lauder son marcas que nacieron en Estados Unidos.

Preocupada por la idea de que la imagen de Estados Unidos se estaba empañando, Charlotte Beers, ex directora de la agencia publicitaria Ogilvy & Mather, asumió el cargo de vicesecretaria de Diplomacia y Asuntos Públicos del presidente George Bush el 2 de octubre de 2001. A partir de esa fecha, su trabajo consistió, entre otras cosas, en tratar de mejorar la reputación nacional en Oriente Medio, donde las percepciones de Estados Unidos son especialmente negativas. A pesar de estos esfuerzos, luego de la guerra de Irak, algunas marcas estadounidenses, como McDonald's, Coca-Cola, Microsoft y Yahoo!, han visto su imagen empañada.

Fuentes: Janet Guyon, "Brand America", *Fortune*, 27 de octubre de 2003, pp. 179–182; Richard Tompkins, "As Hostility Towards America Grows, Will the World Lose Its Appetite for Coca-Cola, McDonald's and Nike", *Financial Times*, 27 de marzo de 2003, p. 13; Gerry Kermouch y Diane Brady, "Brands in an Age of Anti-Americanism", *Business Week*, 4 de agosto de 2003, pp. 69–78; Parija Bhatnagar, "U.S. Brands Losing Luster", *CNN/Money*, 21 de mayo de 2004; "Burgers and Fries a la Française", *The Economist*, 17 de abril de 2004, pp. 60–61.

Una empresa puede elegir entre diversas opciones cuando su producto tiene un precio competitivo, pero su país de origen desalienta a los consumidores. La empresa puede considerar la coproducción con una empresa extranjera que tenga más renombre: Corea del Sur puede fabricar una fina chaqueta de piel que después envía a Italia para el acabado; o la empresa podría adoptar una estrategia para conseguir calidad de reconocimiento internacional en su sector industrial, como es el caso del chocolate belga, el jamón polaco y el café colombiano.

Las empresas tienen la opción de dirigirse a nichos para utilizarlos como trampolín en los mercados nuevos. La empresa china líder en refrigeradores, lavadoras y sistemas de aire acondicionado, Haier, se está abriendo camino en Estados Unidos entre los estudiantes universitarios que adquieren sus mini refrigeradores de venta en Wal-Mart y otros establecimientos.[64] Los planes de Haier a largo plazo son introducir productos innovadores, como los televisores de pantalla plana y los minibares, en otros ámbitos.

A medida que la empresa progrese, podrá empezar a echar raíces locales para aumentar su relevancia, como ha hecho Toyota.

TOYOTA

Toyota ha hecho de las ventas estadounidenses una prioridad especial. Como decía abiertamente un ejecutivo: "Tenemos que americanizarnos." Como prueba de esta convicción, consideremos lo siguiente. Toyota se ha convertido en el tercer fabricante en importancia dentro del sector automovilístico estadounidense. En 2001 vendió más automóviles en Estados Unidos que en Japón, y más de dos tercios de esas ventas correspondieron a autos fabricados localmente. Se calcula que dos tercios de las utilidades operativas de la empresa provienen de Estados Unidos. Las fábricas y los concesionarios de Toyota en Estados Unidos emplean a 123,000 estadounidenses, más que Coca-Cola, Microsoft y Oracle juntos.[65]

Toyota no es la única empresa que tiene especial interés en el mercado estadounidense. En 2003, BMW vendió más vehículos en Estados Unidos que en Alemania.[66]

::: Decisiones en torno a la organización de marketing

Las empresas pueden administrar sus actividades de marketing internacional de tres formas diferentes: mediante departamentos de exportación, divisiones internacionales o una organización global.

Departamento de exportación

Por lo general, una empresa se introduce en el marketing internacional mediante la venta de sus productos. Si estas ventas aumentan, la empresa organizará un departamento de exportación que estará integrado por un gerente de ventas y unos cuantos asistentes. Posteriormente, si las ventas siguen en aumento, se ampliará el departamento de exportación para incluir diferentes servicios de marketing para que la empresa pueda buscar oportunidades de negocio de forma más intensiva. En el momento en que la empresa realice inversiones directas o forme empresas conjuntas, el departamento de exportación dejará de ser adecuado para administrar las operaciones internacionales.

División internacional

Muchas compañías participan en numerosos mercados internacionales y en empresas conjuntas. Tarde o temprano, todas las empresas crean divisiones internacionales para poder administrar sus operaciones en el extranjero. Estas divisiones las dirige un presidente, quien fija los objetivos y determina los presupuestos, y se responsabiliza del crecimiento internacional de la empresa.

El personal de una división internacional se compone de varios especialistas en distintas funciones que suministran servicios a varias unidades operativas. Estas últimas pueden organizarse de diversas formas. En primer lugar, están las *organizaciones geográficas*, en las que los vicepresidentes regionales para Norteamérica, Europa, África, Oriente Medio y el Lejano Oriente se encuentran bajo la supervisión del presidente de la división internacional. Estos vicepresidentes regionales recibirán los reportes de los directores nacionales, quienes son responsables de la fuerza de ventas, las oficinas comerciales, los distribuidores y los concesionarios de sus países respectivos. Las unidades operativas también pueden constituir *grupos internacionales de producto*, cada uno con un vicepresidente internacional responsable de las ventas a escala mundial de un tipo de producto. Los vicepresidentes cuentan con la ayuda de especialistas en determinadas áreas de la empresa o con expertos en diferentes áreas geográficas. Por último, las unidades operativas pueden constituirse como *filiales internacionales*, dirigidas por un presidente. Los diferentes presidentes de filiales dependen del presidente de la división internacional.

Muchas multinacionales presentan diferentes tipos de organización.

IBM

Parte de la estrategia de reorganización masiva de IBM consistió en distribuir a 235,000 empleados en 14 grupos orientados al consumidor, por ejemplo, los grupos de combustibles, entretenimiento o servicios financieros. De esta forma, los grandes clientes tienen la posibilidad de cerrar un trato con la oficina central de ventas para la instalación de computadoras en cualquier lugar del mundo. Con el sistema anterior, los clientes que operaban en 20 países diferentes tenían que ponerse en contacto con 20 sucursales de IBM distintas, cada una con su propia estructura de precios y de servicios.[67]

Organización global

Algunas empresas se han convertido en verdaderas organizaciones globales. La alta dirección de la empresa planea la producción, las políticas de marketing, los flujos financieros y los sistemas de logística a escala mundial. Las unidades operativas internacionales dependen del director general o del comité ejecutivo, y no del responsable de una división internacional. Los directivos reciben capacitación en operaciones internacionales. Asimismo, los directivos provienen de países diferentes. Las piezas y los materiales se adquieren en donde se consiguen los precios más bajos, y las inversiones se realizan en los lugares donde se obtenga mayor rentabilidad.

Estas empresas se enfrentan a complejidades organizativas diversas. Por ejemplo, cuando se fijan los precios de una computadora central para una importante entidad bancaria en Alemania, ¿qué influencia debería tener el responsable de producto de la oficina central?, ¿y el director del departamento encargado del sector bancario?, ¿y el director nacional de Alemania?

Bartlett y Ghoshal proponen una serie de circunstancias en las que diferentes enfoques funcionan mejor. En su libro *Managing Across Borders* describen las fuerzas que favorecen la "integración global" (producción intensiva de capital, demanda homogénea), frente a la "receptividad nacional" (barreras y normas locales, marcadas preferencias locales). Los autores distinguen tres estrategias de organización:[68]

1. *Una estrategia global considera al mundo entero como un solo mercado*—Esta estrategia es una garantía de éxito cuando los agentes de integración global son fuertes y la receptividad nacional es débil. Esto se cumple, por ejemplo, en el mercado de la electrónica, en el que la mayoría de los compradores aceptan una radio portátil, un reproductor de CD o un televisor más o menos estandarizado. Matsushita ha obtenido mejores resultados que GE y Philips en el sector de la electrónica porque opera de un modo más coordinado y estandarizado a escala internacional.

2. *Una estrategia multinacional considera al mundo como una cartera de oportunidades nacionales*—Esta estrategia es una garantía de éxito cuando la receptividad nacional es fuerte y los agentes de la integración global son débiles. Éste es el caso de los bienes de consumo envasados (alimentos, productos de limpieza). Bartlett y Ghoshal consideran que Unilever es una empresa mejor organizada que Kao y P&G porque concede más capacidad de decisión a sus oficinas locales.

3. *Una estrategia "glocal" estandariza ciertos elementos centrales y deja otros como locales*—Esta estrategia resulta útil en aquellos sectores (como el de las telecomunicaciones) en los que cada país necesita que se adapte parte del equipo, pero en los que la empresa también puede estandarizar determinados elementos centrales. Bartlett y Ghoshal citan a Ericsson como empresa que equilibra estos elementos mejor que NEC (demasiado global) e ITT (demasiado local).

Muchas empresas buscan una mezcla de control global, centralizado en las oficinas corporativas, con la participación de empresas locales y regionales. Sin embargo, encontrar el balance adecuado no es fácil. La filosofía de Coca-Cola "pensar a escala local, actuar a escala local", que descentralizó gran parte de la autoridad y la responsabilidad sobre el diseño de los programas y las actividades de marketing se desplomó porque muchos de los directivos nacionales carecían de la disciplina o de los conocimientos necesarios para ello. Se emitieron anuncios que rompían por completo con la tradición de la empresa, como uno en el que aparecían aves huesudas volando por una playa italiana, y las ventas de la empresa se desplomaron. De ahí, se regresó al extremo opuesto, y los ejecutivos de Coca-Cola en Atlanta asumieron de nuevo una función estratégica más importante.[69]

RESUMEN :::

1. A pesar de los numerosos cambios del panorama internacional (fronteras que cambian de sitio, gobiernos inestables, fluctuaciones de las monedas, corrupción y piratería tecnológica), las empresas que venden en mercados globales necesitan internacionalizar sus operaciones. Las empresas no deben limitarse a operar dentro de las fronteras nacionales con la expectativa de conservar sus mercados.

2. En el momento de salir al extranjero, las empresas deben definir sus objetivos y políticas de marketing internacional. En primer lugar, tendrán que determinar si van a operar en pocos o en muchos países, y en cuáles. En general, los países candidatos se evalúan según tres criterios: atractivo del mercado, riesgo y ventaja competitiva. Los países en desarrollo representan un conjunto exclusivo de oportunidades y riesgos.

3. Una vez que la empresa decide incursionar en un país determinado, deberá determinar la mejor forma de entrar en él. Las opciones más generales son la exportación indirecta, la exportación directa, la concesión de licencias, la creación de empresas conjuntas y la inversión directa. Cada estrategia subsiguiente implica un mayor grado de compromiso, riesgo, control y potencial de utilidades.

4. Por lo que respecta a su programa de marketing, la empresa debe decidir en qué medida necesita adaptar el producto, la comunicación, la distribución y el precio a las condiciones locales. En cuanto al producto, las empresas pueden adoptar una estrategia de extensión directa, de adaptación de producto o de invención de producto. En lo que respecta a las comunicaciones, la empresa puede optar por una adaptación de la comunicación o por una adaptación dual. En cuanto al precio, las empresas podrían enfrentarse a una escalada de precios o a los mercados grises. En lo referente a la distribución, las empresas deben adoptar una perspectiva global del proceso por el que los productos llegan hasta los usuarios finales. Al establecer todos los elementos de la mezcla de marketing, las empresas deben prestar atención a las limitaciones culturales, sociales, políticas, tecnológicas, legales y ambientales del país en cuestión.

5. Las percepciones del país de origen influyen tanto en los consumidores como en las empresas. Para las empresas internacionales es una prioridad utilizar estas percepciones de la forma más ventajosa posible.

6. En función de la participación internacional, las empresas administran sus actividades de marketing en el extranjero de tres modos: mediante departamentos de exportación, divisiones internacionales o organizaciones globales.

APLICACIONES :::

Debate de marketing   ¿Se está haciendo el mundo más pequeño?

Muchos analistas sociales sostienen que los jóvenes y los adolescentes de todo el mundo cada vez se parecen más. Otros, por su parte, destacan que las diferencias culturales, incluso a edades tempranas, superan con creces las similitudes.

Tome partido: "Las personas cada vez somos más similares" frente a "las diferencias entre personas de culturas diferentes superan sus similitudes".

Análisis de marketing

Piense en algunas de sus marcas favoritas. ¿Sabe de dónde provienen? ¿Sabe dónde se fabrican y cómo llegan hasta usted? ¿Piensa que esta información influiría en sus percepciones de calidad o satisfacción?

CASO DE **MARKETING** | **STARBUCKS**

Starbucks abrió sus puertas en 1971, en un momento en el que el consumo de café en Estados Unidos llevaba 10 años a la baja. Este declive era producto de la competencia entre las principales marcas de café, que basaban su competencia en el precio. En consecuencia, utilizaban granos de café de bajo precio para reducir costos, en detrimento de la calidad del producto. Los fundadores de Starbucks decidieron experimentar con un nuevo concepto: una tienda que sólo vendiera café importado de la mejor calidad, junto con los enseres necesarios para prepararlo. La tienda original no ofrecía tazas de café, sino sólo granos de café. Para tomar una buena taza de café, uno tenía que prepararlo en casa.

Howard Schultz llegó a Starbucks en 1982 y concibió una nueva posibilidad para la empresa. Durante un viaje de negocios a Milán, Schultz entró en una cafetería y experimentó la gloria al probar su café exprés. "En Estados Unidos no tenemos nada similar. Esto es como la extensión del porche delantero de la casa de los consumidores. Es una experiencia emocional", pensó. En ese momento supo que quería llevar ese concepto a Estados Unidos. Schultz se puso manos a la obra para crear un ambiente en los establecimientos Starbucks que combinara la elegancia italiana con la informalidad estadounidense. Schultz concibió un Starbucks que ofreciera un trato personal a sus cliente, un "tercer lugar", un punto de reunión cómodo y social, que sirviera de puente entre la oficina y el hogar.

La expansión geográfica de Starbucks en Estados Unidos se planeó con sumo cuidado. El equipo directivo prefirió que todos los establecimientos fuesen propiedad de la empresa en lugar de instaurar un sistema de franquicias. Para crear una marca fuerte, Schultz sabía que tanto él como su equipo directivo necesitaban el control absoluto de la empresa para cultivar una imagen de calidad sin precedentes. En muchas otras empresas, los poseedores de las franquicias hacen negocios a su manera. Se pensó que si Starbucks instauraba este sistema, los titulares de las franquicias sacrificarían el compromiso de la marca con la excelencia para generar mayores utilidades. Starbucks no quería que se descuidaran los detalles, puesto que ésta había sido la causa original del declive en el consumo de café en Estados Unidos.

Starbucks utilizó una estrategia de expansión concéntrica, mediante la cual las cafeterías llegaban a un nuevo mercado por grupos. En cada región, una ciudad servía de centro de operaciones. Un equipo de profesionales bien capacitados apoyaba a los grupos de nuevos establecimientos que iban surgiendo. En los mercados más grandes la empresa abrió 20 cafeterías como mínimo durante los dos primeros años. Desde el centro de operaciones, las cafeterías Starbucks se extendían a nuevos mercados: ciudades satélite de menor tamaño y zonas suburbanas.

El conocido chiste de los dos Starbucks, uno en cada acera de la calle, refleja a la perfección la estrategia de la empresa. Esta saturación deliberada con frecuencia supone una reducción del 30% en las ventas de una cafetería como consecuencia de la apertura de otra. Pero este descenso en los ingresos se compensa con la eficiencia de costos de marketing y de distribución, y con el fomento de la idea de comodidad y conveniencia de la cadena. Un cliente promedio entra en Starbucks 18 veces al mes. Ningún minorista estadounidense tiene una frecuencia de visitas tan elevada.

Starbucks se expandió a Tokio en 1996. Aunque los detractores pensaban que los japoneses, con su elaborada tradición del té, nunca beberían café en tazas de papel, Starbucks demostró que estaban equivocados. El volumen de ventas anuales de las cafeterías japonesas es 2.5 veces mayor que el que se registra en Estados Unidos. En la actualidad hay más de 500 establecimientos Starbucks en Japón, y este país constituye la región más rentable del mundo para la empresa.

Para su expansión global, Starbucks también ha recurrido a las adquisiciones. En 1998 consiguió un trampolín al mercado del café en Gran Bretaña mediante la adquisición de Seattle Coffee Company, con sede en Londres. En 2001, la empresa hizo su primera incursión en el Continente Europeo con la apertura de cafeterías en Suiza y Austria, y a continuación en España, Alemania y Grecia. Resulta sorprendente que Starbucks se rebele contra la tendencia europea y prohíba fumar en sus establecimientos. Cerca del 40% de los europeos son fumadores. Los críticos afirmaban que Starbucks perdería la mitad de su mercado con esta prohibición, pero la empresa ni siquiera se inmutó. La primera cafetería en Viena recibió 100,000 clientes en los primeros dos meses. Esta controvertida política contra el tabaquismo tuvo una respuesta positiva, porque Starbucks la formuló en relación con el café, y no con la salud. En las cafeterías hay carteles que dicen "El aroma del café sólo se conserva en espacios sin humo", y a continuación se agradece a los clientes por no fumar.

Howard Schultz dejó la dirección general de la empresa en el año 2000, pero sigue siendo presidente y "director de la estrategia mundial". En la actualidad, Starbucks tiene más de 7,400 cafeterías, de las cuales 1,460 están fuera de Estados Unidos, repartidas por 30 países. El objetivo de Schultz es contar con 25,000 establecimientos; quiere que Starbucks llegue a todos los países del mundo, aunque hay uno en especial que está en la mira: Italia, el punto de partida de todo el concepto Starbucks.

Preguntas para discusión

1. ¿Cuáles han sido los factores de éxito de Starbucks?
2. ¿En qué sentido es vulnerable esta empresa? ¿A qué debería prestar atención?
3. ¿Qué recomendaría a los directivos de marketing para el futuro? ¿Qué medidas de marketing deberían tomar sin lugar a dudas?

Fuentes: Andy Serwer, "Hot Starbucks to Go", *Fortune,* 26 de enero de 2004, pp. 61–74; Cora Daniels, "Mr. Coffee: The Man Behind the $4.75 Frappuccino Makes the 500", *Fortune,* 14 de abril de 2003, p. 139; Steven Erlanger, "An American Coffeehouse (or 4) in Vienna", *New York Times,* 1o. de junio de 2002, p. A1.

REFERENCIAS BIBLIOGRÁFICAS :::

1. Kevin Lane Keller, "Red Bull: Managing a High Growth Brand", en *Best Practice Cases in Branding* (Upper Saddle River, NJ: Prentice-Hall, 2003); "Selling Energy", *The Economist*, 9 de mayo de 2002.

2. <http://www.ita.doc.gov/>.

3. "The List", *Business Week*, 21 de abril de 2003, p. 14.

4. Michael E. Porter, *Competitive Strategy* (Nueva York: The Free Press, 1980), p. 275.

5. Charles Fleming y Leslie López, "The Corporate Challenge—No Boundaries: ABB's Dramatic Plan to Recast Its Business Structure along Global Lines: It May Not Be Easy—or Wise", *Wall Street Journal*, 28 de septiembre de 1998, p. R16; Richard Tomlinson, "Dethroning Percy Barnevik", *Fortune*, 1o. de abril de 2002.

6. <www.abb.com>.

7. Ron Lieber, "Give Us This Day Our Global Bread", *Fast Company*, marzo de 2001, p. 158.

8. Jan Johanson y Finn Wiedersheim-Paul, "The Internationalization of the Firm", *Journal of Management Studies* (octubre de 1975), pp. 305–322.

9. Stan Reid, "The Decision Maker and Export Entry and Expansion", *Journal of International Business Studies* (otoño de 1981), pp. 101–112; Igal Ayal, "Industry Export Performance: Assessment and Prediction", *Journal of Marketing* (verano de 1982), pp. 54–61; Somkid Jatusripitak, *The Exporting Behavior of Manufacturing Firms* (Ann Arbor: University of Michigan Press, 1986).

10. Michael R. Czinkota e Ilkka A. Ronkainen, *International Marketing*, 5a. ed. (Nueva York: Harcourt Brace Jovanovich, 1999).

11. Igal Ayal y Jehiel Zif, "Market Expansion Strategies in Multinational Marketing", *Journal of Marketing* (primavera de 1979), pp. 84–94.

12. Yumiro Ono, "On a Mission: Amway Grows Abroad, Sending 'Ambassadors' to Spread the Word", *Wall Street Journal*, 14 de mayo de 1997, p. A1; <www.amway.com>.

13. Para consultar un estudio actualizado y exhaustivo de los estudios académicos realizados, véase Johny K. Johansson, "Global Marketing: Research on Foreign Entry, Local Marketing, Global Management", en *Handbook of Marketing*, Bart Weitz y Robin Wensley (eds.) (Londres: Sage Publications, 2000), pp. 457–483. Véase también Johny K. Johansson, *Global Marketing*, 2a. ed. (Nueva York: McGraw-Hill, 2003). Para asuntos de investigación de mercados internacionales, véase Susan Douglas y Samuel R. Craig, *International Marketing Research*, 2a. ed., Upper Saddle River, NJ: Prentice-Hall, 2000.

14. Kenichi Ohmae, *Triad Power* (Nueva York: The Free Press, 1985); Philip Kotler y Nikhilesh Dholakia, "Ending Global Stagnation: Linking the Fortunes of the Industrial and Developing Countries", *Business in the Contemporary World* (primavera de 1989), pp. 86–97.

15. Jack Neff, "Submerged", *Advertising Age*, 4 de marzo de 2002, p. 14.

16. Adaptado de Vijay Mahajan, Marcos V. Pratini De Moraes y Jerry Wind, "The Invisible Global Market", *Marketing Management* (invierno de 2000), pp. 31–35.

17. Niraj Dawar y Amitava Chattopadhyay, "Rethinking Marketing Programs for Emerging Markets", *Long Range Planning* 35, núm. 5 (octubre de 2002).

18. Gabriel Kahn, "Local Brands Outgun Foreigners in China's Advertising Market", *Wall Street Journal*, 8 de octubre de 2003, p. B6A; "The Local Touch", *The Economist*, 8 de marzo de 2003, p. 58.

19. Manjeet Kripalani, "Finally, Coke Gets It Right", *Business Week*, 10 de febrero de 2003, p. 47; Manjeet Kripalani, "Battling for Pennies in India's Villages", *Business Week*, 10 de junio de 2002, p. 22E7.

20. "Not So Fizzy", *The Economist*, 23 de febrero de 2002, pp. 66–67; Rajeev Batra, Venkatram Ramaswamy, Dan L. Alden, Jan-Benedict E. M. Steenkamp y S. Ramachander, "Effects of Brand Local and Nonlocal Origin on Consumer Attitudes in Developing Countries", *Journal of Consumer Psychology* 9, núm. 2 (2000), pp. 83–95.

21. Patricia Sellers, "P&G: Teaching an Old Dog New Tricks", *Fortune*, 31 de mayo de 2004, pp. 167–180.

22. Catherine Belton, "To Russia, With Love: The Multinationals Song", *Business Week*, 16 de septiembre de 2002, pp. 44–46.

23. David Welch, "GM: Gunning It In China", *Business Week*, 21 de junio de 2004, pp. 112-115; Joann Muller, "Thanks, Now Move Over", *Forbes*, 26 de julio de 2004, pp. 76–78.

24. Johny K. Johansson, "Global Marketing: Research on Foreign Entry, Local Marketing, Global Management", en *Handbook of Marketing*, Bart Weitz y Robin Wensley (eds.) (Londres: Sage Publications, 2002), pp. 457–483.

25. Charlene Marmer Solomon, "Don't Get Burned by Hot Markets", *Workforce* (enero de 1998), pp. 12–22.

26. Si desea consultar un estudio académico, véase Leonidas C. Leonidou, Constantine S. Katsikeas y Nigel F. Piercy, "Identifying Managerial Influences on Exporting: Past Research and Future Directions", *Journal of International Marketing* 6, núm. 2 (1998), pp. 74–102.

27. Russ Banham, "Not-So-Clear Choices", *International Business* (noviembre–diciembre de 1997), pp. 23–25; Jenny Strasburg, "Bob Moog: Making Small S.F. Gamemaker a Winner", *San Francisco Chronicle*, 10 de septiembre de 2003.

28. Brandon Mitchener, "E-Commerce: Border Crossings", *Wall Street Journal*, 22 de noviembre de 1999, p. R41.

29. Cynthia Kemper, "KFC Tradition Sold Japan on Chicken", *Denver Post*, 7 de junio de 1998, p. J4; Ted Anthony, "KFC Spreading Its Wings and More throughout China", *Associated Press*, 16 de enero de 2004.

30. Laura Mazur y Annik Hogg, *The Marketing Challenge* (Wokingham, Inglaterra: Addison-Wesley, 1993), pp. 42–44; Jan Willem Karel, "Brand Strategy Positions Products Worldwide", *Journal of Business Strategy* 12, núm. 3 (mayo–junio de 1991), pp. 16–19.

31. Paula Dwyer, "Tearing Up Today's Organization Chart", *Business Week*, 18 de noviembre de 1994, pp. 80–90.

32. Joann Muller, "Global Motors", *Forbes*, 12 de enero de 2004, pp. 62–68.

33. Shaoming Zou y S. Tamer Cavusgil, "The GMS: A Broad Conceptualization of Global Marketing Strategy and Its Effect on Firm Performance", *Journal of Marketing* 66 (octubre de 2002), pp. 40–56.

34. Geert Hofstede, *Culture's Consequences* (Beverley Hills, CA: Sage, 1980).

35. Paulo Prada y Bruce Orwall, "A Certain 'Je Ne Sais Quoi' at Disney's New Park", *Wall Street Journal*, 12 de marzo de 2003, p. B1.

36. Arundhati Parmar, "Dependent Variables: Sounds Global Strategies Rely on Certain Factors", *Marketing News*, 16 de septiembre de 2002, p. 4.

37. Warren J. Keegan, *Multinational Marketing Management*, 5a. ed. (Upper Saddle River, NJ: Prentice Hall, 1995), pp. 378–381.

38. "What Makes a Company Great?" *Fortune*, 26 de octubre de 1998, pp. 218–226.

39. David Leonhardt, "It Was a Hit in Buenos Aires—So Why Not Boise?" *Business Week*, 7 de septiembre de 1998, pp. 56–58; Marlene Parrish, "Taste Buds Tango at New Squirrel Hill Café", *Pittsburgh Post-Gazette*, 6 de febrero de 2003.

40. Richard P. Carpenter y the *Globe* Staff, "What They Meant to Say Was . . . ", *Boston Globe*, 2 de agosto de 1998, p. M6.

41. Para una distinción interesante basada en el concepto del posicionamiento cultural global, véase Dana L. Alden, Jan-Benedict E. M. Steenkamp y Rajeev Batra, "Brand Positioning Through Advertising in Asia, North America, and Europe: the Role of Global Consumer Culture", *Journal of Marketing* 63 (enero de 1999), pp. 75-87.

42. Thomas J. Madden, Kelly Hewett y Martin S. Roth, "Managing Images in Different Cultures: A Cross-National Study of Color Meanings and Preferences", *Journal of International Marketing* 8, núm. 4 (2000), pp. 90–107; Zeynep Gürhan-Canli y Durairaj Maheswaran, "Cultural Variations in Country of Origin Effects", *Journal of Marketing Research* 37 (agosto de 2000), pp. 309–317.

43. Erin White y Sarah Ellison, "Unilever Ads Offer a Tribute to Dirt", *Wall Street Journal*, 2 de junio de 2003.

44. John L. Graham, Alma T. Mintu y Waymond Rogers, "Explorations of Negotiations Behaviors in Ten Foreign Cultures Using a Model Developed in the United States", *Management Science* 40 (enero de 1994), pp. 72–95.

45. Tony Van Alphen, "Some U.S. Makers Dumping Steel in Canada", *Toronto Star*, 2 de mayo de 2001, p. E01.

46. <www.agmaglobal.org>.

47. Maricris G. Briones, "The Euro Starts Here", *Marketing News*, 20 de julio de 1998, pp. 1, 39.

48. Elliott Masie, "Global Pricing in an Internet World", *Computer Reseller News*, 11 de mayo de 1998, pp. 55, 58.

49. Ram Charan, "The Rules Have Changed", *Fortune*, 16 de marzo de 1998, pp. 159–162.

50. <www.ge.com>.

51. David Arnold, "Seven Rules of International Distribution", *Harvard Business Review* (noviembre-diciembre de 2000), pp. 131–137.

52. David Arnold, "Seven Rules of International Distribution", *Harvard Business Review* (noviembre–diciembre de 2000), pp. 131–137.

53. "Cola Down Mexico Way", *The Economist*, 11 de octubre de 2003, pp. 69–70.

54. Jack Ewing, "The Next Wal-Mart?", *Business Week*, 26 de abril de 2004, pp. 60–62.

55. "How Big Can It Grow?", *The Economist*, 17 de abril de 2004, pp. 67-69; Greg Masters, "Wal-Mart's Global Challenge", *Retail Merchandiser Magazine*, 1o. de mayo de 2004.

56. "From Head & Shoulders to Kobe", *The Economist*, 27 de marzo de 2004, p. 64.

57. Alessandra Galloni, "Venice: Gondoliers, Lagoons, Moonlight and Meatballs?", *Wall Street Journal*, pp. B1, B4.

58. "A Dragon With Core Values", *The Economist*, 30 de marzo de 2002.

59. "The Shock of Old", *The Economist*, 13 de julio de 2002, p. 49.

60. Jim Rendon, "When Nations Need a Little Marketing", *New York Times*, 23 de noviembre de 2003.

61. Zeynep Gurhan-Canli y Durairaj Maheswaran, "Cultural Variations in Country of Origin Effects", *Journal of Marketing Research* 37 (agosto de 2000), pp. 309–317.

62. Jan-Benedict E. M. Steenkamp, Rajeev Batra y Dana L. Alden, "How Perceived Brand Globalness Creates Brand Value", *Journal of International Business Studies* 34 (2003), pp. 53–65.

63. Johny K. Johansson, "Global Marketing: Research on Foreign Entry, Local Marketing, Global Management", pp. 457-483; Johnny K. Johansson, "Determinants and Effects of the Use of 'Made In' Labels", *International Marketing Review (UK)* 6, núm. 1 (1989), pp. 47–58; Warren J. Bilkey y Erik Nes, "Country-of-Origin Effects on Product Evaluations", *Journal of International Business Studies* (primavera–verano de 1982), pp. 89–99; "Old Wine in New Bottles", The Economist, 21 de febrero de 1998, p. 45; Zeynep Gürhan-Canli y Durairaj Maheswaran "Cultural Variations in Country of Origin Effects", pp. 309–317.

64. Gerry Kermouch, "Breaking Into the Name Game", *Business Week*, 7 de abril de 2003, p. 54; "Haier's Purpose", *The Economist*, 20 de marzo de 2004, p. 72.

65. Chester Dawson, "The Americanization of Toyota", *Business Week*, 15 de abril de 2002, pp. 52–54; "Twenty Years Down the Road", *The Economist*, 14 de septiembre de 2002, pp. 62-63.

66. Alex Taylor III, "BMW Turns More American Than Ever", *Fortune*, 23 de febrero de 2004, p. 42.

67. Dwyer, "Tearing Up Today's Organization Chart", pp. 80–90.

68. Christopher A. Bartlett y Sumantra Ghoshal, *Managing Across Borders* (Cambridge, MA: Harvard Business School Press, 1989).

69. Betsy McKay, "Coke Hunts for Talent to Re-Establish Its Marketing Might", *Wall Street Journal*, 6 de marzo de 2002, p. B4.

EN ESTE CAPÍTULO ANALIZAREMOS LAS SIGUIENTES PREGUNTAS:

1. ¿Cuáles son las tendencias actuales en las prácticas de marketing?

2. ¿Cuáles son las claves para desarrollar un marketing interno eficaz?

3. ¿Cómo pueden las empresas ejercer su responsabilidad social?

4. ¿Cómo logran las empresas mejorar su capacidad de ejecución de marketing?

5. ¿Qué herramientas utilizan las empresas para controlar y mejorar sus actividades de marketing?

veintidós

Para que una marca crezca a largo plazo y de manera saludable es necesario que la organización de marketing se administre de forma adecuada. Los mercadólogos holísticos tendrán que participar en toda una serie de actividades de marketing interconectadas y planeadas con detenimiento si quieren abarcar toda la complejidad de esta disciplina.[1] Veamos el caso de L'Oréal.

Durante casi dos décadas, el índice del incremento de utilidades de L'Oréal, la empresa de cosméticos más importante del mundo, ha sido de dos dígitos. Esta empresa de 15,300 millones de dólares, con más de un siglo de historia, ha aprovechado su patrimonio cultural y sus orígenes parisinos para vender productos que hacen que sus clientes se sientan especiales. Como la empresa invierte en investigación y desarrollo más que el promedio, ha conseguido importantes innovaciones y una gran reputación tecnológica. Los productos innovadores y las atractivas mujeres que aparecen en sus anuncios, como la supermodelo Claudia Schiffer, la cantante Beyoncé Knowles y la actriz Heather Locklear, han permitido a la empresa mantener una estrategia de precios más altos y justificar el tentador eslogan "Porque yo lo valgo". Aunque la actriz francesa Catherine Deneuve es una de las modelos oficiales de la empresa, L'Oréal no impone un único tipo de belleza en su marketing. La empresa adquirió marcas de cosméticos locales como Maybelline y Soft Sheen-Carson y las modernizó antes de exportarlas a todo el mundo. La directora general, Lindsay Owen-Jones afirma: "Se trata de una cartera muy bien estudiada[...] Cada marca se posiciona en un segmento de mercado muy preciso y bien diferenciado de todos los demás."[2]

>>>

Un anuncio de L'Oréal París.

Para que el marketing holístico tenga éxito, es necesario desarrollar actividades eficaces de marketing relacional, de marketing integrado, de marketing interno y de marketing social. En capítulos anteriores se estudiaron el marketing relacional y el marketing integrado, así como las técnicas y estrategias correspondientes.[3] En este capítulo se estudiará el marketing interno y el marketing social, y cómo se deberían administrar y llevar a la práctica de forma responsable. En el desarrollo del capítulo se verá cómo las empresas organizan, aplican, evalúan y controlan sus actividades de marketing. Asimismo se analizará la creciente importancia de la responsabilidad social. Comenzaremos por analizar los cambios que se han producido en el marketing actual.

::: Tendencias actuales en las prácticas de marketing

En los capítulos 1 y 3 se describieron algunos cambios del macroentorno como la globalización, la liberalización, los avances tecnológicos, el creciente poder de los consumidores y la fragmentación del mercado. En respuesta a este entorno de cambios vertiginosos, las empresas han reestructurado sus negocios y sus prácticas de marketing de las siguientes formas:

■ *Reingeniería.* Creación de equipos para la administración de los procesos de generación de valor para los clientes y eliminación de las separaciones entre departamentos.

■ *Outsourcing.* Mayor disposición para adquirir más bienes y servicios de proveedores externos nacionales o extranjeros.

■ *Benchmarking.* Estudio de las empresas con mejores prácticas con el fin de mejorar el desempeño propio.

■ *Asociación con proveedores.* Mayor colaboración con un menor número de proveedores que agregan más valor.

■ *Asociación con clientes.* Colaboración más estrecha con los clientes para agregar valor a sus operaciones.

■ *Fusiones.* Adquisiciones o fusiones de empresas en sectores similares o complementarios para lograr economías de escala y de enfoque.

■ *Globalización.* Mayores intentos de "pensar a escala global" y "actuar a nivel local".

■ *Allanamiento.* Reducción del número de niveles de la organización para estar más cerca de los clientes.

■ *Concentración.* Identificación de los clientes y negocios más rentables a fin de concentrarse en ellos.

■ *Aceleración.* Diseño de la organización y creación de procesos que respondan más rápidamente a los cambios en el entorno.

■ *Empowerment.* Motivación y capacitación del personal para que genere más ideas y tome más iniciativas.

La función del marketing dentro de la organización también está en proceso de transformación.[4] En el pasado, los mercadólogos fungían como intermediarios encargados de entender las necesidades de los clientes y de transmitir su voz a las diferentes áreas de la organización. En una empresa interconectada, cada área funcional puede interactuar de manera directa con los clientes. El marketing ya no tiene la propiedad exclusiva de la interacción con los clientes sino que, más bien, trata de integrar todos los procesos de los clientes para que éstos vean un único rostro o escuchen una sola voz cuando se dirijan a la empresa.

CISCO

Dos especialistas en informática de la Universidad de Stanford fundaron Cisco en 1984, como un negocio dedicado a fabricar interruptores y routers para ofrecer a sus clientes soluciones de red de extremo a extremo. Durante la década de los 90, Cisco integró Internet en su estrategia de negocio, hasta el punto de incluir el lema de la empresa en los gafetes de todos sus empleados: "Internet cambia el modo en que trabajamos, vivimos, jugamos y aprendemos." Sin embargo, hacia finales de esa misma década, la empresa se dio cuenta de que desarrollar todas sus operaciones internas y externas a través de Internet ofrecía poca flexibilidad y resultaba contraproducente. Para garantizar la armonía de su descontrolada estrategia basada en Internet, Cisco aplicó la reciente tecnología Web para garantizar la unión entre Internet, intranet y extranet. Los objetivos actuales de la empresa se resumen en la frase: "Un sitio... muchas perspectivas de la empresa."[5]

::: Marketing interno

El marketing interno requiere que todos los participantes de la empresa adopten los conceptos y los objetivos de marketing y participen en la selección, la generación y la comunicación de valor para el cliente. Con los años, el marketing ha evolucionado desde el trabajo que hacía el departamento de ventas hasta constituir un grupo complejo de actividades dispersas por la organización.[6] Como los departamentos de ventas tradicionales no estaban capacitados para desempeñar funciones tan importantes como la investigación de mercados, el desarrollo de nuevos productos, la publicidad, la promoción de ventas y la atención al cliente, las empresas tuvieron que crear departamentos de marketing. Cuando surgieron los conflictos entre los departamentos de ventas y de marketing muchas empresas los unificaron.

Una empresa puede contar con un departamento de marketing excelente, pero eso no significa que tenga un buen marketing. Gran parte del éxito del marketing depende de cómo los demás departamentos de la empresa se relacionan con los clientes. Si señalan al departamento de marketing y dicen "Ellos son los que se encargan del marketing", la empresa no contará con un marketing efectivo. Una empresa es una organización eficaz sólo cuando todos los empleados asumen que su trabajo es crear, atender y satisfacer a los clientes.[7] En *Cuestiones clave: Características de los departamentos que verdaderamente se orientan al cliente* se presenta un método para identificar los departamentos de la empresa que comprenden la importancia de orientarse al cliente.[8]

En la actualidad, muchas empresas se centran en los procesos clave y no en los departamentos, porque consideran que la organización departamental es un obstáculo para la fluidez de los procesos de negocio fundamentales. Para lograr resultados con los clientes, las empresas nombran responsables de procesos que quedan a cargo de equipos multidisciplinarios. El personal de los departamentos de ventas y de marketing dedica un porcentaje cada vez mayor de su tiempo al trabajo en equipo. Por tanto, el personal de marketing tiene una responsabilidad continua con sus equipos y una responsabilidad intermitente con el departamento de marketing. Este último también es responsable de capacitar a los nuevos empleados de marketing, de asignarles equipos y de evaluar su desempeño general.

Veamos cómo se organizan los departamentos de marketing, cómo pueden colaborar de manera eficaz con otros departamentos y qué tienen que hacer las empresas para alimentar una cultura de marketing creativo dentro de toda la organización.

La organización del departamento de marketing

Los departamentos de marketing modernos se pueden organizar de diferentes formas, que, en ocasiones se traslapan:[9] organización funcional, organización geográfica, organización por producto o marca, organización por mercado, organización matricial y organización corporativa-divisional.

ORGANIZACIÓN FUNCIONAL La forma más común de organizar el departamento de marketing consiste en que todos los especialistas funcionales dependan de un director de marketing que coordine sus actividades. En la figura 22.1 se consideran cinco especialistas. Otros especialistas podrían ser un gerente de servicio al cliente, un gerente de planeación de marketing, un gerente de logística de marketing, un gerente de marketing directo y un gerente de marketing por Internet.

La mayor ventaja de esta organización es su sencillez administrativa. Sin embargo, crear relaciones de trabajo fluidas dentro del departamento constituye todo un reto.[10] Esta organización también pierde eficacia conforme aumentan los productos y los mercados. Una organización funcional suele desembocar en una planeación inadecuada para productos y mer-

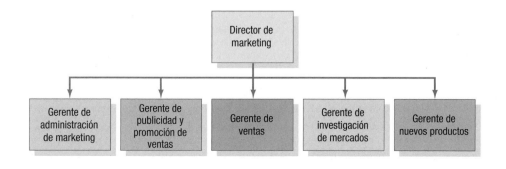

| FIG. **22.1** |

Organización funcional.

cados específicos. Los productos a los que nadie presta un especial interés acaban olvidados. Asimismo, cada grupo funcional compite con los demás por la asignación de fondos y por ganar estatus. Por eso, el director de marketing tendrá que sopesar las exigencias de cada especialista y hacer frente así al difícil problema de coordinación que tiene en sus manos.

ORGANIZACIÓN GEOGRÁFICA Por lo general, una empresa que opera en un mercado nacional organiza su fuerza de ventas (y en ocasiones también otras funciones que incluyen el marketing) en términos geográficos. Un ejemplo de esta organización es el siguiente: el gerente nacional de ventas supervisa a cuatro gerentes regionales, cada uno de los cuales supervisa a seis gerentes de zona, que a su vez supervisan a ocho gerentes de ventas de distrito, y cada uno de éstos supervisa a 10 vendedores.

Diversas empresas incorporan personal en el cargo de *especialistas de área* (gerentes de marketing regionales o locales), cuya función consiste en apoyar las campañas de ventas en

---

CUESTIONES CLAVE | CARACTERÍSTICAS DE LOS DEPARTAMENTOS QUE VERDADERAMENTE SE ORIENTAN AL CLIENTE

Investigación y desarrollo
- ___ Dedican tiempo a reunirse con los clientes y a escuchar sus problemas.
- ___ Aceptan en buen grado la participación del departamento de marketing, de producción y de otros departamentos en cada nuevo proyecto.
- ___ Utilizan los productos de la competencia como punto de referencia y buscan siempre "las mejores" soluciones.
- ___ Toman en cuenta las reacciones y sugerencias de los clientes conforme el proyecto avanza.
- ___ Mejoran y depuran el producto de manera continua en función de la retroalimentación del mercado.

Compras
- ___ Buscan de manera sistemática los mejores proveedores en lugar de elegir sólo a aquellos que quieren hacer negocios con ellos.
- ___ Establecen relaciones de largo plazo con unos cuantos proveedores, pero que ofrecen un alto nivel de calidad y que son confiables.
- ___ No sacrifican la calidad por ahorrar dinero.

Producción
- ___ Invitan a los clientes a visitar y conocer sus plantas de fabricación.
- ___ Visitan las fábricas de los clientes para ver cómo utilizan los productos de la empresa.
- ___ Están dispuestos a trabajar tiempo extra para cumplir con los plazos de entrega prometidos.
- ___ Siempre buscan maneras de producir los bienes más rápidamente y/o con menores costos.
- ___ Mejoran de manera continua la calidad de los productos y tratan de que estén libres de defectos.
- ___ Satisfacen los requerimientos de los clientes para "personalizar" los productos siempre que esto resulte rentable.

Marketing
- ___ Estudian las necesidades y deseos de los clientes en segmentos de mercado bien definidos.
- ___ Distribuyen los esfuerzos de marketing en relación con el potencial de utilidades a largo plazo de los segmentos meta.
- ___ Desarrollan ofertas con posibilidades de éxito para cada segmento meta.
- ___ Evalúan de manera continua la imagen de la empresa y la satisfacción del cliente.
- ___ Siempre reúnen y evalúan ideas para nuevos productos, para mejorarlos o para ofrecer servicios que satisfagan las necesidades de los clientes.
- ___ Influyen en todos los departamentos y empleados de la empresa para que orienten su pensamiento y sus prácticas hacia el cliente.

Ventas
- ___ Tienen conocimiento especializado sobre el sector industrial del cliente.
- ___ Se esmeran en ofrecer al cliente "la mejor solución".
- ___ Sólo hacen promesas que pueden cumplir.
- ___ Transmiten las ideas y necesidades de los clientes a los encargados del desarrollo de productos.
- ___ Atienden a los mismos clientes durante largos periodos.

Logística
- ___ Establecen altos estándares en tiempo de entrega del producto y lo cumplen de manera consistente.
- ___ Operan un departamento de servicio al cliente caracterizado por sus conocimientos y trato amable, y que es capaz de responder preguntas, manejar quejas y resolver problemas de manera satisfactoria y oportuna.

Contabilidad
- ___ Preparan informes periódicos de "rentabilidad" por producto, segmentos de mercado, áreas geográficas (regiones, zonas de venta), tamaño de pedidos y clientes individuales.
- ___ Elaboran facturas a la medida de las necesidades de los clientes y responden a las peticiones de éstos de manera rápida y cortés.

Finanzas
- ___ Comprenden y apoyan los gastos de marketing (como la publicidad corporativa) que representan inversiones para generar preferencia y lealtad de los clientes a largo plazo.
- ___ Son capaces de elaborar un paquete a la medida de los requerimientos financieros de los clientes.
- ___ Toman decisiones rápidas sobre el otorgamiento de créditos.

Relaciones públicas
- ___ Difunden información favorable sobre la empresa y "controlan los daños" que pudieran provocar las noticias desfavorables.
- ___ Actúan como clientes internos y funcionarios públicos para mejorar las políticas y prácticas de la empresa

Otros departamentos de contacto con el cliente
- ___ Son competentes, corteses, entusiastas, dignos de credibilidad, confiables y receptivos.

mercados de gran volumen. Uno de estos mercados, por ejemplo, podría ser Miami, en el estado de Florida, donde el 46% de los hogares son latinos. El especialista de Miami debe conocer perfectamente a los consumidores de la zona y la composición del mercado, para ayudar así a los gerentes de marketing de las oficinas centrales a ajustar la mezcla de marketing para esa ciudad y a preparar planes de venta anuales y a largo plazo para comercializar todos los productos de la empresa en Miami.

El avance en las tecnologías de la información y de la investigación de mercados ha alentado la regionalización. La información del escáner de las tiendas minoristas permiten el control instantáneo de las ventas por producto, lo que ayuda a las empresas a localizar cualquier problema u oportunidad con exactitud. Sin duda, los minoristas prefieren los programas locales dirigidos a los consumidores de la zona o del barrio. Para que los minoristas estén contentos, los fabricantes en la actualidad crean más planes de marketing locales.

Algunas de las empresas que han optado por el marketing regional son McDonald's, que en la actualidad invierte cerca del 50% del presupuesto total de publicidad a nivel regional; American Airlines, que se dio cuenta de que las necesidades de viaje de los pasajeros de Chicago eran totalmente diferentes a las de los viajeros del suroeste de Estados Unidos; y Anheuser-Busch, que subdividió sus mercados regionales en segmentos étnicos y demográficos, con campañas diferentes en cada uno. Algunas empresas se ven obligadas a desarrollar planes de marketing diferentes en distintas partes del país porque el desarrollo de la marca difiere por completo de una región a otra.

PACE

David Pace era un joven oriundo de Texas a quien le apasionaba fabricar la salsa picante de sabor fresco. En 1947, luego de experimentar con ingredientes y técnicas de embotellado, el producto final quedó listo; se trataba de una mezcla especial de tomate, cebolla y jalapeño, sometidos a un proceso de fabricación exclusivo, que se convirtió en Pace Picante Sauce. Con el tiempo, la empresa lanzó la salsa Pace antes de ser adquirida por Campbell Soup Company en 1994. La fuerza histórica de Pace se sitúa al oeste del Mississippi, pues en el noreste la participación de mercado de la marca es de solo un dígito. Esta gran disparidad en la fortaleza regional ha provocado que se elaboren programas de marketing diferentes para los distintos territorios. La caravana de camiones Pace, con su combinación estilo vaquero de cocina de fogón, coincide con el patrocinio de rodeos y atrae a la base principal de clientes. Sin embargo, en Nueva Inglaterra, las promociones se destinan a fomentar la prueba del producto y la penetración de mercado.[11]

ORGANIZACIÓN POR PRODUCTOS O MARCAS Las empresas que fabrican diversos productos o marcas suelen adoptar una organización por productos (o marcas). Este tipo de organización no sustituye a la funcional, sino que constituye otro nivel de administración. Un gerente de producto supervisa a los gerentes de categoría, quienes, por su parte, supervisan a los gerentes de marca o de producto específicos.

Las empresas organizadas por productos son adecuadas cuando los productos de la empresa son muy diversos, o cuando el número de éstos es tal que escapa a la capacidad administrativa de una organización funcional. Kraft recurrió a la organización por productos en su división Post al nombrar gerentes de categorías diferentes para los cereales, los alimentos para mascotas y las bebidas. Dentro del grupo de cereales, Kraft tiene gerentes de subcategorías para cereales nutricionales, cereales endulzados para niños, cereales para toda la familia y cereales variados.

En ocasiones, la administración por productos y marcas adopta una forma radial. El gerente de producto o de marca se sitúa en el centro de un círculo imaginario, y de él emanan líneas o radios hacia los diferentes departamentos (véase la figura 22.2). Algunas de las responsabilidades de los gerentes de producto o de marca son:

- Desarrollar una estrategia competitiva para el producto a largo plazo.
- Preparar un plan de marketing y un pronóstico de ventas anuales.
- Colaborar con agencias de publicidad y merchandising para desarrollar anuncios, programas y campañas.
- Fomentar el apoyo al producto entre vendedores y distribuidores.
- Recopilar información constante sobre los resultados del producto, las actitudes de los consumidores e intermediarios, y sobre nuevos problemas y oportunidades.
- Impulsar mejoras en el producto para adaptarlo a las necesidades cambiantes del entorno.

El sistema de organización por productos supone varias ventajas. El gerente de producto se puede concentrar en desarrollar una mezcla de marketing eficaz desde el punto de vista de los costos para su producto. Asimismo, podrá reaccionar más rápidamente ante el lanzamiento de nuevos productos. Por otra parte, con esta estructura, las marcas más débiles de la empresa tienen alguien que se encargue de ellas y las defienda. Pero estas ventajas tienen su precio:

| FIG. **22.2** |

Interacciones del gerente de producto.

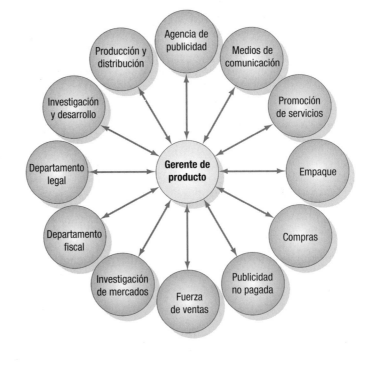

a) Estructura vertical
de equipo de producto

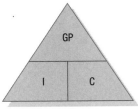

b) Estructura triangular de
equipo de producto

c) Estructura horizontal de
equipo de producto

GP   = gerente de producto
GAP = gerente asociado de producto
AP   = asistente de producto
I   = investigador de mercados
C   = especialista en comunicación
V   = gerente de ventas
D   = especialista en distribución
F   = especialista en finanzas
         y contabilidad
Ing. = ingeniero

| FIG. **22.3** |

Tres tipos de equipos de producto.

■ Los gerentes de producto, y sobre todo los de marca, no tienen la autoridad suficiente para desarrollar de forma efectiva sus responsabilide*s*. Se ven obligados a recurrir a la persuasión para conseguir la cooperación de otros departamentos.

■ Los gerentes de producto y los de marca se convierten en expertos de su área pero rara vez adquieren otro tipo de conocimientos. Vacilan entre actuar como especialistas y el temor a recurrir a verdaderos expertos.

■ El sistema de organización por productos suele resultar costoso. En un principio se nombra a un gerente para que se encargue de un producto o marca importantes. Después, estos gerentes también tienen que administrar productos o marcas de menor importancia.

■ Los gerentes de marca suelen administrar las marcas a corto plazo. Esta breve implicación con la marca conduce a una planeación de marketing a corto plazo, que se contradice con la intención de consolidar a largo plazo los puntos fuertes de la misma.

■ La fragmentación de los mercados hace más difícil el desarrollo de una estrategia nacional centralizada. Los gerentes de marca deben complacer a un creciente número de equipos de ventas regionales y locales, lo que supone un traspaso de poder desde el departamento de marketing a la fuerza de ventas.

■ Los gerentes de producto y de marca llevan a la empresa a concentrarse en el aumento de la participación de mercado y no en la consolidación de las relaciones con los clientes. Sin embargo, la relación con los clientes, y no la administración de marcas, es el principal factor generador de valor.

Una segunda organización por producto alternativa es la de crear *equipos de producto*, en lugar de nombrar gerentes de producto. Existen tres tipos de estructuras de administración en equipo: estructura vertical, estructura triangular y estructura horizontal (véase la figura 22.3).

Los defensores de la administración de activos de marca prefieren las estructuras triangular y horizontal. Consideran que cada marca debe estar a cargo de un equipo de administración de activos de marca, formado por representantes estratégicos de las principales funciones que influyen en los resultados de la marca. Así, la empresa se estructura en diferentes ***equipos de administración***, que periódicamente informan de la situación y los resultados a un comité de dirección de equipos que, a su vez, depende del director de marca. Este método difiere mucho de los métodos tradicionales utilizados hasta la fecha.

Una tercera alternativa es la de eliminar los puestos de gerentes de producto de escasa relevancia y asignar varios productos a cada uno de los gerentes. Esto es posible cuando varios productos sirven para cubrir un conjunto de necesidades similares. Las empresas de cosméticos no necesitan tener gerentes de producto diferentes, puesto que todos los cosméticos atienden a la misma necesidad: la belleza. Una empresa de artículos de higiene personal sí requiere diferentes gerentes para la crema dental, el jabón de baño y el champú, en virtud de las diferencias de uso e imagen de esos productos.

Por último, otro sistema de organización por productos es el de la *administración por categorías*, mediante el cual la empresa utiliza las categorías de productos para administrar sus

Un anuncio que menciona todos los servicios que ofrece Dow Corning a sus clientes. Dow Corning utiliza la estructura horizontal de equipos de producto. Entre cinco y ocho personas integran cada equipo, y cada uno de éstos se encarga de un producto, de un mercado y de un proceso específicos.

marcas. Procter & Gamble, empresa pionera del sistema de administración de marcas, así como otras grandes organizaciones, han cambiado al sistema de administración por categorías en los últimos años.[12,13,14]

P&G destaca una serie de ventajas de su sistema de administración por categorías. En primer lugar, como consecuencia del fomento de la competencia interna entre los gerentes de marca, la estructura tradicional de administración de marcas generaba importantes incentivos para sobresalir, pero también una intensa competencia interna por los recursos y una evidente falta de coordinación. Mientras que las categorías con menor participación de mercado se pasaban por alto (por ejemplo, categorías de producto como "limpiadores de superficies duras"), el nuevo sistema garantiza la asignación adecuada de recursos para todas las categorías.

Otra razón más en favor de la administración por categorías es la creciente importancia de la venta minorista. Puesto que los minoristas piensan más en términos de categorías de producto y de la rentabilidad que generan las diferentes secciones de sus establecimientos, P&G concluyó que lo más lógico era pensar en sus mismos términos. Los minoristas como Wal-Mart y otras cadenas regionales como Dominick's han adoptado el sistema de administración por categorías con la finalidad de definir el posicionamiento estratégico de sus productos dentro de la categoría, y para analizar asuntos operativos como la logística, el papel de los productos de marcas privadas, y la oferta de una gama de productos amplia sin incurrir en la duplicación ineficaz de los mismos.

La administración por categorías no es la panacea. Después de todo, es un sistema cuyo motor son los productos. Colgate pasó de la administración de marcas (crema dental Colgate) a la administración de categorías (categoría "dentífrico") para después entrar en una nueva fase denominada "administración de necesidades de los clientes" (higiene bucal). Este último paso hace que la organización gire en torno a una necesidad básica de los consumidores.[15]

ORGANIZACIÓN POR MERCADOS Muchas empresas venden sus productos en mercados diferentes. Canon vende faxes a consumidores, empresas y organismos gubernamentales. U.S. Steel vende su acero a sectores como el de los ferrocarriles, la construcción y las empresas de servicios públicos. Cuando los clientes pertenecen a grupos diferentes, con preferencias y prácticas de compra distintas, es recomendable adoptar una ***organización por mercados***. Un ge-

Sistema de administración matricial
producto/mercado.

rente general de mercados se encarga de supervisar a un grupo de gerentes de mercado (también denominados gerentes de desarrollo de mercado, especialistas de mercado o especialistas de sector). Los gerentes de mercado desarrollan todas las tareas funcionales necesarias, pero, en el caso de mercados importantes, se apoyan en especialistas funcionales subordinados.

Los gerentes de mercado son empleados de staff, con obligaciones similares a las de los gerentes de producto. Los gerentes de mercado desarrollan planes anuales y a largo plazo para sus mercados correspondientes. La evaluación de su desempeño se realiza con base en su contribución al crecimiento y a la rentabilidad del mercado que se les asigna. Este sistema presenta ventajas e inconvenientes similares a los del sistema de organización por producto. La ventaja más importante es que la actividad de marketing se organiza con el fin de satisfacer las necesidades de diferentes grupos de clientes, en lugar de concentrarse en funciones de marketing, regiones o productos. Muchas empresas han optado por reorganizarse en líneas de mercado para convertirse en *organizaciones centradas en el mercado*. Xerox pasó de la venta por zonas geográficas a la venta por sectores, al igual que IBM y Hewlett-Packard.

En una *organización por clientes* las empresas se estructuran para tratar con clientes individuales y comprender sus necesidades, en lugar de enfrentarse al mercado masivo o incluso a segmentos de mercado.

ORGANIZACIÓN MATRICIAL Las empresas que fabrican numerosos productos destinados a mercados diferentes pueden adoptar una estructura matricial. DuPont fue una de las primeras empresas en aplicar este sistema de organización (véase la figura 22.4).

D U P O N T

Antes de la reestructuración de la empresa, el departamento de fibras textiles de DuPont estaba formado por diferentes gerentes de producto encargados del rayón, del acetato, del nylon, del orlón y del dacrón, así como por otros gerentes de mercado encargados de la ropa masculina, de la ropa femenina, de la decoración del hogar y de los mercados industriales. Los gerentes de producto planeaban las ventas y las utilidades de sus respectivas fibras. A continuación, pedían a los gerentes de mercado que calcularan cuánta fibra podrían vender en cada mercado a un precio determinado. Los gerentes de mercado, sin embargo, estaban más interesados por satisfacer las necesidades del mercado que por favorecer una u otra fibra. Al elaborar sus planes de mercado, solicitaban a cada gerente de producto los precios previstos para cada tejido y la disponibilidad del mismo. Los pronósticos de ventas definitivos de los gerentes de mercado y de los gerentes de producto debían sumarse para obtener el total.

Las empresas como DuPont pueden ir más lejos y ver a sus gerentes de mercado como los principales especialistas de marketing y a sus gerentes de producto como proveedores. Por ejemplo, el gerente de mercado de ropa de caballero podría tener la autoridad suficiente para comprar fibras textiles a los gerentes de producto o, si el precio de DuPont es demasiado alto, recurrir a proveedores externos. Este sistema obligaría a los gerentes de producto de DuPont a ser más eficientes. Si un gerente de producto no puede igualar los niveles de precio de proveedores rivales, quizás DuPont deberá dejar de fabricar el producto.

Una organización matricial es recomendable en empresas multiproducto y multimercado. El problema de este tipo de organizaciones es su costo y los conflictos que podrían generarse. En primer lugar, el costo que implica un número tan grande de gerentes, pero además surgen dudas acerca de quién tiene la autoridad y de quién es el máximo responsable.

Este sistema goza de gran aceptación porque las empresas han creado el clima adecuado para que esta modalidad pueda prosperar: organizaciones planas, con equipos eficientes, centradas en los procesos de negocio que atraviesan todas las funciones de forma horizontal.[16]

ORGANIZACIÓN CORPORATIVA-DIVISIONAL A medida que crecen , las empresas multiproducto y multimercado convierten a sus grandes equipos de administración de productos o mercados en divisiones independientes. Cada división establece sus propios departamentos y servicios, lo que plantea el problema de qué servicios y actividades de marketing deberán permanecer centralizadas. Las empresas fragmentadas en divisiones han buscado diferentes soluciones a este problema:

■ ***Marketing no corporativo.*** Determinadas empresas carecen de personal de marketing a nivel corporativo, porque no le ven utilidad. Cada división tiene su propio departamento de marketing.

■ ***Marketing corporativo moderado.*** Determinadas empresas tienen un departamento de marketing corporativo reducido que desempeña pocas funciones: **1.** asistir a la alta dirección con la evaluación general de las oportunidades del mercado, **2.** asesorar a las divisiones de la empresa cuando éstas lo soliciten, **3.** colaborar con las divisiones que no cuenten con un departamento de marketing propio o que tengan poca actividad de marketing y **4.** promover la filosofía del marketing por toda la empresa.

■ ***Marketing corporativo intenso.*** Algunas empresas tienen un departamento de marketing que, además de realizar las funciones mencionadas, también presta servicios de marketing a las diferentes divisiones, por ejemplo, servicios de publicidad especializada, servicios de promoción de ventas, investigación de mercados y administración de ventas o servicios diversos.

Sea cual fuere el grado de formalización del marketing corporativo, determinadas actividades deben realizarse desde niveles superiores hacia niveles inferiores. Webster considera que las funciones del marketing a nivel corporativo son:[17]

1. Promover la cultura de orientación hacia el cliente y hacer hincapié en los clientes cuando la alta dirección determina la estrategia de la empresa.
2. Evaluar el atractivo de los mercados mediante el análisis de las necesidades y los deseos de los consumidores, y las ofertas de los competidores.
3. Desarrollar una propuesta de valor general para toda la empresa, así como la visión y la articulación necesarias para ofrecer un valor superior a sus clientes.

Las relaciones con los demás departamentos

En teoría, todas las funciones de la empresa deben interactuar en armonía con el fin de alcanzar los objetivos generales de la organización. Sin embargo, en la práctica las relaciones entre los diferentes departamentos se caracterizan por la competencia y la desconfianza. Ciertos conflictos surgen de las diferencias de opinión sobre qué es más recomendable para la empresa, otros surgen de las discrepancias entre lo que es mejor para el departamento y lo que es mejor para la empresa, y otros simplemente se generan a partir de prejuicios y estereotipos injustificados.

En el seno de una organización normal, cada función ejerce una influencia potencial en la satisfacción general del cliente. Según el enfoque marketing, todos los departamentos deben pensar en los clientes y colaborar para satisfacer sus necesidades y expectativas. El departamento de marketing debe predicar con el ejemplo. El director de marketing tiene dos responsabilidades fundamentales: **1.** coordinar las actividades de marketing interno de la empresa, y **2.** coordinar el departamento de marketing con los departamentos financieros, de operaciones, etc. para atender mejor a los clientes.

No obstante, existe un débil consenso sobre el nivel de influencia y autoridad que debe ejercer el departamento de marketing sobre los demás departamentos. En general, el director de marketing debe recurrir a la persuasión en lugar de a la autoridad. Con frecuencia, el resto de los departamentos se resisten a cambiar su modo de trabajar para satisfacer los intereses de los clientes, y definen los problemas y los objetivos de la empresa desde su propio punto de vista. Así que los conflictos de intereses son inevitables. Por otra parte, la falta de comunicación viene a complicar los problemas. Veamos las posibles reacciones negativas que pueden presentar distintos grupos funcionales con respecto al marketing.

■ Los ***ingenieros*** discrepan con los directivos de marketing cuando éstos les solicitan que fabriquen varios modelos que requieren piezas especiales. Los ingenieros consideran que los directivos de marketing no saben de tecnología, que cambian las prioridades constantemente, y que no son dignos de confianza.

■ Los ***directivos de compras*** consideran que los directivos de marketing favorecen varios modelos de una línea de productos, lo que requiere que se adquieran pequeñas cantidades de muchos artículos, en lugar de grandes cantidades de pocos artículos. Consideran que el departamento de marketing insiste demasiado en la calidad de las piezas y de los materiales necesarios. Tampoco les agrada la imprecisión de los pronósticos de marketing que les obliga a realizar compras de última hora, a toda prisa, a precios desfavorables, así como a mantener inventarios excesivos.

■ Los ***directivos de finanzas*** sospechan que los pronósticos de marketing sirven a sus propios intereses. Consideran que el departamento de marketing se precipita al reducir los precios con el único fin de conseguir más pedidos, en lugar de fijar precios con vistas a obtener utilidades. Afirman que los mercadólogos "conocen el valor de todo y el costo de nada".

■ Los **contadores** consideran que el departamento de marketing siempre se retrasa con los informes de ventas. No les agrada el trato especial a determinados clientes porque puede requerir procedimientos contables específicos. Los responsables del crédito evalúan la situación de los clientes por su capacidad para hacer frente a los pagos, y niegan o limitan el crédito a los más dudosos. Consideran que el departamento de marketing venderá a cualquier persona, incluidas aquellas que no demuestren su solvencia.

Las empresas necesitan desarrollar un enfoque equilibrado en el que el marketing y los demás departamentos determinen, en conjunto, qué es lo más apropiado para la empresa. Entre las posibles soluciones cabe destacar los seminarios dirigidos a comprender los puntos de vista de cada departamento, los comités conjuntos y el personal de intermediación, los programas de intercambio de personal y los métodos analíticos para determinar los cursos de acción más redituables.[18]

Quizás la solución más adecuada sea que el departamento de marketing organice reuniones periódicas con los demás departamentos, puesto que así se garantiza un mayor entendimiento y una mayor colaboración. Incluso aunque cada departamento incurra siempre en las mismas acusaciones y quejas sobre el otro, estas reuniones servirán para aclarar la situación y generar una colaboración más constructiva. Cada departamento debe comprender la lógica operativa de los demás, puesto que la eficacia del marketing es mayor cuando todos los departamentos persiguen los mismos objetivos.

PROCTER & GAMBLE

Con 19 de sus 20 marcas más importantes ganando participación de mercado y con el doble de cotización bursátil, Procter & Gamble tuvo un magnífico periodo entre 2002 y 2004. El crecimiento orgánico del negocio principal significó un gran impulso. El nivel de éxito de sus productos nuevos, entendido como utilidades superiores al costo de capital, ha oscilado entre el 70 y 90%. Aunque estos resultados extraordinarios se deben a numerosos factores, la interacción del departamento de marketing con los 7,500 empleados de investigación y desarrollo a nivel mundial ha sido fundamental. Para facilitar la interacción, los diferentes problemas y sus posibles soluciones se dan a conocer en una página Web interna, y las "comunidades de profesionales" especializados en ciertos sectores (por ejemplo, "blanqueadores"), se reúnen con frecuencia. La colaboración conjunta entre las diferentes unidades de P&G ha dado origen a productos tan diversos como las tiras blanqueadoras de dientes Crest Whitestrips, la comida antisarro para perros Iams Dental Defense, y las toallitas faciales limpiadoras Olay Daily. El sistema de lavado de autos Mr. Clean AutoDry se diseñó con información de expertos de investigación y desarrollo que trabajaban con el purificador de agua Pur y el detergente para vajillas Cascade.[19]

Cómo organizar una estructura de marketing creativa

Muchas empresas comienzan a darse cuenta de que en realidad no tienen una orientación hacia el mercado y hacia el cliente, sino que más bien se orientan hacia los productos y las ventas. Empresas como Baxter, General Motors, Shell y J. P. Morgan intentan transformarse en organizaciones totalmente orientadas al mercado. Para ello es necesario:

1. Desarrollar pasión por los clientes en toda la empresa.
2. Organizarse en torno a segmentos de clientes en lugar de en torno a productos.
3. Desarrollar un conocimiento profundo de los clientes a través de la investigación cualitativa y cuantitativa.

Las ventajas, sin duda, son considerables. Dos investigadores concluyeron recientemente: "Hemos descubierto que cuanto más intensa es la orientación de una empresa hacia el cliente, mayor es su productividad. Las empresas más centradas en el cliente eran hasta un 7% más productivas que sus competidoras."[20]

Esta transición no es sencilla. No bastará con discursos del director general para animar a los empleados a que piensen en los clientes, sino que será necesario redefinir las funciones, las responsabilidades, los incentivos y las relaciones por puesto y por departamento. En *Marketing en acción: El marketing y el director general* se mencionan algunas medidas que podría tomar un director general para mejorar los resultados de marketing de la empresa a su cargo.

Aunque en una economía altamente competitiva es necesario que las organizaciones se orienten al cliente, esto no es suficiente. La organización también debe ser creativa. En la actualidad, las empresas se copian estrategias y ventajas entre sí con mucha rapidez, lo que hace que sea cada vez más difícil diferenciarse, y aún más complicado mantener esta diferenciación. Conforme las empresas se asemejan más, los márgenes descienden. La única salida para las empresas es desarrollar capacidad de innovación e imaginación estratégicas (véase *Marketing en acción: Cómo impulsar la innovación estratégica*). Para lograrlo es necesario unificar las herramientas, los procesos, las capacidades y los parámetros que permitirán a la empresa generar mejores ideas que las de los competidores.[21]

MARKETING **EN ACCIÓN** | EL MARKETING Y EL DIRECTOR GENERAL

¿Qué puede hacer el director general de una empresa para que su organización se oriente hacia los clientes y hacia el mercado?

1. *Convencer a la alta dirección de la necesidad de orientarse al cliente.* El propio director general ejemplifica el compromiso con los clientes y recompensa a los miembros de la empresa que hacen lo mismo. Por ejemplo, se dice que los ex directores generales de GE e IBM, Jack Welch y Lou Gerstner, respectivamente, dedicaban unos 100 días del año a visitar clientes, a pesar de las responsabilidades estratégicas, financieras y administrativas a las que tenían que hacer frente. Y en el caso de IBM, más de 470 ejecutivos de alto nivel son los responsables directos de más de 1,300 cuentas de clientes.

2. *Nombrar a un responsable de marketing y a un equipo de trabajo exclusivo de marketing.* En el equipo de trabajo de marketing deben participar el director general y los gerentes de ventas, investigación y desarrollo, compras, producción, finanzas, recursos humanos, y todos los demás empleados que ocupan puestos clave.

3. *Buscar asistencia y directrices externas.* Los despachos de consultoría tienen una gran experiencia en ayudar a las empresas a adquirir una orientación de marketing.

4. *Modificar el sistema y los parámetros de recompensas de la empresa.* Siempre que los departamentos de producción y compras reciban reconocimiento por mantener los costos a niveles bajos, se resistirán a aceptar costos necesarios para atender mejor a los clientes. Por otra parte, si el departamento de finanzas se concentra en las utilidades a corto plazo, se opondrá a las principales inversiones destinadas a conseguir clientes leales y satisfechos.

5. *Contratar empleados de marketing con talento.* La empresa necesita un director de marketing con talento, que no sólo administre su departamento, sino que también tenga el respeto y la confianza de otros directivos. Una empresa multidivisional podrá obtener resultados positivos si cuenta con un buen departamento de marketing corporativo.

6. *Desarrollar programas internos de capacitación de marketing.* La empresa debe diseñar programas de capacitación de marketing para la dirección de la empresa, los gerentes divisionales, el personal de marketing, de ventas, de producción, y de investigación y desarrollo, entre otros. Algunas de las empresas que ofrecen este tipo de capacitación son GE, Motorola y Accenture.

7. *Instalar un sistema de planeación de marketing moderno.* El formato de planeación exigirá que los directivos consideren el entorno de marketing, las oportunidades, las tendencias competitivas y otros factores de importancia. A continuación, los directivos prepararán estrategias y pronósticos de ventas y utilidades por productos y segmentos, y se responsabilizarán de los resultados.

8. *Crear un programa de reconocimiento de marketing anual.* Las unidades de negocio que crean que han desarrollado planes de marketing ejemplares deben presentar una descripción de éstos y de sus resultados, y participar en un concurso. Los equipos ganadores deben recibir un reconocimiento en una ceremonia especial. Los planes ganadores pueden enviarse a las demás unidades de negocio como "modelos de pensamiento de marketing". Algunos ejemplos de empresas que cuentan con este tipo de premios son Accenture, Becton-Dickenson y DuPont.

9. *Abandonar el enfoque por departamentos en favor de un enfoque proceso-resultados.* Luego de definir los procesos de negocio fundamentales que determinan el éxito de la empresa, ésta debe nombrar responsables y equipos multidisciplinares para rediseñar y aplicar tales procesos.

10. *Dejar capacidad de maniobra a los empleados.* Las empresas más avanzadas animan a sus empleados a proponer nuevas ideas y los recompensan por ello. Asimismo, los alientan a dar solución a las quejas de los clientes para cuidar el negocio. Por ejemplo, IBM permite a sus empleados de primera línea gastar hasta 5,000 dólares para solucionar los problemas del cliente sobre la marcha.

Las empresas deben prestar atención a las tendencias para poder aprovecharlas. Motorola tardó 18 meses en pasar de los teléfonos celulares analógicos a los digitales, lo que confirió a Nokia y a Ericsson una ventaja importante. Barnes & Noble tardó en aceptar los pedidos de libros y música a través de Internet, lo que permitió que Amazon lograra el liderazgo. Nestlé identificó tarde la tendencia hacia las cafeterías como Starbucks. Coca-Cola se dio cuenta muy lentamente de la tendencia en el gusto de los consumidores hacia las bebidas con sabores de frutas como Snapple, hacia las bebidas energéticas como Gatorade, y hacia el agua embotellada. La empresa intenta a toda costa ponerse al día, y se apoya en la innovación para desafiar a los líderes de estas categorías con Frutopia, una bebida de frutas no carbonatada, con POWERade, una bebida energética, y con el agua Dasani.

POWERADE

Desafiar al líder del mercado de bebidas energéticas, Gatorade, no ha sido fácil. Después de las sucesivas innovaciones desde su lanzamiento en 1990, por ejemplo, la tapa para deportistas y los sabores poco convencionales, Coca-Cola se dio cuenta, a finales de la década, de que su POWERade languidecía. Por esta razón, el producto se volvió a lanzar en 2001, y se posicionó en torno a los estilos de vida de los consumidores como el "combustible para la vida", en oposición a Gatorade, que se centraba sobre todo en el deporte. El logotipo se modernizó totalmente, con una "P" con forma de serpiente, y la fórmula se complementó con vitamina B. Los anuncios, con el tema "energía muy real", mostraban a deportistas que hacían proezas imposibles gracias a los efectos especiales. La innovación ha conseguido dar un giro a las ventas. En el verano de 2003, la empresa lanzó una edición especial de POWERade Matrix Reloaded con un original envase y un nuevo sabor para crear asociaciones con la película. También se lanzaron otras ediciones especiales con motivo de los Juegos Olímpicos, y de las competencias de NASCAR y NHRA. En septiembre de 2004 se lanzó el POWERade con sabor de frutas rojas FLAVA23, respaldado con un programa de marketing integrado cuya figura central era un dibujo animado en DC Comics de la estrella de la NBA y vocero de POWERade, LeBron James.[22]

Los líderes de mercado suelen dejar pasar las tendencias cuando tienen demasiada aversión al riesgo, se obsesionan con proteger sus mercados y sus recursos físicos, o cuando se interesan más por la eficiencia que por la innovación.

::: Marketing de responsabilidad social

El marketing interno, para ser eficaz, debe combinarse con un fuerte sentido de la responsabilidad social.[23] Las empresas necesitan evaluar si de verdad están poniendo en práctica un marketing responsable tanto desde el punto de vista social como ético. Existen diversos factores que hacen que las empresas apliquen niveles cada vez más altos de responsabilidad social: el aumento de las expectativas de los consumidores, las diferentes expectativas de los empleados, la legislación y la presión del gobierno, el interés de los inversionistas en asuntos sociales y las diferentes prácticas empresariales de abastecimiento.[24]

El éxito empresarial y la satisfacción continua de los clientes y de otros públicos de interés se relacionan de manera directa con la adopción y la aplicación de altos niveles de conducta empresarial y de marketing. Las empresas más admiradas del mundo se guían por normas que sirven al interés común, y no al suyo de manera exclusiva.

Las prácticas empresariales suelen despertar críticas porque las diferentes situaciones comerciales proponen dilemas éticos complicados. No es fácil trazar una línea divisoria entre prácticas de marketing corrientes y conductas poco éticas. Sin embargo, hay determina-

---

MARKETING **EN ACCIÓN** | CÓMO IMPULSAR LA INNOVACIÓN ESTRATÉGICA

El catedrático Stephen Brown de la Universidad Ulster ha cuestionado una serie de supuestos subyacentes en el concepto de marketing. Brown considera que los mercadólogos invierten demasiado tiempo en investigar y satisfacer a sus clientes y que, en consecuencia, se arriesgan a perder la imaginación de marketing y un significativo impacto en los consumidores. Éstas son sus críticas:

1. Si los mercadólogos prestan demasiada atención a lo que dicen los consumidores sobre lo que quieren o necesitan, se limitarán a fabricar productos similares a los existentes. Por lo general, los consumidores parten de aquello que conocen, y no de aquello que podría existir. Por ejemplo, tal vez digan que desean un teléfono celular más pequeño, pero no uno con un Palm Pilot incluido ni con reconocimiento de voz. El trabajo del mercadólogo es ir más allá de lo que dicen o quieren los consumidores.

2. El concepto de marketing da por hecho que los consumidores tienen objetivos claros y que los persiguen de forma racional. Sin embargo, los consumidores son sacudidos por todo tipo de fuerzas. Muchos responden ante aquellos productos e historias que se promueven con gran fastuosidad. Por esta razón, los mercadólogos necesitan conocimientos más allá del APIC (análisis, planeación, implementación y control). Además, deben ser capaces de crear dramas, nuevas realidades, carencias artificiales, celebraciones, etcétera.

3. El concepto de marketing implica que los mercadólogos deben someterse a los consumidores y hacer todo lo posible para satisfacerlos. Cualquier sugerencia de que los mercadólogos pudiesen "jugar" con los consumidores, o incluso manipular al público, es tabú. Sin embargo, algunos de los grandes mercadólogos del pasado, como P. T. Barnum, engañaban al público, exageraban las ofertas y, sin embargo, el público los adoraba. ¿Por qué siempre debe dominar el consumidor y el profesional del marketing ser sumiso?

¿Cómo pueden las empresas desarrollar la capacidad de la innovación estratégica? Éstas son algunas sugerencias:

- Contratar a mercadólogos excepcionalmente creativos para contrarrestar a la mayoría, que sigue el manual de marketing. Estas personas serán poco convencionales, infringirán las normas, asumirán más riesgos y discutirán más, pero sus ideas supondrán todo un desafío.

- Capacitar a los empleados en el uso de técnicas creativas, incluidas técnicas de grupo (lluvias de ideas, sinéctica) y técnicas individuales (visualización, lista de atributos, relaciones forzadas, análisis morfológico, mapas mentales).

- Llevar registro de las tendencias observables, como por ejemplo, las largas jornadas laborales, los padres solteros y los nuevos estilos de vida, y estudiar las implicaciones que tienen para la empresa.

- Elaborar una lista de las necesidades insatisfechas e imaginar nuevas ofertas y soluciones: cómo ayudar a las personas a perder peso, a dejar de fumar, a aliviar el estrés, a conocer a otros, etcétera.

- Crear recompensas y premiar las nuevas ideas. Establecer un concurso mensual "a la mejor idea". Ofrecer un incentivo en efectivo, vacaciones adicionales o viajes para aquellos empleados a los que aporten las mejores propuestas.

- Los directivos de mayor rango deben salir a comer o cenar con pequeños grupos de empleados una vez a la semana para discutir sus propuestas para mejorar el negocio, y llevarlos de vez en cuando a entornos nuevos, como una competencia de lucha libre, un centro de desintoxicación para adictos a las drogas o un barrio desfavorecido.

- Crear grupos de empleados para criticar los productos y servicios tanto de la empresa como de los competidores. Permitirles criticar los valores más apreciados de la empresa y considerar la posibilidad de trastocarlos por completo.

- Contratar de vez en cuando recursos creativos ajenos a la empresa. Muchas agencias de publicidad como Leo Burnett ofrecen servicios creativos a sus clientes.

Fuentes: Si desea adentrarse más en las ideas de Brown, consulte Stephen Brown, *Marketing—The Retro Revolution* (Thousand Oaks, CA: Sage Publications, 2001). Para más información sobre creatividad, véase Michael Michalko, *Cracking Creativity: The Secrets of Creative Genius* (Berkeley, CA: Ten Speed Press, 1998); James M. Higgins, *101 Creative Problem Solving Techniques* (Nueva York: New Management Publishing Company, 1994); así como todos los libros de Edward DeBono.

das prácticas que, a todas luces, resultan ilegales o inaceptables desde un punto de vista ético, como el soborno, la revelación de secretos industriales, la publicidad falsa y engañosa, los acuerdos exclusivos y vinculantes, los defectos de calidad o seguridad, las garantías falsas, el etiquetado incorrecto, la fijación de precios desmesurados, la discriminación de precios, y las barreras de entrada a la competencia.

En la actualidad, las empresas que no operan de manera ética corren más riesgos de quedar al descubierto gracias a Internet. En el pasado, un cliente descontento podía hablar mal de la empresa o del fabricante a otras 12 personas, pero en la actualidad puede llegar a miles de personas a través de Internet. Por ejemplo, existen algunos sitios Web que se proclaman anti-Microsoft, como Hate Microsoft (Odio a Microsoft) y Boicot a Microsoft. Por otra parte, las campañas de relaciones públicas bien administradas surten numerosos efectos. La asociación Rainforest Action Network lanzó una campaña de relaciones públicas muy fuerte en 1997 para evitar que Home Depot comercializara productos de madera proveniente de árboles de crecimiento lento. Tras dos años de comentarios negativos y de oposición a la apertura de nuevos establecimientos, Home Depot terminó por aceptar que sus proveedores trabajaran con grupos ecologistas y de defensa de los bosques para certificar que sus productos de madera no provienen de zonas en peligro de extinción.[25]

Responsabilidad social de las empresas

Para aumentar el nivel de responsabilidad social del marketing es necesaria una estrategia en tres flancos: una conducta legal adecuada, una conducta ética adecuada, y una conducta social responsable.

CONDUCTA LEGAL La sociedad debe recurrir a la ley para definir, con tanta claridad como sea posible, aquellas prácticas que son ilegales y que van en contra de la sociedad y de la libre competencia. Las organizaciones, por su parte, deben cerciorarse de que todos sus empleados conocen y cumplen toda la legislación relevante. Por ejemplo, los gerentes de ventas pueden comprobar si sus vendedores conocen y respetan la ley, si saben que es ilegal que un vendedor mienta a los compradores o los engañe sobre los beneficios de un producto. Según la ley estadounidense, todas las declaraciones de un vendedor deben ajustarse a la realidad. Cuando se trata de venta empresarial, está prohibido que los vendedores ofrezcan sobornos a los gerentes de compras o a las demás personas que participan en la decisión. Tampoco está permitido obtener o utilizar secretos técnicos o industriales de los competidores mediante el soborno o el espionaje. Por último, los vendedores no deben menospreciar a los competidores ni a sus productos sugiriendo afirmaciones que no son ciertas. Todos los vendedores deben conocer la ley y actuar en consecuencia.[26]

CONDUCTA ÉTICA Las empresas deben adoptar y divulgar un código ético escrito, instaurar una tradición ética dentro de la empresa y responsabilizar a sus empleados del cumplimiento de las directrices éticas y legales.[27] Según una encuesta realizada en 1999 por Environics International, una empresa especializada en estudios de opinión pública, el 67% de los estadounidenses están dispuestos a adquirir o boicotear productos por razones éticas.

1.	Johnson & Johnson
2.	Coca-Cola
3.	Wal-Mart
4.	Anheuser-Busch
5.	Hewlett-Packard
6.	Walt Disney
7.	Microsoft
8.	IBM
9.	McDonald's
10.	3M
11.	UPS
12.	FedEx
13.	Target
14.	The Home Depot
15.	General Electric

| TABLA 22.1 |

Las empresas con mejores prácticas de responsabilidad social.

Este anuncio de Fetzer refuerza el compromiso de responsabilidad social de la empresa. David Breashears es escritor, cineasta y un alpinista reconocido en el mundo que ha escalado el Everest varias veces.

En respuesta a la mayor sensibilidad de los consumidores en torno al tema, el estudio de KPMG de 1999 acerca de 1,100 empresas multinacionales descubrió que el 24% de ellas elaboran informes anuales de su comportamiento ético.[28]

CONDUCTA SOCIAL RESPONSABLE Las empresas deben practicar la "conciencia social" cuando traten con los clientes y con los demás grupos de interés.[29] Cada vez más personas quieren recibir información sobre el historial de responsabilidad social o ambiental de la empresa antes de hacer negocios con ella, invertir en ella y trabajar para ella.[30] La tabla 22.1 incluye una lista de algunas empresas con una gran responsabilidad social. Fetzer Vineyards, por ejemplo, es una empresa que ha adoptado numerosas prácticas de responsabilidad social.

FETZER VINEYARDS

Esta empresa, la sexta empresa vinícola más grande de Estados Unidos, galardonada con numerosos premios a la calidad, ha transformado su negocio al utilizar un balance de situación "triple": mide su éxito empresarial en función de los resultados sociales y ambientales, y no sólo según las cifras de pérdidas y ganancias. De los 2000 acres que posee Fetzer, todos han recibido la certificación de "orgánicos", y sus viñedos la certificación de "cero residuos" por el Estado de California. La filosofía de la empresa se extiende, incluso, al envasado del producto. Para proteger a los árboles, las etiquetas se fabrican con la fibra de una planta llamada kenaf y se imprimen con tintas a base de soya. Los corchos no se desinfectan con clorina y las cajas se fabrican a partir de cartón reciclado. La bodega utiliza energía solar alternativa y biodiesel, y ha roto las tradiciones con programas y prestaciones muy amplios para todos sus empleados. A pesar de que la empresa opera en un sector muy competitivo, Fetzer cree que los negocios y el progreso social deben ir de la mano. Su éxito financiero y de marketing ha hecho que el Wine Institute, un grupo comercial de la industria vitivinícola de California, lance la primera guía de prácticas de cultivo sustentable de vid en todo el estado.[31]

La decisión de cómo comunicar la actitud de la empresa y su conducta respecto a temas de responsabilidad social con frecuencia resulta complicada. La filantropía empresarial, por ejemplo, plantea problemas.[32] Merck, DuPont, Wal-Mart y Bank of America son ejemplos de empresas que donan 100 millones de dólares o más cada año a organizaciones altruistas.

Aunque las empresas pueden lograr un gran reconocimiento por sus acciones, éstas pasarán desapercibidas si no reciben la publicidad adecuada, o incluso podrían malinterpretarse y dar la sensación de que la empresa intenta aprovechar alguna situación para proyectar una buena imagen.[33] La campaña publicitaria de 250 millones de dólares de Philip Morris Company para dar a conocer sus actividades altruistas se recibió con mucho escepticismo por su imagen empresarial negativa.

Modelos de negocio responsables con la sociedad

El futuro presenta una infinidad de oportunidades para las empresas.[34] La tecnología de la energía solar, las redes *on line*, la televisión por cable y vía satélite, la biotecnología y las telecomunicaciones cambiarán el mundo que conocemos. Al mismo tiempo, las fuerzas del entorno socioeconómico, cultural y natural impondrán nuevos límites para las prácticas empresariales y de marketing. Las empresas capaces de encontrar nuevas soluciones y valores en el marco de la responsabilidad social son las que más posibilidades de éxito tienen.[35]

Muchas empresas como Body Shop, Stonyfield Farms y Smith and Hawken otorgan a la responsabilidad social una función más prominente. El aderezo casero para ensaladas del actor Paul Newman se ha convertido en todo un negocio.[36] Además, la marca Own del actor ofrece productos como salsas para pasta, rosetas de maíz y limonada, que se venden en ocho países. La empresa ha donado todas sus utilidades, 150 millones de dólares, a programas educativos y de asistencia social, como los campamentos Hole in the Wall Gang que Newman creó para niños con enfermedades graves. Otro ejemplo de empresa con una gran responsabilidad social es Working Assets.

WORKING ASSETS

Working Assets se creó en 1985 para ayudar a las personas a apoyar causas sociales con sus actividades diarias, por ejemplo, hablar por teléfono. Cada vez que los clientes utilizan uno de los servicios vinculados a Working Assets (llamadas de larga distancia, llamadas locales, servicios inalámbricos, servicios de tarjetas de crédito o servicios de Internet), la empresa dona una parte de la factura del cliente a organizaciones sin fines de lucro. Working Assets dona al menos el 1% de sus utilidades anuales a instituciones de beneficencia y permite a sus clientes elegir a qué organizaciones se dona el dinero. Hasta la fecha, la empresa ha recaudado 40 millones de dólares para diversas causas, entre las que se incluyen Greenpeace, Oxfam America, Rainforest Action Network, Human Rights Watch, Planned Parenthood, Stand for Children y Médicos sin fronteras, entre otras. Los clientes a los que se dirige el inteligente lema de la empresa "Hacemos que tu voz se oiga" son personas que se identifican como partidarios de causas progresistas. El idealismo empresarial de Working Assets ha tenido un efecto muy positivo en el balance de la empresa. Los ingresos se han disparado desde los dos millones de dólares de 1991 hasta cerca de 300 millones de dólares en 2003.[37]

Marketing comprometido

Muchas empresas combinan sus iniciativas de responsabilidad social con sus actividades de marketing.[38] El **marketing comprometido** es toda actividad de marketing que vincula las contribuciones de la empresa a una causa social con los clientes que, directa o indirectamente, se comprometen en las transacciones que realiza la empresa para recaudar fondos.[39] El marketing comprometido también se considera como parte del *marketing social de la empresa*, que Drumwright y Murphy definen como todos los esfuerzos de marketing "que tienen, al menos, un objetivo no económico relacionado con el bienestar social, y que emplean los recursos de la empresa y/o de sus socios".[40] Estos autores también incluyen otras actividades dentro del marketing social de la empresa, por ejemplo, el voluntariado y la filantropía tradicional y estratégica.

El marketing comprometido comenzó a principios de los 80. Muchos observadores reconocieron el mérito de American Express por crear conciencia sobre los beneficios generalizados que suponía el marketing comprometido, gracias a su campaña de 1983 destinada a restaurar la Estatua de la Libertad. Mediante la donación de cinco centavos de dólar por cada transacción con tarjeta de crédito y de un dólar por cada nueva tarjeta emitida, American Express recaudó 1.7 millones de dólares para la Estatua de la Libertad (Fundación Ellis Island). En el proceso, las transacciones de American Express aumentaron un 30% y la emisión de tarjetas aumentó un 15% durante la campaña.

El marketing comprometido adopta numerosas formas. Tesco, un minorista líder del Reino Unido, creó un programa llamado "Computadoras para el colegio": los clientes reciben vales por cada 10 libras que gastan y después los pueden donar al colegio de su elección. Más tarde, el colegio puede canjear los vales por computadoras. Dawn, el lavavajillas líquido líder de Estados Unidos, lanzó una campaña en la que destacaba que el activo anti-grasa del producto tenía un beneficio colateral poco común: se podía utilizar para limpiar a las aves que se quedaban impregnadas de crudo en los derrames de petróleo. En el sitio Web www.saveaduck.com se especifican las donaciones financieras y los programas educativos de la empresa. Nike es el patrocinador del maratón femenino de San Francisco Nike 26.2, cuya recaudación se destina a la Asociación contra la leucemia y el linfoma. Asimismo, Nike colabora con más de 60 tribus indias para combatir la diabetes tipo 2 al obsequiar calzado deportivo a los pacientes que se someten a los análisis de sangre. British Airways tiene un programa de gran éxito y relevancia:

BRITISH AIRWAYS

British Airways colabora con la UNICEF en una campaña de marketing comprometido llamada "Cambiar para bien". La empresa anima a sus pasajeros a donar las monedas extranjeras que no pueden cambiar a la vuelta de sus viajes. El método es sencillo: los pasajeros depositan las monedas que les quedan en sobres que British Airways reparte, recoge y dona directamente a la UNICEF. British Airways anuncia su programa en un video que emite a bordo, en el reverso de los pases de abordar, y en mensajes especiales durante sus vuelos. La empresa también produjo un anuncio televisivo en el que aparece un niño que da las gracias a la empresa por su contribución a la UNICEF. Como este programa se orienta directamente a los pasajeros y puede generar resultados instantáneos no es necesario promoverlo ni anunciarlo, y es poco costoso. Desde 1994, la empresa ha recaudado y distribuido en todo el mundo cerca de 40 millones de dólares.[41]

VENTAJAS Y DESVENTAJAS DEL MARKETING COMPROMETIDO Un programa de marketing comprometido genera un gran número de ventajas: mejorar el bienestar social, crear un posicionamiento de marca diferenciado, establecer vínculos más fuertes con los clientes, mejorar la imagen pública de la empresa frente a funcionarios del gobierno y otros agentes clave en la toma de decisiones, despertar sentimientos favorables hacia la empresa, reforzar la moral interna de la empresa, motivar a los empleados y generar ventas.[42]

Al humanizar la empresa, los consumidores desarrollan un vínculo fuerte y exclusivo con la organización que va más allá de las transacciones normales del mercado.[43] Los programas de marketing comprometido pueden generar *brand equity* con los consumidores mediante: **1.** la ampliación del conocimiento de marca, **2.** el fortalecimiento de la imagen de marca, **3.** la consolidación de la credibilidad de la marca, **4.** la generación de sentimientos de marca, **5.** la creación de un sentimiento de comunidad de marca y **6.** la generación de un compromiso con la marca.[44] Liz Claiborne ha mostrado un fuerte compromiso con su causa.

LIZ CLAIBORNE

En 1991, cuando la violencia doméstica era un tema tabú y recibía un tratamiento de "papa caliente", Liz Claiborne desarrolló su programa "El trabajo de las mujeres" contra la violencia doméstica, que hoy lleva el lema "Amar es no abusar". Antes de lanzar la campaña, la empresa realizó un estudio que concluyó que el 96% de sus clientes consideraban que la violencia doméstica era un problema serio, y el 91% de éstos consideraban que sería positivo que la empresa iniciara una campaña por esta causa. El evento de mayor recaudación de fondos es un día de compras cada mes de octubre en las tiendas Liz Claiborne de Estados Unidos. La empresa dona el 10% de todas sus ventas a organizaciones nacionales que luchan contra la violencia doméstica. Liz Claiborne también contribuye con lo que recauda de la venta de camisetas, joyería y otros productos relacionados con la campaña. Además, la empresa financia las campañas que aparecen en televisión, radio, anuncios espectaculares y anuncios en las paradas de autobús, además de distribuir carteles, folletos y mensajes por correo para despertar la conciencia social. Con los años, Liz Claiborne también ha patrocinado talleres, encuestas, campañas para despertar la conciencia sobre el tema apoyadas por personajes famosos, y muchos otros eventos.[45]

El riesgo, sin embargo, es que los efectos promocionales de un programa de marketing comprometido fracasarán si los consumidores ponen en duda el vínculo entre el producto y la causa, y consideran que la empresa sólo busca su propio beneficio.[46] Por ejemplo, Bristol-Meyers Squibb (BMS) apoya el Tour de Cure, que aporta recursos para la investigación y la prevención de la diabetes. En la página Web oficial del evento, el logotipo de BMS incluye el mensaje "Un líder en la cura de la diabetes tipo 2". Esta conexión potencialmente rentable entre el patrocinador y el evento podría llevar a algunos consumidores a pensar que el apoyo de BMS es más bien oportunista.[47]

Para diseñar y poner en práctica un programa de marketing comprometido es necesario tomar una serie de decisiones, por ejemplo, cuántas causas y cuáles se deben seleccionar para el programa.

SELECCIÓN DE LA CAUSA Algunos expertos consideran que el impacto positivo sobre la marca de los esfuerzos de marketing comprometido pueden verse atenuados por la contribución esporádica a numerosas causas. Por ejemplo, Cathy Chizauskas, directora de asuntos sociales de Gillette, afirma: "Cuando se reparte una recaudación de mil dólares en donaciones de cincuenta dólares, nadie sabe a qué contribuye la empresa realmente[...] Apenas si causa impacto."[48]

Muchas empresas prefieren concentrarse en una o varias causas para simplificar la ejecución del programa y maximizar sus efectos. Una de las empresas con más programas sociales es Mc-Donald's. Las casas Ronald McDonald distribuidas por más de 20 países ofrecen más de 5,000 habitaciones cada año a familias que necesitan apoyo mientras un hijo está en el hospital. Desde su lanzamiento a principios de 1974, el programa ha ofrecido un "hogar fuera de casa" a cerca de cuatro millones de personas.

Sin embargo, limitar el apoyo de la empresa a una sola causa reduce el número de consumidores o de otros grupos de interés que transfieren los sentimientos positivos de la causa hacia la empresa. Además, varias causas ya tienen muchos patrocinadores empresariales. Según los informes publicados, más de 300 empresas entre las que se encuentran Avon, Ford, Estée Lauder, Revlon, Lee Jeans, Polo Ralph Lauren, Yoplait, Saks, BMW y American Express, se vinculan actualmente con la causa de la lucha contra el cáncer de mama de una u otra forma.[49] En consecuencia, la marca podría terminar "perdida en la confusión", sin destacar en absoluto entre un mar de lazos de color rosa.

El programa "El don de la vista" de LensCrafters en acción.

Las "causas huérfanas", es decir, las que afectan a menos de 200,000 personas, pueden generar más oportunidades.[50] Otra opción son las enfermedades a las que no se presta demasiada atención, como el cáncer de páncreas, que es el cuarto tipo de cáncer más mortal después del cáncer de piel, de pulmones y de mama, y que, sin embargo, apenas si recibe apoyo empresarial.

La mayor parte de las empresas tienden a seleccionar causas que se ajusten a su imagen de marca o empresarial, y que son relevantes tanto para los empleados como para los accionistas. El programa "El don de la vista" de LensCrafters es un programa familiar sin fines de lucro que ofrece revisiones oculares y anteojos a más de tres millones de personas necesitadas de Estados Unidos y países en desarrollo de todo el mundo. Todos los establecimientos de la empresa tienen la capacidad para regalar tres pares de anteojos a gente de la comunidad que los necesite. La empresa tiene dos caravanas que viajan por todo el territorio de Estados Unidos para brindar apoyo a los niños, y organiza misiones de dos semanas en el extranjero.

LA MARCA DEL PROGRAMA DE MARKETING COMPROMETIDO Existen tres opciones para poner una marca al programa de marketing comprometido:

1. *Marca propia: Crear un programa con causa propia.* La empresa se adueña de una causa y desarrolla una organización totalmente nueva para repartir los fondos asociados con ella. La causa podría recibir la marca matriz o una marca individual de producto. Dos ejemplos clásicos de estas entidades de marca propia son las casas Ronald McDonald House Charities y la Cruzada Contra el Cáncer de Mama de Avon.
2. *Asociación de marca: Vínculo con un programa existente.* La empresa colabora con una causa establecida. Por lo regular, la identificación de la asociación de marca con la causa consiste en que la empresa se erige como patrocinador o defensor de una causa: la participación no recibe un nombre o una marca como un programa especial. En la actualidad, las relaciones de asociación de marca son las más comunes. Un ejemplo es el patrocinio de Sealy del Victory Junction Gang Camp de NASCAR, que consiste en la donación de camas a un campamento de carreras automovilísticas para niños con enfermedades letales.
3. *Marca conjunta: Vínculo con un programa existente.* Se trata de un método híbrido en el que las empresas se asocian a una marca existente, pero ponen una marca explícita a su programa dentro de la causa. Un ejemplo es el Rocky Mountain Challenge, una carrera ciclista de tres días, patrocinada por el minorista de bicicletas Colorado Cyclist, y cuyos fondos recaudados se destinan a la Fundación Tyler Hamilton para la esclerosis múltiple, una organización no lucrativa fundada por el ciclista del Tour de Francia, Tyler Hamilton (egresado de la Universidad de Colorado).

La asociación de marca con una causa existente es un método que utilizan las empresas para complementar su imagen de marca con determinadas asociaciones que se "toman prestadas" o se "transfieren" de la causa apoyada. La marca propia resulta útil cuando la empresa intenta fortalecer las asociaciones de los consumidores apelando a las emociones o a la imaginación. La marca conjunta ofrece un doble beneficio, pues permite crear conexiones fuertes con una causa existente y conservar una identidad exclusiva.

Asociación de marca: El corredor de NASCAR, Kyle Petty, y su esposa Pattie fundaron el campamento Victory Junction Gang en Randelman, Carolina del Norte, para niños con necesidades especiales. Aquí aparecen al recibir un cheque de Nextel por un millón de dólares.

En *Cuestiones clave: Marcar la diferencia* se incluyen algunas sugerencias que ofrece una empresa con un magnífico marketing comprometido.

Marketing social

Determinados esfuerzos de marketing se destinan a estudiar un problema o causa social. El marketing comprometido se refiere a los esfuerzos que hace una empresa para apoyar una causa. Por su parte, el **marketing social** se refiere a los esfuerzos de una organización gubernamental o de una asociación sin fines de lucro para promover una causa como "Di no a las drogas" o "Haz más ejercicio y lleva una dieta saludable".[51] La necesidad del marketing social es evidente. Veamos las siguientes cifras del año 2002 correspondientes a Estados Unidos:

■ Cerca de un millón de adolescentes quedaron embarazadas.

■ Entre cinco y 10 millones de mujeres adolescentes y adultas padecen trastornos alimenticios.

■ Mas de 16,000 personas murieron en accidentes de tránsito relacionados con el consumo de alcohol.

■ Más de 3,000 niños y adolescentes murieron en tiroteos.

■ Más de 5,000 personas en lista de espera para un transplante murieron sin recibir el órgano que necesitaban.

El marketing social es un fenómeno global que se remonta años atrás. En la década de los 50, India lanzó campañas de planeación familiar. En los 70, Suecia lanzó campañas de marketing social para convertir al país en una nación de no fumadores y abstemios. En esa misma década, el gobierno australiano lanzó el programa "Ponte el cinturón de seguridad". A finales de los 70, el gobierno canadiense lanzó las campañas "Di no a las drogas", "Deja de fumar" y "Haz ejercicio por tu salud". En los 80, el Banco Mundial, la Organización Mundial de la Salud y los Centros para el Control y la Prevención de Enfermedades comenzaron a utilizar el término marketing social y a despertar el interés colectivo por este fenómeno. Algunos de los éxitos mundiales de marketing social son los siguientes:

■ La terapia de rehidratación oral en Honduras redujo de manera significativa la muerte por diarrea en los niños menores de cinco años.

■ En Uganda se crearon cabinas en los mercados donde las comadronas vendían anticonceptivos a precios accesibles.

■ Population Communication Services creó y promovió dos canciones muy populares en América Latina llamadas "Stop" y "When We Are Together", para ayudar a las mujeres jóvenes a "decir no".

■ El National Heart, Lung, and Blood Institute logró despertar la conciencia de la población sobre los riesgos que implican la presión arterial elevada y el colesterol, lo que ha reducido de manera significativa el número de muertes asociadas con estos trastornos.

Existen diferentes tipos de organizaciones que realizan marketing social en Estados Unidos. Algunas de las agencias gubernamentales que lo practican son los Centros para el Control y la Prevención de Enfermedades, el Departamento de Salud, el Departamento de Bienestar Social y Servicios Humanos, el Departamento del Transporte y la Agencia de Protección Ambiental de Estados Unidos (EPA). Hay cientos de organizaciones no lucrativas que practican el marketing social; entre ellas se encuentran la Cruz Roja, el Fondo para la Protección de la Vida Salvaje y la Asociación Estadounidense contra el Cáncer.

BOYS & GIRLS CLUB OF AMERICA

La asociación Boys & Girls Club of America, más conocida como "el lugar propicio para los chicos al salir del colegio", atiende a más de seis millones de niños al año en sus 3,400 establecimientos. En ellos, los niños realizan actividades deportivas, recreativas y de acondicionamiento físico, hacen sus tareas escolares, o se inscriben en programas especiales para desarrollar el carácter, habilidades de liderazgo y habilidades para la vida diaria. Algunos de los alumnos distinguidos del Boys & Girls Club son Bill Cosby, Brad Pitt y Denzel Washington.

En poco más de una década, la organización ha conformado toda una lista de colaboradores empresariales que le brindan servicios y programas para sus actividades. La "Zona libre de caries de Crest" mejora la salud dental de los niños desfavorecidos; Microsoft hizo una aportación al "Club Tec" de 100 millones de dólares, repartidos en efectivo y en especie, para instalar computadoras y software en los locales del club; y Blockbuster ha recaudado millones de dólares para la organización con su campaña del Día nacional de los clubes Boys & Girls.[52]

Seleccionar el objetivo adecuado para un programa de marketing social es fundamental. ¿Una campaña de planeación familiar debería concentrarse en la abstinencia sexual o en el control de la natalidad? ¿Una campaña contra la contaminación ambiental debería concentrarse en la ocupación de los vehículos o en el uso del transporte público? Las campañas de marketing social pueden tener objetivos relacionados con el conocimiento, los valores, las acciones o la conducta de las personas. He aquí algunos ejemplos de objetivos posibles.

Campañas cognitivas
- Explicar el valor nutricional de los diferentes alimentos.
- Explicar la importancia de la protección del ambiente.

CUESTIONES CLAVE | MARCAR LA DIFERENCIA

Una de las consultorías de marketing comprometido con más talento es Boston's Cone, Inc. Su idea sobre la situación actual del marketing comprometido y de cómo debe practicarse es la siguiente:

Los consumidores, los clientes, los empleados, los inversionistas y la comunidad observan cada vez más de cerca lo que hacen las empresas por ellos y por la sociedad. Grupos muy influyentes como Business for Social Responsibility, Dow Jones Sustainability Index, la revista *Fortune*, entre otros, juzgan a las empresas según una serie de parámetros globales complejos. Las prácticas comerciales que tienen que ver con la filantropía, los recursos naturales, el ambiente, las relaciones con los empleados y las relaciones con la comunidad ocupan en la actualidad un primer plano. Nunca antes había sido tan importante para los directivos definir, ejecutar y comunicar la responsabilidad social corporativa (RSC).

Los consejos de Boston's Cone para ejecutar y comunicar de manera eficaz la RSC son los siguientes:

- **Definir la RSC de la empresa.** La dirección debe asegurarse de que los directivos de más alto nivel tienen la misma visión de la RSC, que incluye un gran abanico de prácticas comerciales complejas, tanto internas como externas. Aunque la filantropía empresarial y las relaciones con la comunidad son elementos muy importantes de la mezcla de RSC, no son los únicos.

- **Formar equipos heterogéneos.** El desarrollo y la ejecución de las estrategias de RSC requieren un trabajo en equipo basado en la colaboración y el compromiso. Por esta razón, es importante crear un equipo de toma de decisiones que integre una gran gama de experiencias y recursos de marketing, que incluyen relaciones públicas, relaciones con la comunidad, experiencia en asuntos legales, recursos humanos y de producción, entre otros. Es necesario crear procesos formales para desarrollar la estrategia de RSC, aplicarla y mejorarla de manera continua.

- **Analizar las actividades de RSC y cambiarlas si es necesario.** Es indispensable estudiar la situación desde el principio para comprender las deficiencias y los riesgos inherentes a la empresa. Es aconsejable estudiar otros ejemplos del sector y adoptar las mejores prácticas de los casos reales. Siempre se deben considerar las tendencias mundiales, puesto que Europa va por delante de Estados Unidos en este sentido.

- **Desarrollar y fortalecer las relaciones con ONG.** Existen más de 300,000 organizaciones no gubernamentales (ONG) en todo el mundo, con una influencia creciente sobre las políticas y la conducta empresariales, ya sea al defenderlas o al criticarlas. Es importante desarrollar colaboraciones sinceras con organizaciones que puedan ofrecer opiniones independientes e imparciales sobre las actividades de RSC, poner al servicio de la empresa su conocimiento sobre temas sociales y mercados en desarrollo, y además, poner a su disposición contactos con personas influyentes.

- **Desarrollar una marca para las causas.** Es recomendable crear una imagen pública para las actividades de corte social mediante una iniciativa de marca comprometida que integre la filantropía, las relaciones con la comunidad, y los activos de marketing y de recursos humanos. Por ejemplo, el programa "Feeding Children Better" de ConAgra Foods es una iniciativa con una trayectoria de varios años, concebida para alimentar a millones de niños que pasan hambre mediante colaboraciones, donativos, trabajo de voluntarios y campañas para despertar la conciencia. Por este programa ConAgra Foods obtuvo el Premio al civismo empresarial otorgado por la Cámara de Comercio de Estados Unidos.

- **Apoyar las palabras con hechos.** Los más críticos suelen esgrimir que las empresas utilizan la RSC como un filtro de relaciones públicas para desviar la atención de sus errores y asuntos turbios. Antes de lanzar cualquier iniciativa de RSC o de llamar la atención sobre determinada conducta cívica de la empresa es importante asegurarse de que ésta cumple las expectativas más básicas de RSC.

- **No callar.** Cada vez más personas no sólo esperan que las empresas tengan un comportamiento adecuado, sino que además quieren que las empresas les informen cómo actúan. La gran mayoría de los estadounidenses afirman que prefieren conocer las actividades de RSC a través de otra fuente que no sea la empresa, en particular a través de los medios de comunicación.

- **Prestar atención.** El conocimiento público de las actividades sociales de la empresa en ocasiones es un arma de doble filo. Cuando las empresas hablan de su obra social, incluso cuando lo hacen sinceramente, el público suele someterlas a escrutinio. Es importante estar preparado. Aunque la empresa no esté lista para comunicar de manera formal las actividades de RSC, es importante que esté preparada en todo momento para responder a las preguntas del público, ante las que la empresa nunca debe permanecer en silencio. Por lo general, cuando se trata de temas de RSC, el silencio se interpreta como indiferencia, o peor aún, como inactividad.

Fuentes: Cone Buzz, abril de 2004. Véase también, Carol L. Cone, Mark A. Feldman y Alison T. DaSilva, "Cause and Effects", *Harvard Business Review,* julio de 2003, pp. 95–101.

Campañas de acción

- Conseguir la participación en campañas de vacunación masiva.
- Motivar a la población para que vote a favor de algo en un plebiscito.
- Motivar a la población para que done sangre.
- Motivar a las mujeres para se sometan a la prueba de Papanicolau.

Campañas conductuales

- Desmotivar el hábito del tabaco.
- Desmotivar el consumo de drogas.
- Desmotivar el consumo excesivo de alcohol.

Campañas sobre valores

- Cambiar las ideas sobre el aborto.
- Cambiar la actitud de las personas intolerantes.

El marketing social emplea una serie de tácticas diferentes para lograr sus objetivos.[53] El proceso de planeación de marketing social consta de las mismas etapas que la planeación de productos y servicios convencionales (véase la tabla 22.2). Éstos son algunos factores importantes al desarrollar y poner en práctica un programa de marketing social:

- Estudiar la bibliografía sobre el tema y las campañas anteriores.
- Seleccionar los mercados meta más dispuestos a responder.
- Promover una única conducta factible en términos sencillos y claros.
- Explicar las ventajas en términos convincentes.
- Facilitar la adopción de la nueva conducta.
- Desarrollar mensajes que llamen la atención en los medios adecuados.
- Considerar un enfoque que combine la educación y el entretenimiento.

En virtud de la complejidad y los desafíos que implica el marketing social, es importante adoptar una visión de largo plazo. Los programas de marketing social llevan tiempo y tal vez sea necesario incluir varios programas o actividades por fases. Por ejemplo, veamos la secuencia de medidas que se han tomado en la lucha contra el tabaquismo: informes sobre la incidencia del cáncer, etiquetado de las cajetillas, prohibición de la publicidad de tabacaleras, educación sobre efectos secundarios del tabaco, prohibición de fumar en edificios de viviendas, restaurantes y aviones, aumento de los impuestos a los cigarrillos para financiar las campañas contra el tabaquismo, y demandas de gobiernos contra tabacaleras.

| TABLA 22.2 |

Proceso de planeación de programas de marketing social.

¿Dónde estamos?

- Definir el enfoque del programa.
- Identificar el propósito de la campaña.
- Realizar un análisis SWOT o FODA (fortalezas, debilidades, oportunidades y amenazas).
- Estudiar actividades anteriores similares.

¿A dónde queremos ir?

- Seleccionar el mercado meta.
- Definir objetivos y metas.
- Analizar el mercado meta y su composición.

¿Cómo vamos a llegar ahí?

- Producto: diseñar la oferta de mercado.
- Precio: administrar los costos que implica el cambio de conducta.
- Distribución: poner el producto a disposición del público.
- Comunicaciones: crear mensajes y seleccionar los medios.

¿Cómo resistiremos hasta el final?

- Desarrollar un plan de evaluación y control.
- Determinar presupuestos y encontrar fuentes de financiamiento.
- Completar un plan de ejecución.

El éxito real de los programas de marketing social se debe evaluar en función de los objetivos del programa. Algunos criterios son: el índice de adopción de la conducta, la rapidez con la que se adopta la conducta, la continuidad en la adopción, el costo por unidad de adopción y la ausencia de consecuencias contraproducentes.

::: La ejecución del marketing

La tabla 22.3 resume las características de una empresa con buen marketing. La calidad del marketing de una empresa no se juzga por "lo que es", sino por "lo que hace".[54] La **ejecución del marketing** es el proceso de convertir los planes de marketing en acciones que se ponen en práctica de tal modo que se cumplan los objetivos establecidos en la planeación.[55]

Un plan de marketing estratégico no sirve de nada si no se ejecuta a la perfección. Veamos el siguiente ejemplo:

> Una empresa de productos químicos descubrió que los consumidores no recibían buenos servicios de ninguno de sus competidores. La empresa decidió hacer de la atención al cliente uno de sus objetivos estratégicos. Cuando esta estrategia fracasó, un estudio reveló diversas fallas en la ejecución. La alta dirección menospreciaba al departamento de atención al cliente, que no tenía personal suficiente y servía como un lugar para confinar a los gerentes que no tenían buen desempeño. Es más, el sistema de recompensas de la empresa se concentraba en el control de costos y no en la rentabilidad. En resumen, la empresa no fue capaz de realizar los cambios necesarios para lograr su objetivo estratégico.

La estrategia se refiere al *qué* y al *por qué* de las actividades de marketing, mientras que la ejecución se refiere al *quién, dónde, cuándo* y *cómo*. La estrategia y la ejecución se relacionan estrechamente: cada nivel de estrategia implica determinadas tareas de ejecución táctica a un nivel inferior. Por ejemplo, la decisión estratégica de la alta dirección de "exprimir" un producto se debe traducir en medidas prácticas específicas.

Thomas Bonoma identificó cuatro tipos de conocimientos necesarios para la ejecución de los programas de marketing:

1. *Capacidad de diagnóstico*—Cuando los programas de marketing no satisfacen las expectativas, ¿es por la estrategia o por la ejecución? Si se trata de la ejecución, ¿cuál fue el problema?
2. *Identificación del nivel empresarial*—Los problemas de ejecución pueden tener lugar en tres niveles diferentes: la función de marketing, el programa de marketing y el nivel de política de marketing.
3. *Capacidad de ejecución*—Para ejecutar programas con éxito, los mercadólogos necesitan habilidades adicionales: *capacidad de asignación* para presupuestar los recursos, *capacidad de organización* para desarrollar una organización eficaz, y *capacidad de interacción* para motivar a los demás a la acción.
4. *Capacidad de evaluación*—Los mercadólogos deben ser capaces de controlar y evaluar las actividades de marketing.[56]

En la actualidad, las empresas se esfuerzan para que sus operaciones de marketing sean más eficaces y para obtener resultados más susceptibles de medición (véase el capítulo 4). Los costos de marketing pueden representar entre el 20 y 40% del presupuesto operativo total de una empresa. Las organizaciones son conscientes de la gran cantidad de esfuerzos de

| TABLA 22.3 |

- La empresa selecciona los mercados meta en los que goza de más ventajas, y abandona o rechaza los mercados en los que es intrínsecamente más débil.
- Todos los empleados y departamentos de la empresa tienen una orientación hacia el cliente y hacia el mercado.
- Existe una magnífica relación profesional entre los departamentos de marketing, investigación y desarrollo, y producción.
- Existe una magnífica relación profesional entre los departamentos de marketing, ventas y servicio al cliente.
- La empresa cuenta con sistemas de incentivos para las conductas más adecuadas.
- La empresa cultiva y controla de forma permanente la satisfacción y la lealtad de sus clientes.
- La empresa administra un sistema de generación de valor en colaboración con los principales proveedores y distribuidores.
- La empresa es capaz de crear nombre e imagen de marca.
- La empresa es flexible al satisfacer las diferentes necesidades de sus clientes.

Características de las empresas con mejores prácticas de marketing.

marketing que resultan infructuosos: demasiadas reuniones y muy prolongadas, tiempo perdido en revisar documentos, retraso en las aprobaciones, y problemas al coordinar a los socios comerciales.

La mayoría de los departamentos de marketing emplean una serie de herramientas tecnológicas inconexas, como el correo electrónico, las hojas de cálculo, el software de administración de proyectos y las bases de datos de clientes. Sin embargo, estas herramientas inconexas no pueden hacer frente a la creciente complejidad del negocio y al alcance internacional de las operaciones. Las empresas recurren a la tecnología de la información para mejorar la administración de sus recursos de marketing. Necesitan plantillas más adecuadas para los procesos de marketing, una mejor administración de sus activos y una asignación más precisa de los recursos de marketing. Es factible automatizar ciertos procesos repetitivos. Esta tendencia recibe nombres diferentes, por ejemplo *administración de recursos de marketing (ARM)*, *administración de marketing empresarial (AME)* y *sistemas de automatización de marketing (SAM)*.[57]

Varias empresas de software ofrecen paquetes para ayudar a las empresas a administrar mejor los procesos, los activos y los recursos de marketing. Estos paquetes se personalizan de tal modo que los diferentes gerentes de marketing (directores de marketing, gerentes de producto o de marca, gerentes territoriales de ventas, gerentes de comunicaciones) puedan desarrollar sus planes, ejecutarlos y controlarlos.

Estos programas ofrecen una serie de aplicaciones Web que automatizan e integran actividades como la administración de proyectos, de campañas, de presupuestos, de activos, de marcas, de relación con los clientes y del conocimiento. El componente de administración del conocimiento consiste en plantillas de procesos, asistentes y prácticas recomendables.

Los software están disponibles en sitios Web y los usuarios pueden acceder a ellos mediante una contraseña. Asimismo, algunos incluyen lo que se denomina *marketing de escritorio*. Se trata de una función mediante la cual los mercadólogos pueden encontrar todas las estructuras y la información necesarias en su computadora personal. La computadora aloja un panel que permite a los usuarios administrar sus actividades. En los próximos años, estos paquetes permitirán a los mercadólogos tomar decisiones de gasto e inversión mucho más acertadas, lanzar los productos al mercado más rápidamente, así como reducir los esfuerzos y el tiempo de decisión.

::: Evaluación y control

A pesar de la necesidad de evaluar y controlar las actividades de marketing, muchas empresas utilizan procedimientos de control inapropiados. Un estudio realizado en 75 empresas concluyó lo siguiente:

■ Las empresas más pequeñas no fijaban objetivos claros ni contaban con sistemas adecuados para medir los resultados.

■ Menos de la mitad de las empresas estudiadas conocían la rentabilidad de cada uno de sus productos. Cerca de un tercio no tenía procedimientos de análisis regular para controlar y eliminar los productos más débiles.

■ Cerca de la mitad de las empresas no comparaban sus precios con los de la competencia, no analizaban sus costos de almacenamiento y distribución ni las causas de las devoluciones de pedidos; tampoco realizaban evaluaciones formales de la eficacia de la publicidad ni estudiaban los informes de visitas de sus vendedores.

■ Muchas empresas dedicaban entre cuatro y ocho semanas a desarrollar informes de control, que en ocasiones eran imprecisos.

La tabla 22.4 menciona cuatro tipos de control que deben desempeñar las empresas: control del plan anual, control de rentabilidad, control de eficacia y control estratégico. En el capítulo 4 se explicó cómo las empresas pueden utilizar los parámetros del marketing para analizar los planes de marketing y su rentabilidad. El control del plan anual pretende garantizar que la empresa logre los objetivos de ventas, utilidades, etc. La piedra angular del control del plan anual es la administración por objetivos, que implica un proceso en cuatro fases (véase la figura 22.5). En primer lugar, la dirección establece objetivos mensuales o trimestrales. En segundo lugar, la dirección controla sus resultados en el mercado. En tercer lugar, la dirección determina las causas de las desviaciones de los resultados. Por último, la dirección toma medidas correctivas para reducir las diferencias entre objetivos y resultados.

Este modelo de control se aplica a todos los niveles de la organización. La alta dirección define objetivos anuales de ventas y utilidades, a partir de los cuales se determinan los objetivos específicos para niveles de dirección inferiores. Así, cada gerente de producto se compromete a lograr un nivel específico de ventas y costos; los gerentes regionales, los gerentes de ventas y los vendedores también se comprometen a lograr objetivos específicos. En cada periodo, la alta dirección revisa e interpreta los resultados.

| TABLA 22.4 | Tipos de control de marketing.

Tipo de control	Responsable	Propósito del control	Enfoques
I. Control del plan anual	Alta dirección Nivel medio de dirección	Examinar si se están alcanzando los resultados previstos	■ Análisis de ventas ■ Análisis de participación de mercado ■ Relación entre gastos y ventas ■ Análisis financiero ■ Análisis del scorecard con base en el mercado
II. Control de rentabilidad	Controlador de marketing	Determinar si la empresa registra ganancias o pérdidas	Rentabilidad por: ■ producto ■ área ■ cliente ■ segmento ■ canal comercial ■ tamaño de pedido
III. Control de eficacia	Administración *on line* y staff Controlador de marketing	Evaluar y mejorar la eficacia del gasto y el impacto de los gastos de marketing	Eficacia por: ■ fuerza de ventas ■ publicidad ■ promoción de ventas ■ distribución
IV. Control estratégico	Alta dirección Auditor de marketing	Determinar si la empresa va tras las mejores oportunidades con respecto a los mercados, productos y canales	■ Instrumento de valoración de la eficiencia del marketing ■ Auditoría de marketing ■ Revisión del nivel de excelencia del marketing ■ Revisión de la responsabilidad ética y social de la empresa

Control de eficiencia

Imaginemos que un análisis de rentabilidad refleja que la empresa obtiene menos utilidades de las que se preveía para determinados productos, territorios o mercados. ¿Hay formas más eficaces de administrar la fuerza de ventas, la publicidad, la promoción de ventas y la distribución en relación con estas entidades de marketing?

Algunas empresas cuentan con un *departamento de control de marketing* para controlar la eficacia del marketing. El personal de este departamento está integrado en el departamento de control de administración, pero se especializa en los temas de marketing relacionados con el negocio. En empresas como General Foods, DuPont y Johnson & Johnson realizan estudios financieros pormenorizados sobre gastos y resultados de marketing. Estudian el cumplimiento de los planes de utilidades, ayudan a los gerentes a preparar presupuestos, miden la eficacia de las promociones, analizan los costos de producción de medios, evalúan la rentabilidad geográfica y por cliente, e instruyen al personal de marketing sobre las implicaciones financieras de sus decisiones.[58]

EFICACIA DE LA FUERZA DE VENTAS Los gerentes de ventas deben controlar los siguientes indicadores clave de sus territorios:

■ Promedio de visitas diarias por vendedor.
■ Tiempo promedio de las visitas por contacto.
■ Promedio de ingresos por visita.
■ Promedio de costos por visita.
■ Costos del entretenimiento invertido en cada visita.
■ Porcentaje de pedidos por cada cien visitas.
■ Número de nuevos clientes por periodo.
■ Número de clientes perdidos por periodo.
■ Costo de la fuerza de ventas como porcentaje del total de las ventas.

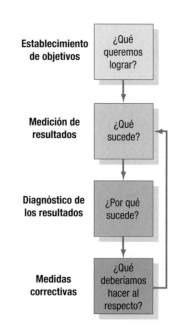

| FIG. 22.5 |

El proceso de control.

Cuando una empresa comienza a investigar la eficacia de la fuerza de ventas, siempre encuentra aspectos que podría mejorar. General Electric redujo el tamaño de uno de sus equipos de ventas cuando descubrió que sus vendedores visitaban a los clientes con demasiada frecuencia. Cuando una importante aerolínea descubrió que sus vendedores vendían y además prestaban servicios, transfirió la función servicios a empleados de menor rango. Otra empresa realizó un estudio del tiempo empleado en el trabajo, y encontró la manera de reducir la proporción de tiempo libre respecto al tiempo productivo en horario laboral.

EFICACIA DE LA PUBLICIDAD Muchos directivos creen que es prácticamente imposible medir qué obtiene la empresa por cada dólar invertido en publicidad, pero deben intentar obtener, al menos, las siguientes estadísticas:

- Costo de publicidad por cada 1,000 consumidores meta alcanzados a través de cada medio de comunicación.
- Porcentaje de audiencia que nota, ve, asocia y lee la mayor parte de cada anuncio impreso.
- La opinión de los consumidores sobre el contenido del anuncio y sobre su eficacia.
- Medidas de actitud hacia el producto antes y después de la publicidad.
- Número de consultas generadas por el anuncio.
- Costo de cada consulta.

La dirección puede tomar una serie de medidas para mejorar la eficacia de la publicidad, por ejemplo, posicionar mejor el producto, definir los objetivos correctamente, probar los mensajes con antelación, utilizar tecnología informática para la selección de medios, buscar medios de comunicación más eficaces y realizar pruebas posteriores a la publicación del anuncio.

EFICACIA DE LA PROMOCIÓN DE VENTAS La promoción de ventas incluye docenas de alternativas para estimular el interés de los compradores y la prueba del producto. Para mejorar la eficacia de la promoción de ventas, es indispensable que la dirección lleve registro de los costos y del impacto de las ventas de cada promoción. La dirección debe revisar las siguientes estadísticas:

- Porcentaje de las ventas obtenido con cada promoción.
- Costo de exposición de productos por cada dólar de ventas.
- Porcentaje de cupones canjeados.
- Número de consultas derivadas de una demostración del producto.

Los gerentes de promoción tendrán que analizar los resultados de los diferentes programas y asesorar a los diferentes gerentes de producto sobre las formas más eficaces de promoción.

EFICACIA DE LA DISTRIBUCIÓN La dirección debe buscar economías de distribución a través del control de inventario, de la ubicación de los almacenes y de los medios de transporte. Asimismo, debe controlar parámetros como:

- Costo de logística como porcentaje de las ventas.
- Porcentaje de órdenes de pedido requisitadas correctamente.
- Porcentaje de entregas puntuales.
- Número de errores de facturación.

La dirección debe esforzarse por reducir el inventario y, a la vez, acelerar el ciclo pedido-entrega. Es posible lograr estas dos acciones al mismo tiempo, como ilustra el ejemplo de Dell Computer.

DELL

Si un cliente hace un pedido de una computadora personalizada a las nueve de la mañana de un miércoles a través del sitio Web de Dell, el producto estará en el camión de reparto a las nueve de la noche del día siguiente. En este breve lapso, Dell realiza un pedido electrónico de las piezas que necesita a los almacenes de sus proveedores. Y lo que también resulta sorprendente es que Dell recibe el pago del pedido por medios electrónicos en 24 horas, mientras que Compaq, que vende a través de minoristas, recibe sus pagos varios días después.

Un problema importante es que la eficacia de la distribución disminuye cuando las ventas de la empresa aumentan de forma considerable. Peter Senge describe una situación en la que un fuerte crecimiento de las ventas hace que la empresa se retrase en la entrega de pedidos (véase la figura 22.6).[59] Esto provoca que los clientes hablen mal de la empresa y que sus ventas disminuyan. En respuesta, la dirección aumenta los incentivos de la fuerza de ventas para conseguir más pedidos. La fuerza de ventas lo consigue, pero, una vez más, resulta imposible que la empresa cumpla con los plazos de entrega. La dirección debe detectar el verdadero origen del problema e invertir más en capacidad productiva y de distribución.

Control estratégico

En ocasiones, las empresas deben realizar una revisión exhaustiva de los objetivos y de la eficiencia de marketing en términos generales. Cada empresa debe reexaminar su orientación estratégica al mercado con estudios de eficiencia y auditorías de marketing. También es recomendable realizar estudios de excelencia del marketing, así como estudios de responsabilidad social y/o ética.

ESTUDIO DE EFICIENCIA DE MARKETING La eficiencia de marketing de un departamento o de una empresa se refleja en los cinco atributos principales de una orientación de marketing: *filosofía de cliente, organización de marketing integrado, información de marketing adecuada, orientación estratégica* y *eficiencia operativa* (véase *Cuestiones clave: Instrumento de valoración de la eficiencia de marketing*). En este rubro, la mayoría de las empresas y los departamentos obtienen resultados entre regulares y aceptables.[60]

LA AUDITORÍA DE MARKETING Las empresas estadounidenses, en promedio, pierden la mitad de sus clientes en cinco años, la mitad de sus empleados en cuatro años y la mitad de sus inversionistas en menos de un año. A todas luces, esto refleja deficiencias importantes. Tan pronto como las empresas detecten estas deficiencias, deberán realizar un estudio profundo y detallado para solucionarlas, que se conoce como auditoría de marketing.[61] Una **auditoría de marketing** es un estudio exhaustivo, sistemático, independiente y periódico del entorno de marketing, los objetivos, las estrategias y las actividades de una empresa o de un departamento, cuyo fin es identificar oportunidades y áreas problemáticas, y recomendar un plan de acción para mejorar el marketing de la empresa.

Veamos las cuatro características de la auditoría de marketing:

1. *Exhaustiva*—La auditoría de marketing cubre las principales actividades de marketing de un negocio, y no sólo las problemáticas. Si únicamente analiza la fuerza de ventas, el precio, o cualquier otra actividad de marketing, se denomina auditoría funcional. Aunque este tipo de auditorías son útiles, en ocasiones confunden a la alta dirección. Por ejemplo, una rotación excesiva de los vendedores tal vez no se deba a una capacitación deficiente o a un sistema de remuneración inadecuado, sino a que los productos y la promoción de la empresa no son buenos. Una auditoría de marketing exhaustiva resulta más eficaz para identificar la verdadera fuente de los problemas.
2. *Sistemática*—La auditoría de marketing es un estudio ordenado del macroentorno y del microentorno de la empresa, de los objetivos y de las estrategias de marketing, de los sistemas de marketing y de otras actividades específicas dentro de la empresa. La auditoría indica las mejoras más necesarias que deben incorporarse de inmediato en un plan de acción correctivo, el cual tendrá que incluir medidas a corto y a largo plazos para mejorar la eficiencia general.
3. *Independiente*—Las auditorías de marketing se pueden realizar de seis formas diferentes: autoauditoría, auditoría al mismo nivel, auditoría desde un nivel superior, departamento de auditoría de la empresa, grupo de trabajo especial para auditorías y auditoría externa. Las autoauditorías en las que los directivos utilizan un listado para valorar sus propias operaciones carecen de objetividad y de independencia.[62] 3M ha hecho un buen uso de su departamento de auditoría corporativa, que ofrece servicios de auditoría de marketing a todas las divisiones que lo soliciten.[63] Sin embargo, en términos generales, las mejores auditorías son las externas, elaboradas por consultores independientes que cuentan con la objetividad necesaria, tienen una amplia experiencia en diversos sectores, están familiarizados con el sector sometido a auditoría y dedican todo su tiempo y su atención a esta función.
4. *Periodicidad*—Por lo reglar, las auditorías de marketing se realizan sólo cuando las ventas disminuyen, el ánimo de los vendedores disminuye, o se da cualquier otro problema. Las empresas entran en crisis, en parte, porque no analizan sus operaciones de marketing en los periodos de auge. Todas las empresas pueden obtener ventajas de una auditoría de marketing periódica, tanto las que gozan de buena salud como las que atraviesan por problemas.

La auditoría de marketing comienza con una reunión entre la empresa y el auditor o auditores, en la que determinan los objetivos, la cobertura, la profundidad, las fuentes de información, el formato del informe y el periodo que contemplará la auditoría. A conti-

| FIG. **22.6** |

Interacciones dinámicas entre pedidos y eficacia de la distribución.

Fuente: Adaptado de Peter M. Senge, *The Fifth Discipline.* ©1990 por Peter M. Senge. Reproducido con permiso de Doubleday, una división de Bantam Doubleday Dell Publishing Group, Inc.

CUESTIONES **CLAVE** | INSTRUMENTO DE VALORACIÓN DE LA EFICIENCIA DE MARKETING

(Elija una sola respuesta para cada pregunta.)

Filosofía de cliente

A. *¿La dirección reconoce la importancia de estructurar una empresa para servir a las necesidades y los deseos de los mercados seleccionados?*
   0 __ La dirección piensa, ante todo, en términos de vender los productos existentes y los nuevos a quienquiera que los compre.
   1 __ La dirección piensa en términos de servir a un amplio rango de mercados y necesidades con la misma eficacia.
   2 __ La dirección piensa en términos de atender las necesidades y deseos de mercados bien definidos y segmentos de mercado elegidos por su potencial de crecimiento y utilidades a largo plazo para la empresa.

B. *¿La dirección desarrolla diferentes ofertas y planes de marketing para diferentes segmentos del mercado?*
   0 __ No.   1 __ De algún modo.   2 __ En gran medida.

C. *¿La dirección tiene una visión completa del sistema de marketing (proveedores, canales, competidores, clientes, entorno) al hacer la planeación de los negocios?*
   0 __ No. La dirección se concentra en vender y atender a los clientes inmediatos.
   1 __ De algún modo. La dirección tiene una amplia visión de sus canales, aunque la mayor parte de sus esfuerzos se concentran en la venta y el servicio a los clientes inmediatos.
   2 __ Sí. La dirección tiene una amplia visión del sistema de marketing, y reconoce las amenazas y oportunidades para la empresa que se generan a partir de los cambios en cualquier parte del sistema.

Organización de marketing integrado

D. *¿Existe un alto nivel de integración y control de las principales funciones de marketing?*
   0 __ No. Las ventas y otras funciones de marketing no están integradas en los niveles superiores y hay conflictos improductivos.
   1 __ De algún modo. Existe integración y control formales de las principales funciones de marketing, pero no lo suficiente como para tener niveles satisfactorios de coordinación y cooperación.
   2 __ Sí. Las principales funciones de marketing están integradas de manera eficaz.

E. *¿La dirección de marketing trabaja en concordancia con las direcciones de investigación, producción, compras, logística y finanzas?*
   0 __ No. Hay quejas de que la dirección de marketing se excede en sus demandas a otros departamentos y que maneja costos poco razonables.
   1 __ De algún modo. Las relaciones son amistosas, aunque cada departamento actúa, sobre todo, para servir a sus propios intereses.
   2 __ Sí. Los departamentos cooperan de manera eficaz y resuelven los problemas a favor del interés de toda la compañía.

F. *¿Qué tan bien organizado está el proceso de desarrollo de nuevos productos?*
   0 __ El sistema es deficiente.
   1 __ El sistema existe de manera formal pero carece de organización.
   2 __ El sistema está bien estructurado y opera de acuerdo con los principios del equipo de trabajo.

Información de marketing adecuada

G. *¿Cuándo se realizaron los últimos estudios de investigación de mercados sobre los clientes, las influencias de compra, los canales y los competidores?*
   0 __ Hace varios años.   1 __ Hace unos cuantos años.   2 __ Recientemente.

H. *¿Qué tan bien conoce la dirección el potencial de ventas y la rentabilidad de diferentes segmentos del mercado, clientes, zonas, productos, canales y tamaños de pedidos?*
   0 __ En lo absoluto.   1 __ De algún modo.   2 __ Muy bien.

I. *¿Qué cantidad de esfuerzo se invierte en medir y mejorar la eficacia de costos de diferentes gastos de marketing?*
   0 __ Poco o ningún esfuerzo.   1 __ Cierto grado de esfuerzo.   2 __ Esfuerzo sustancial.

Orientación estratégica

J. *¿Cuál es el nivel de planeación formal de marketing?*
   0 __ La dirección realiza poca o ninguna planeación formal de marketing.
   1 __ La dirección elabora un plan anual de marketing.
   2 __ La dirección elabora un detallado plan anual de marketing y un plan estratégico de largo alcance que se actualiza cada año.

K. *¿Qué tan clara es la estrategia actual de marketing?*
   0 __ La estrategia actual no es clara.
   1 __ La estrategia actual es clara y representa la continuidad de la estrategia tradicional.
   2 __ La estrategia actual es clara, innovadora, basada en datos y bien fundamentada.

L. *¿La dirección piensa en las contingencias y elabora una planeación al respecto?*
   0 __ La dirección dedica poco tiempo y esfuerzo a pensar en las contingencias.
   1 __ La dirección piensa en las contingencias, pero la planeación formal en torno a ellas es escasa.
   2 __ La dirección identifica de manera formal las contingencias más importantes y desarrolla planes en consecuencia.

Eficiencia operativa

M. *¿Cómo se comunica y se ejecuta la estrategia de marketing?*

   0 __ De manera deficiente.   1 __ Regular.   2 __ Muy bien.

N. *¿La dirección hace un trabajo eficaz con sus recursos de marketing?*

   0 __ No. Los recursos de marketing son inadecuados para el trabajo que se requiere.

   1 __ De algún modo. Los recursos de marketing son adecuados, pero no se aprovechan de manera óptima.

   2 __ Sí. Los recursos de marketing son adecuados y se aprovechan de manera eficiente.

O. *¿La dirección es capaz de reaccionar de manera rápida y eficaz a los acontecimientos de último momento?*

   0 __ No. La información de ventas y del mercado no está actualizada, y las reacciones de la dirección son lentas.

   1 __ De algún modo. La dirección recibe información de ventas y del mercado actualizada, pero su tiempo de reacción varía.

   2 __ Sí. La dirección dispone de sistemas que le permiten obtener información actualizada, y sus reacciones son rápidas.

Puntuación total

Este instrumento se utiliza de la siguiente forma. Luego de responder a todas las preguntas, las puntuaciones se suman. El total estará comprendido entre 0 y 30. La escala que aparece a continuación indica el nivel de eficacia de marketing.

0–5 = Ninguno	11–15 = Regular	21–25 = Muy bueno
6–10 = Deficiente	16–20 = Bueno	26–30 = Superior

Fuente: Philip Kotler, "From Sales Obsession to Marketing Effectiveness", *Harvard Business Review* (noviembre–diciembre de 1977), pp. 67–75. Copyright © 1977: Harvard College; todos los derechos reservados.

nuación se prepara un plan detallado en el que se indica quién va a ser entrevistado, qué preguntas se van a plantear, el momento y el lugar de la entrevista, etc., de modo que los costos y el tiempo de la auditoría se reduzcan al mínimo. La regla de oro en las auditorías de marketing es no basarse únicamente en los directivos para recabar información y opiniones. También habrá que entrevistar a clientes, intermediarios y otros grupos externos. Numerosas empresas no saben, siquiera, cómo los ven sus clientes o sus intermediarios, ni tampoco llegan a comprender por completo las necesidades de sus clientes.

La auditoría de marketing analiza seis componentes principales de la situación del marketing de la empresa. Estos componentes se describen en la tabla 22.5.

ANÁLISIS DE LA EXCELENCIA DE MARKETING Las empresas disponen de otros instrumentos que les permiten evaluar sus resultados en relación con las empresas cuyas prácticas de marketing son sobresalientes. Las tres columnas de la tabla 22.6 incluyen prácticas de marketing excelentes, buenas y deficientes. La dirección podrá revisarla y comprobar la situación de su organización. El perfil resultante permitirá identificar las principales fortalezas y debilidades de la empresa, así como aquellos elementos que se podrían mejorar para ayudar a la empresa a tener éxito en el mercado.

::: El futuro del marketing

La dirección de las empresas, consciente de que el marketing ha despilfarrado muchos recursos, exige más responsabilidad por parte de sus empleados del área. En *Cuestiones clave: Los errores de marketing más comunes* se resumen las deficiencias principales que presentan las empresas respecto al marketing, y se explica cómo localizarlas y qué hacer con ellas.

Para alcanzar la excelencia en marketing es necesario considerar una serie de imperativos. En primer lugar, el marketing debe ser "holístico" y menos departamental. Los mercadólogos deben conseguir más influencia dentro de las empresas si quieren seguir siendo los arquitectos de la estrategia comercial. Asimismo, deben generar nuevas ideas de manera constante para que la empresa prospere en una economía tan competitiva como la actual. Deben esforzarse por conocer perfectamente a los clientes y tratarlos de forma diferente, pero adecuada. Los mercadólogos han de crear sus marcas a través de los resultados y no a través de la promoción. Por otra parte, deben adoptar la tecnología electrónica y utilizarla para crear sistemas de información y comunicación potentes.

De esta forma, el marketing moderno seguirá en evolución y tendrá que enfrentarse a nuevos desafíos y oportunidades. En consecuencia, en los años venideros seremos testigos de:

■ El deceso del departamento de marketing y el auge del marketing holístico.

■ El deceso del marketing derrochador y el auge del marketing concentrado en la rentabilidad de la inversión.

| TABLA 22.5 | Componentes de la auditoría de marketing.

Parte I. Auditoría del ambiente de marketing

Macroambiente

A.	Demográfico	¿Cuáles son los principales acontecimientos y tendencias demográficos que plantean oportunidades y amenazas para la empresa? ¿Qué medidas ha tomado la empresa en respuesta a estos acontecimientos y tendencias?
B.	Económico	¿Cuáles son los principales acontecimientos en materia de ingresos, precios, ahorro y créditos que afectarán a la empresa? ¿Qué medidas ha tomado la empresa en respuesta a estos acontecimientos y tendencias?
C.	Ambiental	¿Cuál es la perspectiva que necesita adoptar la empresa en relación con el costo y la disponibilidad de recursos naturales y energéticos? ¿Cuáles son las preocupaciones que se han expresado acerca del papel de la empresa en relación con la contaminación y la conservación del ambiente, y qué medidas ha tomado la empresa al respecto?
D.	Tecnológico	¿Cuáles son los principales cambios que ocurren en la tecnología de productos y procesos? ¿Cuál es la posición de la empresa en relación con estas tecnologías? ¿Cuáles son los principales sustitutos genéricos que podrían reemplazar los productos de la empresa?
E.	Político	¿Qué cambios en la legislación podrían afectar la estrategia y las tácticas de marketing? ¿Qué sucede en relación con el control de la contaminación, las oportunidades de empleo, la seguridad de los productos, la publicidad, el control de precios, entre otros factores que afectan la estrategia de marketing?
F.	Cultural	¿Cuál es la actitud del público hacia el negocio y hacia los productos de la empresa? ¿Qué cambios en los estilos de vida y valores de los clientes podrían afectar a la empresa?

Ambiente de las actividades

A.	Mercados	¿Qué sucede con las dimensiones, el crecimiento, la distribución geográfica y las utilidades del mercado? ¿Cuáles son los principales segmentos del mercado?
B.	Clientes	¿Cuáles son las necesidades y procesos de compra de los clientes? ¿Cómo califican los clientes reales y potenciales a la empresa y a sus competidores en cuanto a reputación, calidad de producto, servicio, fuerza de ventas y precio? ¿Cómo toman sus decisiones de compra los diferentes segmentos de clientes?
C.	Competidores	¿Quiénes son los principales competidores? ¿Cuáles son sus objetivos, estrategias, fortalezas, debilidades, dimensiones y participaciones de mercado?
D.	Distribución e intermediarios	¿Cuáles son los principales canales comerciales para llevar los productos hasta los consumidores? ¿Cuáles son los niveles de eficiencia y potencial de crecimiento de los diferentes canales comerciales?
E.	Proveedores	¿Cuál es la perspectiva de disponibilidad de los recursos básicos utilizados en la producción? ¿Qué tendencias se manifiestan entre los proveedores?
F.	Facilitadores y empresas de marketing	¿Cuál es la perspectiva del costo y de la disponibilidad de los servicios de transporte, instalaciones de almacenamiento y recursos financieros? ¿Qué tan eficaces son las agencias de publicidad y las empresas de marketing de la compañía?
G.	Públicos	¿Qué públicos representan oportunidades o problemas particulares para la empresa? ¿Qué medidas ha tomado la empresa para lidiar de manera eficaz con cada uno de estos públicos?

Parte II. Auditoría de estrategia de marketing

A.	Misión del negocio	¿La misión del negocio está formulada con claridad en términos de orientación hacia el mercado? ¿Es factible?
B.	Objetivos y metas de marketing	¿Los objetivos y metas de la empresa y de marketing están formulados de forma clara y de manera suficiente para guiar la planeación de marketing y la evaluación de resultados? ¿Los objetivos de marketing son apropiados en función de la posición competitiva, los recursos y las oportunidades de la empresa?
C.	Estrategia	¿La dirección ha articulado una estrategia de marketing clara para alcanzar sus objetivos de marketing? ¿La estrategia es convincente? ¿La estrategia es apropiada para la fase del ciclo de vida del producto, las estrategias de los competidores y la situación económica? ¿La empresa utiliza una base adecuada para hacer su segmentación de mercado? ¿Tiene criterios claros para evaluar los segmentos y elegir los mejores? ¿Ha realizado descripciones precisas de cada uno de sus segmentos meta? ¿La empresa ha desarrollado un posicionamiento y una mezcla de marketing eficaces para cada uno de los segmentos meta? ¿Los recursos de marketing están asignados de manera óptima para cada uno de los principales elementos de la mezcla de marketing? ¿Se presupuestan suficientes recursos o demasiados recursos para cumplir los objetivos de marketing?

Parte III. Auditoría de organización de marketing

A.	Estructura formal	¿El director de marketing tiene el nivel de autoridad y responsabilidad que ameritan las actividades de la empresa que afectan la satisfacción de los clientes? ¿Las actividades de marketing están estructuradas de manera óptima a lo largo de las líneas funcionales, de producto, de segmento, de usuarios finales y geográficas?

| TABLA **22.5** |

B. Eficiencia funcional	¿Existen buenas relaciones de trabajo y buena comunicación entre los departamentos de marketing y de ventas? ¿El sistema de administración de producto funciona de manera eficaz? ¿Los gerentes de producto son capaces de planear las utilidades o sólo el volumen de ventas? ¿Hay grupos dentro del departamento de marketing que necesitan más capacitación, motivación, supervisión o evaluación?
C. Eficiencia de contactos	¿Existen problemas entre los departamentos de marketing, producción, investigación y desarrollo, compras, finanzas, contabilidad y jurídico que requieran atención?

Parte IV: Auditoría de sistemas de marketing

A. Sistema de información de marketing	¿El sistema de inteligencia de marketing genera información precisa, suficiente y oportuna acerca de los acontecimientos del mercado con respecto a clientes reales y potenciales, distribuidores e intermediarios, competidores, proveedores y diversos públicos? ¿Los encargados de tomar las decisiones dentro de la empresa solicitan suficiente investigación de mercados y hacen uso de ella? ¿La empresa utiliza los mejores métodos a su alcance para valorar el mercado y para hacer pronósticos de ventas?
B. Sistemas de planeación de marketing	¿El sistema de planeación de marketing está bien ideado y se emplea de manera eficaz? ¿Los mercadólogos disponen de sistemas de apoyo para la toma de decisiones? ¿El sistema de planeación da como resultado metas y cuotas de ventas aceptables?
C. Sistema de control de marketing	¿Los procedimientos de control son adecuados para garantizar que los objetivos del plan anual se alcancen? ¿La dirección analiza de forma periódica la rentabilidad de los productos, mercados, zonas y canales de distribución? ¿Los costos de marketing y los niveles de productividad se examinan con periodicidad?
D. Sistema de desarrollo de nuevos productos	¿La empresa está bien organizada para reunir, generar y analizar ideas de nuevos productos? ¿La empresa lleva a cabo pruebas de producto y de mercado antes de lanzar los nuevos productos?

Parte V. Auditoría de productividad de marketing

A. Análisis de rentabilidad	¿Cuál es la rentabilidad de los diferentes productos, mercados, áreas y canales de distribución de la empresa? ¿La compañía debería entrar, expandir, contraer o retirarse de alguno de sus negocios?
B. Análisis de costo-eficacia	¿Alguna de las actividades de marketing parece tener costos excesivos? ¿Se han tomado medidas para reducir los costos?

Parte VI. Auditoría de funciones de marketing

A. Productos	¿Cuáles son los objetivos de la línea de productos de la empresa? ¿Son adecuados? ¿La actual línea de productos satisface los objetivos? ¿La línea de productos debería ampliarse o contraerse hacia arriba, hacia abajo, o en ambas direcciones? ¿Qué productos deberían retirarse del mercado? ¿Qué productos deberían agregarse a la línea? ¿Los compradores conocen los productos de la empresa y de la competencia? ¿Cuáles son sus actitudes hacia la calidad, las características, los estilos, las marcas, etc., de los productos de la empresa y de la competencia? ¿Qué áreas de producto y estrategia de marca necesitan mejorarse?
B. Precio	¿Cuáles son los objetivos, políticas, estrategias y procedimientos de fijación de precios de la empresa? ¿En qué grado los precios se basan en criterios de costo, demanda y competencia? ¿Los clientes consideran que los precios de la empresa concuerdan con el valor de su oferta? ¿Qué sabe la dirección acerca de la elasticidad del precio de la demanda, los efectos de la curva de experiencia y sobre las políticas de precios de la competencia? ¿En qué grado las políticas de precio son compatibles con las necesidades de los distribuidores e intermediarios, de los proveedores y con la regulación gubernamental?
C. Distribución	¿Cuáles son los objetivos y estrategias de distribución de la empresa? ¿La cobertura del mercado es la adecuada? ¿Qué tan eficaces son los distribuidores, intermediarios, representantes de los fabricantes, comisionistas y agentes? ¿La empresa debería considerar la posibilidad de cambiar sus canales de distribución?
D. Publicidad, promoción de ventas, relaciones públicas y marketing directo	¿Cuáles son los objetivos de publicidad de la organización? ¿Son adecuados? ¿Se invierte lo suficiente en publicidad? ¿Los temas y el texto de los anuncios son eficaces? ¿Qué piensan los clientes y el público en general sobre la publicidad? ¿La selección de los medios publicitarios es apropiada? ¿El personal interno de publicidad es competente? ¿El presupuesto de promoción de ventas es adecuado? ¿Se hace un uso suficiente y eficaz de las herramientas de promoción de ventas, como las muestras, los cupones, los exhibidores y los concursos de ventas? ¿El personal de relaciones públicas es competente y creativo? ¿La empresa hace suficiente uso del marketing directo, del marketing on line y de las bases de datos?
E. Fuerza de ventas	¿Cuáles son los objetivos de la fuerza de ventas? ¿La fuerza de ventas es suficientemente grande como para lograr los objetivos de la empresa? ¿La fuerza de ventas está organizada de acuerdo con principios de especialización adecuados (áreas, mercados, productos)? ¿Hay suficientes (o demasiados) gerentes de ventas para coordinar a los vendedores? ¿El nivel y la estructura de remuneración brindan incentivos y recompensas adecuados? ¿La fuerza de ventas manifiesta un elevado nivel de moralidad, capacidad y esfuerzo? ¿Los procedimientos son adecuados para establecer cuotas de ventas y para evaluar los resultados? ¿Cómo se compara la fuerza de ventas de la empresa en relación con la fuerza de ventas de la competencia?

Deficiente	Bueno	Excelente
Orientado hacia el producto	Orientado hacia el mercado	Orienta al mercado
Orientado hacia el mercado masivo	Orientado hacia segmentos	Orientado hacia nichos y hacia el cliente
Oferta de producto	Oferta de producto mejorada	Oferta de soluciones al cliente
Producto con calidad promedio	Mejor que el promedio	Legendario
Servicio con calidad promedio	Mejor que el promedio	Legendario
Orientado hacia el producto terminado	Orientado hacia el producto principal	Orientado hacia la competencia principal
Orientado a la función	Orientado al proceso	Orientado a los resultados
Reacciona ante los competidores	Reacciona ante los competidores que sirven de referencia	Supera con creces a los competidores
Explotación del proveedor	Preferencia por el proveedor	Sociedad con el proveedor
Explotación del distribuidor	Apoyo al proveedor	Sociedad con el distribuidor
Orientado al precio	Orientado a la calidad	Orientado al valor
Rapidez promedio	Mejor que el promedio	Legendario
Jerarquía	Red	Equipo de trabajo
Integrado verticalmente	Organización plana	Alianzas estratégicas
Orientado hacia los accionistas	Orientado hacia los accionistas	Orientado hacia la sociedad

- El deceso de la intuición de marketing y el auge de la ciencia del marketing.
- El deceso del marketing manual y el auge del marketing automatizado.
- El deceso del marketing masivo y el auge del marketing de precisión.

Para efectuar estos cambios y lograr un marketing verdaderamente holístico es indispensable adquirir toda una serie de nuevos conocimientos y habilidades. Será necesario un alto nivel de competencia en áreas como:

- La administración de relaciones con los clientes.
- La administración de relaciones con los socios de marketing.
- El marketing de bases de datos y el análisis de información.
- La administración de centros de contacto y telemarketing.
- El marketing de relaciones públicas (incluidos los eventos y los patrocinios).
- La creación de marcas y la administración de activos de marca.
- El marketing de experiencias.
- La comunicación integral de marketing.
- El análisis de rentabilidad por segmento, cliente y canal.

Sin duda, el marketing vive un momento apasionante. En su búsqueda incesante por la superioridad y el dominio descubre normas y prácticas nuevas. Los beneficios del éxito del marketing en el siglo XXI son numerosos, pero sólo se podrán conseguir mediante el trabajo arduo, el conocimiento y la inspiración. Quizás nunca antes las palabras del autor estadounidense del siglo XIX, Ralph Waldo Emerson, hayan sido más ciertas: "Este momento, como todos, es un buen momento, pero sólo si sabemos qué hacer con él."

CUESTIONES **CLAVE**

LOS ERRORES DE MARKETING MÁS COMUNES

En marketing existen una serie de "pecados capitales" que indican que el programa de marketing está en peligro. Éstos son los 10 pecados capitales del marketing, sus síntomas y sus posibles soluciones.

Pecado capital: La empresa no se orienta lo suficiente al mercado ni a los clientes.

Síntomas: Mala definición de los segmentos de mercado, escasa priorización de los segmentos de mercado, ausencia de gerentes de segmento, empleados que piensan que las funciones de los departamentos de marketing y de ventas sólo consisten en atender a los clientes, ausencia de programas de capacitación para crear una cultura en torno a los clientes, ausencia de incentivos para tratar a los clientes especialmente bien.

Soluciones: Emplear técnicas de segmentación más avanzadas, dar prioridad a los segmentos, especializar a la fuerza de ventas, desarrollar una jerarquía clara de los valores de la empresa, fomentar la "conciencia del cliente" en los empleados y en los agentes de la empresa, facilitar el acceso de los clientes a la empresa y responder de inmediato ante cualquier mensaje de éstos.

Pecado capital: La empresa no comprende bien a sus clientes meta.

Síntomas: El estudio de clientes más reciente se hizo hace tres años, los clientes no compran el producto como antes, los productos de la competencia se venden mejor, el índice de devoluciones y reclamaciones es alto.

Soluciones: Realizar estudios de consumidores con más detalle, emplear técnicas más analíticas, crear paneles de consumidores e intermediarios, emplear un software de relaciones con los clientes, analizar la información.

Pecado capital: La empresa no ha definido a sus competidores.

Síntomas: La empresa se concentra en los competidores cercanos, no presta atención a los competidores distantes ni a las tecnologías emergentes, ausencia de sistemas de recopilación y distribución de información de inteligencia competitiva.

Soluciones: Crear una oficina de inteligencia competitiva, contratar a empleados de la competencia, controlar la tecnología que afecta a la empresa, preparar ofertas como las de los competidores.

Pecado capital: La empresa no administra las relaciones con los públicos de interés de la forma adecuada.

Síntomas: Descontento de empleados, distribuidores e inversionistas, y ausencia de buenos proveedores.

Soluciones: Adoptar un pensamiento positivo, administrar mejor las relaciones con empleados, distribuidores, proveedores, distribuidores e inversionistas.

Pecado capital: La empresa no logra encontrar buenas oportunidades.

Síntomas: La empresa lleva años sin encontrar una oportunidad nueva y emocionante, las ideas nuevas que lanza son fracasos rotundos.

Soluciones: Instaurar un sistema para estimular el flujo de nuevas ideas.

Pecado capital: El proceso de planeación de marketing de la empresa es deficiente.

Síntomas: El formato del plan de marketing no cuenta con los elementos adecuados, no hay forma de calcular las implicaciones financieras de las diferentes estrategias, ausencia de planes de contingencia.

Soluciones: Crear un formato estándar que incluya un análisis de la situación, SWOT, los problemas principales, objetivos, estrategia, tácticas, presupuestos y controles periódicos, preguntar a los mercadólogos qué harían si recibiesen un presupuesto un 20% superior o inferior, ofrecer premios anuales a los mejores planes y resultados.

Pecado capital: Las políticas de producto y servicios son poco estrictas.

Síntomas: Existencia de demasiados productos de los cuales una parte importante pierde dinero, la empresa presta demasiados servicios, y no logra hacer venta cruzada de productos y servicios.

Soluciones: Establecer un sistema para controlar los productos débiles y reencauzarlos o abandonarlos, ofrecer servicios a diferentes precios y niveles, mejorar los procesos de venta cruzada y vertical.

Pecado capital: La empresa no logra crear marca ni generar comunicaciones de forma adecuada.

Síntomas: El mercado meta casi no conoce la empresa, la marca no se percibe como exclusiva, la empresa asigna su presupuesto a las mismas herramientas de marketing y en la misma proporción cada año, poco análisis de la rentabilidad de las inversiones en promoción.

Soluciones: Mejorar las estrategias de creación de marca y control de resultados, destinar el dinero a instrumentos de marketing eficaces, pedir a los mercadólogos que calculen la rentabilidad de la inversión antes de solicitar fondos.

Pecado capital: La empresa no cuenta con la organización necesaria para desarrollar un marketing eficiente y eficaz.

Síntomas: Los empleados carecen de los conocimientos de marketing necesarios para desenvolverse en el siglo XXI, mala relación entre los departamentos de marketing y de ventas y algunos otros.

Soluciones: Nombrar a un líder fuerte y crear nuevas capacidades en el departamento de marketing, mejorar las relaciones del departamento de marketing con los demás.

Pecado capital: La empresa no utiliza al máximo la tecnología.

Síntomas: Uso mínimo de Internet, sistema de automatización de ventas obsoleto, ausencia de automatización de marketing, ausencia de modelos para la toma de decisiones, ausencia de tableros de control de marketing.

Soluciones: Recurrir más a Internet, mejorar el sistema de automatización de ventas, aplicar la automatización a decisiones rutinarias, desarrollar modelos formales para las decisiones de marketing y tener tableros de control.

Fuente: Philip Kotler, *Ten Deadly Marketing Sins: Signs and Solutions* (Hoboken, NJ: John Wiley & Sons, 2004).

RESUMEN :::

1. El departamento de marketing moderno ha evolucionado con los años desde un simple departamento de ventas hasta convertirse en una estructura organizacional en la que el personal trabaja, fundamentalmente, en equipos multidisciplinares.

2. Los departamentos de marketing modernos se pueden organizar de diversas formas. Algunas empresas se organizan según la especialidad funcional, mientras que otras se concentran en la regionalización y en los territorios. Otras, por su parte, hacen hincapié en la administración de marcas y productos o en la administración de segmentos de mercado. Algunas empresas adoptan una estructura matricial que integran gerentes tanto de producto como de mercado. Por último, determinadas empresas cuentan con un fuerte marketing corporativo, otras tienen un marketing corporativo limitado, y otras tienen funciones de marketing únicamente a nivel de división.

3. Las organizaciones de marketing modernas se caracterizan por una cooperación importante y por un enfoque hacia el cliente definido en todos los departamentos de la empresa: marketing, investigación y desarrollo, ingeniería, compras, producción, operaciones, finanzas, contabilidad y crédito.

4. Las empresas deben ejercer su responsabilidad social mediante hechos y palabras legales, éticas y sociales. El marketing comprometido es una forma de vincular la responsabilidad social con los programas de marketing dirigidos a los clientes. El marketing social se practica en instituciones gubernamentales o en organizaciones no lucrativas para trabajar por una causa o para atender de manera directa un problema social.

5. Un buen plan de marketing estratégico resulta inútil si no se ejecuta de forma adecuada. Para ejecutar un plan de marketing es necesario identificar y diagnosticar los problemas, detectar el nivel corporativo problemático, poner en práctica medidas correctivas y evaluar los resultados.

6. El departamento de marketing debe controlar las actividades de marketing de manera continua. Los controles pretenden aumentar la eficacia de la fuerza de ventas, de la publicidad, de la promoción de ventas y de la distribución. El control estratégico consiste en una reevaluación periódica de la empresa y de su orientación estratégica hacia el mercado a través de herramientas de eficiencia y excelencia de marketing y mediante auditorías de marketing.

APLICACIONES :::

Debate de marketing   La dirección de marketing, ¿es un arte o una ciencia?

Algunos especialistas consideran que el buen marketing es, sobre todo, un arte que no se presta a deliberaciones ni análisis rigurosos. Otros, sin embargo, rechazan esta opinión y sostienen que la dirección de marketing es una tarea totalmente organizada que tiene mucho en común con otras disciplinas comerciales.

Tome partido: "La dirección de marketing es un ejercicio artístico y por tanto subjetivo" frente a "la dirección de marketing es un ejercicio científico con directrices y criterios claramente definidos".

Análisis de marketing

¿Cómo influye el marketing comprometido o el marketing social en su conducta personal como consumidor? ¿Adquiere los productos de una u otra empresa en función de sus políticas o programas ambientales? ¿Por qué sí o por qué no?

CASO DE **MARKETING** | **MICROSOFT**

La empresa Microsoft fue fundada en 1975, cuando Bill Gates dejó Harvard a la edad de 19 años para trabajar con un amigo, Paul Allen, en una versión del lenguaje de programación BASIC. Después de trasladar la empresa desde Albuquerque a Seattle en 1979, Gates y Allen comenzaron a diseñar el software de un sistema operativo. Lo que ha ocurrido desde su fundación hasta el momento actual es una historia que todos conocen. Ahora nos ocuparemos de algunas de las estrategias clave que permitieron a Microsoft lograr un crecimiento tan notable en el competitivo sector de la informática.

Innovación de productos: Microsoft alcanzó el éxito muy pronto con una innovación única. En 1980, IBM ofreció a Microsoft un contrato para que diseñara el sistema operativo de sus nuevas computadoras, lo que culminó en la creación del Microsoft Disk Operating System (MS-DOS). Como los demás fabricantes de computadoras querían que sus máquinas fuesen compatibles con las de IBM, pronto adoptaron el sistema operativo de Microsoft.

Estrategia de extensión de marca: Microsoft ha utilizado la fortaleza de su marca para lanzar nuevos productos de software como Microsoft Word, Microsoft Office y Microsoft Internet Explorer. En 1989, Microsoft se convirtió en el fabricante de software más grande del mundo, con la mayor variedad de programas y aplicaciones del mercado, y en la empresa con el margen de utilidades más elevado del sector (cercano al 25%). El lanzamiento de productos con una marca fuerte dota al nuevo producto de confiabilidad y reconocimiento instantáneos, sin necesidad de tanta inversión en publicidad. En la actualidad, Microsoft es la segunda marca más valiosa del mundo (103,000 millones de dólares), sólo detrás de Procter & Gamble.

Publicidad intensa: Conforme la empresa maduraba y buscaba nuevos caminos para crecer, decidió aumentar la publicidad tanto de su marca como de sus productos. En 1994 la empresa tomó dos medidas trascendentales: contrató al responsable de marketing y publicidad de Procter & Gamble, y desarrolló su primera campaña publicitaria a nivel mundial. La campaña duplicó el presupuesto de la empresa hasta alcanzar los 100 millones de dólares, y al año siguiente esta cifra se elevó hasta los 200 millones de dólares para el lanzamiento de Windows 95. En la actualidad, Microsoft invierte 50 millones de dólares en promover cada producto. Recientemente, la empresa invirtió 150 millones de dólares para promover su más reciente versión de Microsoft Office. Sus anuncios ponen de manifiesto el potencial latente que encierra el uso de los productos Microsoft, con el lema "Sí, tú puedes", "Software para los negocios ágiles" y "Desarrolla todo tu potencial".

Agresividad competitiva: Las duras prácticas competitivas de Microsoft le han permitido convertirse en el líder de numerosas categorías de producto, pero también le han costado batallas legales. Microsoft enfrentó una demanda antimonopolio del Departamento de Justicia estadounidense por limitar la libertad de elección de los consumidores y perjudicar a la competencia al integrar software, como Internet Explorer, en su sistema operativo. La empresa tiene pendientes demandas similares en Europa, Japón y diversos tribunales superiores estatales en Estados Unidos. Después de ver la forma en que Microsoft suplantó a IBM en el sector que ésta había creado, muchos colaboradores potenciales de los sectores de tecnología, medios de comunicación y telecomunicaciones no confían en Microsoft.

Expansión de productos: Microsoft no tardó en expandir su negocio más allá de los sistemas operativos. La empresa pasó de las computadoras de escritorio a los servidores, y de las computadoras portátiles a electrónica de consumo. Tras superar la primera reticencia a adoptar las tecnologías de Internet, Microsoft desarrolló el navegador Internet Explorer, en respuesta a Netscape, y el Web portal Microsoft Network (MSN) para competir con Yahoo! y AOL. MSN es el segundo proveedor de Internet más importante del mundo, pero sólo tiene un 33% de los suscriptores del líder, que es AOL. En su expansión a los medios de comunicación, Microsoft ha creado un join venture con la NBC para crear la emisora por cable MSNBC, que transmite reportajes, información financiera y programas de entrevistas. La empresa también lanzó al mercado una videoconsola llamada Xbox, que pretende competir con los avanzados videojuegos de Sony y Nintendo.

Integración de productos: Microsoft utiliza la integración de sus productos para fomentar la venta cruzada. Su software empresarial se integra con su programa de escritorio, y su plataforma Windows de escritorio se integra con su plataforma PDA Pocketpc. Un reloj de pulsera con software Microsoft incorporado permite recibir los mensajes de correo de la versión de escritorio de Microsoft Outlook. Recientemente, Microsoft distribuyó copias gratuitas de su nuevo programa Microsoft Office Suite a sus clientes empresariales. Cada vez que los usuarios de la copia gratuita intentaban acceder a las prestaciones más innovadoras de Office, aparecía en pantalla una notificación de que necesitaban Microsoft Exchange Server (un caro producto empresarial que ayuda a Microsoft a reforzar su retención de clientes).

Microsoft sigue en el camino de la integración. Su concepto .NET (que se lee punto NET) está diseñado para unificar Windows con Internet. Microsoft .NET permitirá conectar computadoras personales, teléfonos celulares, localizadores, cámaras digitales, PDA y otros "artefactos inteligentes", y trabajar con todos ellos en conexiones Web con una facilidad sin precedentes. La empresa también trabaja en su iniciativa Trustworthy Computing, que contribuirá a aumentar la seguridad y evitará el acceso no autorizado a archivos y computadoras. Mientras tanto, la empresa continúa su expansión en la venta de música *on line*, los motores de búsqueda y la telefonía celular.

Preguntas para discusión

1. ¿Cuáles han sido los factores de éxito de Microsoft?

2. ¿En qué sentido es vulnerable esta empresa? ¿A qué debe prestar atención?

3. ¿Qué recomendaría a los directivos de marketing para el futuro? ¿Qué acciones de marketing deberá ejecutar?

Fuentes: "What's In a Name?" *Forbes,* 19 de abril de 2004, p. 59; Adam Lashinsky, "Shootout in Gadget Land", *Fortune,* 10 de noviembre de 2003, p. 74; Morag Cuddeford Jones, "IT's a Lifestyle for Nick Barley at Microsoft", *Brand Strategy,* marzo de 2004, pp. 18–19.

REFERENCIAS BIBLIOGRÁFICAS :::

1. Keith Fox, Katherine Jocz, y Bernard Jaworski, "A Common Language", *Marketing Management,* mayo–junio de 2003, pp. 14–17.

2. Richard Tomlinson, "L'Oreal's Global Makeover", *Fortune,* 30 de septiembre de 2002, pp. 141–146; "The Colour of Money", *The Economist,* 8 de marzo de 2003, p. 59; Sarah Ellison y John Carreyrou, "An Unlikely Rival Challenges L'Oreal in Beauty Market", *Wall Street Journal,* 9 de enero de 2003, pp. A1, A6.

3. Para más detalles sobre actualizaciones de las últimas teorías académicas referentes a estrategias y tácticas de marketing, véase *Kellogg on Marketing,* Dawn Iacobucci (ed.) (Nueva York: Wiley, 2001), y *Kellogg on Integrated Marketing,* Dawn Iacobucci y Bobby Calder (eds.) (Nueva York: Wiley, 2003).

4. Frederick E. Webster, Jr., Alan J. Malter y Shankar Ganesan, "Can Marketing Regain Its Seat at the Table?", *Marketing Science Institute Report No. 03-113;* Marketing Science Institute, Cambridge, MA.

5. Keith Fox, Katherine Jocz y Bernard Jaworski, "A Common Language", *Marketing Management,* mayo–junio de 2003, pp. 14–17.

6. Si desea consultar una explicación más amplia del pensamiento de marketing, véase D. G. Brian Jones y Eric H. Shaw, "A History of Marketing Thought", en *Handbook of Marketing,* Barton A. Weitz y Robin Wensley (eds.) (Londres: Sage Publications, 2002), pp. 39–65.

7. Frederick E. Webster Jr., "The Changing Role of Marketing in the Corporation", *Journal of Marketing* (octubre de 1992), pp. 1–17. Véase también Ravi S. Achrol, "Evolution of the Marketing Organization: New Forms for Turbulent Environment", *Journal of Marketing* (octubre de 1991), pp. 77–93; John P. Workman Jr., Christian Homburg y Kjell Gruner, "Marketing Organization: An Integrative Framework of Dimensions and Determinants", *Journal of Marketing* (julio de 1998), pp. 21–41. Si desea consultar teorías contemporáneas, véase la edición especial de 1999 de *Journal Marketing Fundamental Issues and Directions for Marketing.*

8. Si desea consultar una explicación excelente de cómo convertir una empresa en una organización dirigida al mercado, véase George Day, *The Market-Driven Organization: Aligning Culture, Capabilities, and ConfiInfiguation to the Market* (Nueva York: The Free Press, 1989).

9. Frederick E. Webster, Jr., "The Role of Marketing and the Firm", en *Handbook of Marketing,* Barton A. Weitz y Robin Wensley (eds.) (Londres: Sage Publications, 2002), pp. 39–65.

10. Frank V. Céspedes, *Concurrent Marketing: Integrating Product, Sales, and Service* (Boston: Harvard Business School Press, 1995); y *Managing Marketing Linkages: Text, Cases, and Readings* (Upper Saddle River, NJ: Prentice Hall, 1996).

11. <www.pacefoods.com>.

12. Zachary Schiller, "The Marketing Revolution at Procter & Gamble", *Business Week*, 25 de julio de 1988, pp. 72–76; Laurie Freeman, "P&G Widens Power Base: Adds Category Managers", *Advertising Age*.

13. Michael J. Zenor, "The Profit Benefits of Category Management", *Journal of Marketing Research*, 31 (mayo de 1994), pp. 202–213.

14. Gerry Khermouch, "Brands Overboard", *Brandweek*, 22 de agosto de 1994, pp. 25–39.

15. Si desea consultar lecturas adicionales, diríjase a Robert Dewar y Don Shultz, "The Product Manager, an Idea Whose Time Has Gone", *Marketing Communications* (mayo de 1998), pp. 28–35; "The Marketing Revolution at Proctor & Gamble", *Business Week*, 25 de julio de 1988, pp. 72–76; Kevin T. Higgins, "Category Management: New Tools Changing Life for Manufacturers, Retailers", *Marketing News*, 25 de septiembre de 1989, pp. 2, 19; George S. Low y Ronald A. Fullerton, "Brands, Brand Management, and the Brand Manager System: A Critical Historical Evaluation", *Journal of Marketing Research* (mayo de 1994), pp. 173–90; Michael J. Zanor, "The Profit Benefits of Category Management", *Journal of Marketing Research* (mayo de 1994), pp. 202–213.

16. Richard E. Anderson, "Matrix Redux", *Business Horizons* (noviembre–diciembre de 1994), pp. 6–10.

17. Frederick E. Webster, Jr., "The Role of Marketing and the Firm", en *Handbook of Marketing*, Barton A. Weitz y Robin Wensley (eds.) (Londres: Sage Publications, 2002), pp. 39–65.

18. Benson P. Shapiro, "Can Marketing and Manufacturing Coexist?" *Harvard Business Review* (septiembre–octubre de 1977), pp. 104–114. Véase también Robert W. Ruekert y Orville C. Walker Jr., "Marketing's Interaction with Other Functional Units: A Conceptual Framework with Other Empirical Evidence", *Journal of Marketing* (enero de 1987), pp. 1–19.

19. Patricia Sellers, "P&G: Teaching an Old Dog New Tricks", *Fortune*, 31 de mayo de 2004, pp. 167–180.

20. Erik Brynjolfsson y Lorin Hitt, "The Customer Counts", *Information Week*, 9 de septiembre de 1996.

21. Gary Hamel, *Leading the Revolution* (Boston: Harvard Business School Press, 2000).

22. Kenneth Hein, "Rohan Oza", *Brandweek*, 8 de abril de 2002, p. 36. "POWERade Scores with LeBron", *Brandweek*, 18 de agosto de 2004.

23. William L. Wilkie y Elizabeth S. Moore, "Marketing's Relationship to Society", en *Handbook of Marketing*, Barton A. Weitz y Robin Wensley (eds.) (Londres: Sage Publications, 2002), pp. 1–38.

24. "Special Report: Corporate Social Responsibility", *The Economist*, 14 de diciembre de 2002, pp. 62–63.

25. Don Tapscott y Anthony Williams, "What? Now We Have to Make a Profit *and* Be Ethical, *Business 2.0*, febrero de 2002, p. 30.

26. Para lecturas adicionales, véase Dorothy Cohen, *Legal Issues in Marketing Decision Making* (Cincinnati, OH: South-Western, 1995).

27. Shelby D. Hunt y Scott Vitell, "The General Theory of Marketing Ethics: A Retrospective and Revision", en John Quelch y Craig Smith (eds.), *Ethics in Marketing* (Irwin, Chicago, IL, 1992).

28. Don Tapscott y Anthony Williams, "What? Now We Have to Make a Profit *and* Be Ethical", pp. 30–31.

29. Marc Gunther, "Tree Huggers, Soy Lovers, and Profits", *Fortune*, 23 de junio de 2003, pp. 98–104.

30. Ronald J. Alsop, "Perils of Corporate Philanthropy", *Wall Street Journal*, 16 de enero de 2002, p. B1; Ronald J. Alsop *The 18 Immutable Laws of Corporate Reputation: Creating, Protecting, and Repairing Your Most Valuable Asset* (Nueva York: Free Press, 2004).

31. Paul Dolan, *True to Our Roots: Fermenting a Business Revolution* (Nueva York:Bloomberg Press, 2003); Alison Overholt, "The Good Earth", *Fast Company*, diciembre de 2003, pp. 86–88.

32. Michael E. Porter y Mark R. Kramer, "The Competitive Advantage of Corporate Philanthropy", *Harvard Business Review*, diciembre de 2002, pp. 5–16.

33. Dwane Hal Deane, "Associating the Corporation with a Charitable Event Through Sponsorship: Measuring the Effects on Corporate Community Relations", *Journal of Advertising*, invierno de 2002, pp. 77–87.

34. Véase Philip Kotler y Nancy Lee, *Corporate Social Responsibility: Doing the Most Good for Your Company and Your Cause* (Nueva York: John Wiley, 2005).

35. Un análisis sobre temas de marketing, salud pública y oportunidades es el de Michael L. Rothschild, "Carrots, Sticks, and Promises: A Conceptual Framework for the Management of Public Health and Social Issue Behaviors", *Journal of Marketing* 63 (octubre de 1999), pp. 24–37.

36. Jennifer Barrett, "A Secret Recipe for Success", *Newsweek*, 3 de noviembre de 2003, pp. 48–49; Paul Newman y A.E. Hotchner, *Shameless Exploitation in Pursuit of the Common Good: The Madcap Business Adventure by the Truly Oddest Couple* (Waterville, ME: Thorndike Press, 2003).

37. Todd Wallack, "Conscience Calls", *San Francisco Chronicle*, 21 de septiembre de 2000; <www.workingassets.com>.

38. Hamish Pringle y Marjorie Thompson, *How Cause Related Marketing Builds Brands* (Nueva York: John Wiley & Sons, 1999); Christine Bittar, "Seeking Cause and Effect", *Brandweek*, 11 de noviembre de 2002, pp. 19–24; "Marketing, Corporate Social Initiatives, and the Bottom Line", Marketing Science Institute Conference Summary, *MSI Report No. 01-106*, 2001.

39. Rajan Varadarajan y Anil Menon, "Cause-Related Marketing: A Co-alignment of Marketing Strategy and Corporate Philanthropy", *Journal of Marketing* 52 (1988), pp. 58–74.

40. Minette Drumwright y Patrick E. Murphy, "Corporate Societal Marketing", en *Handbook of Marketing and Society*, Paul N. Bloom y Gregory T. Gundlach (eds.) (Thousand Oaks, CA: Sage Publications, 2001), pp. 162–183. Véase también, Minette Drumwright, "Company Advertising With a Social Dimension: the Role of Noneconomic Criteria", *Journal of Marketing*, 60 (octubre de 1996), pp. 71–87

41. <www.britishairways.com>.

42. Pat Auger, Paul Burke, Timothy Devinney y Jordan J. Loviere, "What Will Consumers Pay for Social Product Features?", *Journal of Business Ethics* 42 (2003), pp. 281–304.

43. C. B. Bhattacharya y Sankar Sen, "Consumer-Company Identification: A Framework for Understanding Consumers' Relationships with Companies", *Journal of Marketing* 67 (abril de 2003), pp. 76-88; Sankar Sen y C. B. Bhattacharya, "Does Doing Good Always Lead to Doing Better? Consumer Reactions to Corporate Social Responsibility", *Journal of Marketing Research* 38, núm. 2 (2001), pp. 225–244; Dennis B. Arnett, Steve D. German y Shelby D. Hunt, "The Identity Salience Model of Relationship Marketing Success: The Case of Nonprofit Marketing", *Journal of Marketing* 67 (abril de 2003), pp. 89–105.

44. Stephen Hoeffler y Kevin Lane Keller, "Building Brand Equity through Corporate Societal Marketing", *Journal of Public Policy & Marketing* 21, núm. 1 (primavera de 2002), pp. 78–89. Véase también Special Issue: Corporate Responsibility, *Journal of Brand Management* 10, núms. 4–5 (mayo de 2003).

45. Hamish Pringle y Marjorie Thompson, *How Cause Related Marketing Builds Brands*; <www.loveisnotabuse.com>.

46. Mark R. Forehand y Sonya Grier, "When Is Honesty the Best Policy? The Effect of Stated Company Intent of Consumer Skepticism", *Journal of Consumer Psychology* 13, núm. 3 (2003), pp. 349-356; Dwane Hal Dean, "Associating the Corporation with a Charitable Event Through Sponsorship: Measuring the Effects on Corporate Community Relations", *Journal of Advertising* 31, núm. 4 (2002), pp. 77–87.

47. Steve Hoeffler, Paul N. Bloom y Kevin Lane Keller, "Achieving Social Change Through Corporate Societal Marketing: Incorporating a Consumer Orientation into CSR Programs", documento de trabajo, Kenan-Flagler School of Business, University of North Carolina, Chapel Hill, 2004.

48. Ronald J. Alsop, *The 18 Immutable Laws of Corporate Reputation: Creating, Protecting, and Repairing Your Most Valuable Asset*, p. 125.

49. Susan Orenstein, "The Selling of Breast Cancer", *Business 2.0*, febrero de 2003, pp. 88–94; H. Meyer, "When the Cause is Just", *Journal of Business Strategy* (noviembre–diciembre de 1999), pp. 27–31.

50. Christine Bittar, "Seeking Cause & Effect", *Brandweek*, 11 de noviembre de 2002, pp. 18–24.

51. Philip Kotler, Ned Roberto y Nancy Lee, *Social Marketing: Improving the Quality of Life* (Thousand Oaks, CA: Sage, 2002).

52. <www.causemarketingforum.com>.

53. Véase Michael L. Rothschild, "Carrots, Sticks, and Promises: A Conceptual Framework for the Management of Public Health and Social Issue Behaviors", *Journal of Marketing*, octubre de 1999, pp. 24–37.

54. Si desea más información sobre el desarrollo y la ejecución de planes de marketing, véase H. W. Goetsch, *Developing, Implementing, and Managing an Effective Marketing Plan* (Chicago: NTC Business Books, 1993).

55. Ibid.

56. Thomas V. Bonoma, *The Marketing Edge: Making Strategies Work* (Nueva York: The Free Press, 1985). Gran parte de esta sección se basa en el trabajo de Bonoma.

57. C. Marcus, "Marketing Resource Management: Key Components", *Gartner Research Note*, 22 de agosto de 2001.

58. Sam R. Goodman, *Increasing Corporate Profitability* (Nueva York: Ronald Press, 1982), cap. 1. Véase también Bernard J. Jaworski, Vlasis Stathakopoulos y H. Shanker Krishnan, "Control Combinations in Marketing: Conceptual Framework and Empirical Evidence", *Journal of Marketing* (enero de 1993), pp. 57–69.

59. Peter M. Senge, *The Fifth Disipline: The Art and Practice of the Learning Organization* (Nueva York: Doubleday Currency, 1990), cap. 7.

60. Si desea más información sobre este instrumento, véase Philip Kotler, "From Sales Obsession to Marketing Effectiveness", *Harvard Business Review* (noviembre–diciembre de 1977), pp. 67–75.

61. Philip Kotler, William Gregor y William Rodgers, "The Marketing Audit Comes of Age", *Sloan Management Review* (invierno de 1989), pp. 49–62.

62. Si desea encontrar listados útiles para autoauditorías, consulte Aubrey Wilson, *Abrey Wilson's Marketing Audit Checklists* (Londres: McGraw-Hill, 1982); Mike Wilson, *The Management of Marketing* (Westmead, Inglaterra: Gower Publishing, 1980). Para una descripción de programas de software para auditorías de marketing, véase Ben M. Enis y Stephen J. Garfein, "The Computer-Driven Marketing Audit", *Journal of Management Inquiry* (diciembre de 1992), pp. 306–318.

63. Kotler, Gregor y Rodgers, "The Marketing Audit Comes of Age", pp. 49–62.

::: EJERCICIOS: PLAN DE MARKETING DE SONIC

El plan de marketing: introducción

Como mercadólogo, usted necesitará un buen plan de marketing para dirigir y orientar su marca, su producto o su empresa. Cualquier organización estará mejor preparada para lanzar un producto nuevo o para generar más ventas para los productos existentes si cuenta con un detallado plan de marketing. Las organizaciones sin fines de lucro también recurren a los planes de marketing para dirigir las actividades destinadas a recaudar fondos o a cualquier otro fin benéfico. Incluso las organizaciones gubernamentales elaboran planes de marketing para iniciativas tendientes a despertar la conciencia en la sociedad sobre la importancia de una dieta saludable o para estimular el turismo en una región, por citar algunos ejemplos.

El propósito y el contenido de un plan de marketing

A diferencia de un plan de negocio, que ofrece una visión más amplia de la misión, los objetivos, la estrategia y la asignación de recursos de una empresa, el alcance de un plan de marketing es más limitado. Los planes de marketing consisten en describir en detalle cómo es que la organización logrará sus objetivos estratégicos mediante tácticas y estrategias de marketing específicos que tengan a los clientes como punto de partida. Asimismo, el plan se relaciona con los objetivos de los demás departamentos de la empresa. Imaginemos que en un plan de marketing se establece que se venderán 200,000 unidades de un producto por año. El departamento de producción debe prepararse para fabricar todas esas unidades, el departamento de finanzas debe contar con los recursos necesarios para cubrir los gastos, el departamento de recursos humanos deberá contratar y capacitar a empleados para hacer frente a la producción, etc. El éxito de un plan de marketing depende, por tanto, del apoyo adecuado de la organización en su conjunto y de los recursos existentes. Aunque la extensión y el formato varían de una compañía a otra, un plan de marketing suele incluir las secciones que se describen en el capítulo 2. Las empresas de menor tamaño elaboran planes de marketing más breves o menos formales, mientras que las grandes corporaciones necesitan planes de marketing muy estructurados. Sin embargo, para garantizar la correcta ejecución del plan, sus diferentes secciones deben considerar un gran número de detalles. En ocasiones, las empresas publican sus planes de marketing en sitios Web internos, de manera que los directivos y los empleados tengan la posibilidad de consultar apartados específicos desde cualquier lugar y hacer sus contribuciones o sugerir modificaciones.

La función de la investigación

Los mercadólogos necesitan información actualizada sobre el entorno, la competencia y los segmentos meta para desarrollar programas y estrategias de marketing con éxito. Con frecuencia, el estudio de la situación de marketing comienza con un análisis de la información interna que se complementa con la información de investigación e inteligencia de marketing sobre el mercado en general, los competidores, los asuntos clave, las amenazas y las oportunidades. Cuando el plan se pone en práctica, los mercadólogos recurren a la publicidad y a ciertas formas de investigación para medir los avances en el logro de los objetivos, así como para estudiar posibles oportunidades de mejora si los resultados no coinciden con las proyecciones. Por último, las empresas emplean la investigación de mercados para conocer a sus clientes, sus necesidades, expectativas, percepciones y niveles de satisfacción. Esta valiosa información sirve de base para generar ventaja competitiva mediante las decisiones sobre la segmentación, la selección del público meta y el posicionamiento. De este modo, el plan de marketing debe destacar qué tipo de investigación de mercados se pretende llevar a cabo y cómo se aplicarán las conclusiones.

La función de las relaciones de la empresa

El plan de marketing refleja el modo en el que la empresa establecerá y conservará relaciones provechosas con los clientes. Sin embargo, en el proceso, también define una serie de relaciones internas y externas.

En primer lugar, el plan influye en la manera como el personal de marketing colabora entre sí y con otros departamentos a fin de generar valor y satisfacción para los clientes. En segundo lugar, afecta al modo en que la empresa trabaja con proveedores, distribuidores y socios estratégicos para lograr los objetivos considerados en el plan. En tercer lugar, influye en la relación de la empresa con otros grupos de interés, como los legisladores, los medios de comunicación masiva y la sociedad en su conjunto. Todas estas relaciones son esenciales para el éxito de la empresa.

Del plan a la acción

En general, las empresas realizan planes de marketing anuales, aunque algunos planes cubren periodos más largos. Los mercadólogos inician la planeación con antelación suficiente a la fecha de ejecución para poder llevar a cabo la investigación de mercados necesaria, un análisis exhaustivo, un estudio de la dirección y la coordinación adecuada entre departamentos. Después, en cuanto se ejecuta cada acción del programa, los mercadólogos llevan el control de los resultados, hacen comparaciones con lo planeado, analizan las desviaciones y aplican medidas correctivas. Puesto que los cambios del entorno son impredecibles e inevitables, los mercadólogos deben ser capaces de actualizar y adaptar los planes de marketing en cualquier momento. Determinadas empresas diseñan también planes de contingencia.

Para que la ejecución y el control del plan de marketing sean eficaces, éste debe determinar cómo se van a medir los resultados. Los directivos suelen recurrir a presupuestos, calendarios y niveles de resultados para controlar y evaluar los efectos del plan de marketing. Los presupuestos permiten comparar los gastos proyectados con los gastos reales por semanas, meses u otros periodos de tiempo. Los calendarios permiten controlar cuándo se deben terminar los proyectos y cuándo están listos en verdad. Los niveles de resultados permiten analizar el progreso que realiza la empresa en el logro de sus objetivos. Algunos ejemplos de niveles de resultados son los datos sobre la participación de mercado, el volumen de ventas, la rentabilidad por producto y la satisfacción de los clientes.

Ejemplo de plan de marketing de Sonic

En este apartado se estudiará un ejemplo de plan de marketing para una empresa hipotética de reciente creación llamada Sonic. El primer producto de la empresa es el Sonic 1000, un PDA digital multifuncional, también conocido como asistente personal digital. Sonic competirá con palmOne, Hewlett-Packard y otras empresas consolidadas. Las notas al margen explican con mayor detalle qué debe incluir cada sección del plan de marketing.

1.0 Resumen ejecutivo

El resumen ejecutivo se dirige a los gerentes de mayor rango que deben estudiar y aprobar el plan de marketing.
El resumen ejecutivo ofrece una perspectiva general de las oportunidades de mercado y de la estrategia que se empleará para satisfacer las necesidades de los segmentos meta.
El resumen ejecutivo incluye los objetivos financieros y de marketing, así como los resultados esperados.

Sonic se está preparando para lanzar un producto PDA, el Sonic 1000, en un mercado que entra en la fase de madurez. A pesar de la posición dominante del líder, palmOne, podemos competir de manera eficaz puesto que nuestra oferta presenta características exclusivas a un precio de valor agregado. Nos dirigimos a segmentos específicos de los mercados industrial y de consumo, aprovechando la creciente demanda de PDA inalámbricos, fáciles de usar y con mayor funcionalidad para comunicaciones.

El objetivo de marketing fundamental de la empresa es conseguir un 3% del mercado estadounidense con ventas de 240,000 unidades durante el primer año. Los objetivos financieros primordiales son obtener ingresos de 60 millones de dólares durante el primer año, evitar que las pérdidas del primer año rebasen los 10 millones de dólares y alcanzar el punto de equilibrio durante el segundo año de ejercicio.

2.0 Análisis de la situación

Este apartado se enfoca en la definición del mercado y en la capacidad actual de la empresa para atender a ese mercado.

La descripción del mercado incluye tamaño, necesidades, crecimiento y tendencias.

La descripción de los segmentos meta ofrece un contexto para las estrategias y los programas de marketing que se exponen más adelante.

Sonic, fundada hace 18 meses por dos empresarios con experiencia en el mercado de las computadoras personales, está a punto de ingresar en el mercado de los PDA dominado por palmOne. En general, las ventas de PDA han disminuido, lo que ha repercutido en las utilidades. La aparición de los PDA multifunción y de avanzados teléfonos celulares ha aumentado la presión competitiva. El tamaño aproximado del mercado de los PDA multifunción y los teléfonos celulares es de 63,700 millones de dólares, y se calcula que su crecimiento en cuatro años será del 50%. Para conseguir participación de mercado en este entorno, Sonic debe definir con cuidado sus mercados meta.

2.1 DESCRIPCIÓN DEL MERCADO El mercado de Sonic está formado por consumidores y empresas que necesitan almacenar, comunicar e intercambiar información de forma cómoda y sobre la marcha. Los segmentos a los que atenderá la empresa durante el primer año son: profesionales, estudiantes, compañías, empresarios y médicos. La figura 1 muestra cómo Sonic

| FIGURA 1 | Necesidades del cliente, y características y beneficios correspondientes del PDA de Sonic.

Segmento meta	Necesidad del cliente	Característica/beneficio correspondiente
Profesionales (mercado de consumo)	■ Estar comunicado de forma permanente	■ Correo electrónico inalámbrico para enviar y recibir mensajes desde cualquier sitio; comunicación mediante telefonía celular desde cualquier lugar
	■ Grabar información sobre la marcha	■ Reconocimiento de voz para dejar las manos libres
Estudiantes (mercado de consumo)	■ Realizar múltiples tareas sin necesidad de llevar consigo demasiados aparatos	■ Compatibilidad con numerosas aplicaciones y periféricos para mayor funcionalidad a bajo costo
	■ Expresar estilo e individualidad	■ Carátula en diferentes colores y modelos que permite a los usuarios estar a la moda
Usuarios corporativos (mercado empresarial)	■ Tener acceso a información importante sobre la marcha	■ Compatible con una gran variedad de software
	■ Utilización para tareas propias	■ Personalizable para diferentes tareas y redes empresariales
Empresarios (mercado empresarial)	■ Organización y acceso a contactos y detalles de la agenda	■ Acceso inalámbrico, manos libres para agenda y contactos para comprobar citas y comunicarse
Profesionales médicos (mercado empresarial)	■ Actualización, acceso e intercambio de historiales médicos	■ Grabación e intercambio de información por medios inalámbricos y manos libres para reducir el papeleo y aumentar la productividad

1000 satisface las necesidades de los segmentos industriales y de consumo a los que se dirige la empresa.

Los compradores de PDA pueden escoger entre modelos con dos sistemas operativos diferentes creados por Palm y por Microsoft. Sonic incluye la licencia del sistema Palm, que domina el mercado, puesto que miles de aplicaciones de software y de periféricos son compatibles con este sistema. La proliferación del producto y la creciente competencia han desembocado en un descenso de los precios y de los márgenes de utilidad. La caída de los precios está favoreciendo las ventas de PDA en el último segmento del mercado, pero a expensas del margen bruto. Los clientes con PDA de primera generación vuelven a ingresar en el mercado al adquirir nuevos artículos multifunción.

2.2 FORTALEZAS, DEBILIDADES, OPORTUNIDADES Y AMENAZAS (ANÁLISIS SWOT) En Sonic contamos con fortalezas importantes en las cuales apoyarnos, pero nuestra debilidad principal es la falta de reconocimiento e imagen. La principal oportunidad de la empresa es la creciente demanda de dispositivos PDA multifunción que ofrezcan ventajas específicas de comunicación. Asimismo nos enfrentamos con la amenaza de la incesante competencia y de la presión de guerra de precios.

> Cuando la empresa desarrolla sus estrategias de marketing debe considerar las tendencias del mercado.

Fortalezas Sonic disfruta de tres fortalezas importantes:

> Las fortalezas son elementos internos que ayudan a la empresa a lograr sus objetivos.

1. *Producto innovador.* Sonic 1000 incluye un sistema de reconocimiento de voz que simplifica su uso y permite trabajar sin necesidad de utilizar las manos. Asimismo, ofrece características como la telefonía celular integrada, las comunicaciones inalámbricas y la lectura y reproducción de MP3.
2. *Compatibilidad.* Nuestro PDA es capaz de operar con cientos de aplicaciones y periféricos compatibles con Palm.
3. *Precio.* Nuestro producto tiene un precio inferior al de los modelos multifunción de la competencia que carecen de reconocimiento de voz, lo que supone una ventaja frente a los clientes más sensibles al precio.

Debilidades Al haber esperado para ingresar en el mercado de PDA, pasada la conmoción inicial, los competidores se han consolidado y Sonic ha aprendido de los éxitos y los fracasos de otros. A pesar de todo, la empresa presenta dos debilidades principales:

> Las debilidades son elementos internos que interfieren en la consecución de objetivos de la empresa.

1. *Falta de reconocimiento de marca.* Sonic todavía no ha consolidado su marca ni su imagen en el mercado, mientras que palmOne y otros competidores gozan de un gran reconocimiento de marca. Nos referiremos a este tema cuando se hable de la promoción.
2. *Peso.* Al incluir todas las características multifunción, el Sonic 1000 es ligeramente más pesado que la mayoría de los modelos rivales. Para contrarrestar la desventaja del peso, haremos hincapié en la multifuncionalidad y en el precio, dos ventajas competitivas importantes.

Oportunidades Sonic podría beneficiarse de tres oportunidades de mercado principales:

> Las oportunidades son necesidades o intereses potenciales de los compradores que la empresa podría aprovechar de forma rentable.

1. *Mayor demanda de métodos de comunicación múltiple.* Se espera que el mercado de los PDA inalámbricos con servicios Web y funcionalidad de telefonía celular crezca más rápidamente que el de los dispositivos que requieren de cables. Cada vez hay más usuarios de PDA en entornos laborales y académicos, lo que está disparando la demanda primaria. Asimismo, los clientes que adquirieron modelos básicos en el pasado vuelven al mercado en busca de modelos más avanzados.
2. *Periféricos adicionales.* Cada vez hay más periféricos disponibles para el sistema operativo Palm, como por ejemplo, cámaras digitales o sistemas de posicionamiento global. Los consumidores y los clientes empresariales interesados en cualquiera de estos periféricos verán en el Sonic 1000 un dispositivo a buen precio que podrán ampliar de manera cómoda y rápida para múltiples funciones.
3. *Diferentes aplicaciones.* El gran abanico de aplicaciones de software compatibles con Palm para individuos y empresas permite al PDA de Sonic satisfacer sus necesidades de comunicación e información.

Amenazas Nos enfrentamos a tres amenazas principales en el lanzamiento del Sonic 1000:

> Las amenazas son desafíos que representan los avances o las tendencias desfavorables que podrían disminuir las ventas y las utilidades.

1. *Aumento de la competencia.* Cada vez más empresas ingresan en el mercado estadounidense de PDA con modelos que ofrecen algunas de las características del producto de Sonic, pero no todas. Por tanto, las comunicaciones de marketing de Sonic deben destacar la diferenciación y el precio económico de sus modelos.
2. *Presión de guerra de precios.* El aumento de la competencia y las estrategias de participación de mercado están generando un descenso en los precios de PDA. Aún así, nuestro

objetivo de conseguir un 10% de utilidades durante el segundo año de ventas del modelo original es realista dados los menores márgenes del mercado de PDA.

3. **Reducción del ciclo de vida del producto.** Parece que los PDA están alcanzando la fase de madurez de su ciclo de vida más rápidamente que otros productos tecnológicos anteriores. Contamos con planes de contingencia para seguir incrementando las ventas al dirigirnos a segmentos adicionales y mediante la incorporación de nuevas características al producto y el ajuste de precios.

El análisis de la competencia identifica a los competidores clave, describe sus posiciones de mercado respectivas y ofrece una perspectiva general de sus estrategias.

2.3 ANÁLISIS DE LA COMPETENCIA La creciente entrada en el mercado de empresas telefónicas e informáticas consolidadas ha presionado a los demás participantes a incorporar nuevas prestaciones a sus productos y a reducir precios. La competencia de productos con características de texto y mensajes de correo electrónico, como los de Blackberry, también es un factor a considerar. Competidores clave:

■ *palmOne* ha atravesado dificultades financieras por la necesidad de reducir precios con motivo de la competencia. Su adquisición de Handspring impulsó el desarrollo de sus PDA y amplió su mezcla de productos. Como el fabricante de PDA más conocido a nivel mundial, palmOne distribuye sus productos a través de prácticamente todos los canales, incluidos los prestadores de servicios de telefonía celular estadounidenses. En la actualidad, los productos de palmOne no cuentan con algunos de los dispositivos de reconocimiento de voz que ofrece el Sonic 1000.

■ *Hewlett-Packard* se dirige a mercados empresariales con sus aparatos iPAQ Pocket PC, muchos de los cuales prestan servicios inalámbricos. Para mayor seguridad, uno de los modelos permite el control de acceso por huella digital así como mediante contraseña. HP disfruta de una distribución excelente, y el precio de sus productos oscila entre menos de 300 dólares y más de 600.

■ *Garmin* fue la primera empresa que integró el sistema de posicionamiento global (GPS) en su iQUE 3600. Con un precio de 589 dólares, su software de mapas y sus comandos que se activan mediante la voz acaban con la necesidad de un aparato similar para el automóvil. El PDA de Garmin incluye el sistema operativo Palm y cuenta con otras funciones únicas como un grabador digital de voz para recordatorios breves.

■ *Dell* ofrece modelos de PDA a partir de 199 dólares. Sin embargo, este producto es más grande que el de palmOne y carece de funcionalidad inalámbrica como característica estándar. Los modelos nuevos, de menor tamaño, aparecerán en intervalos regulares y se venderán, como es habitual con este fabricante, de forma directa a los consumidores.

■ *Samsung* es uno de los varios fabricantes que ha incluido la telefonía celular en los PDA. Su i500 dispone del sistema operativo Palm, ofrece descargas rápidas de MP3 y correo electrónico, incluye un reproductor de archivos de video y ofrece otras funciones tradicionales como agenda, directorio y marcado rápido.

A pesar de la intensidad de la competencia, Sonic es capaz de forjarse una buena reputación y conseguir el reconocimiento de los segmentos meta. El acuerdo de concesión de licencias con Cellport Systems permite ofrecer la característica exclusiva del reconocimiento de voz para operaciones que posibilitan dejar las manos libres, lo que supone una característica de diferenciación excepcional en términos de ventaja competitiva. La figura 2 presenta una selección de productos PDA rivales y de sus precios.

| FIGURA 2 | Selección de productos PDA y sus precios.

Fabricante	Modelo	Características	Precio
PalmOne	Tungsten C	Funciones PDA, inalámbrico, pantalla a color, teclado diminuto	$499
palmOne	M130	Funciones PDA, pantalla a color, funcionalidad ampliable	$199
Handspring	Treo 270	Funciones PDA y teléfono celular, pantalla a color, teclado diminuto, altavoz; no dispone de ranura de expansión	$499
Samsung	i500	Funciones PDA y teléfono celular, reproductor de MP3, pantalla a color, funciones video	$599
Garmin	iQUE 3600	Funciones PDA, sistema de posicionamiento global, grabador de voz, ranura de expansión, reproductor de MP3	$589
Dell	Axim X5	Funciones PDA, pantalla a color, correo electrónico, grabador de voz, altavoz, expandible	$199
Sony	Clie PEG-NX73V	Funciones PDA, cámara digital, teclado diminuto, juegos, software de presentaciones, reproductor de MP3, grabador de voz	$499

2.4 DESCRIPCIÓN DEL PRODUCTO El PDA Sonic 1000 posee las siguientes características:

- Reconocimiento de voz para comandos y comunicación con manos libres
- Funcionalidad integrada de telefonía celular
- Acceso inalámbrico a Internet y correo electrónico
- Descarga y reproducción de música en formato MP3
- Funciones de organización y comunicación, que incluyen calendario, directorio, libreta de notas, navegador de Internet, programa de correo electrónico y programas de mensajería instantánea
- Conectores para integrarse con todos los periféricos compatibles con palmOne
- Capacidad de ejecutar cualquier aplicación compatible con palmOne
- Pantalla a todo color
- Teclado
- Horquilla para sincronizar información con computadoras personales
- Carátula intercambiable con diferentes dibujos y colores

Se espera que los ingresos por ventas durante el primer año alcancen los 60 millones de dólares, pues se calcula que se venderán 240,000 unidades de Sonic 1000 a un precio de mayoreo de 250 dólares por unidad. Durante el segundo año esperamos lanzar el Sonic 2000 como un producto más avanzado con las siguientes características estándar:

- Sistema de posicionamiento global (GPS) para conocer la ubicación y obtener direcciones en todo momento
- Cámara digital integrada
- Funciones de traducción para enviar textos en inglés traducidos al español (otros idiomas disponibles como opciones adicionales)

2.5 DISTRIBUCIÓN Los productos Sonic se distribuirán a través de una red de minoristas seleccionados con y sin establecimiento en 50 mercados estadounidenses clave. Entre los socios de canal más importantes se incluyen:

- ***Grandes establecimientos de material de oficina.*** Office Depot y Staples ofrecerán los productos Sonic en sus puntos de venta, catálogos y sitios Web.
- ***Tiendas de informática.*** Las tiendas Gateway comercializarán los productos Sonic.
- ***Establecimientos especializados en electrónica.*** Circuit City y Best Buy venderán los PDA Sonic.
- ***Minoristas en línea.*** Amazon.com comercializará los PDA Sonic y, por una tarifa promocional, ofrecerá a la empresa un lugar prominente en la página inicial de su sitio Web durante el lanzamiento.

En un principio, la distribución se limitará a Estados Unidos. Esperamos expandirnos más adelante hacia Canadá y otros países.

Durante el primer año se hará énfasis en promover las ventas.

3.0 Estrategia de marketing

3.1 OBJETIVOS Nos hemos fijado objetivos agresivos pero factibles para los dos primeros años de entrada en el mercado.

- ***Objetivos para el primer año*** Queremos conseguir un 3% de la participación de mercado de PDA en Estados Unidos con ventas de 240,000 unidades.
- ***Objetivos para el segundo año*** Durante el segundo año queremos llegar al 6% de la participación de mercado con la venta de dos modelos, y alcanzar el punto de equilibrio a principios de este periodo.

Un objetivo importante al que se debe prestar atención es la creación de una marca de buena reputación vinculada con un posicionamiento significativo. Tendremos que invertir considerablemente en crear una imagen de marca exclusiva y fácil de recordar que transmita innovación, calidad y valor. Asimismo, debemos controlar los niveles de reconocimiento de marca y respuesta para poder ajustar los esfuerzos de marketing si fuese necesario.

Este apartado resume las principales características de los productos de la empresa.

En este apartado se describe cada canal que utiliza la empresa para distribuir sus productos y menciona los avances y las tendencias recientes.

Los objetivos financieros y de marketing se deben definir en términos específicos, de forma que la dirección esté en condiciones de cuantificar los avances y tomar medidas correctivas para mantenerse en el camino deseado.

En esta sección se describen elementos que podrían influir en la estrategia de marketing de la empresa y su puesta en práctica.

Todas las estrategias de marketing comienzan con la segmentación, la selección del público meta y el posicionamiento.

Antes de proceder a determinar el posicionamiento es necesario definir los segmentos meta, puesto que para lo primero es necesario identificar las posiciones de la competencia a fin de poder destacar los factores de diferenciación.

En este apartado se identifican la marca, las ventajas de los consumidores y los factores de diferenciación y similitud del producto o de la línea de productos.

Para definir la estrategia de producto es necesario tomar decisiones coordinadas sobre la mezcla de producto, las líneas de producto, las marcas, el empaque, el etiquetado y las garantías.

En este apartado se incluye la política de precios, los objetivos y los programas de fijación inicial y adaptación de precios en respuesta a las oportunidades y a los desafíos de los competidores.

La estrategia de distribución incluye la selección y la administración de las relaciones de canal necesarias para generar valor para los clientes.

La estrategia de comunicaciones de marketing incluye la administración de todos los esfuerzos por comunicar valor a los clientes reales, a los clientes potenciales y a los miembros del canal.

La mezcla de marketing incluye las tácticas y los programas específicos que refuerzan cada estrategia. Estos programas deben ser específicos y medibles, tener un nombre, una persona responsable, un calendario con plazos y un presupuesto.

3.2 MERCADOS META La estrategia de marketing de Sonic se basa en un posicionamiento en torno a la diferenciación del producto. En los mercados de consumo, nuestro público meta principal es el de los profesionales con ingresos altos que necesitan un dispositivo portátil para coordinar sus numerosas responsabilidades y comunicarse con su familia y compañeros de trabajo. Nuestro público meta secundario está formado por estudiantes de nivel medio superior y universitarios, así como por graduados que necesitan un dispositivo multifunción. Este segmento se puede describir por edad (16 a 30 años) y por nivel de estudios.

En los mercados industriales, nuestro negocio principal está compuesto por empresas de tamaño medio a grande que buscan fomentar el contacto y el acceso a información sobre la marcha de sus directivos y empleados. Este segmento está formado por empresas con ventas anuales superiores a los 25 millones de dólares y con más de 100 empleados. Un mercado secundario es el de los dueños de pequeñas empresas. Asimismo, nos dirigimos a los médicos que deseen reducir el papeleo y actualizar o tener acceso directo a los historiales médicos de sus pacientes.

Cada una de las cuatro estrategias de la mezcla de marketing favorece la diferenciación de Sonic en los segmentos mencionados anteriormente.

3.3 POSICIONAMIENTO Mediante la diferenciación estamos posicionando el PDA de Sonic como el modelo más versátil, cómodo y con más valor agregado para el uso personal y profesional. La estrategia de marketing se concentrará en el sistema de reconocimiento de voz como la principal característica de diferenciación del Sonic 1000.

3.4 ESTRATEGIAS Es necesario dividir las estrategias de marketing en estrategias específicas de producto, precio, distribución y comunicaciones de marketing.

Producto El Sonic 1000, que incluye todas las características descritas en el apartado Descripción del producto, se venderá con una garantía de un año. Lanzaremos un modelo más moderno y compacto (el Sonic 2000) al año siguiente, con funcionalidad GPS y otras características. Crear la marca Sonic es una parte integral de nuestra estrategia de producto. La marca y el logotipo (el rayo amarillo característico de Sonic) aparecerán tanto en el producto como en el empaque, y se verán reforzados por su prominencia en la campaña de lanzamiento.

Precio El Sonic 1000 se lanzará con un precio de venta al mayoreo de 250 dólares y con un precio aproximado de venta al menudeo de 350 dólares por unidad. Esperamos reducir el precio del primer modelo cuando se amplíe la línea de productos con el lanzamiento del Sonic 2000 a 350 dólares al mayoreo por unidad. Estos precios reflejan la estrategia de **1.** atraer a los socios de canal más adecuados y **2.** arrebatar participación de mercado a palmOne.

Distribución Nuestra estrategia de canal consiste en emplear una distribución selectiva para que los PDA Sonic se vendan a través de minoristas en establecimientos y en línea que cuenten con gran reputación. Durante el primer año agregaremos socios de canal hasta cubrir la mayor parte de los mercados de Estados Unidos y conseguir que el producto aparezca en los principales catálogos y sitios Web. Asimismo, estudiaremos la distribución a través de establecimientos de telefonía celular de grandes empresas como Cingular Wireless. Para apoyar a nuestros socios de canal, Sonic les ofrecerá demostraciones de productos y les entregará manuales con especificaciones detalladas y fotografías a color del producto. Asimismo, les ofrecerá condiciones comerciales específicas por volumen de ventas.

Comunicaciones de marketing Al integrar todos los mensajes en los medios de comunicación reforzaremos la marca y los principales factores de diferenciación, en especial nuestra opción exclusiva de reconocimiento de voz. Las investigaciones sobre patrones de consumo de medios de comunicación masiva ayudarán a que nuestra agencia de publicidad seleccione los medios adecuados, así como el horario y el calendario de emisión para alcanzar a los clientes potenciales antes y durante el lanzamiento de productos. Más adelante, la publicidad aparecerá periódicamente para mantener la relevancia de marca y comunicar los diferentes mensajes de diferenciación. La agencia también coordinará las relaciones públicas para crear la marca Sonic y reforzar los mensajes de diferenciación. Para llamar la atención del mercado y fomentar la compra ofreceremos una funda de piel durante un periodo inicial limitado. Para atraer, conservar y motivar a los miembros del canal a que apoyen nuestros productos, recurriremos a las promociones de venta y a la venta personal. Hasta que la marca Sonic se consolide, nuestras comunicaciones fomentarán las compras a través de socios de canal en lugar de a través de nuestro sitio Web directamente.

3.5 MEZCLA DE MARKETING El Sonic 1000 se lanzará en febrero. A continuación se resumen los programas de medidas que aplicaremos durante los seis primeros meses para lograr los objetivos citados.

■ *Enero* Comenzaremos con una campaña de promoción de ventas de 200,000 dólares para informar a los intermediarios y generar expectativa por el lanzamiento del producto en febrero. Exhibiremos el producto en las principales ferias comerciales para consumidores y ofreceremos muestras a analistas del sector, líderes de opinión y celebridades como parte de nuestra estrategia de relaciones públicas. Nuestro personal de capacitación trabajará con los vendedores de las principales cadenas minoristas para explicar las características del Sonic 1000, sus beneficios y sus ventajas competitivas.

■ *Febrero* Lanzaremos una campaña integrada de anuncios impresos, radiofónicos y en Internet dirigida a consumidores y profesionales. La campaña mostrará la rapidez con que los usuarios del PDA Sonic realizan sus tareas gracias al reconocimiento de voz. Esta campaña multimedia se reforzará con carteles en los puntos de venta, así como con motivos especiales exclusivos de Internet.

■ *Marzo* Mientras que la campaña multimedia continúa, utilizaremos tácticas de promoción de ventas como, por ejemplo, obsequiar fundas de piel. Asimismo, distribuiremos nuevos exhibidores a los puntos de venta para apoyar a los minoristas.

■ *Abril* Celebraremos un concurso de ventas con premios para el vendedor y el minorista que vendan más PDA Sonic durante un periodo de cuatro semanas.

■ *Mayo* Esperamos lanzar una nueva campaña publicitaria nacional este mes. Los anuncios radiofónicos incluirán voces de personajes famosos que utilizan el sistema de reconocimiento de voz de los PDA Sonic. Los anuncios impresos presentarán a las mismas personalidades con el PDA Sonic en la mano.

■ *Junio* Incluiremos un eslogan nuevo en la campaña radiofónica para promover el Sonic 1000 como regalo de graduación. Asimismo, participaremos en la feria anual de electrónica y ofreceremos a nuestros socios de canal un folleto comparativo como apoyo de ventas. Además, tomaremos en cuenta y analizaremos los resultados de los sondeos de satisfacción de clientes para promociones futuras y para utilizarlos en otras actividades de marketing y de producto.

3.6 INVESTIGACIÓN DE MERCADOS Mediante la investigación se identificarán las características y beneficios específicos del producto que valoran nuestros segmentos meta. Los resultados de pruebas de mercado, sondeos y sesiones de grupo ayudarán a desarrollar el Sonic 2000. Asimismo, estamos midiendo y analizando la actitud de los consumidores respecto a marcas y productos de la competencia. La investigación sobre reconocimiento de marca ayudará a determinar la eficacia y la eficiencia de nuestros mensajes y medios. Por último, utilizaremos los estudios sobre satisfacción de clientes para estudiar la reacción del mercado.

4.0 Información financiera

Los ingresos totales del Sonic 1000 durante el primer año se prevén en 60 millones de dólares, con un precio promedio al mayoreo de $250 por unidad y un costo variable por unidad de $150 para un volumen de 240,000. Prevemos que durante el primer año habrá pérdidas por 10 millones de dólares. Los cálculos del punto de equilibrio indican que el Sonic 1000 empezará a generar utilidades una vez que se superen 267,500 unidades vendidas, a principios del segundo año de operaciones. Nuestro análisis de punto de equilibrio supone ingresos por venta al mayoreo de $250 por unidad, con un costo variable de $150 por unidad, y costos fijos de $26,750,000 durante el primer año. Con estos supuestos, el cálculo del punto de equilibrio es el siguiente:

$$\frac{26{,}750{,}000}{\$250 - \$150} = 267{,}500 \text{ unidades}$$

5.0 Control

5.1 EJECUCIÓN Estamos planeando medidas de control estrictas para seguir de cerca los niveles de calidad y de servicio a los clientes. Esto permitirá reaccionar con rapidez para corregir cualquier problema que pudiera generarse. Otros elementos que se estudiarán con cuidado para observar si aparecen signos que indiquen desviaciones con respecto a la planeación son el plan mensual de ventas (por segmento y canal) y los gastos mensuales.

5.2 ORGANIZACIÓN DE MARKETING La directora de marketing de Sonic, Jane Melody, es la máxima responsable de la estrategia y de la dirección de marketing. La figura 3 ilustra la estructura de marketing de la empresa, integrada por ocho personas. Sonic contrató a la empresa Worldwide Marketing para que se encargue de las campañas de ventas nacionales, las promociones de ventas a consumidores y a empresas, y las relaciones públicas.

Los programas de medidas se deben coordinar con los recursos y las actividades de otros departamentos que contribuyan a la creación, la entrega o la comunicación de valor para el cliente.

La investigación de mercados se utiliza para respaldar el desarrollo, la aplicación y la evaluación de estrategias y programas.

La información financiera incluye presupuestos de marketing y pronósticos de ventas para planear los gastos, las operaciones y el calendario de cada programa de medidas.

El análisis de punto de equilibrio incluye los ingresos esperados, los costos fijos correspondientes y los costos variables del producto durante el periodo que cubre el plan de marketing.

Este apartado ayuda a la dirección a medir los resultados y a identificar los problemas o las desviaciones que ameritan medidas correctivas.

La organización de marketing se puede estructurar por función, como en este ejemplo, o por productos, clientes, o por ambos.

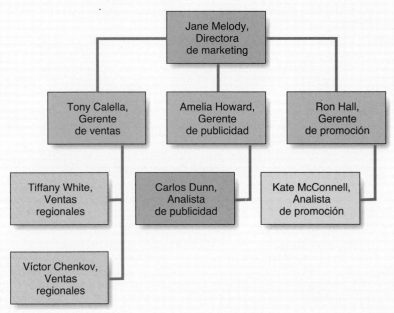

| FIGURA 3 | Sonic's Marketing Organization

Fuentes: La información contextual y de mercado es una adaptación de: Pui-Wing Tam, "Palm Unveils palmOne Name, after Breakup", *Wall Street Journal*, 18 de agosto de 2003, p. B4; Elaine C.Y. Chen, "Lean, Mean Multimedia Machine", *Laptop*, agosto de 2003, p. 20; Michael V. Copeland, Om Malik y Rafe Needleman, "The Next Big Thing", *Business 2.0*, julio de 2003, pp. 62–69; Steve Hamm, "Tech Comes Out Swinging", *Business Week*, 23 de junio de 2003, pp. 62–66; "Dell Rides Wireless Wave", *eWeek*, 7 de julio de 2003, http://www.eweek.com; Stephen H. Wildstrom, "Wi-Fi Handhelds? Not for the Footloose", *Business Week*, 16 de junio de 2003, p. 24; Bob Brewin, "Palm to Buy Handspring to Bolster Hardware Unit", *Computerworld*, 9 de junio de 2003, p. 12; "PDAs with Phones", *PC Magazine*, 6 de mayo de 2003, p. 108; "Handheld Market Declines in 2002", *Health Management Technology*, marzo de 2003, p. 6; Bob Brewin, "Palm Slashes Pricing to Match the Competition", *Computerworld*, 10 de febrero de 2003, p. 36.

Plan de marketing: PDA Sonic. Ejercicios por capítulo

Capítulo 2 Desarrollo de estrategias y planes de marketing

Todo plan de marketing debe incluir la misión de la empresa, un análisis de fortalezas, debilidades, oportunidades y amenazas, así como los objetivos financieros y de marketing para el periodo en cuestión. Como vemos en el ejemplo de plan de marketing que aparece en las páginas A1-A7, Sonic es una empresa de reciente creación que pronto lanzará un nuevo PDA multifunción para competir con productos consolidados de Palm, Hewlett Packard, Sony y otros. Como asistente de Jane Melody, directora de marketing de Sonic, se le ha encargado:

- Preparar un borrador de declaración de la misión para Sonic que revisará la alta dirección.
- Redactar un resumen de fortalezas, debilidades, oportunidades y amenazas (SWOT).
- Elaborar una lista de los objetivos financieros y de marketing del nuevo PDA de Sonic.

Siguiendo las instrucciones del profesor, incluya la declaración de la misión de Sonic, el análisis SWOT y los objetivos financieros y de marketing en un plan de marketing que presente o en las secciones Misión, Análisis SWOT y Objetivos de Marketing Plan Pro.

Capítulo 3 Recopilación de información y análisis del entorno

Los sistemas de información de marketing, de inteligencia de marketing y de investigación de mercados sirven para recopilar y analizar información necesaria para diferentes secciones del plan de marketing. Estos sistemas permiten a los mercadólogos examinar los cambios y las tendencias del mercado, de la competencia, de las necesidades de los consumidores, del uso de productos y de los canales de distribución. Algunos de estos cambios representan tanto amenazas como oportunidades.

Sonic cuenta con información sobre la competencia y la situación competitiva, pero Jane Melody considera que es necesario conseguir más información para el lanzamiento del primer PDA. Con base en los contenidos del plan de marketing que se estudiaron en el capítulo 2, ¿cómo podría utilizar el sistema de inteligencia de marketing y la investigación de mercados para respaldar el plan de marketing del nuevo PDA?:

■ ¿Para qué apartados del plan necesitará información secundaria? ¿E información primaria? ¿Por qué necesita la información en cada apartado?

■ ¿Qué fuentes utilizará para recopilar información secundaria relevante? Identifique dos fuentes de Internet y dos fuentes ajenas a Internet. Describa qué espera obtener de cada fuente e indique cómo pretende utilizar la información en el plan de marketing.

■ ¿Qué investigación primaria necesitará Sonic para respaldar la estrategia de marketing, incluida la administración de producto, el precio, la distribución y las comunicaciones de marketing? ¿Qué preguntas o dudas debe intentar resolver Sonic con la información primaria?

■ ¿Qué cambios tecnológicos, demográficos y/o económicos podrían influir en el desarrollo del PDA, en su aceptación y en el desarrollo de productos sustitutos o mejorados?

Incluya sus respuestas en un plan de marketing o en las secciones Investigación de mercados, Análisis de mercado, Tendencias de mercado y Macroentorno de Marketing Plan Pro.

Capítulo 4 Investigación de mercados y pronóstico de la demanda

Sonic ha desarrollado un pronóstico de ventas a dos años para su nuevo PDA. Jane Melody quiere revisar los cálculos de demanda del sector de PDA. También desea desarrollar un método para medir la eficacia de los esfuerzos de marketing de Sonic. Para ello, le encargó lo siguiente:

■ Calcular, a partir de la información secundaria disponible, la demanda total de PDA en dos años. Jane Melody da por hecho que tendrá que realizar búsquedas por Internet y consultar fuentes de asociaciones comerciales para reunir la información necesaria.

■ Estudiar las formas alternativas de calcular la eficacia de marketing y recomendar el mejor método que podría utilizar Sonic para ello.

Incluya las respuestas a estas preguntas en un plan de marketing o en los apartados Pronóstico de ventas y Control de Marketing Plan Pro.

Capítulo 5 Creación de valor para el cliente, satisfacción y lealtad

Sonic ha decidido concentrarse en la satisfacción total de los clientes, puesto que los estudios realizados demuestran que los clientes que están "totalmente satisfechos" con el producto o servicio tienen más posibilidades de volver a comprar a la empresa que aquellos que simplemente estaban "satisfechos". Al respecto, Jane Melody le encargó:

■ Recomendar cómo medir la satisfacción total de los clientes de Sonic.

Estudie las diferentes formas de que dispone la empresa para conseguir información sobre satisfacción de clientes y recomiende un método en un plan de marketing o en la sección Posicionamiento de Marketing Plan Pro.

Capítulo 6 Análisis de los mercados de consumo

Todas las empresas deben estudiar los mercados de consumo antes de elaborar un plan de marketing. Los mercadólogos tienen que saber quiénes conforman el mercado, qué compran, cómo, cuándo, dónde y por qué, y quién participa e influye en el proceso de compra.

Usted se encargará de investigar y analizar el mercado de consumo para los PDA de Sonic. Éstas son las preguntas a las que la empresa debe responder:

■ ¿Qué factores culturales, sociales, personales y psicológicos influyen más en los consumidores cuando compran un PDA?

■ ¿Qué herramientas de investigación le ayudarán a comprender la influencia de estos factores en la actitud y el comportamiento de compra?

■ ¿Qué patrones y conductas de consumo son especialmente importantes para los productos PDA?

■ ¿Qué tipo de actividades de marketing deberá planear Sonic para hacerlas coincidir con todas las etapas del proceso de compra de los consumidores?

Documente sus hallazgos y conclusiones en un plan de marketing e inclúyalos en las secciones Características demográficas del mercado y Mercados meta de Marketing Plan Pro.

Capítulo 7 Análisis de los mercados industriales

Los mercadólogos de negocio a negocio deben conocer sus mercados y la conducta de los miembros del centro de compra para poder desarrollar los planes de marketing adecuados. Jane Melody definió el mercado empresarial de Sonic como el de las empresas de tamaño medio y grande que necesitan que sus empleados estén en contacto y tengan acceso a la información importante en todo momento y desde cualquier lugar. La directora de marketing le solicitó que investigue lo siguiente:

■ ¿Qué tipos de empresas entran en la definición de mercado industrial de Sonic?

■ ¿Qué necesidades de estas empresas podría solucionar el PDA de Sonic?

■ ¿Quién participaría e influiría en la adquisición de PDA dentro de estas empresas?

■ ¿Qué influencias interpersonales, individuales y del entorno serán las más importantes para los compradores empresariales de PDA y por qué?

Redacte sus conclusiones en un plan de marketing o inclúyalas en las secciones Características demográficas del mercado y Mercados objetivo de Marketing Plan Pro.

Capítulo 8 Identificación de segmentos y selección del segmento meta

La segmentación de mercado es un elemento importante de cualquier plan de marketing. Se trata de la primera fase del proceso SSP que antecede a toda estrategia de marketing: segmentación, selección del segmento meta y posicionamiento. El objetivo del proceso SSP es identificar y describir los diferentes segmentos de mercado, seleccionar los más adecuados y, a continuación, localizar las ventajas exclusivas que se deben destacar a través del marketing.

Como asistente de Jane Melody, usted es responsable de la segmentación de mercado y de la selección del segmento meta del PDA de Sonic. Repase las secciones Análisis SWOT, Descripción de mercado y Análisis de la competencia, y responda:

■ ¿Qué variables debe utilizar Sonic para segmentar sus mercados de consumo?

■ ¿Qué variables debe utilizar Sonic para segmentar sus mercados industriales?

■ ¿Cómo podría calcularse el atractivo de cada segmento?

■ ¿Debe Sonic buscar la cobertura total del mercado, la especialización de mercado, la especialización de producto, la especialización selectiva o la concentración en un único segmento? ¿Por qué?

Resuma sus conclusiones en un plan de marketing o inclúyalas en las secciones Características demográficas del mercado y Mercados meta de Marketing Plan Pro. Asimismo, indique la investigación adicional que necesitaría en la sección Investigación de mercados de Marketing Plan Pro.

Capítulo 9 El *brand equity*

Las decisiones de marca son fundamentales para cualquier plan de marketing. En el proceso de planeación, los mercadólogos deben considerar los asuntos relacionados con las estrategias de marca y de *brand equity*. El PDA de Sonic es una marca nueva en el mercado y, por tanto, la empresa comienza desde cero en este sentido. El *brand equity* se construye con base en las elecciones referentes a elementos de marca y programas y actividades de marketing. Una marca fuerte tiene reconocimiento y una imagen positiva. Sonic comienza sin significado. Jane Melody le encargó:

■ Investigar qué transmite el Sonic 1000, con su distintivo rayo amarillo, en términos de atributos y beneficios.

■ Determinar qué estrategias y medidas son recomendables para crear brand equity para el Sonic 1000.

Resuma sus ideas en un plan de marketing o inclúyalas en la sección Mezcla de marketing de Marketing Plan Pro. Indique también qué estudios necesitará para respaldar las decisiones de *brand equity* del Sonic 1000 en la sección Investigación de mercados.

Capítulo 10 Estrategias del posicionamiento de marca

La tercera fase del proceso SSP consiste en seleccionar y comunicar un posicionamiento eficaz para diferenciar la oferta propia de las de la competencia. Asimismo, los mercadólogos deben planear las estrategias adecuadas para cada fase del ciclo de vida del producto. Como parte del proceso de planeación de marketing para el lanzamiento del Sonic 1000, considere las siguientes preguntas sobre posicionamiento y estrategias de ciclo de vida:

- ¿Qué variables de diferenciación sobre producto, servicios, personal, canales e imagen resultan más apropiadas para la situación, la estrategia y los objetivos de marketing de Sonic? ¿Por qué?

- Redacte una declaración de posicionamiento para el Sonic 1000.

- ¿Qué implicaciones tiene la fase del ciclo de vida en que se encuentra el Sonic 1000 para la mezcla de marketing, la estrategia de administración de productos, la estrategia de servicios y la estrategia de investigación y desarrollo?

Anote sus respuestas en un plan de marketing o inclúyalas en la sección Posicionamiento de Marketing Plan Pro. Si considera que se necesita cualquier otra investigación adicional, tome nota de ello en la sección Investigación de mercados de Marketing Plan Pro.

Capítulo 11 Las relaciones con la competencia

El análisis de la estrategia competitiva es un elemento importante de dos áreas del plan de marketing. En primer lugar, al estudiar la situación actual, las empresas tienen que identificar a los competidores clave y aprender de sus debilidades y fortalezas. En segundo lugar, las labores de inteligencia y el análisis de la competencia definen la estrategia competitiva, que está respaldada por la mezcla de marketing.

Sonic es un recién llegado a un sector consolidado en el que existen competidores con gran reconocimiento de marca y posiciones fuertes en el mercado. Como asistente de Jane Melody, preste atención a los siguientes temas clave que influirán en la capacidad de Sonic para lanzar con éxito el nuevo PDA:

- ¿Cuál es el grupo estratégico de Sonic?

- ¿Qué empresa es líder del mercado, y cuáles son sus objetivos, fortalezas y debilidades?

- ¿Qué inteligencia competitiva adicional se necesita para responder de forma más exhaustiva a la pregunta sobre el líder de mercado, y cómo debe conseguir Sonic tal información?

- ¿Qué estrategia competitiva debe resultar más eficaz para Sonic?

Incluya sus respuestas en un plan de marketing o en las secciones Competencia, Análisis SWOT y Aspectos relevantes de Marketing Plan Pro.

Capítulo 12 Desarrollo de la estrategia del producto

Las decisiones de producto son elementos fundamentales en cualquier plan de marketing. Durante el proceso de planeación, los expertos han de considerar todos los asuntos relacionados con la mezcla de producto y las líneas de productos. Los mercadólogos diferencian entre cinco niveles de producto que sucesivamente agregan valor a la oferta: beneficio básico, producto genérico, producto mejorado, producto esperado y producto potencial. Responda a las siguientes preguntas sobre la estrategia de producto:

- ¿Cómo definiría el beneficio básico del Sonic 1000?

- ¿Cómo definiría el producto mejorado del Sonic 2000, el segundo producto que lanzará Sonic el año que viene?

Escriba las respuestas en un plan de marketing o en las secciones Oferta de producto y Mezcla de marketing de Marketing Plan Pro.

Capítulo 13 Diseño y administración de servicios

Los mercadólogos deben desarrollar una estrategia de servicios cuando preparan sus planes de marketing. En el caso de productos intangibles deben considerar cómo administrar la satisfacción y las expectativas de los consumidores, mientras que en el caso de productos tangibles deben crear servicios de apoyo adecuados. Usted se va a encargar de planear los servicios de apoyo para el PDA de Sonic. Las siguientes preguntas le ayudarán a diseñar su estrategia:

■ ¿Qué servicios de apoyo necesitan y quieren los compradores de PDA? Estudie qué ofrece la competencia en este ámbito.

■ ¿Cómo identificará y administrará Sonic las diferencias entre los servicios esperados y percibidos para satisfacer a los clientes?

■ ¿Qué servicios posteriores a la venta debe ofrecer Sonic a los compradores de su PDA?

■ ¿Qué marketing interno necesita Sonic para poner en práctica su estrategia de servicios?

Resuma sus recomendaciones en un plan de marketing o incluya la información en la sección Mezcla de marketing de Marketing Plan Pro.

Capítulo 14   Desarrollo de programas y estrategias de precios

El precio es un elemento esencial en el plan de marketing de cualquier empresa puesto que influye de manera directa en los objetivos de ingresos y utilidades. En una estrategia de precios eficaz se deben considerar tanto los costos como las percepciones de los consumidores y las reacciones de la competencia, sobre todo en mercados muy competitivos.

Usted es el responsable de la estrategia de precios del primer PDA de Sonic. Revise el análisis SWOT y el análisis de la competencia. Considere también los mercados a los que se dirige y el posicionamiento que quiere conseguir. A continuación, responda a las siguientes preguntas sobre precios:

■ ¿Cuál debe ser el objetivo de precios fundamental de Sonic? ¿Por qué?

■ ¿Son sensibles al precio los compradores de PDA? La demanda, ¿es elástica o inelástica? ¿Cómo influyen las respuestas de las preguntas anteriores en las decisiones de precios?

■ ¿Qué adaptaciones de precios (descuentos, ofertas y precios promocionales) deberá considerar Sonic en su plan de marketing?

Incluya sus estrategias y programas de precios en un plan de marketing o en la sección Mezcla de marketing de Marketing Plan Pro.

Capítulo 15   Diseño y administración de los canales de marketing y de las cadenas de valor

Los fabricantes deben prestar atención especial a sus canales de marketing. Mediante la planeación del diseño, administración, evaluación y modificación de sus canales de marketing, los fabricantes podrán asegurarse de que sus productos estén disponibles donde y cuando los consumidores quieran comprarlos.

Usted se va a encargar de desarrollar una estrategia de canal para el Sonic 1000. Con base en la información recopilada con anterioridad y en las decisiones que ya ha tomado sobre el mercado meta, el producto y el precio, responda a las siguientes preguntas:

■ ¿Qué decisiones debe tomar Sonic para desarrollar los cinco flujos de marketing (flujo físico, de propiedad, de pago, de información y de promoción) para el Sonic 1000?

■ ¿Cuántos niveles serán apropiados para los mercados de consumo e industriales a los que se dirige la empresa con el Sonic 1000?

■ ¿Deberá planear una distribución exclusiva, selectiva o intensiva?

■ ¿Qué decisiones deberá tomar Sonic para desarrollar los cinco niveles de servicio (tamaño del lote de compra, tiempo de espera, comodidad espacial, variedad de producto y servicios de apoyo) para el Sonic 1000?

Redacte sus recomendaciones y su estrategia de canal en un plan de marketing o en las sección Mezcla de marketing de Marketing Plan Pro.

Capítulo 16 Administración de la venta minorista, de la venta mayorista y de la logística del mercado

Tanto los mayoristas como los minoristas desempeñan una función crucial en la estrategia de marketing puesto que están en contacto con el consumidor final. Los fabricantes deben administrar sus contactos con estos intermediarios.

Usted es el responsable de la administración de canal para el PDA de Sonic. De acuerdo con sus decisiones estratégicas previas, responda a las siguientes preguntas sobre la estrategia de ventas mayorista y minorista:

- ¿Qué tipo de minoristas son los más apropiados para distribuir el Sonic 1000? ¿Qué ventajas y desventajas representa la venta a través de este tipo de minoristas?

- ¿Qué función deben desempeñar los mayoristas en la estrategia de distribución de Sonic? ¿Por qué?

- ¿Qué aspectos de logística debe considerar Sonic para el lanzamiento de su primer PDA?

Resuma sus respuestas en un plan de marketing o inclúyalas en las secciones Mezcla de marketing de Marketing Plan Pro.

Capítulo 17 Diseño y administración de estrategias para la comunicación integral de marketing

Todo plan de marketing debe incluir una sección que describa el uso que piensa hacer la empresa de sus comunicaciones de marketing. La pregunta no es si realizar comunicaciones o no, sino más bien qué decir, a quién, cómo, con cuánta frecuencia y qué instrumentos promocionales utilizar.

Usted es el responsable de la planeación de comunicación integral de marketing del nuevo PDA de Sonic. Repase las estrategias de público meta, posicionamiento, marca, administración de productos, precio y distribución previstas con anterioridad en el plan de marketing del Sonic 1000. A continuación aplique sus conocimientos de comunicación de marketing para responder a estas preguntas:

- ¿A qué tipo de audiencia se deberá dirigir Sonic en su plan de comunicación integral de marketing?

- ¿Qué imagen deberá crear Sonic para su primer PDA?

- ¿Qué objetivos son más adecuados para la campaña inicial de comunicaciones de Sonic?

- ¿Qué diseño de mensaje y qué canales de comunicación serán más efectivos para este tipo de audiencia?

- ¿Qué herramientas promocionales resultarán más efectivas según la mezcla de promoción de Sonic? ¿Por qué?

- ¿Sobre qué base decidirá Sonic la cantidad de recursos que asignará a su presupuesto de comunicación?

Resuma sus respuestas en un plan de marketing o inclúyalas en la sección Mezcla de marketing de Marketing Plan Pro.

Capítulo 18 Administración de programas de comunicación masiva: publicidad, promociones de ventas, eventos y relaciones públicas

La publicidad, la promoción de ventas y las relaciones públicas son algunos de los resultados de ventas más visibles de un plan de marketing. Estas herramientas de comunicación masiva sirven de refuerzo para las estrategias de marca, producto, precio y distribución.

Sonic comienza a planear el refuerzo promocional para el lanzamiento del nuevo PDA. Tras revisar las decisiones previas de la mezcla de marketing y la situación actual como nuevo agente del mercado de PDA, responda a las siguientes preguntas sobre su estrategia de promoción:

- ¿Debe Sonic utilizar la publicidad para respaldar el lanzamiento del PDA? De ser así, ¿qué objetivos de publicidad fijaría y cómo mediría su eficacia?

- ¿Qué mensaje(s) quiere Sonic comunicar a la audiencia? ¿Qué medios resultan más adecuados y por qué?

- ¿Debe emplear promociones para consumidores, para empresas, o para ambos?

- ¿Debe hacer uso de las relaciones públicas para promover a la empresa y sus productos? De ser así, ¿qué objetivos de relaciones públicas le parecen más adecuados?

Resuma sus respuestas en un plan de marketing o inclúyalas en la sección Mezcla de marketing de Marketing Plan Pro.

Capítulo 19   Administración de programas de comunicación personal: el marketing directo y la venta personal

Las empresas deben considerar a la fuerza de ventas en el plan de marketing. Como los equipos de venta directa son caros y puesto que es necesario tener varios canales de distribución, muchas han recurrido a la venta por correo, por teléfono y a través de Internet.

En su trabajo en Sonic, usted se encarga de planear la estrategia de ventas del nuevo PDA. Tras analizar sus decisiones previas sobre la mezcla de marketing, responda a estas preguntas sobre la venta personal:

■ ¿Necesita Sonic una fuerza de ventas directa o venderá a través de agentes y representantes externos?

■ ¿En quién se deben concentrar las actividades de venta de Sonic?

■ ¿Qué tipos de objetivos de ventas deberá fijar Sonic para sus vendedores?

■ ¿Qué función debe desempeñar el marketing en línea en el lanzamiento del nuevo PDA?

■ ¿Qué tipo de capacitación necesita la fuerza de ventas para vender el Sonic 1000?

Resuma sus respuestas en un plan de marketing o inclúyalas en las secciones Mezcla de marketing, Organización de marketing y Pronóstico de ventas de Marketing Plan Pro.

Capítulo 20   Lanzamiento de nuevas ofertas de mercado

La estrategia de producto se basa en las decisiones que toman las empresas cuando seleccionan sus segmentos meta y crean un posicionamiento exclusivo para su marca y sus productos. Sobre estas bases los mercadólogos comenzarán a planear el desarrollo y la administración de nuevos productos.

Ahora que ya ha elaborado el plan de marketing para el Sonic 1000, considere nuevas opciones de producto para el Sonic 2000. Responda a las siguientes preguntas que le ayudarán a limitar las opciones para el nuevo PDA de Sonic:

■ ¿Qué necesidades específicas del público meta deberá satisfacer Sonic con el nuevo PDA?

■ Elabore cuatro nuevas ideas usted solo o con algunos compañeros, e indique los criterios que deberá emplear Sonic para analizarlas.

■ Desarrolle la idea más prometedora hasta llegar a un concepto de producto y explique cómo podría Sonic probar el concepto.

■ En el supuesto caso de que la idea más prometedora funcione bien, desarrolle una estrategia de marketing para lanzar este producto e incluya: **1.** la descripción del mercado o mercados meta, **2.** el posicionamiento del producto, **3.** los objetivos de ventas, utilidades y participación de mercado para el primer año, **4.** la estrategia de canal, y **5.** el presupuesto de marketing para el primer año.

■ ¿En cuál de las seis categorías de Booz, Allen y Hamilton encaja el primer PDA de Sonic? ¿En cuál de estas categorías entraría el segundo? ¿Qué consecuencias tienen las respuestas a estas preguntas para el plan de marketing del segundo PDA?

Resuma sus respuestas en un plan de marketing o inclúyalas en los apartados Mezcla de marketing, Investigación de mercados, Análisis del punto de equilibrio, Pronóstico de ventas y Calendario de Marketing Plan Pro.

Capítulo 21   El lanzamiento de ofertas en mercados extranjeros

El marketing internacional ofrece a las empresas la posibilidad de expandir su base de clientes más allá del mercado nacional. Sin embargo, las complejidades del marketing internacional exigen una planeación y una ejecución meticulosas.

Como asistente de Jane Melody, usted está investigando mercados fuera de Estados Unidos para el primer PDA de Sonic. Repase las recomendaciones previas del plan de marketing y responda, a continuación, las siguientes preguntas sobre cómo enfrentará Sonic su incursión en el extranjero:

■ ¿Debe Sonic recurrir a la concesión de licencias, a empresas conjuntas, a la inversión directa o a la exportación para entrar en el mercado canadiense? ¿Y para otros mercados?

■ Si Sonic quisiera comenzar a vender su PDA en otros países, ¿qué estrategia de producto sería la más adecuada (extensión directa, adaptación de las comunicaciones, adaptación del producto, adaptación dual, invención hacia el pasado/hacia el futuro)? ¿Por qué?

■ Seleccione el mercado extranjero que parece más prometedor para Sonic. ¿Qué razones le llevaron a considerarlo el más prometedor?

Resuma sus respuestas en un plan de marketing o inclúyalas en los apartados Análisis SWOT, Aspectos fundamentales, Estrategia de marketing e Investigación de mercados de Marketing Plan Pro.

Capítulo 22   La dirección de marketing holístico en la empresa

La última fase de un plan de marketing es organizar, poner en práctica, evaluar y controlar los esfuerzos totales de marketing. Además de calcular los avances en pos de los objetivos financieros, entre otros, los mercadólogos deben planear cómo auditar y mejorar sus actividades de marketing.

Sonic le encargó planear la administración de los esfuerzos de marketing para el PDA. Revise los objetivos, las estrategias y los programas que ha desarrollado y a continuación responda a estas preguntas:

■ ¿Cuál es la organización más adecuada para los departamentos de ventas y marketing de Sonic?

■ ¿Qué medidas de control debe incorporar Sonic a su plan de marketing?

■ ¿Qué puede hacer Sonic para evaluar su marketing?

■ ¿Cómo evaluará la empresa sus niveles de marketing de responsabilidad social y ética?

Resuma sus respuestas en un plan de marketing o inclúyalas en las secciones Organización de marketing y Ejecución de Marketing Plan Pro.

GLOSARIO

A

Abandono de clientes Índice elevado de deserción de clientes.

Actitud Evaluación duradera favorable o desfavorable, sentimiento, emoción, o tendencias a la acción respecto a un objeto o idea.

Acuerdos vinculados Acuerdo en el que los fabricantes de marcas fuertes venden sus productos a intermediarios sólo si éstos adquieren productos o servicios vinculados, como por ejemplo, otros productos de la línea de marca.

Adaptación de la comunicación Ajuste del programa de comunicaciones de marketing para cada mercado local.

Adaptación de producto Modificación del producto para su comercialización, en función de las condiciones o preferencias locales.

Adaptación dual Adaptación tanto del producto como de las comunicaciones al mercado local.

Administración de la cadena de suministro Búsqueda de los insumos necesarios (materias primas, piezas y bienes de capital), conversión de los mismos en productos terminados y envío de éstos a los destinos finales correspondientes.

Administración de la calidad total Concentración de la empresa entera en mejorar de forma constante la calidad de todos sus procesos, productos y servicios.

Administración de relaciones con socios Actividades de la empresa destinadas a crear relaciones mutuamente satisfactorias con los socios clave como proveedores, distribuidores, agencias publicitarias y proveedores de estudios de marketing.

Administración estratégica de marcas Diseño y ejecución de las actividades y programas de marketing destinados a crear, medir y administrar marcas para maximizar su valor.

Agrupación mixta Situación en la que un vendedor ofrece productos tanto en forma individual como en grupos.

Agrupación pura Situación en la que una empresa sólo ofrece sus productos agrupados de una forma concreta.

Alianzas y programas de cooperación en línea Situación en la que una empresa de Internet colabora con otra y ambas se hacen publicidad entre sí.

Almacenamiento en contenedores Embalaje de bienes en cajas o trailers para transferirlos con facilidad entre dos medios de transporte.

Almacenes de información Recopilación de información actual recopilada, organizada y almacenada en el centro de contacto de la empresa.

Amenaza del entorno Desafío que representa una tendencia o avance negativo que podría suponer un descenso en las ventas o en las utilidades.

Ampliación de línea Ampliación de la línea de productos más allá de su extensión actual.

Análisis conjunto Método para obtener los valores de utilidad que los consumidores conceden a los diferentes niveles de atributo de los productos.

Análisis de escenarios Desarrollo de representaciones plausibles del posible futuro de una empresa que toman en cuenta diferentes supuestos sobre las fuerzas que dirigen el mercado e incluyen diferentes factores de incertidumbre.

Análisis de información Extracción de información útil sobre individuos, tendencias y segmentos a partir de un cúmulo de datos.

Análisis de la varianza de ventas Medida de la contribución relativa de diferentes factores a un déficit en los resultados de ventas.

Análisis de microventas Examen de productos y territorios específicos que no logran los resultados de ventas previstos.

Análisis de oportunidades de mercado Sistema empleado para determinar el atractivo de un mercado y las probabilidades de éxito en él.

Análisis de punto de equilibrio Procedimiento de administración para calcular cuántas unidades del producto debe vender la empresa para alcanzar un punto determinado de acuerdo con una determinada estructura de precios y costos.

Análisis de rentabilidad de clientes Modo de valorar y clasificar la rentabilidad de los clientes mediante técnicas contables como la contabilidad de costos por actividades.

Análisis de riesgos Método según el cual las tasas de rendimiento sobre la inversión y sus probabilidades se calculan a partir de estimaciones de variables inciertas que influyen en la rentabilidad.

Análisis de valor para el cliente Evaluación de las fortalezas y de las debilidades de la empresa en relación con los competidores.

Análisis de ventas Medida y evaluación del nivel real de ventas en relación con los objetivos.

Análisis del precio neto Análisis que engloba la lista de precios de una empresa, el descuento promedio, los gastos promocionales y la cooperación publicitaria para llegar así al precio neto.

Anuncios relacionados con la búsqueda en Internet Anuncios en los que los términos de búsqueda en Internet se utilizan como una aproximación a los intereses de los consumidores para mostrar los diferentes vínculos a ofertas de producto o servicios junto con los resultados de la búsqueda.

Aprendizaje Cambios en la conducta de un individuo que surgen como consecuencia de la experiencia.

Aprovechamiento del mercado Estrategia de fijación de precios en la que se comienza con precios elevados que se reducen con el tiempo para maximizar las utilidades provenientes de los clientes menos sensibles al precio.

Artículos de conveniencia Bienes que los consumidores adquieren con frecuencia, de forma inmediata y con un esfuerzo mínimo.

Asesoría para clientes Servicio de datos, sistemas de información y de consultoría que el vendedor ofrece a los compradores.

Asignar marca Proporcionar a un producto o servicio el poder de una marca.

Asociaciones de marca Cualquier pensamiento, sentimiento, percepción, imagen, experiencia, creencia o actitud en relación con una marca que se vincula al nodo de ésta.

Atención selectiva Proceso mental por el que determinados estímulos se pasan por alto, mientras que otros son el foco de atención.

Auditoría de marca Estudio en torno a los consumidores que consiste en una serie de procedimientos destinados a controlar la salud de la marca, descubrir sus fuentes de *brand equity* (capital de marca) y encontrar formas de mejorar y reforzar su calidad.

Auditoría de marketing Examen sistemático, independiente, exhaustivo y periódico del entorno de marketing, de los objetivos, de las estrategias y de las actividades de una empresa o de una unidad de negocio.

Autoridad de canal Capacidad de alterar la conducta de los miembros del canal para que tomen medidas que no tomarían de otro modo.

B

Banners Anuncios pequeños en Internet con forma rectangular que contienen texto y alguna imagen, cuyo objetivo es reforzar una marca.

Base de datos de clientes Recopilación organizada de información exhaustiva sobre clientes reales y potenciales que está actualizada y disponible para fines de marketing.

Base de datos empresarial Información completa sobre anteriores compras de los clientes, así como sobre volúmenes, precios y utilidades del pasado.

Beneficio básico Servicio o ventaja que el cliente verdaderamente adquiere.

Bienes de capital Bienes duraderos que facilitan el desarrollo o la administración del producto terminado.

Bienes de compra Bienes que el consumidor, en el proceso de selección y compra, compara con base en la adecuación, la calidad, el precio y el estilo.

Bienes de especialidad Bienes que tienen características únicas o identificaciones de marca exclusivas que hacen que un número de compradores estén dispuestos a hacer un esfuerzo de compra especial.

Bienes no buscados Bienes que el consumidor no conoce o cuya compra no suele considerar, como por ejemplo, los detectores de humo.

Brand equity El valor agregado de los productos y servicios.

C

Cadena de valor de la marca Enfoque estructurado para evaluar las fuentes y los resultados del *brand equity* (capital de marca) y el modo en que las actividades de marketing generan capital de marca.

Calidad de ajuste Grado de similitud de las unidades producidas y de inclusión de las especificaciones esperadas.

Calidad de resultados Nivel en el que operan las características primarias de un producto.

Canal de marketing convencional Canal integrado por un fabricante independiente, mayorista(s) y minorista(s).

Canal de nivel cero (canal de marketing directo) Situación en la que un fabricante vende directamente al consumidor final.

Canales de comunicación personal Canales que permiten que dos o más personas se comuniquen de manera directa cara a cara, por teléfono o por correo electrónico, o bien, en el marco de una conferencia, en los roles de orador y audiencia.

Canales de marketing Conjuntos de organizaciones interdependientes que participan en el proceso de poner un producto o servicio a disposición de los consumidores para su uso o consumo.

Canales híbridos Utilización de numerosos canales de distribución para alcanzar a los clientes en el mercado meta.

Capacitación de los clientes Capacitación de los empleados a los clientes para utilizar los artículos del vendedor de manera adecuada y eficaz.

Capital de marca (*brand equity*) basado en el cliente Efecto diferencial que ejerce el conocimiento de marca en la respuesta de los consumidores al marketing de la marca.

Capital relacional Valor acumulativo de la red de relaciones de la empresa con sus clientes, socios, proveedores, empleados e inversionistas.

Características Elementos que mejoran la función básica del producto.

Cartera de marcas Conjunto de marcas y líneas de marca dentro de una categoría específica que una empresa pone a disposición de los compradores.

Clases sociales Divisiones sociales homogéneas y duraderas ordenadas de manera jerárquica, cuyos miembros comparten valores, intereses y patrones de conducta.

Claves Estímulos que determinan cuándo, dónde y cómo responde una persona.

Cliente rentable Individuo, hogar o compañía que con el tiempo genera un flujo de ingresos que supera con un margen aceptable el flujo de costos en que ha incurrido la empresa para atraer, conservar y atender a ese cliente.

Codificación Proceso que permite la entrada de la información en la memoria.

Comercio electrónico Comercio que tiene lugar cuando una empresa o un sitio se ofrece a realizar transacciones o a facilitar la venta de productos o servicios a través de Internet.

Competencia esencial Atributo que 1. es una fuente de ventaja competitiva, en el sentido de que contribuye de forma significativa a las ventajas percibidas por el cliente, 2. es aplicable a numerosos mercados y 3. es difícil de imitar por los competidores.

Compra a través de Internet Adquisición de bienes, servicios e información de distintos proveedores en línea.

Compra empresarial Proceso de toma de decisiones mediante el cual las organizaciones formales determinan la necesidad de adquirir productos y servicios, e identifican, evalúan y eligen entre las diferentes marcas alternativas y los proveedores.

Comunicación integral de marketing Concepto de planeación de las comunicaciones de marketing que reconoce el valor agregado de un plan exhaustivo.

Comunicaciones de marketing Medio por el cual las empresas tratan de informar, persuadir y recordar a los consumidores sobre los productos y las marcas que venden, tanto de forma directa como indirecta.

Conciencia de marca Capacidad de los consumidores para identificar la marca en condiciones diferentes, que se manifiesta en su reconocimiento o en el recuerdo de sus resultados.

Conflicto de canal Situación que se presenta cuando las acciones de un miembro del canal evitan que éste logre sus objetivos.

Conocimiento de marca Pensamientos, sentimientos, imágenes, experiencias o creencias que se asocian con una marca.

Contabilidad de costos por actividades Procedimientos contables para cuantificar la verdadera rentabilidad de las diferentes actividades a partir de su costo real.

Contabilidad mental Forma en que los consumidores codifican, categorizan y evalúan los resultados financieros de sus elecciones.

Contacto con la marca Cualquier experiencia que un consumidor o cliente potencial tiene con la marca, la categoría del producto o el mercado y que se relaciona con el producto o servicio de la empresa.

Coordinación de canal Proceso por el cual los miembros del canal persiguen los objetivos del canal en su conjunto, en lugar de buscar el logro de sus objetivos individuales.

Costo del ciclo de vida Costo de adquisición del producto más el costo descontado de mantenimiento y reparación menos el valor residual.

Costo promedio Costo por unidad a un nivel de producción determinado; corresponde a los costos totales divididos entre la producción.

Costos fijos Costos que no varían con la producción o los ingresos derivados de las ventas.

Costos totales de cliente Conjunto de costos totales de naturaleza económica, temporal, energética y psicológica, a los que esperan hacer frente los clientes para evaluar, obtener, emplear y deshacerse de la oferta de mercado correspondiente.

Costos totales Suma de los costos fijos y variables para los diferentes niveles de producción.

Costos variables Costos que varían en función directa del nivel de producción.

Creencias Pensamiento descriptivo que tiene una persona sobre algo.

Cultura corporativa Experiencias, historias, creencias y normas compartidas que caracterizan a una organización.

Cultura Determinante fundamental de los deseos y la conducta de una persona.

Cuota de ventas Objetivo de ventas que se establece para una línea de productos, una división de la empresa o un representante de ventas.

Curva de experiencia (curva de aprendizaje) Declive en el costo promedio en función de la experiencia productiva acumulada.

D

Declaración de misión Enunciado que redactan las empresas para compartir con directivos, empleados y, en muchos casos, clientes.

Demanda de la empresa Participación estimada de la demanda de mercado de una empresa a niveles diferentes de esfuerzo de marketing durante un periodo determinado.

Demanda de mercado Volumen total de un producto que podría ser adquirido por un grupo de consumidores en una zona específica, en un periodo determinado, en un entorno de marketing y con un programa de marketing concreto.

Dilución de marca Proceso que tiene lugar cuando los consumidores dejan de asociar una marca con un producto específico o con productos muy similares, o cuando comienzan a pensar en términos menos favorables sobre la marca.

Dirección de marketing Arte y ciencia de seleccionar mercados meta y de conseguir, mantener y aumentar el número de clientes mediante la creación, la entrega y la comunicación de un valor superior para el cliente.

Discriminación Proceso de reconocimiento de las diferencias en conjuntos de estímulos similares y de ajuste de las respuestas en consecuencia.

Discriminación de precios Situación en la que una empresa vende un producto o un servicio a dos o más precios que no reflejan una diferencia proporcional de costos.

Distorsión selectiva Tendencia a interpretar la información de un producto de tal manera que se ajuste a las percepciones de los consumidores.

Distribución exclusiva Limitación considerable del número de intermediarios para conservar el control del nivel de servicio y de los resultados que ofrecen los revendedores.

Distribución intensiva Situación en la que el fabricante intenta colocar sus productos en tantos puntos de venta como sea posible.

Distribución selectiva Empleo de varios intermediarios (pero no de todos) que están dispuestos a distribuir un producto.

Dumping Situación en la que una empresa establece un precio inferior a sus costos o fija un precio menor en mercados extranjeros de lo que cobra en el mercado nacional, con la finalidad de entrar en un nuevo mercado o de ganar participación.

Durabilidad Medida de la vida operativa esperada de un producto en situaciones naturales o forzadas.

E

E-business Empleo de los medios y las plataformas electrónicas de una empresa para desarrollar sus negocios.

Ejecución del marketing Proceso que consiste en convertir los planes en acciones de marketing de tal manera que se logren los objetivos establecidos.

Elementos de marca Aquellos elementos tangibles que sirven para identificar y diferenciar una marca, como por ejemplo un nombre, un logotipo o un dibujo.

Empresa conjunta Empresa en la que numerosos inversionistas comparten la propiedad y el control.

Empresa global Empresa que opera en más de un país y que obtiene ventajas de investigación y desarrollo, producción, logística, marketing y finanzas en sus costos y reputación, de las que carecen sus competidores nacionales.

Empresas con presencia *on line* y *off line* Empresas que cuentan con un sitio Web para informar y realizar transacciones de comercio electrónico.

Entrega Modo en que el producto o servicio se hace llegar al cliente.

Entretenimiento de marca Eventos deportivos, musicales, artísticos o de otro tipo, concebidos para generar *brand equity* (capital de marca).

Equipo de proyectos Grupo multifuncional encargado del desarrollo de productos o negocios específicos.

Escala de probabilidad de compra Escala que sirve para medir las posibilidades de que un comprador realice una compra determinada.

Escalada de precios Incremento en el precio de un producto como consecuencia del aumento de costos provocado por la venta del mismo en diferentes países.

Estatus La posición de una persona dentro de una jerarquía o cultura.

Estilo Aspecto y apariencia de un producto.

Estilo de vida Patrón de vida de una persona que se pone de manifiesto en sus actividades, intereses y opiniones.

Estrategia Plan de una empresa para lograr sus objetivos.

Estrategia de "empujar" Estrategia mediante la cual el fabricante emplea su fuerza de ventas e invierte en promociones para inducir a los intermediarios a ofrecer, promover y vender su producto a los consumidores finales.

Estrategia de "jalar" Estrategia mediante la cual el fabricante emplea la publicidad y la promoción para convencer a los clientes de que soliciten el producto a los intermediarios, y motivar así a éstos a realizar un pedido.

Estrategia de marca El número y la naturaleza de elementos de marca comunes y distintivos que se aplican a los diferentes productos que vende una empresa.

Estrategias internas de marca Actividades y procesos que sirven para informar e inspirar a los empleados.

Estudio de los efectos de la comunicación Estudio para determinar si un anuncio transmite el mensaje de forma efectiva.

Estudios de seguimiento Recopilación de información de los consumidores de forma rutinaria.

Extensión de categoría Uso de una marca matriz para dar marca a un nuevo producto fuera de la categoría de ésta.

Extensión de línea Utilización de la marca matriz para dar marca a un nuevo producto dirigido a un nuevo segmento de mercado dentro de una categoría de productos a la que ya atiende la marca matriz.

Extensión de marca Uso que hace una empresa de una marca consolidada para lanzar un nuevo producto.

Extensión directa Lanzamiento de un producto en un mercado extranjero sin realizar ningún cambio previo.

F

Facilidad de pedido Facilidad con que los clientes realizan un pedido a la empresa.

Familia de marcas Situación en la que la marca matriz se asocia con múltiples productos mediante extensiones de marca.

Familia de orientación Padres y hermanos.

Familia de procreación Cónyuge e hijos.

Fiabilidad Medida de la probabilidad de que un producto funcione de forma adecuada durante un periodo de tiempo determinado.

Fijación de precios basada en el valor Adquisición de clientes leales mediante la fijación de un precio relativamente bajo a cambio de una calidad alta.

Fijación de precios basada en la competencia Determinación de los precios en función de los que ofrece la competencia.

Fijación de precios de penetración de mercado Estrategia de fijación de precios donde éstos son bajos en un principio para impulsar el volumen de ventas entre los consumidores sensibles al precio y generar ganancias.

Fijación de precios en dos fases Supone una cuota fija más una cuota variable de uso.

Fijación de precios en función del rendimiento Situación en la que las empresas ofrecen 1. adquisiciones tempranas limitadas a un precio de descuento, 2. ofertas más tardías a mayor precio y 3. ofertas a precios muy bajos de los artículos no vendidos antes de la fecha de caducidad.

Fijación de precios mediante márgenes Estrategia de fijación de precios según la cual se agrega una cantidad estándar al costo del producto.

Fijación de precios para alcanzar una tasa de rentabilidad Fijación del precio que debe generar los niveles de rentabilidad que espera la empresa.

Forma Tamaño, apariencia o estructura física de un producto.

Formulación de objetivos Proceso de desarrollo de objetivos específicos para el periodo de planeación.

Fuerza de ventas contractual Representantes del fabricante, agentes de ventas e intermediarios que reciben una comisión sobre las ventas que consiguen.

Fuerza de ventas directa (de la empresa) Empleados de medio tiempo o de tiempo completo que trabajan exclusivamente para la empresa.

Función Actividades que se espera que un individuo realice.

G

Gacetillas Anuncios impresos que ofrecen contenido editorial positivo sobre la marca, similar al contenido del periódico o la revista en que se publica.

Grupo estratégico Conjunto de empresas que persiguen la misma estrategia, dirigida al mismo mercado meta.

Grupos de aspiración Grupos a los que las personas esperan o desean unirse.

Grupos de pertenencia Grupos que ejercen una influencia directa sobre una persona.

Grupos de referencia Todos aquellos grupos que ejercen una influencia directa o indirecta en la actitud y el comportamiento de las personas.

Grupos disociativos Grupos cuyos valores o cuya conducta rechaza un individuo.

Grupos primarios Grupos con los que interactúa una persona de forma continua e informal, como por ejemplo, la familia, los amigos, los vecinos y los compañeros de trabajo.

Grupos secundarios Grupos que tienden a ser más formales y que requieren menos interacción que los grupos primarios, como por ejemplo, los grupos religiosos, profesionales y sindicales.

H

Heurística Normas generales o atajos mentales que toman los consumidores en el proceso de decisión de compra.

Heurística de anclaje y ajuste Proceso por el cual los consumidores llegan a un juicio inicial y lo ajustan a medida que recaban información adicional.

Heurística de disponibilidad Tiene lugar cuando los consumidores basan sus predicciones en la rapidez y en la facilidad con que les viene a la mente un posible resultado o acontecimiento.

Heurística de representatividad Situación que se presenta cuando los consumidores basan sus predicciones en la representatividad o similitud de un resultado en relación con otros ejemplos.

I

Imagen Conjunto de creencias, ideas e impresiones que tiene una persona respecto a un objeto.

Imagen de marca Percepciones y creencias de los consumidores sobre una marca, según se reflejan en las asociaciones de la memoria.

Implicación de los consumidores Nivel de participación y procesamiento activo del consumidor cuando responde a estímulos del mercado.

Impulso Potente estímulo interno que llama a la acción.

Índice de desarrollo de marcas Índice de ventas de la marca respecto a las ventas de la categoría.

Índice de penetración de participación de mercado Comparación de la participación de mercado actual con la participación de mercado potencial de una empresa.

Índice de penetración del mercado Comparación del nivel actual de demanda de mercado con el nivel de demanda potencial.

Influencia personal Efecto que provoca una persona en la actitud o en las probabilidades de compra de otra.

Ingredientes de marca Caso especial de colaboración de marca que consiste en crear *brand equity* (capital de marca) para materiales, piezas y componentes de otros productos de marca.

Innovación Cualquier producto, servicio o idea que se percibe como nueva.

Instalación Trabajo realizado para hacer operativo el producto en su ubicación esperada.

Integración vertical Situación en la que los fabricantes intentan controlar o adquirir a sus proveedores, distribuidores y demás intermediarios.

Intercambio Proceso de obtención del producto deseado mediante la entrega de algo a cambio.

Invención de productos Creación de un artículo nuevo mediante el desarrollo de nuevos productos u otros medios.

Invención hacia el futuro Creación de un nuevo producto para satisfacer una necesidad en otro país.

Invención hacia el pasado Reintroducción de formas de producto anteriores que se adaptan a las necesidades de un país extranjero.

Investigación de mercados Diseño, recopilación, análisis y reporte sistemáticos de aquellos datos o descubrimientos relevantes a la situación de marketing específica que enfrenta la empresa.

J

Jerarquía de valor para el consumidor Cinco niveles de producto que deben considerar los mercadólogos al planear una oferta de mercado.

L

Lealtad Compromiso de volver a comprar o de apoyar un producto o un servicio preferido.

Líderes de opinión Personas que, mediante comunicaciones informales, ofrecen información o consejos sobre un producto específico o sobre una categoría de productos.

Línea de marca Todos los productos, tanto originales como extensiones de línea y de categoría, que se venden con un mismo nombre de marca.

Listado de clientes Conjunto de nombres, direcciones y números telefónicos de los clientes.

Logística de mercado Planeación de la infraestructura necesaria para satisfacer el nivel de demanda, y a continuación ejecutar y controlar los flujos físicos o materiales y artículos finales desde los puntos de origen hasta los puntos de venta, con la finalidad de satisfacer las necesidades de los clientes a cambio de una utilidad.

M

Marca Nombre, término, signo, símbolo, diseño, o combinación de éstos, que sirve para identificar los bienes o servicios de un vendedor o grupo de vendedores y para diferenciarlos de la competencia.

Marca matriz Marca existente que da pie a extensiones de marca.

Marca privada Marcas que los minoristas y los mayoristas desarrollan y comercializan.

Marketing Proceso de planeación y ejecución del concepto, el precio, la promoción y la distribución de ideas, bienes y servicios para crear intercambios que satisfagan los objetivos de las personas y de las organizaciones.

Marketing comprometido Marketing que vincula la contribución de una compañía a una causa concreta con la participación directa o indirecta de los clientes en las transacciones que generan ingresos para la empresa.

Marketing de bases de datos Proceso de construcción, mantenimiento y utilización de bases de datos de clientes y otras bases de datos con el fin de ponerse en contacto, realizar transacciones y entablar relaciones con los clientes.

Marketing de multicanal Práctica en la que una empresa utiliza dos o más canales de marketing para llegar a uno o varios segmentos de consumidores.

Marketing de pedido directo Modalidad de marketing en la que los mercadólogos intentan generar una respuesta medible en los consumidores, por lo general, un pedido.

Marketing de relaciones Creación de relaciones mutuamente satisfactorias y a largo plazo con los participantes clave, con la finalidad de conseguir o conservar sus negocios.

Marketing directo Empleo de canales directos para llegar a los consumidores y entregarles bienes y servicios sin necesidad de intermediarios.

Marketing holístico Concepto basado en el desarrollo, diseño y ejecución de programas, procesos y actividades de marketing que reconoce su amplitud e interdependencia.

Marketing integrado Combinación y ajuste de las actividades de marketing con la finalidad de maximizar los esfuerzos individuales y colectivos.

Marketing por Internet Esfuerzos que realiza una empresa para informar a los compradores y para comunicar, promover y vender sus productos o servicios a través de Internet.

Marketing social Marketing que lleva a cabo una organización sin fines de lucro o una institución gubernamental para promover una causa, como "di no a las drogas".

Marketing viral Utilización de Internet para generar comentarios de una persona a otra y respaldar así los esfuerzos y los objetivos de marketing.

Materiales y piezas Bienes que se introducen en el producto del fabricante.

Megamarketing Coordinación estratégica de capacidades económicas, psicológicas, políticas y de relaciones públicas con el fin de obtener la cooperación de una serie de terceros para así entrar en un mercado determinado u operar en él.

Megatendencias Grandes cambios sociales, económicos, políticos o tecnológicos que se gestan lentamente y que, una vez en marcha, tienen una influencia de entre siete y diez años de duración.

Memoria de corto plazo Almacenamiento temporal de información en el cerebro.

Memoria de largo plazo Almacén permanente de información en el cerebro.

Mercado atendido Conjunto total de compradores que están dispuestos a comprar un producto.

Mercado disponible Conjunto de consumidores que están interesados en una oferta específica, tienen ingresos suficientes para adquirirla y tienen acceso a ella.

Mercado gris Productos de marca que traspasan las fronteras nacionales mediante canales de distribución diferentes de los habituales o de los autorizados.

Mercado institucional Escuelas, colegios, hospitales, asilos, prisiones y demás instituciones que tienen que ofrecer bienes y servicios a las personas a su cargo.

Mercado meta Parte del mercado calificado y disponible al que una empresa decide dirigirse.

Mercado penetrado Conjunto de consumidores que adquieren el producto de una empresa.

Mercado potencial Conjunto de consumidores que manifiestan un nivel de interés suficiente en una oferta de mercado.

Mercadólogo Aquella persona que busca generar una respuesta en un tercero (atención, compras, votos, donativos).

Mercados industriales Mercados formados por todas aquellas organizaciones que adquieren bienes y servicios destinados a la producción de otros productos o servicios que se venden, alquilan o suministran a terceros.

Método de construcción de mercado Identificación de todos los compradores potenciales de cada mercado y cálculo de las compras potenciales.

Métrica del marketing Conjunto de medidas que ayudan a las empresas a cuantificar, comparar e interpretar sus resultados de marketing.

Mezcla de comunicaciones de marketing Publicidad, promoción de ventas, eventos y experiencias, relaciones públicas, marketing directo y venta personal.

Mezcla de marcas Conjunto de todas las líneas de marca que un vendedor en particular pone a disposición de los compradores.

Mezcla de productos Véase surtido de productos.

Micrositio Espacio limitado en la Web, administrado y pagado por una empresa anunciante externa.

Miembros de una categoría Productos o conjuntos de productos con los que compite una marca y que funcionan como sustitutos cercanos.

Minorista empresarial Establecimientos de venta minorista propiedad de una empresa, que obtienen economías de escala, mayor capacidad de compra, más reconocimiento de marca y empleados con mejor capacitación.

Modelo de memoria de redes asociativas Representación conceptual que entiende la memoria como un conjunto de nodos y vínculos de interconexión, en el que los nodos representan la información o los conceptos almacenados, y los vínculos representan la fortaleza de la asociación entre ellos.

Modelo de valor esperado Los consumidores valoran los productos y servicios al combinar sus creencias de marca (positivas y negativas) en función de su importancia ponderada.

Modelo heurístico conjuntivo El consumidor fija un mínimo aceptable para cada atributo y elige la primera alternativa que presenta el nivel mínimo de todos los atributos.

Modelo heurístico eliminatorio Se presenta cuando el consumidor compara las marcas en función de un atributo específico y elimina las marcas que no reúnen los niveles mínimos aceptables.

Modelo heurístico lexicográfico Se presenta cuando el consumidor elige la marca que, de acuerdo con su percepción, le ofrece el atributo que considera más importante.

Modelo no compensatorio En el contexto de las decisiones de los consumidores, es la situación que se presenta cuando los consumidores no consideran a la vez todos los atributos positivos y negativos para tomar una decisión.

Movimiento de protección de los consumidores Movimiento organizado de ciudadanos y gobierno destinado a reforzar los derechos de los compradores frente a los vendedores.

Multitarea Hacer dos o más cosas a la vez.

O

Objetivo de costos Reducción del margen de utilidad deseado del precio al que se venderá el producto, con base en su atractivo y el precio de los productos de la competencia.

Oferta de mercado flexible 1. Solución simple que contiene los elementos de producto o servicio que valoran todos los miembros de un segmento y **2.** opciones que algunos miembros del segmento valoran.

Oportunidad de marketing Ámbito de interés de los compradores, en el que existe una gran probabilidad de que la empresa satisfaga sus necesidades.

Organización Estructura, políticas y cultura corporativa de una empresa.

P

Partición del mercado Proceso de investigación de la jerarquía de atributos que los consumidores analizan a la hora de seleccionar una marca si siguen estrategias de decisión por fases.

Participación de mercado atendido Ventas de una empresa expresadas como porcentaje de las ventas totales de su mercado atendido.

Participación de mercado relativa Participación de mercado de una empresa respecto a la participación de mercado del competidor más importante.

Participación del mercado general Ventas generales de la empresa expresadas como un porcentaje de la participación del mercado total.

Patrocinio Apoyo financiero para un evento o actividad que se hace a cambio de reconocimiento y mención del patrocinador.

Percepción Proceso mediante el cual un individuo selecciona, organiza e interpreta la información que recibe para crear una imagen del mundo con sentido pleno.

Percepción subliminal Recepción y procesamiento de mensajes dirigidos al inconsciente y que influyen en la conducta.

Personalidad Conjunto de rasgos psicológicos humanos distintivos que generan una serie de respuestas consistentes ante los estímulos del entorno.

Personalidad de marca La mezcla específica de rasgos humanos que se atribuyen a una marca particular.

Personalización con origen en el cliente Combinación de métodos de personalización masiva automatizada con marketing personalizado de tal manera que se permite a los consumidores diseñar la oferta de producto o servicio a su gusto.

Plan de marketing Documento escrito que resume lo que el especialista de marketing ha aprendido sobre el mercado, que indica cómo la empresa pretende alcanzar sus objetivos de marketing y que facilita, dirige y coordina los esfuerzos de marketing.

Plan estratégico de marketing Descripción de los mercados meta y de la propuesta de valor que ofrecerá la empresa, con base en el análisis de las mejores oportunidades de mercado.

Plan táctico de marketing Táctica de marketing que incluye las características del producto, la promoción, la comercialización, los precios, los canales de venta y los servicios.

Planeación de la cadena de demanda Proceso de diseño de la cadena de suministro con base en la adopción de una perspectiva del mercado meta que trabaja hacia atrás.

Pop-ups Anuncios, generalmente con contenido animado o de video, que aparecen cuando se pasa de un sitio Web a otro.

Porcentaje de penetración de producto Porcentaje de propiedad o uso de un producto o servicio en una población determinada.

Posibilidad de reparación Medida de la facilidad con que se puede arreglar un producto cuando falla o no funciona adecuadamente.

Potencial de mercado Límite superior de demanda de mercado según el cual un aumento de los gastos de marketing no supondría un incremento en la demanda.

Precio de transferencia Precio que una compañía cobra a una de sus unidades por los bienes que envía a sus filiales en el extranjero.

Precios altos-bajos Fijación diaria de precios altos con promociones frecuentes y descuentos especiales.

Precios bajos permanentes En la venta minorista, se refiere a la conservación de precios bajos de forma constante con escasas promociones o descuentos especiales.

Precios de referencia Información de precios que retiene el consumidor en la memoria y que posteriormente emplea para interpretar y valorar un nuevo precio.

Presencia exclusiva en línea Empresas que lanzan un sitio Web sin existir antes como empresa en el mundo *off line*.

Presupuesto de ventas Estimación del volumen esperado de ventas que se emplea para tomar decisiones de compra, producción y flujos de efectivo.

Principio de congruencia Mecanismo psicológico por el que los consumidores tienden a considerar en términos favorables aquellos productos aparentemente relacionados.

Proceso de difusión de la innovación Proceso de diseminación de una idea nueva desde su fuente de invención o creación hasta sus últimos usuarios.

Producto básico Aquello en lo que en realidad consiste un producto.

Producto esperado Conjunto de atributos y condiciones que los consumidores esperan cuando adquieren un producto.

Producto fabricado bajo licencia Producto de cuya marca se ha concedido una licencia a otros fabricantes que son los que realmente lo elaboran.

Producto mejorado Producto que incluye características que sobrepasan las expectativas de los consumidores y lo diferencian de los productos de la competencia.

Producto potencial Todas las posibles mejoras y transformaciones que se realizarán en un futuro a un producto o a una oferta.

Productos adicionales necesarios Productos necesarios para utilizar otros, como por ejemplo películas fotográficas u hojas de afeitar.

Programación de distribución Creación de un sistema de marketing vertical estructurado y administrado de forma profesional que satisface las necesidades tanto del fabricante como de los distribuidores.

Programas de lealtad Programas destinados a recompensar a los clientes que adquieren un producto o servicio con frecuencia y en cantidades importantes.

Promesas de marca Visión del mercadólogo sobre lo que debe ser y hacer una marca.

Promoción de ventas Conjunto de herramientas de incentivos, sobre todo a corto plazo, destinados a estimular una adquisición mayor o más rápida de productos o servicios específicos por parte de consumidores o de empresas.

Pronosticar Actividad de anticipar lo que harán los compradores en unas condiciones determinadas.

Pronóstico de mercado Demanda de mercado correspondiente al nivel de gastos de marketing del sector.

Pronóstico de ventas de la empresa Nivel de ventas esperado de una empresa según un plan de marketing determinado en un entorno específico.

Propuesta de valor Conjunto total de beneficios que la compañía promete entregar.

Provisiones y servicios empresariales Bienes y servicios a corto plazo que facilitan el desarrollo y la administración del producto terminado.

Publicidad Cualquier forma pagada de presentación y promoción no personal de ideas, bienes o servicios por parte de un promotor identificado.

Publicidad en exteriores Anuncios fuera del hogar, situados con frecuencia donde los consumidores se divierten o trabajan.

Publicidad impresa Espacio editorial en radio, televisión o en medios impresos para promover algo.

Publicidad por contenidos Vinculación de los anuncios con el contenido de las páginas Web en lugar de relacionarlos con palabras clave.

Público Cualquier grupo con un interés real o potencial en la capacidad de la empresa para lograr sus objetivos, o que es capaz de influir en ella.

Punto de venta Lugar en el que se realiza una compra, sobre todo en el contexto de la venta minorista.

R

Recuperación Proceso que permite la salida de la información almacenada en la memoria.

Red de generación de valor Cadena de suministro de una empresa y la forma en que se asocia con proveedores y distribuidores específicos con la finalidad de fabricar productos y llevarlos al mercado.

Red de marketing Red formada por la empresa y los grupos implicados en el negocio que mantienen relaciones de marketing rentables.

Red de valor Sistema de colaboraciones y alianzas que establece una empresa para fabricar, aumentar y entregar sus ofertas.

Relaciones públicas (RP) Variedad de programas diseñados para promover o proteger la imagen de una empresa o de sus productos individuales.

Relaciones públicas de marketing Actividades que sirven para construir la imagen de la empresa o del producto para facilitar el logro de los objetivos de marketing.

Rentabilidad directa del producto Método para calcular los costos de manejo de un producto, desde que llega al almacén hasta que el cliente lo adquiere en el punto de venta.

Reparación y mantenimiento Programa de servicios para ayudar a los clientes que han adquirido el producto a mantenerlo en buenas condiciones y en funcionamiento.

Resultados relacionados con los consumidores Indicadores de la forma en que se desempeña la empresa año tras año en función de una serie de mediciones basadas en los clientes.

Resultados relacionados con los diferentes participantes en el negocio Indicadores para controlar la satisfacción de diferentes grupos que poseen un interés especial en los resultados de la empresa y que tienen la capacidad de influir en ellos.

Retención selectiva Proceso por el cual los consumidores tienden a recordar los aspectos positivos de un producto y a olvidar los aspectos positivos de los productos rivales.

S

Satisfacción Sentimientos de placer o desagrado resultantes de la comparación de los resultados o el funcionamiento percibido de un producto en relación con las expectativas.

Sector global Sector en el que la posición estratégica de los competidores en los principales mercados geográficos o nacionales se ve influida por su posición global.

Sector industrial Grupo de empresas que ofrecen un producto o una clase de productos que son sustitutos entre sí.

Selección de medios Búsqueda de los medios de comunicación que resulten más efectivos en términos de costos para emitir el número de exposiciones deseadas del anuncio al público meta.

Servicio Cualquier acción que una parte ofrece a otra, esencialmente intangible y que no da como resultado la transferencia de propiedad de algún objeto.

Sesiones de grupo Reunión de entre seis y diez personas seleccionadas cuidadosamente en función de factores demográficos, psicográficos, o de otro tipo, para analizar diferentes temas de interés.

Sistema de canal de marketing Conjunto específico de canales de marketing que utiliza una empresa.

Sistema de consumo Modo de actuar de los usuarios para conseguir y utilizar los productos y los servicios relacionados con éstos.

Sistema de entrega de valor Expectativas del cliente de conseguir y utilizar la oferta de la empresa.

Sistema de información de marketing (SIM) Personas, equipos y procedimientos destinados a reunir, ordenar, analizar, evaluar y distribuir información a los responsables de la toma de decisiones de marketing.

Sistema de inteligencia de marketing Conjunto de procedimientos y fuentes de información que emplean los mercadólogos para conseguir información diaria sobre los cambios en el entorno de marketing.

Sistema de logística integrado Administración de materiales, sistemas de flujo de materiales y distribución física por medio de la tecnología de la información (TI).

Sistema de marketing horizontal Dos o más empresas unen esfuerzos, recursos y programas para explotar una oportunidad de mercado emergente.

Sistema de marketing vertical (SMV) Situación en la que el fabricante, los mayoristas y los minoristas actúan como un sistema unificado.

Sistema de productos Grupo de artículos diversos pero relacionados que funcionan de forma compatible.

Sistema de refuerzo de decisiones de marketing Conjunto coordinado de información, decisiones, herramientas y técnicas, y el software y el hardware de apoyo correspondientes, que reúne una empresa y emplea para interpretar la información relevante del negocio y del entorno, y convertirla en el fundamento para sus actividades de marketing.

Subcultura Subdivisiones de una cultura que permiten una identificación y socialización más específicas, como por ejemplo, nacionalidades, religiones, grupos raciales y regiones geográficas.

Submarca Marca nueva combinada con una ya existente.

Suprasegmento Conjunto de segmentos que comparten similitudes aprovechables.

Surtido de productos Conjunto total de productos y artículos que una empresa ofrece para su venta.

T

Telemarketing Utilización de centros telefónicos para atraer a clientes potenciales, vender a clientes existentes y ofrecer servicios de recepción de pedidos y respuesta a consultas.

Tendencia Dirección o secuencia de acontecimientos que alcanza su punto culminante y tiene una duración relativa.

Tendencia pasajera Moda fugaz de carácter imprevisible, de corta duración y sin relevancia social, económica o política.

Teoría de los clientes potenciales Teoría según la cual los consumidores estudian las decisiones alternativas en términos de pérdidas y ganancias de acuerdo con una función de valor.

Transacción Intercambio de valores entre dos o más partes: A le da X a B y a cambio recibe Y.

Transferencia En el caso de regalos, subsidios y donativos, A da X a B pero a cambio no recibe algo tangible.

U

Unidades estratégicas de negocio (UEN) Negocio o conjunto de negocios relacionados que se pueden planear de forma separada del resto de la empresa, con su propio conjunto de competidores y un gerente responsable de la planeación estratégica y de las utilidades.

V

Valor de vida del cliente Valor actual neto del flujo de utilidades futuras que se espera de las compras de un cliente a lo largo de toda su vida.

Valor percibido por el cliente Diferencia entre la evaluación potencial de un consumidor sobre todos los beneficios y los costos de una oferta y las alternativas percibidas.

Valor percibido Valor que promete la empresa y que el cliente percibe.

Valor total del cliente Valor monetario percibido del conjunto de beneficios económicos, funcionales y psicológicos que los clientes esperan de una determinada oferta del mercado.

Valoración de marca Cálculo del valor financiero total de la marca.

Valores esenciales Sistema de creencias que subyace en la actitud de los consumidores y que determina sus decisiones y deseos a largo plazo.

Variantes de marca Líneas de marca específicas ofrecidas de forma exclusiva a diferentes minoristas o canales de distribución.

Ventaja competitiva Capacidad de una empresa para operar de una o varias maneras que los competidores no podrían imitar.

Ventaja de canal Situación en la que una empresa logra que sus clientes utilicen canales de bajo costo sin perder ventas ni deteriorar la calidad del servicio.

CRÉDITOS DE IMÁGENES

Capítulo 1
2 Courtesy of The Image Works; 5 Courtesy of the Boston Beer Company. Samuel Adams Utopias is a registered trademark of BBC Brands LLC.; 7 Courtesy of Rainer Stratmann for Lexus.; 9 Courtesy U.S. Department of Transportation. This ad was created pro bono on behalf of the Ad Council's Drunk Driving campaign.; 12 Courtesy of Corbis/Bettmann; 14 Courtesy of Shiseido Co., Ltd. Tokyo, Japan.; 23 Courtesy of the Avon Foundation.; 25 Courtesy of Volvo Cars of North America, LLC.

Capítulo 2
34 Courtesy of H&M, Hennes & Mauritz L.P.; 37 Courtesy of Nike.; 46 Reprinted courtesy of Caterpillar, Inc.; 48 Courtesy of AP Wide World Photos; 53 Courtesy of Ken Cedeno Photography; 57 Photo courtesy of Star Alliance™.

Capítulo 3
70 Courtesy of Atkins Nutritionals, Inc.; 80 HOT WHEELS is a trademark owned by and used with permission from Mattel, Inc. © 2005 Mattel, Inc. All Rights Reserved.; 82 Courtesy of Charles Schwab & Co., Inc.; 87 Courtesy of Getty Images, Inc–Liaison.; 94 Courtesy of Getty Images/Time Life Pictures; Courtesy of PhotoEdit; Courtesy of Bruce Coleman Inc.; 95 Courtesy of The Image Works.

Capítulo 4
100 Courtesy of Build-A-Bear Workshop®.; 105 Courtesy of PhotoEdit.; 111 Courtesy of PhotoEdit.; 126 GLADWARE® is a registered trademark of The Glad Products Company. Used with permission. © 2004 The Glad Products Company. Reprinted with permission.; 129 Courtesy of PhotoEdit.

Capítulo 5
138 Courtesy of Washington Mutual.; 142 Courtesy of The Image Works.; 145 Courtesy of Saturn.; 147 Courtesy of Countrywide Finance

Corporation.; 150 Courtesy of Getty Images, Inc–Liaison.; 154 Courtesy of AP Wide World Photos.; 160 Courtesy of Pathmark Corporation.; 161 Courtesy of Corbis/Bettmann.; 166 Courtesy of Enterprise Rent-a-Car Company.

Capítulo 6
172 Courtesy of Corbis/Bettmann.; 180 Courtesy of the Sherwin-Williams Co.; 182 Courtesy of Levi Strauss & Co.; 187 Courtesy of PepsiCo International.; 189 Courtesy GM Corporation/GM Media Archive. © 2004.; 192 Courtesy of Corbis/Bettmann.; 195 Courtesy of the National Fluid Milk Processor Promotion Board.; 201 KELLOGG'S®, ALL-BRAN®, and SMART START® are registered trademarks of Kellogg company. © 2004 Kellogg NA Co. KASHI® and HEART TO HEART™ are trademarks of Kashi Company. Used with permission.

Capítulo 7
208 Courtesy of SAP America, Inc./© Dean Kaufman.; 214 Courtesy of Corbis/Bettmann.; 217 Courtesy of Eastman Kodak Company.; 221 Courtesy of HP.; 222 Courtesy of Covisint.; 232 Courtesy of Cardinal Health.

Capítulo 8
238 Courtesy of Corbis/Bettmann.; 241 Courtesy of Henry Ford Museum and Greenfield Village.; 243 Courtesy of Tom's of Maine, and Josh Royte, Maine Chapter of The Nature Conservancy.; 246 Courtesy of VANS, Inc.; 255 Courtesy of Ocean Spray Cranberries, Inc.; 260 Courtesy of BB&T Bank.; 264 Courtesy of 98.7 KISS-FM and Emmis Communications.; 266 Courtesy of PepsiCo International.; 267 Courtesy of Colgate-Palmolive Company.

Capítulo 9
272 Courtesy of Corbis/Bettmann.; 276 Courtesy of The Australian Tourist

Commission.; 283 Courtesy of Allstate.; 286 Courtesy of Olive Garden® Italian Restaurants and Darden Corporation.; 293 Courtesy of Campbell Soup Company.; 299 Courtesy of Société des Produits Nestlé S.A., Vevey Switzerland.; 300 © The Procter & Gamble Company. Used by permission.

Capítulo 10
308 Courtesy Thirteen/WNET New York.; 312 DiGiorno® Rising Crust Pizza print ad: Kraft trademarks are used with the permission of Kraft Foods.; 320 Courtesy of Getty Images, Inc.–Agence France Presse. Roslan Rahman/Agence France Presse/Getty Images.; 321 Courtesy of Corbis/Bettmann.; 326 Courtesy of Getty Images Inc.–Hulton Archive Photos. Mario Tama/Hulton Archive/Getty Images.; 328 Courtesy of Pinnacle Foods Corporation. © Bill Truran Productions.; 333 LEGO, the LEGO logo, and PLAY ON are trademarks of the LEGO Group, which does not sponsor or endorse this publication. © 2004 The LEGO Group and used here with permission.

Capítulo 11
340 Courtesy of Corbis/Bettmann.; 346 Courtesy of Shell Oil Company.; 353 Courtesy of AP Wide World Photos.; 358 Courtesy of the Quaker Oats Company.; 361 Courtesy of S&S Cycle, Inc.; 363 Courtesy of A.T. Cross Company.

Capítulo 12
370 Courtesy of Corbis/Bettmann.; 375 Courtesy of the Cattlemen's Beef Board.; 380 Courtesy of Woodfin Camp & Associates.; 381 Courtesy of palmOne, Inc.; 385 Courtesy of Gallo of Sonoma, Healdsburg, Sonoma County, CA. © 2003.; 388 Reprinted by permission of Intel Corporation, Copyright Intel Corporation 2003.; 390 Courtesy of General Mills, Inc.; 392 Courtesy of E. I. DuPont de Nemours and Company. Corian® is a registered trademark of DuPont or

its affiliates.; 395 © The Procter & Gamble Company. Used by permission.

Capítulo 13
400 Courtesy of IBM.; 403 Courtesy of eDiets.com, Inc., Copyright © 1996-2004 eDiets.com, Inc. All rights reserved.; 406 Courtesy of Getty Images, Inc.–Agence France Presse. Stringer/Agence France Presse/Getty Images.; 408 Courtesy of PhotoEdit.; 421 Courtesy of RE/MAX®.; 424 Courtesy of, Copyright, State Farm Mutual Automobile Insurance Company, 2003. Used by permission.

Capítulo 14
430 Courtesy of Whirlpool Corporation.; 443 Courtesy of Pearson Learning Photo Studio.; 447 Courtesy of PhotoEdit.; 454 2004 © Lands' End, Inc. Used with permission.; 459 Courtesy of GlaxoSmithKline.

Capítulo 15
466 Courtesy of Kmart Corporation.; 473 Courtesy of Nautilus.; 476 Courtesy of PhotoEdit.; 478 Courtesy of Calyx & Corolla.; 485 Courtesy of Corbis/Bettmann.; 486 Courtesy of Navistar/International Truck Intellectual Property Company, LLC.; 489 Courtesy of Parker-Hannifin.; 497 Courtesy of Stihl Incorporated.

Capítulo 16
503 Courtesy of Getty Images, Inc–Liaison; David McNew/Getty Images, Inc.; 507 Courtesy of AP Wide World Photos.; 511 Courtesy of Hot Topic and Converse.; 520 Courtesy of Getty Images, Inc–Liaison; Courtesy of Heinz/Getty Images, Inc.; 526 Courtesy of Xerox.; 529 Courtesy of Corbis/SABA Press Photos, Inc.

Capítulo 17
534 Courtesy of BMW.; 538 © Kimberly-Clark Worldwide, Inc. Reprinted with permission.; 534 TILEX® is a registered trademark of The Clorox Company. Used with Permission. © 2004 The Clorox

ÍNDICE

Índice de empresas, marcas y organizaciones

Índice analítico

~~140~~
130
140
_____
* 270 -

ABR

LITOGRÁFICA INGRAMEX, S.A. DE C.V.
CENTENO No. 162-1
COL. GRANJAS ESMERALDA
09810 MÉXICO, D.F.

2010